Direito Processual do Trabalho

Cleber Lúcio de Almeida

Direito Processual do Trabalho

7ª edição
revista, atualizada e ampliada

2019

EDITORA JusPODIVM
www.editorajuspodivm.com.br

EDITORA
*Jus*PODIVM
www.editorajuspodivm.com.br

Rua Território Rio Branco, 87 – Pituba – CEP: 41830-530 – Salvador – Bahia
Tel: (71) 3045.9051
• Contato: https://www.editorajuspodivm.com.br/sac

Diagramação: Lupe Comunicação e Design *(lupecomunicacao@gmail.com)*

Capa: Ana Caquetti

• A Editora *JusPODIVM* passou a publicar esta obra a partir da 7.ª edição.

A447d Almeida, Cleber Lúcio de.
Direito Processual do Trabalho / Cleber Lúcio de Almeida – 7. ed. rev. ampl. e atual. – Salvador: Editora JusPodivm, 2019.
1.120 p.

Bibliografia.
ISBN 978-85-442-2743-5.

1. Direito Processual do Trabalho. I. Almeida, Cleber Lúcio de. II. Título.

CDD 342.68

Para Wânia, Ana Clara e Maria Luísa.

NOTA À SÉTIMA EDIÇÃO

Esta edição, assim como as anteriores, procura fornecer elementos para a análise crítica do Direito Processual do Trabalho, sendo nela realçado o fato de que a efetividade da jurisdição e do processo constitui condição de possibilidade da efetividade dos direitos inerentes ao trabalho humano, a qual, por sua vez, está diretamente relacionada com a proteção e promoção da dignidade humana daqueles que vivem da alienação da sua força de trabalho e realização da justiça social, cidadania e democracia.

SUMÁRIO

Capítulo 1

CONSIDERAÇÕES PRELIMINARES

1. SOCIEDADE E DIREITO. DIREITO E JUSTIÇA. NORMA JURÍDICA. FINALIDADE SOCIAL DA NORMA JURÍDICA. DIREITOS, DEVERES E SANÇÕES

O fato de ser a vida em sociedade uma necessidade humana não impede a ocorrência de conflitos entre os que dela participam. Esses conflitos, que decorrem, dentre outros fatores, da diversidade dos interesses das pessoas e dos grupos que participam da vida social, colocam em risco a coexistência humana, o que torna imperiosa a disciplina da vida social e faz surgir o Direito. Destarte, a vida em sociedade reclama e faz surgir o Direito.

O Direito não disciplina a vida social de um modo qualquer, mas o faz com a pretensão de promover a justiça nas relações sociais. A vinculação entre Direito e justiça é consagrada, no Brasil, pela Constituição da República, que, no art. 3º, I, inclui a construção de uma sociedade justa dentre os objetivos fundamentais da República.

O Direito persegue a justiça nas relações sociais, no sentido de que procura assegurar a participação de todos nos benefícios do desenvolvimento econômico, social, político e cultural. Isso significa que o Poder Legislativo, cuja função principal é a criação das normas jurídicas que compõem o ordenamento jurídico, deve atuar no sentido da construção de uma *ordem jurídica justa*.

Mas, a exigência de justiça não se restringe à conformação da ordem jurídica. Com efeito, por força do art. 3º, I, da Constituição da República, todos os poderes do Estado, dentre eles o Poder Judiciário, devem pautar as suas ações pela busca da justiça. Todos têm direito a uma ordem jurídica justa e à justa solução dos conflitos de interesses levados ao Poder Judiciário (*decisão justa*), o que, por sua vez, exige um *processo justo*. Em suma, a ordem jurídica justa, como direito de todos, significa justiça no Direito enquanto norma de conduta e na solução dos conflitos de interesses levados ao Poder Judiciário. Direito, decisão judicial e processo são, neste compasso, instrumentos da justiça e nela encontram a sua legitimação.[1]

O Direito atua por meio de normas (*normas jurídicas*), cujo conjunto compõe o *ordenamento jurídico*.

As normas jurídicas disciplinam as relações sociais visando à produção de determinados resultados, concepção que é realçada pelo art. 5º da Lei de Introdução às Normas do Direito Brasileiro[2] e pelo art. 852-I, § 1º, da CLT.[3] Os resultados desejados com a criação da norma jurídica constituem a sua *finalidade social*.[4]

Para atingir os fins em razão dos quais são criadas, as normas jurídicas, em geral, atribuem *direitos* e impõem *deveres* a eles correlatos, definindo, previamente, as situações fáticas que os fazem surgir.

De outro lado, sendo as normas jurídicas criadas para garantir a segurança e justiça nas relações sociais, é intuitiva a necessidade do seu cumprimento. Por esta razão, ao descumprimento das normas jurídicas é vinculada uma *sanção*.[5]

2. CONFLITOS DE INTERESSES E SEUS MEIOS DE SOLUÇÃO

O desrespeito às normas jurídicas gera um conflito entre o titular do direito por elas atribuído e o devedor da conduta nelas imposta, isto é, um conflito entre o titular do interesse prevalente e o titular do interesse subordinado (*conflito de interesses*).[6]

---

1. A solução dos conflitos de interesses pelo Poder Judiciário exige uma legitimação específica, que é a justiça no processo e na decisão nele produzida.
2. "Na aplicação da lei, o juiz atenderá aos fins sociais a que ela se dirige e às exigências do bem comum." Trata-se da antiga *Lei de introdução ao Código Civil* (Decreto-lei n. 4.657/42), que teve a sua ementa alterada pela Lei n. 12.376, de 30.12.2010.
3. "O juiz adotará em cada caso a decisão que reputar mais justa e equânime, atendendo aos fins sociais da lei e às exigências do bem comum." Com a referência a *decisão justa*, este artigo reforça, no Direito Processual do Trabalho, a conclusão de que as partes do processo judicial têm direito à decisão justa do conflito levado ao Judiciário. O artigo referido, na esteira do art. 3º, I, da Constituição da República, vincula o exercício da atividade jurisdicional à justiça, valendo anotar que o CPC também reconhece o direito à decisão justa, como se vê do seu art. 6º.
4. Neste sentido, afirma Karl Engish que "o Direito está sob o signo e o critério da conveniência prática (da adequação a fins). Ele deve conformar (modelar) a vida em comunidade de modo a ajustá-la a certos fins" (*Introdução ao pensamento jurídico*, p. 50).
5. Como diante de determinado comportamento a reação pode ser negativa ou positiva, a sanção pode ser negativa ou positiva, isto é, a sanção pode significar punição ao descumprimento da norma (*sanção punitiva*) ou prêmio ao seu cumprimento (*sanção positiva* ou *premial*).
6. Francesco Carnelutti afirma que interesse significa "uma posição do homem, ou mais precisamente: a posição favorável à satisfação de uma necessidade (...). Os meios para a satisfação das necessidades humanas são os bens (...). Sujeito do interesse é o homem e o objeto daquele é o bem" (*Sistema de direito processual civil*, v. I, p. 55). Neste contexto, o conflito de interesses ocorre, ainda conforme o citado doutrinador, quando "a situação favorável à satisfação de uma necessidade excluir a situação favorável à satisfação de uma necessidade distinta" (*Sistema de direito processual civil*, v. I, p. 60-61). Luis Díez-Picazo aduz que "um conflito de interesses existe sempre que entre duas ou mais pessoas se produz uma situação de tensão ou de incompatibilidade em suas necessidades ou em suas aspirações a respeito de bens vitais que podem satisfazê-las (...). Um conflito existe

O conflito também ocorre, por exemplo, quando se contrapõem o interesse de uma categoria de trabalhadores na melhoria da sua condição social e o interesse dos empregadores na manutenção das condições de trabalho em vigor ou na redução dos direitos até então conferidos aos trabalhadores.[7]

Como são resolvidos os conflitos de interesses?

Niceto Alcalá-Zamora y Castillo aduz que a solução dos conflitos de interesses passou por várias fases: "a) uma de autodefesa desenfreada, em que cada qual fazia justiça pelas próprias mãos e na medida ditada pelo seu arbítrio, sem limite que não fosse a força ou a resistência da parte contrária; b) uma segunda, de autotutela refreada pelo sentimento social (...); c) uma terceira, de intervenção da família, tribo ou *sippe*, primeiro voluntária e, depois, forçada, para obter uma solução do tipo autocompositivo entre as partes; d) uma quarta, em que se institui a arbitragem, isto é, um genuíno processo, só que ante juízes privados; e, f) finalmente, um processo jurisdicional público, quando surge uma organização (nem sempre estatal: municípios espanhóis durante a vigência do sistema foral, senhores com poder de administrar justiça, tribunais eclesiásticos de diferentes credos e de distintas épocas, etc.) com força suficiente para decidir imperativamente suprapartes".[8]

Para efeito de nossos estudos, são consideradas três das formas de solução dos conflitos adotadas:

1) *autotutela*: a solução do conflito é imposta por um dos seus sujeitos ao outro, pela força;[9]

2) *autocomposição*: a solução do conflito é realizada pelos titulares dos interesses em conflito.

A autocomposição pode assumir três formas: a) *renúncia* de uma das partes do conflito à pretensão de prevalência do seu interesse sobre o interesse do outro; b) *submissão* ou *reconhecimento*, isto é, a renúncia à resistência oposta à pretensão do outro ou o reconhecimento da procedência da pretensão do outro; c) *transação*, ou seja, a realização, pelos titulares dos interesses contrapostos, de concessões recíprocas, visando solucionar o conflito.[10]

---

quando, sobre um mesmo objeto, que é um bem da natureza ou um bem natural, apto para satisfazer necessidades ou aspirações, duas ou mais pessoas ocupam posições e mantêm posturas que são entre si antagônicas ou incompatíveis" (*Experiencias jurídicas y teoría del derecho*, p. 11). Levado diante do Poder Judiciário, o conflito de interesses recebe a denominação de *lide*, *litígio* ou *dissídio*.

7. Trata-se, nesta hipótese, de um *conflito coletivo de interesses*, ou seja, de conflito que envolve interesses abstratos de um grupo, categoria ou classe.

8. *Estudios de teoría general e historia del proceso* (1945-1972), tomo II, p. 142.

9. Para Niceto Alcalá-Zamora Castillo, esta forma de solução dos conflitos, "apesar de propiciar a dupla vantagem da rapidez e da economia, perturba a tranquilidade social (...) e pode significar, ademais, o mero triunfo da violência e não da razão, quando prevaleça o ofensor" (*Estudios de teoría general e historia del proceso (1945-1972)*, t. II, p. 142).

10. Francesco Carnelutti assevera que "a autocomposição é a expressão do poder reconhecido à vontade dos interessados para a tutela de seus interesses" (*Sistema de direito processual civil*, v. I, p. 269). Segundo Francesco

A autocomposição pode ser judicial (realizada em juízo) ou extrajudicial (levada a efeito sem intervenção do Poder Judiciário) e assistida ou não assistida, conforme as partes contem, ou não, com o auxílio de um terceiro na sua realização, respectivamente;

3) *heterocomposição*: o conflito é solucionado por um terceiro, a ele estranho, que pode ser um árbitro escolhido pelas partes (*solução arbitral*[11]) ou o próprio Estado, no exercício da jurisdição (*solução jurisdicional*).

Parte da doutrina inclui a *mediação* entre as formas de heterocomposição de conflitos, ao passo que o CPC a inclui entre os *métodos de solução consensual de conflitos* (art. 3º, § 2º).[12]

A heterocomposição tem como característica o fato de ser o conflito de interesses *resolvido* por um terceiro, a ele estranho. O mediador, embora atue no sentido da solução do conflito em relação ao qual é estranho, esclarecendo e aconselhando os titulares dos interesses em conflito e apresentando propostas para a sua solução,[13] não possui poder de decisão. Com isso, não há como incluir a mediação entre as formas de heterocomposição de conflitos de interesse, salvo se for admitido que o simples fato de um terceiro participar da solução do conflito, ainda que somente com poderes de informação e de proposta, é suficiente

---

Carnelutti, a renúncia e o reconhecimento são espécies de *autocomposição unilateral*, constituindo a transação um "contrato bilateral, mediante o qual cada um dos contratantes dispõe da própria situação jurídica" (*Sistema de direito processual civil*, v. I, p. 271-272). Transação é o negócio jurídico pelo qual as partes previnem ou resolvem conflitos de interesses mediante concessões recíprocas (art. 840 do Código Civil).

11. Para João Alberto de Almeida, arbitragem "é meio de solução de conflitos intersubjetivos, eleito livremente pelas partes, que afasta a atuação da jurisdição, permitindo que a decisão seja tomada por juízes privados, escolhidos pelas mesmas" (*Processo arbitral*, p. 5). A arbitragem pode ser *obrigatória* (a lei impõe aos titulares dos interesses em conflito a sua submissão a um árbitro) ou *voluntária* (submeter o conflito a um árbitro é uma faculdade dos titulares dos interesses contrapostos).

12. O art. 3º do CPC estabelece que não se excluirá da apreciação jurisdicional ameaça ou lesão a direito (*caput*), mas deixa claro que a atuação judicial não é a única forma de solução de conflitos de interesses, quando admite a arbitragem (§ 1º) e dispõe que o Estado promoverá, sempre que possível, a solução consensual dos conflitos (§ 2º) e que a conciliação, a mediação e outros métodos de solução consensual de conflitos deverão ser estimulados por juízes, advogados, defensores públicos e membros do Ministério Público, inclusive no curso do processo judicial (§ 4º). O art. 3º do CPC compõe a *Parte Geral* deste Código. Essa Parte Geral, por força do art. 15 do CPC, funciona como Parte Geral dos processos eleitorais, trabalhistas ou administrativos, naquilo que com eles sejam compatíveis.

13. O objetivo do mediador é auxiliar as partes a alcançar a solução consensual do conflito. A mediação é, sob este prisma, uma espécie de autocomposição mediada por um terceiro. Note-se que, na arbitragem, a solução do conflito é atribuída a um terceiro, ao passo que, na mediação, ela é realizada com a participação de um terceiro, cuja função é ajudar as partes a chegarem a uma solução negociada do conflito, o que implica dizer que a mediação não se confunde com a arbitragem. O CPC trata da atuação dos mediadores (arts. 165 a 175), prevendo que: a mediação visa auxiliar, orientar e estimular a autocomposição (art. 165); o mediador "atuará preferencialmente nos casos em que houver vínculo anterior entre as partes, auxiliará aos interessados a compreender as questões e interesses em conflito, de modo que eles possam, pelo restabelecimento da comunicação, identificar, por si próprios, soluções consensuais que gerem benefícios mútuos" (art. 165, § 3º); a mediação é informada "pelos princípios da independência, da imparcialidade, da autonomia da vontade, da confidencialidade, da oralidade, da informalidade e da decisão informada" (art. 165, § 4º). O art. 3º, III, da Instrução Normativa n. 39/2016 do TST prevê não ser aplicável no processo do trabalho parte final do inciso V do art. 139 do CPC, que atribui ao juiz o dever/poder de promover, a qualquer tempo, a autocomposição, preferencialmente com auxílio de conciliadores e mediadores, o que implica que o juiz não está obrigado a se valer de conciliadores e mediadores visando à autocomposição.

para caracterizar a heterocomposição.[14] A mediação constitui, na linha do CPC, um *método consensual de solução de conflitos* e não uma forma de autocomposição.

Os métodos consensuais de solução de conflitos têm fundamento *funcional* (eficiência e efetividade), *social* (pacificação social) e *político* (participação das titulares do conflito na sua solução) e se caracterizam pelo fato de a solução do conflito ser construída por aqueles que sofrerão os seus efeitos (neles, as partes não atuam como adversárias, mas como corresponsáveis pela construção da solução para o conflito. Essa particularidade os torna distintos dos *métodos adversariais de solução de conflitos*, que são aqueles em que a solução do conflito é realizada por um terceiro, perante o qual as partes se apresentam como adversárias).

3. JURISDIÇÃO, AÇÃO E PROCESSO: PRIMEIRAS OBSERVAÇÕES

O Estado, além de limitar a possibilidade de autotutela e de arbitragem, chama para si a responsabilidade pela solução dos conflitos surgidos nas relações sociais e pela realização concreta dos direitos assegurados pela ordem jurídica, isto é, a responsabilidade pela *tutela jurisdicional dos direitos*.

O Estado soluciona os conflitos de interesses que lhe são submetidos e confere tutela jurisdicional aos direitos no exercício da *jurisdição*. Jurisdição é, assim, a atividade estatal voltada à solução dos conflitos de interesses[15] e à realização concreta dos direitos assegurados pela ordem jurídica.

Contudo, a jurisdição não constitui atividade cujo exercício se dê sem a provocação dos titulares dos interesses em conflito, sendo, ao contrário, uma *atividade provocada*, isto é, que somente deixa o estado de inércia em razão da provocação dos titulares dos interesses contrapostos (*nemo iudex sine actore*). A provocação da jurisdição dá-se pela *ação* dos titulares dos interesses em conflito e esta ação constitui um direito (*direito de ação*[16]), que é uma contrapartida à proibição da autotutela.[17]

---

14. O Decreto n. 1.572/95 regulamenta a mediação na negociação coletiva de natureza trabalhista. Do tema também trata a Instrução Normativa MTE/SIT n. 16, de 15.10.2013.

15. Cada parte do conflito de interesses apresenta ao juiz o seu modo de ver a realidade. O juiz julga o conflito de interesses na forma representada pelas partes. Daí a afirmação de que o juiz não julga o conflito, mas o litígio, a lide ou o dissídio, isto é, o conflito que lhe é representado pelas partes na ação e defesa.

16. O direito de ação não se resume à provocação da jurisdição ou apresentação em juízo de uma demanda, mas contempla um *complexo de direitos*, tais como o direito de apresentar argumentos e provas em favor do acolhimento de uma pretensão (direito de defesa, em sentido amplo), o direito à paridade de armas e o direito de impugnar, mediante recurso, as decisões judiciais, na forma da lei. Este complexo de direitos é composto por direitos de natureza *pré-processual* (direitos que existem antes da propositura da demanda: direito de provocar a jurisdição, por exemplo) e *processual* (direitos a serem exercidos no curso do processo: direito de produzir provas, por exemplo).

17. Note-se que: a) da lesão de um direito nasce a *pretensão* (art. 196 do Código Civil); b) a pretensão é manifestada em juízo por meio da *demanda* (daí o art. 77, II, do CPC impor às partes o dever de não formular *pretensão*

Do exercício do *direito de ação* decorre, para o Estado, o dever de desenvolver as atividades necessárias à verificação da procedência da pretensão manifestada por aquele que o provocou e, sendo ela procedente, conferir-lhe a tutela pleiteada. Para tanto, devem ser praticados os atos que a ordem jurídica define como necessários para o cumprindo deste dever, cujo conjunto forma o *processo*.

A jurisdição, a ação e o processo são, neste contexto, meios dispostos para a concretização dos direitos assegurados pelo ordenamento jurídico e, com isso, para a defesa do próprio ordenamento jurídico[18] e a pacificação social.[19]

---

destituída de fundamento); c) a demanda é o instrumento por meio do qual é exercido o *direito de ação*. Nesse compasso, o que se propõe não é uma ação, mas uma demanda. Na demanda, a parte informa ao juiz a sua pretensão. Objeto de pronúncia do juiz na sentença é a pretensão e não a demanda (a pretensão é julgada procedente ou improcedente). No entanto, tanto o legislador (art. 17 do CPC, por exemplo) quanto a doutrina tratam como equivalentes *propositura de ação* e *propositura de demanda*, observando-se que, no processo do trabalho, é utilizada, no mesmo sentido, a expressão *propositura de reclamação*.

18. Sob este prisma, a jurisdição, a ação e o processo constituem mecanismos que permitem a atuação do direito objetivo, quando não observado espontaneamente.

19. Niceto Alcalá-Zamora Castillo assinala que o processo, ao excluir a autodefesa, serve à paz social (*Estudios de teoría general e historia del proceso* (1945-1972), t. II, p. 144).

Capítulo 2

DIREITO PROCESSUAL DO TRABALHO

1. NORMAS DE DIREITO MATERIAL E DE DIREITO PROCESSUAL

As normas jurídicas são classificadas, considerando o seu conteúdo (objeto de disciplina), em *normas de direito material* (normas que organizam e disciplinam a convivência social, atribuindo, ao fazê-lo, bens da vida àqueles que dela participam) e *normas de direito processual* (normas que organizam e disciplinam a atividade que o Estado desenvolve com o fim de resolver conflitos de interesses e promover a realização concreta dos direitos assegurados pela ordem jurídica - jurisdição -, a forma de provocação da jurisdição - ação - e o instrumento por meio do qual a jurisdição atua - processo).

Como assevera Eduardo Couture, a natureza processual de uma lei "não depende do corpo de disposições em que esteja inserida, mas sim de seu conteúdo próprio. Consiste este na regulamentação de fenômenos estritamente processuais, isto é, na programação do debate judicial, no que se refere ao seu fim, que é a decisão do conflito de interesses".[1]

2. DIREITO PROCESSUAL DO TRABALHO: CONCEITO

A definição do conceito de Direito Processual do Trabalho varia segundo o ângulo a partir do qual é considerado.

Neste sentido, pode ser afirmado que o Direito Processual do Trabalho disciplina:

a) a *jurisdição trabalhista* (atividade desenvolvida pelo Estado com o fim de solucionar conflitos de interesses de natureza trabalhista e realizar concretamente os direitos assegurados pela ordem jurídica), a *ação trabalhista* (direito e forma de provocação da jurisdição trabalhista) e o *processo do trabalho* (instrumento de atuação da jurisdição trabalhista);

---

1. *Interpretação das leis processuais*, p. 36.

b) a solução judicial dos conflitos de interesses de natureza trabalhista, que são, por força do art. 114, I a IX, da Constituição da República, aqueles que decorrem de uma relação de trabalho ou que a ela sejam conexos, e a realização concreta dos direitos assegurados pela ordem jurídica;

c) disciplinam a solução judicial dos conflitos de natureza trabalhista, visando tornar concretos os direitos assegurados pela ordem jurídica e garantir a efetividade da ordem jurídica. Tem-se em vista, nesta perspectiva, que o Direito Processual do Trabalho não serve apenas à tutela de direitos, vez que também atua em favor da sociedade, garantindo a efetividade da ordem jurídica.

O Direito Processual do Trabalho pode ser dividido em *direito processual individual* e *direito processual coletivo*, sendo o primeiro composto pelo conjunto de regras e princípios voltados à disciplina da solução de conflitos de interesses de natureza individual e realização concreta de direitos individuais e, o segundo, pelo conjunto de regras e princípios destinados à disciplina da solução de conflitos de interesses coletivos em sentido amplo ou transindividuais e realização prática dos direitos trabalhistas coletivos em sentido amplo ou transindividuais.

Registre-se que ao direito processual tem sido conferida uma nova e relevante função, que é a de assegurar a *unidade do ordenamento jurídico*.[2]

3. FONTES DO DIREITO PROCESSUAL DO TRABALHO

Como o Direito Processual do Trabalho é formado por um conjunto de normas jurídicas, torna-se imperioso definir as suas fontes.

3.1. O estudo das fontes do Direito diz respeito aos fatores éticos, econômicos, sociais e políticos que informam a criação de normas

2. Neste sentido, por exemplo, o CPC impõe aos tribunais, como se vê do seu art. 926, o dever de uniformizar sua jurisprudência e mantê-la estável, íntegra e coerente. A uniformização da jurisprudência é realizada, de acordo com o CPC, por meio do *incidente de julgamento de recursos repetitivos* (arts. 1.036 a 1.041), *incidente de resolução de demandas repetitivas* (arts. 976 a 987) e *incidente de assunção de competência* (art. 947), que compõem o *microssistema de formação de precedentes* estabelecido pelo CPC. Estes precedentes são de observância obrigatória (art. 927, III, do CPC) e contra a sua não observância cabe *reclamação*, que pode ser apresentada pela parte ou Ministério Público (art. 985, § 1°, e arts. 988 a 993 do CPC). A *reclamação* pode ser apresentada para: preservar a competência do tribunal; garantir a autoridade das decisões do tribunal, garantir a observância de enunciado de súmula vinculante e de decisão do STF em controle concentrado de constitucionalidade ou garantir a observância de acórdão proferido em julgamento de incidente de resolução de demandas repetitivas ou de incidente de assunção de competência (art. 988). A reclamação não constitui e não pode ser utilizada como mais um recurso de que dispõe as partes para impugnar as decisões judiciais (note-se, neste sentido, que a reclamação não foi incluída entre os recursos pelo CPC). A *reclamação* é uma *ação autônoma de impugnação de decisão judicial*, de competência originária dos tribunais. Julgada procedente a *reclamação*, o tribunal cassará a decisão questionada e determinará que outra seja proferida (art. 992 do CPC).

jurídicas (*fontes materiais do Direito*) e aos atos ou fatos aos quais o ordenamento jurídico atribui poder para criar normas jurídicas (*fontes formais do Direito*).

As fontes de Direito Processual do Trabalho serão aqui consideradas apenas no seu sentido formal, ou seja, como correspondentes aos atos ou fatos aos quais o ordenamento jurídico atribui poder para criar normas de Direito Processual do Trabalho.

3.2. As fontes formais do Direito Processual do Trabalho são classificadas:

a) segundo a relação entre o detentor do poder de estabelecer normas e os seus destinatários, em *heterônomas* (normas de cuja produção não participam os seus destinatários principais) e *autônomas* (normas de cuja produção participam os seus destinatários principais);

b) considerando a sua origem, em *normas de produção profissional* (normas estabelecidas por meio da negociação coletiva), de *produção estatal* (normas estabelecidas pelo Estado), de *produção mista* (normas criadas por meio de sentença normativa) e de *produção internacional* (tratados e convenções internacionais).

Da previsão de que nos casos omissos o direito processual comum será fonte subsidiária ou supletiva do Direito Processual do Trabalho (art. 769 da CLT e art. 15 do CPC), resulta que as fontes do Direito Processual do Trabalho podem ser *próprias* (a Constituição e a CLT constituem a fonte por excelência do direito processual do trabalho), *subsidiárias* e *supletivas* (normas estranhas ao Direito Processual do Trabalho, mas que podem ser utilizadas para suprir as suas eventuais omissões, de forma subsidiária ou supletiva, respectivamente).

As fontes do Direito Processual do Trabalho podem ser, ainda, *consuetudinárias* (usos e costumes), *legislativas* (atos normativos estabelecidos pelo Poder Legislativo) e *jurisdicionais* (jurisprudência como centro de positivação do direito).[3]

3.3. Vale recordar o debate sobre a *unidade* ou *pluralidade* dos núcleos de produção das fontes formais do Direito, na medida em que "A teoria monista, de filiação positivista, capitaneada por Hans Kelsen, sustenta que as fontes formais do Direito derivam de um único centro de positivação, o Estado, caracterizado como o único dotado de coerção/sanção. Já a teoria pluralista não con-

3. De jurisprudência se fala no sentido de conjunto de decisões dos tribunais e de ciência jurídica. É à jurisprudência no primeiro sentido citado que se faz referência quando são estudadas as fontes do direito.

sidera válida a tese do exclusivismo estatal, sustentando a clara existência de distintos centros de positivação jurídica ao longo da sociedade civil, como o demonstram, ilustrativamente, o costume e os instrumentos jurídicos da negociação coletiva trabalhista. Para a vertente pluralista, a circunstância de se reconhecer no Estado o centro hegemônico de positivação jurídica não impede a percepção da nítida convivência, no âmbito societário, de outros núcleos de positivação de fontes formais do Direito".[4]

Assim, para a concepção monista, somente o Estado possui poder para criar o Direito, "diretamente através da lei, ou indiretamente através do reconhecimento e controle das normas de formação consuetudinária".[5] O Estado, destarte, monopoliza a produção de normas jurídicas, o que implica identificação do Direito com o direito estatal.

A doutrina monista não encontra eco no Direito Processual do Trabalho, cujas normas afloram de várias fontes, como se verá mais adiante. No Direito Processual do Trabalho vigora, portanto, o pluralismo das fontes, ou, dito de outra forma, a *policentricidade das fontes*, no sentido de existência de vários centros de criação das normas jurídicas ou de positivação jurídica.

3.4. A fonte primeira do Direito Processual do Trabalho é a Constituição, na medida em que ela contém normas que estabelecem, expressa ou implicitamente, direitos e garantias processuais, de cujo conjunto resulta um modelo bem definido de processo judicial, qual seja, o *devido processo constitucional*.[6]

---

4. Mauricio Godinho Delgado. *Curso de direito do trabalho*, p. 136.
5. Norberto Bobbio. *O positivismo jurídico*, p. 27.
6. A existência concreta de um direito pressupõe a possibilidade de seu gozo. Daí a razão pela qual são colocadas, ao lado do direito, as garantias jurídico-processuais voltadas à sua realização concreta, na hipótese de não observância espontânea, o que realça a *dimensão processual do direito*, para a qual chamou a atenção Richard Claud, ao afirmar que "a efetividade ou proteção processual é apenas outro aspecto do conteúdo do Direito" (*Comparative human rights: some intersctions between lawand social sciences*. In: *Comparative human rights*, p. 382). *Garantias* são instrumentos jurídicos dispostos para assegurar o pleno gozo dos direitos em razão dos quais são instituídas e traduzem, elas próprias, verdadeiros direitos (à garantia de acesso à justiça corresponde o direito de ação, por exemplo). A propósito das garantias, colhe-se na doutrina a lição de Luigi Paolo Comoglio, no sentido de que, "em geral, se entende por 'garantia' todo instrumento ou remédio técnico-jurídico que seja capaz de converter um direito puramente 'reconhecido' ou 'atribuído' *in abstrato* pela norma em um direito efetivamente 'protegido' em concreto, e por isso suscetível de plena 'atuação' ou 'reintegração' toda vez que resultar violado" (Garantie constituzionali e 'giusto processo' (*modelli a confronto*). *Revista de Processo*, ano 23, n. 90, p. 107-112, abr./jun. 1998). As garantias processuais atribuem significado concreto ao direito material, posto que permitem o seu gozo efetivo, no caso de sua não observância espontânea. Vale também mencionar a lição de Luigi Ferrajoli, segundo o qual as garantias são "técnicas previstas pelo ordenamento jurídico para reduzir a distância estrutural entre normatividade e efetividade, e, portanto, para possibilitar a máxima eficácia dos direitos fundamentais em coerência com sua estipulação constitucional" ou "técnicas idôneas para assegurar (o grau máximo de) efetividade das normas" que reconhecem direitos (El derecho como sistema de garantias. In: *Derecho y garantías:* la ley del más débil, p. 25 e 105). Luigi Ferrajoli concebe o *direito como sistema de garantias*

Além de ser fonte do Direito Processual do Trabalho, a Constituição constitui outras fontes deste ramo do direito, aduzindo a:

a) princípios (art. 5º, § 2º);
b) Direito Internacional dos Direitos Humanos, registrando-se que constituem fonte do Direito Processual do Trabalho os tratados de que o Brasil seja signatário (art. 5º, § 2º, art. 651, § 2º, da CLT e art. 11 da Lei n. 10.593/02). A expressão tratado abarca tratados propriamente ditos, convenções e acordos regionais e internacionais, e as normas de Direito Internacional cujo observância independe de ratificação, como se dá com a Declaração Universal dos Direitos do Homem (o art. 4º, II, da Constituição, ao adotar como princípio a prevalência dos direitos humanos, reconhece a obrigatoriedade do respeito à citada Declaração, que, não fosse isto, tem sido considerado como parte do costume internacional ou princípio geral de direito internacional, o que também implica seu caráter obrigatório);[7]
c) convenções coletivas de trabalho e acordos coletivos de trabalho (art. 7º, XXVI);[8]
d) sentença normativa (art. 114, § 2º);[9]
e) decretos do Presidente da República (art. 84, IV);
f) Emendas à Constituição, leis complementares, leis ordinárias, leis delegadas, medidas provisórias, decretos legislativos e resoluções (art. 59);[10]

(*garantismo*), afirmando que, "em comparação com a tradição juspositivista clássica, a razão jurídica actual tem a vantagem derivada dos progressos do constitucionalismo do século passado, que permitem configurar e construir hoje o direito (...) como um *sistema artificial de garantias* constitucionalmente preordenado à tutela dos direitos fundamentais. Esta função de garantia do direito resulta atualmente possível pela específica complexidade de sua estrutura formal, que, nos ordenamentos de Constituição rígida, se caracteriza por uma dupla artificialidade: vale dizer, já não somente pelo caráter positivo das normas produzidas, que é traço específico do *positivismo jurídico*, como também por sua sujeição ao direito, que é o traço específico do *Estado constitucional de direito*, no qual a mesma produção jurídica se encontra disciplinada por normas, tanto formais quanto substanciais, de direito positivo" (El derecho como sistema de garantias. In: *Derecho y garantías:* la ley del más débil, p. 19).

7. A abertura do ordenamento jurídico nacional ao direito regional, internacional e universal, por força, principalmente, do art. 5º, §§ 2º e 3º, da Constituição, implica reconhecimento de que o ordenamento jurídico nacional não detém o monopólio da regulação das relações jurídicas que ocorrem no território nacional.

8. A Constituição da República reconhece aos sujeitos coletivos trabalhistas (sindicatos e empresas) o direito de participar da conformação da ordem jurídica, atribuindo às convenções e acordos coletivos de trabalho a natureza de atos-regra, ou seja, manifestações de vontade instituidoras de normas com caráter geral e abstrato (art. 7º, XXVI). No mesmo sentido, a CLT, no art. 611, atribui forma normativa às convenções e acordos coletivos de trabalho. Vale lembrar que, como aduz Angel Latorre, direito é "o conjunto de normas de conduta obrigatórias estabelecidas ou autorizadas pelo próprio Estado e garantidas pelo seu poder" *(Introdução ao direito,* p. 18), inserindo-se as convenções e acordos coletivos do trabalho entre as normas autorizadas e garantidas pelo poder do Estado. Convenções e acordos coletivos de trabalho são frutos da negociação coletiva, que é a forma preferencial de solução dos conflitos coletivos de trabalho e que constituem manifestação do princípio da autonomia privada.

9. Sentença normativa é a decisão proferida pelos tribunais trabalhistas no julgamento de dissídio coletivo. Da sentença normativa tratamos no Capítulo reservado ao estudo do dissídio coletivo.

10. A Consolidação das Leis do Trabalho (CLT) é um Decreto-lei (Decreto-lei n. 5.452, de 1º de maio de 1943). A Constituição da República de 1988 aboliu a figura do Decreto-lei (art. 59), que era uma norma jurídica editada pelo Poder Executivo, e recepcionou como leis os decretos editados antes de sua promulgação.

g) regimentos internos dos tribunais (art. 96, I, a).

O art. 8º da CLT, complementando o rol das fontes do Direito Processual do Trabalho, faz referência aos usos e costumes e ao direito comparado, ao passo que o art. 769 da CLT[11] inclui o direito processual comum entre as fontes do Direito Processual do Trabalho, o que é realçado pelo art. 15 do CPC, tema ao qual retornaremos adiante.

Costume é "o uso geral constante e notório, observado na convicção de corresponder a uma necessidade jurídica. Regra de conduta habitualmente obedecida, sua força coativa credencia-o como fonte formal do Direito. Para ser fonte formal do Direito, precisa o costume reunir dois requisitos, um objetivo e outro subjetivo. O elemento objetivo é o uso, 'a observância uniforme da regra pela generalidade dos interessados', durante longo tempo. Necessário para a configuração desse elemento constitutivo material, externo, que o uso seja constante, prolongado e uniforme, generalizado e contínuo. O elemento subjetivo é representado pela convicção geral de que o uso corresponde a uma necessidade jurídica".[12]

Os usos resultam da vontade tacitamente manifestada, ao passo que os costumes consistem no uso reiterado, uniforme e prolongado de determinada regra de conduta (elemento objetivo), pela convicção geral de ser o respeito a esta regra uma obrigação (elemento subjetivo).

O art. 8º, *caput*, da CLT inclui o direito comparado entre as fontes subsidiárias do Direito Processual do Trabalho, observando-se que a *solução jurisdicional de conflitos de natureza trabalhista*, a que faz referência o art. 8º da CLT, envolve questões processuais. A utilização do direito comparado como fonte subsidiária do ordenamento jurídico interno permite a denominada *cross-fertilization* (*fertilização ou polinização cruzada*), isto é, a adoção de decisões de tribunais de um país como fonte de inspiração para a solução de conflitos submetidos à justiça de outro país e a revisão do próprio ordenamento jurídico (um ordenamento jurídico pode absorver as conquistas de outro e se nutrir das suas experiências).

O *direito comparado* a que alude o art. 8º, *caput*, da CLT não se resume às regras que compõem o ordenamento jurídico de determinados países, compreendendo regras, princípios e a sua significação jurídica definida pelos tribunais do país respectivo, além dos "mecanismos internos de dois direitos, quer dizer, as funções assumidas e os fatores determinantes de criação e de desenvolvimento das normas e das instituições",[13] valendo registrar, quanto à consideração dos fatores de criação e desenvolvimento de normas e instituições, que "os processos de resolução de litígios são, em grande medida, um reflexo da cultura em que estão

---

11. O que inclui a Lei n. 6.830/80, por força do art. 889 da CLT.
12. Orlando Gomes. *Introdução ao direito civil*, p. 42-43.
13. Jean-Michel Servais. *Elementos de direito internacional e comparado do trabalho*, p. 20.

inseridos; não se trata de um sistema autônomo que seja, predominantemente, o produto de especialistas e *experts* isolados. Mais, eles são instituições através das quais a vida social e cultural é mantida, provocada e alterada, ou como a mesma ideia foi expressa, 'constituída' ou 'construída'. Essas práticas institucionais influenciam importantemente uma sociedade e sua cultura – seus valores, pensamentos, hierarquias sociais e símbolos – tanto quanto essas práticas também refletem a sociedade à sua volta".[14]

Neste sentido, Oscar G. Chase afirma que qualquer proposta que envolva o empréstimo de norma de outra sociedade exige uma análise cultural, visto que "os procedimentos formais de solução de litígios encontrados em qualquer cultura refletem e expressam sua metafísica e seus valores" e que "por serem públicos, teatrais e repetitivos, também eles são, por sua vez, um dos processos (rituais, se preferirem) pelo qual valores e compreensões sociais são repassados".[15]

A jurisprudência, como aduz Cândido Rangel Dinamarco, "não é fonte de direito, tanto quanto o juiz não é legislador e a jurisdição não é atividade criativa de direitos. Um dos mais prestigiosos critérios objetivos para a diferenciação entre a atividade jurisdicional e a legislativa consiste propriamente na referibilidade da primeira a casos concretos, sendo a legislação preordenada à criação de normas gerais e abstratas (MAURO CAPPELLETTI). A essência da função jurisdicional reside na solução de conflitos concretos envolvendo indivíduos ou grupos, não estabelecendo normas gerais e abstratas a serem atuadas por outrem para a solução de conflitos concretos".[16] Para José Frederico Marques, ao editar as súmulas, que "contêm o enunciado de uma regra jurídica construída com base em decisões que se apresentam como 'jurisprudência predominante...' (...), os tribunais estão exercendo função normativa, semelhante à do legislador, visto que não estão aplicando *hic et nunc* o direito objetivo, e, sim, promulgando preceitos que neste se enquadrarão como normas a vigorar em casos futuros".[17]

Cumpre anotar que a Lei n. 13.467/17, principal instrumento da reforma trabalhista, acrescentou ao art. 8º da CLT os §§ 2º e 3º, estabelecendo que:

> "§ 2º. Súmulas e outros enunciados de jurisprudência editados pelo Tribunal Superior do Trabalho e pelos Tribunais Regionais do Trabalho não poderão

---

14. Oscar G. Chase. *Direito, cultura e ritual:* sistemas de resolução de conflitos no contexto da cultura contemporânea, p. 21.
15. *Direito, cultura e ritual:* sistemas de resolução de conflitos no contexto da cultura contemporânea, p. 76-77.
16. *Instituições de direito processual civil*, v. I, p. 82.
17. *Manual de direito processual civil*, v. I, p. 35. As súmulas não criam direitos, mas definem, à luz de casos concretos, os direitos assegurados pela ordem jurídica e os deveres que lhes são correlatos. O mesmo se dá com as súmulas vinculantes editadas pelo Supremo Tribunal Federal, que definem a solução indicada pela Constituição da República para determinada situação concreta. As Súmulas, portanto, apenas revelam o direito.

> restringir direitos legalmente previstos nem criar obrigações que não estejam previstas em lei".
>
> § 3º. No exame de convenção coletiva ou acordo coletivo de trabalho, a Justiça do Trabalho analisará exclusivamente a conformidade dos elementos essenciais do negócio jurídico, respeitado o disposto no art. 104 da Lei n. 10.406, de 10 de janeiro de 2002 (Código Civil), e balizar sua atuação pelo princípio da intervenção mínima na autonomia da vontade coletiva".

Tais disposições deixam claras duas das principais intenções da *reforma trabalhista*, quais sejam:

a) a pretexto de restabelecer o respeito à lei, destruir a jurisprudência já pacificada pelos tribunais trabalhistas, o que resta evidente, por exemplo, na restrição ao reconhecimento do direito à equiparação salarial;

b) impor a prevalência do negociado sobre o legislado, como é deixado claro nos arts. 611-A e 620 da CLT, na redação que lhes conferiu a Lei n. 13.467/17, inclusive por meio da consagração do *princípio da intervenção mínima na autonomia da vontade coletiva*.

Contudo, a *reforma trabalhista* foi muito além da simples imposição do negociado sobre o legislado, na medida em que permitiu a *prevalência do contrato individual de trabalho sobre os instrumentos coletivos*, no caso de o trabalhador empregado ser portador de diploma de nível superior e perceber salário mensal igual ou superior a duas vezes o limite máximo dos benefícios do Regime Geral da Previdência Social (art. 444, parágrafo único, da CLT).

O art. 444, parágrafo único, da CLT, acrescentado pela Lei n. 13.467/67 estabeleceu o *primado do contrato individual do trabalho sobre a negociação coletiva*, partindo da premissa, sem qualquer evidência empírica, de que o trabalhador na situação mencionada no citado dispositivo possui liberdade para, em condições de igualdade com o seu empregador, definir as suas condições de contratação e trabalho,[18] o que implica não só a total desconsideração do *princípio da prevalência da norma mais favorável ao trabalhador*, que é consagrado, por exemplo, pelo art. 7º, *caput*, da Constituição, como a consagração de solução ditada pela ideologia neoliberal, que professa o retorno ao contrato individual de trabalho e, com isto, a *privatização da regulamentação da relação de emprego*, o que significa, na verdade, fazer prevalecer a vontade do empregador no contexto da relação

18. Aliás, é flagrante a contradição entre o *caput* e o parágrafo único do art. 444 da CLT, na medida em que, segundo o primeiro, as relações contratuais de trabalho podem ser objeto de livre estipulação das partes, *em tudo que não contravenha aos contratos coletivos de trabalho que lhe sejam aplicáveis*, ao passo que, para o segundo, *o contrato individual de trabalho prevalece sobre os instrumentos coletivos nas mesmas situações em que estes prevalecem sobre a lei*. Diante do conflito entre estas duas disposições legais, deve prevalecer, por força do princípio da aplicação da norma mais favorável ao trabalhador e do art. 7º, *caput*, da Constituição, o disposto no art. 444, *caput*, da CLT, ou seja, os instrumentos coletivos prevalecem sobre os contratos individuais de trabalho.

de emprego, solução que é, *flagrantemente inconstitucional*, vez que contraria a disposição constitucional que impõe a prevalência do negociado coletivamente sobre o negociado individualmente (art. 7º, XXVI) e, portanto, veda a renúncia de direitos alcançados por meio da negociação coletiva, assim como contraria a disposição constitucional que impede que se estabeleça regime contratual diferenciado fundado na distinção entre trabalho manual, técnico e intelectual ou entre os profissionais respectivos, o que é a hipótese em evidência (art. 7º, XXXII). Ademais, trata-se de regra que, a pretexto de prestigiar a autonomia individual, contradiz os princípios da inviolabilidade da pessoa humana e da dignidade humana, na medida que submete o trabalhador ao poder do empregador.

Acrescente-se que liberdade e igualdade não surgem de abstrações legais, fato permite afirmar que a *reforma trabalhista* pretende legitimar a prevalência dos interesses do capital e da vontade do empregador em ambiente de inegável desigualdade de poder e impossibilidade do trabalhador agir como sujeito efetivamente livre, por ser economicamente dependente do seu empregador e estar a ele subordinado.

Vale lembrar que a proteção da dignidade humana do trabalhador no contexto da relação de emprego e entre capital e trabalho tem como fundamentos: a) a *dependência* do trabalhador em relação à alienação da sua força de trabalho; b) a *subordinação* do trabalhador ao empregador no curso da relação de emprego; c) a *desigualdade* econômica, social e política entre empregado e empregador e capital e trabalho.

Nenhum destes fundamentos é prejudicado pela formação ou remuneração do trabalhador.

Ademais, o Direito do Trabalho protege o trabalhador em razão de serem *os direitos trabalhistas essenciais do ponto de vista econômico, humano, social e político*. Com efeito, é essencial todo direito voltado à garantia do atendimento das necessidades básicas do trabalhador e sua família (*caráter existencial dos direitos inerentes ao trabalho*) e de condições dignas de trabalho (*essencialidade qualificada dos direitos inerentes ao trabalho*, na medida em que, muito mais do que garantir o atendimento de necessidades básicas, o que se pretende é garantir uma vida em sintonia com a dignidade humana). Ademais, essencialidade dos direitos trabalhistas também decorre do seu estreito vínculo com a justiça social, cidadania e democracia, ou seja, da sua *essencialidade social e política*.

Note-se que, a permissão da prevalência do negociado individualmente sobre o negociado coletivamente traduz "inaceitável gesto de desprezo pela autoridade da Constituição e configura, por isso mesmo, comportamento que deve ser evitado. É que nada se revela mais nocivo, perigoso e ilegítimo do que elaborar uma Constituição, sem a vontade de fazê-la cumprir integralmente, ou, então, de apenas executá-la com o propósito subalterno de torna-la aplicável somente nos pontos que se mostrarem ajustados à conveniência e aos desígnios dos governantes, em detrimento dos interesses maiores dos cidadãos", consoante decidiu o Supremo Tribunal Federal nos autos do ARE 639337 AgR/SP, Rel. Min. Celso de Melo (Dje n. 177, publ. 15.09.11).

O art. 8º, § 3º, da CLT será examinado quando tratarmos da ação anulatória de cláusula de convenção coletiva ou acordo coletivo do trabalho, no capítulo reservado às ações especiais, cumprindo mencionar que tal disposição legal está em sintonia com a *concepção liberal da sociedade*, que exige o *Estado mínimo* e o *Direito do Trabalho mínimo*, com o afastamento do Estado da disciplina da relação entre empregado e empregador e entre capital e trabalho. Trata-se de opção que também se manifesta através de regras que afastam a configuração da relação de emprego, cujo efeito é restringir o alcance do Direito do Trabalho, como se dá, por exemplo, por meio do art. 442-B da CLT, acrescentado pela Lei n. 13.467/17, segundo o qual "a contratação de autônomo, cumpridas por este todas as formalidades legais, com ou sem exclusividade, de forma contínua ou não, afasta a qualidade de empregado prevista no art. 3º desta Consolidação". A *reforma*, ao assumir estas posturas, fez opção pela valorização da autonomia da vontade, em detrimento dos valores consagrados pela via legislativa e negocial coletiva.

O art. 442-B da CLT contraria, inclusive, o art. 170, VIII, da Constituição, que fez expressa opção, dentre as formas de prestação de serviço, pela configuração da relação de emprego, o que se explica pelo fato de o Direito do Trabalho assegurar àquele que depende da alienação da sua força de trabalho para garantir a sobrevivência própria e familiar, não só condições dignas de trabalho, como também as condições materiais e jurídicas que o capacitem a atuar como cidadão ativo. Aliás, ao optar pela formação da relação de emprego, a Constituição estabelece uma verdadeira presunção de sua existência no caso de o trabalho humano ser prestado em favor de outrem.

Por fim, cumpre mencionar que a expressão *fonte de direito* pode ser entendida no sentido de *fonte de criação do direito* e de *fonte de revelação do direito*. A jurisprudência, no sentido de decisões reiteradas dos tribunais, não constitui fonte de *criação*, mas fonte de *revelação* do direito (este mesmo raciocínio alcança a doutrina). No caso da sentença normativa, o que constitui fonte de criação do direito é a decisão do Tribunal (a sentença normativa) e não a jurisprudência propriamente dita.

3.5. O direito processual comum constitui fonte do Direito Processual do Trabalho.

O art. 769 da CLT dispõe que, "nos casos omissos, o direito processual comum será fonte subsidiária do direito processual do trabalho, exceto naquilo em que for incompatível com as normas deste Título",[19] ao passo que, consoante o art. 15 do CPC, "na ausência de normas que regulem processos eleitorais, trabalhistas ou administrativos, as disposições deste Código lhes serão aplicadas supletiva e subsidiariamente".

Por força dos citados comandos legais, o *direito processual comum* constitui fonte *subsidiária* e *supletiva* do Direito Processual do Trabalho.

O direito processual comum atua de forma *subsidiária*, quando o Direito Processual do Trabalho não disciplinar um instituto ou uma situação específica, como é o caso das tutelas de urgência, e, *supletiva*, quando o Direito Processual do Trabalho disciplina uma situação específica, mas o faz de forma insuficiente, do ponto de vista da garantia de acesso à justiça e da adequada, efetiva e tempestiva tutela do direito invocado pela parte, como ocorre, por exemplo, em relação à execução provisória. A fonte supletiva é aquela que atua na hipótese de *omissão ontológica*, situação em que a norma existe, mas está em desacordo com as necessidades e os anseios sociais e com as garantias processuais constitucionais, e *axiológica*, situação em que lei existe, mas a sua aplicação resultaria em injustiça ou seria inconveniente.

Nesta perspectiva, constatando o descompasso entre a solução adotada pelo Direito Processual do Trabalho e as necessidades e anseios sociais e, ainda, as garantias processuais constitucionais e visando favorecer o acesso à justiça e a realização concreta dos direitos assegurados pela ordem jurídica, notadamente os de natureza humana e fundamental, o juiz está autorizado a recorrer ao direito processual comum e a adotar a solução por ele indicada para a questão concreta a ser resolvida.

Assim, o trabalho do intérprete, ao perquirir sobre a omissão, portanto, não se limita à verificação da existência material de uma norma. A omissão do Direito Processual do Trabalho deve ser verificada a partir da análise crítica das normas que o compõem.

O art. 769 da CLT torna aberto e flexível o microssistema composto pelas regras e princípios que disciplinam a solução judicial dos conflitos de interesses decorrentes da relação de trabalho ou que a ela sejam conexos e impede que a doutrina e a jurisprudência desempenhem função apenas passiva, na medida em que lhes impõe uma concepção sistemática do direito e a procura, no sistema jurídico, de soluções que conduzam à facilitação do acesso à justiça e aos direitos assegurados pelo sistema jurídico, isto é, a desempenhar uma *função criativa*, o que constitui, inclusive, exigência da maior complexidade das relações sociais e da necessidade de evitar a cisão entre o Direito e a realidade social.

---

19. A alusão a direito processual *comum*, constante do art. 769 da CLT, torna certo que o Direito Processual do Trabalho é um direito processual *especial*.

A abertura do subsistema de Direito Processual do Trabalho não constitui fator de insegurança, visto que o diálogo entre os microssistemas do direito deve ser norteado pelos valores consagrados pela Constituição, que confere unidade valorativa ao ordenamento jurídico, promovendo a transposição do ordenamento jurídico – conjunto de normas – ao sistema jurídico – conjunto de normas informadas por valores fundamentais comuns.

Não se argumente que a solução preconizada conduz ao arbítrio do julgador. Primeiro, porque ele estará, ao recorrer ao direito processual comum, adotando uma solução posta pelo legislador para atender às necessidades e aos anseios sociais por uma justiça mais ágil, célere e efetiva. Segundo, porque, ao determinar que o juiz resolva o litígio de forma mais célere (art. 765), justa e equânime (art. 852-I, § 1º), a CLT dele exige uma atuação criativa, que favoreça o acesso à justiça e a realização da justiça no processo e na decisão do caso concreto, sendo o recurso do direito comum um valioso instrumento para o cumprimento desse mister.

Acrescente-se que o *caput* do art. 7º da Constituição permite a aplicação das normas que favoreçam a melhoria da condição social do trabalhador e, com isso, a aplicação de regras do direito processual comum em detrimento de norma própria do Direito Processual do Trabalho, quando da aplicação daquelas resulte a melhoria da condição social do trabalhador, pela facilitação do seu acesso à justiça e aos direitos decorrentes da relação de trabalho (trata-se, a hipótese, da repercussão, no processo, do *princípio da norma mais favorável*, que pode ser traduzido como princípio da aplicação da normas mais favorável à *melhoria da condição processual dos trabalhadores*).

Em suma, o art. 769 da CLT e, agora, também o art. 15 do CPC, implicam, para a doutrina e a jurisprudência, proibição de isolamento e negam ao Direito Processual do Trabalho a pretensão de autossuficiência.

Como as normas jurídicas constituem gênero de que são espécies as regras e os princípios, os arts. 769 da CLT e 15 do CPC devem ser entendidos no seguinte sentido: nos casos omissos, o direito processual comum será fonte subsidiária ou subsidiária do Direito Processual do Trabalho, *exceto naquilo em que forem incompatíveis com as suas regras e os seus princípios*.

Cumpre anotar que o CPC de 2015 não revogou, por força do seu art. 15, o art. 769 da CLT.

Primeiro, porque o CPC não regulou inteiramente as formas e as condições para afastar lacunas do Direito Processual do Trabalho. É que o art. 769 da CLT estabelece, como condição para a adoção do direito processual comum como fonte subsidiária do Direito Processual do Trabalho, a realização de um *controle axiológico prévio* ou *controle prévio de aptidão social*, o que decorre da exigência, nele expressa, de compatibilidade entre a norma de direito processual comum a ser importada para aplicação no processo do trabalho e as regras e princípios do Direito Processual do Trabalho, *o que não é previsto no art. 15 do CPC.*[20]

Segundo, porque o art. 769 da CLT define como fonte subsidiária do Direito Processual do Trabalho, o *direito processual comum*, ao passo que o art. 15 do CPC como tal define o *Código de Processo Civil*. Trata-se, portanto, de normas de alcance diferenciado, visto que o *CPC não abarca todo o direito processual civil e, muito menos, todo o direito processual comum*, no qual está incluído o direito processual penal.

Terceiro, porque o Direito Processual do Trabalho é um *direito processual especial*, na medida em que disciplina a solução de conflitos de interesses de natureza especial - conflitos que envolvem a relação de trabalho, notadamente, da relação de trabalho subordinado -, e a norma especial prevalece sobre a geral, o significa que a compatibilidade exigida pelo art. 769 da CLT não é afastada pelo art. 15 do CPC, sendo digno de nota que o CPC de 2015 estabelece, expressamente, a necessidade de respeito às "disposições especiais dos procedimentos regulados por outras leis" (art. 1.046, § 2º), o que significa que não desconsidera a necessidade de respeito às normas especiais, o que inclui aquelas que compõem o direito processual do trabalho.

Quarto, porque não ocorreu revogação expressa de uma norma (art. 769 da CLT), pela outra (CPC).

A hipótese, portanto, não é de revogação do art. 769 da CLT pelo art. 15 do CPC, mas de uma relação de *complementariedade* entre eles: o art. 769 da CLT aduz à compatibilidade necessária para a aplicação do direito processual civil como fonte do direito processual do trabalho, o que é estranho ao art. 15 do CPC; o art. 15 do CPC permite a aplicação do direto processual civil como fonte supletiva do direito processual do trabalho, o que não é previsto, ao menos expressamente, no art. 769 da CLT.

É lícito afirmar, adotando como parâmetro a *doutrina do diálogo das fontes*, que, ao invés de fazer com que uma das normas em destaque se sobreponha à outra, devem elas dialogar entre si, para, a partir deste diálogo, ser estabelecida solução que conduza à realização concreta do direito de acesso à justiça e à tutela jurisdicional adequada e efetiva dos direitos assegurados pela ordem jurídica, notadamente dos direitos humanos e fundamentais trabalhistas.

---

20. O art. 769 da CLT está em sintonia com a advertência de Maria do Rosário Palma Ramalho, no sentido de que "a aplicação das normas civis no domínio laboral não prescinde (...) de um controlo axiológico prévio, destinado a aferir a adequação, *in concreto*, da norma em questão aos valores laborais — é a operação que Gamillscheg designou controle prévio da 'aptidão social' (...) das normas civis na sua aplicação laboral" (*Da autonomia dogmática do direito do trabalho*, p. 998-999), o que alcança as normas processuais. O controle axiológico prévio ou controle prévio de aptidão social, que é expressamente imposto pelo art. 769 da CLT, decorre do caráter especial do Direito Processual do Trabalho e atua como fator de *proteção das opções traduzidas pelas suas regras e princípios*.

O art. 769 da CLT protege o Direito Processual do Trabalho de soluções que contrariem as suas regras e os seus princípios fundamentais ou desvirtuem a sua aplicação, por meio da exigência de compatibilidade entre a norma a ser importada e as regras e os princípios do Direito Processual do Trabalho.

Na linha protetiva referida, deve ser anotado que os princípios e as regras do Direito Processual do Trabalho podem ser protegidos: a) impedindo a importação do direito processual comum de soluções que os contrariem; e, b) importando do direito processual comum as soluções que contribuam para a realização dos valores que eles consagram e dos fins por eles perseguidos.

Contudo, o art. 769 da CLT não pode ser aplicado de forma a impedir a adoção de solução que assegure o mais amplo acesso à justiça e a adequada, tempestiva e efetiva tutela jurisdicional dos direitos assegurados pela ordem jurídica, em especial os direitos humanos e fundamentais.[21]

A proteção do Direito Processual do Trabalho não pode resultar no seu isolamento, visto que ele constitui um microssistema normativo aberto ao diálogo com outros microssistemas normativos, como o demonstra o art. 769 da CLT, que permite a adoção de outras fontes do direito para a solução de casos concretos surgidos no contexto do processo judicial, o que é também demonstrado pelo art. 889 da CLT, que atribui à lei dos executivos fiscais a condição de fonte subsidiária do direito processual do trabalho. Os arts. 769 e 889 da CLT contêm uma *cláusula geral de reenvio a outras fontes do direito*. Cláusula da mesma natureza é encontrada no art. 5º, § 2º, da Constituição da República, que promove a abertura do sistema jurídico nacional ao direito regional, internacional e universal.[22]

Como assinala Javier Hervada, "não em poucos casos a realidade social é mais evolutiva e progressiva que as leis. Quando isso acontece, aparece a interpretação progressista das leis; estas vão sendo aplicadas de acordo com a evolução da realidade social, permitindo que as mesmas leis sirvam ao bem da sociedade, sem defasagem entre lei e realidade".[23]

É exatamente a *interpretação progressiva* do art. 769 da CLT que permite, por exemplo, satisfazer o direito do exequente na execução provisória, nas hipóteses

---

21. O ir à justiça possui aspectos psicológicos, na medida em que, muitas vezes, a demanda é proposta apenas para que a pessoa possa ser notada ou para levar o demandado à presença de uma autoridade pública.

22. As *cláusulas gerais* constituem valiosa técnica para evitar a cisão da ordem jurídica com a realidade social. Por meio delas, é estabelecida uma nova técnica legislativa, que consiste na utilização, na formulação das normas jurídicas, de termos dotados de vagueza semântica (boa-fé e probidade, p. ex.). As cláusulas gerais permitem a definição do conteúdo das normas de acordo com a realidade social, afastando o sistema jurídico do *rigorismo normativo*, que é caracterizado pela disciplina das relações sociais mediantes textos normativos expressos e detalhados, e lhes confere abertura e dinamicidade, no sentido de que não excluem tudo o que não esteja contido nas normas que o compõem e de que podem acompanhar a evolução das relações sociais sem necessidade de intervenção legislativa, respectivamente.

23. *O que é o direito? A moderna resposta do realismo jurídico*, p. 104.

e observados os limites estabelecidos pelo CPC, isto apesar de o art. 899, *caput*, da CLT determinar, expressamente, que somente é permitida a execução provisória até a penhora. Vale mencionar, ainda, que, apesar de o art. 884, § 1º, da CLT restringir, de forma expressa, o conteúdo possível dos embargos à execução, a doutrina e a jurisprudência admitem a ampliação deste conteúdo pela aplicação subsidiária do CPC no processo do trabalho.

O processo será mecanismo de mudança social na medida em que realizar concretamente os direitos assegurados pela ordem jurídica e se apresentar aos olhos dos cidadãos como instrumento adequado a esta realização.

4. AUTONOMIA DO DIREITO PROCESSUAL DO TRABALHO

O direito processual do trabalho é autônomo, na medida em que: a) conta com diplomas legais próprios (*autonomia legislativa*), que formam um corpo normativo organizado em torno de um objeto específico, qual seja, a disciplina da solução dos conflitos de interesses oriundos de relação de trabalho ou a ela conexos e a realização concreta dos direitos assegurados pela ordem jurídica (*autonomia sistemática*[24]); b) possui princípios próprios (*autonomia científica* ou *dogmática*); c) é aplicado por órgãos jurisdicionais especializados (*autonomia jurisdicional*).

O reconhecimento da autonomia de um ramo de direito não é isento de implicações práticas, na medida em que a autonomia "determina a subordinação das normas do direito comum aos princípios próprios da área jurídica especial, quando se preveja a sua aplicação nesta área".[25]

5. AS FUNÇÕES DO DIREITO PROCESSUAL DO TRABALHO

O Direito Processual do Trabalho possui *função social*, qual seja, criar as condições necessárias para a máxima efetividade da jurisdição e do processo do trabalho, por ser esta uma exigência da efetividade do direito do trabalho. Adolfo di Majo alude, inclusive, à existência do *princípio da efetividade*, no sentido de que a garantia da aplicação do direito compreende, "como seu momento necessário e inevitável, também aquele da tutela dos direitos que o ordenamento atribui".[26]

---

24. O processo de autonomização de um ramo de direito pressupõe a precisa individualização do objeto de disciplina das normas que o compõem. Como aduz Maria do Rosário Palma Ramalho, "a autonomização de uma área do direito no universo jurídico é um processo que se inicia com o enquadramento jurídico individualizado dos fenômenos sociológicos de que se ocupam as suas normas, passa pela organização separada e coerente do seu complexo normativo (é a autonomia no plano sistemático), e pode, independentemente da importância da área jurídica em causa, chegar ou não a uma autonomia no plano dogmático ou dos valores" (*Da autonomia dogmática do direito do trabalho*, p. 152).
25. Maria do Rosário Palma Ramalho. *Da autonomia dogmática do direito do trabalho*, p. 411-412.
26. *La tutela civile dei diritti*, p. 4.

Para cumprir esta sua relevante função social, o Direito Processual do Trabalho deve: a) criar mecanismos que facilitem o acesso à justiça e, por meio deste, o acesso aos direitos assegurados pela ordem jurídica não respeitados espontaneamente; b) simplificar formas e procedimentos, facilitando a participação das partes no processo e a solução do conflito de interesses levado ao Judiciário; c) adequar o processo às particularidades e exigências próprias do direito deduzido em juízo; d) facilitar a solução do mérito da demanda e a satisfação do direito reconhecido em título executivo em prazo razoável, para que a utilidade, individual e social, do direito assegurado pela ordem jurídica não se perca ou esvazie com o tempo;[27] e) fazer com que o acesso à justiça e a solução dos conflitos de interesses levados ao Poder Judiciário ocorram com o menor esforço e custo possível; f) assegurar a máxima eficácia das decisões judiciais.

O processo do trabalho, realizando concretamente os direitos decorrentes da relação de emprego, dentre os quais vários têm a natureza de *direito fundamental* e de *direito humano*, serve à dignidade humana, bem como à justiça social, cidadania e democracia,[28] sendo relevante mencionar que "da justiça de cada um nasce a paz para todos".[29]

Anote-se que a Justiça do Trabalho foi instituída para solucionar conflitos de interesses entre empregados e empregadores, isto é, conflitos oriundos da relação de emprego.

Fiel a esta finalidade, a Constituição da República de 1988 dispunha, no art. 114, que à Justiça do Trabalho competia o julgamento dos dissídios entre trabalhadores e empregadores e, na forma da lei, de outras controvérsias decorrentes da relação de trabalho. Contudo, a Emenda Constitucional n. 45, de 8 de dezembro de 2004, conferiu nova redação ao art. 114 da Constituição Federal, atribuindo à Justiça do Trabalho a competência para processar e julgar as ações oriundas da relação de trabalho (inciso I do art. 114).

Em suma, à Justiça do Trabalho foi originalmente atribuída competência para julgar conflitos de interesses decorrentes da *relação de emprego*, mas a Emenda Constitucional citada a ela atribuiu a competência para solucionar conflitos de interesses decorrentes da *relação de trabalho*.

Contudo, a alteração da competência da Justiça do Trabalho não interfere na essência do Direito Processual do Trabalho. O processo do trabalho era e deve

---

27. Prazo razoável é o prazo proporcional à complexidade da demanda submetida ao Poder Judiciário e dos atos a serem praticados. Ao garantir às partes a razoável duração do processo, o constituinte não só impõe o cumprimento dos prazos preestabelecidos, mas indica que, ao fixar prazos, o legislador e o juiz devem atender à complexidade da demanda e dos atos a serem praticados.
28. A relação entre processo do trabalho, dignidade humana, justiça social e democracia será examinada mais adiante, quando tratarmos dos princípios do Direito Processual do Trabalho.
29. Papa João Paulo II, na mensagem para o dia mundial da paz, em 1998.

continuar sendo instrumento de realização prática e de construção diária do direito do trabalho e será valorizado na medida em que seja capaz de fazê-lo. Por força da competência da Justiça do Trabalho estabelecida pela Emenda Constitucional n. 45/2004, o processo do trabalho assume mais um importante papel e desafio, qual seja, o de ser também instrumento de realização prática do direito decorrente da relação de trabalho não subordinado.

A alteração da competência da Justiça do Trabalho exige do Direito Processual do Trabalho, que é único (não existe um Direito Processual do Trabalho voltado à solução de conflitos decorrentes da relação de emprego e, outro, à solução de conflitos decorrentes da relação de trabalho não subordinado), o estabelecimento das condições necessárias para a concretização dos direitos decorrentes das *relações de trabalho*.

É importante ressaltar que:

a) a CLT disciplina a relação de emprego (art. 1º). Com isso, são as regras e princípios que formam o direito do trabalho que guiarão o juiz na solução do mérito dos conflitos decorrentes da relação de emprego, servindo o direito comum como sua fonte subsidiária (art. 8º da CLT), ao passo que, na solução de conflitos oriundos de relação de trabalho não subordinado, o juiz deve aplicar as normas e princípios que regulam a relação jurídica objeto da demanda (art. 593 do Código Civil[30]). O art. 114 da Constituição Federal constitui norma de competência e não estende os direitos decorrentes da relação de emprego aos partícipes de relação de trabalho não subordinado;

b) atribuída à Justiça do Trabalho a competência para julgar dissídios decorrentes de relação de trabalho não subordinado, o juiz deve fazê-lo à luz das regras e princípios que compõem o Direito Processual do Trabalho.

Consoante dispõe o art. 643 da CLT, "Os dissídios oriundos das relações entre empregados e empregadores, bem como os de trabalhadores avulsos e seus tomadores de serviços em atividades reguladas na legislação social, serão dirimidos pela Justiça do Trabalho, de acordo com o presente título e na forma estabelecida pelo processo judiciário do trabalho".[31] O art. 643 da CLT determina, portanto, que se aplique na solução de conflito decorrente de relação de trabalho não subordinado as normas de direito processual do trabalho.

De seu turno, estabelece o art. 1º da Lei n. 5.584/70 que, nos *processos perante a Justiça do Trabalho*, deverão ser observados os princípios nela estabelecidos.

---

30. "A prestação de serviços, que não estiver sujeita às leis trabalhistas ou a lei especial, reger-se-ão pelas disposições desse Capítulo."

31. A expressão *direito judiciário do trabalho* foi há muito abandonada, em favor de Direito Processual do Trabalho.

Processos perante a Justiça do Trabalho são aqueles relativos às ações que tenham por objeto conflitos de interesses que se encontrem sob a jurisdição da Justiça do Trabalho e não apenas os que decorrem de relação de emprego, como resulta do art. 114, I, da Constituição Federal.

Nesse compasso, a natureza da relação jurídica objeto da demanda[32] somente tem influência na definição das normas de direito material a serem aplicadas no exame das pretensões das partes (art. 1º da CLT e art. 593 do Código Civil), não repercutindo no método a ser adotado na solução do litígio.

Somente pela solução do dissídio com aplicação das regras e princípios de Direito Processual do Trabalho é que se justificará a atribuição à Justiça do Trabalho de competência para julgar dissídios decorrentes da relação de trabalho não subordinado.

Nova competência foi atribuída à Justiça do Trabalho porque, aos olhos do legislador, ela se encontra mais bem aparelhada para responder à necessidade de adequada, rápida, econômica e efetiva tutela aos direitos decorrentes da relação de trabalho. Sem dúvida, não se trata de escolher entre juízes (todos são operosos e conscientes de seu dever social) ou simplesmente entre uma Justiça e outra, mas de atribuir a competência a uma Justiça especializada no julgamento de demandas oriundas das relações de trabalho e que se manifesta por meio de um processo com características especiais, que, ainda aos olhos do legislador, permitiriam a melhor resposta à demanda relacionada ao trabalho humano.

A Emenda Constitucional n. 45/2004, como o fizera a CLT ao atribuir à Justiça do Trabalho competência para julgar os dissídios decorrentes de contrato de empreitada, estendeu os benefícios próprios do processo do trabalho a outros trabalhadores em condições de hipossuficiência similar à dos trabalhadores empregados, na esperança de que a Justiça do Trabalho seja capaz de fazer valer as situações de vantagem estabelecidas pelo direito material em favor dos que vivem da prestação de serviços em favor de outrem.

A Instrução Normativa n. 27/2005 do TST enfrentou esta questão e merece aplausos no que comporta à previsão de que:

a) as ações ajuizadas na Justiça do Trabalho tramitarão pelo rito ordinário ou sumaríssimo, salvo as hipóteses de rito especial fixado em lei (art. 1º).[33] É que nada na Emenda Constitucional n. 45/2004 permite afirmar que tenha sido instituído procedimento específico para os dissídios oriundos da relação de trabalho não subordinado. Ademais, os arts. 643 e 763 da CLT e o art. 1º da Lei n. 5.584/70 tornam certo que os procedimentos a serem observados na sua solução

---

32. Ato pelo qual é afirmada em juízo a existência de um direito e requerida a sua confirmação e tutela.

33. A única ressalva, nesse aspecto, diz respeito à ausência de referência ao procedimento sumário (causas de alçada), que se nos afigura injustificável.

são os estabelecidos na CLT e na legislação processual trabalhista extravagante. Observe-se, ainda, que o art. 7º da Emenda Constitucional n. 45/2004 deixa claro que a alteração da competência da Justiça do Trabalho tem por objetivos a facilitação do acesso à justiça e a maior celeridade no julgamento das demandas. Destarte, dispondo a CLT e a legislação processual trabalhista extravagante acerca de procedimentos que, sob a ótica do legislador, atendem àquelas exigências, não há justificativa para adotar, para as ações oriundas da relação de trabalho não subordinado, procedimentos estabelecidos pelo CPC;

b) a sistemática recursal a ser observada é a prevista na CLT, no tocante à nomenclatura, à alçada, aos prazos, às competências (art. 2º, *caput*) e ao preparo (art. 2º, parágrafo único). Com efeito, no Capítulo VI, que trata dos recursos, a CLT não faz qualquer distinção na sistemática recursal a ser observada a partir da natureza jurídica da relação de direito material objeto da demanda (art. 2º);

c) devem ser aplicadas, quanto às custas e os emolumentos, as disposições da CLT (arts. 3º e 4º). Esta solução está em perfeita sintonia com o art. 789 da CLT, que disciplina o pagamento de despesas processuais *nas ações e procedimentos de competência da Justiça do Trabalho*.

À guisa de conclusão, é possível afirmar que:

1) sendo a Justiça do Trabalho uma justiça especializada, o instrumento por meio do qual ela atua (o processo) também deve ser especial, para possibilitar a mais rápida, adequada, justa, econômica, simplificada e efetiva tutela do direito material cuja concretização constitui a sua finalidade. A especificidade do processo do trabalho não beneficia apenas empregados e empregadores, mas a todos aqueles cuja demanda por tutela jurisdicional esteja sujeita à jurisdição da Justiça do Trabalho;
2) foi alterada a natureza jurídica das relações de direito material que podem ser objeto de ação perante a Justiça do Trabalho, mas em nada foi afetado o modo pelo qual a Justiça do Trabalho irá resolver os conflitos de interesses que lhe forem submetidos, servindo o CPC, apenas, como sua fonte subsidiária (art. 769 da CLT) e supletiva (art. 15 do CPC);
3) independentemente da natureza jurídica da relação de direito material objeto da demanda: a reclamação pode ser apresentada verbalmente (art. 840 da CLT); a notificação se faz via postal e sem necessidade de prévia determinação do juiz (art. 841 da CLT); antes de colhida a defesa, deve ser tentada a conciliação (arts. 746 e 846 da CLT); a resposta do reclamado deve ser apresentada, em regra, verbalmente, em audiência, sendo nesta instruída, debatida e julgada a causa (arts. 848, 849, 850 e 857 da CLT); o não comparecimento do reclamante à audiência importa arquivamento da reclamação e o do reclamado, revelia e confissão (art.

844 da CLT); os dissídios individuais cujo valor não ultrapasse, na data do ajuizamento, 40 (quarenta) salários mínimos, ficam sujeitos ao procedimento sumaríssimo (art. 852-A da CLT).

Registre-se, por fim, que o direito processual, inclusive o do trabalho, está em constante evolução, inclusive em relação às suas funções.

Nesse sentido, quem frequenta a Justiça do Trabalho logo percebe que o processo do trabalho atua, basicamente, após a lesão a um direito e visando à sua reparação, situação em que desempenha *função reparatória*.

Não se pode olvidar, ainda, a atuação do processo no sentido de inibir o ilícito, ou seja, evitar que ele ocorra ou se repita. Aparece, neste contexto, a *função inibitória* do processo do trabalho.

Contudo, o processo do trabalho tem sido chamado a desempenhar uma nova função, que é a *função reconstrutiva* da ordem jurídica.

A função reconstrutiva do processo do trabalho se apresenta, principalmente, no enfrentamento de uma das mais caras diretrizes da teoria da flexibilização do Direito do Trabalho, que é a tentativa de desconstruir o Direito do Trabalho por meio da negociação coletiva.

É que, com esteio na atribuição aos sindicatos e empresas do poder para, por meio da negociação coletiva, participar da construção do direito do trabalho, o que se verifica, em várias situações, é que ela também tem servido à sua desconstrução (desconstrução negociada do direito do trabalho), operando-se verdadeira apropriação de um dos instrumentos de luta do trabalhador, que é a sua força coletiva, pelo capital.

À negociação coletiva, que tem como função principal a melhoria da condição social dos trabalhadores, têm sido atribuídas novas funções, que são destacadas em relatório coordenado por Alain Supiot, elaborado a partir do exame da legislação, doutrina e jurisprudência europeias e destinado à Comissão das Comunidades Europeias, dentre as quais: a) *função de flexibilização*: a negociação coletiva serve de instrumento voltado à "adaptação das condições de trabalho às necessidades de competitividade e flexibilidade das empresas", apresentando-se como "uma *alternativa* à aplicação da lei"; b) *função de instrumento de gestão da empresa*: a negociação funciona como um "instrumento de colaboração nas mudanças e organização do trabalho".[34]

É neste contexto que se manifesta a função reconstrutiva do processo do trabalho, que é desempenhada, especialmente, nas ações declaratórias de nulidade de cláusulas de convenções e acordos coletivos do trabalho e que tem como parâmetro a reafirmação de que o Direito do Trabalho estabelece condições de trabalho

---

34. *Au-delà de l'emploi:* transformation du travail et devenirdu droit du travail en Europe, p. 141-146.

voltadas à promoção e tutela da dignidade humana, servindo esta, portanto, como parâmetro e limite para as decisões tomadas no âmbito da negociação coletiva.

Não é à toa, portanto, que a reforma trabalhista adotou, por meio do § 3º do art. 8º da CLT, a regra da intervenção mínima do Poder Judiciário na autonomia da vontade coletiva.

É próprio do direito processual a sua adaptação às novas realidades e exigências sociais, inclusive em relação ao tipo de resposta que pode dar àqueles que recorrem à Justiça do Trabalho. Neste compasso, Augusto Mario Morello chama a atenção para a necessidade de acomodar o direito processual "às novas realidades e exigências da complexa e desafiante litigação da atualidade, que, sem cessar, pressiona o arsenal das técnicas do processo a fim de que, *a outro ritmo, custo e funcionalidade*, alcancem resultados adequados e oportunos".[35] A espada, que constitui um dos símbolos da justiça, serve para abrir caminho para novas respostas e soluções, reparatórias, inibitórias e reconstrutivas.

6. NORMA PROCESSUAL NO TEMPO E NO ESPAÇO

Criada uma norma processual, cumpre fixar o momento a partir do qual a sua observância passa a ser obrigatória (início de vigência), os seus efeitos sobre os processos findos e em curso (aplicação imediata ou retroatividade) e o término de sua vigência (revogação). Essas são questões relacionadas com a *eficácia temporal das normas processuais*.[36]

Em relação à norma processual é também indispensável definir a sua aplicação no espaço, isto é, a sua *eficácia espacial*, que diz respeito ao lugar em que ela pode ser invocada como regente de determinada relação jurídica.

A propósito da eficácia da lei processual no tempo, cumpre mencionar que a lei processual trabalhista: a) começa a vigorar em todo o país quarenta e cinco dias depois de sua publicação (*vacatio legis*), salvo se outro prazo for nela estabelecido (art. 1º da Lei de Introdução às Normas do Direito Brasileiro – LINDB); b) não se destinando à vigência temporária (prazo de vigência fixado na própria lei), terá vigor até que outra a modifique ou a revogue (art. 2º da LINDB); c) não perde vigência por desuso ou costume, somente podendo ser modificada ou revogada por outra lei (art. 2º da LINDB).

A eficácia temporal da norma processual suscita algumas questões, indicando a doutrina três critérios para enfrentá-las: 1) **unidade processual**: o processo, embora constituído por uma série de atos, é uno, e deve ser disciplinado por uma

---

35. *Opciones procesuales en supuestos dudosos*. In: *Opciones e alternativas en el derecho procesal*, p. 103.
36. A eficácia da norma jurídica pode ser considerada em termos jurídicos (*eficácia jurídica*: possibilidade de aplicação da norma) e sociais (*eficácia social*: aplicação real no caso de não observância — realização coativa — ou cumprimento espontâneo da norma pelos seus destinatários — realização espontânea).

única norma, que é a vigente quando da sua instauração; 2) **fases processuais:** o processo é dividido em fases e deve ser respeitada a norma vigente quando do desenvolvimento de cada uma delas, ou seja, a norma nova somente é aplicável nas fases processuais iniciadas após a sua entrada em vigor, sendo as fases antecedentes inteiramente regidas pela norma revogada; 3) **isolamento dos atos processuais:** o processo é constituído por uma série de atos e cada um deles deve ser regido pela norma vigente quando de sua realização.

Os três critérios propostos pela doutrina para a solução das questões relacionadas com a aplicação da norma processual no tempo possuem em comum o reconhecimento da **irretroatividade das normas processuais.**

O CPC e a CLT adotam a doutrina do isolamento dos atos processuais.

Neste sentido, o CPC prevê, em seu art. 14, que "a norma processual não retroagirá e será aplicada imediatamente aos processos em curso, respeitados os atos processuais praticados e as situações jurídicas consolidadas sob a vigência da norma revogada", e, no art. 1.046, que, ao entrar em vigor, as suas disposições se aplicarão desde logo aos processos pendentes.

No mesmo compasso, o art. 912 da CLT dispõe que "os dispositivos de caráter imperativo terão aplicação imediata às relações iniciadas, mas não consumadas, antes da vigência desta Consolidação".

A irretroatividade das normas, inclusive de natureza processual, é também assegurada pelo art. 5º, XXVI, da Constituição da República, segundo o qual a lei não prejudicará o ato jurídico perfeito e o direito adquirido, o que significa que a lei nova não prejudicará os atos processuais já consumados e os direitos adquiridos processuais.

Portanto, a Lei n. 13.467/17 **não alcança os processos findos e não prejudica os atos processuais já consumados e os direitos adquiridos processuais,** mas, **pelo menos em princípio**, alcança os processos pendentes quando da sua entrada em vigor.

Como foi dito, **pelo menos em princípio**, a Lei n. 13.467/17 é aplicável aos processos pendentes. É que, no exame da questão, cumpre ter presentes o direito à **segurança jurídica** (art. 5º, XXXVI, da Constituição da República), **à não sujeição a decisão surpresa** (arts. 9º e 10 do CPC) e à **proteção da confiança** (art. 927, § 4º, do CPC), registrando que o CPC constitui, nos aspectos em destaque, fonte supletiva do Direito Processual do Trabalho, em especial porque adota posições que estão em perfeita harmonia com o disposto no art. 912 da CLT.

Neste compasso, por exemplo:

a) agride o direito à **segurança jurídica** a possibilidade de, em razão de alteração legislativa, os custos envolvidos na demanda (custas e honorários periciais e advocatícios, por exemplo) serem substancialmente alterados após o ajuizamento da demanda;

b) as partes não podem ser **surpreendidas** com a imposição de custos com os quais não contavam quando do ajuizamento da demanda;

c) deve ser preservada a **confiança** das partes no sentido de que os custos que podem suportar na demanda são apenas aqueles estabelecidos pela ordem jurídica no momento da sua propositura;

d) não é lícito determinar a emenda de petição inicial relativa a demanda sujeita ao procedimento ordinário ajuizada antes da entrada em vigor da Lei n. 13.467/17, para que sejam atribuídos valores aos pedidos e, principalmente, extinguir o processo sem julgamento de mérito em razão de não ter sido conferido valor aos pedidos, visto que os requisitos da petição inicial são aqueles estabelecidos pela lei na data da propositura da demanda;

e) não é lícito exigir complemento de depósito recursal no caso de agravo de instrumento aforado antes da entrada em vigor da Lei n. 12.275/10, que impôs a sua realização.

Quanto à proteção da confiança, releva assinalar que a mutação das normas jurídicas é inerente à constante evolução da sociedade, diante do caráter cultural e histórico do Direito, o que, no entanto, não autoriza desconsiderar que as normas jurídicas servem de parâmetro para a conduta dos que participam da vida social, criando legítimas expectativas de validade e eficácia dos atos praticados sob a égide da lei revogada, inclusive no que diz respeito à definição dos custos do processo.

Mas, antes da entrada em vigor da Lei n. 13.467/17, a condenação ao pagamento de honorários advocatícios no processo do trabalho estava limitada às situações previstas na Lei n. 5.584/70 e Súmula 219 do TST e à parte beneficiada pela justiça gratuita não era imposta a obrigação de pagar custas no caso de arquivamento do processo em razão da sua ausência da audiência e honorários periciais, caso fosse vencida na pretensão que deu ensejo à produção da prova pericial, valendo acrescentar, ainda, a existência, na CLT, de regra segundo a qual o **vencido** pagaria as custas no processo de conhecimento, o que afastava a possibilidade de reconhecimento da sucumbência recíproca no processo do trabalho (art. 789, § 1º). Deste modo, não se pode negar que **é legítima a confiança das partes no sentido de que os custos que podem suportar no processo são aqueles definidos no momento da propositura da demanda.**

Recorde-se que, como assinala Miguel Carlos Teixeira Patrício, os custos do processo "são também um elemento importante na decisão das partes quanto o rumo do processo"[37]. Esta **decisão** deve ser preservada, por força do direito à segurança jurídica, de não ser submetido à decisão surpresa e à proteção da confiança.

---

37. *Análise económica da litigância*, p. 49.

Os custos do processo, ainda consoante Miguel Carlos Teixeira Patrício, atuam como um filtro, que pode "fomentar ou desencorajar a litigância através [...] do montante dos custos judiciais de propositura".[38] Este **filtro**, em razão do direito à segurança jurídica, de não ser submetido à decisão surpresa e à proteção da confiança, é aquele realizado no momento da propositura da demanda. Dito de outra forma, **as situações jurídicas já consolidadas a serem respeitadas pela lei nova abarcam a fixação dos custos da demanda definidos no momento da propositura da demanda.**

Cândido Rangel Dinamarco, após assinalar que a Constituição e a lei processual civil impõem a preservação das situações consumadas, chama a atenção para a "exacerbação da regra de *aplicação imediata da lei processual*, como se no processo inexistissem ou fossem menos dignas de preservação as *situações jurídicas consumadas* que a Constituição e a lei querem preservar" (*Instituições de direito processual civil*, p. 182, v. I).

É exatamente contra esta **exacerbação da aplicação imediata da lei processual** que se colocam o direito à segurança jurídica, à não submissão a decisão surpresa e à proteção da confiança.

Não se desconhece a tese segundo a qual os efeitos da sucumbência são definidos no momento da prolação da decisão. No entanto, esta regra não se aplica quando a hipótese não é de **simples alteração dos critérios para a definição dos ônus da sucumbência**, mas, como se deu por meio da Lei n. 13.467/17, de **introdução, no sistema processual, da própria regra da sucumbência.** Vale lembrar, inclusive, que, embora o CPC e a CLT adotem a doutrina do isolamento dos atos processuais, **existem no ordenamento jurídico situações em que foi consagrada a doutrina da unidade do processo**, como se deu, por exemplo, por meio da Lei n. 11.101/05, segundo a qual os processos de falência ou de concordada instaurados antes de sua entrada em vigor deveriam ser concluídos sob regência do Decreto-Lei n. 7.661/45 (art. 192), o mesmo podendo ser verificado no próprio CPC de 2015, quando dispõe, no art. 1.046, § 1°, que as disposições do CPC de 1973 relativas ao procedimento sumário e aos procedimentos especiais que foram revogadas aplicar-se-ão às ações propostas e não sentenciadas até o início da vigência do CPC de 2015. Assim, o próprio ordenamento jurídico tempera a regra da aplicação imediata da lei nova aos processos pendentes, **o que demonstra que a regra da aplicação imediata da lei processual não é absoluta.**

Deste modo, conclui-se que **a Lei n. 13.467/17 é aplicável aos processos pendentes quando da sua entrada em vigor, mas a sua aplicação não permite atribuir às partes custos que não poderiam prever no momento da propositura**

38. *Análise económica da litigância*, p. 49.

da demanda, vez que decisão em sentido contrário viola o direito à segurança, à não sujeição a decisão surpresa e à proteção da confiança.

Menção especial merece a questão da aplicação da lei processual no tempo em relação aos **recursos e aos prazos processuais.**

A CLT, tratando dos efeitos da sua entrada em vigor na fase recursal, dispõe, no art. 915, que não seriam prejudicados os **recursos** interpostos com apoio em dispositivos alterados ou cujo prazo de interposição esteja em curso à data da vigência da CLT. De acordo com este dispositivo legal, o recurso é regido, no que compete ao seu cabimento e admissibilidade, pela norma vigente na data da publicação da decisão recorrida, momento em que surge o direito à sua impugnação, aplicando-se a lei nova, portanto, apenas em relação ao procedimento a ser seguido no seu julgamento.

Por outro lado, dispõe a CLT, no art. 916, que os **prazos** de prescrição nela fixados começariam a correr da data da sua entrada em vigência, quando fossem menores do que os previstos pela legislação anterior (**em suma, a situação das partes no processo não pode ser prejudicada pela lei nova, exatamente como é aqui sustentado em relação aos ônus da sucumbência**). Por mera consequência, o *prazo prescricional maior* estabelecido em lei nova deverá ser observado, o que, a nosso juízo, alcança todos **prazos processuais**, razão pela qual:

1) se a lei em vigor na data da publicação da decisão fixa em oito dias o prazo para impugná-la por meio de recurso e, vencido esse prazo, uma nova lei dilatar o prazo para quinze dias, prevalece a lei revogada, na medida em que, no momento da entrada em vigor da lei nova, a parte já deixara operar a preclusão do seu direito de impugnar a decisão por meio de recurso;
2) se a lei vigente quando da publicação da decisão prevê o prazo de oito dias para impugnar a decisão por meio de recurso e, no curso desse prazo, uma nova lei o dilata para quinze dias, a lei nova prevalecerá sobre a anterior, de forma que se aplica "o preceito novo somando-se o lapso já fluído sob a lei revogada ao saldo dilatado", consoante anota Galeno Lacerda.[39]

Esta última solução também é aplicável na contagem de prazo em dias corridos, segundo a norma antiga, e, em dias úteis, consoante a lei nova, ou seja, **o prazo em curso na data da entrada em vigor da Lei n. 13.467/17 passa a ser contado em dias úteis**, observando que, se a contagem do prazo tem início após a entrada em vigência da Lei n. 13.467/17, a sua contagem deve ser realizada em dias úteis.

Anote-se que, na linha do raciocínio empreendido, sendo interpostos embargos de declaração antes da vigência da Lei n. 13.467/17 e proferido julgamento

---

39. *O novo direito processual civil e os efeitos pendentes*. 1974, p. 91.

a respeito deles depois da sua entrada em vigor, o prazo para interposição de eventual recurso será contado em dias úteis.

Cumpre anotar que o TST editou, em 21 de junho de 2017, a Instrução Normativa n. 41, que versa sobre a aplicação da Lei n. 13.467/17 no tempo.

A Exposição de Motivos da referida Instrução Normativa registra que a intenção do TST foi oferecer diretrizes relacionadas com a incidência das leis processuais no tempo, por meio da definição do marco temporal inicial para a aplicação da Lei n. 13.467/17, tendo por parâmetro a necessidade de assegurar o direito adquirido processual, o ato jurídico processual perfeito e a coisa julgada.

Consoante a citada Instrução Normativa:

a) a aplicação das normas processuais previstas na Consolidação das Leis do Trabalho, alteradas pela Lei n. 13.467, de 13 de julho de 2017, com eficácia a partir de 11 de novembro de 2017, é imediata, sem atingir, no entanto, situações pretéritas iniciadas ou consolidadas sob a égide da lei revogada (art. 1º), o que não merece reparos, pelas razões acima expostas;

b) o fluxo da prescrição intercorrente conta-se a partir do descumprimento da determinação judicial a que alude o § 1º do art. 11-A da CLT, desde que feita após 11 de novembro de 2017 (art. 2º). A prescrição intercorrente será objeto de análise mais adiante;

c) a obrigação de formar o litisconsórcio necessário a que se refere o art. 611-A, § 5º, da CLT dar-se-á nos processos iniciados a partir de 11 de novembro de 2017 (art. 3º);

d) o art. 789, *caput*, da CLT aplica-se nas decisões que fixem custas, proferidas a partir da entrada em vigor da Lei nº 13.467/2017 (art. 4º), o que, *data venia*, não se justifica, pelos motivos acima expostos;

e) o art. 790-B, *caput* e §§ 1º a 4º, da CLT, não se aplica aos processos iniciados antes de 11 de novembro de 2017 (art. 5º);

f) na Justiça do Trabalho, a condenação em honorários advocatícios sucumbenciais, prevista no art. 791-A, e parágrafos, da CLT, será aplicável apenas às ações propostas após 11 de novembro de 2017. Nas ações propostas anteriormente, subsistem as diretrizes do art. 14 da Lei nº 5.584/1970 e das Súmulas nos 219 e 329 do TST (art. 6º). Esta questão será examinada mais adiante;

g) os arts. 793-A, 793-B e 793-C, § 1º, da CLT têm aplicação autônoma e imediata (art. 7º). Como será visto mais adiante, a litigância de má-fé já poderia ser punida com esteio no Código Processo Civil;

h) a condenação de que trata o art. 793-D, *caput*, da CLT, aplica-se apenas às ações ajuizadas a partir de 11 de novembro de 2017 (art. 8º);

i) o art. 793-C, §§ 2º e 3º, da CLT tem aplicação apenas nas ações ajuizadas a partir de 11 de novembro de 2017(art. 9º), o mesmo ocorrendo com o disposto no *caput* do art. 793-D (art. 10), observando-se que, após a colheita da prova oral, a aplicação de multa à testemunha dar-se-á na sentença e será precedida de instauração de incidente mediante o qual o juiz indicará o ponto ou os pontos controvertidos no depoimento, assegurados o contraditório, a defesa, com os meios a ela inerentes, além de possibilitar a retratação (art. 10, parágrafo único).

A punição da testemunha, portanto, pressupõe a instauração de incidente específico, no qual são assegurados o contraditório e a defesa, com os meios a ela inerentes, além de possibilitar a retratação. A punição deverá, ainda, constar da sentença, o que implica que, instaurado o incidente, o processo ficará suspenso até a sua conclusão;

j) a exceção de incompetência territorial, disciplinada no art. 800 da CLT, é imediatamente aplicável aos processos trabalhistas em curso, desde que o recebimento da notificação seja posterior a 11 de novembro de 2017 (art. 11). O tema será examinado mais adiante;

k) os arts. 840 e 844, §§ 2º, 3º e 5º, da CLT, com as redações dadas pela Lei nº 13.467, de 13 de julho de 2017, não retroagirão, aplicando-se, exclusivamente, às ações ajuizadas a partir de 11 de novembro de 2017 (art. 12). Tais dispositivos legais serão examinados quando tratarmos do procedimento ordinário, mais adiante;

l) aplica-se o disposto no art. 843, § 3º, da CLT somente às audiências trabalhistas realizadas após 11 de novembro de 2017 (art. 12, § 1º);

m) para fim do que dispõe o art. 840, §§ 1º e 2º, da CLT, o valor da causa será estimado, observando-se, no que couber, o disposto nos arts. 291 a 293 do Código de Processo Civil (art. 12, § 2º). Ao tema retornaremos mais adiante, observando-se que a hipótese não é de valor da causa, mas dos pedidos;

n) nos termos do art. 843, § 3º, e do art. 844, § 5º, da CLT, não se admite a cumulação das condições de advogado e preposto (art. 12, § 3º);

o) a partir da vigência da Lei nº 13.467/2017, a iniciativa do juiz na execução de que trata o art. 878 da CLT e no incidente de desconsideração da personalidade jurídica a que alude o art. 855-A da CLT ficará limitada aos casos em que as partes não estiverem representadas por advogado (art. 13). Desta questão trataremos mais adiante;

p) a regra inscrita no art. 879, § 2º, da CLT, quanto ao dever de o juiz conceder prazo comum de oito dias para impugnação fundamentada da conta de liquidação, não se aplica à liquidação de julgado iniciada antes de 11 de novembro de 2017 (art. 14);

q) o prazo previsto no art. 883-A da CLT, para as medidas de execução indireta nele especificadas, aplica-se somente às execuções iniciadas a partir de 11 de novembro de 2017(art. 15);

r) o art. 884, § 6º, da CLT aplica-se às entidades filantrópicas e seus diretores, em processos com execuções iniciadas após 11 de novembro de 2017 (art. 16);

s) o incidente de desconsideração da personalidade jurídica, regulado pelo CPC (artigos 133 a 137), aplica-se ao processo do trabalho, com as inovações trazidas pela Lei nº 13.467/2017 (art. 17). Este tema será objeto de exame específico mais adiante;

t) o dever de os Tribunais Regionais do Trabalho uniformizarem a sua jurisprudência faz incidir, subsidiariamente ao processo do trabalho, o art. 926 do CPC, por meio do qual os Tribunais deverão manter sua jurisprudência íntegra, estável e coerente (art. 18), observando que:

t.1. Os incidentes de uniformização de jurisprudência suscitados ou iniciados antes da vigência da Lei nº 13.467/2017, no âmbito dos Tribunais Regionais do Trabalho ou por iniciativa de decisão do Tribunal Superior do Trabalho, deverão observar e serão concluídos sob a égide da legislação vigente ao tempo da interposição do recurso, segundo o disposto nos respectivos Regimentos Internos (art. 18, § 1º);

t.2. aos recursos de revista e de agravo de instrumento no âmbito do Tribunal Superior do Trabalho, conclusos aos relatores e ainda não julgados até a edição da Lei nº 13.467/17, não se aplicam as disposições contidas nos §§ 3º a 6º do artigo 896 da Consolidação das Leis do Trabalho (art. 18, § 2º);

t.3. as teses jurídicas prevalecentes e os enunciados de Súmulas decorrentes do julgamento dos incidentes de uniformização de jurisprudência suscitados ou iniciados anteriormente à edição da Lei nº 13.467/2017, no âmbito dos Tribunais Regionais do Trabalho, conservam sua natureza vinculante à luz dos arts. 926, §§ 1º e 2º, e 927, III e V, do CPC (art. 18, § 3º);

u) o exame da transcendência seguirá a regra estabelecida no art. 246 do Regimento Interno do Tribunal Superior do Trabalho, incidindo apenas sobre os acórdãos proferidos pelos Tribunais Regionais do Trabalho publicados a partir de 11 de novembro de 2017, excluídas as decisões em embargos de declaração (art. 19);

v) as disposições contidas nos §§ 4º, 9º, 10 e 11 do artigo 899 da CLT, com a redação dada pela Lei nº 13.467/2017, serão observadas para os recursos interpostos contra as decisões proferidas a partir de 11 de novembro de 2017 (art. 20).

6.1. Quanto à eficácia espacial da norma, cumpre esclarecer que a norma de direito processual tem eficácia no território do Estado que a editou (*princípio da territorialidade*).

Contudo, embora adote o princípio da territorialidade, o ordenamento jurídico pátrio admite a incidência de normas estrangeiras no território nacional. Com efeito, de acordo com o art. 13 da Lei de Introdução às Normas do Direito Brasileiro, "a prova dos fatos ocorridos no estrangeiro rege-se pela lei que nele vigorar, quanto ao ônus e aos meios de produzir-se", mas ao juiz brasileiro é vedado admitir "provas que a lei brasileira desconheça".[40]

Para Cândido Rangel Dinamarco, "prevalece a lei processual brasileira para a realização de atos processuais no Brasil, ainda que estrangeiras as partes e mesmo que se trate de julgar sobre fatos ocorridos no exterior ou mediante a imposição de normas estrangeiras de direito material (art. 337 do CPC). Fatos ocorridos no estrangeiro podem ser objeto de julgamento pelo juiz brasileiro, sempre que dotado de competência internacional; no sistema brasileiro, a nacionalidade das partes é irrelevante para a determinação dessa competência (CPC, arts. 88-89)".[41]

O julgamento envolvendo fatos ocorridos no exterior pelos juízes e tribunais do trabalho brasileiros é autorizado pelo art. 651, § 2º, da CLT, que será examinado mais adiante, quanto tratarmos da organização da Justiça do Trabalho.

Consoante a jurisprudência sedimentada pela Súmula n. 207 do TST, "A relação jurídica trabalhista é regida pelas leis vigentes no país da prestação do serviço e não por aquelas do local da contratação". Sob o prisma desta Súmula, apesar de a demanda ser julgada no Brasil, aplicam-se as normas de direito material vigente no local do cumprimento do contrato na definição dos direitos e obrigações de trabalhador contratado no Brasil para trabalhar no exterior.

A situação dos trabalhadores contratados no Brasil ou transferidos para prestar serviços no exterior era disciplinada pela Lei n. 7.064/82, que, conforme previa o seu art. 1º, somente alcançava os empregados de empresas prestadoras de serviços de engenharia, inclusive consultoria, projetos e obras, montagens, gerenciamento e congêneres.

Contudo, a Lei n. 11.962/09 conferiu nova redação ao art. 1º da Lei n. 7.064/82, que passa a dispor que são por ela alcançados os "trabalhadores contratados no Brasil ou transferidos por seus empregadores para prestar serviço no exterior", o que implica dizer que por ela passaram a ser beneficiados todos os trabalhadores brasileiros contratados no Brasil para trabalhar no exterior. Esta alteração legislativa culminou no cancelamento da Súmula n. 207 do TST. É que, conforme o art. 3º-A da Lei n. 7.064/82, "A empresa responsável pelo contrato de trabalho do empregado transferido assegurar-lhe-á, independentemente da observância da legislação do local da execução dos serviços: I — os direitos previstos nesta Lei; II — a aplicação da legislação brasileira de proteção ao trabalho, naquilo que não for incompatível com o disposto nesta Lei, quando mais favorável do que a legislação territorial, no conjunto de normas e em relação a cada matéria".

Cumpre mencionar, ainda, que, conforme o art. 9º do Decreto-Lei n. 4.657/42 (Lei de Introdução às Normas do Direito Brasileiro), "Para qualificar e reger as

---

40. Prova que a lei brasileira *desconheça* é aquela por ela considerada ilícita.
41. *Instituições de direito processual civil*, v. I, p. 91.

obrigações, aplicar-se-á a lei do país em que se constituírem", o que também não era observado pela Súmula em questão.

Em relação aos atos processuais praticados no exterior com reflexos no Brasil, "o mesmo princípio da territorialidade da lei processual, que impede a imposição desta além-fronteiras, conduz ao reconhecimento da validade desses atos quando obedientes à lei do país em que foram realizados e compatíveis com a ordem pública brasileira".[42]

7. CONFLITO ENTRE NORMAS. HIERARQUIA DAS FONTES DO DIREITO PROCESSUAL DO TRABALHO

Diante do grande número de normas que disciplinam a solução judicial dos conflitos de interesses de natureza trabalhista, é intuitiva a possibilidade de conflitos entre tais normas.

O art. 2º da Lei de Introdução às Normas do Direito Brasileiro estabelece vários critérios voltados à solução de conflito entre normas: a) *hierárquico*: no conflito entre normas de diferentes níveis hierárquicos, prevalece a de nível superior; b) *cronológico*: ocorrendo conflito entre normas do mesmo nível hierárquico, a posterior prevalece sobre a anterior; c) *especialidade*: a norma especial prevalece sobre a norma geral.

À luz do primeiro critério definido pela Lei de Introdução às Normas do Direito Brasileiro, o ordenamento jurídico é composto por normas escalonadas em uma estrutura hierárquica.

No entanto, não existe, no Direito Processual do Trabalho, um critério rígido para definir esta hierarquia.

No Direito Processual do Trabalho deve prevalecer, no caso de conflito entre normas, aquela que favoreça o acesso à justiça, o julgamento do mérito das demandas e a satisfação de direito consubstanciado em título executivo, ou seja, não existe uma hierarquia fixa e previamente definida entre as fontes do Direito Processual do Trabalho, mas uma hierarquia móvel, devendo a definição da norma a ser aplicada ser definido à luz das particularidades do caso concreto, na perspectiva da *melhoria da condição processual do trabalhador*.

8. PRINCÍPIOS DO DIREITO PROCESSUAL DO TRABALHO

Os princípios ganharam especial relevo com o reconhecimento da sua função normativa e a valorização da sua função orientadora da elaboração, interpretação e aplicação de regras jurídicas, o que, em termos do direito processual, permite

42. *Instituições de direito processual civil*, v. I, p. 91.

falar em um verdadeiro *neoprocessualismo*, que corresponde ao direito processual constituído e orientado por princípios.

Acrescente que a definição dos princípios do Direito Processual do Trabalho permite apreender a essência deste ramo do direito processual e, com isto, bem aplicá-lo na solução de casos concretos.

Daí a ênfase conferida ao estudo dos princípios do Direito Processual do Trabalho, com a ressalva de que, ao defini-los, não se tem a pretensão de esgotar o tema. Os princípios que mais adiante serão apontados constituem fruto do diálogo com a doutrina e a jurisprudência trabalhistas, iluminado pela tentativa de definir, com a maior precisão possível, aquilo que constitui a essência do Direito Processual do Trabalho, com vista a um resultado útil, que é definir parâmetros para a solução de casos concretos.

8.1. Conceito e funções dos princípios.

As normas jurídicas constituem gênero, do qual são espécies as regras e os princípios.

Os princípios constituem as diretrizes fundamentais do ordenamento jurídico e[43] possuem função:

a) *normativa*: os princípios orientam, com caráter determinante, a conduta humana na vida social, situação em que atribuem direitos e deveres que lhe são correlatos.

Neste compasso, pode ser dito que os *princípios são diretrizes impositivas de dever-ser* nas relações sociais, ou seja, como aduz Humberto Ávila, os princípios "não são apenas valores cuja realização fica na dependência de meras preferências pessoais (...). Os princípios instituem o dever de adotar comportamentos necessários à realização de um estado de coisas ou, inversamente, instituem o dever de efetivação de um estado de coisas pela adoção de comportamentos a ele necessários".[44] Nesse mesmo sentido, assevera Robert Alexy que "tanto regras quanto princípios são normas, porque ambos dizem o que deve ser";[45]

b) *orientadora da constituição e concretização do ordenamento jurídico*: os princípios servem como ponto de partida e fundamento para a criação,[46] interpretação[47]

---

43. A fundamentalidade dessas diretrizes decorre do fato de definirem a essência do ordenamento jurídico ou de determinado ramo do direito e de servirem de base e justificação para a criação, interpretação e aplicação das regras que o constituem.

44. *Teoria dos princípios*, p. 79-80.

45. *Teoria dos direitos fundamentais*, p. 87.

46. O princípio desempenha *função normogenética* quando atua como fundamento de regras.

47. Trata-se, agora, da *função interpretativa ou hermenêutica* dos princípios.

e aplicação de regras jurídicas e, nesta medida, atuam como *instrumento de proteção contra soluções que os contrariam.*[48]

Portanto, os princípios dirigem e condicionam a atividade do legislador e do intérprete;

c) *unificadora*: orientando a constituição do ordenamento jurídico, os princípios lhe conferem unidade valorativa;[49]

d) *integrativa*: os princípios funcionam como instrumento para o preenchimento de lacunas do direito;

e) *justificadora e legitimante*: os princípios justificam e legitimam opções legislativas e decisões judiciais neles fundamentadas;[50]

f) *constitutiva da justiça*: os princípios constituem valioso instrumento para a realização da justiça no processo (processo justo) e na decisão do caso concreto (decisão justa).

Note-se que os princípios possuem *funções positivas*, visto que impõem dever ser nas relações sociais e orientam a criação, interpretação e aplicação de regras jurídicas, e *funções negativas*, na medida em que limitam e condicionam a atuação do legislador na criação de regras jurídicas e a dos juízes e das partes na sua interpretação e aplicação.

8.2. As fontes dos princípios.

Várias são as fontes dos princípios.

Um princípio pode, por exemplo, ser expressamente consagrado uma regra jurídica. Neste caso, o princípio será, ao mesmo tempo, princípio e regra, como se dá, por exemplo, em relação à dignidade humana na Constituição de 1988.

De outro lado, o princípio pode ser extraído:

a) dos valores que informam a criação de uma regra, de determinado conjunto de regras jurídicas ou do próprio ordenamento jurídico (o ordenamento jurídico não se resume a um conjunto de normas sem um mínimo de coerência entre si, podendo dele ser deduzidas diretrizes adotadas como

48. Pode-se falar, neste sentido, em *função neutralizadora* dos princípios.

49. Com razão, aduz Paulo Valério Dal Pai Morais que os princípios conferem "segurança aos sistemas, outorgando-lhes credibilidade, pois, quando adequadamente utilizados, fazem surgir soluções congruentes, que indicarão a existência de unidade, de convergência, ocorrências essas que demonstram que se configura o requisito da organização, base de qualquer sistema que pretenda perdurar" (*Código de Defesa do Consumidor: o princípio da vulnerabilidade no contrato, na publicidade, nas demais práticas comerciais: interpretação sistemática do direito*, p. 34).

50. Os princípios conferem sentido ao ordenamento jurídico, com o qual devem estar em sintonia as decisões concretas.

fundamentais). Nesta perspectiva, o princípio se apresenta como resultado de um processo de generalização de diretrizes fundamentais extraídas do ordenamento jurídico;

b) dos valores que inspiram determinada sociedade, tais como boa-fé, confiança, igualdade, liberdade, prudência, responsabilidade, segurança, solidariedade, tolerância e verdade. Trata-se de valores extraídos dos modos pelos quais os membros de uma comunidade estabelecem as suas relações e resolvem os problemas concretos nelas surgidos, isto é, da *consciência jurídica coletiva*. Esta consciência jurídica coletiva pode ser deduzida do que Karl Larenz denomina "'formas de comportamento social típico', que são atuadas, em geral, pelos membros de um determinado grupo social";[51]

c) dos valores fundamentais comuns a todos os povos, consagrados em normas de direito internacional ou universal;

d) de um conjunto de princípios e da combinação de princípios, observando Paulo Ferreira da Cunha, a propósito, que os princípios que decorrem de outros princípios são também princípios.[52]

Em suma, os princípios de um ordenamento jurídico são, em sua maioria, o que Robert Alexy denominou "normas desenvolvidas".[53]

8.3. A existência de princípios específicos do Direito Processual do Trabalho. A transcendência econômica, humana, social e política do Direito do Trabalho e o Direito Processual do Trabalho.

A ordem jurídica atribui aos trabalhadores vários direitos, dentre os quais muitos têm a natureza de direitos fundamentais (*direitos fundamentais trabalhistas*) e humanos (*direitos humanos trabalhistas*), ou seja, de direitos inerentes à dignidade humana. Os direitos fundamentais e humanos trabalhistas são direitos inerentes à dignidade humana, não no sentido de que o fato de ser o trabalhador um ser humano assegura, por si só, o seu gozo, mas no de que o seu gozo constitui uma exigência da dignidade humana (a titularidade concreta de um direito só se dá com o acesso real aos bens que eles asseguram).

Aos direitos trabalhistas correspondem, em regra, créditos de caráter alimentar, posto que é com a remuneração que recebem pelo seu trabalho que os trabalhadores adquirem os meios necessários ao atendimento de suas necessidades próprias e familiares, inclusive as relacionadas com a sua sobrevivência física.

---

51. *Metodologia da ciência do direito*, p. 660.
52. *Fundamentos da república e dos direitos fundamentais*, p. 83.
53. *Teoria dos direitos fundamentais*, p. 109.

Direitos fundamentais, direitos humanos e créditos de caráter alimentar exigem uma jurisdição e um processo diferenciados, ou seja, que sejam aptos a assegurar a sua adequada, tempestiva, econômica e efetiva tutela.

Não se pode olvidar, ainda, o significado do próprio Direito do Trabalho, ao qual cumpre ao direito processual do trabalho conferir efetividade.

O Direito do Trabalho é composto pelo conjunto de normas que disciplinam a relação de emprego, no seu aspecto individual (contrato individual de trabalho e condições de trabalho: direito individual do trabalho) e coletivo (relações coletivas de trabalho: direito coletivo do trabalho), com a finalidade de proteger e promover a dignidade humana daqueles que dependem da alienação da sua força de trabalho para garantir o atendimento de suas necessidades próprias e familiares e tendo como funções primordiais a realização da justiça social, cidadania e da democracia.

O estudo do Direito Processual do Trabalho não pode deixar de partir do registro da sua finalidade primeira, que é a de criar o instrumental processual capaz de assegurar a tutela adequada e efetiva dos direitos decorrentes da relação de emprego. O Direito Processual do Trabalho serve ao Direito do Trabalho, na medida em que atua como instrumento de sua realização concreta, quando não atuado espontaneamente.

Neste sentido, não se pode perder de vista a transcendência econômica, humana, social e política do Direito do Trabalho.

O Direito do Trabalho possui:

a) **transcendência econômica**: os direitos que o Direito do Trabalho reconhece aos trabalhadores visam assegurar o acesso aos bens necessários para a sua sobrevivência própria e familiar. A transcendência econômica destes direitos conduz ao reconhecimento do seu caráter alimentar e à atribuição de natureza superprivilegiada aos créditos a eles correspondentes (art. 100, § 1º, da Constituição e art. 186 do Código Tributário Nacional);

b) **transcendência humana**: a finalidade fundamental do Direito do Trabalho é proteger e promover a dignidade humana daqueles que dependem da alienação da sua força de trabalho e da manutenção do contrato de trabalho para atender às suas necessidades próprias e familiares.

O Direito do Trabalho não visa apenas garantir a sobrevivência do trabalhador, vez que busca assegurar o acesso a bens indispensáveis para uma vida conforme a dignidade humana, cumprindo esclarecer que, como aduz Joaquim Herrera Flores, "falar de dignidade humana não implica falar de um conceito ideal ou abstrato. A dignidade humana é um fim material. Um objetivo que se concretiza no acesso igualitário e generalizado aos bens que fazem com que a vida seja 'digna' de ser vivida (...). A dignidade consiste na obtenção de acesso igualitário aos bens tanto materiais como imateriais que se foram conseguindo no constante processo de humanização do ser humano (...). Viver com dignidade (...) em termos materiais significa gerar processos igualitários de acesso aos bens materiais e imateriais que conformam o valor da 'dignidade humana'";[54]

c) **transcendência social**: o trabalho humano é um dos fatores de produção de riqueza e da distribuição desta riqueza devem participar, da forma mais equitativa possível, todos aqueles que para ela contribuem. Desse modo, uma das funções primordiais do Direito do Trabalho é a distribuição da riqueza gerada pelo trabalho humano, o que lhe atribui a condição de instrumento de realização da justiça social, entendida esta como garantia de participação de todos nos benefícios do progresso econômico, político, social e cultural;

d) **transcendência política**: o Direito do Trabalho procura criar as condições econômicas (estabelecimento de condições materiais de liberdade como exigência da possibilidade real de participação – acesso a bens que libertem da dependência econômica extrema) e jurídicas (estabelecimento de instrumentos de participação e reconhecimento da classe trabalhadora como agente social) necessárias para a participação dos trabalhadores na tomada de decisões de política econômica e social, observando-se que não há como conceber o Direito do Trabalho fora do contexto da ação política, notadamente porque a definição do seu alcance e conteúdo é uma decisão política.[55]

Em suma, a relação de trabalho traduz a troca de trabalho por salário condicionada pela tutela e promoção da dignidade humana do trabalhador, realização da justiça social e construção da democracia, o que encontra respaldo na Constituição da República de 1988, como resulta do art. 1º, III, IV, que inclui a dignidade humana e o valor social do trabalho dentre os fundamentos da República, art. 1º, parágrafo único, que adota a democracia como regime de governo, art. 3º, I, III e IV, que define a construção de uma sociedade livre, justa e solidária, a erradicação da pobreza, a redução das desigualdades sociais e a promoção do bem de todos

---

54. La complejidad de los derechos humanos: bases teóricas para uma definición crítica. *Revista de Filosofia del Derecho Internacional y de la Política Global*. Disponível em: <http:www.juragentium.unifi.it/es/surveys/rights/herrera/indez.htm>. Sob este prisma, ofender a dignidade humana do trabalhador significa a ele negar os bens materiais e imateriais que conformam o valor da dignidade humana.

55. Daí a crítica que merece a doutrina segundo a qual é ilícita a greve política, valendo lembrar que, como adverte Joaquim Herrera Flores, "recuperar o político não consiste em entender a política como a busca de um melhor ou pior sistema de governo. Esta perspectiva reduz a ação pública a uma mera gestão de crises. O político é uma atividade compartilhada com outros na hora de criar mundos alternativos ao existente. A dignidade do político não reside unicamente na gestão, mas, também, na criação de condições para o desenvolvimento das potencialidades do ser humano" (La complejidad de los derechos humanos: bases teóricas para uma definición crítica. *Revista de Filosofia del Derecho Internacional y de la Política Global*. Disponível em: <http:www.juragentium.unifi.it/es/surveys/rights/herrera/indez.htm>). Este doutrinador acrescenta que é indispensável adquirir o poder político e legislativo necessário para "estabelecer sistema de garantias (econômicas, políticas, sociais e, sobretudo, jurídicas) que comprometam as instituições nacionais e internacionais ao cumprimento do que foi alcançado por meio das lutas pela dignidade humana de todas e de todos" (La complejidad de los derechos humanos: bases teóricas para uma definición crítica. *Revista de Filosofia del Derecho Internacional y de la Política Global*. Disponível em: <http:www.juragentium.unifi.it/es/surveys/rights/herrera/indez.htm>). A ação política, portanto, é indispensável ao Direito do Trabalho enquanto direito voltado à tutela e promoção da dignidade humana.

como objetivos fundamentais da República, art. 7º, *caput*, que legitima a luta pela melhoria da condição social dos trabalhadores, art. 7º, XXVI, que considera constituir direito dos trabalhadores o reconhecimento das convenções coletivas de trabalho e dos acordos coletivos de trabalho, art. 8º, que assegura a liberdade de associação profissional ou sindical, art. 9º, que reconhece o direito de greve, art. 11, que reconhece o direito ao entendimento direto com os empregadores, art. 170, *caput*, e III, que promove a instrumentalização da atividade econômica à finalidade de assegurar a todos existência digna e atribui função social à propriedade, art. 186, III e IV, que vincula o cumprimento da função social da propriedade ao respeito às disposições que regulam as relações de trabalho e à sua exploração de forma a favorecer o bem-estar dos proprietários e dos trabalhadores, e art. 193, que adota como base da ordem social o primado do trabalho e, como seus objetivos, o bem-estar e a justiça social.

Como o direito material condiciona e subordina o direito processual,[56] a transcendência econômica, humana, social e política do Direito do Trabalho se comunica ao Direito Processual do Trabalho.

É exatamente nesse contexto que veio à luz um direito processual especial, adequado às particularidades do direito material a ser por meio dele concretizado,[57] sendo a sua especialidade traduzida pelas suas diretrizes fundamentais, ou seja, pelos seus princípios.

8.4. Princípios do Direito Processual do Trabalho em espécie.

Constituem princípios próprios do Direito Processual do Trabalho:

8.4.1. Íntima conexão entre Direito Processual do Trabalho e Direito do Trabalho.

Este princípio resulta da instrumentalidade técnica do Direito Processual do Trabalho em relação ao Direito do Trabalho, ou seja, da relação de meio e fim

56. Esta relação de subordinação e condicionamento entre direito material e processual é reconhecida por Gerard Cornu e Jean Foyer, para os quais, "auxiliar do direito material, o processo deve adaptar-se ao ramo do direito ao qual deve servir, subordinando-se a ele, condicionando-se para ele" (*Procédure civile*, p. 7).

57. Para que se possa perceber o espírito do processo judicial concebido à luz das ideias individualistas e liberais, vale a pena transcrever a lição de Mário de la Cueva, no sentido de que "na aplicação do princípio: a lei é igual para todos, os processualistas falam desde tempo imemorial de um princípio que enunciam dizendo: igualdade das partes no processo, mas o axioma se desfez no art. 1.781 do Código Civil da França, aprovado pelo Conselho de Estado na forma seguinte: 'O patrão merecerá crédito em sua palavra, se afirma: o montante dos salários, o pagamento dos do ano vencido; e a existência de antecipações sobre aqueles do ano seguinte'. No curso das sessões do Conselho, explicou Treilhard que 'era necessário aceitar a afirmação do patrão ou a do trabalhador; e o primeiro', aduziu, 'merece mais confiança'. Perguntou Lacuée 'se se escutariam as provas morais; por exemplo, o trabalhador oferece testemunhas em cuja presença o patrão se referiu ao montante dos salários e ao pagamento daqueles vencidos. Na hipótese, se aceitaria sempre a afirmação do patrão?' Ao que respondeu Treilhard dizendo que 'não se poderia considerar provas desta espécie sem abrir as portas à fraude, pois os trabalhadores poderiam servir como testemunhas uns dos outros (*El nuevo derecho mexicano del trabajo*, p. 10).

estabelecida entre o Direito Processual do Trabalho e o Direito do Trabalho, valendo lembrar que, consoante aduz Niceto Alcalá-Zamora y Castilho, a técnica do processo "implica a adequação dos meios predispostos para conseguir os seus fins".[58]

O Direito Processual do Trabalho tem como função social realizar concretamente o Direito do Trabalho. Nesse compasso, a identificação entre o ser (a realidade fática) e o dever ser (o que é imposto pelo Direito do Trabalho) exige uma íntima conexão entre o Direito Processual do Trabalho e o Direito do Trabalho, o que impõe não só a adaptação do processo do trabalho às particularidades do Direito do Trabalho,[59] visto que, consoante observa Juliana Cordeiro Faria, "o instrumento processual deve estar em harmonia com o direito material, o que somente se alcança se há ajuste da ação processual às peculiaridades do direito material",[60] como, também, que no processo do trabalho não sejam desconsiderados os princípios fundamentais do Direito do Trabalho.

Nesta linha de raciocínio, deve ser lembrado que o aviltamento da dignidade humana, resultante das precárias condições a que eram submetidos os trabalhadores em determinado contexto social, fez surgir, como reação, o Direito do Trabalho, que persegue o maior equilíbrio possível e a justiça nas relações de trabalho, em favor da dignidade humana do trabalhador, da justiça social, da cidadania e da democracia. Em sua gênese e essência o Direito do Trabalho é, portanto, um *direito humanizante*.

Por servir à concretização do Direito do Trabalho, o Direito Processual do Trabalho deve ser também um direito humanizante, no sentido de ter a tutela da pessoa humana como fundamento e finalidade.[61] Dito de outra forma, o Direito do Trabalho estabelece as condições materiais mínimas necessárias a uma existência

58. *Estudios de teoría general e historia del proceso* (1945-1972), t. II, p. 1 42.

59. A falta de harmonia entre o direito material e o processo gera uma *deficiência de proteção*, isto é, a ausência de instrumental apto e adequado para tornar concretos os direitos assegurados pela ordem jurídica, observando-se que, para J. J. Gomes Canotilho, "existe um defeito de proteção quando as entidades sobre quem recai um dever de proteção (...) adotam medidas insuficientes para garantir uma proteção constitucionalmente adequada dos direitos fundamentais" (*Direito constitucional e teoria da Constituição*, p. 273).

60. O chamamento ao processo como técnica de efetividade do seguro de responsabilidade civil. In: *Processo civil* — novas tendências, homenagem ao professor Humberto Theodoro Júnior, p. 457.

61. *O Direito do Trabalho humaniza a relação de emprego*, impondo, como limite aos poderes do empregador e do capital, o respeito à dignidade humana do trabalhador. *O Direito Processual do Trabalho humaniza o processo*, impondo o respeito à dignidade humana das partes (é o que faz ao assegurar às partes o direito de serem ouvidas e participarem da formação da decisão para o caso concreto com garantias processuais mínimas), promovendo a sua adequação às necessidades sociais (é o que resulta da adoção de técnicas que facilitam o acesso à justiça e permitem a mais rápida, econômica e efetiva solução do conflito de interesses, da consagração da liberdade das formas e da sua instrumentalidade, com nítida restrição à possibilidade de anulação de atos processuais, apontando no sentido de que o processo não constitui um fim em si mesmo) e aproximando o juiz das partes e as próprias partes entre si (é o que resulta do prestígio conferido à oralidade e à solução negociada dos conflitos, que fazem do processo um constante diálogo entre os seus sujeitos). O caráter humanizante do Direito do Trabalho e do Direto Processual do Trabalho impõe, inclusive, a prevalência das situações existenciais sobre as patrimoniais, o que permite aplicar no processo do trabalho a norma de direito processual civil que autoriza a satisfação do credor na execução provisória, por exemplo.

digna. O Direito Processual do Trabalho deve criar as condições processuais aptas a assegurar a máxima efetividade possível do Direito do Trabalho e, com isto, dos direitos que traduzem as condições necessárias a uma vida digna.

Note-se, inclusive, que a Constituição inclui entre as garantias fundamentais o devido processo legal. *Devido* processo legal significa processo que atenda as particularidades do direito deduzido em juízo, o que implica exigência, agora constitucional, de íntima conexão entre direito processual e direito material do trabalho.

É em virtude deste primeiro princípio e para atendê-lo, que o Direito Processual do Trabalho cria procedimento especial para o inquérito para apuração de falta grave[62], autoriza o juiz a conceder medida liminar em ação que vise reintegração no emprego de dirigente sindical afastado, suspenso ou dispensado pelo empregador[63] e confere maior eficácia à decisão judicial, por meio da autorização para a sua execução de ofício (art. 878 da CLT[64]), da atribuição de efeito apenas devolutivo aos recursos (art. 899 da CLT[65]) e do condicionamento da admissão do recurso, no caso de condenação em pecúnia, em dissídios individuais, à realização de depósito recursal (art. 899, § 1º, da CLT), por exemplo.

Abre-se um parêntese para registrar que não são poucos os doutrinadores que criticam o Direito Processual do Trabalho, afirmando que a ele falta precisão técnica. A verdade, contudo, é que o Direito Processual do Trabalho sempre esteve muito mais preocupado com resultados, em razão da natureza do direito que por meio dele deve ser realizado concretamente. No Direito Processual do Trabalho não é negado o valor à técnica, mas prevalece a ideia de que a técnica não é um fim em si mesma.[66]

---

62. Trata-se de ação a ser aforada pelo empregador, como condição para a dispensa de trabalhador estável acusado da prática de falta grave (arts. 492, 494 e 853 da CLT). Envolvendo esta ação a rescisão de contrato de trabalhador beneficiado pela garantia da permanência no emprego, as partes estão autorizadas a utilizar o depoimento de até seis testemunhas para demonstrar os fatos que sustentam as suas pretensões, isto é, duas vezes mais testemunhas do que no procedimento ordinário e três vezes mais do que no sumaríssimo (arts. 821 e 852-H, § 2º, da CLT). O processo é, nesta hipótese, condicionado e subordinado pelas particularidades do direito nele debatido.
63. Como a garantia de permanência no emprego é limitada no tempo (art. 8º, VIII, da Constituição Federal), pode o juiz deferir liminar em favor do trabalhador, para evitar que a eventual demora no julgamento da ação inviabilize o exercício do mandato sindical e reduza a tutela do trabalhador à indenização compensatória da estabilidade eventualmente não respeitada (art. 659, IX, da CLT). Tem-se, também aqui, um condicionamento e uma subordinação do processo pelas necessidades específicas do direito material.
64. A legitimidade para a promoção da execução será examinada mais adiante, por força da alteração do art. 878 da CLT pela Lei n. 13.467/2017.
65. No direito processual civil a apelação era, em regra, recebida nos efeitos devolutivo e suspensivo (art. 520 do CPC de 1973). Isso significa que a decisão somente teria eficácia imediata se as partes com ela concordarem ou contra ela não apresentarem recurso.
66. O Direito Processual do Trabalho demonstra, por exemplo, pouca preocupação com os pressupostos processuais e a máxima preocupação com o enfrentamento do mérito da ação, como permite concluir a previsão no sentido de que somente a nulidade em razão do foro será declarada de ofício pelo juiz (art. 795, § 1º, da CLT). As demais nulidades somente serão declaradas mediante oportuno requerimento da parte e demonstração do prejuízo por ela sofrido em razão do ato cuja eficácia é questionada.

José Roberto dos Santos Bedaque afirma, aludindo ao processo civil, que "a evolução do direito processual passou por momento metodológico que a doutrina denomina de autonomista e conceitual. Hoje, todavia, consciente da importância de sua ciência, da imprescindibilidade do instrumento para a própria sobrevivência do direito material, necessário que o processualista passe a se preocupar mais com os resultados de sua atividade. Talvez a noção mais importante do direto processual moderno seja a de instrumentalidade, no sentido de que o processo constitui instrumento para a tutela do direito substancial. Está a serviço deste, para garantir a sua efetividade. A consequência dessa premissa é a necessidade de adequação e adaptação do instrumento ao seu objeto. O processo é um instrumento, e, como tal, deve adequar-se ao objeto com que opera"[67]. *Talvez não seja exagerado afirmar que o que é perseguido pelo Direito Processual Civil há muito constitui realidade no Direito Processual do Trabalho.*

A íntima conexão entre o Direito Processual do Trabalho e o Direito do Trabalho impõe: a) ao legislador, a criação de instrumentos aptos à realização da tutela adequada, efetiva, tempestiva, simplificada e econômica dos direitos assegurados pela ordem jurídica; b) às partes e ao juiz, o respeito aos princípios do Direito do Trabalho, na perspectiva, de que o processo do trabalho não pode servir à desconstrução do direito do trabalho; c) ao legislador, às partes e ao juiz, a consideração da dimensão humana, econômica, social e política do Direito do Trabalho e, com isto, também do Direito Processual do Trabalho.

8.4.2. Facilitação do acesso à justiça.

A efetividade dos direitos trabalhistas é indispensável à promoção e tutela da dignidade humana daqueles que dependem da alienação da sua força de trabalho para atender às necessidades próprias e familiares, à realização da justiça social, cidadania e democracia, o que exige a facilitação do acesso aos meios voltados à sua concretização, observando-se que a real titularidade de direitos pressupõe a possibilidade de acesso aos meios destinados à sua tutela.

Em sintonia com esta realidade, o Direito Processual do Trabalho adota como princípio a facilitação do acesso à justiça.

Por força e confirmando a existência da diretriz em exame, o Direito Processual do Trabalho: a) autoriza a apresentação de reclamação e de defesa oralmente (arts. 840 e 847 da CLT); b) estabelece que as custas processuais sejam pagas após o trânsito em julgado da decisão ou, no caso de recurso, dentro do prazo recursal (art. 789, § 1º, da CLT); c) consagra critério especial na fixação da competência em razão do

67. *Direito e processo* -influência do direito material sobre o processo, p. 20.

local (art. 651, *caput*, da CLT[68]); d) facilita a produção da prova testemunhal, por meio da dispensa de apresentação do rol de testemunhas (art. 825 da CLT).

A normatividade da diretriz em questão decorre da postura ativa *imposta* ao legislador e ao juiz no sentido de assegurar e facilitar o acesso à justiça, sendo relevante mencionar que a facilidade de acesso à justiça deve ser examinada *in concreto* e não *in abstrato*, ou seja, é no exame do caso concreto que deverá ser definida a solução que favorece o acesso à justiça.

Note-se que assegurar o acesso à justiça é assegurar o acesso ao próprio direito, ao passo que, negar ou dificultar o acesso à justiça é negar ou dificultar o acesso ao direito não respeitado.

8.4.3. Simplificação de formas e procedimentos.

De nenhuma valia é facilitar o acesso à justiça se as formas e procedimentos atuarem como barreiras instransponíveis à defesa em juízo dos direitos assegurados pela ordem jurídica.

Neste compasso, ao lado de facilitar o acesso à justiça, o Direito Processual do Trabalho adota como princípio a simplificação de formas e procedimentos, visando a mais adequada, célere, econômica e efetiva solução do conflito de interesses submetido ao Poder Judiciário.

Quanto mais fácil o acesso aos instrumentos de realização concreta dos direitos e mais simplificado o seu manuseio, maior será a efetividade desses direitos e a possibilidade de participação das partes na definição da sua existência (às partes devem ser asseguradas condições que favoreçam a sua real participação na solução dos conflitos que as envolverem – *participação pelo processo* – e na construção da decisão de tal conflito – *participação no processo*).

Conferindo concretude a este princípio, o Direito Processual do Trabalho: a) limita os requisitos da petição inicial, facilitando a apresentação das pretensões das partes em juízo (art. 840 da CLT); b) dispensa a apresentação de rol de testemunhas como requisito para a sua oitiva (art. 825 da CLT); c) admite simples manifestação de contrariedade (protesto) contra ato judicial que fere interesse da parte como medida suficiente para evitar a preclusão do direito de questioná-lo (art. 795 da CLT); d) vincula o valor das custas processuais ao valor da causa,[69]

---

68. No processo civil, a ação fundada em direito pessoal deve ser proposta, em regra, no foro do domicílio do réu (art. 46 do CPC). Ao permitir que a demanda seja proposta no local da prestação de serviços (art. 651, *caput*), no domicílio do autor da demanda (art. 651, § 1º), no Brasil, quando se trata de brasileiro contratado no Brasil, por empresa que tenha sede ou filial no Brasil, para trabalhar no exterior (art. 652, § 2º) e criar a opção entre o local da contratação e o da prestação de serviços (art. 651, § 3º), a CLT favorece o acesso à justiça.

69. O valor da causa não constitui requisito da petição inicial, mas sendo esta omissa a seu respeito, o juiz, antes de passar à instrução do processo, arbitrará o valor respectivo (art. 2º da Lei n. 5.584/70).

do acordo ou da condenação (art. 789 da CLT[70]); e) promove a unificação dos prazos recursais (art. 6º da Lei n. 5.584/70); f) adota a notificação/citação inicial postal como regra (art. 841 da CLT).[71]

A simplificação de formas e procedimentos permite maior flexibilidade ou elasticidade procedimental, no sentido da adaptabilidade do procedimento às exigências do caso a ser julgado.[72] Neste sentido, o juiz está autorizado, por exemplo, a suspender a audiência, no procedimento sumaríssimo, para permitir que o autor da demanda tenha tempo útil para manifestação sobre os documentos apresentados com a defesa (art. 852-H, § 1º, da CLT), por exemplo.[73]

Diante deste princípio e tendo em conta a sua força normativa, do legislador e do juiz é *exigido* que não criem embaraços formais ao acesso à justiça e ao exercício, em juízo, dos direitos processuais, assim como à realização concreta de direito consubstanciado em título executivo.

8.4.4. Celeridade ou proibição de dilações indevidas na tramitação do processo.

Em todos os ramos do direito processual, é marcante a preocupação com a rápida solução dos conflitos de interesses submetidos ao Poder Judiciário.

Com o Direito Processual do Trabalho não é diferente. A natureza humana ou fundamental de vários direitos reconhecidos aos trabalhadores e o caráter alimentar de que geralmente se revestem os créditos a eles correspondentes *impõem* maior celeridade na solução das lides trabalhistas.

O amplo acesso à justiça e a simplificação de formas e procedimentos exigem, como seu complemento indispensável, a rapidez na solução dos conflitos de interesses, como forma de reduzir o tempo entre a lesão ou ameaça a um direito e a sua tutela, sendo digno de nota que o CPC reconhece, expressamente, o direito das partes de obter em prazo razoável a solução integral do mérito, incluída a atividade satisfativa, o que alcança o Direito Processual do Trabalho, por força do art. 15 do CPC, do art. 765 da CLT e da garantia constitucional de duração razoável do processo (art. 5º, LXXVIII).

A adoção deste princípio pelo Direito Processual do Trabalho é confirmada, por exemplo, pela: a) imposição ao juiz do *dever* de velar pela rápida solução

---

70. As custas processuais relativas ao processo de conhecimento serão de 2% (dois por cento) do valor da causa, do acordo ou da condenação (art. 789 da CLT), o que facilita o seu cálculo.

71. No processo judicial eletrônico todas as citações/notificações serão realizadas por meio eletrônico.

72. À simplificação das formas se contrapõe o formalismo, que consiste em conferir à forma valor em si mesmo, desvinculando-a do fim para o qual foi estabelecida.

73. É abandonada, com isto, a ideia de procedimento invariável e rígido, em favor do atendimento às particularidades do caso concreto.

dos dissídios (art. 765 da CLT)[74]; b) fixação de prazo máximo para a realização da audiência no procedimento sumaríssimo (art. 852-B, III, da CLT); c) atribuição ao diretor de secretaria da *obrigação* de promover o rápido andamento dos processos, especialmente na fase de execução (art. 712, *f*, da CLT)[75]; d) autorização ao juiz para indeferir provas excessivas, impertinentes ou protelatórias (art. 852-D da CLT); e) estabelecimento da irrecorribilidade das decisões interlocutórias (art. 893, § 1º, da CLT); f) exigência de depósito do valor da condenação para efeito de interposição de recurso no caso de condenação em pecúnia (art. 899, § 1º, da CLT)[76]; e g) *imposição* da distribuição automática do recurso ordinário no procedimento sumaríssimo, com dispensa de revisor e parecer oral do Ministério Público do Trabalho na sessão de julgamento (art. 895, § 1º, II e III, da CLT).

Por força deste princípio, constitui *dever* dos órgãos da Justiça do Trabalho: 1) adotar as medidas necessárias à identificação e ao combate dos fatores geradores de morosidade na tramitação dos processos (definição dos pontos de estrangulamento do procedimento), observando-se que divergências meramente doutrinárias e acadêmicas devem ser abandonadas, em favor da efetividade da tutela jurisdicional, sem prejuízo da ampla defesa e do contraditório; 2) agir, com rigor, contra os abusos do direito de ação; 3) aplicar medidas de aceleração da solução dos conflitos de interesses consagradas pelo direito processual comum.

Desta diretriz resulta, para as partes e para o juiz, o *dever* de não descuidar das causas[77] e das consequências[78] da morosidade da justiça, bem como de procura do instrumental adequado para enfrentá-las, assim como de evitar dilações indevidas na tramitação do processo.

No entanto, o *tempo do processo não pode ser diminuído em prejuízo da qualidade da solução do conflito de interesses.* O processo tem um tempo próprio, que é determinado, principalmente, pelas garantias constitucionais das partes (que não podem ser atropeladas em nome da celeridade), e pela busca de uma justa solução

74. Do dever imposto ao juiz de velar pela rápida tramitação do processo (art. 765 da CLT), decorre, para as partes, o direito à duração razoável do processo, direito que é hoje reconhecido expressamente pela Constituição Federal, com *status* de direito fundamental (art. 5º, LXXVIII).

75. Medida que se volta contra os denominados *tempos mortos*, que correspondem aos espaços de tempo em que o processo permanece nos arquivos dos juízos, aguardando providências do juiz, das partes ou dos auxiliares da justiça.

76. A exigência de depósito recursal reforça a eficácia da decisão de primeira instância, serve de desestímulo ao recurso protelatório, evita a banalização dos recursos e facilita a satisfação do credor no caso de ser a decisão confirmada.

77. Elevado número de demandas, estrutura deficitária do Poder Judiciário, limitações próprias do ser humano, juiz e servidores, complexidade crescente das demandas judiciais, irracionalidade do sistema recursal e abuso no exercício do direito de ação (o que conduz ao denominado *assédio processual*, que é traduzido pela reiteração, em um mesmo processo, dos atos que traduzem litigância de má-fé), por exemplo.

78. Dentre os quais o descrédito nas normas que compõem o ordenamento jurídico e no Poder Judiciário, agravamento da situação litigiosa e o sentimento de impunidade como incentivo para o descumprimento das normas que compõem a ordem jurídica.

para o conflito de interesses. Assim como é inadmissível um processo com duração que não seja razoável, também não se pode concordar com a ideia de processo instantâneo, isento de preocupações com as garantias das partes e a justa solução do conflito de interesses. O processo deve ser célere (*celeridade*), mas também deve se desenvolver em um tempo razoável (*duração razoável do processo*).[79]

8.4.5. Conciliação.

O Direito Processual do Trabalho confere valor especial à solução dos conflitos de interesses submetidos ao Poder Judiciário pelas próprias partes.

Neste sentido, o art. 764, *caput* e § 1º, da CLT dispõe que os dissídios individuais e coletivos submetidos à apreciação da Justiça do Trabalho serão sempre sujeitos à conciliação e estabelece que cumpre aos juízes e tribunais do trabalho empregar os seus bons ofícios e persuasão no sentido de uma *solução conciliatória dos conflitos*.[80] No mesmo compasso, a Lei n. 5.584/70 inclui a conciliação dentre os princípios a serem observados no processo do trabalho (arts. 1º e 2º).

A relevância atribuída à conciliação permite afirmar que ela constitui princípio do Direito Processual do Trabalho, que, ao adotá-lo, estabelece uma verdadeira *justiça conciliativa*, o que implica atribuir às partes e ao juiz o *dever* de colaborar na solução negociada do conflito de interesses, resultando daí a força normativa desta diretriz.

A opção pela conciliação pode ser explicada de várias formas: 1) as partes, tendo vivenciado os fatos de que decorre o conflito de interesses que as envolve, estão em melhores condições de encontrar uma solução que as satisfaça; 2) "as soluções de comum acordo entre as partes são muito mais sólidas, firmes, mais duráveis, mais fecundas do que as soluções impostas pela autoridade (...). Se as partes, entre si, contribuem para forjar uma solução, virão a se sentir mais solidárias com ela, e irão procurar cumpri-la com mais entusiasmo, lealdade e fidelidade ao seu espírito. Buscarão que evolua nos moldes previstos e que alcancem os propósitos perseguidos", como é assinalado por Américo Plá Rodriguez;[81] 3) a solução negociada

---

79. A duração razoável do processo está relacionada com o menor espaço de tempo possível entre a ameaça ou lesão do direito e a sua tutela (celeridade no procedimento e adoção de medidas de urgência, por exemplo) e a razoabilidade do tempo de que dispõem as partes para a defesa útil dos seus direitos e, o juiz, para a prática dos atos de sua competência.

80. A referência, no art. 764 da CLT, a *juízes e tribunais* torna certo que a conciliação deverá ser tentada também nos processos de competência originária dos Tribunais, ao passo que, estando a demanda de competência originária das Varas do Trabalho em segunda instância, as partes podem ser convocadas para participar de audiência de conciliação no Tribunal. A conciliação em segunda instância é expressamente prevista no art. 860 da CLT, no que diz respeito aos conflitos coletivos. O fato de ter sido instaurado dissídio coletivo não impede a celebração de convenção ou acordo coletivo de trabalho, sendo que firmada a convenção ou o acordo coletivo de trabalho, o fato deverá ser comunicado ao Tribunal competente para o julgamento do dissídio, para efeito de extinção do processo (não há homologação da convenção ou acordo, mas apenas extinção do processo em razão da sua celebração).

81. A solução dos conflitos trabalhistas. Néstor de Buen (coord.). *A solução dos conflitos trabalhistas*, p. 23.

do conflito de interesses é a mais democrática forma de colocar fim ao processo judicial, vez que permite a participação das partes na construção de solução cujos efeitos serão por elas suportados; 4) a conciliação atende aos princípios da celeridade e da economia e à necessidade de promover a maior aproximação entre as partes, como exigência da necessária humanização do processo.[82]

Cumpre anotar que a conciliação não pode servir à desconstrução do Direito do Trabalho e, com isto, ao desprestígio da ordem jurídica e do Poder Judiciário, da mesma forma que pode ser utilizada para resolver problemas relacionados com a quantidade de demandas submetidas ao Poder Judiciário, ou seja, *o* respeito ao Direito do Trabalho não pode ser submetido à vontade das partes e à funcionalidade e eficiência da Justiça do Trabalho.

O prestígio à conciliação não autoriza desconsiderar as disparidades concretas dos demandantes, "que podem influenciar a conciliação de três maneiras. Em primeiro lugar, a parte mais pobre pode ter uma menor capacidade para obter e analisar a informação necessária para prever o resultado do juízo e, portanto, pode resultar desvantagem no processo de negociação. Segundo, a parte menos favorecida em termos econômicos pode necessitar do pagamento imediato dos prejuízos, o qual pode induzi-la a conciliar a fim de acelerar este pagamento, em que pese estar ciente de que uma decisão judicial poderia assegurar-lhe uma soma maior. Embora todos os demandantes desejem o pagamento imediato da indenização, um demandante em situação de indigência pode ser explorado por um demandado endinheirado, na medida em que a necessidade do primeiro é de tal magnitude que o segundo pode forçá-lo a aceitar uma soma menor do valor que obteria mediante um julgamento judicial. Em terceiro lugar, a parte mais pobre poderia se ver forçada a conciliar, por não dispor de recursos necessários para custear o processo, para pagar seus próprios gastos (os honorários de seu advogado, por exemplo) ou para cobrir os gastos que a parte contrária pode a ela impor mediante a manipulação de mecanismos processuais tais como a descoberta de provas".[83]

A conciliação é seriamente prejudicada pelo desequilíbrio de poder entre as partes, entendendo por poder, neste contexto, a titularidade de opções (o empregador, em regra, pode optar entre celebrar ou não o acordo, ao passo que não é raro o trabalhador demandar estando desempregado e necessitando da imediata satisfação de seus créditos para sobreviver),[84] bem como pelo fator tempo (o trabalhador, notadamente o desempregado, sofre maior pressão temporal, diante do caráter alimentar de seu crédito) e pelo nível de informação das partes (o que se

82. A celebração de acordo é a finalidade da conciliação, mas as partes não estão obrigadas a celebrá-lo. O caráter obrigatório da conciliação está na sua tentativa e não na celebração de acordo.

83. Owen Fiss. *El derecho como razón pública*, p. 131-132.

84. Em uma negociação, quanto maior a margem de manobra do empregador, maior é o seu poder, ao passo que, quanto menor a margem de manobra do trabalhador, maior a sua dependência em relação ao empregador.

dá em especial quando o trabalhador exercita o *jus postulandi*), o que não pode ser desconsiderado.

É afirmado, contra a conciliação judicial, que ela implica renúncia de direitos por parte do trabalhador e constitui resultado de coerção, na medida em que "o acordo não pode ser negociado por quem carece de autoridade para ele".[85] Contudo, não são raras as situações em que o empregador reconhece todos os créditos do trabalhador e realiza o seu pagamento imediato ou em um prazo razoável, ao passo que não pode ser negada legitimidade ao acordo celebrado em razão do risco que o trabalhador corre na demanda, por força da dificuldade de provar os fatos por ele alegados como fundamento de sua pretensão ou em razão de a jurisprudência e a doutrina serem vacilantes em relação ao direito deduzido, por exemplo.

Tratando do momento em que deverá ser tentada a solução negociada do conflito, estabelecem os arts. 846 e 850 da CLT que o juiz deverá proceder à tentativa de solução conciliada do conflito no início e final da audiência, ao passo que o art. 860 da CLT prevê, ao tratar do dissídio coletivo, a realização de uma audiência de conciliação assim que for recebida e protocolada a representação e desde que esta esteja na devida forma. Nota-se, portanto, que a tentativa de conciliação se converte em objetivo explícito da audiência, no dissídio individual e coletivo, observando-se, ainda, que, conforme os arts. 764, § 3º, e 852-E da CLT, às partes *é lícito celebrar acordo em qualquer fase do processo.*

A ausência de tentativa de conciliação implica nulidade do processo, desde que comprovado manifesto prejuízo processual às partes (art. 794 da CLT).

O juiz não é obrigado a homologar acordo celebrado pelas partes, cumprindo-lhe pugnar pelo respeito aos direitos indisponíveis dos trabalhadores. Com isso, a recusa à homologação de acordo não é passível de ataque por meio de mandado de segurança (Súmula n. 418 do TST).

Na linha da solução negociada dos conflitos de interesses, o Conselho Nacional de Justiça instituiu, por meio da Resolução n. 125, de 29 de novembro de 2010, a "Política Judiciária Nacional de tratamento adequado dos conflitos de interesses", visando assegurar a todos o direito à solução dos conflitos por meios adequados à natureza e peculiaridade, sendo nela estabelecido, por exemplo, que: a) "aos órgãos judiciários incumbe, além da solução adjudicada mediante sentença, oferecer outros mecanismos de soluções de controvérsias, em especial os chamados meios consensuais, como a mediação e a conciliação, bem assim prestar atendimentos e orientações aos cidadãos" (art. 1º, parágrafo único).

Adotando a mesma postura de incentivo à solução negociada dos conflitos, a Lei Complementar n. 123/06, prevê, no art. 75, que "as microempresas e empresas

85. Owen Fiss. *El derecho como razón pública*, p. 313.

de pequeno porte deverão ser estimuladas a utilizar os institutos de conciliação prévia, mediação e arbitragem para solução dos seus conflitos", ao passo que o parágrafo único do citado art. 75 dispõe que "serão reconhecidos de pleno direito os acordos celebrados no âmbito das comissões de conciliação prévia". Trata-se, assim, de expresso reconhecimento de que existem alternativas à jurisdição (a solução judicial dos conflitos é uma entre as várias formas de sua solução) e de que a sua utilização deve ser estimulada.

8.4.6. Facilitação da resolução do mérito e da satisfação do direito consubstanciado em título executivo.

O papel primordial dos órgãos da Justiça do Trabalho é a tutela dos direitos assegurados pela ordem jurídica e, para cumpri-lo, as normas processuais devem ser interpretadas e aplicadas de forma a facilitar a solução do mérito da demanda e a satisfação do direito reconhecido em decisão judicial ou título executivo extrajudicial.

Daí ser o Direito Processual do Trabalho informado pela condução do processo à resolução do mérito da demanda (processo de conhecimento) e à plena satisfação do direito atribuído em sentença judicial ou título executivo extrajudicial (processo de execução).[86]

A adoção deste princípio é confirmado, por exemplo, pela: 1) limitação do número de requisitos da petição inicial, sendo exigido do autor, em relação à causa de pedir, apenas um breve relato dos fatos de que resulta o dissídio; 2) disciplina que a CLT conferiu às nulidades, sendo nela estabelecido que: *só* haverá nulidade quando resultar dos atos inquinados manifesto prejuízo às partes (art. 794); as nulidades *não serão* declaradas senão mediante provocação das partes, salvo quando decorra de incompetência de foro (art. 795, *caput* e § 1º); a nulidade *não será* pronunciada quando for possível suprir-se a falta ou repetir-se o ato (art. 796, *a*); a nulidade de um ato *não prejudicará* senão os atos posteriores que dele dependam ou que sejam consequência (art. 798). A restrição à anulação de atos processuais atua em favor da solução do mérito da demanda e da satisfação dos direitos do credor.

Deste princípio decorre, para o juiz, o *dever* de não dificultar o julgamento do mérito da demanda ou a satisfação do credor na execução e de adotar medidas voltadas à sua facilitação, o que implica, para as partes, o *direito* a que não sejam criados obstáculos ao julgamento do mérito ou à satisfação do seu crédito.

86. Esta diretriz do Direito Processual do Trabalho é expressamente consagrada no CPC, que dispõe: "As partes têm direito de obter em prazo razoável a solução integral do mérito, inclusive a atividade satisfativa" (art. 4º); ao juiz incumbe "determinar o suprimento de pressupostos processuais e o saneamento de outros vícios processuais" (art. 139, IX); "Antes de proferir decisão sem resolução de mérito, o juiz deverá conceder à parte oportunidade para, se possível, corrigir o vício que conduziria àquela decisão" (art. 317).

8.4.7. *Livre indagação da verdade.*

Por meio da prova dos fatos dos quais decorre, o direito deixa a existência abstrata e passa à condição de realidade concreta. Daí a relevância da prova.

O direito, como é esclarecido por Piero Calamandrei, nasce em dois momentos distintos, "primeiro em abstrato, como lei, e depois em concreto, como sentença que aplica esta lei".[87] Isso equivale a dizer que o direito nasce com o seu reconhecimento pela ordem jurídica (tutela jurídica do direito), mas, quando for questionada em juízo a sua existência, nasce com a sua confirmação pelos órgãos jurisdicionais (*tutela jurisdicional do direito*).

Em suma, é a prova que permite, a um só tempo, realizar concretamente o direito subjetivo e conferir efetividade ao direito objetivo.

Por tudo isto e considerando que quanto maior o número de fontes de informações sobre os fatos controversos e relevantes para a solução do caso concreto maior a possibilidade de alcançar a verdade e a justiça, o Direito Processual do Trabalho adota como diretriz fundamental a livre indagação da verdade, *assegurando às partes* ampla liberdade em matéria de prova.

De outro lado, como a justa solução dos conflitos e a realização concreta do direito assegurado pela ordem jurídica também interessam à sociedade, ao juiz é também conferida *ampla liberdade* para determinar as diligências necessárias ao esclarecimento dos fatos relevantes para a solução do conflito de interesses (arts. 765 e 852-D da CLT).

Em razão da ampla liberdade da prova assegurada às partes e ao juiz em matéria probatória, o Direito Processual do Trabalho simplifica o procedimento probatório[88] e dispõe que a testemunha suspeita deverá ser ouvida como informante (art. 829 da CLT).

8.4.8. *Justiça do processo e das decisões.*

A justiça diz respeito ao processo (*processo justo*) e à decisão nele construída (*decisão justa*).

O processo deve ser justo e conduzir a uma decisão justa, como autorizam afirmar o art. 5º, XXXV, XXXVII, LIV, LV, LVI e LX, e o art. 93, IX, da Constituição, que estabelecem um *modelo constitucional de processo*, e o art. 3º, I, também da Constituição, que inclui a construção de uma sociedade justa entre os objetivos da República, o que exige justiça na disciplina das relações sociais (*ordem jurídica*

---

87. Proceso y justicia. In: *Studi sul processo civile*, p. 15.

88. O procedimento probatório é simplificado, por exemplo, com a dispensa de indicação na petição inicial das provas com que o autor pretende demonstrar a verdade dos fatos alegados (arts. 840 e 845 da CLT) e de apresentação de rol prévio como requisito para a oitiva de testemunhas (art. 845 da CLT).

justa) e na solução dos conflitos de interesses nela surgidos (*justiça das decisões judiciais*). Estes dispositivos constitucionais impedem que se negue lugar à justiça no contexto do processo judicial, ou dito de outra forma, que seja negada a possibilidade de falar em processo justo ou em decisão justa, visto que colocam a justiça como vetor da ordem jurídica, do processo e da decisão a ser nele construída.

Adotando o princípio em destaque, dispõe o art. 852-I, § 1º, da CLT, que o juiz deve adotar "em cada caso a decisão que reputar mais justa e equânime, atendendo aos fins sociais da lei e às exigências do bem comum". Também consagra esta diretriz o art. 12, § 1º, da Lei n. 12.392/2011, segundo o qual a decisão que julgar dissídio coletivo deve traduzir, em seu conjunto, a *justa composição do conflito* de interesses das partes e ser adequada aos interesses da coletividade.

Como aduz Jesús González Pérez, "o direito à tutela jurisdicional é o direito de toda pessoa a que se lhe faça justiça",[89] o que implica justiça no processo e na decisão nele produzida.[90]

O CPC adotou idêntica postura, estabelecendo que "todos os sujeitos do processo devem cooperar entre si para que se obtenha, em tempo razoável, decisão de mérito justa e efetiva" (art. 6º).

Michele Taruffo afirma que "a dificuldade extrema de reconduzir a justiça da decisão a qualquer critério de justiça substancial induziu a não poucos teóricos do Direito e do processo a renunciar a tal empresa (...). Terminou-se por localizar *no processo* a condição necessária e suficiente para a justiça da decisão. No pressuposto de que não se pode falar de *justiça substancial* da decisão, alguns propõem a noção de justiça procedimental como único critério de valoração. Assim, resultaria justa a decisão que deriva de um 'processo justo'".[91]

O processo justo é uma *condição necessária* para a justiça na decisão judicial, posto que, como adverte Aroldo Plínio Gonçalves, "se a justiça não se apresentar no processo não poderá se apresentar, também, na sentença".[92]

Contudo, o que significa um processo justo?

Michele Taruffo assevera que existem pelos menos duas noções diferentes de justo processo. Processo justo, para a primeira delas, é aquele em que "são postas em prática todas as garantias processuais fundamentais, e, em particular,

---

89. *El derecho a la tutela jurisdicional*, p. 27.

90. Quando se fala em decisão justa não se está referindo ao *sentimento de justiça do juiz*. O justo que se persegue no processo é aquele definido a partir das particularidades do caso concreto, dos argumentos e provas constantes dos autos e da sua análise crítica à luz das regras e princípios constitutivos do direito e não o justo que apenas satisfaça um sentimento do juiz. Não se pode olvidar, a propósito, que, como assinala Tomás de Aquino, "é próprio à justiça ordenar o homem no que diz respeito a outrem" (*Suma teológica*, v. 6, p. 46).

91. Ideas para uma teoría de la decisión justa. In: *Proceso y decisión:* lecciones mexicanas de derecho procesal, p. 233-244.

92. *Técnica processual e teoria do processo*, p. 107.

aquelas que concernem às partes", enquanto que, para a segunda, "o processo é justo se arquitetado de modo que, além de assegurar que se ponham em prática as garantias, faça com que nele se obtenham decisões justas".[93]

O autor citado, examinando estas duas concepções, afirma que a primeira delas "tem a característica de não levar em consideração a natureza e a qualidade da decisão que encerra o procedimento. O processo, por conseguinte, é justo se e desde que seja correto o procedimento em que se articula; o que diz respeito à decisão é, sob esse prisma, irrelevante", ao passo que, em relação à segunda concepção, é por ele afirmado que "dificilmente se poderia considerar justo um processo sistematicamente orientado a produzir decisões injustas, ou para o qual fosse irrelevante que a decisão fosse injusta. Para prevenir tal eventualidade não é suficiente que o processo se articule em um procedimento correto sob o prisma das garantias. Não vale em verdade, o argumento meramente retórico e conceitualmente circular segundo o qual seriam justas por definição as decisões derivadas desse procedimento".[94]

Michele Taruffo também assevera que "não é possível provocar um colapso à razão e reduzir a justiça da decisão à correção do procedimento de que essa deriva. Se assim fosse, encontrar-nos-íamos mais uma vez diante de uma concepção meramente procedural da justiça, para a qual não teria qualquer valor a qualidade da decisão final. O conceito de decisão justa (...) implica, pelo contrário, que a decisão seja tomada em consideração a si mesma, distinguindo-a do procedimento do qual represente o resultado e a valoração segundo um critério autônomo, independente daquele empregado para a valoração da justiça do procedimento. Em outros termos, a justiça da decisão não deriva exclusivamente da correção do procedimento e nessa não se exaure, dependendo, porém, da subsistência de condições específicas. Essas condições podem ser divididas em três: a) que a decisão seja, com efeito, o resultado de um processo justo, visto que dificilmente se poderia aceitar como justa uma decisão produzida em um processo em que tenham sido violadas garantias fundamentais; b) que tenha sido corretamente interpretada e aplicada a norma utilizada como critério de decisão, visto que não se pode considerar justa uma decisão que (...) não tenha sido tomada em conformidade ao direito, em homenagem ao princípio da legalidade; c) que essa se funde em uma apuração verdadeira dos fatos da causa, visto que (...) nenhuma decisão é justa se se fundar em fatos equivocados".[95]

Esse doutrinador afirma que a aceitação da justiça procedimental como parâmetro *único* para definir a justiça da decisão exige decidir "se estamos dispostos

93. *Uma simples verdade:* o juiz e a construção dos fatos, p. 141.
94. *Uma simples verdade:* o juiz e a construção dos fatos, p. 141.
95. *Uma simples verdade:* o juiz e a construção dos fatos, p. 141-142.

a considerar que a justiça de uma decisão judicial não tem nada a ver com a verificação dos fatos, nem com as provas, nem com a aplicação das normas de Direito substancial".[96]

O processo justo é aquele ao qual se tem acesso fácil[97] e que se desenvolve, também de forma simplificada, publicamente, perante juiz previamente apontado como competente, independente e imparcial, em que seja respeitado o direito das partes ao pleno exercício, com liberdade e em simétrica paridade,[98] do contraditório e da ampla defesa e que seja informado pela finalidade de, em tempo razoável e sem dilações indevidas, com o menor dispêndio econômico possível e de forma fundamentada, concretizar o direito atribuído e garantido pelas normas constitutivas do ordenamento jurídico democraticamente instituído.[99]

O processo justo não é um fim em si mesmo, mas instrumento para a realização da justiça na solução do conflito de interesses submetido ao Poder Judiciário e pacificação social. O processo não pode, portanto, ser palco para o simples exercício da capacidade de argumentação jurídica,[100] ao passo que o sucesso da

---

96. La justicia em el procedimiento. In: *Proceso y decisión:* lecciones mexicanas de derecho procesal, p. 201-224. Vale lembrar a lição de Mauro Cappelletti e Bryant Garth, no sentido de que a expressão acesso à justiça "serve para determinar duas finalidades básicas do sistema jurídico — o sistema pela qual as pessoas podem reivindicar seus direitos e/ou resolver seus litígios sob os auspícios do Estado. Primeiro, o sistema deve ser igualmente acessível a todos; segundo, ele deve produzir resultados que sejam individual e socialmente justos" (*Acesso à justiça*, p. 8). A exigência de que se alcancem resultados justos não permite afirmar que o processo é legitimado apenas pelo seu resultado (*legitimação pelo resultado*), não sendo eticamente sustentável que os fins justificam os meios.

97. É justo que todos tenham condições de perseguir em juízo a confirmação e satisfação de seus direitos.

98. Às partes é assegurada liberdade e igual oportunidade para manifestar e fazer valer as suas razões, isto é, liberdade e igualdade no plano da argumentação e da prova. Cumprindo sejam respeitados no seu exercício, no entanto, o devido processo legal, do qual decorrem limites que dizem respeito à prova (que deve ser necessária e útil) e aos prazos (os atos processuais devem ser praticados com observância dos prazos assinalados para a sua prática), apenas para citar alguns exemplos. A igualdade das partes exige do juiz um agir equidistante, no sentido da valorização dos argumentos e provas apresentados por ambas as partes.

99. Giussepe Tarzia aduz que o processo, para ser justo, deve, antes de tudo, "ser *adequado aos escopos para os quais é destinado*, segundo o *princípio da proporcionalidade*, e não produza efeitos nem insuficientes nem exorbitantes", premissa a partir da qual elenca as garantias do processo justo, quais sejam, a imparcialidade e a terceiridade do juiz, o direito de acesso ao tribunal e o direito de ação, a garantia do juiz natural, o princípio do contraditório, o direito de defesa, a paridade das armas entre as partes, a publicidade em juízo, a garantia da motivação e a duração razoável do processo (*Lineamenti del processo civile di cognizione*, p. 6-15). Nicolò Trocker considera justo o processo "que se desenvolve com respeito aos parâmetros fixados pela norma constitucional e pelos valores compartilhados pela coletividade. E tal é o processo que se desenvolve diante de um juiz imparcial no contraditório de todos os interessados em um tempo razoável" (Il nuovo articolo 111 dela costituzione e il 'giusto processo' in matéria civile: profili generali. *Rivista Trimestrale di Diritto e Procedura Civile*, ano LV, n. 2, p. 386, jun. 2001). Luigi Paolo Comoglio afirma que constituem o núcleo essencial do processo justo e équo: "1) no sentido puramente 'formal', todos (...) devem ter livre e paritário acesso a qualquer órgão jurisdicional, para invocar a tutela dos próprios direitos ou interesses legitimamente reconhecidos pelo ordenamento; 2) em sentido 'substancial', quaisquer processos ou procedimentos jurisdicionais, nos quais todas as partes envolvidas gozem de iguais direitos de ação e defesa, no pleno e efetivo contraditório entre elas, devem ser tecnicamente idôneos a (...) a exprimir decisões individual e socialmente justas" (*Etica e técnica del 'giusto processo'*, p. 15). O art. 111 da Constituição Italiana, após dispor que a jurisdição é atuada mediante o *justo processo* regulado pela lei, aponta os requisitos de um processo justo: processo desenvolvido em contraditório entre as partes, em condições de paridade, e diante de um juiz equidistante em relação aos interesses em conflito e independente.

100. A argumentação visa obter, por meio do discurso, a adesão a uma tese ou o convencimento alheio.

parte não pode significar a ruína da ordem jurídica democraticamente instituída. Em uma verdadeira democracia, o direito não é expressão do melhor argumento jurídico, mas fruto da vontade do povo.

Por isso, as partes e o juiz devem pautar a sua conduta pela busca de uma decisão que seja justa, o que não implica renúncia das partes aos seus interesses, mas, como adverte André Comte-Sponville, a sua submissão à justiça,[101] em favor do respeito à ordem jurídica democraticamente instituída,[102] da concretização do Estado Democrático de Direito e da paz.

Destarte, o processo deve ser justo e permitir que seja produzida uma decisão individual e socialmente justa.[103]

O confronto de argumentos e provas tem papel central no processo, mas o processo não se reduz a esse confronto, visto ter por finalidade a justa solução do conflito de interesses, segundo os ditames da ordem jurídica democraticamente instituída. A construção democrática do direito no caso concreto não é um valor em si mesmo, mas serve à concretização dos direitos assegurados pela ordem jurídica. A decisão é legitimada pelo procedimento (que deve ser democrático) e pelo seu conteúdo (coerência com as regras e princípios constitutivos da ordem jurídica e com a realidade fática). A decisão judicial não é legitimada pelo simples fato de corresponder a um ato de autoridade, mas a legitimação deve ser procedimental e material. Do contrário (prevalecendo apenas a legitimação procedimental), corre-se o risco da *desconstrução supostamente democrática da ordem jurídica democraticamente instituída*, com prejuízo à democracia e ao Estado de Direito.

O fato de se exigir justiça na decisão não implica atribuir superpoderes ao juiz. Para a decisão justa, como assinala Owen Fiss, "não é necessário atribuir aos juízes a sabedoria de reis filósofos. A capacidade dos tribunais para dar significado aos valores públicos não se fundamenta em alguma classe de habilidade moral — da qual carecem por completo — mas no processo que opera como limite ao exercício de seus poderes. Uma característica é o diálogo que os juízes estão obrigados a empreender: devem escutar todas as pretensões, ouvir um amplo espectro de interesses, responder e assumir responsabilidade individual pela decisão que adotem. Além disto, o juiz deve ser independente frente aos desejos e preferências dos grupos políticos e das partes participantes do processo. A competência do

101. *Pequeno tratado das grandes virtudes*, p. 78.

102. O respeito à ordem jurídica não é dispensado pelo fato de ter sido observado o processo justo na solução do conflito de interesses (do contrário, haveria o retorno à ideia segundo a qual é válido o que for criado com respeito às suas normas de criação). A regra do caso concreto não é legítima pelo simples fato de resultar de um processo justo.

103. Contraditório, ampla defesa, publicidade, competência, independência e imparcialidade do juiz e motivação das decisões judiciais são instrumentos da justiça.

Judiciário e, por fim, sua legitimidade, dependem do diálogo e da independência, e não da vontade das pessoas de consentir com um resultado específico".[104]

Consoante Michele Taruffo, "não existe um único critério idôneo, que possa constituir o ponto de referência para as valorações atinentes à justiça da decisão judicial. Pelo contrário, parece necessário referir-se a um conjunto de três critérios: somente a partir da sua combinação poderá resultar um esquema de valoração que permita determinar, se a decisão é justa, e também quando o é (...). Os três critérios a que se alude são os seguintes: a) a correção da eleição e da interpretação da regra jurídica aplicável ao caso; b) comprovação confiável dos fatos relevantes do caso; e, c) emprego de procedimento válido e justo para chegar à decisão".[105]

A decisão será justa quando, de forma fundamentada, atribuir às partes aquilo e exatamente aquilo que lhes asseguram as regras e os princípios constitutivos do ordenamento jurídico,[106] nem mais (excesso) nem menos (insuficiência),[107] respeitadas, ainda, as seguintes condições: 1) *congruência*: respeito às pretensões das partes;[108] 2) *clareza* e *precisão*: a decisão não deve gerar incertezas, mas definir, de forma clara a precisa, os direitos e as obrigações dos litigantes;[109] 3) *consistência*: a decisão não deve apresentar contradições;[110] 4) *exaustividade* ou *completude*: as questões relevantes para a decisão da causa devem ser enfrentadas e decididas;[111] 5) *coerência normativa*: harmonia com as normas (regras e princípios) que compõem o ordenamento jurídico;[112] 6) *coerência narrativa*: adstrição aos fatos, circunstâncias e provas constantes dos autos; 7) *coerência com o caso concreto*: a decisão deve respeitar e traduzir as particularidades do caso concreto.[113]

---

104. *El derecho como razón pública*, p. 84.

105. Ideas para una teoría de la decisión justa. In: *Proceso y decisión:* lecciones mexicanas de derecho procesal, p. 233-244.

106. A decisão é orientada e limitada pela ordem jurídica. O respeito à ordem jurídica assegura a previsibilidade das decisões judiciais e a estabilidade nas relações sociais. O divórcio entre a decisão judicial e a ordem jurídica conduz ao *relativismo* (prevalência de interesses circunstanciais, em prejuízo dos interesses constitucional ou legalmente protegidos) e ao *decisionismo* (adoção de decisões baseadas em argumentos subjetivos), com irremediável prejuízo à segurança jurídica e ao caráter referencial da ordem jurídica. *A ordem jurídica constitui a medida da decisão judicial justa.*

107. Aristóteles ensina que "a justiça está relacionada identicamente com o injusto, que é excesso e falta (...). No ato injusto, ter muito pouco é ser tratado injustamente, e ter demais é agir injustamente" (*Ética a Nicômaco*, p. 101). Daí a necessidade de que a decisão confira às partes (a decisão deve ser justa para ambas as partes) aquilo e exatamente aquilo que lhes assegura a ordem jurídica, nem mais, nem menos. Decisão justa é aquela que confere "a cada um o que é seu" (Aquino, Tomás de. *Suma teológica, v. 6*, p. 74).

108. É o que o decorre do art. 832 da CLT.

109. Por força desta exigência, a parte pode opor embargos de declaração, no caso de a decisão apresentar obscuridade (art. 897-A da CLT).

110. Em razão desta exigência, a parte pode opor embargos de declaração, na hipótese de a decisão ser contraditória (art. 897-A da CLT). Aplica-se, aqui, o *princípio da não contradição*.

111. Daí ser possível à parte interpor embargos de declaração, no caso de omissão sobre questão relevante para a decisão do litígio (art. 897-A da CLT).

112. Esta afirmação é autorizada pelo fato de ser permitido às partes, por exemplo, aforar recurso de revista fundado em violação da lei federal ou afronta à Constituição.

113. É o que autorizam afirmar os arts. 852-I, § 1º, da CLT e 371 do CPC.

Do princípio em exame decorrem o *dever* de o juiz proferir decisão justa, o *dever* das partes de colaborar para a produção de uma decisão justa e o *direito* das partes à decisão justa, e dele resulta, ainda, a recusa da *concepção estética do processo*, no sentido de processo como arte do debate e do consenso, assim como da ideia segundo a qual ao juiz cumpre, apenas, fazer respeitar a formação democrática do direito no caso concreto.

Advirta-se que, assim como ocorre com a verdade, a justiça não será alcançada se as partes e o juiz a ela renunciarem previamente. A jurisdição, a ação e o processo têm por objetivo último o restabelecimento da paz nas relações sociais, por meio da justa solução dos conflitos de interesses delas oriundos. A paz efetiva somente é alcançada por meio da justiça no processo e na solução do litígio, posto que "a paz é fruto da justiça".[114]

8.4.9. Gestão processual. Convenções processuais.

A CLT atribui ao juiz o *poder/dever* de gestão processual, dispondo, neste sentido, que o juiz deve: velar pelo rápido andamento do processo (art. 765); definir o alcance da declaração de nulidade de ato processual (art. 797); estabelecer, quando se tratar de decisão que acolha a pretensão da parte, o prazo e as condições para o seu cumprimento (art. 832, § 1º); determinar as provas a serem produzidas, considerando o ônus probatório de cada litigante, e limitar ou excluir provas excessivas, impertinentes ou protelatórias (art. 852-D).

Também aponta neste sentido a exigência, constante do art. 852-I, § 1º, da CLT, do respeito à equidade, no sentido de conformar as decisões judiciais, inclusive relacionadas com o procedimento, à realidade do caso concreto, não podendo ser olvidado que as normas jurídicas, apesar de editadas em determinado contexto histórico, operam para o futuro, devendo, portanto, ser adaptadas à realidade social no momento de sua concreta aplicação. De outro lado, é pelo respeito ao caso concreto que a norma estabelece a sua conexão com a realidade, da qual o julgador não pode se distanciar, por força da autorização para que julgue segundo máximas de experiência – art. 852-D da CLT, por exemplo.[115]

---

114. Tema da campanha da fraternidade de 2009.

115. Gustav Radbruch aduz que, segundo Aristóteles, "justiça e equidade não são valores distintos, mas caminhos diferentes para alcançar o valor uno do direito. A justiça vê o caso singular do ponto de vista da norma geral; a equidade busca no caso singular a sua própria lei (...). A equidade é a justiça do caso singular" (*Filosofia do direito*, p. 51). Para Gustav Radbruch, a justiça constitui a "ideia específica do direito", mas o direito nela não se esgota, visto que, "por duas razões, a justiça mostrou-se insuficiente para poder derivar de si, sob o ponto de vista do conteúdo, preceitos jurídicos determinados: a justiça ordena, certamente, tratar aos iguais como iguais, aos desiguais de modo diferente, segundo a medida de desigualdade, mas deixa em aberto ambos os problemas: quem deve ser considerado como igual ou desigual e de que maneira devem ser tratados? A justiça determina tão somente a forma do jurídico. Para se alcançar o conteúdo do direito, deve-ser acrescentar um segundo conceito: a adequação para um fim (...). Quando se coloca o problema dos fins do direito (...), a resposta (...) só pode ser alcançada pela convicção sobre qual o valor (...) a cujo serviço seja o direito destinado e adequado

Ao gerir o processo, ao juiz é lícito, respeitando os princípios da ampla defesa e do contraditório, adotar procedimento que atenda à necessidade de mais adequada, justa, tempestiva, econômica, simplificada e efetiva solução da lide, ou seja, a ele é conferida liberdade para realizar a *flexibilização procedimental, adaptando o procedimento às exigências da causa*. É o que se tem, por exemplo, no art. 852-H, § 1º, da CLT, que autoriza o juiz, no procedimento sumaríssimo, a conceder vista de documentos fora de audiência, quando tal medida se faça necessária.

No exercício do seu poder/dever de gestão, ao juiz compre assegurar às partes igualdade de tratamento,[116] prevenir ou reprimir qualquer ato contrário à dignidade da justiça e tentar, a qualquer tempo, conciliar as partes.

O poder/dever de gestão processual é preconizado pelo princípio n. 14.1 dos Princípios ALI/UNIDROIT do Processo Civil Transnacional, segundo o qual "o tribunal deverá conduzir o procedimento ativamente, exercendo sua liberdade de atuação para lograr a solução do litígio de maneira justa, eficiente e com rapidez razoável", sendo importante ressaltar, ainda, o princípio n. 11.2 dos citados Princípios, no sentido de que, "na medida em que seja razoavelmente possível, o tribunal deverá conduzir o procedimento consultando as partes" (*gestão participada do processo*).

A CLT se insere, portanto, no contexto do denominado *gerenciamento ou gestão processual*, em razão do qual, de acordo com Érico Andrade, "o juiz assume o papel de gerente do processo para organizar e conduzir a marcha processual, mediante sua adaptação à complexidade da causa: o juiz, de acordo com as características de determinado processo, vai realizar a condução da marcha procedimental num contexto em que a atuação judicial possa observar a relação custo/benefício de cada situação litigiosa, a fim de que cada causa mereça atenção de acordo com suas necessidades concretas, para que haja a melhor distribuição possível de recursos judiciais entre todos os processos em curso perante a jurisdição".[117]

Para Érico Andrade, a gestão processual exige três importantes instrumentos para sua concretização:

(...). Ao lado da justiça surge como segundo elemento da ideia de direito a *utilidade* ou adequação a um fim (...). O direito enquanto ordenação da vida em comum não pode ficar abandonado às diferenças de opiniões dos indivíduos, pois é necessário haver *uma* ordem acima de tudo e todos. Com isso, apresenta-se uma terceira exigência do direito (...), um terceiro elemento da ideia do direito: a *segurança jurídica*. Esta exige positividade do direito: se não se pode *identificar* o que é justo, então é necessário *estabelecer* o que deve ser jurídico, e de uma posição que esteja em condições de fazer *cumprir* aquilo que foi *estabelecido*. (*Op. cit.*, p. 77-78 e 108).

116. O que implica possibilidade de alertar as partes da conveniência do patrocínio por advogado, quando a causa o recomendar (aplicação do art. 9º, § 2º, da Lei n. 9.099/95). O ideal é que, contando uma das partes com a assistência de advogado, à outra seja assegurada a assistência judiciária, como ocorre no juizado especial estadual civil (art. 9º, § 1º, da Lei n. 9.099/95).

117. As novas perspectivas do gerenciamento e da 'contratualização' do processo. *Revista de Processo*, ano 36, v. 193, p. 167-199, mar. 2011. Note-se que os arts. 765 e 769 da CLT já permitem ao juiz este gerenciamento do processo, para atender à necessidade de assegurar a efetividade do Direito do Trabalho.

a) *flexibilização procedimental*: o procedimento é definido mediante análise prévia do processo concreto, "para apurar o grau de complexidade do feito, bem como a necessidade de instrução probatória, ou seja, qual o tipo de prova que é necessário produzir no processo para esclarecimento dos fatos. É propriamente a maior ou menor complexidade do litígio que comanda a orientação procedimental", além do que "no curso do processo, se a causa se complicar ou se simplificar, ou seja, se se apurar que o circuito adotado não é adequado, o sistema processual deve permitir a instituição de pontes de passagem de um procedimento a outro (...), a fim de que o procedimento possa ser reorientado para o circuito ou procedimento adequado, sem que tudo tenha de voltar ao começo", e exige "que se deixe de lado a concepção estática de procedimento judicial, previsto abstratamente na lei, e se passe para uma concepção dinâmica do procedimento, a fim de permitir o melhor gerenciamento do processo pelo juiz";

b) *calendário processual*: "cada causa deve receber tratamento individualizado, dentro dos circuitos processuais previstos, de forma flexível, na legislação processual. Com isso, o juiz deve, sob medida, regular os prazos para a prática de atos processuais de determinado processo, atento à natureza de cada causa, ao grau de urgência e à sua complexidade. Com base nestes dados, o juiz, em conjunto com os advogados das partes, fixa o calendário do processo, em que se preveem as datas para prática dos atos processuais de instrução e troca de peças de defesa, bem como da própria decisão (...) o calendário é fixado em cada processo de acordo com as peculiaridades da causa concretamente considerada (...). O calendário (...) é de grande importância como instrumento de gestão processual e para oferecer às partes a previsão inicial da duração do processo (...). O calendário não é fixado unilateralmente pelo juiz, mas com a participação negocial das partes, estabelecendo-se verdadeiro contrato de procedimento. Com isso, permite-se um clima de maior cooperação entre partes e juízo, além de se introduzir a prática negocial ou os acordos procedimentais";[118]

c) *contratualização do processo*: "surge no direito francês a 'contratualização' do processo, de modo a permitir ajustes entre partes e juiz a respeito da forma de condução do processo e fixação dos termos do seu desenvolvimento. Parte-se, nitidamente, para a efetivação do clima de cooperação entre partes e juiz, para a gestão processual (...). Preconiza-se, modernamente, a possibilidade de partes e juiz, em clima de cooperação, ajustarem acordo de natureza nitidamente processual a respeito da condução do processo e do momento da prática de determinados

118. A possibilidade de as partes participarem da definição do calendário processual reforça a sua responsabilidade pela duração razoável do processo. Note-se que o CPC estabelece que "todos os sujeitos do processo devem cooperar entre si para que se obtenha, em tempo razoável, decisão de mérito justa e efetiva" (art. 6º), o que implica o reconhecimento, expresso, do dever de cooperação de todos os sujeitos do processo, na medida em que são responsáveis pela decisão justa e efetiva.

atos processuais (...). Todo esse quadro leva, ao menos em tese, à maior eficácia da ação pública, com a possibilidade de melhor aceitação das decisões judiciais, em razão da abertura democrática que se produz no Judiciário, tornando a justiça mais 'cidadã' e enquadrando a função judiciária no novo modelo de Estado que se desenha neste início de século XXI: o Estado mediador. Ademais, a partir do clima consensual também se combate um dos males modernos do processo, os recursos. Como o ajustamento de pontos importantes no processo se dá por meio de consenso, as partes tendem a não apresentar recursos contra decisões proferidas em tal contexto (...). O contrato de procedimento coloca, então, a lógica contratual ou negocial (= consensual) no âmbito judicial, modificando a forma de relacionamento entre partes/advogados e juiz, que se afasta do esquema vertical impositivo e passa a ser horizontal, dando lugar a situações procedimentais acordadas, em concreto, num determinado processo, entre partes e juiz".[119]

A gestão do processo impõe ao juiz o dever de interpretar e aplicar as normas no sentido de favorecer o acesso à justiça e ao direito assegurado pela ordem jurídica e respeitar e fazer respeitar o processo justo, na perspectiva da eficiência processual, que, de acordo com Guilherme Guimarães Ludwig, "direciona os órgãos do Poder Judiciário a potencializar, pela via interpretativa e aplicativa, na melhor medida possível de acordo com as circunstâncias fáticas e jurídicas, os procedimentos e técnicas idôneas a obter a solução ótima à consecução do pleno acesso à justiça e a concretização de direitos fundamentais".[120]

Cumpre tecer alguns comentários, ainda que breves, sobre a contratualização do processo consagrada pelo CPC, por meio da autorização para a celebração de *convenções processuais*.

Antes, porém, cumpre esclarecer que a CLT já permite, embora em termos limitados, a celebração de convenções processuais.

Neste sentido, a CLT autoriza as partes a celebrar convenção processual relacionada com as custas processuais (art. 789, § 3º), ou seja, a definir, por meio de convenção, a responsabilidade pelo pagamento das custas, no caso de celebração de acordo.

Acrescente-se que são admitidas convenções que, embora firmadas extrajudicialmente, têm reflexos no processo, como se dá com a convenção visando à instauração de dissídio coletivo de natureza econômica (art. 114, § 2º, da Constituição – trata-se de dispositivo de constitucionalidade discutível, mas cuja inconstitucionalidade ainda não foi declarada pelo STF, o que será objeto de análise no Capítulo reservado ao exame do dissídio coletivo).

---

119. As novas perspectivas do gerenciamento e da 'contratualização' do processo. *Revista de Processo*, ano 36, v. 193, p. 167-199, mar. 2011.

120. *Processo trabalhista eficiente*, p. 153.

O CPC conferiu amplitude considerável ao poder das partes para celebrar convenções processuais.

De acordo com o art. 190 do CPC, "versando o processo sobre direitos que admitem autocomposição, é lícito às partes plenamente capazes estipular mudanças no procedimento para ajustá-lo às especificidades da causa e convencionar sobre os seus ônus, poderes, faculdades e deveres processuais, antes ou durante o processo". Consoante o parágrafo único do art. 190 do CPC, "de ofício ou a requerimento, o juiz controlará a validade das convenções previstas neste artigo, recusando-lhe aplicação somente nos casos de nulidade ou de inserção abusiva em contrato de adesão ou em alguma parte se encontre em manifesta situação de vulnerabilidade".

O art. 190 do CPC deve ser interpretado em sintonia com o art. 139 do CPC, segundo o qual o juiz deverá velar pela duração razoável do processo, prevenir ou reprimir qualquer ato contrário à dignidade da justiça e indeferir postulações protelatórias, art. 142, que impõe ao juiz o dever de, convencendo-se, pelas circunstâncias, de que autor e réu se serviram do processo para praticar ato simulado ou conseguir fim vedado por lei, proferir decisão que impeça os objetivos das partes, e, ainda, art. 373, § 2º, do qual resulta que não pode ser acatada convenção processual que gere, para qualquer das partes, situação que torne impossível ou excessivamente difícil o cumprimento de ônus ou dever ou o exercício de direito, poder ou faculdade.

Como os direitos decorrentes da relação de emprego admitem autocomposição, como demonstra a ênfase que o Direito Processual do Trabalho confere à conciliação, a princípio, também no processo do trabalho as partes, desde que plenamente capazes, podem celebrar convenção processual estipulando mudanças no procedimento para ajustá-lo às especificidades da causa ou versando sobre seus ônus, poderes, faculdades e deveres processuais. No entanto, como a situação do trabalhador, notadamente desempregado, é de manifesta vulnerabilidade, raramente haverá espaço para a convenção processual nos moldes do art. 190 do CPC, salvo quando dela resultar favorecimento da defesa dos direitos do trabalhador em juízo.[121]

Em relação ao calendário processual, dispõe o art. 191 do CPC que, *"de comum acordo*, o juiz e as partes podem fixar calendário para a prática de atos processuais,

---

121. Não se pode olvidar que o trabalhador depende da celebração do contrato e de sua manutenção para ter acesso aos bens necessários ao atendimento das suas necessidades próprias e familiares, assim como depende da satisfação dos seus créditos, após a rescisão do contrato, para atender a estas mesmas necessidades, o que o torna vulnerável e limita, de forma considerável, a possibilidade de celebração de convenções processuais no processo do trabalho, sendo digno de nota que a contratualização do processo se insere no contexto da *contratualização das relações sociais*, que se sustenta na afirmação de que a vontade das partes é, sempre, o instrumento mais adequado para definir a melhor forma de solução dos conflitos sociais, processo do qual não escapa o próprio direito material do trabalho (lembre-se, a propósito, das várias tentativas de estabelecer a *prevalência do negociado sobre o legislado*). A liberdade frente ao Estado (legislador) não significa liberdade frente ao particular (parte adversa ou empregador) e pode conduzir a um verdadeiro *contrato de submissão*. Neste contexto, as convenções processuais devem ser acolhidas no processo do trabalho se e somente se resultarem na melhoria da condição processual do trabalhador.

quando for o caso", observando-se que "o calendário vincula as partes e o juiz, e os prazos nele previstos somente serão modificados em casos excepcionais, devidamente justificados" (art. 191, § 1º) e que "dispensa-se a intimação das partes para prática de atos processuais ou a realização de audiências cujas datas tiverem sido designadas no calendário" (art. 191, § 2º).

A hipótese é de verdadeira *convenção processual envolvendo as partes e o juiz*, tendo por objeto a fixação de prazos para a prática de atos processuais, que também encontra respaldo no Direito Processual do Trabalho, em especial quando se trate de assegurar, sem prejuízo do contraditório, a rápida solução do mérito ou satisfação do credor. No entanto, também ao estabelecer, em comum acordo com as partes, o calendário processual, o juiz não pode descuidar da situação de manifesta vulnerabilidade do trabalhador, em especial daquele desempregado.

O CPC também autoriza as partes a apresentarem ao juiz, para homologação, delimitação consensual das questões de fato sobre as quais recairá a atividade probatória, especificando os meios de prova admitidos, e delimitação das questões de direito relevantes para a decisão do mérito (art. 357, § 2º). De acordo com o art. 357, § 2º, a convenção das partes, se homologada, vincula as partes e o juiz. Assim, as partes podem celebrar convenção processual definindo o *objeto da prova*, os *meios de prova* a serem utilizados, bem como as *questões de direito relevantes para a decisão de mérito*.

Contudo, o art. 357, § 2º, do CPC não obriga o juiz a homologar a convenção e nem poderia fazê-lo, seja porque ao juiz, segundo o mesmo CPC, no exercício da gestão processual, cabe determinar as provas necessárias para o julgamento do mérito (art. 370), bem como indeferir, de forma fundamentada, as diligências inúteis ou meramente protelatórias (art. 370, parágrafo primeiro), seja porque o juiz não pode ter a sua atuação limitada a ponto de as partes estabelecerem, *sem possibilidade de sua intervenção*, quais são as questões de direito relevantes para a decisão do mérito. Em tese, trata-se de convenção compatível com o Direito Processual do Trabalho, com a ressalva de que a sua aceitação pressupõe que as partes estejam, concretamente, em condições de definir, de forma segura, o objeto da prova e os meios de prova pertinentes, ao passo que, quanto às questões de direito, não há compatibilidade da solução adotada pelo CPC com as atribuições do juiz no processo do trabalho e com o fato de que o processo do trabalho versa sobre direitos que são, em regra, indisponíveis e irrenunciáveis.

Por fim, o art. 471, *caput*, do CPC autoriza as partes a, de comum acordo, *escolher o perito*, indicando-o mediante requerimento, *desde que sejam plenamente capazes e a causa possa ser resolvida por autocomposição*, sendo previsto, no art. 471, § 3º, que a *perícia consensual* substituirá, para todos os efeitos, a que seria realizada por perito nomeado pelo juiz (*perícia judicial*).

A escolha do perito mediante consenso das partes já é uma realidade na prática forense. Escolhido o perito pelas partes e sendo ele nomeado para a realização da perícia, não há necessidade de outra perícia, levada a efeito por perito nomeado pelo juiz, o que, no entanto, não significa que o juiz não possa, visando ao esclarecimento dos fatos da causa, em especial quando houver discordância das partes com o laudo apresentado pelos peritos por elas escolhidos, nomear perito de sua confiança para repetir a perícia, observando-se, inclusive, que o art. 480 do CPC autoriza o juiz a determinar, de ofício ou a requerimento, a realização de nova perícia, quando a matéria não estiver suficientemente esclarecida. De qualquer forma, existindo nos autos duas perícias, não há prevalência de uma sobre a outra, como deixa claro o art. 480, § 3º, do CPC.

Cumpre mencionar que o CPC estabelece, ainda, a *gestão material do processo*, quando dispõe que o juiz, antes de promover a extinção do processo sem provimento de mérito, determine, se possível, a correção do vício respectivo (art. 317) e o suprimento de pressupostos processuais e saneamento de outros vícios processuais (art. 139, IX), o que constitui corolário do dever de colaboração a fim de que seja alcançada a decisão do mérito (art. 6º), o que está em sintonia com o Direito Processual do Trabalho, que adota como diretriz a facilitação do julgamento do mérito e da satisfação do credor, na execução.

Cumpre registar que a Instrução Normativa n. 39/2016 do TST estabelece, no art. 2º, II, não ser aplicável no processo do trabalho o art. 190 do CPC, que trata da negociação processual.

8.4.10. *Prioridade da tutela específica sobre a tutela pelo equivalente monetário.*

A tutela jurisdicional de um direito pode assumir duas formas: a) a satisfação do direito tal como assegurado pela ordem jurídica. Trata-se da denominada *tutela específica*, em razão da qual é assegurado o gozo do direito *in natura*; b) a satisfação do direito por meio da compensação financeira pelo seu não gozo *in natura*.

O direito, em especial o de caráter humano ou fundamental, deve ser gozado *in natura* e não pode deixar de sê-lo pela ausência de meios judiciais que permitam a sua adequada satisfação, o que se impõe à observância do juiz, que tem, assim, o dever de atuação no sentido da concessão de tutela específica aos direitos reconhecidos pela ordem jurídica.

Aludido princípio realça a importância da tutela inibitória (o juiz deve agir para inibir o ilícito e não apenas para reparar os danos que dele decorram[122]) e

122. Vale lembrar, por exemplo, que a Constituição assegura aos trabalhadores, com caráter preferencial em relação à tutela reparatória de danos, o direito à prevenção contra acidentes de trabalho, o que traduz e impõe a valorização da tutela inibitória (art. 7º, XXII e XXVIII).

da tutela de urgência (diante de uma situação de perigo, cumpre sejam adotadas medidas suficientes e adequadas para garantia do gozo do direito tal como assegurado pelo ordenamento jurídico).

O princípio em destaque é confirmado pela autorização para a concessão de medida liminar nas reclamações trabalhistas que visam tornar sem efeito transferência ou à reintegração de dirigente sindical afastado, suspenso ou dispensado (art. 659, IX e X, da CLT), o que significa superação do dogma da impossibilidade de execução respaldada em cognição sumária ou da correlação necessária entre execução forçada e condenação.

Em razão deste princípio: a) a obrigação somente se converterá em perdas e danos se o autor o requerer ou se impossível a tutela específica (aplicação do art. 499 do CPC); b) ao juiz cumpre, para efetivação da tutela específica, determinar, de ofício ou a requerimento, as medidas necessárias, tais como a imposição de multa por tempo de atraso, busca e apreensão e impedimento de obra nociva (aplicação do art. 536, *caput* e § 1º, do CPC).[123]

O princípio em questão torna compatíveis com o Direito Processual do Trabalho os arts. 497 a 501 do CPC, o que é reconhecido pela Instrução Normativa n. 39/2016 (art. 3º, XI).

8.4.11. Máxima eficácia das decisões judiciais.

Conferir tutela a um direito não se resume à afirmação formal de sua existência. Tutelar um direito é reconhecer a sua existência e realizá-lo concretamente, assegurando o seu gozo efetivo. O que a parte persegue em juízo e a ela deve ser assegurado, quando tenha razão na sua pretensão, não é uma decisão que confirme a existência do direito deduzido, mas a realização concreta do seu direito. Nesse contexto, a tutela jurisdicional será efetiva quando e somente quando o direito assegurado pela ordem jurídica e reconhecido na decisão judicial for plenamente satisfeito.

Daí adotar o Direito Processual do Trabalho como princípio a imperatividade da execução de decisão que contempla créditos decorrentes da relação de emprego,

123. Consoante decidiu a SDI-I do TST: "De acordo com recentes julgamentos proferidos por esta Subseção Especializada, não há óbice à aplicação de multa diária com o objetivo de compelir o empregador a anotar a CTPS do trabalhador, ainda que o art. 39, § 1º, da CLT estabeleça que, na eventual recusa, tal procedimento possa ser realizado pela Secretaria da Vara do Trabalho. É evidente que a posterior anotação da CTPS pela Secretaria causará embaraços ao trabalhador, dificultando seu futuro acesso ao mercado de trabalho, circunstância que torna inadmissível a recusa do empregador em cumprir a determinação judicial. A imposição de multa diária em face da recusa do empregador de cumprir sua obrigação de anotar a CTPS, no prazo fixado pela sentença, tem fundamento no princípio da proteção ao hipossuficiente no direito constitucional ao trabalho, que reclama máxima efetividade. Nesse contexto, conclui-se constituir a anotação da CTPS pela Secretaria da Vara uma exceção à determinação constante do art. 29 da CLT, não podendo ser interpretada como regra de substituição da obrigação de fazer imposta ao empregador" (TST, SDI-I, E-ED-RR 1987500-94.2006.5.09.0028, Rel. Min. Augusto César Leite de Carvalho).

com a atribuição aos órgãos da Justiça do Trabalho do poder/dever para, de ofício, promover a execução das suas decisões e impulsionar o processo no sentido da satisfação do direito nelas reconhecido (arts. 765 e 878 da CLT).

Ao atribuir ao juiz o poder/dever de promover a execução, a CLT aponta no sentido de que a parte tem direito não apenas à confirmação do direito por ela deduzido, mas também à sua satisfação. A parte tem, em suma, o *direito à tutela jurisdicional plena*, ou seja, aquela por meio da qual o direito é reconhecido e feito valer concretamente pelo Poder Judiciário. Não se pode olvidar que, ao tutelar o direito subjetivo, o juiz tutela o próprio ordenamento jurídico, reafirmando a sua autoridade.[124]

Em razão deste princípio e considerando que a decisão que não possa ser imediatamente executada carece de eficácia concreta, no Direito Processual do Trabalho os recursos têm, em regra, efeito apenas devolutivo (art. 899 da CLT) e é exigida, no caso de condenação em pecúnia e respeitadas as isenções legais, nos dissídios individuais, a prévia garantia do juízo para a interposição de recurso (art. 899, § 1º, da CLT).

Ganha relevo no processo do trabalho, por força da diretriz em exame, a *formação progressiva da coisa julgada*, que permite a execução definitiva da parte da sentença que não tenha sido impugnada por meio de recurso.[125]

A Lei n. 13.467/17, ao conferir nova redação ao art. 878 da CLT, restringiu a possibilidade de o juiz promover a execução às demandas em que o credor exerce o *jus postulandi*, inovação processual que será examinada quando tratarmos da legitimidade ativa na execução.

8.4.12. Despersonalização das obrigações decorrentes da relação de emprego.

Atribuído ao trabalhador um crédito decorrente da relação de emprego, cumpre fixar a responsabilidade pela sua satisfação.

Dos arts. 2º e 3º da CLT resulta que cabe ao empregador a obrigação de satisfazer os créditos que da relação de emprego resultam para o trabalhador, na condição de contratante e de tomador dos seus serviços.

Nem sempre, contudo, o empregador é o único beneficiário dos serviços prestados pelo trabalhador.

---

124. Ao atribuir ao juiz o poder/dever de promover a execução de ofício, o direito processual do trabalho procura diminuir o lapso temporal entre o início do processo e a satisfação do direito reconhecido na decisão judicial e, com isso, entre a lesão do direito e a sua tutela.

125. A pluralidade de pedidos é uma constante no processo do trabalho, o que faz com que a sentença seja composta por capítulos, ou seja, por decisões sobre pedidos autônomos, podendo a coisa julgada formar-se em relação a cada um deles em momentos distintos.

Para a hipótese de pluralidade de beneficiários dos serviços prestados pelo trabalhador, os arts. 2º, § 2º, 10, 448, 448-A e 455 da CLT, art. 3º da Lei n. 2.757/56 e arts. 5º-A, § 5º, e 16 da Lei n. 6.019/74, por exemplo, estabelecem a *despersonalização das obrigações decorrentes da relação de emprego*, da qual decorre que *respondem pelos créditos do trabalhador todos os beneficiados pelos seus serviços*.

Com efeito:

a) conforme o art. 2º, § 2º, da CLT, as empresas que compõem o grupo econômico da empresa empregadora respondem, solidariamente, pela satisfação dos créditos de seus empregados;

b) segundo prevê o art. 448-A da CLT, "Caracterizada a sucessão empresarial ou de empregadores prevista nos arts. 10º e 448 desta Consolidação, as obrigações trabalhistas, inclusive as contraídas à época em que os empregados trabalhavam para a empresa sucedida, são de responsabilidade do sucessor (art. 448-A, *caput*) e "A empresa sucedida responderá solidariamente com a sucessora quando ficar comprovada fraude na transferência" (art. 448-A, parágrafo único);

c) o art. 455 da CLT prevê que, nos contratos de subempreitada, "responderá o subempreiteiro pelas obrigações derivadas do contrato de trabalho que celebrar, cabendo, todavia, aos empregados, o direito de reclamação contra o empreiteiro principal pelo inadimplemento daquelas obrigações por parte do primeiro". O empreiteiro principal, nos contratos de subempreitada, responderá pelos créditos dos empregados do subempreiteiro;

d) o art. 3º da Lei n. 2.757/56, tratando dos créditos dos empregados de condomínios residenciais, dispõe que os condôminos responderão, proporcionalmente, pelas obrigações previstas nas leis trabalhistas, inclusive as judiciais e extrajudiciais;

e) os arts. 5º-A, § 5º, e 16 da Lei n. 6.019/74 atribuem responsabilidade pela satisfação dos créditos do trabalho ao tomador dos seus serviços, na terceirização e trabalho temporário.

Cumpre lembrar, ainda, da possibilidade de atribuição de responsabilidade: ao sócio, pelos débitos trabalhistas da sociedade, tema que é examinado no Capítulo reservado à execução; aos membros de consórcio de empregadores, pelas obrigações trabalhistas do consórcio (os membros do consórcio podem contar com os serviços dos seus empregados, mas também respondem pela satisfação dos seus créditos, tratando-se a hipótese, portanto, de solidariedade ativa e passiva – art. 25-A da Lei n. 10.256/01); aos municípios, no caso de desmembramento de município (Orientação Jurisprudencial n. 92 da SDI-I do TST).

8.4.13. *Supremacia do interesse público sobre o privado ou da sociabilidade.*

No processo judicial, coexistem o interesse privado das partes a uma decisão favorável à sua pretensão e o interesse público em que o processo conduza à realização concreta do direito assegurado pela ordem jurídica.

O interesse público na realização concreta do direito assegurado pela ordem jurídica tem supremacia sobre o interesse das partes, no sentido de que, respeitando o direito de cada parte de aduzir pretensões,[126] e produzir provas, com liberdade, em simétrica paridade e em contraditório, deve ser prestigiada a solução que esteja em sintonia com as regras e princípios constitutivos da ordem jurídica.

Neste sentido, o art. 850, parágrafo único, da CLT impõe a adoção de decisão que atenda ao interesse social, o art. 852-I, § 1º, da CLT, alude à necessidade de serem atendidos na decisão do litígio aos fins sociais da lei e as exigências do bem comum, demonstrando que o processo serve ao direito e não às partes e ao juiz, e é autorizada a interposição de recurso no caso de violação da lei ou ofensa à Constituição (art. 896).

8.4.14. *Tutela jurisdicional normativa.*

A solução dos conflitos coletivos por meio da negociação coletiva pode resultar na celebração de convenção coletiva de trabalho (art. 611 da CLT[127]) ou acordo coletivo de trabalho (art. 611, § 1º, da CLT[128]), que são acordos de caráter normativo, isto é, que estipulam condições de trabalho aplicáveis, obrigatoriamente, às relações individuais de trabalho.

Contudo, não sendo alcançado êxito na negociação coletiva e não recorrendo as partes à arbitragem, o conflito pode ser submetido ao Poder Judiciário. Com efeito, conforme dispõe o art. 114, e §§ 1º e 2º, da Constituição, havendo recusa de qualquer das partes à negociação coletiva ou à arbitragem, a elas é facultado, de comum acordo, ajuizar dissídio coletivo de natureza econômica, isto é, dissídio voltado ao estabelecimento de normas e condições de trabalho, incumbindo aos tribunais trabalhistas solucioná-lo, estabelecendo condições de trabalho a serem observadas no âmbito da representação dos demandantes, tendo a sua decisão caráter normativo, ou seja, mesmo caráter que possuem o acordo coletivo e a convenção coletiva.

---

126. A argumentação é, no processo, uma operação intelectual que persegue a adesão a uma tese ou o convencimento alheio.

127. "Convenção Coletiva de Trabalho é o acordo de caráter normativo pelo qual dois ou mais sindicatos representativos de categorias econômicas e profissionais estipulam condições de trabalho aplicáveis, no âmbito das respectivas representações, às relações individuais de trabalho."

128. "É facultado aos sindicatos representativos de categorias profissionais celebrar Acordos Coletivos com uma ou mais empresas da correspondente categoria econômica, que estipulem condições de trabalho, aplicáveis no âmbito da empresa ou das empresas acordantes às respectivas relações de trabalho."

Isto significa que a Constituição Federal confere à Justiça do Trabalho *poder normativo*, ou seja, poder para decidir dissídio coletivo de natureza econômica e estabelecer, com força normativa, condições de trabalho, superando o impasse resultante da ausência de solução do conflito coletivo de interesses pelas próprias partes. O reconhecimento de poder normativo à Justiça do Trabalho é uma espécie de delegação legislativa, sendo atribuído à Justiça do Trabalho o poder para criar o direito, no que comporta aos dissídios coletivos de natureza econômica.

O poder normativo pode ser considerado em *sentido forte*, para significar o poder para definir condições de trabalho (poder para criação do direito), e em *sentido fraco*, como poder para afirmar a obrigatoriedade de determinadas condições de trabalho. O art. 114, § 2º, da Constituição optou, em relação aos conflitos coletivos, pelo poder normativo em sentido forte.

Em suma, considerando que, ao lado dos conflitos individuais, existem conflitos de natureza coletiva e, ainda, a necessidade de a eles dar solução, o Direito Processual do Trabalho admite a tutela jurisdicional com força normativa (*tutela jurisdicional normativa*), isto é, que se manifesta na forma de criação de normas de observância obrigatória.

8.4.15. Proibição de retrocesso social e progressividade.

A Constituição reconhece aos trabalhadores um catálogo de direitos, aos quais atribui, expressamente, o caráter de direitos fundamentais, o que implica estabelecer um patamar incondicional e irrestringível de direitos (os direitos assegurados nos arts. 7º a 11 da Constituição contém *cláusula pétrea*, alcançada pela vedação constante do art. 60, § 4º, IV, da Constituição), o que significa a adoção do princípio da *vedação de retrocesso social*.

A propósito da proibição de retrocesso social, observa Gomes Canotilho que "os direitos sociais e econômicos (ex.: direito dos trabalhadores...), uma vez obtido um determinado grau de realização, passam a constituir, simultaneamente, uma garantia institucional e um direito subjetivo (...). O núcleo essencial dos direitos sociais já realizado e efetivado através de medidas legislativas (...) deve considerar-se constitucionalmente garantido, sendo inconstitucionais quaisquer medidas estaduais que, sem a criação de outros esquemas alternativos ou compensatórios, se traduzam, na prática, numa 'anulação', 'revogação' ou 'aniquilação' pura e simples desse núcleo essencial (...). A liberdade de conformação do legislador e inerente autorreversibilidade têm como limite o núcleo essencial já realizado, sobretudo quando o núcleo essencial se conduz à garantia do mínimo de existência condigna inerente ao respeito pela dignidade humana".[129]

---

129. *Direito constitucional e teoria da Constituição*, p. 338-340.

De outro lado, o art. 7º, *caput*, da Constituição, ao estabelecer que os direitos nele reconhecidos não excluem outros que visem à melhoria da condição social dos trabalhadores, não só protege os trabalhadores contra o retrocesso social, como a eles reconhece o *direito à melhoria progressiva de sua condição social* (*princípio da progressividade*) na linha, inclusive, do disposto no art. 26 da Convenção Americana de Direitos Humanos, segundo o qual "Os Estados-partes comprometem-se a adotar as providências, tanto no âmbito interno, como mediante cooperação internacional, especialmente econômica e técnica, a fim de conseguir progressivamente a plena efetividade dos direitos que decorrem das normas econômicas, sociais e sobre educação, ciência e cultura, constantes da Carta da Organização dos Estados Americanos, reformada pelo Protocolo de Buenos Aires, na medida dos recursos disponíveis, por via legislativa ou por outros meios apropriados", assim como seu art. 29, de acordo com o qual nenhuma disposição da Presente Convenção pode ser interpretada no sentido de "a) suprimir o gozo dos direitos e liberdades reconhecidos na Convenção ou limitá-los em maior medida do que a nela prevista (...); c) excluir outros direitos e garantias inerentes ao ser humano ou que decorrem da forma democrática representativa de governo; d) excluir ou limitar o efeito que possam produzir a Declaração Americana dos Direitos e Deveres do Homem e outros atos internacionais da mesma natureza".

O direito à progressiva melhoria da condição social é também reconhecido no art. 5º, § 2º, da Constituição, quando estabelece que os direitos nela previstos não excluem outros decorrentes do regime e dos princípios por ela adotados, ou dos tratados internacionais em que a República Federativa do Brasil seja parte, valendo observar, ainda, que a Constituição adota o *princípio da prevalência dos direitos humanos* (art. 4º, II), o que implica a prevalência dos direitos humanos no confronto entre as normas que compõem o direito do trabalho, ou dito de outra forma e considerando que os direitos humanos são direitos inerentes à dignidade humana, a prevalência das situações existenciais sobre as patrimoniais ou das soluções favoráveis à promoção e tutela da dignidade humana sobre aquelas que respondem às necessidades do capital (*princípio pro homine*).

A vedação de retrocesso e a progressividade se impõe também do Poder Judiciário.

Com efeito, a Constituição, ao atribuir aos tribunais trabalhistas o poder para, decidindo dissídio de natureza econômica, estabelecer normas e condições de trabalho, determina que, no seu exercício, sejam respeitadas as disposições mínimas legais de proteção ao trabalho e as convencionadas anteriormente (art. 114, § 2º).[130] Trata-se, portanto, de um limite jurídico imposto à atuação do

---

130. Por *disposições legais de proteção ao trabalho* devem ser entendidas as disposições constitucionais, infraconstitucionais e constantes dos tratados, convenções e acordos de que o Brasil seja signatário (arts. 651, § 2º, da CLT, 5º, § 2º, da Constituição Federal e 11 da Lei n. 10.593/02). Aos órgãos da Justiça do Trabalho é proibido,

Poder Judiciário, do qual resulta uma diretriz fundamental do Direito Processual do Trabalho, qual seja, a vedação de retrocesso na condição social do trabalhador em razão da atuação dos órgãos da Justiça do Trabalho na solução de conflito coletivo de natureza econômica, bem como uma determinação de progressividade, no sentido de que, sendo vedado retroceder, aos tribunais somente resta promover a progressão na melhoria das condições sociais dos trabalhadores.

De outro lado, como a condição social do trabalhador atua também em termos processuais, ao Poder Judiciário é vedado impedir ou criar embaraços ao exercício dos direitos, poderes e faculdades processuais reconhecidos aos trabalhadores (vedação de retrocesso), devendo, ao contrário, atuar no sentido da facilitação do seu exercício (progressividade).

8.4.16. Tutela coletiva dos direitos decorrentes da relação de emprego.

Por força de várias alterações legislativas, o direito processual brasileiro passou a dispor de mecanismos destinados à tutela de interesses ou direitos metaindividuais (interesses ou direitos difusos, coletivos em sentido estrito e individuais homogêneos[131]), podendo ser citados como exemplo, a ação civil pública.

Dessas intervenções resulta a criação de diversos mecanismos de tutela jurisdicional, que são classificados por Teori Albino Zavascki em três grupos: "(a) mecanismos para tutela de direitos subjetivos individuais, subdivididos em (a.1) os destinados a tutelá-los individualmente pelo seu próprio titular (disciplinados, basicamente, no Código de Processo) e (a.2) os destinados a tutelar coletivamente os direitos individuais, em regime de substituição processual (ações civis coletivas, nelas compreendido o mandado de segurança coletivo); (b) mecanismos para tutela de direitos transindividuais, isto é, direitos pertencentes a grupos ou a classes de pessoas indeterminadas (a ação popular e as ações civis públicas, nelas compreendidas a chamada ação de improbidade administrativa); e (c) instrumentos para tutela da ordem jurídica, abstratamente considerada, representados pelos vários mecanismos de controle de constitucionalidade dos preceitos normativos e das omissões legislativas".[132]

Cândido Rangel Dinamarco vê nestas alterações o "sinal da transmigração do individual para o coletivo, que se revela como uma das características mais destacadas das recentes evoluções do direito processual no Brasil".[133]

---

em suma, reduzir o patamar mínimo de direitos estabelecidos por meio da Constituição, das leis ordinárias e dos tratados, convenções e acordos de que o Brasil seja signatário, bem como aquele definido a partir da negociação coletiva.

131. Estas categorias são definidas no Capítulo reservado ao estudo dos institutos fundamentais do direito processual coletivo do trabalho.

132. *Processo coletivo*, p. 21.

133. *Instituições de direito processual civil*, v. II, p. 309.

A transmigração da ação e tutela individual para a ação e tutela coletiva responde à necessidade de ampliação do acesso à justiça, plena satisfação dos direitos reconhecidos e garantidos pela ordem jurídica, adequada tutela dos direitos e interesses metaindividuais, harmonia de julgados sobre as mesmas questões fáticas e de direito e economia processual (pela concentração de várias demandas em uma única ação).

O Direito Processual do Trabalho sempre prestigiou a tutela coletiva dos direitos, como demonstram a autorização para o ajuizamento de dissídio coletivo (art. 616, § 2º, da CLT) e ação de cumprimento (art. 872 da CLT), o que foi reafirmado com a autorização aos sindicatos para a defesa judicial dos interesses da categoria que representam (art. 8º, III, da Constituição) e, ainda, com a atribuição à Justiça do Trabalho da competência para executar as penalidades administrativas aplicadas pelos órgãos de fiscalização das condições de trabalho aos empregadores (aqui está presente o interesse social no respeito à ordem jurídica) e das contribuições previdenciárias (também aqui se apresenta um interesse social, relacionado à capacitação da Previdência Social para atender às demandas por benefícios, em especial dos menos afortunados).

A promoção e a proteção dos direitos assegurados aos trabalhadores *é complementada* pela criação de instrumentos que permitam a sua realização concreta, o que *impõe* o prestígio à ação coletiva (toda espécie de ação capaz de propiciar a adequada e efetiva tutela de direitos coletivos em sentido amplo — direitos difusos, coletivos em sentido estrito e individuais homogêneos) e o reconhecimento às entidades sindicais de legitimidade para agir em juízo na defesa dos direitos coletivos, difusos e individuais homogêneos (direitos individuais que mereçam tratamento coletivo) e o acatamento da ação civil pública com a maior amplitude possível,[134] o mesmo ocorrendo em relação à legitimação das entidades sindicais para a propositura de ações coletivas.[135]

8.4.17. Proibição de neutralidade.

A dignidade humana constitui fundamento da República e a sua proteção e promoção constituem dever de todos os poderes do Estado, o que significa que o juiz não pode ser neutro na apuração da alegação de ofensa aos direitos inerentes à dignidade humana, como tais reconhecidos na Constituição da República (direitos fundamentais) e em normas de direito internacional (direitos humanos).

---

134. O que facilita a atuação do Ministério Público do Trabalho no sentido da promoção das medidas necessárias à garantia de respeito aos direitos assegurados pela Constituição Federal, contribuindo, assim, para a sua maior efetividade.

135. Gustav Radbruch adverte que "A 'liberdade de união para preservação e fomento das condições econômicas e de trabalho', a 'liberdade de coalizão' é portanto, para o empregado, o direito mais importante dentre os assegurados pela Constituição (*Introdução à ciência do direito*, p. 100), mas de nada servirá a liberdade de união e coalizão se for tolhida a liberdade de atuação das entidades representativas da classe dos trabalhadores, inclusive em juízo".

Acrescente-se que a sujeição do juiz à Constituição o transforma em "garante dos direitos fundamentais constitucionalmente estabelecidos", na qual está, inclusive, "o principal fundamento da legitimação da jurisdição".[136]

De outro lado, ao juiz cumpre atuar no sentido de que os princípios fundamentais do Direito Processual do Trabalho produzam efeitos concretos e de que, na medida do possível, cada litigante receba aquilo e exatamente aquilo que lhe atribui a ordem jurídica, nem mais nem menos.

Esta diretriz é confirmada: pelo poder conferido ao juiz para participar ativamente da instrução do processo; pela exigência de que o juiz atue no sentido da mais rápida solução do conflito de interesses submetido a julgamento; pelo dever atribuído ao juiz de proferir decisão justa e equânime; pela autorização conferida ao juiz para promover, de ofício, a execução das decisões judiciais.

Lembrando que os direitos decorrentes da relação de emprego são, em boa parte, direitos humanos e fundamentais, cumpre mencionar a advertência de Jorge Miranda, no sentido de que juízes e tribunais estão vinculados a estes direitos: "a) positivamente, na interpretação, na integração e na aplicação de modo a conferir-lhe a máxima efetividade possível, dentro do sistema jurídico; b) negativamente, na não aplicação dos preceitos legais que os não respeitem."[137]

Como aduz Piero Calamandrei, "o perigo maior que ameaça os juízes em uma democracia, e em geral, a todos os funcionários públicos, é o perigo do hábito, da indiferença burocrática, da irresponsabilidade anônima".[138]

Do juiz não pode ser exigido que tenha a solução dos conflitos decorrentes da relação de emprego como operação meramente técnica e abstrata. Cada demanda trabalhista envolve um embate sobre direitos relacionados com a promoção e proteção da dignidade humana, a realização da justiça social e a construção da democracia e este fato não pode ser desconsiderado pelo juiz, do qual é, sem dúvida, legítimo exigir a imparcialidade, mas ao qual não pode ser imposta a neutralidade.

8.4.18. Disparidade processual.

Este princípio está diretamente relacionado com o princípio da igualdade, que se encontra positivado no art. 5º, *caput*, da Constituição, no sentido de que os desiguais devem ser tratados de forma desigual, na medida da sua desigualdade, e aponta no sentido de que o juiz não pode desconsiderar as desigualdades

136. Luigi Ferrajoli. El derecho como sistema de garantías. In: *Derecho y garantías:* la ley del más débil, p. 25-27.

137. O princípio da eficácia jurídica dos direitos fundamentais. In: *Estudos de direito constitucional:* homenagem ao professor Ricardo Arnaldo Malheiros Fiuza, p. 74.

138. *Proceso y democracia*, p. 69.

econômicas, sociais e culturais das partes e que estão justificadas diferenciações voltadas à garantia da maior paridade de forças possível entre elas.[139]

Como aduz Piero Perlingieri, "as disparidades de condições econômicas e sociais podem, ou melhor, devem ser tratadas de forma diversa, isto é, sem paridade (...). Quando existe desigualdade de fato, não existe espaço para o princípio da paridade de tratamento. O princípio da paridade de tratamento pressupõe a paridade de condições".[140]

É neste compasso que se pode falar em *princípio da disparidade processual*, no sentido de diretriz fundamental que assegura o tratamento desigual para se aproximar o máximo possível da igualdade substancial.

Alberto Trueba Urbina afirma que "tanto as normas substanciais como as processuais são essencialmente protetivas e tutelares dos trabalhadores; a proteção está não somente na ideologia e entranhas de suas disposições, mas nos textos mesmos, pois a norma substancial influência de tal maneira a processual que ambas se identificam em seu sentido protecionista e tutelar, de maneira que o direito processual do trabalho é protecionista de uma das partes, da parte trabalhadora, quando sua luta aflora nos conflitos do trabalho e estes a levam à jurisdição laboral, não somente para a aplicação do preceito processual, como também para a interpretação tutelar do mesmo em favor dos trabalhadores. Assim se manifesta a função protetiva e tutelar das normas adjetivas do trabalho, originando em sua regulamentação um novo direito processual, que contempla no processo as duas partes em conflito, para efeito de tutelar a mais fraca, que é a trabalhadora, donde emerge o princípio da disparidade processual, para realização plena da tutela em favor dos trabalhadores".[141]

Hector Fix-Zamudio chama a atenção para o fato de que "um aspecto importante do devido processo é o relativo à *igualdade real das partes, como uma derivação do princípio genérico de igualdade de todas as pessoas perante a lei* (...), princípio que implica a existência de duas partes *equidistantes e contrapostas* (*Equality of arms*), de tal maneira que o princípio do contraditório no processo contemporâneo exige que se confira igualdade de oportunidades aos jurisdicionados para a alegação e defesa de suas pretensões, e (...) requer que se outorguem vantagens e prerrogativas à parte débil para ficar no mesmo nível daquela que se encontra com maiores recursos econômicos e profissionais".[142]

---

139. Na esteira do que prevê o art. 3º-A do Código de Processo Civil de Portugal, o juiz "deve assegurar, ao longo de todo o processo, um estatuto de igualdade substancial das partes, designadamente no exercício de faculdades, no uso de meios de defesa e na aplicação de sanções ou cominações processuais". No mesmo sentido, o art. 7º do CPC dispõe que "é assegurada às partes paridade de tratamento em relação ao exercício de direitos e faculdades processuais, aos meios de defesa, aos ônus, aos deveres e à aplicação de sanções processuais, competindo ao juiz zelar pelo efetivo contraditório".

140. *Perfis do direito civil:* introdução ao direito civil constitucional, p. 38.

141. *Nuevo derecho procesal del trabajo*, p. 40-41.

142. El debido proceso, los derechos humanos y el poder judicial. In: *Human righths and the judiciary/los derechos humanos y el poder judicial/droits de l'homme et le pouvoir judiciaire* [organization and introduction], p. 115.

Anote-se que a igualdade de armas "implica obrigação de oferecer a cada parte a possibilidade de apresentar a sua causa, incluindo as suas provas, em condições que não a coloquem em situação de nítida desvantagem em relação ao seu adversário. Com a concretização deste princípio, colocam-se as partes, no processo, em perfeita paridade de condições, desfrutando, portanto, de idênticas possibilidades de obter a justiça que lhes seja devida, impedindo, quanto possível, que a desigualdade jurídica seja frustrada em consequência de uma grave desigualdade de fato (...). As condições singulares dos indivíduos exigem tratamentos diversos, sob pena de se criarem ou potenciarem novas diferenças sociais: o igual deve ser tratado igualmente e o desigual, desigualmente, na medida exata da diferença".[143]

A igualdade das partes no processo não pode significar mera igualdade jurídico-formal, traduzida pelo reconhecimento da igualdade de todos perante a lei. Cumprindo, ao contrário, que se reduza, ao mínimo possível, as desigualdades de fato entre os litigantes. Como adverte Francesco Carnelutti, "a eficácia do contraditório supõe o equilíbrio dos contraditores".[144]

O princípio em destaque ganha relevo pelo fato de ser a paridade de armas um direito processual humano, como permite afirmar o art. 10 da Declaração Universal dos Direitos Humanos ("Toda pessoa tem o direito, *em condições de plena igualdade*, de ser ouvida publicamente e com justiça por um tribunal independente e imparcial, para a determinação de seus direitos e obrigações ou para o exame de qualquer acusação contra ela em matéria penal" – destacamos).

As partes têm, portanto, o direito, humano, ao *processo equitativo*, o qual, segundo a Comissão Europeia dos Direitos do Homem, conforme registrado por José Lebre de Freitas, "implica que a parte possa expor as suas razões ao tribunal em condições não menos favoráveis do que as da parte contrária".[145] Note-se que o art. 10 da Declaração Universal dos Direitos Humanos fala em "plena igualdade", o que significa que não se trata de igualdade apenas formal, mas de igualdade concreta de armas. Na linha da lição de José Lebre de Freitas, para quem "igualdade de armas significa equilíbrio entre as partes na apresentação das respectivas teses, na perspectiva dos meios processuais de que para o efeito dispõem",[146] é afirmado que a igualdade de armas é traduzida pelo real equilíbrio das partes no exercício de direitos, poderes e faculdades e cumprimento de seus ônus e deveres processuais.

Como manifestações concretas desta diretriz, tem-se, por exemplo, o tratamento diferenciado conferido ao trabalhador na fixação da competência, como

143. Ireneu Cabral Barreto. *A convenção europeia dos direitos do homem anotada*, p. 135-136.

144. *Direito processual civil e penal*, v. II, p. 144.

145. *Estudos sobre direito civil e processo civil*, v. I, p. 32.

146. *Estudos sobre direito civil e processo civil*, v. I, p. 32.

se vê do art. 651 da CLT: a competência é fixada levando em conta a facilitação do acesso do trabalhador à justiça.

O princípio da disparidade exige, ainda, avaliação diferenciada da prova, na medida da maior dificuldade do trabalhador na sua produção.

8.4.19. Oralidade.

Giuseppe Chiovenda afirma que "a oralidade possui uma série de consequências que são tão importantes quanto a oralidade mesma. Ao dizer 'princípio da oralidade' compreende-se em uma fórmula necessariamente breve e representativa toda aquela série de consequências (...). O princípio da oralidade não pode limitar-se a uma discussão oral na audiência (...). Oralidade (...) significa que o juiz deve conhecer das atividades processuais (alegações, interrogatórios...), não com base em escritos mortos, mas com base na impressão recebida (...). Mas, para que isto possa ocorrer devem ser atendidas algumas condições. Estas conferem ao processo oral a especial figura que é consequência lógica do princípio da oralidade, sem ser designada imediatamente com este nome".[147]

Afirma Giuseppe Chiovenda que o processo oral requer: 1) que o juiz seja o mesmo durante todo o processo, não sendo a oralidade possível "se os atos processuais têm lugar ante pessoas físicas diferentes, posto que a impressão recebida pelo juiz que assiste a um ou mais atos não pode infundir-se em outro que deve julgar"; 2) que o processo "seja concentrado em uma audiência ou em poucas audiências próximas, posto que quanto mais próximas da decisão do juiz estiverem as atividades processuais, tanto menor será o perigo de que a impressão adquirida por este se perca e que a sua memória o engane (...). Este princípio da concentração é a consequência principal da oralidade, e a que mais influi na brevidade dos pleitos. Dizer oralidade é o mesmo que dizer concentração (...). No processo oral predomina a audiência ou debate, a cujo término (...) deve seguir imediatamente a sentença"; 3) "que a decisão do incidente não seja impugnável separadamente do mérito. A irrecorribilidade das interlocutórias é uma regra que não deve abandonar-se senão em algumas exceções *litis ingressum* impedientes, quando o juiz considera conveniente suspender a continuação do pleito até que se decida sobre o recurso".[148]

Aduz Giuseppe Chiovenda que a oralidade e a concentração são princípios "intrinsicamente ligados a outro grave problema: o concernente aos poderes do juiz. No processo civil moderno, o juiz não pode conservar a atitude passiva que teve no processo de outros tempos. É um princípio do Direito público moderno

---

147. *Principios de derecho procesal civil*, t. II, p. 136-139.
148. *Principios de derecho procesal civil*, t. II, p. 139-140.

que o Estado encontra-se interessado no processo civil (...); certamente não no objeto de cada pleito, mas sim em que a justiça em todos os pleitos se realize o mais rapidamente e o melhor possível (...). O juiz, portanto, deve estar munido (...) de uma autoridade de que carecia em outros tempos. Autoridade dirigida a impulsionar cuidadosamente o pleito (...), e a formar uma convicção e a mais justa convicção (...). O exercício destes poderes não é possível a não ser no processo oral, posto que somente este permite o contato contínuo e imediato do juiz com as partes e seus representantes".[149]

Nesta linha de raciocínio, a oralidade é traduzida pelo predomínio da palavra falada sobre a escrita como meio de expressão e comunicação entre os sujeitos do processo (oralidade em sentido estrito),[150] a identidade física do juiz (imutabilidade do juiz), a concentração dos atos em audiência e a irrecorribilidade das decisões interlocutórias.

À luz de tais ensinamentos, pode ser afirmado que o processo do trabalho é um processo oral, vez que nele: 1) predomina a palavra falada (oralidade em sentido estrito);[151] 2) os atos processuais fundamentais são concentrados em audiência, na presença das partes;[152] 3) a instrução do processo é geralmente realizada pelo juiz responsável pelo julgamento da demanda;[153] 4) as decisões interlocutórias são irrecorríveis.[154]

A oralidade constitui um princípio na medida em que *impõe* ao juiz atuação ativa na direção do processo (o que implica maior dinamismo e celeridade processual), o contato direto e pessoal entre o juiz e as partes e as testemunhas e das partes

149. *Princípios de derecho procesal civil*, t. II, p. 141-142.

150. A hipótese é de predomínio da forma oral (fala) como meio de expressão e comunicação entre os sujeitos do processo, posto que não é excluída a utilização da escrita (o recurso, por exemplo, deve de ser apresentado em petição escrita).

151. Basta ver, por exemplo, que a demanda e a defesa podem ser formuladas verbalmente.

152. Na audiência, frustrada a tentativa de conciliação, o demandado apresentará sua resposta e a causa será instruída, debatida e julgada, admitindo-se o seu fracionamento apenas por motivo de força maior (art. 849 da CLT). No procedimento sumaríssimo, os incidentes e as exceções são decididos na própria audiência (o exame de questões que possam obstar a marcha do processo é realizado em audiência) e o fracionamento desta somente é possível no caso de absoluta necessidade, observando-se, ainda, que, para dificultar o fracionamento da audiência, somente serão intimadas as testemunhas que, comprovadamente convidadas, deixarem de comparecer (arts. 852-G e 852-H, § 1º, da CLT).

153. Mauro Cappelletti observa que o processo dos últimos séculos da idade medieval era marcado pelo desestímulo a "qualquer relação pessoal, direta e pública, do órgão julgador com as partes, peritos e outras fontes de informação (lugares e coisas)" e "pelo desenvolvimento fragmentário e descontínuo do processo. Na ausência da presença direta do juiz, as partes, ou antes, seus advogados, eram os senhores incontroláveis do desenvolvimento do processo. Abusos e táticas dilatórias eram o normal resultado", acrescentando que "a diluição dos procedimentos civis era ulteriormente agravada por múltiplas impugnações que, sob pena de decadência, deveriam ser sublevadas, imediatamente, contra qualquer tipo de decisão, mesmo parcial, interlocutória ou meramente probatória, com suspensão do processo principal. Além do mais, novos fatos e novas provas, amiúde, eram admissíveis em apelação, o que equivalia a um ulterior estímulo para as impugnações. O resultado usual de um processo civil era, pois, o de uma proliferação de procedimentos acessórios, como o tronco que se expande em numerosos galhos" (*Processo, ideologias e sociedade*, v. I, p. 312-314).

154. É o que prevê o art. 893, § 1º, da CLT.

entre si (o que resulta na *humanização do processo*) e o favorecimento da participação das partes na solução do conflito de interesses, por meio da conciliação.[155]

Vale esclarecer, em relação à identidade física do juiz, que, o Direito Processual do Trabalho procura estabelecer um real diálogo entre as partes e entre estas e o juiz e, para que esse diálogo produza o resultado que se pretende – conduzir à verdade e à realização da justiça –, é imperioso que julgue o dissídio o juiz que colheu a prova em audiência (o juiz julgará de acordo com as suas próprias percepções e não com esteio em percepções de um terceiro). O CPC de 1973 consagrava expressamente este princípio, como se vê do seu art. 132, em disposição que não foi repetida no CPC de 2015, o que, no entanto, não afeta o processo do trabalho, no qual a estrutura do procedimento, marcado pelo predomínio da fala e concentração dos atos em audiência acaba conduzindo à realização do julgamento pelo juiz que instrui a causa. Tal fato não impede, contudo, que a demanda seja julgada por juiz distinto daquele que instruiu o processo, como se dá, por exemplo, quando o juiz que instruiu se aposenta ou entra em gozo de licença médica, como era prevista no CPC de 1973.[156]

8.5. Princípios processuais constitucionais e consagrados pelo direito processual comum aplicáveis no processo do trabalho.

A Constituição consagra regras e princípios de natureza processual, cujo conjunto compõe o *direito processual constitucional*, instituidor de um verdadeiro *devido processo constitucional*.

A necessária harmonia entre a Constituição e o Direito Processual do Trabalho justifica a referência aos princípios processuais constitucionais, que são estruturantes do processo judicial e constituem a base do ordenamento jurídico em matéria processual.

A Constituição da República consagra os seguintes princípios processuais:

a) juiz imparcial, natural e independente (art. 5º, XXXVII): todos têm direito ao julgamento de sua demanda por juiz imparcial (o juiz não pode se comportar movido por interesses próprios, devendo agir como terceiro em relação aos interesses em conflito[157]), previamente apontado pelo ordenamento jurídico como competente (é vedada a criação de tribunais de exceção) e independente (ao juiz

---

155. A concentração dos atos processuais em audiência é uma exigência do predomínio da palavra falada. A irrecorribilidade das decisões interlocutórias é uma exigência da maior concentração dos atos que compõem o procedimento (a não admissibilidade de recurso contra as decisões interlocutórias evita a paralização do processo por força de questionamento da solução conferida a questões incidentais).

156. A observação do cotidiano da Justiça do Trabalho permite afirmar que, em regra, já era respeitada a identidade física do juiz, posto que normalmente o juiz que colhe a prova oral em audiência é o que profere decisão.

157. Enrico Tullio Liebman observa que, para ser imparcial, "o juiz precisa antes de tudo ser terceiro em relação às partes em litígio, estranho às posições e aos seus interesses ('ninguém pode ser juiz em causa própria')". (*Manual*

devem ser asseguradas condições necessárias a uma atuação livre de qualquer forma de coação por parte dos poderes Executivo e Legislativo, das instâncias superiores da justiça e dos poderes sociais);[158]

b) inafastabilidade do controle judicial ou indeclinabilidade da jurisdição (art. 5º, XXXV): a lei não pode afastar da apreciação do Poder Judiciário a pretensão de proteção a direito atribuído pela ordem jurídica;[159]

c) devido processo legal (art. 5º, LIV): a solução do conflito de interesses deve ser realizada de acordo com as normas que regem a jurisdição, o processo e a ação;

d) contraditório (art. 5º, LV): as partes têm o direito de participar, em simétrica paridade, de todo o processo e, especialmente, da construção das decisões judiciais.[160]

Anote-se que não basta a garantir de participação no processo. Esta participação tem que ser útil, no sentido de que a parte deve ter real possibilidade de exercer influência na formação da decisão sobre os seus direitos e obrigações, o que tem conduzido, inclusive, à concepção segundo a qual o juiz não pode decidir questão de direito ou de fato que não tenha sido objeto de debate entre as partes. Neste sentido, o princípio do contraditório engloba o *direito de influência* (das partes) e o *dever de debate* (do juiz).

Em relação ao dever de debate, prevê o art. 3º, n. 3, do Código de Processo Civil de Portugal que o juiz deve observar e fazer cumprir, ao longo de todo o processo, o princípio do contraditório e, ainda, que ao juiz não é lícito, "salvo caso de manifesta desnecessidade, decidir questões de direito ou de fato, mesmo

---

de direito processual civil, v. I, p. 9). Esta é a razão pela qual existem situações em que o juiz é impedido ou suspeito para dirigir o processo e proferir decisão (art. 801 da CLT e arts. 144 e 145 do CPC).

158. Tais atributos asseguram a confiança da sociedade na justiça.

159. Deste direito resulta, para o Estado, o dever de não criar embaraços ao acesso à justiça e de tutelar de forma adequada, efetiva e tempestiva os direitos atribuídos pela ordem jurídica.

160. Piero Calamandrei adverte que "o princípio fundamental do processo, sua força matriz, sua garantia suprema, é o 'princípio do contraditório' (...). As partes são pessoas, isto é, sujeitos de deveres e de direitos que não estão situadas frente ao juiz como súditos, submetidas ao seu poder e obrigados a obedecê-lo passivamente, sim que são cidadãos livres e ativos que têm ante o julgador não só deveres a cumprir como também direitos que devem ser respeitados, pelo que o juiz não deve apresentar-se apenas como autoridade dotada de poderes, mas como um funcionário sujeito a deveres e responsabilidades frente às partes, que têm direito de fazer valer livremente suas razões e de ser escutadas com atenção" (*Proceso y democracia*, p. 130). Aroldo Plínio Gonçalves afirma que "O contraditório é a garantia de participação, em simétrica paridade, das partes, daqueles a quem se destinam os efeitos da sentença, daqueles que são os 'interessados', ou seja, aqueles sujeitos do processo que suportarão os efeitos do provimento e da medida jurisdicional que ele vier a impor" (*Técnica processual e teoria do processo*, p. 102). Para esse doutrinador, contraditório não é "a 'mera participação no processo'. Essa era a ideia originária do contraditório quando a participação era concebida como o auge das garantias processuais. Participação no processo têm todos os sujeitos do processo, caso contrário não seriam 'sujeitos dos atos processuais'. Entretanto, a participação em contraditório se desenvolve 'entre as partes', porque a disputa se passa entre elas, elas são as detentoras de interesses que serão atingidos pelo provimento. O juiz, perante os interesses em jogo, é terceiro (...). O contraditório realizado entre as partes não exclui que o juiz participe atentamente do processo, mas, ao contrário, o exige, porquanto, sendo o contraditório um princípio jurídico, é necessário que o juiz a ele se atenha, adote as providências necessárias para garanti-lo, determine as medidas adequadas para assegurá-lo, para fazê-lo observar, para observá-lo ele mesmo" (*Op. cit.*, p. 103-105).

que de conhecimento oficioso, sem que as partes tenham tido a possibilidade de sobre elas se pronunciar". O Código de Processo Civil da França adota esta mesma postura, prevendo o seu art. 16 que "o juiz deve, em todas as circunstâncias, observar e fazer observar o princípio do contraditório. Ele não pode considerar, na sua decisão, as questões, as explicações e os documentos invocados ou produzidos pelas partes, a menos que tenham sido objeto de contraditório. Ele não pode fundamentar sua decisão em questão de direito que suscitou de ofício sem que tenha, previamente, intimado as partes para apresentar suas manifestações". No mesmo compasso, o art. 101 do CPC Italiano estabelece que o juiz deverá ouvir as partes sobre questão que suscitar de ofício, sob pena de nulidade da decisão. Tais códigos, portanto, impõem ao juiz o *dever de provocar o contraditório* (dever de dialogar) sobre as questões que suscitar de ofício, o que evita, inclusive, a denominada *decisão surpresa* ou *decisão de terceira via*.

Note-se, inclusive, que o CPC também veda a *decisão surpresa* ou de *terceira via*, como se vê dos seus arts. 9º e 10, ambos aplicáveis no processo do trabalho.

De acordo com o art. 9º do CPC, não se proferirá decisão contra uma das partes sem que ela seja previamente ouvida, o que não se aplica, no entanto, à tutela provisória de urgência, à hipótese de tutela de evidência prevista no art. 311, incisos I e II, à sentença prevista no art. 701 (decisão sobre a expedição de mandado de pagamento, de entrega de coisa ou para execução de obrigação de fazer ou de não fazer, na ação monitória) e às decisões por meio das quais são aplicadas às partes penalidades de natureza processual (o CPC não exige a prévia oitiva da parte como condição para a aplicação da penalidades decorrentes da litigância por má-fé, por exemplo).

De outro lado, consoante o art. 10 do CPC, "o juiz não poderá decidir, em grau algum de jurisdição, com base em fundamentos a respeito dos quais não tenha dado às partes oportunidade de se manifestar, ainda que se trate de matéria sobre a qual deva decidir de ofício".

É importante mencionar que, segundo o art. 4º, § 1º, da Instrução Normativa n. 39/16 do TST, "entende-se por 'decisão surpresa' a que, no julgamento final do mérito da causa, em qualquer grau de jurisdição, aplicar fundamento jurídico ou embasar-se em fato não submetido à audiência prévia de uma ou de ambas as partes", ao passo, conforme o seu art. 4º, § 2º, da citada Instrução Normativa, "não se considera 'decisão surpresa' a que, à luz do ordenamento jurídico nacional e dos princípios que informam o Direito Processual do Trabalho, as partes tinham obrigação de prever, concernente às condições de ação, aos pressupostos de admissibilidade de recursos e aos pressupostos processuais, salvo disposição legal expressa em contrário";

e) ampla defesa (art. 5º, LV): às partes deve ser assegurado o acesso a todos os meios de defesa que a ordem jurídica coloca à sua disposição, tais como a provocação da jurisdição, resposta à demanda, prova dos fatos apontados como fundamento das pretensões manifestadas em juízo e impugnação das decisões judiciais por meio de recurso, nos casos e na forma da lei;[161]

f) igualdade (art. 5º, *caput*): na disciplina legal do processo deve ser evitado tratamento diferenciado sem justificativa objetiva, razoável e suficiente, assim como devem ser adotadas técnicas que corrijam desigualdades entre os litigantes, ao passo que, no curso do processo, as partes têm direito de participar, em simétrica paridade, da construção da decisão judicial a respeito dos seus direitos e deveres (*paridade de armas*) e de receber do juiz igual tratamento (*paridade de tratamento*: aos iguais deve ser dispensado tratamento igual e, aos desiguais, tratamento desigual, na medida da sua desigualdade[162]);

g) proibição da prova ilícita (art. 5º, LVI): são inadmissíveis, no processo, provas obtidas por meios ilícitos. A vedação em exame implica limitação da investigação da verdade no âmbito do processo judicial e dela decorre que a prova obtida por meios ilícitos não pode ingressar no processo (vedação de admissão propriamente dita) e que, tendo a prova ingressado no processo, ao juiz é vedado levá-la em conta na formação do seu convencimento sobre os fatos controversos (vedação de atribuição de valor jurídico à prova obtida por meios ilícitos);

h) fundamentação das decisões (art. 93, IX): ao juiz cumpre especificar os motivos ou razões da decisão que proferir, justificando as suas conclusões sobre os fatos narrados pelas partes e as suas consequências à luz do ordenamento jurídico;

i) duplo grau de jurisdição ou recorribilidade das decisões judiciais: possibilidade de, sendo atendidos os pressupostos e limites estabelecidos pelo ordenamento jurídico, requerer o exame da causa por órgão do Poder Judiciário distinto daquele que proferiu a decisão;

j) publicidade (arts. 5º, LX, e 93, IX): os atos processuais serão públicos, salvo quando a lei limite a presença em alguns deles às partes e seus advogados, ou somente a estes, em casos nos quais a preservação do direito à intimidade do interessado no sigilo não prejudique o interesse público à informação. A publicidade assegura a transparência e a possibilidade de controle da atuação do Poder Judiciário, pelas partes e pela sociedade;

l) celeridade processual (art. 5º, LXXVIII): a todos é assegurado o direito à rápida duração do processo e aos meios que garantam a celeridade de sua

---

161. De acordo com Enrico Tullio Liebman, "é uma elementar exigência de justiça dar a todas as partes a ocasião e possibilidade de defender-se antes que o juiz pronuncie o seu julgamento" (*Manual de direito processual civil*, v. I, p. 11). A parte pode se defender afirmando a existência ou negando a existência de um direito (defender-se alegando) ou provando a veracidade do fato em que se sustenta a sua afirmação (defender-se provando).

162. O CPC dispõe, no art. 7º, que "é assegurada às partes paridade de tratamento em relação ao exercício de direitos e faculdades processuais, aos meios de defesa, aos ônus, aos deveres e à aplicação de sanções processuais, competindo ao juiz zelar pelo efetivo contraditório". Esse dispositivo, na sua parte final, impõe ao juiz o dever de respeitar e fazer respeitar o contraditório.

tramitação, ou, em outras palavras, à tempestiva resposta ao pedido de tutela jurisdicional.

Por outro lado, o fato de contar o Direito Processual do Trabalho com princípios próprios não exclui a possibilidade de serem aplicados no processo do trabalho os princípios de direito processual comum, como autorizam afirmar o art. 769 da CLT e o art. 15 do CPC, desde que eles estejam em sintonia com as regras e princípios do Direito Processual do Trabalho.

Daí a referência aos princípios do direito processual civil compatíveis com o Direito Processual do Trabalho, ainda que com restrições pontuais:

1) *dispositivo, da demanda ou da inércia da jurisdição*: o juiz somente prestará a tutela jurisdicional a ele requerida. Cabe ao titular do direito pleitear em juízo a sua tutela. Informa este princípio que o processo não pode ser iniciado de ofício, o que se encontra consagrado no art. 2º do CPC;[163]
2) *impulso oficial*: o processo começa por iniciativa das partes, mas se desenvolve por impulso oficial, salvo as exceções previstas em lei. Este princípio está consagrado no art. 2º do CPC;
3) *indisponibilidade dos procedimentos*: as partes não podem dispor do procedimento estabelecido pela ordem jurídica, ressalvada, no entanto, a possibilidade de celebração de convenções processuais, consoante já registrado;
4) *convertibilidade do procedimento*: quando o tipo de procedimento escolhido pelo autor ou pelas partes não corresponder ao estabelecido pela ordem jurídica, deve ser realizada a conversão ao tipo de procedimento legal, anulando-se os atos que não possam ser aproveitados, devendo praticar-se os que forem necessários, a fim de se observarem, quanto possível, as prescrições legais, cuidando-se, ainda, para que não ocorra prejuízo à defesa de qualquer das partes;
5) *eventualidade* ou *concentração*: as partes devem apresentar, de uma só vez, todas as suas alegações e pretensões, ainda que elas sejam incompatíveis entre si, assim como deve apresentar de uma só vez as suas provas;[164]
6) *liberdade das formas*: os atos processuais não dependem de forma determinada, senão quando a lei expressamente a exigir;
7) *finalidade ou instrumentalidade das formas*: o ato processual é reputado eficaz quando, apesar de praticado do modo distinto do estabelecido pela lei (isto é, com desrespeito à forma previamente estabelecida), atingir a finalidade a que se destina;

---

163. Este princípio sofre abrandamento no processo do trabalho, no qual a execução de título judicial pode ser promovida de ofício pelo juiz, como se verá mais adiante, quanto tratarmos da legitimidade ativa na execução.

164. Por força do presente princípio, o réu deve alegar, na contestação, toda a matéria de defesa, sendo restritas as alegações passíveis de manifestação depois da apresentação da contestação (art. 342 do CPC).

8) *economia processual*: o processo deve produzir o maior resultado prático possível com o mínimo emprego de atividade processual (economia de esforços) e de dispêndios econômicos (economia de gastos), cumprindo, ainda, conferir o máximo aproveitamento possível aos atos processuais praticados (neste sentido, prevê o art. 317 do CPC que, antes de proferir decisão sem resolução de mérito, o juiz deverá conceder à parte oportunidade para, se possível, corrigir o vício que conduziria àquela decisão);
9) *preclusão*: o processo é dividido em fases, que são compostas por atos processuais específicos. Ultrapassado o momento próprio para a prática de determinado ato processual, a parte perde o direito ou a faculdade de realizá-lo, o mesmo ocorrendo quando pratica aquele ato (o ato já praticado não pode ser repetido, aditado ou alterado) ou pratica ato incompatível com aquele que deveria praticar;[165]
10) *vinculação do juiz aos fatos e circunstâncias dos autos*: o juiz resolverá a lide atendendo aos fatos e circunstâncias dos autos, ainda que não alegados pelas partes, sendo a ele vedado conhecer de questões não suscitadas, a cujo respeito a lei exige a iniciativa das partes;[166]
11) *correspondência ou congruência entre a demanda e o provimento judicial ou da adstrição do juiz ao pedido*: a atuação da jurisdição é limitada pelos pedidos das partes, sendo vedado ao juiz conceder mais (*ultra petita*), menos (*citra petita*) ou coisa diversa (*extra petita*) do que foi objeto de pedido;[167]
12) *imutabilidade da decisão*: publicada a sentença, o juiz não poderá alterá-la, salvo: a) para corrigir, de ofício ou a requerimento da parte, inexatidões materiais, ou lhe retificar erros de cálculo; b) no julgamento de embargos de declaração; e c) quando tiver sido indeferida a petição inicial e o

---

165. A preclusão, portanto, pode ser temporal (não realizado o ato no momento próprio, a parte perde o direito ou a faculdade de praticá-lo), consumativa (realizado o ato processual, é defeso à parte repeti-lo, aditá-lo ou alterá-lo) e lógica (a realização de um ato impede a prática de outro que com ele seja incompatível). Para Luiz Machado Guimarães a preclusão processual constitui "expediente técnico, de que se vale o legislador, visando assegurar uma sequência ordenada e lógica das etapas procedimentais, e para resguardar a economia e a boa-fé processuais" (*Estudos de direito processual civil*, p. 25). Cândido Rangel Dinamarco aduz que o instituto da preclusão "dá apoio às regras que regem a ordem sequencial de realização dos atos do procedimento e sua distribuição em fases — fazendo-o mediante a imposição de perda de uma faculdade ou de um poder em certas situações. Quando a preclusão ocorre, já não poderá a parte realizar eficazmente o ato a que tinha direito nem exigir do juiz os atos que antes poderia exigir. Com isso, ela é um dos grandes responsáveis pela aceleração processual. Segundo as circunstâncias em que ocorre, a preclusão será: a) temporal, quando decorre do decurso do prazo sem a prática do ato que a parte tinha o poder ou a faculdade de realizar (...); b) lógica, que é a consequência da prática de um ato incompatível com a vontade de exercer a faculdade ou poder (...); c) consumativa, pelo exercício da própria faculdade ou poder" (*Instituições de direito processual civil*, v. II, p. 466-467).

166. Dispõe o Código de Processo Civil Francês, a este respeito, que "o objeto do litígio é determinado pelas respectivas alegações das partes" (art. 4°) e que "o juiz não pode basear a sua decisão em fatos não mencionados no debate" (art. 7°).

167. A necessidade de correspondência entre o pedido e o pronunciamento judicial é uma consequência do princípio da demanda.

autor apresentar recurso, demonstrando não ser o caso de indeferimento daquela peça processual;

13) *boa-fé e lealdade processual*: as partes e seus procuradores e todos aqueles que intervenham no processo devem agir com lealdade e boa-fé;

14) *coatividade ou coercibilidade*: ao juiz é lícito empregar sanções que assegurem a eficácia dos seus mandatos;

15) *cooperação*: trata-se de princípio consagrado no art. 6º do CPC, de acordo com o qual "todos os sujeitos do processo devem cooperar entre si para que se obtenha, em tempo razoável, decisão de mérito justa e efetiva", e cuja adoção estabelece um *modelo cooperativo de processo*.

Ao adotar esse princípio da cooperação, o CPC impõe aos sujeitos do processo o *dever de cooperar entre si*, o que implica *cooperação do juiz com as partes*, *das partes com o juiz* e *das partes entre si*, transformando o processo em uma verdadeira *comunidade de trabalho*, voltado à garantia de uma decisão justa e efetiva.

O dever de cooperação se manifesta nos deveres de diálogo, prevenção, não surpresa, auxílio, contraditório e esclarecimento.

O dever de esclarecimento abarca o esclarecimento dos fatos relevantes para o julgamento do conflito, o que implica, para o juiz, o dever de atuar ativamente na instrução (*dever instrutório* como manifestação da *cooperação instrutória*), no pressuposto, inclusive, de que, quanto mais próxima estiver da realidade dos fatos, mais a decisão se aproximará da justiça.

9. INTERPRETAÇÃO DO DIREITO PROCESSUAL DO TRABALHO

De início, cumpre recordar a distinção entre *texto normativo* e *norma*. A norma é o *resultado* da interpretação do texto normativo ou, dito de outra forma, o *significado* atribuído ao texto normativo na sua interpretação. O que constitui objeto de interpretação, portanto, não é a norma, mas o texto normativo. Neste sentido, afirma Robert Alexy que "uma norma é aquilo que um enunciado normativo expressa".[168] Esta distinção se dá, inclusive, porque a mesma norma pode ser enunciada de diversas formas.

Contudo, para efeito didático, utilizaremos, na esteira da doutrina tradicional, a expressão *interpretação da norma jurídica* para definir o objeto do presente tópico. Neste compasso, tem-se por interpretação o processo intelectivo por meio do qual é estabelecido o significado da norma jurídica.

Vale mencionar, ainda, que a interpretação não se confunde com a *hermenêutica*. Hermenêutica é a ciência que tem por objetivo a formulação e a sistematização das regras regentes da interpretação das normas jurídicas.

168. *Teoria dos direitos fundamentais*, p. 184.

9.1. Todas as normas jurídicas constituem objeto de interpretação.

Como registra Michele Taruffo, "nunca há nada que seja verdadeiramente claro. Está claro aquilo que se considera claro; mas isto pressupõe um juízo implícito, que atribua um significado a este enunciado. Então, considerar o enunciado claro se deve ao fato de que ele foi implicitamente interpretado".[169]

Vale observar, inclusive, que não é raro uma palavra possuir vários significados, como se percebe ao consultar um dicionário. Ademais, a afirmação da clareza da norma pressupõe a sua interpretação. Como adverte Francesco Ferrara, "as leis claras oferecem o perigo de serem entendidas apenas no sentido imediato que traduz seus dizeres, enquanto tais normas podem ter um valor mais amplo e profundo que não resulta de suas palavras".[170]

Objeto da interpretação não são somente as normas jurídicas editadas pelo Estado, mas toda norma jurídica passível de aplicação ao contexto fático delineado no processo, dentre as quais as convenções coletivas de trabalho, os acordos coletivos de trabalho e os tratados sobre direitos humanos, por exemplo.

9.2. Em relação aos objetivos da interpretação, os *subjetivistas* sustentam que o intérprete deve identificar na norma jurídica aquilo que o legislador quis ao editá-la, enquanto, para os *objetivistas*, o intérprete deve preocupar-se com a vontade objetiva manifestada na norma interpretada, adotando esta segunda perspectiva, anota Francesco Ferrara que "nos sistemas constitucionais hodiernos não se descobre um legislador em cujo ânimo se possa penetrar ou cuja vontade se possa indagar; na formação da lei cooperam múltiplos fatores, uma pluralidade de pessoas, variamente ordenada, pelo que a rigor a lei é o resultado de uma vontade coletiva, a síntese da vontade de órgãos estatais diversos (...). A interpretação consiste em declarar não o sentido histórico que o legislador materialmente ligou ao princípio, mas o sentido que ali está imanente e vivo. Eis o que, precisamente, se quer exprimir com a fórmula metafórica – vontade da lei. Esta fórmula não pretende significar que a lei tem um querer psicológico, mas apenas que encerra uma vontade objetiva, um querido independente do pensar dos seus autores, e que recebe um sentido próprio, seja em conexão com as outras normas, seja com referência ao escopo que a lei visa alcançar".[171]

---

169. El precedente. In: *Proceso y decisión:* lecciones mexicanas de derecho procesal, p. 130.
170. *Como aplicar e interpretar as leis,* p. 25.
171. *Como aplicar e interpretar as leis,* p. 31-32.

9.3. Tendo em conta aquele que a realiza (sujeito da interpretação), a interpretação será: a) legislativa, pura ou autêntica: interpretação realizada pelo órgão que editou a norma;[172] b) judicial ou jurisprudencial: interpretação realizada pelos juízes e tribunais; c) doutrinária ou científica: interpretação levada a efeito pelos juristas e estudiosos do Direito.

Na perspectiva dos seus resultados, a interpretação será: a) declarativa: quando o intérprete declara que a expressão linguística da norma corresponde ao seu significado; b) restritiva: quando da interpretação resulta a conclusão de que a norma exprime mais do que se pretendeu com a sua criação;[173] c) ampliativa ou extensiva: quando da interpretação decorre a ampliação do campo de incidência da norma, pela conclusão de que ela exprime menos do que se pretendeu com a sua criação.

9.4. A doutrina costuma fazer alusão aos seguintes métodos de interpretação das normas jurídicas:

a) gramatical: o significado da norma é estabelecido a partir do significado das palavras que a compõem, mediante meios gramaticais e etimológicos.

Riccardo Guastini afirma que a interpretação literal consiste "em atribuir a um enunciado normativo seu significado *prima facie*, ou seja, o mais imediato ou intuitivo, o que corresponde às regras semânticas e sintáticas da língua".[174] Como o Direito se expressa por meio da linguagem, a interpretação gramatical é o ponto de partida do intérprete;

b) lógico: o significado da norma é fixado a partir do seu exame em sua conexão lógica com as demais normas que compõem o ordenamento jurídico;

c) histórico: a norma deve tem o seu significado estabelecido considerando-se o contexto social e político de sua criação, por ser "produto da experiência histórica. Surge em determinado momento, para determinada necessidade, procurando determinada solução. A história lhe imprime, pois, o seu selo, e o intérprete deve ser fiel a essa inspiração";[175]

---

172. Caio Mário da Silva Pereira assevera que a interpretação autêntica "realiza-se por via de provimento legislativo. Reconhecendo a ambiguidade ou inobviosidade da norma, o legislador vota uma nova lei, destinada a esclarecer a sua vontade, e, neste caso, a lei interpretativa é considerada como a própria lei interpretada. Não há, aqui, um verdadeiro processo interpretativo, pois que não se trata de dar entendimento à lei para a sua aplicação, senão de fixar o legislador a sua própria vontade, mal concretizada ou imperfeitamente manifestada nos termos em que se vazou, ou de alterar o rumo de aplicação da lei interpretada, acaso em desconformidade com as conveniências sociais ou com os propósitos a que visava ao tempo de sua promulgação" (*Instituições de direito civil*, v. I, p. 126).

173. Vale recordar, contudo, que *ubi lex non distinguit nec nos distinguere debemus*: "onde a lei não distingue, não deve o intérprete distinguir".

174. *Teoría e ideología de la interpretación constitucional*, p. 67.

175. Eduardo Couture. *Interpretação das leis processuais*, p. 4. Caio Mário da Silva Pereira afirma que "às vezes aparece a referência à interpretação histórica, como uma espécie de interpretação, ou como um método hermenêutico.

d) sistemático: o significado da norma deve ser definido considerando-se o sistema formado pelas normas que constituem o ordenamento jurídico do qual faz parte;[176]

e) teleológico ou finalístico: o significado da norma jurídica deve ser fixado considerando-se a finalidade pela qual foi editada, isto é, ao intérprete cumpre definir os valores e fins subjacentes às normas, para, a partir deles, definir o seu significado.

Francesco Ferrara, discorrendo sobre os métodos de interpretação, assevera que, "uma vez que a lei está expressa em palavras, o intérprete há de começar por extrair o significado verbal que delas resulta, segundo a sua natural conexão e as regras gramaticais (...). As palavras hão de entender-se na sua conexão, isto é, o pensamento da lei deve inferir-se do complexo das palavras usadas e não de fragmentos destacados, deixando-se no escuro uma parte da disposição. Deve-se partir do conceito de que todas as palavras têm no discurso uma função e um sentido próprio, de que neste não há nada de supérfluo ou contraditório, por isso o sentido literal há de surgir da compreensão harmônica de todo o contexto".[177]

Francesco Ferrara acrescenta que, a interpretação lógica "remonta ao espírito da disposição, inferindo-o dos fatores racionais que a inspiraram, da gênese histórica que a prende a leis anteriores, da conexão que a enlaça às outras normas e de todo o sistema. É da ponderação destes diversos fatores que se deduz o valor da norma jurídica".[178]

Aduz Francesco Ferrara, ainda, ser "preciso que a norma seja entendida no sentido que melhor responda à consecução do resultado que quer obter. Pois que

---

Não existe, porém, esta modalidade, muito embora a considerem muitos. O que há é o elemento histórico, invocado para coadjuvar o trabalho do intérprete (...). Sua adoção requer cuidado, mas não é aconselhável o seu desprezo total (...). A origem histórica de uma lei é fator às vezes ponderável na apuração das modificações por que passa a legislação num dado momento, e ajuda a extrair o seu pensamento dominante, ou a fixar a adoção de um novo critério, o abandono de uma corrente doutrinária, a indicação de circunstâncias ligadas à construção do sistema adotado pelo legislador (...). A pesquisa do elemento histórico está, evidentemente, articulada com a consulta dos trabalhos preparatórios (atas das Comissões, Anais do Congresso, resumos das discussões, etc.) de que resultou a votação da lei. Mas estes trabalhos não podem ser considerados como expressão do pensamento do legislador, não só porque refletem a manifestação apenas de alguns membros do Congresso, pois que em regra a maioria vota sem ter participado das discussões, como ainda, não raro, a disposição legal traduz coisa diversa do que havia sido a ideia concebida pelo seu proponente, ou pelo opinante. A exposição de motivos e os trabalhos preparatórios muitas vezes ajudam a compreender o alcance, as razões ou o objetivo da lei, mas nunca poderão ser invocadas como fator preponderante na fixação do seu real conteúdo" (*Instituições de direito civil*, v. I, p. 128-129).

176. Norberto Bobbio. *O positivismo jurídico*, p. 214. Segundo Eduardo Couture, "todo trabalho de interpretação pressupõe trabalho de relacionar a parte com o todo" (*Interpretação das leis processuais*, p. 29). Claus-Wilhem Canaris afirma que o argumento sistemático é "apenas uma forma especial de fundamentação teológica" (*Pensamento sistemático e conceito de sistema na ciência do direito*, p. 153).

177. *Como aplicar e interpretar as leis*, p. 34.

178. *Como aplicar e interpretar as leis*, p. 35.

a lei se comporta para que a *ratio iuris*, como o meio para com o fim: quem quer o fim também quer os meios", mas adverte que a verificação do escopo prático da norma não é suficiente para afirmar que "isso constitua o verdadeiro conteúdo da norma. E está aqui a fraqueza do elemento teleológico. Pois os caminhos para se chegar a um certo fim podem ser vários, e deste fim não se deduz qual o caminho preferido; e por outra parte o legislador pode ter se enganado quanto ao meio empregado (...). A *ratio legis* pode mudar com o tempo (...). Pode acontecer que uma lei ditada para um certo fim adquira função e destino diverso. A *ratio legis* é uma força viva móvel que anima a disposição, acompanhando-a em toda a sua vida e desenvolvimento (...). A disposição pode, desta sorte, ganhar com o tempo um sentido novo e aplicar-se a novos casos. Sobre este princípio se baseia a chamada interpretação evolutiva".[179]

Francesco Ferrara alude ao elemento sistemático, afirmando que "o sentido de uma disposição ressalta nítido e preciso quando é confrontada com outras normas gerais ou supraordenadas, de que constitui uma derivação ou aplicação ou uma exceção, quando dos preceitos singulares se remonta ao ordenamento jurídico no seu todo".[180]

Francesco Ferrara realça, por fim, a relevância do elemento histórico na interpretação da norma jurídica, assinalando ser preciso "descobrir sua origem histórica e seguir o seu desenvolvimento e as suas transformações, até o arranjo definitivo do assunto no presente".[181]

Cumpre ter presente que, como assevera Karl Larenz, os métodos de interpretação "mais não assinalam que determinados passos ou estágios do processo do pensamento",[182] o que significa que os métodos referidos não se excluem, mas são complementares.

Ainda sobre a interpretação, vale mencionar a afirmação de Wolfgang Däubler, no sentido de que "para interpretação concreta do direito interessa em primeiro lugar o que a jurisprudência fez com o material disponível de normas. Quando não existe pronunciamento a respeito de uma certa questão, remete-se à *doutrina predominante* na literatura"[183] Sob este prisma, para interpretar uma norma deve partir do significado que lhe atribui a jurisprudência e a doutrina predominantes, observando, no entanto, que o significado das normas jurídicas estabelecido pela jurisprudência ou doutrina predominante não deve ser adotado de forma acrítica.

---

179. *Como aplicar e interpretar as leis*, p. 35-36.
180. *Como aplicar e interpretar as leis*, p. 37.
181. *Como aplicar e interpretar as leis*, p. 39.
182. *Metodologia da ciência do direito*, p. 210.
183. *Direito do trabalho e sociedade na Alemanha*, p. 103-104.

9.5. Para interpretar as normas que compõem o Direito Processual do Trabalho, o intérprete pode lançar mão dos métodos utilizados para a interpretação das normas jurídicas em geral.

Contudo, na interpretação da norma de Direito Processual do Trabalho, não se pode olvidar que:

a) a interpretação realizada no contexto do processo judicial tem em vista a solução de casos concretos. Assim, o intérprete deve estabelecer o significado da norma no e para o caso a ser solucionado,[184] visando estabelecer a sua conexão com a realidade social, da qual o julgador não pode se distanciar, como decorre, por exemplo, da autorização para o recurso às máximas de experiência;[185]

b) a conduta humana é regida pelo Direito e não por determinada norma jurídica ou um determinado conjunto de normas jurídicas, o que impõe que, na interpretação de qualquer norma jurídica, sejam levadas em conta as normas que compõem o ordenamento jurídico em sua totalidade. Uma norma jurídica ou um conjunto de normas jurídicas compõe o Direito, mas não contém todo o Direito.[186]

Consoante já foi assinalado, "o direito não é a norma, mas um conjunto coordenado de normas, sendo evidente que uma norma jurídica não se encontra jamais só, mas está ligada a outras normas com as quais forma um sistema normativo".[187]

Como aduz Eros Roberto Grau, "a interpretação do direito é interpretação do direito, no seu todo, não de textos isolados, desprendidos do direito. Não se interpreta o direito em tiras, aos pedaços. A interpretação do direito impõe ao intérprete, sempre, em qualquer circunstância, o caminhar pelo percurso que se projeta a partir dele – do texto – até a Constituição. Um texto de direito isolado, destacado, desprendido do sistema jurídico, não expressa significado normativo algum";[188]

---

184. A interpretação judicial (interpretação realizada no contexto do processo judicial) possui uma fase cognitiva (*interpretação cognitiva*: identificação dos possíveis significados de um texto normativo) e, outra, decisória (*interpretação decisória*: escolha de um significado dentre os diversos significados possíveis de um texto normativo).

185. Como adverte Piero Calamandrei, o juiz "deve ser fiel intérprete da sociedade em que vive" (*Proceso y democracia*, p. 59). Na Espanha, prevê o art. 3.1 do Código Civil que: "As normas são interpretadas segundo o sentido próprio de suas palavras, em relação com o contexto, os antecedentes históricos e legislativos e a realidade social do tempo em que devem ser aplicadas, atendendo fundamentalmente ao espírito e à finalidade daquelas". José Juan Toharia Cortés, comentando o citado artigo, aduz que o Código Civil impõe aos operadores do direito a obrigação "de estar atentos aos signos dos tempos para saber como entender as leis. Vale dizer, a eles impõe a obrigação de uma exegese jurídica 'sociologizada' que possibilite a interpretação das normas desde-o-presente-para-o-presente mais do que desde-o-passado-para-o-presente" (Las profesiones jurídicas: una aproximación sociológica. In: *El oficio de jurista*, p. 1-16).

186. Como ensina Pietro Perlingieri, "a solução para cada controvérsia não pode mais ser encontrada levando em conta simplesmente o artigo de lei que parece contê-la e resolvê-la, mas antes, à luz do inteiro ordenamento jurídico, e, em particular, de seus princípios fundamentais, considerados como opções de base que o caracterizam" (*Perfis do direito civil*, p. 5).

187. Norberto Bobbio. *Teoria do ordenamento jurídico*, p. 21.

188. *Ensaio e discurso sobre a interpretação/aplicação do direito*, p. 40.

c) a norma regente do caso concreto (definição dos direitos e obrigações das partes) deve ser construída com a participação dos destinatários dos seus efeitos. Isso equivale a dizer que a interpretação das normas jurídicas não é atributo exclusivo do juiz e que as partes têm o direito de ofertar ao juiz alternativas para a fixação do significado das normas jurídicas (*pretensões de significado*). O significado das normas jurídicas deve ser construído intersubjetivamente. Embora as partes busquem o sucesso na demanda, a sua participação na fixação do significado das normas jurídicas permite ao juiz examiná-las sob variados ângulos[189] e confere legitimidade à sua decisão;

d) as normas jurídicas devem ser interpretadas em conformidade com a Constituição, isto é, a elas deve ser conferido significado que se harmonize com a Constituição, por ser esta o núcleo básico do ordenamento jurídico, o que, inclusive, é estabelecido no art. 1º do CPC ("O processo civil será ordenado, disciplinado e interpretado conforme os valores e as normas fundamentais estabelecidas na Constituição da República Federativa do Brasil, observando-se as disposições deste Código"), lembrando, ainda, que as normas jurídicas devem ser interpretadas também à luz dos tratados de direitos humanos dos quais o Brasil seja signatário, em razão, principalmente, dos arts. 4º, II, e 5º, § 2º, da Constituição da República, ou seja, a interpretação envolve a realização do *controle de constitucionalidade* e *controle de convencionalidade* das normas, respectivamente. Dito de outra forma, a interpretação da norma implica um juízo sobre ela própria, na perspectiva dos limites e controles impostos ao legislador pela Constituição e pelos tratados sobre direitos humanos dos quais o Brasil seja signatário;

d) ao atribuir à dignidade humana a condição de fundamento da República, a Constituição impõe ao intérprete situar o homem no centro e como finalidade primeira da ordem econômica, jurídica e social, o que impõe uma *interpretação humanista* das normas jurídicas;[190]

e) devendo adotar decisão equânime (art. 852-I, § 1º, da CLT), ao juiz é vedado ater-se apenas ao sentido literal das normas, posto que "a equidade se contrapõe ao processo meramente literal"[191] e que a justiça "exige uma grande

---

189. Em regra, a norma jurídica possibilita uma pluralidade de significados.

190. A dignidade humana, como fundamento da República, serve de parâmetro interpretativo de todas as normas que compõem o ordenamento jurídico, o que significa, por exemplo, que, na interpretação das normas jurídicas, devem ser prestigiadas as soluções que favoreçam o pleno exercício dos direitos humanos e fundamentais e que, na ocorrência de conflito entre regras ou colisão entre princípios, deve prevalecer aquela ou aquele que seja mais favorável ao ser humano (princípio *pró-homem ou pró-dignidade humana*). A propósito, dispõe o art. 29, *a* e *b*, da Convenção Americana sobre Direitos Humanos que nenhuma das suas disposições pode ser interpretada no sentido de "permitir a qualquer dos Estados-partes, grupo, ou indivíduo, suprimir o gozo e o exercício dos direitos e liberdades reconhecidos na Convenção ou limitá-los em maior medida do que a nela prevista" ou "limitar o gozo e o exercício de qualquer direito ou liberdade que possam ser reconhecidos em virtude de leis de qualquer dos Estados-partes ou em virtude de Convenções em que seja parte um dos referidos Estados", respectivamente.

191. Carlos Maximiliano. *Hermenêutica e aplicação do direito*, p. 120.

'concretização', quer dizer, uma consideração das circunstâncias individuais da pessoa e da situação";[192]

f) tendo o Direito Processual do Trabalho por função principal realizar concretamente e dar vida ao direito do trabalho, o intérprete das suas normas deve estar atento aos fins perseguidos pelas normas de direito do trabalho, para evitar que o processo sirva à desconstrução do Direito do Trabalho. A finalidade social da norma condiciona a sua leitura;

g) a interpretação deve ser informada pelos princípios de Direito Processual do Trabalho, para, com isso, realizar os valores e fins que este ramo do Direito pretende concretizados;

h) em se tratando de interpretação de norma constitucional de conteúdo processual, o intérprete deve: i) considerar a Constituição como um todo, procurando harmonizar as suas regras e os seus princípios (*princípio da unidade da Constituição*); ii) conferir máxima efetividade possível às normas constitucionais (*princípio da máxima efetividade da Constituição*); e iii) prestigiar a supremacia da Constituição, de forma que as normas ordinárias sejam interpretadas de acordo com as suas regras e os seus princípios (*princípio da interpretação das normas jurídicas conforme a Constituição*).

10. INTEGRAÇÃO DO DIREITO PROCESSUAL DO TRABALHO

A integração do Direito Processual do Trabalho está relacionada com as suas eventuais lacunas. Integrar o Direito Processual do Trabalho significa afastar, *para a solução do caso concreto*, as suas eventuais lacunas.

10.1. Antes de definir as formas de integração do Direito Processual do Trabalho, cumpre saber se a hipótese é de lacuna *da lei* ou do *ordenamento jurídico*.

A Lei de Introdução às Normas do Direito Brasileiro faz alusão a *omissão da lei* (art. 4º). O art. 8º, *caput*, da CLT alude à hipótese de *ausência de disposições legais* que permitam decidir determinada questão e, ainda, à omissão do *Direito do Trabalho*. O art. 769 da CLT trata de situação de omissão do *Direito Processual do Trabalho*. O art. 140 do CPC estabelece que o juiz não se exime de decidir sob alegação de lacuna ou obscuridade do *ordenamento jurídico*.

Como o que rege a conduta humana é o *Direito* considerado em seu conjunto, ou seja, o ordenamento jurídico, quando se fala em lacuna, o que se tem

192. Karl Engish. *Introdução ao pensamento jurídico*, p. 320.

em vista, na linha do que estabelece o art. 140 do CPC e, ainda que de forma mais acanhada, a CLT, é a lacuna do *ordenamento jurídico*, o que significa que, havendo ausência, no Direito Processual do Trabalho, de disposição legal que permita solucionar determinada questão de direito, o juiz deverá procura-la no ordenamento jurídico.

O legislador brasileiro admite a possibilidade de existência de lacunas no ordenamento jurídico, como demonstram o art. 140 do CPC, ideia que não é estranha ao Direito Processual do Trabalho, que admite, por exemplo, o recurso ao direito processual comum como sua fonte subsidiária (art. 769 da CLT).

10.2. Dois são os mecanismos voltados ao afastamento das lacunas, quais sejam, a *autointegração* e a *heterointegração*. Na autointegração, recorre-se, para afastar a lacuna, à "fonte dominante do direito: a lei. O procedimento típico é a analogia", ao passo que a heterointegração "é a técnica pela qual a ordem jurídica se completa lançando mão de fontes diversas da norma legal, por exemplo, o costume, a equidade".[193]

Para Francesco Carnelutti, "a solução autointegrativa do problema das lacunas corresponde essencialmente a um desígnio de coerência da ordem jurídica inteira, já que o regime dos casos não previstos determina-se conforme a mesma intenção que inspirou a formação da norma expressa",[194] o que implica recurso à analogia, enquanto, segundo esse doutrinador, a heterointegração consiste "na regulação dos casos não previstos, quer conforme ao uso, quer conforme à equidade".[195]

10.3. O art. 4º da Lei de Introdução às Normas do Direito Brasileiro se refere à analogia, aos costumes e aos princípios gerais de direito como mecanismos para o afastamento de lacunas.

O art. 8º da CLT, que alcança também o Direito Processual do Trabalho, faz referência à jurisprudência, à analogia, aos princípios e normas gerais de direito, aos usos, aos costumes e ao direito comparado, ao passo que o art. 769 da CLT e o art. 15 do CPC definem o direito processual comum como mecanismo para afastar lacunas do Direito Processual do Trabalho, acrescentando-se que, em relação ao processo de execução, a CLT aponta a Lei de Executivos Fiscais como fonte do Direito Processual do Trabalho (art. 889). Esta lei compõe o direito processual comum a que alude o art. 769 da CLT.

193. *As lacunas no direito*, p. 138.
194. *Sistema de direito processual civil*, v. I, p. 187.
195. *Sistema de direito processual civil*, v. I, p. 187.

O art. 8º faz referência à equidade, no sentido de autorizar o juiz a *decidir por equidade* no caso de lacuna do direito. No entanto, a hipótese não é de um mecanismo para afastar lacunas, vez que a decisão por equidade é aquela na qual o juiz estabelece a norma disciplinadora do caso concreto, mas o faz a partir das normas que compõem o ordenamento jurídico.

Não se confundem a decisão por equidade (juízo ou jurisdição de equidade: art. 140 do CPC) e a decisão equânime. Ao julgar *por equidade*, o juiz estabelece a norma regente do caso concreto. *Julgamento equânime* é aquele em que o juiz aplica a norma preexistente, adaptando-a às particularidades do caso concreto. A equidade pode ser considerada, aqui, como garantia de justiça no caso concreto, vez que permite ao juiz decidir sem observância da legalidade estrita e da forma que reputar mais conveniente e oportuna para a hipótese sob julgamento (art. 723, parágrafo único, do CPC), ou seja, desconsiderando o formalismo, o rigor e a frieza da norma jurídica. Segundo Aristóteles, o equitativo é o "justo, mas não o justo segundo a lei, e sim um corretivo da justiça legal (...). O equitativo é, por sua natureza, uma correção da lei onde esta é omissa devido à sua generalidade".[196]

Em suma, no *julgamento equânime*, faz-se a adaptação da norma existente ao caso concreto (equidade como critério de aplicação da lei), ao passo que, no *julgamento por equidade*, o juiz cria, no sentido de revelá-la a partir do ordenamento jurídico, a norma para o caso concreto.

Tenha-se presente que, como adverte Maria Helena Diniz, "a equidade não constitui um mero recurso à especulação jurídica; está dentro do direito, uma vez que o direito brota do contexto cultural e visa à consecução de uma ideia; criar o justo equilíbrio entre os interesses da coletividade e dos particulares, ou seja, a realização da justiça (...). A equidade (...) é poder conferido ao magistrado para revelar o direito latente".[197]

O art. 8º da CLT também alude à jurisprudência, mas no sentido de indicar ao juiz que, na ausência da norma, cumpre verificar se já existem decisões judiciais que enfrentaram a mesma situação que se apresenta no processo em curso, o que implica, também aqui, que não se trata, propriamente, de um mecanismo para afastar lacunas.

Destarte, da conjugação dos citados comandos legais decorre que constituem mecanismos para afastar as lacunas do Direito Processual do Trabalho: a) analogia; b) princípios e princípios gerais de direito; c) usos; d) costumes; e) direito comparado; e) direito processual comum.

O art. 8º da CLT, ao estabelecer que o juiz deverá decidir, *conforme o caso*, de acordo com os meios de integração que declina, deixa claro que o meio de integração deverá ser definido à luz do caso concreto, impondo-se a opção

---

196. *Ética a Nicômaco*, p. 109.

197. *As lacunas no direito*, p. 267.

por aquele que possibilite a solução mais rápida, econômica, efetiva, justa e equânime para o caso concreto, o que afasta a existência de hierarquia entre os mecanismos de solução de lacunas.

10.4. Para suprir a lacuna do Direito Processual do Trabalho, o juiz pode recorrer à analogia.

Por meio da analogia, é aplicado à situação concreta uma norma que disciplina situação semelhante.

Mas, como observa Norberto Bobbio, para que tal ocorra, "é necessário que haja uma semelhança relevante (...). Tal semelhança existe quando os dois casos apresentam a mesma *ratio legis*, isto é, quando o elemento que induziu o legislador a dar ao primeiro caso uma certa disciplina jurídica se encontra também no segundo (...). A comunhão da *ratio legis* entre os dois casos representa, portanto, no campo do direito, aquela comunhão da razão suficiente que torna legítimo o raciocínio por analogia. Assim, quando num caso não regulado se encontra a mesma *ratio* que funda a disciplina de outro caso, também ao primeiro pode ser estendida essa mesma disciplina".[198]

Para Celso Agrícola Barbi, "distinguem-se a analogia legal e a jurídica. A primeira ocorre quando o aplicador procura entre as regras da lei as que, pela sua semelhança com o caso a decidir, são as mais adequadas a ele. A segunda se verifica quando a lei não prevê hipótese semelhante àquela a ser decidida, de modo que o aplicador tem de procurar, no direito em geral, normas que se aproximem o mais possível do caso a ser resolvido",[199] observando-se que a solução de questões concretas a partir do sistema é expressamente autorizada pelo art. 5º, § 2º, da Constituição da República.

10.5. Pode o juiz, para suprir uma lacuna, recorrer aos princípios, dentre os quais os princípios gerais de direito.

Os princípios possuem várias funções no ordenamento jurídico, dentre as quais a integrativa. Cumpre mencionar que os princípios compõem, ao lado das regras, o ordenamento jurídico. Destarte, quando se fala em lacuna do Direito Processual do Trabalho, cumpre ter presente que ele é composto por regras e princípios. Se um princípio é suficiente para a solução do caso concreto, não há que se falar em lacuna.

De outro lado, o juiz pode recorrer, para afastar lacuna, aos princípios gerais de direito.

Giuseppe Chiovenda indica como exemplos de princípios gerais no contexto do direito processual, "no sentido de que são comuns a todas as leis modernas":

---

198. *O positivismo jurídico*, p. 215-218.

199. *Comentários ao Código de Processo Civil*, v. I, p. 317.

a) igualdade das partes: "como quem reclama justiça, devem as partes colocar-se no processo em absoluta paridade de condições. Isso se manifesta sobretudo no princípio contraditório (...), na repartição do ônus da prova, no princípio de que a prova contrária é um direito, nas normas asseguradoras da defesa e da comunicação recíproca dos documentos, no princípio da aquisição processual, e semelhantes"; b) economia dos processos: "que mais não é que a aplicação do princípio do menor esforço à atividade jurisdicional (...). Importa obter o máximo resultado na atuação da lei com o mínimo emprego possível de atividade jurisdicional".[200]

Do princípio da economia dos processos decorre, segundo Giuseppe Chiovenda, "a solicitude das leis processuais no simplificar e facilitar o curso do processo, que se revela, entre outros: a) nas sanções tendentes a impedir atos inúteis e supérfluos (...); b) nas normas sobre a união de causas conexas (...) e na *perpetuatio iurisdictionis* (...); c) no uso das preclusões (...)".[201]

Antonio Enrique Pérez Luño aduz que: "a) do ponto de vista *metodológico*, os princípios gerais de direito atuam como *metanormas*, como normas que servem para conhecer, analisar e aplicar o restante das normas jurídicas (...). Os princípios representam ademais a *ratio legis* das normas ao assegurar que estas sejam interpretadas de acordo com seus fins e que se adaptem à realidade social de cada momento histórico; b) do ponto de vista *ontológico*, os princípios gerais de direito são a *essência* a que o ordenamento remete ao determinar seu sistema de fontes (...); c) do ponto de vista *axiológico*, os princípios gerais de direito são os *postulados éticos* que devem inspirar todo o ordenamento jurídico."[202]

10.6. Dos usos e costumes, do direito comparado, da jurisprudência e do direito processual comum tratamos quando examinamos as fontes do Direito Processual do Trabalho.

11. A EFETIVIDADE DA JURISDIÇÃO E DO PROCESSO COMO DIREITO, HUMANO E FUNDAMENTAL, DAS PARTES. INDICADORES DA EFETIVIDADE DA JURISDIÇÃO E DO PROCESSO. DIREITO DE NÃO SER DISPENSADO EM RAZÃO DO EXERCÍCIO DO DIREITO À JURISDIÇÃO E AO PROCESSO

Ao lado da titularidade de direitos, coloca-se a titularidade do *direito à sua tutela jurisdicional*, visto que ter direito a determinado bem é estar em condições de se valer de todas as suas possibilidades.[203]

---

200. *Instituições de direito processual civil*, v. I, p. 130-131.

201. *Instituições de direito processual civil*, v. I, p. 131.

202. *Teoría del derecho:* una concepción de la experiencia jurídica, p. 208-209.

203. Como afirmam Mauro Cappelletti e Bryant Garth, "a titularidade de direitos é destituída de sentido, na ausência de mecanismos para sua efetiva reivindicação", o que faz com que o acesso à justiça seja por eles "encarado

Desta forma, como garantia do gozo pleno e concreto dos direitos atribuídos pela ordem jurídica, a todos é assegurada a tutela jurisdicional destes direitos, que é realizada por meio da jurisdição e do processo.

A jurisdição e o processo constituem instrumentos (trata-se de *instrumentalidade técnica*) destinados à condução do direito da *positividade abstrata* (atribuição do direito pelo ordenamento jurídico: *tutela jurídica do direito*) à sua *positividade concreta*, no caso do seu não cumprimento espontâneo (garantia de pleno gozo do direito: *tutela jurisdicional do direito*).

Contudo, a hipótese não é de simples reconhecimento do direito à jurisdição e ao processo, mas do reconhecimento de um direito à jurisdição e ao processo com uma especial qualidade, que é a efetividade. As partes têm direito à jurisdição e ao processo efetivo.

O reconhecimento do direito à efetividade da jurisdição e do processo decorre do fato de que o direito cumpre a sua função social quando e na medida em que, ao lado de atribuir direitos, cria os instrumentos adequados à sua realização concreta.[204] Ademais, como assinala Jesús Gonzáles Pérez, "para manter a justa paz social não basta proclamar a exclusividade da jurisdição. Não basta proibir e punir penalmente o exercício da autodefesa. A justa paz social somente é possível na medida em que o Estado for capaz de criar instrumentos adequados e eficazes para satisfazer as pretensões ante ele formuladas".[205]

Do direito à jurisdição e processo efetivos decorre, para o Estado, o *dever de efetividade*,[206] cujo cumprimento exige, dos órgãos do Poder Judiciário, constante disposição para realizar o conteúdo das normas jurídicas materiais e processuais e, do legislador, a criação de instrumentos que permitam a mais adequada realização daquele conteúdo. Neste sentido, inclusive, o CPC faz expressa alusão à *decisão efetiva*, que é por ele considerada não só um direito das partes, como também um *dever do juiz e das partes* (art. 6º).

---

como o requisito fundamental — o mais básico dos direitos humanos — de um sistema jurídico moderno e igualitário que pretenda garantir, e não apenas proclamar os direitos de todos" (*Acesso à justiça*, p. 12).

204. Como aduz Enrico Tullio Liebman, "a função do direito não é plenamente realizada com a formulação da lei (...). É necessário assegurar, na medida do possível, a sua estrita observância, em nome da liberdade e dos direitos de cada um na ordem objetiva da convivência social. Em outras palavras, é necessário, sempre que falte a observância espontânea, identificar, declarar e dar atuação a estas regras (...). Por isso, há um ramo do direito destinado precisamente à tarefa de garantir a eficácia prática do ordenamento jurídico, mediante a instituição de órgãos públicos com a incumbência de atuar essa garantia, disciplinando as modalidades e formas de sua atividade. Esses são órgãos jurisdicionais e a sua atividade chama-se, desde tempos imemoriais, jurisdição" (*Manuale di diritto processuale civile*, p. 1).

205. *El derecho a la tutela jurisdicional*, p. 21.

206. A carência de efetividade da jurisdição e do processo geram insegurança nas relações sociais e descrédito no Poder Judiciário e na ordem jurídica, ao passo que a jurisdição e o processo ganham relevância social na medida de sua efetividade.

11.1. Estabelecida a existência do direito à efetividade da jurisdição e do processo ou à jurisdição e processo efetivos, cumpre definir a natureza deste direito.

O Direito Internacional dos Direitos Humanos, ao lado de a todos reconhecer a titularidade de *direitos humanos materiais*, reconhece o direito de acesso à justiça, do qual constitui corolário lógico o *direito à jurisdição e ao processo* (arts. 8º e 10 da Declaração Universal dos Direitos Humanos; arts. 2º, n. 3, *a*, e 14 do Pacto Internacional sobre Direitos Civis e Políticos; arts. 8º e 25 da Convenção Americana sobre Direitos Humanos).

O Direito Internacional dos Direitos Humanos reconhece, portanto, a existência do *direito humano à jurisdição e ao processo.*

Contudo, o Direito Internacional dos Direitos Humanos não se limita a reconhecer o direito à jurisdição e ao processo.

A Declaração Universal dos Direitos Humanos a todos reconhece o direito de receber dos tribunais competentes *recurso efetivo* para os atos que violem os direitos fundamentais reconhecidos pela Constituição ou pela lei (art. 8º). No mesmo compasso, o Pacto Internacional sobre Direitos Civis e Políticos consigna o compromisso dos Estados dele signatários de garantir que toda pessoa, cujos direitos e liberdades nele reconhecidos hajam sido violados, possa dispor de um *recurso efetivo*, mesmo que a violência tenha sido perpetrada por pessoas que agiam no exercício de funções oficiais (art. 3, *a*). De seu turno, a Convenção Americana sobre Direitos Humanos prevê, em seu art. 25, que toda pessoa tem direito a um recurso simples e rápido ou a qualquer outro *recurso efetivo*, perante os juízes ou tribunais competentes, que a proteja contra atos que violem seus direitos fundamentais reconhecidos pela Constituição, pela lei ou pela própria Convenção.

O Direito Internacional dos Direitos Humanos, destarte, a todos reconhece o *direito humano à efetividade da jurisdição e do processo*.

A Constituição da República de 1988 também reconhece, *como fundamental*, o direito à efetividade da jurisdição e do processo. Isso porque, proibindo a autodefesa, o Estado atrai para si o dever de tornar concretos os direitos atribuídos pela ordem jurídica, ao qual corresponde o direito à atividade estatal destinada a este fim (direito à jurisdição e ao processo) e a que esta atividade seja capaz de produzir os efeitos que lhe são próprios (direito à efetividade da jurisdição e do processo). De outro lado, ao atribuir às partes o direito ao *devido processo legal*, a Constituição Federal também reconhece o direito à efetividade do processo (art. 5º, LIV), vez que *devido processo* é aquele apto à realização da adequada, justa e efetiva tutela dos direitos atribuídos pela ordem jurídica.

Daí a conclusão de que as partes têm direito, humano e fundamental, à efetividade da jurisdição e do processo.[207]

11.2. Afirmada a existência do direito, humano e fundamental, à efetividade da jurisdição e do processo, cumpre precisar o conteúdo deste direito.

É clássica a afirmação de Giuseppe Chiovenda, no sentido de que o processo "deve dar, o quanto possível praticamente, a quem tenha um direito, tudo aquilo e exatamente aquilo que ele tenha direito de conseguir".[208] Cândido Rangel Dinamarco sustenta que esta afirmação constitui a síntese do pensamento voltado à efetividade do processo.[209]

No mesmo sentido, assevera Andrea Proto Pisani que o processo, "por meio das atividades das partes (exercício da ação) e do juiz (exercício da jurisdição), busca fazer com que o titular da situação de vantagem obtenha os mesmos resultados (ou, sendo estes impossíveis, resultados equivalentes) que obteria através do cumprimento espontâneo da parte dos obrigados".[210]

Giuseppe Chiovenda e Andrea Proto Pisani relacionam a efetividade da jurisdição e do processo à sua *capacidade para produzir efeitos concretos* ou ao *resultado que produzem* (conferir à parte aquilo e exatamente aquilo que lhe é reconhecido e garantido pela ordem jurídica). Este ponto de vista é também adotado por José Roberto dos Santos Bedaque, para quem a efetividade do processo significa "aptidão para produzir concretamente os resultados dele esperados" e que processo efetivo é "aquele que, observado o equilíbrio entre os valores segurança e celeridade, proporciona às partes o resultado desejado pelo direito material".[211] No mesmo sentido, afirma José Carlos Barbosa Moreira que "querer que o processo seja efetivo é querer que desempenhe com eficiência o papel que lhe compete na economia do ordenamento jurídico. Visto que esse papel é instrumental em relação ao direito substantivo, também se costuma falar da instrumentalidade do processo (...). Qualquer instrumento será bom na medida em que sirva de modo prestimoso à consecução dos fins da obra a que se ordena; em outras palavras, na medida em que seja efetivo. Vale dizer: será efetivo o processo que constitua instrumento eficiente de realização do direito material".[212]

---

207. A Constituição da Espanha assegura, expressamente, o direito à efetividade da jurisdição, conforme se vê do item 1 do seu art. 24: "1. Todas as pessoas têm direito a obter a tutela efetiva dos juízes e tribunais no exercício de seus direitos e interesses legítimos, sem que, em nenhum caso, pode produzir-se ausência de defesa".

208. *Instituições de direito processual civil*, v. I, p. 67.

209. *Fundamentos do processo civil moderno*, v. I, p. 593.

210. *Lezione di diritto processuale civile*, p. 31.

211. *Efetividade do processo e técnica processual*, p. 32.

212. *Por um processo socialmente efetivo. Temas de direito processual do trabalho.* Oitava Série, p. 15.

José Carlos Barbosa Moreira aponta cinco condições para que a jurisdição e o processo sejam considerados efetivos:

> "a) o processo deve dispor de instrumentos de tutela adequados, na medida do possível, a todos os direitos (e outras posições jurídicas de vantagem) contemplados no ordenamento, quer resultem de expressa previsão normativa, quer se possam inferir do sistema;
>
> b) esses instrumentos devem ser praticamente utilizáveis, ao menos em princípio, sejam quais forem os supostos titulares dos direitos (e das outras posições jurídicas de vantagem) de cuja preservação ou reintegração se cogite, inclusive quando indeterminado ou indeterminável o círculo dos eventuais sujeitos;
>
> c) impende assegurar condições propícias à exata e completa reconstituição dos fatos relevantes, a fim de que o convencimento do julgador corresponda, tanto quanto puder, à realidade;
>
> d) em toda a extensão da possibilidade prática, o resultado do processo há de ser tal que assegure à parte vitoriosa o gozo pleno da específica utilidade a que faz jus segundo o ordenamento;
>
> e) cumpre que se possa atingir semelhante resultado com o mínimo dispêndio de tempo e energias."[213]

Carlos Alberto Alvaro de Oliveira também adota concepção ampla da efetividade da jurisdição e do processo, afirmando que "a desejável efetividade do processo depende no essencial da dimensão dos poderes das partes e dos poderes-deveres do órgão judicial, da conformação e adequação do procedimento, de técnicas mais apropriadas, e das formas de tutela jurisdicional, na medida em que todos esses elementos é que se mostram realmente significativos para uma melhor realização dos valores fundamentais do processo".[214]

Acrescenta Carlos Alberto Alvaro de Oliveira que "a efetividade só se revela virtuosa se não colocar no limbo outros valores importantes do processo, a começar pela justiça, mas não só este. Justiça no processo significa exercício da função jurisdicional de conformidade com os valores e princípios normativos conformadores do processo justo em determinada sociedade (imparcialidade e independência do órgão jurisdicional, contraditório, ampla defesa, igualdade formal e material das partes, juiz natural, motivação, publicidade das audiências, término do processo em prazo razoável, direito à prova) (...). O acesso à justiça (...) deve certamente compreender uma proteção juridicamente eficaz e temporalmente adequada. O que ponho em questão é a eficiência como fim, sem temperamentos, como meta

---

213. Efetividade do processo e técnica processual. *Revista Forense comemorativa 100 anos*, t. V, p. 578.

214. Os direitos fundamentais à efetividade e à segurança em perspectiva dinâmica. In: SALLES, Carlos Alberto (coord.). *As grandes transformações do processo civil brasileiro* — homenagem ao professor Kazuo Watanabe, p. 40.

absoluta, desatenta a outros valores e princípios normativos. O ponto importante é que esses ditames axiológicos, além de se afinarem mais com a visão de um Estado democrático e participativo, poderão não só contribuir para a justiça da decisão como até para a própria efetividade. Nessa perspectiva, dois aspectos devem ser destacados: a necessidade de maior informalismo e a acentuação do princípio fundamental da cooperação entre o órgão jurisdicional e as partes".[215]

Ainda consoante Carlos Alberto Alvaro de Oliveira, "a efetividade qualificada, numa perspectiva dinâmica, implica, em primeiro lugar, o direito da parte à possibilidade séria e real de obter do juiz uma decisão de mérito, adaptada à natureza das situações subjetivas tuteláveis, de modo a que seja plenamente satisfeita a 'necessidade de tutela' manifestada na demanda. Para tanto, é altamente desejável que sejam elásticas e diferenciadas as formas de tutela, levando em conta as peculiaridades das crises sofridas pelo direito material e as exigências do caso concreto. Essencial, ainda, que outorguem o máximo de efetividade, desde que preservados outros direitos fundamentais, a exemplo do direito ao processo justo, que é a concretização deontológica do valor segurança no Estado constitucional. Significa isto, não só afastar, na medida do possível, a tipicidade das formas de tutela, como também elastecer o seu leque para abarcar todas as formas de direito material e as crises por ele sofridas (direito individual ou coletivo, condenação, constituição, declaração, mandamento e execução), bem como assegurar formas repressivas ou preventivas, com ou sem receio de lesão, de modo a preencher totalmente a exigência de adequação. Também é indispensável que a tutela possa refletir efetivamente no mundo social. Não basta apenas declarar a existência do direito, mas realizá-lo quando necessário".[216]

Pois bem.

Jurisdição e processos efetivos são aqueles capazes de assegurar à parte aquilo e exatamente aquilo que lhe atribui a ordem jurídica, nem mais nem menos, no sentido da obtenção, pelo titular do direito, do mesmo resultado que alcançaria se o dever a ele correspondente tivesse sido adimplido espontânea e oportunamente (*efetividade como capacidade de produzir determinado resultado*).

No entanto, somente é efetivo o instrumento ao qual se tem fácil acesso e que cujo manuseio seja o mais simples possível, o que significa que a jurisdição e o processo serão efetivos na medida em que forem de fácil e simplificado acesso (*efetividade como facilidade de acesso à justiça e simplicidade na defesa judicial dos direitos*).[217]

---

215. *Do formalismo no processo civil*, p. 246-247.

216. Os direitos fundamentais à efetividade e à segurança em perspectiva dinâmica. In: SALLES, Carlos Alberto (coord.). *As grandes transformações do processo civil brasileiro* — homenagem ao professor Kazuo Watanabe, p. 40-41.

217. Mauro Cappelletti e Bryant Garth assinalam que, nos estados liberais burgueses, "direito de acesso à proteção judicial significava essencialmente o direito formal do indivíduo agravado de propor ou contestar uma ação.

Não se pode olvidar, ainda, que a todos são assegurados a razoável duração do processo e os meios que garantam a celeridade de sua tramitação (art. 5º, LXXVIII, da Constituição da República), o que autoriza afirmar que a jurisdição e o processo serão efetivos na medida em que o processo tiver duração razoável e não sofrer dilações indevidas (*dimensão temporal da efetividade da jurisdição e do processo*).[218]

Cumpre ter presente, de outro lado, que a jurisdição e o processo somente serão efetivos na medida em que corresponderem a um processo justo e equitativo (*efetividade como justiça e equidade*[219] *do processo*).

Ademais, para que a jurisdição e o processo sejam efetivos é indispensável que as decisões judiciais sejam eficazes, ou seja, que o direito nelas afirmado seja tornado realidade. A tensão entre a norma e a realidade não é afastada pela simples afirmação do direito reconhecido na norma e que deve ser tornado realidade, mas, apenas, quando o direito afirmado seja efetivamente gozado (daí prever o CPC, no art. 4º, que as partes têm direito à atividade satisfativa, a ser realizada em prazo razoável).

Em suma, a efetividade da jurisdição e do processo exige:

1) a facilidade de acesso à justiça;[220]
2) a simplificação de formas e procedimentos;[221]

A teoria era a de que, embora o acesso à justiça pudesse ser um 'direito natural', os direitos naturais não necessitavam de uma ação do Estado para sua proteção. Esses direitos eram considerados anteriores ao Estado; sua preservação exigia apenas que o Estado não permitisse que eles fossem infringidos por outros. O Estado, portanto, permanecia passivo, com relação a problemas tais como a aptidão de uma pessoa para reconhecer seus direitos e defendê-los adequadamente na prática. Afastar a 'pobreza no sentido legal' — a incapacidade que muitas pessoas têm de utilizar plenamente a justiça e suas instituições — não era preocupação do Estado. A justiça, como outros bens, no sistema *laissez-faire*, só podia ser obtida por aqueles que pudessem enfrentar seus custos; aqueles que não pudessem fazê-lo eram considerados os únicos responsáveis por sua sorte. O acesso formal, mas não efetivo à justiça, correspondia à igualdade, apenas formal, mas não efetiva" (*Acesso à justiça*, p. 9).

218. O acesso à justiça será útil quando quem recorre ao Poder Judiciário dele obtém uma resposta no menor espaço de tempo possível.

219. De acordo com a Declaração Universal dos Direitos Humanos, todos têm direito, "em plena igualdade, a que sua causa seja equitativa e publicamente julgada por um tribunal independente e imparcial" (art. 10). As partes têm, portanto, o direito, de estatura de direito humano, ao *processo equitativo*, que segundo a Comissão Europeia dos Direitos do Homem, "implica que a parte possa expor as suas razões ao tribunal em condições não menos favoráveis do que as da parte contrária" (José Lebre de Freitas. *Estudos sobre direito civil e processo civil*, v. I, p. 32). O direito ao processo equitativo tem como exigência fundamental a igualdade de armas entre as partes. Note-se que o art. 10 da Declaração Universal dos Direitos Humanos aduz à 'plena igualdade', o que significa que não se trata de igualdade apenas formal, mas de igualdade concreta. Com esteio em José Lebre de Freitas, para quem "igualdade de armas significa equilíbrio entre as partes na apresentação das respectivas teses, na perspectiva dos meios processuais de que para o efeito dispõem (José Lebre de Freitas. *Op. cit.*, p. 32), é afirmado que igualdade de armas significa real equilíbrio das partes no exercício de direitos e cumprimento de ônus processuais. A igualdade não pode ser estabelecida abstratamente (igualdade formal), mas deve ser realizada concretamente em cada processo particular (igualdade substancial). Anote-se que o CPC, no art. 7º, assegura às partes o direito à paridade de tratamento.

220. Quando se fala em acesso à justiça, cumpre ter em mente que se trata de *acesso útil à justiça*, o que exige que as partes tenham reais condições de defender os seus direitos em juízo. A efetividade da jurisdição e do processo existe na exata medida da acessibilidade à justiça.

221. Nenhuma será a valia da facilidade de acesso à justiça se as formas e procedimentos forem utilizados como barreiras intransponíveis à defesa e à concretização do direito material deduzido em juízo. Quanto mais fácil e simplificado o acesso aos instrumentos de realização concreta dos direitos atribuídos pela ordem jurídica e

3) a adequação do processo ao direito material e à necessidade de sua mais rápida e plena realização concreta;

3) um processo desenvolvido publicamente, perante juiz previamente apontado como competente, independente e imparcial, com respeito ao direito das partes ao pleno exercício, com liberdade e em simétrica paridade, do contraditório e da ampla defesa, e informado pela finalidade de, em tempo razoável, sem dilações indevidas, com o menor dispêndio de energia e econômico possíveis e de forma fundamentada, concretizar o direito atribuído pelas regras e princípios constitutivos do ordenamento jurídico, ou seja, um processo justo;

4) a prolação de decisão individual e socialmente justa (a justiça do processo e do seu resultado legitima a decisão sobre o conflito de interesses submetido ao Poder Judiciário – *legitimação procedimental-substancial*);[222]

5) a aptidão para fazer valer o direito reconhecido na decisão judicial (*eficácia das decisões judiciais*);

6) a um sistema recursal racional;[223]

7) a atuação ativa do juiz no sentido do respeito ao processo justo e da produção de uma decisão justa do conflito de interesses submetido ao Poder Judiciário;

8) a valorização das ações coletivas como instrumentos da tutela de direitos de dimensão coletiva.

São estes, a nosso juízo, os *indicadores de efetividade da jurisdição e do processo.*

Os indicadores acima referidos são complementares e interdependentes, observando-se, por exemplo, que a opção pela facilitação do julgamento do mérito não pode significar desconsideração em relação à tempestividade da tutela jurisdicional.

Não se pode olvidar, contudo, que, como adverte Luigi Ferrajoli, "é relativamente fácil delinear um modelo garantista em abstrato e traduzir-lhe os princípios e normas constitucionais dotados de clareza capazes de deslegitimar, com relativa certeza, as normas inferiores que dela se apartam. Mais difícil é modelar as técnicas legislativas e judiciárias idôneas a assegurar efetividade aos princípios constitucionais e aos direitos fundamentais por eles consagrados. A coisa mais difícil, além da elaboração teórica e normativa dos princípios, dos direitos e das

---

mais simplificado o manuseio destes instrumentos, maior será a efetividade daqueles direitos e a possibilidade de participação das partes na definição da sua existência. *O formalismo exacerbado constitui negação do acesso útil à justiça e ao próprio direito.*

222. Da justiça do processo e da decisão tratamos quando examinamos os princípios do direito processual do trabalho, no Capítulo II, ao qual remetemos o leitor.

223. As decisões judiciais devem ser sujeitas a reexame, mas de forma racional, para evitar a eternização da incerteza quanto ao direito objeto de questionamento.

garantias jurídicas, é, contudo, defender, atuar e desenvolver na prática o sistema de garantias. Esta não é mais uma questão jurídica, mas uma questão de fatos, que diz respeito às condições externas nas quais evolui a vida do direito: com a lealdade institucional dos poderes públicos, com a maturidade democrática das forças políticas e sociais, com a sua disponibilidade para lutar pelos direitos, em uma palavra, com o sustento prático oferecido pelo sistema normativo das garantias", sendo por ele aventada a possibilidade de ser cultivada a *falácia garantista*, que consiste na "ideia de que bastem as razões de um direito bom, dotado de sistemas avançados e realizáveis de garantias constitucionais, para conter os poderes e para pôr os direitos fundamentais a salvo de suas distorções".[224]

Da mesma forma, pode ser dito que é relativamente fácil delinear um modelo de jurisdição e processo efetivo em abstrato e traduzi-lo em regras e princípios, inclusive, constitucionais. Contudo, extremamente difícil é atuar e desenvolver na prática este modelo. O que não se pode, porém, é cultivar *falácia da efetividade*, que consiste na ideia de que basta um bom modelo de jurisdição e de processo para assegurar a sua efetividade e a dos direitos assegurados pela ordem jurídica.

Em suma:

a) as partes têm direito, humano e fundamental, à efetividade da jurisdição e do processo;

b) o direito à efetividade da jurisdição e do processo se materializa na facilidade de acesso à justiça, na simplificação de formas e procedimentos, na adequação do processo ao direito material, no processo desenvolvido publicamente, perante juiz previamente apontado como competente, independente e imparcial, com respeito ao direito das partes ao pleno exercício, com liberdade e em simétrica paridade, do contraditório e da ampla defesa, e informado pela finalidade de, em tempo razoável, sem dilações indevidas, com o menor dispêndio de energia e econômico possíveis e de forma fundamentada, tornar concreto o direito reconhecido e garantido pelas regras e princípios constitutivos do ordenamento jurídico, na decisão individual e socialmente justa, na máxima eficácia das decisões judiciais, na racionalidade do sistema recursal e na valorização das ações coletivas;

c) ao legislador cumpre criar instrumental técnico-processual adequado ao atendimento das necessidades decorrentes dos *indicadores de efetividade da jurisdição e do processo*, ao passo que aos operadores do direito cabe conformar a sua prática às diretrizes resultantes destes indicadores.

Não se pode perder de vista que a efetividade da jurisdição e do processo constitui exigência da efetividade dos direitos assegurados pela ordem jurídica.

---

224. *Direito e razão:* teoria do garantismo penal, p. 865-866.

11.3. É de suma importância esclarecer que, do direito à jurisdição e ao processo efetivo decorre o direito do trabalhador de não ser dispensado pelo fato de exercer o direito à jurisdição e ao processo contra o seu empregador.

A Constituição da República reconhece, com o *status* de fundamental, o direito ao trabalho.

O direito ao trabalho possui: a) dimensão individual, que contempla o direito de acesso a um posto de trabalho (art. 6º, *caput*), à educação e formação para o trabalho (arts. 205, 214, IV, e 227, § 3º, I a III), à manutenção do posto de trabalho alcançado (arts. 6º, *caput*, 7º, I, 8º, VIII, e art. 10, II, "b", do ADCT), de não se sujeitar à sindicalização como condição para a contratação (art. 8º, V) e à não discriminação (arts. 3º, IV, 5º, XLI, 7º, XX e XXX); b) dimensão coletiva, que se manifesta pelo direito à adoção de políticas públicas voltadas ao implemento do pleno emprego (arts. 6º e 170, VIII).

Estas manifestações do direito ao trabalho estão consagradas na Constituição de 1988 e são reforçadas pela legislação infraconstitucional, valendo lembrar, por exemplo, da estabilidade no emprego assegurada pelo art. 118 da Lei n. 8.213/91, art. 543, § 3º, da CLT, art. 55 da Lei n. 5.764/71, art. 625-B, § 1º, da CLT, art. 3º, § 9º, da Lei n. 8.036/90, art. 165, parágrafo único, da CLT e pela Lei n. 11.350/06.

O direito ao trabalho é também um direito humano, como tal reconhecido pelo Direito Internacional dos Direitos Humanos, como se vê, por exemplo, do art. XXIII, I, da Declaração Universal dos Direitos Humanos, art. XIV da Declaração Americana dos Direitos e Deveres do Homem, art. 6º do Protocolo Adicional à Convenção Americana sobre Direitos Humanos em Matéria de Direitos Econômicos, Sociais e Culturais (Protocolo de São Salvador) e art. 6º do Pacto Internacional sobre Direitos Econômicos, Sociais e Culturais.

O direito ao trabalho, na sua dimensão individual, é protegido pela *cláusula geral de não discriminação*, que é estabelecida pelos arts. 3º, IV, 5º, VIII, XLI e 7º, XX e XXX, da Constituição da República e pelo art. 1º da Lei n. 9.029/95, da qual resulta ser ilícita qualquer prática discriminatória e limitativa para efeito de acesso à relação de emprego ou para a sua manutenção, por motivo de origem, raça, sexo, cor, idade, estado civil, crença religiosa ou convicção filosófica ou política. Também o Direito Internacional dos Direitos Humanos consagra a referida cláusula, como o demonstram o art. VII da Declaração Universal dos Direitos Humanos, o art. II da Declaração Americana dos Direitos e Deveres do Homem, e o art. 2º, 2, do Pacto Internacional dos Direitos Econômicos, Sociais e Civis.

As normas constitucionais e de direito internacional asseguram um verdadeiro *direito de estar a salvo de qualquer tratamento discriminatório*, como manifestação do *direito à dignidade*, que é reconhecido nos arts. 3º, IV, 5º, *caput* e incisos I,

III, V, VI, VIII, X e XII, da Constituição da República, no art. 18 do Estatuto da Criança e do Adolescente (Lei n. 8.069/90) e nos arts. II, VI e XXII da Declaração Universal dos Direitos Humanos.

Embora não haja expressa previsão legal neste sentido, é inegável que também constitui ato discriminatório a dispensa do trabalhador pelo fato de ajuizar demanda contra o seu empregador. Dito de outra forma, a cláusula geral de não discriminação abarca a proibição de dispensa fundada no exercício do direito à jurisdição e ao processo.

No direito espanhol fala-se, a propósito, em *garantia de indenidade*, no sentido de garantia do trabalhador contra represálias do empregador em razão do exercício do direito de ação, o que pode ser traduzido, no direito brasileiro, pelo direito de reintegração no emprego quando a dispensa tiver como fundamento o fato de o trabalhador ter exercido o direito de ação em face do seu empregador. Com efeito, sendo nula a dispensa do trabalhador, as partes devem ser reconduzidas ao estado anterior à sua ocorrência, ou seja, o trabalhador deve ser reintegrado no emprego, com todas as consequências daí advindas (pagamento dos salários e demais benefícios do período de afastamento).[225]

225. Aplica-se à hipótese a Lei n. 9.029/95, que trata de atos discriminatórios fundados em motivo de sexo, origem, raça, estado civil, situação familiar ou idade, e dispõe, no art. 4°, que o rompimento da relação de emprego por ato discriminatório, além do direito à reparação pelo dano moral, faculta ao empregado optar entre: a) a readmissão com ressarcimento integral de todo o período de afastamento, mediante pagamento das remunerações devidas, corrigidas monetariamente, acrescidas de juros legais; b) a percepção, em dobro, da remuneração do período de afastamento, corrigida monetariamente e acrescida dos juros legais.

Capítulo 3

ORGANIZAÇÃO E FUNCIONAMENTO DA JUSTIÇA DO TRABALHO

1. ÓRGÃOS DO PODER JUDICIÁRIO. CONSELHO NACIONAL DE JUSTIÇA

O exercício da jurisdição constitui atribuição do Poder Judiciário, que atua por meio dos seus órgãos, quais sejam: a) Supremo Tribunal Federal;[1] b) Superior Tribunal de Justiça; c) Justiças da União; d) Justiças dos Estados.

O Supremo Tribunal Federal e os Tribunais Superiores têm sede em Brasília e jurisdição em todo o território nacional (art. 92, § 2º, da Constituição).

As Justiças da União (justiça organizada e mantida pela União) compreendem a *Justiça Federal comum* (art. 92, III, e 106 a 110 da Constituição) e as *Justiças Federais especiais*, quais sejam, a trabalhista, a militar e a eleitoral (arts. 111 a 123 da Constituição).

A Emenda Constitucional n. 45/2004 criou o Conselho Nacional de Justiça e o incluiu entre os órgãos do Poder Judiciário (art. 92, I-A da Constituição).

Ao Conselho Nacional de Justiça, cuja composição é definida pelo art. 103-B da Constituição, incumbe o controle da atuação administrativa e financeira do

---

1. O Supremo Tribunal Federal: compõe-se de onze Ministros, escolhidos entre brasileiros natos com mais de trinta e cinco e menos de sessenta e cinco anos de idade, de notável saber jurídico e reputação ilibada, nomeados pelo Presidente da República, depois de aprovada a escolha pela maioria absoluta do Senado Federal (arts. 12, § 3º, IV, e 101 da Constituição); funciona em sua plenitude ou dividido em Turmas; tem a competência fixada no art. 102 da Constituição. Ao STF compete, precipuamente, a guarda da Constituição, cabendo-lhe, por exemplo: a) processar e julgar, originalmente, a *ação direta de inconstitucionalidade* de lei ou ato normativo federal ou estadual e a *ação declaratória de constitucionalidade* de lei ou ato normativo federal (arts. 102, *caput* e I, *a*, e 103 da Constituição); b) julgar, mediante *recurso extraordinário*, as causas decididas em única ou última instância, quando a decisão recorrida: contrariar dispositivo da Constituição da República, declarar a inconstitucionalidade de tratado ou lei federal, julgar válida lei ou ato de governo local contestado em face da Constituição Federal e julgar válida lei local contestada em face da lei federal (art. 102, III, Constituição); c) julgar reclamação para a preservação de sua competência e garantia da autoridade das suas decisões (art. 102, I, *l*, da Constituição); d) julgar arguição de descumprimento de preceito fundamental decorrente da Constituição (art. 102, § 1º, da Constituição). Somente pelo voto da maioria absoluta de seus membros ou dos membros do respectivo órgão especial poderão os tribunais declarar a inconstitucionalidade de lei ou ato normativo do Poder Público (art. 97 da Constituição – trata-se da denominada *reserva de plenário*).

Poder Judiciário e do cumprimento dos deveres funcionais dos juízes, cabendo-lhe, além de outras atribuições que lhe forem conferidas pelo Estatuto da Magistratura:[2]

a) zelar pela autonomia do Poder Judiciário e pelo cumprimento do Estatuto da Magistratura, podendo expedir atos regulamentares, no âmbito de sua competência, ou recomendar providências;

b) zelar pela observância do art. 37 da Constituição e apreciar, de ofício ou mediante provocação, a legalidade dos atos administrativos praticados por membros ou órgãos do Poder Judiciário, podendo desconstituí-los, revê-los ou fixar prazo para que se adotem as providências necessárias ao exato cumprimento da lei, sem prejuízo da competência do Tribunal de Contas da União;

c) receber e conhecer das reclamações contra membros ou órgãos do Poder Judiciário, inclusive contra seus serviços auxiliares, serventias ou órgãos prestadores de serviços notariais e de registro que atuem por delegação do poder público ou oficializados, sem prejuízo da competência disciplinar e correicional dos tribunais, podendo avocar processos disciplinares em curso e determinar a remoção, a disponibilidade ou a aposentadoria com subsídios ou proventos proporcionais ao tempo de serviço e aplicar outras sanções administrativas, assegurada a ampla defesa;

d) representar ao Ministério Público, no caso de crime contra a administração pública ou de abuso de autoridade;

e) rever, de ofício ou mediante provocação, os processos disciplinares de juízes e membros de tribunais julgados há pelo menos um ano.

O Ministro do Superior Tribunal de Justiça componente do Conselho exercerá a função de Ministro-Corregedor, competindo-lhe receber as reclamações e as denúncias, de qualquer interessado, relativas aos magistrados e aos serviços judiciários (art. 103-B, § 5º, da Constituição). Junto ao Conselho Nacional de Justiça oficiarão o Procurador-Geral da República e o Presidente do Conselho Federal da Ordem dos Advogados do Brasil (art. 103-B, § 6º, da Constituição).

A União, inclusive no Distrito Federal e nos Territórios, criará ouvidorias de justiça, competentes para receber reclamações e denúncias de qualquer interessado contra membros ou órgãos do Poder Judiciário, ou contra seus serviços auxiliares, representando diretamente ao Conselho Nacional de Justiça (art. 103-B, § 7º).

2. Ao Conselho Nacional de Justiça cabe o *controle externo do Poder Judiciário*. Este controle não alcança, sob pena de ferir a independência do juiz, o conteúdo das decisões judiciais.

2. ATIVIDADE JURISDICIONAL ININTERRUPTA. DISTRIBUIÇÃO IMEDIATA DE PROCESSOS. PUBLICIDADE DAS DECISÕES ADMINISTRATIVAS. SÚMULA VINCULANTE. FUNDO DE GARANTIA DAS EXECUÇÕES TRABALHISTAS

A Emenda Constitucional n. 45/2004 estabeleceu várias regras relativas à atuação do Poder Judiciário, que merecem referência, ainda que breve:

a) visando à celeridade na solução dos conflitos de interesses submetidos ao Poder Judiciário, foi estabelecido que a atividade jurisdicional será ininterrupta, sendo vedadas férias coletivas nos juízos e tribunais de segundo grau, funcionando, nos dias em que não houver expediente forense normal, juízes em plantão permanente (art. 93, XII, da Constituição),[3] ao passo que, ainda visando à celeridade, mas também impedir o represamento de recursos no setor de distribuição dos tribunais, foi estabelecido que a distribuição dos processos será imediata, em todos os graus de jurisdição (art. 93, XV, da Constituição);

b) para permitir o controle da atuação do Poder Judiciário pela sociedade, a Emenda Constitucional dispõe que as decisões administrativas dos tribunais serão motivadas e tomadas em sessão pública, sendo as disciplinares tomadas pelo voto da maioria absoluta (metade mais um) de seus membros (art. 93, X, da Constituição Federal);

c) ao Supremo Tribunal Federal foi conferida competência para, de ofício ou por provocação, mediante decisão de dois terços dos seus membros, após reiteradas decisões sobre matéria constitucional, aprovar súmula que, a partir de sua publicação na imprensa oficial, terá efeito vinculante em relação aos demais órgãos do Poder Judiciário e à administração pública direta e indireta, nas esferas federal, estadual e municipal, bem como proceder à sua revisão ou ao seu cancelamento, na forma estabelecida em lei (art. 103-A da Constituição).[4]

A aprovação, revisão ou cancelamento de súmula vinculante poderá ser provocada por todos aqueles que podem propor a ação direta de inconstitucionalidade (art. 103-A, § 2º, da Constituição).[5]

---

3. O art. 62 da Lei n. 5.010/66 prevê que os dias compreendidos entre 20 de dezembro e 6 de janeiro, inclusive, são *feriados* na Justiça Federal. O art. 220 do CPC estabelece que "suspende-se o curso do prazo processual nos dias compreendidos entre 20 de dezembro e 20 de janeiro, inclusive", acrescentando que, ressalvadas as férias individuais e os feriados instituídos por lei, "os juízes, os membros do Ministério Público, da Defensoria Pública e da Advocacia Pública e os auxiliares da Justiça exercerão as suas atividades durante o período previsto no *caput*" (art. 220, § 1º), mas "durante a suspensão do prazo, não se realizarão audiências nem sessões de julgamento" (art. 220, § 2º). Foi estabelecido, portanto, *recesso forense*, no período de 20 de dezembro a 20 de janeiro, observando-se que não se trata de férias coletivas, visto que os juízes, ressalvadas as férias individuais e os feriados instituídos por lei, exercerão as suas atividades, vedada, somente, a realização de audiências e sessões de julgamento.
4. O art. 103-A da Constituição, que instituiu a *súmula vinculante*, foi regulamentado pela Lei n. 11.417/06.
5. Podem propor a ação direta de inconstitucionalidade: o Presidente da República, a Mesa do Senado Federal, a Mesa da Câmara dos Deputados, a Mesa da Assembleia Legislativa ou da Câmara Legislativa do Distrito Federal,

A súmula vinculante terá por objeto a *validade*, a *interpretação* e a *eficácia* de normas determinadas, acerca das quais haja *controvérsia atual* entre órgãos judiciários ou entre esses e a administração pública, que acarrete *grave insegurança jurídica* e *relevante multiplicação de processos sobre questão idêntica* (art. 103-A, § 1º, da Constituição).

Para garantir a autoridade das súmulas vinculantes foi estabelecido que, do ato administrativo ou decisão judicial que contrariar súmula vinculante aplicável ou que indevidamente a aplicar, caberá reclamação ao Supremo Tribunal Federal que, julgando-a procedente, anulará o ato administrativo ou cassará a decisão reclamada, e determinará que outra seja proferida com ou sem aplicação da súmula, conforme o caso (art. 103-A, § 3º, da Constituição);

d) em relação especificamente ao processo do trabalho, estabelece o art. 3º da Emenda Constitucional n. 45/2004, que a lei criará o Fundo de Garantia das Execuções Trabalhistas, integrado pelas multas decorrentes de condenações trabalhistas e administrativas oriundas da fiscalização do trabalho, além de outras receitas. O que se persegue, com a criação do Fundo em destaque, é a satisfação do crédito trabalhista, em face de seu caráter predominantemente alimentar. O citado fundo, no entanto, ainda não foi criado.

3. ÓRGÃOS DA JUSTIÇA DO TRABALHO

Antes de examinar a atual composição da Justiça do Trabalho, cumpre discorrer, ainda que de forma breve, sobre a evolução das formas de solução dos conflitos decorrentes da relação de emprego e o surgimento da Justiça do Trabalho no Brasil.

A evolução dos mecanismos voltados à solução dos conflitos são inerentes às relações de emprego passou por três fases principais: a) *privatística*: o Estado permitia a formação, pelos próprios interessados, de *órgãos de conciliação e arbitragem* destinados à solução de conflitos decorrentes da relação de emprego; b) *administrativa*: o Estado instituiu *comissões de conciliação*, vinculadas ao Poder Executivo, passando a interferir na solução dos conflitos decorrentes da relação de emprego, mas a sua atuação era conciliatória e provisória, na medida em que a sua decisão, de tinha natureza apenas administrativa, poderia ser revista pelo Poder Judiciário; c) *jurisdicional*: a solução dos conflitos decorrentes da relação de emprego é atribuída ao Poder Judiciário, mantida, no entanto, a possibilidade de solução por outros meios, dentre eles a arbitragem, o que significa que não foi instituído o monopólio judicial na solução dos conflitos decorrentes da relação de emprego.

---

o Governador de Estado ou do Distrito Federal, o Procurador-Geral da República, o Conselho Federal da Ordem dos Advogados do Brasil, partido político com representação no Congresso Nacional, confederação sindical ou entidade de classe de âmbito nacional (art. 103, *caput*, da Constituição).

Em relação ao surgimento da Justiça do Trabalho no Brasil, vale mencionar que:

1) a Justiça do Trabalho tem como embrião as *Comissões Mistas de Conciliação*, que foram instituídas pelo Decreto n. 21.396, de 12.5.1932, cujo art. 1º estabelece que, "nos municípios ou localidades onde existirem sindicatos ou associações profissionais de empregadores ou empregados, organizados de acordo com a legislação vigente, o Ministério do Trabalho, Indústria e Comércio instituirá Comissões Mistas de Conciliação, às quais incumbirá dirimir os dissídios entre empregadores e empregados". Conforme o art. 2º do citado Decreto, "a Comissão Mista de Conciliação terá o mandato de um ano e será constituída por dois, quatro ou seis vogais, com igual número de suplentes, dos quais a metade representará os empregadores e a outra metade os empregados".

   Também em 1932 foram instituídas, por meio do Decreto n. 22.132, de 25.11.1932, as *Juntas de Conciliação e Julgamento*, também vinculadas ao Ministério do Trabalho, Indústria e Comércio, composta por representantes dos empregadores e empregados, para atuar na solução de conflitos individuais ou "que não afetem as coletividades a que pertencerem os litigantes", como é previsto no citado Decreto;

2) a Constituição de 1934, no art. 122, *caput*, instituiu a Justiça do Trabalho, dispondo, no art. 122, parágrafo único, que a constituição dos *Tribunais do Trabalho* e das *Comissões de Conciliação* "obedecerá sempre ao princípio da eleição dos seus membros, metade pelas associações representativas dos empregados e metade pela dos empregadores, sendo o seu presidente de livre nomeação do Governo, escolhido entre pessoas de experiência e notória capacidade intelectual". Observe-se que, apesar de passar a contar com previsão constitucional, a Justiça do Trabalho não foi integrada ao Poder Judiciário;

3) a Justiça do Trabalho foi novamente mencionada na Constituição de 1937, prevendo o seu art. 139 que a Justiça do Trabalho seria regulada em lei e que a ela não se aplicam as disposições da Constituição relativas à competência, ao recrutamento e às prerrogativas da Justiça comum, o que implicava que ela ainda não compunha o Poder Judiciário;

4) o Decreto n. 1.237, de 2 de maio de 1939, organizou a Justiça do Trabalho, mas mantém a sua vinculação ao Poder Executivo e a sua composição paritária;

5) o Decreto n. 6.596, de 12 de dezembro de 1940, aprovou o Regulamento da Justiça do Trabalho e estabeleceu ser ela composta pelas Juntas de Conciliação e Julgamento, Conselhos Regionais do Trabalho e Conselho Nacional do Trabalho, sendo mantida a sua vinculação ao Poder Executivo;

6) em 1943, entrou em vigor a CLT, que definia como órgãos da Justiça do Trabalho as Juntas de Conciliação e Julgamento, os Conselhos Regionais do Trabalho e o Conselho Nacional do Trabalho (art. 644), mantendo-se a composição paritária de seus órgãos (arts. 647, 660, 670 e 693);
7) o Decreto n. 9.797/46, de 11 de setembro de 1946, alterou a composição dos órgãos da Justiça do Trabalho, dispondo, no art. 644, que ela era composta pelo Tribunal Superior do Trabalho, pelos Tribunais Regionais do Trabalho e pelas Juntas de Conciliação e Julgamento, todos com composição paritária;
8) a Constituição de 1946 integrou a Justiça do Trabalho ao Poder Judiciário (art. 94), definiu como seus órgãos o Tribunal Superior do Trabalho, os Tribunais Regionais do Trabalho e as Juntas de Conciliação e Julgamento (art. 122), todos com composição paritária, e estabeleceu como sua competência "conciliar e julgar os dissídios individuais e coletivos entre empregados e empregadores, e, as demais controvérsias oriundas de relações do trabalho regidas por legislação especial" (art. 123);
9) a Constituição de 1967, como se vê do seu art. 133, também definia como órgãos da Justiça do Trabalho o Tribunal Superior do Trabalho, os Tribunais Regionais do Trabalho e as Juntas de Conciliação e Julgamento, todos com composição paritária. De acordo com o art. 134 desta Constituição, à Justiça do Trabalho competia "conciliar e julgar os dissídios individuais e coletivos entre empregados e empregadores e as demais controvérsias oriundas de relações de trabalho regidas por lei especial";
10) a Constituição de 1969, no art. 141, definia como órgãos da Justiça do Trabalho o Tribunal Superior do Trabalho, os Tribunais Regionais do Trabalho e as Juntas de Conciliação e Julgamento, preservando, ainda, a sua composição paritária, e atribuiu à Justiça do Trabalho competência para "conciliar e julgar os dissídios individuais e coletivos entre empregados e empregadores e, mediante lei, outras controvérsias oriundas de relação de trabalho";
11) a Constituição de 1988 manteve a composição paritária dos órgãos da Justiça do Trabalho, como tais definindo o Tribunal Superior do Trabalho, os Tribunais Regionais do Trabalho e as Juntas de Conciliação e Julgamento (art. 111), e dispôs, no art. 114, que competia à Justiça do Trabalho "conciliar e julgar os dissídios individuais e coletivos entre trabalhadores e empregadores, abrangidos os entes de direito público externo e da administração pública direta e indireta dos Municípios, do Distrito Federal, dos Estados e da União, e, na forma da lei, outras controvérsias decorrentes da relação de trabalho, bem como os litígios que tenham origem no cumprimento de suas próprias sentenças, inclusive coletivas".

12) a Emenda Constitucional n. 24, de 9.12.1999, extinguiu a representação classista nos órgãos da Justiça do Trabalho e substituiu as Juntas de Conciliação e Julgamento pelas Varas do Trabalho;

13) finalmente, a Emenda Constitucional n. 45, conferiu nova redação ao art. 114 da Constituição da República, alterando, de forma considerável, a competência da Justiça do Trabalho, como será visto mais adiante.

Realizado este breve relato, cumpre anotar que a Justiça do Trabalho compõe a Justiça da União (trata-se de Justiça Federal *lato sensu*) e que o art. 111 da Constituição de 1988, com a redação que lhe conferiu a Emenda Constitucional n. 45/2004, define como órgãos da Justiça do Trabalho o Tribunal Superior do Trabalho, os Tribunais Regionais do Trabalho e os *Juízes do Trabalho*. Já a CLT, tratando dos órgãos da Justiça do Trabalho faz referência às *Varas do Trabalho* e não a *Juízes do Trabalho* (art. 644). Diante da prevalência da Constituição sobre a CLT, órgãos da Justiça do Trabalho são os Juízes do Trabalho e não as Varas do Trabalho. São os juízes que exercem a jurisdição, compondo, então, o Poder Judiciário. Neste sentido, o art. 116 da Constituição de 1988 dispõe que, nas Varas do Trabalho, a jurisdição será exercida por um juiz singular.

De outro lado, consoante prevê o art. 668 da CLT, nas localidades não compreendidas na jurisdição das Varas do Trabalho, os Juízes de Direito atuarão como *órgãos de administração da Justiça do Trabalho*, com a jurisdição que lhes for determinada pela lei de organização judiciária local. Esta disposição legal foi recepcionada pela Constituição de 1988, que autoriza a lei a atribuir a jurisdição trabalhista aos Juízes de Direito nas comarcas onde não forem instituídas Varas do Trabalho (art. 112).

Os Juízes de Direito no exercício da jurisdição trabalhista não são órgãos da Justiça do Trabalho, mas órgãos de administração da Justiça do Trabalho, e contra as decisões que proferirem no exercício da jurisdição trabalhista cabe recurso para o Tribunal Regional do Trabalho da respectiva região (art. 112 da Constituição).

4. TRIBUNAL SUPERIOR DO TRABALHO

O Tribunal Superior do Trabalho (TST) é a instância suprema da Justiça do Trabalho (art. 690 da CLT) ou o seu órgão de cúpula (art. 1º do Regimento Interno do TST).

4.1. Composição.

O Tribunal Superior do Trabalho é composto por vinte e sete ministros, escolhidos dentre brasileiros, com mais de trinta e cinco e menos de sessenta e cinco anos de idade, de notável saber jurídico e reputação ilibada, nomeados pelo

Presidente da República, após aprovação pela maioria absoluta do Senado Federal (art. 111-A da Constituição e art. 3º do Regimento Interno do TST).

O art. 111-A da Constituição dispõe que os ministros do TST serão escolhidos dentre brasileiros. Segundo o art. 12, § 3º, IV, da Constituição, são privativos de brasileiros natos os cargos de Ministro do Supremo Tribunal Federal. Com isto, não foi recepcionado o art. 693, *a*, da CLT, segundo o qual os ministros do TST serão escolhidos entre brasileiros natos.

Dos vinte e sete Ministros do TST: a) um quinto será composto por membros do Ministério Público do Trabalho, com mais de carreira, e de advogados de notório saber jurídico e de reputação ilibada, com mais de dez anos de efetiva atividade profissional, observando-se o disposto no art. 94 da Constituição e no art. 3º do Regimento Interno do TST (estes dispositivos tratam da forma de escolha dos advogados e dos membros do Ministério Público para compor os tribunais, instituindo as denominadas *lista sêxtupla* e *lista tríplice*); b) os demais dentre juízes dos Tribunais Regionais do Trabalho, oriundos da magistratura de carreira (art. 111-A, I e II, da Constituição).

Para preenchimento de vaga de Ministro destinada aos Desembargadores do Trabalho da carreira da magistratura do trabalho, o Presidente do TST convocará o Tribunal Pleno para, em sessão pública, escolher, pelo voto secreto e em escrutínios sucessivos, dentre os Desembargadores do Trabalho da carreira da magistratura do trabalho, os nomes para a formação da *lista tríplice* a ser encaminhada ao Presidente da República (art. 4º do Regimento Interno do TST).

O Presidente do TST, ocorrendo vaga destinada a membro do Ministério Público do Trabalho e a advogado, dará imediata ciência à Procuradoria-Geral do Trabalho e ao Conselho Federal da Ordem dos Advogados do Brasil, respectivamente, para formação e encaminhamento de *lista sêxtupla* ao TST, que escolherá, dentre os nomes que a compõem, os nomes que integrarão a *lista tríplice* a ser encaminhada ao Presidente da República (arts. 94 e 111-A, I, da Constituição e arts. 5º e 6º do Regimento Interno do TST).

Os Ministros do TST são vitalícios a partir da posse (art. 22 da Lei Complementar n. 35/79).

4.2. Órgãos.

Consoante os arts. 64 e 65 do seu Regimento Interno e o art. 1º da Lei n. 7.701/88, são órgãos do TST: Tribunal Pleno; Órgão Especial; Seção Especializada em Dissídios Coletivos (SDC); Seção Especializada em Dissídios Individuais (SDI), que é dividida em duas subseções (SDI-I e SDI-2); Turmas.

São órgãos que funcionam junto ao TST: Escola Nacional de Formação e Aperfeiçoamento de Magistrados do Trabalho (ENAMAT); Conselho Superior da Justiça do Trabalho (CSJT); Centro de Formação e Aperfeiçoamento de Assessores e Servidores do TST; ouvidoria (art. 64, parágrafo único, do Regimento Interno do TST).

4.3. Funcionamento.

O TST funciona em sua composição plena ou dividido em órgão especial, seções, subseções especializadas e turmas (art. 64 do Regimento Interno do TST).

Ao TST, compete, privativamente, elaborar seu Regimentos Interno, no qual deverá dispor sobre a competência e o funcionamento dos respectivos órgãos jurisdicionais e administrativos (art. 96, I, *a*, da Constituição da República).

4.4. Jurisdição do Tribunal e competência de seus órgãos.

O TST tem sede em Brasília e jurisdição em todo o território nacional (art. 92, §§ 1º e 2º, da Constituição da República e art. 1º do Regimento Interno do TST).

Consoante estabelece o art. 74 do seu Regimento Interno, ao TST compete processar, conciliar e julgar, na forma da lei, em grau originário ou recursal ordinário ou extraordinário, as demandas individuais e os dissídios coletivos que excedam a jurisdição dos Tribunais Regionais, os conflitos de direito sindical, assim como outras controvérsias decorrentes de relação de trabalho, e os litígios relativos ao cumprimento de suas próprias decisões, de laudos arbitrais e de convenções e acordos coletivos de trabalho.

O Regimento Interno do TST define, nos arts. 75 a 79, a competência dos seus órgãos, dele resultando, por exemplo, que:

1) ao Tribunal Pleno compete, por exemplo: opinar sobre propostas de alterações da legislação trabalhista, inclusive processual, quando entender que deve manifestar-se oficialmente; estabelecer ou alterar súmulas e outros enunciados de jurisprudência predominante; decidir sobre a declaração de inconstitucionalidade de lei ou ato normativo do Poder Público, quando aprovada a arguição pelas sessões especializadas ou turmas; processar e julgar as reclamações destinadas à preservação de sua competência e à garantia da autoridade de suas decisões e à observância obrigatória de tese jurídica firmada em decisão com eficácia de precedente judicial de cumprimento obrigatório, por ele proferido;

2) à Seção Especializada em Dissídios Coletivos (SDC), compete, por exemplo, *originariamente*: julgar os dissídios coletivos de natureza econômica e jurídica, de sua competência, ou rever suas próprias sentenças normativas, nos casos previstos em lei; julgar as ações anulatórias de acordos e convenções coletivas; julgar as ações rescisórias propostas contra suas sentenças normativas; *em última instância*, julgar: os recursos ordinários interpostos contra as decisões proferidas pelos Tribunais Regionais do Trabalho em dissídios coletivos de natureza econômica

ou jurídica; os recursos ordinários interpostos contra decisões proferidas pelos Tribunais Regionais do Trabalho em ações rescisórias, reclamações e mandados de segurança pertinentes a dissídios coletivos e em ações anulatórias de acordos e convenções coletivas; os embargos infringentes interpostos contra decisão não unânime proferida em processo de dissídio coletivo de sua competência originária, salvo se a decisão embargada estiver em consonância com precedente normativo do Tribunal Superior do Trabalho, ou com Súmula de sua jurisprudência predominante;

3) à Seção Especializada em Dissídios Individuais compete, por exemplo: em *composição plena*, julgar os processos nos quais tenha sido estabelecida, na votação, divergência entre as Subseções I e II da Seção Especializada em Dissídios Individuais, quanto à aplicação de dispositivo de lei federal ou da Constituição da República.

A Seção Especializada em Dissídios Individuais também atua subdividida em Subseção I e II.

Compete à Subseção I julgar, por exemplo, os embargos interpostos contra decisões divergentes das Turmas, ou destas que divirjam de decisão da Seção de Dissídios Individuais, de súmula ou orientação jurisprudencial, ao passo que à Subseção II, compete, por exemplo, julgar: a) *originariamente*: as ações rescisórias propostas contra as suas decisões, as decisões da Subseção I e as das Turmas do Tribunal; b) *em única instância*, julgar: os agravos internos interpostos contra decisão monocrática em processos de sua competência originária; os conflitos de competência entre Tribunais Regionais e os que envolvam Desembargadores dos Tribunais de Justiça, quando investidos da jurisdição trabalhista, e juízes do trabalho em processos de dissídios individuais; c) *em última instância*: os recursos ordinários interpostos contra decisões dos Tribunais Regionais em processos de dissídio individual de sua competência originária; os agravos de instrumento interpostos contra despacho denegatório de recurso ordinário em processos de sua competência;

4) compete a cada uma das Turmas julgar, por exemplo: os recursos de revista interpostos contra decisão dos Tribunais Regionais do Trabalho, nos casos previstos em lei; os agravos de instrumento das decisões de Presidente de Tribunal Regional que denegarem seguimento a recurso de revista.

4.5. Cargos de direção do Tribunal. Atribuições do Presidente, Vice-Presidente e Corregedor-Geral da Justiça do Trabalho.

A Presidência, a Vice-Presidência e a Corregedoria-Geral da Justiça do Trabalho são cargos de direção do TST, preenchidos na forma estabelecida seu regimento interno (art. 30 do Regimento Interno do TST).

As atribuições do Presidente, do Vice-Presidente e do Corregedor-Geral da Justiça do Trabalho são definidas nos arts. 41 a 47 do Regimento Interno do TST.

4.6. Uniformização da jurisprudência do TST.

A uniformização da jurisprudência do TST é regida pelos arts. 702, I, alínea *f*, 896-B e 896-C da CLT, pelos preceitos do seu Regimento Interno e, no que couber, pelos arts. 926 a 928, 947, 976 a 987 e 1.036 a 1.041 do CPC (art. 169 do Regimento Interno do TST).

A jurisprudência predominante do TST é consubstanciada em súmulas, orientações jurisprudenciais, precedentes normativos ou teses jurídicas formadas nos incidentes de recursos repetitivos, de assunção de competência e de resolução de demandas repetitivas (arts. 169 a 182 do Regimento Interno), observando-se que as orientações jurisprudenciais e os precedentes normativos expressarão a jurisprudência prevalecente das respectivas subseções (art. 182 do Regimento Interno).[6]

A Lei n. 13.467/17, além de, em vários momentos, destruir a jurisprudência já pacificada pelo TST,[7] limitou, ao conferir nova redação ao art. 702, I, *f*, da CLT, a possibilidade de o Tribunal Superior do Trabalho estabelecer ou alterar súmulas e outros enunciados de jurisprudência uniforme, na perspectiva, que se infere do art. 8º, § 2º, de que súmulas e outros enunciados de jurisprudência editadas pelo TST estariam restringindo direitos legalmente previstos e criando obrigações que não previstas em lei.

Com efeito, de acordo com o art. 702, I, *f*, da CLT, compete ao Tribunal Pleno estabelecer ou alterar súmulas e outros enunciados de jurisprudência uniforme, pelo voto de menos dois terços dos seus membros, caso a mesma matéria já tenha sido decidida de forma idêntica por unanimidade em, no mínimo, dois terços das turmas em pelo menos dez sessões diferentes em cada uma delas, podendo, ainda, por maioria de dois terços de seus membros, restringir os efeitos daquela declaração ou decidir que ela só tenha eficácia a partir da publicação em Diário Oficial. Trata-se, inclusive, de norma que afronta o disposto nos arts. 92 e 96, I, da Constituição, que assegura a autonomia dos tribunais, o que alcança a definição das regras a serem observadas na fixação edição de súmula e outros enunciados de jurisprudência uniforme, além, ainda, de se colocar na contramão da posição adotada pelo CPC, que impõe aos tribunais o dever de uniformizar sua jurisprudência e mantê-la estável,

---

6. O Regimento Interno do TST trata do incidente de recursos repetitivos (arts. 280 a 297), do incidente de assunção de competência (art. 298) e do incidente de demandas repetitivas (arts. 305 a 307).

7. Neste sentido, por exemplo, ao interpretar o art. 461 da CLT, o TST firmou o entendimento de que o conceito de *mesma localidade*, para efeito de equiparação salarial, "refere-se, em princípio, ao mesmo município, ou a municípios distintos que, comprovadamente, pertençam à mesma região metropolitana" (Súmula n. 6, item X), mas a lei em destaque conferiu nova redação ao art. 461, que passa a dispor que a equiparação salarial pressupõe trabalho igual prestado no mesmo *estabelecimento empresarial*, isto, aliás, em total descompasso com o art. 460 da CLT, que manda considerar, para a fixação de salário na hipótese de não ter sido ele estipulado ou de ausência de prova da importância ajustada, a importância paga a trabalhador que na mesma *localidade* fizer serviço equivalente ou a que for habitualmente paga por serviço semelhante. Diante desta discrepância, incide na hipótese o princípio *in dubio pro operario*, ou seja, em ambos os casos (arts. 460 e 461 da CLT) o parâmetro salarial deve ser aferido por localidade e não por estabelecimento.

íntegra e coerente (art. 926), com a ressalva de que, por força destas restrições, às turmas é que caberá, precipuamente, definir a jurisprudência no âmbito do TST, na medida em que a súmulas e outros enunciados da jurisprudência uniforme serão estabelecidos a partir da jurisprudência firmada pelas turmas.

Estas restrições foram estendidas aos Tribunais Regionais do Trabalho, visto que, de acordo com o art. 702, § 4º, da CLT, "O estabelecimento ou a alteração de súmulas ou enunciados de jurisprudência pelos Tribunais Regionais do Trabalho deverão observar o disposto na alínea *f* do inciso I e no § 3º deste artigo, com rol equivalente de legitimados para sustentação oral, observando a abrangência de sua circunscrição judiciária".

Ainda consoante o art. 702, § 3º, da CLT, "As sessões de julgamento sobre estabelecimento ou alteração de súmulas e outros enunciados de jurisprudência deverão ser públicas, divulgadas com, no mínimo, trinta dias de antecedência, e deverão possibilitar a sustentação oral pelo Procurador-Geral do Trabalho, pelo Conselho Federal da Ordem dos Advogados do Brasil, pela Advocacia-Geral da União e por confederações sindicais ou entidades de classe de âmbito nacional".

5. TRIBUNAIS REGIONAIS DO TRABALHO

Os Tribunais Regionais do Trabalho correspondem à segunda instância da Justiça do Trabalho.

5.1. Número e competência em matéria administrativa.

Cabe à Lei Complementar resolver sobre o número de Tribunais Regionais do Trabalho, sua sede e jurisdição, por força do que dispõe o art. 12 da Lei Complementar n. 35/79,[8] com a ressalva de que os Tribunais Regionais do Trabalho devem ser compostos por, no mínimo, sete desembargadores (art. 115, *caput*, da Constituição) e que o número de desembargadores na unidade jurisdicional deve ser proporcional à efetiva demanda judicial e à respectiva população (art. 93, XIII, da Constituição).

Aos Tribunais Regionais do Trabalho compete, como prevê o art. 96, I, *a f*, da Constituição, privativamente: a) eleger seus órgãos diretivos e elaborar seus regimentos internos, dispondo sobre a competência, composição e forma de funcionamento dos respectivos órgãos jurisdicionais e administrativos; b) organizar suas secretarias e serviços auxiliares e os dos juízos que lhes forem vinculados, velando pelo exercício da atividade correicional respectiva; c) prover, na forma prevista na Constituição, os cargos de juiz de carreira da respectiva jurisdição;

8. Em regra, cada Estado conta com um TRT. Contudo, o Estado de São Paulo, em razão de seu movimento judiciário, conta com dois Tribunais Regionais do Trabalho (TRT da 2ª Região e TRT da 15ª Região).

d) propor a criação de novas varas judiciárias; e) prover, por concurso público de provas, ou provas e títulos, obedecido ao disposto no art. 169 da Constituição, os cargos necessários à administração da Justiça, exceto os de confiança, assim definidos em lei; f) conceder licença, férias e outros afastamentos a seus membros e aos juízes e servidores que lhes forem imediatamente vinculados.

Compete ao Tribunal Regional do Trabalho, no âmbito de sua Região, mediante ato próprio, alterar e estabelecer a jurisdição das Varas do Trabalho, bem como transferir-lhes a sede de um Município para outro, de acordo com a necessidade de agilização da prestação jurisdicional (art. 28 da Lei n. 10.770/03).

5.2. Composição. Promoção de juízes para compor os Tribunais Regionais do Trabalho.

Os Tribunais Regionais do Trabalho compõem-se, de acordo com o art. 115 da Constituição, de, no mínimo, sete juízes, recrutados, quando possível, na respectiva região, e nomeados pelo Presidente da República dentre brasileiros com mais de trinta e menos de sessenta e cinco anos de idade, sendo: 1) um quinto dentre advogados com mais de dez anos de efetiva atividade profissional e membros do Ministério Público do Trabalho com mais de dez anos de efetivo exercício, observado o disposto no art. 94 da Constituição;[9] 2) os demais, mediante promoção de juízes do trabalho, por antiguidade e merecimento, alternadamente.

A promoção de juízes do trabalho para os Tribunais Regionais do Trabalho é realizada na forma estabelecida no art. 93, II, da Constituição Federal, segundo o qual: a) é obrigatória a promoção do juiz que figure por três vezes consecutivas ou cinco alternadas em lista de merecimento; b) aferição do merecimento conforme o desempenho e pelos critérios objetivos de produtividade e de presteza no exercício da jurisdição e pela frequência e aproveitamento em cursos oficiais ou reconhecidos de aperfeiçoamento; c) na apuração de antiguidade, o tribunal somente poderá recusar o juiz mais antigo pelo voto de dois terços de seus membros, conforme procedimento próprio, assegurada ampla defesa, repetindo-se a votação até fixar-se a indicação; d) não será promovido o juiz que, injustificadamente, retiver autos em seu poder além do prazo legal, não podendo devolvê-los ao cartório sem o devido despacho ou decisão.

A Resolução n. 106, de 6.4.2010, do Conselho Nacional de Justiça dispõe sobre a aferição do merecimento para promoção de magistrados e acesso aos Tribunais de 2º grau, estabelecendo, por exemplo, que:

1) são condições para concorrer à promoção e ao acesso aos tribunais de 2º grau, por merecimento: I – contar o juiz com no mínimo 2 (dois) anos de efetivo

9. A seção estadual da OAB e a Procuradoria Regional do Trabalho, para efeito de preenchimento de vagas nos Tribunais Regionais do Trabalho, organizam listas contendo seis nomes (lista sêxtupla), dentre os quais o Tribunal escolherá três (lista tríplice), que submeterá ao Presidente da República.

exercício, devidamente comprovados, no cargo ou entrância; II – figurar na primeira quinta parte da lista de antiguidade aprovada pelo respectivo Tribunal; III – não retenção injustificada de autos além do prazo legal; IV – não haver o juiz sido punido, nos últimos doze meses, em processo disciplinar, com pena igual ou superior à de censura, observando-se que, não havendo na primeira quinta parte quem tenha os 2 (dois) anos de efetivo exercício ou aceite o lugar vago, poderão concorrer à vaga os magistrados que integram a segunda quinta parte da lista de antiguidade e que atendam aos demais pressupostos, e assim sucessivamente, que a quinta parte da lista de antiguidade deve sofrer arredondamento para o número inteiro superior, caso fracionário o resultado da aplicação do percentual, e que, se algum integrante da quinta parte não manifestar interesse, apenas participam os demais integrantes dela, não sendo admissível sua recomposição;

2) na votação, os membros votantes do Tribunal deverão declarar os fundamentos de sua convicção, com menção individualizada aos critérios utilizados na escolha relativos a: I – desempenho (aspecto qualitativo da prestação jurisdicional); II – produtividade (aspecto quantitativo da prestação jurisdicional); III – presteza no exercício das funções; IV – aperfeiçoamento técnico; V – adequação da conduta ao Código de Ética da Magistratura Nacional;

3) na avaliação da qualidade das decisões proferidas serão levados em consideração: a) a redação; b) a clareza; c) a objetividade; d) a pertinência de doutrina e jurisprudência, quando citadas; e) o respeito às súmulas do Supremo Tribunal Federal e dos Tribunais Superiores;[10]

4) na avaliação da produtividade serão considerados os atos praticados pelo magistrado no exercício profissional, levando-se em conta, por exemplo, os seguintes parâmetros: I – Estrutura de trabalho, tais como: a) compartilhamento das atividades na unidade jurisdicional com outro magistrado (titular, substituto ou auxiliar); b) acervo e fluxo processual existente na unidade jurisdicional; c) cumulação de atividades; d) competência e tipo do juízo; e) estrutura de funcionamento da vara (recursos humanos, tecnologia, instalações físicas, recursos materiais); II – Volume de produção, mensurado pelo: a) número de audiências realizadas; b) número de conciliações realizadas;[11] c) número de decisões interlocutórias proferidas; d) número de sentenças proferidas, por classe processual e com priorização dos processos mais antigos; e) número de acórdãos e decisões proferidas em substituição ou auxílio no 2º grau; f) o tempo médio do processo na Vara;

7) a presteza deve ser avaliada nos seguintes aspectos:

I – dedicação, definida a partir de ações como, por exemplo: a) assiduidade ao expediente forense; b) pontualidade nas audiências e sessões; c)

---

10. Esta exigência estabelece e reforça a denominada *disciplina judiciária*.

11. Com isto, a promoção é vinculada à capacidade do juiz de influenciar as partes visando à celebração de acordos.

medidas efetivas de incentivo à conciliação em qualquer fase do processo; d) inovações procedimentais e tecnológicas para incremento da prestação jurisdicional; e) alinhamento com as metas do Poder Judiciário, traçadas sob a coordenação do Conselho Nacional de Justiça;

II – celeridade na prestação jurisdicional, considerando-se, por exemplo: a) a observância dos prazos processuais, computando-se o número de processos com prazo vencido e os atrasos injustificáveis; b) o tempo médio para a prática de atos; c) o tempo médio de duração do processo na vara, desde a distribuição até a sentença; d) o tempo médio de duração do processo na vara, desde a sentença até o arquivamento definitivo, desconsiderando-se, nesse caso, o tempo em que o processo esteve em grau de recurso ou suspenso.

Ainda consoante Resolução n. 106, de 6.4.2010, do Conselho Nacional de Justiça:

1 – na avaliação do aperfeiçoamento técnico serão considerados, por exemplo: I – a frequência e o aproveitamento em cursos oficiais ou reconhecidos pelas Escolas Nacionais respectivas, observados os cursos e eventos oferecidos em igualdade a todos os magistrados pelos Tribunais e Conselhos do Poder Judiciário, pelas Escolas dos Tribunais, diretamente ou mediante convênio. II – os diplomas, títulos ou certificados de conclusão de cursos jurídicos ou de áreas afins e relacionados com as competências profissionais da magistratura, realizados após o ingresso na carreira. III – ministração de aulas em palestras e cursos promovidos pelos Tribunais ou Conselhos do Poder Judiciário, pelas Escolas da Magistratura ou pelas instituições de ensino conveniadas ao Poder Judiciário;

2 – as atividades exercidas por magistrados na direção, coordenação, assessoria e docência em cursos de formação de magistrados nas Escolas Nacionais ou dos Tribunais são consideradas serviço público relevante e, para o efeito do presente artigo, computadas como tempo de formação pelo total de horas efetivamente comprovadas;

3 – na avaliação do merecimento não serão utilizados critérios que venham atentar contra a independência funcional e a liberdade de convencimento do magistrado, tais como índices de reforma de decisões, observando que a disciplina judiciária do magistrado, aplicando a jurisprudência sumulada do Supremo Tribunal Federal e dos Tribunais Superiores, com registro de eventual ressalva de entendimento, constitui elemento a ser valorizado para efeito de merecimento, nos termos do princípio da responsabilidade institucional, insculpido no Código Ibero-Americano de Ética Judicial (2006).[12]

Os juízes dos Tribunais Regionais do Trabalho são vitalícios a partir da posse (art. 22, I, *d*, da Lei Complementar n. 35/79).

---

12. O acatamento de Súmulas, portanto, passa a ser critério de apuração do merecimento.

Os Tribunais Regionais do Trabalho, nos respectivos regimentos internos, disporão sobre a substituição de seus juízes (art. 118 da Lei Complementar n. 35/75).

5.3. Funcionamento.

Os Tribunais Regionais do Trabalho compõem-se de, no mínimo, sete juízes (art. 115, *caput*, da Constituição), devendo o número de juízes na unidade jurisdicional ser proporcional à efetiva demanda judicial e à respectiva população (art. 93, XIII, da Constituição).

A forma de funcionamento dos Tribunais Regionais depende do número de juízes que o compõem:

a) os Tribunais Regionais do Trabalho compostos por sete ou oito juízes funcionam apenas em sua composição plena, deliberando com a presença, além do Presidente, da metade mais um do número de seus juízes (art. 672 da CLT);

b) os Tribunais Regionais do Trabalho compostos por doze ou mais juízes funcionam em composição plena ou divididos em Turmas;

c) nos Tribunais Regionais do Trabalho com número superior a vinte e cinco julgadores poderá ser constituído órgão especial, com o mínimo de onze e o máximo de vinte e cinco membros, para o exercício das atribuições administrativas e jurisdicionais da competência do tribunal pleno, provendo-se a metade das vagas por antiguidade e, a outra metade, por eleição pelo tribunal pleno (art. 93, XI, da Constituição Federal);

d) os Tribunais Regionais do Trabalho compostos por quatro ou mais Turmas serão obrigatoriamente divididos em Grupos de Turmas (seções especializadas), tendo estes a competência atribuída ao Tribunal Pleno, excluída a apreciação de matéria de natureza administrativa, que continuará reservada ao Tribunal Pleno. O Presidente do Grupo de Turma será um dos seus membros efetivos, eleito entre seus pares, na forma do que dispõe a Lei Orgânica da Magistratura Nacional e o Regimento Interno do Tribunal respectivo. Os Grupos de Turma funcionarão com a presença de, no mínimo, a metade mais um do número de juízes que os compõem (art. 4º da Lei n. 7.119/83);

e) os Tribunais Regionais do Trabalho que funcionarem divididos em Grupos de Turmas deverão promover a especialização de um deles com a competência exclusivamente para a conciliação e o julgamento de dissídios coletivos (art. 6º da Lei n. 7.701/88).[13] O regimento interno do Tribunal disporá sobre a constituição e o funcionamento do Grupo Normativo e dos demais Grupos de Turmas (art. 6º, parágrafo único, da Lei n. 7.701/88).

---

13. Grupo Normativo ou Seção Especializada em Dissídios Coletivos.

As Turmas somente poderão deliberar com a presença de pelo menos três juízes (art. 672, § 1º, da CLT).

As decisões dos Tribunais Regionais do Trabalho serão tomadas pelo voto da maioria dos juízes presentes, ressalvada, no Tribunal Pleno, a hipótese de declaração de inconstitucionalidade de lei ou ato do poder público (art. 672, § 2º, da CLT), na medida em que somente pelo voto da maioria absoluta de seus membros ou dos membros do respectivo órgão especial poderão os tribunais declarar a inconstitucionalidade de lei ou ato normativo do poder público (art. 97 da Constituição Federal).

O Presidente do Tribunal Regional do Trabalho, excetuada a hipótese de declaração de inconstitucionalidade de lei ou ato do poder público, somente terá voto de desempate. Nas sessões administrativas, o Presidente votará como os demais juízes, cabendo-lhe o voto de qualidade (art. 672, § 3º, da CLT).

No julgamento de recursos contra a decisão ou despacho do Presidente, do Vice-Presidente ou do Relator, ocorrendo empate, prevalecerá a decisão ou despacho recorrido (art. 672, § 4º, da CLT).

O regimento interno dos Tribunais Regionais do Trabalho deverá dispor sobre a ordem das sessões (art. 673 da CLT) e a Súmula da respectiva jurisprudência predominante (art. 14 da Lei n. 7.701/88), lembrando que o art. 702 da CLT, com a redação que lhe conferiu a Lei n. 13.467/17, restringiu a possibilidade de os tribunais trabalhistas estabelecer ou alterar súmulas e outros enunciados de jurisprudência uniforme, como foi visto quando tratamos desta questão no contexto do TST.

Os Tribunais Regionais do Trabalho instalarão a *justiça itinerante*, com a realização de audiências e demais funções de atividade jurisdicional nos limites do território da respectiva jurisdição, servindo-se de equipamentos públicos e comunitários (art. 115, § 1º, da Constituição), e poderão funcionar descentralizadamente, constituindo *câmaras regionais*, a fim de assegurar o pleno acesso do jurisdicionado à justiça em todas as fases do processo (art. 115, § 2º, da Constituição).

5.4. Jurisdição e competência jurisdicional.

Para efeito da fixação da jurisdição dos Tribunais Regionais do Trabalho, o território nacional é dividido em *24 regiões*: 1ª Região — Rio de Janeiro; 2ª Região — São Paulo; 3ª Região — Minas Gerais; 4ª Região — Rio Grande do Sul; 5ª Região — Bahia; 6ª Região — Pernambuco; 7ª Região — Ceará; 8ª Região — Pará e Amapá; 9ª Região — Paraná; 10ª Região — Distrito Federal e Tocantins; 11ª Região — Amazonas e Roraima; 12ª Região — Santa Catarina; 13ª Região — Paraíba; 14ª Região — Rondônia e Acre; 15ª Região — São Paulo (área não abrangida pela jurisdição da 2ª Região); 16ª Região — Maranhão; 17ª Região — Espírito Santo; 18ª Região — Goiás; 19ª Região — Alagoas; 20ª Região — Sergipe; 21ª

Região — Rio Grande do Norte; 22ª Região — Piauí; 23ª Região — Mato Grosso; 24ª Região — Mato Grosso do Sul (art. 674 da CLT).

A sede dos Tribunais Regionais do Trabalho é fixada no art. 674, parágrafo único, da CLT.

Embora o art. 676 da CLT disponha que o número de regiões, a jurisdição e a categoria dos Tribunais Regionais podem ser alterados pelo Presidente da República, essa competência foi reservada à lei pelo art. 113 da Constituição. O art. 676 da CLT, portanto, não foi recepcionado pela Constituição de 1988, com a qual não se harmoniza.

Os Tribunais Regionais do Trabalho têm a organização e a competência definidas na Constituição, na lei e no seu regimento interno (art. 15 da Lei Complementar n. 35/79).

Consoante prevê o art. 677 da CLT, a *competência territorial* dos Tribunais Regionais é determinada: a) nos dissídios individuais, na forma indicada no art. 651 e seus parágrafos (textos legais que serão examinados mais adiante, quando for estudada a competência territorial das Varas do Trabalho); b) nos dissídios coletivos, pelo local onde este ocorrer.

Aos Tribunais Regionais, quando divididos em Turmas, compete, nos termos do art. 678 da CLT:

> I – ao *Tribunal Pleno*, especialmente: a) processar, conciliar e julgar *originalmente* os dissídios coletivos; b) processar e julgar *originalmente*: as revisões de sentenças normativas; a extensão das decisões proferidas em dissídios coletivos; os mandados de segurança; c) processar e julgar *em última instância*: os recursos das multas impostas pelas Turmas; as ações rescisórias das decisões das Varas do Trabalho, dos Juízes de Direito investidos na jurisdição trabalhista, das Turmas e de seus próprios acórdãos; os conflitos de jurisdição entre as suas Turmas, os juízes de direito investidos na jurisdição trabalhista, as Varas do Trabalho ou entre aqueles e estas; d) julgar *em única* ou *última instância*: os processos e os recursos de natureza administrativa atinentes aos seus serviços auxiliares e respectivos servidores; as reclamações contra atos administrativos de seu Presidente ou de qualquer de seus membros, assim como dos juízes de Varas do Trabalho e dos funcionários destas;
>
> II – às Turmas: a) julgar os recursos ordinários das decisões definitivas das Varas e dos Juízes de Direito investidos na jurisdição trabalhista e os agravos de petição e de instrumento, estes de decisões denegatórias de recursos de sua alçada; b) impor multas e demais penalidades relativas a atos de sua competência jurisdicional e julgar os recursos interpostos das decisões das Varas e dos Juízes de Direito investidos na jurisdição trabalhista que as impuserem.

Das decisões das Turmas não caberá recurso para o Tribunal Pleno, exceto no caso das multas por elas impostas (art. 678, parágrafo único, da CLT).

Aos Tribunais Regionais do Trabalho não divididos em Turmas compete o julgamento das matérias a que se refere o art. 678 da CLT, exceto os recursos das multas impostas pelas Turmas e os conflitos de competência entre Turmas (art. 679 da CLT).

O Pleno, as Turmas e as Seções Especializadas ou os Grupos de Turmas julgam as exceções de suspeição opostas contra os seus membros (art. 680 da CLT).

Aos Tribunais Regionais, ou às suas Turmas, compete: a) determinar às Varas e aos Juízes de Direito investidos da jurisdição trabalhista a realização dos atos processuais e diligências necessárias ao julgamento dos feitos sob sua apreciação; b) fiscalizar o cumprimento de suas próprias decisões; c) declarar a nulidade dos atos praticados com infração às suas decisões; d) julgar as exceções de incompetência que lhes forem opostas; e) requisitar às autoridades competentes as diligências necessárias ao esclarecimento dos feitos sob apreciação, representando contra aquelas que não atenderem a tais requisições; f) exercer, em geral, no interesse da Justiça do Trabalho, as demais atribuições que decorram de sua jurisdição (art. 680 da CLT).

5.5. Presidente, Vice-Presidente, Corregedor e Vice-Corregedor.

O Tribunal Regional do Trabalho elegerá, dentre os seus juízes, o Presidente, o Vice-Presidente, o Corregedor, o Vice-Corregedor e os Presidentes das Turmas, onde as houver (arts. 96, I, *a*, da Constituição Federal e 670, § 7º, da CLT). Da eleição participarão somente os membros efetivos do Tribunal. A eleição, para mandato de dois anos, deve recair sobre os juízes mais antigos, sendo proibida a reeleição (art. 102 da Lei Complementar n. 35/79).

Compete privativamente aos presidentes dos Tribunais Regionais do Trabalho, além das atribuições que forem conferidas na CLT e das decorrentes do seu cargo, por exemplo: dar posse aos presidentes de Varas, aos Juízes Substitutos e funcionários do próprio Tribunal e a eles conceder férias e licenças; presidir as sessões do Tribunal; presidir as audiências de conciliações nos dissídios coletivos; executar suas próprias decisões e as proferidas pelo Tribunal; despachar os recursos interpostos pelas partes; requisitar às autoridades competentes, nos casos de dissídio coletivo, a força necessária, sempre que houver ameaça de perturbação da ordem (art. 682 da CLT).

O Presidente do Tribunal, de comum acordo com o Vice-Presidente, poderá delegar-lhe atribuições (art. 125 da Lei Complementar n. 35/79).

São cargos de direção dos Tribunais Regionais do Trabalho o de Presidente e o de Corregedor (arts. 94 e 102 da Lei Complementar n. 35/79).

6. VARAS DO TRABALHO

As Varas do Trabalho compõem a primeira instância da Justiça do Trabalho.

6.1. Composição. Princípio da identidade física do juiz.

As Varas do Trabalho são criadas por lei e nelas a jurisdição será exercida por um juiz singular (arts. 112 e 116 da Constituição), que será seu presidente (art. 647, *a*, da CLT).[14]

Quando ainda existia a representação classista na Justiça do Trabalho, discutia-se sobre a aplicação, no processo do trabalho, do princípio da identidade física do juiz. Segundo esse princípio, que era consagrado no art. 132 do CPC de 1973, o juiz que concluir a audiência na qual for colhida prova oral deveria julgar a lide, salvo se for transferido, promovido, aposentado ou afastado por qualquer motivo.[15]

No TST, prevalecia o entendimento de que o princípio da identidade física do juiz não era aplicável às Juntas de Conciliação e Julgamento (Súmula n. 136 do TST). Substituídas as Juntas de Conciliação e Julgamento pelas Varas do Trabalho, o TST atualizou a redação da Súmula n. 136, afirmando a inaplicabilidade do citado princípio às Varas do Trabalho. No entanto, em setembro de 2012 o TST, revendo a sua jurisprudência dominante, cancelou a citada Súmula, indicando que é aplicável no processo do trabalho o princípio da identidade física do juiz.

O Direito Processual do Trabalho procura estabelecer um real diálogo entre as partes e entre estas e o juiz e, para que esse diálogo produza o resultado que se pretende – conduzir à verdade e à realização da justiça –, é imperioso que julgue o dissídio o juiz que colheu a prova em audiência (o juiz julgará de acordo com as suas próprias percepções e não com esteio em percepções de um terceiro). O CPC de 1973 consagrava expressamente este princípio, como se vê do seu art. 132, em disposição que não foi repetida no CPC de 2015, o que, no entanto, não afeta o processo do trabalho, no qual a estrutura do procedimento, marcado pelo predomínio da fala e concentração dos atos em audiência, acaba conduzindo à realização do julgamento pelo juiz que instrui a causa. Tal fato não impede, contudo, que a demanda seja julgada por juiz distinto daquele que instruiu o processo, como se dá, por exemplo, quando o juiz que instruiu se aposentada ou entra em gozo de licença médica, como era prevista no CPC de 1973.

---

14. O art. 647 da CLT, na parte em que se refere a juízes classistas, foi revogado, diante da extinção da representação classista na Justiça do Trabalho.
15. Incluído o afastamento para gozo de férias.

6.2. Jurisdição e competência.

6.2.1. Jurisdição.

A jurisdição da Vara do Trabalho abrange todo o território da Comarca em que tem sede (art. 650 da CLT), competindo ao Tribunal Regional do Trabalho, no âmbito de sua Região, alterar e estabelecer a jurisdição das Varas do Trabalho, bem como transferir-lhes a sede de um Município para outro, de acordo com a necessidade de agilização da prestação jurisdicional trabalhista (art. 28 da Lei n. 10.770/03).

6.2.2. Competência em razão do lugar ou territorial.

Ao definir a competência das Varas do Trabalho em razão do lugar, a CLT estabelece uma *regra geral* (art. 651, *caput*) e *três exceções* para esta regra (art. 651, §§ 1º a 3º).

Neste sentido:

a) a competência das Varas do Trabalho em razão do lugar é determinada pela localidade onde o trabalhador, reclamante ou reclamado, prestar serviços ao tomador de seus serviços, ainda que tenha sido contratado noutro local ou no estrangeiro (art. 651, *caput*, da CLT).[16]

Assim, o *caput* do art. 651 da CLT define como *foro geral* para as demandas trabalhistas a Vara do Trabalho do local da prestação de serviços, ainda que a contratação do trabalhador tenha ocorrido em outro local, mesmo no estrangeiro.[17] Essa regra aplica-se à demanda proposta pelo trabalhador e à demanda contra ele proposta, vez que o art. 651, *caput*, da CLT estabelece regra em favor do *trabalhador*, seja ele autor (reclamante) ou réu (reclamado) na demanda;

---

16. O art. 651 da CLT também deve ser utilizado como parâmetro na fixação da competência para as ações oriundas da relação de trabalho não subordinado, atribuindo aos prestadores de serviços não subordinados as vantagens estabelecidas em lei em favor do empregado, para facilitar o seu acesso à justiça.

17. Como prevê o art. 435 do Código Civil, "Reputar-se-á celebrado o contrato no lugar em que foi proposto", ao passo que, para o caso de dúvida sobre o local em que o contrato foi proposto, dispõe o art. 9º, § 2º, da Lei de Introdução às Normas do Direito Brasileiro que as obrigações resultantes do contrato reputar-se-ão constituídas no lugar em que residir o proponente. Aplicada esta norma no processo do trabalho, mas atendendo ao princípio da facilitação do acesso à justiça, tem-se que, havendo dúvida sobre o local em que o contrato foi proposto, as obrigações dele resultantes reputar-se-ão constituídas no lugar em que residir o trabalhador, em especial no caso de oferta de emprego por meio da imprensa escrita, vez que é pouco provável que o trabalhador, notadamente quando desempregado, deixe o local de sua residência para se dirigir local dela distante sem um mínimo de segurança em relação à sua contratação. Acrescente-se que direito processual civil estabelece que, no caso de ações pessoais, a demanda deverá ser proposta, como regra, no foro do domicílio do demandado, o que implica tentativa de facilitar o acesso à justiça do demandado, ao passo que, no direito processual do trabalho, o que se persegue é facilitar o acesso do trabalhador à justiça, o que autoriza afirmar que, havendo dúvida sobre o local em que o contrato foi proposto, considera-se como tal o do domicílio do trabalhador, o que, inclusive, está em sintonia com o direito processual civil, que estabelece regra especial quando se trata de demanda que envolve crédito de natureza alimentar, posto que, segundo o art. 53, II, do CPC, é competente para a ação em que se podem alimentos o foro do domicílio do seu autor.

b) quando for parte no dissídio agente ou viajante comercial (art. 651, § 1º, da CLT): a) a competência será da Vara do Trabalho da localidade em que a empresa tenha agência ou filial à qual esteja vinculado o trabalhador; b) não estando o trabalhador vinculada a uma agência ou filial da empresa, competente será a Vara da localidade em que tenha domicílio ou da localidade mais próxima de seu domicílio.

Portanto, foi levada em conta, para estabelecer essa primeira exceção à regra geral fixada pelo *caput* do art. 651 da CLT, a *natureza das funções do trabalhador*;

c) a competência das Varas do Trabalho estende-se aos dissídios ocorridos em agência ou filial no estrangeiro, desde que o trabalhador seja brasileiro e não haja convenção internacional dispondo em contrário (art. 651, § 2º, da CLT).

A Justiça do Trabalho foi autorizada, portanto, a julgar demanda envolvendo fatos ocorridos no estrangeiro, desde que: a) se trate de contratação de brasileiro (nato ou naturalizado) por empresa que tenha agência, filial ou sucursal no Brasil (a expressão "dissídios ocorridos em agência ou filial no estrangeiro" indica que a empresa contratante deve ter sede, agência, filial ou sucursal no Brasil);[18] b) a prestação de serviços tenha sido contratada no Brasil.

Trata-se, assim, de exceção é estabelecida considerando-se a *nacionalidade do trabalhador* e é justificável, posto que exigir que o trabalhador se desloque ao estrangeiro para aforar a sua demanda é o mesmo que impedir o seu acesso à justiça e à defesa dos seus direitos, em face dos elevados custos desse deslocamento.

A ressalva constante da parte final do § 2º do art. 651 da CLT implica ofensa à garantia constitucional de acesso à justiça (art. 5º, XXXV, da Constituição), na medida em que, em razão dela, por meio de convenção internacional poderá ser afastada a jurisdição brasileira, impondo ao trabalhador nacional que recorra a um órgão jurisdicional estrangeiro para efeito de tutela de seus direitos. Acrescente-se que esta exigência implica, no mínimo, criação de dificuldade ao acesso à justiça, em flagrante contradição com um dos princípios fundamentais do Direito Processual do Trabalho, que é o da facilitação do acesso à justiça.

Contudo, o art. 651, § 2º, da CLT não define o local, no Brasil, onde a demanda deve ser proposta, estabelecendo, apenas, ser da Justiça do Trabalho a competência para o seu julgamento. Para esta questão, duas são as soluções possíveis: a) a demanda deverá ser proposta no local da contratação, visto que, sendo afastada a regra geral (local da prestação de serviços), resta o local da contratação como competente para a demanda (aplicação do art. 651, *caput*, da CLT); b) visando facilitar o acesso à justiça, a demanda poderá ser proposta na localidade em que

18. É irrelevante, para a determinação da competência, o país da sede do reclamado.

o trabalhador tenha domicílio ou na localidade mais próxima de seu domicílio, aplicando-se à hipótese, por analogia, o disposto no art. 651, § 1º, da CLT.

Na aplicação do art. 651, § 2º, da CLT não se pode olvidar que a situação dos trabalhadores contratados no Brasil para prestar serviços no exterior ou que sejam transferidos para o exterior, que é disciplinada pela Lei n. 7.064/82, com a redação que lhe conferiu a Lei n. 11.962/09. Consoante o art. 3º-A da citada lei, "A empresa responsável pelo contrato de trabalho do empregado transferido assegurar-lhe-á, independentemente da observância da legislação do local da execução dos serviços: I – os direitos previstos nesta Lei; II- a aplicação da legislação brasileira de proteção ao trabalho, naquilo que não for incompatível com o disposto nesta Lei, quando mais favorável do que a legislação territorial, no conjunto de normas e em relação a cada matéria". Esta questão foi examinada de forma pormenorizada quando tratamos da aplicação da lei no espaço;

c) em se tratando de empregador que promova a realização de atividades fora do lugar do contrato de trabalho, é assegurado ao trabalhador ajuizar a demanda no foro da celebração do contrato ou no da prestação dos respectivos serviços (art. 651, § 3º, da CLT).

A hipótese é de exceção à regra geral estabelecida pelo *caput* do art. 651 da CLT a partir da *natureza das atividades do empregador*. Se esta natureza exige a realização de atividades fora do local da contratação, o trabalhador pode optar, para propor a demanda, entre o foro da contratação e o da prestação dos serviços.

O § 3º do art. 651 da CLT trata da situação do trabalhador que, por exigência da natureza da atividade do empregador, presta serviços em *localidades* diversas daquela em que foi contratado, ou seja, o § 3º do art. 651 da CLT deve ser aplicado especialmente naquelas situações em que não existe, *dada a natureza da atividade do empregador*, um local de trabalho fixo.

A opção de escolher o local para o ajuizamento da demanda somente é assegurada ao trabalhador. No caso de demanda do empregador contra o trabalhador, deve a demanda ser proposta no foro da contratação, que é o primeiro indicado como competente no art. 651, § 3º, da CLT.

O art. 651 da CLT fixa a competência das Varas do Trabalho com a clara intenção de favorecer o acesso do trabalhador à justiça e à defesa dos seus direitos, o que está em sintonia com um dos princípios do Direito Processual do Trabalho, que é o da facilitação do acesso à justiça, valendo registrar que o real favorecimento ao trabalhador deve ser examinado *in concreto* e não *in abstrato*, ou seja, é no exame do caso concreto que deverá ser definida a solução que, concretamente, favoreça o acesso do trabalhador à justiça e à defesa dos seus direitos.[19]

19. Neste compasso, o TST já decidiu que "Em regra, tem-se que a competência para o ajuizamento de reclamação trabalhista é da localidade em que o empregado presta os serviços, consoante o disposto no art. 651, *caput*, da

6.2.3. Competência em razão da matéria ou material.

Tratando da competência em razão da matéria das Varas do Trabalho, dispõe o art. 652 da CLT que a elas compete:

a) conciliar e julgar: I) os dissídios em que se pretenda o reconhecimento da estabilidade no emprego;[20] II) os dissídios concernentes a remuneração, férias e indenizações por motivo da rescisão do contrato individual de trabalho; III) os dissídios resultantes de contratos de empreitadas em que o empreiteiro seja operário ou artífice; IV) os demais dissídios concernentes ao contrato individual de trabalho;[21] V) as ações entre trabalhadores portuários e os operadores portuários ou o Órgão Gestor de Mão de Obra – OGMO decorrentes da relação de trabalho;

b) processar e julgar os inquéritos para apuração de falta grave;

c) impor multas e demais penalidades relativas aos atos de sua competência;

d) homologar acordo extrajudicial (trata-se de competência estabelecida por meio da Lei n. 13.467/17, observando-se que os arts. 855-B a 855-E, também acrescentados à CLT pela Lei n. 13.467/17, institui o processo de jurisdição voluntária para homologação de acordo extrajudicial, tema que será tratado no Capítulo 6, item 1.6).

Do art. 652 da CLT resulta que às Varas do Trabalho compete processar e julgar os dissídios decorrentes da relação de trabalho (art. 114, I, da Constituição) ou que a ela sejam conexas (art. 114, II a IX, da Constituição), salvo quando existir previsão legal expressa atribuindo essa competência a Tribunal Regional do Trabalho ou ao Tribunal Superior do Trabalho. Com efeito, o que decorre do art. 652 da CLT é que, ressalvados os casos de expressa atribuição de competência aos tribunais trabalhistas, as demandas trabalhistas serão conhecidas, primeiro, pelas Varas do Trabalho.

O art. 652 prevê, na alínea *c*, que compete às Varas do Trabalho julgar os embargos opostos às suas próprias decisões. Trata-se, no entanto, de previsão que dizia respeito ao julgamento não unânime proferido pelas antigas Juntas de Conciliação e Julgamento. Como as Juntas de Conciliação e Julgamento deixaram de existir, não subsiste a previsão constante da alínea *c* do art. 652 da CLT.

CLT. Todavia, em observância às normas protetivas do empregado — princípio basilar do Direito do Trabalho — deve-se privilegiar o juízo da localidade que seja mais acessível ao trabalhador, assegurando-lhe o amplo acesso aos órgãos judiciários, princípio estabelecido no art. 5º, XXXV, da Constituição Federal. Logo, as regras de competência em razão do lugar, no âmbito do processo trabalhista, devem beneficiar o hipossuficiente" (TST, RR 325-36.2012.5.05.0342, Rel. Min. Vieira de Mello Filho).

20. Estabilidade no emprego significa, do ponto de vista do trabalhador, o direito à manutenção da relação de emprego.

21. O que inclui as ações declaratórias da existência de relação de emprego.

Quanto à imposição de multas e penalidades pelas Varas do Trabalho, cumpre anotar que a CLT trata da aplicação de penalidade nos arts. 903 a 908, sendo que, segundo o art. 903, "As penalidades estabelecidas no Título VIII serão aplicadas pelo Juiz, ou Tribunal, que tiver de conhecer da desobediência, violação ou recusa, falta ou coação, *ex officio*, ou mediante representação de qualquer interessado ou da Procuradoria da Justiça do Trabalho", ao passo que o Título VIII referido no art. 903 trata da Justiça do Trabalho (arts. 643 a 735).

Deste modo, a hipótese é de aplicação de penalidade:

a) ao *empregador* que: suspender o trabalho dos seus estabelecimentos (art. 722, primeira parte); violar ou se recusar a cumprir decisão proferida em dissídio coletivo (art. 722, segunda parte); deixar de cumprir decisão passada em julgado sobre a readmissão ou reintegração de empregado (art. 729); impedir ou tentar impedir que empregado seu preste depoimento como testemunha perante órgão da Justiça do Trabalho (art. 729, § 1º); dispensar o empregado pelo fato de haver prestado depoimento como testemunha perante órgão da Justiça do Trabalho (art. 729, § 2º);[22]

b) à *pessoa que se recusar a depor como testemunha* perante órgão da Justiça do Trabalho sem motivo justificado (art. 730).

A punição do empregador que deixar de cumprir decisão passada em julgado sobre a readmissão ou reintegração de empregado está em sintonia com o disposto no art. 77, IV, do CPC e no art. 793-B, IV, da CLT, que impõem ao empregador o dever de cumprir com exatidão as decisões judiciais e de não criar embaraços à sua efetivação.

O art. 652 da CLT, ao tratar da competência material das Varas do Trabalho, também define a sua competência funcional, vez que estabelece as demandas que serão por elas processadas e julgadas originalmente.

Ainda com relação à competência das Varas, releva anota que a elas compete requisitar às autoridades competentes a realização das diligências necessárias ao esclarecimento dos feitos sob sua apreciação (ofícios a bancos para apurar a existência de créditos em favor do executado, por exemplo[23]), representando contra aquelas que não atenderem a tais requisições; realizar as diligências e praticar os atos processuais ordenados pelos Tribunais Regionais do Trabalho ou pelo Tribunal Superior do Trabalho; expedir precatórias e cumprir as que lhes forem

22. O art. 729, § 2º, da CLT trata de dispensa discriminatória, o que permite não só a aplicação da penalidade nele cominada como a condenação do empregador ao pagamento de indenização.

23. Consoante decidiu o STJ, "A proteção ao sigilo bancário não consubstancia direito absoluto, cedendo passo quando presentes circunstâncias que denotem a existência de interesse público relevante ou de elementos aptos a indicar a possibilidade de prática delituosa" (STJ, ROMS 14.929, Rel. Min. Felix Fischer, DJU 14.10.2002, p. 240).

deprecadas; e exercer, em geral, no interesse da Justiça do Trabalho, quaisquer outras atribuições que decorram da sua jurisdição (art. 653 da CLT).

7. JUÍZES DO TRABALHO. GARANTIAS E DEVERES DOS JUÍZES

Dentre os órgãos da Justiça do Trabalho estão, de acordo com o art. 111 da Constituição, os juízes do trabalho, que exercerão a jurisdição nas Varas do Trabalho (art. 116 da Constituição).

O ingresso na magistratura do trabalho far-se-á para o cargo de Juiz do Trabalho Substituto, após aprovação em concurso público de provas e títulos (art. 654 da CLT), com participação da Ordem dos Advogados do Brasil em todas as suas fases, exigindo-se do bacharel em direito no mínimo três anos de atividade jurídica[24] e obedecendo-se, nas nomeações, à ordem de classificação (art. 93, I, da Constituição).[25]

As nomeações subsequentes serão realizadas por promoção, por merecimento e antiguidade, alternadamente (art. 654 da CLT).

Os juízes substitutos serão nomeados após aprovação em concurso público realizado perante o Tribunal Regional do Trabalho da região (ou nacionalmente), que será válido por dois anos e prorrogável, a critério do mesmo Tribunal, por igual período, uma só vez, e organizado de acordo com as instruções expedidas pelo TST (art. 654, § 3º, da CLT).

Os candidatos inscritos somente serão admitidos ao concurso após apreciação prévia, pelo Tribunal Regional do Trabalho da respectiva região, dos seguintes requisitos: a) idade maior de vinte e cinco anos e menor de quarenta e cinco anos; b) idoneidade para o exercício das funções (art. 654, § 4º, da CLT).[26]

O preenchimento dos cargos de presidente de Vara do Trabalho, vagos ou criados por lei, será feito dentro de cada região: a) pela remoção de outro presidente, prevalecendo a antiguidade no cargo, caso haja mais de um pedido, desde que a remoção tenha sido requerida dentro de quinze dias, contados da abertura da vaga, ao Presidente do Tribunal Regional, a quem caberá expedir o respectivo ato; b) pela promoção de substituto, cuja aceitação será facultativa, obedecido ao critério alternado de antiguidade e merecimento (art. 654, § 5º, da CLT).

O juiz substituto poderá ser designado para atuar como auxiliar nas Varas do Trabalho (art. 656, *caput*, da CLT), podendo o território da região, para esse fim,

---

24. *Vide* Resolução n. 11/06 do Conselho Nacional de Justiça.
25. "Só por lei se pode sujeitar a exame psicotécnico a habilitação de candidato a cargo público" (Súmula n. 686 do STF).
26. No entanto, "o limite de idade para a inscrição em concurso público só se legitima em face do art. 7º, XXX, da Constituição, quando possa ser justificado pela natureza das atribuições do cargo a ser preenchido" (Súmula n. 683 do STF). Prevalece o entendimento de que 65 anos é a idade limite para inscrição no concurso para ingresso na Magistratura, uma vez que é esse o limite para indicação do Juiz para os Tribunais Superiores.

ser dividido em zonas, compreendendo a jurisdição de uma ou mais Varas, a juízo do Tribunal do Trabalho respectivo (art. 656, § 1º, da CLT).

O Presidente do Tribunal fará a designação dos juízes substitutos para atuar nas Varas e a sua movimentação entre as diferentes zonas da região, quando criadas (art. 656, §§ 2º e 4º, da CLT).

O juiz presidente de Vara e o juiz substituto são vitalícios após dois anos de exercício (art. 22 da Lei Complementar n. 35/79), mas, mesmo que não tenham adquirido a vitaliciedade, não poderão perder o cargo senão por proposta do Tribunal ou do Órgão Especial competente, adotada pelo voto de dois terços de seus membros efetivos (art. 22, § 1º, da Lei Complementar n. 35/79).

7.1. Garantias e deveres dos juízes.

A ordem jurídica estabelece uma série de garantias em favor do juiz, visando assegurar a sua independência frente aos demais poderes (*independência externa*[27]) e às instâncias superiores (*independência interna*). Estas garantias (*garantias orgânicas*) também operam em favor das partes, na medida que permitem que os seus direitos e obrigações sejam fixados por juiz sujeito apenas à ordem jurídica.

Neste sentido, o art. 95 da Constituição da República dispõe que os juízes gozam das seguintes garantias: a) *vitaliciedade*, que, no primeiro grau, só será adquirida após dois anos de exercício, dependendo a perda do cargo, nesse período, de deliberação do tribunal a que o juiz estiver vinculado e, nos demais casos, de sentença judicial transitada em julgado; b) *inamovibilidade*, salvo por motivo de interesse público, por decisão por voto de dois terços do respectivo tribunal, assegurada ampla defesa; c) *irredutibilidad*e de subsídio, ressalvadas as hipóteses expressas em lei.

Os juízes são beneficiados por garantias, mas também possuem deveres. São deveres precípuos dos Presidentes das Varas do Trabalho, além dos que decorram do exercício da função: a) manter perfeita conduta pública e privada; b) abster-se de atender a solicitações ou recomendações relativamente aos feitos que tenham sido ou tenham de ser submetidos à sua apreciação;[28] c) residir dentro dos limites de sua jurisdição, não podendo ausentar-se sem licença do Presidente do Tribunal Regional; e d) despachar e praticar os atos decorrentes de suas funções dentro dos prazos estabelecidos (art. 658 da CLT).

---

27. A independência externa alcança a independência em relação aos poderes econômicos, políticos e ideológicos.
28. As garantias orgânicas asseguram a independência do juiz e este, por sua vez, deve atuar de forma independente, isto é, abster-se de atender a solicitações ou recomendações de quem quer que seja relativamente às demandas que tenham sido ou tenham de ser submetidos à sua apreciação.

7.2. Atribuições dos juízes.

O art. 659 da CLT dispõe sobre a competência dos Juízes Presidentes das Varas, estabelecendo que a eles compete, além das atribuições que lhes forem conferidas pela CLT e das decorrentes de seu cargo: a) presidir as audiências da Vara; b) executar as suas próprias decisões e aquelas cuja execução lhes for deprecada; c) despachar os recursos interpostos pelas partes;[29] d) conceder medida liminar, até decisão final do processo, em reclamações trabalhistas que visem tornar sem efeito transferência disciplinada pelos parágrafos do art. 469 da CLT; e) conceder liminar, até a decisão final do processo, em reclamações trabalhistas que visem reintegrar no emprego dirigente sindical afastado, suspenso ou dispensado pelo empregador.

Estas são atribuições do juiz em exercício na Vara e não do seu Presidente.

8. JUÍZES DE DIREITO INVESTIDOS DE JURISDIÇÃO TRABALHISTA

Nas localidades não compreendidas na jurisdição das Varas do Trabalho, os Juízes de Direito são órgãos da administração da Justiça do Trabalho, com a jurisdição que lhes for determinada pela lei de organização judiciária local (art. 668 da CLT e art. 112 da Constituição). A competência dos Juízes de Direito investidos na administração da Justiça do Trabalho é a mesma das Varas do Trabalho (art. 669 da CLT).

A competência é determinada, nas localidades onde houver mais de um Juízo de Direito, entre os Juízes do Cível, por distribuição ou pela divisão judiciária local, na conformidade da lei de organização respectiva (art. 669, § 1º, da CLT). Quando o critério de competência da lei de organização judiciária for diverso do que prevê o art. 669, § 1º, da CLT, será competente o juiz do cível mais antigo (art. 669, § 2º, da CLT).

Estando os Juízes de Direito exercendo a jurisdição trabalhista, das suas decisões cabe recurso para o Tribunal Regional do Trabalho da região respectiva (art. 112 da Constituição).

Com a instalação de Vara do Trabalho na localidade onde a jurisdição trabalhista era atribuída ao Juiz de Direito, extingue-se, automaticamente, a jurisdição trabalhista do Juiz de Direito, mesmo em relação à execução das sentenças por ele proferidas (art. 43 do CPC).[30]

O Superior do Tribunal de Justiça decidiu, por maioria de votos, que: "Instituída na sede da comarca Junta de Conciliação e Julgamento, sua jurisdição abrange

---

29. A fundamentação da decisão recorrida, a que se refere o art. 659, VI, da CLT, diz respeito aos antigos embargos para a Junta de Conciliação e Julgamento, que já não existem.

30. Nesse sentido: "Instalada a Junta de Conciliação e Julgamento, cessa a competência do Juiz de Direito em matéria trabalhista, inclusive para a execução das sentenças por ele proferidas" (Súmula n. 10 do STJ).

todos os Municípios que integram a mesma comarca, ainda que a lei ordinária, que criou a JCJ, não os tenha expressamente mencionado. Não remanesce jurisdição trabalhista alguma ao Juiz de Direito da comarca onde regularmente funcione órgão da Justiça especializada".[31]

9. SERVIÇOS AUXILIARES DA JUSTIÇA

Os serviços auxiliares têm por função auxiliar os órgãos jurisdicionais na administração da justiça.

Os auxiliares da justiça são sujeitos do processo, mas apenas no sentido de que também praticam atos processuais.

Lopes da Costa afirma que, "além dos auxiliares que cooperam na função jurisdicional, outros existem, como o distribuidor, o contador, o partidor, o depositário público, cujas funções são mais de natureza administrativa" e classifica os auxiliares da justiça em: "a) permanentes - escrivão, secretário, oficial de justiça, distribuidor, contador, partidor, tesoureiro, depositário público; b) eventuais - que se subdividem em auxiliares de encargo público e auxiliares extravagantes. Entre os primeiros, encontram-se: perito, intérprete, administrador, síndico, depositário particular. Entre os auxiliares extravagantes: os Correios e Telégrafos, a Imprensa (Oficial ou credenciada a publicar o expediente forense), a Força Pública."[32]

Dentre os auxiliares da justiça, merecem destaque especial o Diretor de Secretaria e o Oficial de Justiça, "que se podem reputar essenciais no juízo (...). Rigorosamente, nenhum juiz poderia exercer as suas funções, se não tivesse, pelo menos, esses dois auxiliares".[33]

9.1. Serviços auxiliares da Justiça do Trabalho.

A CLT, ao tratar dos serviços auxiliares da Justiça, faz referência a Diretor de Secretaria (arts. 710 e 712), Distribuidor (arts. 713 a 715), Oficial de Justiça (art. 721) e Secretário que funciona junto aos Tribunais (art. 718 da CLT). Contudo, também são auxiliares da Justiça do Trabalho, o perito, depositário, administrador, intérprete e tradutor (art. 149 do CPC).

Ao Tribunal Superior do Trabalho e aos Tribunais Regionais do Trabalho compete organizar suas secretarias e serviços auxiliares, provendo, na forma da lei, os cargos necessários à administração da justiça (art. 96, I, *b* e *e*, da Constituição).

---

31. STJ, CComp 110/MG, Rel. Min. Nilson Naves.

32. *Manual elementar de direito processual civil*, p. 92.

33. Arruda Alvim. *Manual de direito processual civil*, v. I, p. 276.

9.2. Secretarias das Varas do Trabalho.

Cada Vara do Trabalho terá uma Secretaria, sob a direção de funcionário que o Presidente do Tribunal da região respectiva designar, para exercer a função de Diretor de Secretaria (art. 710 da CLT).

Compete à Secretaria das Varas: a) o recebimento, a autuação, o andamento, a guarda e a conservação dos processos e outros papéis que lhe forem encaminhados; b) a manutenção do protocolo de entrada e saída dos processos e demais papéis; c) o registro das decisões; d) a informação, às partes interessadas e seus procuradores, do andamento dos respectivos processos, cuja consulta lhes facilitará; e) a abertura de vista às partes, nos respectivos processos; f) a contagem das custas e emolumentos; g) o fornecimento de certidões sobre o que constar dos livros ou do arquivo da secretaria; h) a realização das penhoras e demais diligências processuais; i) o desempenho dos demais trabalhos que lhe forem cometidos pelo Presidente da Vara (art. 711 da CLT).

Os auxiliares da justiça têm o dever de imparcialidade, podendo as partes arguir a sua suspeição ou o seu impedimento (art. 148, II, do CPC).

9.3. Diretor de Secretaria.

O Diretor de Secretaria da Vara do Trabalho tem como atribuições principais: a) supervisionar os trabalhos da secretaria, velando pela boa ordem dos serviços; b) cumprir e fazer cumprir as ordens emanadas do juiz titular ou presidente da vara ou das autoridades superiores; c) submeter a despacho e assinatura do presidente o expediente e os papéis que devem ser por ele despachados; d) tomar por termo as reclamações verbais nos casos de dissídio individual; e) promover o rápido andamento dos processos, especialmente na fase de execução, e a pronta realização dos atos e diligências deprecadas pelas autoridades superiores (cumpre ao diretor, em suma, promover o impulso e a movimentação dos processos, notadamente na fase de execução); f) secretariar as audiências da Vara, lavrando as respectivas atas[34]; g) subscrever as certidões e os termos processuais; h) realizar a comunicação processual (notificações, citações, intimações e cartas), nos termos dos arts. 712 e 841 da CLT.

O art. 93, XIV, da Constituição autoriza o juiz a delegar ao Diretor de Secretaria o poder para a prática de atos de mero expediente (atos de impulso do processo, sem conteúdo decisório). No mesmo sentido, dispõe os art. 203, § 4º, do CPC que os atos meramente ordinários, como a juntada e a vista obrigatória, independem de despacho, devendo ser praticados de ofício pelo servidor e revistos pelo juiz

34. Esta função é normalmente delegada a um serventuário da Vara, que assume o encargo de Secretário de Audiência.

quando necessários. Note-se que ao diretor não é atribuído poder para despachar, mas para praticar atos de mero expediente, *que independem de despacho*. A atribuição desse poder ao Diretor de Secretaria atende à necessidade de maior rapidez no andamento do processo.

Ao Diretor de Secretaria compete autuar a petição inicial, mencionando o juízo, a natureza do processo, o número de seu registro, os nomes das partes e a data de seu início, procedendo do mesmo modo quanto aos volumes em formação (art. 206 do CPC).

O Diretor de Secretaria redigirá, na forma legal, os ofícios, os mandados, as cartas precatórias e demais atos que pertençam ao seu ofício (art. 152, I do CPC).

Os termos relativos ao movimento dos processos constarão de simples notas, datadas e rubricadas pelo Diretor de Secretaria (art. 773 da CLT).

Ao diretor cumpre, no prazo de 48 horas, contado do recebimento ou protocolo da reclamação, remeter a segunda via da petição ou termo a que tiver sido reduzida a reclamação verbal ao reclamado, notificando-o a comparecer à audiência de instrução e julgamento (art. 841 da CLT).[35]

O Diretor de Secretaria é civilmente responsável quando, sem justo motivo, se recusar a cumprir dentro do prazo os atos que lhe impõe a lei, ou os que o juiz a que está subordinado lhe cometer, e, ainda, quando praticar ato nulo com dolo ou culpa (art. 155 do CPC).

9.4. Distribuidor.

Nas localidades em que existir mais de uma Vara do Trabalho haverá um Distribuidor (art. 713 da CLT), ao qual compete: a) a distribuição, pela ordem rigorosa de entrada, e sucessivamente a cada Vara, dos feitos que, para esse fim, lhe forem apresentados pelos interessados;[36] b) o fornecimento aos interessados do recibo correspondente a cada feito distribuído; c) a manutenção de dois fichários dos feitos distribuídos, sendo um organizado pelos nomes dos reclamantes e o outro dos reclamados, ambos em ordem alfabética; d) o fornecimento a qualquer pessoa que o solicite, verbalmente ou por certidão, de informações sobre os feitos distribuídos; e e) a baixa na distribuição dos feitos, quando isso lhe for determinado pelos presidentes das Varas ou Juiz substituto em exercício na Vara, formando, com as fichas correspondentes, fichários à parte, cujos dados poderão ser consultados pelos interessados, mas não serão mencionados em certidões (arts. 713 e 714 da CLT).

---

35. No processo judicial eletronico todas as citaçoes/notificaçoes serao realizadas por meio eletrônico.
36. Nos Juízos de Direito investidos na administração da Justiça do Trabalho, quando houver mais de um Cartório, far-se-á entre eles a distribuição alternada e sucessivamente das reclamações (art. 716, parágrafo único, da CLT).

Os Distribuidores serão designados pelos Presidentes dos Tribunais Regionais do Trabalho, dentre os funcionários das Varas e do Tribunal, existentes na mesma localidade e ao mesmo presidente diretamente subordinados (art. 715 da CLT).

A distribuição pode ser fiscalizada pelas partes ou por seus advogados, assim como pelo membro do Ministério Público e pela Defensoria Pública (art. 189 do CPC).

9.5. Oficial de Justiça.

Incumbe aos oficiais de justiça a realização dos atos decorrentes da execução dos julgados das Varas do Trabalho e dos Tribunais Regionais do Trabalho que lhe forem cometidos pelos respectivos Presidentes, dentre os quais, notificação/citação, intimação, atos de constrição (penhora, arresto, sequestro e busca e apreensão), prisão, avaliação e demais diligências próprias de seu ofício (condução coercitiva de testemunhas, por exemplo), certificando no mandado o ocorrido e entregando-o, em cartório, logo depois de cumprido (art. 721da CLT e art. 154 do CPC).

Cada oficial de justiça funcionará perante uma Vara do Trabalho, salvo quando da existência nos Tribunais Regionais do Trabalho de órgão específico, destinado à distribuição de mandados judiciais (art. 721, § 1º, da CLT).

O oficial de justiça tem nove dias para cumprir o ato cuja realização lhe for atribuída (art. 721, § 2º, da CLT), salvo a avaliação, que deve ser realizada no prazo de dez dias (arts. 721, § 3º, e 888 da CLT).

O oficial de justiça se sujeita às penalidades legais no caso de não cumprir o ato no prazo assinalado sem razões que o justifiquem (art. 721, § 1º, da CLT) e é civilmente responsável quando, sem justo motivo, se recusar a cumprir dentro do prazo os atos que lhe impõe a lei, ou os que o juiz a que está subordinado lhe cometer, e, ainda, quando praticar ato nulo com dolo ou culpa (art. 155 do CPC).

É facultado ao Presidente dos Tribunais Regionais do Trabalho determinar a qualquer oficial de justiça a realização de atos de execução desse Tribunal (art. 721, § 4º, da CLT).

Na falta ou impedimento do oficial de justiça, o Presidente da Vara poderá atribuir a realização do ato a qualquer serventuário (art. 721, § 5º, da CLT). Essa é a figura do *oficial ad hoc*.

De acordo com o art. 255 do CPC, em disposição compatível com o Direito Processual do Trabalho, nas comarcas contíguas de fácil comunicação e nas que se situem na mesma região metropolitana, o oficial de justiça poderá efetuar, em qualquer delas, citações, intimações, penhoras e quaisquer outros atos executivos, tema do qual tratamos quando foi examinada a comunicação dos atos processuais.

9.6. Demais auxiliares das Secretarias.

Incumbe aos demais serventuários lotados na Vara do Trabalho a prática dos atos a que se refere o art. 711 da CLT, bem como outros que lhe forem atribuídos pelo juiz.

9.7. Perito, depositário, administrador, intérprete e tradutor.

O juiz será assistido por perito quando a prova do fato depender de conhecimento técnico ou científico (art. 156 do CPC). Ao tema retornaremos quando tratamos da prova pericial.

O juiz pode nomear depositário ou administrador para a guarda e conservação de bens penhorados, arrestados ou sequestrados (art. 159 do CPC).

O juiz nomeará intérprete ou tradutor quando necessário para analisar documento de entendimento duvidoso, redigido em língua estrangeira, verter em português as declarações das partes e das testemunhas que não conhecerem o idioma nacional ou traduzir a linguagem mínima dos surdos-mudos que não puderem transmitir a sua vontade por escrito (art. 162 do CPC).

9.8. Secretarias dos Tribunais Regionais do Trabalho.

Cada Tribunal Regional tem uma Secretaria, sob direção do funcionário designado para exercer a função de Secretário (art. 718 da CLT). Compete à Secretaria dos Tribunais, além das atribuições das secretarias das Varas, a conclusão dos processos ao Presidente e sua remessa, depois de despachados, aos respectivos relatores e a organização e manutenção de um fichário de jurisprudência do Tribunal, para consulta dos interessados (arts. 718 e 719 da CLT).

No Regimento Interno dos Tribunais, serão estabelecidos as demais atribuições, o funcionamento e a ordem dos trabalhos de suas secretarias (art. 719, parágrafo único, da CLT).

O Secretário dos Tribunais tem as mesmas atribuições dos Diretores de Secretaria das Varas do Trabalho (art. 720 da CLT).

10. REGIMENTO INTERNO DOS TRIBUNAIS

Além da função jurisdicional, exerce o Poder Judiciário função normativa, que assegura "a independência do magistrado ante outros poderes do Estado (...), possibilitando o autogoverno do Judiciário".[37]

---

37. Arruda Alvim. *Manual de direito processual civil*, v. I, p. 264.

A função normativa do Poder Judiciário, relacionada com a organização de seus órgãos jurisdicionais e administrativos, consiste no poder que a Constituição Federal confere aos Tribunais para elaborarem seus regimentos internos.

De acordo com o art. 96, I, *a*, da Constituição Federal, compete privativamente aos tribunais elaborar seus regimentos internos, nos quais poderão dispor sobre a competência e o funcionamento dos respectivos órgãos jurisdicionais e administrativos, respeitando as normas de processo e as garantias processuais das partes. Com isto, não foi recepcionado o art. 913, parágrafo único, da CLT, que confere ao TST competência para interferir na elaboração dos regimentos internos dos Tribunais Regionais do Trabalho.

O Regimento Interno do Tribunal define a seus órgãos e as respectivas funções, competências e composição e as atribuições de seus serviços auxiliares, estabelecendo a sua própria estrutura, bem como organizando suas secretarias e a dos Juízos que lhes forem vinculados, respeitadas "as linhas fundamentais da seção constitucional que a ele diz respeito e tendo em vista o que, complementarmente à Constituição Federal, venha dispor o Estatuto da Magistratura".[38]

38. Arruda Alvim. *Manual de direito processual civil*, v. I, p. 267-268.

Capítulo 4

MINISTÉRIO PÚBLICO DO TRABALHO

1. O MINISTÉRIO PÚBLICO NA CONSTITUIÇÃO DA REPÚBLICA DE 1988

Perante os órgãos da Justiça do Trabalho oficiarão membros do Ministério Público, como parte ou fiscal da ordem jurídica.

O Ministério Público é instituição permanente, essencial à função jurisdicional do Estado, incumbindo-lhe a defesa da ordem jurídica, do regime democrático e dos interesses sociais e individuais indisponíveis (art. 127 da Constituição da República e art. 176 do CPC).[1]

2. PRINCÍPIOS INSTITUCIONAIS

São princípios institucionais do Ministério Público do Trabalho a *unidade, indivisibilidade* e *independência funcional* (art. 127, § 1º, da Constituição). Estes princípios dizem respeito à atuação do Ministério Público do Trabalho como instituição.

Ser "*una* e *indivisível* a instituição significa que todos os seus membros fazem parte de uma só corporação e podem ser indiferentemente substituídos um por outro em suas funções, sem que com isso haja alguma alteração subjetiva nos processos em que oficiem (quem está na relação processual é o Ministério Público, não a pessoa física de um promotor ou curador)".[2]

Os membros do Ministério Público não atuam em nome individual, mas como integrantes de uma instituição, que é única. Dessa forma, um membro do Ministério Público pode substituir outro no processo ou em procedimento administrativo sem comprometimento da atuação da instituição.

1. O gozo dos direitos inerentes ao trabalho, individuais ou coletivos, é indispensável à realização da democracia. Assim, atuando em favor da efetividade destes direitos, o Ministério Público do Trabalho age em favor da democracia.
2. Antônio Carlos de Araújo Cintra; Ada Pellegrini Ginover; Cândido Rangel Dinamarco. *Teoria geral do processo*, p. 233.

Acrescenta Arruda Alvim que o princípio da unidade "informa a atuação dos órgãos do Ministério Público, especialmente do ponto de vista da subordinação. Assim, tem o chefe do Ministério Público o poder de avocar, para si, as funções de seus subordinados (princípio da devolução)".[3]

Ser "independente significa, em primeiro lugar, que cada um de seus membros age segundo sua própria consciência jurídica, com submissão exclusivamente ao direito, sem ingerência do Poder Executivo, nem dos juízes e nem mesmo dos órgãos superiores do próprio Ministério Público (...). A independência do Ministério Público como um todo identifica-se na sua competência para 'propor ao Poder Legislativo a criação e extinção de seus cargos e serviços auxiliares, provendo-os por concurso público de provas e títulos' (Const. art. 127, § 2º) e para elaborar 'sua proposta orçamentária dentro dos limites estabelecidos na lei de diretrizes orçamentárias' (art. 127, § 3º)".[4]

3. ABRANGÊNCIA

O Ministério Público abrange: a) o Ministério Público da União, que compreende o Ministério Público Federal, Ministério Público do Trabalho, Ministério Público Militar e Ministério Público do Distrito Federal e Territórios; b) os Ministérios Públicos dos Estados (art. 128 da Constituição).

4. CHEFIA DO MINISTÉRIO PÚBLICO DA UNIÃO

O Ministério Público da União tem por chefe o Procurador-Geral da República, que é nomeado pelo Presidente da República dentre os integrantes da carreira, maiores de trinta e cinco anos, após a aprovação do seu nome pela maioria absoluta dos membros do Senado Federal, para mandato de dois anos, permitida a recondução (art. 128, § 1º, da Constituição).

A destituição do Procurador-Geral da República por iniciativa do Presidente da República deverá ser precedida de autorização da maioria absoluta do Senado Federal (art. 128, § 2º, da Constituição).[5]

O Procurador-Geral da República tem legitimidade para propor ação de inconstitucionalidade (art. 103, VI, da Constituição da República) e deve ser previamente ouvido nas ações de inconstitucionalidade e em todos os processos de competência do Supremo Tribunal Federal (art. 103, § 1º, da Constituição da República).

---

3. *Manual de direito processual civil*, v. I, p. 564.
4. Antônio Carlos de Araújo Cintra; Ada Pellegrini Ginover; Cândido Rangel Dinamarco. *Teoria geral do processo*, p. 233.
5. A limitação ao poder de nomeação e destituição assegura a independência do Procurador-Geral da República em relação ao Chefe do Executivo Federal.

5. GARANTIAS, VEDAÇÕES E DEVERES DOS MEMBROS DO MINISTÉRIO PÚBLICO

Consoante prevê o art. 128, §§ 5º e 6º, da Constituição, leis complementares da União e dos Estados, cuja iniciativa é facultada aos respectivos Procuradores-Gerais, estabelecerão a organização, as atribuições e o estatuto de cada Ministério Público, observadas, relativamente aos seus membros:[6]

I) as seguintes *garantias*: a) vitaliciedade, após dois anos de exercício, não podendo perder o cargo senão por sentença judicial transitada em julgado; b) inamovibilidade, salvo por motivo de interesse público, mediante decisão do órgão colegiado competente do Ministério Público, por voto da maioria absoluta de seus membros, assegurada ampla defesa; c) irredutibilidade de subsídio, fixado na forma estabelecida na Constituição da República;

II) as seguintes *vedações*: a) receber, a qualquer título e sob qualquer pretexto, honorários, percentagem ou custas processuais; b) exercer a advocacia; c) participar de sociedade comercial, na forma da lei; d) exercer, ainda que em disponibilidade, qualquer outra função pública, salvo uma de magistério; e) exercer atividade político-partidária; f) receber, a qualquer título ou pretexto, auxílios ou contribuições de pessoas físicas, entidades públicas ou privadas, ressalvadas as exceções previstas em lei; g) exercer a advocacia no juízo ou tribunal do qual se afastou, antes de decorridos três anos do afastamento do cargo por aposentadoria ou exoneração.

Constituem deveres dos membros do Ministério Público, além de outros previstos em lei, indicar os fundamentos jurídicos de seus pronunciamentos processuais, elaborar relatório em sua manifestação final ou recursal, obedecer aos prazos processuais, assistir aos atos processuais, quando obrigatória ou conveniente a sua presença, declarar-se impedido ou suspeito, nos termos da lei, e tratar com urbanidade as partes, testemunhas, funcionários e auxiliares da justiça (art. 43 da Lei n. 8.625/93).

6. FUNÇÕES INSTITUCIONAIS

As funções institucionais do Ministério Público são definidas no art. 129 da Constituição.

Dentre as funções do Ministério Público vale mencionar: zelar pelo efetivo respeito dos Poderes Públicos e dos serviços de relevância pública aos direitos assegurados na Constituição, promovendo as medidas necessárias a sua garantia;

6. A Lei Complementar n. 75, de 20.5.1993, dispõe sobre a organização, as atribuições e o estatuto do Ministério Público da União. A Lei n. 8.625, de 12.2.1993, que instituiu a Lei Orgânica Nacional do Ministério Público, dispõe sobre normas gerais para organização do Ministério Público nos Estados e dá outras providências.

promover o inquérito civil e a ação civil pública, para a proteção do patrimônio público e social, do meio ambiente[7] e de outros interesses difusos e coletivos; expedir notificações nos procedimentos administrativos de sua competência, requisitando informações e documentos para instruí-los, na forma da lei complementar respectiva (art. 129 da Constituição), cumprindo lembrar que a legitimidade do Ministério Público para as ações civis previstas no art. 129 da Constituição não impede a de terceiros, nas mesmas hipóteses (art. 129, § 1º, da Constituição).

Ao Ministério Público é vedada a representação judicial e a consultoria de entidades públicas (art. 129, IX, da Constituição da República), visto que a ele incumbe a defesa dos interesses da sociedade (*interesses sociais primários*) e não os interesses de entes de direito público (*interesse público secundário*).

7. INGRESSO NA CARREIRA

O ingresso na carreira do Ministério Público far-se-á mediante concurso público de provas e títulos, assegurada a participação da Ordem dos Advogados do Brasil em sua realização, exigindo-se do bacharel em direito, no mínimo, três anos de atividade jurídica e observando-se, nas nomeações, a ordem de classificação (art. 129, § 3º, da Constituição).

8. PODERES E ÔNUS DO MINISTÉRIO PÚBLICO NO PROCESSO. CONSEQUÊNCIAS DA FALTA DE MANIFESTAÇÃO DO MINISTÉRIO PÚBLICO NOS PROCESSOS EM QUE DEVERIA OFICIAR. RESPONSABILIDADE DOS MEMBROS DO MINISTÉRIO PÚBLICO

O Ministério Público exercerá o direito de ação em conformidade com suas atribuições constitucionais (art. 177 do CPC).

Consoante o art. 178 do CPC, o Ministério Público será intimado para, no prazo de trinta dias, intervir como fiscal da ordem jurídica nas hipóteses previstas em lei

---

7. O que meio ambiente de que trata o citado comando constitucional inclui o meio ambiente do trabalho (art. 200, VIII, da Constituição), assim considerado o local onde o trabalhador desenvolve as suas atividades, isto é, o lugar de trabalho, o que compreende, consoante o art. 3º da Convenção n. 155 da OIT, "todos os locais onde os trabalhadores devem permanecer ou para onde têm que se dirigir em razão do seu trabalho, e que se acham sob o controle direito ou indireto do empregador" (o fato de o trabalho ser prestado no domicílio do trabalhador não desconstitui, por si só, a relação de emprego – art. 6º da CLT –, o que implica dizer que, nesta situação, o ambiente de trabalho alcança o domicílio do trabalhador, por constituir o seu local de trabalho). Cumpre recordar que "todos têm o direito ao meio ambiente ecologicamente equilibrado, bem de uso comum do povo e essencial à sadia qualidade de vida, impondo-se ao Poder Público e à coletividade o dever de defendê-lo e preservá-lo para as presentes e futuras gerações" (art. 225, *caput*, da Constituição). Destarte, o trabalhador tem o direito ao meio ambiente equilibrado, no sentido de ambiente de trabalho salubre e que não contenha agentes que coloquem em risco a sua vida e integridade física e psíquica. Anote-se que, "tendo a ação civil pública como causa de pedir disposições trabalhistas e pedidos voltados à preservação do meio ambiente do trabalho e, portanto, aos interesses dos empregados, a competência para julgá-la é da Justiça do Trabalho" (STF, RE 206.220-1/MG, Rel. Min. Marco Aurélio).

ou na Constituição da República e nos processos que envolvam: interesse público ou social; interesse de incapaz; litígios coletivos pela posse de terra rural ou urbana, observando-se que a participação da Fazenda Pública não configura, por si só, hipótese de intervenção do Ministério Público (art. 178, parágrafo único, do CPC).

A intervenção do Ministério Público nos processos judiciais se dá como fiscal da *ordem jurídica* e não da *lei*. Atuando como fiscal da ordem jurídica, o Ministério Púbico terá vista dos autos depois das partes, sendo intimado de todos os atos do processo, e poderá produzir provas, requerer as medidas processuais pertinentes e recorrer.

O Ministério Público, conforme estabelece o art. 180, *caput*, do CPC, gozará de prazo em dobro para manifestar-se nos autos, contados de sua intimação pessoal, não se aplicando o benefício da contagem em dobro do prazo para manifestação nos autos, no entanto, quando a lei estabelecer, de forma expressa, prazo próprio para o Ministério Público (art. 180, § 2º, do CPC).

A CLT e o CPC não repetem a norma constante do art. 576 do Código de Processo Penal ("O Ministério Público não pode desistir de recurso que haja interposto"), razão pela qual, no processo do trabalho, o Ministério Público pode desistir de recurso que haja interposto.

É nulo o processo quando o membro do Ministério Público não for intimado a acompanhar o processo em que deva intervir (art. 279, *caput*, do CPC). Se o processo tiver tramitado sem conhecimento do Ministério Público, o juiz invalidará os atos praticados a partir do momento em que ele deveria ter sido intimado (art. 279, § 1º, do CPC). Contudo, a nulidade só pode ser decretada após a intimação do Ministério Público, que se manifestará sobre a existência ou a inexistência de prejuízo (art. 279, § 2º, do CPC), o que está em perfeita harmonia com o art. 794 da CLT, segundo o qual, no processo do trabalho, só haverá nulidade quando resultar dos atos inquinados manifesto prejuízo para as partes.

O membro do Ministério Público será civil e regressivamente responsável quando agir com dolo ou fraude no exercício de suas funções (art. 181 do CPC).

O membro do Ministério Público está sujeito aos deveres estabelecidos no art. 77 do CPC, mas eventual responsabilidade disciplinar será apurada pelo respectivo órgão de classe ou corregedoria, ao qual o juiz oficiará (art. 77, § 6º, do CPC).

9. MINISTÉRIO PÚBLICO DO TRABALHO

O Ministério Público do Trabalho oficia junto aos órgãos da Justiça do Trabalho como parte ou fiscal da ordem jurídica e, para o exercício de suas funções, reger-se-á pelo que estabelece a CLT, o CPC e, na falta de disposição expressa, pelas normas que regem o Ministério Público Federal (arts. 736, parágrafo único, e 769 da CLT e art. 15 do CPC).

9.1. Compete ao Ministério Público do Trabalho, consoante os arts. 6º e 83 da Lei Complementar n. 75/93:

a) promover as ações que lhe sejam atribuídas pela Constituição e pelas leis trabalhistas;

b) manifestar-se em qualquer fase do processo trabalhista, acolhendo solicitação do juiz ou por sua iniciativa, quando entender existente interesse público que justifique a sua intervenção (o interesse público é evidenciado pela natureza da lide ou qualidade da parte e não se confunde com o interesse das pessoas jurídicas de direito público);

c) promover ação civil pública, para a proteção: dos direitos sociais constitucionalmente garantidos; do patrimônio público e social e do meio ambiente; dos interesses individuais indisponíveis, difusos e coletivos, relativos às comunidades indígenas, à família, à criança, ao adolescente, ao idoso e às minorias;

d) propor as ações cabíveis para declaração de nulidade de cláusula de contratos individuais de trabalho, acordo coletivo de trabalho ou convenção coletiva de trabalho que viole as liberdades individuais ou coletivas ou os direitos individuais indisponíveis dos trabalhadores;[8]

e) propor as ações necessárias à defesa dos direitos e interesses dos menores, incapazes e índios, decorrentes das relações de trabalho;

f) recorrer das decisões proferidas por órgãos da Justiça do Trabalho, quando entender necessário, tanto nos processos em que for parte, como naqueles em que oficiar como fiscal da ordem jurídica, e pedir revisão das Súmulas do TST;

g) funcionar nas sessões dos Tribunais do Trabalho, manifestando-se verbalmente sobre a matéria em debate, sempre que entender necessário, sendo-lhe assegurado o direito de vista dos processos em julgamento, podendo solicitar requisições e diligências que julgar convenientes;

h) instaurar instância em caso de greve, quando a defesa da ordem jurídica ou o interesse público o exigir;[9]

i) promover ou participar da instrução e conciliação em dissídios decorrentes da paralisação de serviços de qualquer natureza, oficiando obrigatoriamente nos processos, manifestando sua concordância ou discordância em eventuais acordos firmados antes da homologação, resguardado o direito de recorrer em caso de violação à lei ou à Constituição Federal;

8. A autorização para a propositura da ação anulatória de cláusula de acordo ou convenção coletiva pelo Ministério Público do Trabalho não ofende a liberdade sindical, vez que esta deve ser exercida sem prejuízo da ordem jurídica, do regime democrático e dos interesses sociais e individuais indisponíveis dos trabalhadores.

9. O art. 114, § 3º, da Constituição alterou a legitimação do Ministério Público do Trabalho em relação à instauração de dissídio de greve, dispondo que, "em casos de greve em atividade essencial, com possibilidade de lesão do interesse público, o Ministério Público do Trabalho poderá ajuizar dissídio coletivo, competindo à Justiça do Trabalho decidir o conflito".

j) promover mandado de injunção, sempre que a falta de norma reguladora torne inviável o exercício dos direitos e liberdades constitucionais e das prerrogativas inerentes à nacionalidade, à soberania, à cidadania, quando difusos os interesses a serem protegidos;

k) atuar como árbitro, se assim for solicitado pelas partes, nos dissídios de competência da Justiça do Trabalho;

l) requerer as diligências que julgar convenientes para o correto andamento dos processos e para a melhor solução das lides trabalhistas;

m) intervir obrigatoriamente em todos os feitos nos segundo e terceiro graus de jurisdição da Justiça do Trabalho, quando a parte for pessoa jurídica de direito público, Estado estrangeiro ou organismo internacional;

n) propor ação civil coletiva para defesa de interesses individuais homogêneos;

o) promover outras ações necessárias ao exercício de suas funções institucionais, em defesa da ordem jurídica, do regime democrático, e dos interesses sociais e individuais indisponíveis, especialmente à ordem social e ao meio ambiente.

Ao Ministério Público do Trabalho também compete: 1) impetrar mandado de segurança e *habeas corpus*, em qualquer juízo, instância ou tribunal, na defesa dos interesses sociais e individuais indisponíveis afetos à criança e ao adolescente (art. 201, IX, da Lei n. 8.069/90 -— Estatuto da Criança e do Adolescente); 2) propor ação civil pública para a tutela de interesses e direitos das pessoas portadoras de deficiência e intervir obrigatoriamente nas ações públicas, coletivas ou individuais, em que se discutam interesses relacionados à deficiência das pessoas (arts. 3º e 5º da Lei n. 7.853/89).

Pode o membro do Ministério Público do Trabalho, quando lhe couber intervir no processo, pleitear a desconsideração da personalidade jurídica (clássica e inversa), nos casos previstos pela ordem jurídica (art. 50 do Código Civil, art. 28 do Código de Defesa do Consumidor, art. 133 do CPC e art. 855-A da CLT).

Na jurisprudência colhe-se que:

a) o Ministério Público tem legitimidade para recorrer no processo em que oficiou como fiscal da ordem jurídica, ainda que não haja recurso da parte (Súmula n. 99 do STJ);

b) o Ministério Público não tem legitimidade para recorrer na defesa de interesse patrimonial privado, inclusive de empresas públicas e sociedades de economia mista (Orientação Jurisprudencial n. 237 da SDI-I do TST);

c) ao exarar o parecer na remessa de ofício, na qualidade de *custos legis*, o Ministério Público não tem legitimidade para arguir a prescrição em favor da entidade de direito público, em matéria de direito patrimonial (Orientação Jurisprudencial n. 130 da SDI-I do TST);

d) a discussão sobre a responsabilidade subsidiária de ente público traduz interesse nitidamente individual do órgão, que não se inclui, nem como homogêneo, nem como indisponível. Ao Ministério Público, não é lícito, a pretexto de promover o interesse público, tutelar os interesses de sociedade de economia mista (TST, RR 391818/97.8, Rel. Min. Rider Nogueira, DJU 23.3.2001, p. 723);

e) há interesse do Ministério Público do Trabalho para recorrer contra decisão que declara a existência de vínculo empregatício com sociedade de economia mista ou empresa pública, após a Constituição Federal de 1988, sem a prévia aprovação em concurso público (Orientação Jurisprudencial n. 338 da SDI-I do TST);

f) o Ministério Público do Trabalho pode arguir, em parecer, na primeira vez que tenha de se manifestar no processo, a nulidade do contrato de trabalho em favor de ente público, ainda que a parte não a tenha suscitado, a qual será apreciada, sendo vedada, no entanto, qualquer dilação probatória (Orientação Jurisprudencial n. 350 da SDI-I do TST).

É desnecessária a intervenção do Ministério Público nas execuções fiscais (Súmula n. 189 do STJ) e nas execuções de créditos previdenciários promovidas pela Justiça do Trabalho, prevendo o CPC, nesse sentido, que "a participação da Fazenda Pública não configura, por si só, hipótese de intervenção do Ministério Público".

Nos dissídios coletivos, o Ministério Público do Trabalho emitirá parecer escrito ou oral (art. 11 da Lei n. 7.701/88). É de oito dias o prazo para a oferta de parecer escrito, quando cabível (art. 5º da Lei n. 5.584/70). No procedimento sumaríssimo, o parecer do Ministério Público do Trabalho será sempre oral, na própria audiência de julgamento, se o procurador o entender necessário (art. 895, § 1º, III, da CLT).

9.2. Conforme prevê o art. 84 da Lei Complementar n. 75/93, incumbe ao Ministério Público do Trabalho, no âmbito das suas atribuições, exercer as suas funções institucionais, especialmente: a) instaurar inquérito civil e outros procedimentos administrativos, sempre que cabíveis, para assegurar a observância dos direitos sociais dos trabalhadores,[10] b) requisitar à autoridade administrativa federal competente, dos órgãos de proteção ao trabalho, a instauração de procedimentos administrativos, podendo acompanhá-los e produzir provas; c) exercer outras atribuições que lhe forem conferidas em lei,[11] desde que compatíveis com sua finalidade.

Para o exercício de suas atribuições, o Ministério Público do Trabalho poderá, nos procedimentos de sua competência: notificar testemunhas e requisitar a sua

10. A Lei se refere a inquérito e *outros procedimentos administrativos*, definindo, com isso, a natureza do inquérito civil instaurado pelo Ministério Público: procedimento administrativo.

11. Dentre as quais, requerer a extensão dos efeitos de sentença normativa (art. 869, *d*, da CLT).

condução coercitiva, inclusive pela Polícia Civil ou Militar, ressalvadas as prerrogativas previstas em lei (art. 26, I, *a*, da Lei n. 8.625/93 e art. 8º, I, da Lei Complementar n. 75/93), no caso de ausência injustificada; requisitar informações, exames, perícias e documentos de autoridades da Administração Pública direta ou indireta, requisitar informações e documentos a entidades privadas; realizar inspeções e diligências investigatórias; ter acesso a qualquer local público ou privado, respeitadas as normas constitucionais pertinentes à inviolabilidade do domicílio; expedir notificações e intimações necessárias aos procedimentos e inquéritos que instaurar; requisitar o auxílio de força policial (art. 8º da Lei Complementar n. 75/93).

9.3. O art. 736 da CLT, quando dispõe ser o Ministério Público do Trabalho constituído por agentes diretos do Poder Público, e o art. 737 da CLT, que subordina o Ministério Público do Trabalho a Ministro de Estado, não foram recepcionados pela Constituição Federal, que atribuiu autonomia funcional e administrativa ao Ministério Público.

9.4. Os arts. 746 e 747 da CLT, que tornam obrigatória a manifestação do Ministério Público do Trabalho em todos os processos e questões de competência do TST e dos Tribunais Regionais do Trabalho, foram revogados pelo art. 83 da Lei Complementar n. 75/93.

Com efeito, dos incisos II e XIII do art. 83 da Lei Complementar n. 75/83 resulta que o Ministério Público do Trabalho atuará nos processos: a) acolhendo solicitação do juiz, quando a matéria, por sua relevância, recomendar a sua prévia manifestação; b) por sua iniciativa, quando entender existente interesse público que justifique a sua intervenção; c) obrigatoriamente, em todos os feitos nos segundo e terceiro graus de jurisdição da Justiça do Trabalho, quando a parte for pessoa jurídica de Direito Público, Estado estrangeiro ou organismo internacional.

Da independência funcional assegurada ao Ministério Público decorre que a ele cabe definir os processos em que atuará na defesa do interesse público. Se o juiz concluir pela ausência de interesse público a ser tutelado pelo Ministério Público e recusar a sua participação no processo, cumpre-lhe impugnar a decisão respectiva, pelos meios dispostos pela ordem jurídica.

Arruda Alvim assevera que "haver interesse público faz com que os direitos em jogo se tornem, em maior ou menor grau, indisponíveis" e que "a circunstância de a pessoa jurídica de direito público ser parte na causa não constitui razão suficiente para a obrigatoriedade de intervenção do Ministério Público, se não evidenciada a conotação de interesse público (interesse público que não coincide com aquele subjetivado na pessoa de direito público, mas interesse público que a transcenda e, pois, socialmente relevante). Também descabe a intervenção do

Parquet, como fiscal da lei, tratando-se de sociedade de economia mista, pois esta só circunstância não significa esteja presente o interesse público".[12]

9.5. O Ministério Público do Trabalho deve ser cientificado, *pessoalmente*, das decisões proferidas nas causas em que tenha intervindo ou emitido parecer escrito (art. 84 da Lei Complementar n. 75/93 e art. 178 do CPC).

9.6. Nos arts. 94 a 97 do seu Regimento Interno, o TST disciplina a atuação do Ministério Público do Trabalho junto àquele tribunal, estabelecendo, por exemplo, que à Procuradoria-Geral do Trabalho serão remetidos processos para parecer, obrigatoriamente, quando for parte pessoa jurídica de direito público, Estado estrangeiro ou organismo internacional e quando houver interesse de incapaz e por iniciativa do Ministério Público do Trabalho, quando entender existente interesse público que justifique a sua intervenção (art. 95, I e III).

Já a Consolidação dos Provimentos da Corregedoria-Geral da Justiça do Trabalho, visando uniformizar os procedimentos concernentes à atuação do Ministério Público do Trabalho nos demais órgãos da Justiça do Trabalho, prevê, por exemplo, que:

a) os membros do Ministério Público do Trabalho serão cientificados pessoalmente das decisões proferidas pelo Judiciário do Trabalho nas causas em que o órgão haja atuado como parte ou como fiscal da ordem jurídica (art. 19);

b) as intimações serão pessoais, mediante o envio dos autos às respectivas sedes das procuradorias regionais do trabalho, ou da forma como for ajustado entre o Presidente do Tribunal e o Procurador--Chefe Regional (art. 19, parágrafo único);

c) às Procuradorias Regionais do Trabalho serão enviados processos para parecer nas seguintes hipóteses: I – *obrigatoriamente*, quando for parte pessoa jurídica de direito público, Estado estrangeiro ou organismo internacional; II – *facultativamente*, e de forma seletiva, por iniciativa do relator, quando a matéria, por sua relevância, recomendar a prévia manifestação do Ministério Público; III – *por iniciativa do Ministério Público do Trabalho*, quando este reputar presente interesse público que justifique a sua intervenção; IV – *por determinação legal*, os mandados de segurança, de competência originária ou em grau recursal, as ações civis coletivas, os dissídios coletivos, caso não haja sido emitido parecer na instrução,

12. *Manual de direito processual civil*, v. I, p. 576 e 578.

e os processos em que forem parte indígenas ou respectivas comunidades e organizações (art. 20);

d) será assegurado aos membros do Ministério Público do Trabalho assento à direita da presidência no julgamento de qualquer processo, judicial ou administrativo, em curso perante Tribunais Regionais do Trabalho (art. 22), sendo assegurada igual prerrogativa nas audiências das Varas do Trabalho a que comparecer o membro do Ministério Público do Trabalho, na condição de parte ou na de fiscal da lei, desde que haja disponibilidade de espaço ou possibilidade de adaptação das unidades judiciárias (art. 22, parágrafo único).

Quanto a este último aspecto, cumpre registrar que o art. 18, I, *a*, da Lei Complementar n. 75/93 assegura aos membros do Ministério Público a prerrogativa de assento no mesmo plano e imediatamente à direita dos juízes singulares ou presidentes dos órgãos judiciários perante os quais oficiam, ao passo que, por meio da Resolução n. 7/05, o Conselho Superior da Justiça do Trabalho dispõe que a aludida prerrogativa é assegurada a todo membro do Ministério Público do Trabalho que oficiar como *custos legis* ou parte perante órgãos da Justiça do Trabalho (art. 1º) e que, "havendo disponibilidade de espaço físico nas Varas do Trabalho ou a possibilidade de adaptação das unidades, deve ser colocado o assento do Procurador no mesmo plano e à direita do Magistrado" (art. 2º).

Capítulo 5

COMPETÊNCIA DA JUSTIÇA DO TRABALHO

1. JURISDIÇÃO E COMPETÊNCIA

A jurisdição é *una*, mas o seu exercício é dividido entre os vários órgãos que compõem o Poder Judiciário. Esta divisão de trabalho define a *medida* da jurisdição de cada um destes órgãos, ou seja, a sua *competência*. Em suma, a jurisdição é exercida pelos órgãos do Poder Judiciário dentro de certos limites e estes limites correspondem à sua competência. A competência é, assim, a medida da jurisdição de cada órgão do Poder Judiciário.

2. CRITÉRIOS DE DISTRIBUIÇÃO DA COMPETÊNCIA ENTRE OS ÓRGÃOS JURISDICIONAIS BRASILEIROS

A distribuição da competência entre os vários órgãos do Judiciário Trabalhista é realizada a partir de: 1) *critérios objetivos*: a) natureza da relação jurídica litigiosa (*competência em razão da matéria* ou *material*[1]); b) atributos pessoais da parte (*competência em razão da pessoa*[2]); 2) *critério funcional* ou *hierárquico*: funções que o órgão do Poder Judiciário é chamado a exercer em determinado processo (*competência funcional* ou *hierárquica*);[3] 3) *critério territorial*: circunscrição territorial de atuação de cada órgão do Poder Judiciário (*competência territorial* ou *em razão do lugar*).[4]

A distribuição da competência é realizada de forma a favorecer o acesso à justiça e a solução judicial dos conflitos de interesses submetidos ao Poder Judiciário, e, para este efeito, são considerados os elementos identificadores da demanda a ser submetida ao Poder Judiciário (partes, causa de pedir e pedido) e

1. A natureza jurídica da relação objeto de litígio é definida mediante o exame do pedido e da causa de pedir.
2. É o que ocorre, no processo do trabalho, com o pequeno empreiteiro ou artífice, nas pequenas empreitadas (art. 652, III, da CLT).
3. Trata-se de *divisão vertical da competência*, isto é, realizada dentre órgãos superiores e inferiores.
4. A hipótese é de divisão da competência que leva em conta a porção do território em que o juiz poderá exercer a jurisdição.

a eventual relação da demanda a ser proposta com demanda anterior (hipóteses de prevenção, por exemplo).

3. MOMENTO DA FIXAÇÃO DA COMPETÊNCIA. A PERPETUAÇÃO DA COMPETÊNCIA

Distribuída a demanda, pode ocorrer modificação do estado de fato ou de direito presente no momento da distribuição. Diante desta possibilidade, é necessário estabelecer os efeitos de tais modificações sobre a competência para julgamento da demanda já proposta.

O Direito Processual do Trabalho não disciplina a questão, impondo-se, para suprir a sua omissão, o recurso ao direito processual civil como sua fonte subsidiária. O art. 43 do CPC estabelece que "Determina-se a competência no momento do registro ou da distribuição da petição inicial, sendo irrelevantes as modificações do estado de fato ou de direito ocorridas posteriormente, salvo quando suprimirem o órgão judiciário ou alterarem a competência absoluta".

O CPC consagra, portanto, o princípio da *perpetuatio jurisdicionais*: a competência fixada no momento da propositura da demanda (momento do registro ou da distribuição da petição inicial) se perpetuará, salvo quando suprimirem o órgão judiciário ou alterarem a competência absoluta.

De acordo com o art. 43 do CPC, somente quando houver supressão do órgão judiciário ou alteração da competência absoluta é que será alterada a competência determinada no momento do registro ou distribuição da petição inicial. Desse modo, não a alteração da competência relativa do órgão judiciário não afeta a competência determinada no momento do registro ou distribuição da petição inicial. Com isso, se a demanda foi proposta, por força da aplicação do art. 651, § 1º, da CLT, no domicílio do reclamante, posterior mudança do trabalhador (que corresponde a uma modificação do estado de fato) não resultará em modificação da competência do juízo em que foi proposta a demanda.

Por outro lado, não se confundem a *supressão* do órgão judiciário com a *alteração do âmbito territorial de sua atuação*. Por consequência, a competência não será modificada quando a demanda for proposta no local da prestação de serviços (art. 651, *caput*, da CLT) e ele passar, posteriormente, a integrar o âmbito de atuação jurisdicional de outra Vara do Trabalho (o que corresponde a uma modificação do estado de direito).

4. FONTES DAS NORMAS SOBRE A COMPETÊNCIA DA JUSTIÇA DO TRABALHO

A competência dos órgãos da Justiça do Trabalho é fixada na Constituição da República, na CLT, em normas de Direito Processual do Trabalho não consolidadas, em tratados de que o Brasil seja signatário (arts. 651, § 2º, da CLT, 5º, § 2º, da Constituição e art. 11 da Lei n. 10.593/02) e nos Regimentos Internos dos Tribunais (art. 96, I, *a*, da Constituição).[5]

A competência estabelecida pela Constituição não pode ser reduzida pela lei ordinária, mas pode ser por ela ampliada, nos termos do art. 114, IX, da Constituição (é o que ocorreu, por exemplo, com a competência para a homologação de acordo extrajudicial (art. 652, *f*, da CLT, acrescentado pela Lei n. 13.467/17).

5. COMPETÊNCIA EXCLUSIVA, CONCORRENTE E ORIGINÁRIA

A competência pode ser: a) *exclusiva*: o autor deve propor a demanda em determinado juízo; b) *concorrente por eleição do autor*: para a demanda existem dois ou mais juízos competentes e ao autor é reconhecida a faculdade de escolher aquele em que irá propor a demanda (art. 651, § 3º, da CLT, por exemplo); c) *concorrente sucessivamente*: para a demanda existem dois juízos competentes, mas o segundo foro previsto em lei é subsidiário; d) *originária*: a competência é originária quando a demanda tiver que ser conhecida em primeiro lugar por determinado órgão do Poder Judiciário.

6. COMPETÊNCIA ABSOLUTA E RELATIVA. MOMENTO PRÓPRIO PARA ALEGAR A INCOMPETÊNCIA DO JUÍZO. PRORROGAÇÃO DA COMPETÊNCIA. COMPETÊNCIA PARA AS DEMANDAS ACESSÓRIAS

A competência, segundo a disponibilidade das partes e do juiz sobre a sua fixação, será *absoluta* ou *relativa*.

6.1. A competência é absoluta quando a demanda deve ser necessariamente julgada por determinado juízo. A competência absoluta não pode ser alterada pelo juiz ou pela vontade das partes (art. 795, § 1º, da CLT e art. 64, § 1º, do CPC). No Direito Processual do Trabalho, a competência absoluta é a fixada em razão da matéria, das pessoas e da função que o órgão jurisdicional desempenhará no processo (competência funcional).

A incompetência absoluta: a) deve ser declarada de ofício pelo juiz (art. 795, § 1º, da CLT[6] e art. 64, § 1º, do CPC); b) pode ser alegada pelas partes em

---

5. No Tribunal Superior do Trabalho e nos Tribunais Regionais do Trabalho, cabe aos respectivos regimentos internos estabelecer a competência dos seus órgãos.

6. No art. 795, § 1º, da CLT, *incompetência de foro* não significa incompetência em razão do lugar (que não pode ser declarada de ofício), mas ausência de jurisdição ou incompetência absoluta. Ao declarar a incompetência

qualquer tempo e grau de jurisdição, independentemente de exceção (art. 64, *caput*, do CPC).[7]

Pronunciada a incompetência absoluta, os autos devem ser remetidos ao juízo considerado competente (art. 795, § 2º, da CLT e art. 64, § 3º, da CLT).[8] No entanto, se for pronunciada a incompetência apenas em relação a alguns dos pedidos objeto da demanda, não se dará a remessa dos autos a outro juízo, mas a extinção do processo, sem julgamento de mérito, por falta de pressupostos de constituição válida do processo, em relação aos pedidos que devem ser julgados em outro juízo.

O art. 795, § 1º, da CLT dispõe que, reconhecida a incompetência do juízo, serão nulos os atos decisórios praticados no juízo considerado incompetente. Contudo, dispõe o art. 64, § 4º, do CPC que, "salvo decisão judicial em sentido contrário, conservar-se-ão os efeitos de decisão proferida pelo juízo incompetente até que outra seja proferida, se for o caso, pelo juízo competente". Assim, os efeitos dos atos decisórios praticados no juízo incompetente são mantidos até que outra decisão seja proferida, se for o caso, pelo juízo competente. Destarte, o reconhecimento da incompetência absoluta não implica, automaticamente, nulidade dos atos decisórios praticados no juízo incompetente.

A solução adotada pelo CPC, no art. 64, § 4º, atende aos princípios da economia processual, que exige o máximo aproveitamento possível dos atos praticados, da celeridade processual, que impõe uma postura que conduza à mais rápida solução do dissídio, e da facilitação do julgamento do mérito ou da satisfação do credor na execução, o que a torna compatível com o Direito Processual do Trabalho. Neste caso, o CPC atua como fonte supletiva do Direito Processual do Trabalho.

6.2. A competência é relativa quando a demanda pode ser processada e julgada, sem risco de nulidade fundada em incompetência, em juízo diverso daquele que deveria julgá-la.

A competência relativa, que no Direito Processual do Trabalho, é apenas a territorial ou em razão do lugar, é fixada atendendo, principalmente, aos interesses das partes, razão pela qual não pode ser declarada de ofício.[9]

---

em razão do foro, o juiz afirmará que o foro escolhido pela parte não é o competente em razão da matéria, da pessoa envolvida ou do órgão judicial que deve oficiar na demanda.

7. A incompetência absoluta somente pode ser alegada em recurso de revista se tiver sido alegada perante o TRT.
8. Dá-se, na hipótese, o *transladio judicii* ou a *reassunção da causa*, ou seja, a continuidade do processo em outro juízo, preservando-se os efeitos dos atos processuais praticados.
9. O fato de a incompetência relativa não ser suscetível de declaração de ofício não impede que o juiz extinga o processo quando perceba que as partes, por conta do seu posicionamento a respeito de determinada questão, acertaram, previamente, que a competência não seria questionada, para efeito de sua prorrogação. Extinguindo o processo, o juiz evita que as partes alcancem fim proibido em lei (a escolha do juiz que deverá examinar a demanda). Na hipótese, o juiz não estará examinando de ofício a sua competência, mas cumprindo o dever que lhe impõe o art. 142 do CPC.

A incompetência relativa pode ser alegada pela parte e pelo Ministério Público, nas causas em que atuar (art. 65, parágrafo único, do CPC).

O art. 799, § 1º, da CLT define a *exceção* como forma própria para arguir a incompetência relativa. De acordo com o art. 64 do CPC, "a incompetência, absoluta ou relativa, será alegada como questão preliminar de contestação". O CPC, portanto, simplifica a arguição de incompetência relativa.

No entanto, adotando solução diversa da adotada pelo CPC, a Lei n. 13.467/17 conferiu nova redação ao art. 800 da CLT, que passa a dispor que:

a) a incompetência relativa deve ser alegada em exceção, que pode ser apresentada no prazo de cinco dias, a contar da notificação, em peça que sinalize a existência desta exceção, seguir-se-á o procedimento estabelecido neste artigo (art. 800, *caput*).

Cumpre registrar que a não apresentação da exceção ou a sua apresentação fora do prazo legal implica preclusão do direito de alegá-la e, com isto prorrogação da competência do juízo em que foi distribuída a demanda (art. 65 do CPC), e que na petição relativa à exceção não deverá ser *sinalizada a existência da exceção*, mas a *incompetência territorial do juízo* em que foi distribuída a demanda;

b) protocolada a petição, será suspenso o processo e não se realizará a audiência a que se refere o art. 843 da CLT até que se decida a exceção (art. 800, § 1º).

Trata-se de inovação que afronta o princípio da celeridade, na medida em que, na sistemática anterior à Lei n. 13.467/17, a exceção era apresentada em audiência e nela poderia ser decidida, seguindo-se, imediatamente, o recebimento da defesa e a instrução do processo, no caso de não ser acolhida a exceção;

c) os autos serão imediatamente conclusos ao juiz, que intimará o reclamante e, se existentes, os litisconsortes, para manifestação no prazo de cinco dias (art. 800, § 2º);

d) se entender necessária a produção de prova oral, o juízo designará audiência, garantido o direito de o excipiente e de suas testemunhas serem ouvidas, por carta precatória, perante o juízo que este houve apontado como competente (art. 800, § 3º).

Sob este prisma, poderão ser realizadas *duas audiências visando a solução da exceção*, uma no juízo em que foi distribuída a demanda, para oitiva do reclamante e suas testemunhas, e, outra, no juízo apontado na exceção como competente, para oitiva do excipiente e suas testemunhas, o que afeta a celeridade e a economia processuais, além do que, se o excipiente optar pela sua oitiva e a das testemunhas no juízo que apontar como competente, o reclamante, que é muitas vezes um trabalhador desempregado, terá que se deslocar para este juízo ou contratar advogado para representa-lo, para participar a instrução da exceção e, inclusive, contraditar as testemunhas. Este dispositivo legal conduz, inclusive, à seguinte indagação: foi retirada do juiz a possibilidade de colher o depoimento pessoal do excipiente? A resposta negativa se impõe, vez que o art. 820 da CLT autoriza afirmar que o juiz, se entender necessário, pode determinar o comparecimento do demandado na sede do juízo em que a demanda foi proposta para prestar depoimento pessoal;

e) decidida a exceção, o processo retomará seu curso, com a designação de audiência, que apresentação de defesa e a instrução processual perante o juízo competente (art. 800, § 4º), valendo lembrar que não cabe recurso contra a decisão que decidir a exceção, salvo as hipóteses da Súmula n. 214 do TST, por se tratar de decisão interlocutória.

Anote-se que, em relação ao procedimento sumaríssimo, existe **norma especial** (art. 852-H da CLT), que se sobrepõe à norma geral (art. 800 da CLT), ou seja, nele, a exceção deverá ser apresentada no prazo para resposta, em audiência, quando designada. Com efeito, de acordo com o art. 852-H da CLT, no procedimento sumaríssimo todos os incidentes serão resolvidos em audiência, o que alcança aquele que envolve questão relacionada a competência em razão do lugar.

6.3. A ausência de alegação da incompetência relativa na forma e no momento apropriados implica *prorrogação* da competência do juízo no qual foi ajuizada a demanda (art. 65 do CPC). Trata-se de *prorrogação legal ou necessária da competência*, posto que imposta pela ordem jurídica. Assim, o juízo que era de início relativamente incompetente, passa a ser competente para conhecer da demanda.

6.4. A ação acessória será proposta perante o juízo competente para a ação principal, conforme prevê o art. 61 do CPC.

7. CONEXÃO E CONTINÊNCIA. PREVENÇÃO

A demanda envolve: a) quem comparece em juízo e afirma ser titular de um direito, que requer seja reconhecido e tutelado (autor/reclamante/demandante) e aquele em face de quem a demanda é proposta (réu/reclamado/demandado); b) o bem da vida que se pretende alcançar por força da atuação do Poder Judiciário (pedido); c) as razões pelas quais é apresentada a demanda ao Poder Judiciário e requerida a confirmação da existência do direito deduzido e sua tutela (causa de pedir).[10] As partes, o pedido e a causa de pedir identificam a demanda.

Note-se que *demandar* é apresentar uma pretensão ao Poder Judiciário, no exercício do direito de *ação*. No entanto, não é raro encontrar na doutrina e na

10. A causa de pedir envolve o fato do qual decorre o direito deduzido e o fato do qual decorre o interesse de recorrer ao Poder Judiciário.

jurisprudência a utilização das expressões *demanda* e *ação* como sinônimas (note-se, por exemplo, que os arts. 21 e 22 do CPC falam em *julgar a ação*, enquanto o seu art. 337, § 2º, alude à *identidade de ações*). Também não é rara a utilização como sinônimas das expressões *ação* e *causa* (neste sentido, o CPC, ao mesmo tempo em que fala em *julgamento de ação*, aduz, na definição da ordem cronológica para o proferimento de decisões, à *causa* que exija urgência no julgamento, isto é, ao *julgamento de causa* – art. 12, IX –, o mesmo ocorrendo quando trata da competência interna, situação em que faz referência ao *julgamento de causas cíveis* – art. 42).

No entanto, a *ação* consiste no ato de ir a juízo, o que constitui, inclusive, um direito (*direito de ação*). Quem vai a juízo, portanto, não propõe uma *ação*, mas uma *demanda*. O que constitui objeto de julgamento, portanto, não é a *ação*, mas a *demanda* que, por meio do exercício do direito de ação, é submetida ao Poder Judiciário. Destarte, é mais correto, do ponto de vista técnico, afirmar que duas ou mais *demandas* podem ter em comum as partes, o pedido e a causa de pedir ou apenas parte destes seus elementos identificadores.

No que diz respeito especificamente à configuração da conexão e continência (assim como da litispendência), o CPC faz uso da expressão *ação*, no sentido de que entre duas ações pode existir coincidência total ou parcial de seus elementos identificadores. Por esta razão, será adotada, para exame de tais institutos, a expressão *ação* como sinônimo de *demanda*.

7.1. Quando duas ou mais ações têm em comum o objeto (pedido) *ou* a causa de pedir, dar-se-á a conexão (art. 55 do CPC). Assim, duas ou mais ações são conexas quando lhes for comum o objeto (pedido) ou a causa de pedir.

Por outro lado, se a identidade entre duas ou mais ações se der em relação às partes *e* à causa de pedir, mas o objeto (pedido) de uma abranger, ante a sua amplitude, o das demais, dar-se-á a continência (art. 56 do CPC). Dá-se a continência entre duas ou mais ações, destarte, sempre que houver entre elas identidade das partes e causa de pedir, mas o objeto (pedido) de uma, por ser mais amplo, abranger o das demais.

O CPC determina, de forma expressa, a reunião dos processos de ações conexas, visando ao proferimento de decisão conjunta, salvo se um deles já houver sido sentenciado (art. 55, § 1º). Quanto a esta última ressalva, vale observar que a reunião dos processos pressupõe a possibilidade de julgamento simultâneo das demandas, ou seja, que ela seja útil.

O CPC também determina a reunião, para julgamento conjunto, dos processos que possam gerar *risco de prolação de decisões conflitantes ou contraditórias* caso decididos separadamente, mesmo sem conexão entre eles (art. 55, § 3º),[11] assim como estabelece a conexão entre a execução de título executivo extrajudicial e a ação de conhecimento relativa ao mesmo ato jurídico e entre execuções fundadas no mesmo título executivo (art. 55, § 2º, I e II). Estas disposições legais são compatíveis com o Direito Processual do Trabalho, notadamente diante da necessidade de evitar decisões conflitantes e contraditórias, ao passo que a reunião de execuções atua em favor do princípio da economia processual e da celeridade processual.

Em relação à reunião dos processos no caso de continência, o CPC dispõe que, quando houver continência e a *ação continente* tiver sido proposta anteriormente, no processo relativo à *ação contida* será proferida sentença sem resolução de mérito, caso contrário, as ações serão necessariamente reunidas (art. 57), o que também é compatível com o Direito Processual do trabalho, visto que não há necessidade de reunir processos quando um deles pode ser extinto sem prejuízo para as partes.

Vale o registro de que, assim como a ação, também a lide tem seus elementos identificadores, que são: a) os sujeitos: titulares dos interesses contrapostos; b) o objeto: bem da vida disputado pelos sujeitos; e c) os interesses: razão da pretensão de cada um dos sujeitos.

7.2. Prevenção é a prévia definição do juízo competente para conhecer e julgar determinada demanda.

A prevenção tem caráter imperativo e deve ser observada já na distribuição da demanda. Se não houver observação da prevenção na distribuição, as partes poderão suscitá-la posteriormente. Contudo, pode o juiz, mesmo que não o requeira qualquer das partes, declarar, de ofício, a sua incompetência por força da prevenção de outro juízo, vez que a hipótese é de competência funcional e, portanto, absoluta.

O CPC dispõe, no art. 59, que o registro ou a distribuição da petição inicial torna prevento o juízo, e, no art. 286, que "serão distribuídas por dependência as causas de qualquer natureza: I – quando se relacionarem, por conexão ou continência, com outra já ajuizada; II – quando, tendo sido extinto o processo, sem julgamento de mérito, for reiterado o pedido, ainda que em litisconsórcio com outros autores ou que sejam parcialmente alterados os réus da demanda; III – quando houver ajuizamento de ações nos termos do art. 55, § 3º, ao juízo prevento". Os arts. 59 e 286 do CPC são compatíveis com o Direito Processual do Trabalho, ou seja, no processo do trabalho, a prevenção corre nas mesmas situações em que ela se verifica segundo o CPC.

---

11. O CPC alude a *conexão entre processos*, quando está tratando, na verdade, da conexão entre ações.

8. ELEIÇÃO DE FORO

O CPC autoriza as partes a modificar a competência em razão do lugar, elegendo o foro onde será proposta ação oriunda de direitos e obrigações (art. 63).

A CLT dispõe, quando trata da competência, de normas de ordem pública, que são inderrogáveis pela vontade das partes, por colimarem facilitar o acesso do trabalhador à justiça e à defesa de seus direitos. Daí ser a eleição de foro incompatível com o Direito Processual do Trabalho, quando se trate de dissídio decorrente da relação de emprego, porque dela pode resultar prejuízo ao acesso do trabalhador à justiça e à mais rápida e econômica solução do litígio que envolva relação de trabalho. A eleição de foro será possível, no entanto, quando dela resulte, para o trabalhador, facilitação do acesso à justiça e à defesa de seus direitos.

Desse modo, se no contrato de trabalho for fixado o foro para dirimir eventuais litígios dele decorrentes em prejuízo do trabalhador, a cláusula respectiva pode ser anulada de ofício pelo juiz, que declinará a competência para o juízo competente, na forma do art. 651 da CLT, respeitada, no entanto, a restrição constante do art. 63, §§ 3º e 4º, do CPC, vez que o silêncio do autor autoriza presumir a sua concordância com cláusula de eleição de foro.

9. CONFLITOS DE COMPETÊNCIA

De início, registre-se que a CLT, ao tratar da questão, faz alusão a *conflito de jurisdição*. Mas, o que ocorre, segundo a própria disciplina que a CLT confere à questão, é *conflito de competência*. Nesse sentido, inclusive, o art. 804 a CLT faz expressa referência à situação em que dois ou mais órgãos do Poder Judiciário se consideram *competentes* ou *incompetentes*, o que indica que a hipótese não é de conflito de jurisdição.

9.1. Dá-se o conflito de competência, nos termos do art. 804 da CLT, quando: a) dois ou mais órgãos do Poder Judiciário se declaram competentes para solucionar o litígio (*conflito positivo*); b) dois ou mais órgãos do Poder Judiciário se consideram incompetentes para solucionar o litígio (*conflito negativo*).

Também ocorre o conflito, à luz do art. 66, III, do CPC, quando entre dois ou mais juízes surge controvérsia acerca da reunião ou separação de processos.

9.2. O conflito de competência pode ocorrer, como prevê o art. 803 da CLT, entre: a) Varas do Trabalho; b) Juízes de Direito investidos na administração da Justiça do Trabalho; c) Tribunais

Regionais do Trabalho; d) Juízes e Tribunais do Trabalho e órgãos da Justiça Comum.

O art. 803 da CLT exclui a possibilidade de conflito entre Vara do Trabalho ou Juiz de Direito investido na jurisdição trabalhista e o TRT da Região respectiva ou entre TRT e o TST. Nem poderia ser diferente, posto que a hierarquia exclui o conflito.[12]

Não há conflito de competência se já existe sentença com trânsito em julgado proferida por um dos juízes conflitantes (Súmula n. 59 do STJ).

9.3. O conflito pode ser suscitado por qualquer das partes, pelo Ministério Público do Trabalho ou pelo juiz (art. 805 da CLT e art. 951 do CPC).

O CPC estabelece que o Ministério Público somente será ouvido nos conflitos de competência relativos aos processos que envolvam interesse público ou social, interesse de incapaz e litígios coletivos pela posse de terra urbana ou rural, mas terá a qualidade de parte naqueles que suscitar (art. 951, parágrafo único). O art. 809, II, da CLT, determina a oitiva do Ministério Público nos conflitos de competência, mas sem qualquer ressalva. O CPC é, neste particular, compatível com o Direito Processual do Trabalho, inclusive em relação à restrição por ele estabelecida, que é plenamente justificável, na medida em que a intervenção do Ministério Público somente pode ser exigida nas situações em que esta intervenção for expressamente estabelecida pela ordem jurídica.

Não pode suscitar conflito a parte que no processo apresentou exceção de incompetência (art. 806 da CLT).

Ao suscitar o conflito, deverá o suscitante produzir prova de sua existência (art. 807 da CLT e art. 953, parágrafo único, do CPC).

9.4. O conflito de competência será julgado:

1) pelo Supremo Tribunal Federal, quando se der entre: a) o Superior Tribunal de Justiça e quaisquer Tribunais; b) Tribunais Superiores; c) Tribunais Superiores e qualquer outro Tribunal (art. 102, I, *o*, da Constituição Federal de 1988);[13] d) Tribunal Superior da União e magistrado de primeira instância a ele não vinculado (art. 105, I, *d*, da Constituição Federal);[14]

12. A propósito: "Não se configura conflito de competência entre Tribunal Regional do Trabalho e Vara do Trabalho a ele vinculada" (Súmula n. 420 do TST).

13. O art. 808, *d*, da CLT não foi recepcionado pela Constituição Federal, em face do que estabelecem os seus arts. 102, I, *o*, e 105, I, *d*.

14. Nesse sentido, decidiu o STF que "compete ao Supremo Tribunal Federal conhecer de conflito negativo de competência suscitado por Juiz Federal face ao Tribunal Superior do Trabalho, em reclamação trabalhista contra a

2) pelo Superior Tribunal de Justiça, quando ocorrer entre: a) quaisquer Tribunais, ressalvada a competência do STF e do TST (art. 114, V, da Constituição); b) Tribunal e juízes a ele não vinculados, ressalvada a competência do TST;[15] c) juízes vinculados a tribunais diversos (art. 105, I, *d*, da Constituição);

3) pelo Tribunal Superior do Trabalho, quando se der entre: a) Tribunais Regionais do Trabalho; b) Varas do Trabalho subordinadas a distintos Tribunais Regionais do Trabalho (arts. 2º, I, *e*, e 3º, II, *b*, da Lei n. 7.701/88, 808, *b*, da CLT e 114, V, da Constituição);

4) pelos Tribunais Regionais do Trabalho, quanto se der entre: a) Varas do Trabalho da respectiva região; b) Juízes de Direito investidos da jurisdição trabalhista da respectiva região; c) Vara do Trabalho e Juiz de Direito investido da jurisdição trabalhista, na respectiva região (art. 808, *a*, da CLT).[16]

9.5. Nos conflitos de competência entre as Varas e os Juízos de Direito investidos na jurisdição trabalhista, o juiz ou presidente mandará extrair dos autos as provas do conflito e, com a sua informação, remeterá o processo assim formado ao presidente do Tribunal competente para julgá-lo (arts. 809, I, e 810 da CLT).

Nos demais casos:

a) após a distribuição do conflito, o relator determinará a oitiva dos juízes em conflito ou, se um deles for suscitante, apenas do suscitado (art. 809, II, da CLT e art. 954 do CPC);

b) o relator, de ofício ou a requerimento, poderá, no caso de conflito positivo, determinar o sobrestamento do processo e, nesse caso, bem como no de conflito negativo, designará um dos juízes para resolver, em caráter provisório, as medidas urgentes (art. 809, II, da CLT e art. 955 do CPC);

c) decorrido o prazo designado pelo relator, será ouvido o Ministério Público do Trabalho, no prazo de cinco dias, ainda que as informações não tenham sido prestadas (art. 809, II, da CLT e art. 956 do CPC), com a ressalva constante do art. 951, parágrafo único, do CPC;

d) o relator poderá julgar de plano o conflito de competência quando sua decisão se fundar em Súmula do STF, do TST ou do próprio tribunal ou em tese firmada em julgamento de casos repetitivos ou em incidente de assunção de

---

União e Estrada de Ferro Paraná Oeste S.A. — FERROESTE" (STF, CC N. 7.149/PR, Rel. Min. Joaquim Barbosa, DJ 28.11.2003, p 11).

15. Conforme a Súmula n. 236 do STJ: "Não compete ao Superior Tribunal de Justiça dirimir conflitos de competência entre juizes trabalhistas vinculados a Tribunais Regionais do Trabalho diversos".

16. Nesse sentido, "na lide trabalhista, compete ao Tribunal Regional do Trabalho dirimir conflito de competência verificado, na respectiva região, entre Juiz Estadual e Junta de Conciliação e Julgamento". (Súmula n. 180 do STJ).

competência (aplicação do art. 955, parágrafo único, do CPC, que é compatível com o Direito Processual do Trabalho, especialmente por favorecer o mais rápido julgamento da demanda);

e) não sendo o caso de julgamento imediato, o processo será incluído em pauta para julgamento, na primeira sessão (art. 809 da CLT);

f) proferida a decisão e definido o juízo competente, será a mesma comunicada, imediatamente, às autoridades em conflito, prosseguindo-se o processo no foro competente (art. 809, III, da CLT), devendo o tribunal, ao julgar o conflito, pronunciar-se sobre a validade dos atos do juízo incompetente (art. 957 do CPC).

No conflito que envolva órgãos fracionários de tribunal, desembargadores e juízes em exercício no tribunal, observar-se-á o que dispuser o seu regimento interno (art. 958 do CPC).

Sendo competente para julgar o conflito o Supremo Tribunal Federal ou o Superior Tribunal de Justiça, o procedimento a ser seguido no julgamento será o definido no CPC e Regimento Interno do órgão julgador.

10. A COMPETÊNCIA DA JUSTIÇA DO TRABALHO SEGUNDO A CONSTITUIÇÃO DA REPÚBLICA DE 1988, NA SUA REDAÇÃO ORIGINAL

Antes de definir a competência da Justiça do Trabalho segundo previsto na Constituição de 1988 na sua redação original, cumpre mencionar o que a respeito previam as Constituições anteriores:

a) a Constituição de 1946 atribuiu à Justiça do Trabalho competência para "conciliar e julgar os dissídios individuais e coletivos entre empregados e empregadores, e, as demais controvérsias oriundas de relações do trabalho regidas por legislação especial" (art. 123);

b) a Constituição de 1967 atribuiu à Justiça do Trabalho competência para "conciliar e julgar os dissídios individuais e coletivos entre empregados e empregadores e as demais controvérsias oriundas de relações de trabalho regidas por lei especial" (art. 133);

c) a Constituição de 1969 estabeleceu como competência da Justiça do Trabalho "conciliar e julgar os dissídios individuais e coletivos entre empregados e empregadores e, mediante lei, outras controvérsias oriundas de relação de trabalho" (art. 141);

d) na sua redação original, o art. 114 da Constituição de 1988 atribuía à Justiça do Trabalho competência para "conciliar e julgar os dissídios individuais e coletivos entre trabalhadores e empregadores, abrangidos os entes de direito público externo e da administração pública direta e indireta dos Municípios, do

Distrito Federal, dos Estados e da União, e, na forma da lei, outras controvérsias decorrentes da relação de trabalho, bem como os litígios que tenham origem no cumprimento de suas próprias sentenças, inclusive coletivas".

Assim, segundo o art. 114 da Constituição de 1988, na sua redação original, à Justiça do Trabalho competia conciliar e julgar: 1) dissídios entre empregados e empregadores, ou seja, dissídios decorrentes da *relação de emprego*; 2) outras controvérsias decorrentes da *relação de trabalho*, segundo previsto em lei;[17] 3) os litígios que tivessem origem no cumprimento de suas próprias sentenças, inclusive coletivas.

11. A COMPETÊNCIA DA JUSTIÇA DO TRABALHO APÓS A EMENDA CONSTITUCIONAL N. 45, DE 31.12.2004: BREVES CONSIDERAÇÕES

A Emenda Constitucional n. 45/2004 conferiu nova redação ao art. 114 da Constituição de 1988, atribuindo à Justiça do Trabalho competência para processar e julgar: I – as ações oriundas das relações de trabalho, abrangidos os entes de direito público externo e da administração pública direta e indireta da União, dos Estados, do Distrito Federal e dos Municípios; II – as ações que envolvam o exercício do direito de greve; III – as ações sobre representação sindical, entre sindicatos, entre sindicatos e trabalhadores, e entre sindicatos e empregadores; IV – os mandados de segurança, *habeas corpus* e *habeas data*, quando o ato questionado envolver matéria sujeita à sua jurisdição; V – os conflitos de competência entre órgãos com jurisdição trabalhista, ressalvado o disposto no art. 102, I, *o*, da Constituição Federal; VI – as ações de indenização por dano moral ou patrimonial decorrentes da relação de trabalho; VII – as ações relativas às penalidades administrativas impostas aos empregadores pelos órgãos de fiscalização das relações de trabalho; VIII – a execução, de ofício, das contribuições sociais previstas no art. 195, I, *a*, e II, e seus acréscimos legais, decorrentes das sentenças que proferir; IX – outras controvérsias decorrentes da relação de trabalho, na forma da lei.

Com a nova redação do art. 114 da Constituição, conferida pela Emenda Constitucional n. 45/2004, foi promovida relevante alteração na competência da Justiça do Trabalho.

Com efeito: a) antes da Emenda Constitucional n. 45/2004, a Justiça do Trabalho tinha como competência básica a conciliação e julgamento dos conflitos de interesses decorrentes da *relação de emprego* e somente conciliava e julgava conflitos de interesses oriundos de *relação de trabalho* quando estivesse autorizada, por norma

---

17. A CLT contempla, no art. 652, duas situações em que o conflito de interesse decorrente de relação de trabalho não subordinado será solucionado pela Justiça do Trabalho: dissídios resultantes de contrato de empreitada em que o empreiteiro seja operário ou artífice; ações entre trabalhadores portuários e os operadores portuários ou o órgão gestor de mão de obra decorrentes de relação de trabalho.

expressa, a fazê-lo, o que significa que somente o faria em *caráter excepcional;* b) em razão da citada Emenda Constitucional, a Justiça do Trabalho passou a ter competência para processar e julgar os conflitos de interesses decorrentes da *relação de trabalho*. Desse modo, o que era excepcional, ou seja, o julgamento, pela Justiça do Trabalho, de conflitos decorrentes da relação de trabalho, passou a ser a regra.

Desde modo, o processo do trabalho, que tinha por finalidade, antes da Emenda Constitucional n. 45/2004, a concretização dos direitos decorrentes da relação de emprego, passou a ter por finalidade a concretização dos direitos resultantes da relação de trabalho, o que, sem dúvida, tem forte influência na sua importância social. Mais do que isto, a valorização da Justiça do Trabalho enriquece o processo do trabalho, acrescentando-se que valorizar os meios de concretização dos direitos decorrentes da relação de trabalho é fazer o mesmo em relação ao trabalho e à dignidade humana do trabalhador.[18]

Note-se que o art. 114 da Constituição de 1988, na sua redação original, conferia à Justiça do Trabalho competência para *conciliar* e *julgar* as controvérsias a que fazia alusão, ao passo que o art. 114 da Constituição na redação estabelecida pela Emenda Constitucional n. 45/2004 não faz referência à conciliação. Contudo, tal omissão não é suficiente para afirmar que o Direito Processual do Trabalho deixou de ter a conciliação como uma das suas diretrizes fundamentais. É que o art. 114 da Constituição Federal somente trata da *competência material da Justiça do Trabalho*, o que significa que cabe à lei infraconstitucional definir os procedimentos a serem adotados na solução dos conflitos trabalhistas e a CLT, nos arts. 643, 763 e 764, torna obrigatória a tentativa de conciliação dos conflitos cuja competência para julgamento seja da Justiça do Trabalho.

12. A COMPETÊNCIA DA JUSTIÇA DO TRABALHO SEGUNDO A EMENDA CONSTITUCIONAL N. 45/2004: ANÁLISE DAS DEMANDAS CONTEMPLADAS PELO ART. 114 DA CONSTITUIÇÃO DE 1988

A competência atribuída a Justiça do Trabalho pelo art. 114 da Constituição de 1988 abarca *dissídios oriundas da relação de trabalho* (inciso I) e *dissídios conexos à relação de trabalho* (incisos II a VIII).

12.1. Dissídios oriundos da relação de trabalho.

Dispõe o art. 114, I, da Constituição, que à Justiça do Trabalho compete julgar os dissídios oriundos da *relação de trabalho*.

18. A Constituição Federal valoriza o trabalho humano e não o trabalho humano subordinado. A Emenda n. 45/2004 ampliou a rede de proteção ao trabalho humano, atribuindo o julgamento das lides decorrentes da relação de trabalho a uma justiça especializada, capaz de assegurar-lhe tutela qualificada.

Assim, compete à Justiça do Trabalho julgar os dissídios oriundos das relações jurídicas que tenham por objeto o trabalho humano prestado em favor do outrem, excluídas a relação de consumo que tenha por objeto a prestação de serviços por pessoa física e a relação da Administração Pública com os seus servidores, salvo aqueles contratados pelo regime celetista, ou seja, como empregados.

De outro lado, não se confundem relação de trabalho e relação de emprego. A relação de trabalho constitui *gênero* do qual a relação de emprego é uma *espécie*. A relação de emprego é a relação jurídica que tem por objeto o *trabalho humano* prestado em favor de outrem, de forma *pessoal*, onerosa, não eventual (ou contínua, no caso do trabalhador doméstico) e subordinada. Partindo deste conceito, é afirmado que a relação de trabalho a que alude o art. 114, I, da Constituição corresponde ao vínculo jurídico que tem por objeto o trabalho humano prestado por uma pessoa física em favor de outrem (pessoa física ou jurídica), de forma pessoal, onerosa ou gratuita, eventual ou não eventual e subordinada ou autônoma.

Desse modo, a Justiça do Trabalho é competente para processar e julgar as ações decorrentes das relações jurídicas que envolvem o trabalho humano prestado em favor de outrem, resultantes, por exemplo, de contratos de: trabalho ou relação de emprego (arts. 2º e 3º da CLT), trabalho autônomo,[19] trabalho avulso,[20] empreitada (arts. 610 a 626 do Código Civil), depósito (arts. 627 a 646 do Código Civil), mandato (arts. 653 a 691 do Código Civil), comissão (arts. 693 a 709 do Código Civil), representação comercial (Lei n. 4.886/65[21]), corretagem (arts. 722 a 729 do Código Civil), transporte (arts. 730 a 736 do Código Civil), estágio (Lei n. 11.788/08) e trabalho voluntário (Lei n. 9.608/98).

---

19. De acordo com o art. 12, V, *h*, da Lei n. 8.212/91, trabalhador autônomo é "a pessoa física que exerce, por conta própria, atividade econômica de natureza urbana, com fins lucrativos ou não". Autônomo é o trabalhador governado, na prestação de serviços a outrem, por suas próprias regras e que assume os riscos de sua atividade. Lembre-se que, de acordo com o art. 2º da CLT, ao empregador cabem os riscos do seu empreendimento. Destarte, a verificação daquele que suporta os riscos da atividade tem influência na definição da natura jurídica da relação estabelecida entre prestador e tomador dos serviços.

20. Trabalhador avulso é o arregimentado por sindicato ou órgão gestor de mão de obra para a prestação de serviços a um ou mais tomadores de serviços. Ao trabalhador avulso foram estendidos todos os direitos decorrentes da relação de emprego (art. 7º, XXXIV, da Constituição).

21. Segundo o art. 1º da Lei n. 4.886/65, "exerce a representação comercial a pessoa jurídica ou a pessoa física, sem relação de emprego, que desempenha, em caráter não eventual por conta de uma ou mais pessoas, a mediação para a realização de negócios mercantis, agenciando propostas ou pedidos, para transmiti-los aos representados, praticando ou não atos relacionados com a execução dos negócios". Note que o fato de o art. 39 da citada lei estabelecer que a justiça comum é competente para o julgamento das controvérsias entre representante e representado não impede reconhecer que o julgamento de tais controvérsias cabe à Justiça do Trabalho. É que o art. 39 da Lei n. 4.886/65 não foi recepcionado pela Constituição de 1988, que atribui à Justiça do Trabalho competência para julgar os dissídios decorrentes da relação de trabalho e a representação comercial, quando se trata de representante pessoa física, nada mais é do que uma relação de trabalho. O art. 114, IX, da Constituição, que mais adiante será examinado, não afeta esta conclusão, vez que apenas autoriza o legislador ordinário a acrescentar à competência da Justiça do Trabalho o julgamento de demandas que não possam ser incluídas naqueles previstas nos seus incisos I a VIII.

Como foi antecipado, estão excluídos da competência da Justiça do Trabalho os dissídios decorrentes da relação de consumo que tenha por objeto a prestação de serviços por pessoa física em favor de outrem não constitui relação de trabalho, posto que:

a) consumidor é a pessoa física ou jurídica que se serve do trabalho alheio para atender a uma necessidade própria, ou seja, o consumidor utiliza o serviço de outrem como o seu destinatário final, ao passo que, na relação de trabalho, especialmente quando se trata de relação de emprego, tomador de serviços é, principalmente, aquele que se serve do trabalho alheio para atender ao desenvolvimento de sua atividade econômica;

b) a distinção entre relação de trabalho e de consumo é reconhecida pelo próprio legislador, quando dispõe que o serviço objeto da relação de consumo é qualquer atividade fornecida ao mercado de consumo, mediante remuneração, "salvo as decorrentes das relações de caráter trabalhista" (art. 3º, § 2º, do Código de Defesa do Consumidor);

c) a Constituição da República assegura, no art. 170, V, proteção especial ao consumidor, ou seja, ao *tomador dos serviços*, ao passo que o Direito do Trabalho, tem em vista a proteção da dignidade humana do trabalhador, ou seja, do *prestador dos serviços*, o que impede equiparar consumidor e trabalhador, em especial quando ele firma contrato de trabalho com o tomador dos seus serviços.

A impossibilidade de equiparação entre consumidor e trabalhador tem, inclusive, reflexos no processo, na medida em que o Código de Defesa do Consumidor estabelece várias situações de vantagem em favor do consumidor (tomador dos serviços), dentre as quais a inversão do ônus da prova, ao passo que o Direito Processual do Trabalho estabelece várias situações de vantagem em favor do trabalhador (prestador de serviços), como se dá, por exemplo, por meio da exigência de prévia garantia do juízo para efeito de interposição de recurso, nos dissídios individuais);

d) o objeto da relação de consumo é o produto do trabalho, enquanto o objeto da relação de trabalho é a força de trabalho em si mesma;

e) na relação de consumo, o prestador de serviços coloca os seus serviços à disposição do *mercado de consumo* (art. 3º, § 2º, do Código de Defesa do Consumidor) e não de uma pessoa determinada na relação de trabalho.[22]

---

22. José Affonso Dallegrave Neto observa que "é de consumo a relação entre o paciente e o hospital ou mesmo entre o paciente e o médico (profissional liberal) (...). Ambas as relações jurídicas envolvem prestação de serviços, contudo uma é relação de trabalho típica, cujo litígio será julgado pela Justiça do Trabalho, e a outra é relação de consumo, cuja competência jurisdicional é a Justiça Comum. Na primeira, vigora o princípio da proteção ao trabalhador que presta o seu serviço para viabilizar, incrementar ou agregar valor ao produto final que será, posteriormente, oferecido ao consumidor (usuário). Na relação de consumo, o princípio é a tutela do consumidor que paga o preço de mercado para usufruir o serviço (ou do bem) na qualidade de destinatário final" (A nova

Acrescente-se que os prestadores de serviços, notadamente os profissionais liberais, em regra exercem as suas atividades em seu próprio consultório ou escritório, com o concurso de auxiliares e cobrando honorários que incluem não só o valor relativo à sua remuneração, como à dos seus auxiliares e também o custeio dos materiais utilizados na prestação de serviços, cabendo a eles, ainda, os riscos da prestação de serviços, o que os difere do empregado, que é aquele que presta serviços sem uma estrutura organizacional a auxiliá-lo e sem assumir os riscos da prestação de serviços (art. 2º da CLT). E este último trabalhador que o legislador teve em vista quando instituiu a Justiça do Trabalho.

Ainda consoante adiantado, existe uma segunda restrição à interpretação do art. 114, I, da Constituição, que diz respeito à Administração Pública.

A propósito, cumpre esclarecer que a Administração Pública mantém relações que envolvem o trabalho humano, que lhe é prestado pelos denominados *agentes públicos*.

Consoante os arts. 1º e 2º da Lei n. 8.429/1992, é reputado *agente público* todo aquele que exerce, ainda que transitoriamente ou sem remuneração, por eleição, nomeação, designação, contratação ou qualquer outra forma de investidura ou vínculo, mandato, cargo, emprego ou função na administração direta, indireta ou fundacional de qualquer dos Poderes da União, dos Estados, do Distrito Federal, dos Municípios, de Território, de empresa incorporada ao patrimônio público ou de entidade para cuja criação ou custeio o erário haja concorrido ou concorra com mais de cinquenta por cento do patrimônio ou da receita anual. Agentes públicos, como registra Marcello Caetano, são "os indivíduos que por qualquer título exercem atividade ao serviço das pessoas coletivas de direito público, sob a direção dos respectivos órgãos".[23]

Portanto, integram a categoria dos agentes públicos: 1) *agentes políticos*: chefes do executivo, ministros e secretários estaduais e municipais e membros do Poder Legislativo federal, estadual e municipal. Trata-se de pessoas investidas de função política; 2) *agentes particulares colaboradores*: jurados e convocados para a prestação de serviços durante as eleições, por exemplo; 3) *servidores públicos*: pessoas que exercem, em caráter permanente, função pública, integrando o quadro funcional da administração pública direta, das autarquias e das fundações públicas; 4) *empregados públicos*: empregados de sociedade de economia mista e empresa pública.

O questionamento relativo à competência da Justiça do Trabalho envolve as demandas propostas por *servidores públicos*, ou seja: a) *servidores públicos*

---

competência trabalhista para julgar ações oriundas da relação de trabalho. *Revista do TST*, v. 71, n. 1, p. 240-252, jan. /abr. 2005).

23. *Manual de direito administrativo*, v. II, p. 641.

estatutários ou *funcionários públicos*: pessoas cuja relação com a administração pública direta, autarquias e fundações é regida por normas específicas, denominadas *estatutos* (conjunto de normas que regulam a relação jurídica funcional entre a administração pública e o servidor). Daí se falar em *relação estatutária*. Esta relação não é contratual, posto que não é estabelecida por força de contrato celebrado entre administração e servidor; b) *servidores públicos celetistas*: pessoas que mantêm relação de emprego com a Administração Pública direta, autárquica e fundacional; c) *servidores públicos nomeados para cargo em comissão* declarados em lei de livre nomeação e exoneração (art. 37, II, da Constituição da República); d) *servidores públicos temporários*: pessoas contratadas por tempo determinado, para atender necessidade temporária de excepcional interesse público, nos termos do art. 37, IX, da Constituição, sendo a relação entre o servidor e a administração disciplinada por lei específica — daí se falar em sua submissão a um *regime administrativo-especial*.

Do art. 114, I, da Constituição resulta, portanto, que:

a) os dissídios envolvendo servidor público celetista e a Administração Pública, ou seja, dissídios oriundos de *relação de emprego*, serão julgados pela Justiça do Trabalho, visto que o fato de uma das partes desta relação ser um ente da Administração Pública não afasta a competência da Justiça do Trabalho, como decorre do art. 114, I, da Constituição. Note-se, neste sentido, que o art. 109, I, da Constituição atribui à Justiça Federal competência para processar e julgar as causas em que a União, entidade autárquica ou empresa pública federal forem interessadas na condição de autoras ou ré, excetuando, dentre outras, as sujeitas à Justiça do Trabalho, o que reforça a conclusão de que, se a relação entre a Administração Pública e o trabalhador é de emprego, a competência para julgar os dissídios dela decorrentes é da Justiça do Trabalho;

b) como entre o servidor público estatutário e a Administração Pública é estabelecida uma *relação estatutária* e não uma *relação de trabalho*, não tem a Justiça do Trabalho competência para julgar demanda proposta por servidor público estatutário contra a Administração Pública;

c) a Justiça do Trabalho não tem competência para julgar demanda proposta por servidor público nomeado para cargo em comissão declarado em lei de livre nomeação e exoneração, vez que o vínculo por ele estabelecido com a Administração Pública é administrativo, ressalvada, porém, a hipótese de o servidor ter sido contratado pelo regime celetista por opção da Administração Pública.

Cabe uma ressalva em relação à demanda proposta por servidor público nomeado para cargo em comissão declarado em lei de livre nomeação e exoneração sem ser pelo regime celetista.

Com efeito, sendo questionada a validade da nomeação para cargo em comissão e afirmada a existência de relação de emprego (quando não tenha ocorrido contratação pelo regime celetista), a competência para a solução desta questão será da Justiça do Trabalho, consoante resulta do art. 114, I, da Constituição Federal. Sendo a contratação considerada válida, o processo deverá ser extinto sem provimento de mérito, em face da incompetência absoluta da Justiça do Trabalho. Considerando-se inválida a contratação e diante da ausência de concurso público, alternativa não resta senão considerar ter sido firmado contrato de trabalho nos moldes da CLT, dando-se prosseguimento ao julgamento, para exame dos pedidos do trabalhador.

Neste sentido, decidiu o STJ que: "A criação de cargos em comissão, sem o devido respaldo legal, de forma dissimulada e não condizente com a prática administrativa, é, na verdade, uma tentativa de se sobrepor à exigência constitucional de prévia realização de concurso público. O cargo comissionado exercido pelo reclamante não possui qualquer fundamentação legal, implicando nulidade do contrato em questão, desde o princípio. A contratação irregular, em desatenção aos preceitos constitucionais sobre a matéria, atrai a competência da Justiça laboral para conhecer das causas daí decorrentes, tendo em vista a inexistência de relação estatutária".[24]

Resta a examinar a situação dos *servidores públicos temporários*, ou seja, das pessoas contratadas por tempo determinado, para atender necessidade temporária de excepcional interesse público, nos termos do art. 37, IX, da Constituição.

Em relação a estes servidores cumpre, primeiro, definir o alcance da decisão proferida pelo Supremo Tribunal Federal nos autos da Ação Direta de Inconstitucionalidade n. 3.395-6/DF.[25]

A Associação dos Juízes Federais do Brasil ajuizou Ação Direta de Inconstitucionalidade, com pedido de liminar, requerendo a declaração "de inconstitucionalidade formal do inciso I do art. 114 da CF/88, inserido pela EC n. 45/2004", ou, sucessivamente, a declaração de inconstitucionalidade do inciso I do art. 114 da CF/88, "para que lhe seja dada interpretação conforme, sem redução de texto, reconhecendo-se a inconstitucionalidade da interpretação que inclua na competência da Justiça do Trabalho a relação da União, Estados, Distrito Federal e Municípios com os seus servidores ocupantes de cargos criados por lei, de provimento efetivo ou em comissão, incluídas as autarquias e fundações públicas dos entes da Federação".

Observe-se, de início, que o pedido da Associação autora da Ação Direta de Inconstitucionalidade tem em vista apenas as ações propostas por servidores

---

24. STJ, CC n. 91.483/PB, Rel. Min. Napoleão Nunes Maia.

25. São nossos os destaques constantes das transcrições que seguem.

ocupantes de cargos criados por lei, de provimento efetivo ou em comissão, contra o Poder Público, isto é, *não foi submetida ao Supremo Tribunal Federal*, na mencionada ação, a questão relativa *aos servidores contratados por prazo determinado para atender à necessidade temporária de excepcional interesse público.*

O Ministro Nelson Jobim concedeu a liminar pleiteada pela Associação autora da Ação Direta de Inconstitucionalidade, para suspender toda e qualquer interpretação dada ao inciso I do art. 114 da Constituição Federal de 1988, na redação a ele conferida pela EC n. 45/2004, que inclua na competência da Justiça do Trabalho a apreciação de causas "instauradas entre o Poder Público e seus servidores, a ele vinculados por típica *relação de ordem estatutária* ou *de caráter jurídico-administrativo*".

A esta liminar tem sido conferida interpretação extensiva, para afirmar que foi vedada a interpretação do inciso I do art. 114 da Constituição Federal de 1988 que inclua na competência da Justiça do Trabalho a apreciação de causas instauradas entre o Poder Público e seus *servidores temporários, contratados para atender a necessidade temporária de excepcional interesse público*.

Este ponto de vista, além de ter implícita a premissa de que o Ministro Nelson Jobim atropelou o devido processo legal e desconsiderou os termos do pedido submetido ao Poder Judiciário, não leva em conta que a liminar deferida foi substituída por decisão final do Pleno do Supremo Tribunal (STF, Pleno, MCADI n. 3.395-6/DF, Rel. Min. César Peluso, DJU 10.11.2006).

Ao julgar o pedido de liminar, o Pleno do Supremo Tribunal Federal decidiu que "INCONSTITUCIONALIDADE. Ação direta. Competência. Justiça do Trabalho. Incompetência reconhecida. Causas entre o Poder Público e seus servidores estatutários. Ações que não se reputam oriundas de relação de trabalho. Critério estrito desta relação. Feitos da competência da Justiça Comum. Interpretação do art. 114, inc. I, da CF, introduzido pela EC n. 45/2004. Precedentes. Liminar deferida para excluir outra interpretação. O disposto no art. 114, I, da Constituição da República, não abrange as causas instauradas entre o Poder Público e o servidor que lhe seja vinculado por *relação jurídico-estatutária*."

O confronto entre a liminar deferida pelo Min. Nelson Jobim e a decisão final do Pleno do Supremo Tribunal Federal deixa clara uma relevante diferença: a expressão *relação de ordem estatutária ou de caráter jurídico-administrativo* (decisão liminar) foi substituída pela expressão *relação jurídico-estatutária* (decisão final).

A interpretação extensiva conferida à liminar deferida pelo Min. Nelson Jobim perdeu, com isto, o seu fundamento, posto que aquela decisão foi substituída pela decisão definitiva, que foi enfática quanto ao seu alcance: *estava proibida a interpretação que incluísse na competência da Justiça do Trabalho as causas instauradas entre o Poder Público e o servidor que lhe seja vinculado por relação jurídico-estatutária.*

Contudo, é necessário ir um pouco mais adiante, vez que os debates que precederam à decisão final do Pleno do Supremo Tribunal Federal são muito esclarecedores.

Ao exarar o seu voto, o Ministro Carlos Britto registrou a sua preocupação quanto ao "alcance material da liminar agora submetida ao nosso referendo, porque o Ministro Nelson Jobim exclui, dando interpretação conforme ao art. 114, I, da Competência da Justiça do Trabalho, toda causa instaurada entre o Poder Público e os seus servidores por típica relação de ordem estatutária ou de caráter jurídico administrativo", indagando se o "ou" utilizado pelo Min. Nelson Jobim "é uma conjunção disjuntiva? Significa uma coisa ou outra?".

Em resposta, afirmou o Min. Relator (Cezar Peluso):

> "Dou elemento histórico para ajudá-lo a compreender. Essa expressão foi tirada do voto do eminente Ministro Celso de Mello, intérprete autêntico. A impressão que tive é que, no voto da ADI n. 492, *Vossa Excelência quis dizer relação jurídico-administrativa como sinônimo de relação estatutária.*"

Interferiu novamente o Ministro Carlos Britto:

> "Exatamente."

Nova intervenção do Ministro Carlos Britto:

> *"Porque se for assim, aquelas relações de trabalho instauradas entre o poder público e os servidores temporários...".*

Ao que respondeu, de forma incisiva, o Min. Relator (Cezar Peluso):

> *"Fora de dúvida que é da Justiça do Trabalho."*

Nova manifestação do Min. Carlos Britto:

> "Agora, porque embora ela se instaure por efeito de um contrato administrativo, não tem caráter estatutário, porque, se o tivesse, também não teria traço de contratualidade.
>
> Se todo cargo provido estatutariamente é de caráter jurídico-administrativo, nem toda relação de trabalho de caráter jurídico-administrativo é estatutária. Então, *quero deixar bem claro que, de forma à parte as investiduras em cargo efetivo ou em cargo em comissão, tudo o mais cai sob a competência da Justiça do Trabalho."*

Posteriormente, voltou a manifestar-se o Min. Carlos Britto, afirmando:

> "Nesta nossa decisão, agora tomada, penso que está claro que *somente se exclui da Justiça do Trabalho a relação propriamente estatutária*, a compreender, exclusivamente, a investidura em comissão e efetivo."

Em suma, a decisão proferida pelo Supremo Tribunal Federal somente diz respeito às causas instauradas entre o Poder Público e o servidor que lhe seja vinculado por relação jurídico-estatutária, *não alcançando as ações ajuizadas por servidores contratados por prazo determinado para atender à necessidade temporária de excepcional interesse público contra o Poder Público.*

Os servidores públicos temporários se vinculam à Administração Pública em *regime administrativo-especial* por meio de *contrato administrativo*, que tem por objeto a prestação pessoal e remunerada de serviços, isto é, com ela estabelecem uma *típica relação de trabalho*. Como entre os servidores públicos temporários e a Administração Pública é estabelecida uma relação de trabalho, não há, por força do art. 114, I, da Constituição, como negar à Justiça do Trabalho a competência para julgar os dissídios que dela decorram.

Ocorre, porém, que tem prevalecido jurisprudência outra solução, qual seja: "1. A contratação temporária de trabalho, nos termos do art. 37, IX, da CF, tem natureza nitidamente administrativa, excluindo-se a competência da Justiça do Trabalho para a apreciação dos feitos relativos a esse vínculo. 2. A Emenda Constitucional n. 19/98, que permitia a pluralidade de regimes jurídicos pela Administração, foi suspensa, nesse ponto, pelo Supremo Tribunal Federal, impossibilitando a contratação de servidor público pelo regime trabalhista (ADI n. 2.135-MC/DF). 3. O Supremo Tribunal Federal adotou entendimento de que a mera prorrogação do prazo de contratação do servidor temporário não é capaz de transmutar o vínculo administrativo que este mantinha com o Estado em relação de natureza trabalhista." (RE 573.202/AM, Rel. Min. Ricardo Lewandowski).[26]

Ainda que se admita, para argumentar, que a hipótese não se insere na competência da Justiça do Trabalho, não se pode olvidar que, se for alegada, perante a Justiça do Trabalho, a irregularidade da contratação, a ela caberá decidir sobre ela. Neste sentido, o STJ já decidiu que "O Superior Tribunal de Justiça firmou entendimento no sentido de que as demandas que envolvam servidor público contratado irregularmente devem ser processadas e julgadas pela Justiça do Trabalho. Hipótese em que, pela extensão duração do vínculo, infere-se que a contratação do demandante foi irregular, uma vez que não foi realizada com vistas ao atendimento de necessidade temporária de excepcional interesse público, nos termos do art. 37, IX, da Constituição Federal."[27]

Mas, quais são os direitos dos servidores públicos temporários?

No caso de contratação regular temporária, os direitos e deveres das partes contratantes serão aqueles previstos na norma que a disciplina. De outro lado, constatada a utilização desta modalidade de contratação como forma de o Poder

---

26. STJ, AgRG no REsp n. 1.356.972/MG, Rel. Arnaldo Esteves Lima.
27. STJ, AgRg no CC n. 86.575/MG, Rel. Min. Arnaldo Esteves Lima.

Público driblar a exigência de concurso público, impõe-se seja assegurado ao servidor temporário o patamar mínimo de direitos estabelecido no art. 7º da Constituição como indispensáveis à promoção e proteção da dignidade humana dos trabalhadores, mas com uma limitação.

Com efeito, embora não seja lícito ao Poder Público tirar proveito de sua própria torpeza, ao trabalhador também não pode ser negada responsabilidade pela irregularidade da qual participou. Assim, além de ser declarada a nulidade da contratação nesta segunda hipótese, os ônus desta declaração devem ser divididos entre as partes, sendo reconhecido ao trabalhador o direito ao recebimento da metade dos créditos que correspondem aos direitos que compõem aquele patamar mínimo. A hipótese não é de transmutação do regime administrativo-especial em vínculo de emprego, mas de estabelecimento dos direitos do trabalhador em razão da irregularidade na contratação temporária.[28]

12.2. Ações que envolvem o exercício do direito de greve.

Compete à Justiça do Trabalho processar e julgar as *ações que envolvam o exercício do direito de greve* (art. 114, II, da Constituição).[29]

Desse modo, à Justiça do Trabalho compete: a) decidir sobre a legalidade ou abusividade da greve;[30] b) julgar ações em que se pretenda a determinação de medidas para evitar danos físicos ou patrimoniais aos empregadores e/ou empregados em razão do exercício do direito de greve; c) julgar *habeas corpus* quando o empregado ou o empregador sofrer ou se achar ameaçado de sofrer violência ou coação em sua liberdade de locomoção em razão do exercício do direito de greve; d) julgar as ações possessórias decorrentes do exercício do direito de greve.[31]

De acordo com o art. 15 da Lei n. 7.783/89, a responsabilidade pelos atos praticados no curso da greve será apurada, conforme o caso, segundo a legislação trabalhista, civil ou penal. Se um ato ilícito praticado no curso da greve causa

---

28. Em postura restritiva, a Súmula n. 363 do TST limita os direitos do trabalhador, no caso de nulidade da contratação, à contraprestação pactuada, em relação ao número de horas trabalhadas, respeitado o valor da hora do salário mínimo, e aos valores referentes aos depósitos do FGTS.

29. A greve constitui direito dos trabalhadores e consiste na paralisação coletiva da prestação de serviços. A greve implica direitos e deveres para trabalhadores, empregadores e respectivas entidades sindicais (art. 9º da Constituição e Lei n. 7.783/89).

30. "A Justiça do Trabalho é competente para declarar a abusividade, ou não, da greve" (Súmula n. 189 do TST).

31. Segundo o art. 567 do CPC, "o possuidor direto ou indireto que tenha justo receio de ser molestado na posse poderá requerer ao juiz que o segure da turbação ou esbulho iminente, mediante mandado proibitório que se comine ao réu determinada pena pecuniária caso transgrida o preceito". Por meio da Súmula Vinculante n. 23, o STF firmou entendimento de que: "A Justiça do Trabalho é competente para processar e julgar ação possessória ajuizada em decorrência do exercício do direito de greve pelos trabalhadores da iniciativa privada". É relevante mencionar que o interdito proibitório não pode ser utilizado como meio para impedir manifestações e atos de persuasão dos grevistas, vez que a lei a eles assegura, dentre outros direitos, o emprego de meios pacíficos tendentes a persuadir ou aliciar os trabalhadores a aderirem à greve (art. 6º da Lei n. 7.783/90).

danos ao empregador ou a um ou alguns trabalhadores, a ação visando à sua reparação compete à Justiça do Trabalho, por se tratar de dissídio que envolve o exercício do direito de greve.

Já afirmamos que as ações de terceiros atingidos por eventuais ilícitos cometidos no curso da greve deveriam ser julgadas pela Justiça Comum, vez que, nesse caso, não se teria um litígio conexo à relação de emprego, em que pese o fato de as ações estarem relacionadas ao exercício do direito de greve. No entanto, o STJ decidiu que "a partir da publicação da Emenda Constitucional n. 45/04, a Justiça do Trabalho passou a ser competente para julgar todas as ações fundadas no exercício do direito de greve, inclusive aquelas que tenham por objetivo coibir atos antissindicais e reparar danos sofridos por terceiros afetados por movimentos análogos à greve, conforme exegese da Súmula Vinculante n. 23/STF"[32], o que nos levou a refletir de forma mais detida sobre o tema e a comungar do entendimento adotado pelo STJ, em especial porque o inciso II do art. 114 da Constituição Federal alude às ações que *envolvam o exercício do direito de greve*, o que implica dizer que, tendo a demanda como fundamento o exercício do direito de greve, o seu julgamento compete à Justiça do Trabalho.

A competência para julgar dissídios individuais envolvendo o exercício do direito de greve é das Varas do Trabalho, por se tratar de dissídio de natureza individual conexo à relação de emprego, ressalvado o dissídio de greve e a ação declaratória de abusividade de greve, cujo julgamento cabe aos tribunais do trabalho, como decorre do art. 8º da Lei n. 7.783/89, segundo o qual "a Justiça do Trabalho, por iniciativa de qualquer das partes ou do Ministério Público, decidirá sobre a procedência, total ou parcial, ou improcedência das reivindicações, cumprindo ao *Tribunal* publicar, de imediato, o competente acórdão" (destacamos). A propósito, tem-se o Precedente Normativo n. 29 do TST: "Compete aos Tribunais do Trabalho decidir sobre o abuso do direito de greve".

O fato de a Constituição fazer alusão ao *exercício do direito de greve* sem referência à natureza da relação havida entre o trabalhador e o tomador de seus serviços não autoriza afirmar que à Justiça do Trabalho compete julgar os dissídios decorrentes do exercício do direito de greve pelos funcionários públicos estatutários. É que o inciso II do art. 114 da Constituição não pode ser interpretado de forma isolada, impondo-se a sua interpretação considerado o art. 114 da Constituição em toda a sua extensão. E o que resulta do art. 114, em especial do seu inciso, I, é que a Constituição exclui da competência da Justiça do Trabalho os dissídios decorrentes da relação entre a Administração Pública e os servidores estatutários, o que alcança aqueles relacionados ao exercício, pelos servidores públicos estatutários, do direito de greve. Note-se, inclusive, que o STF, por meio da Súmula

32. STJ, REsp. 207.555-MG, Rel. Min. Ricardo Villas Bôas Cueva.

Vinculante n. 23, consagrou o entendimento de que à Justiça do Trabalho compete julgar ação possessória ajuizada em decorrência do exercício do direito de greve apenas *quando se trate de trabalhadores da iniciativa privada*, tornando certo que as ações envolvendo o exercício do direito de greve dos servidores públicos estatutários foge ao campo de competência da Justiça do Trabalho.

12.3. Ações sobre representação sindical.

Dispõe o art. 114, III, que compete à Justiça do Trabalho processar e julgar as *ações sobre representação sindical*, entre sindicatos (*lides intersindicais*), entre sindicatos e trabalhadores e entre sindicatos e empregadores (*lides intrassindicais*).[33] Trata-se, em suma, da competência para processar e julgar as denominadas *lides sindicais*.

A expressão *ações sobre representação sindical*, constante do art. 114, III, da Constituição, não significa que a competência da Justiça do Trabalho foi limitada às ações envolvendo *disputa intersindical de representatividade*. Tanto isso é verdade, que à Justiça do Trabalho foi conferida competência para julgar as ações envolvendo *entidade sindical e trabalhadores*.

Para definir em que consistem os litígios sobre representação sindical cumpre recorrer ao art. 8º da Constituição e, ainda, à CLT, na parte em que esta trata da organização sindical (arts. 511 a 610). As lides sindicais são, neste contexto, as que envolvem a livre associação profissional e sindical,[34] a liberdade de filiar-se ou de manter-se filiado a sindicato, o reconhecimento e a investidura sindical, a administração dos sindicatos, as eleições sindicais,[35] os direitos dos exercentes de atividades ou profissões e dos sindicalizados, a gestão financeira do sindicato e sua fiscalização, o enquadramento sindical, as contribuições sindicais e as infrações às normas que tratam da organização sindical e penalidades respectivas.

O julgamento das lides sindicais cabe às Varas do Trabalho, por se tratar de dissídio individual, devendo a ação ser proposta no foro do lugar onde a entidade sindical demandada tem sede, salvo a hipótese de ação ajuizada pelo ou contra o trabalhador, situação em que a demanda deve ser ajuizada no seu domicílio.

---

33. A entidade sindical adquire personalidade jurídica com o registro de seus atos constitutivos em Cartório de Registro de Título e Documentos e Registro Civil de Pessoas Jurídicas.

34. Estão incluídas aqui as ações relativas ao exercício das prerrogativas dos sindicatos (art. 513 da CLT) e ao cumprimento de seus deveres (art. 514 da CLT).

35. A propósito, já foi decidido que, "após a Emenda Constitucional n. 45/04, a Justiça do Trabalho passou a deter competência para processar e julgar não só as ações sobre representação sindical (externa — relativa à legitimidade sindical, e interna — relacionada à escolha dos dirigentes sindicais), como também os feitos intersindicais e os processos que envolvam sindicatos e empregadores ou sindicatos e trabalhadores" (STJ, CC 48.891/PR, Rel. Min. Castro Meira, DJU 1º.8.2005).

Vale registrar que o STJ decidiu que "o pedido relativo à reparação de danos sofridos pelos autores em razão de omissão do sindicato na proteção de seus direitos deve ser apreciado pela justiça comum".[36] A hipótese, contudo, é de típico litígio entre trabalhador e entidade sindical, relacionado com a defesa, pelo sindicato, dos interesses dos membros da categoria que representa, ou seja, com a *representação sindical em juízo*, o que atrai a competência da Justiça do Trabalho.

O STJ também já decidiu que: "1. Com a promulgação da EC n. 45/2004, ampliou-se a competência da Justiça do Trabalho, em cujas atribuições jurisdicionais inclui-se o poder para processar e julgar a controvérsia pertinente à representação interna de entidades sindicais (sindicatos, federações e confederações). Em decorrência dessa reforma constitucional, cessou a competência da Justiça comum de Estado-membro para processar e julgar as causas referentes aos litígios envolvendo dirigente sindical e a própria entidade que ele representa em matérias referentes a questões estatutárias. Precedentes do STF e STJ. 2. As regras de competência previstas no art. 114 da CF/1988 produzem efeitos imediatos, atingindo, inclusive, as demandas em curso. Assim, a competência da Justiça comum remanesce apenas nos casos em que haja sentença de mérito exarada em data anterior à EC n. 45/2004".[37]

12.4. Mandado de segurança, *habeas corpus* e *habeas data*.

Compete à Justiça do Trabalho, nos termos do art. 114, IV, da Constituição, processar e julgar mandado de segurança, *habeas corpus* e *habeas data*, quando o ato questionado envolver matéria de sua competência.

O mandado de segurança, o *habeas corpus* e o *habeas data* compõem, ao lado do mandado de injunção, da ação popular e da ação civil pública, o rol das denominadas *ações constitucionais* e serão examinados mais adiante, no Capítulo reservado ao estudo das ações especiais.

A atribuição à Justiça do Trabalho de competência para julgar *habeas corpus* não significa reconhecer-lhe competência para processar e julgar ação penal, posto que: a) o *habeas corpus* constitui remédio constitucional sem natureza penal; b) por expressa previsão constitucional (art. 109, VI), compete à Justiça Federal processar e julgar os crimes contra a organização do trabalho, o que sinaliza que a Emenda Constitucional n. 45/2004 não atribuiu competência penal à Justiça do Trabalho; c) ocorrido um crime, mesmo que ele tenha como elemento do seu tipo legal a relação de trabalho ou que envolva as partes, a ação penal eventualmente proposta não é uma ação *decorrente da relação de trabalho*, mas ação decorrente

36. STJ, CC 47.577-RJ, Rel. Min. Fernando Gonçalves.
37. STJ, CC n. 124.534/DF, Rel. Min. Luiz Felipe Salomão.

da autorização ao Estado para, por meio da jurisdição, aplicar as penas cominadas em lei para a hipótese de prática de ilícito penal. Com isto, não há como invocar o disposto no art. 114, I, da Constituição para afirmar que a ação penal é uma ação decorrente da relação de trabalho.

A propósito, o STF concedeu liminar nos autos da Ação Direta de Inconstitucionalidade n. 3684/DF, decidindo que: "COMPETÊNCIA CRIMINAL. Justiça do Trabalho. Ações penais. Processo e julgamento. Jurisdição penal genérica. Inexistência. Interpretação conforme dada ao art. 114, incs. I, IV e IX, da CF, acrescidos pela EC n. 45/2004. Ação direta de inconstitucionalidade. Liminar deferida com efeito *ex tunc*. O disposto no art. 114, incs. I, IV e IX, da Constituição da República, acrescidos pela Emenda Constitucional n. 45, não atribui à Justiça do Trabalho competência para processar e julgar ações penais."[38]

12.5. Conflitos de competência.

À Justiça do Trabalho compete julgar os conflitos de competência entre órgãos com jurisdição trabalhista, ressalvado

Desta questão tratamos, neste mesmo Capítulo, quando examinamos o conflito de competência.

12.6. Ações reparatória de danos. Acidente de trabalho e morte do trabalhador.

A obrigação de reparar o dano causado a outrem também se apresenta no contexto da relação de trabalho, como o demonstra o disposto no art. 462, § 1º, da CLT e decorre da *cláusula geral de obrigação de reparar o dano causado a outrem* estabelecida pela Constituição da República de 1988 (art. 5º, V).

Compete à Justiça do Trabalho processar e julgar as *ações reparatórias de dano moral e patrimonial* decorrente da relação de trabalho (art. 114, VI).

A competência da Justiça do Trabalho abrange a ação reparatória aforada por dependentes e sucessores do trabalhador eventualmente falecido em razão de acidente de trabalho.

Assim, no caso de morte do trabalhador (ora) vítima de acidente de trabalho, a ação pode ser proposta pelo espólio ou pela(o) viúva(o) e/ou filhos(as) do trabalhador(ora).[39] Em ambas as hipóteses, a ação terá como causa, ainda que

38. STF, Pleno, ADI-MC 3.684/DF, Rel. Min. Cezar Peluso, DJU 3.8.2007.

39. De acordo com o art. 1º da Lei n. 6.858/80, "Os valores devidos pelos empregadores aos empregados e os montantes das contas individuais do Fundo de Garantia do Tempo de Serviço e do Fundo de Participação PIS-PASEP, não recebidos em vida pelos respectivos titulares, serão pagos, em quotas iguais, aos dependentes habilitados perante a Previdência Social ou na forma da legislação específica dos servidores civis e militares, e, na sua

remota, uma relação de emprego e um acidente de trabalho (que somente ocorre na relação de emprego), o que atrai a competência da Justiça do Trabalho, por força do art. 114, I e VI, da Constituição Federal, sendo relevante mencionar que o inciso VI do art. 114 trata da competência em razão da matéria e não em razão das pessoas, o que significa que a competência da Justiça do Trabalho não foi limitada às ações ajuizadas por trabalhador vítima de acidente de trabalho contra o tomador dos seus serviços.

Enfrentando a questão, decidiu o STF que a competência da Justiça do Trabalho "remanesce ainda quando a ação é ajuizada ou assumida pelos dependentes do trabalhador falecido, pois a causa do pedido de indenização continua sendo o acidente sofrido pelo trabalhador"[40] e que "é irrelevante para a definição da competência jurisdicional da Justiça do Trabalho que a ação de indenização não tenha sido proposta pelo empregado, mas por seus sucessores".[41]

A propósito, inclusive, tem-se a Súmula n. 392 do TST, "Nos termos do art. 114, inc. VI, da Constituição da República, a Justiça do Trabalho é competente para processar e julgar ações de indenização por dano moral e material, decorrentes da relação de trabalho, inclusive as oriundas de acidente de trabalho e doenças a ele equiparadas, ainda que propostas pelos dependentes ou sucessores do trabalhador falecido".

O STJ também já decidiu que: "1. Trabalhador de empresa que presta serviços ao DER/RJ sofreu acidente fatal na condução de caminhão pertencente ao referido ente estatal. 2. Os herdeiros do *de cujus* não ajuizaram a demanda indenizatória contra o empregador, mas somente contra o DER/RJ, ao fundamento de que o caminhão estava mal conservado. 3. Se o acidente ocorreu durante o desempenho da atividade laboral, não é razoável examinar o fato à margem do subjacente vínculo trabalhista. 4. A jurisprudência desta Corte assevera que o julgamento de demanda de indenização por danos morais e patrimoniais decorrentes de acidente de trabalho, ainda que ajuizada pelos herdeiros do *de cujus,* é da competência da Justiça do Trabalho".[42]

Vale anotar que:

a) tendo sido proposta perante a Justiça do Trabalho ação de indenização por danos patrimoniais ou morais e falecendo o seu autor, dá-se a sucessão da parte pelo espólio ou sucessores, seguindo a ação seu curso normal.

---

falta, aos sucessores previstos na lei civil, indicados em alvará judicial, independentemente de inventário ou arrolamento", ao passo que, de acordo com o § 1º do citado comando legal, "As quotas atribuídas a menores ficarão depositadas em caderneta de poupança, rendendo juros e correção monetária, e só serão disponíveis após o menor completar 18 (dezoito) anos, salvo autorização do juiz para aquisição de imóvel destinado à residência do menor e de sua família ou para dispêndio necessário à subsistência e educação do menor".

40. STF, Ag. Reg. RE n. 503.043-1, Rel. Min. Carlos Ayres Brito, j. 26.4.2007.
41. STF, Rex n. 482.797-2, Rel. Min. Ricardo Lewandowski, julg. 13.5.2008.
42. STJ, CC 123.122/RJ, Rel. Min. Sérgio KuKina.

A propósito: "Se a indenização se faz mediante pagamento em dinheiro, aquele que suportou os danos tinha direito de recebê-la e isto constitui crédito que integrava seu patrimônio, transmitindo-se a seus sucessores. Possibilidade de os herdeiros prosseguirem com a ação já intentada por aquele que sofreu os danos";[43]

b) se a ação visando à reparação de danos materiais não foi proposta em vida do lesado, o espólio e os sucessores têm legitimidade para a sua propositura, vez que o direito de exigir a reparação transmite-se com a herança (art. 943 do Código Civil);

c) no caso de dano moral, se a morte daquele que sofreu o dano, se dá antes da propositura da ação, pode esta ser promovida pelo espólio ou sucessores, posto que a compensação do dano moral se dá em dinheiro e este integra o patrimônio do *de cujus*.

O art. 223-B da CLT, acrescentado pela Lei n. 13.467/17, diz respeito a esta última hipótese, ou seja, o trabalhador sofreu um dano extrapatrimonial no curso da relação de emprego e falece antes de reclamar a sua compensação. O art. 223-B da CLT considera intransmissível o direito a esta reparação.

No entanto, o Código Civil dispõe, no seu art. 943, que o direito de exigir a reparação de danos transmite-se com a herança. É que, embora a lesão seja personalíssima, o direito à sua reparação tem natureza patrimonial, o significa que ele compõe o patrimônio do trabalhador falecido.

Acrescente-se que o Direito do Trabalho trata da relação entre empregado e empregador e, portanto, não tem como objeto de disciplina a composição do patrimônio a ser transmitido por herança, razão pela qual, no confronto entre o art. 943 do Código Civil e o art. 223-B da CLT, é o primeiro que deve prevalecer.

Ademais, o art. 5º, V e X, da Constituição estabelece que todo dano causado a outrem deve ser reparado e não contém a ressalva no sentido de que a morte daquele que sofreu o dano isenta de responsabilidade quem o causou, o que torna inconstitucional o art. 223-B da CLT. Dito de outra forma, é inconstitucional norma que cria um dano extrapatrimonial irreparável.

Acrescente-se que a tarifação dos danos extrapatrimoniais, cuja inconstitucionalidade é inconteste, não alcança as demandas propostas por herdeiros e sucessores do trabalhador vítima de acidente de trabalho.

Com efeito:

a) a inconstitucionalidade é inconteste, porque a Constituição da República de 1988 reconhece o direito à reparação de danos morais e elege como

43. STJ, Resp. 219.619, Rel. Min. Eduardo Ribeiro, DJU 3.4.2000, p. 147.

critério fundamental para o seu arbitramento a *proporcionalidade com o dano*, o que implica reconhecimento do direito fundamental à reparação irrestrita e integral dos danos morais. É que, consoante o art. 5º, incisos V e X, da Constituição, a reparação deve ser "proporcional ao agravo", o que significa, na dicção do art. 944, *caput*, do Código Civil, que a reparação deve ser arbitrada na exata medida da *extensão do dano*. Trata-se da consagração, constitucional, do *princípio da reparação irrestrita e integral do dano moral*;

b) a tarifação dos danos extrapatrimoniais, ainda que seja considerada constitucional, não alcança as demandas propostas por herdeiros e sucessores do trabalhador vítima de acidente de trabalho. Porque a disciplina que a CLT reservou à questão diz respeito à reparação de danos sofridos pelo trabalhador e dos quais é ele titular exclusivo. Segundo, porque a CLT não trata das obrigações do empregador para com os familiares de seus empregados, o que conduz à aplicação do art. 5º, incisos V e X, da Constituição e do art. 944, *caput*, do Código Civil. Terceiro, porque o art. 223-G, § 3º, da CLT aduz à possibilidade de reincidência de qualquer das partes, o que indica que não está tratando da hipótese de morte do trabalhador.

À luz do que foi dito resta concluir que o art. 223-B da CLT só se justifica pela deliberada intenção de isentar os empregadores de suas obrigações.

12.7. Ações relativas a penalidades administrativas.

Compete à Justiça do Trabalho processar e julgar as *ações relativas às penalidades administrativas impostas aos empregadores pelos órgãos de fiscalização das relações de trabalho* (art. 114, VII, da Constituição Federal).

Antes de examinar o inciso VII do art. 114 da Constituição, cumpre tecer alguns comentários sobre a fiscalização das relações de trabalho.

As normas que regem a relação de emprego são criadas para produzir efeitos concretos. Por essa razão, ao lado de editar tais normas e de autorizar a sua edição por sindicados e empresas, o Estado fiscaliza o seu cumprimento e, verificando o seu descumprimento, aplica as penalidades previamente estabelecidas em lei para a hipótese (art. 21, XXIV, da Constituição). A fiscalização reforça a efetividade das normas que regem a relação de emprego.

A fiscalização tem por finalidade "assegurar, em todo o território nacional, a aplicação das disposições legais, incluindo as convenções internacionais ratificadas, os atos e decisões das autoridades competentes e as convenções, acordos e contratos coletivos de trabalho, no que concerne à proteção dos trabalhadores no exercício da atividade laboral (art. 1º do Regimento da Inspeção do Trabalho – Decreto n. 4.552/02).[44]

A fiscalização do cumprimento das normas disciplinadoras da relação de emprego é regida, dentre outros diplomas legais, pelo Título VII da CLT (art. 6º, § 2º, da Lei n. 7.855/89) e Convenção n. 81 da OIT.

Salvo as situações em que é obrigatória a dupla visita, que são definidas nos arts. 627 e 627-A da CLT, e de ação fiscal visando à orientação sobre o cumprimento das leis de proteção ao trabalho (art. 627-A), a toda verificação em que o Auditor concluir pela existência de violação de preceito legal deve corresponder, sob pena de responsabilidade administrativa, a lavratura de *auto de infração* (art. 628 da CLT),[45] em duas vias, uma das quais será entregue ao infrator, contra recibo, ou ao mesmo enviada, dentro de dez dias da lavratura, em registro postal, com franquia e recibo de volta (art. 629 da CLT).[46]

Lavrado o auto de infração, o empregador terá dez dias para apresentar sua defesa, contados da sua notificação (art. 629, § 3º, da CLT), podendo requerer a oitiva de testemunhas e diligências que lhe parecerem necessárias à elucidação dos fatos, cabendo à autoridade julgar a necessidade de tais provas (art. 632 da CLT).

A notificação da imposição de multa fixará o prazo de dez dias para que o infrator recolha o valor respectivo, sob pena de execução (art. 636, § 3º, da CLT), sendo esse valor reduzido a 50% se o infrator, renunciando ao recurso, efetuar o seu recolhimento no prazo assinalado na notificação (art. 636, § 6º, da CLT).

---

44. Na fiscalização da aplicação das disposições legais que disciplinam a relação de emprego, os órgãos de fiscalização têm o poder para decidir se estão, ou não, presentes os elementos configuradores da relação de emprego. Do contrário, eles somente poderiam atuar após o reconhecimento judicial da existência da relação de emprego ou na hipótese deste reconhecimento partir do próprio empregador, o que reduz, de forma injustificável, o seu âmbito de atuação. Note-se, inclusive, que o art. 11, I e II, da Lei n. 593/02 inclui dentre as atribuições dos Auditores Fiscais a verificação "dos registros em Carteira de Trabalho e Previdência Social — CTPS, visando à redução dos índices de informalidade". Ora, verificar o cumprimento das disposições legais que disciplinam a relação de emprego e os registros em CTPS significa exatamente verificar se, presentes os elementos configuradores da relação de emprego, foi a sua existência anotada naquele documento. Para afirmar a ocorrência de desrespeito à legislação trabalhista, notadamente no que concerne à anotação da CTPS, é indispensável estabelecer, previamente, se elas incidem em determinada relação de trabalho, o que implica dizer, se se trata, ou não, de uma relação de emprego, sendo relevante mencionar que a conclusão em um ou outro sentido pode ser discutida em juízo, ou seja, não tem cunho de definitividade. Como aduz Alfredo Montoya Melgar, "a negativa de admitir que os órgãos da Administração emitam pronunciamentos (ainda que de caráter prévio ou incidental para adotar decisões sancionadoras) referentes ao contrato de trabalho, parte da negativa de que tais órgãos possam realizar qualificações jurídicas em tal matéria, qualificações que só caberiam à Jurisdição (...). Contudo, é evidente que toda sanção laboral pressupõe necessariamente uma série de qualificações estritamente jurídicas; ainda que (...) se outorgue maior ou menor valor probatório a tais qualificações, não significa que o Inspetor não possa ou deva fazê-las como *prius* indispensável de sua ação fiscalizadora." (Inspección de trabajo y efetividade de los derechos laborales. In: *Derecho y proceso:* estúdios jurídicos en honor del prof. A. Martinez Bernal, p. 553-568).
45. A Portaria n. 148/96 define os elementos obrigatórios do auto de infração.
46. Também em relação à ação fiscal deve ser observada a vedação ao *bis in idem*, ou seja, não pode a mesma irregularidade dar ensejo a duas ou mais punições.

Da decisão que impuser multa por infração das leis e disposições reguladoras do trabalho, e não havendo forma especial de processo, caberá recurso (arts. 635 da CLT e 59 da Lei n. 9.784/99), no prazo de dez dias, contados do recebimento da notificação, perante a autoridade que houver imposto a multa, que, depois de informar (isto é, de apresentar as razões da imposição da multa) e se não reconsiderar sua decisão, encaminhará o recurso à instância superior (arts. 636 da CLT e 56, § 1º, da Lei n. 9.784/99).[47] No recurso, o interessado pode juntar os documentos que reputar convenientes (art. 60 da Lei n. 9.784/99).[48]

Estabelecem os arts. 636, § 1º, da CLT e 56, § 2º, da Lei n. 9.784/99 que o recurso somente será recebido ser for comprovado o depósito da multa, ao passo que, não sendo provido o recurso, o depósito realizado quando de sua interposição se converterá em pagamento (art. 639 da CLT). Contudo, o STF, por maioria, decidiu que é inconstitucional a exigência de depósito prévio como condição de admissibilidade de recurso na esfera administrativa, por ofensa ao art. 5º, LV, da Constituição Federal, que assegura aos litigantes, em processo judicial ou administrativo, o contraditório e a ampla defesa, com os meios e recursos a ela inerentes, bem como ao art. 5º, XXXIX, *a*, da Carta Magna, que garante o direito de petição, gênero no qual o pleito administrativo está inserido, independentemente do pagamento de taxas (STF, RE 388.359, Rel. Min. Marco Aurélio, julg. 28.3.2007). A propósito, o TST editou a Súmula n. 424: "O § 1º do art. 636 da CLT, que estabelece a exigência de prova do depósito prévio do valor da multa cominada em razão de autuação administrativa como pressuposto de admissibilidade de recurso administrativo, não foi recepcionado pela Constituição Federal de 1988, ante a sua incompatibilidade com o inciso LV do art. 5º".

Não comparecendo o infrator, ou seja, se não for apresentada defesa, far-se-á a competente inscrição em livro especial, sendo extraída cópia autêntica dessa inscrição e enviada às autoridades competentes para a respectiva cobrança judicial, valendo tal instrumento como título de dívida líquida e certa (art. 641 da CLT).

O processo administrativo no âmbito da Administração Federal é disciplinado pela Lei n. 9.784/99, que dispõe que: a) a Administração Pública obedecerá, dentre outros, os princípios da legalidade, finalidade, motivação, razoabilidade, proporcionalidade, moralidade, ampla defesa, contraditório, segurança jurídica, interesse público e confiança (art. 2º);[49] b) o processo administrativo é regido por

---

47. Segundo o art. 35 da Portaria n. 148/96, o julgamento do recurso é da competência do Departamento de Fiscalização do Trabalho (no caso de infração à legislação trabalhista) ou do Departamento de Segurança e Saúde do Trabalho (na hipótese de infração a regras de segurança e medicina do trabalho).

48. Salvo disposição legal em contrário, o recurso não tem efeito suspensivo, mas, havendo justo receio de prejuízo de difícil ou incerta reparação decorrente da execução, a autoridade recorrida ou a imediatamente superior poderá, de ofício ou a requerimento, dar efeito suspensivo ao recurso (art. 61 da Lei n. 9.784/99).

49. A Lei n. 9.784/99 consagra, expressamente, os princípios da razoabilidade, proporcionalidade, segurança jurídica e confiança.

critérios de atuação conforme a lei e o Direito,[50] atuação segundo padrões éticos e probidade, decoro e boa-fé, indicação dos pressupostos de fato e de direito que determinam a decisão, observância das formalidades essenciais à garantia dos direitos dos administrados, garantia dos direito à comunicação, à apresentação de alegações finais, à produção de provas e à interposição de recursos, nos processos de que possam resultar sanções e nas situações de litígio (art. 2º).

Note-se à Justiça do Trabalho foi atribuída a competência para processar e julgar as *ações relativas* à aplicação de penalidades administrativas impostas aos empregadores pelos órgãos de fiscalização das relações de trabalho. Trata-se, assim, de ações que envolvem penalidades aplicadas em razão do *descumprimento das normas regentes da relação de emprego*. Dessa forma, à Justiça do Trabalho não compete o julgamento das ações que envolvem penalidades aplicadas por conselhos fiscalizadores de atividades profissionais. Neste sentido é a Súmula n. 66 do STJ: "Compete à justiça federal processar e julgar execução fiscal promovida por conselho de fiscalização profissional".

O art. 114, VII, da Constituição alude a *ações* relativas às penalidades administrativas impostas aos empregadores pelos órgãos de fiscalização das relações de trabalho. Essas ações são tanto as promovidas para a cobrança do crédito resultante da aplicação de penalidade ao empregador, quanto as ajuizadas pelo empregador em face da fiscalização e aplicação de penalidade, quais sejam: a) execução;[51] b) ação declaratória de inexistência de débito fiscal; c) ação anulatória de auto de infração;[52] d) ação anulatória da inscrição da penalidade administrativa em dívida ativa;[53] e) mandado de segurança, no caso de violação de direito líquido e certo praticada pelos órgãos de fiscalização das relações de trabalho; f) *habeas corpus*, na eventualidade de ofensa à liberdade de locomoção do empregador ou de seus representantes legais; g) ação de repetição de indébito aforada pelo empregador contra a União;[54] g) consignação em pagamento, na hipótese de recusa

---

50. A referência à *lei* e ao *direito* decorre do fato de as relações sociais serem regidas pela ordem jurídica e não por uma só lei ou um conjunto de leis.

51. As multas decorrentes do descumprimento da legislação trabalhista não têm natureza tributária. Sua natureza é de penalidade administrativa. Com isto, aplica-se na espécie o disposto no art. 1º da Lei n. 9.873/99, que fixa em cinco anos o prazo para o exercício da pretensão executiva relativa às multas aplicadas em razão do descumprimento da legislação trabalhista, contado da data do ato que deu ensejo à punição do empregador, ou, no caso de infração permanente ou continuada, do dia em que tiver cessado. Esta previsão deve ser entendida no sentido de que: se os órgãos de fiscalização têm ciência do ato ensejador da punição e não aplicam a penalidade respectiva, permanecendo inertes por mais de cinco anos, dá-se a prescrição da pretensão punitiva. Por outro lado, se é instaurado procedimento administrativo para apurar a ocorrência de ato ensejador de punição, a prescrição somente é contada a partir do momento em que ocorre a inscrição do crédito em dívida ativa. Passados cinco anos da inscrição do crédito em dívida ativa, dá-se a prescrição da pretensão executiva, observando-se que não há que se falar em prescrição da pretensão executiva antes de o credor ter em suas mãos título passível de execução.

52. Com prazo prescricional de cinco anos (Decreto n. 20.910/32).

53. Com prazo prescricional de cinco anos (Decreto n. 20.910/32).

54. Com prazo decadencial de cinco anos. Ultrapassado o prazo em que a ação poderia ser ajuizada, extingue-se o próprio direito à repetição de indébito.

de recebimento ou de subordinação deste ao pagamento de outra penalidade ou à satisfação de exigências administrativas sem fundamento legal (aplicação do art. 164 da Lei n. 5.172/66).

As ações aforadas pelo empregador em face da fiscalização ou aplicação de penalidades são da competência das Varas do Trabalho.

Prevê o art. 38 da Lei n. 6.830/80 que "a discussão judicial da Dívida Ativa da Fazenda só é admissível em execução, na forma desta Lei, salvo as hipóteses de mandado de segurança, ação de repetição de indébito ou ação anulatória do ato declarativo da dívida, esta precedida do depósito preparatório do valor do débito, corrigido monetariamente e acrescido de juros de mora e demais encargos". No entanto, consoante decidiu o STF, o depósito prévio previsto no art. 38 da Lei n. 6.830/80 somente é exigido "se o sujeito passivo pretender inibir a Fazenda Pública de propor a execução fiscal".[55]

A exigência do depósito prévio para a propositura da ação anulatória do ato declarativo da dívida resulta da presunção de legalidade dos atos administrativos e da certeza e liquidez da dívida ativa regularmente inscrita (art. 3º da Lei n. 6.830/80). Diante de tal presunção, é lícita a exigência dessa garantia quando se pretenda inibir a propositura da ação executiva, evitando essa exigência, inclusive, que a ação anulatória seja utilizada como um substitutivo dos embargos, como forma de fuga à prévia garantia do juízo.[56] Note--se, ainda, que a exigência do depósito decorre daquilo que pretende o autor da demanda, que é inibir a ação executiva. Não se trata, portanto, de exigência de depósito para inibir o acesso à justiça.

Na execução da certidão de dívida ativa concernente a penalidade administrativa imposta aos empregadores pelos órgãos de fiscalização das relações de trabalho deve ser observado o procedimento estabelecido pela CLT (Título X, Capítulo V), aplicando-se a Lei n. 6.830/80 apenas na hipótese de omissão do Direito Processual do Trabalho e da compatibilidade da regra nela estabelecida com as regras e princípios que constituem o Direito Processual do Trabalho (art. 899 da CLT), posto que:

1) conforme o art. 643 da CLT, os dissídios sob jurisdição da Justiça do Trabalho serão dirimidos de acordo com os procedimentos estabelecidos pelo Direito Processual do Trabalho, o que permite afirmar que a execução da certidão de dívida ativa relativa a penalidade administrativa imposta aos empregadores pelos órgãos de fiscalização das relações de trabalho, como

55. STF, RE 105.552-9, Rel. Min. Djaci Falcão, DJU 30.8.1985.

56. Segundo o art. 1º da Instrução Normativa n. 34/09 do TST, "o depósito prévio para ajuizamento da ação anulatória de débito fiscal, resultante de penalidade administrativa imposta por autoridade do Ministério Público e Emprego, será efetuado em guia definida em Instrução Normativa específica da Secretaria da Receita Federal do Brasil, presentemente objeto do anexo I da Instrução Normativa n. 421/2004-SRF".

dissídio sob jurisdição da Justiça do Trabalho, seguirá o procedimento estabelecido pelo direito processual do trabalho;

2) o art. 889 da CLT inclui a Lei de Executivos Fiscais entre as *fontes subsidiárias* do direito processual do trabalho, o que significa que somente está autorizado o recurso a ela depois de esgotada a possibilidade de solução do caso concreto à luz das regras e princípios próprios do Direito Processual do Trabalho;

3) o art. 642 estabelece que "a cobrança judicial das multas administrativas impostas pelas autoridades administrativas do trabalho obedecerá ao disposto na legislação aplicável à cobrança da dívida ativa da União", mas veio à luz quando a Justiça do Trabalho não tinha competência para a execução de tais multas (a competência para a execução somente foi reconhecida pela Emenda Constitucional n. 45/2004). Com isso, o art. 642 da CLT não trata da execução a ser processada perante a Justiça do Trabalho (o art. 642 da CLT não poderia dispor de procedimento a ser observado na execução de crédito fiscal pela Justiça do Trabalho, posto que esta não tinha, quando da entrada em vigor da CLT, a competência para processá-la). O art. 642 da CLT trata do procedimento a ser observado no juízo competente, que, com a Emenda Constitucional n. 45/2004, passou a ser a Justiça do Trabalho.

A comprovada inclusão do débito executado em parcelamento instituído pelas Leis ns. 10.522/02, 10.684/03 e Medida Provisória n. 303/06 enseja a suspensão da execução, até o pagamento do débito parcelado, com a continuidade da execução no caso de não serem cumpridas as obrigações assumidas pelo devedor. Com isto, não só serão aproveitados os atos processuais praticados até o momento da suspensão do processo, como será evitado o ajuizamento de nova execução na hipótese de inadimplência do devedor. Sendo a suspensão do processo admitida no caso de não localização do devedor ou de bens passíveis de penhora (art. 40 da Lei n. 6.830/80), não se justifica negar esta mesma possibilidade na hipótese de o devedor confessar a dívida e acertar com o credor o seu pagamento de forma parcelada.

Como a dívida pode ser objeto de parcelamento extrajudicial (Leis n. 10.522/02, 10.684/03 e Medida Provisória n. 303/06), nada impede que seja designada audiência de tentativa de conciliação, na qual este parcelamento poderá ser negociado, ainda que para ser formalizado administrativamente, com posterior comprovação nos autos.

Consoante prevê o art. 28, *caput* e parágrafo único, da Lei n. 6.830/80, aplicável subsidiariamente no processo do trabalho (art. 899 da CLT), o juiz, a requerimento das partes, poderá, por conveniência da unidade da garantia da execução, ordenar a reunião de processos contra o mesmo devedor, sendo os processos distribuídos ao juízo da primeira distribuição.

Cumpre observar que a fiscalização procedida pelos órgãos de fiscalização das relações de trabalho não tem caráter unicamente repressor ou punitivo.

Primeiro, porque deve ser respeitado o critério de dupla visita nas situações previstas no art. 627 da CLT (nelas, o empregador deve ser instruído quanto ao cumprimento de novas leis, regulamentos e instruções ministeriais, o mesmo ocorrendo na hipótese de primeira inspeção do estabelecimento ou local de trabalho recentemente inaugurados ou empreendidos).[57] Segundo, porque pode ser instaurado procedimento especial para a ação fiscal, objetivando a orientação sobre o cumprimento das leis de proteção ao trabalho, bem como a prevenção e o saneamento de infrações à legislação, mediante Termo de Compromisso, na forma a ser disciplinada no Regulamento da Inspeção do Trabalho (art. 627-A, da CLT, acrescentado pela Medida Provisória n. 2.164-41/2001). Terceiro, porque aos Auditores compete ministrar orientações e dar informações e conselhos técnicos aos trabalhadores e às pessoas sujeitas à inspeção do trabalho, atendidos os critérios de oportunidade e conveniência, sendo seu dever orientar e advertir as pessoas sujeitas à inspeção do trabalho e aos trabalhadores quanto ao cumprimento da legislação trabalhista (Regulamento da Inspeção do Trabalho — Decreto n. 4.552/02, arts. 18 e 23).

Sendo o caso de instrução ao empregador, o Auditor deverá anotar no livro de inspeção do trabalho as irregularidades verificadas, as exigências feitas e o prazo para o seu atendimento (art. 628, § 2º, da CLT).

12.8. Execução de contribuições previdenciárias.

À Justiça do Trabalho compete *a execução, de ofício, das contribuições previdenciárias* previstas no art. 195, I, *a*, e II, e seus acréscimos legais, decorrentes das sentenças que proferir (art. 114, VIII).[58]

Cumpre anotar que a fiscalização dos recolhimentos previdenciários e sua eventual cobrança competem à Secretaria da Receita Federal do Brasil (art. 2º da Lei n. 11.457/2007), ao passo que compete à Procuradoria-Geral da Fazenda Nacional representar judicialmente a União nos processos da Justiça do Trabalho relacionados com a cobrança de contribuições previdenciárias (art. 16, § 3º, I e II, da Lei n. 11.457/2007).

---

57. Os arts. 23 e 24 do Regulamento de Inspeção do Trabalho disciplinam a dupla visita e a exigem também quando se trate de estabelecimento ou local de trabalho com até dez trabalhadores, salvo quando for constatada infração por falta de registro de empregado ou de anotação da CTPS, bem como na ocorrência de reincidência, fraude, resistência ou embaraço à fiscalização, e quando se tratar de microempresa e empresa de pequeno porte. A ausência de respeito ao critério da dupla visita torna nulo o auto de infração eventualmente lavrado.

58. Do tema trataremos no Capítulo reservado à execução.

12.9. Outras controvérsias decorrentes da relação de trabalho.

Nos termos do inciso IX do art. 114 da Constituição, a lei pode atribuir à Justiça do Trabalho competência para julgar *outras controvérsias decorrentes da relação de trabalho.*

A competência da Justiça do Trabalho, portanto, pode ser alterada pelo legislador ordinário.

Aludido comando constitucional tem como consequência primeira a recepção de normas que atribuam à Justiça do Trabalho a competência para o julgamento de dissídios que não envolvam diretamente a relação de emprego, como faz a Lei n. 8.984/95, que reconhece competência à Justiça do Trabalho para conciliar e julgar os dissídios que tenham origem no cumprimento de convenções coletivas do trabalho ou acordos coletivos do trabalho quando ocorram entre sindicatos ou entre sindicatos e empregador, e, o que é mais relevante, permite que a competência da Justiça do Trabalho seja alterada sem necessidade de reforma constitucional, nela incluindo outros dissídios que, embora não sejam *oriundos* da relação de trabalho (inciso I), dela *decorram* (inciso IX).[59]

12.10. Dissídio coletivo.

De acordo com o art. 114, § 2º, da Constituição, na redação anterior à Emenda Constitucional n. 45/2004, no caso de conflito coletivo de trabalho, "recusando-se qualquer das partes à negociação ou à arbitragem, *é facultado aos respectivos sindicatos ajuizar dissídio coletivo*, podendo a Justiça do Trabalho estabelecer normas e condições, respeitadas as disposições convencionais e legais mínimas de proteção ao trabalho".

A Emenda Constitucional n. 45/2004 conferiu nova redação ao art. 114, § 2º, da Constituição, que passou a prever, ainda em relação aos dissídios coletivos de trabalho, que: "recusando-se qualquer das partes à negociação ou à arbitragem, *é facultado às mesmas, de comum acordo, ajuizar dissídio coletivo de natureza econômica*, podendo a Justiça do Trabalho decidir o conflito, respeitadas as disposições mínimas legais de proteção ao trabalho, bem como as convencionadas anteriormente".

À Justiça do Trabalho, portanto, compete processar e julgar dissídios de natureza econômica, tema do qual tratamos no Capítulo reservado ao dissídio coletivo, ao qual remetemos o leitor.

59. Os dissídios *oriundos* da relação de trabalho já estão contemplados no inciso I, mas o legislador ordinário pode atribuir à Justiça do Trabalho a competência para processar e julgar outros dissídios conexos à relação de trabalho (que não são *oriundos*, mas apenas *decorrem* da relação de trabalho).

13. IMUNIDADE DE JURISDIÇÃO EM MATÉRIA TRABALHISTA

O Estado, em razão de sua soberania, não pode ser submetido às leis de outro Estado e, com isso, à sua jurisdição.[60] Imunidade de jurisdição é a não sujeição de um Estado à jurisdição de outro.

Não existe imunidade de jurisdição em matéria trabalhista, vez que o art. 114, I, da Constituição Federal atribui à Justiça do Trabalho competência para processar e julgar os dissídios oriundos das relações do trabalho, dentre elas a de emprego, envolvendo entes de direito público externo, indicando que esses entes estão sujeitos à legislação trabalhista brasileira e, com isso, à jurisdição brasileira. Essa solução se justifica, posto que contratando empregado o ente de direito público externo age como particular, situação em que não é beneficiado por tratamento especial. A propósito, inclusive, decidiu o STF que: "não há imunidade de jurisdição para Estado estrangeiro, em causa de natureza trabalhista".[61]

Ao lado da imunidade de jurisdição, se coloca a imunidade de execução, que somente pode ser afastada, de acordo com o art. 34, 4, da Convenção de Viena, por renúncia expressa quanto às medidas de execução da sentença. Assim, mesmo reconhecida competência da Justiça do Trabalho para a solução do dissídio, a execução estará condicionada à expressa renúncia do ente de direito público externo à imunidade de jurisdição em relação a atos de execução. Ausente a renúncia, a satisfação do crédito reconhecido pelo Poder Judiciário dar-se-á pela via diplomática.[62]

A Constituição, ao afastar a imunidade de jurisdição em matéria trabalhista, apenas consagra a evolução do direito internacional público.

Não se olvide, contudo, que, como José Francisco Rezek adverte, "a execução forçada da eventual sentença condenatória, entretanto, só é possível na medida em que o Estado estrangeiro tenha, no âmbito espacial de nossa jurisdição, bens estranhos à sua própria representação diplomática ou consular — visto que estes se encontram protegidos contra a penhora ou medida congênere pela inviolabilidade

---

60. A Convenção de Viena, de 1961, sobre relações diplomáticas (aprovada pelo Brasil por meio do Decreto Legislativo n. 103/64), assegura imunidade de jurisdição aos membros de missão diplomática (que não se confundem com os consulados, que têm representação apenas comercial) e a estende aos agentes diplomáticos (embaixadores, legados, núncios, enviados, ministros e encarregados de negócios). Aos Estados são equiparados, para efeito de imunidade de jurisdição, os organismos internacionais com personalidade jurídica (ONU, OIT, OMS, FMI, OEA etc.). Os organismos internacionais sem personalidade jurídica (OPEP e OLP, por exemplo) não gozam de imunidade de jurisdição.
61. STF, AC 9.696-3-SP, Rel. Min. Sydney Sanches, *LTr* 55-01/45.
62. Mauro Schiavi adota ponto de vista diverso, aduzindo que "a Constituição não restringe, no inciso I, a competência da Justiça do Trabalho para processar e julgar as demandas oriundas da relação de trabalho que envolvem as pessoas jurídicas de direito público externo. Se há competência para processar, também haverá para executar a decisão. De que adiante a Justiça do Trabalho poder condenar se não puder executar. Ou a demanda trabalhista se processa por inteiro, ou então a Justiça do Trabalho somente atuará pela metade. No nosso sentir, quando um ente de direito público externo contrata um empregado brasileiro, dentro do território brasileiro, pelo regime da CLT, despe-se do poder de império para se equiparar ao empregador privado" (*Manual de direito processual do trabalho*. 6. ed. p. 227).

que lhes asseguram as Convenções de Viena de 1961 e 1963, estas seguramente não derrogadas por qualquer outra norma ulterior".[63]

Para Wagner Giglio, o art. 114 da Constituição "visou precipuamente eliminar a controvérsia sobre a 'competência para declarar a competência' (ou incompetência) para dirimir litígios de que são partes entes de direito público externo: cabe à Justiça do Trabalho, e não mais à Justiça Federal, essa competência 'preliminar', nos processos trabalhistas. Esse é o sentido do art. 114 da Constituição Federal".[64] Note-se, contudo, que a Constituição Federal atribui à Justiça do Trabalho competência para processar e julgar as ações envolvendo entes de direito público externo e não apenas para dizer sobre a competência para julgá-las.

A propósito do tema, a SDI-I do TST editou a Orientação Jurisprudencial n. 416, *in verbis*: "As organizações ou organismos internacionais gozam de imunidade absoluta de jurisdição quando amparados por norma internacional incorporada ao ordenamento jurídico brasileiro, não se lhes aplicando a regra de Direito Consuetudinário relativa à natureza dos atos praticados. Excepcionalmente, prevalecerá a jurisdição brasileira na hipótese de renúncia expressa à cláusula de imunidade jurisdicional". Note-se que a hipótese é de organização ou organismo com imunidade assegurada por norma internacional incorporada ao ordenamento jurídico brasileiro.

14. COMPETÊNCIA INTERNACIONAL DA JUSTIÇA DO TRABALHO

A fixação da competência obedece à ideia de soberania.

Da competência internacional da Justiça do Trabalho trata o art. 651, § 2º, da CLT, dispondo que a competência das Varas do Trabalho estabelecida no art. 651 estende-se aos dissídios ocorridos em agência ou filial no estrangeiro, desde que o empregado seja brasileiro e não haja convenção internacional dispondo o contrário. Trata-se, como resulta da alusão a *empregado*, de regra relativa a dissídios decorrentes da relação de emprego.

A competência internacional da Justiça do Trabalho quanto às ações oriundas de relação de trabalho distinta da relação de emprego é definida a partir do que estabelece o art. 21 do CPC: é competente a autoridade judiciária brasileira quando: a) o réu, qualquer que seja a sua nacionalidade, estiver domiciliado no

---

63. *Direito internacional público*, p. 179-180.

64. *Direito processual do trabalho*, p. 33-34. De acordo com Wagner Giglio, a ação contra ente de direito público externo deve ser proposta perante a Primeira Instância da Justiça do Trabalho e "citado o ente de direto público externo, quatro são as reações possíveis, a saber: a) não comparece à audiência; b) comparece e se concilia; c) comparece e argui a imunidade de jurisdição; d) comparece e renuncia à imunidade. No primeiro caso, a imunidade de jurisdição deve ser declarada *ex officio*, porque não há renúncia tácita. No segundo, a conciliação é válida, mas não cumprida espontaneamente só poderá ser executada se houver renúncia expressa à imunidade de execução. No terceiro caso, deve ser proclamada a imunidade de jurisdição e arquivado o processo. E no último caso, deve o feito ser instruído e julgado como qualquer outro" (*Direito processual do trabalho*, p. 34).

Brasil; b) no Brasil tiver que ser cumprida a obrigação; e c) a ação se originar de fato ocorrido ou de ato praticado no Brasil.

15. COMPETÊNCIA MATERIAL

A competência em razão da matéria ou material é fixada tendo em conta a natureza da relação jurídica litigiosa, que é definida pelo pedido e a causa de pedir.

A competência material da Justiça do Trabalho é estabelecida no art. 114 da Constituição.

O art. 114 da Constituição Federal trata da competência *em razão da matéria* da Justiça do Trabalho (é o que se dá, por exemplo, com a ação envolvendo o exercício do direito de greve e representação sindical), valendo lembrar que, como leciona Enrico Tullio Liebman, quando "determinada causa é subtraída ao juiz ordinário para ser submetida ao conhecimento de juiz especial, estamos substancialmente diante de uma repartição de tarefas entre diversos órgãos do Estado, isto é, de uma distribuição de competência por matéria".[65] Nesse compasso, sendo a Justiça do Trabalho uma justiça especial, a competência que lhe atribui a Constituição Federal refere-se à matéria que por ela deve ser decidida (dissídios decorrentes da relação de trabalho e conexos à relação de trabalho).

Acrescente-se que a Constituição Federal, ao dispor, no inciso IV do art. 114, que a Justiça do Trabalho tem competência para julgar mandados de segurança, *habeas corpus* e *habeas data* quando o ato questionado envolver *matéria* sujeita à sua jurisdição, deixa claro que está tratando de competência em razão da matéria.

16. COMPETÊNCIA EM RAZÃO DAS PESSOAS

A competência em razão das pessoas é fixada tendo em vista atributo pessoal da parte.

É dessa competência que trata o art. 652, III, da CLT, quando se refere aos dissídios resultantes de contratos de empreitada em que o empreiteiro seja operário ou artífice. O mesmo ocorre em relação aos arts. 652, V, e 653 da CLT, atribuindo às Varas do Trabalho competência para conciliar e julgar as ações entre trabalhadores portuários e os operadores portuários ou o órgão Gestor de Mão de obra decorrentes da relação de trabalho e as ações do trabalhador avulso contra o seu tomador de serviços.

Nestas hipóteses, o legislador ordinário atribuiu à Justiça do Trabalho competência para julgar dissídios decorrentes de relação de trabalho distinta da relação de emprego, levando em conta atributos pessoais do trabalhador

65. *Manual de direito processual civil*, v. I, p. 15.

abrangido pelas disposições consolidadas referidas. Trata-se, assim, de competência em razão das pessoas.

Entretanto, por força da Emenda Constitucional n. 45/2004, o julgamento dos dissídios decorrentes de relação de trabalho não subordinado referidos no art. 652 da CLT já não se faz em razão das pessoas neles envolvidas, mas da própria natureza da relação (relação de trabalho). Trata-se, agora, de competência estabelecida em razão da natureza jurídica da relação litigiosa, ou seja, da matéria.

17. COMPETÊNCIA FUNCIONAL OU EM RAZÃO DA HIERARQUIA

O ordenamento jurídico define a função que os órgãos do Poder Judiciário desempenharão em um mesmo processo, fixando, com isto, a competência funcional ou em razão da hierarquia de cada um deles.

Nesse sentido, existem demandas que deverão, necessariamente, ser processadas e julgadas por uma Vara do Trabalho. Neste caso, a Vara do Trabalho terá *competência originária* para julgar a demanda, ao passo que os demais órgãos do Poder Judiciário sobre ela somente poderão se manifestar se for apresentado recurso contra a decisão proferida no âmbito da Vara do Trabalho (os demais órgãos do Poder Judiciário têm, em relação à demanda distribuída a uma Vara do Trabalho, *competência revisional* ou *competência recursal*). Situações existem em que a demanda deverá ser apresentada diretamente a um Tribunal Regional do Trabalho, atuando o Tribunal Superior do Trabalho como instância revisional ou recursal, ao passo que também existem situações em que a ação deverá ser dirigida diretamente ao Tribunal Superior do Trabalho.

À luz desse critério é que foi distribuída a competência entre as Varas do Trabalho (art. 652 da CLT), os Tribunais Regionais do Trabalho (arts. 678 e 679 da CLT) e o Tribunal Superior do Trabalho (art. 702 da CLT e Lei n. 7.701/88), observando-se que, pelo que se extrai do art. 652 da CLT, como regra as demandas trabalhistas devem ser processadas e julgadas originalmente pelas Varas do Trabalho.

18. COMPETÊNCIA EM RAZÃO DO LUGAR OU TERRITORIAL. FIXAÇÃO DA COMPETÊNCIA POR DISTRIBUIÇÃO

Para fins de repartição da competência entre os órgãos do Judiciário Trabalhista, o território nacional foi dividido em circunscrições maiores, que recebem a denominação de *regiões*. As regiões, por sua vez, são divididas em circunscrições menores, denominadas *comarcas* (art. 650 da CLT). Com isto, resta definido o âmbito territorial ou os limites geográficos de atuação de cada órgão do Poder Judiciário, ou seja, a sua competência territorial ou em razão do local.

A competência territorial das Varas é fixada no art. 651 da CLT, que foi examinado no Capítulo relativo à organização e funcionamento da Justiça do Trabalho, no qual foi assinalado que existe um *foro geral* (local da prestação de serviços) e vários *foros especiais* (situações previstas nos três parágrafos do art. 651 da CLT),[66] ao passo que a competência territorial dos Tribunais Regionais do Trabalho é estabelecida no art. 674 da CLT e, a do TST, nos art. 92, parágrafo único, da Constituição e 690 da CLT.

Havendo, na mesma comarca, mais de uma Vara do Trabalho ou Juiz de Direito investido na jurisdição trabalhista competentes para processar e julgar o dissídio, a competência é fixada pela distribuição (arts. 669, § 1º, e 783 da CLT). A distribuição define, entre juízos dotados de igual competência, aquele que deverá processar e julgar determinada demanda (define-se, assim, dentro do *foro competente*, ou seja, aquele que será o *juízo competente* para processar e julgar a demanda).

19. COMPETÊNCIA DA JUSTIÇA DO TRABALHO: QUESTÕES TÓPICAS

Várias são as questões relacionadas com a competência da Justiça do Trabalho que ainda suscitam debates doutrinários e divergências jurisprudenciais.

A seguir serão examinadas algumas destas questões.

19.1. Indenização de danos decorrentes de acidente de trabalho. Competência e prescrição.

A Emenda Constitucional n. 45/2004, ao conferir nova redação ao art. 114 da Constituição, atribuiu à Justiça do Trabalho competência para julgar as ações oriundas da relação de trabalho, sem ressalva quanto ao fato de terem por objeto pedido de reparação de dano resultante de acidente de trabalho (inciso I), assim como as ações de indenização por dano moral e patrimonial decorrentes da relação de trabalho, também sem ressalva quanto à origem do dano (inciso VII).

De outro lado, ao autorizar o juiz ou Tribunal do Trabalho a recorrer ao direito comum para decidir conflito entre empregado e empregador, o art. 8º da CLT torna lícito afirmar que o fato de a demanda ser decidida com esteio em norma ou princípio do direito comum não afasta, por si só, a competência da Justiça do Trabalho. A natureza do litígio entre empregado e empregador não é fixada pela norma a ser utilizada na sua solução, mas pelo pedido e pela causa de pedir. Assim, o fato de a pretensão ser examinada à luz do princípio da responsabilidade civil não afasta a competência da Justiça do Trabalho, em especial porque o princípio da responsabilidade civil, além de se irradiar por todo o ordenamento

66. No processo civil, como decore dos arts. 94 a 101 do CPC, também existe um foro geral (foro do domicílio do demandado) e foros especiais (fixados em razão da matéria e das partes, por exemplo).

jurídico, recebeu na Constituição Federal de 1988 (art. 5º, V e X) o *status* de princípio constitucional, alcançando, por isso, também a relação entre empregado e empregador, conforme deixa claro, inclusive, o art. 7º, XXVIII.

Não se pode olvidar, ainda, que o direito à reparação de danos resultantes do acidente de trabalho foi incluído pela Constituição Federal de 1988 (art. 7º, XXVIII) dentre os direitos decorrentes da relação de emprego. Tendo a ação de reparação de danos decorrentes de acidente de trabalho por objeto um direito decorrente da relação de emprego, o seu julgamento compete à Justiça do Trabalho, por força do art. 114, I, da Constituição Federal.

Merece destaque a Súmula n. 736 do STF ("Compete à Justiça do Trabalho julgar as ações que tenham como causa de pedir o descumprimento de normas trabalhistas relativas à segurança, higiene e saúde dos trabalhadores"[67]). À luz da referida Súmula, se do descumprimento das normas relativas à segurança, higiene e saúde resulta um acidente de trabalho, não há como negar à Justiça do Trabalho a competência para julgar o pedido de sua reparação (a causa de pedir seria o descumprimento daquelas normas e suas consequências para o trabalhador). Do contrário, na Justiça do Trabalho, seria examinada a alegação de descumprimento das normas relativas à segurança, higiene e saúde do trabalhador e, no cível, os efeitos desse descumprimento, o que se nos afigura insustentável.

No que comporta à prescrição da pretensão de reparação de danos decorrentes de acidente de trabalho, três são as correntes de pensamento encontradas na doutrina e na jurisprudência: a) o direito à reparação de danos é de natureza civil, o que atrai a aplicação do disposto no art. 206, § 3º, V, do Código Civil, sendo a prescrição da pretensão de reparação de danos de três anos; b) sendo a reparação de danos de natureza civil e não existindo norma expressa disciplinando o prazo prescricional para a manifestação da pretensão de reparação de danos decorrentes de acidente de trabalho, deve ser observado o prazo legal supletivo estabelecido do art. 205 do Código Civil, que é de dez anos; c) trata-se, a reparação de danos oriundos de acidente de trabalho, de direito resultante da relação de emprego, estando a pretensão a ela relativa sujeita ao prazo prescricional estabelecido no art. 7º, XXIX, da Constituição.

A Constituição assegura aos trabalhadores o direito à reparação de danos decorrentes de acidente de trabalho (art. 7º, XXVIII). Trata-se, assim, de direito que decorre da relação de emprego.

Isso significa que a prescrição relativa à pretensão de reparação de danos oriundos de acidente de trabalho está sujeita aos prazos prescricionais estabelecidos no art. 7º, XXIX, da Constituição.

67. Diante dos termos da aludida Súmula, não há como negar à Justiça do Trabalho competência para julgar ações visando à proteção do meio ambiente do trabalho.

Neste contexto, a pretensão deve ser manifestada em juízo no prazo de dois anos, contados da extinção do contrato de trabalho, isto no caso de o trabalhador já ter ciência inequívoca, neste momento, dos efeitos do acidente sobre a sua saúde e capacidade laborativa (aplicação da Súmula n. 278 do STJ: "o termo inicial do prazo prescricional, na ação de indenização, é a data em que o segurado teve ciência inequívoca da incapacidade laboral"). O prazo prescricional é contado a partir do momento em que o titular do direito tem ciência de sua violação; a violação do direito faz surgir a pretensão, a ser manifestada em juízo por meio da ação. Daí ser dito em doutrina que a prescrição pressupõe o nascimento da ação ou *actio nata* (ação nascida). À luz deste mesmo raciocínio, se o trabalhador somente toma ciência inequívoca da doença profissional e suas consequências após a extinção da relação de emprego, a prescrição somente é contada a partir da ciência da doença e suas consequências, momento em que o trabalhador toma ciência da lesão ao seu direito.

Nesse compasso, aplicada à hipótese, por analogia, o disposto no art. 26 do Código de Defesa do Consumidor, tem-se que: a) no caso de acidente de trabalho com consequências aparentes ou de fácil constatação, o prazo prescricional (bienal) é contado da data do acidente, sendo ressalvado, no entanto, que a demanda pode ser proposta até dois anos contados da extinção da relação de emprego (art. 7º, XXIX, da Constituição); b) quando se tratar de dano oculto, ou seja, de doença ocupacional desconhecida pelo trabalhador, o prazo prescricional (bienal) é contado da data da ciência inequívoca da doença e suas consequências, o que se dá quando, por meio de perícia médica ou exame médico conclusivo, é detectada a doença e são definidas as suas consequências para a saúde e a capacidade laborativa do trabalhador (art. 196 do Código Civil e Súmula n. 278 do STJ); c) no caso de prescrição quinquenal, se o acidente de trabalho e a consolidação das suas consequências ocorrem após os cinco anos que antecederam a propositura da ação, a pretensão do trabalhador terá sido alcançada pela prescrição, ao passo que, se o acidente ocorreu após os cinco anos que antecederem a propositura da ação, mas as suas consequências perduram no tempo (danos contínuos) e se inserem dentro destes cinco anos, a ação pode ser proposta até dois anos da extinção do contrato de trabalho (nesta hipótese, as consequências do acidente e, portanto, a responsabilidade reparatória, persistem no tempo, de forma que a qualquer momento, desde que respeitado o biênio, o trabalhador pode pleitear a reparação).

A respeito da natureza do dano – contínuo ou instantâneo –, vale a pena mencionar o que se segue.

Na hipótese de *danos contínuos*, ou seja, de ato lesivo praticado mais de cinco anos antes da propositura da demanda, mas com efeitos que se repetem nos cinco anos anteriores à propositura da ação, o marco prescricional não se confunde com aquele da prática do ato ilícito. A pretensão reparatória é, de certa forma, também contínua, ou seja, ela surge a cada momento em que se apresenta o dano resultante do ato lesivo e em cada um deles tem início o prazo prescricional. No caso de danos contínuos, o termo inicial da prescrição é a data da verificação do dano (e não do ato lesivo), vez que, a cada manifestação sua, nasce a pretensão reparatória. Em suma, ainda que o ato lesivo tenha sido praticado mais de cinco anos antes da propositura da ação, se os seus efeitos são sentidos dentro destes últimos cinco anos, não se dá a extinção da pretensão, pela prescrição, pelo fato de terem transcorrido mais de cinco anos ente a prática do ilícito e a propositura da ação.

Esta solução se encontra sintonia, inclusive, com várias Súmulas editadas pelo TST, merecendo referência, a título de exemplo, a Súmula n. 6, IX, segundo a qual, na ação de equiparação salarial (art. 461 da CLT), a prescrição é parcial e só alcança as diferenças salariais vencidas no período de cinco anos que precedeu o ajuizamento.

Desse modo, se o direito à equiparação salarial surge mais de cinco anos antes da propositura da ação, mas a diferença salarial se reproduz a cada mês, a prescrição é parcial, ou seja, subsiste o direito à diferença salarial relativa aos últimos cinco anos, contados da propositura da demanda. Esta Súmula, portanto, aponta no sentido de que, se a lesão sofrida pelo trabalhador é contínua, a prescrição é apenas parcial, atingindo somente os danos verificados fora dos cinco anos que antecederem à propositura da ação.

No caso de dano instantâneo a solução é distinta, vez que o prazo prescricional é contado da data do ato de que decorre a pretensão reparatória.

Quanto à incidência do art. 7º, XXIX, da Constituição em relação à pretensão reparatória de danos decorrentes de acidente de trabalho, vale observar que ela somente poderá ser afastada na hipótese de ação proposta perante a Justiça Comum antes da Emenda Constitucional n. 45/2004 em que tenha sido declinada a competência para a Justiça do Trabalho. Neste caso, a prescrição a ser observada é a civil (prescrição da pretensão reparatória manifestada perante a Justiça Comum), em respeito à boa-fé do autor da demanda, diante da séria controvérsia doutrinária e jurisprudencial sobre a justiça competente para julgar ação reparatória de danos decorrentes de acidente de trabalho.

19.2. Responsabilidade pré e pós-contratual.

A responsabilidade reparatória pode ser pré-contratual, contratual e pós-contratual, dependendo do momento em que surge o dano indenizável. Interessa, aqui, apenas, a responsabilidade pré-contratual e pós-contratual, isto é, a responsabilidade pela reparação de dano decorrente de ação ou omissão verificada na fase antecedente (fase pré-contratual) ou na fase que sucede a execução do contrato (fase pós-contratual), respectivamente.

O período pré-contratual tem início com a proposta do contrato (art. 427 do Código Civil: "a proposta do contrato obriga o proponente, se o contrário não resultar dos termos dela, da natureza do negócio, ou das circunstâncias do caso") e finda com a aceitação, pelos contraentes, dos termos propostos (consenso sobre os termos do contrato ou aceitação da proposta do contrato), acrescentando-se que, segundo o art. 435 do Código Civil, "reputar-se-á celebrado o contrato no lugar em que foi proposto".

O fundamento para o reconhecimento da responsabilidade pré-contratual pode ser encontrado, de acordo com Judith Martins-Costa, na combinação "entre as regras do art. 389 (que trata da indenização pela inexecução de obrigações, não as restringindo às obrigações *contratuais*); art. 186 (cláusula geral de ilicitude subjetiva); art. 187 (que comina de ilicitude ato manifestamente contrário à boa-fé); art. 422 (impositivo do dever de conduta segundo a boa-fé desde a conclusão do contrato, abrangendo a fase em que *nasce a conclusão*, portanto, a fase das tratativas); e o art. 927 (norma impositiva da obrigação de indenizar, reenviando aos pressupostos dos arts. 186 e 187)".[68]

Judith Martins-Costa afirma que, na conduta pré-negocial, o dever de indenizar se caracteriza "quando houver violação do princípio da boa-fé por ter sido *injustamente* despertada a confiança da outra parte em que o contrato seria concluído

---

68. Um aspecto da obrigação de indenizar: notas para uma sistematização dos deveres pré-negociais de proteção no direito civil brasileiro. In: *A evolução do direito no século XXI:* estudos em homenagem ao prof. Arnold Wald. Coimbra: Almedina, 2007. p. 301-355. Para essa doutrinadora, na fase pré-contratual, "os danos decorrem da circunstância de os envolvidos se terem aproximado em virtude de um escopo determinado, a saber: averiguar a possibilidade e/ou conveniência de pactuarem um negócio jurídico, normalmente um contrato, portanto se expondo a certos riscos, tanto na sua pessoa quanto no seu patrimônio. Sendo essa a razão da aproximação entre os interessados, fácil é perceber que entre ambos não existe apenas uma relação ocasional e fortuita, como a relação que liga as pessoas por conta da ocorrência de um dano derivado de um delito civil imputável a uma delas. Tendo visado contratar estavam impulsionados por certas *expectativas*, derivadas do escopo comum e da especial proximidade no arco dos contatos sociais que passaram a manter. Essa expectativa é, minimamente, a de que as negociações sejam sérias e consequentes, marcadas pela lealdade e probidade que é a pauta por excelência do agir civil (*civiliter agere*) delas não resultando danos injustos à sua pessoa e ao seu patrimônio (...). Sendo funções primárias do Direito garantir expectativas e direcionar condutas, o Ordenamento assegura 'a confiança fundada nas condutas comunicativas das pessoas responsáveis', fundada na própria '*credibilidade* que estas condutas reivindicam'. Por isso, o Ordenamento protege certas 'situações de confiança' para efeito de indenizar os danos produzidos em razão da confiança *injustamente iludida*". (*Op. cit.*, p. 301-355). Acrescenta essa doutrinadora que o "dever de agir segundo a probidade e a boa-fé não significa, de modo algum, que haja um dever jurídico geral de adoção de comportamentos conformes à expectativa que os sujeitos geram por suas condutas (...). O que há, em certas circunstâncias, é, por força da boa-fé objetiva em sua conexão com as situações de confiança, o nascimento de deveres tendentes a evitar nos parceiros pré-negociais *representações injustificadas* — e injustificadas em razão da especial posição assumida pelos sujeitos — bem como a *prevenir danos* ocasionáveis pela especial aproximação que os interessados mantiveram. Os negociantes, conquanto ainda não vinculados por *deveres de prestação*, se devem, reciprocamente, o resguardo contra danos resultantes de uma violação dos deveres de proteção derivados do imperativo de agir segundo a boa-fé (art. 422) no período das tratativas (...). Esses deveres, podendo nascer *antes* dos deveres de prestação, exprimem a necessidade de tomar em consideração os interesses justificados da contraparte e de adotar o comportamento que se espera de um parceiro honesto e leal de modo a fundamentar uma 'ordem especial de proteção' dos bens pessoais e patrimoniais das partes contratantes" e que a responsabilidade extracontratual tem dentre as suas espécies "a responsabilidade pré-negocial, caracterizada pelo momento da produção do dano e pela especificidade do dever violado (infração danosa imputável a deveres de proteção pré-negocial" (*Op. cit.*, p. 301-355).

(...). Aliás, pode ocorrer inclusive a responsabilidade pela 'perda de uma chance' (*perte d'une chance*)".[69]

Lembrando que, como dispõe o art. 442 do Código Civil, "os contraentes são obrigados a guardar, assim na conclusão do contrato, como em sua execução, os princípios da probidade e boa-fé", e aplicando no pré-contrato trabalhista o disposto nos arts. 30, 48 e 84 do CDC, pode ser afirmado que as declarações de vontade constantes de escritos particulares (o que anúncios publicitários por meio de folhetos ou publicados em jornais), recibos e pré-contratos vinculam o proponente e integram o contrato que vier a ser celebrado, com a ressalva de que, enquanto nas relações de consumo é estabelecido, expressamente, o dever de contratar (arts. 35 e 84 do CDC), na seara trabalhista, a recusa de contratar resolve-se em perdas e danos.

Como ensina Sílvio de Salvo Venosa, "quem se recusa a contratar, pura e simplesmente, ou quem, injustificadamente, desiste de contratar após iniciar eficientes tratativas, pode ser obrigado a indenizar".[70] A ninguém pode ser imposta a obrigação de contratar determinado trabalhador. No entanto, na fase pré-contratual, as partes devem agir com probidade e boa-fé. Com isto, aquele que, sem justo motivo, isto é, de forma arbitrária, rompe as negociações, responde pelos danos sofridos pela outra parte.

Nesse compasso, as despesas realizadas quando das negociações preliminares e os prejuízos advindos da frustração da fundada confiança na celebração do contrato (perda da oportunidade de contratar com outrem, por exemplo) devem ser indenizados por aquele que não agiu com boa-fé.

De outro lado, mesmo depois de rescindido o contrato, permanecem para as partes a obrigação de probidade e boa-fé e, com isso, o dever de indenizar os

---

69. *Op. cit.*, p. 301-355. Judith Martins-Costa aduz que "não incorre em violação dos deveres de boa-fé nas relações pré-contratuais aquele que advertir a contraparte, com a devida antecedência, de que a celebração do contrato constitui uma mera eventualidade e der por findas as relações pré-contratuais ao verificar a inconveniência de concluí-lo, mormente quando o objeto contratual, por sua complexidade, exige estudos cautelosos e demorados. Também assim aquele que desiste das negociações, ainda que avançadas, porque tem motivo razoável para não contratar ('justa causa para a frustração negocial'), como quem descobre que sobre o imóvel em negociação pende servidão de passagem (...). A regra, portanto, consiste na licitude da ruptura, pois, não havendo dever de contratar (por isso mesmo estando os interessados 'em negociações') é evidente que a mera cessão daquelas, como *resultado possível* das tratativas preliminares, não conduz ao dever de indenizar: nesse caso não haverá como falar em violação de dever jurídico porque o dever não estaria sequer configurado" e que "fora de dúvida que a cessão de negociações ainda incipientes, ou ainda extremamente difusas não leva ao dever de indenizar por 'ruptura injustificada' (...). Não devemos esquecer que é do interesse da ordem jurídica 'preservar' um espaço de liberdade para que os sujeitos possam avaliar os seus interesses, e tomar autonomamente a decisão de contratar'. Para alcançar o dever de indenizar pela ruptura das tratativas é necessário, portanto, um rigoroso juízo sobre as circunstâncias do caso, alicerçado em dados concretos e inequívocos acerca da legitimidade da expectativa suscitada na outra parte negociadora de que o contrato seria concluído" (*Op. cit.*, p. 301-355).

70. *Direito civil*, v. 2, p. 511. Se a hipótese é de recusa de contratar, somente pode ser responsabilizado, como adverte Sílvio de Salvo Venosa, aquele que "estava em condições de contratar e não o fez", ao passo que, na desistência de contratar (rompimento das negociações preliminares), "há necessidade de que o estágio das preliminares da contratação já tenha imbuído o espírito dos postulantes da verdadeira existência do futuro contrato" (*Direito civil*, v. 2, p. 513).

prejuízos que causar à outra em razão do descumprimento dessa obrigação (*princípio das pós-eficácia das obrigações*).

Sílvio de Salvo Venosa assinala que a "responsabilidade pós-contratual ou *culpa pos factum finitum* decorre primordialmente do complexo geral da boa-fé objetiva em torno dos negócios jurídicos. Trata-se de um dever acessório de conduta dos contratantes, depois do término das relações contratuais".[71]

A dúvida surge quanto ao juízo competente para a ação visando à reparação desses danos (responsabilidade pré-contratual e pós-contratual).

O STJ já decidiu que "a ação que visa à reparação de danos materiais e morais em razão de alegada rescisão de pré-contrato de trabalho deve ser processada e julgada pela Justiça Especial".[72]

Com efeito, se o trabalhador, confiando na promessa de contratação, se deslocar de sua residência até a localidade onde a empresa tem sede para a formalização do contrato (arcando com os custos de seu deslocamento) e esta não se der por culpa do pretenso contratante, a sua indenização deverá ser pleiteada perante a Justiça do Trabalho, vez que os gastos foram realizados em razão de uma relação de trabalho, ainda que a ser concretizada.[73]

A ação de reparação deve ser proposta no prazo de dois anos (art. 7º, XXIX, da Constituição Federal), contados da recusa de celebração do contrato.

A Justiça do Trabalho também tem competência para julgar os dissídios trabalhistas decorrentes de atos praticados pelo empregador após a extinção do contrato, desde que relacionados ao vínculo extinto, como é o caso de pedido de indenização resultante de falsas informações prestadas pelo empregador sobre ex-empregado, com a finalidade de dificultar o seu reingresso no mercado de trabalho, por se tratar de dissídio decorrente de uma relação de emprego, ainda que pretérita. A ação de reparação deve ser proposta no prazo de dois anos (art. 7º, XXIX, da Constituição), contados do ato danoso.

19.3. Ação regressiva proposta pelo empregador contra empregado no caso de assédio sexual ou moral. Demanda entre trabalhador assediante e assediado.

O empregador condenado a indenizar empregado vítima de assédio sexual ou moral praticado por outro empregado no local de trabalho pode contra este propor

71. *Direito civil*, v. 2, p. 516.

72. STJ, CC 31.702, Rel. Min. Ari Pergendler, DJU 11.10.2002, p. 185.

73. Nesse sentido: "A Justiça do Trabalho é competente para apreciar e decidir pedido de reparação de dano causado pelo descumprimento de promessa de celebrar contrato de trabalho, por tratar-se de controvérsia decorrente de uma relação de trabalho prometida e que não teria se consumado por culpa exclusiva de uma das partes" (4ª T. do TRT da 3ª Região, RO 17739/00, Rel. Juiz Luiz Octávio Linhares Renault, DJMG 25.11.2000, p. 22).

ação regressiva, visando ao ressarcimento dos valores pagos a título de indenização por danos morais, como permite afirmar o art. 934 do Código Civil, segundo o qual, "aquele que ressarcir o dano causado por outrem pode reaver o que houver pago daquele por quem pagou, salvo se o causador do dano for descendente seu, absoluta ou relativamente incapaz".

À Justiça do Trabalho compete processar e julgar dissídios oriundos da relação de trabalho, o que inclui ação regressiva promovida por empregador contra empregado com base no art. 934 do Código Civil, tendo em vista o disposto no art. 114, I e VI, da Constituição.

Assim, o empregador que for condenado a indenizar empregada vítima de assédio sexual ou moral praticado por seu superior hierárquico pode contra este promover, perante a Justiça do Trabalho, ação regressiva.

Na hipótese de assédio sexual ou moral acima ventilada, é possível vislumbrar a possibilidade de a vítima optar pela propositura de ação contra o seu empregador e, também, contra o assediante.

Nesta segunda situação (ação do assediado contra o assediante), ter-se-ia um litígio entre empregados oriundo da relação de trabalho, competindo à Justiça do Trabalho o seu julgamento (art. 114, I, da Constituição).

19.4. Ação regressiva promovida pela Previdência Social.

Dispõe o art. 120 da Lei n. 8.213/91 que "nos casos de negligência quanto às normas padrão de segurança e higiene do trabalho indicadas para a proteção individual e coletiva, a Previdência poderá propor ação regressiva contra os responsáveis". Trata-se, portanto, de ação a ser proposta pela Previdência Social quando for ela obrigada a pagar contribuições previdenciárias ao trabalhador vítima de acidente de trabalho resultante de negligência (na verdade, a hipótese não é apenas de negligência, posto que também alcança as situações de imprudência e de dolo) do empregador quanto às normas padrão de segurança e higiene do trabalho indicadas para a proteção individual e coletiva. A hipótese é de dissídio de natureza previdenciária (dissídio entre empregador e a Previdência Privada), que está fora do alcance da competência da Justiça do Trabalho. O julgamento da ação regressiva em questão cabe à Justiça Federal (art. 109, I, da Constituição da República).

19.5. Ação envolvendo contrato de mútuo celebrado em decorrência da relação de emprego.

Consoante decidiu o STJ, "compete à Justiça do Trabalho processar e julgar ação de execução por quantia certa, proposta por empregador em face de seu ex-empregado, na qual sejam cobrados valores relativos a contrato de mútuo celebrado entre as partes para o então trabalhador adquirir veículo automotor particular destinado ao exercício das atividades laborais. A competência para julgamento de demanda levada a juízo é fixada em razão da natureza da causa, que é definida pelo pedido e pela causa de pedir deduzidos. Na hipótese descrita, a execução possui como causa de pedir um contrato de mútuo firmado dentro da própria relação de trabalho e em função dela. Dessa forma, cuidando-se de lide envolvendo pacto acessório ao contrato de trabalho, é manifesta a competência da Justiça Trabalhista".[74]

74. STJ, CC 124.894-SP, Rel. Min. Raul Araújo, julgado em 10.4.2013.

Capítulo 6

JURISDIÇÃO E AÇÃO

1. JURISDIÇÃO

1.1. Conceito e finalidades.

Jurisdição é a atividade estatal voltada à solução do conflito de interesses submetido ao Poder Judiciário e a tutela dos direitos atribuídos pela ordem jurídica.

Portanto, constituem finalidades da jurisdição a solução dos conflitos de interesses submetidos ao Poder Judiciário e a tutela dos direitos atribuídos pela ordem jurídica. Nesse sentido, a Constituição da República estabelece que a lei não excluirá da apreciação do Poder Judiciário a lesão ou ameaça a direito e ninguém será privado da sua liberdade ou de seus bens sem o devido processo legal (art. 5º, XXXV e LIV).

A tutela jurisdicional do direito participa da sua própria essência, na medida em que "a essência do direito consiste na sua efetivação prática", como ensina Rudolf Von Ihering.[1]

1.2. Características.

A jurisdição constitui atividade estatal:

a) *provocada pela atividade das partes*: o juiz somente prestará a tutela jurisdicional que lhe for requerida, o que significa que não pode exercer a jurisdição ou atuar a lei de ofício (*ne procedat iudex ex officio*).[2]

O processo começa por iniciativa da parte (*princípio da demanda, da iniciativa da parte ou da inércia da jurisdição*), mas se desenvolve por impulso oficial (*princípio do impulso oficial*);[3]

---

1. *A luta pelo direito*, p. 62.
2. Essa característica é realçada pelo art. 141 do CPC.
3. Às partes compete o *impulso inicial* – propositura da demanda – e, ao juiz, o *impulso sucessivo ou subsequente* (proposta a demanda, o juiz tem o dever de impulsionar o processo em razão dela constituído – art. 765 da CLT).

b) *limitada pela atividade dos titulares dos interesses em conflito*: o juiz atuará nos limites impostos pelas alegações e pelos pedidos das partes;[4]

c) *exercida em sintonia com o processo justo*: a jurisdição é colocada em movimento pela demanda e constitui atividade desenvolvida com respeito às regras e princípios internacionais, constitucionais e legais estruturantes do processo judicial;[5]

d) *condicionada pelo ordenamento jurídico*: a decisão judicial deve estar em sintonia com as regras e princípios regentes da relação jurídica litigiosa;[6]

e) *substitutiva*: o autor noticia ao juiz, por meio da petição inicial, determinado conflito de interesses e apresenta a sua proposta de solução para ele. O réu, na contestação, apresenta ao juiz a sua proposta de solução para o conflito noticiado na petição inicial. O juiz estabelece, na decisão, a solução para o conflito, que substitui aquelas propostas das partes;[7]

f) *definitiva*: com o seu trânsito em julgado, a decisão judicial se torna imutável e indiscutível;

g) *desinteressada*: o juiz deve ser imparcial na condução do processo e solução do conflito de interesses que lhe for submetido, agindo como terceiro em relação aos interesses em conflito;

h) *indeclinável*: o juiz não pode se recusar a resolver o conflito de interesses que lhe for submetido;

i) *una*: a jurisdição é una, mas o seu exercício é distribuído entre os vários órgãos do Poder Judiciário.

---

4. O pedido constitui condição e limite para a atuação do juiz. A imposição de limites à jurisdição é demonstrada pelo art. 141 ("O juiz decidirá o mérito nos limites propostos pelas partes, sendo-lhe vedado conhecer de questão não suscitada a cujo respeito a lei exige iniciativa da parte") e art. 492 ("É defeso ao juiz proferir sentença de natureza diversa da pedida, bem como condenar a parte em quantidade superior ou em objeto diverso do que lhe foi demandado") do CPC. Estes limites devem ser observados no processo do trabalho, por força dos arts. 769 e 832 da CLT, e 15 do CPC.

5. No sentido literal, a expressão *devido processo legal* significa processo desenvolvido segundo as regras preestabelecidas pela lei. Contudo, a Constitucionalização do processo (não apenas pela inclusão de normas de natureza processual na Constituição, mas, principalmente, pela imposição de interpretação e aplicação das normas infraconstitucionais à luz das regras e princípios constitucionais) conduz à concepção mais ampla de devido processo legal, atribuindo-lhe o sentido de processo desenvolvido segundo e de conformidade com a Constituição. Conjugada a Constituição com as normas de Direito Internacional dos Direitos Humanos de que o Brasil é signatário, na parte em que trata do processo, chega-se à conclusão que mesmo a Constituição não pode disciplinar o processo de uma forma qualquer, devendo, ao contrário, fazê-lo com a respeito a garantias processuais asseguradas pelo Direito Internacional dos Direitos Humanos. Neste contexto, *devido processo legal* significa *processo justo*, como tal conformado pelo Direito Internacional dos Direitos Humanos, pela Constituição e pela legislação infraconstitucional.

6. Trata-se de limitação quanto ao conteúdo da decisão judicial.

7. Manuel Galdino da Paixão Júnior assinala que, "quando autor e réu, reclamante e reclamado, impetrante e impetrado, lançam arrazoados, produzem provas, põem-se à espera de um provimento que, declarando o direito naquele caso examinado, venha substituir um dos entendimentos deles que está conflito" (*Teoria geral do processo*, p. 24-25).

A jurisdição será *especial* quando o julgamento de determinadas causas for atribuído a órgãos específicos, como ocorre em relação à Justiça do Trabalho, e, *de direito*, quando ao juiz for imposto decidir o conflito de interesses com respeito ao critério da legalidade estrita, e, *de equidade*, quando o juiz houver de decidir sem observar o critério da legalidade estrita, adotando a solução que reputar mais conveniente ou oportuna para a realização prática do direito deduzido em juízo.

1.3. Princípios.

Antônio Carlos de Araújo Cintra, Ada Pelegrini Grinover e Cândido Rangel Dinamarco assinalam que a jurisdição é informada pelos princípios da:

a) *investidura*: "a jurisdição só será exercida por quem tenha sido regularmente investido na autoridade de juiz";

b) *aderência ao território*: "os magistrados só têm autoridade nos limites territoriais do Estado (...). Cada juiz só exerce a sua autoridade nos limites do território sujeito por lei à sua jurisdição";

c) *indelegabilidade*: "é vedado a qualquer dos Poderes delegar atribuições. A Constituição fixa o conteúdo das atribuições do Poder Judiciário e não pode a lei, nem pode muito menos alguma deliberação dos próprios membros deste, alterar a distribuição feita naquele nível jurídico-positivo superior. Além disso, no âmbito do próprio Poder Judiciário não pode juiz algum, segundo seu próprio critério e talvez atendendo à sua própria conveniência, delegar funções a outro órgão. É que cada magistrado, exercendo a função jurisdicional, não o faz em nome próprio e muito menos por um direito próprio: ele é, aí, um agente do Estado (age em nome deste)";

d) *inevitabilidade*: "a autoridade dos órgãos jurisdicionais, sendo uma emanação do próprio poder estatal soberano, impõe-se por si mesma, independentemente da vontade das partes ou de eventual pacto para aceitarem os resultados do processo; a situação de ambas as partes perante o Estado-juiz (e particularmente a do réu) é de sujeição, que independe de sua vontade e consiste na impossibilidade de evitar que sobre elas e sobre sua esfera de direitos se exerça a autoridade estatal";

e) *inafastabilidade do controle jurisdicional*: "garante a todos o acesso ao Poder Judiciário, o qual não pode deixar de atender a quem venha a juízo deduzir uma pretensão fundada em direito e pedir solução para ela";

f) *juiz natural*: "ninguém pode ser privado do julgamento por juiz independente e imparcial, indicado pelas normas constitucionais e legais".[8]

8. *Teoria geral do processo*, p. 155-158.

Humberto Theodoro Júnior afirma que três são os princípios fundamentais que informam a substância ou essência da jurisdição: "a) o princípio do juiz natural: só pode exercer a jurisdição aquele órgão a que a Constituição atribui o poder jurisdicional. Toda origem, expressa ou implícita, do poder jurisdicional só pode emanar da Constituição, de modo que não é dado ao legislador ordinário criar juízes ou tribunais de exceção, para julgamento de certas causas, nem tampouco dar aos organismos judiciários estruturação diversa daquela prevista na constituição"; "b) a jurisdição é improrrogável: os limites do poder jurisdicional, para cada justiça especial e, por exclusão, da justiça comum, são os traçados pela Constituição. Não é permitido ao legislador ordinário alterá-los, nem para reduzi-los nem para ampliá-los"; "c) a jurisdição é indeclinável: o órgão constitucionalmente investido do poder de jurisdição tem a obrigação de prestar a tutela jurisdicional e não a simples faculdade. Não pode recusar-se a ela, quando legitimamente provocado, nem pode delegar a outros órgãos o seu exercício".[9]

Manuel Galdino da Paixão Júnior, após afirmar que natureza jurídica significa "a essência do instituto ante a ciência do direito", sustenta que "tanto o Poder Executivo como o Poder Legislativo, um e outro, cumprem sua missão constitucional expedindo atos. Atos jurídicos. Por isso, destoante não pode ser a natureza das respostas que o Poder Judiciário formaliza, reagindo ao ato de provocação que lhe é dirigido pelo jurisdicionado, sob o pálio da ação. Jurisdição é o ato de vontade e exteriorização da vontade estatal (...). É o Estado que, por sua manifestação de vontade (ato), a um só tempo, volitivo, de inteligência e lógico, aplica a norma objetiva a casos concretos a ele submetidos (...). Manifestação inequívoca do poder soberano do Estado, a jurisdição é ato jurídico de dizer o direito".[10]

Sobre a natureza jurídica da jurisdição também é dito que se trata de atividade estatal voltada à tutela do direito subjetivo e, ainda, que ela constitui atividade estatal destinada à atuação concreta do direito objetivo.

1.4. Jurisdição voluntária.

A jurisdição denominada *contenciosa* corresponde à atividade estatal voltada à solução de conflitos de interesses. A jurisdição *voluntária* é aquela em que predomina o caráter administrativo da atividade estatal, visto que, nela, "o juiz apenas realiza gestão pública em torno de interesses privados. Aqui não há lide nem partes, mas apenas um negócio processual, envolvendo juiz e interessados (...). A interferência do juiz é de natureza constitutiva ou integrativa, com o objetivo de tornar eficaz o negócio desejado pelos interessados".[11] Na jurisdição voluntária, portanto, dá-se a administração pública de interesses privados.

---

9. *Curso de direito processual civil*, v. I, p. 43.
10. *Curso de direito processual civil*, v. I, p. 33-39.
11. Humberto Theodoro Júnior. *Curso de direito processual civil*, v. I, p. 44.

A Lei n. 13.467/17 institui o *processo de jurisdição voluntária para homologação de acordo extrajudicial*, o que fez incluindo na CLT o Capítulo III-A, que é composto pelos arts. 855-B, 855-C, 855-D e 855-E, segundo os quais:

> "Art. 855-B. O processo de homologação de acordo extrajudicial terá início por petição conjunta, sendo obrigatória a representação da parte por advogado.
>
> § 1º As partes não poderão ser representadas por advogado comum;
>
> § 2º Faculta-se ao trabalhador ser assistido pelo advogado do sindicato de sua categoria.
>
> Art. 855-C. O disposto neste Capítulo não prejudica o prazo estabelecido no § 6º do art. 477 da Consolidação e não afasta a aplicação da multa prevista no § 8º do art. 477 desta Consolidação.
>
> Art. 855-D. No prazo de quinze dias a contar da distribuição da petição, o juiz analisará o acordo, designará audiência se entender necessária e proferirá sentença.
>
> Art. 855-E. A petição de homologação de acordo extrajudicial suspende o prazo prescricional da ação quanto aos direitos nela especificados.
>
> Parágrafo único. O prazo prescricional voltará a fluir no dia útil seguinte ao do trânsito em julgado da decisão que negar a homologação do acordo".

O juiz não é obrigado a homologar acordo extrajudicial celebrado pelas partes, ao passo que, no exame do acordo apresentado em juízo, cumpre ter presente a irrenunciabilidade dos direitos decorrentes da relação de emprego, assim como que são nulos de pleno direito os atos praticados com o objetivo de desvirtuar, impedir ou fraudar a aplicação das normas trabalhistas, o que alcança eventual acordo celebrados pelas partes (art. 9º da CLT), lembrando, inclusive, que é admitida ação rescisória para rescindir sentença homologatória de acordo resultante de simulação ou colusão entre as partes a fim de fraudar a lei (art. 966, III, do CPC).

Cumpre acrescentar que: a) o Ministério Público do Trabalho deverá ser intimado para manifestação, quando o acordo envolver interesse público ou social e de menores (art. 721 do CPC); b) a Fazenda Pública será sempre ouvida nos casos em que tiver interesse, como ocorre no caso de o acordo envolver recolhimentos previdenciários (art. 722 do CPC); c) ao examinar o acordo, o juiz não é obrigado a observar critério de legalidade estrita, podendo adotar em cada caso a solução que considerar mais conveniente e oportuna (art. 723, parágrafo único, do CPC).

1.5. Mecanismos alternativos de solução de conflitos de interesses: arbitragem e Comissões de Conciliação Prévia.

O recurso à jurisdição não é a única forma de solução de conflitos de interesses.

É que existem os denominados *mecanismos alternativos de solução de conflitos de interesses*. Trata-se de *alternativas à jurisdição*, vez que esses mecanismos dispensam a decisão judicial para a solução do conflito de interesses. Daí serem estes mecanismos também denominados *equivalentes jurisdicionais*.[12]

Entre estes mecanismos destacam-se a *arbitragem* e as *Comissões de Conciliação Prévia*.

1.5.1. Na arbitragem, a solução do conflito é confiada pelos titulares dos interesses contrapostos a um terceiro (árbitro), por eles escolhido e não estranha à solução de conflitos trabalhistas.

O art. 114, §§ 1º e 2º, da Constituição, estabelece que, frustrada a negociação coletiva, as partes poderão eleger árbitros e, recusando-se qualquer das partes à negociação coletiva ou à arbitragem, é facultado às partes, de comum acordo, ajuizar dissídio coletivo de natureza econômica, respectivamente. A Constituição, portanto, inclui a arbitragem entre os modos de solução de conflitos coletivos de interesses, sendo ela, no entanto, apenas facultativa.

A Lei n. 13.467/17, por meio da qual foi realizada a denominada *reforma trabalhista*, acrescentou à CLT o art. 507-A, dispondo que:

> "Nos contratos individuais de trabalho cuja remuneração seja superior a duas vezes o limite máximo estabelecido para os benefícios do Regime Geral de Previdência Social, poderá ser pactuada cláusula compromissória de arbitragem, desde que por iniciativa do empregado ou mediante a sua concordância expressa, nos termos previstos na Lei n. 9.307, de 23 de setembro de 1996".

Deste modo, foi autorizado recurso à arbitragem para a solução de conflitos individuais, desde que o trabalhador receba remuneração superior a duas vezes o limite máximo estabelecido para os benefícios do Regime Geral de Previdência Social (o que equivalia a R$11.062,62 na data da entrada em vigor a Lei n. 13.467/17) e a solução arbitral decorra de sua inciativa ou conte com a sua concordância expressa.

Em tese, a adoção da arbitragem também para a solução dos conflitos individuais de trabalho se dá em razão das suas vantagens, que são, segundo Miguel Carlos Teixeira Patrício: "a) a maior especialização dos juízes; b) a maior rapidez nas decisões; c) os menores custos para as partes; d) a maior privacidade (se assim for possível e desejado); e 5) as menores hipóteses de erro judicial".[13]

---

12. A lei reconhece a alguns mecanismos "a idoneidade para alcançar a mesma finalidade a que tende a jurisdição. Nisto consiste o conceito de equivalente jurisdicional" (, Francesco Carnelutti. *Sistema de direito processual civil*, v. I, p. 253).
13. *Análise económica da litigância*, p. 139.

Contudo, em relação à atuação da Justiça do Trabalho estas vantagens da arbitragem são questionáveis:

1) a Justiça do Trabalho é uma justiça especializada, o que significa que os conflitos serão solucionados por juízes especializados;
2) a maior rapidez da decisão é uma possibilidade, mas a efetividade dos direitos assegurados pela Justiça do Trabalho não pode ser sacrificada em favor da rapidez na solução dos conflitos trabalhistas;
3) a arbitragem tem sido mais cara do que o recurso ao Poder Judiciário, valendo observar, neste sentido, que poderá o árbitro ou o tribunal arbitral determinar às partes o adiantamento de verbas para despesas e diligências que julgar necessárias (art. 13, § 7º, da Lei 9.307/96), o que não se harmoniza com a solução dos conflitos trabalhistas pela via judicial, vez que, no processo do trabalho, não tem lugar a exigência a antecipação de custas;
4) a privacidade também pode ser estabelecida no processo judicial (segredo de justiça ou celebração de acordo com cláusula de exclusividade), além do que a publicidade não pode ser considerada uma deficiência da solução judicial dos conflitos trabalhistas, vez que atua como garantia das partes;
5) os árbitros não são isentos da possibilidade de erros e o sistema processual dispõe de instrumentos que permitem corrigir eventuais erros dos órgãos do Poder Judiciário.

Quando muito, portanto, poder-se-ia alegar, em favor da arbitragem, a maior celeridade na solução do conflito de interesses. No entanto, certamente a hipótese não é de preocupação com a celeridade na solução dos conflitos trabalhistas, na medida em que a Lei n. 13.467/17 em nenhum momento atua no sentido de prestigiar esta celeridade. Pelo contrário, em mais de uma oportunidade ela adota soluções contrárias à celeridade processual, como se dá, por exemplo, quando trata dos prazos (que agora serão contados em dias úteis) e do protesto das decisões judiciais (foi estabelecida uma verdadeira moratória em favor dos devedores).

Trata-se, portanto, de mais uma medida destinada a afastar a atuação do Poder Judiciário da solução dos conflitos trabalhistas.

É interessante anotar, inclusive, que o art. 507-A da CLT, como toda e qualquer disposição legal, deve ser submetido a *controle de constitucionalidade*.

E o resultado deste controle de constitucionalidade deixa claro que o art. 507-A da CLT é inconstitucional, na medida em que:

1) a Constituição somente autoriza o uso da arbitragem para a solução de conflitos trabalhistas de natureza coletiva.

Esta opção constitucional tem como fundamentos a **desigualdade de forças** existente entre trabalhador e empregador e a **subordinação** daquele a este, as quais não deixam de existir pelo só fato de o trabalhador receber remuneração diferenciada.

Com efeito, a Constituição reconhece, expressamente, a desigualdade de forças entre trabalhador e empregador e, visando limitar os poderes do empregador, assegura ao trabalhador uma série de direitos, assim como considera ser um dos objetivos da República a redução das desigualdades sociais (art. 3º, III).

Sem dúvida, o trabalhador, dependendo, ainda que tenha a remuneração diferenciada, da sua força de trabalho para sobreviver e garantir a sobrevivência de sua família, não pode ser considerado como detentor de igual autonomia em relação ao empregador.

A arbitragem pressupõe igualdade substancial das partes em conflito, para que possam, em igualdade de condições, escolher os árbitros e os critérios a serem observados na sua solução.

Deste modo, em relação aos conflitos individuais, prevalece o princípio da inafastabilidade do controle judicial (art. 5º, XXXV, da Constituição);

2) o art. 7º, I, da Constituição consagra o *princípio da proteção dos trabalhadores*.

Assim, constitui dever de o Estado proteger o trabalhador, inclusive fazendo valer os direitos que lhe assegura a ordem jurídica.

O cumprimento deste dever não é compatível com a possibilidade de o trabalhador, em contrato que é inegavelmente de adesão, "optar" pela arbitragem, ou seja, renunciar à proteção jurisdicional de seus direitos;

3) a inafastabilidade do controle judicial constitui cláusula pétrea, que não pode ser objeto de alteração pela via infraconstitucional.

De qualquer forma, o art. 507-A da CLT faz referência à Lei n. 9.307/96 e esta lei estabelece, **de forma expressa**, que a cláusula de arbitragem somente pode ser incluída em contrato que verse sobre **direitos patrimoniais disponíveis**. É inegável, portanto, a incompatibilidade da arbitragem com a solução de conflitos individuais de trabalho, vez que os direitos inerentes ao trabalho humano são indisponíveis, notadamente aqueles de *status* de direitos humanos e fundamentais.

É importante mencionar que a opção pela arbitragem envolve uma série de questões de suma relevância. Assim, conforme a Lei n. 9.307/96:

a) a arbitragem poderá ser de direito ou de equidade, a critério das partes (art. 2º A), podendo as partes escolher, livremente, as regras de direito que serão aplicadas na arbitragem, desde que não haja violação aos bons costumes e à ordem pública (art. 2º, § 1º) e convencionar que a arbitragem se realize com base nos princípios gerais de direito, nos usos e costumes e nas regras internacionais de comércio (art. 2º, § 2º).

Esta norma deve ser aplicada com ressalva quando se trate de dissídios que envolvem direitos inerentes à relação de emprego, visto que a aplicação das normas que a disciplinam não podem ser afastadas pela vontade das partes, diante de seu caráter predominantemente de ordem pública, como resulta, por exemplo, do art. 9º da CLT, sendo importante mencionar, inclusive, que a Lei n. 9.307/96 somente permite o recurso à arbitragem quando se trate de direitos disponíveis (art. 1º) e não admite a opção das partes em relação à não aplicação de normas de ordem pública (art. 2º, § 2º), em uma clara demonstração de que a arbitragem é simples forma de solução de conflitos de interesses e sua adoção não afeta a natureza de ordem pública que disciplinem a relação jurídica litigiosa;

b) reportando-se as partes, na cláusula compromissória, às regras de algum órgão arbitral institucional ou entidade especializada, a arbitragem será instituída e processada de acordo com tais regras, podendo, igualmente, as partes estabelecer na própria cláusula, ou em outro documento, a forma convencionada para a instituição da arbitragem (art. 5º da Lei 9.307/96), sendo que, não havendo acordo prévio sobre a forma de instituir a arbitragem, a parte interessada manifestará à outra parte sua intenção de dar início à arbitragem, por via postal ou por outro meio qualquer de comunicação, mediante comprovação de recebimento, convocando-a para, em dia, hora e local certos, firmar o compromisso arbitral (art. 6º da Lei 9.307/96);

c) o árbitro é juiz de fato e de direito, e a sentença que proferir não fica sujeita a recurso ou a homologação pelo Poder Judiciário (art. 18 da Lei 9.307/96);

d) a sentença arbitral produz, entre as partes e seus sucessores, os mesmos efeitos da sentença proferida pelos órgãos do Poder Judiciário e, sendo condenatória, constitui título executivo (art. 31 da Lei 9.307/96).

A "opção" pela arbitragem ou a concordância com a sua instituição, portanto, **exige plena ciência das suas consequências.** Note-se que, para a "opção" pela arbitragem, o legislador exige apenas que o trabalhador receba determinada remuneração mensal, ao passo que, para estipular condições de trabalho em patamares distintos daquelas definidas por meio da negociação coletiva, o legislador exige, além do recebimento desta remuneração, que o trabalhador possua curso superior (art. 444, parágrafo único), o que significa que foram estabelecidas **três classes de trabalhadores**, isto apesar de serem, todos eles, subordinados e dependentes economicamente dos respectivos empregadores.

De outro lado, consoante já decidiu o STJ, pode o Poder Judiciário, nos casos em que é identificado um "compromisso arbitral 'patológico', i.e., claramente ilegal, declarar a nulidade" da cláusula compromissória" (STJ, Resp. 1602076, do qual foi relatora a Min. NANCY ANDRIGHI, DJe 30/09/2016), observando-se que é nula a sentença arbitral se for nula a convenção de arbitragem e que a parte interessada poderá pleitear ao órgão do Poder Judiciário competente a declaração de nulidade da sentença arbitral, nos casos previstos em lei (arts. 32 e 33 da Lei 9.307/96).

Em razão da diferença de forças e da subordinação do trabalhador ao empregador, a CLT estabelece, nos arts. 9º, 444, *caput* e 468, *caput*, verdadeira **presunção de ausência de real liberdade** na manifestação de vontade do trabalhador no ato de admissão e durante o curso do contrato de trabalho. Deste modo, a prioridade da competência arbitral pode ser afastada pela presunção de que não houve concordância expressa de uma das partes, por ser o contrato de adesão e não estar presente a isonomia dos contratantes, além do que, sendo comprovado que todos os trabalhadores com salário superior ao montante definido em lei têm incluída em seus contratos cláusula compromissória de arbitragem, restará comprovado que a hipótese não é de livre manifestação de vontade, mas de imposição do empregador, o que torna nula a cláusula em questão.

1.5.2. Prestigiando a autocomposição e atendendo à Recomendação n. 92, de 1951, da OIT, a Lei n. 9.958/2000 acrescentou os arts. 625-A, 625-B, 625-C, 625-D, 625-E, 625-F, 625-G e 625-H à CLT, autorizando empresas e sindicatos a instituir Comissões de Conciliação Prévia, com representação dos empregadores e empregados, com a atribuição de tentar conciliar os conflitos individuais do trabalho.

Trata-se, portanto, de uma alternativa à jurisdição, de instituição facultativa. Como alternativa à jurisdição, as Comissões de Conciliação Prévia devem perseguir solução que resolva o conflito de forma rápida, econômica, adequada, justa e efetiva.[14]

A solução do conflito perante a Comissão de Conciliação Prévia somente é lícita em relação a direitos disponíveis (art. 841 do Código Civil)[15] e constitui método autocompositivo de conflitos, já que a decisão final cabe aos seus sujeitos, que, no contexto da Comissão, são aconselhados e instigados à solução negociada pelos seus integrantes (que funcionam, então, como mediadores).

As Comissões de Conciliação Prévia têm como características: a) instituição facultativa por empresas e sindicatos (não há obrigatoriedade de criação da

---

14. Como adverte Francesco Carnelutti, "a conciliação não deve pretender colocar as partes de acordo a qualquer custo, mas somente sugerir os termos de uma composição equitativa" (*Instituciones del proceso*, v. I, p. 114).

15. Direitos indisponíveis, como a assinatura da CTPS, não podem ser objeto de transação perante Comissão de Conciliação Prévia. A Lei n. 13.467/17 estabelece a possibilidade de o trabalhador firmar, com assistência do sindicato profissional, mesmo na vigência do contrato, *termo de quitação anual de obrigações trabalhistas*, no qual devem ser discriminadas as obrigações de dar e fazer cumpridas mensalmente e dele constará quitação anual dada pelo empregado, com eficácia liberatória das parcelas nele especificadas (art. 507, *caput* e parágrafo único, da CLT, acrescentado pela citada lei),aplicando-se na hipótese, no entanto, a restrição relativa aos direitos indisponíveis, ou seja, a quitação em questão não alcance direitos indisponíveis.

Comissão); b) composição paritária, com representantes dos empregadores e trabalhadores (da tentativa de negociação devem participar representantes dos trabalhadores e do empregador); e c) função preventiva e conciliadora de conflitos individuais de trabalho.

A criação da Comissão, na qual devem ser observadas as regras estabelecidas nos arts. 625-B e 625-C, que tratam da sua composição, é uma faculdade das empresas e sindicatos.

De acordo com o disposto no art. 625-D da CLT, sendo criada a Comissão na localidade da prestação de serviços, qualquer demanda de natureza trabalhista será a ela submetida.[16] A criação da Comissão é facultativa, mas, sendo ela criada, as demandas trabalhistas a ela deverão, considerando o estabelecido no art. 625-D da CLT, ser submetidas. A provocação da Comissão não é facultativa, mas obrigatória.

Por força do art. 625-D da CLT, não sendo comprovada em juízo a prévia tentativa de solução negociada do conflito perante a Comissão de Conciliação Prévia instalada na localidade da prestação de serviços (o trabalhador não está obrigado a se deslocar do local da prestação de serviços até a localidade onde o seu empregador tem sede para nesta acionar Comissão que tenha sido nela instituída — art. 625-D da CLT), o processo será extinto sem provimento de mérito, por ausência de interesse processual (sendo possível a solução do conflito perante a Comissão de Conciliação Prévia, é desnecessária a intervenção do Poder Judiciário), salvo se for comprovado motivo relevante que impossibilitou a provocação da Comissão de Conciliação Prévia (art. 625-D, § 3º).[17]

No entanto, em decisões proferidas nos autos das ADI n. 2.139 MC/DF e ADI n. 2.160 MC/DF, o STF afirmou que o recurso à Comissão é facultativo e não obrigatório.

Sendo acionada a Comissão e celebrada a conciliação, será lavrado termo assinado pelo trabalhador, empregador ou seu preposto e pelos membros da Comissão, fornecendo-se cópia às partes (art. 625-E da CLT). O termo de conciliação constitui título executivo extrajudicial, sendo a Justiça do Trabalho competente para executá-lo (art. 876 da CLT) e terá eficácia liberatória geral, exceto quanto às parcelas expressamente ressalvadas (art. 625-E, parágrafo único, da CLT).[18]

---

16. Existindo na mesma localidade e para a mesma categoria duas Comissões de Conciliação Prévia, o trabalhador e a empresa poderão optar por uma delas para apresentar suas pretensões (art. 625-D, § 4º). Será competente para examinar as pretensões do trabalhador ou da empresa, nessa hipótese, a Comissão de Conciliação Prévia provocada em primeiro lugar (art. 625-D, § 4º).

17. Antes de extinguir, o juiz deverá promover a tentativa de conciliação. Se for celebrada a conciliação, não se justifica a extinção do processo.

18. A ausência de ressalva expressa implica presunção de quitação de todos os créditos (parcelas e valores) decorrentes da relação de emprego. A quitação sem ressalvas, portanto, não se restringe às parcelas e valores objeto do acordo, solução que se distancia da adotada pelo direito civil, no qual, por força do art. 843 do Código Civil, a transação interpreta-se restritivamente.

A transação, produzindo efeito de coisa julgada, impede a discussão judicial acerca das pretensões objeto do dissídio submetido à Comissão, salvo a hipótese de vício de consentimento na sua celebração (art. 849 do Código Civil).

Para evitar danos aos direitos do trabalhador pelo fato de recorrer à Comissão, foi estabelecido que a provocação da Comissão suspende o prazo prescricional (a prescrição relativa ao direito de recorrer ao Judiciário, ou seja, a prescrição bienal), que recomeçará a fluir, pelo que lhe resta, a partir da data da tentativa frustrada de conciliação ou do esgotamento do prazo de dez dias para a realização da sessão (art. 625-G da CLT).

A solução negociada dos conflitos individuais também pode ser realizada perante Núcleos Intersindicais de Conciliação Trabalhista, aos quais se aplicam, no que couber, as disposições legais relativas às Comissões de Conciliação Prévia, desde que observados os princípios da paridade e da negociação coletiva na sua constituição (art. 625-H da CLT).

A Comissão de Conciliação Prévia não substitui o sindicato na homologação das rescisões (art. 477, § 1º, da CLT). A conciliação de litígio individual do trabalho, que a lei permite que seja realizada perante Comissão de Conciliação Prévia, não se confunde com a homologação de acerto rescisório.

2. AÇÃO

2.1. Ação e direito de ação. O nascimento do direito de ação.

O Estado institui o ordenamento jurídico (criando normas ou atribuindo força vinculante a normas criadas sem a sua participação, como se dá, por exemplo, em relação à convenção coletiva e ao acordo coletivo de trabalho) e, para garantia da sua efetividade, assume o dever de tornar concreto o direito por ele atribuído, por meio do Poder Judiciário, quando não respeitado espontaneamente.

O titular do direito atribuído por determinada norma jurídica conta, então, com a garantia da atuação do Estado para fazê-lo concreto (*direito à jurisdição* ou *direito à tutela jurisdicional dos direitos*).

A jurisdição é uma atividade provocada, ou seja, o juiz somente prestará a tutela jurisdicional quando ela for requerida. A provocação da jurisdição dá-se pela *ação* (atividade) daquele que afirma ser titular de um direito lesado ou ameaçado de lesão. A ação é, como assinala Manuel Galdino da Paixão Júnior, "a iniciativa de ir a juízo".[19]

A ação, como provocação da jurisdição, é um direito (*direito de ação*). O direito de ação constitui decorrência e complemento fundamental do direito à jurisdição.

19. *Teoria geral do processo*, p. 71.

O direito de ação constitui, ainda, decorrência fundamental da garantia estatal da efetividade do ordenamento jurídico[20] e contrapartida à proibição da autodefesa. Com efeito, como assevera Piero Calamandrei, "formando a base dos conceitos de jurisdição e de ação se encontra, no Estado moderno, a premissa fundamental da proibição da autodefesa: direito subjetivo significa interesse protegido pela força do Estado, não direito de empregar a força privada em defesa do interesse individual (...). Mas a proibição da autodefesa não pode ser, na prática, operativa, senão quando, quase como compensação de tal proibição, o Estado ofereça para reagir contra o atropelo meios mais fortes e eficazes que a força privada (...). O Estado, ao mesmo tempo que proíbe aos cidadãos fazer justiça por si mesmos, põe à sua disposição, em garantia de seus direitos, a própria justiça apoiada numa força superior à dos indivíduos contendentes".[21]

O direito de ação, como direito de provocar a jurisdição em busca da confirmação e tutela de um direito, é reconhecido pelo art. 5º, XXXV, da Constituição de 1988 e o seu exercício independe de qualquer juízo de valor sobre a existência do direito material deduzido pela parte. Como aduz José Marcos Rodrigues Vieira, "o que dá origem à ação em juízo é o sentimento do direito, a reação subjetiva que se passa naquele que se supõe prejudicado ou receia que venha a sê-lo. A procedência da ação nada mais é do que a afirmação da razoabilidade do direito que o autor acredita ter, nada mais é senão a pertinência subjetiva e objetiva do pedido deduzido em juízo".[22]

Tem direito de ação, no sentido constitucional (*ação constitucional*), todo aquele que afirma ser titular de um direito material violado ou ameaçado. Trata-se de direito incondicionado e incondicionável[23], de ir a juízo, de provocar a jurisdição visando à tutela de direito de que se afirma ser titular.

Ao lado da ação constitucional, coloca-se a *ação processual*, que cabe àqueles que têm direito ao julgamento do mérito da pretensão manifestada em juízo, por atenderem determinadas condições (condições de ação como requisitos constitutivos do direito de ação). Direito de ação, no sentido *processual*, é o direito ao proferimento de uma decisão sobre o mérito da demanda submetida ao Poder Judiciário. Sob este enfoque, o direito de ação está relacionado com o próprio resultado da atividade jurisdicional colocada em movimento pelo seu exercício (exame do mérito).

A doutrina fala, ainda, em *ação material*, como direito daquele que tem um direito material a ser tutelado. Direito de ação, sob este prisma, é o direito à sentença favorável ou ao acolhimento da pretensão manifestada em juízo. Sob este enfoque,

---

20. Efetivo é o ordenamento jurídico que tem correspondência na realidade social, seja porque as normas que o compõem são cumpridas espontaneamente, seja porque estas normas são feitas valer por medidas para tanto adequadas.
21. *Direito processual civil*, v. I, p. 180, 182, 183 e 185.
22. *Da ação civil*, p. 60.
23. A única condição para a ação constitucional é a afirmação da lesão ou ameaça a um direito.

o direito de ação está relacionado com o próprio resultado da atividade jurisdicional colocada em movimento pelo seu exercício, mas em um sentido ainda mais radical, posto que implica direito ao reconhecimento do direito material deduzido em juízo.

2.2. A bilateralidade da ação.

Autor e réu, comparecendo em juízo, espontaneamente ou mediante provocação, respectivamente, o fazem no exercício do direito de ação, vez que ambos têm direito ao pronunciamento sobre a pretensão que submetem ao juiz. O autor apresenta pretensão de natureza positiva – reconhecimento e satisfação do direito deduzido – e o demandado, pretensão de natureza negativa – negativa de reconhecimento e satisfação do direito deduzido pelo autor.

Autor e réu, reclamante e reclamado, são, portanto, titulares do direito de ação, entendido este no sentido de direito à provocação do Judiciário para o exame de uma pretensão.

Como aduz Piero Calamandrei que, "a ação, como atividade dirigida a apresentar ao juiz uma proposta de providência, não é somente própria do autor; também o demandado, mesmo quando se limite a pedir a rejeição da demanda contrária, vem, em substância, solicitar ao juiz que pronuncie uma sentença de declaração negativa de mera certeza, isto é, uma providência diferente da pedida pelo autor, e favorável a ele como demandado".[24]

2.3. Direito de ação e tutela jurisdicional dos direitos.

O Estado, visando garantir as condições necessárias para a convivência social, promove a sua disciplina, por meio de normas de conduta de caráter imperativo. Com este mesmo objetivo, o Estado reconhece a quem se sinta lesado ou ameaçado em seus direitos, a faculdade de a ele recorrer, visando à sua tutela. A realização desta tutela constitui poder e dever do Poder Judiciário. Daí se falar em *direito à tutela jurisdicional dos direitos*, no sentido de direito à proteção, ser realizada pelo Poder Judiciário, no exercício da jurisdição, dos direitos atribuídos pela ordem jurídica.

Como os órgãos do Poder Judiciário não agem de ofício, é o exercício do direto de ação que cria a condição necessária para a atuação do Poder Judiciário e a concessão de tutela jurisdicional ao direito material deduzido em juízo.

Destarte, não se confundem direito de ação e direito à tutela jurisdicional. O direito de ação é reconhecido a todo aquele que acredita ser titular de um direito. A concessão da tutela jurisdicional à parte depende da veracidade dos fatos em

24. *Direito processual civil*, v. I, p. 193.

que sustenta a sua pretensão e da adequação das consequências jurídicas por ela pretendidas com a ordem jurídica. A tutela jurisdicional não recai sobre o direito afirmado, mas sobre o direito cuja existência é confirmada em juízo.

Direito de ação é o direito a uma resposta ao pedido de providência apresentado em juízo (*direito à prestação jurisdicional*).[25] A concessão de tutela jurisdicional perseguida é, portanto, uma possibilidade criada pelo exercício do direito de ação.

Provocado pela ação, o órgão do Judiciário tem o dever de se manifestar sobre a demanda, mas, também o poder de a solucionar. Desta forma, garantir o direito de ação não é assegurar determinado resultado da atividade jurisdicional. Como assinala Luigi Monacciani, o direito de ação consiste no "direito de estimular o órgão público ao exercício da função jurisdicional, constrangendo-o a agir, mas não o direito de vincular o resultado de tal atividade".[26]

Tanto o autor da demanda quanto o demandado têm direito à prestação jurisdicional, isto é, à apreciação de sua pretensão (confirmação do direito deduzido, do ponto de vista do autor, e negativa da existência do direito deduzido, sob a ótica do demandado).

A tutela jurisdicional de um direito pode ocorrer de várias formas: declarando a sua existência ou inexistência (*tutela de conhecimento*), satisfazendo o direito cuja existência já foi reconhecida (*tutela de execução*) e adotando medidas necessárias à garantia da utilidade prática do processo (*tutela provisória de urgência cautelar*), por exemplo.

Não se pode perder de vista, no entanto, a advertência de Cândido Rangel Dinamarco, de que "tutela jurídica, no sentido mais amplo, é a proteção que o Estado confere ao homem para a consecução de situações consideradas eticamente desejáveis segundo os valores vigentes na sociedade — seja em relação aos bens, seja em relação a outros membros do convívio", sendo por ele acrescentado que "a história das nações e do direito mostra que a ordem jurídica substancial procura ser o espelho dos valores vigentes em cada tempo e lugar: a evolução das escalas axiológicas repercute no ordenamento jurídico mediante o modo como define e dimensiona os direitos, poderes e faculdades, equilibrando-os com obrigações, ônus e deveres. A propensão de cada um a obter situações sempre favoráveis (com a realização de seus interesses) é contida e disciplinada segundo os pressupostos éticos e axiológicos acatados pelo Estado. E isso se dá, em primeiro lugar, no plano dos enunciados abstratos da lei material. Definidas estas regras de convivência, cogita-se depois dos meios pelos quais o próprio Direito cuida de dar efetividade

---

25. A Constituição dispõe, no art. 5º, XXXV, que "a lei não excluirá da apreciação do Poder Judiciário lesão ou ameaça a direito". Assim, quem recorre ao Poder Judiciário tem direito à "apreciação" de sua pretensão. O direito a esta apreciação corresponde ao direito à prestação jurisdicional.

26. *Azione e legitimazione*, p. 69.

à ordem assim estabelecida", sendo por ele concluído que estes fatos permitem enquadrar a tutela jurisdicional "no sistema de proteção ao homem".[27]

Esta advertência exige recordar que o Direito do Trabalho protege o homem que sobrevive da alienação da sua força de trabalho, em defesa da sua dignidade humana, e busca a realização da justiça social, cidadania e da democracia. Assim, ao tornar concreto o Direito Trabalho, o processo do trabalho atua em prol da dignidade humana, justiça social, cidadania e democracia.

O processo não é simples técnica de solução de conflitos: ele visa à tutela de homens e realização justiça social, cidadania e democracia

2.4. Pretensão e lide.

De acordo com o art. 189 do Código Civil, violado o direito, nasce para o seu titular a *pretensão*.

De pretensão se fala no sentido de (a) *poder de exigir* de outrem um fazer, não fazer ou dar, (b) *exigência*, endereçada a outrem, de fazer, não fazer ou dar, ou (c) *direito de exigir* de outrem um fazer, não fazer ou dar.

Pretensão é o poder de exigir legitimamente de outrem um fazer, não fazer ou dar. É por esta razão que, violado o direito, surge, para o seu titular, a pretensão, isto é, o poder de exigir o respeito ao direito que lhe atribui a ordem jurídica.

Assinala Francesco Carnelutti que manifestada a pretensão, "o titular do interesse oposto se decida à sua subordinação. Em tal caso, a pretensão é bastante para determinar a solução pacífica do conflito", mas é possível que "à pretensão de um dos titulares em conflito se opõe a resistência do titular do outro. Quando isto acontecer, o conflito de interesses se converte em litígio. Chamo litígio ao conflito de interesses qualificado pela pretensão de um dos interessados e pela resistência do outro".[28]

Lide ou dissídio, é, assim, o conflito de interesses qualificado por uma pretensão à qual se opõe resistência.

Nem sempre a pretensão à tutela jurisdicional resulta de um conflito de interesses, como se dá, por exemplo, na hipótese em que a manifestação judicial é necessária para a eficácia da manifestação de vontade das partes, como ocorre na separação judicial consensual.

2.5. Classificação das ações.

A partir da natureza do provimento requerido ou do tipo de tutela jurisdicional pleiteada pelo autor da demanda, as ações são classificadas em: a) *ação de*

---

27. *Fundamentos do processo civil moderno*, v. I, 365 e 366.
28. *Sistema de direito processual civil*, v. I, p. 93.

conhecimento: ação que objetiva verificar a existência do direito afirmado pelo autor da demanda;[29] b) *ação executiva*: ação voltada à satisfação do direito cuja existência tenha sido confirmada em decisão judicial ou em título executivo extrajudicial; c) *ação cautelar*: ação que visa à determinação de medida que assegure a utilidade prática do processo, ou, dito de outra forma, que garanta a realização futura do direito cujo reconhecimento ou satisfação é ou será pleiteada em juízo.[30]

Esta forma de classificar as ações conduz à correspondente classificação dos processos em processo de conhecimento, de execução e cautelar, respectivamente.

As ações de conhecimento se dividem em: a) *ação declaratória ou de mera declaração*: ação que tem por finalidade a declaração: da existência, da inexistência ou modo de ser de uma relação jurídica; da autenticidade ou falsidade de documento; b) *ação condenatória*: "a que busca não apenas a declaração do direito subjetivo material do autor, mas também a formulação de um comando que imponha uma prestação a ser cumprida pelo réu (sanção). Tende à formação de um título executivo";[31] c) *ação constitutiva*: a que persegue sentença que, "além da declaração do direito da parte, cria, modifica ou extingue um estado ou relação jurídica material".[32]

Aduzem Antônio Carlos de Araújo Cintra, Ada Pellegrini Grinover e Cândido Rangel Dinamarco que:

> "Ao lado da tripartição tradicional, um número cada vez maior de autores coloca a *ação mandamental*, tendente a obter uma ordem judicial (mandado) dirigido a outro órgão do Estado ou a particulares (essa hipótese vem hoje consagrada pelo art. 461, § 5º, do Código de Processo Civil e a ela se refere o inciso V de seu art. 14, o qual fala expressamente em *provimentos mandamentais*). É o caso da sentença que concede mandado de segurança, ou da proferida contra oficial do registro público para retificação de nome, ou para cumprimento específico das obrigações de fazer ou não fazer. Para descumprimento da ordem emanada pela sentença mandamental, o ordenamento prevê sanções de natureza material e processual, chegando até a eventual configuração do

---

29. Segundo Humberto Theodoro Júnior, a ação de conhecimento, "que provoca a instauração de um processo de conhecimento, busca o pronunciamento de uma sentença que declare entre os contendores quem tem razão e quem não a tem, o que se realiza mediante determinação da regra jurídica concreta que discipline o caso que formou o objeto do processo" (*Curso de direito processual civil*, v. I, p. 71).
30. No CPC já não existe processo cautelar como processo autônomo, embora tenha sido mantido o reconhecimento do direito à tutela cautelar. Com isto, sob o prisma do CPC, já não se pode falar em ação cautelar como ação que faz surgir um processo cautelar.
31. Humberto Theodoro Júnior. *Curso de direito processual civil*, v. I, p. 71. Na ação condenatória, o autor não se limita "a pedir a declaração de mera certeza, mas demanda algo mais: precisamente o meio de restabelecer efetivamente o equilíbrio jurídico violado, com a remoção das consequências da violação do direito afirmado" (Micheli, Gian Antonio. *Derecho procesal civil*, v. I, 55).
32. Humberto Theodoro Júnior. *Curso de direito processual civil*, v. I, p. 71. Na ação constitutiva, o que se pretende é obter, por meio da sentença, a constituição, a modificação ou a extinção de determinada relação jurídica.

crime de desobediência (...). Fala-se também na ação executiva *lato sensu*, para designar a ação que tende a uma sentença de mérito, que em substância é uma condenação e vale como título executivo, mas é também provida de uma especial eficácia consistente em legitimar a execução sem necessidade de novo processo — por ex., nas ações possessórias, nas ações de despejo".[33]

Para Pontes de Miranda "a ação de *habeas corpus* é a mais relevante ação mandamental, por sua ligação direta ao ser humano".[34]

Ovídio Baptista da Silva afirma que "a ação mandamental tem por fim obter, como eficácia preponderante da respectiva sentença de procedência, que o juiz emita uma ordem a ser observada pelo demandado, em vez de limitar-se a condená-lo a fazer ou não fazer alguma coisa. É da essência, portanto, da ação mandamental que a sentença que reconheça a procedência contenha uma ordem para que se expeça um mandado. Daí a designação de sentença mandamental. Nesse tipo de sentença, o juiz ordena, e não simplesmente condena. E nisso reside, precisamente, o elemento eficácia que a faz diferente das sentenças próprias do processo de conhecimento".[35]

Chamam-se *ações executivas lato sensu* aquelas que "conduzem a uma sentença que contém, em si mesma, a eficácia executória, tornando dispensável o processo de execução (ex.: ação de despejo, ação de reintegração de posse). Nessa espécie de ação, mesclam-se cognição e execução, de sorte que a concretização da sentença não requer nova citação do réu".[36]

No exercício da jurisdição, o juiz formula a norma que deve disciplinar a relação jurídica litigiosa (processo de conhecimento ou de cognição) e promove a atuação prática dessa mesma norma (processo de execução).

Tradicionalmente, estas duas atividades (formular a norma e atuá-la concretamente) são realizadas em processos autônomos e distintos (processo de conhecimento e processo de execução, respectivamente). Nesse sistema, a sentença condenatória impõe uma obrigação cujo cumprimento somente poderá ser exigido por meio de uma nova ação (ação executiva), na qual é requerida ao juiz a prática de atos que conformem o mundo fático ao que foi decidido. O resultado prático do processo de conhecimento (isto é, a adequação do mundo material ao comando contido na sentença) fica, portanto, na dependência de um novo processo (de execução), instaurado a pedido do credor.

A formulação e a atuação da norma concreta regente da relação jurídica litigiosa foram concentradas no mesmo processo pela Lei n. 11.232/2005,

---

33. *Teoria geral do processo*, p. 326-327.
34. *Tratado das ações*, t. VI — Ações Mandamentais, p. 3, 9 e 15.
35. *Curso de direito processual civil*, v. II, p. 336 e 337.
36. João Batista Lopes. *Ação declaratória*, p. 35.

que acrescenta ao CPC de 1973 o art. 475-I, dispondo que "o cumprimento da sentença far-se-á conforme os arts. 461 e 461-A desta lei, ou tratando-se de obrigação por quantia certa, por execução, nos termos dos demais artigos deste Capítulo". Foi estabelecida, assim, a *fase de cumprimento da sentença*, em relação à obrigação por quantia certa, como fase do processo de conhecimento, com a consequente dispensa da instauração do processo de execução para que se possa desenvolver a atividade do juiz voltada para a atuação prática da norma regente do caso *sub judice*, ou seja, para a prática de atos executivos (atos que têm por finalidade transformar a realidade sensível, com o intuito de assegurar ao credor resultado equivalente ao que alcançaria se tivesse sido cumprida espontaneamente a obrigação do devedor).

Esta mesma solução foi consagrada pelo Código de Processo Civil de 2015, como se vê do seu art. 513 ("O cumprimento da sentença será feito segundo as regras deste Título, observando-se, no que couber e conforme a natureza da obrigação, o disposto no Livro II da Parte Especial deste Código").

A sentença condenatória passa, nesse novo sistema, a ser dotada de executividade imediata, no sentido de permitir a prática de atos de execução sem a instauração de uma nova relação jurídica processual.[37]

Antecipou-se a satisfação do direito merecedor de tutela jurisdicional para o processo de conhecimento, prestigiando a maior utilidade do processo e da própria ordem jurídica.

A Lei n. 11.232/2005 e o CPC adotam uma *visão unitária do processo*, incluindo atos de cumprimento da sentença na mesma relação processual em que foi proferida. O processo de conhecimento e o processo de execução de *dois processos* distintos passam a constituir *duas fases distintas de um único processo*, o que exige, no direito processual civil, um novo conceito de processo de conhecimento. Com efeito, se antes era correto afirmar que o processo de conhecimento estava voltado para definir a norma regente da relação jurídica *sub judice*, para cuja atuação concreta era necessária uma nova ação (ação executiva), agora é mais apropriado afirmar que o processo de conhecimento tem por finalidade definir e atuar praticamente a norma concreta regente da relação jurídica litigiosa.

Em suma, o que se pretende, com o abandono da clássica divisão entre o processo de conhecimento e o de execução, é acelerar a produção da correlação necessária entre o conteúdo do provimento jurisdicional e a realidade fática.[38]

---

37. A condenação adquire contornos de uma verdadeira *ordem de cumprimento do preceito constante da sentença*.
38. Quando do exame da execução, no Capítulo a ela reservado, será demonstrado que o processo do trabalho sempre foi sincrético.

2.6. Ação declaratória.

2.6.1. Conceito e admissibilidade no processo do trabalho.

A *ação declaratória* tem por finalidade a declaração: da existência, da inexistência ou modo de ser de uma relação jurídica; da autenticidade ou falsidade de documento (art. 19 do CPC).

A ação pode ter por objeto a declaração de autenticidade ou falsidade de documento, podendo essa falsidade ser material ou ideológica (parte da doutrina afirma que a falsidade ideológica, por envolver manifestação de vontade, autoriza o ajuizamento de ação constitutiva e não de ação declaratória).

Celso Agrícola Barbi aduz que "a falsidade é material, quando o documento foi feito com falsa assinatura, ou imitação da letra de outrem, ou, ainda, quando, sendo originalmente feito pelo autor, foi alterado por acréscimo, supressão ou substituição de palavras, frases, ou outros sinais gráficos. Nesses casos, a falsidade está no próprio escrito. A falsidade é intelectual, se a materialidade do documento é perfeita, mas a declaração que dele deveria constar foi alterada, como quando o notário, fazendo testamento, escreve coisa diversa do que foi ditado, ou constata, como verdadeiros, fatos que se passaram diferentemente em sua presença. A verificação, por via civil, da falsidade material de documentos, públicos ou privados, é geralmente admitida. Discutida, no entanto, é a possibilidade da mesma via para declarar a falsidade intelectual do documento particular".[39]

Para Celso Agrícola Barbi, é discutida a possibilidade da ação declaratória de falsidade ideológica, "mas Tuozzi demonstrou, com acerto, a possibilidade, exemplificando com o caso de alguém que, ditando uma obrigação, escreva, diversamente aquilo que foi dito e, depois, obtenha a firma do obrigado sem que este, por ter ouvido a leitura, cuidasse de reler o escrito. Nesse caso, haverá um escrito particular intelectualmente falso. Acrescente-se que o art. 299 do Código Penal admite expressamente a falsidade intelectual em documento particular".[40] Arruda Alvim afirma que a falsidade cuja declaração pode ser pleiteada na ação declaratória "é a material; não se trata, em hipótese alguma, de falsidade intelectual ou ideológica, pois, neste caso, terá havido uma manifestação de vontade, embora eivada de vício. Mas, nestas hipóteses, não se trata de invalidar materialmente o documento, por falso, mas evidenciar que não há correspondência entre a vontade e o seu retrato".[41]

---

39. *Comentários ao Código de Processo Civil*, v. I, p. 43.
40. *Comentários ao Código de Processo Civil*, v. I, p. 43.
41. *Manual de direito processual civil*, v. I, p. 458.

2.6.2. Objeto da ação declaratória.

Objeto da ação declaratória, à luz do art. 19 do CPC, é a existência, inexistência ou modo de ser de uma relação jurídica ou a autenticidade ou falsidade de documento. O art. 19 do CPC, ao aludir à declaração de existência, inexistência ou modo de ser de *relação jurídica*, afasta a possibilidade de ajuizamento de ação declaratória para a solução de questão abstrata, de fato ou de direito.

2.6.3. Pressupostos de admissão da ação declaratória. Ação declaratória e violação do direito. Cumulação da ação declaratória com outras ações. Reconvenção na ação declaratória.

Como aduz João Batista Lopes, "Se é verdade que, em muitos casos, o ajuizamento da ação declaratória decorre da incerteza ou da dúvida do autor sobre a existência, ou não, de relação jurídica (...). Hipóteses há, e numerosas, em que tal não se verifica. Por exemplo: jamais tomei emprestado dinheiro de 'A' e, por isso, não tenho dúvidas quanto à inexistência de qualquer relação jurídica; como estou, porém, sendo por ele molestado, vou a juízo e peço que seja por sentença declarada a inexistência de qualquer dívida".[42]

Acrescenta João Batista Lopes que "a ação declaratória não visa, na verdade, a desfazer dúvida ou incerteza sobre a existência ou inexistência de relação jurídica, mas objetiva o valor segurança, emergente da coisa julgada. De qualquer modo, a doutrina é uniforme no sentido de que, para a obtenção da tutela declaratória, não é suficiente a mera afirmação da existência (ou inexistência) do direito, exigindo-se a indicação de situação concreta que revele a necessidade dessa tutela".[43] Note-se, neste sentido, que o trabalhador, mesmo ciente da existência da relação de emprego, pode propor ação visando à declaração judicial neste sentido, quando o tomador de seus serviços se negar a anotar a sua CTPS. O que se exige na ação declaratória é a existência de real necessidade de atuação do Poder Judiciário para o estabelecimento de segurança jurídica (que decorre da coisa julgada) em relação à existência ou inexistência de relação jurídica ou a autenticidade ou falsidade de documento.

E admissível a ação declaratória visando a interpretação de cláusula contratual, na medida em que esta interpretação define a situação jurídica das partes, ou o seu *modo de ser*, na dicção do art. 19 do CPC.

A ação declaratória é admissível mesmo que tenha ocorrido a violação do direito (art. 20 do CPC) e pode ser cumulada com outras ações, inclusive com a condenatória, como se dá com a cumulação de ação declaratória de existência de

42. *Ação declaratória*, p. 58.
43. *Ação declaratória*, p. 59.

relação de emprego com a ação condenatória tendo por objeto o pagamento de verbas decorrentes da sua rescisão.

Não existe impedimento para a apresentação de reconvenção na ação declaratória. A admissibilidade de reconvenção na ação declaratória é, inclusive, reconhecida pelo STF, na Súmula n. 258.

2.6.4. *Ação declaratória e prescrição.*

Conforme Giuseppe Chiovenda, a prescrição "objetiva pôr termo à incerteza dos direitos, consolidando com o decurso do tempo um estado de fato contrário ao direito e tornando-o jurídico, ou sanando um estado jurídico defeituoso (...) há, todavia, ações imprescritíveis (...). Assim a ação para reclamar estado legítimo (CC, art. 177), e em geral as ações de mera declaração, porquanto não se destinam a fazer cessar um estado de fato contrário ao direito, em sentido próprio, mas declarar qual é o estado de fato conforme o direito, fazendo cessar a propósito o estado de incerteza".[44]

Na ação declaratória, não é manifestada uma pretensão no sentido de exigência de um fazer ou não fazer de outrem. Ausente essa pretensão, não se pode falar em sua extinção pela prescrição. Na ação declaratória, existe uma pretensão processual, ao passo que prescrição diz respeito à pretensão material.

Com isso, a pretensão à declaração da existência ou inexistência de uma relação jurídica pode ser exercida a qualquer tempo. Dessa forma, mesmo que tenham transcorrido mais de dois anos do término da relação de emprego, é lícito ao trabalhador propor ação visando à declaração de sua existência, sendo alcançados pela prescrição apenas os efeitos pecuniários daquela relação, conforme autoriza afirmar o art. 11, § 1º, da CLT ("O disposto neste artigo não se aplica às ações que tenham por objeto anotações para fins de prova junto à Previdência Social").

2.6.5. *Ação declaratória incidental.*

Dispunha o CPC de 1973 que não fazia coisa julgada a apreciação de questão prejudicial decidida incidentalmente no processo (art. 469, III) e que a solução da questão prejudicial poderia tornar-se imutável e indiscutível desde que uma das partes requeresse ao juiz que decidisse por sentença (art. 470 do CPC).

O requerimento da parte para que o juiz decidisse por sentença a questão prejudicial era manifestado por meio da *ação declaratória incidental* (ação declaratória incidente à ação principal), que era disciplinada pelo art. 5º do CPC de 1973 ("Se, no curso do processo, se tornar litigiosa relação jurídica de cuja existência ou

---

44. *Instituições de direito processual civil*, v. I, p. 49-50.

inexistência depender o julgamento da lide, qualquer das partes poderá requerer que o juiz a declare por sentença").

O CPC de 2015 dispensa a ação declaratória incidental como condição para que a decisão de questão prejudicial seja alcançada pela coisa julgada, como se vê do seu art. 503, §§ 1º e 2º, de acordo com o qual a resolução de questão prejudicial decidida, expressa ou incidentalmente, no processo produz coisa julgada, desde que: a) dessa resolução depender o julgamento do mérito; b) a seu respeito tiver havido contraditório prévio e efetivo, não se aplicando no caso de revelia; c) o juízo tiver competência em razão da matéria e da pessoa para resolvê-la como questão principal; d) no processo não haja restrição probatória ou limitações à cognição que impedem o aprofundamento da análise da questão prejudicial.

Com a entrada em vigor do CPC de 2015, também no processo do trabalho será dispensado o ajuizamento de ação declaratória incidental para efeito de a decisão de questão prejudicial alcançar a qualidade de coisa julgada, por se tratar de medida de simplificação de formas e procedimentos e de economia processual.[45]

2.7. As condições da ação na doutrina clássica e a solução adotada pelo CPC de 2015.

Estabelecia o art. 267, VI, do CPC de 1973 que o processo seria extinto sem resolução de mérito quando não concorresse qualquer das condições de ação, como a possibilidade jurídica, a legitimidade das partes e o interesse processual. O CPC de 2015 dispõe, no art. 485, VI, que o juiz não resolverá o mérito quanto verificar ausência de legitimidade ou de interesse processual.

De outro lado, de acordo com o art. 301, X, do CPC de 1973, competia ao réu, antes de discutir o mérito, alegar *carência de ação*, ao passo que o CPC de 2015 não faz alusão à *carência de ação* ao dispor sobre as situações em que o juiz não resolverá o mérito (art. 485) e sobre o conteúdo da contestação (no art. 337 é estabelecido que ao réu incumbe, antes de discutir o mérito, alegar ausência de legitimidade e de interesse processual e não carência de ação).

Em suma, sob o prisma do CPC de 1973, somente existiria o direito de ação se a parte tivesse direito ao julgamento do mérito. O direito de ação se confundia, portanto, com o direito ao julgamento do mérito. Daí se falar em *carência de ação* na hipótese de não ter sido atendida uma condição de ação. Esta solução foi

45. O CPC de 2015 sofreu influência do Direito Processual do Trabalho em relação à simplificação de formas e procedimentos, vez que, em mais de uma oportunidade, adotou solução que implica simplificação procedimental, como se dá em relação à ação declaratória incidental, à dispensa da oposição de exceção para a alegação de incompetência em razão do juízo e a autorização para impugnar o valor da causa na própria contestação.

abandonada pelo CPC de 2015, ou seja, nele, o direito de ação não significa direito ao julgamento do mérito, mas direito de provocar a jurisdição.[46]

As condições de ação foram adotadas no CPC de 1973 como *técnica de depuração do processo*, no sentido de evitar a prática de atos inúteis, com a concessão ao juiz de poder para extinguir o processo, sem resolução do mérito, quando verificar a impossibilidade jurídica do pedido, a ilegitimidade das partes ou a ausência de interesse processual.

Note-se que, embora não aluda a condições de ação e a carência de ação, o CPC de 2015 impede o juiz de solucionar o mérito quando verificar a ausência de legitimidade e/ou de interesse processual. Destarte, o juiz continua obrigado a examinar, previamente, a possibilidade de se manifestar sobre o mérito, com a ressalva de que a possibilidade jurídica do pedido constitui questão a ser enfrentada no julgamento do mérito.

Realizados estes registros, cumpre anotar que, para postular em juízo é necessário ter legitimidade (art. 17 do CPC).

Para Enrico Tullio Liebman "a legitimação (...) indica (...), para cada processo (...), as partes legítimas, isto é, as pessoas que devem estar presentes para que o juiz possa julgar sobre determinado objeto".[47] A legitimação é, portanto, bilateral, no sentido de que diz respeito tanto ao autor quanto ao réu (*bilateralidade da legitimação*).

Cândido Rangel Dinamarco alude à legitimação como "qualidade para estar em juízo, como demandante ou demandado, em relação a determinado conflito trazido ao exame do juiz", que depende, segundo ele, "de uma necessária *relação entre o sujeito e a causa* e traduz-se na relevância que o resultado virá a ter sobre sua esfera de direitos, seja para favorecê-la ou para restringi-la. Sempre que a procedência de uma demanda seja apta a melhorar o patrimônio ou a vida do autor, ele será parte legítima; sempre que ela for apta a atuar sobre a vida ou o patrimônio do réu, também esse será parte legítima. Daí conceituar-se essa condição da ação como relação de *legítima adequação entre o sujeito e a causa*".[48] Destarte, a legitimação deve ser aferida a partir da definição daqueles que sofrerão os efeitos da decisão judicial sobre o conflito submetido ao Poder Judiciário.

A definição das partes legítimas para a uma demanda específica implica a "inserção do sujeito em uma situação jurídica, mais ou menos plena, que

---

46. Os procedimentos estabelecidos pelo Direito Processual do Trabalho demonstram que ele adota esta mesma postura. Com efeito, ao estabelecer que na audiência, que será única, o réu apresentará contestação e a causa será instruída, debatida e julgada, o Direito Processual do Trabalho deixa claro que, provocada a jurisdição, a parte tem direito a uma decisão, seja ela de mérito ou não.

47. *Manual de direito processual civil*, v. I, p. 159 e 157.

48. *Instituições de direito processual civil*, v. II, p. 312.

representa a situação legitimante, sem a qual o ato não poderá ser eficazmente praticado".[49]

Para aferir a legitimidade cumpre, portanto, verificar a presença, em relação ao autor e ao réu, de uma *situação legitimante*, sendo esta, segundo Elio Fazzalari, "a situação com base na qual se determina qual é o sujeito que, concretamente, pode e deve cumprir um certo ato".[50]

Luigi Monacciani afirma que a legitimidade "se configura como uma potencialidade ou atitude subjetiva, por força da qual o sujeito, estando inserido em uma situação jurídica precedente, está em condições de obter de certo ato ou negócio uma situação jurídica ulterior. Na legitimidade, portanto, essa peculiar atitude do sujeito se coloca como uma ponte entre duas situações jurídicas: uma precedente, que constitui a fonte de legitimação, e que nós chamamos de situação legitimante; outra sucessiva, que o sujeito vê produzida depois em cumprimento do ato, e que chamamos situação legitimada".[51] Esse doutrinador é adepto, portanto, da *teoria da relação prodrômica*.

Já Franscesco Carnelutti distingue a legitimidade de direito da legitimidade de fato, sustentando que, "para a última não é necessário que o sujeito do ato seja sujeito de uma situação material; basta que lhe pertença uma situação material, que embora não o seja, tenha, contudo, a aparência de ser dotada dos elementos de que a sua juridicidade depende".[52] Trata-se da *teoria da legitimidade como aparência jurídica*, que é definida com esteio na afirmação de titularidade do direito deduzido ou da presença da situação legitimante.

Na doutrina brasileira prevalece o entendimento de que, consoante José Carlos Barbosa Moreira, "denomina-se legitimação a coincidência entre a situação jurídica de uma pessoa, tal como resulta da postulação formulada perante o órgão judicial, e a situação legitimante prevista na lei para a posição processual que a essa pessoa se atribui, ou que ela mesma pretende assumir. Diz-se que determinado processo se constitui entre partes legítimas quando as situações jurídicas das partes, sempre consideradas *in statu assertionis* — isto é, independentemente da sua efetiva ocorrência, que só no curso do próprio processo se apurará — coincidem com as respectivas situações legitimantes".[53]

Tratando da legitimação para a demanda, dispõe o CPC, no art. 18, que "Ninguém poderá pleitear, em nome próprio, direito alheio, salvo quando autorizado pelo ordenamento jurídico". Com isto, em regra: a) titular do direito de ação é o titular

49. *Azioni e legitimazione*, p. 127.

50. *Instituições de direito processual civil*, p. 369.

51. *Azioni e legittimazione*, p. 151-152.

52. *Teoria geral do direito*, p. 373.

53. Apontamentos para um estudo sistemático da legitimação extraordinária. *Revista dos Tribunais*, ano 58, v. 404, p. 13-18, jun. 1969.

do direito deduzido em juízo (legitimação ativa); b) titular do direito de defesa é o devedor da conduta a que corresponde o direito deduzido (legitimidade passiva).

Como foi dito anteriormente, a legitimação é definida a partir da definição daqueles que sofrerão os efeitos da decisão a ser proferida no processo.[54] Neste contexto, para exame da legitimidade, parte-se do pressuposto de que são verdadeiros os fatos alegados pelo autor da demanda e, com isto, da procedência de sua pretensão, para definir aqueles que sofrerão os efeitos da decisão e, portanto, que têm legitimidade ativa e passiva.

De acordo com o art. 18 do CPC, pode o ordenamento jurídico autorizar quem não seja titular do direito deduzido a pleitear em juízo, em nome próprio, a sua tutela. Trata-se, como assevera José Carlos Barbosa Moreira, de situações excepcionais, fundadas "quase sempre na existência de um vínculo entre as duas situações, considerado suficientemente intenso, pelo legislador, para justificar o fato de autorizar-se alguém, que nem sequer se afigura como titular da *res in iudicium dedecta*, a exigir do juiz um pronunciamento sobre direito ou estado alheio".[55]

Por esta razão é que se fala em *legitimação ordinária* (legitimação reconhecida ao titular do direito afirmado ou devedor da conduta a ele relacionada) e *legitimação extraordinária* (legitimação atribuída, pela lei, a quem não seja titular do direito controvertido a requerer em juízo, em nome próprio, a sua tutela).

A legitimidade extraordinária é *autônoma*, quando, de acordo com José Carlos Barbosa Moreira, o legitimado para a ação pode "atuar em Juízo com total independência em relação à pessoa que ordinariamente seria legitimada".[56]

De outro lado, ainda consoante José Carlos Barbosa Moreira, casos existem em que somente os legitimados ordinários podem ajuizar a demanda ou dela se defender,[57] mas, instaurado o processo, "reconhece-se aos titulares de situações subjetivas diversas a possibilidade de participarem dele, assumindo posições acessórias, ao lado do autor ou do réu. Este tipo de legitimação extraordinária, a que se pode chamar subordinada, tem eficácia menos ampla que a anterior (autônoma): não habilita o respectivo titular nem a demandar nem a ser demandado quanto à situação litigiosa, mas unicamente a deduzi-la, ativa ou passivamente,

---

54. Neste sentido, estabelece o CPC de Portugal, no seu art. 26, que "1 — O autor é parte legítima quando tem interesse direto em demandar; o réu é parte legítima quando tem interesse direto em contradizer. 2 — O interesse em demandar exprime-se pela utilidade derivada da procedência da ação; o interesse em contradizer, pelo prejuízo que dessa procedência advenha. 3 — Na falta de indicação da lei em contrário, são considerados titulares do interesse relevante para o efeito de legitimidade os sujeitos da relação controvertida tal como é configurada pelo autor".

55. Apontamentos para um estudo sistemático da legitimação extraordinária. *Revista dos Tribunais*, ano 58, v. 404, p. 13-18, jun. 1969.

56. Apontamentos para um estudo sistemático da legitimação extraordinária. *Revista dos Tribunais*, ano 58, v. 404, p. 13-18, jun. 1969.

57. A legitimidade é exclusiva sempre que somente determinada pessoa pode comparecer em juízo para proceder à defesa de um direito.

junto com o legitimado ordinário, em processo já instaurado por este ou em face daquele, e no qual aquele se limita a intervir", sendo por ele acrescentado que pode ocorrer que a legitimação seja exclusiva do legitimado extraordinário, ficando impedido o titular do direito deduzido de pleitear a sua tutela (legitimação extraordinária exclusiva) ou que a atribuição de legitimidade a quem não seja o titular do direito não exclua a legitimidade deste para ajuizar ação em sua defesa (legitimação extraordinária concorrente).[58]

Conforme José Carlos Barbosa Moreira, "a ocorrência das hipóteses de legitimação extraordinária autônoma dá ensejo à manifestação de fenômeno aparentemente esdrúxulo, consistente na formação do processo em que o contraditório se reputa regularmente estabelecido entre pessoas que, de um ou de ambos os lados, embora atuando em nome próprio, não são titulares da *res iudicium deducta*. Esse fenômeno tem sido estudado pela doutrina sob o *nomem juris* de substituição processual. No rigor da lógica, a denominação parece unicamente adequada aos casos de legitimação extraordinária autônoma: só nesses, com efeito, é que a lei na verdade substitui o legitimado ordinário pelo legitimado extraordinário, se por substituir se entende retirar alguma coisa ou pessoa de determinado lugar para aí colocar outra. Fora deles, pode até acontecer que, no mesmo processo, figurem simultaneamente, em posições equivalentes, o legitimado ordinário e o extraordinário", concluindo que "há óbvio paradoxo em considerar", nesta situação, que ocorra a substituição de uma pessoa por outra, o que não impede, no entanto, que a expressão substituição processual seja utilizada para abarcar ambas as situações.[59]

Para Elio Fazzalari, a substituição processual se dá quando "um estranho não só está habilitado a provocar o provimento jurisdicional sobre outras posições jurídicas, como também pode fazê-lo sem que participem do juízo os destinatários do provimento (...). O fenômeno em discurso — pelo qual a legitimação extraordinária pode ser exercitada em lugar da ordinária (do destinatário dos efeitos do provimento), sem a participação do destinatário no processo — constitui a verdadeira e 'própria' substituição processual'. Nesse caso é que o legitimado em via extraordinária ('substituto') pode realmente fazer, ao longo de todo o processo, as vezes do destinatário dos efeitos do provimento ('substituído'). A este último é, entretanto, consentido participar do processo como interveniente adesivo".[60]

Enrico Allorio afirma que constituem situações de legitimidade extraordinária a substituição processual, a intervenção por adesão e o litisconsórcio necessário.[61]

---

58. Apontamentos para um estudo sistemático da legitimação extraordinária. *Revista dos Tribunais*, ano 58, v. 404, p. 13-18, jun. 1969.
59. Apontamentos para um estudo sistemático da legitimação extraordinária. *Revista dos Tribunais*, ano 58, v. 404, p. 13-18, jun. 1969.
60. *Instituições de direito processual civil*, p. 402-403.
61. *Problemas de derecho procesal*, t. II, p. 254.

Assim, a substituição processual, a intervenção por adesão e o litisconsórcio necessário constituem espécies do gênero legitimação extraordinária.

Em suma, a legitimação extraordinária pode ser: a) *autônoma*: o autor da demanda ou o demandado age com total independência em relação ao titular do direito deduzido, o que significa que o processo é validamente instaurado sem a presença do legitimado ordinário, hipótese que corresponde à substituição processual; b) *subordinada*: o legitimado extraordinário intervém em processo que somente pode ser instaurado pelos legitimados ordinários.[62] A legitimação extraordinária autônoma pode ser: a) *exclusiva*: a demanda somente pode ser ajuizada ou contestada pelo legitimado extraordinário, podendo o titular do direito intervir no processo, mas na condição de assistente; b) *concorrente*: a legitimação extraordinária não exclui a possibilidade de a demanda ser proposta ou contestada pelo legitimado ordinário.

De outro lado, consoante o art. 17 do CPC, para propor ou contestar demanda é necessário ter *interesse*. A ausência de interesse de agir conduz à extinção do processo sem provimento do mérito.[63]

O interesse de agir é demonstrado pela *necessidade* de recorrer ao processo como instrumento de tutela jurisdicional do direito deduzido e pela *adequação* do provimento requerido à tutela pretendida.[64]

Neste sentido, esclarece Giuseppe Chiovenda que o interesse processual "não consiste unicamente no interesse de conseguir o bem garantido pela lei (...), mas também no interesse de consegui-lo por obra dos órgãos jurisdicionais. Pode-se, em consequência, ter um direito e não ter ainda ação ('o interesse é a medida das ações' — *point d'intérêt point d'acion*). De modo geral, é possível afirmar que o interesse de agir consiste nisto, em que sem a intervenção dos órgãos jurisdicionais, o autor sofreria um dano injusto".[65]

Luigi Monacciani aduz que o interesse de agir "representa a utilidade (...) ou a necessidade (...) atual, concreta e específica do acertamento do mérito",

---

62. *É o que ocorre na assistência litisconsorcial.*

63. Cândido Rangel Dinamarco afirma que "em rigorosa técnica processual, a *legitimidade ad causam* insere-se no âmbito do interesse de agir porque a sua falta traduz-se em ausência da utilidade do provimento jurisdicional (...). A ilegitimidade *ad causam* é, assim, um destaque negativo do requisito de interesse de agir, cuja concreta ocorrência determina *a priori* a inexistência deste (...). A legitimidade é apenas um dos requisitos sem os quais não há o interesse de agir. Existem várias disposições de lei que, ao cuidarem da legitimidade ativa ou passiva para uma série de demandas específicas, empregam o vocábulo interessado e não legitimado. Essa aparente desordem na escolha da palavra adequada é, na realidade, reflexo da dificuldade que existe para distinguir de modo radical os conceitos de legitimidade *ad causam* e interesse de agir. É justamente por ser aquela um destaque desta, que o legislador, sem perceber, disse *interessados* quando queria aludir aos *legitimados*" (*Instituições de direito processual civil*, v. II, p. 314-315).

64. O processo somente deve ser extinto por inadequação da medida requerida quando não for possível adequar o provimento a ser proferido à realidade do caso concreto.

65. *Instituições de direito processual civil*, v. 1, p. 226.

que "não compreende unicamente a (proposição da) demanda, mas também (o momento conclusivo do) provimento (de mérito)".[66]

O interesse de agir relaciona-se com o direito material (no aspecto necessidade de recorrer ao Poder Judiciário para a sua defesa) e com o processo (no que diz respeito ao meio escolhido pela parte visando à defesa do direito material — adequação do processo, enquanto instrumento, para a tutela reclamada).

A existência de interesse de agir deve ser examinada à luz da instrumentalidade do processo. Sendo o processo um instrumento destinado à realização concreta do direito material, haverá interesse de agir sempre que sem a intervenção do Poder Judiciário for impossível o gozo de direito assegurado pela ordem jurídica e que o provimento requerido seja apto à garantia deste gozo.

Registre-se que, embora o CPC de 2015 já não aluda às condições de ação e inclusa entre elas a possibilidade jurídica, cumpre tecer algumas considerações, ainda que breves, sobre ela.

Por meio da ação e da defesa o autor e o demandado apresentam ao juiz os seus pedidos (confirmação do direito afirmado e declaração de inexistência do direito afirmado, respectivamente).

O juiz examinará os pedidos das partes à luz das normas que constituem o ordenamento jurídico.

O pedido da parte somente poderá ser atendido quando for compatível com o ordenamento jurídico, isto é, juridicamente possível.

Haverá impossibilidade jurídica quando o acolhimento do pedido da parte for, expressa ou implicitamente, vedado pelo ordenamento jurídico.

Como aduz Enrico Tullio Liebman, possibilidade jurídica é a "possibilidade para o juiz, na ordem jurídica à qual pertence, de pronunciar a espécie de decisão pedida pelo autor".[67]

No exame da possibilidade jurídica, o juiz deverá considerar como verdadeiros os atos alegados pela parte, para verificar se a providência com base neles pleiteada encontra respaldo na ordem jurídica.

Contudo, afirmar a impossibilidade jurídica de um pedido é considerá-lo improcedente (o pedido é improcedente em razão da impossibilidade jurídica do seu acolhimento), sendo a decisão, portanto, de mérito. Por essa razão, a moderna doutrina processual exclui a possibilidade jurídica do pedido do rol das condições de ação, o que foi acolhido pelo CPC de 2015, que não inclui a possibilidade jurídica do pedido entre as condições para o exame do mérito da demanda.

---

66. *Azione e legittimazioni*, p. 81-82.

67. *O despacho saneador e o julgamento do mérito*, p. 39.

O exame da existência de legitimidade e de interesse processual deve ser realizado de ofício (art. 337, § 5º, do CPC).

2.8. Identificação de ações/demandas. Conexão, continência e litispendência.

A demanda envolve: a) quem comparece em juízo e afirma ser titular de um direito, que requer seja reconhecido e tutelado (autor/reclamante/demandante); b) aquele em face de quem a demanda apresentada (réu/reclamado/demandado); c) o bem da vida que se pretende alcançar por força da atuação do Poder Judiciário (pedido); d) as razões pelas quais é apresentada a demanda ao Poder Judiciário e pretendida a confirmação da existência do direito deduzido e a sua tutela (causa de pedir).[68]

As partes, o pedido e a causa de pedir identificam a demanda.

Demandar é apresentar uma pretensão ao Poder Judiciário, no exercício do direito de *ação*. Por essa razão, não é raro encontrar na doutrina e na jurisprudência a utilização das expressões *demanda* e *ação* como sinônimas (note-se, por exemplo, que os arts. 21 e 22 do CPC falam em *julgar ação*, enquanto o art. 337, § 2º, do CPC alude à *identidade de ações*. Também não é rara a utilização, como sinônimas, das expressões *ação* e *causa* (neste sentido, o CPC, ao mesmo tempo em que fala em *julgamento de ação*, aduz, na definição da ordem cronológica para o proferimento de decisões, à *causa* que exija urgência no julgamento, isto é, ao *julgamento de causa* — art. 12, IX —, o mesmo ocorrendo quando trata da competência interna, situação em que faz referência ao *julgamento de causas cíveis* — art. 42).

Cumpre notar, no entanto, que *ação* consiste no ato de ir a juízo, o que constitui, inclusive, um direito (*direito de ação*). Quem vai a juízo, portanto, não propõe uma *ação*, mas uma *demanda*. O que constitui objeto de julgamento, portanto, não é a ação, mas a demanda que por meio do exercício do direito de ação é submetida ao Poder Judiciário. Destarte, é mais correto, do ponto de vista técnico, afirmar que duas ou mais *demandas* podem ter em comum as partes, o pedido e a causa de pedir ou apenas parte destes seus elementos identificadores.[69]

No que diz respeito especificamente à configuração da litispendência, conexão e continência, o CPC faz uso da expressa *ação*, no sentido que entre duas ações

68. Cumpre distinguir entre *causa de pedir ativa* ou *remota* (fato do qual decorre o direito deduzido) e *causa de pedir passiva* ou *próxima* ou *causa da demanda* (fato do qual decorre o interesse de recorrer ao Poder Judiciário — lesão ou ameaça ao direito deduzido).

69. Como adverte Giuseppe Chiovenda, "a ação se exerce com a demanda", de forma que "identificação das ações significa identificação das demandas" (*Instituições de direito processual civil*, v. I, p. 427).

pode existir coincidência total ou parcial de seus elementos identificadores. Por esta razão, será adotada, para exame de tais institutos, a expressão *ação* como sinônima de *demanda*.

2.8.1. As partes, a causa de pedir e o pedido (objeto) individualizam a ação (teoria da tríplice identidade). Nesse sentido, estabelece o art. 337, § 2º, do CPC que uma ação é idêntica à outra quando tem as mesmas partes, a mesma causa de pedir e o mesmo pedido.

Parte é aquele que propõe a ação/demanda (autor/reclamante) e aquele em face de quem é proposta a ação/demanda (réu/reclamado).

A identidade da pessoa física que ajuíza duas ações nem sempre conduz à identidade das ações/demandas. Com efeito, como observa Enrico Tullio Liebman, para a verificação da identidade de duas ou mais causas "não é só a identidade física da pessoa que interessa para esse fim, mas também a qualidade na qual a pessoa é concretamente considerada".[70] Destarte, segundo assevera Humberto Theodoro Júnior, se em um processo "o litigante obrou em nome de outro (como representante legal ou mandatário) e noutro em nome próprio, é claro que incorre a identidade de partes".[71]

O autor deve indicar na petição inicial a causa de pedir (*causa petendi*), isto é, os fatos constitutivos do direito que pretende reconhecido e tutelado e os fatos que justificam o recurso ao Poder Judiciário.

Conforme aduz Humberto Theodoro Júnior, a causa de pedir "não é a norma legal invocada pela parte, mas o fato jurídico que ampara a pretensão deduzida em juízo. Todo direito nasce do fato, ou seja, do fato a que a ordem jurídica atribui um determinado efeito. A causa de pedir, que identifica uma causa, situa-se no elemento fático e em sua qualificação jurídica. Ao fato em si mesmo dá-se a denominação de 'causa remota' do pedido; e à sua repercussão jurídica, a de causa, 'causa próxima' do pedido".[72]

A identidade entre duas ações pressupõe a identidade dos fatos constitutivos do direito deduzido e dos fatos dos quais decorre o interesse de recorrer ao Poder Judiciário.

O pedido indica o tipo de providência jurisdicional requerida (*pedido imediato*) e o bem da vida ou bem jurídico que o autor pretende alcançar por força da decisão judicial (*pedido mediato*).

---

70. *Manual de direito processual civil*, v. I, p. 193.
71. *Curso de direito processual civil*, v. I, p. 73.
72. *Curso de direito processual civil*, v. I, p. 74.

Giuseppe Chiovenda aduz que "a indicação da *causa petendi* deve servir, em concurso com a do objeto, para identificar o bem da vida que é objeto da contestação. Visto que toda demanda afirma a existência duma vontade concreta de lei que garante um bem (...), se a coisa julgada é o reconhecimento ou o desconhecimento desse bem, lógico é que se deva falar em demanda diversa quando diverso seja o bem contestado".[73]

2.8.2. *Quando duas ou mais ações/demandas têm em comum o objeto (pedido) ou a causa de pedir, dar-se-á o fenômeno da conexão (art. 55 do CPC).*

Por outro lado, se a identidade entre duas ou mais ações/demandas se der em relação às partes *e* à causa de pedir, mas o *objeto* (*pedido*) de uma abranger, ante a sua amplitude, o das demais, dar-se-á a *continência* (art. 56 do CPC).

O CPC determina, de forma expressa, a reunião dos processos de ações, visando o proferimento de decisão conjunta, salvo se um deles já houver sido sentenciado (art. 55, § 1º). Quanto a esta última ressalva, vale observar que a reunião dos processos pressupõe a possibilidade de seu julgamento simultâneo, o que exige que ela seja útil do ponto de vista prático.

O CPC vai mais além, determinando a reunião, para julgamento conjunto, dos processos que possam gerar risco de prolação de decisões conflitantes ou contraditórias caso decididos separadamente, mesmo sem conexão entre eles (art. 55, § 3º).[74]

O CPC inova, ao estabelecer a conexão entre a execução de título executivo extrajudicial e a ação de conhecimento relativa ao mesmo ato jurídico e entre execuções fundadas no mesmo título executivo (art. 55, § 2º, I e II).

Em relação à reunião dos processos no caso de continência, o CPC estabelece que, quando houver continência e a ação continente tiver sido proposta anteriormente, no processo relativo à ação contida será proferida sentença sem resolução de mérito, caso contrário, as ações serão necessariamente reunidas (art. 57).

2.8.3. *O CPC prevê: no art. 337, § 1º, que "verifica-se a litispendência ou a coisa julgada quando se reproduz ação anteriormente ajuizada"; no art. 337, § 2º, que "uma ação é idêntica à outra quando tem as mesmas partes, a mesma causa de pedir e o*

---

73. *Instituições de direito processual civil*, v. I, p. 435.

74. O CPC, no texto normativo em destaque, alude a *conexão entre processos*, quando está tratando, na verdade, da conexão entre ações/demandas.

mesmo pedido"; no art. 337, § 3º, do CPC que "há litispendência, quando se repete ação que está em curso".

Contudo, não é a reprodução de demanda anteriormente ajuizada que caracteriza a litispendência.

A reprodução de demanda anteriormente ajuizada implicará *declaração de existência de litispendência*, isto é, de uma demanda pendente versando sobre a mesma pretensão, o que terá como consequência a extinção do processo instaurado por força da segunda ação/demanda ajuizada. Em suma, a litispendência surge com a propositura da ação e não com a sua reprodução, ou, como estabelece o art. 240 do CPC, com a citação válida, o que, no processo do trabalho, significa que é com a distribuição da ação/demanda que surge a litispendência.

Destarte, o art. 337, §§ 1º a 3º, do CPC apenas define a situação em que deverá ser declarada a ocorrência de litispendência: a litispendência deverá ser declarada quando for reproduzida ação/demanda anteriormente ajuizada e ainda pendente de julgamento.

Manuel Galdino da Paixão Júnior bem esclarece a questão: "na etimologia está o melhor conceito jurídico, com o qual é possível superar o engano em que o legislador incorreu no art. 301, § 1º, do Código de Processo Civil, ao dizer que a litispendência se verifica 'quando se reproduz ação anteriormente ajuizada'. Não. Litispendência é a pendência do processo, é a constituição do vínculo processual, que os arts. 219 e 617 do Código de Processo Civil informam dar-se por efeito da citação válida. Com a 'reprodução', a que o primeiro texto do processo de conhecimento citado se refere, o que ocorre é a oportunidade para alegar a verificação da litispendência, como defesa de natureza processual: ausência de um dos pressupostos para o desenvolvimento da relação processual".[75]

A reprodução de ação idêntica é vedada para evitar que os órgãos do Poder Judiciário desenvolvam dupla atividade relativamente a uma mesma ação/demanda e impedir decisões divergentes ou contraditórias sobre a mesma ação/demanda, além de prestigiar o princípio da economia processual.

Em relação ao autor, os efeitos da litispendência decorrem da propositura da demanda. Quanto ao réu, os efeitos da litispendência somente são produzidos com a sua notificação/citação válida.

2.9. Cumulações de demandas.

A CLT (art. 842) autoriza a cumulação de duas ou mais demandas no mesmo processo, quando: a) os reclamantes forem empregados da mesma empresa ou

75. *Teoria geral do processo*, p. 222-223.

estabelecimento; e b) haja identidade de matéria (direitos e obrigações derivados do mesmo fundamento de fato e de direito).

Contudo, a cumulação de demandas também pode ocorrer nas situações previstas no CPC.

O art. 113 do CPC dispõe que duas ou mais pessoas podem litigar, no mesmo processo, em conjunto, ativa ou passivamente, quando: I - entre elas houver comunhão de direitos ou de obrigações relativamente à lide; II - entre as causas houver conexão pelo pedido ou pela causa de pedir; III - ocorrer afinidade de questões por ponto comum de fato ou de direito.

A cumulação de demandas forma as denominadas *ações plúrimas*, às quais faz expressa referência o art. 843 da CLT, e pressupõe que para elas seja competente o mesmo juiz, seja adequado o mesmo procedimento e tenham o mesmo pedido imediato (tipo de tutela jurisdicional pleiteada).

A hipótese não é de cumulação de pedidos, isto é, de cumulação em uma mesma demanda de vários pedidos do autor contra o mesmo réu, mas de cumulação de duas ou mais demandas no mesmo processo.

Aplica-se no processo do trabalho o art. 113, § 1º, do CPC, segundo o qual o juiz poderá limitar o litisconsórcio facultativo quanto ao número de litigantes na fase de conhecimento, na liquidação, de sentença ou na execução, quando este comprometer a rápida solução do litígio ou dificultar a defesa ou o cumprimento da sentença.[76]

2.10. Estabilização da demanda.

O CPC dispõe, no art. 329, que o aditamento do pedido e a alteração do pedido e da causa de pedir podem ocorrer: a) até a citação, independentemente de consentimento do réu; b) até o saneamento do processo, com m o consentimento do réu, assegurado o contraditório e a produção de prova suplementar.[77]

O CPC trata, no citado comando legal, da estabilização da demanda nos seus aspectos objetivos (que dizem respeito ao pedido - bem jurídico pretendido - e à causa de pedir - fatos em que se sustenta o pedido) e subjetivos (relacionados com as partes).

No processo do trabalho, a estabilização, objetiva e subjetiva, da demanda se dá, a princípio, com o *recebimento* da defesa do réu em audiência. Com isso, antes do recebimento da defesa, podem ocorrer aditamento do pedido ou alteração do pedido e da causa de pedir sem necessidade de concordância do réu.

---

76. Do litisconsórcio tratamos no Capítulo VIII, ao qual remetemos o leitor.
77. O art. 329 fixa como termo final para o aditamento ou alteração do pedido ou causa de pedir o saneamento do processo.

No entanto, também no processo do trabalho mesmo após o recebimento da defesa, mas desde que antes do saneamento do processo, o autor poderá aditar o pedido ou alterar o pedido ou a causa de pedir com consentimento do réu, assegurado, no entanto, o contraditório mediante a possibilidade de manifestação deste no prazo mínimo de 5 dias (aplicação do art. 841 da CLT), facultado o requerimento de prova suplementar, por aplicação do art. 329, II, do CPC. Isto se dá porque é favorecido o julgamento do conflito de interesse em toda a sua extensão e a economia processual, visto que evita o ajuizamento de nova demanda.

A revelia não dispensa nova citação no caso de ser aditado o pedido ou alterado o pedido ou a causa de pedir, em respeito ao contraditório.

Capítulo 7

PROCESSO E PROCEDIMENTO

1. PROCESSO

1.1. Conceito. Processo como procedimento realizado em contraditório

O processo possui sentido estático e dinâmico.

No sentido estático, processo é método, estabelecido e estruturado pela ordem jurídica, destinado à solução, pelo Poder Judiciário, de conflitos de interesses a ele submetidos e à realização concreta dos direitos atribuídos por esta mesma ordem jurídica. Sobre o prisma dinâmico, o processo é constituído por uma série de atos, praticados pelos seus sujeitos (partes e juiz), auxiliares da justiça e terceiros que eventualmente intervenham no processo, interdependentes,[1] ordenados em fases sucessivas e coordenados ao objetivo de solucionar o conflito de interesses submetido ao Poder Judiciário e realizar concretamente o direito atribuído pela ordem jurídica.

Aroldo Plínio Gonçalves, a partir das lições de Elio Fazzalari, sustenta que o processo é uma espécie do gênero do procedimento, isto é, da "atividade preparatória de um determinado ato estatal, atividade regulada por uma estrutura normativa, composta de uma sequência de normas, de atos e posições subjetivas, que se desenvolve em uma dinâmica específica, na preparação de um provimento", sendo provimento "um ato do Estado, de caráter imperativo, produzido pelos seus órgãos no âmbito de sua competência, seja um ato administrativo, um ato legislativo ou um ato jurisdicional".[2]

Para Aroldo Plínio Gonçalves, "o processo começa a se definir pela participação dos interessados no provimento na fase que o prepara, ou seja, no procedimento.

---

1. Cada ato se apresenta como consequência daquele que o precede e como condição necessária para aquele que o sucede, ou, como aduz Lopes da Costa, cada ato "cria a condição necessária à origem do seguinte: os fatos narrados pelo autor provocam a negação do réu ou a indicação de fatos contrários; a contestação exige a prova; esta dá lugar à sentença; a decisão abre caminho aos recursos" (*Direito processual civil brasileiro*, v. I, p. 4).
2. *Técnica processual e teoria do processo*, p. 87.

Mas essa definição se concluirá pela apreensão da específica estrutura legal que inclui essa participação, da qual se extrairá o predicado que identifica o processo, que é o ponto de sua distinção: a participação dos interessados, em contraditório entre eles (...). Há processo sempre onde houver o procedimento realizando-se em contraditório entre os interessados, e a essência deste está na 'simétrica paridade' da participação, nos que preparam o provimento, daqueles que nele são interessados porque, como seus destinatários, sofrerão os seus efeitos".[3] Processo, sob este prisma, é o procedimento realizado em contraditório. Segundo Elio Fazzalari, "o 'processo' é uma espécie, porque é o procedimento no qual é consentida a participação dos destinatários dos efeitos do ato final — interesses e contrainteresses — para 'dizer e contradizer' sob plano de simétrica paridade. A distinção consiste, portanto, no 'contraditório' normativamente contemplado".[4]

1.2. Objeto e finalidades.

O processo é instaurado em razão da pretensão manifestada ao Poder Judiciário pelo autor da demanda e para possibilitar o seu exame. Sendo assim, constituem objeto do processo todas as questões a serem decididas pelo juiz em razão da pretensão a ele manifestada.

Como aduz Eduardo Couture, "a ideia de processo (...) é necessariamente teleológica, pois só se explica por seu fim".[5]

É em razão do pedido de tutela jurisdicional e para a ele dar resposta que se põe em movimento a jurisdição. Sob este prisma, a finalidade jurídica do processo é a solução do conflito de interesses submetido ao Poder Judiciário (o processo é instaurado em razão deste conflito e para solucioná-lo: *processo como instrumento de solução de conflitos de interesses*).

O processo é instaurado em razão do conflito de interesses e para fazer valer aquele que, segundo a ordem jurídica, deve prevalecer. Assim, a realização prática do direito atribuído pela ordem jurídica, quando confirmada a sua existência pela decisão judicial, é também uma finalidade jurídica do processo (*processo como instrumento de efetividade do direito subjetivo e do direito material*).

O processo possui, ainda, finalidade social, na medida em que faz valer a autoridade da ordem jurídica e, com isso, restabelece as condições necessárias

---

3. *Técnica processual e teoria do processo*, p. 96-98.
4. Il giusto processo e i 'procedimenti speciali' civile. *Rivista Trimestrale de Diritto e Procedura Civile*, ano LVII, n. 1, Milão: Giuffrè, p. 2, mar. 2003. O doutrinador em destaque fala em *consentimento* para a participação das partes na construção do provimento. A participação em questão é consentida na medida em que o fato de o réu não comparecer em juízo para promover a sua defesa não permite falar em inexistência de processo por ausência de contraditório efetivo. O contraditório exige a possibilidade concreta e útil de participar do processo.
5. *Fundamentos del derecho procesal civil*, p. 145.

para a coexistência social (*processo como instrumento de segurança e pacificação social*), sendo relevante mencionar que as decisões reiteradas do Poder Judiciário em determinado sentido servem de parâmetro paras as relações sociais, tendo, portanto, efeito educativo (*efeitos educativos do processo*).

1.3. Tipos de processo.

A partir da natureza da tutela jurisdicional pretendida pelo autor da demanda, o processo é classificado em:

a) *processo de conhecimento*: processo instaurado em razão e para dar resposta a pedido de declaração da vontade concreta da ordem jurídica para o caso concreto. O que se pede e espera do Poder Judiciário, no processo de conhecimento, é a eliminação da incerteza quanto à existência do direito objeto de disputa e a consequente definição da situação jurídica das partes em conflito;

b) *processo de execução*: processo instaurado para a satisfação do direito reconhecido em título executivo judicial ou extrajudicial.

O processo pode comportar uma pretensão declaratória, condenatória ou constitutiva. Daí se falar em *processo declaratório, condenatório* e *constitutivo*, respectivamente.

1.4. Relação jurídica processual. Sujeitos, objeto e características da relação jurídica processual.

A pendência do processo dá lugar a uma relação jurídica (*relação jurídica processual*), das quais são sujeitos as partes e o juiz, observando-se que os sujeitos do processo nem sempre são os sujeitos da relação jurídica litigiosa, como ocorre na substituição processual, na qual o substituto (sujeito do processo) age em juízo em nome próprio, mas perseguindo a tutela de direito alheio (direito do sujeito da relação jurídica litigiosa).

A relação jurídica processual tem como objeto, segundo Antônio Carlos de Araújo Cintra, Ada Pellegrini Grinover e Cândido Rangel Dinamarco, o "serviço jurisdicional que o Estado tem o dever de prestar, consumando-se mediante o provimento final em cada processo".[6]

Acrescentam Antônio Carlos de Araújo Cintra, Ada Pellegrini Grinover e Cândido Rangel Dinamarco que a relação jurídica processual tem como características a complexidade ("a relação jurídica processual, como já se viu, apresenta-se como a soma de uma série de relações jurídicas ativas e passivas, derivando daí o seu

---

6. *Teoria geral do processo*, p. 312.

caráter complexo"), a progressividade (no processo "ocorrem atos e fatos jurídicos que conduzem de uma posição jurídica a outra, ao longo de todo o arco do procedimento"), a unidade ("todos os atos do processo e todas essas posições jurídicas são coordenadas a um objetivo comum, que é a emissão de um ato estatal imperativo (o provimento jurisdicional")), o caráter tríplice (por ter três sujeitos), a natureza pública ("a relação processual é de direito público, ainda que seja privada a relação substancial controvertida") e a autonomia ("a relação jurídica processual independe, para ter validade, da existência da relação de direito substancial controvertida").[7]

1.5. Pressupostos processuais.

Os pressupostos processuais estão relacionados com a distinção entre relação jurídica de direito material e relação jurídica processual.

Os pressupostos processuais dizem respeito à constituição (*pressupostos de existência*) e desenvolvimento (*pressupostos de desenvolvimento*) da relação jurídica processual.

Pressupostos processuais de existência da relação jurídica processual são: a) existência de uma demanda; b) investidura jurisdicional ou jurisdição (o processo deve ser dirigido por um órgão do Poder Judiciário); c) citação/notificação do demandado; d) capacidade postulatória (a parte deve postular em juízo por meio de advogado, salvo quando a ela é atribuída capacidade postulatória).

Constituem pressupostos processuais de desenvolvimento: a) regularidade da petição inicial; b) competência do juízo e imparcialidade do juiz; c) capacidade das partes (capacidade de estar em juízo ou *legitimatio ad processum*[8]); d) ausência de perempção; e) não ocorrência de litispendência; f) inexistência de coisa julgada; g) ausência de convenção de arbitragem; h) falta de caução ou de outra prestação que a lei exige como preliminar.[9]

Vale mencionar que, para Cândido Rangel Dinamarco, com exceção da propositura da demanda e da investidura jurisdicional do órgão a quem ela é endereçada (que, para ele, seriam os pressupostos de existência do processo), os demais pressupostos processuais "não são uma condição de existência do processo, mas de sua viabilidade como meio preparatório da tutela jurisdicional. Eles se inserem entre os requisitos de admissibilidade do provimento jurisdicional postulado, cuja falta impede que tal provimento seja emitido".[10]

---

7. *Teoria geral do processo*, p. 314-315.
8. A *legitimatio ad processum* não se confunde com a *legitimatio ad causam*. A primeira, diz respeito à capacidade de estar em juízo e, a segunda, à legitimação para determinada demanda.
9. A litispendência, coisa julgada, convenção de arbitragem e falta de caução ou de outra prestação que a lei exige como preliminar são *pressupostos processuais negativos*.
10. *Instituições de direito processual civil*, v. II, p. 55 e 59.

Os pressupostos processuais são *subjetivos* e *objetivos*.

Os pressupostos processuais *subjetivos* relacionam-se com o juiz (investidura e imparcialidade) e as partes (capacidade de ser parte, capacidade de estar em juízo e capacidade postulatória), ao passo que são *objetivos* os demais pressupostos acima referidos.

O juiz apreciará de ofício o atendimento dos pressupostos processuais, em qualquer tempo e grau de jurisdição, enquanto não ocorrer o trânsito em julgado (art. 485, § 3º, do CPC).[11]

Os pressupostos processuais constituem, ao lado do exame da legitimidade e do interesse processual, *técnica de depuração do processo*, que deve ser vista em sintonia com a finalidade do processo, que é a solução do litígio e a realização concreta do direito assegurado pela ordem jurídica. Assim, embora o não atendimento dos pressupostos processuais conduza, do ponto de vista estritamente legal, à extinção do processo sem provimento de mérito, verificando vício na constituição ou no desenvolvimento da relação jurídica processual, o juiz deve adotar as medidas necessárias ao seu afastamento. Daí prever o art. 139, IX, do CPC que ao juiz incumbe determinar o suprimento de pressupostos processuais, o que é compatível com o Direito Processual do Trabalho, em especial por favorecer o julgamento do mérito da demanda;

Assim como a legitimidade e o interesse processual, os pressupostos processuais constituem *pressupostos de admissibilidade do julgamento do mérito da demanda* e como tais devem ser considerados. Com isso, a *teoria do trinômio* (haverá no processo juízo sobre pressupostos processuais, condições de ação e mérito) deve ser substituída pela teoria *do binômio* (no processo ocorrerá juízo sobre a admissibilidade do julgamento do mérito e sobre o mérito).

1.6. Efeitos da propositura da demanda.

A demanda considera-se proposta (a) assim que é apresentada na Secretaria da Vara do Trabalho ou do juízo Cível competente, nas localidades em que houver apenas uma Vara do Trabalho ou apenas um Juiz de Direito competente, ou (b) quando for distribuída, nas localidades em que houver mais de uma Vara do Trabalho ou mais de um Juiz de Direito competente (arts. 837 e 838 da CLT e art. 312 do CPC). Este é o *momento da propositura da demanda*.[12]

A propositura da demanda produz efeitos para as partes e para terceiros.

---

11. A validade da constituição e a regularidade do desenvolvimento da relação jurídica processual é uma exigência de ordem pública, o que autoriza o juiz a verificar de ofício o atendimento dos pressupostos processuais.
12. No processo do trabalho, a citação/notificação do demandado é realizada pelo diretor de secretaria, assim que a petição inicial é recebida, independentemente de despacho do juiz (art. 841 da CLT), razão pela qual a demanda considera-se proposta no momento da sua apresentação em juízo.

Segundo Cândido Rangel Dinamarco, os efeitos da propositura da ação "têm natureza substancial ou processual, conforme atinjam diretamente os sujeitos e bens em suas relações na vida comum ou consistem na constituição de alguma situação processual nova — quer relativa ao processo pendente, quer consistente em alguma limitação quanto a outro processo (...). São efeitos processuais da litispendência perante as partes (a) o veto à repropositura de demanda idêntica ('litispendência'), (b) a prevenção do juízo e perpetuação da competência, (c) a suspensão de outro processo, instaurado para julgamento de causa prejudicada pela do processo pendente e (d) a estabilização da demanda. São seus efeitos substanciais perante as partes (a) litigiosidade da coisa, (b) a interrupção da prescrição do direito subjetivo que o autor vem a juízo alegar e defender e (c) a constituição do devedor em mora relativamente à obrigação exigida na demanda".[13]

A propositura da demanda tem efeitos também para terceiros, consistentes na responsabilidade patrimonial e na admissibilidade de intervenção no processo. De acordo com Cândido Rangel Dinamarco, "a responsabilidade patrimonial do terceiro — ou seja, a possibilidade de bens de sua titularidade serem utilizados para a satisfação do direito de uma das partes, apesar de serem seus — ocorre (a) quando adquire a própria coisa litigiosa ou (b) quando, na pendência do processo *inter alios*, ele adquire bens que poderiam ser penhorados e alienados para a realização do dinheiro devido ao credor, reduzindo o devedor à insolvência ou agravando-se esta. A lei considera em fraude à execução os atos de alienação ou oneração de bens pelo devedor durante a litispendência, quando ele, ao fazê-lo, desfalca de tal modo seu patrimônio que ali não reste o suficiente para a satisfação do direito em litígio — ou quando, já não tendo bens suficientes, com a alienação ou oneração dos que tem, ele agrava o desequilíbrio patrimonial (insolvência). Em casos como esses, não obstante o bem passe regularmente ao patrimônio do terceiro, mesmo assim responderá e poderá vir a ser penhorado e afinal levado a hasta pública".[14]

Para definição dos efeitos da propositura da demanda, cumpre recorrer ao CPC como fonte subsidiária do Direito Processual do Trabalho, que não trata desta questão.

O CPC dispõe: a) no art. 59, que o registro ou a distribuição da petição inicial torna prevento o juízo; b) no art. 240, *caput*, que a citação válida, ainda quando ordenada por juízo incompetente, induz litispendência, torna litigiosa a coisa e constitui em mora o devedor, ressalvado o disposto nos arts. 397 e 398 do Código Civil; c) no art. 240, § 1°, que a interrupção da prescrição, operada pelo despacho que ordenar a citação, ainda que proferido por juízo incompetente, retroagirá à data da propositura da ação, ou seja, que o despacho que ordena a citação interrompe

13. *Instituições de direito processual civil*, v. II, p. 55 e 57.

14. *Instituições de direito processual civil*, v. II, p. 57-58.

a prescrição; d) no art. 240, § 4º, que o efeito retroativo a que se refere o § 1º aplica-se à decadência e aos demais prazos extintivos previstos em lei.

No processo do trabalho, a demanda considera-se proposta assim que é apresentada na Secretaria da Vara do Trabalho ou escrivão do Cível ou que for distribuída, nas localidades em que houver mais de uma Vara do Trabalho ou Juiz de Direito investido na jurisdição trabalhista. É neste momento, portanto, que são produzidos os efeitos a que se referem os arts. 59 e 240 do CPC, observando-se que, no processo do trabalho, a citação/notificação é ato de responsabilidade do diretor de secretaria e não da parte (art. 841 da CLT).

Em suma, a propositura da demanda perante a Justiça do Trabalho torna prevento o juízo, induz litispendência, torna litigiosa a coisa, constitui em mora o devedor, ressalvado o disposto nos arts. 397 e 398 do Código Civil, e interrompe a prescrição.

Prevenção é a prévia definição do juízo competente para conhecer e julgar determinada demanda, dispondo o CPC, no art. 286, que "serão distribuídas por dependência as causas de qualquer natureza: I – quando se relacionarem, por conexão ou continência, com outra já ajuizada; II – quando, tendo sido extinto o processo, sem julgamento de mérito, for reiterado o pedido, ainda que em litisconsórcio com outros autores ou que sejam parcialmente alterados os réus da demanda; III – quando houver ajuizamento de ações nos termos do art. 55, § 3º, ao juízo prevento". O art. 286 do CPC é compatível com o Direito Processual do Trabalho, ou seja, no processo do trabalho, a prevenção corre nas mesmas situações em que ela se verifica segundo o CPC.

O fato de a propositura da demanda induzir litispendência significa que o seu autor está proibido de ajuizar novamente esta mesma demanda e que o juiz está obrigado a extinguir, sem provimento de mérito, o processo relativo à segunda demanda eventualmente ajuizada pelo autor desconsiderando esta proibição. A reprodução da demanda idêntica é vedada para evitar que os órgãos do Poder Judiciário desenvolvam dupla atividade relativamente a uma mesma demanda e impedir decisões divergentes sobre a mesma demanda, além de prestigiar o princípio da economia processual.

Anote-se que, em relação ao autor, os efeitos da litispendência decorrem da propositura da demanda. Quanto ao réu, os efeitos da litispendência somente são produzidos com a sua notificação/citação válida. No processo civil, o réu, antes de citado, pode propor contra o autor demanda tendo a mesma relação jurídica como objeto, devendo prosseguir o processo em que primeiro ocorrer a citação válida. No processo do trabalho, o que interessa é a propositura da demanda, que em si mesma faz surgir os efeitos da litispendência, de forma que, propondo também o reclamado uma demanda contra o reclamante, deverá prosseguir a demanda do reclamante (se proposta primeiro), mesmo que o reclamante seja citado na ação do reclamado antes que este seja citado na demanda proposta por aquele.

A propositura da demanda torna litigiosa a coisa, ou seja, o bem jurídico disputado pelas partes ou a relação jurídica objeto da demanda. Proposta a demanda e, com isto, tornada litigiosa a coisa, comete atentado a parte que, no curso do processo, viola penhora, arresto, sequestro ou imissão na posse, prossegue em obra embargada ou pratica qualquer inovação ilegal no estado de fato (art. 77, VI, do CPC), ao passo que ficam sujeitos à execução os bens alienados ou gravados com ônus real em fraude à execução.

A propositura da demanda constitui o devedor em mora, isto nas hipóteses em que a mora não se encontra constituída previamente (arts. 397 e 398 do Código Civil).

O devedor em mora responde pela atualização monetária da dívida em dinheiro e pelos juros (art. 395 do Código Civil), observando-se que: a correção monetária é contada a partir do vencimento da obrigação (art. 39 da Lei n. 8.177/91); os juros (1% ao mês), são calculados *pro rata die* e contados a partir da propositura da demanda[15] e incidem sobre o principal atualizado (Súmula n. 200 do TST). A correção monetária e os juros são devidos ainda que não tenham sido pleiteados ou não constem do título executivo (Súmula n. 211 do TST e art. 39 da Lei n. 8.177/91).[16]

A propositura da demanda tem reflexos sobre a prescrição, instituto que será examinado em seguida.

1.7. A prescrição trabalhista.

1.7.1. Aspectos gerais.

A ordem jurídica atribui direitos e garante a sua realização coativa, por meio dos órgãos jurisdicionais, na hipótese da sua não observância espontânea. Contudo,

15. A obrigação de pagar salário considera-se vencida no primeiro dia útil do mês subsequente ao trabalhado (art. 459, *caput*, da CLT) e é exigível a partir do quinto dia útil daquele mês (art. 459, parágrafo único, da CLT). O art. 459 da CLT estabelece uma tolerância, em favor do empregador, facultando o pagamento do salário após o seu vencimento. Por conta de tal tolerância, na vigência do contrato, o crédito de natureza salarial deve ser corrigido a partir do quinto dia útil do mês subsequente ao trabalhado (conta-se a correção monetária, na vigência do contrato, a partir do momento em que o crédito pode ser exigido). Após a extinção do contrato de trabalho e sendo imposta ao empregador, por decisão judicial, a obrigação de saldar créditos de natureza salarial, opera-se a transferência da fonte normativa que norteia o cálculo da correção monetária, deixando a questão de ser disciplinada pelo art. 459 da CLT para ser resolvida à luz do art. 39 da Lei n. 8.177/91, que trata da liquidação de créditos de natureza trabalhista devidos por força de decisão judicial. Segundo o art. 39 da Lei n. 8.177/91, os débitos trabalhistas de natureza salarial serão corrigidos a partir do seu vencimento. O vencimento da obrigação de pagar crédito salarial se dá, como visto anteriormente, no primeiro dia útil do mês seguinte ao trabalhado. Assim, a correção monetária, com a extinção do contrato, passa a ser contada a partir do vencimento da obrigação, isto é, a partir do primeiro dia útil do mês seguinte ao trabalhado (é nesse sentido, inclusive, a Súmula n. 381 do TST: "O pagamento de salário até o 5º dia do mês subsequente ao vencido não está sujeito à correção monetária. Se essa data limite for ultrapassada, incidirá o índice da correção monetária do mês subsequente ao da prestação de serviços, a partir do dia 1º"). O crédito resultante da relação de trabalho distinta da de emprego deve ser corrigido a partir do vencimento da obrigação do devedor (art. 1º, § 1º, da Lei n. 6.899/81).

16. Por força do que estabelece a Lei n. 8.177/91, já não prevalece a Súmula n. 24 do STF: "Os juros de mora, na reclamação trabalhista, são contados desde a notificação inicial".

esta mesma ordem jurídica estabelece limites temporais para a apresentação ao Poder Judiciário do pedido de tutela dos direitos que atribui.

Neste sentido, prevê o art. 189 do Código Civil, que "violado o direito, nasce para o titular a pretensão, a qual se extingue pela prescrição, nos prazos a que aludem os arts. 205 e 206". Assim, da violação do direito nasce a pretensão, isto é, o poder de exigir de outrem o cumprimento de uma obrigação ou uma prestação, que é extinta pela prescrição.

Prescrição, portanto, é extinção ou perda de eficácia da pretensão não manifestada em juízo no prazo próprio.

A prescrição recai, como se vê do art. 189 do Código Civil, sobre a pretensão. A prescrição, desse modo, não atinge o direito de ação. Note-se, inclusive, que a declaração de ocorrência de prescrição implica resolução do mérito da demanda (art. 487, II, do CPC), o que não ocorreria se a hipótese fosse de extinção do direito de ação. Por essa razão, o fato de estar prescrita a pretensão de cobrança de determinada dívida não impede que o credor ajuíze demanda visando ao seu pagamento.

Neste caso, o juiz, reconhecendo a ocorrência da prescrição, não afirmará, na decisão, que a demanda não poderia ter sido proposta, vez que o titular do crédito não deixa de ter direito de acesso à justiça pelo fato de a sua pretensão estar prescrita. Isto significa que a prescrição não alcança o direito de ação. De outro lado, o devedor que paga dívida cuja pretensão de pagamento já esteja prescrita não pode pleitear em juízo a repetição do que pagou, o que decorre do fato de o crédito (direito) não ser atingido pela prescrição (o devedor não pode requerer a restituição do que pagou porque o crédito subsiste, isto é, não foi extinto pela prescrição). Em suma, o credor não é impedido de manifestar em juízo uma pretensão ineficaz e, se o fizer, o juiz irá declarar prescrita a sua pretensão, não no sentido de que ela não existe, mas no de que perdeu a sua eficácia.

A ocorrência da prescrição pressupõe: a) pretensão exercitável (*actio nata*); b) inércia do titular da pretensão durante o lapso de tempo fixado em lei; c) ausência de causa impeditiva, suspensiva ou interruptiva da prescrição; d) prescritibilidade da pretensão.

1.7.2. Prazos prescricionais. Termo inicial da prescrição bienal. A questão relativa ao aviso prévio proporcional ao tempo de serviço.

A prescrição da pretensão que tenha por objeto créditos decorrentes da relação de emprego é disciplinada nos arts. 7º, XXIX, da Constituição e 11 da CLT, que reconhecem aos trabalhadores, urbanos e rurais, o direito de ação, quanto a créditos resultantes das relações de trabalho, com prazo prescricional de cinco anos, até o limite de dois anos após a extinção do contrato de trabalho.

Cumpre mencionar, de início, que o que constitui *direito* do trabalhador não é a extinção da sua pretensão (a prescrição), mas a *manutenção da eficácia da sua pretensão* até dois anos contados da extinção do contrato de trabalho, com efeito retroativo a cinco anos.

Em suma, a prescrição, como decorre dos citados comandos legais, é bienal e quinquenal. A pretensão nasce com a lesão do direito (*actio nata*) e pode ser manifestada em juízo até dois anos após a extinção do contrato de trabalho (prescrição bienal), mas com efeitos limitados aos cinco anos anteriores à propositura da demanda (prescrição quinquenal).

A prescrição bienal é contada da data da extinção do contrato de trabalho.

Para definir a data da extinção do contrato é necessário ter em mente o art. 489 da CLT, segundo o qual, dado o aviso prévio, a rescisão torna-se efetiva depois de expirado o respectivo prazo. Isso significa dizer que o aviso prévio, seja indenizado ou trabalhado, integra o tempo de serviço também para efeito de contagem do prazo prescricional, conforme, inclusive, entendimento consagrado pela Orientação Jurisprudencial n. 83 da SDI-I do TST ("a prescrição começa a fluir no final da data do término do aviso prévio").

Abre-se um parêntese para esclarecer que a questão relacionada ao cômputo do aviso prévio para definição da extinção do contrato e, com isso, fixação do termo inicial a prescrição bienal, não comportava maiores questionamentos, até que veio à luz a Lei n. 12.504/11, que disciplinou o art. 7º, XXI, da Constituição.

É que o art. 7º, XXI, da Constituição reconhece aos trabalhadores o direito ao aviso prévio proporcional ao tempo de serviço, sendo no mínimo de trinta dias, nos termos da lei. Este dispositivo constitucional foi regulamentado pela Lei n. 12.506/11, cujo art. 1º dispõe, no seu *caput*, que o aviso prévio de que trata a CLT será concedido na proporção de trinta dias aos empregados que contem com até um ano de serviço na mesma empresa, e, no seu parágrafo único, que ao aviso prévio de trinta dias serão acrescidos três dias por ano de serviço prestado na empresa, até o máximo de sessenta dias, perfazendo um total de até noventa dias.

Destarte, por força do art. 7º, XXI, da Constituição e da Lei n. 12.506/11, o aviso prévio devido aos trabalhadores passou a ser proporcional ao tempo de serviço, sendo de, no mínimo, trinta dias. Com isso, inclusive, perdeu o inciso I do art. 487 da CLT, que prevê aviso prévio com tempo inferior a trinta dias, fundamento de validade.

O art. 7º, XXI, aduz a um direito dos trabalhadores, ao passo que a Lei n. 12.506/11 faz expressa referência ao aviso prévio como direito dos empregados. Assim, a proporcionalidade do aviso prévio em relação ao tempo de serviço constitui um direito de titularidade exclusiva do trabalhador, de forma que o empregador é titular do direito ao aviso prévio nos moldes estabelecidos na CLT, inclusive no que comporta ao desconto do aviso prévio no caso de sua não concessão por parte do trabalhador (art. 487, § 2º, da CLT), sob pena, inclusive, de não só penalizar o trabalhador com mais tempo de serviço (quanto maior o tempo de serviço, maior seria o desconto no caso de não concessão do aviso prévio), como também afetar a sua liberdade de trabalho (no caso de aviso prévio com duração de noventa dias, o trabalhador seria obrigado, se houvesse exigência de seu cumprimento e não estivesse ele disposto a arcar com o desconto respectivo, a continuar vinculado ao empregador por noventa dias após informá-lo da decisão de colocar fim à relação de emprego).

Mas, o acréscimo na duração do aviso prévio tem a natureza de compensação pecuniária, ou seja, representa um acréscimo no valor do aviso prévio, como medida voltada a dificultar a dispensa do trabalhador, o que significa que o citado acréscimo não será considerado para a definição do termo final do contrato. Isso significa que, para definição da data da extinção do contrato o aviso prévio deve ser considerado como correspondente a trinta dias.[17]

Anote-se, por fim, que: aplica-se a regra prevista no *caput* do art. 132 do Código Civil de 2002 na contagem do prazo do aviso--prévio, ou seja, exclui-se o dia do começo e inclui-se o do vencimento (Súmula n. 380 do TST). Essa mesma regra deve ser aplicada na contagem do prazo prescricional, ou seja, exclui-se o dia do começo e inclui-se o do vencimento; em relação ao avulso, a SDI-I do TST editou a Orientação Jurisprudencial n. 384, prevendo que: "É aplicável a prescrição bienal prevista no art. 7º, XXIX, da Constituição de 1988 ao trabalhador avulso, tendo como marco inicial a cessação do trabalho ultimado para cada tomador de serviço".

O art. 7º, XXIX, da Constituição da República, ao estabelecer que o termo inicial da prescrição bienal é a extinção do contrato de trabalho, permite afirmar que não corre prazo prescricional durante a execução do contrato de trabalho.[18]

---

17. Por esta razão: para anotação da extinção do contrato na CTPS, deve ser considerado o aviso como correspondente a trinta dias; na exigência de cumprimento do aviso prévio, deverá ser observado o prazo de trinta dias, mantendo-se, destarte, a previsão constante do art. 488 da CLT, ou seja, o horário normal de trabalho do empregado, durante o prazo do aviso (trinta dias), e se a rescisão tiver sido promovida pelo empregador, será reduzido de duas horas diárias sem prejuízo do salário integral, sendo facultado ao empregado trabalhar sem redução das duas horas diárias, caso em que poderá faltar ao serviço, sem prejuízo do salário integral, por um período de sete dias.

18. Esta solução é professada por Márcio Túlio Viana, segundo o qual a prescrição somente deve ser aplicada após a edição da Lei Complementar referida no art. 7º, I, da Constituição da República, com a instituição de alguma segurança no emprego, sob pena de prejuízo ao acesso à justiça, prestígio ao enriquecimento sem causa, sendo por ele invocado o art. 197, II, do Código Civil, que afirma ser aplicável em razão de o trabalhador depender da vontade do empregador para alcançar os meios necessários à sua sobrevivência (Os paradoxos da prescrição: quando o trabalhador se faz cúmplice involuntário da perda de direitos. In: *Direito do trabalho & trabalho sem direitos*, p. 321-334).

1.7.3. *Prescrição quinquenal. Prescrição relativa à pretensão de recebimento de FGTS não depositado.*

O art. 7º, XXIX, da Constituição reconhece ao trabalhador o direito de ação, "com prazo prescricional de cinco anos (...), até o limite de dois anos após a extinção do contrato de trabalho".

Assim, o trabalhador dispõe de dois anos (prescrição bienal), para pleitear em juízo parcelas relativas aos últimos cinco anos do contrato (prescrição quinquenal).

Prevalece na doutrina e na jurisprudência o entendimento de que a prescrição quinquenal abrange os cinco anos anteriores ao ajuizamento da reclamação (Súmula n. 308, I, do TST). É alegado, em favor desta solução, que a omissão na manifestação em juízo da pretensão somente deixa de existir com a propositura da ação, o que autoriza contar a prescrição quinquenal a partir deste momento.

Contudo, o art. 7º, XXIX, da Constituição Federal assegura o direito de ação em relação a fatos ocorridos nos últimos cinco anos da relação de emprego, exigindo, tão somente, que a reclamação seja promovida dentro do biênio que se seguir à extinção do contrato de trabalho. Com isto, proposta a ação no biênio que se seguir à extinção do contrato, estão assegurados os direitos decorrentes de fatos ocorridos nos últimos cinco anos da relação de emprego. Esta solução é mais favorável ao trabalhador e deve prevalecer, por força do art. 7º, *caput,* da Constituição da República, sendo relevante mencionar que deve ser interpretada restritivamente toda regra que limita o acesso à justiça ou cuja aplicação resulte na negativa de acesso a direitos fundamentais aos quais correspondam créditos de natureza alimentar.

Por fim, menção especial merece a demanda tendo por objeto o FGTS não depositado no curso da relação de emprego.

A respeito, o TST editou a Súmula n. 362, no sentido de ser trintenária a prescrição da pretensão fundada no não recolhimento do FGTS, respeitado o prazo de dois anos após o término do contrato de trabalho.

Trata-se de entendimento fundado no disposto no art. 23, § 5º, da Lei n. 8.036/90 e art. 55 do Decreto n. 99.684/90, que estabelecem o "privilégio do FGTS à prescrição trintenária", valendo observar que, embora estes dispositivos legais façam referência ao processo de fiscalização, autuação e imposição de multa, não se poderia negar ao credor do FGTS, ou seja, ao beneficiado pela fiscalização, autuação e imposição de multa, o mesmo benefício relativamente ao prazo prescricional.

Registre-se que, por meio da Súmula n. 95, editada quando estava em vigor a Lei n. 5.107/66, o TST já havia afirmado ser trintenária a prescrição relativa à pretensão de recebimento do FGTS, o que fez por considerar que o FGTS possuía natureza previdenciária, o que atraía a aplicação do art. 20 da Lei n. 5.107/66, que estendia à cobrança judicial do FGTS os privilégios da cobrança das contribuições previdenciárias, dentre os quais a prescrição trintenária estabelecida pelo art. 144

da Lei n. 3.807/60. A Súmula n. 362 do TST, portanto, manteve o entendimento consagrado na Súmula n. 95, mas com esteio no art. 23, § 5º, da Lei n. 8.036/90 e art. 55 do Decreto n. 99.684/90.

O STF também afirmava que a hipótese era de prescrição trintenária, sob o argumento de que o fim estritamente social do FGTS autorizava a aplicação, na fixação do prazo prescricional, do disposto no art. 144 da Lei Orgânica da Previdência Social, que estabelecia o prazo prescricional trintenário (STF, RE 116.761, 1ª Turma, Rel. Min. Moreira Alves, *DJU* 2.4.1993)

No entanto, o STF, em decisão proferida em 13.11.2014, nos autos do Recurso Extraordinário com Agravo 709.212, declarou a inconstitucionalidade do art. 23, § 5º, da Lei n. 8.036/90 e do art. 55 do Decreto n. 99.684/90, por ofensa ao art. 7º, XXIX, da Constituição e em decorrência da falta de razoabilidade do prazo trintenário.

Prevaleceu no STF o entendimento de que o FGTS constitui direito de índole trabalhista, o que faz com que a prescrição seja a estabelecida no art. 7º, XXIX, da Constituição, isto é, quinquenal.

No entanto, foram modulados os efeitos da decisão, ficando estabelecido que, "para aqueles cujo termo inicial da prescrição ocorra após a data do presente julgamento, aplica-se, desde logo, o prazo de cinco anos (...). Para os casos em que o prazo prescricional já esteja em curso, aplica-se o que ocorrer primeiro: 30 anos, contados do termo inicial, ou 5 anos, a partir desta decisão. Assim, se, na presente data, já tenha transcorrido 27 anos do prazo prescricional, bastarão mais 3 anos para que se opere a prescrição (...). Por outro lado, se na data desta decisão tiverem decorrido 23 anos do prazo prescricional, ao caso, se aplicará o prazo de cinco anos, a contar do presente julgamento".

Em suma, por força da modulação estabelecida pelo STF: a) se o termo inicial da prescrição, isto é, a lesão do direito, ocorrer após 13.11.2014, aplica-se o prazo quinquenal; b) se o prazo prescricional já estava em curso em 13.11.2014, ou seja, a lesão do direito é anterior a 13.11.2014, aplica-se o que ocorrer primeiro: trinta anos, contados da lesão do direito, ou cinco anos, contados a partir de 13.11.2014, valendo observar que a violação ao direito ao FGTS ocorre a cada mês de depósito não realizado, o que implica dizer que o prazo prescricional deve ser contado de forma individualizada, ou seja, a partir de cada mês de depósito não realizado.

1.7.4. Prescrição da pretensão quanto aos créditos decorrentes da relação de trabalho não subordinado.

As pretensões fundadas em relação de trabalho não subordinado estão sujeitas aos prazos prescricionais fixados no Código Civil, visto que o art. 7º, XXIX, da Constituição e o art. 11 da CLT tratam da extinção de pretensões quanto a créditos resultantes das relações de trabalho e que a prescrição constitui tema afeto ao direito material (a prescrição atua sobre a pretensão – poder de exigir de outrem uma prestação), o que significa que, para definir os prazos em exame, cumpre ter presente as normas de direito material regentes da relação jurídica litigiosa.

O fato de o art. 7º, XXIX, da Constituição da República utilizar a expressão relação de trabalho não interfere nesta conclusão, na medida em que tal inciso deve ser interpretado levando em conta o contexto em que está inserido, ou seja, em artigo que trata dos direitos decorrentes da relação de emprego.

1.7.5. *Prescrição nos contratos rurais.*

A Emenda Constitucional n. 28, de 26.5.2000, alterou a redação do art. 7º, XXIX, da Constituição e afastou a distinção que existia entre os prazos prescricionais relativos à pretensão quanto a créditos resultantes de relação de trabalho urbano e rural, lembrando que, antes da citada Emenda Constitucional, ao trabalhador rural era assegurado o direito de manifestar sua pretensão em juízo até dois anos após a extinção do contrato, sem referência à prescrição quinquenal.

Assim, após a Emenda Constitucional n. 28/2000, os trabalhadores rurais passaram a ter direito de ação com prazo prescricional relativo à sua pretensão de cinco anos, até o limite de dois anos após a extinção do contrato de trabalho.

Cumpre observar que: a) Emenda Constitucional n. 28/2000 não alcança as demandas ajuizadas antes de sua publicação; b) extinto o contrato de trabalho antes da Emenda Constitucional n. 28/2000, a prescrição a ser observada é a estabelecida naquele momento; c) firmado o contrato de trabalho antes da Emenda, mas sendo ele extinto após a sua entrada em vigor, a prescrição será a estabelecida na Emenda.

A propósito foi editada a Orientação Jurisprudencial n. 271 da SDI-I do TST, no sentido de que "o prazo prescricional da pretensão do rurícola, cujo contrato de emprego já se extinguiu ao sobrevir a Emenda Constitucional n. 28, de 26.5.2000, tenha sido ou não ajuizada a ação trabalhista, prossegue regido pela lei vigente ao tempo da extinção do contrato de emprego".

De qualquer forma, a nosso juízo, a Emenda em destaque é inconstitucional, na medida em que os direitos constantes do art. 7º da Constituição, diante de sua natureza de direitos fundamentais, não podem ser afetados por emenda à Constituição (art. 60, § 4º, IV, da Constituição).

1.7.6. *Prescrição nos contratos de trabalho doméstico.*

A questão é disciplinada pela Lei Complementar n. 150/15, cujo art. 43 dispõe que "o direito de ação quanto a créditos resultantes das relações de trabalho prescreve em 5 (cinco) anos até o limite de dois anos após a extinção do contrato de trabalho".

1.7.7. *Prescrição da pretensão de reconhecimento da relação de emprego.*

Do *caput* do art. 11 da CLT e do art. 7º, XXIX, da Constituição é extraído que somente é extinta pela prescrição a pretensão relativa a *créditos* resultantes da relação de emprego.

Com isso, a pretensão de declaração de existência de relação de emprego é imprescritível, solução que é reforçada pelo § 1º do art. 11 da CLT, segundo o qual não se aplica o disposto no seu *caput* às ações que tenham por objeto anotações em CTPS (o que pressupõe a declaração de existência de relação de emprego) para fins de prova junto à Previdência Social. Em suma, a pretensão declaratória é imprescritível.

Desta e de outras pretensões imprescritíveis tratamos quando examinamos a prescrição no processo coletivo, no Capítulo reservado ao direito processual coletivo do trabalho, ao qual remetemos o leitor.

1.7.8. *Interrupção da prescrição pela propositura da demanda trabalhista: alcance.*

A propositura da reclamação trabalhista interrompe a prescrição,[19] mesmo que a demanda venha a ser extinta sem provimento de mérito, o que inclui a hipótese de arquivamento da demanda em razão da ausência do seu autor na audiência designada (art. 844 da CLT).

Como dispõe o art. 202, parágrafo único, do Código Civil, a prescrição interrompida recomeça a correr da data do ato que a interrompeu ou do último ato do processo para a interromper. Assim, sendo arquivada a reclamação, o prazo prescricional recomeça a correr da data do arquivamento (antes do arquivamento, a lide ainda se encontra pendente, subsistindo a causa de interrupção da prescrição).

De acordo com a Súmula n. 268 do TST e o art. 11, § 3º, da CLT, a interrupção da prescrição por força da reclamação arquivada somente alcança os "pedidos idênticos", ou seja, os pedidos objeto da reclamação arquivada. Sob essa ótica, a inércia do titular da pretensão somente deixou de existir, por força do ajuizamento da reclamação, em relação àquilo que foi objeto de pedido.

---

19. A distinção entre interrupção e suspensão dos prazos foi examinada no Capítulo relativo aos atos processuais, ao qual remetemos o leitor.

Contudo, o ajuizamento da reclamação torna litigiosa a relação jurídica havida entre as partes. É por isso, inclusive, que, celebrado acordo em que o empregado dá plena e ampla quitação, sem qualquer ressalva, alcança não só os pedidos objeto da inicial, como todas as demais parcelas referentes ao extinto contrato de trabalho, violando a coisa julgada, a propositura de nova reclamação trabalhista (Orientação Jurisprudencial n. 132 da SDI-2 do TST).

Recorde-se, ainda, que, celebrado acordo perante Comissão de Conciliação Prévia, a quitação conferida pelo trabalhador ao empregador terá eficácia liberatória geral, salvo quanto às parcelas ressalvadas expressamente (art. 625-E da CLT), exatamente porque com a submissão do dissídio à Comissão toda a relação jurídica se tornou controvertida. A solução quanto à interrupção da prescrição por força da ação, ainda que o processo seja arquivado, não pode ser diferente da que se confere aos efeitos do acordo judicial ou extrajudicial., não se justificando, a nosso juízo, a restrição constante da Súmula n. 268 do TST e do art. 11, § 3º, da CLT.

Como a interrupção da prescrição alcança, a nosso ver, todos os créditos que poderiam ser objeto da demanda, o trabalhador que ajuizou a reclamação no último dia do prazo prescricional pode aditar a petição inicial no dia seguinte, sem que se possa falar, em relação ao seu novo pedido, em prescrição (em relação a este pedido, portanto, a prescrição também ter-se-á por interrompida).

O art. 11, § 3º da CLT, na redação que lhe conferiu a Lei n. 13.467/17, dispõe que a interrupção da prescrição *somente* ocorrerá pelo ajuizamento de reclamação trabalhista, mesmo que em juízo incompetente. O legislador, neste particular, trata do Direito do Trabalho como se ele fosse um ramo do Direito que não se comunica com os demais. Ocorre que, consoante o art. 8º, § 1º, da CLT, o Direito Civil constitui fonte subsidiária do Direito do Trabalho e o Código Civil faz menção, no art. 202, a várias situações que resultam na interrupção da prescrição. Desse modo, diante do que estabelece art. 8º, § 1º, da CLT, na redação que lhe conferiu a Lei n. 13.467/17, a prescrição não é interrompida *somente* em razão da propositura da demanda, aplicando-se no processo do trabalho o disposto no art. 202 do Código Civil, inclusive no sentido de que interrupção da prescrição se dá em razão de *protesto judicial.*[20]

Ademais, a propositura de ação coletiva versando sobre direitos individuais homogêneos também interrompe a prescrição em relação aos beneficiados pela sentença proferida naquela ação.

20. A interrupção da prescrição pelo protesto judicial é, inclusive, admitida pela Orientação Jurisprudencial n. 392 da SDI-I do TST: "O protesto judicial é medida aplicável no processo do trabalho, por força do art. 769 e do art. 311 do CPC de 2015. O ajuizamento da ação, por si só, interrompe o prazo prescricional, em razão da aplicabilidade do § 2º do art. 240 do CPC de 2015 (§ 2º do art. 219 do CPC de 1973), incompatível com o disposto no art. 841 da CLT".

Neste sentido:

> "RECURSO DE REVISTA. 1. PRESCRIÇÃO. MARCO INICIAL. TRÂNSITO EM JULGADO DA AÇÃO CIVIL PÚBLICA ANTERIORMENTE AJUIZADA PELO MINISTÉRIO PÚBLICO DO TRABALHO EM QUE SE POSTULOU O RECONHECIMENTO DO VÍNCULO EMPREGATÍCIO. As parcelas pleiteadas na reclamação trabalhista decorrem do vínculo empregatício reconhecido na ação civil pública proposta pelo Ministério Público do Trabalho. Assim, o prazo prescricional para o ajuizamento da presente ação condenatória se inicia com o trânsito em julgado da ação promovida pelo MPT, ajuizada quando ainda em curso o pacto laboral. Incide na hipótese o entendimento consubstanciado na Orientação Jurisprudencial n. 401 da SDI-I desta Corte, segundo a qual, "O marco inicial da contagem do prazo prescricional para o ajuizamento de ação condenatória, quando advém a dispensa do empregado no curso de ação declaratória que possua a mesma causa de pedir remota, é o trânsito em julgado da decisão proferida na ação declaratória e não a data da extinção do contrato de trabalho."[21]

Cumpre registrar, que, segundo jurisprudência predominante, a interrupção da prescrição em razão de ajuizamento da demanda somente alcança a prescrição bienal. Sob este prisma, somente a prescrição que diz respeito ao ato de ir a juízo é que é alcançado pela prescrição, não operando a prescrição em relação aos efeitos temporais deste ato. Contudo, o TST já decidiu que:

> "A Subseção I Especializada em Dissídios Individuais, ao apreciar o tema em destaque, firmou entendimento no sentido de que a reclamação trabalhista, ainda que arquivada, interrompe o prazo prescricional, seja ele bienal ou quinquenal, nos termos preconizados pela Súmula n. 268 do TST. Nesse sentido, a "prescrição quinquenal interrompida recomeça a correr da data do ato que a interrompeu, razão por que o prazo de que trata o art. 7º, inc. XXIX, da Constituição da República deve ser reiniciado na data do ajuizamento da primeira reclamação." (Processo: E-RR-64500-03.2005.5.17.0002, Relator Ministro: João Batista Brito Pereira, SBDI-1/TST, Publicação: DEJT 25.5.2012)[22]

Não há como deixar de concordar com este entendimento, na medida em que o art. 202 do Código Civil, que trata da interrupção da prescrição, deve ser aplicado considerando-se uma particularidade do Direito do Trabalho, qual seja, a existência de duas espécies de prescrição (bienal e quinquenal). Nesse contexto, o que é interrompido pela propositura da demanda é a prescrição (gênero), o que alcança as suas duas espécies (prescrição bienal e quinquenal).

---

21. TST, RR-1031-89.2010.5.04.0221, Rel. Min. Dora Maria da Costa, DEJT 22.11.2013.
22. TST, RR 732-60.2011.5.05.0121, 4ª Turma, Rel. Des. Convocado: José Ribamar Oliveira Lima Júnior, DEJT 28.8.2015.

1.7.9. Aplicação do art. 202, caput, do Código Civil no processo do trabalho.

Conforme o art. 202, *caput*, do Código Civil, a interrupção da prescrição somente poderá ocorrer uma vez (trata-se da regra da singularidade da interrupção da prescrição).[23]

A tendência observada na doutrina é a da admissão da aplicação do aludido texto normativo no processo do trabalho.[24]

Contudo, o art. 202, *caput*, do Código Civil é incompatível com o Direito Processual do Trabalho, no que se refere à ação oriunda da relação de emprego. É que a CLT comina pena específica para a hipótese de dois arquivamentos da reclamação, qual seja, a perda do direito de acionar a Justiça do Trabalho por seis meses (art. 732 da CLT), impedindo, com isso, a invocação do disposto no art. 202 do Código Civil no processo do trabalho, sob pena de duplo gravame em razão do mesmo fato. Ademais, o processo do trabalho versa, em regra, sobre crédito de natureza alimentar, isto é, relacionado com a sobrevivência do trabalhador e sua família, fato que com ele torna incompatível o comando legal em questão.

Aplica-se o art. 202, *caput*, do Código Civil no processo do trabalho, no entanto, quando se trate de ações oriundas de relação de trabalho distinta da relação de emprego, cuja prescrição é disciplinada pelo Código Civil.

1.7.10. Declaração da prescrição de ofício.

O art. 219, § 5º, do CPC de 1973 estabelecia, na sua redação original, que: "Não se tratando de direitos patrimoniais, o juiz poderá, de ofício, conhecer da prescrição e decretá-la de imediato". Já o art. 194 do Código Civil de 2002 dispunha que "O juiz não pode suprir, de ofício, a alegação de prescrição, salvo se favorecer o absolutamente incapaz".

Nesse contexto, a prescrição somente poderia ser reconhecida quando fosse invocada pelo demandado, tendo, por isso, natureza de exceção material substancial, solução que, por expressa previsão legal, não alcançava a prescrição

---

23. Segundo Renan Lotufo, o art. 202 do Código Civil "visa preservar o credor diligente no que respeita a seus direitos (...). Inova o dispositivo ao estipular que a interrupção da prescrição somente poderá ocorrer uma única vez. Esta formulação visou eliminar possível dúvida decorrente da não especificação no texto do art. 172 do Código de 1916" (*Código Civil comentado*, v. I, p. 542).

24. Para Taísa Maria Macena de Lima, "a interrupção da prescrição somente poderá ocorrer uma vez, consoante o art. 202, *caput*, do CC/2002. Desse modo, a partir do segundo arquivamento ou desistência, não há mais que se cogitar de interrupção do prazo prescricional" (Atos e negócios jurídicos no Código Civil brasileiro de 2002. In: Lage, Emerson José Alves; Lopes, Mônica Sette (coords.). *Novo Código Civil e seus desdobramentos no direito do trabalho*, p. 69).

que favorecesse o absolutamente incapaz. Essa solução era também adotada no processo do trabalho.[25]

A Lei n. 11.280/06 revogou o art. 194 do Código Civil (art. 11) e alterou a redação do § 5º do art. 219 do CPC, que passou a prever: "O juiz pronunciará, de ofício, a prescrição". Ao juiz, portanto, foi conferido poder para pronunciar a prescrição mesmo sem provocação, isto é, de ofício.

Não se pode olvidar, contudo, que foi mantida a possibilidade de renúncia à prescrição (art. 191 do Código Civil). Do devedor, portanto, não foi retirada a possibilidade de renunciar à prescrição. Com isso, antes de ser pronunciada a prescrição de ofício, deveria ser conferida ao demandado oportunidade de a ela renunciar. Afastar a possibilidade de renúncia é contrariar o disposto no art. 191 do Código Civil e, com isso, o art. 5º, II, da Constituição (do qual resulta que ao réu não pode ser imposto um fazer - conformar-se com a declaração da prescrição - contrário ao que determina a ordem jurídica - o réu pode optar pelo julgamento do pedido).

Ademais, antes de se pronunciar a prescrição, ao autor deve ser conferida oportunidade para demonstrar a sua suspensão ou interrupção, sob pena de violar o seu direito, constitucionalmente reconhecido, à ampla defesa e ao contraditório (para evitar surpresas, o autor deve informar na petição inicial a ocorrência de causa suspensiva ou de interrupção da prescrição).[26]

Prevê o art. 3º, n. 3, do Código de Processo Civil de Portugal que ao juiz não é lícito, "salvo caso de manifesta desnecessidade, decidir questões de direito ou de fato, mesmo que de conhecimento oficioso, sem que as partes tenham tido a possibilidade de sobre elas se pronunciar".[27] No mesmo sentido, o Código de Processo Civil da França dispõe, no art. 16, que: "O juiz deve, em todas as circunstâncias, observar e fazer observar o princípio do contraditório. Ele não pode considerar, na sua decisão, as questões, as explicações e os documentos invocados ou produzidos pelas partes a menos que tenham sido objeto de contraditório. Ele não pode fundamentar sua decisão em questão de direito que suscitou de ofício sem que tenha, previamente, intimado as partes para apresentar suas observações".[28]

---

25. Neste sentido, decidiu o STF que "a prescrição, em sede trabalhista, para ser declarada não dispensa a provocação da parte" (Rex n. 111.191/87, 2ª T., Rel. Min. Francisco Rezek, DJU 22.5.1987).

26. Com acerto, portanto, decidiu a 8ª Turma do TST que "a declaração da prescrição de ofício, pelo julgador, sem permitir ao reclamante qualquer possibilidade de manifestação, ocasiona ofensa aos princípios do contraditório e da ampla defesa insertos no inciso LV do art. 5º da Constituição de 1988, tendo em vista impedir a parte de demonstrar possíveis ocorrências legais que impeçam a incidência da prescrição pronunciada" (TST, RR 1080/2007, Rel. Min. Dora Maria da Costa, DEJT 20.2.2009).

27. A referência à manifesta necessidade invoca a ideia de *contraditório útil*.

28. Cândido Rangel Dinamarco afirma, tratando do dever de o juiz dialogar com as partes, que a riqueza do art. 16 do Código de Processo Civil francês "tem levado a doutrina a erigi-la também em mandamento universal, inerente à garantia constitucional do contraditório e ao correto exercício da jurisdição" (*Fundamentos do processo civil moderno*, v. I, p. 528). O dever de diálogo está presente, de forma marcante, no processo do trabalho, que não

É no mesmo sentido o art. 10 do CPC: "O juiz não pode decidir, em grau algum de jurisdição, com base em fundamento a respeito do qual não se tenha dado às partes oportunidade de se manifestar, ainda que se trate de matéria sobre a qual deva decidir de ofício", prevendo o art. 487, parágrafo único, do CPC, ainda, que "ressalvada a hipótese do § 1º do art. 332, a prescrição e a decadência não serão reconhecidas sem que antes seja dada às partes oportunidade de manifestar-se", observando-se que o art. 332, § 1º, trata da hipótese de improcedência liminar do pedido (assim, o juiz somente poderá declarar a prescrição – e a decadência – sem conferir às partes oportunidade de manifestação quando se tratar de improcedência liminar do pedido, nos moldes do art. 332 do CPC). Aliás, o CPC, ao tratar da prescrição intercorrente, admite a sua declaração de ofício, mas apenas depois que forem ouvidas as partes (art. 921, § 5º).

As soluções colhidas no direito comparado, com autorização no art. 8º da CLT e no CPC (arts. 10 e 487, parágrafo único) alcançam a declaração da prescrição de ofício, o que é reforçado pelo fato de ser esta declaração um pronunciamento sobre o mérito, observando-se que o art. 487, parágrafo único, do CPC deixa claro que, ressalvada a hipótese de julgamento preliminar de improcedência, as partes devem ser ouvidas sobre a eventual prescrição da pretensão objeto da demanda.

A parte tem o direito de influenciar na formação do conteúdo das decisões judiciais, o que exige que a ela seja concedida oportunidade de se manifestar sobre as questões de fato ou de direito suscitadas de ofício pelo juiz. O poder para conhecer determinadas matérias de ofício não dispensa o juiz do dever de permitir que sobre elas se manifestem as partes, sob pena de negar-lhes o direito de influência na formação da decisão e, com isso, de ofensa ao contraditório.

O caráter dialético do processo, que tem no contraditório a sua expressão máxima, não se apresenta apenas na possibilidade de manifestação sobre argumentos e provas da parte contrária (debate entre as partes), posto que também exige o debate entre o juiz e as partes sobre tudo aquilo que possa ter influência na construção da decisão no caso concreto, o que inclui as matérias passíveis de serem conhecidas de ofício. No Estado Democrático de Direito, toda pessoa tem direito de participar na formação das decisões que a afetarão, o que, em termos de processo judicial, significa que as partes têm direito de participar da construção das decisões pelas quais serão afetadas. O contraditório não se resume à informação sobre atos da parte contrária e à possibilidade de sobre eles se manifestar e de a eles reagir, exigindo, ao contrário, informação e possibilidade de manifestação e reação também em relação a atos do próprio juiz (tanto assim, que a parte pode impugnar as decisões judiciais por meio de recurso). Destarte,

---

apenas impõe a tentativa de conciliação no início e final da audiência (arts. 846 e 850 da CLT), como impõe ao juiz o dever de, em qualquer fase do processo, esclarecer as partes sobre as vantagens da conciliação, usando os meios adequados de persuasão para a solução conciliatória do litígio (art. 852-H da CLT).

toda questão surgida no processo, ainda que relacionada com matéria que o juiz pode conhecer de ofício, deve ser submetida ao debate entre as partes e entre estas e o juiz, evitando-se, com isto, surpresa para as partes (decisão surpresa).[29]

Nas edições anteriores foi sustentado que também no processo do trabalho, desde que respeitada a liberdade de renúncia do demandado e garantida a oportunidade de manifestação das partes (o que será reforçado pelo art. 487, parágrafo único do CPC, a partir do início da sua vigência), a prescrição poderia ser pronunciada de ofício, na medida em que: a) o Direito Processual do Trabalho não definia as condições em que a prescrição poderia ser pronunciada, o exigia o recurso ao CPC como fonte subsidiária do direito do trabalho (art. 769 da CLT); b) apesar de ser a proteção do trabalhador uma diretriz fundamental do direito do trabalho, do caráter predominantemente alimentar dos créditos decorrentes da relação de emprego e do fato de o *caput* do art. 7º da Constituição apontar como norte a busca da melhoria da condição social do trabalhador, a própria Constituição, no art. 7º, XXIX, torna certo que a omissão do trabalhador na oportuna manifestação em juízo de sua pretensão não é isenta de efeitos e que, embora

29. Sobre o contraditório, observa Cândido Rangel Dinamarco que a garantia do contraditório "significa em primeiro lugar que a lei deve instituir meios para a participação dos litigantes no processo e que o juiz deve franquear-lhes esses meios. Mas significa também que o próprio juiz deve participar da preparação do julgamento a ser feito, exercendo ele próprio o contraditório. A garantia resolve-se, portanto, em um direito das partes e deveres do juiz (...). A participação a ser franqueada aos litigantes é uma expressão da ideia, plantada no mundo político, de que o exercício do poder só se legitima quando preparado por atos idôneos segundo a Constituição e a lei, com a participação dos sujeitos interessados. Tem-se por ponto de partida a essencial distinção entre *atos de poder*, que atingirão a esfera jurídica de pessoas diferentes de quem os realiza, e *atos da vontade*, ou negócios jurídicos, que se destinam à autorregulação de interesses (autonomia da vontade). A força vinculante destes tem origem e legitimidade na vontade livremente manifestada. A daqueles, na participação dos destinatários segundo regras pertinentes. Tal é a derivação da conhecida tese da *legitimação pelo procedimento*, lançada em sede de sociologia política e de valia também em relação a todas as áreas de exercício do poder (Niklas Luhmann). Na verdade, o que legitima os atos de poder não é a mera e formal observância dos procedimentos, mas a *participação* que mediante o correto cumprimento das normas processuais tenha sido possível aos destinatários. Melhor falar, portanto, em *legitimidade pelo contraditório e pelo devido processo legal* (...). Para cumprir a exigência constitucional do contraditório, todo modelo procedimental descrito em lei contém, e todos os procedimentos que concretamente se instauram devem conter, momentos para que cada uma das partes *peça*, *alegue* e *prove*. O autor alega e pede na demanda inicial; instituído o processo mediante o ajuizamento desta, o réu é admitido a *pedir* logo de início, podendo alegar fundamentos de defesa e postular a improcedência da demanda ou a extinção do processo (...). Ambas as partes são admitidas a *produzir provas* dos fatos alegados (...). Ao pedir, cada um dos litigantes, *alega*, isto é, traz fundamentos destinados a convencer o juiz (...). Todo procedimento no processo cognitivo apresenta momentos destinados à dedução de *pedidos* (fase postulatória) e outros à produção de provas e alegações (fase instrutória). Essa é a dinâmica do *pedir-alegar-provar*, em que se resolve o contraditório posto à disposição das partes. Essa participação torna-se criticamente necessária para a defesa dos direitos em juízo quando surge algum ato contrário ao interesse do sujeito. Diz-se então que o contraditório se exerce mediante *reação* aos atos desfavoráveis, venham eles da parte contrária ou do juiz. Reage-se à demanda inicial, contestando; à sentença adversa, recorrendo (...). Por outro lado, a efetividade das oportunidades para participar depende sempre do conhecimento que a parte tenha do ato a ser atacado (...). Atenta a esse quadro de participação dos litigantes, a doutrina vem há tempo identificando o contraditório no binômio *informação-reação* (...). A garantia do contraditório endereça-se também ao juiz, como imperativo de sua função no processo e não mera faculdade (o juiz não tem *faculdades* no processo, senão deveres e poderes) (...). A participação que a garantia do contraditório impõe ao juiz consiste em atos de *direção*, de *prova* e de *diálogo*. A lei impõe ao juiz, entre seus deveres fundamentais no processo, o de participar efetivamente. Tal é a perspectiva do *ativismo judicial*" (*Fundamentos do processo civil moderno*, v. I, p. 517-524).

os direitos do trabalhador sejam irrenunciáveis, a pretensão que decorre de sua violação é prescritível; c) a rápida solução do conflito de interesses submetido ao Judiciário constitui diretriz fundamental do Direito Processual do Trabalho, que, inclusive, impõe ao juiz o dever de atuar neste sentido (art. 765 da CLT); d) do art. 7º, XXIX, da Constituição infere-se que a proteção do trabalhador e a melhoria da sua condição social possuem um limitador temporal e dependem de sua própria iniciativa no sentido de ter os seus direitos realizados concretamente; e) o juiz, ao decretar a prescrição, não está criando um fato novo, mas apenas reconhecendo fato já ocorrido, qual seja, a inércia do trabalhador no exercício do seu direito de ação.

No entanto, a Lei n. 13.467/17 acrescentou à CLT o art. 11-A, que passou a admitir a declaração de ofício da prescrição, mas apenas na modalidade intercorrente.

Deste modo, somente a prescrição intercorrente é que pode ser declarada de ofício no processo do trabalho, mesmo assim, com respeito ao procedimento próprio, conforme será examinado mais adiante.

1.7.11. Situações em que não corre a prescrição. Suspensão, interrupção e renúncia da prescrição.

Como estabelecem os arts. 197 e 198 do Código Civil, não corre prescrição: entre cônjuges, na constância da sociedade conjugal; entre ascendentes e descendentes, durante o poder familiar; entre tutelados ou curatelados e seus tutores ou curadores, durante a tutela ou curatela; contra os ausentes do país em serviço público da União, dos Estados ou dos Municípios; contra os que se acharem servindo nas Forças Armadas, em tempo de guerra. Também não corre prescrição contra os menores de 18 anos (art. 440 da CLT).

O art. 199 do Código Civil estabelece que não corre prescrição (a) pendendo condição resolutiva, (b) não estando vencido o prazo e (c) pendendo ação de evicção.

De outro lado, consoante o art. 200 do Código Civil, quando a ação se originar de fato que deve ser apurado no juízo criminal, não correrá prescrição antes da respectiva decisão definitiva.

O prazo prescricional é suspenso a partir da provocação da Comissão de Conciliação Prévia, recomeçando a fluir, pelo que lhe resta, a partir da tentativa frustrada de conciliação ou esgotamento do prazo fixado em lei para a realização da sessão de tentativa de conciliação (art. 625-G da CLT).

A suspensão da prescrição em favor de um dos credores solidários só aproveita os outros se a obrigação for indivisível (art. 201 do Código Civil).

Também ocorre a suspensão da prescrição quando o processo é suspenso pelo fato de não ter sido encontrado o devedor ou bens penhoráveis (art. 40 da Lei dos Executivos Fiscais e art. 921, § 1º, do CPC).

A prescrição é interrompida: pelo ajuizamento da demanda; por protesto; por qualquer ato judicial que constitua em mora o devedor; por qualquer ato inequívoco, ainda que extrajudicial, que importe reconhecimento do direito pelo devedor (art. 202 do Código Civil). Os casos de interrupção da prescrição são taxativos, não comportando o art. 202 do Código Civil interpretação extensiva.

Na suspensão, o prazo prescricional já iniciado é paralisado, reiniciando-se seu curso depois de vencido o obstáculo à sua continuidade, sem desprezar o espaço de tempo já transcorrido. Na interrupção, o curso do prazo prescricional já iniciado é paralisado e, vencido o obstáculo ao seu curso normal, este é retomado, desconsiderando-se o espaço de tempo transcorrido até o momento da interrupção. Como observa Roberto de Ruggiero, "interrupção não é apenas o fato de se sustar o decurso da prescrição, mas sim um fato que destrói a eficácia do tempo que já decorreu, tornando impossível que termine a prescrição começada. Pode iniciar-se um novo período de prescrição, quando tenha terminado o poder de interrupção desse fato, mas é uma prescrição nova a que começa e é necessário que daí por diante decorra inteiramente o tempo exigido pela lei, sendo de todo inútil o decurso anterior, que não pode, como sucede na suspensão, somar-se ao novo período".[30]

A prescrição pode ser interrompida por qualquer interessado, inclusive pelo sindicato em favor da categoria que representa (art. 203 do Código Civil), mas a interrupção por um credor não aproveita aos outros, da mesma forma que a interrupção operada contra um codevedor, ou seu herdeiro, não prejudica os demais coobrigados (art. 204 do Código Civil). A interrupção da prescrição em relação a um devedor solidário envolve os demais e seus herdeiros (art. 204, § 1º, do Código Civil).

O art. 202 do Código Civil, que aqui é considerado apenas nas situações que podem alcançar crédito decorrente da relação de trabalho, alude à interrupção da prescrição em razão de ato do credor e do devedor (reconhecimento inequívoco do direito do credor, como se dá, por exemplo, com o ajuizamento de ação de consignação em pagamento contemplando todo o crédito).[31]

Da interrupção da prescrição em razão do ajuizamento de demanda tratamos no item 1.7.8, ao qual remetemos o leitor.

O impedimento e a suspensão decorrem das condições objetivas estabelecidas em lei, enquanto as causas de interrupção se relacionam com a atuação

30. *Instituições de direito civil*, v, I, p. 426.

31. Quando a prescrição já se consumou e o devedor reconhece o direito do credor, a hipótese não será de interrupção da prescrição. A interrupção da prescrição ocorre quando, iniciado o curso do prazo respectivo, ocorre fato que, segundo a ordem jurídica, impede a sua continuidade. Neste sentido, afirma Câmara Leal que "interrupção da prescrição é a cessação de seu curso em andamento, em virtude de alguma das causas a que a lei atribui esse efeito" (*Da prescrição e da decadência*, p. 172).

do credor (ou por quem pode atuar em seu favor) ou do devedor, constituindo, portanto, fatos subjetivos. As causas impeditivas impedem o início do curso do prazo prescricional (trata-se de causa preexistente ao início da contagem do prazo prescricional), as causas suspensivas suspendem o curso do prazo prescricional e as causas interruptivas interrompem o curso do prazo prescricional (na suspensão e interrupção, os fatos que a elas dão causa são supervenientes ao início do curso do prazo prescricional).

A prescrição constitui um benefício em favor do devedor. Com isto, o devedor pode, tendo se consumado a prescrição, a ela renunciar (art. 191 do Código Civil). A renúncia deve recair sobre prescrição já consumada, ou seja, não se pode renunciar à prescrição antes que tenha transcorrido o prazo prescricional, e pode ser expressa (é expressa a renúncia constante de ato declaratório do devedor) ou tácita (é tácita a renúncia no caso de comportamento do devedor incompatível com a extinção do poder do credor de exigir a prestação).

1.7.12. Prescrição da pretensão relativa à concessão e pagamento de férias e ao 13º salário.

Consoante dispõe o art. 149 da CLT, o termo inicial da prescrição da ação em que se objetiva a concessão de férias ou o pagamento da respectiva remuneração é contado do término do período concessivo. Tal fato se dá porque a pretensão relativa às férias somente pode ser exercida a partir do vencimento do seu período concessivo. Antes do vencimento do período concessivo, não existe pretensão exercitável, o que impede falar em prescrição.

O mesmo raciocínio aplicável às férias alcança o 13º salário, que somente pode ser exigido a partir do dia imediatamente posterior ao dia em que o empregador deveria ter efetuado o seu pagamento.

Anote-se, por fim, que a prescrição quinquenal somente alcança as férias e o 13º salário cujo momento inicial de exigibilidade antecede os últimos cinco anos, contados da propositura da demanda.

1.7.13. Momento adequado para a alegação da prescrição.

Ao réu é lícito alegar a prescrição na instância ordinária (Súmula n. 153 do TST[32]), o que encontra respaldo no art. 342, III, do CPC, segundo o qual é lícito ao réu deduzir, após a contestação, alegação que, por expressa autorização legal, possa ser formulada em qualquer tempo e grau de jurisdição, e no art. 193 do Código Civil, que autoriza a alegação de prescrição em qualquer grau de jurisdição.

32. "Não se conhece de prescrição não arguida na instância ordinária."

Assim, o réu pode alegar a prescrição na contestação, nas alegações finais, no recurso ordinário e nas contrarrazões ao recurso ordinário aforado pelo reclamante. Contudo, devendo a prescrição ser alegada na instância ordinária, não se admite a sua alegação em memoriais e sustentação oral aduzidos perante o Tribunal ao qual o processo é remetido em razão de recurso da parte vencida.

1.7.14. Quem pode alegar a prescrição.

A prescrição pode ser alegada pela parte a quem aproveita (art. 193 do Código Civil), assim como pelo Ministério Público em favor de entidade de direito público quando atua na qualidade de *custos legis,* porquanto trata-se, por força da Lei n. 11.277/2006, de questão que o juiz pode conhecer de ofício (deve ser revista, portanto, a Orientação Jurisprudencial n. 130 da SDI-I do TST, que nega ao Ministério Público a legitimidade para alegar a prescrição nesta hipótese).

1.7.15. Prescrição intercorrente.

A prescrição intercorrente corresponde à extinção da pretensão executiva, em razão da omissão do exequente no impulso do processo. Dito de outra forma, por força da prescrição intercorrente, é extinto o poder de o exequente exigir do executado o cumprimento da obrigação consubstanciada no título executivo.

A compatibilidade da prescrição intercorrente com o Direito Processual do Trabalho sempre suscitou acalorados embates e o seu exame pode ser realizado considerando quatro situações distintas: a) prescrição intercorrente e processo do trabalho; b) prescrição intercorrente e Lei n. 6.830/80; c) prescrição intercorrente e CPC de 2015; d) prescrição intercorrente e Lei n. 13.467/17.

Em relação ao primeiro aspecto, cumpre recordar que o STF, na Súmula n. 327, adotou o entendimento de que "o direito trabalhista admite a prescrição intercorrente", enquanto, segundo a Súmula n. 114 do TST, "é inaplicável na Justiça do Trabalho a prescrição intercorrente". Contudo, prevalecia na jurisprudência e na doutrina e jurisprudência a solução consagrada na Súmula n. 114 do TST, notadamente porque, com a limitação da competência do STF ao exame de questões constitucionais, a última palavra quanto à interpretação das normas infraconstitucionais trabalhistas foi reservada ao TST.

O ponto de vista prevalecente tinha em conta, principalmente, o dever de impulso oficial do processo (art. 765 da CLT), o reconhecimento ao juiz do poder/dever para promover a execução (art. 878 da CLT) e o caráter alimentar de que se revestem os créditos trabalhistas, com os quais não se compatibilizava a extinção do processo sem que o juiz adotasse, mesmo de ofício, todas as medidas necessárias à satisfação do credor.

No entanto, não se poderia desconhecer o disposto nos art. 884, § 1º, da CLT, que permite a alegação, nos embargos à execução, da "prescrição da dívida", bem como o art. 889 da CLT, que elege a Lei n. 6.830/80 como fonte subsidiária do Direito Processual do Trabalho, lei esta que autoriza, no art. 40, o reconhecimento da prescrição intercorrente na execução fiscal.

Desse modo, à luz da Súmula n. 114 do TST, do dever de impulso oficial do processo, do reconhecimento ao juiz do poder/dever para promover a execução e do caráter alimentar de que se revestem os créditos trabalhistas, mas tendo em vista os arts. 884, § 1º, e 899 da CLT e art. 40 da Lei n. 6.830/80, era razoável afirmar que a prescrição intercorrente poderia ser aplicada no processo do trabalho, mas apenas em relação à execução fiscal.

Abre-se um parêntese para esclarecer que prescrição é a extinção da pretensão, em razão da omissão no seu oportuno exercício. Assim, o que fez o legislador, no art. 40 da Lei n. 6.830/80, foi assimilar a não localização do devedor ou de seus bens passíveis de penhora à omissão do credor na promoção do regular desenvolvimento do processo, estabelecendo-se o que pode ser denominada *prescrição por assimilação*.

A aplicação da prescrição intercorrente no processo do trabalho ganhou novos contornos com a entrada em vigor do CPC de 2015, que estendeu a previsão constante do art. 40 da Lei n. 6.830/80 para todas as execuções.

Com efeito, segundo o art. 924, V, do CPC, a execução pode ser extinta em razão da prescrição intercorrente. Autorizada a extinção da execução com fundamento na prescrição intercorrente, o CPC define, no art. 921, o procedimento a ser seguido para a extinção da execução com este fundamento, dispondo que: a) **suspende-se a execução** quando o executado não possuir bens penhoráveis ou o devedor não for localizado, **pelo prazo de um ano**, durante o qual se **suspenderá a prescrição** (art. 921, III e §§ 1º e 2º); b) decorrido o prazo máximo de um ano sem que seja localizado o executado ou que sejam encontrados bens penhoráveis, o juiz ordenará o **arquivamento dos autos** (art. 921, § 2º); c) **decorrido o prazo de um ano sem manifestação do exequente**, começa a fluir o prazo de prescrição intercorrente (art. 921, § 3º). Note-se que o prazo de prescrição intercorrente começa a correr decorrido um ano da decisão que ordenou a suspensão do processo; d) o juiz, **depois de ouvidas as partes**, no prazo de 15 dias, poderá, de ofício, reconhecer a prescrição intercorrente e extinguir o processo (art. 921, § 5º).

Apesar de o CPC constituir fonte subsidiária e também supletiva do Direito Processual do Trabalho (arts. 769 da CLT e art. 15 do CPC), tendo em vista a Súmula n. 114 do TST, o dever de impulso oficial do processo, o reconhecimento ao juiz do poder/dever para promover a execução e o caráter alimentar de que se revestem os créditos trabalhistas, subsistia a razoabilidade da afirmação no sentido de que **a prescrição intercorrente poderia ser aplicada no processo do**

trabalho, mas apenas em relação à execução fiscal, mesmo após a entrada em vigor do CPC de 2015.

Veio à luz, então, a Lei n. 13.467/17, que acrescentou à CLT o art. 11-A, que trata da prescrição intercorrente.

Consoante o art. 11-A, "Ocorre a prescrição intercorrente no processo do trabalho no prazo de dois anos". Estabelece o art. 11-A, § 1º, que "A fluência do prazo prescricional intercorrente inicia-se quando o exequente deixa de cumprir determinação judicial no curso da execução". Por fim, conforme o art. 11-A, § 2º, "A declaração da prescrição intercorrente pode ser requerida ou declarada de ofício em qualquer grau de jurisdição".

Na interpretação dos citados comandos legais cumpre ter presente que continua em vigor o art. 765 da CLT, que impõe ao juiz o **dever de impulsionar o processo**, o que implica que, mesmo diante da omissão do exequente, o processo não pode ser extinto com fundamento em prescrição intercorrente sem que antes o juiz adote todas as medidas voltadas à satisfação do crédito consubstanciado no título executivo que se encontram ao seu alcance (BACENJUD, BNDT, CCS, CIEL, CENIBE, CROI, DESCONSIDERAÇÃO DA PERSONALIDADE JURÍDICA, DOI, INFOJUD, PROTESTO, RENAJUD, SERAJUD, SIMBA, por exemplo, observando-se que estes e os demais instrumentos colocados à disposição do juiz e das partes deverão ser utilizados, **consoante as especificidades do caso concreto**).

Ademais, mesmo após a entrada em vigor da Lei n. 13.467/17, deve ser respeitado o **princípio da máxima eficácia das decisões judiciais**, que é traduzido, por exemplo, pela concessão ao juiz do poder para promover a execução de ofício (art. 878 da CLT), o que significa que a promoção da execução (e, portanto, de atos voltados à localização do devedor e/ou de bens passíveis de penhora) se insere no dever judicial de impulso do processo. Este princípio reforça o argumento de que, antes de extinguir o processo com fundamento na prescrição intercorrente, o juiz dever adotar, **segundo as particularidades do caso concreto**, as medidas voltadas à satisfação do crédito consubstanciado no título executivo.

Por outro lado, em razão dos arts. 769 e 889 da CLT, art. 40 da Lei n. 6.830/80 e art. 15 do CPC, a expressão *determinação judicial* contida no art. 11-A, § 1º, não abarca **toda e qualquer determinação judicial no curso da execução**, mas apenas aquelas que digam respeito a atos que não podem ser praticados pelo juiz condutor do processo e que sejam indispensáveis para a tramitação da execução.

Acrescente-se que, em razão dos arts. 769 e 889 da CLT, art. 40 da Lei n. 6.830/80 e art. 15 do CPC, **antes de o juiz decretar a extinção do processo com fundamento na prescrição intercorrente**:

a) o processo será **suspenso** quando o executado não for localizado ou não possuir bens penhoráveis, ficando **suspensa a prescrição**, ou seja, não sendo cumprida a determinação judicial no sentido do fornecimento de meios que permitam localizar o devedor ou bens passíveis de penhora, o processo deverá ser suspenso, operando-se, automaticamente, a suspensão da prescrição;

b) decorrido o prazo máximo de um ano, **contado da data da suspensão do processo**, sem que seja localizado o executado ou encontrado bem penhorável, o processo será **arquivado**;

c) o prazo prescricional **começa a correr a partir da data do arquivamento do processo**, isto é, decorrido o prazo de um ano, contado da suspensão do processo, deverá ser este arquivado e é neste momento que começa a correr o prazo de prescrição, sendo razoável, para evitar surpresa para o exequente, que da determinação de arquivamento do processo sejam intimadas as partes, inclusive em relação ao início da contagem do prazo de prescrição;

d) **transcorrido o prazo de prescrição**, o juiz, **depois de ouvidas as partes**, no prazo de 15 dias, poderá, de ofício, reconhecer a prescrição intercorrente e extinguir o processo, observando-se, em relação a este último aspecto, que, segundo o art. 10 do CPC, que também atua como fonte supletiva do Direito Processual do Trabalho, ainda que se trate de matéria sobre a qual deva decidir de ofício, o juiz deve conferir às partes prazo para se manifestar (trata-se da vedação da denominada *decisão surpresa*).

Cumpre chamar a atenção para o fato de que o reconhecimento de que o CPC será fonte *supletiva* do Direito Processual do Trabalho indica que as normas da CLT devem dialogar com as do CPC, o que implica consagração, expressa, da doutrina do *diálogo das fontes*, segundo a qual, ao invés de uma norma se sobrepor à outra, devem elas dialogar entre si, para, a partir deste diálogo, ser estabelecida solução que conduza à realização concreta do direito de acesso à justiça e à tutela jurisdicional adequada e efetiva dos direitos assegurados pela ordem jurídica.

Como anota Wânia Guimarães Rabêllo de Almeida, o diálogo das fontes constitui "método em que a exclusão de uma norma em favor de outra é substituída pela aplicação simultânea de diversas normas, para efeito de solução do caso concreto".[33] Nesta perspectiva é que se sustenta que, após a entrada em vigor da Lei n. 13.467/17, a CLT, o CPC e a Lei n. 6.830/80 devem ser aplicados de forma simultânea na definição do procedimento a ser adotado para a extinção do processo com fundamento na prescrição intercorrente. Do contrário, inclusive, estar-se-ia estabelecendo para a execução trabalhista uma sistemática bem mais rígida do que a adotada para as demais espécies de execução, o que não está em harmonia com o **caráter alimentar e, ainda, superprivilegiado dos créditos trabalhistas.**

33. *Direito Processual Metaindividual do Trabalho: a adequada e efetiva tutela jurisdicional dos direitos de dimensão transindividual*, 2016, p. 240.

O caráter superprivilegiado dos créditos trabalhistas, vale registrar, é expressamente reconhecido no: 1) art. 100, §§ 1º e 2º, da Constituição da República, segundo o qual os créditos de caráter alimentar devidos pela Fazenda Pública serão pagos com preferência sobre todos os demais créditos, exceto aqueles cujos titulares tenham sessenta anos de idade ou mais na data de expedição do precatório, ou sejam portadores de doença grave; b) art. 186 do Código Tributário Nacional, que reconhece a preferência do crédito trabalhista em relação ao tributário, que, por sua vez, prefere a qualquer outro, seja qual for a sua natureza ou tempo de constituição; c) art. 449, § 1º, da CLT, de acordo com o qual, na falência, constituirão crédito privilegiado a totalidade dos salários devidos ao empregado, ainda que com a limitação estabelecida pelo art. 83, I, da Lei n. 11.101/05.

Anote-se, ainda, que não se pode olvidar que **a Lei n. 13.467/17 não pode ser aplicada de forma retroativa**, ou seja, ela não alcança os processos instaurados antes da sua entrada em vigor. Em relação a estes processos, a prescrição intercorrente, pelos motivos já expostos, somente alcança a pretensão executiva da Fazenda Pública.

Em resumo: 1) a Lei n. 13.467/17 **não alcança** os processos instaurados antes da sua entrada em vigor, salvo em relação à pretensão executiva da Fazenda Pública, devendo ser observado, para a extinção da execução fiscal com fundamento na prescrição intercorrente, o procedimento estabelecido na Lei n. 6.830/80; 2) a prescrição intercorrente pode ser declarada **nos processos instaurados após a entrada em vigor da Lei n. 13.467/17**, observando, porém o procedimento definido a partir da conjugação da CLT, da Lei n. 6.830/80 e do CPC, **consoante acima especificado**, e que, mesmo diante da omissão do exequente em relação à localização do executado e/ou de bens passíveis de penhora, o processo não pode ser extinto com fundamento em prescrição intercorrente sem que antes o juiz adote as medidas voltadas à satisfação do crédito consubstanciado no título executivo que se encontram ao seu alcance e que tenham pertinência com o caso concreto e ouça, previamente, as partes.

1.7.16. Prescrição da pretensão reparatória de danos. Dano continuado e instantâneo.

A prescrição reparatória de danos decorrentes da relação de emprego é regida pelo art. 7º, XXIX, da Constituição e, aquela que tem por objeto a reparação de danos decorrentes de relação de trabalho distinta da de emprego, pelo Código Civil.

No caso de reparação de danos decorrentes da relação de emprego, a prescrição tem como termo inicial a extinção da relação de trabalho, mas a eficácia da pretensão somente alcança os cinco anos anteriores à propositura da demanda.

No caso de dano continuado, ou seja, de dano que se prolonga no tempo, a eficácia da pretensão também se prolonga no tempo. Com isso, enquanto persistirem os efeitos do ato danoso, persistirá a eficácia da pretensão à sua reparação (aplica-se, aqui, o mesmo raciocínio que conduz à afirmação da prescrição apenas parcial quando se trate de equiparação salarial e desvio funcional – Súmula n. 6, IX, do TST e Súmula n. 275, I, do TST). Destarte, se o ato lesivo ocorreu mais de cinco anos antes da propositura da ação, mas os seus efeitos alcançam os cinco anos anteriores à propositura da ação, não há que se falar em prescrição da pretensão reparatória. No caso dos danos contínuos, o nascimento da pretensão reparatória é também contínua, ou seja, ela surge a cada momento em que se apresenta o dano resultante do ato lesivo e em cada um deles tem início o prazo prescricional.

De outro lado, se o ato lesivo causa dano instantâneo e ambos ocorrem mais de cinco anos antes da propositura da ação, prescrita está a pretensão reparatória.

1.7.17. Aposentadoria por invalidez e prescrição.

A prescrição bienal tem como termo inicial a *rescisão do contrato de trabalho*. Com isto, não corre prescrição durante a suspensão do contrato de trabalho, como se dá, por exemplo, no caso de aposentadoria por invalidez, cujo efeito é a suspensão do contrato de trabalho (art. 475 da CLT), conclusão que é também autorizada pelo art. 199, I, do Código Civil.

De acordo com a Orientação Jurisprudencial n. 375 da SDI-I do TST, "a suspensão do contrato de trabalho, em virtude da percepção do auxílio-doença ou da aposentadoria por invalidez, não impede a fluência da prescrição quinquenal, ressalvada a hipótese de absoluta impossibilidade de acesso ao Judiciário". No entanto, a prescrição trabalhista possui duas espécies (bienal e quinquenal) e ambas são alcançadas pelos fatos impeditivos de sua fluência.

1.7.18. Uniformizando a sua jurisprudência, o TST editou várias súmulas e orientações jurisprudências tratando da prescrição, sendo valiosa a alusão a algumas delas.

Consoante a Súmula n 156 do TST, "Da extinção do último contrato começa a fluir o prazo prescricional do direito de ação em que se objetiva a soma de períodos descontínuos de trabalho". Destarte, sendo celebrados dois ou mais contratos, havendo pedido de reconhecimento de existência de contrato único (unicidade contratual), considerar-se-á a rescisão do último contrato de trabalho como termo inicial da prescrição bienal.

A prescrição da pretensão relativa às parcelas remuneratórias alcança o respectivo recolhimento da contribuição para o FGTS (Súmula n. 206 do TST).[34]

34. O acessório (reflexos de parcela remuneratória no FGTS) segue a sorte do principal (parcela remuneratória não paga no curso da relação de emprego).

Na ação de equiparação salarial (art. 461 da CLT), a prescrição é parcial, e só alcança as diferenças salariais vencidas no período de cinco anos que precedeu o ajuizamento (Súmula n. 6, IX, do TST). Na ação que objetive corrigir desvio funcional, a prescrição só alcança as diferenças salariais vencidas no período de cinco anos que precedeu o ajuizamento (Súmula n. 275, I, do TST). Nessas duas situações, o prejuízo do trabalhador se apresenta mensalmente e não apenas no momento em que se verifica a identidade de função ou o desvio funcional.

Em se tratando de pedido de reenquadramento, a prescrição é total, contada da data do enquadramento do empregado (Súmula n. 275, II, do TST).

A Súmula n. 294 do TST é no sentido de que, tratando-se de ação que envolva pedido de prestações sucessivas decorrentes de *alteração do pactuado*, a prescrição é total, exceto quando o direito à parcela também esteja assegurado por preceito de lei. A Lei n. 13.467/17 acrescentou à CLT o art. 11, § 2º, segundo o qual, "Tratando-se pretensão que envolva pedido de prestações sucessivas decorrentes de alteração ou descumprimento do pactuado, a prescrição é total, exceto quando o direito à parcela também esteja assegurado por preceito de lei". Note-se que a Súmula citada somente se referia à *alteração do pactuado* e a Lei também faz alusão ao *descumprimento do pactuado*.[35]

A norma constitucional que ampliou a prescrição da ação trabalhista para cinco anos é de aplicação imediata e não atinge pretensões já alcançadas pela prescrição bienal quando da promulgação da Constituição de 1988 (Súmula n. 308, II, do TST).

A pretensão à complementação de aposentadoria jamais recebida prescreve em dois anos, contados da cessão do contrato de trabalho (Súmula n. 326 do TST). A pretensão à diferença de complemento de aposentadoria está sujeita à prescrição parcial e quinquenal, salvo se o pretenso direito decorrer de verbas não recebidas no curso da relação de emprego e já alcançadas pela prescrição, à época da propositura da ação (Súmula n. 327 do TST).

A transferência do regime jurídico de celetista para estatutário implica extinção do contrato de trabalho, fluindo o prazo prescricional a partir da mudança de regime (Súmula n. 382 do TST).

A supressão das comissões, ou a alteração quanto à forma ou ao percentual, em prejuízo do empregado, é suscetível de operar a prescrição total da ação, nos

---

35. É ilícita a alteração contratual lesiva ao trabalhador (art. 468 da CLT). De acordo com a Súmula em destaque, se a alteração lesiva ocorreu mais de cinco anos antes da propositura da reclamação trabalhista, duas possibilidades existem em relação à prescrição: a) se foi suprimida ou reduzida vantagem assegurada por preceito de lei, a prescrição será parcial (o trabalhador receberá o valor correspondente à vantagem suprimida ou reduzida relativamente aos cinco anos anteriores à propositura da reclamação); b) se a supressão ou redução alcançou vantagem não assegurada por preceito de lei, a prescrição será total (o trabalhador nada receberá).

termos da Súmula n. 294 do TST e art. 11, § 2º, da CLT, acrescentado pela Lei n. 13.346/17, em virtude de cuidar-se de parcela não assegurada por preceito de lei (Orientação Jurisprudencial n. 175 da SDI-I do TST).

1.7.19. Decadência e prescrição.

Não existe consenso doutrinário sobre o melhor critério para a distinção entre prescrição e decadência.

Câmara Leal aponta três traços distintivos entre prescrição e decadência: a) objeto: "a decadência extingue, diretamente, o direito e, com ele, a ação que o protege; a prescrição extingue, diretamente, a ação e, com ela, o direito que protege (...). A decadência é causa direta e imediata de extinção de direitos; a prescrição só os extingue mediata e diretamente"; b) momento do início: "se a decadência começa a correr, como prazo extintivo, desde o momento em que o direito nasce, a prescrição não tem o seu início com o nascimento do direito, mas só começa a correr desde o momento em que o direito é violado, ameaçado ou desrespeitado, porque nesse momento é que nasce a ação, contra a qual a prescrição se dirige"; c) diversidade de natureza do direito que se extingue: "a decadência supõe um direito que, embora nascido, não se tornou efetivo pela falta de exercício; ao passo que a prescrição supõe um direito nascido e efetivo, mas que pereceu pela falta de proteção da ação, contra a violação sofrida".[36]

Com esteio na distinção, para a qual chamou a atenção Giuseppe Chiovenda, entre direito à prestação e direito potestativo, é afirmado que a prescrição somente alcança o direito à prestação. Para Giuseppe Chiovenda, os direitos pertencem a duas categorias, quais sejam, "direitos tendentes a um bem da vida a conseguir-se, antes de tudo, mediante a prestação positiva ou negativa de outros (direitos a uma prestação)" e "direitos tendentes à modificação do estado jurídico existente (direitos potestativos)", sendo por ele aduzido que os direitos potestativos carecem "daquilo que é característico dos direitos a uma prestação, ou seja, precisamente a obrigação de uma pessoa de realizar uma prestação. Em muitos casos, a lei concede a alguém o poder de influir, com sua manifestação de vontade, sobre a condição jurídica de outro, sem o concurso da vontade desde: a) ou fazendo cessar um direito ou um estado jurídico existente; b) ou produzindo um novo direito, ou estado ou efeito jurídico" e que o poder conferido ao titular do direito é exercitado e atua "mediante simples declaração de vontade, mas, em alguns casos, com a necessária intervenção do juiz (sentença constitutiva ...)" e tende "à produção de um efeito jurídico a favor de um sujeito e a cargo de outro, o qual nada deve fazer, mas nem por isso pode esquivar-se àquele efeito,

36. *Da prescrição e da decadência*, p. 100-101.

permanecendo sujeito à produção. A sujeição é um estado jurídico que dispensa o concurso da vontade do sujeito, ou qualquer atitude dele".[37]

Consoante Giuseppe Chiovenda, "os direitos potestativos, por sua própria natureza, já que não se dirigem contra uma obrigação, mas se exaurem no poder jurídico de produzir um efeito jurídico, e se exercitam com uma simples declaração de vontade, com ou sem o concurso da sentença judicial, não podem ser lesados por ninguém".[38]

Como a prescrição pressupõe lesão ao direito (da qual decorre a pretensão) e os denominados direitos potestativos, consistentes no poder de intervir na esfera jurídica de outrem, não podem ser lesados (a eles não corresponde uma prestação), é afirmado serem eles imprescritíveis, embora possam ser alcançados pela decadência.[39]

Da lesão de um direito surge, para o seu titular, a pretensão. Esta pretensão é extinta quando não manifestada no tempo próprio. Assim, a prescrição está relacionada com o não exercício no prazo próprio de uma pretensão, surgida da violação de um direito a uma prestação. De seu turno, a decadência diz respeito ao direito, que é extinto pelo decurso do tempo. A inércia constitui, portanto, a causa da prescrição e da decadência, mas elas recaem sobre objetos distintos, quais sejam, a pretensão e o direito, respectivamente. Esta é, a nosso juízo, a diferença básica entre prescrição e decadência.

1.7.20. Prescrição e preclusão temporal.

A preclusão pode resultar do transcurso do prazo para a prática do ato processual (preclusão temporal), da prática do ato processual que se pretende praticar (preclusão consumativa) e da prática de ato processual incompatível com o que se pretende praticar (preclusão lógica).

A preclusão temporal não se confunde com a prescrição, vez que esta atinge a pretensão surgida da violação do direito e, aquela, o direito de praticar determinado ato processual.

1.7.21. Prescrição e perempção.

A prescrição não se confunde com a perempção. Perempção é a perda do direito de demandar perante a Justiça do Trabalho, isto é, do direito de ação, pelo fato

---

37. *Instituições de direito processual civil*, v. I, p. 31.

38. *Instituições de direito processual civil*, v. I, p. 36.

39. Cite-se, como exemplo, o direito de ajuizar inquérito para apuração de falta grave, visando à dispensa de trabalhador estável. Se o trabalhador for previamente suspenso pelo empregador, terá este o prazo de trinta dias para ajuizar o inquérito, sob pena de decadência do seu direito de dispensa do trabalhador. Este é um direito potestativo, visto que o seu exercício não visa ao cumprimento de uma prestação, positiva ou negativa, de outrem. O seu exercício depende exclusivamente da vontade do empregador, o que impede falar em sua violação.

de o titular da pretensão ter dado causa ao arquivamento de duas reclamações por ele propostas em razão do não comparecimento nas audiências designadas (arts. 731 e 732 da CLT). Trata-se, no entanto, de perempção temporal, visto que, como se vê dos arts. 731 e 732 da CLT, o autor das reclamações arquivadas fica impedido de ajuizar nova demanda pelo prazo de seis meses.

A perempção atinge o direito de ação, ao passo que a prescrição atinge a pretensão surgida da violação do direito, sendo de se observar que, como é registrado quando do exame do procedimento ordinário, que é duvidosa a constitucionalidade do art. 732 da CLT.

1.8. Suspensão do processo.

Instaurado o processo, situações existem que impedem, temporariamente, o seu curso normal, isto é, que dão ensejo à sua suspensão. Suspensão do processo é, portanto, a paralisação temporária do seu curso.[40]

A suspensão do processo pode ser *necessária* (suspensão imposta pela ordem jurídica) ou *voluntária* (suspensão convencionada pelas partes).

A CLT prevê a suspensão do processo por força da oposição de exceção de suspeição ou incompetência em razão do lugar (art. 799) e em razão de motivo relevante (art. 844, § 1º).

Por força da aplicação do CPC como fonte subsidiária do Direito Processual do Trabalho, o processo também será suspenso em razão de: 1) morte ou perda de capacidade processual de qualquer das partes, de seu representante legal ou de seu procurador (art. 313, I); 2) convenção das partes (art. 313, II);[41]3) oposição de exceção de impedimento (art. 313, III); 4) a sentença de mérito: a) depender do julgamento de outra causa ou da declaração da existência ou inexistência da relação jurídica que constitua o objeto principal de outro processo pendente; b) tiver que ser proferida após verificado determinado fato ou produção de certa prova, requisitada a outro juízo (art. 313, V, *a*, *b* e *c* do CPC);[42]5) motivo de

---

40. Fala-se a propósito em *crise do processo*, no sentido de fato ou acontecimento que causa a paralização temporária do seu curso.

41. O CPC dispõe que suspensão por convenção pode ocorrer por até seis meses e, por até um ano, na hipótese de a decisão depender do julgamento de outra causa ou da declaração de existência ou de inexistência de relação jurídica que constitua objeto principal de outro processo pendente ou tiver que ser proferida somente após a verificação de determinado fato ou a produção de certa prova, requisitada a outro juízo (art. 313, § 4º). O processo de execução pode ser suspenso por convenção das partes durante o prazo concedido ao executado para cumprir a sua obrigação, podendo este prazo ser superior a seis meses (art. 922 do CPC).

42. A *suspensão por prejudicialidade* não poderá exceder um ano. Findo este prazo, o juiz mandará prosseguir o processo (art. 313, §§ 4º e 5º, do CPC). Neste caso, o juiz proferirá decisão resolvendo a questão prejudicial de forma incidental ou não aguardará a verificação do fato (que considerará inexistente) ou a produção da prova requerida a outro juízo (o julgamento será realizado à luz da prova constante dos autos). Cumpre observar que a relação de prejudicialidade pode envolver questões e demandas. Em um mesmo processo, pode a decisão de uma questão ter como pressuposto lógico a decisão de outra questão (prejudicialidade entre questões). Ocorrerá

força maior (art. 313, VI); 6) em outras situações estabelecidas pela ordem jurídica, tais como a constatação da incapacidade processual ou da irregularidade da representação das partes (art. 76).

Durante a suspensão do processo é defeso praticar qualquer ato processual, podendo o juiz, no entanto, determinar a realização de atos urgentes, a fim de evitar dano irreparável (art. 314 do CPC, observando-se que o CPC exclui a possibilidade de, no caso de impedimento ou suspeição, o juiz determinar a realização de qualquer ato processual).

1.9. Extinção do processo.

O processo pode ser extinto com a resolução do mérito (extinção normal, por sentença definitiva) ou sem a resolução do mérito (extinção anormal, por sentença terminativa).

As situações em que o processo será extinto sem e com resolução do mérito serão examinadas quanto tratarmos da sentença.

1.10. Processo e procedimento.

Processo é método de solução de conflitos de interesses e realização concreta dos direitos atribuídos pela ordem jurídica. O procedimento diz respeito aos atos a serem praticados para que o processo produza os fins a que se destina, o que inclui o modo e a ordem sequencial de sua prática.

Anote-se que Elio Fazzalari, partindo do conceito de procedimento recolhido da doutrina administrativista (procedimento é a atividade preparatória de um ato estatal imperativo), afirma ser o processo espécie do gênero procedimento. Com efeito, consoante Elio Fazzalari, processo é o procedimento de que participam, em contraditório entre si, os destinatários do provimento nele preparado.

Para efeito didáticos, ter-se-á por procedimento o modo de proceder em juízo para a solução judicial de conflitos de interesses e realização concreta dos direitos atribuídos pela ordem jurídica.

---

a relação de prejudicialidade entre demandas quando o julgamento de uma demanda depender do julgamento de outra (o julgamento da demanda que envolve pedido de pagamento de verbas rescisórias tem como prejudicial o julgamento da demanda em que é requerido o reconhecimento da relação de emprego, quando tais pedidos forem objeto de ações distintas). A prejudicial pode ser interna (questão prejudicial a ser resolvida pelo próprio juiz da causa) e externa (questão prejudicial a ser resolvida em outro juízo). A prejudicial pode ser heterogênea (a questão será resolvida à luz de normas distintas daquelas que serão aplicadas no processo em que é suscitada, isto é, pertencentes a outro ramo do direito. A existência de crime, resolvida no juízo penal, pode ter efeitos no juízo trabalhista, como se viu quando tratamos dos efeitos da decisão criminal no processo do trabalho) e homogênea (a questão ou a causa será resolvida pela aplicação das mesmas normas que serão aplicadas no processo em que é suscitada. A questão prejudicial e o mérito serão resolvidos à luz de regras que pertencem ao mesmo ramo do Direito).

2. PROCEDIMENTO

2.1. Aspectos gerais.

A atividade jurisdicional tem por finalidade a solução de conflitos de interesses submetidos à apreciação do Poder Judiciário e à concretização dos direitos atribuídos pela ordem jurídica, o que se dá por meio de ato processual de caráter imperativo, que é o provimento (sentença ou acórdão).

O provimento, enquanto ato processual, é o resultado de outros atos processuais, dele preparatórios, praticados pelas partes, juiz e auxiliares da justiça, segundo as normas jurídicas que os disciplinam.

Os atos processuais são praticados de determinado modo, que é previamente definido pela ordem jurídica, ou dito de outra forma, segundo determinado *procedimento*.

O procedimento constitui, portanto, o modo de proceder para a solução judicial de conflitos de interesses e realização concreta dos direitos atribuídos pela ordem jurídica.

Este modo de proceder varia de acordo com o tipo de providência pleiteada ao Poder Judiciário (existem procedimentos próprios para o processo de conhecimento e de execução, por exemplo), o equivalente monetário da pretensão manifestada pelo autor (valor dos pedidos) e a natureza e as necessidades do direito objeto de disputa (procedimentos especiais).

Cabe à lei estabelecer os atos que compõem a atividade preparatória do provimento, assim como a forma, o tempo, o lugar, o prazo e a ordem cronológica com que devem ser praticados, ou seja, o modo de proceder em juízo visando à solução de conflitos de interesses e realização concreta dos direitos atribuídos pela ordem jurídica.

2.2. Caracteres do procedimento. Caracteres dos procedimentos trabalhistas.

O procedimento é composto por uma cadeia de atos processuais, interdependentes e coordenados ao fim de solucionar o conflito de interesses submetido ao Poder Judiciário e realizar concretamente o direito cuja existência for reconhecia.

Para Piero Calamandrei, "segundo que nos atos processuais que constituem a série, predomine, como meio de expressão e de comunicação entre as várias pessoas que participam no processo, a palavra falada ou a escrita, o procedimento se qualifica como oral ou escrito; a qualificação – escrita e oralidade – se deriva, do predomínio de um caráter sobre o outro, não existindo, na prática, nas legislações modernas, um procedimento que seja absolutamente oral (...) nem um procedimento escrito que não deixe algum lugar à oralidade".[43]

Consoante Piero Calamandrei, "os caracteres da mediação ou imediação (...) derivam das relações de tempo e de lugar segundo as quais se agrupam no processo as atividades dos distintos sujeitos do mesmo. Pode ocorrer que as atividades – mediação e imediação – processuais das partes e do juiz se desenvolvam simultaneamente e especialmente, entre presentes, de modo que cada um deles perceba diretamente com os próprios sentidos o que fazem ou dizem os outros, e neste caso se diz que as atividades se desenvolvem segundo o sistema da imediação; pode ocorrer, pelo contrário, que as atividades dos distintos sujeitos se desenvolvam em lugares e tempos diferentes, de modo que as comunicações entre os mesmos devam ser efetuadas, como ocorre entre ausentes, não à base da imediata percepção, senão à base de relações alheias: neste caso se fala em mediação (...). Imediação significa presença simultânea dos vários sujeitos do processo no mesmo lugar, e, por conseguinte, possibilidade entre eles de se trocar oralmente suas comunicações; vice-versa, ali onde as comunicações tenham lugar por escrito, esta é a forma típica das relações entre ausentes, isto é, da mediação".[44]

Piero Calamandrei afirma que "a concentração é o caráter que o procedimento assume quando os atos processuais que compõem a série se aproximam no (...) espaço e tempo, de modo que se sucedem com ininterrupta continuidade; caráter oposto que se pode chamar de descentralização ou de fracionamento, é aquele pelo qual entre um ato processual e outro, ou entre grupos deles, podem passar longos intervalos de tempo, de modo que o processo pareça descontínuo (...). Um processo se dirá que é tanto concentrado quanto mais breves os termos interpostos entre as várias fases, ou entre os atos que constituem cada fase".[45]

Piero Calamandrei aduz que "se fala de preclusão e de elasticidade, como um dos caracteres gerais do procedimento, segundo que a ordem de precedência dos vários atos processuais — preclusão e elasticidade — se prescreva de um determinado modo preciso e rígido (de maneira que, se um certo ato não se realiza no momento ou dentro da fase prescrita, a parte decai do poder de realizá-lo) ou se deixa à parte que deve levá-lo a cabo uma certa liberdade para escolher o momento mais oportuno sem indicação de termos peremptórios de decadência (e em relação ao sistema da preclusão está o princípio de eventualidade...)".[46]

Finaliza Piero Calamandrei, assinalando que "a oralidade vai ordinariamente unida à imediação, à concentração, à publicidade e à elasticidade do procedimento;

43. *Direito processual civil*, v. I, p. 262.
44. *Direito processual civil*, v. I, p. 263.
45. *Direito processual civil*, v. I, p. 264.
46. *Direito processual civil*, v. I, p. 265.

e, pelo contrário, num procedimento baseado no sistema de escrita, se encontram, de ordinário, unidos os caracteres da mediação e da preclusão".[47]

Os procedimentos instituídos pelo Direito Processual do Trabalho possuem como características: a) o predomínio da palavra falada; b) a concentração dos atos processuais em audiência, preferencialmente única, na qual devem estar presentes o demandante e o demandado;[48] c) imediatidade: a concentração dos atos processuais, inclusive os probatórios, em audiência, em regra conduz à assunção da prova pelo juiz responsável pelo julgamento da demanda; d) a irrecorribilidade das decisões interlocutórias; e) o estabelecimento de fases preclusivas nítidas.

47. *Direito processual civil*, v. I, p. 265-266.

48. A concentração dos atos em audiência impõe ao juiz atuação ativa na direção do processo, permite o contato direto e pessoal do juiz com partes, testemunhas e perito e das partes entre si, favorece a participação das partes na solução do conflito de interesses e resulta no maior dinamismo e celeridade do procedimento.

Capítulo 8

PARTES E PROCURADORES. CUSTAS E HONORÁRIOS PERICIAIS E ADVOCATÍCIOS

1. PARTES

O processo, considerado em sua dinâmica, é constituído por uma série de atos, muitos dos quais são praticados pelas partes.

1.1. Conceito: parte é aquele que comparece em juízo e pleiteia o reconhecimento e tutela jurisdicional de um direito ou interesse (autor/demandante/reclamante) e aquele em face de quem o reconhecimento e a tutela do direito ou interesse deduzido são requeridos (réu/demandado/reclamado).

1.2. Capacidade processual. *Jus postulandi*. A limitação do *jus postulandi* pela jurisprudência e a proteção da confiança.

O estudo das partes traz à baila a questão relativa à capacidade processual, que diz respeito à: a) *capacidade de ser parte*: capacidade para ser sujeito de uma relação jurídica processual; b) *capacidade de estar em juízo*: capacidade para realizar atos processuais eficazes, isto é, atos aptos a produzir efeitos jurídicos; c) *capacidade postulatória*: capacidade para praticar atos processuais pessoalmente ou para agir pessoalmente em juízo.

Tem capacidade para *ser parte* toda pessoa, física ou jurídica, detentora da personalidade, ou seja, que seja capaz de direitos e obrigações (art. 1º do Código Civil[1]).

Possui capacidade de *estar em juízo* ou *legitimatio ad processum* a pessoa que se encontre no exercício dos seus direitos, ou seja, que tenha capacidade para, por si, exercitar os seus direitos ou assumir obrigações (art. 70 do CPC).

---

1. "Toda pessoa é capaz de direitos e deveres na ordem civil". Destarte, toda pessoa é dotada de personalidade jurídica, ou seja, de aptidão para adquirir direitos e contrair obrigações.

De acordo com o art. 793 da CLT, a reclamação trabalhista do menor de dezoito anos será feita por seus representantes legais e, na falta destes, pelo Ministério Público do Trabalho, pelo sindicato, pelo Ministério Público estadual ou curador nomeado em juízo. Isso significa que têm capacidade para estar em juízo os maiores de 18 anos.

O menor de 18 anos deverá ser *representado* na propositura da ação por seus representantes legais e, na falta destes, pelo Ministério Público do Trabalho, pelo sindicato, pelo Ministério Público estadual ou curador nomeado em juízo, nessa ordem. É que, devendo a reclamação *ser feita* pelo representante do menor e, na sua falta, pela Procuradoria da Justiça do Trabalho, pelo sindicato, pelo Ministério Público estadual ou curador nomeado em juízo, a hipótese não é de simples assistência, mas de representação. A opção pela representação constitui medida de proteção ao menor de 18 anos que tiver que recorrer ao Judiciário para a defesa de seus direitos, observando-se que é acentuada na CLT a preocupação com o trabalhador menor, valendo mencionar que é facultado ao seu responsável legal pleitear a extinção do contrato de trabalho quando o serviço lhe possa acarretar prejuízos de ordem física ou moral – art. 408 – e que dele são afastados os efeitos da prescrição – art. 440, o que conduz à opção pela representação. Contudo, prevalece na doutrina o entendimento de que o menor de 18 anos deverá ser *assistido* na apresentação da reclamação, observando-se que à *assistência* também faz referência o art. 439 da CLT, quando trata da quitação do pagamento de verbas rescisórias.

De outro lado, segundo o parágrafo único do art. 5º do Código Civil, cessará a incapacidade dos menores pela existência de relação de emprego, desde que, em função deles, o menor com dezesseis anos completos tenha economia própria. No entanto, a CLT confere à cessação da incapacidade disciplina distinta da que lhe atribui o Código Civil, vez que do seu art. 793 resulta que a menoridade somente cessa quando o trabalhador alcança a idade de 18 anos. Note-se que a hipótese não é de omissão da legislação trabalhista, a ser suprida pelo recurso ao direito comum como sua fonte subsidiária, mas de definição, pela CLT, da maioridade como única forma de cessar a incapacidade do menor. Assim, o fato de o trabalhador celebrar contrato de trabalho não faz cessar a sua incapacidade. Do contrário, inclusive, não seria necessária a previsão constante do art. 793 da CLT, vez que, fosse aplicável o art. 5º do Código Civil na seara trabalhista, estabelecida a relação de emprego, cessaria automaticamente a incapacidade do menor. Não se pode olvidar, ainda, que a CLT é expressa ao estabelecer que ao menor de 18 anos é vedado dar, sem assistência dos seus responsáveis legais, quitação ao empregador pelo recebimento de verbas rescisórias (art. 439), em uma clara demonstração de que o fato de o menor ser formalmente empregado de outrem não foi considerado fundamento suficiente para conferir plena capacidade.

Da *capacidade postulatória* (capacidade para postular pessoalmente em juízo) tratam o art. 791 da CLT, estabelecendo que os empregados e os empregadores poderão *reclamar pessoalmente* perante a Justiça do Trabalho e acompanhar o processo até o final, e o art. 839, também da CLT, segundo o qual a reclamação poderá ser apresentada pelos empregados e empregadores, pessoalmente, ou por seus representantes. Portanto, empregados e empregadores têm, no processo do trabalho, capacidade postulatória ou *jus postulandi*.

A recepção do art. 791 da CLT pela Constituição da República de 1988 foi colocada em dúvida, vez que, segundo ela, como se vê do art. 133, o advogado é essencial à administração da justiça. O argumento de extinção do *jus postulandi* na Justiça do Trabalho foi reforçado pela Lei n. 8.906/94, que, em seu art. 1º, dispõe ser privativo de advogado a postulação a qualquer órgão do Poder Judiciário. No entanto, no julgamento do HC 67.390-2, o STF afirmou que a Constituição não retirou o fundamento de validade das normas especiais que autorizam a prática de atos processuais pelas partes perante a Justiça do Trabalho.[2]

Embora o art. 791 da CLT faça referência a *empregados* e *empregadores*, também as partes na relação de trabalho não subordinado cujas demandas sejam apresentadas à Justiça do Trabalho têm capacidade postulatória, por força da nova redação do art. 114 da Constituição, que atribui à Justiça do Trabalho competência para julgar dissídios decorrentes da relação de emprego. Ademais, esta solução responde à necessidade de conferir a máxima efetividade ao benefício que o legislador quis conferir aos que buscam socorro no Judiciário Trabalhista.

O art. 791 da CLT não limita o *jus postulandi* à fase de conhecimento ou à primeira e segunda instância. Primeiro, porque nada contém nesse sentido. Segundo, porque a expressão *até o final*, nele constante, é indicativa de que, até que o direito que se pretende reconhecido seja tornado concreto ou definitivamente negado, a parte pode atuar pessoalmente no processo (acompanhar a reclamação até o final significa fazê-lo até o último ato praticado no processo). No entanto, o TST, por meio da Súmula n. 425, restringiu o alcance do *jus postulandi*, ao adotar o entendimento de que "o *jus postulandi* das partes, estabelecido no art. 791 da CLT, limita-se às Varas do Trabalho e aos Tribunais Regionais do Trabalho, não alcançando a ação rescisória, a ação cautelar, o mandado de segurança e os recursos de competência do Tribunal Superior do Trabalho".

---

2. Em que pese o reconhecimento, pelo STF, da persistência do *jus postulandi*, tal fato não impede reconhecer que o ideal é que todos tenham acesso a um advogado, privado ou público. Nesse sentido, a Constituição dispõe que o Estado prestará assistência jurídica integral e gratuita aos que comprovarem insuficiência de recursos (art. 5º, LXXIV). A assistência jurídica favorece o acesso à justiça e aos direitos assegurados pela ordem jurídica. Contudo, o Estado não tem cumprido o dever que lhe é imposto pela Constituição. Assim, entre o risco de o trabalhador ter prejudicados os seus direitos, por desconhecê-los ou não ser capaz de realizar a sua adequada defesa, e o risco de inviabilizar o acesso à justiça, em razão da deficiência da assistência jurídica prestada pelo Estado e da incapacidade financeira de o trabalhador contratar um advogado privado, o legislador fez opção pela facilitação do acesso à justiça.

Esta nova posição adotada pelo TST trouxe à baila a questão relativa à retroatividade das orientações jurisprudenciais dos tribunais superiores. Com efeito, a restrição estabelecida pelo TST, via Súmula n. 425, alcança as demandas ajuizadas antes da sua edição?

Pois bem.

A mutação das normas jurídicas é inerente à constante evolução da sociedade, diante do caráter cultural e histórico do Direito. Por outro lado, a necessidade de adequação das normas jurídicas, na sua interpretação e aplicação, às exigências sociais conduz a mutações no modo de compreendê-las. Assim, a sociedade, o Direito e a compreensão que se tem do Direito estão em constante mutação. Não pode ser desconsiderado, no entanto, que as normas jurídicas e as orientações jurisprudenciais dos tribunais superiores servem de parâmetro para a conduta dos que participam da vida social, criando legítimas expectativas de validade e eficácia dos atos praticados, o que exige a preservação das situações jurídicas constituídas sob a égide da lei vigente ao tempo de sua constituição ou com base na orientação jurisprudencial então prevalecente.

Em suma, a evolução da sociedade, as mutações legislativas e a alteração no modo de compreender as normas jurídicas não podem ser evitadas, mas devem ter um limite temporal, no sentido de não alcançar fatos pretéritos, sendo esta uma exigência da segurança jurídica e da proteção da confiança, que constituem postulados básicos do Estado Democrático de Direito.

Por esta razão, inclusive, a lei nova deve respeitar o direito adquirido, ato jurídico perfeito, a coisa julgada e as situações jurídicas constituídas sob a égide da lei vigente ao tempo de sua constituição, assim como devem ser preservados os atos processuais praticados e as situações jurídicas constituídas com base em orientação jurisprudencial[3] que vem a sofrer brusca mudança. Aplica-se, em ambas as hipóteses, o princípio *tempus regit actum*.

A efetividade da ordem jurídica é essencial ao verdadeiro Estado Democrático de Direito e exige a facilitação do acesso aos meios de realização concreta do direito ameaçado ou lesado. Visando facilitar o acesso à justiça, dispõe o art. 791 da CLT que empregados e empregadores poderão reclamar pessoalmente perante a Justiça do Trabalho e acompanhar o processo até o final.

Contudo, como foi dito, o TST, por meio da Súmula n. 425, afirmou não ser admissível o *jus postulandi* em ações e recursos de sua competência. O *jus postulandi* foi, então, limitado aos órgãos de primeiro e segundo graus da jurisdição trabalhista (Varas do Trabalho e Tribunais Regionais do Trabalho, respectivamente).

---

3. Por orientação jurisprudencial tem-se, aqui, a jurisprudência predominante nos tribunais superiores.

Cumpre verificar, como foi antecipado, se a nova orientação jurisprudencial do TST alcança os recursos interpostos antes da sua adoção.

Para desenvolvimento de nosso argumento releva definir o papel das orientações jurisprudenciais emanadas dos tribunais superiores.

Paulo de Barros Carvalho, ao prefaciar obra de Misabel Abreu Machado Derzi (*Modificações da jurisprudência no direito tributário*. São Paulo: Noeses, 2009), afirma que, ao uniformizar a interpretação das leis, os tribunais superiores põem em prática as funções de: "(i) estabilizar o sistema, especificando o fato e a conduta regrados pela norma; (ii) realizar a segurança jurídica, instaurando como previsível o conteúdo da coatividade normativa; (iii) promover a orientação jurisprudencial, para indicar a referida compreensão aos tribunais judiciários de inferior hierarquia, bem como aos magistrados que viessem a prolatar decisões sobre a matéria, ou seja, estabilizando a jurisprudência segundo a diretriz que os Tribunais Superiores consolidaram; (iv) operar no sentido da simplificação da atividade processual, pois ao julgar de idêntica forma os casos semelhantes, acelera o processo decisório e garante a igualdade na prestação jurisdicional, além de reduzir, sensivelmente, o volume de processos existentes a respeito daquele objeto; e, por fim, a (v) previsibilidade decisória, porquanto em decorrência da uniformização dos julgados, alimenta-se a expectativa dos destinatários quanto ao desfecho das causas, tornando previsíveis os resultados".

Por outro lado, consoante assevera Julio B. J. Maier, "a única forma de programar a ação futura é referi-la antecipadamente a normas e regras abstratas de comportamento, qualquer que seja a sua fonte: o direito escrito ou consuetudinário, os precedentes judiciais como fundamento normativo em que se apoiam as decisões dos juízes".[4]

As orientações jurisprudenciais dos tribunais superiores servem de parâmetro para decisões judiciais relativas a casos semelhantes e para as ações futuras dos que participam das relações sociais, além de: assegurar a previsibilidade das decisões judiciais; garantir a estabilidade às relações sociais constituídas sob a sua égide; criar expectativa legítima de validade e eficácia dos atos praticados com esteio no paradigma que estabelecem e na conformação das decisões dos tribunais superiores às suas orientações jurisprudenciais; favorecer a realização prática do princípio da igualdade de todos perante a lei.

Manuel António de Castro Portugal Carneiro da Frada, depois de afirmar que a dogmática "visa principalmente à interpretação das normas do direito vigente e a operacionalização dos princípios jurídicos respectivos", a ela atribui as seguintes funções:

---

4. *Función normativa de la nulidad*, p. 91.

a) estabilização: "pois permite uma certa fixação de soluções e, deste modo, um efeito multiplicador de decisão. Consegue-se dessa forma uma redução do risco de respostas não coincidentes para hipóteses semelhantes, conferindo realização ao princípio da igualdade de tratamento que é imposição da justiça";
b) simplificação: "na medida em que, no âmbito do discurso jurídico, a dogmática possibilita reduzir as alternativas de decisão, evitando processos argumentativos longos e de acentuada, senão inacabável, complexidade. Ela torna disponíveis, no *iter* da decisão, asserções que não precisam, em princípio, de ser por sua vez questionadas e exaustivamente reexaminadas";
c) técnico-construtiva: "pela qual discrimina, classifica, conceptualista, enuncia, confronta todo o 'material normativo', pondo em evidência os princípios que subjazem às diversas regulamentações legais, o seu jogo recíproco, as lacunas existentes";
d) controle da consistência das diversas decisões jurídicas: "os modelos de solução dos casos concretos proporcionados pela dogmática, na medida em que espelham a articulação íntima das normas e princípios do direito vigente, se impõem de algum modo ao julgador, como uma instância de racionalidade que este acaba por ter que respeitar se quiser manter-se fiel ao próprio sistema jurídico";
e) heurística e de progresso: "por meio da dogmática, o 'material normativo' é refletido e, ao sê-lo, distanciado do imediatismo da sua manifestação primária e colocado em contexto mais geral. Tal permite a libertação de 'sinergias de pensamento'; tornam-se possíveis novas interpretações e ponderações mais profundas, o que enriquece os conhecimentos iniciais de que se partira e viabiliza formulação de modelos de decisão para situações de facto inicialmente não contempladas".[5]

Para Manuel António de Castro Portugal Carneiro da Frada, a dogmática responde ao problema "de saber o que é concretamente 'de direito'".[6]

As funções que Manuel António de Castro Portugal Carneiro da Frada confere à dogmática também podem ser atribuídas às orientações jurisprudenciais dos tribunais superiores, posto que estas: reduzem o risco de decisões contraditórias sobre hipóteses semelhantes, em favor da realização do princípio da igualdade de todos perante as leis (*estabilização*); possibilitam a redução das alternativas de decisão e fornecem asserções que não precisam, em princípio, ser questionadas e exaustivamente justificadas (*simplificação*); colocam em evidência os princípios

5. *Teoria da confiança e responsabilidade civil,* p. 28-29.
6. *Teoria da confiança e responsabilidade civil,* p. 30.

que informam o ordenamento jurídico (*técnico-construtiva*); esclarecem a articulação íntima das regras e princípios constitutivos da ordem jurídica, eliminando alternativas com elas incompatíveis (*controle da consistência das decisões jurídicas*); conduzindo à reflexão sobre regras e princípios, tornam possíveis novas interpretações e ponderações mais profundas (*heurística e de progresso*).

As orientações jurisprudenciais definem o que é concretamente de direito e criam expectativas legítimas de validade e eficácia de determinado ato jurídico, inclusive processual, e de que os tribunais se atenham às suas orientações jurisprudenciais. Em relação a esta expectativa, esclarece Karl Larenz que, como "existe uma grande probabilidade no plano dos fatos de que os tribunais inferiores sigam os precedentes dos tribunais superiores e estes geralmente se atenham à sua jurisprudência, os consultores jurídicos das partes litigantes, das empresas e das associações contam com isto e nisto confiam",[7] o mesmo podendo ser afirmado em relação às partes. Daí ser possível a conclusão de que é legítima a confiança depositada no respeito aos precedentes jurisprudenciais dos tribunais superiores.

Voltemos à situação concreta colocada em destaque para exame da proteção da confiança diante das mutações jurisprudenciais.

Segundo o art. 791 da CLT, empregados e empregadores poderão reclamar pessoalmente perante a Justiça do Trabalho e acompanhar o processo até o final.

O TST adotou, por meio da Súmula n. 425, uma postura restritiva em relação ao alcance do *jus postulandi*, limitando-o aos órgãos de primeiro e segundo graus da jurisdição trabalhista

Qual era a situação anterior a esta Súmula?

Das decisões abaixo apontadas resulta que a restrição adotada pelo TST difere da orientação jurisprudencial que até então vinha sendo por ele adotada:

a) "O art. 133 da Constituição Federal consagrou um princípio programático ao estabelecer que o advogado *é* essencial à administração da Justiça. Dentre a essencialidade da participação do advogado está a possibilidade de ele fazer parte dos concursos públicos para ingresso na magistratura, compondo as bancas examinadoras, a de participar da composição dos tribunais com acesso pelo quinto constitucional e, também, como detentor do *jus postulandi*. Não há, no entanto, monopólio do *jus postulandi*, nem consagração disso pela Constituição Federal, haja vista o *habeas corpus*, manteve-se a possibilidade de ser ele impetrado sem a assistência do advogado. Na Justiça do Trabalho houve a recepção do art. 791 da CLT pelo atual texto constitucional, e o fato de assegurar ao empregado a possibilidade de estar em juízo postulando a sua pretensão não desnatura

7. *Metodologia da ciência do direito*, p. 611.

a essencialidade do advogado na administração da justiça" (RR 13/1994-002-22-00.0, 6ª Turma, Rel. Min. Aloysio Corrêa da Veiga, julg. 11.6.2008, DJ 13.6.2008; RR 577.312/99.3);

b) "(...) na Justiça do Trabalho continua em pleno vigor o *jus postulandi* das partes (ADin 1.127-8)" (RR 681/2005-137-15-00.1, 7ª Turma, Rel. Min. Pedro Paulo Manus, julg. 11.6.2008. DJU 13.6.2008);

c) "Quanto ao art. 133 da Constituição da República não revogou o *jus postulandi* das partes na Justiça do Trabalho conforme jurisprudência consagrada na Súmula n. 329/TST" (RR 881/1996-001-17.00-3, 3ª Turma, Rel. Min. Carlos Alberto Reis de Paula, julg. 5.5.2004. DJU 4.6.2004);

d) "O art. 133 da Constituição Federal não acabou com o *jus postulandi* na Justiça do Trabalho" (RR 401947/1997.6, 2ª Turma, Rel. Min. Vantuil Abdala. Jul. 21.02.01. *DJ* 23.2.2001; RR 393518/1997.4);

e) "(...) o art. 133 da CF, por si só, não extinguiu o *jus postulandi*, carecendo de legislação complementar" (RR 483263/1998, 2ª Turma, Rel. Min. José Alberto Rossi, jul. 7.4.1999. DJU 23.4.1999);

f) "A jurisprudência sumulada do Eg. Tribunal Superior do Trabalho rejeita pleito de honorários advocatícios da sucumbência (Súmulas ns. 219 e 329/TST), uma vez que subsiste a capacidade postulatória das partes no âmbito do processo trabalhista, como regra" (RR 319350.1996-9, 1ª Turma, Rel. Min. João Oreste Dalazen. Julg. 10.8.1999. DJU 8.10.1999).

Nota-se, assim, que a nova orientação jurisprudencial do TST, traduzida pela Súmula n. 425, promoveu uma ruptura com o paradigma até então adotado por aquele tribunal.

Em tese, não se pode falar em proibição de irretroatividade da jurisprudência, vez que as decisões judiciais incidem sobre fatos pretéritos. Sob este prisma, a restrição estabelecida pela Sumula em destaque seria aplicável aos atos praticados pessoalmente pelas partes antes de sua edição.

Contudo, não se pode desconsiderar a confiança gerada pelos paradigmas resultantes das orientações jurisprudenciais dos tribunais superiores e a necessidade de respeito a estas orientações. Não se trata de impedir alterações nas orientações jurisprudenciais dos tribunais superiores, mas de proteger a confiança gerada pela orientação jurisprudencial bruscamente abandonada.

Como aduz Manuel António de Castro Portugal Carneiro da Frada, "a 'juridificação' das condutas humanas 'não elimina a confiança. A normatização e a inerente 'rigidificação' das expectativas não logram expulsá-la nem a torna despicienda. Ela continua a exercer uma presença básica e imprescindível na vida social, pois de outro modo não se encetaria relacionamento humano algum (...). Na verdade, cabe a qualquer ordem jurídica a missão indeclinável de garantir a confiança dos sujeitos, porque ela constitui um pressuposto fundamental de qualquer coexistência ou cooperação pacífica, isto é, da paz social'".[8]

Por outro lado, consoante assevera Misabel Abreu Machado Derzi, "as modificações da jurisprudência não podem configurar surpreendentes 'reviravoltas' judiciais, sem que o juiz atenue os efeitos da mudança, protegendo a confiança e a boa-fé daqueles que tinham pautado seu comportamento de acordo com os comandos judiciais (jurisprudência) superados",[9] o que ainda mais se justifica quando se trate de preservar o direito de acesso à justiça, que constitui um direito humano (arts. 8º e 10 da Declaração Universal dos Direitos Humanos, arts. 2º, n. 3, *a*, e 14 do Pacto Internacional sobre Direitos Civis e Políticos e arts. 8º e 25 da Convenção Americana sobre Direitos Humanos) e fundamental (art. 5º, XXXVI, da Constituição da República).

Ademais, o nosso sistema prestigia, cada vez mais, os precedentes jurisprudenciais, reforçando o papel das orientações jurisprudenciais dos tribunais superiores, confiante em que representam a acertada definição do que seja concretamente de direito. A confiança assumida pelo ordenamento jurídico também alcança os participantes da vida social e os litigantes, nos quais os precedentes geram a legítima expectativa de validade e eficácia dos atos praticados segundo o modelo que estabelecem.

O direito à proteção da confiança em face de alteração da orientação jurisprudencial dos tribunais superiores é reconhecido, inclusive, pelo CPC (art. 927, § 4º [10]).

Lembre-se, ainda, que, no controle concentrado de constitucionalidade das leis e atos normativos, ao STF é lícito, consoante prevê o art. 27 da Lei n. 9.868/99, tendo em vista razões de segurança jurídica ou de excepcional interesse social: (a) declarar a inconstitucionalidade a partir do trânsito em julgado da decisão (declaração de inconstitucionalidade com eficácia *ex nunc*); (b) declarar a inconstitucionalidade com a suspensão dos efeitos da decisão pelo espaço de tempo fixado na decisão (declaração de inconstitucionalidade com eficácia para o futuro – a lei continuará a ser aplicada durante o prazo estabelecido na decisão); (c) declarar a inconstitucionalidade sem a pronúncia da nulidade, permitindo a suspensão da aplicação da lei e dos processos em curso até que o legislador, dentro de prazo razoável, venha a se manifestar sobre a inconstitucionalidade; ou, (d) declarar a inconstitucionalidade dotada de efeito retroativo (declaração de eficácia *ex tunc*, isto é, a partir da edição da lei), com a preservação, em sendo

---

8. *Teoria da confiança e responsabilidade civil*, p. 19.
9. *Modificação da jurisprudência no direito tributário*, p. XXVI.
10. "A modificação de enunciado de súmula, de jurisprudência pacificada ou de tese adotada em julgamento de casos repetitivos observará a necessidade de fundamentação adequada e específica, considerando os princípios da segurança jurídica, da proteção da confiança e da isonomia."

o caso, de determinadas situações. O STF, portanto, poderá realizar um juízo de valor sobre fatos do passado, modulando os efeitos de suas decisões, o que deixa claro que é possível a uma decisão judicial, ainda que aplicada a fatos pretéritos, produzir efeitos apenas para o futuro.

Contudo, como adverte Karl Larenz, "nem toda a confiança merece proteção, mas só aquela que parece estar justificada pelas circunstâncias (...). A proteção da confiança (...) não pode ser tida em conta quando a confiança numa determinada situação jurídica não esteja objetivamente justificada. Por isso, a confiança não é digna de proteção 'se o cidadão, de acordo com a situação jurídica no momento com o qual a lei relaciona a entrada em vigor da consequência jurídica, tinha de contar com esta regulação', se o Direito até então vigente 'é obscuro ou confuso' ou se a lei, até então aparentemente vigente e na qual o cidadão acreditava poder confiar, não era válida".[11]

Misabel Machado Derzi sustenta "a inafastabilidade da irretroatividade das decisões judiciais, a aplicabilidade da proteção da confiança e da boa-fé, sob pena de se destruir a força dos precedentes e de não se conseguir criar a mínima expectativa normativa", desde que cumpridas determinadas condições objetivas e ocorra modificação de uma jurisprudência já consolidada, apontando, com isto, aquele que entende serem os pressupostos para proteção da confiança no caso de alteração da jurisprudência.[12]

A confiança gerada pelas orientações jurisprudenciais merece proteção, portanto, desde que objetivamente justificada e que ocorra mutação repentina na jurisprudência.

Tais condições são atendidas em relação à nova interpretação que o TST conferiu ao art. 791 da CLT.

Primeiro, em razão da literalidade do art. 791 da CLT, que faz referência ao acompanhamento do processo até o final, e o *final* de um processo coincide com o último ato nele praticado (a hipótese não é, portanto, de lei obscura ou confusa ou de regra inválida). Segundo, porque a hipótese é, como foi demonstrado, de alteração repentina da jurisprudência do TST.

Mas, de que forma pode ser protegida a confiança da parte que interpôs recurso no TST ou a ele endereçado com a firme convicção de que ele seria admitido?

A resposta é fornecida por Manuel António de Castro Portugal Carneiro da Frada: "atribuindo à situação de confiança ocorrida os efeitos equivalentes ao objeto da representação, como se ele tivesse realmente ocorrido".[13] Isto significa

---

11. *Metodologia da ciência do direito*, p. 603-604.
12. *Modificações jurisprudenciais no direito tributário*, p. 317.
13. *Teoria da confiança e responsabilidade civil*, p. 41.

que a nova Súmula não alcança os atos praticados pessoalmente pelas partes antes de sua edição.

1.3. Representação das partes em juízo.

As partes podem comparecer em juízo pessoalmente ou por meio de seus representantes.

Consoante o art. 75 do CPC, são representados em juízo, ativa e passivamente, por exemplo: a) a União, pela Advocacia Geral da União, diretamente ou mediante órgão vinculado; b) o Estado e o Distrito Federal, por seus procuradores; c) o Município, por seu prefeito ou procurador; d) a massa falida, pelo administrador judicial; e) o espólio, pelo inventariante; f) a pessoa jurídica, por quem os respectivos estatutos designarem ou, não havendo essa designação, por seus diretores; g) a sociedade e a associação irregulares e outros entes sem personalidade jurídica, pela pessoa a quem couber a administração de seus bens (as sociedades sem personalidade jurídica, quando demandadas, não poderão opor a irregularidade de sua constituição – art. 75, § 2º, do CPC).

A sociedade em liquidação é representada em juízo pelo liquidante e a sociedade dissolvida, por seus sócios.

A Assembleia Legislativa e a Câmara Municipal somente têm capacidade para ser parte quando agem na defesa de interesses institucionais próprios e vinculados à sua independência e funcionamento. Fora dessas hipóteses, a legitimidade será do Estado ou do Município respectivo.

Como assevera Cândido Rangel Dinamarco, constitui erro "falar em representante de firma individual. O direito comum desconhece essa figura, que tem pertinência exclusivamente à disciplina tributária das atividades de empresários em nome individual. Quem exerce o comércio em nome individual é sempre a pessoa física. Parte é esta, porque a firma individual não é pessoa jurídica, não tem personalidade perante o direito (capacidade de adquirir direitos, ser titular de bens ou contrair obrigações) (CC, arts. 2º, 12 e 18) e, consequentemente, não tem capacidade de ser parte".[14]

1.4. Incapacidade processual e irregularidade de representação: consequências.

Verificada a incapacidade processual ou a irregularidade da representação da parte, o juiz suspenderá o processo e designará prazo razoável para que seja sanado o vício (art. 76 do CPC).

---

14. *Instituição de direito processual civil*, v. II, p. 115.

Não sendo sanado o vício, *caso o processo esteja na instância originária* (art. 76 do CPC): a) o processo será extinto, se a providência cabia ao autor (dar-se-á, na hipótese, a extinção do processo sem provimento de mérito, em razão da ausência de pressuposto de sua constituição válida e regular); b) o réu será considerado revel e confesso em relação aos fatos narrados na petição inicial (embora o CPC somente faça alusão à revelia, o art. 844 da CLT também determina a aplicação da pena de confissão); c) o terceiro será excluído do processo.

Dispõe o art. 76, § 2º, do CPC que, descumprida a determinação de regularização da capacidade ou da representação processual *em fase recursal*, o relator: 1) não conhecerá do recurso, se a providência couber ao recorrente; 2) determinará o desentranhamento das contrarrazões, se a providência couber ao recorrido.

O TST, interpretando este último dispositivo legal, adotou o entendimento de que, "Verificada a irregularidade de representação da parte em fase recursal, em procuração ou substabelecimento já constante dos autos, o relator ou o órgão competente para julgamento do recurso designará prazo de 5 (cinco) dias para que seja sanado o vício. Descumprida a determinação, o relator não conhecerá do recurso, se a providência couber ao recorrente, ou determinará o desentranhamento das contrarrazões, se a providência couber ao recorrido (art. 76, § 2º, do CPC de 2015" (Súmula n. 383, II, do TST).

Sob este prisma, somente haverá possibilidade de concessão de vista para regularizar a representação no caso de ser detectada **irregularidade em procuração ou substabelecimento já existente nos autos**, ou seja, a hipótese seria de irregularidade do **instrumento** que com base no qual foi interposto o recurso, não alcançando, portanto, a hipótese de ausência de procuração ou de substabelecimento nos autos (não haveria, neste caso, **irregularidade da representação**, mas **ausênci**a de representação). Nessa linha de raciocínio, decidiu A SDI-II do TST, nos autos do AIRO 1001676-28.2016.5.02.0000, Rel. Min. Maria Helena Mallmann, DeJT 05.10.18, que "O recurso ordinário interposto pelo Réu foi subscrito eletronicamente por advogado que não estava habilitado por procuração ou substabelecimento no momento da interposição do apelo. A Súmula 383, II, do TST admite a concessão de prazo de 5 (cinco) dias à parte para sanar a irregularidade de representação somente quando o vício for verificado na procuração ou substabelecimento já constante dos autos. Todavia, na hipótese dos autos, além de não se tratar de qualquer das hipóteses previstas no art. 104 do CPC/2015, inexiste procuração ou substabelecimento outorgando poderes ao advogado subscritor do recurso ordinário até o instante da sua interposição. Precedentes. Agravo de instrumento conhecido e não provido".

Note-se que o CPC aduz a **irregularidade da representação** no art. 76, inclusive na fase recursal, ao passo que, no art. 104, trata da hipótese de **apresentação de recurso por advogado sem procuração nos autos**, o que demonstra que distingue as duas situações, em especial porque, para a primeira hipótese, estabelece que cabe ao juiz, constatada a irregularidade de representação, conceder prazo para que seja sanado o vício, ao passo que, na segunda, cabe ao advogado, independentemente de despacho, juntar a procuração aos autos no prazo de 15 (art. 104, § 1º).[15] Acrescente-se que o art. 76 faz alusão à concessão de prazo para que seja sanado o **vício da representação**, enquanto o art. 104 trata de situação em que o ato é praticado sem que o advogado tenha procuração nos autos, isto é, de **ausência da representação**.

Feito esse registro, cumpre anotar que o fato de o preposto (representante do reclamado ou demandado na audiência) comparecer em juízo sem carta de preposição não autoriza ser o reclamado considerado revel e confesso, devendo ser estabelecido prazo para a regularização da representação (aplicação do art. 76 do CPC). Mas, como a causa deve ser decidida preferencialmente em audiência única e no menor espaço de tempo possível, o juiz pode conceder ao reclamado prazo para a regularização da sua representação sem interromper a audiência. Nesse caso, regularizada a representação no prazo assinalado, nenhum prejuízo haverá à marcha do processo. Se não for regulariza a representação no prazo assinalado, o juiz desconsiderará a defesa e as provas produzidas pelo reclamado, reputando-o ausente e, com isso, revel e confesso. Essa solução encontra justificativa no fato de que a celeridade na composição do litígio sobrepõe-se ao risco da prática de atos inúteis.

1.5. Representação das partes por advogado. Honorários advocatícios sucumbenciais, contratuais e assistenciais.

Também no processo do trabalho é de suma relevância o exame da representação das partes por advogado e da possibilidade de impor às partes a obrigação de pagar honorários advocatícios, sucumbenciais e contratuais.

1.5.1. Representação das partes por advogado

Por força dos arts. 791 e 839, *a*, da CLT e observada a restrição estabelecida pela Súmula n. 425 do TST, não há necessidade de as partes serem representadas em juízo por advogado, posto que a elas é reconhecido o *jus postulandi*, ou seja, o direito de requerer pessoalmente em juízo, valendo acrescentar que, de acordo com o art. 791, § 2º, da CLT, também nos dissídios coletivos é facultada aos interessados a assistência por advogado.

15. O despacho somente é necessário no caso de ser requerida a prorrogação do prazo assinalo, consoante a parte final do § 1º do art. 104 do CPC.

Mas, o advogado somente será admitido a representar a parte em juízo se exibir instrumento de mandato (procuração), salvo para evitar preclusão, decadência ou prescrição, ou praticar ato considerado urgente, situação em que, independente de caução, exibirá a procuração no prazo de 15 dias, prorrogável por igual período por despacho do juiz, sendo o ato não ratificado considerado ineficaz relativamente àquele em cujo nome foi praticado (art. 104 do CPC), observando-se que a constituição de procurador poderá ser efetivada mediante registro em ata de audiência, a requerimento verbal do advogado interessado, com anuência da parte representada (art. 791, § 3º, da CLT).

A petição inicial desacompanhada de procuração não será distribuída, salvo se: o autor, estando habilitado a fazê-lo, postular em causa própria; a hipótese se inserir em uma das situações previstas no art. 104 do CPC; a parte estiver representada pela Defensoria Pública; a representação decorrer diretamente de norma prevista na Constituição da República ou lei (arts. 106 e 287 do CPC), citando, como exemplo, que a representação judicial das autarquias e fundações públicas por seus procuradores ou advogados, ocupantes de cargos efetivos dos respectivos quadros, independe da apresentação de instrumento de procuração (art. 9º da Lei n. 9.469/97 e art. 287, parágrafo único, do CPC).[16]

A procuração geral para o foro (*ad judicia*), outorgada por instrumento público ou particular assinado pela parte, habilita o advogado a praticar todos os atos do processo, exceto receber notificação ou citação, confessar, reconhecer a procedência do pedido, transigir, desistir, renunciar ao direito sobre que se funda a ação, receber, dar quitação e firmar compromisso e assinar declaração de hipossuficiência econômica, que devem constar de cláusula específica (exige-se, para estes atos, poderes especiais ou *procuração et extra*).[17] (art. 105 do CPC).

O mandato pode ser expresso ou tácito, verbal ou escrito (art. 656 do Código Civil). Confere mandato tácito a parte que comparece em audiência acompanhada de advogado. A presença da parte e do advogado permite presumir a outorga de poderes para a representação em juízo. Para a configuração do mandato tácito exige-se que advogado e a parte participem, concomitantemente, da audiência (a simples prática de atos processuais por advogado não configura o mandato tácito).[18] O mandato tácito equivale à procuração geral para o foro (procuração

---

16. Conforme a Súmula n. 436 do TST: "I – A União, Estados, Municípios e Distrito Federal, suas autarquias e fundações públicas, quando representadas em juízo, ativa e passivamente, por seus procuradores, estão dispensadas da juntada de instrumento de mandato e de comprovação do ato de nomeação. II – Para os efeitos do item anterior, é essencial que o signatário ao menos declare-se exercente do cargo de procurador, não bastando a indicação do número de inscrição na Ordem dos Advogados do Brasil", o que é confirmado pelo art. 287 do CPC.

17. Para a reconvenção, que é ação do réu contra o autor, ter-se-á de apresentar nova procuração, salvo se na que tiver sido outorgada ao advogado para a defesa do demandado constar o poder para ajuizar reconvenção. A mesma procuração pode conter poderes para contestar e apresentar reconvenção.

18. A propósito decidiu o STF que "o chamado (impropriamente) mandato tácito, admitido na Justiça do Trabalho, pressupõe o comparecimento da parte à audiência e a notícia, na ata respectiva, de que esteve assistida por

ad judicia), habilitando o advogado a praticar todos os atos do processo, salvo aqueles em relação aos quais são exigidos poderes especiais, nos termos do art. 105 do CPC, mas não admite substabelecimento.[19]

De acordo com a Súmula n. 395, III, do TST, são válidos os atos praticados pelo substabelecido, ainda, que não haja, no mandato, poderes expressos para substabelecer. No entanto, será irregular a representação se o substabelecimento é anterior à outorga passada ao substabelecente (Súmula n. 395, IV, do TST).[20]

Não exige a lei que a procuração seja acompanhada do estatuto ou contrato social da empresa outorgante. Somente havendo dúvida razoável por parte do juiz ou impugnação da parte contrária é que deve a empresa ser intimada para trazer aos autos seu estatuto ou contrato social.

O mandato cessa pela sua revogação (art. 682, I, do Código Civil), que pode ser expressa ou tácita. Dá-se a revogação tácita quando são outorgados a outro mandatário idênticos poderes para a prática do mesmo negócio, como autoriza afirmar o art. 687 do Código Civil ("Tanto que for comunicada ao mandatário a nomeação de outro, para o mesmo negócio, considerar-se-á revogado o mandato anterior"). Destarte, a juntada de nova procuração aos autos, sem ressalva de poderes conferidos ao antigo advogado, implica revogação tácita do mandato anterior, consoante é afirmado na Orientação Jurisprudencial n. 349 da SDI-I do TST. O mesmo ocorre com a prática de ato processual pessoalmente pela parte sem a ressalva da continuidade da atuação no processo do advogado por ele constituído. De outro lado, a juntada de substabelecimento sem reserva de poderes equivale à renúncia dos poderes recebidos e substabelecidos, o que também constitui forma de extinção do mandato (art. 682, I, do Código Civil).

Sendo vários os advogados da parte, é válida a intimação realizada a apenas um deles, mas, "Havendo pedido expresso de que as intimações e publicações sejam realizadas exclusivamente em nome de determinado advogado, a comunicação em nome de outro profissional constituído nos autos é nula, salvo se constatada a inexistência de prejuízo" (Súmula n. 427 do TST e art. 272, § 5º, do CPC). A exigência de demonstração de prejuízo, para efeito de decretação de nulidade da intimação, decorre do disposto no art. 794 da CLT, segundo o qual, no processo do trabalho, somente haverá nulidade quando do ato inquinado resultar manifesto prejuízo às partes. Assim, se a intimação não foi endereçada ao

profissional da advocacia devidamente identificado. A assinatura de peças avulsas não o caracteriza" (STF, Agravo regimental em Agravo de Instrumento n. 163287-0/MG, Rel. Min. Néri da Silveira, DJU 4.8.1995).

19. "É invalido o substabelecimento de advogado investido de mandato tácito" (Orientação Jurisprudencial n. 200 da SDI-I do TST).

20. "Não produz efeitos jurídicos recurso subscrito por advogado com poderes conferidos em substabelecimento em que não consta o reconhecimento de firma do outorgante, Entendimento aplicável antes do advento da Lei n. 8.952/94 (Orientação Jurisprudencial n. 75 da SDI-I do TST).

advogado indicado para recebê-la, mas cumpriu a sua finalidade, qual seja, dar conhecimento aos procuradores da parte do ato praticado ou a ser praticado, não há que se falar em nulidade.

Acrescente-se que, conforme o art. 16 da Instrução Normativa n. 39/2016 do TST, "para efeito de aplicação do § 5º do art. 272 do CPC, não é causa de nulidade processual a intimação realizada na pessoa de advogado regularmente habilitado nos autos, ainda que conste pedido expresso para que as comunicações dos atos processuais sejam feitas em nome de outro advogado, se o profissional indicado não se encontra previamente cadastrado no Sistema de Processo Judicial Eletrônico, impedindo a serventia judicial de atender ao requerimento de envio da intimação direcionada. A decretação de nulidade não pode ser acolhida em favor da parte que lhe deu causa (CPC, art. 276)".

A procuração deve conter a indicação do local onde foi passada, a qualificação do outorgante e do outorgado, a data e o objetivo da outorga, com a designação e a extensão dos poderes conferidos (art. 654 do Código Civil), nada impedindo que seja estabelecido prazo da representação, como permite afirmar o art. 682, IV, do Código Civil, que inclui o término do prazo entre os motivos da extinção do mandato. Por consequência, decorrido o prazo do mandato, consideram-se inexistentes os atos posteriores praticados pelo advogado (extinto o mandato, o advogado já não está autorizado a praticar atos processuais em nome do mandante). No entanto, é válido o mandato com prazo determinado que estabeleça a prevalência dos poderes para atuar até o final da demanda (Súmula n. 395, I, do TST), operando-se, neste caso, a prévia prorrogação do prazo do mandato.

Se há previsão, no instrumento de mandato, de prazo para sua juntada, o mandato só tem validade se anexado ao processo dentro do aludido prazo (Súmula n. 395, II, do TST).

Cumpre observar que, de acordo com a Orientação Jurisprudencial n. 371 da SDI-1 do TST, "não caracteriza a irregularidade de representação a ausência da data da outorga de poderes, pois, no mandato judicial, ao contrário do mandato civil, não é condição de validade do negócio jurídico. Assim, a data a ser considerada é aquela em que o instrumento for juntado aos autos, conforme preceitua o art. 409, IV, do CPC de 2015 (art. 370, IV, do CPC). Inaplicável o art. 654, § 1º, do Código Civil".

Ao advogado cumpre informar, na petição inicial ou na contestação, o endereço em que receberá intimação e comunicar qualquer mudança de endereço (art. 106 do CPC). Se o advogado deixa de comunicar a mudança de endereço ocorrida no curso do processo, considerar-se-á válida a intimação enviada para o seu endereço constante dos autos (art. 106, § 2º, do CPC e art. 852-B, § 2º, da CLT).

A parte pode revogar o mandato outorgado ao seu advogado (art. 682, I, do Código Civil e art. 111 do CPC). Não se exige, por força do *jus postulandi* assegurado às partes, que no ato da revogação do mandato outro advogado seja constituído. Se novo advogado não for constituído, presume-se a opção da parte pelo exercício do *jus postulandi*.

O advogado poderá renunciar ao mandato, provando que cientificou o mandante da renúncia a fim de que este nomeie, se assim o desejar, outro advogado (art. 112 do CPC).[21] Durante os dez dias seguintes à renúncia, o advogado continuará a representar o mandante, desde que necessário para lhe evitar prejuízo (art. 112, § 1º, do CPC). Essa representação cessará se a parte constituir, antes do transcurso dos dez dias seguintes à renúncia, outro procurador (art. 5º, § 3º, da Lei n. 8.906/94).

A falta de comunicação do advogado à OAB para exercício profissional em seção diversa daquela na qual tem inscrição não importa nulidade dos atos praticados, constituindo apenas infração disciplinar, que cabe àquela instituição analisar (Orientação Jurisprudencial n. 7 da SDI-I do TST).

De acordo com a Orientação Jurisprudencial n. 374 da SDI-I do TST, "É regular a representação processual do subscritor do agravo de instrumento ou do recurso de revista que detém mandato com poderes de representação limitados ao âmbito do Tribunal Regional do Trabalho, pois, embora a apreciação desse recurso seja realizada pelo Tribunal Superior do Trabalho, a sua interposição é ato praticado perante o Tribunal Regional do Trabalho, circunstância que legitima a atuação do advogado no feito".

1.5.2. Honorários advocatícios de sucumbência e contratuais.

A disciplina que a ordem jurídica confere aos honorários advocatícios permite dividi-los em *honorários de sucumbência* e *honorários contratuais*.

1.5.2.1 Princípios da sucumbência e da causalidade.

Embora aos primeiros honorários acima referidos seja atribuída a denominação honorários *de sucumbência*, a derrota (sucumbência) na demanda não constitui condição indispensável para que a parte seja condenada ao seu pagamento. Com efeito, o *princípio da sucumbência*, segundo o qual a parte vencida deve suportar os custos do processo, é uma manifestação do *princípio da causalidade*, para o qual quem deu causa à instauração do processo deve suportar os seus custos. A sucumbência é, portanto, apenas um indicativo da responsabilidade pela instauração do processo.

---

21. A comunicação é dispensada quando a procuração houver sido outorgada a vários advogados e a parte continuar representada por outro.

O CPC consagra estes dois princípios, quando dispõe que a sentença condenará o *vencido* a pagar honorários ao advogado do vencedor (art. 85, *caput*) e que, nos casos de perda do objeto, os honorários serão devidos por *quem deu causa ao processo* (art. 85, § 10). A CLT também adota estes dois princípios. É que, de acordo com o art. 791-A, *caput*, o vencido será condenado ao pagamento de honorários advocatícios, ao passo que é em razão do princípio da causalidade que o art. 789-A da CLT impõe ao executado a obrigação de pagar as custas relativas ao processo de execução (o que resulta deste texto consolidado é que, como não cumpriu a sua obrigação no prazo próprio e, com isto, deu causa à instauração do processo de execução, o executado arcará com os seus custos).

1.5.2.2. Honorários de sucumbência e contratuais.

Os honorários de sucumbência são devidos em razão da responsabilidade pela instauração de um processo determinado (princípio da causalidade) ou da sucumbência na demanda (princípio da sucumbência). Os honorários contratuais são devidos em razão do inadimplemento de uma obrigação, ou seja, a imposição da responsabilidade pelo pagamento destes honorários resulta do *dever de indenizar* perdas e danos decorrente do inadimplemento de uma obrigação (*princípio da responsabilidade contratual*).

No confronto entre estas duas espécies de honorários cumpre observar que:

a) a condenação no pagamento de honorários de sucumbência decorre da aplicação do princípio da causalidade; quem deu causa ao processo tem o dever de remunerar os serviços do advogado que representou a parte adversa em juízo, isto é, de dever que *surge no processo*, em razão da responsabilidade pela sua instauração. A hipótese, portanto, é de um *dever processual*, razão pela qual, inclusive, o CPC disciplina os honorários de sucumbência no Capítulo que trata dos *deveres* das partes;

b) a condenação no pagamento de honorários contratuais decorre da aplicação do princípio da *responsabilidade contratual*. O inadimplemento de uma obrigação atrai o dever de indenizar os danos sofridos pelo credor, o que abrange os honorários advocatícios dispendidos para a sua satisfação. A hipótese, desse modo, é de dever que surge antes e independentemente de qualquer processo, ou seja, o inadimplemento da obrigação faz surgir o dever de indenizar os danos sofridos pelo trabalho. Trata-se, assim, de *obrigação pré-processual*;

c) os honorários de sucumbência pertencem ao advogado (arts. 22 e 23 da Lei n. 8.906/94 e art. 791-A da CLT), ao passo que, em razão da sua natureza indenizatória, os honorários advocatícios contratuais pertencem à parte.

A condenação ao pagamento de honorários sucumbenciais não depende de pedido da parte, vez que, segundo o art. 85 do CPC, a sentença *condenará* o vencido a pagar ao vencedor os honorários advocatícios, sendo esta mesma conclusão autorizada pelo art. 791-A da CLT.

Em um primeiro momento, afirmamos que a natureza indenizatória dos honorários contratuais impedia o seu deferimento de ofício. No entanto, o que decorre dos arts. 85, *caput*, do CPC e 791-A da CLT é que ao juiz cumpre, de ofício ou por provocação das partes, definir, além da verificação da existência do direito demandado e a responsabilidade pelo ajuizamento da demanda, as consequências da mora no cumprimento da obrigação imposta ao demandado, o que alcança a condenação do devedor no pagamento de honorários contratuais.

Em razão da natureza indenizatória dos honorários contratuais, deve a parte comprovar a contratação do seu pagamento. Não se trata, ao contrário do que já afirmamos, de prova do **pagamento** dos honorários, mas da contratação do seu pagamento, visto que não se pode exigir da parte, em especial do trabalhador desempregado, que adiante para o advogado o valor dos honorários advocatícios contratados, ou seja, para a condenação ao seu pagamento basta a juntada aos autos do contrato firmado entre a parte e o advogado contratado, isto é, a demonstração do *débito*, sendo lícito, quando muito, determinar, após satisfeitos os créditos do trabalhador-credor, a sua intimação para, em prazo razoável, comprovar o pagamento dos honorários, para, somente então, lhe serem liberados os honorários contratuais objeto da condenação.

Diante da diversidade dos seus fundamentos (responsabilidade pelo ajuizamento da demanda e responsabilidade contratual, respectivamente) e destinatários (advogado e parte, respectivamente), podem ser cumulados os honorários de sucumbência com os contratuais, o que decorre, inclusive, do art. 22 da Lei n. 8.906/94 (Estatuto da OAB), segundo o qual a prestação de serviço profissional assegura aos advogados o direito aos honorários convencionados **e** aos de sucumbência. Destarte, o advogado receberá: a) *da parte* que representou no processo, os honorários contratados; b) da *parte contrária*, os honorários de sucumbência. Já o trabalhador credor que contratou o advogado e teve reconhecido em juízo o seu crédito será ressarcido pela parte contrária pelas despesas representadas pelos honorários de advogado por ele pagos.

O Código Civil, tratando do inadimplemento das obrigações, inclui os honorários advocatícios entre os componentes da indenização de danos resultantes deste inadimplemento. Deste modo, somente o credor é que pode ser beneficiado pela condenação ao ressarcimento dos seus gastos com advogado: a hipótese é de ressarcimento de gastos resultantes da necessidade de recorrer a juízo para **exercitar um direito trabalhista não satisfeito**.

1.5.2.3 Honorários de sucumbência no processo do trabalho: situação presente antes da entrada em vigor da Lei n. 13.467/17.

Antes da entrada em vigor da Lei n. 13.467/17 prevalecia, na jurisprudência e doutrinas predominantes, os entendimentos constantes da Súmula n. 219 do TST, quais sejam:

> "I – Na Justiça do Trabalho, a condenação em honorários advocatícios, nunca superiores a 15% (quinze por cento), não decorre pura e simplesmente da sucumbência, devendo a parte, concomitantemente: a) estar assistida por sindicato da categoria profissional; b) comprovar a percepção de salário inferior ao dobro do mínimo ou encontrar-se em situação econômica que não lhe permita demandar sem prejuízo do próprio sustento ou da respectiva família. II – É cabível a condenação ao pagamento de honorários advocatícios em ação rescisória no processo trabalhista. III – São devidos os honorários advocatícios nas causas em que o ente sindical figure como substituto processual e nas lides que não derivem da relação de emprego. IV – Na ação rescisória e nas lides que não derivem da relação de emprego, a responsabilidade pelo pagamento dos honorários advocatícios da sucumbência submete-se à disciplina do Código de Processo Civil (arts. 85, 86, 87 e 90). V – Em caso de assistência judiciária sindical ou de substituição processual sindical, excetuados os processos em que a Fazenda Pública for parte, os honorários advocatícios são devidos entre o mínimo de dez e o máximo de vinte por cento sobre o valor da condenação, do proveito econômico obtido ou, não sendo possível mensurá-lo, sobre o valor atualizado da causa (CPC de 2015, art. 85, § 2º). VI – Nas causas em que a Fazenda Pública for parte, aplicar-se-ão os percentuais específicos de honorários advocatícios contemplados no Código de Processo Civil".

Desta forma, nas demandas ajuizadas antes da entrada em vigor da Lei 13.467/17, os honorários de sucumbência somente são devidos nas hipóteses expressamente previstas na Súmula n. 219 do TST.

Cumpre registrar que não se desconhece a tese segundo a qual a sucumbência rege-se pela lei vigente na data da sentença que a estabelecer.

Contudo, não se pode olvidar que dos arts. 14 do CPC e 912 da CLT resulta que, **como regra**, a norma processual tem **aplicação imediata**, ou seja, é aplicável aos processos em curso na data da sua entrada em vigor, mas **não alcança** os atos processuais praticados e as situações jurídicas consolidadas sob a vigência da norma revogada. No entanto, no exame da questão cumpre ter também presentes a necessidade de respeito ao **princípio da razoabilidade** (art. 8º do CPC: a norma resultante da interpretação do texto normativo deve ser submetida ao *teste de razoabilidade*) e a vedação de **decisão surpresa** (arts. 9º e 10 do CPC) e, ainda, que o estabelecimento de limites temporais às mutações legislativas é uma exigência da **segurança jurídica** (art. 5º, XXXVI, da Constituição) e da **proteção da confiança** (art. 927, § 4º, do CPC), que constituem postulados básicos do Estado Democrático de Direito. De tal modo, havendo **radical alteração no sistema processual**, com modificação dos riscos envolvidos na demanda judicial em relação, principalmente, aos custos do processo, como se deu em razão da Lei n. 13.467/17, a nova lei somente pode ser aplicada aos processos ajuizados após a sua entrada em vigor. Com efeito, a parte não pode ser surpreendida por **riscos ausentes no momento da propositura da demanda**, assim como deve ser **preservada a sua confiança de que os riscos que enfrentaria na demanda eram apenas aqueles estabelecidos pela ordem jurídica no momento da propositura da ação.**[22]

1.5.2.4. Honorários de sucumbência no processo do trabalho: situação após a entrada em vigor da Lei n. 13.467/17.

Nos processos instaurados após a entrada em vigor da Lei n. 13.467/17 deve ser observado o que estabelece o art. 791-A, que será examinado em seguida.

1.5.2.4.1 A condenação no pagamento de honorários advocatícios à luz do art. 791-A da CLT.

A Lei n. 13.467/17 acrescentou à CLT o art. 791-A, segundo o qual "Ao advogado, ainda que atue em causa própria, serão devidos honorários de sucumbência, fixados entre o mínimo de 5% (cinco por cento) e o máximo de 15% (quinze por cento) sobre o valor que resultar da liquidação da sentença, do proveito econômico obtido ou, não sendo possível mensurá-lo, sobre o valor atualizado da causa".

A solução parece simples, desde que considerada na perspectiva de que quem deu causa ao processo deve arcar com os seus custos. Contudo, é indispensável não se deixar levar por aparências.

Neste sentido, é interessante observar que, até a entrada em vigor da Lei n. 13.467/17, a condenação no pagamento de honorários recaia, basicamente, sobre o empregador que deixasse de cumprir as suas obrigações (Súmula 219, I, III e V, do TST). Tal fato permite afirmar que a *reforma trabalhista*, visou, no particular, **permitir a condenação do trabalhador no pagamento de honorários de sucumbência.** Tanto isto é verdade, que, ao definir as situações em que são devidos honorários, a Lei n. 13.467/17 reproduziu apenas **parte do art. 85, § 1º, do CPC**, vez que, embora tenha disposto, **como fez o CPC**, que são devidos honorários na reconvenção, a lei em destaque, de forma "supostamente inexplicável", deixou de fazer o mesmo em relação à execução, resistida ou não, e aos recursos, ou seja, **exatamente quando se tratava de responsabilizar o empregador que descumpriu as suas obrigações.**

---

22. A aplicação da norma processual no tempo foi examinada em Capítulo específico, ao qual remetemos o leitor.

Embora esta omissão possa ser suprida com esteio no art. 15 do CPC, que define o direito processual comum como fonte *supletiva* do Direito Processual do Trabalho, e no art. 791-A, § 1º, IV, da CLT, do qual resulta que, na fixação dos honorários sucumbenciais, devem ser levados em conta o trabalho realizado pelo advogado e o tempo exigido para o seu serviço, **o que certamente sofre influência de eventual participação na execução e na fase recursal**, é inegável que a pretensão do legislador foi tornar dispendioso **para o trabalhador** o ato de demandar perante a Justiça do Trabalho, o que é confirmado, inclusive, pela previsão no sentido de que ele pagará honorários periciais ainda que beneficiário da justiça gratuita, mesmo que não tenha demandado de má-fé (art. 790-B da CLT).

Lembre-se, ainda para confirmar o que acima foi dito, que o art. 791-A, § 3º, da CLT prevê que, na hipótese de procedência parcial, o juízo arbitrará honorários de sucumbência recíproca, o que contraria a solução que sempre foi adotada pelo Direito Processual do Trabalho, qual seja, a de que os custos do processo devem ser suportados pela parte que a ele deu causa, como resulta do art. 789, § 1º, da CLT, segundo o qual as custas, no processo de conhecimento, serão pagas pelo **vencido**, e do art. 789-A, que impõe ao **executado** a obrigação de pagar as custas devidas na execução.

Realizados estes registros, passa-se ao exame do art. 791-A da CLT.

Dispõe o art. 791-A, *caput*, que "Ao advogado, ainda que atue em causa própria, serão devidos honorários de sucumbência, fixados entre o mínimo de 5% (cinco por cento) e o máximo de 15% (quinze por cento) sobre o valor que resultar da liquidação da sentença, do proveito econômico obtido ou, não sendo possível mensurá-lo, sobre o valor atualizado da causa".

Os honorários de sucumbência, portanto, deverão ser arbitrados entre o mínimo de 5% (cinco por cento) e o máximo de 15% (quinze por cento), incidindo estes percentuais sobre o valor que resultar da liquidação da sentença, do proveito econômico obtido ou, não sendo possível mensurá-lo, sobre o valor atualizado da causa.

A base de cálculo dos honorários exige alguns esclarecimentos:

a) os "valores resultantes da liquidação de sentença" adotados como base de cálculo dos honorários de sucumbência são aqueles relativos à condenação imposta ao demandado, o que significa que eles somente servem de parâmetro para cálculo dos honorários advocatícios devidos ao advogado do autor da demanda.

Recorde-se, ainda, que, por força da Orientação Jurisprudencial n. 348 da SDI-I do TST, os honorários devem incidir sobre o valor líquido da condenação, apurado na fase de liquidação, sem a dedução dos descontos fiscais e previdenciários, o que subsiste mesmo após a edição da Lei n. 13.467/17;

b) os honorários que forem devidos ao advogado do demandado são apurados considerando-se o proveito econômico por ele obtido, ou seja, o valor correspondente aos pedidos que tenham sido julgados **totalmente improcedentes**.

Quanto a este último aspecto, é relevante mencionar que, como permite afirmar o art. 790-B da CLT, os honorários são devidos em razão da sucumbência em determinada **pretensão**. Assim, o fato de a pretensão ter sido acolhida em parte não implica sucumbência parcial, **para efeitos de responsabilidade pelo pagamento de honorários**. Tanto é assim, que o fato de ter sido pleiteado o pagamento de adicional de insalubridade em grau máximo e deferido o adicional em grau mínimo não autoriza, **por força do próprio art. 790-B da CLT**, dividir entre as partes os ônus da realização da prova pericial.

Em suma, o autor será considerado vencido, para efeito de definição da sucumbência, quando o direito por ele pleiteado não for reconhecido. **Se o direito foi reconhecido, ainda que parcialmente, vencido será o demandado.** Deste modo, pleiteada indenização por danos e havendo o reconhecimento deste direito, ainda que seja arbitrado valor inferior ao pleiteado, não haverá sucumbência parcial, sendo neste sentido, inclusive, a posição adotada pelo Superior Tribunal de Justiça: "A jurisprudência desta Corte tem entendido que a estipulação a título de danos morais é meramente estimativa e sua redução não implica sucumbência recíproca" (STJ, AGA 653192 / SP; 3ª Turma, Rel. Min. Antônio de Pádua Ribeiro, julgado em 29.03.2005, DJ de 18.04.2005).

Acrescente-se que, não sendo possível mensurar o proveito econômico do demandado vencedor, os honorários de sucumbência devidos ao seu advogado terão como base de cálculo o valor atualizado da causa.

1.5.2.4.2 Honorários advocatícios nas ações contra a Fazenda Pública e em que a parte estiver assistida ou substituída pelo sindicato de sua categoria.

Por força do art. 791-A, § 1º, da CLT, são devidos honorários advocatícios nas ações contra a Fazenda Pública e nas ações em que a parte estiver assistida ou substituída pelo sindicato de sua categoria.

Deste modo, também a Fazenda Pública pode ser condenada ao pagamento de honorários advocatícios, ao passo que a atuação do sindicato na demanda, prestando assistência a trabalhador ou atuando como substituto processual não afasta a aplicação do princípio da causalidade.

Quanto à condenação do demandado ao pagamento de honorários em favor do sindicado cumpre observar que:

a) por força do art. 791-A, § 1º, da CLT, a condenação do empregador vencido ao pagamento de honorários advocatícios em favor do sindicato assistente não exige, como ocorria em razão dos arts. 14 e 16 da Lei n. 5.584/70 e do item I da Súmula n. 219, do TST, que àquele tenha sido deferido o benefício da justiça gratuita;

b) tendo sido adotado o princípio da causalidade como regra geral, já não subsiste a possibilidade de condenação ao pagamento de honorários advocatícios em favor do sindicato assistente com base nos arts. 14 e 16 da Lei n. 5.584/70. Doravante, a condenação deverá ter como fundamento o disposto no art. 791-A da CLT, não havendo, portanto, como cumular os honorários de que trata o art. 791-A da CLT com aqueles de que tratam os nos arts. 14 e 16 da Lei n. 5.584/70.

A possibilidade de condenação do sindicato ao pagamento de honorários no processo coletivo foi examinada no Capítulo que trata do Direito Processual Coletivo do Trabalho, ao qual remetemos o leitor.

1.5.2.4.3 Honorários advocatícios: critérios para o arbitramento

Conforme o art. 791-A, § 2º, ao fixar os honorários, o juízo observará, o grau de zelo do profissional, o lugar da prestação de serviços, a natureza e a importância da causa e o trabalho realizado pelo advogado e o tempo exigido para o seu serviço.

A CLT, destarte, define como critérios a serem observados na fixação dos honorários o grau de zelo do profissional, o lugar da prestação de serviços, a natureza e importância da causa e trabalho realizado pelo advogado e o tempo exigido para o seu serviço.

Recorde-se que, pelos motivos já expostos, também são devidos honorários de sucumbência na execução, resistida ou não, e nos recursos interpostos, cumulativamente.

1.5.2.4.4 Honorários advocatícios e justiça gratuita

Consoante o art. 791-A, § 4º, da CLT, "Vencido o beneficiário da justiça gratuita, desde que não tenha obtido em juízo, ainda que em outro processo, créditos capazes de suportar a despesa, as obrigações decorrentes de sua sucumbência ficarão sob condição suspensiva de exigibilidade e somente poderão ser executadas se, nos dois anos subsequentes ao trânsito em julgado da decisão que as certificou, o credor demonstrar que deixou de existir a situação de insuficiência de recursos que justificou a concessão da gratuidade, extinguindo-se, passado esse prazo, tais obrigações do beneficiário".

À luz do citado comando legal, mesmo que beneficiário da justiça gratuita, o trabalhador vencido deverá pagar honorários quando tenha obtido em juízo, ainda que em outro processo, créditos capazes de suportar este pagamento.

No entanto, na interpretação do art. 791-A, § 4º, da CLT não se pode olvidar o caráter alimentar de que se revestem os créditos decorrentes da relação de emprego. Com isto, os honorários advocatícios somente podem ser cobrados do trabalhador beneficiado pela justiça gratuita se o seu pagamento não colocar em risco a sobrevivência própria e familiar. Tanto isto é verdade, que, de acordo com a parte final do citado comando legal, sendo suspensa a exigibilidade do crédito, o trabalhador somente poderá ser executado se o credor demonstrar que *deixou de existir a situação de insuficiência de recursos que justificou a concessão da gratuidade*.

Deste modo, ainda que tenha o trabalhador obtido crédito neste processo (ou mesmo em outro processo), os honorários somente poderão ser dele cobrados se for comprovado que o seu pagamento não colocará em risco a sobrevivência própria e familiar.

E, para apuração deste fato, devem ser aplicados à hipótese, por analogia, os limites impostos à penhora de salários pelo art. 833, IV, do CPC, ou seja, a retenção de valores para pagamento de honorários advocatícios somente pode alcançar as importâncias excedentes a 50 salários mínimos e, ainda assim, desde que seja preservada a metade dos ganhos líquidos do executado, sendo de suma relevância anotar que nada há na Lei n. 13.467/17 que permita afirmar que aos honorários advocatícios foi conferido *status* superior ao dos créditos trabalhistas, o que autoriza afirmar que, na sua execução, devem ser observados os parâmetros estabelecidos pelo art. 833, IV, do CPC, que atua, neste particular, como fonte subsidiária do Direito Processual do Trabalho.

Note-se que a Lei n. 11.101/05, que regula a recuperação judicial, considera ser superprivilegiado o crédito trabalhista até o valor correspondente a 150 salários mínimos (art. 83), mas, para efeito da aplicação do art. 791-A da CLT, tem-se como razoável o limite estabelecido no art. 833, IV, do CPC.

1.5.2.4.5 Honorários advocatícios na reconvenção, na execução e nos recursos interpostos.

A CLT passou a prever, por força da *reforma trabalhista*, que o vencido será condenado a pagar honorários de sucumbência ao vencedor (art. 791-A).

A medida, embora salutar, visto que quem deu causa ao processo deve arcar com os seus custos, foi adotada com a nítida intenção de *penalizar o trabalhador*.

É que foi estabelecido que o trabalhador deverá pagar os honorários de sucumbência mesmo que beneficiário da justiça gratuita (art. 791-A, § 4º) e, copiando o CPC, que são devidos honorários na reconvenção (art. 791-A, § 5º).

Porém, não foi estabelecido, **como o fez o CPC**, que também são devidos honorários advocatícios no cumprimento da sentença, na execução e nos recursos interpostos, cumulativamente, como prevê o CPC de 2015 (art. 85, § 1º). Esta "omissão" deixa claro que se pretendeu, como foi registrado, *penalizar o trabalhador*, vez que **o CPC somente foi copiado, no particular, naquilo que a ele impõe ônus.**

Dito de outra forma, até a entrada em vigor da Lei n. 13.467/17, a condenação no pagamento de honorários recaia, basicamente, sobre o empregador que deixasse de cumprir as suas obrigações (Súmula 219, I, III e V, do TST). Tal fato permite afirmar que a *reforma trabalhista*, visou, no particular, **permitir a condenação do trabalhador no pagamento de honorários de sucumbência.** Tanto isto é verdade, que, ao definir as situações em que são devidos honorários, a Lei n. 13.467/17 reproduziu apenas **parte do art. 85, § 1º, do CPC**, vez que, embora tenha disposto, **como fez o CPC**, que são devidos honorários na reconvenção, a lei em destaque deixou de fazer o mesmo em relação à execução, resistida ou não, e aos recursos, ou seja, **exatamente quando se tratava de responsabilizar o empregador que descumpriu as suas obrigações.**

No entanto, a citada "omissão" de ser suprida com esteio no art. 15 do CPC, que define o direito processual comum como fonte *supletiva* do Direito Processual do Trabalho, e no art. 791-A, § 1º, IV, da CLT, do qual resulta que, na fixação dos honorários sucumbenciais, devem ser levados em conta o trabalho realizado pelo advogado e o tempo exigido para o seu serviço, **o que certamente sofre influência de eventual participação na execução e na fase recursal.**

Assim, também são devidos honorários de sucumbência na execução, resistida ou não, e nos recursos interpostos, cumulativamente.

1.5.2.4.6 Honorários advocatícios na sucumbência mínima

Segundo o art. 86, parágrafo único, do CPC, "se um litigante sucumbir em parte mínima do pedido, o outro responderá, por inteiro, pelas despesas e pelos honorários" (art. 86, parágrafo único). Trata-se da denominada *sucumbência mínima*, cuja ocorrência não implica obrigação de pagamento de honorários advocatícios, isto também no processo do trabalho (arts. 15 do CPC e 769 da CLT).

No processo do trabalho, a sucumbência será mínima quando parte mínima dos pedidos do autor da demanda deixar de ser atendida ou forem julgados improcedentes pedidos de menor expressão econômica, ou seja, a sucumbência mínima diz respeito ao *quantitativo dos pedidos* e ao *quantitativo dos valores dos pedidos*.

1.5.2.4.7 Honorários advocatícios na desistência, transação, renúncia e reconhecimento do pedido

O art. 791-A, *caput*, da CLT dispõe que "Ao advogado, ainda que atue em causa própria, serão devidos honorários de sucumbência, fixados entre o mínimo de 5% (cinco por cento) e o máximo de 15% (quinze por cento) sobre o valor que resultar da liquidação da sentença, do proveito econômico obtido ou, não sendo possível mensurá-lo, sobre o valor atualizado da causa".

Ao estabelecer que o percentual de honorários incida sobe o *valor que resultar da liquidação da sentença* ou *proveito econômico obtido*, o art. 791-A da CLT deixa claro que somente haverá imposição da obrigação de pagar honorários no caso de *sucumbência apurada no julgamento da demanda*, valendo anotar que somente se recorrerá ao valor da causa, segundo tal dispositivo legal, quando não for possível apurar o proveito econômico da parte decorrente do julgamento proferido.

Assim, no caso de desistência não são devidos honorários advocatícios, não havendo que recorrer ao art. 90 do CPC como fonte subsidiária ou supletiva do Direito Processual do Trabalho, vez que este, de forma expressa, vincula o reconhecimento da obrigação de pagar honorários à sucumbência resultante do julgamento da demanda.

Note-se, inclusive, que o Regimento Interno do TST, ao tratar da desistência da demanda em razão de decisão proferida em incidente de recursos repetitivos, estabelece que a parte poderá desistir da ação em curso no primeiro grau de jurisdição, antes de proferida a sentença, se a questão nela discutida for idêntica à resolvida pelo recurso representativo da controvérsias e que, se a desistência ocorrer antes de oferecida a defesa, a parte, se for o caso, ficará dispensada do pagamento de custas e de honorários de advogado (art. 295, *caput* e § 1º), não havendo razão para o mesmo não ocorra qualquer que seja a razão da desistência.

O art. 791-A da CLT permite afirmar que são devidos honorários de sucumbência na renúncia e no reconhecimento do pedido, situações em que o processo é extinto com provimento de mérito (art. 487 do CPC). O CPC, de forma expressa, considera devidos honorários na renúncia e reconhecimento do pedido (art. 90, *caput*), observando-se que, se o réu reconhecer o pedido e, simultaneamente, cumprir integralmente a prestação reconhecida, os honorários de sucumbência serão reduzidos à metade (art. 90, § 4º, do CPC).

Também são devidos honorários de sucumbência no caso de transação (art. 90, § 2º, do CPC).

Nas hipóteses de renúncia, reconhecimento do pedido e transação, as partes podem dispor sobre a responsabilidade pelo pagamento dos honorários, por força do art. 90, § 2º, do CPC. Embora este dispositivo somente faça referência à transação, as partes podem, também na renúncia e reconhecimento do pedido, dispor sobre os honorários advocatícios.

1.5.2.4.8 Honorários advocatícios: omissão de condenação na decisão

A Súmula n. 453 do STJ consagra o entendimento de que os honorários sucumbenciais, "quando omitidos em decisão transitada em julgado, não podem ser cobrados em execução ou em ação própria". O CPC adota solução parcialmente diversa, na medida em que admite a cobrança dos honorários em ação própria (art. 87, § 18).

Assim, havendo omissão na sentença sobre os honorários sucumbenciais, eles não poderão ser cobrados na execução (o que está em harmonia com o art. 879, § 1º, da CLT), devendo o advogado, visando recebe-los, ajuizar ação própria contra o vencido na demanda. Cumpre ressalvar, no entanto, que o recurso ordinário acaso interposto devolve ao tribunal o exame de pedido não examinado, o que alcança o pedido de condenação do vencido ao pagamento de honorários advocatícios (aplicação do art. 1.013, § 3º, III, do CPC).

1.5.2.5 Honorários advocatícios contratuais

A Lei n. 13.467/17, principal instrumento da denominada *reforma trabalhista*, estabeleceu a possibilidade de condenação do vencido na demanda ao pagamento de honorários sucumbenciais em favor do vencedor, o que recoloca em destaque o debate sobre a viabilidade de ser imposta ao empregador vencido a obrigação de pagar honorários advocatícios devidos pelo trabalhador vencedor ao advogado que o assistiu no processo, ou seja, honorários contratuais.

O exame da viabilidade de ser imposta ao empregador vencido a obrigação de pagar honorários advocatícios devidos pelo trabalhador vencedor ao advogado que o assistiu no processo, ou seja, honorários contratuais, envolve a análise da possibilidade de aplicação, no processo do trabalho, do disposto nos arts. 389, 395 e 404 do Código Civil.

Estabelece o art. 389 do Código Civil que, não cumprida a obrigação, responde o devedor por perdas e danos, mais juros e atualização monetária segundo índices oficiais regularmente estabelecidos, *e honorários advocatícios*.

O art. 395 do Código Civil dispõe que o devedor responde pelos prejuízos a que sua mora der causa, mais juros, atualização dos valores segundo índices oficiais regularmente estabelecidos *e honorários advocatícios*.

Por fim, prevê o art. 404 do Código Civil que as perdas e danos, nas obrigações de pagamento em dinheiro, serão pagas com atualização monetária segundo índices oficiais regularmente estabelecidos, abrangendo juros, custas *e honorários de advogado*.

Os citados dispositivos legais deixam claro que, havendo inadimplemento de uma obrigação ou mora do devedor no seu cumprimento e a necessidade de recorrer ao Poder Judiciário para a satisfação do credor, ao devedor deve ser imposta a obrigação de pagar os honorários advocatícios devidos pelo credor em razão da contratação de advogado para o ajuizamento da demanda respectiva, isto é, honorários contratuais.

Pois bem.

O Direito do Trabalho comina, para o descumprimento de obrigações decorrentes da relação de emprego, penas pecuniárias de natureza administrativa (arts. 52 a 55, 435 e 626 da CLT) e penas pecuniárias que revertem em favor do trabalhador (arts. 467 e 477 da CLT, respectivamente) e impõe obrigação de pagar indenização na hipótese de descumprimento do dever de não colocar fim à relação de emprego (art. 496 da CLT).

Estes dispositivos consolidados demonstram a acentuada preocupação do legislador com a efetividade das normas que disciplinam a relação de emprego e, com isso, dos direitos por elas assegurados aos trabalhadores, e permite afirmar que são compatíveis com o Direito do Trabalho as regras estabelecidas pelo Código Civil que reforçam a efetividade de tais normas e direitos, como é o caso daqueles que impõem a obrigação de pagar indenização por perdas e danos, nela incluídos os honorários advocatícios, no caso de inadimplemento de obrigação ou mora do devedor.

Aliás, a compatibilidade em questão sequer será exigida se for adotada uma interpretação literal e isolada do art. 8º, § 1º, da CLT, acrescentado pela Lei n. 13.467/17, o que, no entanto, não é o caso.

O Direito do Trabalho surgiu como *direito especial*, visto que adotou como ponto de partida a ausência de igualdade entre os contratantes e de efetiva liberdade do trabalhador no ato da contratação e durante a prestação de serviços, situação que conduzia à imposição de condições de trabalho que não se harmonizavam com a dignidade humana do ser que trabalha, distanciando-se, desse modo, do Direito Civil.

No entanto, o relógio da história do Direito do Trabalho foi colocado em rotação ao contrário pela *reforma trabalhista*, que procura reaproximar o Direito do Trabalho do Direito Civil, por meio da dispensa, no art. 8º, § 1º, da CLT, da realização de juízo prévio de compatibilidade entre as normas de Direito Comum que se pretenda utilizar na solução de conflito ocorrido na relação de emprego com os princípios do Direito do Trabalho.

É que a CLT dispunha, no art. 8º, parágrafo único, que "O direito comum será fonte subsidiária do direito do trabalho, naquilo em que não for incompatível com os princípios fundamentais deste". Este dispositivo, portanto, considerando ser o Direito do Trabalho um *direito especial*, estabeleceu que o Direito Civil somente poderia atuar como fonte subsidiária daquele quando fosse compatível com os seus princípios. Mas, a *reforma trabalhista* conferiu nova redação ao art. 8º da CLT, que passa a dispor, no § 1º, que "O direito comum será fonte subsidiária do direito do trabalho".

Por meio desta alteração, o que se busca é afastar a natureza especial do Direito do Trabalho e fazer a relação de emprego retornar para a seara do direito dos contratos.

Esta tentativa é, no entanto, infrutífera, uma vez que a natureza especial do Direito do Trabalho não é uma concessão legislativa, mas decorre da essencialidade, individual e social, dos direitos que assegura aos trabalhadores, tendo em vista que se trata de direitos de dignidade humana, justiça social, cidadania e democracia.

Assim, permanece a exigência de compatibilidade, antes estabelecida expressamente no art. 8º, parágrafo único, da CLT, e ela, como foi visto acima, está presente no caso, ou seja, os arts. 389, 395 e 404 do Código Civil são compatíveis com o Direito do Trabalho.

De outro lado, o Direito do Trabalho, embora adote o princípio da responsabilidade civil, como se vê, por exemplo, no art. 462, § 1º, da CLT, não define o seu alcance (a *reforma trabalhista* trata da questão, mas apenas em relação aos danos extrapatrimoniais). Assim, está presente a segunda condição para a aplicação arts. 389, 395 e 404 do Código Civil na definição do alcance da responsabilidade do devedor inadimplente ou em mora, qual seja, a omissão do Direito do Trabalho.

Desse modo, também no Direito do Trabalho, o inadimplemento da obrigação ou a mora do devedor gera o dever de indenizar o credor e a indenização compreende os honorários de advogado.

Em suma, com esteio nos arts. 389, 395 e 404 do Código Civil, o empregador vencido pode ser condenado a pagar honorários contratuais ao trabalhador vencedor.

A CLT e a Lei n. 5.584/70 não prejudicam esta conclusão.

Primeiro, porque CLT e a Lei n. 5.584/70 não levam em conta que a maior complexidade das relações sociais conduz à maior complexidade dos conflitos que dela decorrem, o que resulta na necessidade da contratação de advogado por parte dos trabalhadores. Com isso, a possibilidade de exercício do *jus postulandi* não é suficiente para afastar a conclusão sustentada, lembrando, inclusive, que o próprio TST, por meio da Súmula n. 425, reduziu o alcance do *jus postulandi*, exatamente por considerar a maior complexidade das demandas e postulações a ele endereçadas.

Segundo, porque a CLT e a Lei n. 5.584/70 somente tratam de honorários devidos em razão do processo (honorários sucumbenciais), enquanto o Código Civil impõe o pagamento de honorários como parte da indenização devida ao credor cujo direito não tenha sido satisfeito no momento oportuno (honorários contratuais), o que significa que o Código Civil, a CLT e a Lei n. 5.584/70 tratam de situações distintas e que há omissão do Direito do Trabalho a respeito do tema.

Com isso, não cabe invocar, para negar a possibilidade de condenação do vencido, a possibilidade de postulação pessoal perante os órgãos da Justiça do Trabalho. Destarte, se o advogado é contratado, os honorários a ele comprovadamente devidos compõem a indenização a ser paga ao trabalhador.

Ademais, o direito à reparação integral de danos é assegurado pela Constituição Federal (art. 5º, V e X) e os artigos do Código Civil acima referidos apenas especificam as condições em que a reparação se fará de forma integral. O recebimento dos honorários contratuais, portanto, constitui direito assegurado também pela Constituição, com a qual devem estar em sintonia as decisões do Poder Judiciário, inclusive o trabalhista, valendo anotar que o princípio da restituição integral ainda mais se justifica quando se trate de créditos de caráter alimentar e oriundos de direitos de natureza fundamental ou humana.

A conclusão acima sustentada ganha ainda mais força diante da possibilidade de o trabalhador ser condenado a pagar honorários de sucumbência, uma vez que não tem sentido permitir que o trabalhador seja condenado a pagar honorários sucumbenciais e o devedor seja dispensado do pagamento da indenização correspondente ao valor dos honorários devidos pelo trabalhador ao seu advogado, sob pena de o crédito do trabalhador sofrer duplo desfalque: ele teria que pagar os honorários do advogado do empregador, no caso de sucumbência parcial nas suas pretensões, e, ainda, os honorários do seu próprio advogado, ou seja, ele não receberia de forma integral o seu crédito. Note-se que, mesmo que sejam totalmente procedentes as pretensões do trabalhador, ele não receberia o seu crédito na integralidade, na medida em que, ainda assim, teria que pagar os honorários do seu advogado.

Vale anotar que a Corte Interamericana de Direitos Humanos já decidiu que: "Conforme sua jurisprudência, as custas e gastos fazem parte do conceito de reparação, uma vez que as atividades realizadas pelas vítimas com a finalidade de obter justiça, em âmbito tanto nacional como internacional, implicam despesas que devem ser compensadas quando a responsabilidade internacional do Estado é declarada mediante uma sentença condenatória" (Corte IDH. Caso Herzog e outros Vs. Brasil. Exceções Preliminares, Mérito, Reparações e Custas. Sentença de 15 de março de 2018 da Corte Interamericana de Direitos Humanos. Eduardo Ferrer Mac-Gregor Poisot Presidente Eduardo Vio Grossi Humberto A. Sierra Porto Elizabeth Odio Benito Eugenio Raúl Zaffaroni L. Patricio Pazmiño Freire Pablo Saavedra Alessandri Secretário Comunique-se e execute-se, Eduardo Ferrer Mac-Gregor Poisot Presidente Pablo Saavedra Alessandri Secretário).

Acrescente-se que o Enunciado n. 53 da 1ª Jornada de Direito Material e Processual na Justiça do Trabalho, realizada pela Associação Nacional dos Magistrados da Justiça do Trabalho (ANAMATRA), juntamente com o Tribunal Superior do Trabalho (TST) e com a Escola Nacional de Formação e Aperfeiçoamento de Magistrados (ENAMAT), consagrou o entendimento de que "os arts. 348 e 404 do Código Civil autorizam o Juiz do Trabalho a condenar o vencido em honorários contratuais de advogado, a fim de assegurar ao vencedor inteira reparação do dano".

Releva anotar, ainda, que o Superior Tribunal de Justiça, por sua 3ª Turma, já decidiu que: "O pagamento dos honorários extrajudiciais como parcela integrante das perdas e danos também é devido pelo inadimplemento de obrigações trabalhistas, diante da incidência dos princípios do acesso à justiça e da restituição integral dos danos e dos arts. 389, 395 e 404 do CC/02, que podem ser aplicados subsidiariamente no âmbito dos contratos trabalhistas" (STJ, REsp. 1.027.797, Rel. Min. Nancy Andrighi, DJe 23.02.11).

De acordo com a relatora desta decisão, "Por ser uma faculdade, a concessão do *jus postulandi* não pode ser utilizada como fundamento para penalizar o trabalhador que resolve contratar um advogado particular (...). O direito de acesso à justiça compreende, entre outros, o direito daquele que está em juízo poder influir no convencimento do magistrado, participando adequadamente do processo. Nessa dimensão, assume especial relevância a função do advogado no processo como fator de concretização do acesso à justiça, na medida em que, utilizando os seus conhecimentos jurídicos, otimiza a participação do seu cliente no processo de convencimento do magistrado (...). Assim sendo, analisada a questão sob a ótica do acesso à justiça, deve-se concluir que o empregado tem o direito de optar por se representado em juízo por advogado de sua confiança. Por fim, cumpre ponderar que o processo não pode impor prejuízos à parte a quem, ao final, se reconheça razão. Assim, aquele que deixou de pagar verbas trabalhistas tem de restituir ao empregado o que esse despendeu com os honorários advocatícios contratuais (...). O princípio da restituição integral se entrelaça com os princípios da equidade, da justiça e, consequentemente, com o princípio da dignidade da pessoa humana, tendo em vista que, minimizando os prejuízos efetivamente sofridos, evita-se o desequilíbrio econômico gerado pelo descumprimento da obrigação e protege-se a dignidade daquele que teve o seu patrimônio lesado".

É importante mencionar que a Justiça do Trabalho não pode ser transformada em uma justiça punitiva, em relação ao trabalhador que a ela recorre, apesar de a *reforma trabalhista*, em mais de uma oportunidade, procurar atribuir-lhe este papel. É o que ocorre, por exemplo, com a inclusão na CLT da possibilidade de punição da litigância de má-fé (arts. 793-A, 794-B e 794-C).

A punição da litigância de má-fé no contexto do processo do trabalho já era admitida pela doutrina e jurisprudência. A previsão expressa neste sentido demonstra a intenção de realçar não apenas a possibilidade de punir a má-fé *dos trabalhadores*.

Dir-se-á, em defesa da *reforma trabalhista*, que também empregadores podem ser punidos pela litigância de má-fé. Isto é certo, mas basta ler os Relatórios que sustentaram a *reforma trabalhista* na Câmara dos Deputados e no Senado Federal para constatar que os verdadeiros alvos desta medida são os trabalhadores.

A intenção punitiva é reforçada pelo fato de a *reforma trabalhista* ter criado, em favor dos executados, dificuldade para a satisfação dos créditos reconhecidos em juízo, como se deu por meio do estabelecimento de embaraços para o reconhecimento da existência de grupo econômico e, ainda, de verdadeira moratória em favor dos devedores, como se vê dos arts. 2º, §§ 2º e 3º, e 883-A da CLT, respectivamente.

Aponta no mesmo sentido, a previsão de que a responsabilidade pelo pagamento dos honorários periciais é da parte sucumbente na pretensão objeto da perícia, ainda que beneficiária da justiça gratuita (art. 790-B). Neste caso, simples improcedência do pedido foi considerada fato suficiente para que o trabalhador seja condenado a pagar honorários periciais, mesmo que beneficiário da justiça gratuita. Trata-se de verdadeira punição da litigância, posto que a condenação ao pagamento dos honorários periciais dispensa a demonstração da má-fé do trabalhador.

Lembre-se, ainda, da previsão no sentido de que o trabalhador que não comparecer à audiência será condenado ao pagamento das custas, ainda que beneficiário da justiça gratuita, salvo se comprovar que a ausência ocorreu por motivo legalmente justificável (art. 844, § 2º), sendo relevante anotar que o empregador ausente foi beneficiado pela previsão no sentido de que, estando presente o seu advogado, a contestação e os documentos que eventualmente apresente serão aceitos (art. 844, § 5º), valendo ressaltar, no entanto, que não foi afastada a consequência da ausência do reclamado estabelecida pelo art. 844, *caput*, da CLT, o que significa que, ainda que presente o advogado e que este apresente contestação, o reclamado será considerado revel e confesso quanto os fatos alegados na petição inicial, valendo anotar que a CLT estabelece, expressamente, no art. 844, § 4º, as situações que a ausência do reclamado não implicará confissão em relação à questão de fato e entre elas não incluiu a presença do advogado do reclamado na audiência. Assim, somente os documentos que forem apresentados com a contestação é que deverão ser considerados no julgamento da demanda, ou seja, o art. 844, §5º, da CLT somente assegura ao reclamado ausente a possibilidade de produzir prova documental.

Aliás, a *reforma trabalhista* foi ainda mais adiante, vez que, consoante o art. 884, § 3º, da CLT, no caso de arquivamento da demanda, o pagamento das custas do processo respectivo constitui condição para a sua nova propositura. A exigência de pagamento de custas da parte beneficiária da gratuidade da justiça para efeito da propositura de nova demanda atenta contra o princípio da igualdade. É que, ao mesmo tempo em que impede, ou, no mínimo, dificulta o acesso do trabalhador à justiça, a reforma trabalhista adota medidas voltadas à facilitação do acesso à justiça para as empresas, inclusive quando já condenadas em juízo, dispensando-as do pagamento de custas (art. 790-A) e da realização do depósito recursal (art. 899, § 10), quando beneficiados pela justiça gratuita.

Contudo, às partes em igual situação – ambas são beneficiárias da justiça – deve ser reservado o mesmo tratamento. Deste modo, assim como não se pode exigir o pagamento das custas e a realização do depósito recursal da empresa beneficiária da justiça gratuita, também não se pode exigir o pagamento de custas para efeito de ajuizamento de demanda trabalhista pelo trabalhador também beneficiário da justiça gratuita, sob pena, inclusive, de se considerar que *o não comparecimento injustificado à audiência é menos grave do que o descumprimento da legislação trabalhista*, isto apesar de a Constituição estabelecer, expressamente, que uma das condições para que a empresa cumpra a sua função social é o respeito à legislação trabalhista (art. 186, III).

Aliás, mesmo ao impor o respeito ao princípio da sucumbência, a intenção punitiva é evidente.

Com efeito, a CLT passou a prever que o vencido será condenado a pagar honorários de sucumbência ao vencedor (art. 791-A). A medida, embora salutar, visto que quem deu causa ao processo deve arcar com os seus custos, foi adotada com a nítida intenção de *penalizar o trabalhador*. É que foi estabelecido que o trabalhador deverá pagar os honorários de sucumbência mesmo que beneficiário da justiça gratuita (art. 791-A, § 4º) e, copiando o CPC, que são devidos honorários na reconvenção (art. 791-A, § 5º). Porém, não foi previsto, como o fez o CPC, que também são devidos honorários advocatícios no cumprimento da sentença, na execução e nos recursos interpostos, cumulativamente, como prevê o CPC (art. 85, § 1º).

Esta "omissão" deixa claro que o que se pretendeu, com a adoção do princípio da sucumbência, foi penalizar o trabalhador, vez que o CPC somente foi copiado naquilo que a ele impõe ônus.

Anote-se que, consoante o § 3º do art. 8º da CLT, acrescentado à CLT pela *reforma trabalhista*, no exame de convenção coletiva ou acordo coletivo de trabalho, a Justiça do Trabalho analisará, exclusivamente, a conformidade dos elementos essenciais do negócio jurídico e balizará a sua atuação pela regra da intervenção mínima na autonomia da vontade coletiva. De outro lado, também foi acrescentado à CLT norma segundo a qual, no julgamento de pedido de reparação de danos extrapatrimoniais, o julgador aplicará, apenas, o que foi estabelecido pela CLT (art. 223-A). Estas normas deixam claro que a *reforma trabalhista* procura impor uma espécie de *jurisdição mínima* e impor *função passiva à jurisprudência*.

A passividade não combina, no entanto, com processo que, em regra, envolve direitos humanos e fundamentais e aos quais correspondem créditos de natureza alimentar, como deixa claro, por exemplo, o art. 765 da CLT, e, principalmente, o art. 8º do CPC, que atua como fonte supletiva do Direito Processual do Trabalho e estabelece que, "ao aplicar o ordenamento jurídico, o juiz atenderá aos fins sociais e às exigências do bem comum, resguardando e promovendo a dignidade da pessoa humana e observando a proporcionalidade, a razoabilidade, a legalidade, a publicidade e a eficiência". Resguardar e promover a dignidade humana em termos processuais é atuar no sentido de garantir a máxima efetividade possível aos direitos sem os quais ela não se realiza.

1.5.2.6. Honorários assistenciais.

A Lei n. 13.725/18 acrescentou dois parágrafos ao art. 22 da Lei n. 8.906/94.

Por força da citada lei: pertencem ao advogado os honorários assistenciais, compreendidos como os fixados em ações coletivas propostas por entidades de classe em substituição processual, sem prejuízo aos honorários convencionais (art. 22, § 6º); os honorários convencionados com entidades de classe para atuação em substituição processual poderão prever a faculdade de indicar os beneficiários que, ao optarem por adquirir os direitos, assumirão as obrigações decorrentes do contrato originário a partir do momento em que este foi celebrado, sem a necessidade de mais formalidades" (art. 22, § 7º).

A Lei n. 13.725/18 revogou, em razão do acréscimo que fez à Lei n. 8.906/94, o art. 16 da Lei n. 5.584/70, segundo o qual os honorários do advogado, pagos pelo vencido, reverterão em favor do sindicato assistente.

Assim, diante do que dispõe a Lei n. 13.725/18, havendo condenação do demandado em ação coletiva proposta pelo sindicato como substituto processual ao pagamento de honorários assistenciais, estes honorários passam a pertencer ao advogado e não mais ao sindicato, ao passo que os honorários contratados pelas entidades sindicais para atuação em juízo como substituto processual poderão ser revertidos aos advogados por elas contratados para patrocínio da demanda.

De início, registre-se que a Lei n. 13.725/18 é uma norma geral, que cede lugar às normas especiais consubstanciadas na Lei 7.347/85 (art. 17 e 18) e na Lei 8.078/90 (art. 87), das quais decorre que, sendo julgada improcedente a ação coletiva patrocinada por sindicado, a este não pode ser imposto o ônus de pagar honorários advocatícios, salvo se for demonstrada a sua má-fé.

Feito este registro, cumpre observar que, à primeira vista, a Lei n. 13.725/18 se limita a definir a titularidade dos honorários assistenciais fixados em ações coletivas promovidas por entidades sindicais julgadas total ou parcialmente procedentes e de criação da possibilidade de os sindicatos transferirem a advogados os honorários contratuais relacionados com o ajuizamento de ações coletivas.

No entanto, a citada lei, principalmente por força da inclusão do § 6º no art. 22 da Lei n. 8.906/94, tem um alcance bem maior, na medida em que se insere no contexto das reformas legislativas que visam enfraquecer economicamente os sindicatos.

Nesse particular, cumpre recordar que, procurando dificultar o custeio da atividade sindical, a *reforma trabalhista* estabelece que o desconto da contribuição sindical do salário do trabalhador, antes obrigatório, passa a depender de prévia e expressa autorização (arts. 545 e 578 da CLT).

Anote-se que a Medida Provisória n. 873/2019 aprofunda o ataque aos sindicatos.

Com efeito, a citada Medida Provisória altera a CLT e confere nova redação ao art. 578, que passa a dispor que "As contribuições devidas aos sindicatos pelos participantes das categorias econômicas ou profissionais ou das profissões liberais representadas pelas referidas entidades serão recolhidas, pagas e aplicadas na forma estabelecida neste Capítulo, sob a denominação de contribuição sindical, desde que prévia, voluntária, individual e expressamente autorizado pelo empregado." e o 579, que passa a prever, no *caput*, que "O requerimento de pagamento da contribuição sindical está condicionado à autorização prévia e voluntária do empregado que participar de determinada categoria econômica ou profissional ou de profissão liberal, em favor do sindicato representativo da mesma categoria ou profissão ou, na inexistência do sindicato, em conformidade o disposto no art. 591", no § 1º, que "A autorização prévia do empregado a que se refere o **caput** deve ser individual, expressa e por escrito, não admitidas a autorização tácita ou a substituição dos requisitos estabelecidos neste artigo para a cobrança por requerimento de oposição" e, no § 2º,que "É nula a regra ou a cláusula normativa que fixar a compulsoriedade ou a obrigatoriedade de recolhimento a empregados ou empregadores, sem observância do disposto neste artigo, ainda que referendada por negociação coletiva, assembleia-geral ou outro meio previsto no estatuto da entidade."

É interessante notar que na exposição de motivos da aludida Medida Provisória é assinalado que a Constituição e normas de Direito Internacional vedam a interferência do Poder Público na atividade sindical, mas a Medida Provisória faz exatamente o contrário, na medida em, visando dificultar o custeio da atividade sindical, impede que a assembleia convocada por determinado sindicato delibere sobre a contribuição sindical.

Ademais, como foi assinado por Sandro Lunard Nicoladeli, a Medida Provisória confunde as formas de custeio dos sindicatos, não atende aos requisitos de urgência e relevância (art. 62 da Constituição Federal), padece de inconstitucionalidade, posto que ofende ao disposto no art. 8º, incisos I a IV, da Constituição da República, e viola as Convenções ns. 95, 144, 151 e 154 da OIT. (NICOLADELI, Sandro Lunard. Ataque aos Sindicatos. Disponível in "https://www.plural.jor.br.ataque-aos-sindicatos).

Realizados estes registros, cumpre anotar que os honorários assistenciais eram revertidos aos sindicatos porque a eles foi atribuída a obrigação de prestar assistência judiciária gratuita aos membros da categoria que representa.

A Lei n. 13.725/18, ainda que apenas em relação aos honorários devidos nas ações coletivas patrocinadas por sindicatos como substitutos processuais, transferiu os honorários assistenciais para os advogados contratados pelos sindicatos.

Contudo, a obrigação de os sindicatos prestarem assistência judiciária gratuita aos membros da categoria que representam não lhes foi retirada, posto que não foi revogado o art. 14 da Lei n. 5.584/70.

Isso significa que foi mantida obrigação dos sindicatos que lhes gera custos e, ao mesmo tempo, deles foi retirada a fonte do custeio especialmente destinada ao cumprimento desta obrigação.

Há, portanto, uma flagrante contradição entre a Lei n. 13.725/18 e a Lei n. 5.584/70.

Diante desta contradição, resta, como solução, atribuir os honorários assistenciais ao sindicato, até que seja estabelecida uma fonte de custeio compatível com a obrigação de os sindicatos prestarem assistência judiciária gratuita aos membros da categoria que representam, sob pena de ficar comprometida, ainda, mais, a atuação das entidades sindicais.

Não se pode olvidar, inclusive, que as ações coletivas são aquelas ajuizadas para a defesa de direitos difusos, coletivos e individuais homogêneos e têm como objetivo principal a ampliação do acesso à justiça e aos direitos assegurados pela ordem jurídica, ou seja, a Lei n. 13.725/18, na linha que já foi adotada pela *reforma trabalhista*, procura, ao definir a titularidade dos honorários assistenciais, dificultar o acesso à justiça e aos direitos assegurados pela ordem jurídica.

Note-se, que não está sendo negado aos advogados o direito à remuneração dos seus serviços. Esta remuneração deverá ser objeto de ajuste entre sindicatos e advogados, como se dá, inclusive, em relação aos honorários contratuais, por força, inclusive, da Lei n. 13.725/18.

De qualquer forma, cumpre anotar que a Lei n. 13.725/18 não autoriza a cumulação de honorários assistenciais e honorários de sucumbência. Os honorários assistenciais correspondem aos honorários de sucumbência no caso de demandas coletivas julgadas total ou parcialmente procedentes.

2. DEVERES DAS PARTES, DOS PROCURADORES E DE TODOS AQUELES QUE DE QUALQUER FORMA PARTICIPAM DO PROCESSO. LITIGÂNCIA DE MÁ-FÉ. REPARAÇÃO DE DANOS PROCESSUAIS

Embora a doutrina e a jurisprudência predominantes já admitissem a aplicação do Código de Processo Civil (CPC) como fonte subsidiária do Direito Processual do Trabalho para efeito de punição da litigância de má-fé no contexto do processo do trabalho, o legislador optou, como se vê na Lei n. 13.467/17, pela inserção na Consolidação das Leis do Trabalho (CLT) de disciplina própria para a questão.

A disciplina da responsabilidade por dano processual pelo Direito Processual do Trabalho deve ser examinada no contexto em que foi realizada.

Os vários argumentos utilizados para justificar a alteração da CLT na parte em que trata dos *custos da litigância* – custas processuais, honorários advocatícios, honorários periciais, punição da litigância de má-fé e justiça gratuita – demonstram a adoção pelo legislador, como premissa básica, a ideia segundo a qual *os trabalhadores abusam do seu direito de ação e contam, ao fazê-lo, com a condescendência da Justiça do Trabalho*.

No entanto, ao mesmo tempo em que trata dos custos da litigância partindo da citada premissa, as alterações realizadas pela *reforma trabalhista* na CLT dificultam o reconhecimento e a realização concreta de direitos inerentes ao trabalho, quando trata, por exemplo, da configuração do grupo econômico, equiparação salarial e legitimidade para a promoção da execução.

Note-se, ainda, que a disciplina da responsabilidade por dano processual não foi acompanhada pela prévia definição dos deveres das partes e seus procuradores e daqueles que de qualquer forma participam do processo, como se fez no CPC (art. 77 e 78).

Dir-se-á que, constituindo o CPC fonte subsidiária e supletiva do Direito Processual do Trabalho, os deveres que ele impõe às partes e aos seus procuradores e daqueles que de qualquer forma participam do processo são os mesmos que devem ser respeitados no processo do trabalho.

Isto é verdade.

Mas é também verdade que a doutrina e a jurisprudência já admitem que a punição da litigância de má-fé no processo do trabalho pode ser realizada utilizando-se o CPC como fonte subsidiária ou supletiva do Direito Processual do Trabalho.

Ora, se o CPC é considerado fonte, subsidiária ou supletiva, do Direito Processual do Trabalho para a punição da litigância de má-fé, qual é a razão da a inclusão deste tema na CLT?

É aqui que para aparece o aspecto simbólico da *reforma trabalhista.*

A *reforma trabalhista* torna claro, *para os trabalhadores*, que eles poderão ser punidos por litigância de má-fé. Aliás, não só eles, como também as suas testemunhas (art. 793-D da CLT, acrescentado pela Lei n. 13.467/17).

Em suma, a disciplina da responsabilidade por dano processual realizada pela *reforma trabalhista* nada mais é do que a tentativa de **inibir o acesso à justiça, por meio da ameaça de punição.**

Aliás, a *reforma trabalhista* vai mais além e realça a sua postura punitiva em relação aos trabalhadores.

Em relação aos honorários periciais a intenção punitiva é ainda mais clara.

Com efeito, o art. 790-B da CLT, na sua redação original, previa que a responsabilidade pelo pagamento dos honorários periciais é da parte sucumbente na pretensão objeto da perícia, *salvo se beneficiária de justiça gratuita*. A Lei n. 13. 467/17 conferiu nova redação ao art. 790-B, que passa a dispor que a responsabilidade pelo pagamento dos honorários periciais é da parte sucumbente na pretensão objeto da perícia, *ainda que beneficiária de justiça gratuita*. Trata-se, agora, de punição pela improcedência do pedido. Note-se que sequer foi ressalvado, como se fez em relação aos honorários advocatícios, a incapacidade de pagamento de tal parcela. De qualquer forma, é patente a inconstitucionalidade de tal medida, diante do disposto no art. 5º, LXXIV, da Constituição, que impõe ao Estado o dever de prestar assistência jurídica integral e gratuita aos que comprovarem insuficiência de recursos.

Note-se que, se a norma em questão for aplicada na sua literalidade, resta claro que o trabalhador estará sendo **punido em razão da improcedência da sua pretensão.** Com efeito, o que da norma resulta é que o trabalhador que deu causa à realização da perícia, por manifestar em juízo pretensão improcedente, arcará com os custos respectivos. Ora, nesta linha de raciocínio, se houver procedência do pedido, o réu deverá, **necessariamente**, ser punido por litigância de má-fé, visto que terá dado causa, imotivadamente, à realização perícia.

Nas duas situações deve ser ponderado, ainda, que existem situações em que a existência ou não de trabalho insalubre e periculoso ainda é controvertida na jurisprudência. Neste caso, a nosso juízo, não haverá que impor ao trabalhador o pagamento dos honorários, no caso de improcedência, assim como o empregador não poderá ser punido por litigância de má-fé.

Com efeito, o legislador optou pela restrição da possibilidade de condenação do vencido ao pagamento de honorários advocatícios no processo do trabalho (arts. 14 e 16 da Lei n. 5.584/70), afastando do processo do trabalho o *princípio da sucumbência*.

No entanto, a pretexto de adotar este princípio, a Lei n. 13.467/17 acrescentou à CLT o art. 791-A, prevendo que:

> "Art. 791-A. Ao advogado, ainda que atue em causa própria, serão devidos honorários de sucumbência, fixados entre o mínimo de 5% (cinco por cento) e o máximo de 15% (quinze por cento) sobre o valor que resultar da liquidação da sentença, do proveito econômico obtido ou, não sendo possível mensurá-lo, sobre o valor atualizado da causa.
>
> §1º Os honorários são devidos também nas ações contra a Fazenda Pública e nas ações em que estiver assistida ou substituída por sindicato de sua categoria.
>
> § 2º Ao fixar os honorários, o juízo observará:
>
> I – o grau de zelo do profissional;
>
> II – o lugar da prestação de serviços;
>
> III – a natureza e a importância da causa;
>
> IV – o trabalho realizado pelo advogado e o tempo exigido para o seu serviço;
>
> § 3º Na hipótese de procedência parcial, o juízo arbitrará honorários de sucumbência recíproca, vedada a compensação entre os honorários.
>
> § 4º Vencido o beneficiário da justiça gratuita, desde que tenha obtido em juízo, ainda que em outro processo, créditos capazes de suportar a despesa, as obrigações decorrentes da sua sucumbência ficarão sob condição suspensiva de exigibilidade e somente poderão ser executadas se, nos dois anos subsequentes ao trânsito em julgado da decisão que as certificou, o credor demonstrar que deixou de existir a situação de insuficiência de recursos que justificou a concessão da gratuidade, extinguindo-se, passado este prazo, tais obrigações do beneficiário.
>
> § 4º São devidos honorários advocatícios na reconvenção".

Vê-se, assim, em especial em razão do art. 791-A, § 4º, da CLT, que o princípio foi adotado para permitir a condenação do trabalhador, ainda que beneficiário pela justiça gratuita.

Vale anotar que na interpretação do art. 791-A, § 4º, da CLT, por força do caráter alimentar de que se revestem os créditos decorrentes da relação de emprego, os honorários advocatícios somente podem ser cobrados do trabalhador se a quantia por ele recebida em juízo for de tal monta que o pagamento dos honorários não coloque em risco a sua sobrevivência própria e familiar.

E, para deixar claro ao trabalhador que ele suportará os custos da demanda, foi estabelecido, na linha já dotada pelo CPC, que são devidos honorários de sucumbência na reconvenção (art. 791-A, § 5º). No entanto, chama a atenção o fato de a *reforma trabalhista* deixar, *estrategicamente*, de prever que também são devidos honorários advocatícios na execução, definitiva ou provisória, resistida ou não, e nos recursos, cumulativamente (art. 85, § 1º, do CPC).

Resta evidente, portanto, que não se teve o mesmo rigor em relação àqueles que descumprem a legislação trabalhista, *ainda que dolosamente*.

Aliás, para estes, que certamente não são todos os empregadores, *os custos da demanda foram reduzidos*, posto que foi fixado valor máximo para as custas (art. 789 da CLT na redação que lhe conferiu a Lei n. 13. 467/17), e até mesmo os *custos da ofensa à moral dos trabalhadores foram limitados*, por meio da tarifação, flagrantemente inconstitucional, dos danos extrapatrimoniais (art. 223-G da CLT, acrescentado pela Lei n. 13.467/17).

Não se pode esquecer, ainda, a *moratória* estabelecida em favor dos devedores, por meio da determinação no sentido de que deve ser aguardado o prazo de 45 dias, a contar da citação, para a realização do protesto da decisão judicial e inscrição do nome do executado em órgãos de proteção do crédito ou Banco Nacional de Devedores Trabalhista (art. art. 883-A da CLT, acrescentado pela Lei n. 13.467/17).

Cumpre esclarecer que não está sendo negada a necessidade da punição da litigância de má-fé praticada pelos trabalhadores.

Com efeito, no nosso livro *Abuso do direito no processo do trabalho*, editado em 1999, foi sustentado que a litigância de má-fé constitui uma espécie do gênero abuso do direito de ação e que o juiz tem o *dever* de punir o abuso no exercício do direito de ação e que esta punição, além de constituir uma resposta aos atentados à dignidade da justiça, decorre da "*necessidade* de conferir proteção qualificada e rápida a todos que se evolvam em dissídios decorrentes da relação de emprego (ALMEIDA, 1999, p. 55).

No citado livro foi acrescentado que a omissão na punição do abuso do direito de ação:

> "a) permite que o trabalhador a quem nada é devido recorra ao Judiciário trabalhista para tirar proveito de sua vocação para o acordo ou de eventual falha do empregador, na medida em que do insucesso na demanda sequer decorre a obrigação de pagar as custas processuais, das quais, no geral, é isento;
>
> b) favorece o empregador, para quem passa a ser vantajoso pagar as parcelas devidas ao obreiro somente após uma longa demanda, vez que o não cumprimento de suas obrigações no tempo certo, de ordinário, não gera qualquer punição" (ALMEIDA, 1999, p. 56).

> Também foi ressaltado, no citado livro, que a omissão na punição do abuso do direito de ação resulta em descrédito do Judiciário, que "deixa de ser um instrumento de pacificação social, para se tornar, aos olhos do corpo social em que está inserido, meio de alcançar enriquecimento ilícito" (ALMEIDA, 1999, p. 57), e, ainda, que também o trabalhador deve ser punido quando abusa do direito de ação, vez que a condição de empregado "não autoriza a prática de ilícitos" (ALMEIDA, 1999, p. 60).

No entanto, tais afirmações, *que são aqui reiteradas*, não autorizam olvidar que a *reforma trabalhista* utilizou a disciplina da punição da litigância de má-fé para inibir o acesso à justiça, por meio da ameaça de punição, sendo de suma relevância recordar que dificultar o acesso à justiça é fazer o mesmo em relação aos direitos assegurados pela ordem jurídica, o que ganha relevância quando se trata de direitos que são reconhecidos com a pretensão de garantir a equitativa distribuição de rendas, a liberdade em relação à necessidade e condições dignas de vida.

Definidos os contextos em que veio à luz a Lei n. 13.467/17 e a *reforma trabalhista* por ele realizada, cumpre examinar o que ela estabelece a respeito da responsabilidade por dano processual.

Antes, porém, cumpre recordar que agir em juízo, de forma espontânea ou provocada ou no cumprimento de determinação legal ou judicial implica uma série de deveres, que encontram justificação no fato de que a todos cumpre colaborar para que o processo alcance a finalidade a que se destina, que é tornar concreto o direito assegurado pela ordem jurídica, de forma rápida e econômica.

Neste sentido, o CPC estabelece, no art. 5º, que aquele que de qualquer forma participar do processo deve comportar-se de acordo com a boa-fé. Trata-se, em suma, do estabelecimento do *dever de boa-fé processual.*

O CPC também dispõe, no art. 77, que, além de outros previstos naquele Código, constitui dever das partes, de seus procuradores e de todos aqueles que de qualquer forma participem do processo (assistente e arrematante, por exemplo): a) expor os fatos em juízo conforme a verdade (*dever de veracidade*); b) não formular pretensão ou apresentar defesa quando cientes de que são destituídas de fundamentos (*dever de apresentar pretensão ou defesa fundadas*); c) não produzir provas e não praticar atos inúteis ou desnecessários à declaração ou à defesa de direito (*dever de colaboração com a celeridade e economia processuais*); d) cumprir com exatidão as decisões jurisdicionais, de natureza provisória ou final, e não criar embaraços à sua efetivação (*dever de cumprir com exatidão as decisões judiciais e de não criar embaraços à sua efetivação*); e) declinar, no primeiro momento que lhes couber falar nos autos, o endereço residencial ou profissional onde receberão intimações, atualizando esta informação sempre que ocorrer qualquer modificação temporária ou definitiva (*dever de fornecimento e atualização de dados necessários para a realização de intimações*); f) não praticar inovação ilegal no estado de fato de bem ou direito litigioso (*dever de não praticar atentado*).

O CPC ainda dispõe que:

1) nas hipóteses de descumprimento do dever de cumprir com exatidão as decisões judiciais e de não criar embaraços à sua efetivação e do dever de não praticar inovação ilegal no estado de fato ou de direito litigioso, o juiz advertirá qualquer das pessoas mencionadas no *caput* de que sua conduta poderá ser punida como ato atentatório à dignidade da justiça (art. 77, § 1º);
2) a violação do dever de cumprir com exatidão as decisões judiciais e de não criar embaraços à sua efetivação e do dever de não praticar inovação ilegal no estado de fato ou de direito litigioso constitui ato atentatório à dignidade da justiça, situação em que o juiz, sem prejuízo das sanções criminais, civis e processuais, deverá aplicar ao responsável multa de até vinte por cento do valor da causa, de acordo com a gravidade da conduta (ou até 10 vezes o valor do salário mínimo, quando o valor da causa foi irrisório ou inestimável – art. 77, § 5º), observando-se que a multa não paga no prazo fixado pelo juiz será inscrita em dívida ativa da União ou do Estado após o trânsito em julgado da decisão que a fixou, e sua execução far-se-á de acordo com o procedimento da execução fiscal, revertendo-se o valor respectivo ao fundo de que trata o art. 97 do CPC (*fundo de modernização do Poder Judiciário*) (art. 77, §§ 2º e 3º);
3) a multa prevista no art. 77, § 2º, será fixada independentemente da incidência daquelas previstas nos arts. 523, § 1º (multa a ser paga quando não for cumprida a obrigação de forma voluntária) e 536, § 1º (multa fixada visando ao cumprimento de obrigação de fazer ou de não fazer) (no art. 77, § 4º).

De acordo com o art. 77, § 6º, do CPC, aos advogados, públicos e privados, e aos membros da Defensoria e do Ministério Público não se aplica o disposto nos §§ 2º a 5º (que fixam a multa a ser aplicada no caso de descumprimento dos deveres de cumprir com exatidão as decisões judiciais e de não criar embaraços à sua efetivação, bem como do dever de não praticar inovação ilegal no estado de fato ou de direito litigioso), devendo eventual responsabilidade disciplinar ser apurada pelo respectivo órgão de classe ou corregedoria, ao qual o juiz oficiará.

Ainda consoante o CPC, violado o dever de não praticar inovação ilegal no estado de fato de bem ou direito litigioso, ou seja, cometido *atentado*, o juiz determinará o restabelecimento do estado anterior, podendo, ainda, proibir a parte de falar nos autos até a purgação do atentado, sem prejuízo da aplicação da multa prevista no art. 77, § 2º (art. 77, § 7º), ao passo que o representante judicial da parte não pode ser compelido a cumprir decisão em seu lugar (art. 77, § 8º).

A CLT não trata dos deveres das partes, dos procuradores e daqueles que de qualquer forma participam do processo, o que exige o recurso ao CPC como sua fonte subsidiária ou supletiva, com respaldo nos arts. 769 da CLT e 15 do CPC.

Realizado este registro, cumpre retornar ao exame da responsabilidade por dano processual no processo do trabalho.

A CLT não trata de forma pormenorizada da responsabilidade por dano processual, o que exige o recurso ao CPC como sua fonte subsidiária ou supletiva.

Essa omissão é afastada pela Lei n. 13.467/17, que acrescentou à CLT os arts. 793-A, 793-B, 793-C e 793-D, segundo os quais:

> "Art. 793-A. Responde por perdas e danos aquele que litigar de má-fé como reclamante, reclamado ou interveniente";
>
> "Art. 793-B. Considera-se litigante de má-fé aquele que:
>
> I – deduzir pretensão ou defesa contra texto expresso de lei[23] ou fato incontroverso;[24]
>
> II – alterar a verdade dos fatos;[25]
>
> III – usar do processo para conseguir objetivo ilegal;[26]
>
> IV – opuser resistência injustificada ao andamento do processo;[27]
>
> V – proceder de modo temerário em qualquer incidente ou ato do processo;[28]
>
> VI – provocar incidente manifestamente infundado;[29]
>
> VII – interpuser recurso com intuito manifestamente protelatório".[30]

Consoante o art. 793-C da CLT, constatada a litigância de má-fé o juiz, de ofício ou a requerimento, condenará o litigante de má-fé a:

a) *pagar multa*, em favor da parte contrária, em valor superior a 1% e inferior a 10% do valor corrigido da causa, observando-se que, quando o valor da causa for irrisório ou inestimável, a multa poderá ser fixada em até duas vezes o limite máximo dos benefícios do Regime Geral da Previdência Social (art. 793-C, § 2º);

---

23. Trata-se de pretensão ou defesa manifestada contra texto normativo de significado evidente. É o que ocorre, por exemplo, quando a pretensão ou defesa é apresentada desconsiderando o significado de uma norma estabelecido por súmula ou precedente vinculante.
24. Fato incontroverso, na hipótese, é aquele do qual a parte tem plena ciência.
25. Alterar a verdade é negar fato existente ou afirmar fato inexistente.
26. A hipótese é de utilização do processo para alcançar resultado vedado pela ordem jurídica.
27. Resistir injustificadamente ao processo é atuar contra o seu andamento regular.
28. Trata-se da adoção dolosa de comportamento imprudente ou sem fundamento.
29. A hipótese diz respeito à procrastinação do andamento do processo, por meio da provação de incidentes sem fundamentação razoável.
30. Dá-se a interposição de recurso com intuito manifestamente protelatório quando a parte interpõe o recurso ciente de que carece de um mínimo de fundamento e com a intenção de protelar o andamento do processo ou prejudicar a efetividade da decisão judicial.

b) *indenizar a parte contrária pelos prejuízos por ela sofridos*, devendo o valor da indenização ser fixado pelo juízo, ou, caso não seja possível mensurá-lo, liquidado por arbitramento ou pelo procedimento comum, nos próprios autos (art. 793-C, § 3º)

c) *arcar com os honorários advocatícios e com todas as despesas que a parte contrária efetuou*.[31]

Quando forem dois ou mais os litigantes de má-fé, o juiz condenará cada um na proporção do seu respectivo interesse na causa ou solidariamente aqueles que se coligarem para lesar a parte contrária (art. 793-C, § 1º).

A CLT prevê, ainda, que o juiz poderá impor a multa prevista no art. 793-C da CLT à *testemunha* que intencionalmente alterar a verdade dos fatos ou omitir fatos essenciais ao julgamento da causa, devendo a execução desta multa ser realizada nos mesmos autos (art. 793-D, *caput* e parágrafo único).

O exame de tais dispositivos legais demonstra que **a Lei n. 13.467/17 reproduziu o disposto no art. 80 do CPC**, ao passo que na sua aplicação não se pode olvidar que:

1) as penas pela litigância de má-fé podem ser aplicadas de ofício ou a requerimento da parte contrária, garantindo, no entanto, o direito de defesa (arts. 9º e 10 do CPC);

2) mesmo o vencedor na demanda pode ser condenado em razão da litigância de má-fé;

3) a punição da litigância de má-fé não pode ser utilizada para inibir o acesso à justiça, notadamente a pretexto de reduzir o número de demandas trabalhistas, lembrando que o direito de ação tem o *status* de direito humano e fundamental;

4) a punição da litigância de má-fé não pode ser utilizada para penalizar o empregador pelo descumprimento da legislação trabalhista, visto que, para tanto, já existem penalidades estabelecidas pela ordem jurídica;

5) a improcedência do pedido não implica, necessariamente, litigância de má-fé do autor, o mesmo ocorrendo quanto à procedência do pedido, em relação ao réu;

6) a multa e a indenização em razão de litigância de má-fé têm o mesmo pressuposto, qual seja, a litigância de má-fé, mas a condenação no pagamento de indenização pressupõe a prova do dano experimentado pela

31. A possibilidade de impor ao litigante de má-fé a obrigação de arcar com os honorários advocatícios eventualmente pagos pela parte contrária para comparecer em juízo torna indiscutível a compatibilidade nos arts. 389 e 404 do Código Civil, que versam sobre os gastos realizados pelas partes para comparecer em juízo para a defesa de seus direitos ou interesses, com o Direito Processual do Trabalho.

parte contrária, ao passo que a imposição da obrigação de pagar multa dispensa esta prova;

7) a condenação do autor no pagamento de honorários advocatícios em razão da litigância de má-fé, se dará quando todos os pedidos forem julgados improcedentes. Se ocorrer a litigância de má-fé, mas algum pedido for acolhido, somente poderá ser imposta à parte a obrigação de pagar a multa cominada no art. 793-C. Nesta hipótese, a responsabilidade pelo ajuizamento da demanda é do demandado.

No exame do tema não se pode olvidar que o acesso à justiça não constitui um fim em si mesmo. O acesso à justiça se justifica pela sua condição de instrumento de acesso aos direitos assegurados pela ordem jurídica, dentre os quais aqueles inerentes ao trabalho.

3. CUSTAS E EMOLUMENTOS. JUSTIÇA GRATUITA. HONORÁRIOS PERICIAIS

Às partes compete arcar com os custos do processo, que comportam as despesas processuais (custas, emolumentos e honorários periciais, por exemplo) e os honorários advocatícios.[32]

3.1. Custas.

3.1.1 Custas são taxas pagas ao Estado em razão do exercício da atividade jurisdicional. Emolumentos são taxas relativas a serviços não judiciais prestados pelos órgãos auxiliares da Justiça do Trabalho, tais como fotocópia e autenticação de peças, emissão de carta de sentença e certidões. Os honorários periciais remuneram o perito nomeado para a produção da prova pericial.

As custas são devidas nos dissídios individuais e coletivos, nas ações e procedimentos de competência da Justiça do Trabalho e nas demandas propostas perante a Justiça comum no exercício da jurisdição trabalhista (art. 789 da CLT).[33]

As custas, emolumentos e honorários periciais serão examinados a seguir, considerando três aspectos: o seu valor, a responsabilidade pelo seu pagamento e o momento próprio para a realização do seu pagamento.

---

32. Dos honorários advocatícios tratamos no item 1.5.2.4 supra.

33. O pagamento das custas e dos emolumentos é disciplinado pela Instrução Normativa n. 20/2002, do TST e deve ser realizado, exclusivamente, mediante Guia de Recolhimento da União (GRU).

3.1.2. No processo de conhecimento, o valor das custas é estabelecido pelo art. 789 da CLT.

Na sua redação original, o art. 789, *caput*, previa que as custas relativas ao processo de conhecimento incidiriam à base de 2% (dois por cento), observado o mínimo de R$10,64 (dez reais e sessenta e quatro centavos). A Lei n. 13.467/17 conferiu nova redação ao art. 789 da CLT, que passa a dispor que, no processo de conhecimento, as custas incidirão à base de 2%, observando o mínimo de R$ 10,64 e o máximo de quatro vezes o limite máximo dos benefícios do regime geral de Previdência Privada. Assim, a Lei n. 13.467/17 manteve o valor mínimo das custas (que, inclusive, não foi atualizado) e para elas estabeleceu um valor máximo (quatro vezes o limite máximo dos benefícios do regime geral de Previdência Privada).

Consoante os incisos I a IV do art. 789 da CLT, as custas serão calculadas a) quando houver acordo ou condenação, sobre o respectivo valor (o caso de condenação ilíquida, o juiz arbitrará o valor respectivo, ou seja, fixará o *valor da condenação*);[34] b) quando houver extinção do processo sem julgamento do mérito ou o pedido for julgado totalmente improcedente, sobre o valor da causa; c) no caso de procedência do pedido formulado em ação declaratória e em ação constitutiva, sobre o valor da causa; d) quando o valor da causa for indeterminado, sobre o que o juiz fixar.

3.1.3. No processo de conhecimento, as custas serão pagas:

a) pelo vencido (art. 789, § 1º, da CLT).

Como as custas são pagas pelo *vencido* (vencida é a parte sucumbente, ainda que parcialmente), não é lícito o seu rateio entre as partes, na hipótese de procedência parcial dos pedidos objeto da demanda.

Dispõe a Instrução Normativa n. 27/2005 do TST que, "salvo nas lides decorrentes da relação de emprego, é aplicável o princípio da sucumbência recíproca, relativamente às custas" (art. 3º, § 3º). No entanto, o art. 789 da CLT estabelece as regras a serem seguidas nas ações e procedimentos de competência da Justiça do Trabalho e atribui ao vencido na demanda (e não aos eventualmente vencidos) a responsabilidade pelo pagamento das custas, não permitindo a invocação do CPC para a realização de rateio das custas entre as partes. Na hipótese, sequer existe omissão a ser suprida pela aplicação de normas do direito processual civil, valendo observar que admitir o rateio de custas é tornar o processo do trabalho mais dispendioso para as partes, o que contraria os seus princípios fundamentais, sendo relevante recordar, ainda, que as custas têm por base de cálculo o

34. O valor da condenação deve estar o mais próximo possível do equivalente monetário das obrigações impostas ao demandado, constituindo a sua exagerada elevação um sério entrave ao acesso ao duplo grau de jurisdição.

valor da condenação, o que significa que elas são fixadas levando-se em conta a sucumbência do vencido;

b) pela parte nele indicada como responsável pelo seu pagamento no acordo eventualmente celebrado (art. 789, § 3º, da CLT);[35]

c) pelas partes, em partes iguais, no caso de ser o acordo omisso a respeito da responsabilidade pelo seu pagamento (art. 789, § 3º, da CLT).

Como a CLT não dispensa o pagamento de custas no caso de celebração de acordo, não há como invocar, no processo do trabalho, o disposto no art. 90, § 3º, do CPC, segundo o qual, se houver transação antes da sentença, as partes ficam dispensadas do pagamento das custas.

Por força do art. 790, § 1º, da CLT, tratando-se de trabalhador assistido que não tenha obtido o benefício da justiça gratuita, ou isenção de custas, o sindicato responderá solidariamente pelo pagamento das custas devidas

3.1.4. No processo de conhecimento, as custas devem ser pagas após o trânsito em julgado da decisão, salvo na hipótese de interposição de recurso, caso em que as custas deverão ser pagas e comprovado o seu recolhimento dentro do prazo recursal (art. 789, § 1º, da CLT), sob pena de deserção.[36]

O pagamento das custas e a comprovação de sua realização, no caso de recurso, devem ocorrer *dentro do prazo recursal*. Assim, o fato de a parte antecipar a oposição do recurso não impede que pague as custas e comprove o seu pagamento até o último dia do prazo recursal. De outro lado, o simples pagamento das custas dentro do prazo recursal não afasta a deserção do recurso. No prazo recursal, a parte deve pagar as custas e comprovar o seu pagamento.

3.1.5. São devidas custas no processo de execução (art. 789-A da CLT) e na liquidação (art. 789-A, IX, da CLT), nos valores fixados originalmente nos itens I a IX do art. 789-A da CLT e, posteriormente, na Instrução Normativa n. 20, de 7.11.2002 do TST.

Na execução, as custas serão pagas pelo executado (art. 789-A da CLT). Ao estabelecer que as custas deverão ser pagas pelo executado, a CLT deixa claro que a parte que deu causa à execução responde pelos custos respectivos.

35. Cumpre às partes, no acordo, estabelecerem sobre a responsabilidade pelo pagamento das custas.

36. A Súmula n. 53 do TST prevê que "O prazo para o pagamento das custas, no caso de recurso, è contado da intimação do cálculo". No entanto, em regra as custas têm o seu valor fixado na própria decisão, o que dispensa a posterior realização de cálculo.

Na execução, as custas são pagas *ao final*, ou seja, juntamente com o pagamento do crédito do trabalhador e o crédito previdenciário (art. 789-A da CLT).[37]

3.1.6. Nos dissídios coletivos, as partes vencidas responderão solidariamente pelo pagamento das custas, que são calculadas sobre o valor arbitrado na decisão, ou pelo Presidente do Tribunal (art. 789, § 4º, da CLT).

2. Emolumentos

Os emolumentos serão pagos pelo requerente do ato que dá ensejo ao seu débito (art. 789-B da CLT). Os emolumentos são pagos observando a tabela fixada no art. 789-B da CLT e devidos em razão de autenticação de traslado de peças mediante cópia reprográfica apresentada pelas partes, fotocópia de peças, autenticação de peças, expedição de cartas de sentença, de adjudicação, de remissão e de arrematação e pela expedição de certidões.

O órgão judicial que presta o serviço é o único responsável pela exigência de comprovação do pagamento dos emolumentos respectivos (Instrução Normativa n. 1/02, item VI, do TST).

3. Critérios formais relativos ao pagamento das custas e emolumentos

Cabe ao Tribunal Superior do Trabalho, por meio de instrução, estabelecer a forma de pagamento das custas e emolumentos (art. 790 da CLT).[38]

4. Assistência judiciária. Justiça gratuita.

De início, cumpre esclarecer que não se confundem *assistência judiciária* e *gratuidade da justiça*.

Nesse sentido, vale lembrar que a Constituição da República: assegura, no art. 5º, LXXIV, àqueles que comprovem insuficiência de recursos, o direito à *assistência jurídica integral e gratuita*; estabelece, no art. 134, que cabe à defensoria pública a *orientação jurídica* e a defesa, *extrajudicial e judicial*, dos direitos individuais e coletivos, de forma integral e gratuita, na forma do art. 5º, LXXIV; prevê, no art. 5º, LXXVII, que que são *gratuitas* determinadas ações, instituindo, com isto, a *justiça gratuita* ou *gratuidade da justiça*.

Assim, segundo decorre dos citados comandos constitucionais, a *assistência jurídica integral* constitui gênero, que tem como espécies: *orientação jurídica extrajudicial; assistência judiciária*, ou seja, o patrocínio, gratuito, da demanda

37. A previsão de que as custas serão pagas ao final deixa claro que não haverá antecipação de custas no processo de execução, como, ademais, também ocorre no processo de conhecimento. A não exigência de custas prévias facilita o acesso à justiça e à defesa dos direitos decorrentes da relação de trabalho.

38. O procedimento para o recolhimento de custas e emolumentos devidos à União no âmbito da Justiça do Trabalho foi disciplinado pelo TST, por meio da Instrução Normativa n. 20, de 7.11.2002.

judicial por profissional habilitado; *gratuidade da justiça*, instituto que diz respeito às isenções relacionadas com os custos do processo judicial.

A assistência judiciária e a justiça gratuita são complementares e, por sua vez, complementam a previsão constitucional de que a todos é assegurado o direito de recorrer ao Poder Judiciário para a defesa dos seus direitos (art. 5º, XXXV), observando-se que a Constituição também reconhece aos demandantes o direito à ampla defesa, *com os meios a ela inerentes* (art. 5º, LV) e dentre estes meios devem ser incluídos a assistência judiciária e a gratuidade da justiça, como instrumentos voltados à garantia de acesso à justiça, sendo de suma relevância anotar que o acesso à justiça é assegurado não como um fim em si mesmo, mas como forma de garantia de acesso aos direitos reconhecidos pela ordem jurídica. Ademais, o Pacto Internacional dos Direitos Civis e Políticos reconhece, no art. 14, 3, o direito à assistência judiciária gratuita, ao passo que o referido Pacto e a Convenção Americana sobre Direitos Humanos reconhecem o direito à gratuidade da justiça, ou seja, a assistência judiciária gratuita e a gratuidade da justiça constituem direitos humanos.

A Lei n. 5.584/70 trata da assistência judiciária no contexto do processo do trabalho e estabelece que ela será prestada pelo sindicato da categoria profissional a que pertencer o trabalhador (art. 14, *caput*).

Mas, o fato de a Lei n. 5.584/70 prever que a assistência judiciária será prestada aos trabalhadores pelo sindicato da sua categoria profissional não afasta a responsabilidade da defensoria pública pela sua prestação, por força do art. 134 da Constituição da República.

A CLT dispõe que: são isentos do pagamento de custas, além dos beneficiários da justiça gratuita, a União, os Estados, o Distrito Federal, os Municípios e respectivas autarquias, as fundações públicas federais, estaduais ou municipais que não explorem atividade econômica e o Ministério Público do Trabalho (art. 790-A), observando-se que a União, os Estados, o Distrito Federal, os Municípios e respectivas autarquias e as fundações públicas federais, estaduais ou municipais que não explorem atividade econômica são obrigadas a reembolsar as despesas judiciais realizadas pela parte vencedora (art. 790-A, parágrafo único).

A CLT prevê, no art. 790, § 3º, e no art. 790-A, que a gratuidade da justiça abrange *custas*, *traslados* e *instrumentos*.

Contudo, para a mais precisa definição do alcance da gratuidade da justiça cumpre recorrer ao art. 98, *caput* e § 1º do CPC, como fonte subsidiária e supletiva do Direito Processual do Trabalho, e da sua combinação com o art. 790, § 3º, da CLT resulta que a justiça gratuita abrange a isenção do pagamento de taxas e custas judiciais, despesas com publicações na imprensa oficial, indenização devida à testemunha, despesas com a realização de exames considerados essenciais, honorários de advogado, honorários periciais, remuneração do intérprete ou do tradutor, custo com a elaboração de memória de cálculo, quando exigida para instauração da execução, depósitos previstos em lei para interposição de recurso, propositura de ação e prática de outros atos processuais inerentes ao exercício da ampla defesa e do contraditório, emolumentos devidos a notários ou registradores em decorrência da prática de registro, averbação ou qualquer outro ato notarial necessário à efetivação de decisão judicial ou à continuidade de processo judicial no qual o benefício tenha sido concedido.

Note-se que o art. 98, *caput*, do CPC, dispõe que a gratuidade da justiça será deferida à parte com insuficiência de recursos para pagar as *custas*, as *despesas processuais* e os honorários advocatícios, tornando certo que as *custas* não se inserem no conceito de *despesas processuais*. Esta distinção é de suma relevância, na medida em que, conforme o art. 98, § 2º, do CPC, a concessão de gratuidade não afasta a responsabilidade do beneficiário pelas *despesas processuais*, o que significa dizer que a sua concessão afasta a responsabilidade do beneficiário pelas custas processuais.

Registre-se que o CPC, ainda tratando do alcance da gratuidade da justiça, estabelece, no art. 98, § 5º, a possibilidade da limitação da gratuidade da justiça a alguns atos processuais, o que não é compatível com o Direito Processual do Trabalho, no qual a gratuidade alcança todos os atos processuais, por força do art. 790-A da CLT, assim como a possibilidade de a gratuidade da justiça consistir na redução percentual de despesas processuais que o beneficiário tiver que adiantar no curso do procedimento, ao passo que o seu art. 98, § 6º, autoriza o juiz a conceder o direito ao parcelamento de despesas processuais que o beneficiário da justiça gratuita tiver de adiantar no curso do procedimento, soluções que não são compatíveis com o Direito Processual do Trabalho, que estabelece, de forma expressa, o valor das custas e veda a exigência de sua antecipação (arts. 789, § 1º, e 789-A da CLT).

Ainda consoante o art. 98, § 2º, do CPC, a concessão de gratuidade não afasta a responsabilidade do beneficiário pelos honorários advocatícios decorrentes da sucumbência. Contudo, ainda conforme o CPC, vencido o beneficiário da justiça gratuita, as obrigações decorrentes da sucumbência ficarão sob condição suspensiva de exigibilidade e somente poderão ser executadas se, nos cinco anos subsequentes ao trânsito em julgado da decisão que as certificou, o credor demonstrar que deixou de existir a situação de insuficiência de recursos que justificou a concessão da gratuidade, extinguindo-se, passado este prazo, tais obrigações do beneficiário (art. 98, § 2º), o que é aplicável no processo do trabalho, com a ressalva de que, aplicando-se à hipótese, por analogia, o disposto no art. 11-A da CLT, a suspensão da exigibilidade das obrigações dar-se-á pelo prazo de dois anos.

A gratuidade da justiça, como decorre do art. 98, *caput* e § 1º do CPC e do art. 790, § 3º, da CLT, não abrange as multas processuais, como, aliás, deixa claro o art. 98, § 4º, do CPC.

Do art. 790, §§ 3º e 4º, da CLT, com a redação que lhe conferiu a Lei n. 13.467/17, resulta que a gratuidade da justiça será concedida: a) àqueles que perceberem salário igual ou inferior a 40% do limite máximo dos benefícios do Regime Geral de Previdência Social, observando-se que o art. 790, § 3º estabelecia, na redação anterior à edição da Lei n. 13.467/17, que o benefício era assegurado àquele que percebesse salário igual ou inferior a dois salários mínimos, o que implica criação de maior dificuldade para a obtenção da gratuidade da justiça; b) à parte que comprovar insuficiência de recursos para o pagamento das custas do processo.

Na sua redação original, o art. 790, § 3º, da CLT previa que a justiça gratuita seria deferida àquele que *declarasse*, sob as penas da lei, que não estava em condições de pagar as custas do processo sem prejuízo do sustento próprio ou de sua família, ao passo o art. 790, § 4º, da CLT, com a redação que lhe conferiu a Lei n. 13.467/17, estabelece que o benefício será concedido à parte que *comprovar* insuficiência de recursos para o pagamento dos custos do processo.

Para a prova da insuficiência de recursos, a parte pode se valer de todos os meios de prova em direito admitidos, em especial pela apresentação de sua CTPS com o registro da condição de desempregado, condição, inclusive, que a própria Constituição considera suficiente para que o trabalhador seja beneficiado pelo seguro-desemprego, quando não tenha sido dispensado por justa causa (art. 7º, II), observando-se que não há como admitir a imposição dos custos do processo àquele que, **por força constitucional**, tem direito à assistência prestada pelo Estado, na forma de seguro-desemprego.

Ademais, a Lei n. 13.467/17 não revogou, tática ou expressamente, o art. 1º da Lei n. 7.115/83, segundo o qual a *prova* da pobreza pode ser realizada por *declaração*, firmada pelo interessado ou procurador sob as penas da lei, que, inclusive, goza de presunção legal de veracidade. Assim, a insuficiência de recursos para o pagamento das custas do processo pode ser provada por declaração da parte, valendo anotar que o CPC também admite a prova da insuficiência de recursos por meio de declaração da parte, quando dispõe, no art. 99, § 3º, que se presume verdadeira a *alegação* de insuficiência deduzida exclusivamente por pessoa natural, lembrando que a declaração destinada a fazer prova de pobreza, também conforme o CPC, pode ser firmada pela parte ou procurador que detenha poderes especiais específicos para firmá-la (art. 105).

A Lei 7.115/83 e o art. 99, § 3º, do CPC são compatíveis com o Direito Processual do Trabalho, notadamente porque estão em sintonia com um dos seus princípios fundamentais, que é o da facilitação do acesso à justiça, sendo também compatível com o Direito Processual do Trabalho o disposto no art. 98, § 2º, do CPC, segundo o qual **o juiz somente poderá indeferir o pedido de justiça gratuita se houver nos autos elementos que evidenciem a falta dos pressupostos**

legais para a concessão de gratuidade, devendo, ainda, antes de indeferir o pedido, determinar à parte a comprovação dos referidos pressupostos.

Vale ressaltar, ainda, que o STJ já decidiu que "a desconstituição da presunção estabelecida pela lei de gratuidade de justiça exige perquirir, *in concreto*, a atual situação financeira do requerente" (REsp n° 1.196.941/SP, Rel. Min. Benedito Gonçalves, DJe 23/3/2011), o que implica dizer que o só fato de o trabalhador ter recebido, durante a relação de emprego, salário superior a 40% do limite máximo dos benefícios do Regime Geral de Previdência Social não é suficiente, por si só, para que lhe seja negada a justiça gratuita. Acrescente-se que o art. 790, § 3°, da CLT, ao tratar das condições para o deferimento da justiça gratuita, estabelece que ela será concedida àqueles que **perceberem** salário igual ou inferior a 40% do limite máximo dos benefícios do Regime Geral de Previdência Social. A utilização do verbo no presente também demonstra que o só fato de o trabalhador **ter percebido** remuneração superior a 40% do limite máximo dos benefícios do Regime Geral de Previdência Social no curso da relação de emprego não afasta o direito ao benefício em questão.

A assistência do requerente por advogado particular não impede a concessão de gratuidade da justiça (art. 99, § 4°, do CPC), vez que ela tem como pressuposto a insuficiência de recursos para suportar os custos do processo.

O benefício pode ser deferido a pessoa jurídica (art. 98 do CPC), mas, para tanto, é necessária a demonstração cabal da impossibilidade de a parte arcar com as despesas do processo (art. 99, § 3°, do CPC e Súmula n. 463, II, do TST).

Conforme o art. 39, *caput* e parágrafo único, da Lei n. 6.830/80, a Fazenda Pública não está sujeita ao pagamento de custas e emolumentos na execução de seus créditos inscritos em dívida pública, o que não a dispensa, no entanto, da obrigação de ressarcir as despesas feitas pela parte contrária, quando aquela for vencida na demanda. Este benefício foi estendido às entidades sindicais pelo art. 606, § 2°, da CLT, segundo o qual, para fins da cobrança judicial da contribuição sindical são extensivos às entidades sindicais, com exceção do foro especial, os privilégios da Fazenda Pública, para cobrança da dívida ativa. Sob este prisma, nas ações ajuizadas para os fins de cobrança de contribuições sindicais, as entidades sindicais não estão sujeitas ao pagamento de custas e emolumentos, mas, assim como a Fazenda Pública, não estão isentas da obrigação de ressarcir as despesas feitas pela parte contrária, quando vencida na demanda. Já afirmamos que o art. 606 da CLT foi editado em momento em que os sindicatos estavam atrelados ao Estado, mas, com a Constituição de 1988, operou-se a total desvinculação dos sindicatos do Estado, razão pela qual o art. 606 da CLT perdeu o seu fundamento de validade. Por consequência, foi sustentado que o sindicato já não é beneficiado, em juízo, pelos mesmos privilégios da Fazenda Pública.

No entanto, o legislador, por meio da Lei n. 13.467/17, ao interferir no custeio da atuação sindical, afastando a obrigatoriedade da contribuição sindical (salvo autorização da assembleia para a sua cobrança), optou por não revogar o disposto no art. 606, § 2º, da CLT, reconhecendo, com isto, a sua subsistência. Daí ser afirmado, em razão deste novo fato, que, na cobrança das contribuições sindicais, as entidades sindicais não estão sujeitas ao pagamento de custas e emolumentos, embora não estejam isentas da obrigação de ressarcir as despesas feitas pela parte contrária, quando vencida na demanda.

O pedido de gratuidade da justiça pode ser apresentado na petição inicial, contestação, petição para ingresso de terceiro no processo e em recurso (art. 99, *caput*, do CPC), observando que, no caso de o pedido ser apresentado em recurso, a parte está dispensada de comprovar o recolhimento do preparo até a decisão do relator, ao qual cabe apreciar o requerimento preliminarmente ao julgamento do recurso e, se indeferi-lo, fixar prazo para realização do recolhimento (art. 99, § 7º, e art. 101, §§ 1º e 2º, do CPC). Confirmada a denegação do benefício, o recurso será considerado deserto, salvo se a parte proceder ao recolhimento das custas no prazo que lhe for assinalado pelo relator ou pelo colegiado (art. 101, § 2º, do CPC).

O pedido de gratuidade da justiça pode ser impugnado na contestação, nas contrarrazões de recurso e, nos casos de pedido superveniente ou formulado por terceiro, por meio de petição simples, a ser apresentada no prazo assinalado à parte para fazê-lo, nos autos do próprio processo, sem suspender o seu curso (art. 100 do CPC).

No processo do trabalho, ao contrário do que ocorre no processo civil (art. 101 do CPC), não cabe recurso imediato contra o deferimento ou indeferimento do pedido de justiça gratuita (art. 893, § 1º). Mas, se o deferimento ou indeferimento se der em sentença, o tema poderá ser versado no recurso contra a decisão definitiva (art. 893, § 1º, da CLT).

No caso de ser revogada a concessão da gratuidade, a parte deverá efetuar o recolhimento de todas as despesas de cujo pagamento foi dispensada, inclusive as relativas ao recurso interposto, se houver, no prazo fixado pelo juiz, sem prejuízo da aplicação das sanções previstas em lei (art. 102 do CPC), acrescentando-se que, no caso de má-fé na solicitação do benefício, a parte poderá ser condenada a pagar multa, em favor da Fazenda Pública, de até o décuplo do valor respectivo (art. 100, parágrafo único, do CPC).

5. Honorários periciais. Honorários periciais e justiça gratuita. Valor dos honorários periciais.

Determinada a realização de perícia, será nomeado perito, que receberá, a título de remuneração pelos serviços prestados como auxiliar da justiça, honorários periciais, em valor arbitrado pelo julgador, considerando-se a complexidade da matéria, o grau de zelo profissional, o lugar e o tempo exigidos para a prestação do serviço e as peculiaridades regionais.

Realizada a perícia, cumpre definir a responsabilidade pelo seu pagamento.

A definição da responsabilidade pelos custos do processo judicial envolve uma série de questões, dentre as quais: a) acesso à justiça; b) eleição dos princípios a serem aplicados à espécie, valendo fazer alusão, por exemplo, aos princípios causalidade – quem deu causa à demanda responde pelos seus custos – e da sucumbência – o vencido na demanda responde pelos seus custos; c) justiça gratuita; d) litigância de má-fé; e) efetividade dos direitos (os custos do processo podem dificultar ou impedir o acesso à justiça e, com isto, aos direitos assegurados pela ordem jurídica).

A CLT tentou resolver algumas destas questões, no art. 790-B, que diz respeito à fase de conhecimento, e art. 789-A, que concerne à execução.

O art. 790-B da CLT, na redação que lhe conferiu a Lei n. 13.467/17, estabelece que "A responsabilidade pelo pagamento dos honorários periciais é da parte sucumbente na pretensão objeto da perícia, ainda que beneficiária da justiça gratuita".[39]

Na fase de conhecimento, optou-se, portanto, pelo princípio da sucumbência, ainda que de forma parcial: a responsabilidade pelo pagamento dos honorários periciais é da parte sucumbente na *pretensão* que deu ensejo à realização da prova pericial e não a parte vencida na *demanda* considerada em seu todo.

No entanto, consoante a parte final do art. 790-B da CLT, na sua redação original, a parte beneficiária da justiça gratuita estava dispensada do pagamento de honorários periciais, quando fosse vencida na pretensão relacionada à sua realização, ressalva que deixou de existir no art. 790-B na redação que lhe conferiu a Lei n. 13.467/17.

Contudo, mesmo que a parte não tenha condições de pagar os honorários periciais, tal fato não significa e nem poderia significar que o perito não receberá pelo trabalho prestado.

A Constituição impõe à União o dever de prestar assistência judiciária integral e gratuita aos que comprovem insuficiência de recursos, o que abarca a garantia das condições necessárias para a defesa dos direitos em juízo, dentre elas o custeio da prova pericial (art. 5º, LXXIV).

Neste sentido, decidiu o Superior Tribunal de Justiça, nos autos do AgRG no REsp. 1568047/SC, no qual figurou como Relator o Min. Humberto Martins, que "(...). 3. Ainda, "conforme a jurisprudência, "as despesas pessoais e materiais

39. Esta solução diz respeito à fase de conhecimento, diante da referência, no art. 790-B da CLT, à *parte sucumbente*, ou seja, à parte vencida no julgamento da pretensão objeto da perícia.

necessárias para a realização da perícia estão protegidas pela isenção legal de que goza o beneficiário da gratuidade de justiça. Assim, como não se pode exigir do perito a realização do serviço gratuitamente, essa obrigação deve ser do sucumbente ou, no caso de ser o beneficiário, do Estado, a quem é conferida a obrigação de prestação de assistência judiciária aos necessitados."

É também neste sentido a Súmula n. 457 do TST: "a União é responsável pelo pagamento dos honorários de perito quando a parte sucumbente no objeto da perícia for beneficiária da assistência judiciária gratuita, observado o procedimento disposto nos arts. 1º, 2º e 5º da Resolução n. 66/2010 do Conselho Superior da Justiça do Trabalho - CSJT".

Deste modo, no caso de ser vencido na pretensão relacionada com a perícia trabalhador beneficiário pela justiça gratuita, os honorários periciais serão pagos pela União, na forma da Resolução n. 66/2010 do Conselho Superior da Justiça do Trabalho.

De acordo com a Resolução n. 66/2010 do Conselho Superior da Justiça do Trabalho, os Tribunais Regionais deverão destinar recursos orçamentários para o pagamento de honorários periciais, sempre que à parte sucumbente na pretensão objeto da perícia for concedido o benefício da justiça gratuita (art. 1º, I).

A aludida Resolução estabelece os requisitos a serem atendidos para o pagamento de honorários pela União, as condições em que poderá haver antecipação parcial dos honorários, os critérios a serem observados na fixação dos honorários, o valor máximo dos honorários, o critério de atualização do valor por ela fixado e a forma do pagamento dos honorários. Nela é estabelecido, ainda, que "nas ações contendo pedido de adicional de insalubridade, de periculosidade, de indenização por acidente do trabalho ou qualquer outro atinente à segurança e saúde do trabalhador, o juiz poderá determinar a notificação da empresa reclamada a trazer aos autos cópias do LTCAT (Laudo Técnico de Condições Ambientais de Trabalho), PCMSO (Programa de Controle Médico de Saúde Ocupacional) e PPRA (Programa de Controle Médico de Prevenção de Riscos Ambientais), e de laudo pericial da atividade ou local de trabalho, passível de utilização como prova emprestada, referentes ao período em que o reclamante prestou serviços na empresa" (art. 10).[40]

Mas, sendo o trabalhador vencedor em *parte substancial das suas pretensões*, tornando-se, em razão do crédito respectivo, capaz de responder pelo pagamento dos honorários periciais, a ele poderá ser imposta a obrigação de pagar honorários periciais?

---

40. Como a realização de prova pericial gera custos, o juiz deverá evitar, na medida a sua realização, indeferindo-a quando desnecessária e recorrendo aos documentos do reclamado, à prova emprestada, a pareceres técnicos ou documentos elucidativos (art. 472 do CPC) e à prova técnica simplificada (art. 464, § 3º, do CPC).

Apesar de o art. 790, § 4º, da CLT, acrescentado pela Lei n. 13.467/17, estabelecer que a União somente pagará os honorários quando o beneficiário da justiça não tenha obtido em juízo créditos capazes de suportar a despesa, ainda que em outro processo, a resposta negativa se impõe, visto que, como decorre do art. 98, § 1º, VI, do CPC, a justiça gratuita abrange os honorários periciais.

É certo que o CPC estabelece que a concessão da justiça gratuita não afasta a responsabilidade do beneficiário pelas despesas processuais e pelos honorários advocatícios, que podem ser executados se, no prazo de cinco anos subsequentes ao trânsito em julgado da decisão, o credor demonstrar que deixou de existir a situação de insuficiência de recursos que justificou a concessão da gratuidade (art. 98, § 3º). Cumpre observar, entretanto, que esta ressalva somente diz respeito às *despesas processuais* e aos *honorários advocatícios*, ou seja, não alcança os honorários periciais.

Na hipótese colocada em destaque, o juiz, estando convencido de que, por força dos seus créditos, o trabalhador tem condições de arcar com os custos do processo *sem prejuízo do sustento próprio e familiar*, poderá indeferir o benefício da justiça gratuita. Não sendo beneficiário da justiça gratuita, este trabalhador deverá pagar os honorários periciais, quando vencido na pretensão relacionada com a perícia.

Em relação ao processo de execução, a CLT adotou, como decorre do art. 789-A, o princípio da causalidade: no processo de execução, os honorários periciais devem ser suportados pelo executado.

É que, ao atribuir ao *executado* a obrigação de pagar as custas devidas na execução, art. 789-A da CLT aponta no sentido de que ao executado os *ônus da execução*, o que inclui os honorários relativos à perícia realizada no curso da execução. Note-se, inclusive, que o art. 789-A da CLT atribui ao executado a obrigação de pagar as *despesas com a liquidação*, o que confirma a assertiva de que os honorários periciais devidos por força da liquidação realizada por perito devem ser suportados pelo executado.

Desde modo, é discutível o acerto da tese segundo a qual pagará os honorários a parte cujos cálculos estiverem mais próximos daqueles apresentados pelo perito.

Contudo, também na execução pode ser desconsiderada a litigância de má-fé, que ocorre, por exemplo quando o credor apresenta cálculos de liquidação com *flagrante* desrespeito à coisa julgada, nela incluído parcelas expressamente negadas no título executado.

Neste caso, duas são as possibilidades: 1) aplicar ao credor as penas relativas à litigância de má-fé, desde de que a sua má-fé tenha sido determinante para a realização da prova pericial; 2) não sendo o trabalhador beneficiário da justiça gratuita, a ele impor a obrigação de pagar os honorários periciais.

É de suma relevante anotar, quando se trata de definir a responsabilidade pelo pagamento de honorários, que:

a) o fato de o trabalhador ser vencido em sua pretensão não autoriza, *por si só*, a sua condenação por litigância por má-fé, em especial porque, do contrário, toda vez que o empregador for vencido, ele teria, necessariamente, que se considerado litigante de má-fé, sob pena de ofensa ao princípio da igualdade;

b) não se confunde com a má-fé a simples incorreção de cálculos;

c) a imposição à parte dos custos do processo não pode ser utilizada como forma de *punição* pelo fato de serem improcedentes, total ou parcialmente, as suas pretensões ou serem incorretos os cálculos por ela apresentado no curso da execução.

Por fim, cumpre observar que, ao proferir decisão, o julgador deverá arbitrar o valor dos honorários periciais, podendo adotar, para fazê-lo, os critérios que o CPC estabelece para o arbitramento dos honorários advocatícios – grau de zelo do profissional, o lugar da prestação do serviço, o trabalho realizado e o tempo exigido para a sua execução, respeitado, no entanto, o valor máximo estabelecido pelo Conselho Superior da Justiça do Trabalho (art. 790, § 1º, da CLT, acrescido pela Lei n. 13.467/17)

De acordo com o art. 6º da Instrução Normativa n. 27/2005 do TST, pode o juiz exigir depósito prévio dos honorários periciais, ressalvadas as lides decorrentes da relação de emprego. A exigência de antecipação de honorários periciais, embora tenha sido apenas facultada ao juiz, dificulta o acesso à justiça, na medida em que o trabalhador dificilmente terá condições de realizá-la. A Instrução Normativa contraria, inclusive, a Orientação Jurisprudencial n. 98 da SDI-2 do TST.[41] De qualquer forma, o art. 790-B, § 3º, acrescido pela Lei n. 13.467/17 veda a exigência de adiantamento de valores para a realização de perícia.

A Lei n. 13.467/17 acrescentou à CLT o art. 790-B, § 2º, autorizando o juiz a parcelar os honorários periciais. A nosso juízo, no entanto, o parcelamento pressupõe concordância do perito, ao qual não pode ser imposto o parcelamento em questão.

4. SUBSTITUIÇÃO PROCESSUAL. ATUAÇÃO JUDICIAL DOS SINDICATOS

4.1. Legitimidade ordinária ou extraordinária.

Dispõe o art. 18 do CPC que ninguém pode pleitear, em nome próprio, direito alheio, salvo quando autorizado pelo ordenamento jurídico.

---

41. "É ilegal a exigência de depósito prévio para custeio dos honorários periciais, dada a incompatibilidade com o processo do trabalho, sendo cabível mandado de segurança visando à realização da perícia, independentemente do depósito".

Destarte, como regra, somente o titular do direito lesado ou ameaçado está autorizado a pleitear em juízo a sua tutela. Contudo, pode o ordenamento jurídico autorizar quem não seja o titular do direito lesado ou ameaçado a pleitear em juízo, em nome próprio, a sua tutela. Destarte, titular do direito de ação é aquele que participa da relação jurídica litigiosa (esta é a denominada legitimidade *ordinária*), sendo exceção a propositura da ação por quem não seja parte na relação jurídica litigiosa ou titular do direito objeto de controvérsia (tem-se, aqui, a denominada, *legitimação extraordinária* ou *anômala*).

4.2. O substituto processual como parte. A participação do substituído no processo. Desistência, transação e renúncia por parte do substituído.

Dá-se a substituição processual quando alguém, autorizado pelo ordenamento jurídico, pleiteia em juízo, em nome próprio, a tutela de direito alheio.

Substituto processual é aquele que, autorizado pela ordem jurídica, pleiteia em juízo, em nome próprio, a tutela de direito alheio. Substituído é o titular do direito cuja tutela jurisdicional é pleiteada por outrem.

O substituto processual pleiteia a tutela de direito alheio, mas o faz em nome próprio, sendo, portanto, parte na relação jurídica processual.[42] O fato de o substituto ser parte distingue a substituição processual da representação, vez que, na representação, parte é o representado e não o seu representante (na ação proposta pelo representante legal do menor, parte é o menor, e não o seu representante).

Consoante o art. 18, parágrafo único do CPC, "havendo substituição processual, o substituído poderá intervir como assistente litisconsorcial".

Ao substituto processual não é lícito confessar ou celebrar acordo, salvo se o fizer com expressa aquiescência do titular do direito deduzido.

Neste sentido, afirma Humberto Theodoro Júnior, que os poderes do substituto processual, enquanto parte, "são amplos, no que diz respeito aos atos e faculdades processuais, mas não compreendem, obviamente, os atos de disposição do próprio direito material do substituído, confissão, transação, reconhecimento do pedido etc.".[43]

---

42. Sendo parte no processo, o substituto responde pelos ônus respectivos, dentre eles o pagamento das custas processuais, já tendo sido decidido, a propósito, que "não se admite o deferimento da assistência judiciária ao sindicato tão somente pela legitimação extraordinária, sendo necessária a demonstração cabal de insuficiência econômica" (TST, SDI-1, E-ED-RR 111200-71.2005.5.05.0131. Rel. Min. Aloysio Corrêa da Veiga, DEJT 10.10.2014). Note-se que, na substituição processual, a miserabilidade a ser comprovada é do substituto processual e não dos substituídos, visto que, havendo condenação no pagamento de custas, a responsabilidade pela sua realização é do substituto.

43. *Curso de direito processual civil*, v. I, p. 69.

De outro lado, deve ser negada eficácia à transação celebrada pelo titular do direito deduzido em juízo que não contar com a aquiescência expressa do substituto processual. Assim, a transação do titular do direito deverá, para ter eficácia, contar com a aquiescência do autor da ação, ao qual caberá, à luz do caso concreto, verificar a sua razoabilidade. Porém, a aquiescência do autor da ação (substitutivo) poderá ser suprida quando o juiz considerar, pelas circunstâncias do caso concreto, ser injustificada a recusa de sua concessão, como autoriza afirmar o art. 5º, § 3º, da Lei da Ação Civil Pública (Lei n. 7.347/85), aplicável à hipótese por analogia. Com efeito, segundo este comando legal, o legitimado para a ação coletiva pode dela desistir, desde que a desistência seja fundada (*princípio da indisponibilidade da ação coletiva*). Adotando como parâmetro a aludida previsão legal, pode ser afirmado que a aquiescência do legitimado poderá ser suprida quando for infundada a recusa na sua concessão. Com isso, fica preservada a autonomia do trabalhador frente ao sindicato.

A substituição processual tem como um dos seus fundamentos a necessidade de conferir a máxima concretude possível aos direitos assegurados pela ordem jurídica, não podendo ter o seu alcance limitado pela vontade individual do trabalhador, em especial quando a confissão ou a transação envolver trabalhador que ainda é empregado do demandado. Também constitui fundamento da substituição processual a necessidade de evitar que o respeito aos direitos assegurados pela ordem jurídica deixe de ser reclamado por receio dos trabalhadores, ainda empregados, de perder o emprego. Esta finalidade da substituição será seriamente prejudicada se for admitida a transação do substituído independentemente da aquiescência do substituto.

Cumpre mencionar que a Lei n. 13.806/2019 alterou a Lei n. 5.764/1971, para estabelecer que a cooperativa poderá ser dotada de legitimidade extraordinária autônoma concorrente para agir como substituta processual em defesa dos direitos coletivos de seus associados quando a causa de pedir versar sobre atos de interesse direto dos associados que tenham relação com as operações de mercado da cooperativa, desde que isso seja previsto em seu estatuto e haja, de forma expressa, autorização manifestada individualmente pelo associado ou por meio de assembleia geral que delibere sobre a propositura da medida judicial.

4.3. Substituição e interesse de agir do substituto.

Para propor a ação, o substituto deve ter interesse na tutela do direito deduzido em juízo, consoante autoriza afirmar o art. 17 do CPC.

Como aduz Enrico Tullio Liebman, "o substituto exerce em nome próprio uma ação que, embora pertença a outrem segundo as regras ordinárias, é conferida ou estendida excepcionalmente a ele através da legitimação extraordinária; isto se dá em atenção a um seu especial interesse pessoal, que pode ser qualificado como interesse legítimo reconhecido pela lei através da permissão, que lhe dá, de agir em juízo para a tutela de um direito alheio. Também o substituto processual age, pois, por um interesse legítimo próprio".[44]

4.4. Atuação judicial dos sindicatos. Cobrança de honorários pelo sindicato

Várias são as formas de atuação dos sindicatos na defesa dos interesses e direitos da categoria que representa e também dos membros desta categoria.

Em relação à atuação judicial dos sindicatos, vale anotar que: a) a Constituição estabelece, no art. 8º, III, que aos sindicatos cabe a defesa dos direitos e interesses coletivos ou individuais da categoria, inclusive em questões judiciais, e também prevê, no art. 114, § 2º, que os sindicatos podem ajuizar dissídio coletivo de natureza econômica; b) conforme dispõe o art. 513 da CLT, constitui prerrogativa dos sindicatos representar, perante as autoridades judiciárias, os interesses gerais da respectiva categoria ou profissão liberal ou os interesses individuais dos associados relativos à atividade ou profissão exercida; c) o art. 514, *b*, da CLT inclui entre os deveres dos sindicatos a manutenção de assistência judiciária para os associados, estabelecendo o art. 14 da Lei n. 5.584/70 que, na Justiça do Trabalho, a assistência judiciária a que se refere a Lei n. 1.060/50 será prestada pelos sindicatos profissionais; d) aos sindicatos é atribuída, pelo art. 82, IV, do Código de Defesa do Consumidor, legitimidade para ajuizar ação visando à tutela de interesses ou direitos difusos, coletivos ou individuais homogêneos.

Destarte, pode o sindicato:

1) prestar assistência judiciária aos membros da categoria que representa no ajuizamento da ação individual e durante todos os trâmites do processo respectivo (trata-se, portanto, de ação ajuizada pelo trabalhador, ao qual o sindicato presta assistência jurídica), valendo observar que, enquanto CLT faz referência à defesa judicial de interesses e direitos de *associados*, a Constituição da República atribui aos sindicatos a prerrogativa de defender em juízo os interesses da *categoria*, ou seja, dos seus associados ou não (o sindicato representa a categoria e não apenas os seus associados);
2) ajuizar dissídio coletivo, sendo relevante mencionar que, embora a Constituição da República somente faça alusão aos dissídios coletivos de natureza econômica, os sindicatos podem ajuizar todas as espécies de dissídio coletivo a que se refere a CLT (dissídio de interpretação e revisão, por exemplo);
3) ajuizar ações coletivas visando à defesa de direitos e interesses coletivos decorrentes da relação de emprego, cumprindo esclarecer que os direitos

44. *Manual de direito processual civil*, v. I, p. 160.

> e interesses coletivos constituem gênero, de que são espécies, segundo resulta do art. 81, parágrafo único, do Código de Defesa do Consumidor: a) direito e interesse difuso: direito e interesse transindividual, de natureza indivisível, de que sejam titulares pessoas indeterminadas ligadas por circunstâncias de fato; b) direito e interesse coletivo: direito e interesse transindividual, de natureza indivisível, de que seja titular grupo, categoria ou classe de pessoas ligadas entre si ou com a parte contrária por uma relação jurídica-base (*direitos coletivos em sentido estrito*); c) direitos e interesses individuais homogêneos: direitos e interesses de natureza divisível, de que sejam titulares pessoas determinadas, decorrentes de origem comum.

A atuação judicial dos sindicatos na defesa de direitos e interesses coletivos em sentido amplo é também autorizada pela Lei da Ação Civil Pública (Lei n. 7.347/85, arts. 5º e 21).

Em relação à defesa judicial dos direitos individuais homogêneos, a autorização para a atuação dos sindicatos também está no art. 513 da CLT, que inclui dentre as prerrogativas dos sindicatos a representação, perante autoridades judiciárias, dos interesses individuais dos seus associados, ao passo que a Constituição Federal atribui aos sindicatos legitimidade para promover a defesa judicial dos direitos e interesses individuais da categoria (art. 8º, III).

Os direitos e interesses individuais homogêneos, como indica a sua própria denominação, são individuais, mas, por decorrerem de origem comum, admitem defesa por meio de ação coletiva. A hipótese, portanto, é de direitos e interesses individuais que, em razão de sua origem comum, são coletivizados para efeito de sua defesa em juízo. A identidade da origem dos direitos ou interesses lhes confere relevância social e autoriza a sua tutela jurisdicional coletiva. A tutela jurisdicional coletiva de interesses e direitos individuais não constitui exigência da natureza do direito, mas uma opção política.

Quanto aos direitos e interesses individuais dos membros da categoria, cumpre fazer algumas distinções: 1) o sindicato pode prestar assistência judiciária ao trabalhador que resolver demandar com o seu empregador, caso em que a opção pelo ajuizamento da ação cabe ao trabalhador e não ao sindicato; 2) o sindicato está autorizado a ajuizar ação coletiva independentemente de autorização dos trabalhadores quando se trate de direitos individuais homogêneos. Neste caso, a autorização para a atuação do sindicato é realizada diretamente pela ordem jurídica — art. 8º, III, da Constituição da República e art. 82, IV, do Código de Defesa do Consumidor; 3) a ação coletiva é uma *ação de grupo*, o que significa que não pode ser ajuizada para a tutela de apenas uma pessoa. Esta conclusão é extraída do art. 103 do Código de Defesa do Consumidor, que aduz à coisa julgada *erga omnes*, que beneficia *todas as vítimas* e seus sucessores, e, também, do art. 91 deste mesmo diploma legal, que faz referência à propositura de ação reparatória no interesse *das vítimas* ou seus *sucessores*.

Em primeiro momento, foi afirmado que aos titulares de direitos e interesses individuais heterogêneos é que cabe decidir sobre a oportunidade e a conveniência da propositura de demanda contra o seu empregador.

No entanto, a sétima Turma do TST decidiu nos autos do RR 1218-13.2010.5.03.0064, decisão publicada em 09.11.12, que "1. A jurisprudência pacífica dessa Corte, por seu órgão uniformizador – *interna corporis* –, que é a SBDI-1, segue no sentido de reconhecer, após o pronunciamento do STF, interpretativo do art. 8º, III, CF, a substituição processual ampla dos sindicatos, na defesa de interesses coletivos e individuais de todos os integrantes da categoria que representa. 2. No caso em apreço, o Regional extinguiu o processo, sem resolução do mérito, por entender que o Sindicato não tem legitimidade ativa para propor a demanda, tendo em vista o caráter heterogêneo dos direitos postulados relativos às diferenças salariais decorrentes de equiparação. 3. No entanto, no tocante à legitimidade ativa do Sindicato autor, a decisão regional foi proferida em desacordo com a jurisprudência iterativa e notória da SBDI-1 do TST, segundo a qual se admite a substituição processual ampla pelo sindicato, alcançando até mesmo direitos individuais heterogêneos, na defesa dos direitos e interesses coletivos ou individuais da categoria que representa [...]".

Também decidiu no mesmo sentido o TRT da 3ª Região, nos autos do RO 0011185-83.2017.5.03.0049, do qual foi relator o Des. Fernando Antônio Viégas Peixoto, que "Após o pronunciamento do STF, interpretativo do art. 8º, III, da CF, deve ser feita interpretação no sentido de que a substituição processual feita pelos sindicatos na defesa dos interesses coletivos e individuais de todos os integrantes da categoria que representa é ampla, até mesmo quanto a direitos individuais heterogêneos".

Desse modo, é revisto o ponto de vista anterior, sendo afirmado que o art. 8º, III, da Constituição da República não contém a limitação estabelecida pelo art. 81, parágrafo único, do Código de Defesa do Consumidor, o que equivale dizer que o sindicato pode pleitear em juízo, como substituto processual, também a tutela de direitos individuais heterogêneos.

É importante observar que é no exame da situação concreta que poderá ser verificado se um direito individual é homogêneo ou heterogêneo, o que implica que se trata de questão de mérito e não relacionada às condições de ação. Aplica-se, aqui, a teoria da asserção, ou seja, deve ser presumida verdadeira a alegação de que os direitos individuais deduzidos são de origem comum, para efeito de verificação das condições de ação, em especial, da legitimidade das partes.

O que se percebe, em suma, é que é vasto o campo de atuação do sindicato, observando-se que, de acordo com o art. 83 do Código de Defesa do Consumidor, para a defesa dos direitos e interesses coletivos em sentido amplo, o sindicato pode propor qualquer tipo de ação que reputar adequado, estando aí incluídos a ação civil pública e a ação civil coletiva, por exemplo.

Note-se que (a) a assistência jurídica prestada pelo sindicato favorece o efetivo acesso à justiça e aos direitos assegurados pela ordem jurídica, mas a iniciativa de comparecer em juízo é do membro da categoria, tendo o sindicato, portanto, atuação apenas subsidiária e de apoio técnico, ao passo que (b) a instauração de dissídio coletivo atende ao anseio da categoria pela melhoria da sua condição social, sendo também uma valiosa forma de atuação dos sindicatos, mas, com a exigência de comum acordo para a instauração do dissídio coletivo de natureza econômica, o número de dissídios promovidos pelos sindicatos diminuiu sensivelmente. Tais fatos exigem um maior comprometimento dos sindicatos com as ações coletivas.

No processo civil, vem sendo prestigiada a migração do individual para o coletivo ou da tutela individual para a tutela coletiva, em resposta, principalmente, à necessidade de ampliação do acesso à justiça e de tornar efetivos os direitos atribuídos pela ordem jurídica. A migração do individual para o coletivo ou da tutela individual para a tutela coletiva é incentivada, no processo do trabalho, pelo art. 8º, III, da Constituição, que, ao dispor que ao sindicato cabe a defesa dos direitos e interesses coletivos ou individuais da categoria em questões judiciais, produz uma ruptura do processo do trabalho com o modelo fixado pelo art. 18 do CPC, legitimando a ação sindical no sentido da garantia da efetividade dos direitos reconhecidos ao trabalhador pelo ordenamento jurídico. O interesse maior passa a ser, de acordo com o indicativo que se colhe na Carta da República, a concretização dos direitos que a ordem jurídica reconhece aos trabalhadores. Ao lado da ação individual é colocada, como garantia da efetividade dos direitos, a ação coletiva, capitaneada também pelos sindicados.

Mas, o sindicato não é autorizado a agir por acaso. O sindicato é autorizado a agir e deve fazê-lo em razão da relevância social da satisfação dos direitos trabalhistas em uma sociedade que se pretende seja justa, livre e solidária.

Cumpre assinalar, porém, que a atuação dos sindicatos não está restrita ao processo judicial.

Neste sentido, cabe aos sindicatos participar da negociação coletiva, sendo esta participação indispensável, inclusive, quando se trate da representação dos trabalhadores na negociação, e a organização da greve da categoria que representa.

A propósito destas formas de atuação do sindicato, vale anotar que a definição das funções dos sindicatos deve ser realizada tendo como parâmetro, dentre outros, a Constituição da República.

Cumpre anotar que, de acordo com o art. 8º, III, da Constituição da República, aos sindicatos cabe a defesa dos **direitos** e **interesses** coletivos da categoria, inclusive em processos judiciais ou administrativos. É de suma importância a utilização, no citado comando constitucional, da locução **inclusive**, a qual deixa claro que a atuação dos sindicatos, em defesa dos direitos e interesses coletivos da categoria, **não se limita** à seara judicial ou administrativa, até mesmo porque a própria Constituição exige a participação dos sindicatos profissionais na negociação coletiva, ou seja, fora do âmbito judicial e administrativo.

Deste modo, por exemplo, está inserida dentre as funções dos sindicatos a defesa dos interesses dos trabalhadores perante o Poder Legislativo, ou seja, a atuação política, isto, evidentemente quando se trate de proposições legislativas que afetam as relações individuais e coletivas de trabalho, isto é, a hipótese é de atuação *político-trabalhista*, notadamente porque a definição da *política trabalhista* do Estado é um ato eminentemente político.

Deste modo, a Constituição autoriza a atuação dos sindicatos voltada à manutenção das condições sociais asseguradas pela legislação **ameaçadas** por projetos voltados à sua redução, em especial porque não pode ser negada aos trabalhadores, o mesmo ocorrendo em relação aos empregadores, a possibilidade de atuar sobre a vontade dos deputados e senadores a respeito de determinada proposição legislativa.

O sindicato, atuando como assistente do trabalhador que propõe demanda individual, é beneficiado pela condenação do empregador vencido no pagamento de honorários advocatícios, não podendo, por esta razão, cobrar honorários advocatícios do trabalhador, para si ou para advogados que tenha contratado para a prestação da assistência, posto que o sindicato tem o dever de manter serviços de assistência judiciária para os associados (art. 514, *b*, da CLT). Note-se que, segundo dispõe o art. 18 da Lei n. 5.584/70, a assistência judiciária pelo sindicato é devida aos trabalhadores associados e não associados.

Quando atuar como autor em ação coletiva, o sindicato pode cobrar honorários advocatícios, em favor próprio ou de advogados que tenha contratado, dos membros da categoria beneficiados pela ação, como decorre da Lei n. 13.725/18 acrescentou dois parágrafos ao art. 22 da Lei n. 8.906/94. Com efeito, por força da citada lei, os honorários convencionados com entidades de classe para atuação em substituição processual poderão prever a faculdade de indicar os beneficiários que, ao optarem por adquirir os direitos, assumirão as obrigações decorrentes do contrato originário a partir do momento em que este foi celebrado, sem a necessidade de mais formalidades" (art. 22, § 7º).

4.5. Substituição processual e legitimação para a ação rescisória.

Proposta ação rescisória em face de decisão proferida em ação na qual o sindicato atuou como substituto processual, o réu naquela ação será o sindicato e não cada um dos substituídos. É isso que resulta do art. 967, I, do CPC, do qual decorre que réu na ação rescisória será a parte vencedora no processo principal.

Nesse sentido é a Súmula n. 406, II, do TST: "O sindicato, substituto processual e autor da reclamação trabalhista, em cujos autos fora proferida a decisão rescindida, possui legitimidade para figurar como réu na ação rescisória, sendo descabida a exigência de citação de todos os empregados substituídos, porquanto inexiste litisconsórcio passivo necessário." Com efeito, proceder à defesa em juízo de direito alheio não é apenas ajuizar ação com o objetivo de sua confirmação e satisfação. A defesa de um direito também se dá por meio da contestação da pretensão à negativa de sua existência.

4.6. Substituição processual e interrupção da prescrição.

Considerando o disposto no art. 202 do Código Civil, segundo o qual a prescrição é interrompida por qualquer ato judicial que constitua o devedor em mora, é de se admitir que a ação proposta por sindicato agindo na qualidade de substituto processual interrompe a prescrição em relação à pretensão dos substituídos.

Com isso, é evitado que, para escapar dos efeitos da prescrição, o trabalhador seja obrigado a propor ação individual, esvaziando, com isso, o sentido da substituição processual pelo sindicato de sua categoria profissional. Acrescente-se que, ao propor a ação, o sindicato o faz em favor de toda a categoria, sendo esta beneficiada, portanto, pelos efeitos do ato praticado pelo sindicato, dentre os quais a interrupção da prescrição.

Por meio da ação proposta pelo sindicato, a pretensão à tutela do direito é manifestada em juízo, o que afasta a possibilidade de afirmar que ela deixou de ser objeto de ação judicial no momento oportuno: a pretensão foi oportunamente manifestada, ainda que por um terceiro para tanto legitimado.

Na SDI-I do TST prevalece o entendimento de que "a ação promovida por sindicato, na qualidade de substituto processual, interrompe a prescrição, ainda que tenha sido considerado parte ilegítima *ad causam*" (Orientação Jurisprudencial n. 359).

A solução adotada pela Orientação Jurisprudencial n. 359 da SDI-I do TST ganha reforço pelo fato de que, como decidiu o STJ, nos autos do Resp. 1055419/AP, do qual foi relatora a Ministra Laurita Vaz: "1. O ordenamento jurídico pátrio, a teor dos arts. 103, § 2º, e 104, da Lei n. 8.078/90 — Código de Defesa do Consumidor —, impele o Substituído a permanecer inerte até a conclusão do processo coletivo, na medida em que a ele impõe o risco de sofrer os efeitos da sentença da improcedência da ação coletiva — quando nela ingressar como litisconsorte —; e de não se beneficiar da sentença de procedência — quando demandante individual. 2. Diante desse contexto, a citação válida no processo coletivo, ainda que este venha ser julgado extinto sem resolução do mérito em face da ilegitimidade do Substituto Processual, configura causa interruptiva do prazo prescricional para propositura da ação individual".

Note-se, inclusive, que negar à propositura da ação coletiva efeito interruptivo da prescrição obrigaria cada um dos substituídos a propor ação individual, o que opera contra as ações coletivas enquanto instrumento de economia processual (por reduzir o número de demandas voltadas à tutela do mesmo direito) e aumentaria o já elevado número de demandas a serem enfrentadas pelo Poder Judiciário, em prejuízo da celeridade processual. Assim, os membros do grupo podem esperar pelo final do processo coletivo para, se for o caso, ajuizar ação individual, sem risco de ver declarada prescrita a sua pretensão.

Cumpre observar que, nos termos da Orientação Jurisprudencial n. 359 da SDI-I do TST e da decisão do STJ acima referida, ainda que o sindicato seja declarado parte ilegítima a prescrição estará interrompida, o que decorre do fato de que, como assinala Teori Albino Zavascki, "não se pode desconsiderar que os prazos prescricionais são estabelecidos com vista a atingir pessoas inertes, omissas, desinteressadas em procurar a tutela jurisdicional dos seus direitos. Ora, isso não se pode presumir na situação aventada (afirmação da ilegitimidade ativa do autor da ação coletiva) (...). Assim, deve-se optar por solução que preserve o princípio da boa-fé que milita em favor dos titulares do direito: a de considerar interrompida a prescrição em favor dos substituídos mesmo que o substituto processual venha a ser declarado ilegítimo".[45] Aliás, o que interrompe a prescrição é *a propositura da ação*, independentemente do conteúdo da decisão em razão dela proferida.

5. SUCESSÃO PROCESSUAL.

No curso do processo, somente é lícita a sucessão voluntária das partes nos casos expressos em lei (art. 108 do CPC).

A sucessão processual pode ocorrer: a) no caso de alienação da coisa ou do direito, pelo adquirente ou cessionário, se com ela concordar a parte contrária (art. 109, § 1º, do CPC), observando-se que o adquirente ou cessionário pode intervir no processo como assistente litisconsorcial do alienante ou cedente (art. 109, § 1º, do CPC) e, ainda, que se estendem os efeitos da sentença proferida entre as partes originárias ao adquirente ou cessionário (art. 109, § 3º, do CPC);

---

45. *Processo coletivo:* tutela dos direitos coletivos e tutela coletiva de direitos, p. 188. Esse doutrinador esclarece que, interrompida, em razão da ação coletiva, a prescrição para as ações individuais "retoma o curso com o trânsito em julgado da sentença que a encerra, seja ela terminativa, seja de mérito. É indispensável, portanto, embora a lei não o preveja explicitamente, a divulgação do encerramento do processo, o que se fará pelos mesmos meios e modos adotados para anunciar o seu ajuizamento" (art. 94 da Lei n. 8.078/90) (*Op. cit.*, p. 189).

b) no caso de morte de qualquer das partes, pelo espólio ou pelos seus sucessores (art. 110 do CPC).

No caso de morte de qualquer das partes, admite-se a simples habilitação dos seus herdeiros quando não exista patrimônio suscetível de abertura de inventário.

A ação que tenha por objeto pedido de reparação de danos merece algumas considerações:

a) tendo sido proposta perante a Justiça do Trabalho ação de indenização por danos patrimoniais ou morais e falecendo o seu autor, dá-se a sucessão da parte pelo espólio ou sucessores, seguindo a ação seu curso normal. A propósito: "Se a indenização se faz mediante pagamento em dinheiro, aquele que suportou os danos tinha direito de recebê-la e isto constitui crédito que integrava seu patrimônio, transmitindo-se a seus sucessores. Possibilidade de os herdeiros prosseguirem com a ação já intentada por aquele que sofreu os danos";[46]

b) se a ação visando à reparação de danos materiais não foi proposta em vida do lesado, o espólio e os sucessores têm legitimidade para a sua propositura, vez que o direito de exigir a reparação transmite-se com a herança (art. 943 do Código Civil);

c) no caso de dano moral, se a morte daquele que sofreu o dano, se dá antes da propositura da ação, pode esta ser promovida pelo espólio ou sucessores, posto que a compensação do dano moral se dá em dinheiro e este integra o patrimônio do *de cujus*.

O sucessor recebe o processo no estado em que se encontra e se submete aos efeitos dos atos já praticados.

A substituição é possível, no processo do trabalho, quando se verifique: 1) a morte de qualquer das partes, dando-se a substituição pelo seu espólio ou seus sucessores; b) a extinção da empresa, sendo esta substituída por seus ex-sócios; c) a sucessão trabalhista (arts. 10 e 448 da CLT), em que o sucedido será substituído pelo sucessor.

A substituição do alienante ou cedente ao adquirente ou cessionário da coisa ou do direito litigioso esbarra na competência da Justiça do Trabalho, que se limita aos litígios decorrentes da relação de trabalho.

Não se confundem *substituição* processual e *sucessão* processual. Na substituição processual, uma pessoa, por força de autorização do ordenamento jurídico, propõe demanda, em nome próprio, em defesa de direito alheio. Na sucessão processual, uma pessoa assume o lugar de outra no curso do processo.

46. STJ, Resp. 219.619, Rel. Min. Eduardo Ribeiro, DJU 3.4.2000, p. 147.

6. REPRESENTAÇÃO PROCESSUAL: FORMAS DE SUPRIR A INCAPACIDADE

As pessoas que não se encontrarem no exercício de seus direitos, embora tenham capacidade de ser parte, não a têm para estar em juízo, devendo ser representadas ou assistidas em juízo.

A representação e a assistência são formas de suprir a incapacidade de estar em juízo (art. 71 do CPC de 2015).

A representação ocorre na hipótese de incapacidade absoluta. O representante age em nome do representado. No processo em que se dá a representação parte é o representado e não o representante.

A assistência ocorre quando a incapacidade é apenas relativa. Nela, os atos processuais são praticados pelo assistido, mas com a assistência do assistente.

7. LITISCONSÓRCIO

Dá-se o litisconsórcio quando duas ou mais pessoas litigam, no mesmo processo, em conjunto, ativa e/ou passivamente.

Como o Direito do Processual do Trabalho não trata do tema de forma pormenorizada, as suas omissões devem ser afastadas por meio da aplicação do CPC como fonte subsidiária.

7.1. O litisconsórcio, considerando a posição em que se verifica a pluralidade de pessoas, será: a) ativo: quando duas ou mais pessoas litigam, no mesmo processo, em conjunto, como reclamantes; b) passivo: quando duas ou mais pessoas litigam, no mesmo processo, em conjunto, como reclamados; c) misto, recíproco ou bilateral: quando duas ou mais pessoas litigam, no mesmo processo, em conjunto, como reclamantes e reclamados.

Do ponto de vista do momento em que é formado, o litisconsórcio será: a) inicial ou originário: a demanda é proposta por dois ou mais reclamantes contra um ou mais reclamados, surgindo o litisconsórcio com a propositura da ação; b) ulterior ou posterior: a pluralidade de partes surge no curso do processo (o litisconsórcio pode se formar pelo ingresso no processo dos sucessores da parte e, na execução, quando forem chamados a responder pelo crédito reclamado todos aqueles contra os quais a execução pode ser endereçada, como as empresas do grupo econômico do empregador, por exemplo).

Levando em conta a influência da vontade das partes na sua formação, o litisconsórcio será: a) necessário ou indispensável: "aquele que não pode ser dispensado, mesmo que todos os interessados estejam de acordo"; b) facultativo:

"o que depende da vontade das partes para sua formação; divide-se em duas espécies: o irrecusável e o recusável. O irrecusável se dá quando, requerido pelo autor, ou autores, os réus, ou réu, não podem recusá-lo. O recusável é aquele que, requerido pelo autor, ou autores, pode, todavia, sua formação ser recusada pelo réu, ou os réus".[47]

O art. 455 da CLT contempla hipótese de litisconsórcio facultativo irrecusável, vez que a formação do litisconsórcio é uma faculdade do trabalhador e não pode ser recusada pelos reclamados.

Afirma Celso Agrícola Barbi que o litisconsórcio facultativo recusável "era claramente reconhecido no Código de 1939, cujo art. 88 dizia ser ele recusável, quando fundado na afinidade de questões por um ponto comum de fato ou de direito (...). Nosso atual Código, todavia, além de não repetir, em forma expressa, o caráter recusável do litisconsórcio fundado na afinidade de questões por um ponto comum de fato ou de direito, deixou também de repetir a norma do mencionado art. 116 do Código de 1939. Pontes de Miranda considera recusável o litisconsórcio nesse caso. Arruda Alvim, Sérgio Ferraz e Clito Fornaciari Júnior entendem que ele é sempre irrecusável. A nosso ver, apesar da omissão da lei, deve se entender que o réu pode impugnar o litisconsórcio fundado no item IV, demonstrando a inferioridade em que ficará para a defesa, porque essa situação viola o princípio da igualdade das partes".[48]

7.2. Segundo o art. 113 do CPC, duas ou mais pessoas podem litigar em litisconsórcio quando: a) entre elas houver comunhão de direitos ou de obrigações relativamente à lide; b) entre as causas houver conexão pelo pedido ou pela causa de pedir; c) ocorrer afinidade de questões por ponto comum de fato ou de direito (trata-se do denominado *litisconsórcio impróprio*).

Embora o art. 842 da CLT admita o litisconsórcio ativo, ou seja, a denominada *ação plúrima*, somente quando haja identidade de matéria (direitos e obrigações derivados do mesmo fundamento de fato ou de direito), no processo do trabalho é também possível o litisconsórcio nas situações previstas no art. 113 do CPC, que funciona, no particular, como fonte subsidiária do Direito Processual do Trabalho.

7.3. Não se confundem *litisconsórcio necessário* e *litisconsórcio unitário*. O litisconsórcio pode ser necessário e unitário (*litisconsórcio necessário unitário*) ou apenas necessário (*litisconsórcio necessário*

47. Celso Agrícola Barbi. *Comentários ao Código de Processo Civil*, v. I, p. 156.

48. *Comentários ao Código de Processo Civil*, v. I, p. 158-159.

***simples*). Neste sentido, assinala Humberto Theodoro Júnior que "o litisconsórcio unitário nem sempre é necessário (...). Por outro lado, há casos em que o litisconsórcio é necessário e o resultado da causa não é, obrigatoriamente, o mesmo para todos os participantes do processo".**[49]

O CPC atende a este fato, dispondo, no art. 116, que o litisconsórcio será unitário quando, pela natureza da relação jurídica, o juiz tiver de decidir o mérito de modo uniforme para todos os litisconsortes.

Neste contexto, haverá *litisconsórcio unitário* quando se trate, por exemplo, de ação anulatória de cláusula de convenção coletiva de trabalho ajuizada pelo Ministério Público do Trabalho, situação em que os sindicatos acordantes deverão compor o polo passivo da demanda, na medida em que a convenção não poderá ser nula para um deles e eficaz para o outro.

7.4. Nos casos de litisconsórcio passivo necessário, o juiz determinará ao autor que requeira a citação de todos que devam ser litisconsortes, dentro do prazo que assinalar, sob pena de ser extinto o processo (art. 115, parágrafo único, do CPC).

Humberto Theodoro Júnior admite a ocorrência de litisconsórcio necessário ativo, afirmando que "em nosso sistema legal, o litisconsórcio ativo necessário é sempre fruto de exigência da lei, isto é, decorre de hipótese em que o legislador obriga os vários demandantes a propor a causa em conjunto (...). Somente ao litisconsórcio passivo é que se aplica a segunda parte do art. 47 (necessidade de decisão uniforme para todas as partes), tanto que o dispositivo legal conclui com a afirmação de que, em tal hipótese, 'a eficácia da sentença dependerá da citação de todos os litisconsortes'".[50]

Cândido Rangel Dinamarco assevera que "a facultatividade do litisconsórcio constitui regra geral, porque corresponde ao princípio da *liberdade das partes*, não sendo lícito impor sua implantação quando a lei não a exige (Const., art. 5º, inc. II), e porque a necessariedade importa restrição ao *direito de ação*, também constitucionalmente assegurado", que "a necessariedade se resolve em uma *legitimidade necessariamente conjunta* (...); e o *caráter excepcional* do litisconsórcio deve conduzir a evitar interpretações que atribuam arbitrariamente a necessidade a casos não estritamente cobertos pelas duas hipóteses do art. 47 do Código de Processo Civil" e que "o litisconsórcio só será necessário (a) quando a causa versar um *objeto incindível*, conforme disposição genérica contida

49. *Curso de direito processual civil*, v. I, p. 125.
50. *Curso de direito processual civil*, v. I, p. 125.

no art. 47 do Código de Processo Civil ou (b) quando assim a lei o estabelecer de modo específico".[51]

Ainda segundo esse doutrinador, "se o litisconsórcio necessário passivo já é excepcional no sistema, de excepcionalidade ainda maior reveste-se a necessidade em relação ao polo ativo da relação processo. As dificuldades para implementá-lo são mais graves e podem revelar-se até mesmo insuperáveis, o que se dará sempre que um colegitimado se negue a participar da demanda. Como ninguém pode ser obrigado a demandar contra sua própria vontade (...), em casos assim o autor ficará em um impasse sem solução e não poderá obter a tutela jurisdicional pretendida (...). Por essa razão, a admissibilidade do litisconsórcio ativo confina-se no campo rigorosamente restrito das situações em que, *segundo o direito material*, cada um dos colegitimados tenha o poder de opor-se aos resultados desejados pelos outros".[52] Em suma, esse doutrinador admite o litisconsórcio ativo necessário, mas em caráter excepcionalíssimo.

No caso de litisconsórcio ativo necessário, o juiz deverá conferir prazo ao autor para que providencie a adesão de todos aqueles que devem integrar o processo, sob pena de extinção do processo.

7.5. A sentença de mérito, quando proferida sem a integração do contraditório (ausência de formação do litisconsorte), será *nula*, se a decisão deveria ser uniforme em relação a todos que deveriam ter integrado o processo, ou *ineficaz*, nos outros casos, apenas para os que não foram citados (art. 115 do CPC).

7.6. O juiz poderá limitar o *litisconsórcio facultativo*, de ofício ou a requerimento, quanto ao número de litigantes, na fase de conhecimento, na liquidação de sentença ou na execução, quando este comprometer a rápida solução do litígio ou dificultar a defesa ou cumprimento da sentença (art. 113, § 1º, do CPC e art. 765 da CLT).

O litisconsórcio que envolve grande número de litigantes é denominado *litisconsórcio multitudinário*.

O pedido de limitação do litisconsórcio interrompe o prazo para manifestação ou resposta, que recomeçará da intimação da decisão que o solucionar (art. 113, § 2º, do CPC).

---

51. *Instituições de direito processual civil*, v. II, p. 460-464.
52. *Instituições de direito processual civil*, v. II, p. 460-464.

Limitado o litisconsórcio, deve ser ordenado o desmembramento do processo, em tantos quantos sejam os processos reputados necessários pelo juiz, procedendo-se a distribuição daqueles que resultarem do desmembramento, sem prejuízo aos demandantes, em especial quanto à interrupção da prescrição por força do ajuizamento da reclamação.

7.7. Havendo dúvida quanto à legitimidade passiva, admite-se a formação do *litisconsórcio alternativo.* É o que ocorre, por exemplo, quando, falecendo o trabalhador, paire dúvida sobre aqueles a quem devem ser pagas as verbas rescisórias.

7.8. O litisconsórcio é extinto pela limitação da posição ativa e/ou passiva a apenas uma pessoa.

Haverá redução do litisconsórcio quando se verificar diminuição no número de pessoas que formavam a posição ativa e/ou passiva da relação processual.

7.9. Os litisconsortes serão considerados, em suas relações com a parte adversa, como litigantes distintos, *exceto no litisconsórcio unitário,* caso em que os atos e omissões de um não prejudicarão os outros, *mas os poderão beneficiar* (art. 117 do CPC).

A confissão judicial de um litisconsorte não prejudica os demais (art. 391 do CPC). Esta restrição somente alcança a confissão. Desse modo, as provas apresentadas por um litisconsorte prejudicam os demais.

No procedimento sumaríssimo e ordinário, cada litisconsorte pode indicar à oitiva duas ou três testemunhas, respectivamente. A existência do litisconsórcio não influi no número de testemunhas que podem ser ouvidas.

O recorrente poderá, a qualquer tempo, sem a anuência do recorrido ou dos litisconsortes, desistir do recurso (art. 998 do CPC).

O recurso interposto por um dos litisconsortes a todos aproveita, salvo se distintos ou opostos os seus interesses (art. 1.005 do CPC), ao passo que, havendo solidariedade passiva, o recurso interposto por um devedor aproveitará os demais, quando as defesas opostas ao credor lhes forem comuns (art. 1.005, parágrafo único, do CPC).

Conforme a Orientação Jurisprudencial n. 190 da SDI-I do TST, "havendo condenação solidária de duas ou mais empresas, o depósito recursal efetuado por uma delas aproveita as demais, quando a empresa que efetuou o depósito não pleiteia sua exclusão da lide". Se a condenação dos litisconsortes é apenas subsidiária, todos devem, ao recorrer, efetuar o depósito recursal, sob pena de deserção do recurso daquele que não o fizer.

Para Celso Agrícola Barbi, a independência dos litisconsortes "é aplicável especialmente aos casos de litisconsórcio simples, porque neste é inegável a autonomia da atividade de cada um. Como ele é, comumente, mera acumulação de ações, que poderiam ser propostas em processos separados, é natural que os atos e as omissões de um litisconsorte só produzam consequências para quem os praticou, ou deixou de praticar (...). Mas, quando se trate de litisconsorte unitário (...) o princípio geral tem pouca aplicação, porque as normas devem ser interpretadas tendo em vista que a decisão deve ser proferida de modo uniforme em relação a todos os litisconsortes. Por isto, os atos que beneficiam a um litisconsorte beneficiarão também os demais".[53]

Em razão da autonomia dos litisconsortes, a presença de um dos reclamantes na audiência não impede o arquivamento da reclamação em relação aos ausentes. Pelo mesmo motivo, a presença de um dos litisconsortes passivos não afasta a revelia e a confissão dos ausentes, mas a ausência de um dos litisconsortes passivos não produz confissão quando um dos presentes contestar os fatos em que se funda a ação (art. 345, I, do CPC).[54]

7.10. Cada litisconsorte tem o direito de promover o andamento do processo e todos devem ser intimados dos respectivos atos (art. 118 do CPC). Trata-se da consagração do princípio da livre promoção no andamento do processo ou da autonomia dos litisconsortes para os atos processuais.

8. INTERVENÇÃO DE TERCEIRO

Do processo devem participar apenas as suas partes, ou seja, aqueles que sofrerão os efeitos da decisão que vier a ser proferida. Contudo, em algumas situações, previamente definidas em lei, admite-se que um terceiro, ou seja, quem não é parte na demanda, intervenha em processo em curso. A essa intervenção é que se denominada *intervenção de terceiro*.

O CPC define como formas de intervenção de terceiro a oposição, a denunciação da lide, o chamamento ao processo e assistência.

O CPC de 1973 aludia, ainda, à nomeação à autoria. Com a entrada em vigor do CPC de 2015, deixou de existir como instituto autônomo. Na essência, no entanto, a nomeação à autoria constitui uma forma de intervenção de terceiro. Com efeito, em razão dela, um terceiro estranho à lide pode ser chamado a nele intervir.

---

53. *Comentários ao Código de Processo Civil*, v. II, p. 170.

54. A defesa de um dos litisconsortes impede a confissão naquilo em que efetivamente aproveitar o litisconsorte ausente, independentemente da natureza do litisconsórcio. Assim, os fatos não contestados pelo litisconsorte presente serão considerados verdadeiros em relação ao ausente.

Lembre-se, ainda, do recurso de terceiro prejudicado, que é também forma de intervenção no processo de pessoa a ele estranha (art. 996 do CPC), sendo relevante mencionar, ainda, o *amicus curiae* (*amigo do juízo*), que intervém no processo para oferecer subsídios ao juízo. O *amicus curiae* atua em nome e em favor da coletividade e visa ao proferimento de uma decisão justa.

8.1. Classificação.

A intervenção de terceiro pode ser *espontânea ou voluntária* (a iniciativa da intervenção é do terceiro, como ocorre na assistência e oposição) ou *provocada* (a intervenção do terceiro é provocada por uma das partes, como se dá na denunciação da lide).

O terceiro pode intervir no processo para cooperar com uma das partes, como ocorre na assistência (intervenção *ad coadjuvando*), ou para excluir uma ou ambas as partes da relação processual (oposição e nomeação à autoria), hipótese em que é denominada *ad excludendum*.

8.2. Intervenção de terceiros na CLT. Formas de intervenção de terceiro disciplinadas no CPC e sua compatibilidade com o processo do trabalho.

A CLT trata da intervenção de terceiro no art. 486, ao disciplinar os efeitos do denominado *factum principis*.

De acordo com o art. 486, *caput*, da CLT, ocorrendo paralisação temporária ou definitiva do trabalho, motivada por ato de autoridade municipal, estadual ou federal, ou pela promulgação de lei ou resolução que impossibilite a continuação da atividade, prevalecerá o pagamento da indenização devida ao trabalhador, que, no entanto, ficará a cargo do governo responsável.

Segundo o art. 486, § 1º, da CLT, sempre que o empregador invocar em sua defesa a responsabilidade de ente governamental, o tribunal notificará a pessoa de direito público apontada como responsável pela paralisação do trabalho, para que, no prazo de 30 dias, alegue o que entender de direito, passando a figurar no processo como chamada à autoria. Para invocar a responsabilidade de terceiro em seu favor, o empregador deve instruir a sua defesa com documento hábil, sendo garantida ao reclamante a oportunidade de manifestação sobre a sua alegação, no prazo de três dias (art. 486, § 2º, da CLT).

A hipótese, então, é a de paralisação temporária ou definitiva das atividades do empregador, motivada por ato de autoridade municipal, estadual ou federal, ou pela promulgação de lei ou resolução que impossibilite a sua continuação.

No entanto, o art. 486, § 3º, da CLT dispõe que, verificada a autoridade responsável, o juiz dar-se-á por incompetente. Com isso, à Justiça do Trabalho caberá, apenas, verificar a procedência da alegação do empregador quanto à responsabilidade pela paralisação do trabalho. No juízo reputado competente pela Justiça do Trabalho é que seria julgada a demanda do trabalhador contra o empregador e deste contra o ente público. Essa solução afronta, sem dúvida, o art. 114, I, da Constituição Federal. Com efeito, por força do art. 114, I, da Constituição Federal, compete à Justiça do Trabalho conciliar e julgar os dissídios entre empregados e empregadores, o que impede transferir para a justiça a competência para examinar os pedidos do trabalhador diante de seu empregador.

A nosso juízo, sendo vencido na demanda contra ele proposta pelo trabalhador na Justiça do Trabalho, o empregador deverá aforar, no juízo próprio, ação de regresso contra o ente público responsável pela paralisação de suas atividades, servindo-se do art. 486 da CLT como norma reconhecedora da responsabilidade objetiva daquele ente pelo seu ressarcimento.

8.3. Intervenção de terceiro no processo do trabalho

É pacífica na doutrina a compatibilidade da assistência e do recurso de terceiro prejudicado com o processo do trabalho.

Em relação às demais formas de intervenção de terceiro, se apresentam na doutrina duas vertentes de pensamento: a) com a ampliação da competência da Justiça do Trabalho, agora não mais centrada nas ações oriundas da relação de emprego, deixa de existir restrição à admissão da intervenção de terceiro no processo do trabalho; e b) a competência da Justiça do Trabalho, mesmo ampliada, não torna admissível de forma irrestrita a intervenção de terceiro no processo do trabalho.

Essas doutrinas consideram a possibilidade de intervenção de terceiro no processo do trabalho apenas sob o enfoque da competência e, professando a primeira delas, observa José Roberto Freire Pimenta que a possibilidade de intervenção de terceiro no processo do trabalho é "uma das mais relevantes consequências processuais acarretadas pela recente ampliação de competência da Justiça do Trabalho (alcançando, inclusive, os processos que tenham por objeto principal as lides decorrentes da relação de emprego, mas que, acessoriamente, atraiam a participação de terceiros, na defesa de seus próprios direitos e interesses (...)). A superação do originalmente intransponível obstáculo para a admissão da maior parte das hipóteses de intervenção de terceiro no processo do trabalho (sua competência ordinária antes restrita às lides decorrentes da relação de emprego), permitirá a esses institutos processuais desempenharem, na esfera da Justiça do Trabalho, a mesma função essencial que visam desempenhar no plano do processo civil: permitir que, num único processo, de uma só vez ou ao menos em caráter sucessivo, seja ampliada subjetivamente a relação jurídica processual a fim de que sejam solucionadas todas as demais lides advindas de um mesmo conflito subjetivo de interesses, evitando a duplicação ou multiplicação de processos e a desarmonia entre julgados, mas principalmente atendendo ao princípio da economia processual".[55]

Realmente, a alteração da competência da Justiça do Trabalho favorece a intervenção de terceiro no processo do trabalho. No entanto, esta intervenção não pode ser admitida sem ressalvas, posto que deve estar em sintonia com os princípios do Direito Processual do Trabalho, em especial a celeridade processual e a maior eficácia possível das decisões proferidas pela Justiça do Trabalho.

Tendo o processo do trabalho como objeto preponderante a satisfação de créditos de natureza alimentar, nele, deve-se pugnar pela solução mais rápida do dissídio entre trabalhador e tomador de seus serviços.

A ampliação subjetiva da relação jurídica processual resulta na ampliação das questões de fatos e de direito a serem dirimidas, em prejuízo à mais rápida solução do dissídio entre prestador e tomador de serviços, o que também se apresenta como barreira à livre admissão da intervenção de terceiros no processo do trabalho, cuja finalidade social é a realização prática do direito do trabalho ou das normas que disciplinam a relação entre trabalhador e tomador de serviços.

No exame de cada uma das modalidades de intervenção de terceiro previstas no CPC, retornaremos a essa questão.

8.4. Assistência.

Dá-se a assistência quando, na pendência de uma causa entre duas ou mais pessoas, o terceiro juridicamente interessado em que a sentença seja favorável a uma delas, intervém no processo para assisti-la (art. 119 do CPC).

A assistência pressupõe a pendência de uma causa e o interesse jurídico (e não apenas econômico[56]) de um terceiro em que a sentença seja favorável à parte com a qual pretende colaborar.

Celso Agrícola Barbi observa que o interesse será jurídico quando entre o direito em litígio e o direito que o terceiro quer proteger com a vitória da parte assistida "houver uma relação de conexão ou de dependência, de modo que a solução do litígio pode influir, favorável ou desfavoravelmente, sobre a posição jurídica do terceiro".[57] Para Pontes de Miranda, "o que é preciso é que a sentença

55. A nova competência da Justiça do Trabalho para lides não decorrentes da relação de emprego: aspectos processuais e procedimentais. In: COUTINHO, Grijalbo Fernandes; FAVA, Marcos Neves (coord.). *Justiça do Trabalho: competência ampliada*, p. 272 e 274.

56. A propósito: "A intervenção assistencial, simples ou adesiva, só é admissível se demonstrado o interesse jurídico e não o meramente econômico" (Súmula n. 82 do TST).

57. *Comentários ao Código de Processo Civil*, v. I, p. 174.

preferida entre as partes atinja ou possa atingir direito, pretensão, ou ação, ou exceção, do terceiro".[58]

A assistência é admitida em qualquer procedimento e em todos os graus de jurisdição, recebendo o assistente o processo no estado em que se encontre, isto é, sem possibilidade de repetição de atos já praticados (art. 119, parágrafo único, do CPC). Mas, como a finalidade do assistente é o julgamento favorável a uma das partes, não cabe assistência na execução, salvo em relação aos embargos à execução e de terceiro.

A assistência é simples, adesiva ou anexa "quando não está em litígio direito do terceiro, mas ele tem interesse na vitória do assistido, porque ela pode beneficiar outro direito do assistente" e qualificada ou litisconsorcial, "quando a intervenção do terceiro se justifica porque o direito em litígio é do assistido, mas também do assistente, o qual teria legitimação para discuti-lo sozinho".[59]

Como hipótese de assistência simples tem-se aquela que é prestada ao empregador por empresa que com ele compõe grupo econômico (art. 2º, § 2º, da CLT).

Em relação à assistência simples cumpre observar:

a) o assistente atuará como auxiliar da parte principal, exercerá os mesmos poderes e sujeitar-se-á aos mesmos ônus processuais que o assistido (art. 121 do CPC), observando-se que, sendo revel ou, de qualquer outro modo, omisso o assistido, o assistente será considerado seu substituto processual (art. 121, parágrafo único, do CPC);
b) a assistência não obsta que a parte principal reconheça a procedência do pedido, desista da ação, renuncie ao direito sobre o que se funda a ação ou transija sobre direitos controvertidos (art. 122 do CPC);
c) transitada em julgado a sentença no processo em que interveio o assistente, este não poderá, em processo posterior, discutir a justiça da decisão, salvo se alegar e provar que: a) pelo estado em que recebeu o processo ou pelas declarações e pelos atos do assistido, foi impedido de produzir provas suscetíveis de influir na sentença; b) desconhecia a existência de alegações ou provas das quais o assistido, por dolo ou culpa grave, não se valeu (art. 123 do CPC).

Considera-se litisconsorte da parte principal o assistente toda vez que a sentença houver de influir na relação jurídica entre ele e o adversário do assistido (art. 124 do CPC). Esta é a hipótese da denominada *assistência litisconsorcial* ou *qualificada*.

58. *Comentários ao Código de Processo Civil*, v. II, p. 58.

59. Celso Agrícola Barbi. *Comentários ao Código de Processo Civil*, v. I, p. 172-173.

Dá-se a assistência litisconsorcial, por exemplo, quando o trabalhador atua como assistente na ação coletiva proposta pelo sindicato na defesa de direito individual homogêneo e quando o sócio assiste à sociedade em demanda contra esta proposta.

Como a assistência pressupõe interesse, jurídico, do terceiro no resultado da demanda, o assistente não pode depor como testemunha no processo em que se dá a sua intervenção.

A assistência deve ser requerida ao juiz da causa, em petição escrita, na qual deve ser demonstrado o interesse jurídico na intervenção (se o processo estiver em grau de recurso, o pedido deve ser apresentado ao seu relator) e sobre o pedido serão ouvidas as partes, no prazo de cinco dias (art. 120 do CPC).

O art. 120 do CPC estabelece que o pedido de assistência não impugnado será deferido, salvo se for o caso de sua rejeição liminar, o que se justifica, na medida em que "o juiz só o fará se se convencer de que é caso de assistência, indeferindo-o se não o for. Isto porque, interessando também ao Estado o rápido e correto desenvolvimento do processo, cabe ao juiz indeferir intervenção que seja contrária a ele e que possa tumultuar o andamento do processo".[60]

Se qualquer das partes alegar que falece ao assistente interesse jurídico para intervir, o juiz decidirá o incidente, sem suspensão do processo (art. 120 do CPC), o que está em harmonia com o princípio da simplificação das formas e procedimentos, observando-se, inclusive, que, no procedimento sumaríssimo, o pedido de assistência deve ser decidido na própria audiência (art. 852-G da CLT).

Por não interferir na celeridade que se pretende no processo do trabalho e não resultar em ampliação do objeto da demanda, a assistência, simples e litisconsorcial, é compatível com o Direito Processual do Trabalho, como é reconhecido, inclusive, na Súmula n. 82 do TST.[61]

Admite-se a assistência no dissídio coletivo, na hipótese do art. 624 da CLT, que dispõe que a vigência de cláusula de aumento ou reajuste salarial, que implique elevação de tarifas ou de preços sujeitos à fixação por autoridade pública ou repartição governamental, dependerá de prévia audiência dessa autoridade ou repartição e sua expressa declaração no tocante à possibilidade de elevação da tarifa ou do preço e quanto ao valor dessa elevação. Assim, a autoridade pública pode participar do processo como assistente do suscitado, em razão dos reflexos de eventual reajuste salarial em preços e tarifas públicas.

---

60. *Comentários ao Código de Processo Civil*, v. I, p. 176.

61. "A intervenção assistencial, simples ou adesiva, só é admissível se demonstrado o interesse jurídico e não meramente econômico."

8.5. Oposição.

Quem pretender, no todo ou em parte, a coisa ou o direito sobre que controvertem autor e réu, poderá, até ser proferida a sentença, oferecer oposição contra ambos (art. 682 do CPC).

A oposição é a ação do terceiro que pretende, no todo (oposição total) ou em parte (oposição parcial), a coisa ou o direito sobre que controvertem as partes de uma relação jurídica processual em curso. O terceiro visa, com a oposição, defender o que afirma ser seu e que está sendo disputado em ação de que não participa.

Celso Agrícola Barbi observa que o art. 56 do CPC de 1973, cuja redação é a mesma do art. 682 do CPC de 2015, "usa inadequadamente a expressão 'direito sobre que controvertem autor e réu', porque não há necessidade de controvérsia".[62] Sob este prisma, para a admissão da oposição basta a existência de processo pendente.

8.5.1. Embora o CPC estabeleça que a oposição pode ser manifestada até a prolação da sentença, não existe consenso na doutrina sobre esta questão.

O CPC permite o oferecimento da oposição até ser proferida sentença. Com isso, publicada a sentença, não poderá ser ofertada a oposição. Nessa hipótese, caberá apenas recurso daquele que pretendia oferecer a oposição, como terceiro interessado.

Celso Agrícola Barbi admite a oposição na execução, "até o proferimento da sentença, se tiverem sido opostos embargos, ou no prazo para a oposição de embargos, se estes não tiverem sido opostos, sendo admissível apenas na execução fundada em título extrajudicial, visto que ela só pode ser ofertada enquanto não proferida sentença (...). Prevalece, todavia, a restrição, quando a execução se basear em sentença, notadamente porque, segundo o art. 56, ela só pode ser proposta enquanto não proferida a sentença".[63]

8.5.2. O opoente deduzirá o seu pedido observando os requisitos exigidos para a propositura da ação (art. 683 do CPC).

8.5.3. Como a oposição é uma ação, ela deverá ser levada à distribuição, que se fará por dependência, vez que ao juiz da causa principal compete processá-la e julgá-la (art. 683, parágrafo único, do CPC).

Distribuída a oposição, os opostos serão citados, na pessoa de seus respectivos advogados, para contestar o pedido no prazo comum de 15 dias (art. 683, parágrafo único, do CPC).

---

62. *Comentários ao Código de Processo Civil*, v. I, p. 185.

63. *Comentários ao Código de Processo Civil*, v. I, p. 186.

8.5.4. Se um dos opostos reconhecer a procedência do pedido, contra o outro prosseguirá o opoente (art. 684 do CPC).

8.5.5. Admitido o seu processamento, a oposição será apensada aos autos e tramitará simultaneamente à ação originária, sendo ambas julgadas pela mesma sentença (art. 685 do CPC), observando-se que, se a oposição for proposta após o início da audiência de instrução, o juiz suspenderá o curso do processo, ao fim da produção da prova, salvo se concluir que a unidade de instrução atende ao princípio da duração razoável do processo (art. 685 do CPC).

8.5.6. Cabendo ao juiz decidir simultaneamente a ação e a oposição, desta conhecerá em primeiro lugar (art. 686 do CPC).

8.5.7. A oposição é cabível, por exemplo, quando um sindicato ajuíza ação pleiteando o recebimento de contribuição sindical e outro sindicato apresenta oposição, afirmando que a contribuição sindical lhe deve ser revertida, por ser o legítimo representante da categoria a que pertence o trabalhador. Nesse caso, se o empregador concorda com o pedido do opoente, ter-se-á instaurada uma lide entre sindicatos, cujo julgamento compete à Justiça do Trabalho.

Admitida a oposição no processo do trabalho: a) a citação será endereçada aos opostos, via postal, na medida em que, no processo do trabalho, não se admite citação realizada na pessoa do advogado da parte; b) seguirá a oposição, quando oferecida após a abertura da audiência, o rito próprio da ação principal.

Não se olvide que, sendo a oposição uma ação do terceiro contra o autor e o réu, a sua admissão pressupõe a competência do juízo da causa principal para julgá-la.

8.6. Nomeação à autoria.

Trata-se de modalidade de intervenção de terceiro que era admitida pelo CPC de 1973, mas que, no CPC de 2015, deixa de existir como instituto autônomo. Na essência, no entanto, a nomeação à autoria constitui uma forma de intervenção de terceiro. Com efeito, em razão dela, um terceiro estranho à lide pode ser chamado a nele intervir.

Neste sentido, dispõe o CPC de 2015 que:

a) se o réu alegar, na contestação, ser parte ilegítima ou não ser responsável pelo prejuízo invocado, o juiz facultará ao autor, em 15 dias, a alteração da petição inicial para substituição do réu (art. 338), sendo que, realizada a substituição, o autor reembolsará as despesas e pagará os honorários advocatícios do réu excluído (art. 338, parágrafo único);

b) quando alegar sua ilegitimidade, incumbe ao réu indicar o sujeito passivo da relação jurídica discutida sempre que tiver conhecimento, sob pena de arcar com as despesas processuais e de indenizar o autor pelos prejuízos decorrentes da falta de indicação (art. 339);

c) o autor, ao aceitar a indicação, procederá, no prazo de 15 dias, à alteração da petição inicial para a substituição, observando-se o parágrafo único do art. 338 (art. 339, § 1º). No prazo de 15 dias, o autor pode optar por alterar a petição inicial para incluir, como litisconsorte ativo, o sujeito indicado pelo réu (art. 339, § 2º).

Para Cândido Rangel Dinamarco, "a utilidade da nomeação à autoria consiste em antecipar soluções para a questão da legitimidade passiva mediante um incidente razoavelmente simples em que o autor, alertado, tem oportunidade de retificar a mira da demanda proposta".[64] O CPC facilita, ainda mais, a solução envolvendo a legitimidade.

Desse modo, o trabalhador que alegar que praticou o ato que causou prejuízo ao autor da demanda por ordem de seu empregador, deverá, na própria contestação, se alegar ilegitimidade, indicar o sujeito passivo da relação jurídica discutida, caso em que:

a) o juiz facultará ao autor, no prazo que assinalar, a alteração da petição inicial para substituição do réu.

Trata-se de medida que facilita o julgamento do mérito e atende aos princípios da economia e celeridade.

No entanto, diante do fato de o Direito Processual do Trabalho adotar a gratuidade como regra, na intenção de facilitar o acesso à justiça, com ele não é compatível a previsão no sentido de pagamento de custas, honorários e indenização de prejuízos decorrentes da falta de indicação, vez que, nele, predomina a ideia de gratuidade da justiça;

b) o autor, ao aceitar a indicação, procederá, no prazo de 15 dias, à alteração da petição inicial para a substituição (art. 339, § 1º). No prazo de 15 dias, o autor pode optar por alterar a petição inicial para incluir, como litisconsorte ativo, o sujeito indicado pelo réu (art. 339, § 2º).

64. *Instituições de direito processual civil*, v. II, p. 394.

8.7. Denunciação da lide.

A denunciação da lide corresponde à propositura de uma ação de regresso por uma das partes do processo pendente contra terceiro.

8.7.1. A denunciação da lide atende à economia processual, por permitir que no mesmo processo sejam resolvidos dois conflitos de interesses: a) conflito entre autor e réu; b) conflito entre o denunciante e o denunciado.

8.7.2. O art. 125 do CPC dispõe que a denunciação é admissível: ao alienante imediato, no processo relativo à coisa cujo domínio for transferido ao denunciante, a fim de que possa exercer os direitos que da evicção lhe resultam; àquele que estiver obrigado, por lei ou pelo contrato, a indenizar, em ação regressiva, o prejuízo de quem for vencido no processo.

O CPC também prevê que o direito regressivo será exercido por ação autônoma quando a denunciação da lide for indeferida, deixar de ser promovida ou não for permitida (art. 125, § 1º, do CPC), o que afasta a obrigatoriedade da denunciação da lide neste caso.

8.7.3. A denunciação à lide é admitida apenas no processo de conhecimento, o que decorre, por exemplo, da previsão de que a denunciação será requerida na petição inicial, se o denunciante for o autor, ou na contestação, se o denunciante for o réu (art. 126 do CPC).

O CPC admite uma única *denunciação sucessiva*, promovida pelo denunciado, contra seu sucessor imediato na cadeia dominial ou quem seja responsável por indenizá-lo, sendo vedado ao denunciado sucessivo promover nova denunciação, hipótese em que eventual direito de regresso será exercido por ação autônoma (art. 125, § 2º).

8.7.4. A citação do demandado será requerida na petição inicial, se o denunciado for o autor, ou na contestação, se o denunciante for o réu (art. 126 do CPC).

8.7.5. Feita a denunciação pelo autor, o denunciado poderá assumir a posição de litisconsorte do denunciante e acrescentar novos argumentos à petição inicial, procedendo-se em seguida a citação do réu (art. 127 do CPC).

8.7.6. *Feita a denunciação pelo réu: a) se o denunciado contestar o pedido formulado pelo autor, o processo prosseguirá tendo, na ação principal, em litisconsórcio, denunciante e denunciado (art. 128, I, do CPC); b) se o denunciado for revel, o denunciante pode deixar de prosseguir com sua defesa, eventualmente oferecida, e abster-se de recorrer, restringindo sua atuação à ação regressiva (art. 128, II, do CPC); c) se o denunciado confessa os fatos alegados pelo autor na ação principal, o denunciante poderá prosseguir com sua defesa ou aderindo a tal reconhecimento, pedir apenas a procedência da ação de regresso (art. 128, III, do CPC).*

Se for julgado procedente o pedido da ação principal, pode o autor, se for o caso, requerer o cumprimento da sentença também contra o denunciado, nos limites da condenação deste na ação regressiva (art. 128, parágrafo único, do CPC).

8.7.7. *Se o denunciante foi vencido na ação principal, o juiz passará ao julgamento da denunciação da lide (art. 129 do CPC).*

8.7.8. *Se o denunciante for vencedor, a ação de denunciação não terá o seu pedido examinado, sem prejuízo da condenação do denunciante ao pagamento de verbas de sucumbência em favor do denunciado (art. 129, parágrafo único, do CPC).*

8.7.9. *O que se infere da disciplina da denunciação da lide no CPC, contudo, é que ela não é mero meio de defesa, mas ação do denunciante contra o denunciado, vez que exige do juiz a declaração dos direitos do denunciante em relação ao denunciado, valendo sua decisão, inclusive, como título executivo. Sendo a denunciação da lide uma ação (de regresso) do denunciante contra o denunciado, sua admissão pressupõe a competência do juiz da lide principal para julgá-la.*

A limitação da competência da Justiça do Trabalho opera contra a denunciação da lide no processo do trabalho, além do que ela afronta a celeridade que lhe é própria, notadamente por admitir denunciação sucessiva.

A economia processual que se afirma decorrer da denunciação não se verificará no processo do trabalho, na medida em que a satisfação do crédito do trabalhador estará condicionada à solução de um novo litígio (entre denunciante e denunciado). Economia ter-se-ia apenas para o reclamado-denunciante, uma vez que na própria ação em que fosse demandado poderia demandar aquele que estivesse obrigado a indenizá-lo, mas o trabalhador, titular, na maioria das vezes, de crédito de natureza alimentar, seria prejudicado, por força da cumulação, no mesmo processo, de duas ações, em prejuízo à rápida solução da por ele proposta. A denunciação, portanto, protegeria o denunciante e desprotegeria o trabalhador, o que a torna incompatível com o Direito Processual do Trabalho, que tem como princípio fundamental a mais célere e rápida solução do conflito de interesse entre trabalhador e tomador de seus serviços, como forma de garantia de efetivo acesso à justiça.

A incompatibilidade da denunciação da lide com o processo do trabalho chegou a ser afirmada em Orientação Jurisprudencial da SDI-I do TST (n. 227), que, porém, foi cancelada, em uma demonstração de que o TST tende a adotar entendimento diverso.

O dissídio entre sucessor e sucedido, mencionado pela doutrina, diz respeito aos efeitos, entre as partes nele envolvidas, de uma operação meramente comercial, não se tratando, portanto, de dissídio decorrente da relação de trabalho. Note-se, inclusive, que os arts. 10 e 448 da CLT tratam das consequências da sucessão na relação empregado-empregador, ou seja, em nenhum momento refere-se ao vínculo entre sucessor e sucedido e, com isso, não atribuem natureza trabalhista ao eventual litígio entre eles.

Nem se diga que a denunciação favorece o trabalhador, por implicar maior garantia à satisfação de seu crédito, porquanto o denunciado não pode ser condenado a satisfazer o crédito do trabalhador (a denunciação é ação regressiva que tem por escopo a condenação do denunciado a pagar indenização ao denunciante).

Vale mencionar que o art. 88 do CDC veda a denunciação da lide no processo coletivo, demonstrando que devem ser evitados expedientes que possam prejudicar a mais rápida solução da lide que envolve o autor e o réu, o que demonstra que o próprio legislador manifesta preocupação com a possibilidade de a intervenção de terceiro operar em favor daquele que necessita de pronta proteção.

A denunciação poderá ser admitida, sem violar a competência da Justiça do Trabalho, quando o trabalhador afora ação contra seu empregador pleiteando a devolução de valores descontados a título de contribuição federativa e o empregador denuncia à lide o sindicato beneficiado pelo desconto, para que, se for condenado a devolver os valores descontados, seja ressarcido pelo sindicato.

Estabelece o art. 934 do Código Civil que "aquele que ressarcir o dano causado por outrem pode reaver o que houver pago daquele por quem pagou, salvo se o causador do dano for descendente seu, absoluta ou relativamente incapaz". Assim, se o empregador é condenado a indenizar empregada vítima de assédio sexual praticado por seu superior hierárquico, pode aquele promover, perante a Justiça do Trabalho, ação regressiva contra o responsável pelo assédio. Destarte, na ação promovida pela empregada contra o empregador cabe denunciação da lide, visando à condenação do empregado responsável pelo abuso sexual a indenizar o empregador pelo que ele pagar a título de indenização à vítima do assédio.

8.8. Chamamento ao processo.

É admissível o chamamento ao processo, requerido pelo réu: a) do afiançado, na ação em que o fiador for réu; b) dos demais fiadores, na ação proposta contra um ou alguns deles; c) dos demais devedores solidários, quando o credor exigir de um ou de alguns o pagamento da dívida comum (art. 130 do CPC).

Consiste o chamamento ao processo, destarte, na faculdade, concedida ao devedor ou fiador que está sendo demandado para o pagamento de determinada dívida, de chamar ao processo outros devedores ou fiadores, respectivamente.

O que se pretende, ao permitir o chamamento ao processo, é que neste seja proferida sentença única, que, se condenatória, valerá como título executivo para o devedor que satisfizer a dívida. Chama-se alguém ao processo antes da condenação para que, se ela sobrevier, a sentença passe a valer como título executivo para o devedor que pagar a dívida, em relação ao devedor principal ou aos demais devedores. Note-se, inclusive, que o chamamento deve ser realizado na *contestação*. O chamamento, portanto, somente pode ocorrer no processo de conhecimento.

Acrescente-se que, de acordo com Cândido Rangel Dinamarco, o chamamento ao processo "só se admite em causas onde o pedido inicial tenha por objeto dinheiro ou coisas determinadas pelo gênero e quantidade, porque é exclusivamente em relação a essas obrigações que se pode pensar na possibilidade de reembolso integral ou parcial em benefício do chamador (art. 80)".[65]

A citação daqueles que devam figurar em litisconsórcio passivo será requerida pelo réu na contestação e deve ser promovida no prazo de trinta dias, sob pena de ficar sem efeito o chamamento (art. 131 do CPC).

A sentença de procedência valerá como título executivo, em favor do que satisfizer a dívida, a fim de que possa exigi-la, por inteiro, do devedor principal, ou de cada um dos codevedores, a sua quota, na proporção que lhe tocar (art. 132 do CPC).

Assim, a sentença conterá "duas, em um só ato formal. Uma delas condenará os devedores a pagar ao autor da ação principal; a outra é também condenatória e decidirá quanto às relações entre os codevedores e entre estes e o devedor principal".[66]

Como anota Celso Agrícola Barbi, "do ponto de vista do credor, o chamamento é desvantajoso, porque estende o processo a devedores com que ele não quis demandar, além de retardar o andamento da causa com as discussões que podem surgir entre os codevedores, e que são sem interesse para o credor. Por esses motivos, o instituto enfraquece o direito de crédito, ao complicar e retardar os

---

65. *Instituições de direito processual civil*, v. II, p. 411.

66. Celso Agrícola Barbi. *Comentários ao Código de Processo Civil*, v. I, p. 223.

meios para sua exigência em juízo".[67] O chamamento à lide somente dificulta o atendimento das pretensões do trabalhador. Esse fato justifica, por si só, a não admissão do chamamento no processo do trabalho.

Como esclarece Celso Agrícola Barbi, o réu propõe contra o chamado ao processo "verdadeira ação condenatória de futuro e condicional, para lhe permitir cobrar deles as cotas-parte, se pagar a dívida".[68] Para essa ação condenatória falta competência à Justiça do Trabalho (o litígio entre réu e chamado à lide não decorre de uma relação de trabalho).[69]

Ainda de acordo com Celso Agrícola Barbi, o chamamento ao processo constitui "exceção ao princípio tradicional (...) de que ninguém deve ser coagido a pleitear direito em juízo".[70] Toda exceção deve ser expressa, em especial quando se trate de processo que em geral envolve quem só tem a força de trabalho como fonte de subsistência, o que equivale dizer que o chamamento seria possível se autorizado pelo Direito Processual do Trabalho, o que não ocorre.

67. *Comentários ao Código de Processo Civil*, v. I, p. 215.

68. *Comentários ao Código de Processo Civil*, v. I, p. 220.

69. A intervenção de terceiro pressupõe que o juiz da causa principal seja competente para as ações de garantia e outras que respeitem ao terceiro interveniente.

70. *Comentários ao Código de Processo Civil*, v. I, p. 216.

Capítulo 9

ATOS PROCESSUAIS

1. ATO PROCESSUAL

O processo, considerado em sua dinâmica, é composto por uma série de atos, que são praticados pelas partes, pelo juiz, pelos auxiliares da justiça e, eventualmente, por terceiros, ou seja, por uma série de atos processuais.

Os atos processuais são praticados no exercício de direitos, poderes, faculdades e no cumprimento de deveres ou ônus e têm em comum o objetivo final, que é a solução do conflito de interesses submetido ao Poder Judiciário e a realização concreta dos direitos atribuídos pela ordem jurídica.

De acordo com a *teoria da inclusão*, atos processuais são atos praticados no processo. Contudo, como existem atos praticados fora do processo que nele têm influência, como se dá, por exemplo, com a eleição de foro (escolha, pelas partes, do juízo em que a ação deverá ser proposta), é afirmado, pela *teoria da relevância*, que atos processuais são aqueles que têm relevância no processo, tenham sido ou não praticados nele.

2. FATOS PROCESSUAIS

Fatos processuais são acontecimentos naturais que produzem efeitos no processo. Constitui exemplo de fato processual a morte da parte, que tem como consequência a suspensão do processo.

3. AGENTES DOS ATOS PROCESSUAIS

Os atos processuais são praticados pelas partes, pelo juiz, pelos auxiliares da justiça e por terceiros que eventualmente participem do processo.

4. CLASSIFICAÇÃO DOS ATOS PROCESSUAIS

Os atos processuais podem ser classificados sob diversos prismas.

Quanto àquele que os praticas, os atos processuais são classificados em *atos das partes, atos do juiz, atos dos auxiliares da justiça* e *atos de terceiros*. Essa é uma classificação subjetiva dos atos processuais.

Os atos processuais, considerados sob o ponto de vista de função ou conteúdo, fazem surgir o processo (*atos de iniciativa*), definem as pretensões das partes (*atos postulatórios*), preparam a decisão sobre o conflito de interesses submetido ao Poder Judiciário (*atos de saneamento* e *probatórios*), decidem o conflito de interesses (*atos decisórios*) e conformam a realidade concreta ao conteúdo do título executivo (*atos executivos*).

Quanto ao meio de expressão, o ato processual pode ser *oral* (reclamação verbal, por exemplo) e *escrito* (apresentação de recurso, por exemplo).

Quanto à forma em sentido estrito, isto é, à maneira como devem se exteriorizar, os atos processuais são classificados em *atos de forma livre* ou *não vinculada* (atos para cuja prática não se exige forma predeterminada) e *atos solenes* ou *de forma vinculada* (atos para cuja prática exige-se o atendimento de uma forma previamente determinada em lei).

Por fim, são simples os atos "que se realizam mediante uma conduta só, em si mesma suficiente para produzir o efeito jurídico programado (...). São complexos os conglomerados de atos de diversos sujeitos processuais, como as audiências e as sessões".[1]

5. ATOS PROCESSUAIS ILÍCITOS

São ilícitos os atos processuais praticados para causar dano à parte contrária ou à marcha do processo.

6. ATOS DAS PARTES.

Parte é aquele que comparece em juízo e pleiteia o reconhecimento e tutela de um direito próprio ou alheio (autor/reclamante) e aquele em face de quem o pedido de tutela é apresentado (réu/ reclamado).

Atos das partes são, portanto, os atos praticados pelo autor/reclamante ou réu/reclamado.

Também a inatividade da parte produz a constituição, a modificação ou a extinção de direitos processuais. Neste sentido, vale anotar que o fato de não ser suscitada a incompetência em razão do lugar no momento próprio conduz à prorrogação da competência do juízo para o qual a causa foi distribuída, ao passo

1. Cândido Rangel Dinamarco. *Instituição de direito processual civil*, v. II, p. 477.

que, não sendo apresentado recurso no prazo legal, estará precluso o direito de impugnar a decisão judicial mediante recurso.

Segundo o art. 200, *caput*, do CPC, os atos das partes consistentes em declarações unilaterais ou bilaterais de vontade produzem, *imediatamente*, a constituição, a modificação ou a extinção de direitos processuais. No entanto, alguns atos das partes somente produzem efeitos após a sua homologação por sentença, como se dá com a desistência da ação, que só produzirá efeitos após homologação judicial (art. 200, parágrafo único, do CPC). Vale lembrar, ainda, do acordo celebrado pelas partes, que também depende de homologação para produzir efeitos. Destarte, pode-se falar em *atos de efeitos imediatos* (atos que produzem efeitos independentemente de homologação judicial) e *atos de efeitos mediatos* (atos que somente produzem efeitos depois da homologação judicial).

As partes poderão exigir recibo de petições, arrazoados, papéis e documentos que entregarem na secretaria (art. 201 do CPC), ao passo que é vedado lançar nos autos cotas marginais ou interlineares, as quais o juiz mandará riscar, impondo a quem as escrever multa correspondente à metade do salário mínimo (art. 202 do CPC de 2015).

7. ATOS DO JUIZ

O juiz pratica vários atos no processo, de conteúdos diversos. Dentre os atos do juiz estão os seus pronunciamentos. Os pronunciamentos do juiz são classificados a partir de seu conteúdo, em pronunciamento com conteúdo decisório (sentença e decisão interlocutória) e pronunciamento sem conteúdo decisório (despacho).

Essa classificação, que é consagrada no art. 203 do CPC, é acolhida pela CLT, que se refere a *decisão definitiva* (ato por meio do qual o juiz julga o mérito da demanda ou põe fim à fase cognitiva sem julgamento de mérito da demanda – arts. 832 e 893, *caput* e § 1º), *decisão interlocutória* (ato por meio da qual é resolvido *incidente do processo* – art. 893, § 1º) e *despacho* (art. 712, *c*, por exemplo).

Sentença, decisão interlocutória e despacho constituem, portanto, atos que contêm uma tomada de posição do juiz quanto aos pedidos a ele submetidos (sentença), aos incidentes processuais suscitados pelas partes (decisão interlocutória) ou em relação ao impulso do processo (despacho).

O juiz pratica vários outros atos no processo, como se dá, por exemplo, com a oitiva das partes ou de testemunhas em audiência, mas os mais importantes, são os seus pronunciamentos, que, por esta razão, é que merecem menção especial.

O CPC, de acordo com o art. 203, § 1º, define sentença como o pronunciamento por meio do qual o juiz, com fundamento no art. 485 (situações em que o juiz não resolverá o mérito) ou no art. 487 (hipóteses em que o juiz resolverá o mérito), põe fim à fase cognitiva do procedimento comum, ou extingue a execução.

Em suma, sentença é o pronunciamento por meio do qual o juiz põe fim a uma das fases do procedimento, resolvendo ou não o mérito, ou extingue o processo de execução.

Note-se que, embora não se trate de pronunciamento do juiz que põe fim a uma fase do procedimento ou à execução, o CPC atribui a denominação de sentença também à decisão por meio da qual é julgado antecipadamente parte do pedido (art. 355).

Decisão interlocutória, de acordo com o CPC, é "todo pronunciamento judicial de natureza decisória que não se enquadre no § 1º" (art. 203, § 2º). Assim, para o CPC, interlocutória é toda decisão que não seja sentença. Já para a CLT, decisão interlocutória é o pronunciamento por meio do qual o juiz resolve *incidentes do processo* (art. 893, § 1º).

Despachos, nos termos do art. 203, § 3º, do CPC, são "todos os demais pronunciamentos do juiz praticados no processo, de ofício ou a requerimento da parte". Sobre este prisma, despacho é o pronunciamento do juiz que não seja sentença ou decisão interlocutória. Despachos são, portanto, atos que o juiz pratica para impulsionar o processo.

8. ATOS DOS AUXILIARES DA JUSTIÇA

Ao lado dos órgãos jurisdicionais, conta a Justiça do Trabalho com órgãos auxiliares, que também praticam atos processuais (atos de documentação, movimentação e de execução).[2]

A atuação dos auxiliares da justiça foi examinada quando tratamos da organização e funcionamento da Justiça do Trabalho.

Entre esses auxiliares merece destaque o Diretor de Secretaria, a quem compete, por exemplo: a) promover o rápido andamento dos processos, especialmente na fase de execução (art. 712, *f*, da CLT); b) dar aos litigantes a ciência das reclamações e demais atos processuais de que devam ter conhecimento, assinando as respectivas notificações (arts. 712, *j*, e 841 da CLT);[3] c) redigir os ofícios, mandados, cartas precatórias e mais atos que pertencem ao seu ofício (art. 152 do CPC).

Cabe ao Diretor de Secretaria praticar os atos meramente ordinatórios, sem conteúdo decisório, como a juntada e a vista obrigatória (arts. 93, XIV, da Constituição e 203, § 4º, do CPC). Note-se ao Diretor não foi atribuído poder para *despachar*, cabendo-lhe, praticar alguns atos que independem de despacho.

2. Dos auxiliares da justiça tratamos no Capítulo relativo à organização da Justiça do Trabalho.

3. As notificações são assinadas pelo Diretor de Secretaria (art. 841 da CLT). O juiz assina os mandados expedidos pela Vara do Trabalho.

Cada Tribunal Regional terá uma Secretaria, sob direção de um Secretário, com as mesmas atribuições do Diretor de Secretaria, além de outras que lhe forem fixadas no regimento interno do Tribunal (arts. 718 e 720 da CLT).

Vale reiterar que, nas localidades em que existir mais de uma Vara do Trabalho haverá um Distribuidor (art. 713 da CLT), a quem compete a distribuição, pela ordem rigorosa de entrada, e sucessivamente a cada vara, dos feitos que, para esse fim, lhe forem apresentados pelos interessados (art. 714, *a*, da CLT) e a baixa na distribuição dos feitos, quando isso lhe for determinado pelos Presidentes das Varas (art. 714, *e*, da CLT).

Também merecem destaque os Oficiais de Justiça, aos quais incumbe, por exemplo, a realização dos atos decorrentes da execução dos julgados das Varas e dos Tribunais Regionais do Trabalho (art. 721 da CLT).

9. TERMOS PROCESSUAIS

Termo processual é "o escrito no processo, pelo qual se exprime e se conserva o ato. Os atos, ocorridos, como são, na dimensão do tempo, passam; os termos têm a função de fixá-los pela escrita em linguagem articulada".[4] Os termos constarão de simples notas, datadas e rubricadas pelo Diretor de Secretaria (art. 773 da CLT) e poderão ser escritos à tinta, datilografados ou a carimbo (art. 771 da CLT).

Os atos e termos processuais, juntamente com os documentos e outros papéis, formarão os autos do processo (art. 777 da CLT).

10. COMUNICAÇÃO DOS ATOS PROCESSUAIS. COOPERAÇÃO E AUXÍLIO

A publicidade dos atos processuais e o direito à ampla defesa e ao contraditório exigem que as partes sejam comunicadas dos atos processuais praticados ou a serem praticados no processo.

A comunicação do ato processual "é real quando a ciência é dada diretamente à pessoa interessada; presumida, quando feita através de um órgão ou um terceiro que se presume faça chegar a ocorrência ao conhecimento do interessado. São reais as intimações feitas pelo escrivão ou pelo Oficial de Justiça, bem como as efetuadas através de correspondência postal; e presumidas aquelas feitas por edital ou com hora certa e, ainda, pela imprensa".[5]

10.1. Ao tratar da forma da comunicação dos atos processuais, a CLT faz alusão à *notificação* das reclamações e demais atos processuais

4. Pontes de Miranda. *Comentários ao Código de Processo Civil*, v. III, p. 18.
5. Humberto Theodoro Júnior. *Curso de direito processual civil*, v. I, p. 292.

aos litigantes (arts. 712, *i*, 867 e 886, § 1º), à *notificação* e *citação* do reclamado, dando-lhe ciência da reclamação e, ao mesmo tempo, convocando-o para comparecer à audiência de instrução e julgamento ou apresentar defesa (arts. 841 e 852-B, II), à *notificação* do reclamante da audiência designada (art. 841, § 2º), à *intimação* da União das decisões homologatórias de acordo (art. 832, § 4º), à *notificação* ou *intimação* da testemunha (art. 825). Note que a CLT utiliza como sinônimas as expressões *citação* e *notificação* e, às vezes, *notificação* e *intimação*. Na CLT, portanto, são formas de comunicação de atos processuais: a) notificação; b) citação; c) intimação.

Segundo o CPC, citação é o ato pelo qual são *convocados* o réu, o executado ou o interessado *para integrar a relação processual* (art. 239), ao passo que, nele, intimação é o ato pelo qual se dá ciência a alguém dos atos e termos do processo (art. 269).

Para efeitos didáticos e considerando o disposto nos arts. 841 e 852- B, II, da CLT, serão tomadas como sinônimas as expressões "notificação" e "citação", para significar o ato por meio do qual o réu/reclamado é cientificado da demanda contra ele proposta e convocado para comparecer à audiência de instrução e julgamento, na qual poderá apresentar a sua defesa, ou chamado para apresentar a sua defesa (isto quando não for designada audiência), e por "intimação", o ato pelo qual se dá ciência a alguém dos atos e termos do processo.

10.2. É pela citação que o reclamado toma ciência da: a) demanda contra ele proposta; b) audiência na qual deverá comparecer (quando houver sido designada audiência); c) oportunidade para apresentação de sua defesa (arts. 841 e 847 da CLT).

Para a validade do processo é indispensável a citação do réu ou do executado, ressalvadas as hipóteses de indeferimento da petição inicial ou de improcedência liminar do pedido (art. 239 do CPC).[6]

Contudo, o comparecimento espontâneo do réu ou do executado supre a falta ou a nulidade da citação, fluindo a partir desta data o prazo para apresentação de contestação ou de embargos à execução (art. 231, § 1º, do CPC), observando-se que, o processo do trabalho, em regra a defesa é apresentada em audiência. Assim, se o reclamado comparece na audiência apenas para alegar a nulidade da

6. Sendo reclamados a pessoa jurídica e o seu representante legal, a notificação deste supre eventual vício da notificação endereçada àquela. É que a ciência da reclamação e da data de comparecimento em juízo pelo representante legal da pessoa jurídica torna lícito presumir a sua ciência também pela pessoa jurídica.

citação e sendo a sua alegação acolhida, será designada nova audiência, com respeito ao prazo estabelecido no art. 841 da CLT. No entanto, o reclamado pode comparecer na audiência designada e apresentar contestação, restando suprida, também neste caso, a falta de citação.

A ausência ou nulidade da citação constitui vício que pode ser alegado até mesmo na execução (arts. 525, § 1º, I, e 535, I, do CPC).

Como regra, a citação é realizada por correio (art. 841, § 1º, da CLT[7]), aplicando-se no processo do trabalho o disposto no art. 248, § 1º, do CPC, ou seja, a notificação deve ser realizada por meio de correspondência com aviso de recebimento a ser juntado aos autos.[8] O aviso de recebimento atua como fator de segurança quanto à efetividade da notificação e permite definir o exato momento da sua realização, o que possibilita verificar, inclusive, o cumprimento do prazo estabelecido no art. 841 da CLT.

A citação é realizada pelo Diretor de Secretaria, sem prévio despacho do juiz (art. 841 da CLT).

O Diretor de Secretaria, para citar o reclamado, deverá colocar em envelope com timbre impresso do juízo ou tribunal, bem como da secretaria, cópia da petição inicial, cientificando-o de que deverá comparecer à audiência designada (com indicação de dia, hora e local de sua realização), na qual poderá apresentar sua defesa à reclamação, advertindo-o de que a sua ausência implicará revelia e confissão em relação aos fatos narrados na inicial (art. 841 da CLT e art. 248 do CPC). Também deverá constar da notificação a informação quanto ao procedimento impresso ao processo, por conta, principalmente, da limitação do número de testemunhas no procedimento sumaríssimo.[9]

O CPC exige a citação pessoal, mas admite a sua realização na pessoa do *representante legal ou do procurador do réu, executado ou do interessado* (art. 242, *caput*) e, ainda, na ausência do citando, na pessoa de seu mandatário, administrador, preposto ou gerente, quando a ação se originar de atos por eles praticados (art. 242, § 1º). No processo do trabalho, para a validade da notificação postal basta a sua entrega no local onde se encontre o reclamado (residência ou local de trabalho, por exemplo), não se exigindo que seja feita a ele pessoalmente, salvo na execução, na qual ela é expressamente exigida (art. 880 da CLT), o que

---

7. Por força do art. 222 do CPC, aplicável no processo de trabalho, não será realizada a citação por correio quando for reclamado pessoa incapaz, quando for reclamada pessoa de direito público e quando o reclamado residir em local não atendido pela entrega domiciliar de correspondência (neste caso, a notificação deve ser realizada por oficial de justiça), acrescentando o art. 222 do CPC, neste aspecto não aplicável no processo do trabalho, que a citação não será realizada pelo correio quando autor, justificadamente, a requerer de outra forma, diante do caráter imperativo do art. 841 da CLT.
8. De acordo com a Súmula n. 429 do STJ: "A citação postal, quando autorizada por lei, exige o aviso de recebimento".
9. No processo judicial eletrônico todas as citações/notificações serão realizadas por meio eletrônico.

possibilita a aplicação no processo do trabalho (processo de conhecimento), o disposto no art. 242 do CPC, ou seja, a citação pode ser realizada na pessoa do representante legal ou do procurador do réu, observando-se que não é exigido, pelo CPC, que o representante legal ou procurador esteja autorizado a receber a notificação.

Presume-se recebida a notificação 48 (quarenta e oito) horas depois de sua postagem. O seu não recebimento ou a sua entrega após o decurso desse prazo constitui ônus de prova do destinatário (Súmula n. 16 do TST). Essa presunção decorre do fato de ter a Empresa de Correios e Telégrafos 48 (quarenta e oito) horas para devolver a notificação não entregue ao seu destinatário (art. 774, parágrafo único, da CLT). Não sendo a notificação devolvida no aludido prazo, presume-se a sua entrega ao destinatário.

É lícita a citação postal do reclamado que tenha residência ou domicílio em Comarca diversa daquela em que a Vara do Trabalho tenha jurisdição, como medida de celeridade e economia processual. Nesse caso, é aconselhável a notificação por meio de carta registrada, com aviso de recebimento, em face da impossibilidade de aplicar a presunção de que trata a Súmula n. 16 do TST, diante do maior tempo que demanda a notificação fora da sede do juízo.

A citação também pode ser realizada por oficial de justiça, edital e meio eletrônico (art. 246 do CPC, art. 841, § 1º, da CLT e Lei n. 11.419/06), valendo anotar que, de acordo com o art. 246, III, do CPC, a citação também pode ser realizada pelo Diretor de Secretaria, no caso de o citando comparecer em cartório, o que está em sintonia com os princípios da economia e da celeridade processual, o que contribui para a economia e celeridade processual e, assim, torna esta medida compatível com o Direito Processual do Trabalho.

No processo judicial eletrônico, consoante o art. 17 da Resolução 185 do Conselho Superior da Justiça do Trabalho, "as citações, intimações e notificações, inclusive as destinadas à União, Estados, Distrito Federal, Municípios e suas respectivas autarquias e fundações de direito público serão feitas por meio eletrônico, sem prejuízo da publicação no Diário Eletrônico da Justiça do Trabalho (DEJT) nas hipóteses previstas em lei" (art. 17), sendo que: "O cadastro das partes deverá ser efetivado pela inserção do CPF ou CNPJ respectivo" (art. 17, § 1º); "As citações, intimações e notificações destinadas à União, Estados, Distrito Federal, Municípios e suas respectivas autarquias e fundações de direito público serão realizadas perante os órgãos responsáveis por sua representação processual" (art. 17, § 2º).

De acordo com o art. 246, §§ 1º e 2º, do CPC, com exceção das microempresas e das empresas de pequeno porte, as empresas públicas e privadas, a União, os Estados, o Distrito Federal, os Municípios e as entidades da administração indireta são obrigados a manter cadastro nos sistemas de processo em autos eletrônicos, para efeito de recebimento de citações e intimações, as quais serão efetuadas preferencialmente por esse meio, cumprindo sejam observados, para o cadastramento, o disposto nos arts. 1.050 e 1.051 do CPC, valendo anotar que, consoante resulta destes últimos dispositivos legais, o cadastramento deverá ser realizado perante o juízo onde as empresas públicas e privadas tenham sede ou filial, o que, aplicado ao processo do trabalho, implica, por força do art. 651 da CLT, exigência de cadastramento também nos locais de contratação e de prestação de serviços.

A citação pode ser realizada em qualquer lugar em que se encontre o reclamado, o executado ou o interessado (art. 243 do CPC). Contudo, não se fará a citação, salvo para evitar o perecimento do direito: a) a quem estiver assistindo a qualquer ato religioso; b) ao cônjuge ou a qualquer parente do morto, consanguíneo ou afim, em linha reta, ou na linha colateral em segundo grau, no dia do falecimento e nos sete dias seguintes; c) aos noivos, nos três dias seguintes ao casamento; d) aos doentes, enquanto grave o estado de saúde (art. 244 do CPC).

Também não se fará citação/notificação quando se verificar que o réu é mentalmente incapaz ou está impossibilitado de recebê-la (art. 245 do CPC), devendo, neste caso, o oficial de justiça descrever e certificar minuciosamente a ocorrência (art. 245, § 1º, do CPC). Recebida a certidão, deverá ser nomeado médico, que apresentará laudo em cinco dias, sendo esta nomeação dispensada se pessoa da família apresentar declaração do médico do citando que ateste a sua incapacidade (art. 245, §§ 2º e 3º, do CPC). Reconhecida a impossibilidade noticiada pelo oficial, o juiz nomeará curador ao citando, observando-se, na sua escolha, a preferência estabelecida em lei, cabendo ao curador, receber a citação e proceder à defesa dos interesses do réu, mas a nomeação é restrita à causa em que a incapacidade foi apurada (art. 245, §4º, do CPC).

De acordo com o art. 255 do CPC, em disposição compatível com o Direito Processual do Trabalho, nas comarcas contíguas de fácil comunicação e nas que se situem na mesma região metropolitana, o oficial de justiça poderá efetuar, em qualquer delas, citações, intimações, penhoras e quaisquer outros atos executivos, evitando-se, com isto, a expedição de carta precatória.

Segundo o art. 841, § 1º, da CLT, se o reclamado criar embaraços ao recebimento da notificação ou não for encontrado, far-se-á a sua notificação por meio de edital, o que não se aplica ao procedimento sumaríssimo, por força do disposto no art. 852-B, II, da CLT. Contudo, não vemos dificuldades em considerar realizada a notificação cujo recebimento tenha sido recusado, vez que a recusa permite presumir o conhecimento do teor da correspondência endereçada ao reclamado (em regra, somente é recusado aquilo que não interessa ao destinatário receber, o que demonstra ciência do conteúdo do que é recusado).[10]

10. A propósito: "(...) é válida a intimação recusada pelo destinatário" (TRT da 1ª Região, AP 3647/98, Rel. Juíza Doris Castro Neves, DJRJ 5.5.1999, p. 114).

A citação por edital será realizada: a) quando desconhecido ou incerto o citando; b) quando ignorado, incerto ou inacessível o lugar em que se encontra o citando; c) nos casos expressos em lei (art. 256 do CPC).[11]

São requisitos da notificação por edital, conforme o art. 841, § 1º, da CLT e o art. 257 do CPC: a) a afirmação do autor, ou a certidão do oficial de justiça, informando as circunstâncias que a autorizam; b) a afixação do edital na sede do juízo, certificada pelo Diretor de Secretaria; c) publicação do edital uma vez no órgão oficial ou que publicar o expediente forense, ou, na falta, afixado na sede da Vara ou juízo, observado o prazo mínimo de 20 (vinte) dias entre a publicação e a realização da audiência; d) a determinação, pelo juiz, do prazo que variará de vinte a sessenta dias, correndo da data da publicação única ou, havendo mais de uma, da primeira; e) a transcrição, no edital, dos pedidos do autor, a data, hora e local da realização da audiência; f) a advertência de que o não comparecimento na audiência implicará revelia e confissão quanto à matéria de fato.

O art. 841, § 1º, da CLT impede a *citação por hora certa* no processo do trabalho, vez que impõe a notificação por edital quando o citando criar embaraço ao recebimento da notificação ou não for encontrado.[12]

A citação pode ser realizada por oficial de justiça, quando: a) frustrada a citação pelo correio; b) o réu for pessoa de direito público; c) nos processos de execução; d) o réu residir em local não atendido pela entrega domiciliar de correspondência (art. 249 do CPC). Para tanto, deverá ser expedido *mandado de citação*, cujo conteúdo é definido no art. 250 do CPC.[13]

---

11. Considera-se inacessível, para efeito de notificação por edital, o país que recusar o cumprimento de carta rogatória (art. 232, § 1º, do CPC). No caso de ser inacessível o lugar em que se encontrar o citando, a notícia de sua citação será divulgada também pelo rádio, se na comarca houver emissora de radiodifusão (art. 231, § 2º, do CPC).

12. O CPC prevê que: quando, *por duas vezes*, o oficial de justiça houver procurado o réu em seu domicílio ou residência, sem o encontrar, deverá, havendo suspeita de ocultação, intimar a qualquer pessoa da família, ou em sua falta a qualquer vizinho, que, no dia imediato, voltará, a fim de efetuar a citação, na hora que designar (art. 252), *sendo nele previsto que será a válida a notificação, nos condomínios edilícios ou nos loteamentos com controle de acesso, feita a funcionário da portaria responsável pelo recebimento de correspondência* (art. 252, parágrafo único); no dia e hora designados, o oficial de justiça, independentemente de novo despacho, comparecerá ao domicílio ou residência do citado, a fim de realizar a diligência (art. 253, *caput*); se o citando não estiver presente, o oficial de justiça procurará informar-se das razões da ausência, dando por feita a citação ainda que o citando se tenha ocultado em outra comarca, *seção ou subseção* (art. 253, § 1º); *a citação com hora certa será efetivada mesmo que a pessoa da família ou o vizinho que houver sido intimado esteja ausente, ou se, embora presente, a pessoa da família ou o vizinho se recusar a receber o mandado* (art. 253, § 2º); da certidão da ocorrência, o oficial de justiça deixará a contrafé com pessoa da família ou com qualquer vizinho, conforme o caso, declarando-lhe o nome (art. 253, § 3º); *o oficial fará constar do mandato a advertência de que será nomeado curador especial se houver revelia* (art. 253, § 4º); feita a citação por hora certa, o escrivão ou chefe de secretaria enviará ao réu, executado ou interessado, no prazo de dez dias, contado da data da juntada do mandado aos autos, carta, telegrama ou correspondência eletrônica, dando-lhe de tudo ciência (art. 254).

13. O mandado deverá conter, por exemplo, os nomes das partes; a finalidade da citação; a advertência de que o não comparecimento na audiência designada ou não apresentação da contestação no prazo assinalado implicará revelia e confissão; o dia, a hora e o lugar do comparecimento, se for o caso.

O juiz recusará o cumprimento da carta precatória, devolvendo-a, com despacho motivado, quando: não estiver revestida dos requisitos legais; faltar ao juiz competência, em razão da matéria ou da hierarquia; o juiz tiver dúvida acerca de sua autenticidade (art. 267 do CPC).[15]

Cumprida a carta, será devolvida ao juízo de origem, no prazo de dez dias, independentemente de traslado (art. 268 do CPC), observando-se que, no processo do trabalho, as custas são pagas ao final.

A carta precatória e a carta rogatória suspenderão o processo, quando a sentença de mérito tiver que ser proferida no caso previsto no art. 313, V, *b*, quando, tendo sido requeridas antes da decisão de saneamento, a prova nelas solicitada apresentar-se imprescindível (art. 377 do CPC).

A carta precatória e a carta rogatória não devolvidas no prazo ou concedidas sem efeito suspensivo, poderão ser juntadas aos autos a qualquer momento (art. 377, parágrafo único, do CPC).

10.5. A cooperação jurídica internacional, o auxílio direto e a carta rogatória são disciplinados nos arts. 26 a 36 do CPC e, a cooperação nacional, nos arts. 67 a 69 do CPC, observando-se que:

a) a *cooperação internacional* terá por objeto: citação, intimação e notificação judicial e extrajudicial; colheita de prova e obtenção de informações; homologação e cumprimento de decisão; concessão de medida judicial de urgência; assistência jurídica internacional; qualquer outra medida judicial ou extrajudicial não proibida pela lei brasileira;

b) cabe *auxílio direto* quando a medida não decorrer diretamente de decisão de autoridade jurisdicional estrangeira a ser submetida a juízo de delibação no Brasil e pode ter por objeto: obtenção e prestação de informações sobre o ordenamento jurídico e sobre processos administrativos ou jurisdicionais findos ou em curso; colheita de provas, salvo se a medida for adotada em processos, em curso no estrangeiro, de competência exclusiva da autoridade judiciária brasileira; qualquer outra medida judicial ou extrajudicial não proibida pela lei brasileira;

c) em relação à *cooperação nacional*: aos órgãos do Poder Judicial, estadual ou federal, especializados ou comuns, em todas as instâncias e graus de jurisdição, inclusive aos tribunais superiores, incumbe o *dever de recíproca cooperação*, por meio de seus magistrados e servidores; os juízes poderão formular entre si pedidos de cooperação para a prática de qualquer ato processual; o pedido de

15. Não é lícito recusar o cumprimento da carta precatória expedida para a oitiva de testemunhas, sob o argumento de que deveriam instruir a carta precatória cópias dos depoimentos prestados pelas partes, uma vez que o objeto da demanda é definido pela inicial e contestação e que cabe ao juiz da causa resolver sobre a oportunidade e conveniência de colher os depoimentos das partes.

cooperação deve ser prontamente atendido, prescinde de específica e pode ser executado como, por exemplo, reunião ou apensamento de processos, prestação de informações; atos concertados entre os juízes (dentre os quais a centralização de processos repetitivos e a execução de decisão judicial).

11. FORMA DOS ATOS PROCESSUAIS

O ato processual será regular e produzirá os efeitos que lhe são próprios, isto é, será eficaz, quando atender a determinados requisitos formais, isto é, quando for praticado de determinada forma.

A forma possui, em relação aos atos processuais, sentido estrito e amplo. A forma em sentido estrito corresponde à feição exterior dos atos processuais ou à maneira como devem se exteriorizar. A forma em sentido amplo abrange a feição exterior do ato processual e as condições relacionadas com modo de expressão (língua), lugar, tempo e prazo para a sua prática, isto é, ao *como*, *onde* e *quando* deve ser praticado para que seja eficaz.[16]

Os atos e os termos processuais não dependem de forma determinada senão quando a lei expressamente a exigir, considerando-se válidos os que, realizados de outro modo, lhe preencham a finalidade essencial (art. 188 do CPC).

Quando a lei prescrever determinada forma *sob pena de nulidade*, a decretação desta não pode ser requerida pela parte que lhe deu causa (art. 276 do CPC). De outro lado, quando a lei prescrever determinada forma, *sem cominação de nulidade*, o juiz considerará válido o ato se, realizado de outro modo, lhe alcançar a finalidade (art. 277 do CPC).

Sendo assim: a) os atos processuais não dependem de forma determinada, senão quando a lei expressamente a exigir (*princípio da liberdade das formas* ou

16. As condições relacionadas com o meio de expressão, o lugar, o tempo e o prazo constituem *formalidades* cujo atendimento é pressuposto da eficácia do ato, compondo, destarte, o denominado *formalismo processual*. Neste sentido, afirma Carlos Alberto Alvaro de Oliveira que as condições relacionadas ao meio de expressão, lugar e tempo (nele incluído o prazo) "a rigor não são intrínsecas ao ato, logo são circunstâncias, que, por delimitarem os poderes dos sujeitos processuais e organizarem o processo, integram o formalismo processual, mas não a forma em sentido estrito" (*Do formalismo no processo civil*, p. 5). Contudo, como aduz Carlos Alberto Alvaro de Oliveira, o formalismo processual abrange "a totalidade formal do processo, compreendendo não só a forma, ou as formalidades, mas especialmente a delimitação dos *poderes*, *faculdades* e *deveres* dos sujeitos processuais, coordenação de sua atividade, ordenação do procedimento e organizações do processo, com vistas a que sejam atingidas suas finalidades primordiais" (*Op cit.*, p. 6-7). Esse doutrinador afirma que o formalismo "atua como garantia de liberdade contra o arbítrio dos órgãos que exercem o poder do Estado" e controla "os eventuais excessos de uma parte em face da outra, atuando por conseguinte como poderoso fator de igualação (pelo menos formal) dos contentores entre si", oferecendo, portanto, duas faces: "no *plano normativo*, impõe uma equilibrada distribuição de poderes entre as partes, sob pena de tornar-se o contraditório uma sombra vã; no *plano do fato*, ou seja, do desenvolvimento concreto do procedimento, reclama o exercício de poderes pelo sujeito, de modo que sempre fique garantido o exercício dos poderes do outro. O justo equilíbrio presta-se, portanto, para atribuir às partes, na mesma medida, poderes, faculdades e deveres, de modo a que não seja idealmente diversa sua possível influência no desenvolvimento do procedimento e na atividade cognitiva do juiz, faceta assaz importante da própria garantia fundamental do contraditório (*Op. cit.*, p. 8-9).

da forma livre); b) reputam válidos os atos que, mesmo realizados sem observância da forma prescrita em lei, lhes preencham a finalidade (*princípio da instrumentalidade das formas*).

Dos dispositivos legais citados resulta, ainda, que existem atos processuais que: 1) não dependem de forma determinada (*atos de forma livre*); 2) devem obedecer a uma forma determinada, sob pena de nulidade (*atos de forma vinculada ou ato solene*).

A liberdade das formas constitui característica marcante do processo do trabalho, bastando ver, por exemplo, que a nulidade do ato somente será declarada quando do ato viciado resultar manifesto prejuízo às partes, o que significa que, alcançada a finalidade essencial do ato, nenhuma nulidade será declarada (art. 794 da CLT). Com isso, são compatíveis com o Direito Processual do Trabalho os dispositivos do CPC acima referidos.

No entanto, apesar da liberdade das formas, o ato deve conter o mínimo indispensável à sua compreensão. Destarte, em cada caso concreto, deve-se encontrar o ponto de equilíbrio entre as exigências formais e a liberdade das formas, valendo acrescentar que liberdade das formas diz respeito à forma em sentido estrito e não dispensa o cumprimento das exigências relativas a termos adequados, lugar, tempo e prazo para a prática dos atos processuais.

12. PUBLICIDADE DOS ATOS PROCESSUAIS

A Constituição de 1988 impõe a publicidade dos atos processuais, estabelecendo que "a lei só poderá restringir a publicidade dos atos processuais quando a defesa da intimidade das partes ou o interesse social o exigirem" (art. 5º, LX) e que "todos os julgamentos do Poder Judiciário serão públicos, e fundamentadas todas as suas decisões, sob pena de nulidade, podendo ser limitada a presença, em determinados atos, às próprias partes e a seus advogados, ou somente a estes, em casos nos quais a preservação do direito à intimidade do interessado no sigilo não prejudique o interesse público à informação" (no art. 93, IX).

A CLT dispõe que: a) "os atos processuais serão públicos salvo quando o contrário determinar o interesse social" (art. 770); b) as "as audiências dos órgãos da Justiça do Trabalho serão públicas" (art. 813)"; c) "as partes, ou seus procuradores, poderão consultar, com ampla liberdade, os processos nos cartórios ou secretarias" (art. 779); d) "sem prejuízo dos prazos previstos neste Capítulo, terão as partes vistas dos autos em cartório ou secretaria" (art. 901[17]); e) as

17. Dos arts. 779 e 901 da CLT resulta que a consulta aos autos em cartório ou secretaria não está condicionada à prévia abertura de vista às partes.

partes, ou seus procuradores e também terceiros interessados, poderão requerer certidão dos processos, em curso ou arquivados (arts. 714, *d* e *e*, e 781 da CLT).

A publicidade se apresenta, portanto, sob três aspectos: a) as audiências, inclusive de julgamento, serão públicas; b) as partes, seus procuradores e terceiros interessados podem consultar livremente os processos em secretaria; c) as partes, seus procuradores e terceiros interessados podem solicitar certidões dos processos em curso ou extintos e de feitos distribuídos ou baixados.

A publicidade do processo assegura a transparência do processo e permite a fiscalização dos atos do Poder Judiciário pela sociedade.

Nos casos em que for restringida a publicidade dos atos processuais o processo correrá em *segredo de justiça* (art. 781, parágrafo único, da CLT), hipótese em que o direito de consultar os autos e de pedir certidão de seus atos é restrito às partes e seus procuradores, mas o terceiro que demonstrar interesse jurídico pode requerer ao juiz certidão do dispositivo da sentença (art. 189, § 1 º e § 2º, do CPC).

O segredo de justiça pode se referir a todo o processo ou a algum ato processual ou mesmo documento que dos autos conste (é o que costuma ocorrer em relação às declarações de rendimentos e extratos bancários juntados aos autos para fazer a prova da propriedade de bens passíveis de penhora ou de pagamentos realizados via depósito em conta bancária).

No processo judicial eletrônico, consoante a Resolução n. 185/17 do Conselho Superior da Justiça do Trabalho, "As partes poderão atribuir segredo de justiça à petição inicial e sigilo à contestação, reconvenção, exceção, petições incidentais e documentos, desde que, justificadamente, fundamentem uma das hipóteses do art. 770, *caput*, da CLT e dos arts. 189 ou 773, do CPC" (art. 22, § 2º), mas "O magistrado poderá determinar a exclusão de petições e documentos indevidamente protocolados sob sigilo, observado o art. 15 desta Resolução" (art. 22, § 3º). O art. 15 da citada Resolução estabelece que "As petições e os documentos enviados sem observância às normas desta Resolução poderão ser indisponibilizados por expressa determinação do magistrado, com o registro de movimento e exclusão da petição e documentos, assinalando-se, se for o caso, novo prazo para a adequada apresentação da petição", observando-se que "Na exclusão de petição incidental dever-se-á tornar indisponível todo o documento a ela anexado" (art. 15, §1º) e "Sendo a exclusão de que trata este artigo referente à petição cujo tipo gere movimento estatístico, deverá ser precedida de pronunciamento do magistrado, com o registro do movimento correspondente à solução dada ao incidente ou recurso" (art. 15, § 2º).

Na interpretação do art. 22 da citada Resolução deve ser levado em conta o que dispõe o seu art. 55, segundo o qual, o magistrado deverá conceder prazo razoável para que a parte adote as providências necessárias à regular tramitação do feito no PJe, o que está em sintonia com os princípios da facilitação do julgamento do mérito da demanda, da simplificação das formas e procedimentos e com a instrumentalidade das formas.

Por força do disposto no art. 714, *e*, da CLT, somente quando for determinado pelo juiz é que o Distribuidor poderá expedir certidão relativa a processos baixados.

As certidões dos processos que correm em segredo de justiça, ainda que requeridas pelas partes, dependem de despacho do juiz (art. 781, parágrafo único, da CLT).

A garantia de publicidade do ato não impede que o juiz, no exercício do seu poder de polícia, ordene que se retirem da sala da audiência os assistentes que se comportarem inconvenientemente ou que perturbarem a prática do ato, podendo requisitar, se necessário, força policial (art. 189, § 2º, do CPC e art. 816 da CLT).

13. MEIOS DE EXPRESSÃO DOS ATOS PROCESSUAIS

Em todos os atos e termos processuais, é obrigatório o uso do vernáculo, isto é, da língua portuguesa (art. 192 do CPC e art. 819 da CLT).

O documento redigido em língua estrangeira somente poderá ser juntado aos autos quando acompanhado de versão para a língua portuguesa tramitada pela via diplomática ou pela autoridade central, ou firmada por tradutor juramentado (art. 192, parágrafo único, do CPC).

Não existindo tradutor juramentado na sede do juízo, a parte pode requerer a juntada do documento redigido em língua estrangeira e requerer a nomeação de tradutor *ad hoc* (art. 162, I, do CPC).

14. MODOS DE EXPRESSÃO DOS ATOS PROCESSUAIS. PROCESSO JUDICIAL ELETRÔNICO (PJE)

Os atos processuais podem ser praticados de várias formas.

14.1. Os atos processuais poderão ser praticados *oralmente* (reclamação verbal e requerimento de oitiva de testemunhas apresentado em audiência, por exemplo) ou *por escrito* (interposição de recurso, *v.g.*). Os atos praticados oralmente serão reduzidos a termo ou registrados em ata de audiência, para efeito de sua documentação.

14.2. Os atos e termos processuais serão escritos à tinta, datilografados ou a carimbo (art. 771 da CLT) e total ou parcialmente digitais, de forma a permitir que sejam produzidos, comunicados, armazenados e validados por meio eletrônico, na forma da lei (art. 193 do CPC).

Os atos e termos do processo serão assinados pelas pessoas que nele intervierem (art. 772 da CLT e art. 209 do CPC).[18] Havendo recusa em assinar o ato, o Diretor certificará, nos autos, a ocorrência (art. 209 do CPC). Se a recusa ocorrer em audiência, o fato deve ser registrado na ata respectiva. Se a pessoa que tiver que assinar o ato não puder fazê-lo, a assinatura se fará a rogo, na presença de duas testemunhas, sempre que não houver procurador legalmente habilitado (art. 772 da CLT).

Quando se tratar de processo total ou parcialmente documentado em autos eletrônicos, os atos processuais praticados na presença do juiz poderão ser produzidos e armazenados de modo integralmente digital em arquivo eletrônico inviolável, mediante registro do termo que será assinado digitalmente pelo juiz e pelo diretor de secretaria, bem como pelos advogados das partes, observando-se que eventuais contradições na transcrição deverão ser suscitadas oralmente no momento da realização do ato, sob pena de preclusão, devendo o juiz decidir de plano, registrando-se a alegação e a decisão no termo (art. 209, §§ 2º e 3º, do CPC).

É vedado lançar nos autos cotas marginais ou interlineares, as quais o juiz mandará riscar, impondo a quem as escrever multa correspondente à metade do salário mínimo (art. 202 do CPC).

14.3. A prática eletrônica de atos processuais é disciplinada nos arts. 193 a 199 do CPC, que são aplicáveis no processo do trabalho, respeitadas, porém, as suas particularidades.

Consoante estabelece o art. 193 do CPC, "os atos processuais podem ser total ou parcialmente digitais, de forma a permitir que sejam produzidos, comunicados, armazenados e validados por meio eletrônico, na forma da lei", competindo ao Conselho Nacional da Justiça e supletivamente, aos tribunais, regulamentar a prática e a comunicação oficial de atos processuais por meio eletrônico e velar pela compatibilidade dos sistemas, disciplinando a incorporação progressiva de novos avanços tecnológicos e editando, para esse fim, os atos que forem necessários, respeitadas as normas fundamentais constantes do CPC (art. 196 do CPC).

Os sistemas de automação processual respeitarão a publicidade dos atos, o acesso e a participação das partes e de seus procuradores, inclusive nas audiências e sessões de julgamento, observadas as garantias da disponibilidade, independência da plataforma computacional, acessibilidade e interoperabilidade dos sistemas, serviços, dados e informações que o Poder Judiciário administre no exercício de suas funções (art. 194 do CPC).

---

18. A assinatura confere autenticidade ao ato.

O registro de ato processual eletrônico deverá ser feito em padrões abetos, que atenderão aos requisitos de autenticidade, integridade, temporalidade, não repúdio, conservação e, nos casos que tramitem em segredo de justiça, confidencialidade, observada a infraestrutura de chaves públicas unificadas nacionalmente, nos termos da lei (art. 195).

A Lei n. 11.419/2006, que disciplinou o processual judicial eletrônico (*PJe*) e estabelece que:

I) considera-se: a) meio eletrônico qualquer forma de armazenamento ou tráfego de documentos e arquivos judiciais; b) transmissão eletrônica toda forma de comunicação a distância com a utilização de redes de comunicação, preferencialmente a rede mundial de computadores; c) assinatura eletrônica, como forma de identificação inequívoca do signatário, a assinatura digital baseada em certificado digital emitida por autoridade certificante e mediante cadastro de usuário no Poder Judiciário, conforme disciplinado pelos órgãos respectivos (art. 1º);

II) o envio de petições e de recursos e a prática de atos processuais em geral por meio eletrônico serão admitidos mediante uso de assinatura eletrônica, sendo obrigatório o credenciamento prévio no Poder Judiciário, mediante procedimento no qual esteja assegurada a adequada identificação presencial do interessado, sendo ao credenciado atribuído registro e meio de acesso ao sistema, de modo que preserve o sigilo, a identificação e a autenticidade de suas comunicações, podendo ser criado um cadastro único para o credenciamento (art. 2º);

III) consideram-se realizados os atos processuais por meio eletrônico no dia e hora do seu envio ao sistema do Poder Judiciário, do que deverá ser fornecido protocolo eletrônico, sendo consideradas tempestivas as transmissões até as 24 horas do último dia do prazo, quando a petição eletrônica for enviada para atender prazo processual (art. 3º);

IV) os Tribunais poderão criar Diário da Justiça eletrônico, disponibilizando em sítio da rede mundial de computadores, para publicação de atos processuais e administrativos próprios e dos órgãos a eles subordinados, bem como comunicações em geral (art. 4º);[19]

V) as intimações serão feitas por meio eletrônico em portal próprio aos que se cadastrarem, dispensando-se a publicação no órgão oficial, inclusive eletrônico,

19. A publicação no Diário da Justiça eletrônico substitui qualquer outro meio de publicação oficial, para quaisquer efeitos legais, à exceção dos casos que, por força de lei, exigem intimação ou vista pessoal (art. 4º, § 2º, da Lei n.11.419/06). Tratando da contagem dos prazos na hipótese de intimação por meio do Diário da Justiça eletrônico, prevê a Lei n. 11.419/06, que "considera-se como data da publicação o primeiro dia útil seguinte ao da disponibilidade da informação no Diário da Justiça eletrônico" (art. 4º, § 3º) e, ainda, que "Os prazos processuais terão início no primeiro dia útil que se seguir ao considerado como data da publicação" (art.4º, § 4º). Na intimação por meio eletrônico, há, portanto, o dia em que a informação é disponibilizada no Diário da Justiça eletrônico (*data da divulgação*) e o dia em que a parte será considerada intimada (*dia da intimação*: primeiro dia útil seguinte ao da disponibilização da notícia no DJe).

considerando-se realizada a intimação no dia em que o intimado efetivar a consulta eletrônica ao teor da intimação, certificando-se nos autos a sua realização, sendo que, no caso de consulta em dia não útil, a intimação será considerada como realizada no primeiro dia útil seguinte, ao passo que a consulta deverá ser realizada no prazo de dez dias corridos, contados da data do envio da intimação, sob pena de considerar-se a intimação automaticamente realizada na data do término desse prazo (art. 5º);

VI) as citações poderão ser realizadas por meio eletrônico, desde que a íntegra dos autos seja acessível ao citado (art. 6º);

VII) as cartas precatórias, rogatórias, de ordem e, de um modo geral, todas as comunicações que transitem entre órgãos do Poder Judiciário, bem como entre os deste e os dos demais Poderes, serão feitas preferencialmente por meio eletrônico (art. 7º);

VIII) os órgãos do Poder Judiciário poderão desenvolver sistemas eletrônicos de processamento de ações judiciais por meio de autos total ou parcialmente digitais, utilizando, preferencialmente, a rede mundial de computadores e acesso por meio de redes internas e externas, sendo todos os atos processuais do processo eletrônico assinados eletronicamente (art. 8º);

IX) no processo eletrônico, as citações, intimações e notificações, inclusive da Fazenda Pública, serão feitas por meio eletrônico (art. 9º);[20]

X) a distribuição de petição inicial e a juntada da contestação, dos recursos e das petições em geral, todos em formato digital, nos autos de processo eletrônico, podem ser feitas diretamente pelos advogados públicos e privados, sem necessidade de intervenção do cartório ou secretaria judicial, situação em que a autuação deverá se dar de forma automática, fornecendo-se recibo eletrônico do protocolo (art. 10);[21]

XI) quando o ato processual tiver que ser praticado em determinado prazo, por meio de petição eletrônica, serão considerados tempestivos os efetivados até as 24 horas do último dia. Contudo, se o sistema do Poder Judiciário se tornar indisponível por motivo técnico, o prazo fica automaticamente prorrogado para o primeiro dia útil seguinte à resolução do problema (art. 10);[22]

XII) os documentos produzidos eletronicamente e juntados aos processos eletrônicos com garantia da origem e de seu signatário serão considerados originais para todos os efeitos legais (art. 11);

---

20. O CPC autoriza a prática de atos por meio de videoconferência ou outro recurso tecnológico de transmissão de sons e imagens em tempo real (art. 236, § 3º).

21. O processo judicial eletrônico conduz à *unidade de lugar* (o ato processual pode, em regra, ser praticado de qualquer lugar do globo terrestre) e *unidade de tempo* (o sistema é pensado para funcionar continuamente) e *dispensa de intermediação do juiz e dos auxiliares da justiça* para a autuação das petições e documentos, que passa a ser automática.

22. Foi criada, destarte, mais uma situação em que o prazo processual será prorrogado.

XIII) os extratos digitais e os documentos digitalizados e juntados têm a mesma força probante dos originais, ressalvada a alegação motivada e fundamentada de adulteração antes ou durante o processo de digitalização, sendo a arguição de falsidade do documento original processada eletronicamente na forma da lei processual em vigor (art. 11);

XIV) a conservação dos autos do processo poderá ser efetuada total ou parcialmente por meio eletrônico, devendo os autos dos processos eletrônicos ser protegidos por meio de sistemas de segurança de acesso e armazenamento em meio que garanta a preservação e integridade dos dados, sendo dispensada a formação de autos suplementares (art. 12);

XV) os autos de processos eletrônicos que tiverem de ser remetidos a outro juízo ou instância superior que não disponham de sistema compatível deverão ser impressos em papel, autuados na forma dos arts. 166 a 168 do CPC (art. 12);

XVI) o magistrado poderá determinar que sejam realizados por meio eletrônico a exibição ou o envio de dados e dos documentos necessários à instrução do processo (art. 13);

XVII) salvo impossibilidade que comprometa o acesso à justiça, a parte deverá informar, ao distribuir a petição inicial de qualquer ação judicial, o número no cadastro de pessoas físicas ou jurídicas, conforme o caso, perante a Secretaria da Receita Federal (art. 15).

O CPC de 2015 prevê que: os tribunais divulgarão as informações constantes de seu sistema de automação em página própria da rede mundial de computadores, gozando a divulgação de presunção de veracidade e confiabilidade (art. 197); nos casos de problema técnico do sistema de erro ou omissão do auxiliar da justiça responsável pelo registro dos andamentos, poderá ser configurada a justa causa para a não realização do ato no prazo próprio (197, parágrafo único); as unidades do Poder Judiciário deverão manter gratuitamente, à disposição dos interessados, equipamentos necessários à prática de atos processuais e à consulta e ao acesso ao sistema e aos documentos dele constantes (art. 198), sendo permitida a prática de atos por meio não eletrônico no local onde não estiverem disponíveis tais equipamentos (art. 198, parágrafo único).

De outro lado, de acordo com o art. 199 do CPC, as unidades do Poder Judiciário assegurarão às pessoas com deficiência a acessibilidade aos seus sítios na rede mundial de computadores, ao meio eletrônico para a prática de atos judicias, à comunicação eletrônica dos atos processuais e à assinatura eletrônica.

O Conselho Superior da Justiça do Trabalho (CSJT) instituiu o Sistema Processo Judicial Eletrônico da Justiça do Trabalho (PJe-JT) por meio da Resolução n. 94, de 23 de março de 2012. Atualmente, o tema é tratado na Resolução CSJT n. 185, de 24 de março de 2017.

Consoante citada Resolução:

1) "A tramitação do processo judicial no âmbito da Justiça do Trabalho, a prática eletrônica de atos processuais, nos termos da Lei nº 11.419/06 e arts. 193 a 199, do CPC, serão realizadas exclusivamente por intermédio do Sistema Processo Judicial Eletrônico (PJe) instalado na Justiça do Trabalho, regulamentado por esta Resolução" (art. 1º);

2) "Para o disposto nesta Resolução, considera-se que: I – "Sistema satélite" é aquele periférico ao PJe, que com ele tenha relação e/ou integração negocial, funcional ou técnica e que tenha sido homologado e distribuído pelo Conselho Superior da Justiça do Trabalho (CSJT) para funcionamento conjunto; II – "Arquivo eletrônico que utilize linguagem padronizada de marcação genérica" é todo aquele que, independente do sufixo que designe seu formato ou função que desempenhe no computador, seja capaz de descrever diversos tipos de dados, gerando metadados; III – "Usuários externos" do PJe são as partes, estagiários e membros da Advocacia e do Ministério Público, defensores públicos, peritos, leiloeiros, as sociedades de advogados, os terceiros intervenientes e outros auxiliares da justiça; e IV – "Usuários internos" do PJe são os magistrados e servidores da Justiça do Trabalho, bem como outros a que se reconhecer acesso às funcionalidades internas do Sistema, tais como estagiários e prestadores de serviço" (art. 2º);

3) "Os atos processuais terão sua produção, registro, visualização, tramitação, controle e publicação exclusivamente em meio eletrônico e serão assinados digitalmente, contendo elementos que permitam identificar o usuário responsável pela sua prática" (art. 3º), observando-se que "A cópia de documento extraída dos autos eletrônicos deverá conter elementos que permitam verificar a sua autenticidade no endereço referente à consulta" (art. 3º, § 1º) e que os "Os usuários são responsáveis pela exatidão das informações prestadas, quando de seu credenciamento, assim como pela guarda, sigilo e utilização da assinatura digital, não sendo oponível, em qualquer hipótese, alegação de uso indevido, nos termos da Medida Provisória nº 2.200-2, de 24 de agosto de 2001" (art. 3º, § 2º);

4) "As partes ou terceiros interessados desassistidos de advogado poderão apresentar peças processuais e documentos em papel, segundo as regras ordinárias, nos locais competentes para recebê-los, que serão inseridos nos autos eletrônicos pela unidade judiciária, em arquivo eletrônico que utilize linguagem padronizada de marcação genérica" (art. 4º);

5) "O credenciamento dos advogados no PJe dar-se-á pela identificação do usuário por meio de seu certificado digital e remessa do formulário eletrônico disponibilizado no portal de acesso ao PJe, devidamente preenchido e assinado digitalmente" (art. 5º), sendo que "O credenciamento da sociedade de advogados dar-se-á pela remessa do formulário eletrônico disponibilizado no portal de acesso ao PJe, devidamente preenchido e assinado digitalmente, dispensando-se

a identificação do usuário por meio de seu certificado digital" (art. 5º, § 1º), que "As alterações de dados cadastrais poderão ser feitas pelos próprios usuários, a qualquer momento, utilizando funcionalidade específica do PJe para este fim, salvo as informações obtidas de bancos de dados credenciados, como Receita Federal, Justiça Eleitoral e Ordem dos Advogados do Brasil - OAB -, que deverão ser atualizadas diretamente nas respectivas fontes" (art. 5º, § 2º) e que "O credenciamento implica a aceitação: I - de remessa ao usuário, pelo CSJT de pesquisas relacionadas ao uso do PJe; II - de remessa ao usuário, pelo PJe de informações referentes aos processos; III - das normas estabelecidas nesta Resolução; IV - das demais normas que vierem a regulamentar o uso do PJe no âmbito da Justiça do Trabalho; e V - da responsabilidade do credenciado pelo uso indevido da assinatura eletrônica" (art. 5º, 3º) e que "O credenciamento na forma prevista neste artigo não dispensa: I - a habilitação de todo advogado e sociedade de advogados nos autos eletrônicos em que atuarem; e II - a juntada de procuração para postular em Juízo, na forma do art. 104 do CPC" (art. 5º, § 4º);

6) "A habilitação nos autos eletrônicos para representação das partes, tanto no polo ativo como no polo passivo, efetivar-se-á mediante requerimento específico de habilitação pelo advogado e habilitando-se apenas aquele que peticionar, em qualquer grau de jurisdição" (art. 5º, § 5º);

7) "Poderão ser habilitados os advogados e sociedades de advogados que requeiram, desde que haja pedido e constem da procuração ou substabelecimento, na forma do art. 105 do CPC" (art. 5º, § 6º);

8) "É atribuição do magistrado determinar, por despacho ou delegação de ato ordinatório, a alteração da autuação para inativação de advogado indevidamente habilitado, ou que deixou de representar quaisquer das partes" (art. 5º, § 7º);

9) "O peticionamento de habilitação nos autos deve ser utilizado apenas para o cadastramento específico do advogado ou da sociedade de advogados no processo, ficando disponível para juntada, como anexos, somente os tipos de documentos de "representação judicial" e de "identificação das partes" (art. 5º, § 8º);

9) "O peticionamento avulso, procedimento exclusivo para habilitação nos autos, deve ser utilizado somente por advogados que não tenham representação nos autos, na forma do art.107, I, do CPC, inabilitando-se, neste caso, a juntada de documentos" (art. 5º, § 9º);

10) "O advogado que fizer o requerimento para que as intimações sejam dirigidas a este ou à sociedade de advogados a que estiver vinculado, deverá requerer a habilitação automática nos autos, peticionando com o respectivo certificado digital" (art. 5º, § 10º);

11) "A disponibilidade do PJe, garantida apenas aos acessos de internet protocolo (IP) nacionais, será aferida na forma definida pelo Conselho Nacional

de Justiça – CNJ –, havendo, quanto às interrupções: I – registro em relatório de indisponibilidade do funcionamento; II – divulgação ao público, no sítio do Tribunal respectivo, na rede mundial de computadores; III – juntada automática do relatório de indisponibilidade nos processos; e IV – registro automático da prorrogação dos prazos processuais no PJe" (art. 10), observando que este relatório "deverá conter, pelo menos, as seguintes informações: I – data, hora e minuto de início da indisponibilidade; II – data, hora e minuto de término da indisponibilidade; III – serviços que ficaram indisponíveis; e IV – assinatura digital do responsável pela unidade de tecnologia da informação do TRT, ou a quem este delegar, com efeito de certidão, devendo – enquanto não implementada a juntada automática nos processos – estar acessível, preferencialmente, em tempo real, ou, no máximo, até às 12h do dia seguinte ao da indisponibilidade" (art. 10,§ 1º) e que "Os Tribunais Regionais do Trabalho manterão o controle dos registros no PJe acerca de feriados, da ausência de expediente forense, da prática de atos e da suspensão de prazos prevista nos arts. 214 e 220 do CPC" (art. 10, § 2º);

12) "Ato do presidente do CSJT definirá o tamanho máximo dos arquivos e extensões suportadas pelo PJe" (art. 12);

13) "O PJe deve dispor de funcionalidade que permita o uso exclusivo de documento digital que utilize linguagem padronizada de marcação genérica, garantindo-se, de todo modo, a faculdade do peticionamento inicial e incidental mediante juntada de arquivo eletrônico portable document format (pdf) padrão ISO-19005 (PDF/A), sempre com a identificação do tipo de petição a que se refere, a indicação do Juízo a que é dirigida, nomes e prenomes das partes e número do processo" (art. 12, § 1º);

14) o peticionamento na forma do art. 12, § 1º, "não dispensa a petição redigida no editor de texto do PJe, contendo a indicação do Juízo a que é dirigida, nomes e prenomes das partes, número do processo, a identificação em Sistema do tipo de petição a que se refere e a informação de que o conteúdo da petição está em arquivo eletrônico portable document format (.pdf) padrão ISO-19005 (PDF/A)" (art. 12, § 2º);

15) "O Agrupamento de documentos em um mesmo arquivo eletrônico portable document format (.pdf) sempre deverá corresponder a documentos de mesmo tipo, com classificação disponível no PJe" (art. 12, § 3º);

16) "Autoriza-se o uso do tipo "documento diverso" apenas para agrupamento de documentos que não contenham tipo de documento específico no PJe" (art. 12, § 4º);

17) nas hipóteses dos parágrafos 3º e 4º do artigo 12 "sempre haverá o preenchimento do campo "descrição", identificando-se resumidamente a informação correspondente ao conteúdo dos documentos agrupados, além dos períodos a que se referem, vedando-se a descrição que não possibilite a correta identificação do conteúdo do arquivo" (art. 12, § 5º);

18) "Os usuários externos poderão juntar quantos arquivos se fizerem necessários à ampla e integral atividade probatória, observado o art. 12 desta Resolução e demais atos normativos referentes à matéria" (art. 13), mas "Os arquivos juntados aos autos devem utilizar descrição que identifique, resumidamente, os documentos neles contidos e, se for o caso, os períodos a que se referem, e, individualmente considerados, devem trazer os documentos da mesma espécie, ordenados cronologicamente" (art. 13, § 1º) e "O preenchimento dos campos "descrição" e "tipo de documento", exigido pelo PJe para anexação de arquivos à respectiva petição, deve guardar correspondência com a descrição conferida aos arquivos, indicando, no campo de livre descrição, o nome da petição ou incidente, o resumo do requerimento, se for o caso, e a identificação da parte que está peticionando" (art. 13, § 2º);

19) "As petições, manifestações e documentos serão juntados automaticamente, independentemente de ato de servidor da justiça, na forma do art. 228, § 2º, do CPC" (art. 14), ficando dispensada "a certificação da juntada, pelo usuário interno, nas hipóteses do *caput* deste artigo" (art. 14, parágrafo único);

20) "As petições e os documentos enviados sem observância às normas desta Resolução poderão ser indisponibilizados por expressa determinação do magistrado, com o registro de movimento e exclusão da petição e documentos, assinalando-se, se for o caso, novo prazo para a adequada apresentação da petição" (art. 15), observando que "Na exclusão de petição incidental dever-se-á tornar indisponível todo o documento a ela anexado" (art. 15, §1º) e "Sendo a exclusão de que trata este artigo referente à petição cujo tipo gere movimento estatístico, deverá ser precedida de pronunciamento do magistrado, com o registro do movimento correspondente à solução dada ao incidente ou recurso" (art. 15, § 2º);

21) a inobservância das disposições do Capítulo II da Resolução CSJT 185/17 "ensejará a retirada da visibilidade do documento, e em se tratando de petição inicial, será observada a regra prevista no art. 321 e parágrafo único do CPC" (art. 16);

22) "No processo eletrônico, as citações, intimações e notificações, inclusive as destinadas à União, Estados, Distrito Federal, Municípios e suas respectivas autarquias e fundações de direito público serão feitas por meio eletrônico, sem prejuízo da publicação no Diário Eletrônico da Justiça do Trabalho (DEJT) nas hipóteses previstas em lei" (art. 17), sendo que: "O cadastro das partes deverá ser efetivado pela inserção do CPF ou CNPJ respectivo" (art. 17, § 1º); "As citações, intimações e notificações destinadas à União, Estados, Distrito Federal, Municípios e suas respectivas autarquias e fundações de direito público serão realizadas perante os órgãos responsáveis por sua representação processual" (art. 17, § 2º); "É vedada às sociedades de advogados a prática eletrônica de atos processuais, sendo considerada usuária externa apenas para recebimento de intimações, na forma dos arts. 106, I e 272, § 2º, do CPC" (art. 17, § º);

23) "No expediente de notificação inicial ou de citação constará indicação da forma de acesso ao inteiro teor da petição inicial no endereço referente à consulta pública do PJe, cujo acesso também será disponibilizado nos sítios dos TRTs e do CSJT na rede mundial de computadores" (art. 18);

24) "A petição inicial conterá, além dos requisitos do art. 840, § 1º, da CLT, a indicação do CPF ou CNPJ das partes, na forma do art. 15, caput, da Lei nº 11.419/06" (art. 19), mas, "No lançamento de dados do processo pelo usuário externo, além dos dados contidos no caput deste artigo, sempre que possível serão fornecidos, na forma do art. 31, II, da Consolidação dos Provimentos da Corregedoria-Geral da Justiça do Trabalho (CPCGJT): I – o CEI (Cadastro Específico do INSS contendo número da matrícula do empregador pessoa física); II – o Número de Identificação do Trabalhador (NIT) perante o INSS; III – o PIS ou PASEP; IV – o número da CTPS do empregado; e V – o CNAE (Classificação Nacional de Atividades Econômicas – código do ramo de atividade) do empregador" (art. 19, § 1º);

24) "O PJe fornecerá, na distribuição da ação, o número atribuído ao processo, o órgão julgador para o qual foi distribuída e, se for o caso, o local, a data e o horário de realização da audiência, da qual estará a parte autora imediatamente intimada" (art. 19, § 2º);

25) "Os dados da autuação automática serão conferidos pela unidade judiciária, que procederá, com determinação do magistrado e registro no PJe, à intimação da parte para alteração em caso de desconformidade com a petição e documentos" (art. 19, § 3º);

26) "A ausência de retificação dos dados da autuação automática, referente à petição inicial, no prazo de 15 (quinze) dias, ensejará a aplicação do disposto no art. 321, parágrafo único, do CPC" (art. 19, § 4º), sendo que "A retificação dos dados da autuação será acompanhada de juntada automática de certidão contendo as alterações, inclusive quando houver inclusão ou exclusão de advogado ou parte" (art. 19, § 5º);

27) "A funcionalidade do PJe que indica a ocorrência de possível prevenção somente deve distribuir o processo ao Juízo presumidamente prevento, cabendo ao magistrado a análise do feito, com o pronunciamento em que reconheça a regularidade da distribuição, ou recuse a prevenção" (art. 20);

28) "O PJe deve dispor de funcionalidade que indique a existência de possível litispendência e coisa julgada, sem prejuízo de livre distribuição ou distribuição por prevenção, nos termos do caput deste artigo" (art. 20, § 1º);

29) "Nas classes processuais que exigem a indicação de processo de referência, em qualquer grau de jurisdição, haverá distribuição para o Juízo do processo de referência, exceto no ajuizamento de ação rescisória, cabendo ao magistrado reconhecer a regularidade da distribuição ou recusá-la" (art. 20, § 2º);

30) "Nas classes recursais será observada a distribuição por prevenção ao relator para eventual recurso subsequente, interposto no mesmo processo ou em processo conexo, na forma do art. 930, parágrafo único, do CPC, observada a compensação" (art. 20, § 3º);

31) "As funcionalidades do PJe que indicam a ocorrência de possível prevenção, litispendência e coisa julgada deverão contemplar a juntada automática de certidão contendo tais informações" (art. 20, § 4º);

32) "A distribuição de ação, inclusive incidental, será unicamente por meio eletrônico, mesmo na hipótese de ações cautelares, tutelas de urgência e embargos de terceiros, quando ajuizados em processos que tramitam em meio físico" (art. 21);

33) "A contestação, reconvenção, exceção e documentos deverão ser protocolados no PJe até a realização da proposta conciliatória infrutífera, com a utilização de equipamento próprio, sendo automaticamente juntados, facultada a apresentação de defesa oral, na forma do art. 847, da CLT" (art. 22);

34) "No expediente de notificação inicial ou de citação constará orientação para que a contestação, reconvenção, exceção e documentos que as acompanham sejam protocolados no PJe com pelo menos 48h de antecedência da audiência" (art. 22, § 1º);

35) "As partes poderão atribuir segredo de justiça à petição inicial e sigilo à contestação, reconvenção, exceção, petições incidentais e documentos, desde que, justificadamente, fundamentem uma das hipóteses do art. 770, caput, da CLT e dos arts. 189 ou 773, do CPC" (art. 22, § 2º), sendo que "O magistrado poderá determinar a exclusão de petições e documentos indevidamente protocolados sob sigilo, observado o art. 15 desta Resolução" (art. 22, § 3º);

36) "O PJe deve dispor de funcionalidade que mantenha oculta ao usuário externo a contestação, reconvenção, exceção e documentos que as acompanham, até a realização da proposta conciliatória infrutífera" (art. 22, § 4º);

36) "Na hipótese de celebração de acordo, a contestação, reconvenção, exceção e documentos que as acompanham serão excluídos do PJe, na forma do art. 35 desta Resolução" (art. 22, § 5º);

37) "As audiências serão sempre reduzidas a termo, ainda que gravadas em áudio e vídeo, e o arquivo eletrônico que utilize linguagem padronizada de marcação genérica daí decorrente será, ao final da audiência: I – imediatamente assinado pelo magistrado, impossibilitando a alteração de sua forma e conteúdo; ou II – facultativamente enviado ao PJe, imediatamente após o término da audiência, também impossibilitando a alteração de sua forma e conteúdo e deflagrando o procedimento dos parágrafos 1.º e 2.º deste artigo" (art. 23);

38) "Após o envio do arquivo eletrônico que utilize linguagem padronizada de marcação genérica referido no *caput* para o PJe, a secretaria da sala de audiências,

imediatamente após o término da audiência, realizará o lançamento dos movimentos processuais, encaminhando-o para assinatura digital pelo magistrado" (art. 23, § 1º);

39) "O magistrado assinará eletronicamente o arquivo eletrônico que utilize linguagem padronizada de marcação genérica referido no caput até o primeiro dia útil subsequente ao término da sessão" (art. 23, § 2º);

40) "Na hipótese de celebração de acordo e ausência de assinatura imediata do arquivo eletrônico que utilize linguagem padronizada de marcação genérica referido no *caput*, havendo requerimento da parte, a ata deverá ser impressa, assinada manualmente pelas partes e magistrado e, então, digitalizada e inserida no PJe" (art. 23, § 2º);

41) "Os tipos de classe, petição, documentos, movimentos e complementos de movimentos disponibilizados no PJe devem corresponder aos previstos nas tabelas processuais unificadas publicadas pelo CNJ, cujas alterações serão realizadas apenas pela Coordenação Técnica do Sistema PJe (CTPJe) no CSJT e disponibilizadas a cada nova versão do Sistema" (art. 24);

42) "O magistrado, antes de determinar o arquivo definitivo do processo, deverá intimar as partes para, querendo, armazenarem os dados dos autos eletrônicos em assentamento próprio" (art. 25);

43) "Fica dispensada a formação de autos suplementares em casos de exceção de impedimento ou suspeição, agravos de instrumento, agravos regimentais e agravo previsto no art. 1.021 do CPC, exceto quanto: I – ao agravo de instrumento em mandado de segurança, na forma do art. 7º, § 1º, da Lei nº 12.016/09; e II – ao pedido de revisão do valor da causa, na forma do art. 2º, § 2º, da Lei nº 5.584/70" (art. 26);

44) "As atas de sessões, quando necessárias para registros passíveis de publicidade, deverão ser lavradas pela secretaria e aprovadas pelo presidente do respectivo órgão colegiado, com envio para publicação na forma do art. 3º desta Resolução" (art. 27);

45) "Durante o recesso judiciário, feriados e período de suspensão de prazo processual prevista no art. 220, do CPC, serão mantidas as publicações no DEJT, observados os termos do art. 4º, § 4º, da Lei nº 11.419/06 e regulamentação do CNJ sobre expediente forense no período natalino e suspensão dos prazos processuais" (art. 28);

46) "Todos os documentos inseridos no PJe que não forem assinados, classificados e organizados no prazo de 30 (trinta) dias a partir de sua criação, serão excluídos do Sistema" (art. 35);

47) "A implantação do PJe poderá ocorrer: I – a partir da fase de conhecimento, com a superação dos atuais sistemas de gestão das informações processuais

mantidos pelo TRT; e II – a partir das fases de liquidação ou execução, após o trânsito em julgado do título e para os processos de classes executivas" (art. 50);

48) "A partir da implantação do PJe em unidade judiciária, fica vedada a utilização de quaisquer outros sistemas de peticionamento eletrônico relativo aos processos que tramitam no PJe, inclusive o Sistema Integrado de Protocolização e Fluxo de Documentos Eletrônicos – e-Doc" (art. 51) sendo que "O descumprimento da determinação constante do caput implicará no descarte dos documentos recebidos, que não constarão de registro algum e não produzirão qualquer efeito legal" (art. 51);

49) "No cadastramento do processo físico ou eletrônico, oriundo de sistema legado do TRT, no módulo "Cadastramento da Liquidação, Execução e Conhecimento (CLEC)" do PJe, poderão ser juntados ou transferidos arquivos de documentos existentes no banco de dados local" (art. 52);

50) "No cadastramento de processo em fase de conhecimento serão juntadas todas as petições e documentos dos autos originários" (art. 52, § 1º);

51) "No cadastramento de processos em fase de liquidação e execução serão juntados pelas partes, em prazo assinalado pelo magistrado: I – título executivo judicial ou extrajudicial, ainda que contenham apenas obrigações de fazer ou não fazer; II – cálculos homologados, se houver; e III – procurações outorgadas aos mandatários; IV – comprovação de pagamentos e recolhimentos havidos; V – decisões supervenientes à coisa julgada, se houver, que implicaram alteração da dívida" (art. 52, § 2º);

52) "No cadastramento de processos em fase de liquidação e execução, a critério do magistrado, serão juntados outros documentos que sejam necessários à completa entrega da prestação jurisdicional" (art. 52, § 3º);

53) "Após o cadastramento do processo no CLEC, os autos legados receberão movimento processual de encerramento, prosseguindo-se com o processo apenas no PJe" (art. 52, § 3º);

54) "As partes e seus procuradores serão intimados, após o cadastramento de processo físico no CLEC, para que, no prazo preclusivo de 30 (trinta) dias, se manifestem sobre o interesse de manterem pessoalmente a guarda de algum dos documentos originais juntados aos autos legados, nos termos do art. 12, § 5º, da Lei nº 11.419/06" (art. 54);

55) "O magistrado deverá conceder prazo razoável para que a parte adote as providências necessárias à regular tramitação do feito no PJe, inclusive credenciamento dos advogados no Sistema e habilitação automática nos autos, nos termos do art. 76 do CPC" (art. 55);

56) "Os Estados, Distrito Federal, Municípios e suas respectivas autarquias e fundações públicas de direito privado e de direito público informarão aos

presidentes dos TRTs o CNPJ de cadastro dos órgãos responsáveis por sua representação processual" (art. 59);

57) "Os presidentes dos TRTs informarão às unidades judiciárias o CNPJ de que trata o caput deste artigo, para que se dê cumprimento ao art. 17 desta Resolução" (art. 59, § 1º);

58) "O cadastro da União deverá corresponder a: I – CNPJ 26.994.558/0001-23 – UNIÃO FEDERAL (AGU); II – CNPJ 05.489.410/0001-61 – UNIÃO FEDERAL (PGF); e III – CNPJ 00.394.460/0001-41 – UNIÃO FEDERAL (PGFN)" (art. 59, § 2º);

59) "O cadastro do MPT será nacionalmente unificado, conforme definido em ato do presidente do CSJT" (art. 59, § 3º);

60) "O PJe deve dispor de comunicação entre bases de dados dos TRTs, fazendo-se a expedição das cartas precatórias e de ordem também em meio eletrônico e, quando da devolução ao Juízo deprecante, será encaminhada certidão constando o seu cumprimento, com a materialização apenas de peças essenciais à compreensão dos atos realizados" (art. 60);

61) "Havendo na localidade mais de uma Vara do Trabalho com a mesma competência territorial, as cartas precatórias e de ordem recebidas serão cadastradas pelo setor de distribuição respectivo" (art. 60, § 1º);

62) "O acompanhamento da carta precatória deverá ser realizado por meio da consulta pública com login e senha no PJe, registrando-se nos autos principais o procedimento e o andamento atualizado da carta precatória, ficando vedada a emissão de comunicação para este fim" (art. 60, § 2º);

O TST, por meio da Instrução Normativa n. 30/2007, também disciplina o uso de meios eletrônicos na tramitação de processos judiciais, comunicação de atos e transmissão de peças processuais na Justiça do Trabalho.

Segundo a Instrução Normativa n. 30/2007 do TST, com a redação que lhe conferiu a Resolução n. 192/2013 do TST:

1 – Os Tribunais Regionais do Trabalho disponibilizarão em suas dependências e nas Varas do Trabalho, para os usuários dos serviços de peticionamento eletrônico, que necessitarem equipamentos de acesso à rede mundial de computadores e de digitalização do processo, para a distribuição de peças processuais (art. 2º);[23]

2 – No âmbito da Justiça do Trabalho, o envio de petições, de recursos e a prática de atos processuais em geral por meio eletrônico serão admitidos mediante uso de assinatura eletrônica (art. 3º);

3 – A assinatura eletrônica, no âmbito da Justiça do Trabalho, será admitida sob as seguintes modalidades: a) assinatura digital, baseada em certificado digital

23. A informatização do processo não pode implicar entraves ao acesso à justiça.

emitido pelo ICP – Brasil, com uso de cartão e senha; b) assinatura cadastrada, obtida perante o Tribunal Superior do Trabalho ou Tribunais Regionais do Trabalho, com fornecimento de *login* e senha (art. 4º);

4 – Para o uso de qualquer das duas modalidades de assinatura eletrônica, o usuário deverá se credenciar previamente perante o Tribunal Superior do Trabalho ou o Tribunal Regional do Trabalho com jurisdição sobre a cidade em que tenha domicílio, mediante o preenchimento de formulário eletrônico, disponibilizado no Portal da Justiça do Trabalho (Portal – JT) (art. 4º, § 1º);

5 – No caso de assinatura digital, em que a identificação presencial já se realizou perante a Autoridade Certificadora, o credenciamento se dará pela simples identificação do usuário por meio de seu certificado digital e remessa do formulário devidamente preenchido. No caso da assinatura cadastrada, o interessado deverá comparecer, pessoalmente, perante o órgão do Tribunal no qual deseje cadastrar sua assinatura eletrônica, munido do formulário devidamente preenchido, obtendo senhas e informações para a operacionalização de sua assinatura eletrônica (art. 4º, §§ 2º e 3º);

6 – Ao credenciado será atribuído registro e meio de acesso ao sistema, de modo a preservar o sigilo (mediante criptografia de senha), a identificação e a autenticidade de suas comunicações (art. 4º, § 4º);

7 – A prática de atos processuais por meio eletrônico pelas partes, advogados e peritos será feita, na Justiça do Trabalho, através do Sistema Integrado de Protocolização e Fluxo de Documentos Eletrônicos (*e-DOC*) (art. 5º);

8 – O sistema *e-DOC* é um serviço de uso facultativo, disponibilizado no Portal-JT, na Internet (art. 5º, § 1º), sendo, no entanto, vedado o uso do *e-DOC* para o envio de petições destinadas ao Supremo Tribunal Federal (art. 5º, §§ 1º e 2º);

9 – O sistema do *e-DOC* deverá buscar identificar, dentro do possível, os casos de ocorrência de prevenção, litispendência e coisa julgada (art. 5º, § 3º);

10 – A parte desassistida de advogado que desejar utilizar o sistema do *e-DOC* deverá se cadastrar, antes, nos termos desta Instrução Normativa (art. 5º, § 4º);

11 – As petições, acompanhadas ou não de anexos, apenas serão aceitas em formato PDF, no tamanho máximo, por operação, de 2 *megabytes* (art. 6º), não sendo admitido o fracionamento de petição, tampouco dos documentos que a acompanham, para fins de transmissão (art. 6º, parágrafo único);

12 – O envio da petição por intermédio do *e-DOC* dispensa a apresentação posterior dos originais ou de fotocópias autenticadas, inclusive aqueles destinados à comprovação de pressupostos de admissibilidade do recurso (art. 7º);

13 – O acesso ao *e-DOC* depende da utilização, pelo usuário, da sua assinatura eletrônica (art. 8º);

14 – Salvo impossibilidade que comprometa o acesso à justiça, a parte deverá informar, ao distribuir a petição inicial de qualquer ação judicial em meio eletrônico, o número no cadastro de pessoas físicas ou jurídicas, conforme o caso, perante a Secretaria da Receita Federal (art. 8º, parágrafo único);

15 – O Sistema Integrado de Protocolização e Fluxo de Documentos Eletrônicos (*e-DOC*), no momento do recebimento da petição, expedirá recibo ao remetente, que servirá como comprovante de entrega da petição e dos documentos que a acompanharam (art. 9º), constando de recibo, dentre outros dados, a data e o horário do recebimento da petição no Tribunal, fornecidos pelo Observatório Nacional (art. 9º, § 1º, IV), sendo que a qualquer momento o usuário poderá consultar no *e-DOC* as petições e documentos enviados e respectivos recibos;

16 – Incumbe aos Tribunais, por intermédio das respectivas unidades administrativas responsáveis pela recepção das petições transmitidas pelo *e-DOC*: a) imprimir as petições e seus documentos, caso existentes, anexando-lhes o comprovante de recepção gerado pelo Sistema, enquanto não generalizada a virtualização do processo, que dispensará os autos físicos;[24] b) verificar, diariamente, no sistema informatizado, a existência de petições eletrônicas pendentes de processamento (art. 10);

17 – São de exclusiva responsabilidade dos usuários: a) o sigilo da assinatura digital, não sendo oponível, em qualquer hipótese, alegação de seu uso indevido; b) a equivalência entre os dados informados para o envio (número do processo e unidade judiciária) e os constantes da petição remetida; c) as condições das linhas de comunicação e acesso ao seu provedor da Internet; d) a edição da petição e anexos em conformidade com as restrições impostas pelo serviço, no que se refere à formatação e tamanho do arquivo enviado; e) o acompanhamento da divulgação dos períodos em que o serviço não estiver disponível em decorrência de manutenção no sítio do Tribunal (art. 11);

18 – A não obtenção, pelo usuário, de acesso ao Sistema, além de eventuais defeitos de transmissão ou recepção de dados, não serve de escusa para o descumprimento dos prazos legais (art. 10, § 1º);

19 – Deverão os Tribunais informar, nos respectivos sítios, os períodos em que, eventualmente, o sistema esteve indisponível (art. 10, § 2º);

20 – Consideram-se realizados os atos processuais por meio eletrônico no dia e hora do seu recebimento pelo sistema do *e-DOC* (art. 12);

21 – Quando a petição eletrônica for enviada para atender prazo processual, serão consideradas tempestivas as transmitidas até as 24 (vinte e quatro) horas do seu último dia (art. 12, § 1º);

---

24. Dessa forma, os custos da impressão de petições são transferidos para a União e a Secretaria das Varas do Trabalho são obrigadas a destacar um dos seus funcionários para a impressão de petições e documentos recepcionados.

22 – Incumbe ao usuário observar o horário estabelecido como base para recebimento, como sendo o do Observatório Nacional, devendo atentar para as diferenças de fuso horário existente no país (art. 12, § 2º);

23 – Não serão considerados, para efeito de tempestividade, o horário da conexão do usuário à Internet, o horário do acesso ao sítio do Tribunal, tampouco os horários consignados nos equipamentos do remetente e da unidade destinatária, mas o de recebimento no órgão da Justiça do Trabalho (art. 12, § 3º);

24 – O uso inadequado do *e-DOC* que venha a causar prejuízo às partes ou à atividade jurisdicional importa bloqueio do cadastramento do usuário, a ser determinado pela autoridade judiciária competente (art. 13);

25 – O Portal da Justiça do Trabalho (Portal — JT) é o sítio corporativo da instituição, abrangendo todos os Tribunais trabalhistas do país, gerenciado pelo Conselho Superior da Justiça do Trabalho e operado pelo Tribunal Superior do Trabalho e pelos Tribunais Regionais do Trabalho, incluindo, entre outras funcionalidades, o Diário da Justiça do Trabalho Eletrônico (DJT), para publicação de atos judiciais e administrativos dos Tribunais e Varas do Trabalho (art. 14);

26 – A publicação eletrônica no DJT substitui qualquer outro meio e publicação oficial, para quaisquer efeitos legais, à exceção dos casos que, por lei, exigem intimação ou vista pessoal (art. 15);

27 – Os atos processuais praticados pelos magistrados trabalhistas a serem publicados no DJT serão assinados digitalmente no momento de sua prolação (art. 15, § 1º);

28 – Considera-se como data da publicação o primeiro dia útil seguinte ao da disponibilização da informação no DJT (art. 15, § 2º);

29 – Os prazos processuais terão início no primeiro dia útil que seguir ao considerado como data da publicação (art. 15, § 3º);

30 – As intimações serão feitas por meio eletrônico no Portal — JT aos que se credenciarem na forma desta Instrução Normativa, dispensando-se a publicação no órgão oficial, inclusive eletrônico, considerando-se realizada a intimação no dia em que o intimando efetivar a consulta eletrônica ao teor da intimação, certificando-se nos autos a sua realização, mas, nos casos em que a consulta se dê em dia não útil, a intimação será considerada como realizada no primeiro dia útil seguinte, observando-se que a consulta referida deverá ser feita em até 10 (dez) dias corridos contados da data do envio da intimação, sob pena de considerar-se a intimação automaticamente realizada na data do término desse prazo (art. 16, §§ 1º, 2º e 3º);

31 – A intimação na forma do art. 16 somente será realizada nos processos em que todas as partes estejam credenciadas na forma desta Instrução Normativa, de modo a uniformizar a contagem dos prazos processuais (art. 16, § 4º);

32 – Nos casos urgentes em que a intimação feita na forma do art. 16 possa causar prejuízo a quaisquer das partes ou nos casos em que for evidenciada qualquer tentativa de burla ao sistema, o ato processual deverá ser realizado por outro meio que atinja a sua finalidade, conforme determinado pelo juiz (art. 16, § 5º);

33 – As intimações feitas na forma deste artigo, inclusive da Fazenda Pública, serão consideradas pessoais para todos os efeitos legais (art. 16, § 6º);

34 – Observadas as formas e as cautelas deste artigo, as citações, inclusive da Fazenda Pública, poderão ser feitas por meio eletrônico, desde que a íntegra dos autos seja acessível ao citando (art. 16, § 7º);

35 – As cartas precatórias, rogatórias e de ordem, no âmbito da Justiça do Trabalho, serão transmitidas exclusivamente de forma eletrônica, através do Sistema de Carta Eletrônica (CE), com dispensa da remessa física de documentos (art. 17);

36 – A utilização do Sistema de Carta Eletrônica fora do âmbito da Justiça do Trabalho dependerá da aceitação pelos demais órgãos do Poder Judiciário (art. 17, § 1º);

37 – Eventuais falhas na transmissão eletrônica dos dados não desobriga os magistrados e serventuários do cumprimento dos prazos legais, cabendo, nesses casos, a utilização de outros meios previstos em lei para a remessa das cartas (art. 17, § 2º);

38 – As petições e demais documentos referentes às cartas precatórias, rogatórias e de ordem, não apresentados pelas partes em meio eletrônico, serão digitalizados e inseridos no Sistema de Carta Eletrônica (art. 18);

39 – Os documentos em meio físico, em poder do Juízo deprecado, deverão ser adequadamente organizados e arquivados, obedecidos os critérios estabelecidos na Lei n. 8.159, de 8 de janeiro de 1991, e no Decreto n. 4.073, de 3 de janeiro de 2002 (art. 19);

40 – Poderá o Juízo deprecante, em casos excepcionais, solicitar o documento físico em poder do Juízo deprecado (art. 19, parágrafo único);

41 – Serão certificados nos autos principais todos os fatos relevantes relativos ao andamento da carta, obtidos junto ao sistema Carta Eletrônica (CE), com impressão e juntada apenas dos documentos essenciais à instrução do feito, nos casos de autos em papel (art. 20);

42 – Na Justiça do Trabalho, os atos processuais do processo eletrônico serão assinados eletronicamente (art. 22);

43 – No processo eletrônico, todas as citações, intimações e notificações, inclusive da Fazenda Pública, serão feitas por meio eletrônico (art. 23);

44 – As citações, intimações, notificações e remessas que viabilizem o acesso à íntegra do processo correspondente serão consideradas vista pessoal do interessado

para todos os efeitos legais (art. 23, § 1º), mas, quando, por motivo técnico, for inviável o uso do meio eletrônico para a realização de citação, intimação ou notificação, esses atos processuais poderão ser praticados segundo as regras ordinárias, digitalizando-se o documento físico, que deverá ser posteriormente destruído (art. 23, §§ 1º e 2º);

45 – A distribuição da petição inicial e a juntada da contestação, dos recursos e das petições em geral, todos em formato digital, nos autos de processo eletrônico, podem ser feitas diretamente pelos advogados públicos e privados, sem necessidade da intervenção do cartório ou secretaria judicial, situação em que a autuação deverá se dar de forma automática, fornecendo-se o recibo eletrônico de protocolo (art. 24);

46 – Quando o ato processual tiver que ser praticado em determinado prazo, por meio de petição eletrônica, serão considerados tempestivos os efetivados até as 24 (vinte e quatro) horas do último dia, mas, se o serviço respectivo do Portal – JT se tornar indisponível por motivo técnico que impeça a prática do ato no termo final do prazo, este fica automaticamente prorrogado para o primeiro dia útil seguinte à resolução do problema (art. 24, §§ 1º e 2º);

47 – Os documentos produzidos eletronicamente e juntados aos processos eletrônicos com garantia da origem e de seu signatário, na forma estabelecida nesta Instrução Normativa, serão considerados originais para todos os efeitos legais (art. 25);

48 – Os extratos digitais e os documentos digitalizados e juntados aos autos pelos órgãos da Justiça do Trabalho e seus auxiliares, pelo Ministério Público e seus auxiliares, pelas procuradorias, pelas autoridades policiais, pelas repartições públicas em geral e por advogados públicos e privados têm a mesma força probante dos originais, ressalvada a alegação motivada e fundamentada de adulteração antes ou durante o processo de digitalização, sendo que a arguição de falsidade do documento original será processada eletronicamente na forma da lei processual em vigor (art. 25, §§ 1º e 2º);

49 – Os originais dos documentos digitalizados, mencionados no § 1º do art. 25, deverão ser preservados pelo seu detentor até o trânsito em julgado da sentença ou, quando admitida, até o final do prazo para interposição de ação rescisória (art. 25, § 3º);

50 – Os documentos cuja digitalização seja tecnicamente inviável devido ao grande volume ou por motivo de ilegibilidade deverão ser apresentados ao cartório ou secretaria no prazo de 10 (dez) dias contados do envio de petição eletrônica comunicando o fato, os quais serão devolvidos à parte após o trânsito em julgado (art. 25, § 4º);

51 – Os documentos digitalizados juntados em processo eletrônico somente estarão disponíveis para acesso por meio da rede externa para suas respectivas

partes processuais e para o Ministério Público, respeitado o disposto em lei para as situações de sigilo e de segredo de justiça (art. 25, § 5º);

52 - Os autos de processos eletrônicos que tiverem de ser remetidos a outro juízo ou instância superior que não disponham de sistema compatível deverão ser impressos em papel e autuados na forma dos arts. 166 a 168 do CPC (art. 26, § 2º);

53 - O magistrado poderá determinar que sejam realizados por meio eletrônico a exibição e o envio de dados e de documentos necessários à instrução do processo (art. 27).

A Lei n. 13.793/2019 alterou o art. 7º, inciso VIII e § 13, da Lei n. 8.906/1994 e o art. 11, §§ 6º e 7º, da Lei n. 11.419/2006 e acrescentou ao art. 17 da Lei n. 13.105/2015 (Código de Processo Civil) o § 5º, para assegurar a advogados o exame, mesmo sem procuração, de atos e documentos de processos e de procedimentos eletrônicos, independentemente da fase de tramitação, bem como a obtenção de cópias, salvo nas hipóteses de sigilo ou segredo de justiça, nas quais apenas o advogado constituído terá acesso aos atos e aos documentos referidos.

15. LUGAR DOS ATOS PROCESSUAIS

Os atos processuais realizar-se-ão de ordinário na sede do juízo ou tribunal em que tramita o processo (art. 217 do CPC e art. 813 da CLT), observando-se, contudo, as particularidades do processo judicial eletrônico já mencionadas (item 15.6 *supra*).

Os atos processuais podem ser praticados fora da sede do juízo em razão de deferência, de interesse da justiça (inspeção judicial *in loco*), da natureza do ato ou de obstáculo arguido pelo interessado e acolhido pelo juiz (art. 217 do CPC e art. 813 da CLT).

O art. 454 do CPC define as pessoas que serão ouvidas, na qualidade de testemunhas, em sua residência ou onde exercerem a função e as formalidades a serem adotadas para este efeito.

As audiências serão realizadas na sede do juízo ou tribunal em dias úteis previamente fixados. Em casos excepcionais, poderá ser designado outro local para a sua realização, mediante edital afixado na sede do juízo ou tribunal, com a antecedência mínima de 24 horas (art. 813, parágrafo único, da CLT).

16. TEMPO DOS ATOS PROCESSUAIS

Também relacionado com a regularidade do ato processual está o fator *tempo*, ou seja, os dias e, dentro deles, o espaço temporal em que os atos podem ser praticados. Trata-se, em suma, do momento próprio para a prática do ato processual.

Os atos processuais serão realizados em dias úteis, das 6 às 20 horas (art. 770 da CLT), considerando-se dias úteis aqueles em que o juízo funcionar normalmente, mas serão concluídos após as 20 horas os atos iniciados antes, quando o adiamento prejudicar a diligência ou causar grave dano (art. 212, § 1°, do CPC).

Embora o art. 770 da CLT estabeleça que os atos processuais realizar-se-ão das 6 às 20 horas, não se pode olvidar que, de acordo com o art. 212, § 3°, do CPC, quando o ato tiver que ser praticado por meio de petição em autos não eletrônicos, essa deverá ser protocolada no horário de funcionamento do fórum ou tribunal, conforme o disposto na lei de organização judiciária, o que alcança o processo do trabalho. Em relação a tais atos não é observado, então, o horário das 6 às 20 horas (que serve de limite ao expediente dos órgãos judiciais), mas o expediente do juízo em que a petição deve ser apresentada.

Como ensina Humberto Theodoro Júnior, "o horário útil para protocolar petições *não é o genérico do caput* do art. 172, onde se prevê a eventualidade de atos processuais até às 20 horas. Quando o recurso ou outro ato depender de protocolo, o que fixa o momento final de sua possibilidade é o término do expediente assinalado pela lei de organização judiciária".[25]

Para Moniz de Aragão, "assim como se pode falar em dia civil (de 0 às 24 horas), e dia processual (das 6 às 18 horas), também se podem, neste, identificar dois horários relevantes para o procedimento: o dos atos externos que se realizam fora do edifício-sede do juízo, e o dos internos, que nele têm lugar. O primeiro é disciplinado pelo Código, o segundo, pelas leis de organização judiciária, quando fixam o expediente forense, ou pelo regimento dos tribunais, ao regularem seu horário".[26]

Independentemente de autorização judicial, as citações, intimações e penhoras poderão realizar-se no período de férias forenses, onde as houver, e nos feriados ou dias úteis fora do horário estabelecido no art. 212, observado o disposto no art. 5°, XI, da Constituição (art. 212, § 2°, do CPC e arts. 765 e 770, parágrafo único, da CLT).

Os atos a serem realizados fora do edifício-sede do juízo (atos externos) podem ser praticados das 6 às 20 horas independentemente de autorização do juiz (art. 770 da CLT).

As Varas do Trabalho localizadas no interior do Estado podem receber e protocolar documentos, de natureza judiciária ou administrativa, destinados a outras Varas ou ao TRT da região respectiva (sistema denominado "protocolo integrado"). Mesmo utilizando o protocolo integrado, a parte deve respeitar o horário de expediente do juízo ao qual se destina o documento.

As audiências serão realizadas em dias úteis previamente fixados, entre 8 e 18 horas, não podendo ultrapassar cinco horas seguidas, salvo quando houver

---

25. *Curso de direito processual civil*, v. I, p. 272.
26. *Comentários ao Código de Processo Civil*, v. II, p. 73.

matéria de urgência (art. 813, § 2º, da CLT). Serão concluídas depois das 18 horas as audiências iniciadas antes, quando o adiamento prejudicar a sua realização ou causar grave dano (art. 212, § 1º, do CPC).

A prática eletrônica de ato processual pode ocorrer em qualquer horário até as 24 horas do último dia do prazo (art. 213 do CPC). O horário vigente no juízo perante o qual o ato deve ser praticado será considerado para fins de atendimento do prazo (art. 213, parágrafo único, do CPC). Devem ser observadas, em relação ao fator tempo, as particularidades do processo judicial eletrônico, acima mencionadas (item 15.6 *supra*).

Durante as férias forenses e nos feriados, não se praticarão atos processuais, exceto citações, intimações, penhoras e tutelas de urgência (art. 214 do CPC).

Processar-se-ão durante as férias forenses, onde as houver, e não se suspendem pela superveniência delas: a) os procedimentos necessários à conservação de direitos, quando puderem ser prejudicados pelo adiamento; b) os processos que a lei determinar (art. 215 do CPC).

Além dos declarados em lei, são feriados, para efeito forense, os sábados, os domingos e os dias em que não haja expediente forense (art. 216 do CPC).

17. PRAZOS PROCESSUAIS

A fixação de prazos para a prática de atos processuais está diretamente relacionada com a necessidade de garantir a duração razoável do processo.

17.1. Conceito e tipologia.

Prazos são os espaços de tempo de que dispõem o juiz, as partes, os auxiliares da justiça e terceiros para praticar um ato processual ou em que está proibida a prática de determinado ato processual.

O prazo pode ser determinado pela lei (art. 218 do CPC e art. 775 da CLT – prazo legal), pelo juiz (art. 218, § 1º, do CPC e art. 775 da CLT – prazo judicial) e pelas partes (prazo convencional).

Quando a lei ou o juiz não determinar o prazo, as intimações somente obrigarão a comparecimento após decorridos 48 horas (art. 218, § 2º do CPC), ao passo que, inexistindo preceito legal ou prazo determinado pelo juiz, será de cinco dias o prazo para a prática do ato processual a cargo da parte (art. 218, § 3º, do CPC). Estes são os denominados *prazos legais subsidiários.*

O prazo será *particular*, quando destinado a apenas uma das partes), ou *comum* (quando destinado a ambas as partes), *próprio* (prazo destinado às partes) e *impróprio* (prazo destinado ao juiz e aos auxiliares da justiça).

Os prazos estabelecidos em lei são *endoprocessuais*, isto é, "referem-se a fatos componentes de um só e mesmo processo e ditam distâncias temporais entre atos de um só procedimento (prazo para contestar, para arrolar testemunhas, para recorrer etc.). Mas há também prazos que, embora digam respeito ao sistema processual e estejam disciplinados na lei do processo, fluem fora deste e às vezes até antes que algum processo se instaure. É tipicamente *extraprocessual* o prazo de dois anos para propor a rescisória (esse prazo flui entre dois processos e não no interior de um deles). Também extraprocessual é o prazo de cento e vinte dias para mandado de segurança".[27]

17.2. Princípios que regem os prazos processuais. A contagem dos prazos em dias úteis.

A teoria dos prazos processuais é informada por vários princípios, dentre quais:

a) o prazo deve ser suficiente para a prática do ato processual (*princípio da suficiência, utilidade, idoneidade ou razoabilidade do prazo*);[28]

b) as partes devem receber o mesmo tratamento na fixação de prazo para a prática de ato processual, na verificação do seu cumprimento e em relação à fixação dos efeitos do seu eventual descumprimento (*princípio da paridade de tratamento*);

c) os prazos devem ser breves, para que a solução da lide se dê o mais rápido possível e sem dilações indevidas (*princípio da brevidade dos prazos*);

e) os prazos não podem ser alterados pelas partes ou pelo juiz, seja para prorrogá-los, seja para reduzi-los, salvo expressa autorização da lei (*princípio da inalterabilidade dos prazos*);

f) os prazos terminam fatalmente no seu termo final, independentemente de declaração judicial (*princípio da peremptoriedade dos prazos*);

g) decorrido o prazo, extingue-se, independentemente de declaração judicial, o direito de praticar o ato processual (*princípio da preclusão* – art. 223 do CPC).

Atento à celeridade exigida nos processos que envolvem a satisfação de créditos de natureza alimentar, o art. 775 da CLT previa, na sua redação original, que os prazos seriam contínuos.

Com a entrada em vigor do CPC de 2015, cujo art. 219, *caput* e parágrafo único, estabelece que a contagem dos prazos processuais será realizada em dias úteis, foi discutida a sua compatibilidade com o Direito Processual do Trabalho.

---

27. Cândido Rangel Dinamarco. *Instituições de direito processual civil*, v. II, p. 552.

28. Consoante o princípio n. 3 dos Princípios ALI/UNIDROIT do Processo Civil Transnacional, deve ser assegurada "oportunidade razoável para que os litigantes façam valer ou defendam seus direitos".

O art. 219 do CPC não era aplicável no processo do trabalho, visto que: a) não havia omissão do Direito Processual do Trabalho a respeito do tema, na medida em que, de acordo com o art. 775 da CLT, na sua redação original, os prazos seriam contínuos, o que significa que o prazo não se interrompe nos feriados e dias em que não há expediente forense; b) o Direito Processual do Trabalho adotava uma postura bem diferenciada em relação aos prazos processuais, para efeito de celeridade processual, citando-se, por exemplo, que, no direito processual comum, o prazo para a interposição de recurso é, em regra, de 15 dias, ao passo que, no Direito Processual do Trabalho, tal prazo é de 8 dias, o que impedia aplicar no processo do trabalho o texto legal em destaque; c) a contagem do prazo em dias úteis não ser harmoniza com a celeridade que o Direito Processual do Trabalho imprime ao processo.

No entanto, a Lei n. 13.467/17, *em total desconsideração da celeridade necessária no processo do trabalho*, conferiu nova redação ao art. 775 da CLT, que passa dispor os prazos estabelecidos neste Título serão contados em dias úteis.

Assim, mesmo no processo do trabalho, os prazos passam a ser contados em dias úteis, o que, inclusive, exigirá do juiz maior cuidado na fixação dos prazos para produzir prova ou se manifestar sobre a prova produzida, por conta do princípio da celeridade.

17.3. Prorrogação e redução de prazos.

Os prazos são classificados, quanto à possibilidade de sua alteração, em *peremptórios* e *dispositivos*. *Prazos peremptórios* ou legais absolutos são aqueles que não podem ser alterados pelo juiz ou pelas partes, enquanto *prazos dilatórios* são aqueles passíveis de alteração pelo juiz ou pelas partes.

O art. 775, § 1°, da CLT estabelece que os prazos podem ser prorrogados, pelo tempo estritamente necessário, quando o juiz entender necessário e em virtude de força maior, devidamente comprovada.

O art. 775, § 2°, da CLT dispõe que ao juízo incumbe dilatar os prazos processuais e alterar a ordem de produção dos meios de prova, adequando-os às necessidades do conflito de modo a conferir maior efetividade à tutela do direito.

Em relação a este dispositivo legal, chama a atenção o fato de o art. 775 da CLT tratar de prazos processuais mas ser nele incluída norma sobre a ordem na produção dos meios de prova. Isto se deu porque a Lei n. 13.467/17 se limitou a copiar o disposto no art. 139, VI, do CPC, sem se atentar para o fato de que ele trata dos poderes do juiz em relação aos prazos e à produção da prova. Aliás, por se tratar de cópia realizada sem o devido cuidado, a Lei n. 13.467/17 acabou por não repetir o disposto no parágrafo único do art. 139 do CPC, segundo o qual a dilação de prazos pelo juiz somente pode ocorrer antes de encerrado o prazo regular, o que se justifica, diante da necessidade de respeitar as preclusões já consolidadas.

O CPC autoriza o juiz a prorrogar prazos, na comarca, seção ou subseção, onde for difícil o transporte, por até dois meses, estabelecendo que, no caso de calamidade pública, o prazo de dois meses pode ser excedido (art. 222, *caput*), e veda ao juiz a redução de prazo peremptório sem anuência das partes (art. 222, §2º). Tais disposições legais são compatíveis com o Direito Processual do Trabalho, observando-se que o art. 775 da CLT já autoriza o juiz a prorrogar prazos. Contudo, A CLT não trata da redução de prazo peremptório, o que autoriza a utilização do art. 222, §2º, do CPC como fonte subsidiária do Direito Processual do Trabalho.

17.4. Suspensão dos prazos: férias e recesso forense.

O CPC estabelece que o curso do prazo processual será suspenso nos dias compreendidos entre 20 de dezembro e 20 de janeiro, inclusive (art. 220, *caput*), período no qual também não serão realizadas audiências ou sessões de julgamento (art. 220, § 2º, do CPC).

O CPC também prevê que, ressalvadas as férias individuais e os feriados instituídos por lei, os juízes, os membros do Ministério Público, da Defensoria Pública e da Advocacia Pública e os auxiliares da justiça exercerão as suas atribuições durante o período compreendido entre 20 de dezembro e 20 de janeiro, inclusive (art. 220, § 1º, do CPC). A suspensão, portanto, é apenas dos prazos processuais e não da atividade jurisdicional, o que atende ao disposto no art. 93, XII, da Constituição de 1988, segundo o qual a atividade jurisdicional será ininterrupta.

Até o advento do CPC de 2015, o recesso da Justiça do Trabalho era o estabelecido no art. 62, I, da Lei n. 5.010/66, segundo o qual, além dos fixados em lei, serão feriados na Justiça Federal, inclusive nos Tribunais Superiores, "os dias compreendidos entre 20 de dezembro e 6 de janeiro, inclusive".

Com a entrada em vigor do CPC de 2015, o recesso da Justiça do Trabalho passa a ser aquele estabelecido no seu art. 220, *caput* (entre 20 de dezembro e 20 de janeiro, inclusive), período no qual também não serão realizadas audiência ou sessões de julgamento (art. 220, § 2º, do CPC), mas em que, ressalvas as férias individuais e os feriados instituídos por lei, os juízes, os membros do Ministério Público, da Defensoria Pública e da Advocacia Pública e os auxiliares da justiça exercerão as suas atribuições, o que significa que durante o recesso serão suspensos os prazos processuais e não haverá suspensão da atividade jurisdicional.

Cumpre mencionar que a Lei n. 5.010/66 somente diz respeito à Justiça Federal *strito sensu*, como resta claro, por exemplo, da definição, nela contida, da jurisdição da Justiça Federal (art. 10) e era aplicada na Justiça do Trabalho em razão da omissão do Direito Processual do Trabalho. A omissão permanece, mas o CPC de 2015, por meio do art. 15, estabelece que esta omissão deverá ser afastada pela aplicação das suas disposições. Com isso, o art. 220, *caput*, do CPC de 2015 passa ser aplicado no processo do trabalho, no que se refere à definição do recesso da Justiça do Trabalho.

Cumpre registrar que suscitava debates na doutrina, a natureza jurídica do recesso da Justiça do Trabalho, de 20 de dezembro até 6 de janeiro, estabelecido no art. 62 da Lei n. 5.010/66 (Lei que foi tacitamente revogada pelo CPC de 2015, por força do seu art. 220).

Anote-se que o art. 62 da Lei n. 5.010/66 define os dias deste período como sendo de *feriados*. Predomina no TST o entendimento de que a superveniência do recesso da Justiça do Trabalho suspenderá o curso do prazo. Nesse sentido: "O recesso forense e as férias coletivas dos Ministros do Tribunal Superior do Trabalho suspendem os prazos recursais" (Súmula n. 262, II, do TST). Sendo assim, o prazo terá seu curso paralisado pela superveniência do recesso, reiniciando-se, pelo que lhe faltava, no primeiro dia útil após o final do recesso. O CPC estabelece a suspensão dos prazos no período compreendido entre 20 de dezembro e 20 de janeiro, inclusive (art. 220), definindo, com isto, a duração do recesso a ser observado após a sua entrada em vigor e, ainda, a sua consequência, que é a *suspensão* dos prazos.

17.5. Contagem do prazo.

O prazo é delimitado por um termo inicial e um termo final. O primeiro define o momento a partir do qual o ato deverá, poderá ou não poderá ser praticado[29] e, o último, o momento a partir do qual o ato já não poderá ser praticado de forma eficaz (art. 218, § 4º, do CPC).

De acordo com o art. 774 da CLT, salvo disposição em contrário, os prazos contam-se, conforme o caso, a partir da data em que for feita pessoalmente, ou for recebida a notificação, daquele em que for publicado o edital no jornal oficial ou no que publicar o expediente da Justiça do Trabalho, ou, ainda, daquele em que foi afixado o edital na sede do Juízo ou Tribunal.

Esta solução é também adotada no direito processual civil, como se vê do art. 230 do CPC, segundo o qual o prazo para a parte, o procurador, a Advocacia Pública, a Defensoria Pública e o Ministério Público será contado da citação, da intimação ou da notificação.

O CPC também prevê que a retirada dos autos do cartório ou da secretaria em carga pelo advogado, por pessoa credenciada a pedido do advogado ou da sociedade de advogados, pela advocacia pública, pela defensoria pública ou pelo

29. A prática de um ato processual pode ser determinada, facultada ou proibida.

Ministério Público implicará intimação de qualquer decisão contida no processo retirado, ainda que pendente de publicação (art. 272, §§ 6º e 7º). A retirada dos autos de cartório equivale, portanto, à intimação da parte, contando-se, a partir daí (data da carga), o prazo, o que é compatível com o Direito Processual do Trabalho.

Acrescente-se que é considerada como data de publicação o primeiro dia útil seguinte ao da disponibilidade da informação no Diário de Justiça eletrônico (art. 224, § 2º, do CPC). Trata-se de uma especificidade do processo judicial eletrônico, no qual existe o *dia da disponibilidade da informação no Diário de Justiça eletrônico* e o *dia do começo do prazo* (primeiro dia útil seguinte ao da disponibilidade).

Os prazos começam, portanto, na data da notificação, citação ou intimação daquele a quem ele se dirige, isto é, da ciência do dever, da oportunidade ou da proibição da prática do ato. A notificação, citação ou intimação corresponde ao *dia do começo do prazo*.

A propósito, dispõe o art. 231 do CPC que, salvo disposição em sentido diverso, considerar-se-á *dia do começo do prazo*:

a) a data da juntada aos autos do aviso de recebimento, quando a citação ou a intimação for pelo correio (o que não se aplica no processo do trabalho, por força do art. 774 da CLT, segundo o qual dia do começo do prazo é o próprio dia da notificação, citação ou intimação);

b) a data da juntada aos autos do mandato cumprido, quando a citação ou a intimação for por oficial de justiça (o que também não se aplica no processo do trabalho, ainda por força do art. 774 da CLT);

c) a data de ocorrência da citação ou da intimação, quando ela se der por ato do escrivão ou do chefe de secretaria (esta é a regra em relação ao dia do começo do prazo no processo do trabalho, mesmo que a notificação, citação ou intimação não seja realizada pelo Diretor de Secretaria, tendo em vista o disposto no art. 774 da CLT);

d) o dia útil seguinte ao da dilação assinalada pelo juiz, quando a citação ou intimação for por edital; o dia útil seguinte à consulta ao teor da citação ou da intimação ou ao término do prazo para que a consulta se dê, quando a citação ou intimação for eletrônica;

e) a data de juntada do comunicado de que trata o art. 232, ou, não havendo esse, a data de juntada da carta aos autos de origem devidamente cumprida, quando a citação ou intimação se realizar em cumprimento de carta (o que também não se aplica no processo do trabalho, ainda por força do art. 774 da CLT);

f) a data de publicação, quando se der pelo Diário da Justiça impresso ou eletrônico; o dia da carga, quando a intimação se der por meio da retirada dos autos, em carga, do cartório ou da secretaria (trata-se de solução que já é estabelecida pelo art. 272, §§ 6º e 7º).

Quando houver mais de um intimado, o prazo para cada um é contado individualmente (art. 231, § 2º, do CPC de 2015).

Nos termos do art. 272, § 8º, do CPC, havendo nulidade na intimação, a parte deve argui-la em capítulo preliminar do próprio ato que lhe caiba praticar, o qual será tido por tempestivo se o vício for reconhecido (tal solução está em sintonia com o art. 795 da CLT, aplicando-se, portanto, no processo do trabalho). Contudo, de acordo com o art. 272, § 9º, do CPC, não sendo possível a prática imediata do ato diante da necessidade de acesso prévio aos autos, a parte limitar-se-á a arguir a nulidade da intimação, caso em que o prazo será contado da intimação da decisão que a reconheça (neste caso, a parte deverá, na primeira oportunidade que tiver para falar nos autos, requerer a restituição do prazo).

Como estabelece o art. 775 da CLT, os prazos serão contados *com a exclusão do dia do começo* e *inclusão do dia do vencimento*.[30] Isso significa dizer que o prazo começa a ser contado a partir do primeiro dia útil seguinte ao da notificação, citação ou intimação.[31]

Assim, quando a intimação tiver lugar na sexta-feira, o prazo será contado da segunda-feira imediata, inclusive, salvo se não houver expediente, caso em que fluirá do dia útil que se seguir (Súmula n. 1 do TST).

Os prazos fixados por hora ou minutos contar-se-ão de minuto a minuto (art. 132, § 4º, do Código Civil). No prazo por minuto ou hora, "o início do prazo se dá no preciso instante em que é concedida a palavra ou procedida a intimação; mas, o final varia. Tratando-se de prazo de minutos, encerrar-se-á quando preenchidos os destinados à prática do ato. Para tanto se somam os prazos aos da hora em que teve ele início (por exemplo: 14:22 + 15' = 14:37) (...). Se o prazo é de horas, começando em um dia para findar em outro, o início será o momento da intimação (que deve ser claramente atestado por quem a procedeu) e o término ocorrerá à mesma hora do dia em que deva encerrar-se".[32]

Cândido Rangel Dinamarco assevera que "a óbvia razão de ser dos prazos breves, fixados em horas, é a urgência maior que há para a prática de certos atos – pagamento, nomeação de bens à penhora, movimentação de autos pelo escrivão etc. (...). Justamente por causa dessa brevidade e da urgência desejada, tais prazos contam-se minuto a minuto, ou seja: a contagem tem início no preciso

30. Como na contagem do prazo deve ser excluído o *dia do seu começo*, com este não se confunde o dia início da contagem do prazo, ou seja, o *termo inicial do prazo*.

31. O prazo flui (começa) a partir da data da notificação, citação ou intimação (art. 774 da CLT), mas é contado ou computado a partir do primeiro dia útil seguinte àquela data.

32. *Comentários ao Código de Processo Civil*, v. II, p. 112.

momento em que o ato antecedente acontece (intimação etc.), para que o prazo termine precisamente quando o ponteiro maior do relógio houver completado o número previsto de voltas".[33]

Os prazos de meses e anos expiram-se no dia de igual número do de início, ou no dia imediato, se faltar exata correspondência (art. 132, § 3º, do Código Civil). Moniz Aragão anota que "em se tratando de prazo de ano, será contado do dia em que teve início ao dia correspondente no mesmo mês do ano seguinte ou daquele em que dever findar, quando seja de mais de um ano. Em ambos os casos, se no mês correspondente não houver o dia em que o prazo se iniciara, o término ocorrerá no primeiro dia útil subsequente".[34]

Como ensina Moniz de Aragão, se a intimação do prazo em horas se der pelo órgão oficial e este "circular às primeiras horas da manhã, as intimações nele publicadas reputar-se-ão feitas à hora da abertura do expediente vespertino do próprio dia em que o jornal for divulgado; circulando à última hora da manhã ou no período da tarde, a intimação se reputará feita no dia imediato à hora do início do expediente matutino, se houver, ou vespertino, se este for o único (...). O encerramento, no entanto, dar-se-á sempre no último minuto da hora final do expediente do derradeiro dia do prazo".[35]

Como o prazo começa no momento em que se tem ciência do ato a ser praticado, ou seja, a partir da sua notificação, citação ou intimação, é de suma importância a fixação do momento daquela ciência.

As notificações, citações e intimações consideram-se realizadas no primeiro dia útil seguinte, se tiverem ocorrido em dia em que não tenha havido expediente forense (art. 224, § 1º, do CPC). Dessa feita, intimada, citada ou notificada a parte no sábado (que não é considerado dia útil), o começo do prazo se dará no primeiro dia útil imediato e a sua contagem terá início a partir do subsequente (Súmula n. 262, I, do TST).

Consoante assinala Moniz de Aragão, "normalmente caminha-se para diante, pois o legislador fixa o momento inicial do prazo e este ruma para o seu final. Mas, excepcionalmente, esse critério se inverte e o prazo se conta a partir do momento que aparenta ser o início, quando, na verdade, é o de seu encerramento. É o que se dá em diversos exemplos (arts. 407, 433 e 435, parágrafo único), dos quais será usado o do depósito em cartório do rol das testemunhas, que deverá ocorrer até o máximo de cinco dias antes da audiência de instrução e julgamento, caso em que se procede à contagem, tomando como ponto de partida o dia e hora designados

33. *Instituições de direito processual civil*, v. II, p. 563. Não há, nesse caso, dada a urgência na realização do ato, exclusão do dia do começo na contagem do prazo. Confundem-se, então, o dia do começo e o dia do início da contagem do prazo.

34. *Comentários ao Código de Processo Civil*, v. II, p. 113.

35. *Comentários ao Código de Processo Civil*, v. II, p. 91.

para a realização da audiência e se regride, a fim de localizar o momento em que expirará o prazo para o depósito do rol. Marcha-se para trás. Fixado esse instante, aí estará o limite para a prática do ato".[36] Na contagem regressiva, portanto, o prazo é contado a partir do momento que aparenta ser o de seu termo final, a partir do qual marcha-se para trás, até chegar ao limite máximo para a prática do ato.

É tempestivo o ato praticado antes do termo inicial do prazo (art. 218, § 4º, do CPC). Se a parte se antecipa ao termo inicial do seu prazo, o ato por ela praticado é considerado tempestivo. O TST, por meio da Súmula n. 434, I, do TST, adotou o entendimento de que "É extemporâneo recurso interposto antes do publicado do acórdão impugnado", o que não está em sintonia com o disposto no art. 218, § 4º, do CPC, que é compatível com o Direito Processual do Trabalho. A publicação tem por objetivo dar ciência às partes da decisão. Se esta ciência precede a publicação, o prazo recursal tem início no momento da sua ocorrência, ou seja, o prazo recursal conta-se da *inequívoca ciência da decisão.*

17.6. Prorrogação do prazo.

Prorrogação do prazo é a transferência do seu termo final para dia distinto daquele em que ocorreria normalmente.

Os dias do começo e do vencimento do prazo serão protraídos para o primeiro dia útil seguinte, se coincidirem com o dia em que o expediente for encerrado antes ou iniciado depois da hora normal ou houver indisponibilidade da comunicação eletrônica (art. 224, § 1º, do CPC), o mesmo ocorrendo com os prazos que vencerem aos sábados, domingos e feriados (art. 775, parágrafo único, da CLT), isto sem qualquer distinção quanto à sua natureza (se decadencial ou prescricional).

Com isso, mesmo os prazos prescricionais e decadenciais que vencerem aos sábados, domingos, feriados (assim como em dia em que for determinado o fechamento da sede do juízo ou em dia em que o expediente forense for encerrado antes da hora normal) terminarão no primeiro dia útil seguinte ao do vencimento.[37] Solução diferente implicaria, inclusive, redução do prazo que a lei assegura à parte para a prática do ato (tome-se o exemplo do prazo decadencial de trinta dias para ajuizar inquérito para apuração de falta grave que vencer no sábado que anteceder o carnaval. Se não houver a prorrogação, a parte terá que praticar o ato na sexta-feira, sendo o seu prazo reduzido em cinco dias, posto que só há expediente na Justiça do Trabalho após a quarta-feira de cinzas).

---

36. *Comentários ao Código de Processo Civil*, v. II, p. 92.

37. Logo, se o biênio que se seguir à extinção do contrato de trabalho findar no sábado, a ação pode ser proposta na segunda-feira seguinte, sem que se possa falar em prescrição do direito de ação; da mesma forma, vencendo no domingo o prazo de dois anos para ajuizar a ação rescisória, esta poderá ser ajuizada na segunda-feira seguinte, sem que se concretize a decadência do direito de promovê-la.

Nos termos da Súmula n. 385 do TST: "I - Incumbe à parte o ônus de provar, quando da interposição do recurso, a existência de feriado local que autorize a prorrogação do prazo recursal (art. 1.003, § 6º, do CPC de 2015. No caso de o recorrente alegar a existência de feriados local e não o comprovar no momento da interposição do recurso, cumpre ao relator conceder o prazo de 5 (cinco) dias para que seja sanado o vício (art. 932, parágrafo único, do CPC), sob pena de não conhecimento se da comprovação depender o conhecimento do recurso. II - Na hipótese de feriado forense, incumbirá à autoridade que proferir a decisão de admissibilidade certificar o expediente nos autos. III - Admite-se a reconsideração da análise da tempestividade do recurso, mediante prova documental superveniente, em agravo interno, agravo regimental, ou embargos de declaração, desde que, em momento anterior, não tenha havido a concessão de prazo para a comprovação da ausência de expediente forense".

No processo judicial eletrônico, os prazos que vencerem no dia da ocorrência de indisponibilidade de quaisquer dos serviços serão automaticamente prorrogados para o dia útil seguinte à retomada de funcionamento, quando: I — a indisponibilidade for superior a 60 minutos, ininterruptos ou não, se ocorrida entre 6h00 e 23h00; e II — ocorrer indisponibilidade entre 23h01 e 24h00, observando-se que as indisponibilidades ocorridas entre 00h00 e 6h00 dos dias de expediente forense e as ocorridas em feriados e finais de semana, a qualquer hora, não produzirão o efeito referido e que os prazos fixados em hora serão prorrogados na mesma proporção das indisponibilidades ocorridas no intervalo entre 6h00 e 23h00, sendo que, nesse caso, o reinício da contagem do prazo em horas ocorrerá a partir da plena ciência das partes ou dos interessados quanto ao restabelecimento dos serviços que estavam indisponíveis (art. 8º da Resolução n. 94, de 23 de março de 2012).

Da prorrogação dos prazos pelo juiz tratamos no item 7.4 supra.

17.7. Suspensão e interrupção dos prazos.

O curso do prazo pode ser suspenso ou interrompido, nas hipóteses previstas em lei.

Na *suspensão*, a contagem do prazo é paralisada e, afastado o impedimento ao seu curso normal, a sua contagem é reiniciada, sem desprezar o tempo transcorrido até o momento da suspensão. Neste sentido, prevê o art. 221 do CPC o prazo suspenso será restituído por tempo igual ao que faltava para sua complementação.

Suspende-se o curso do prazo no caso de: a) por obstáculo criado pela parte contrária (art. 221 do CPC);[38] b) morte ou perda da capacidade processual de

38. A parte que retira os autos de secretaria do juízo no curso de prazo comum (prazo estabelecido para ambas as partes) cria embaraço à outra, por exemplo.

qualquer das partes, de seu representante legal ou de seu procurador, registrando-se que, se a parte é assistida por mais de um advogado, o falecimento de um deles não suspende o curso do prazo (art. 221 do CPC); c) convenção das partes; d) arguição de impedimento ou suspeição do juiz; e) admissão de incidente de resolução de demandas repetitivas;[39] f) a sentença de mérito depender do julgamento de outra causa ou da declaração de existência ou de inexistência de relação jurídica que constitua o objeto principal de outro processo pendente ou tiver de ser proferida somente após a verificação de determinado fato ou a produção de certa prova, requisitada a outro juízo; g) por motivo de força maior; quando se discutir questão decorrente de acidentes e fatos da navegação de competência do Tribunal Marítimo; nos demais previstos em lei; h) durante a execução de programa instituído pelo Poder Judiciário para promover a autocomposição (art. 221, parágrafo único, do CPC).

O art. 625-G da CLT estabelece a suspensão do prazo prescricional a partir da provocação da Comissão de Conciliação Prévia para a tentativa de solução negociada dos dissídios individuais.

No processo judicial eletrônico, a suspensão dos prazos processuais não impedirá o encaminhamento de petições e a movimentação do processo, podendo a apreciação dos pedidos decorrentes desses prazos ocorrerem, a critério do juiz, após o término do prazo de suspensão, ressalvados os casos de urgência.

Na *interrupção*, a contagem do prazo é paralisada e, afastado o impedimento ao seu curso normal, a sua contagem é reiniciada, sendo desprezado o tempo transcorrido até o momento da interrupção.

Como exemplo de interrupção do prazo tem-se a oposição tempestiva de embargos de declaração. Assim, dispondo a parte de oito dias para apresentar recurso ordinário contra a decisão proferida em primeira instância, se, passados três dias, forem interpostos embargos de declaração, o prazo de oito dias é interrompido e, julgados os embargos, a parte tem oito dias para interpor o recurso ordinário (se a hipótese fosse de suspensão, a parte contaria com apenas cinco dias para apresentar o recurso ordinário).

A interrupção do prazo é uma decorrência da interposição dos embargos. Com isto, o fato de serem desprovidos os embargos não interfere neste seu efeito, qual seja, a interrupção do prazo para a interposição de qualquer outro recurso. Dito de outra forma, ainda que o julgador conclua pela inexistência de vício a ser sanado por meio dos embargos de declaração, o prazo para a interposição de qualquer outro recurso estará interrompido desde a sua interposição.

---

39. O Regimento Interno do TST dispõe que "Aplicam-se ao Processo do Trabalho as normas dos artss. 976 a 986 do CPC que regem o incidente de resolução de demandas repetitivas (arts. 305 e 356).

Lembre-se, ainda, da interrupção do prazo prescricional decorrente do ajuizamento de reclamação trabalhista e das várias situações de interrupção estabelecidas pelo art. 202 do Código Civil, observando-se que a prescrição interrompida recomeçará a correr da data do ato que a interrompeu, ou do último ato do processo que a interromper (art. 202, parágrafo único, do Código Civil).

17.8. Renúncia ao prazo.

A parte pode renunciar ao prazo estabelecido exclusivamente em seu favor, desde que o faça de maneira expressa (art. 225 do CPC).

17.9. Efeitos do descumprimento do prazo.

Para produzir os efeitos que lhe são próprios, o ato processual deve ser praticado no prazo prescrito para a sua realização, isto é, ser tempestivo. Decorrido o prazo, extingue-se, para as partes, o direito de praticar ou emendar o ato processual, independentemente de declaração judicial (art. 223 do CPC). Vencido o prazo para a prática do ato, opera-se a *preclusão temporal*, que consiste na perda do direito de praticar o ato processual não praticado no prazo assinalado.

No entanto, não ocorrerá a preclusão se a parte provar que não realizou o ato no prazo assinalado por justa causa, considerando-se como tal o evento alheio à vontade da parte que a impediu de praticar o ato por si ou por mandatário (art. 223 do CPC). A justa causa deve ser comprovada na primeira oportunidade que a parte tiver para falar nos autos. Provada a justa causa, o juiz fixará o prazo para a prática do ato (art. 218, § 2º, do CPC).

Em algumas situações, o desrespeito ao prazo não dispensa a parte da obrigação de praticá-lo. É o que se dá, por exemplo, quando é celebrado acordo e as partes estipulam prazo para pagamento de determinada quantia em dinheiro. Descumprido este prazo, a parte continua obrigada a realizar o pagamento, acrescendo-se ao valor devido o importe correspondente à multa eventualmente estabelecida.

Cabe ao Diretor de Secretaria certificar o vencimento dos prazos (art. 776 da CLT), mas sua omissão não afasta a preclusão (art. 223 do CPC).

O juiz e os auxiliares da justiça têm o *dever* de praticar o ato no prazo assinalado. Destarte, os prazos estabelecidos para o juiz e auxiliares da Justiça (prazos impróprios) não são preclusivos. Mesmo vencido o prazo, o ato processual deve ser praticado pelo juiz ou auxiliar da Justiça.

O ato praticado fora do prazo assinalado para a sua prática (ato intempestivo) não gera efeitos, observando-se, contudo, que será considerado tempestivo o ato praticado antes do termo inicial do prazo (art. 218, § 4º, do CPC).

17.10. Prazo especial para litisconsortes.

O CPC dispõe que, quando os litisconsortes tiverem diferentes procuradores, de escritórios de advocacia distintos, ser-lhes-ão contados em dobro os prazos para todas as suas manifestações, em qualquer juízo ou tribunal, independentemente de requerimento (art. 229), mas, também, que cessa a contagem do prazo em dobro se, havendo apenas dois réus, é oferecida defesa por apenas um deles (art. 229, § 1º). É ainda previsto no CPC que o benefício da contagem em dobro do prazo não se aplica aos processos em autos eletrônicos (art. 229, § 2º).

No entanto, o legislador, quando quis estabelecer privilégio de prazo no processo do trabalho, o fez de forma expressa e ainda o limitou à defesa e ao recurso (Decreto-lei n. 779/69). Isso significa que, no particular, não existe omissão do Direito Processual do Trabalho a ser suprida pela aplicação do CPC.

Ademais, a celeridade própria do processo do trabalho, em especial quando se trata de processo sujeito ao procedimento sumaríssimo, impede que nele seja aplicado o art. 229 do CPC. Com efeito, contando os litisconsortes com distintos procuradores, os prazos processuais seriam elastecidos de forma substancial, retardando seriamente o julgamento definitivo do dissídio, quando o processo do trabalho tem como marca característica a celeridade na solução do dissídio (art. 765 da CLT).

Portanto, no processo do trabalho, os litisconsortes não são beneficiados pela contagem diferenciada dos prazos processuais.

A SDI-I do TST editou, a propósito, a Orientação Jurisprudencial n. 310, consagrando o entendimento de que "Inaplicável no processo do trabalho a norma contida no art. 229, *caput* e §§ 1º e 2º, do CPC de 2015 (art. 191 do CPC), em razão da incompatibilidade com a celeridade que lhe é inerente".

17.11. Privilégios legais em relação aos prazos.

Nos processos perante a Justiça do Trabalho, constituem privilégio da União, dos Estados, do Distrito Federal, dos Municípios e das autarquias ou fundações de direito público federais, estaduais ou municipais que não explorem atividade econômica o prazo em *quádruplo* para contestar e em *dobro* para recorrer (Decreto-lei n. 779/69).

A primeira observação que se impõe é que, por se tratar de um privilégio, o prazo especial deve ser restrito à defesa e ao recurso, não alcançando o prazo para embargar a execução ou apresentar contrarrazões de recurso, por exemplo. Em relação aos embargos à execução, cumpre mencionar que o Decreto-lei n. 779/69 faz expressa referência ao prazo do art. 841 da CLT (que alude à defesa do reclamado, a ser apresentada em audiência), o que significa que a intenção do legislador foi restringir o benefício ao prazo de resposta da Fazenda Pública à demanda.

O fato de o art. 900 da CLT estabelecer que o prazo para contrarrazões é igual ao prazo para apresentação do recurso não autoriza afirmar que o prazo para contra-arrazoar recurso da União, dos Estados, do Distrito Federal, dos Municípios e das autarquias ou fundações de direito público federais, estaduais ou municipais que não explorem atividade econômica será contado em dobro. Do contrário, estar-se-ia interpretando a norma de exceção de forma ampliativa e operando contra a celeridade que se pretende que seja marcante no processo do trabalho.

O prazo em dobro para a Fazenda Pública recorrer alcança os embargos de declaração em face de sua natureza recursal. A propósito: "É em dobro o prazo para a interposição de embargos declaratórios por Pessoa Jurídica de Direito Público" (Orientação Jurisprudencial n. 192 da SDI-I do TST).

Mas, com a entrada em vigor do CPC de 2015, o benefício da Fazenda Pública foi alterado, na medida em que o seu art. 183 assegura à Fazenda Pública o prazo *em dobro* para todas as suas manifestações processuais. Aplica-se, aqui, a regra no sentido de que a norma posterior (CPC) revoga a anterior (Decreto-lei n. 779/69), no que comporta à extensão do benefício, que passa a ser apenas de contagem em dobro dos prazos para contestar e recorrer.

O art. 180 do CPC assegura ao Ministério Público prazo em dobro para se manifestar.

17.12. Prazos para o juiz e auxiliares da Justiça. Verificação dos prazos.

O juiz e os membros dos tribunais devem praticar os atos que lhes competem nos prazos assinalados na lei.

De acordo com art. 226 do CPC, o juiz proferirá: os despachos no prazo de cinco dias; as decisões interlocutórias no prazo de dez dias; as sentenças no prazo de trinta dias. Contudo, em qualquer grau de jurisdição, havendo motivo justificado, pode o juiz ou membro de tribunal exceder, por igual tempo, os prazos a que está submetido (art. 227 do CPC).

Diante da omissão do Direito Processual do Trabalho, estes dispositivos são aplicados no processo do trabalho, com a ressalva de que o prazo para julgamento dos embargos à execução e de impugnação do credor à sentença de liquidação é de cinco dias, por força do art. 885 da CLT).

Incumbirá aos auxiliares da justiça, de acordo com o art. 228 do CPC, remeter os autos conclusos no prazo de um dia e executar os atos processuais no prazo de cinco dias, contado da data em que: houver concluído o ato processual anterior, se lhe foi imposto pela lei; tiver ciência da ordem, quando determinado pelo juiz (ao receber os autos, o serventuário certificará o dia e hora em que foi ciente desta ordem – art. 228, § 1º, do CPC).

Diante da omissão do Direito Processual do Trabalho, o art. 228 do CPC é aplicável no processo do trabalho, ressalvado o prazo de notificação, a ser cumprido pelo Diretor de Secretaria, que é expressamente estabelecido no art. 841 da CLT.

Por fim, cumpre anotar que:

a) nos autos eletrônicos, a juntada de petições ou de manifestações em geral ocorrerá de forma automática, independentemente de ato de serventuário da justiça (art. 228, § 2º, do CPC);

b) incumbe ao juiz ou membro de tribunal verificar se o serventuário excedeu, sem motivo legítimo, os prazos estabelecidos em lei (art. 233 do CPC). Verificado o descumprimento de prazos pelo serventuário, o juiz ou membro de tribunal ordenará a instauração de processo administrativo, na forma da lei (art. 233, § 1º, do CPC), mas é lícito a qualquer das partes, o Ministério Público ou a Defensoria Pública poderá representar ao juiz ou membro de tribunal contra o serventuário que injustificadamente exceder os prazos previstos em lei (art. 233, § 2º, do CPC);

c) os advogados públicos ou privados, o defensor público e o membro do Ministério Público devem restituir os autos no prazo do ato a ser praticado (art. 234 do CPC);

d) é lícito a qualquer interessado exigir os autos do advogado que exceder prazo legal (art. 234, § 1º, do CPC);

e) qualquer das partes, o Ministério Público ou a Defensoria Pública poderá representar ao corregedor do Tribunal ou ao Conselho Nacional de Justiça contra o juiz ou relator que injustificadamente exceder os prazos previstos em lei, regulamento ou regimento interno (art. 235). Distribuída a representação ao órgão competente e ouvido previamente o juiz, não sendo caso de arquivamento liminar, será instaurado procedimento para apuração da responsabilidade, com intimação do representado por meio eletrônico para, querendo, apresentar justificativa no prazo de 15 dias (art. 235, § 1º). Sem prejuízo das sanções administrativas cabíveis, em até 48 horas após a apresentação ou não da justificativa do atraso, se for o caso, o corregedor do tribunal ou relator no Conselho Nacional de Justiça determinará a intimação do representado por meio eletrônico para que, em dez dias, pratique o ato (art. 235, § 2º). Mantida a inércia, os autos serão remetidos ao substituto legal do juiz ou do relator contra o qual se representou para decisão em dez dias (art. 235, § 3º).

Estas soluções são compatíveis com o Direito Processual do Trabalho, que, inclusive, não cuida das questões enfrentadas pelos arts. art. 228, § 2º, 233, 234 e 235 do CPC.

Ademais, não será promovido o juiz que, injustificadamente, retiver autos em seu poder além do prazo legal (art. 93, II, *e*, da Constituição da República).

Capítulo 10

DAS NULIDADES

1. NULIDADE. CONCEITO

O ato processual, para que produza os efeitos jurídicos a que se destina, isto é, para que seja eficaz, deve atender a determinadas condições. O não atendimento destas condições implica *nulidade* do ato processual. Nulidade é, dessa forma, a consequência da não observância, na prática de um ato processual, das condições de sua eficácia. Esta consequência, ou seja, a nulidade, consiste na negativa de eficácia do ato processual. Note-se que a nulidade não é o defeito ou vício contido no ato processual, mas a consequência desse defeito ou vício.

Como aduz Hugo Alsina, "a nulidade é a sanção pela qual a lei priva um ato de seus efeitos normais quando em sua execução não se observam as normas prescritas para a mesma".[1]

2. DEFEITOS SANÁVEIS E NÃO SANÁVEIS. NULIDADE RELATIVA E ABSOLUTA

As consequências que a lei atribui ao defeito apresentado pelo ato variam de acordo com a sua gravidade. Assim é que se fala em nulidade absoluta e nulidade relativa, para significar que o ato apresenta um defeito insanável ou defeito sanável, respectivamente. Na nulidade absoluta, o defeito do ato é de maior gravidade, o que leva a ordem jurídica a considerá-lo insanável e autorizar a declaração de nulidade do ato que o contém de ofício. Na nulidade relativa, o defeito do ato é de menor gravidade, sendo, por essa razão, considerado sanável e vedada a declaração de nulidade do ato que o apresenta de ofício.[2]

1. *Las nulidades en el proceso civil*, p. 11.
2. Como esclarece Aroldo Plínio Gonçalves, "o que é sanável é a irregularidade, o vício, o defeito, a imperfeição, e não a nulidade. Esta, como consequência jurídica, será aplicável ou não aplicável, pronunciável ou não pronunciável, declarável ou não declarável, decretável ou não decretável, enfim, será acolhida ou afastada pelo juiz, mas nunca sanável ou insanável" (*Nulidades no processo*, p. 17).

3. ATO PROCESSUAL INEXISTENTE

O ato processual nulo existe como ato, mas não produz os efeitos que lhe são próprios, enquanto o ato processual inexistente não existe enquanto ato.

Conforme Cândido Rangel Dinamarco, "Diz-se juridicamente inexistente o ato processual quando lhe falta algum dos requisitos mínimos caracterizadores do tipo que ele aparenta reproduzir. Sem a presença cumulativa de todos esses mínimos, ele jamais poderá chegar ao resultado proposto".[3]

Em uma demanda, de acordo com Cândido Rangel Dinamarco, "o mínimo formal é a existência de pedido, sem o qual inexiste um objeto sobre o qual decidir (objeto do processo...); na sentença, é o *decisum*, como expressão da vontade do Estado-juiz em relação à situação da vida em litígio (...). O mínimo subjetivo é a condição de advogado na pessoa que elabora a demanda (...), ou a de juiz em quem profere sentença. O mínimo voluntário transparece na assinatura do instrumento do ato. O mínimo objetivo é a possibilidade material e jurídica de realizar os resultados propostos no ato processual".[4]

Constituem exemplo de ato processual inexistente a sentença não assinada ou proferida por quem não seja juiz.

4. ATO PROCESSUAL IRREGULAR

Atos processuais irregulares são os que apresentam defeitos aos quais a lei não relaciona qualquer consequência, por não resultarem em qualquer prejuízo ao processo (aplicação do *princípio da insignificância*).

5. NULIDADE DE PLENO DIREITO, COMINADA E NÃO COMINADA

Não existe nulidade de pleno direito no processo, no sentido de negativa de efeitos a determinado ato processual independentemente de declaração judicial. O ato processual não é ineficaz apenas porque contém um vício, ou seja, o vício não gera, por si só, a ineficácia do ato.

A afirmação da ocorrência de nulidade de pleno direito, segundo Aroldo Plínio Gonçalves, "choca-se contra o próprio conceito de sanção, que, no Direito, é juridicamente organizada, importando, esta organização, na legitimação do órgão que deve aplicá-la e no correto procedimento de sua aplicação (...). Admiti-la é o mesmo que admitir que o ato se valora a si mesmo, e que a partir dessa valoração desencadeia automaticamente o efeito de se autoanular (...). O vício deve ser apreciado por quem detém competência para aferir a validade do ato,

3. *Instituições de direito processual civil*, v. II, p. 601.
4. *Instituições de direito processual civil*, v. II, p. 601.

para que a nulidade possa ser declarada (...). Qualquer ato existente no processo só se torna ineficaz para operar os efeitos a que estava destinado depois que a decisão judicial sobre ele faz incidir a sanção de nulidade".[5]

A nulidade pode ser cominada (a nulidade do ato que contenha determinado vício é expressamente estabelecida pela ordem jurídica) ou não cominada (o ato é nulo em razão de determinado vício, embora esta nulidade não tenha sido expressamente prevista pela ordem jurídica).

6. A DISCIPLINA DAS NULIDADES NA CLT

O exame da disciplina conferida às nulidades pela CLT permite duas conclusões prévias:

1) não existe nulidade de pleno direito no processo do trabalho, o que significa que a negativa de eficácia a determinado ato processual depende da declaração judicial de sua nulidade. Esta conclusão decorre da referência, nos arts. 795, 796 e 797 da CLT, à *declaração* e *pronúncia* da nulidade;
2) o Direito Processual do Trabalho restringe a possibilidade de declaração de nulidade dos atos processuais, o que se deve ao fato de prestigiar o princípio da economia processual, o qual exige o máximo aproveitamento possível dos atos processuais, e adotar como princípio fundamental a facilitação da solução do mérito da demanda e da satisfação do direito consubstanciado em título executivo, que não se harmonizam com a declaração irrestrita de nulidade dos atos processuais.

Da disciplina que a CLT reservou às nulidades resulta, ainda, que:

a) somente haverá nulidade quando dos atos inquinados, ou seja, defeituosos ou viciados, resultar manifesto prejuízo às partes (art. 794 da CLT).

Isso significa que não há nulidade sem prejuízo (*princípio do prejuízo* ou *da transcendência*). Se o ato contém um vício, mas dele não resulta prejuízo para as partes, a nulidade não será declarada. Como anota Gerard Cornu e Jean Foyer que "um vício de forma não é sancionado por ele mesmo, mas pelo prejuízo que dele resulta (...). Não há nulidade sem prejuízo";[6]

b) a nulidade somente será declarada mediante provocação das partes, salvo quando decorra de incompetência de foro (art. 795, *caput* e § 1º, da CLT).

Como regra, portanto, a nulidade somente é declarada a requerimento das partes, ou seja, não é declarada de ofício, devendo ser declarada de ofício a nulidade apenas a nulidade fundada em incompetência de foro.

---

5. *Nulidades no processo*, p. 81-82.
6. *Procédure civile*, p. 371.

Como a incompetência em razão do lugar não pode ser declarada de ofício, deve-se entender por *incompetência de foro*, no art. 795, § 1º, da CLT, a incompetência em razão da matéria, da pessoa e funcional, ou seja, a incompetência absoluta. Assim, deve ser declarada de ofício a nulidade fundada em incompetência absoluta.

O art. 795, § 1º, da CLT dispõe que, reconhecida a incompetência do juízo, serão nulos os atos decisórios até então praticados.

O CPC adotou solução diferenciada, dispondo, no art. 64, § 4º, que, "salvo decisão judicial em sentido contrário, conservar-se-ão os efeitos de decisão proferida pelo juízo incompetente até que outra seja proferida, se for o caso, pelo juízo competente". Desse modo, os efeitos dos atos decisórios praticados no juízo incompetente são mantidos até que outra decisão seja proferida, se for o caso, pelo juízo competente. Destarte, o reconhecimento da incompetência não implica, automaticamente, nulidade dos atos decisórios praticados no juízo incompetente.

A solução adotada pelo CPC atende aos princípios da economia processual, que exige o máximo aproveitamento possível dos atos praticados, celeridade processual, que impõe uma postura que conduza à mais rápida solução do dissídio, e facilitação do julgamento do mérito da demanda ou satisfação do credor na execução, o que a torna compatível com o Direito Processual do Trabalho. Na hipótese, o CPC atua como *fonte supletiva* do Direito Processual do Trabalho, na medida em que a solução adotada no CPC atende, com muito mais propriedade, aos princípios da economia processual, celeridade processual e facilitação do julgamento do mérito da demanda ou satisfação do credor na execução.

Observe-se que a CLT alude, no art. 795, § 1º, à nulidade de *atos decisórios*, ao passo que o CPC faz referência, no art. 64, § 4º, à preservação dos *efeitos de decisão proferida*. De outro lado, o CPC autoriza a rescisão de sentença de mérito transitado em julgado proferida por juiz absolutamente incompetente (art. 966, II, do CPC). Da conjugação destes dispositivos legais resulta que somente a *decisão de mérito* proferida por juiz absolutamente incompetente é que não será preservada até que outra seja proferida por juiz competente;[7]

c) a nulidade somente será declarada se tiver sido oportunamente suscitada pela parte a quem aproveita a sua declaração (*princípio da alegação oportuna da nulidade*), como é também previsto no art. 795, *caput*, da CLT.

A parte deverá arguir a nulidade na primeira vez em que tiver de falar em audiência ou nos autos, sob pena de preclusão, isto é, da perda do direito de

7. Ao autorizar a rescisão da sentença nesta situação, o CPC deixa claro que se trata de vício insanável, que pode ser suscitado, inclusive, depois de a sentença transitar em julgado.

questionar a eficácia do ato apontado como viciado (art. 278 do CPC). A ausência de oportuna arguição da nulidade do ato resulta na sua *convalidação*.

Contudo, a convalidação do ato não atinge a nulidade que deve ser decretada de ofício e não ocorre se for provado legítimo impedimento para a sua oportuna arguição (art. 795, § 1º, da CLT e art. 278, parágrafo único, do CPC).

Cumpre à parte questionar a eficácia do ato que reputar prejudicial à defesa de seus direitos assim que dele tomar ciência. Essa manifestação dá-se por meio do denominado *protesto*. O protesto é a manifestação de contrariedade da parte com o ato processual que entende viciado e evita a preclusão do direito de questioná-lo em eventual recurso contra a decisão definitiva.

A parte tem direito ao registro do protesto na ata de audiência, diante da sua relevância para a defesa dos seus direitos (art. 852-F da CLT e art. 360, V, do CPC).

d) a nulidade não será declarada quando for possível suprir a falta do ato ou repeti-lo (art. 796, *a*, da CLT), ou seja, sendo possível suprir a falta do ato ou repeti-lo, a nulidade não será declarada (*princípio da sanabilidade*).

À hipótese deve ser aplicado o disposto no art. 794 da CLT, ou seja, o ato não será repetido nem a sua falta será suprida quando não prejudicar a parte, como, inclusive, é expressamente previsto no art. 282, § 1º, do CPC, que é aplicável no processo do trabalho;

e) a nulidade não será declarada quando for arguida por quem lhe tiver dado causa (art. 796, *b*, da CLT).

Quem deu causa à nulidade do ato não pode alegá-la em seu proveito, vez que ninguém pode ser beneficiado por sua própria torpeza;

f) o juiz ou Tribunal que pronunciar a nulidade declarará os atos a que ela se estende (art. 797 da CLT), ou seja, o juiz ou Tribunal deverá, ao declarar a nulidade de um ato, especificar os atos posteriores que serão atingidos por esta declaração.

Mas, ao definir atos afetados pela declaração de nulidade, o juiz ou o Tribunal deverá atentar para o fato de que, segundo dispõe o art. 798 da CLT, a nulidade do ato não prejudicará senão os posteriores que dele dependam ou sejam consequência. Em regra, portanto, a nulidade de um ato (*nulidade própria*) não contamina os atos que lhe sejam posteriores.

Em suma, o ato posterior ao que teve a sua nulidade declarada somente será prejudicado quando a sua eficácia depender da eficácia do ato anulado (*ato dependente*)[8] ou for ele consequência do ato declarado nulo (*ato consequente*).[9]

8. Neste sentido, a nulidade da citação contamina todos os atos processuais posteriores (art. 239 do CPC).

9. Desse modo, declarada anulada a penhora, estará prejudicada a alienação do bem sobre o qual ela recaiu, vez que a eficácia da alienação depende da eficácia da penhora.

Na hipótese de ser negada a eficácia de ato dependente ou consequente daquele anulado, ocorre a denominada *nulidade decorrente* ou *derivada*, como consequência do *efeito expansivo da nulidade*.

A disciplina das nulidades no Direito Processual do Trabalho é complementada pela aplicação do CPC como sua fonte subsidiária ou supletiva, de forma que:

a) a nulidade de uma parte do ato não prejudicará as outras, que dela sejam independentes (art. 281). Essa é uma regra de *confinamento dos efeitos da declaração de nulidade*;[10]

b) os atos processuais não dependem de forma determinada, salvo quando a lei expressamente a exigir, reputando-se válidos os que, realizados de outra forma, lhes alcancem a finalidade essencial (arts. 188 e 277: *princípio da instrumentalidade das formas*);[11]

c) quando puder julgar o mérito a favor da parte a quem aproveita a declaração de nulidade, o juiz não a pronunciará nem mandará repetir o ato, ou suprir-lhe a falta (art. 282, § 2º). Pode-se falar, aqui, em *princípio da utilidade da declaração de nulidade do ato processual* (à parte é mais útil o julgamento do mérito em seu favor do que o decreto de nulidade do ato processual). A nulidade deve ser declarada somente quando beneficiar a parte em proveito da qual poderia ser declarada. Essa solução permite que o processo cumpra a sua função primordial, que é solucionar, no menor espaço de tempo possível, o conflito de interesses submetido ao Poder Judiciário;

d) estando pendentes de recurso e sendo constatada a existência de *vício sanável*, o tribunal poderá determinar a realização ou renovação do ato processual, no próprio tribunal ou em primeiro grau de jurisdição, intimadas as partes (art. 938, § 1º). Realizado ou renovado o ato processual, prosseguir-se-á no processamento e julgamento do recurso.[12]

---

10. Esta regra tem aplicação no caso de atos complexos. A notificação/citação, por exemplo, compõe-se de três partes: ciência da propositura da demanda, ciência do conteúdo da demanda proposta (que resulta da entrega, ao demandado, de cópia da petição inicial) e ciência da audiência em que deverá ocorrer o comparecimento e, não sendo celebrado acordo, apresentada a defesa. Se o demandado toma ciência, pela notificação/citação, da demanda e comparece à audiência, o fato de não ter sido a ele enviada cópia da petição inicial, não implicará a nulidade da notificação/citação. Nessa hipótese, ao demandado deve ser fornecida cópia daquela peça, designando-se outro dia para prosseguimento da audiência, para tentativa de acordo e apresentação de defesa, dando-se, assim, aproveitamento à parte do ato de citação/notificação.

11. Essa mesma conclusão é autorizada pelo 794 da CLT, vez que, se o ato alcançou a sua finalidade, fica afastada a possibilidade de se falar em prejuízo e, com isso, em decreto de nulidade do ato, valendo lembrar que o prejuízo não pode ser presumido, devendo, ao contrário, ser demonstrado.

12. Se o Tribunal constata, por exemplo, que não foi concedida à parte oportunidade para apresentar contrarrazões ao recurso da parte contrária, nada justifica devolver o processo à primeira instância para que a falha seja suprida, devendo o Tribunal conceder vista ao recorrido para as suas contrarrazões, suprindo, com isto, aquele vício.

Trata-se de medida de economia processual, que favorece a mais rápida solução do dissídio e exame do mérito do recurso;

e) é nulo o processo, quando o membro do Ministério Público não for intimado a acompanhar o feito em que deva intervir (art. 279, *caput*). Se o processo tiver tramitado sem conhecimento do membro do Ministério Público, o juiz o invalidará os atos praticados a partir do momento em que ele deveria ter sido intimado (art. 279, § 1º). No entanto, a nulidade só será decretada após a intimação do membro do Ministério Público, que se manifestará sobre a existência ou inexistência de prejuízo (art. 279, § 2º). Esta última disposição está em perfeita sintonia com o princípio da economia processual e, em especial, com o art. 794 da CLT, segundo o qual, sem prejuízo não haverá declaração de nulidade, o que a torna compatível com o Direito Processual do Trabalho, tratando-se a hipótese de mais um exemplo de aplicação supletiva do CPC no processo do trabalho.

7. NULIDADE DO PROCESSO E DA SENTENÇA

A nulidade pode afetar um ou mais atos processuais ou todo o processo. Nesse sentido, dispõe o art. 279 do CPC que é nulo o processo, quando o Ministério Público não for intimado a acompanhar o feito em que deva intervir.

A nulidade pode alcançar todos os atos processuais, inclusive os praticados pelo juiz, dentre os quais a sentença. Assim, a sentença pode ser anulada em razão da declaração de nulidade de ato do qual sua prolação dependia ou do qual era consequência (art. 798 da CLT) e, ainda, em razão da não observância, na sua prolação, dos seus requisitos formais (art. 832 da CLT), por exemplo.

8. COISA JULGADA E NULIDADE

Observa Aroldo Plínio Gonçalves que "não é correto afirmar que a 'sentença nula' passou em julgado. Se a nulidade não foi declarada, a sentença não foi por ela atingida. Não há sentença nula senão quando sua nulidade é decretada por decisão judicial".[13]

Segundo Cândido Rangel Dinamarco, "toda e qualquer nulidade fica afastada, mesmo as absolutas e ainda que se trate de nulidade da sentença (falta de motivação, etc.), quando ocorre o trânsito em julgado: sendo uma sanatória geral das nulidades a coisa julgada tem eficácia preclusiva que impede novos pronunciamentos dos juízes acerca das questões inerentes ao processo e a alegação de

13. *Nulidades no processo*, p. 107.

novas razões por qualquer das partes (arts. 471 e 474). Alguns vícios reputados excepcionalmente graves pela lei poderão ainda ser alegados pela via da ação rescisória, mas, não proposta esta no biênio (arts. 485 e 495) ou julgada improcedente, o convalescimento é definitivo e com isso desaparece a possibilidade de impugnar o ato, ainda que viciado de nulidade absoluta".[14]

14. *Instituições de direito processual civil*, v. II, p. 602. Os artigos do CPC de 1973 mencionados na lição doutrinária em questão correspondem aos arts. 505, 496, 966 e 975 do CPC de 2015.

Capítulo 11

PROCEDIMENTO ORDINÁRIO

1. NOTAS INTRODUTÓRIAS

A solução dos conflitos de interesses submetidos ao Poder Judiciário deve ser realizada de acordo com *procedimentos* ou modos de proceder previamente estabelecidos pela ordem jurídica, sendo estabelecido, inclusive, que o erro de procedimento acarreta a anulação dos atos que não possam ser aproveitados na adequação do procedimento às prescrições legais (art. 283 do CPC).

2. PROCEDIMENTOS ESTABELECIDOS PELO DIREITO PROCESSUAL DO TRABALHO. DISSÍDIOS INDIVIDUAIS E COLETIVOS. DISCIPLINA LEGAL DOS PROCEDIMENTOS TRABALHISTAS. ELEMENTOS ESTRUTURAIS E FASES DOS PROCEDIMENTOS TRABALHISTAS

O Direito Processual do Trabalho estabelece o procedimento comum, que é dividido em procedimento ordinário, sumaríssimo e sumário, procedimentos especiais e procedimentos a serem observados nos dissídios coletivos e na execução, sendo cada um deles regido pelas disposições que lhe são próprias e, subsidiariamente, pelas disposições relativas ao procedimento ordinário (nesse sentido, o Direito Processual do Trabalho trata de forma mais pormenorizada do procedimento ordinário e estabelece, em normas específicas, um modo de proceder diferenciado para os demais procedimentos).

No estabelecimento de procedimentos, o Direito Processual do Trabalho adota como critérios: 1) a expressão econômica das pretensões do autor (arts. 852-A da CLT e 2º da Lei n. 5.584/70), no que se refere aos procedimentos ordinário, sumaríssimo e sumário; 2) a natureza do direito deduzido ou da relação jurídica litigiosa, nos procedimentos especiais; 3) a natureza da tutela pretendida, no dissídio coletivo; 4) a natureza da obrigação cujo cumprimento é pleiteado em juízo, na execução.

Segundo a disciplina que lhes confere o Direito Processual do Trabalho, os procedimentos ordinário, sumaríssimo, sumário e especiais possuem como *elementos estruturais* a demanda, a notificação/citação do demandado, a tentativa de conciliação, a resposta do demandado, a instrução e o julgamento, que são distribuídos em três fases, quais sejam, postulatória,[1] instrutória[2] e decisória,[3] conforme o tipo de atividade predominante em cada uma delas.

A seguir será examinado o procedimento ordinário, que é o procedimento padrão adotado pelo Direito Processual do Trabalho.

3. RECLAMAÇÃO TRABALHISTA

A jurisdição é uma atividade provocada. Com isto, quem pretender a tutela de um direito deve provocar a jurisdição, por meio do exercício do direito de ação. A pretensão do autor da demanda deverá ser manifestada perante um dos órgãos da Justiça do Trabalho, o que se dá por meio do que a CLT denomina *reclamação* (arts. 837, 840 e 841).

A expressão *reclamação* está relacionada com o fato de a Justiça do Trabalho ter sido criada como órgão do Poder Executivo, o que implicava dizer que perante ele não era exercido o direto de ação, mas o direito de *reclamação*.

Aquele que apresenta em juízo a reclamação recebe a denominação de *reclamante*, ao passo que é denominado *reclamado* aquele em face de quem a reclamação é apresentada, o que corresponde ao *autor* e *réu*, respectivamente.

4. DAQUELES QUE PODEM APRESENTAR A RECLAMAÇÃO EM JUÍZO. JUS POSTULANDI

A reclamação poderá ser proposta: a) pelos empregados e empregadores; b) pelos sindicatos de classe; c) pelo Ministério Público do Trabalho (art. 839 da CLT). A este rol deve ser acrescentada a Defensoria Pública da União, à qual cabe, segundo consta do art. 3º-A da Lei Complementar n. 80/1994, incluído pela Lei Complementar n. 132/2009, dentre outras funções, exercer a defesa dos direitos e interesses individuais, difusos, coletivos e individuais homogêneos e promover a mais ampla defesa dos direitos fundamentais dos necessitados, abrangendo os seus direitos individuais, coletivos, sociais, econômicos, culturais e ambientais.

Consoante é previsto nos arts. 791 e 839 da CLT, os empregados e empregadores poderão reclamar pessoalmente perante a Justiça do Trabalho e acompanhar a reclamação até o final. Destarte, às partes é reconhecido o *jus postulandi*, ou

1. A fase postulatória dura da propositura da ação até a resposta do réu.
2. Essa fase é destinada à produção de prova dos fatos alegados pelo autor e réu como fundamento de suas pretensões.
3. Trata-se de fase destinada ao julgamento das pretensões das partes.

seja, o direito de postular pessoalmente perante os órgãos da Justiça do Trabalho.[4] Com isso, a assistência de advogado na postulação perante os órgãos da Justiça do Trabalho é uma *faculdade das partes*.[5]

Contudo, o TST, por meio da Súmula n. 425, restringiu o alcance do *jus postulandi*, ao adotar o entendimento de que "o *jus postulandi* das partes, estabelecido no art.791 da CLT, limita-se às Varas do Trabalho e aos Tribunais Regionais do Trabalho, não alcançando a ação rescisória, a ação cautelar, o mandado de segurança e os recursos de competência do Tribunal Superior do Trabalho". Trata-se, no entanto, de solução discutível, na medida em que o art. 791 da CLT assegura às partes o direito de demandar pessoalmente e acompanhar a reclamação *até o final*, o que indica que elas podem atuar pessoalmente perante qualquer órgão da Justiça do Trabalho, dentre eles o TST.

5. PROTOCOLO, DISTRIBUIÇÃO E REGISTRO DA RECLAMAÇÃO

Nas localidades em que houver apenas uma Vara ou um Juízo, a reclamação será apresentada diretamente à secretaria da Vara ou ao cartório do Juízo,[6] ao passo que, nas localidades em que houver mais de uma Vara ou mais de um Juízo, a reclamação será, preliminarmente, sujeita à distribuição (arts. 837 e 838 da CLT).

Considera-se proposta a demanda assim que a petição inicial é apresentada na Secretaria da Vara ou do Juízo competente (art. 837 da CLT) ou distribuída (art. 838 da CLT), observando-se que *distribuição* é o ato pelo qual é fixada a competência para conciliar e julgar o dissídio, quando para fazê-lo forem competentes mais de uma Vara do Trabalho ou Juiz de Direito investido da jurisdição trabalhista.

A distribuição será feita entre as Varas do Trabalho ou Juízo pela ordem rigorosa da apresentação das demandas e de forma sucessiva a cada uma delas (arts. 714, I,783 da CLT), podendo ser fiscalizada pela parte ou por seu procurador, Ministério Público do Trabalho e Defensoria Pública (art. 289 do CPC).

O distribuidor fornecerá recibo da distribuição ao interessado, dele constando o nome do reclamante e do reclamado, a data da distribuição, o objeto da reclamação (pedido do reclamante), a Vara ou Juízo a que coube a distribuição, além da data e do horário da realização da audiência, se for o caso de sua designação (arts. 714, *b*, 785 e 841 da CLT)

---

4. A partir do momento em que à Justiça do Trabalho foi atribuída competência para julgar os dissídios decorrentes da relação de trabalho (art. 114, I, da Constituição), os benefícios processuais antes reconhecidos aos empregados e empregadores passaram a alcançar todos aqueles que recorrerem à Justiça do Trabalho em busca da tutela dos direitos decorrentes da relação de trabalho não subordinado.
5. Deste tema tratamos quando examinamos a capacidade das partes.
6. A parte deverá, para tanto, protocolar a sua petição inicial na Secretaria ou Vara ou do Juízo ou no setor de protocolo respectivo, se for o caso.

A reclamação verbal será distribuída antes de ser reduzida a termo (art. 786 da CLT) e, feita a distribuição, o reclamante deverá comparecer na secretaria ou cartório, para reduzi-la a termo, sob pena de perda, pelo prazo de seis meses, do direito de reclamar perante a Justiça do Trabalho (arts. 786, parágrafo único, e 731 da CLT).[7] A CLT estabelece, assim, a *perempção temporária*, impedindo o reclamante de reclamar perante a Justiça do Trabalho, contra o mesmo reclamado (repetindo os mesmos pedidos ou não) ou qualquer outro tomador de seus serviços, durante seis meses, na hipótese do seu art. 731.[8]

Dá-se a distribuição também nos tribunais, quando neles existam mais de um órgão (turmas, por exemplo) com competência para conhecer demanda de sua competência originária.

6. RECLAMAÇÃO ESCRITA E VERBAL

A reclamação pode ser apresentada ao órgão da Justiça do Trabalho de forma escrita ou verbal (art. 840, *caput*, da CLT).

Podendo a reclamação ser verbal, o autor da demanda pode comparecer em juízo e, verbalmente, dar notícia de sua pretensão a um auxiliar da justiça (denominado *atermador*), que a reduzirá a termo.

A autorização para a reclamação verbal atende à necessidade de facilitar o acesso à Justiça do Trabalho e, com isso, à defesa em juízo dos direitos decorrentes da relação de trabalho. Em algumas hipóteses, no entanto, a lei exige que a reclamação seja escrita, como se dá, por exemplo, com o inquérito para apuração de falta grave (art. 853 da CLT).

7. PETIÇÃO INICIAL: REQUISITOS, EMENDA, COMPLEMENTO, INDEFERIMENTO E INÉPCIA. PEDIDO: ESPÉCIES, ADITAMENTO, ALTERAÇÃO, INTERPRETAÇÃO E CUMULAÇÃO.

A CLT define, no art. 840, § 1º, os requisitos da reclamação escrita e, no art. 840, § 2º, da CLT, dispõe que, sendo verbal, a reclamação será reduzida a termo, em duas vias datadas e assinadas pelo escrivão ou secretário, observando, no que couber, as exigências relativas à reclamação escrita.

Deste modo, é lícito falar, no processo do trabalho, em petição inicial *stricto sensu* (reclamação escrita) e petição inicial *lato sensu* (termo de reclamação verbal),

---

7. A pena em questão será aplicada quando não for demonstrado justo motivo para o não comparecimento do reclamante no prazo estabelecido no art. 786, parágrafo único, da CLT.

8. Trata-se de previsão de constitucionalidade discutível, vez que, ainda que temporariamente, é impedido o acesso à justiça.

razão pela qual é adotada, para efeitos didáticos, a expressão *petição inicial* para designar tanto a reclamação escrita quanto o termo de reclamação verbal.

A petição por meio da qual é provocada a jurisdição em busca de tutela de direito é denominada *inicial* porque é a sua apresentação em juízo que dá causa à instauração do processo.

7.1. A petição inicial deve atender a determinados requisitos.

O art. 840, § 1º, da CLT, com a redação que lhe conferiu a Lei n. 13. 467/17, definindo os requisitos da petição inicial, dispõe que ela deverá conter: a designação do juízo ao qual é dirigida; a qualificação das partes; breve exposição dos fatos de que resulte o dissídio; o pedido, que deverá ser certo, determinado e com indicação do seu valor; data e assinatura do reclamante ou de seu representante.

Destarte, a petição inicial deverá, além de ser assinada pelo reclamante ou seu representante:

a) indicar o juízo ao qual é dirigida,

Este requisito corresponde ao *endereçamento* da petição inicial;[9]

b) qualificar as partes.

Trata-se da identificação das partes a partir dos dados relevantes para o processo (nomes, prenomes, estado civil, profissão, domicílio e residência do reclamante e do reclamado), observando-se que, segundo o art. 15 da Lei n. 11.419/2006, salvo impossibilidade que comprometa o acesso à justiça, o autor deverá informar na petição inicial o número do cadastro de pessoas físicas ou jurídicas perante a Secretaria da Receita Federal (CPF e CNPJ, respectivamente), exigência que é também realizada pelo CPC, que também exige que da petição inicial constem a existência de união estável, se for o caso, e o endereço eletrônico das partes (art. 319, II), sendo estas exigências compatíveis com o Direito Processual do Trabalho, no qual as partes devem ser qualificadas da forma mais completa possível.

Nesse sentido, inclusive, consoante a Resolução n. 185/17 do Conselho Superior da Justiça do Trabalho, no processo judicial eletrônico, "a petição inicial conterá, além dos requisitos do art. 840, § 1º, da CLT, a indicação do CPF ou CNPJ das partes, na forma do art. 15, *caput*, da Lei nº 11.419/06" (art. 19), mas, "no lançamento de dados do processo pelo usuário externo, além dos dados contidos no caput deste artigo, sempre que possível serão fornecidos, na forma do art. 31, II, da Consolidação dos Provimentos da Corregedoria-Geral da Justiça do Trabalho

9. Não se trata de indicar o nome da autoridade judiciária, mas do seu cargo (Juiz da Vara do Trabalho de Belo Horizonte ou Presidente do Tribunal Regional do Trabalho da Terceira Região, por exemplo). Como consta do CPC, a petição indicará o *juízo* a que é dirigida (art. 319, I).

(CPCGJT): I – o CEI (Cadastro Específico do INSS contendo número da matrícula do empregador pessoa física); II – o Número de Identificação do Trabalhador (NIT) perante o INSS; III – o PIS ou PASEP; IV – o número da CTPS do empregado; e V – o CNAE (Classificação Nacional de Atividades Econômicas – código do ramo de atividade) do empregador" (art. 19, § 1º). Embora a citada Resolução diga respeito ao processo judicial eletrônico, os dados aos quais faz referência deve constar também das petições iniciais correspondentes aos processos físicos;

c) descrever os fatos de que decorre o litígio (causa de pedir).

O autor deve indicar na petição inicial os fatos: constitutivos do direito cuja existência pretende seja confirmada; que, embora não tenham influência na constituição do direito deduzido, demonstram a ocorrência dos fatos de que tal direito decorre; que justificam o pedido de tutela jurisdicional, ou seja, a intervenção do Poder Judiciário para a solução do conflito de interesses noticiado na petição inicial.

Esses fatos devem ser narrados de forma breve, clara e de modo que permita a precisa definição da pretensão do autor e deles deve decorrer, como consequência lógica, o pedido.

A CLT não exige, como faz o art. 319 do CPC, que a petição inicial indique os *fundamentos jurídicos do pedido*, ou seja, que ela contenha a demonstração de que a ordem jurídica relaciona aos fatos narrados a consequência jurídica perseguida na demanda, observando-se que a circunstância de o autor da demanda incluir os fatos narrados em determinada categoria jurídica não impede que o juiz acolha o seu pedido com outro fundamento jurídico, vez que o juiz somente está vinculado aos fatos alegados e aos pedidos apresentados pelo autor (*teoria da substanciação*).

No entanto:

1) o fundamento jurídico do pedido deve ser apresentado sempre que a pretensão for de aplicação de norma cujo teor e vigência devem ser comprovados pela parte (trata-se das situações em que é exigida a prova do direito, na forma do art. 376 do CPC);

2) diante do disposto no art. 896-A, § 1º, da CLT, é aconselhável ao autor da demanda apresentar a fundamentação constitucional de seu pedido, quando for o caso. Com efeito, de acordo com este dispositivo legal, constitui indicador da *transcendência social da causa* a postulação de direito social constitucionalmente assegurado. Deste modo, já na petição inicial o autor deve apontar o fundamento constitucional de seu pedido, como forma de preparação para eventual derrota em segunda instância, observando-se que os direitos sociais constitucionalmente são também os direitos assegurados pelas normas de Direito Internacional dos Direitos Humanos integrados à ordem jurídica brasileira, por força do que dispõe o art. 5º, § 2º, da Constituição.

3) por força do debate sobre a persistência do poder para o juiz promover a execução de ofício, é também aconselhável requerer, na petição inicial, que, no caso de condenação, que o juiz promova, no momento oportuno, a execução da decisão condenatória;

4) para evitar a suspensão do processo por força de requerimento da desconsideração da personalidade jurídica e a interposição de recurso sem prévia garantia do juízo (art. 855-A da CLT), pretendendo a imposição de responsabilidade aos sócios da sociedade empregadora, o reclamante deve apresentar pedido neste sentido na petição inicial.

d) indicar o pedido, que deve ser certo, determinado e conter a indicação do seu valor.

As particularidades do pedido serão examinadas mais adiante, valendo antecipar que a petição inicial deve indicar, de forma clara, precisa e completa, a pretensão do autor.

A exigência de indicação do valor dos pedidos somente dizia respeito ao procedimento sumaríssimo, mas foi estendida, pela Lei n. 13.467/17, para todos os procedimentos.[10]

A CLT não define como requisito da petição inicial a **liquidação** do pedido, vez que apenas exige uma estimativa do seu valor.

Primeiro, porque o art. 840, § 1º, da CLT aduz a **indicação do valor do pedido** e não à **liquidação do pedido.**

Segundo, porque a CLT mantém a liquidação como procedimento preparatório da execução (art. 879), o que significa que ela não foi transferida para a fase postulatória.

Terceiro, porque, ao tratar dos honorários advocatícios, a CLT dispõe, no art. 791-A, *caput*, que ao advogado, ainda que atue em causa própria, serão devidos honorários de sucumbência, fixados entre o mínimo de 5% (cinco por cento) e o máximo de 15% (quinze por cento) sobre o valor que **resultar da liquidação da sentença**, do proveito econômico obtido ou, não sendo possível mensurá-lo, sobre o valor atualizado da causa, o que significa que o crédito reconhecido ao autor da demanda deverá ser objeto de liquidação, o que seria dispensado se tivesse sido exigida a liquidação dos pedidos já na petição inicial.

Anote-se que, segundo o art. 840, § 3º, da CLT, os pedidos que não atenderem aos requisitos estabelecidos pelo art. 840, § 1º, da CLT serão julgados extintos sem resolução do mérito.

---

10. Esta previsão alcança a própria contestação, que, doravante, deverá conter expressa impugnação dos valores atribuídos aos pedidos pelo autor da demanda.

Ocorre que a Lei n. 13.467/17 **se insere em um sistema** que já contém uma série de regras e dentre estas está aquela segundo a qual o juiz, ao verificar que a petição inicial não preenche os requisitos legalmente exigidos, determinará que o autor a emende ou complemente, no prazo que assinalar, sob pena de seu indeferimento (art. 321 do CPC), o que, inclusive, atende ao princípio da economia processual, na medida em que permite o aproveitamento dos atos praticados, e, ainda, ao princípio da celeridade processual, posto que contribui para a mais rápida solução do conflito levado ao Poder Judiciário, valendo acrescentar que, se for julgado extinto o pedido apenas porque a ele não foi atribuído valor, possivelmente correrá o ajuizamento de nova demanda, com novos custos para o Estado e as partes, o que contraria o princípio da economia processual.

De qualquer forma, no exame da disposição legal em exame cumpre observar que as normas que impõem restrição ao acesso à justiça e ao julgamento do mérito da demanda devem ser interpretadas restritivamente. Com isso, se não for indicado valor a um ou mais pedidos, a hipótese não seria de extinção do **processo em sua totalidade**, mas apenas em relação ao(s) **pedido(s)** desacompanhado(s) do(s) valor(es) respectivo(s). A extinção do processo não pode ser utilizada como punição do autor que deixou de indicar valor aos seus pedidos.

Também tratando dos requisitos da petição inicial, o art. 787 da CLT estabelece que ela deverá ser instruída com os *documentos em que se fundar a reclamação*, o que é reforçado pelo art. 845 da CLT, segundo o qual na audiência poderão ser ouvidas testemunhas e apresentadas as *demais provas*.

O CPC faz distinção entre *documentos indispensáveis à propositura da ação* (art. 320) e *documentos destinados à prova das alegações das partes* (art. 434), o que se aplica no processo do trabalho, vez que existem documentos sem os quais a demanda sequer pode ser ajuizada, ou seja, que são indispensáveis para a propositura da demanda, como se dá, por exemplo, com a prova escrita sem eficácia de título executivo no ajuizamento de ação monitória (art. 700 do CPC) e com o título executivo, na execução fundada em título executivo extrajudicial (art. 876 da CLT).

A distinção entre documentos destinados à prova dos fatos alegados e documentos indispensáveis à propositura da ação é importante, visto que o juiz somente está autorizado a deferir prazo para apresentação dos documentos que deveriam acompanhar a inicial quando eles sejam indispensáveis à propositura da ação (art. 321 do CPC e Súmula n. 263 do TST, *in verbis:* "Salvo a hipótese do art. 330 do CPC de 2015 (art. 295 do CPC de 1973), o indeferimento da petição inicial, por encontrar-se desacompanhada de documento indispensável à propositura da ação ou não preencher outro requisito legal, somente é cabível se, após intimada para suprir a irregularidade em quinze dias, mediante indicação precisa do que deve ser corrigido ou complementado, a parte não o fizer (art. 321 do

CPC de 2015)". Assim, no processo civil e no processo do trabalho, a ausência da juntada, com a petição inicial, de documentos que sejam apenas necessários à prova dos fatos alegados implica preclusão do direito à sua apresentação. No entanto, estando o documento necessário à prova dos fatos alegados pelo autor em poder do demandado ou de terceiro, o juiz pode determinar a sua exibição em juízo (arts. 400 e 438 do CPC).

Por fim, cumpre anotar que:

i) a CLT não inclui o valor da causa dentre os requisitos da petição inicial (art. 840, § 1º, da CLT), mas o art. 2º, *caput*, da Lei n. 5.584/70 estabelece que, antes de passar à instrução, o juiz deverá fixar o valor da causa para determinação da alçada, se este for indeterminado na petição inicial. Assim, o valor da causa não constitui requisito da petição inicial, posto que, do contrário, sendo omissa a petição inicial quanto a ele, o juiz teria de assinalar prazo para a sua emenda, sob pena de seu indeferimento.

Como o juiz deverá, sendo omissa a petição inicial, arbitrar o valor da causa, resta concluir que a toda causa deverá ser atribuído valor, pela parte ou pelo juiz.

Para atribuir valor à causa no processo do trabalho, a parte e o juiz devem recorrer aos critérios definidos no art. 292 do CPC, diante da omissão da CLT e da Lei n. 5.584/70 a respeito do tema.

O valor atribuído à causa pelo autor na petição inicial pode ser impugnado pelo réu, na contestação, como preliminar, ou oralmente, em audiência (arts. 293 e 336, III, do CPC). A impugnação deverá ser julgada em audiência, antes do início da instrução (art. 2º, *caput*, da Lei n. 5.584/70), após a oitiva da parte contrária.

Quando o juiz fixar o valor da causa, em razão de ser omissa a petição inicial a seu respeito ou no julgamento de impugnação apresentada pelo demandado ao valor arbitrado à causa na petição inicial, qualquer das partes poderá, ao aduzir razões finais, impugná-lo. Se o valor for mantido, as partes poderão pedir sua revisão, em 48 horas, ao Presidente do Tribunal a que esteja vinculado o juiz, a quem caberá decidi-lo, em igual prazo (art. 2º, § 2º, da Lei n. 5.584/70).[11]

O pedido de revisão do valor da causa não tem efeito suspensivo e deverá ser fundamentado, conter a indicação do valor que se entende correto e ser instruído com cópia da petição inicial, da contestação e da ata de audiência em que foi arbitrado o valor da causa (art. 2º, § 2º, da Lei n. 5.584/70).

O *caput* do art. 2º da Lei n. 5.584/70 estabelece que o juiz fixará o valor da causa *quando este for indeterminado no pedido*.

---

11. Se o juiz não fixar em audiência o valor da causa e somente o fizer na sentença, poderá a parte suscitar a questão no recurso que aforar contra aquela decisão.

No entanto, o CPC autoriza o juiz a corrigir, de ofício ou por arbitramento, o valor da causa, quando verificar que não corresponde ao conteúdo patrimonial em discussão ou ao proveito econômico perseguido pelo autor (art. 292, § 3º), o que, diante do disposto no *caput* do art. 2º da Lei n. 5.584/70, que exige *omissão da petição inicial* para que o juiz possa arbitrar o valor da causa, não é aplicável no processo do trabalho. Não é este, no entanto, o ponto de vista adotado pelo TST, vez que o art. 3º, V, da Instrução Normativa n. 39/2016 do TST prevê ser aplicável no processo do trabalho o art. 292, § 3º, do CPC de 2015.

Nas ações de competência originária do Tribunal, compete ao relator decidir sobre a impugnação do valor da causa, cabendo ao órgão colegiado resolver sobre eventual pedido de revisão;

ii) ao contrário do que ocorre no processo civil, no processo do trabalho não constitui requisito da petição inicial a indicação dos meios de prova de que o autor pretende se valer para demonstrar a veracidade dos fatos alegados como fundamento de sua pretensão (art. 319, VI, do CPC). É o que resulta não só do art. 840, § 1º, da CLT, que não faz referência à indicação dos meios de provas, como, também, do art. 852-H da CLT, segundo o qual as provas serão produzidas *ainda que não requeridas previamente*;

iii) no processo do trabalho não há necessidade de o autor requerer, na petição inicial, a citação/notificação do réu, por se tratar de ato cuja prática a CLT impõe ao Diretor de Secretaria, independentemente de prévia determinação do juiz (art. 841).

7.2. Emenda e complemento da petição inicial.

Recebida a petição inicial, o juiz deverá verificar o atendimento dos seus requisitos.

Nesta verificação, o juiz pode constatar que a petição inicial não preenche os requisitos definidos nos arts. 840, § 1º, e 787 da CLT[12] ou que, apesar de preencher estes requisitos, apresenta defeitos e irregularidades capazes de dificultar o julgamento do mérito.[13]

Apesar de o art. 840, § 3º, da CLT estabelecer que o pedido que não atender aos requisitos definidos no art., 840, § 1º, será julgado extinto sem provimento de mérito, tal extinção somente deverá ocorrer após ter sido conferida oportunidade

12. É o que se dá, por exemplo, quando for verificada a ausência de pedido relacionado aos fatos narrados na petição inicial ou esta não for instruída com documento indispensável à propositura da ação.

13. É o caso, por exemplo, da falta de clareza ou obscuridade na exposição dos fatos que justificam a propositura da demanda e de precisa determinação da pretensão do autor, por se tratar de vícios que impedem não só a definição daquilo que deverá ser objeto de manifestação judicial, como também impedem ou dificultam a defesa do demandado.

ao autor para emendar ou complementar a petição inicial, por aplicação do art. 321 do CPC como fonte subsidiária do Direito Processual do Trabalho.

A determinação, na situação em destaque, para que o autor emende ou complete a petição inicial atende aos princípios da economia processual, que aponta no sentido de que devem ser aproveitados ao máximo os atos processuais praticados e autoriza o juiz a ordenar o saneamento da petição inicial antes do seu indeferimento, da celeridade, que exige o afastamento dos óbices à mais rápida solução do mérito da demanda, e do favorecimento do julgamento do mérito da demanda.

O CPC dispõe que, ao determinar a emenda da petição inicial, o juiz deverá indicar com precisão o que deve ser corrigido ou completado (art. 321). Tal dispositivo legal indica que o juiz deve colaborar com o autor, indicando, com precisão, aquilo que na petição inicial deve ser corrigido ou complementado (trata-se, assim, de aplicação do *princípio da cooperação*). Este dispositivo legal é compatível com o Direito Processual do Trabalho, notadamente diante da adoção, por ele, do princípio da facilitação do julgamento do mérito da demanda.

Neste sentido, o TST conferiu nova redação à sua Súmula n. 263, *in verbis:* "Salvo a hipótese do art. 330 do CPC de 2015 (art. 295 do CPC de 1973), o indeferimento da petição inicial, por encontrar-se desacompanhada de documento indispensável à propositura da ação ou não preencher outro requisito legal, somente é cabível se, após intimada para suprir a irregularidade em quinze dias, mediante indicação precisa do que deve ser corrigido ou complementado, a parte não o fizer (art. 321 do CPC de 2015)". Note-se que o TST não só admite a aplicação do art. 321 do CPC no processo do trabalho, como também admite que o prazo para emenda seja aquele estabelecido pelo CPC, ou seja, quinze dias. Esse prazo, no entanto, é incompatível com a celeridade própria do processo do trabalho, bastando ver que ele é igual ao prazo de designação de audiência no procedimento sumaríssimo e corresponde a quase o *dobro* para recurso no processo do trabalho.

A emenda da petição inicial pode ser determinada antes e após a citação do réu. No primeiro caso, emendada a petição inicial, o réu será citado para apresentar resposta, devendo ser a ele enviada cópia da petição inicial e da sua emenda. No caso de a emenda ser determinada após realizada a citação, mas antes da apresentação da resposta, ao réu deverá ser concedida oportunidade para adaptar a sua resposta à demanda.

Anote-se que o CPC admite o aditamento ou a alteração do pedido e da causa de pedir até o saneamento do processo, desde que com o consentimento do réu, assegurando-lhe, no entanto, o direito de manifestação e de produção de prova suplementar (art. 329, II), o que é compatível com o Direito Processual do Trabalho, por facilitar o julgamento do mérito da demanda.

7.3. Indeferimento da petição inicial. Inépcia da petição inicial.

Antes de examinar as situações em que a petição inicial deverá ser indeferida, cumpre ter presente que:

a) as formas processuais não constituem um fim em si mesmas, o que significa que o fim não poder ser sacrificado em favor do meio (*princípio da instrumentalidade das formas*).

Destarte, no exame da petição inicial cumpre ter presente que deverá ser considerada eficaz aquela que, em que pese não corresponder exatamente ao modelo previamente definido pela ordem jurídica, lhe alcançar a finalidade (art. 794 da CLT e arts. 188 e 277 do CPC);

b) o processo é concebido para a solução de conflitos de interesses submetidos ao Poder Judiciário e deve, na medida do possível, ser conduzido neste sentido;

c) deve ser conferido o máximo aproveitamento possível aos atos processuais praticados, como medida de economia processual e para a mais rápida solução dos conflitos de interesses submetidos ao Poder Judiciário, diretriz que é adotada pelo CPC, quando dispõe que: "as partes têm direito de obter em prazo razoável a solução integral do mérito, inclusive a atividade satisfativa" (art. 4º); ao juiz incumbe "determinar o suprimento de pressupostos processuais e o saneamento de outros vícios processuais" (art. 139, IX); "antes de proferir decisão sem resolução de mérito, o juiz deverá conceder à parte oportunidade para, se possível, corrigir o vício que conduziria àquela decisão" (art. 317).

Consoante já foi registrado e resulta do art. 321 do CPC, aplicável no processo do trabalho, apresentando a petição inicial defeitos e irregularidades *capazes de dificultar o julgamento do mérito*, o juiz deverá determinar a sua emenda ou complemento. Neste caso, a petição inicial somente será indeferida se o autor não a emendar ou complementar no prazo para tanto assinalado.

No entanto, se a petição inicial apresenta defeitos e irregularidades que *impedem o julgamento do mérito da demanda*, isto é, defeitos e irregularidades *insanáveis*, o juiz deverá indeferi-la de pronto, isto é, sem conceder ao autor prazo para que a emende ou complemente. O imediato indeferimento da petição inicial atende, neste caso, ao princípio da economia processual, vez que evita a prática de atos processuais que ao final seriam inúteis, ante a presença, na petição inicial, de defeitos e irregularidades insanáveis.

Cumpre, no entanto, definir o que se deve entender por defeitos e irregularidades insanáveis.

O art. 330 do CPC dispõe que a petição inicial será indeferida quando: a) for inepta; b) a parte for manifestamente ilegítima;[14] c) o autor carecer de interesse

14. Para postular em juízo é necessário ter legitimidade (art. 17 do CPC). Se a falta de legitimidade para propor a ação ou contestá-la é manifesta, a petição inicial deve ser indeferida de pronto.

processual;[15] d) o tipo de procedimento, escolhido pelo autor, não corresponder à natureza da causa ou ao valor da ação, caso em que só não será indeferida se puder adaptar-se ao tipo de procedimento legal (art. 283, *caput*, do CPC); e) não forem atendidas as prescrições dos arts. 106[16] e 321 do CPC.[17]

Conforme o art. 330, § 1º, do CPC, a petição inicial é inepta quando: a) lhe faltar pedido ou causa de pedir;[18] b) o pedido for indeterminado, ressalvadas as hipóteses legais em que se permite o pedido genérico; c) da narração dos fatos não decorrer logicamente a conclusão;[19] d) contiver pedidos incompatíveis entre si.

Note-se que as situações em que a petição inicial é considerada inepta não traduzem, necessariamente defeitos e irregularidades insanáveis.

Neste sentido, a falta de pedido ou de causa de pedir não é suficiente para o imediato indeferimento da petição inicial, visto que os princípios da economia processual e da celeridade processual impõem o máximo aproveitamento possível dos atos processuais praticados, razão pela qual nada impede que o juiz defira ao autor prazo para emendar ou complementar a petição inicial, para indicar a causa de pedir ou os seus pedidos.

O mesmo raciocínio se aplica à incompatibilidade de pedidos, notando-se, por exemplo, que, alertado sobre a irregularidade, o autor pode desistir de um dos seus pedidos, seguindo o processo o seu curso normal.

Assim, resta concluir que a petição inicial apresenta defeitos e irregularidades insanáveis quando: a) a parte for *manifestamente* ilegítima; b) o autor carecer de interesse processual.

A hipossuficiência do trabalhador e o reconhecimento do *jus postulandi* não impedem o indeferimento da petição inicial, mas exigem menor rigor na aferição do preenchimento dos seus requisitos, para permitir a mais rápida solução do litígio.

Contra o indeferimento da petição inicial o autor poderá apresentar recurso, sendo facultado ao juiz reformar a sua decisão, no prazo de cinco dias (art. 331 do CPC), observando-se que, se não houver retratação, o juiz mandará citar o

---

15. Para postular em juízo é necessário ter interesse (art. 17 do CPC).
16. O art. 106 do CPC define as informações a serem prestadas pelo advogado que postular em causa própria.
17. Será indeferida a petição inicial não emendada ou complementada no prazo assinalado ao autor para fazê-lo. Esta é medida que se impõe, visto que, não sendo afastado o vício, outra solução não resta, senão o indeferimento da petição inicial.
18. Ao propor a ação, o autor deve narrar os fatos dos quais decorre o direito cuja existência pretende ver reconhecida e apresentar o pedido neles fundado. A ausência destes dois elementos na petição inicial impossibilita o exercício da função jurisdicional, em especial porque o juiz está vinculado aos pedidos que lhe forem apresentados. Acrescente-se que sem a precisa definição do pedido e da causa de pedir resta impossibilitado o exercício, por parte do réu, do direito de defesa.
19. Entre a causa de pedir e o pedido deve existir um encadeamento lógico. A falta de sintonia entre eles torna a petição inicial inepta. Na petição inicial o autor deve expor as razões de fato de que decorre, como consequência lógica, o seu pedido (a conclusão).

réu para responder ao recurso (art. 331, § 1º)[20] e que, reformada a decisão pelo tribunal competente para o julgamento do recurso, o processo retornará à primeira instância e seguirá o seu curso, com a citação do réu para resposta.

7.4. Pedido.

A petição inicial deverá indicar o pedido (art. 840, § 1º, da CLT).

7.4.1. Noções gerais

O pedido se subdivide em *imediato* (a espécie de provimento jurisdicional pretendido: condenatório ou declaratório, por exemplo) e *mediato* (o bem jurídico que o autor pretende proteger ou obter por força da decisão judicial).

O pedido, além de consistir decorrência lógica dos fatos narrados na petição inicial (art. 330, § 1º, III, do CPC), deve ser *conclusivo*, isto é, *certo* e *determinado* (arts. 840, § 1º, e 852-B da CLT e arts. 322 e 324 do CPC).

Para Humberto Theodoro Júnior, "entende-se por certo o pedido expresso, pois não se admite que possa o pedido do autor ficar apenas implícito. Já a determinação se refere aos limites da pretensão. O autor deve ser claro, preciso, naquilo que espera obter da prestação jurisdicional".[21]

O pedido, além de certo e determinado, deverá ser acompanhado pela indicação do seu valor (art. 840, § 1º, da CLT), exigência examinada quando tratamos dos requisitos da petição inicial, valendo anotar que ao autor é lícito apresentar pedido genérico quando não for possível determinar, desde logo, as consequências do ato ou fato (art. 324, § 1º, II, do CPC)[22] ou a determinação do valor da condenação depender de ato que deva ser praticado pelo réu (art. 324, § 1º, III, do CPC).

7.4.2. Pedido alternativo, sucessivo/subsidiário, genérico, cominatório e implícito.

O pedido será *alternativo* quando, pela natureza da obrigação, o devedor puder cumprir a prestação de mais de um modo (art. 325 do CPC), valendo lembrar que a obrigação pode ser *cumulativa* (existem duas ou mais prestações cumulativamente

20. O CPC acrescenta que: sendo a sentença reformada pelo tribunal, o prazo para a contestação começará a correr da intimação do retorno nos autos (art. 331, § 2º – esta disposição justifica a alusão, no *caput* deste artigo, à *citação* para responder o recurso, vez que, reformada a decisão, o réu já terá sido citado, o que permite dar início à contagem do prazo para a resposta à demanda a partir da intimação de retorno dos autos); não interposta a apelação, o réu será intimado do trânsito em julgado da sentença (art. 331, § 3º – fato que permite ao réu tomar ciência da demanda contra ele proposta).

21. Humberto Theodoro Júnior. *Curso de direito processual civil*, v. I, p. 410. Mais à frente será visto que existem situações em que o pedido é considerado implícito.

22. É o que ocorre, por exemplo, nos pedidos de indenização por danos decorrentes de acidente de trabalho.

exigíveis do devedor) ou *alternativa* (existem duas ou mais prestações, mas o devedor estará liberado se cumprir apenas uma delas). O art. 325 do CPC trata da hipótese de obrigação alternativa (arts. 252 e seguintes do Código Civil). Dá-se o pedido alternativo quando o autor pleiteia uma ou outra prestação que seja suficiente para a satisfação da sua pretensão, como ocorre, por exemplo, quando é requerida a declaração de nulidade da dispensa, por ser o trabalhador estável, e requerida a reintegração no emprego ou o pagamento de indenização substitutiva da estabilidade não respeitada.

A escolha da forma de cumprimento da obrigação pode caber ao credor ou ao devedor. Se ao autor, ele poderá apontar, na petição inicial, a forma pela qual a obrigação deverá ser cumprida. Se a escolha couber ao devedor, o juiz lhe assegurará o direito de cumprir a prestação de um ou de outro modo, ainda que o autor não tenha formulado pedido alternativo (art. 325, parágrafo único, do CPC de 2015).

É lícito formular mais de um pedido em ordem *subsidiária*, a fim de que o juiz conheça do posterior, em não podendo acolher o anterior (art. 326 do CPC). Neste contexto, pode o autor, no caso de terceirização, requerer o reconhecimento de relação de emprego com o tomador de seus serviços (*pedido principal*) e, se não for atendido o seu pedido de reconhecimento de relação de emprego, o reconhecimento de que tem direito aos mesmos benefícios que a tomadora de seus serviços reverte aos seus empregados que desempenhem idênticas funções (*pedido subsidiário*).

Ao autor é lícito apresentar *pedido genérico*, isto é, *indeterminado*, nas situações previstas no art. 324 do CPC: ações universais, se não puder o autor individuar os bens demandados; quando não for possível determinar, de modo definitivo, as consequências do ato ou fato ilícito; quando a determinação do objeto ou do valor da condenação depender de ato que deva ser praticado pelo réu.

Assim, *pedido genérico* é *pedido indeterminado*, observando-se que a generalidade ou indeterminação diz respeito ao bem da vida perseguido pelo autor, isto é, somente ao pedido mediato (o pedido imediato deverá ser determinado). A admissibilidade do pedido genérico ou indeterminado está condicionada à impossibilidade, no momento da propositura da demanda, de precisa quantificação dos bens postulados pelo autor.

Mas, como assevera Cândido Rangel Dinamarco, "pedido genérico, ou ilíquido, não se confunde com pedido vago nem com o condicional. Genérico é aquele que, sem chegar à perfeita especificação do direito afirmado e da natureza e quantidade dos bens pretendidos (certeza e liquidez), aproxima-se razoavelmente a esse *optimum*, deixando em aberto somente a definição quantitativa. Contém a afirmação da efetiva existência do direito e deixa postos desde logo os elementos ou critérios dos quais por algum modo se extrairá o montante da obrigação (em dinheiro, em coisas quantificáveis em geral)".[23]

23. *Instituições de direito processual civil*, v. II, p. 129.

Por fim, considerar-se-ão incluídas no pedido, independentemente de declaração expressa do autor, as prestações que o réu deixar de pagar ou consignar no curso do processo (art. 323 do CPC). Trata-se do denominado *pedido implícito*. Pedido implícito é aquele que não precisa constar expressamente da petição inicial para que seja atendido, por resultar da própria natureza da relação jurídica litigiosa, como se dá nas obrigações de trato sucessivo, ou de previsão legal, como ocorre em relação aos juros legais, à correção monetária e às verbas de sucumbência, inclusive os honorários advocatícios (art. 322, § 1º, do CPC e art. 1º da Lei n. 6.889/81).

7.4.3. Aditamento e alteração do pedido e da causa de pedir.

Ao autor é lícito aditar o pedido ou a causa de pedir, ou seja, acrescentar à petição inicial pedido ou causa de pedir que ela não continha originalmente, assim como alterar o pedido e a causa de pedir. No aditamento, há acréscimo no pedido e, na alteração, modificação do pedido ou da causa de pedir.

A autorização para o aditamento e a alteração do pedido ou da causa de pedir atende ao princípio da economia processual, posto que evita a propositura de uma nova ação contra o mesmo réu, apenas para acrescentar pedido ou causa de pedir estranho à demanda já proposta ou para modificar pedido ou causa de pedir já apresentado.

O CPC faz referência ao aditamento do pedido e à alteração do pedido e da causa de pedir (art. 329), dispondo que eles podem ocorrer: a) até a citação, *independentemente de consentimento do réu*; b) até o saneamento do processo, *com o consentimento do réu*, assegurado o contraditório e a produção de prova suplementar. O CPC trata, neste comando legal, da *estabilização da demanda*.

No processo do trabalho, a *estabilização da demanda* se dá, a princípio, com o recebimento da defesa do réu em audiência. Com isso, antes do recebimento da defesa, podem ocorrer aditamento do pedido ou alteração do pedido e da causa de pedir sem necessidade de concordância do réu.

No entanto, também no processo do trabalho, após o recebimento da defesa, mas desde que antes do saneamento do processo, o autor poderá aditar o pedido ou alterar o pedido ou a causa de pedir, desde que com consentimento do réu, assegurado o contraditório mediante a possibilidade de manifestação deste no prazo mínimo de 5 dias (aplicação do art. 841 da CLT), facultado o requerimento de prova suplementar (aplicação do art. 329, II, do CPC).

7.4.4. Interpretação do pedido.

O CPC estabelece que estão compreendidos no principal os juros legais, a correção monetária e as verbas de sucumbência, inclusive os honorários advocatícios (art. 322, § 1º) e, ainda, que a interpretação do pedido considerará o conjunto da postulação e observará o princípio da boa-fé (art. 322, § 2º). O pedido, portanto, continua a ser interpretado restritivamente, mas estão compreendidos no principal, ainda que não especificados, os juros legais, a correção monetária e as verbas de sucumbência, inclusive os honorários advocatícios.

O CPC, neste particular (art. 322, §§ 1º e 2º), é compatível com o Direito Processual do Trabalho, em razão do reconhecimento às partes do *jus postulandi*, do princípio da simplificação das formas e dos procedimentos e do princípio da facilitação do julgamento do mérito da demanda.

7.4.5. Cumulação de pedidos.

A petição inicial pode conter apenas um pedido (*unicidade de pedido*) ou dois ou mais pedidos (*pluralidade de pedidos*). Nessa segunda situação ocorre o fenômeno da cumulação de pedidos, ou seja, cumulação, em um único processo, contra o mesmo réu, de vários pedidos, ainda que entre eles não haja conexão (art. 327, *caput*, do CPC).

São requisitos de admissibilidade da cumulação que se trate de pedidos apresentados contra o mesmo réu (art. 327, *caput*, do CPC) e, ainda, que: a) os pedidos sejam compatíveis entre si (*compatibilidade dos pedidos*: os pedidos não podem ser contraditórios entre si: art. 327, § 1º, I, do CPC); b) seja competente para conhecer deles o mesmo juiz (*unicidade da competência*: art. 327, § 1º, II, do CPC); c) seja adequado para todos os pedidos o tipo de procedimento (*uniformidade do procedimento*: art. 327, § 1º, III, do CPC).

A autorização para a cumulação de pedidos atende ao princípio da economia processual, na medida em que dispensa a propositura de várias demandas envolvendo as mesmas partes e até os mesmos fatos.

Quando para cada pedido corresponder tipo diverso de procedimento, admitir-se-á a cumulação de pedidos se o autor empregar o procedimento ordinário. Ao autor cabe, sob este prisma, decidir entre os benefícios de um procedimento mais célere para determinado pedido e a cumulação de pedidos, ainda que em procedimento mais moroso. O CPC, além de admitir a opção do autor pelo *procedimento comum*, estabelece que este fato se dará sem prejuízo do emprego de técnicas processuais diferenciadas previstas nos procedimentos especiais a que se sujeitam ou mais pedidos cumulados, que não forem incompatíveis com as disposições sobre o procedimento comum (art. 327, § 2º).

A cumulação poderá ser *simples* (o acolhimento de um dos pedidos não depende do acolhimento de outro) e *sucessiva* (o acolhimento de um pedido depende do acolhimento de outro).

8. APLICAÇÃO DO ART. 486 DO CPC NO PROCESSO DO TRABALHO

No CPC é previsto que: o pronunciamento que não resolve o mérito não obsta que a parte proponha de novo a ação (art. 486, *caput*), mas nos casos de extinção do processo em razão de litispendência, indeferimento da petição inicial, ausência de pressuposto de constituição e de desenvolvimento válido e regular do processo, ausência de legitimidade ou de interesse processual e acolhimento de alegação de existência de convenção de arbitragem ou quando o juiz arbitral reconhecer a sua competência, a propositura da nova ação depende da correção do vício que levou à sentença sem resolução do mérito (art. 486, § 1º); a petição inicial não será despachada sem a prova do pagamento ou do depósito das custas e dos honorários de advogado (art. 486, § 2º).

Também no processo do trabalho, o pronunciamento que não resolve o mérito não obsta que a parte proponha de novo a ação, mas nos casos de extinção do processo em razão de litispendência, indeferimento da petição inicial, ausência de pressuposto de constituição e de desenvolvimento válido e regular do processo, ausência de legitimidade ou de interesse processual e acolhimento de alegação de existência de convenção de arbitragem ou quando o juiz arbitral reconhecer a sua competência, a propositura da nova ação depende da correção do vício que levou à sentença sem resolução do mérito.

No entanto, o princípio da facilitação do acesso à justiça torna incompatível com o Direito Processual do Trabalho a exigência da comprovação do pagamento de custas e dos honorários de advogado relativos à demanda anterior como condição para o ajuizamento de nova demanda, pelos motivos expostos quando tratarmos, mais adiante, do arquivamento da demanda em razão da ausência do reclamante na audiência designada.

De outro lado, consoante o art. 486, § 3º, do CPC, o autor que der causa, por três vezes, à extinção do processo em razão da não promoção dos atos e diligências que lhe competir (*abandono da causa*), não poderá intentar nova ação contra o réu com o mesmo objeto, ressalvada, entretanto, a possibilidade de alegar em defesa o seu direito. Todavia, no processo do trabalho, a perempção é apenas temporária (arts. 731 e 732 da CLT). Assim, ultrapassado o espaço de tempo em que a parte está impedida de ajuizar demanda perante a Justiça do Trabalho, poderá ele retornar ao Judiciário com a mesma pretensão.

9. NOTIFICAÇÃO/CITAÇÃO/NOTIFICAÇÃO DO RÉU/RECLAMADO

Distribuída a demanda, a petição inicial e os documentos que a acompanham são remetidos à Vara do Trabalho ou Juízo competente, acompanhada do registro de distribuição, na qual serão autuados, formando-se, então, os *autos do processo* (art. 788 da CLT).

Procedida a autuação, o Diretor da Secretaria da Vara do Trabalho ou do Juízo, dentro de quarenta e oito horas, remeterá a segunda via da petição inicial ao reclamado, *notificando-o* ao mesmo tempo para comparecer à audiência de instrução e julgamento (art. 841 da CLT).

A *notificação*, é, assim, o ato por meio do qual o reclamado é cientificado da demanda contra ele proposta (*ciência da demanda*[24]) e chamado a comparecer a uma audiência, na qual será tentada a conciliação, produzida defesa, instruída, debatida e julgada a causa (*convocação para comparecimento*). Na hipótese de não ser designada audiência, o reclamado deve ser notificado para apresentar defesa no prazo assinalado pelo juiz.

Do tema tratamos quando foram examinadas as formas de comunicação dos atos processuais, valendo acrescentar que:

a) a citação de pessoa jurídica com estabelecimentos em várias localidades pode ser enviada para o estabelecimento a que estava vinculado o autor da demanda.[25]

b) da citação deverá constar a advertência de que a defesa poderá ser apresentada na audiência e de que o não comparecimento à audiência implicará revelia e confissão em relação aos fatos narrados na inicial (art. art. 250, II, do CPC e art. 844 da CLT). Se não for o caso de designação de audiência, o reclamado deverá ser notificado para apresentar defesa no prazo assinalado pelo juiz, com a advertência de que não sendo contestada a ação se presumirão aceitos, como verdadeiros, os fatos articulados pelo autor.

c) para notificar o reclamado, o Diretor de Secretaria deverá colocar em envelope com timbre impresso do juízo ou tribunal, bem como da secretaria, cópia da petição inicial, cientificando-o de que deverá comparecer à audiência designada (com indicação de dia, hora e local de sua realização), na qual poderá apresentar sua defesa à reclamação, advertindo-o de que a sua ausência implicará revelia e confissão em relação aos fatos narrados na inicial. Deverá constar da notificação a informação quanto ao procedimento impresso ao processo, por conta, principalmente, da limitação do número de testemunhas no procedimento sumaríssimo;

d) presume-se recebida a notificação 48 (quarenta e oito) horas depois de sua postagem. O seu não recebimento ou a sua entrega após o decurso desse prazo constitui ônus de prova do destinatário (Súmula n. 16 do TST). Essa presunção decorre do fato de ter a Empresa de Correio e Telégrafos 48

---

24. Daí a necessidade de remessa da segunda via da petição inicial ao reclamado.

25. Sendo reclamados a pessoa jurídica e o seu representante legal, a notificação deste supre eventual vício da notificação endereçada àquela. É que a ciência da reclamação e da data de comparecimento em juízo pelo representante legal da pessoa jurídica torna lícito concluir pela sua ciência também pela pessoa jurídica.

(quarenta e oito) horas para devolver a notificação não entregue ao seu destinatário (art. 774, parágrafo único, da CLT). Não sendo a notificação devolvida no aludido prazo, presume-se a sua entrega ao destinatário. A presunção não alcança a hipótese de citação postal do reclamado que tenha residência ou domicílio em Comarca diversa daquela em que a Vara do Trabalho tenha jurisdição, diante do maior tempo que demanda a citação fora da sede do juízo;

e) segundo o art. 841, § 1º, da CLT, se o reclamado criar embaraços ao recebimento da notificação ou não for encontrado, far-se-á a sua notificação por meio de edital, inserto no jornal oficial ou no que publicar o expediente forense, ou, na falta, afixado na sede da Vara ou juízo, o que não se aplica ao procedimento sumaríssimo, por força do disposto no art. 852-B, II, da CLT. Contudo, não vemos dificuldades em considerar realizada a notificação cujo recebimento tenha sido recusado, vez que a recusa permite presumir o conhecimento do teor da correspondência endereçada ao reclamado (em regra, somente é recusado aquilo que não interessa ao destinatário receber, o que demonstra ciência do conteúdo do que é recusado).[26]

O prazo de cinco dias, fixado no art. 841 da CLT, é estabelecido em favor do reclamado, para que possa preparar a sua resposta à reclamação. Esta conclusão que é autorizada pelo Decreto-lei n. 779/69, quando estabelece que os entes de direito público interno têm como privilégio o "quádruplo do prazo fixado no art. 841, *in fine*, da CLT". É que, se não fosse de defesa o prazo em questão, não seria necessário o tratamento especial reservado aos entes de direito público interno em relação ao espaço de tempo entre a notificação e a realização da audiência em que a defesa pode ser apresentada.

O reclamado necessita de um prazo mínimo para a elaboração de sua defesa e esse prazo lhe é assegurado pelo art. 841 da CLT. A ampla defesa assegurada constitucionalmente às partes (art. 5º, LV, da Constituição Federal) inclui o direito a um prazo razoável para a preparação da resposta à demanda, acrescentando-se ser este um direito a todos reconhecido, inclusive, pelo Pacto Internacional sobre Direitos Civis e Políticos (art. 14, III, *b*). O desrespeito ao prazo estabelecido no art. 841 da CLT constitui cerceamento do direito de defesa do reclamado.

Se o reclamado comparece à audiência, apresenta defesa e não comprova qualquer prejuízo resultante do desrespeito ao prazo de cinco dias estabelecido pelo art. 841 da CLT, fica suprida a irregularidade da notificação (art. 794 da CLT).

26. A propósito: "(...) é válida a intimação recusada pelo destinatário" (TRT da 1ª Região, AP 3647/98, Rel. Juíza Dóris Castro Neves, DJRJ 5.5.1999, p. 114).

10. AUDIÊNCIA. ASPECTOS GERAIS

Na audiência deverão estar presentes o reclamante e o reclamado, independentemente do comparecimento de seus representantes, salvo nos casos de reclamações plúrimas (litisconsórcio ativo) ou ações de cumprimento (ação que tem por objeto o cumprimento de sentença normativa), quando os trabalhadores poderão ser representados pelo sindicato de sua categoria profissional (art. 843 da CLT).

Contudo, se por doença ou qualquer outro motivo ponderoso (relevante), devidamente comprovado, não for possível ao empregado comparecer pessoalmente, poderá fazer-se representar por outro empregado, que pertença à mesma profissão, ou pelo seu sindicato (art. 843, § 2º, da CLT).

Esta substituição é permitida, segundo a doutrina predominante, apenas para evitar o arquivamento da reclamação, visto que o trabalhador substituto ou o representante do sindicato não poderá prestar depoimento ou celebrar acordo em nome do substituído. Cumpre observar, no entanto, que o fato de uma das partes estar impedida de comparecer à audiência já é suficiente, por si só, para o seu adiamento, de forma que a autorização do art. 843, § 2º, da CLT deve ser admitida em termos amplos e não somente para impedir o arquivamento. Note-se, inclusive, que se fosse a substituição admitida apenas para impedir o arquivamento, não teria sido exigida a representação especial, ou seja, por outro empregado da mesma profissão ou pelo sindicato. Com essa solução, é prestigiada a celeridade na tramitação do processo. Somente quando for requerido o depoimento pessoal do autor da demanda é que a audiência deverá ser adiada. O prejuízo à conciliação é compensado pela mais rápida solução do conflito de interesses.

Como o art. 843, § 2º, da CLT alude a *empregado* e *sindicato*, no caso de a relação litigiosa não ser de emprego, a audiência deverá ser adiada se for comprovada a impossibilidade de comparecimento do reclamante.

Aberta a audiência e estando presentes as partes, o juiz proporá a conciliação (art. 846 da CLT). Se houver acordo, será lavrado termo, assinado pelo juiz e pelos litigantes, consignando-se o prazo e demais condições para o seu cumprimento (art. 846, § 1º, da CLT). Às partes é lícito estabelecer, ao celebrar acordo, que aquela que não o cumprir ficará obrigada a satisfazer integralmente o pedido ou pagar uma indenização convencionada, sem prejuízo do cumprimento do acordo (art. 846, § 2º).[27]

Registre-se que:

a) "a decisão ou acordo judicial subjacente à reclamação trabalhista, cuja tramitação deixa nítida a simulação do litígio para fraudar a lei e prejudicar

---

27. O termo de acordo deverá conter a indicação da natureza jurídica das parcelas pagas e a definição da responsabilidade de cada parte pelo recolhimento previdenciário respectivo (art. 832, § 3º, da CLT). A não indicação da natureza jurídica da parcela implicará incidência das contribuições sobre o valor total das parcelas pagas (art. 43 da Lei n. 8.212/91).

terceiros enseja ação rescisória, com lastro em colusão. No juízo rescisório, o processo simulado deve ser extinto" (Orientação Jurisprudencial n. 94 da SDI-2 do TST);

b) "acordo celebrado — homologado judicialmente — em que o empregado dá plena e ampla quitação, sem qualquer ressalva, alcança não só o objeto da inicial, como também todas as demais parcelas referentes ao extinto contrato de trabalho, violando a coisa julgada, a propositura de nova reclamação trabalhista" (Orientação Jurisprudencial n. 132 da SDI-2 do TST);

c) "(...) a homologação de acordo constitui faculdade do juiz, inexistindo direito líquido e certo tutelável pela via do mandado de segurança" (Súmula n. 418 do TST).

Não havendo acordo, o reclamado terá vinte minutos para apresentar a sua resposta à demanda (art. 847 da CLT).[28]

No processo judicial eletrônico, a juntada de contestação poderá ser realizada diretamente pelo advogado, sem necessidade de intervenção da secretaria judicial, situação em que a autuação deverá se dar de forma automática, fornecendo-se recibo eletrônico de protocolo (art. 10 da Lei n. 11.419/06), podendo a contestação escrita ser apresentada até a audiência (art. 847, parágrafo único, da CLT, com a redação que lhe conferiu a Lei n. 13.467/17).

Colhida a resposta e ouvido o autor sobre os documentos apresentados e não sendo o caso de ser conferida oportunidade para o autor responder exceção e/ou reconvenção (arts. 848 e 849 da CLT), o juiz indagará às partes sobre as provas que pretendem produzir, procedendo, imediatamente, o exame da admissibilidade das que lhe forem propostas.

As provas admitidas serão produzidas na própria audiência, ou, se se tratar de perícia, o juiz nomeará perito, fixando prazo para a apresentação do laudo, interrompendo a audiência (não é aconselhável colher a prova testemunhal antes da realização da perícia, posto que podem surgir no laudo questões que careçam de esclarecimento por meio de prova testemunhal).

Encerrada a instrução, às partes é facultada a apresentação de alegações finais.[29]

Aduzidas as razões finais, ou ultrapassado o prazo respectivo, o juiz renovará a proposta de conciliação (art. 850 da CLT).

---

28. A resposta poderá ser apresentada oralmente (situação em que será registrada em ata) ou por escrito.

29. Nas alegações, as partes podem realizar a crítica da prova produzida na audiência. As alegações devem ser transcritas na ata de audiência. A oralidade das alegações diz respeito à forma de sua apresentação.

Não sendo realizada a conciliação, o juiz proferirá decisão (arts. 831, *caput*, da CLT[30]), na própria audiência (art. 849 da CLT[31]) ou no prazo de trinta dias (art. 226, III, do CPC).

Em suma, na audiência será promovida a tentativa de conciliação, colhida a resposta do reclamado, instruída e debatida a causa e, eventualmente, proferida decisão. Por esta razão, "os trâmites de instrução e julgamento da reclamação serão resumidos em ata, de que constará, na íntegra, a decisão" (art. 851 da CLT).

A ata será, pelo presidente ou juiz, juntada ao processo, devidamente assinada, no prazo improrrogável de 48 horas, contado da audiência de julgamento (art. 851, § 2º, da CLT).

A audiência deverá ser realizada na primeira data desimpedida, mas depois de cinco dias, contados da notificação do reclamado (art. 841 da CLT).

No procedimento sumaríssimo, que será examinado mais adiante, a audiência deve ser realizada no prazo máximo de 15 dias, contados da distribuição ou apresentação da reclamação em juízo (art. 852-B, III, da CLT). Em relação ao procedimento ordinário, não foi estabelecido um prazo máximo para a realização da audiência. O juiz deve estar atento, no entanto, para o direito das partes à solução do conflito em prazo razoável e, ainda, para o caráter predominantemente alimentar dos créditos decorrentes da relação de emprego, não se podendo olvidar, contudo, os limites impostos pela estrutura das Varas do Trabalho.

11. PRESENÇA DO RECLAMANTE NA AUDIÊNCIA. ARQUIVAMENTO DA RECLAMAÇÃO

A ausência do reclamante ou seu representante na audiência implica arquivamento da reclamação (art. 844 da CLT), o que equivale à extinção do processo sem resolução do mérito.

O autor que der causa a dois arquivamentos em razão do não comparecimento à audiência perderá, por seis meses, o direito de reclamar perante a Justiça do Trabalho (art. 732 da CLT). O autor, no caso de dois arquivamentos, fica impedido, por seis meses, de reclamar perante a Justiça do Trabalho contra qualquer tomador de seus serviços. A lei impede a reclamação perante a Justiça do Trabalho e não apenas a ação contra o mesmo demandado nas reclamações arquivadas (trata-se de norma de constitucionalidade discutível, por impedir o acesso à justiça, ainda que temporariamente).

---

30. "A decisão será proferida depois de rejeitada pelas partes a proposta de conciliação".
31. "A audiência de julgamento será contínua; mas, se não foi possível, por motivo de força maior, concluí-la no mesmo dia, o juiz ou presidente marcará a sua continuação para a primeira desimpedida, independentemente de nova notificação".

Abre-se um parêntese para esclarecer que o art. 732 da CLT refere-se a dois arquivamentos *em razão da ausência do reclamante à audiência*. Logo, a pena cominada no art. 732 da CLT não se aplica ao arquivamento fundado no art. 852-B, § 1º, da CLT (arquivamento da reclamação sujeita ao procedimento sumaríssimo por irregularidade da petição inicial). A norma que limita o acesso ao Judiciário deve ser interpretada restritivamente, o que impede aplicar a penalidade do art. 732 na hipótese de arquivamento em razão da não observância dos requisitos próprios da petição inicial no processo sujeito ao procedimento sumaríssimo.

Se as partes comparecem e a audiência é interrompida após o recebimento da contestação, com designação de nova data para a instrução da causa, a ausência do reclamante não importa arquivamento da reclamação (Súmula n. 9 do TST).[32] Nesse caso, o reclamante será considerado confesso quanto à matéria de fato alegada na contestação, desde que tenha sido intimado para prestar depoimento na data designada para a instrução. Se a ausência nesta segunda oportunidade for do reclamado, não haverá revelia, mas confissão em relação aos fatos alegados na petição inicial, nos moldes da Súmula n. 74, I, do TST.[33]

Consoante o art. 844, *caput* e § 2º, da CLT, na redação que lhes conferiu a Lei n. 13.467/17, na hipótese de ausência do reclamante na audiência, o processo será arquivado e o reclamante será condenado ao pagamento das custas processuais, **mesmo se beneficiário da justiça gratuita**, salvo se comprovar, no prazo de quinze dias, que a ausência ocorreu por motivo legalmente justificável.

No entanto, a exigência de pagamento de custas da parte beneficiária da gratuidade da justiça **contraria a própria CLT.**

Primeiro, porque, consoante prevê o art. 790-A da CLT, os beneficiários da justiça gratuita são isentos de custas. Diante do evidente conflito entre o art. 790-A da CLT e o art. 844, § 2º, também da CLT, impõe-se a aplicação do primeiro, vez que favorece o acesso à justiça, com esteio no princípio da aplicação da norma mais favorável à melhoria da condição social do trabalhador, que é consagrado no art. 7º, *caput*, da Constituição Federal, observando que a condição social do trabalhador é melhorada quando for facilitado o seu acesso à justiça para defesa dos seus direitos, valendo acrescentar, ainda, que o princípio da vedação de retrocesso social, estabelecido pelo art. 64, § 4º, IV, da Constituição da República e que também informa os arts. 9º, 444, *caput*, e 468, *caput*, da CLT, impede a prevalência do art. 844, § 2º, sobre o 790-A.

Segundo, porque, conforme o art. 836 da CLT, do beneficiário da justiça gratuita não pode ser exigido depósito prévio para efeito de ajuizamento de ação rescisória,

32. A audiência, ainda que fracionada, é considerada única.

33. "Aplica-se a confissão à parte que, expressamente intimada com aquela cominação, não comparecer à audiência em prosseguimento, na qual deveria depor".

o que aponta no sentido de que **o fato de a parte não ter condições de arcar com os custos do processo não pode impedir o seu acesso à justiça**, o que também decorre da previsão no sentido de que são isentos do depósito recursal os beneficiários da justiça gratuita (art. 899, § 10, da CLT), indicando esta última disposição legal que **sequer o acesso ao duplo grau de jurisdição pode ser negado à parte que não tem condições de arcar com os custos do processo**, mesmo que ela tenha, conforme reconhecido em decisão judicial, descumprido a legislação trabalhista (lembre-se que este descumprimento representa, consoante resulta do art. 186, III, da Constituição, ofensa à função social da propriedade). Com isto, no exame da questão deve prevalecer o que dispõe o art. 790-A da CLT, que está em sintonia com a ideia segundo a qual a isenção do pagamento das custas tem em vista facilitar o acesso à justiça.

Acrescente-se que não encontra respaldo em nossa ordem jurídica a utilização da exigência de pagamento de custas **como forma de punição da parte**, notadamente com vista a impedir ou, no mínimo, dificultar, o seu acesso à justiça. É que o acesso à justiça é assegurado, sem a limitação em questão, pelo art. 5º, XXV, da Constituição da República. Ademais, a Constituição assegura aos litigantes o direito à ampla defesa, com os *meios* a ela inerentes (art. 5º, LV) e dentre estes **meios** está a gratuidade da justiça (art. 5º, LXXIV). De outro lado, a Constituição também estabelece que são gratuitos os **atos necessários ao exercício da cidadania** (art. 5º, LXXVII) e os direitos inerentes ao trabalho humano são sociais e, como tais, **direitos de cidadania**, sendo relevante anotar que o *exercício da cidadania* não se restringe, inclusive por falta de ressalva no texto em exame neste sentido, ao *exercício de direitos políticos*, o que significa que abrange todos os direitos de cidadania, dentre os quais os trabalhistas (a Lei n. 9.265/96, que regulamentou o art. 5º, LXXIV, dispõe, no art. 1º, que são considerados atos necessários para o exercício da cidadania "os que capacitam ao exercício da soberania popular, a que se reporta o art. 14 da Constituição", mas, como foi dito, a cidadania não se limita ao exercício de direitos políticos, além do que onde a Constituição não fez restrições não pode o legislador infraconstitucional estabelecê-las).

Em suma, um dos entraves ao acesso à justiça é constituído pelos custos do processo e a Lei n. 13.467/17, por meio da qual foi realizada a denominada "reforma trabalhista", se apercebeu deste fato e o utilizou contra o reclamante ausente na audiência, impedindo ou dificultando o seu acesso à justiça, sob o argumento de que é necessário punir quem deixa de comparecer na audiência e não justifica a sua ausência.

Aliás, se for justificada a ausência, a hipótese será de **nova inclusão do processo em pauta**, como decorre do art. 844, § 1º, da CLT, e não de simples dispensa do pagamento de custas. Com efeito, segundo o art. 844, § 1º, da CLT, justificada a ausência, o juiz poderá converter o julgamento em diligência, **designando nova**

audiência. Esta solução não foi adotada ao acaso, vez que atende os princípios da economia processual, posto que favorece o aproveitamento dos atos já praticados, e da facilitação do julgamento do mérito da demanda, posto que, incluído o processo em pauta, seguir-se-á a produção da defesa, instrução e julgamento da demanda. É relevante anotar que, se o reclamado que foi considerado confesso e revel por força da ausência na audiência, justificar a sua ausência, o processo deverá ser reincluído em pauta, não havendo razão para que a mesma medida não seja adotada em favor do trabalhador.

De outro lado, consoante o art. 884, § 3º, da CLT, no caso de arquivamento da demanda, o pagamento das custas do processo respectivo constitui condição para a sua nova propositura.

A exigência de pagamento de custas da parte beneficiária da gratuidade da justiça para efeito da propositura de nova demanda atenta contra o princípio da igualdade.

É que, ao mesmo tempo em que impede, ou, no mínimo, dificulta o acesso do trabalhador à justiça, a Lei n. 13.467/17 adota medidas voltadas à facilitação do acesso à justiça para as empresas, inclusive quando já condenadas em juízo, dispensando-as do pagamento de custas (art. 790-A) e da realização do depósito recursal (art. 899, § 10), quando beneficiados pela justiça gratuita. Contudo, às partes em igual situação – ambas são beneficiárias da justiça – deve ser reservado o mesmo tratamento. Deste modo, assim como não se pode exigir o pagamento das custas e a realização do depósito recursal da empresa beneficiária da justiça gratuita, também não se pode exigir o pagamento de custas para efeito de ajuizamento de demanda trabalhista pelo trabalhador também beneficiário da justiça gratuita, sob pena, inclusive, de se considerar que o não comparecimento injustificado à audiência é menos grave do que o descumprimento da legislação trabalhista, visto que a Constituição estabelece, expressamente, que uma das condições para que a empresa cumpre a sua função social é o respeito à legislação trabalhista (art. 186, III).

Observe-se que a Lei n. 13.467/17 alterou a redação do art. 790-B da CLT, autorizando a cobrança de honorários periciais do vencido na pretensão objeto de perícia, ainda que beneficiário da justiça gratuita (solução que também não se sustenta). No entanto, esta mesma Lei estabeleceu que, somente no caso em que o beneficiário da justiça gratuita não tenha obtido em outro juízo créditos capazes de suportar o pagamento dos honorários periciais, é que eles serão pagos pela União (art. 790-B). Da mesma forma, se subsistirem os motivos que levaram à concessão da gratuidade da justiça no processo arquivado, os custos deste processo devem ser suportados pela União, não havendo, portanto, como impedir o acesso à justiça pelo fato de as custas não terem sido pagas pelo reclamante.

Pode-se invocar, ainda, o disposto no art. 98, §§ 2º e 3º, do CPC, como fonte supletiva do Direito Processual do Trabalho. É que, de acordo com tais dispositivos legais, embora a concessão da gratuidade da justiça não isente a parte do pagamento das despesas processuais e honorários advocatícios, a exigibilidade do cumprimento desta obrigação ficará suspensa pelo prazo de cinco anos e somente poderá ser executada se o credor demonstrar que deixou de existir a situação de insuficiência de recursos que justificou a concessão da gratuidade da justiça. Como a exigibilidade da obrigação de pagar as despesas processuais impostas ao reclamante estará suspensa (por dois anos, no processo do trabalho), não há como impor o seu cumprimento como condição para a propositura de nova demanda. Deste modo, ainda que se admita que as custas devem ser pagas para que se possa propor uma nova demanda, a sua exigibilidade ficará suspensa até o julgamento desta segunda demanda, para que possam ser exigidas no caso de o reclamante obter créditos capazes de suportar o seu pagamento, consoante o art. 790-B da CLT.

É relevante anotar que não está sendo afirmado que o reclamante que injustificadamente deixa de comparecer está isento de qualquer responsabilidade. A CLT já estabelece pena para a hipótese de ausência injustificada à audiência, como se vê do seu art. 732.

No exame destas questões é necessário especial cuidado para evitar que a Justiça do Trabalho seja transformada em uma *justiça política*, o que ocorre quando o processo judicial é utilizado por quem detém o poder para "afiançar seu próprio domínio ideológico mediante a repressão exemplificante de certos sujeitos eleitos como vítimas".[34] O argumento de que os trabalhadores, na sua maioria, abusam do seu direito de ação não pode ser generalizado a ponto de restringir o acesso à justiça e, portanto, aos direitos assegurados pela ordem jurídica (é este o verdadeiro objetivo de quem se volta contra o direito de acesso à justiça).[35] É necessário estar atento, deste modo, para um dos métodos da justiça política, que consiste em "criar um condicionamento ambiental do procedimento jurisdicional que o desnatura", ou seja, à ação deliberada de criar, entre os juízes, um estado de ânimo contrário aos trabalhadores, fundado em uma suposta generalidade do

---

34. Juan Ramón Capella. *Elementos de análisis jurídico,* 2004, p. 150-151.
35. Aliás, dados do CNJ, relativos ao ano de 2016, demonstram que apenas 7,7% das demandas trabalhistas ajuizadas naquele ano foram julgadas totalmente improcedentes. Isto significa que 92,3% das demandas submetidas à Justiça do Trabalho foram julgadas total ou parcialmente procedentes, o que deixa clara a falta de efetividade das normas que compõem o Direito do Trabalho, assim como que restringir o acesso à justiça é, **em 92,3% dos casos**, restringir o acesso aos direitos inerentes ao trabalho. Ao excesso de desrespeito às normas trabalhistas a *reforma trabalhista* apresenta como solução, a fantasia do excesso de acesso à justiça, como justificativa para a punição dos trabalhadores que recorrem à justiça, sejam litigantes de má-fé ou não, não se podendo olvidar, nunca, que o acesso à justiça se justifica como instrumento de acesso aos direitos. Deste modo, ao excesso de descumprimento das normas trabalhistas, ou seja, de desrespeito aos direitos trabalhistas, é somada, pela *reforma trabalhista*, a dificuldade de acesso a estes direitos, pela criação de embaraços ao acesso à justiça, o que compromete, ainda mais, a efetividade daqueles direitos. Assim, a *reforma trabalhista* se funda em premissas que adota como auto evidentes e que se sustentam por si mesmas, mas que não resistem à crítica, o que, no entanto, faz conscientemente, não se pode olvidar.

abuso do direito de ação, que os conduz a um "clima de opinião coativa" e à "limitação dos direitos de defesa".[36]

O citado "estado de ânimo" vem sendo estabelecido paulatinamente nos últimos tempos, via, por exemplo, afirmação de que a União estava tendo gastos astronômicos com o pagamento de honorários periciais, em boa parte devida a pedidos de adicional de insalubridade e/ou periculosidade destituídos de um mínimo de razoabilidade, os advogados estavam patrocinando ações visando à rescisão indireta de contratos de trabalho com o objetivo único de auferir ganhos e as testemunhas, em especial as indicadas à oitiva pelo trabalhador, normalmente mentem em juízo, chegando a ser difundidas técnicas de persecução criminal para a oitiva de testemunhas, com o intuito de verificar se estavam faltando com a verdade.

Note-se, inclusive, que, ao mesmo tempo em que se pretende a "intervenção mínima" na autonomia coletiva, que, agora prevalece sobre a lei, é preconizado o "rigor máximo", em especial, para com os trabalhadores.

Em resumo, ainda que o reclamante não justifique a sua ausência na audiência, dando causa ao arquivamento do processo, se a ele tiver sido deferido o benefício da justiça gratuita, as custas dele não podem ser cobradas, principalmente como condição para a propositura de nova demanda.

Importa chamar a atenção para o fato de que **a situação em exame possui contornos ainda mais graves**. Com efeito, suponha-se que o reclamante foi condenado, no processo arquivado, ao pagamento das custas e foi promovida a sua execução, e que, ao final, **depois da utilização de todos os instrumentos à disposição do Poder judiciário**, chegou-se à conclusão de que o reclamante não tem condições de arcar com o pagamento das custas. Neste caso, impedir o ajuizamento de uma nova demanda não implica apenas em punição daquele que não compareceu, injustificadamente, na audiência, mas **punição da própria pobreza**, por meio da negativa do acesso à justiça. Há, ainda, a possibilidade de três punições do trabalhador: 1) se deixar de comparecer à audiência de forma imotivada, será condenado no pagamento das custas; b) para propor nova demanda, terá que pagar as custas; c) se pagar as custas e novamente não comparecer à audiência, será condenado a pagar as custas e ainda não poderá voltar à justiça durante seis meses, o que somente poderá fazer, inclusive, se pagar as custas relativas ao segundo processo arquivado. Vale lembrar, inclusive, que, como adverte Otfried Höffe, "o auge da opressão é constituído pela recusa dos elementares direitos do homem",[37] dentre os quais está o direito de acesso à justiça.

Não se alegue que o CPC (art. 486, § 3º) contém disposições similares e sua inconstitucionalidade nunca foi declarada. Primeiro, porque não está sendo examinada

36. Juan Ramón Capella. *Elementos de análisis jurídico*, 2004, p.151.

37. *Justiça política: fundamentação de uma filosofia crítica do Direito e do Estado*, 1991, p. 11.

a questão colocada em evidência sob o prisma da constitucionalidade do art. 844, §§ 2º e 3º, da CLT, posto que ela se resolve à luz de normas infraconstitucionais. Segundo, porque o CPC **não prevê que a exigência de pagamento das custas para efeito de ajuizamento de nova demanda alcança o beneficiário da justiça gratuita**. Terceiro, porque o processo do trabalho versa, em regra, sobre créditos de natureza alimentar, o que não é o caso do processo civil, o que justifica a distinção de soluções.

Ademais, a exigência de pagamento das despesas do processo extinto sem provimento de mérito prevista no art. 486, parágrafo único, do CPC não possui, ao contrário do que ocorre no Direito Processual do Trabalho, feição punitiva, além do que o citado dispositivo deve ser interpretado em sintonia com o disposto no art. 98, §§ 2º e 3º, também do CPC, que, como visto, impõe a suspensão da exigibilidade da obrigação de pagar custas pelo prazo de cinco anos. Estabelecida a suspensão da exigibilidade da obrigação de pagar as custas, resta claro que nova demanda pode ser ajuizada sem este pagamento.

12. PRESENÇA DO RECLAMADO NA AUDIÊNCIA. REVELIA E CONFISSÃO

Por força do direito de defesa e ao contraditório, que são constitucionalmente assegurados (art. 5º, LV, da Constituição), proposta a reclamação, o reclamado dela será notificado/citado.

No processo do trabalho, em regra, o reclamado é cientificado da demanda contra ele proposta e, ao mesmo tempo, da realização de uma audiência em que deverá estar presente (art. 841 da CLT).

Ao reclamado não é imposto o comparecimento à audiência ou a apresentação de resposta, mas conferida a oportunidade para comparecer à audiência, apresentar resposta e participar do processo em que será examinada a existência do direito deduzido pelo autor da demanda. Assim, notificado, o reclamado pode assumir várias posturas: a) não comparecer à audiência ou não apresentar contestação no prazo que lhe for assinalado (no caso de não ter sido designada audiência); b) comparecer à audiência designada e reconhecer a precedência do pedido ou celebrar acordo; c) comparecer à audiência e apresentar contestação.

No momento interessa a primeira das atitudes que pode ser adotada pelo reclamado: não comparecer à audiência ou não apresentar contestação.

Segundo prevê o art. 844 da CLT, o não comparecimento do reclamado à audiência designada importa *revelia* e *confissão* quanto à matéria de fato (trata-se da ausência da denominada *audiência inaugural*).

Na hipótese de não ser designada audiência, o reclamado será notificado/citado para apresentar resposta no prazo que lhe for assinalado. Neste caso, o reclamado será considerado revel e confesso se deixar de apresentar contestação à demanda no prazo assinalado (art. 344 do CPC).

O reconhecimento da revelia e a produção do seu *efeito material* (presunção de veracidade dos fatos alegados pelo autor da demanda) não dependem de pedido da parte contrária, posto que se trata de sanção que a lei impõe ao reclamado.

Por força do art. 346 do CPC, sendo o reclamado revel, contra ele correrão os prazos independentemente de sua intimação (neste caso, os prazos fluirão da data da publicação do ato decisório no órgão oficial), salvo quando for assistido por advogado, situação em que deverá ser intimado de todos os atos decisórios na pessoa de seu patrono (a dispensa de intimação correspondente ao *efeito processual da revelia*). A dispensa de intimação do revel é compatível com o processo do trabalho, no qual, no entanto, o revel deverá ser intimado da decisão do litígio, ainda que não tenha patrono constituído nos autos, por força do art. 852 da CLT, salvo a hipótese de sua publicação no órgão oficial (neste caso, a publicação vale como intimação).

Ao revel não é vedado intervir no processo. Consoante dispõe o parágrafo único do art. 340 do CPC, o revel poderá intervir no processo em qualquer fase, recebendo-o no estado em que se encontrar. Assim, após a sua intimação da decisão (arts. 834 e 852 da CLT), o revel pode intervir no processo, apresentando recurso.

A revelia não será declarada quando o reclamado esteja impossibilitado de comparecer à audiência.[38]

O julgamento do reclamado à revelia não fere o direito de defesa ou ao contraditório, visto que o princípio da bilateralidade da audiência, que também rege o processo do trabalho, é satisfeito com a notificação ao reclamado, dando-lhe ciência da reclamação contra ele proposta e da oportunidade que lhe é assegurada para defesa.

Como não existe em nosso ordenamento jurídico norma dispensando a pessoa jurídica de direito público da obrigação de comparecer em juízo, a sua ausência à audiência importará revelia.[39]

A revelia (situação de fato) e a presunção de veracidade dos fatos narrados na petição inicial (efeito material da revelia) *não implicam automático julgamento do mérito em favor do reclamante*. Primeiro, porque é necessário verificar se o fato alegado e confessado é suficiente, à luz do ordenamento jurídico, para ensejar a consequência jurídica pretendida pelo reclamante. Segundo, porque a confissão do reclamado não dispensa o juiz do dever de apreciar as demais provas que se

---

38. A revelia pode ser elidida "mediante a apresentação de atestado médico, que deverá declarar, expressamente, a impossibilidade de locomoção do empregador ou do seu preposto no dia da audiência" (Súmula n. 122 do TST).

39. "Pessoa jurídica de direito público sujeita-se à revelia prevista no art. 844 da CLT" (Orientação Jurisprudencial n. 152 da SDI-I do TST).

encontram nos autos. A presunção de veracidade dos fatos alegados é apenas relativa (*juris tantum*), cedendo lugar a outros elementos de convicção constantes dos autos, por força do princípio do livre convencimento do juiz.

Consoante a Súmula n. 74, III, do TST, "A vedação à produção posterior pela parte confessa somente a ela se aplica, não afetando o exercício, pelo magistrado, do poder/dever de conduzir o processo".

A revelia não resultará em confissão quanto aos fatos alegados quando (art. 345 do CPC e art. 844, § 4º, da CLT, com a redação que lhe conferiu a Lei n. 13.467/17): a) houver pluralidade de reclamados e algum deles contestar a ação (a confissão somente não ocorrerá quando os fatos alegados pelo autor forem impugnados especificadamente pelo litisconsorte presente); b) o litígio versar sobre direitos indisponíveis;[40] c) a petição inicial não estiver acompanhada de *instrumento* que a lei considere indispensável à prova do ato; d) as alegações de fato formuladas pelo reclamante forem inverossímeis[41] ou estiverem em contraposição com a prova constante dos autos.

Acrescente-se que, consoante o art. 844, § 5º, da CLT, com a redação que lhe conferiu a Lei n. 13.467/17, ainda que ausente o reclamado, presente o advogado na audiência, serão **aceitos** a contestação e os documentos eventualmente apresentados. Note-se que não foi estabelecido que, nesta situação, não serão produzidos os efeitos da revelia, como se vê do art. art. 844, § 4º, da CLT, o que conduz à conclusão de que, aceitar a contestação, não implica a ela conferir todos os efeitos daquela apresentada na presença do reclamado, Assim, a apresentação da contestação pelo advogado não afasta a revelia e a confissão quanto à matéria de fatos, mas a confissão deverá ser examinada em conjunto com a prova produzida pelo autor da demanda, o que, inclusive, é reconhecido pelo TST no item II da Súmula n. 74 ("A prova pré-constituída nos autos pode ser levada em conta para confronto com a confissão ficta (arts. 442 e 443 do CPC de 2015 - art. 400, I, CPC de 1973), não implicando cerceamento de defesa o indeferimento de provas posteriores") e estabelecido no próprio § 5º do art. 844 da CLT.

13. PREPOSTO

A CLT autoriza o reclamado a fazer-se representar em audiência pelo gerente ou outro *preposto* que tenha conhecimento dos fatos (art. 843, § 1º, da CLT). Esta autorização tem em vista a facilitação do comparecimento do demandado em juízo.

---

40. Trata-se de norma que protege os direitos indisponíveis e que procurar evitar que o seu titular seja dele despido em razão da revelia.

41. Fato inverossímil é o fato contrário ao que normalmente acontece. Esta previsão é compatível com o direito processual do trabalho, no qual o fato inverossímil deve ser provado pela parte que o alega.

A exigência relacionada com o conhecimento dos fatos da causa tem tripla explicação: a) na audiência deverá ser tentada a conciliação e esta será seriamente prejudicada se o preposto desconhecer os fatos da causa. A facilitação do comparecimento do demandado em juízo não pode prejudicar a conciliação, que é o meio de solução dos dissídios trabalhistas ao qual a CLT conferiu maior prestígio; b) o desconhecimento dos fatos pelo preposto inviabiliza o esclarecimento do juiz sobre os fatos da causa. A facilitação do comparecimento do demandado em juízo não pode prejudicar o esclarecimento do juiz sobre os fatos da causa, lembrando que, quanto mais próxima da realidade, mais justa será a decisão e que "ninguém se exime do dever de colaborar com o Poder Judiciário para o descobrimento da verdade" (art. 378 do CPC); c) como as declarações do preposto obrigam o demandado, não há como admitir a sua representação em juízo por pessoa que desconhece os fatos da causa.

A Lei Complementar n. 123, de 14.12.2006, que instituiu o Estatuto Nacional da Microempresa e da Empresa de Pequeno Porte, ao estabelecer que a microempresa e a empresa de pequeno porte podem fazer--se substituir ou representar perante a Justiça do Trabalho "por terceiros que conheçam dos fatos" (art. 54), reforça a exigência constante do art. 843, § 1º, da CLT.

O não atendimento desta exigência implica, para o demandado, confissão em relação aos fatos alegados pelo autor da demanda na petição inicial.

Em suma, a representação em juízo por preposto que desconhece os fatos da causa equivale à recusa a depor, o que autoriza aplicar a pena de confissão ao réu, nos termos do art. 381, § 1º, do CPC de 2015.

Contudo, o preposto deverá ser empregado do demandado?

No TST prevalecia o entendimento de que o preposto deveria ser empregado do demandado, exceto nas reclamações contra empregador doméstico, consoante consta da sua Súmula n. 377, na sua redação original ("Exceto quanto à reclamação de empregado doméstico, o preposto deve ser necessariamente empregado do reclamado. Inteligência do art. 843, § 1º, da CLT").

Todavia, a Lei Complementar n. 123/2006, tratando do acesso das microempresas e das empresas de pequeno porte à justiça, dispõe que a elas é facultado fazer-se substituir ou representar perante a Justiça do Trabalho por terceiros que conheçam os fatos, "ainda que não possuam vínculo trabalhista ou societário" (art. 54). Assim, por meio da referida lei, foi expressamente dispensada a condição de empregado do preposto das microempresas e empresas de pequeno porte.

Ainda por força da Lei Complementar n. 123/2006, foi conferida nova redação à Súmula n. 377 do TST, *in verbis*: "Exceto quanto à reclamação de empregado doméstico, ou contra micro ou pequeno empresário, o preposto deve ser necessariamente empregado do reclamado. Inteligência do art. 843, § 1º, da CLT e do art. 54 da Lei Complementar n. 123, de 14 de dezembro de 2006".

No entanto, a Lei n. 13.467/17 acrescentou o art. 844, § 3º, à CLT, estabelecendo que o preposto "não precisa ser empregado da parte reclamada". Contudo, como existe uma lei complementar tratando da questão, somente por lei da mesma natureza solução distinta daquela por ela consagrada poderia ter sido adotada.

No caso de se exigir do preposto a condição de empregado do demandado, salvo as exceções citadas, o demandado será considerado revel e confesso quanto aos fatos alegados na petição inicial (quando a irregularidade de representação ocorrer na audiência inaugural) ou confesso (quando a irregularidade de representação for verificada na audiência designada para a instrução do processo), visto que a hipótese equivale à ausência do demandado na audiência (art. 844 da CLT).

A exigência de ser o preposto empregado do reclamado, salvo as exceções referidas, somente se aplica às hipóteses de dissídio fundado em relação de emprego. Nos dissídios decorrentes da relação de trabalho não subordinado apenas se exige que o preposto tenha ciência dos fatos da causa.

O art. 843, § 2º, da CLT autoriza o *empregador* a fazer-se substituir por preposto. Como o empregador pode ser pessoa física e jurídica, não é lícito restringir a possibilidade de substituição por preposto ao empregador pessoa jurídica.

O preposto deve comparecer à audiência munido de documento que o habilite a representar o reclamado (*carta de preposição*). Comparecendo o preposto sem a carta de preposição, o juiz deverá conceder prazo razoável para a regularização da representação, sob pena de decretar a revelia do demandado. O prazo deve ser concedido sem suspensão do processo, para evitar prejuízo à rápida solução do dissídio.

A revelia será decretada *a posteriori*, se a carta de preposição não for apresentada no prazo assinalado ao demandado, desconsiderando-se a contestação apresentada e a prova por ele eventualmente produzida. Evita-se, assim, que o demandado utilize o expediente de fazer-se representar por preposto não munido de carta de preposição para forçar o adiamento da audiência.

O fato de a lei não exigir a apresentação da carta de preposição não a dispensa, vez que é intuitivo que aquele que comparece em juízo em nome de outrem deve provar que está autorizado a fazê-lo.

As empresas que formam grupo econômico podem ser representadas em juízo por apenas um preposto, empregado de qualquer uma delas.

Cumpre mencionar que, de acordo com o disposto no art. 2º da Lei n. 2.757/56, são considerados representantes dos empregadores nas reclamações trabalhistas os síndicos eleitos entre os condôminos.[42] No entanto, consoante decidiu a 3ª Turma do TST: "RECURSO DE REVISTA. EMPREGADO DE ADMINISTRADORA DE CONDOMÍNIO.

42. Os condôminos respondem, proporcionalmente, pelas obrigações trabalhistas do condomínio (art. 3º da Lei n. 2.757/56).

CONDIÇÃO DE PREPOSTO. IRREGULARIDADE DE REPRESENTAÇÃO. CONFISSÃO E REVELIA. APLICAÇÃO DA SÚMULA N. 377/TST. É possível a representação do condomínio em juízo por empregado de empresa que o administra. Precedentes. Incólumes a Súmula n. 377/TST e o art. 843, § 1º da CLT. Esta Corte Superior tem mitigado a exigência de ser o preposto empregado, tanto que alterou a redação da Súmula n. 377 (Resolução n. 146/2008) adicionando mais uma exceção (micro e pequeno empresário) à situação do empregador doméstico".[43]

Como os menores de dezoito anos não têm capacidade para estar em juízo (art. 793 da CLT), não é lícito ao empregador se fazer representar em audiência por preposto menor de dezoito anos.

14. CONCILIAÇÃO

Verificada a presença das partes, o juiz promoverá a tentativa de conciliação.

A solução negociada do conflito de interesses é a mais democrática forma de pôr fim ao processo judicial, visto que, por meio dela, as próprias partes estabelecem os termos para a sua solução, além de atender aos princípios da celeridade, da economia e da eficácia da decisão.

Por essa razão, o processo do trabalho adota como diretriz básica a tentativa de solução negociada do conflito submetido ao Judiciário, impondo ao juiz que convide as partes à negociação no início e final da instrução do processo e o autoriza a fazê-lo em qualquer fase processual (arts. 764 e 852-E da CLT).

As partes, por estarem mais próximas da realidade dos fatos em que sustentam as suas posições, estão em melhores condições de encontrar uma solução que a ambas satisfaça, além do que a parte que conscientemente cede um pouco em suas pretensões se sentirá mais confortável com a solução do conflito do que aquela que tem essa solução imposta por um terceiro (o juiz).

A conciliação a que nos referimos não é, certamente, a que serve à desconstrução do direito do trabalho e, com isso, ao desprestígio do Judiciário trabalhista. A conciliação não é um fim em si mesma e não deve ser fruto da necessidade de sobrevivência do trabalhador desempregado, devendo representar solução que possibilite tornar concreto o direito atribuído *às partes pela ordem jurídica democraticamente instituída.*

Conciliação é o procedimento voltado à solução negociada do conflito de interesses submetido ao Poder Judiciário, isto é, à celebração de acordo.

A conciliação é, normalmente, fruto de transação (concessões recíprocas realizadas pelas partes). No entanto, é possível que na conciliação não ocorra

43. TST, RR — 69100-81.2006.5.15.0004, Rel. Min. Horácio Raymundo de Senna Pires, 3ª Turma, DEJT 30.4.2010.

qualquer concessão de uma das partes, o que significa que *conciliar não é, necessariamente, transigir*.

No procedimento de conciliação, o juiz ou tribunal esclarecerá as partes sobre as vantagens da solução negociada do conflito e empregará os seus bons ofícios e os meios adequados de persuasão para a solução conciliatória do litígio (arts. 764, § 2º, e 852-E da CLT).[44]

A conciliação deve ser tentada assim que for iniciada a audiência (art. 846 da CLT), podendo o juiz renovar a tentativa de conciliação em qualquer fase da audiência (art. 652-E da CLT).[45] Depois de instruída e debatida a causa, nova tentativa de conciliação deverá ser promovida pelo juiz (art. 850 da CLT).

A ausência de tentativa de conciliação implica nulidade do processo, desde que comprovado manifesto prejuízo às partes (art. 794 da CLT), o qual é de difícil configuração, vez que às partes é lícito celebrar acordo a qualquer tempo, mesmo sem a provocação do juiz (art. 764, § 3º, da CLT).

A conciliação persegue o acordo.

Celebrado acordo, isto é, sendo exitoso o procedimento de conciliação, será aquele submetido à homologação pelo juiz.

O acordo homologado será reduzido a termo, assinado pelo juiz, litigantes e seus procuradores, consignando-se o prazo e demais condições para seu cumprimento, podendo ser estipulada multa moratória para o caso de seu não cumprimento (o pagamento da multa, no caso de mora, não prejudica a exigibilidade do cumprimento do acordo).

O juiz não é obrigado a homologar acordo celebrado pelas partes, cumprindo-lhe pugnar pelo respeito à lei e aos direitos indisponíveis dos trabalhadores. Com isso, a recusa à homologação de acordo não é passível de ataque por meio de mandado de segurança (Súmula n. 418 do TST).

15. DESISTÊNCIA DA RECLAMAÇÃO

O reclamante pode desistir da demanda por ele proposta, dispensando o Poder Judiciário de examinar a pretensão por meio dela manifestado em juízo.

---

44. Não se pode confundir o uso dos meios adequados de persuasão com o prejulgamento da causa ou a imposição do acordo. *Persuadir é ponderar e não prejulgar ou ordenar*. Persuadir é procurar a adesão do outro, por meio de argumentos, sem menosprezar os seus pontos de vista. Como, para influenciar alguém é necessário conhecê-lo, o juiz deve apresentar a sua proposta de acordo somente depois de ouvir atentamente as partes, para definir, com a maior precisão possível, os seus anseios e objetivos. Conhecer aquele que se pretende influenciar facilita o trabalho de escolha dos argumentos a serem utilizados para o seu convencimento. Para conhecer os anseios e objetivos das partes, o juiz deve fazer com que eles deixem a posição de simples defesa intransigente de posições preestabelecidas e se comprometam com a busca sincera e honesta para uma solução para o conflito que as envolve.

45. Apesar de a CLT autorizar a tentativa de conciliação em qualquer fase da audiência no procedimento sumaríssimo, o juiz pode proceder do mesmo modo em qualquer procedimento.

Homologada a desistência, o processo será extinto sem provimento de mérito (art. 485, VIII, do CPC).

Cumpre verificar, no entanto, se a desistência da demanda deve contar, necessariamente, com a concordância do reclamado.

No processo do trabalho, a contestação é apresentada, como regra, em audiência, depois da tentativa de conciliação. Sendo assim, a desistência manifestada até o recebimento da contestação não carece de concordância do reclamado. Somente depois de oferecida a contestação em audiência e que a desistência somente será possível se contar com a concordância do reclamado.

Quando as partes, após a oferta da contestação, celebram acordo extrajudicial e requerem a extinção do processo, não se dá a desistência da ação, mas a perda do seu objeto, fato que impõe a extinção do processo sem provimento de mérito.

O art. 841, § 3º, da CLT, acrescentado pela Lei n. 13.467/17, dispõe que oferecida a contestação, ainda que eletronicamente, o reclamante não poderá, sem o consentimento do reclamado, desistir da ação. Contudo, a exigência de prévia concordância do reclamado somente se justifica quando a defesa tiver sido apresentada sem sigilo, vez que, havendo sigilo, o reclamante não terá acesso à contestação antes da audiência, não se justificando, neste caso, a exigência de concordância do reclamado para que seja homologada a desistência do reclamante.

A desistência pode ser apresentada até a sentença, como revê o art. 485, § 5º, do CPC, com a ressalva de que, como dito acima, após o recebimento da defesa, a sua homologação pressupõe concordância do reclamado.

16. RESPOSTA DO RECLAMADO

As regras e os princípios constitucionais relacionados com o exercício da função jurisdicional estabelecem um modelo de processo (*devido processo constitucional*) em que é assegurado o direito ao contraditório e à ampla defesa (art. 5º, XXXV e LV, da Constituição). Daí a razão pela qual, proposta a demanda, o réu deverá ser citado/notificado para que possa se defender (art. 841 da CLT).

16.1. Resposta do reclamado: aspectos gerais, defesa processual e de mérito.

Em resposta à demanda, o reclamado pode apresentar contestação, exceção e reconvenção.

A CLT faz expressa referência à defesa (art. 847), no sentido de contestação, e à exceção (art. 799), mas hoje é pacífica a admissibilidade da reconvenção no processo do trabalho, ao menos no que se refere ao procedimento ordinário.

A resposta do reclamado, quanto à sua forma, pode ser escrita ou verbal (hipótese em que será transcrita na ata de audiência em que for apresentada).

A resposta do reclamado poderá ser apresentada em audiência, depois da tentativa de conciliação (art. 847 da CLT[46]) e no prazo assinalado para a sua apresentação, nos procedimentos em que não há previsão de realização de audiência, ressalvado o processo judicial, em que poderá ser apresentada até a audiência (art. 847, parágrafo único, da CLT, com a redação que lhe conferiu a Lei n. 13.467/17), embora, como visto acima, ela também possa ser apresentada oralmente na audiência.

Anote-se que, como prevê a Instrução Normativa n. 39/2016 do TST (no art. 2º, V), não é aplicável no processo do trabalho o art. 335 do CPC, que fixa o prazo de quinze dias para o reclamado apresentar sua resposta à demanda, vez que ela deverá ser apresentada em audiência, salvo a hipótese de não designação de audiência.

A contestação pode ter conteúdos diversos, isto é, diferentes *matérias de defesa*, como resulta da interpretação do art. 336 do CPC. É que estão envolvidas no processo duas relações jurídicas distintas, quais sejam, a *relação processual* e a *relação de direito material litigiosa*, o que faz com que a defesa possa versar sobre a relação processual (*defesa processual*) e a relação de direito material (*defesa de mérito*).

A *defesa processual* diz respeito ao processo (atendimento dos pressupostos processuais e nulidades processuais), à legitimidade e ao interesse processual.

A defesa processual pode conter alegação cujo acolhimento leva à extinção do processo sem resolução do mérito (*defesa processual própria ou peremptória*: litispendência, inépcia da petição inicial, coisa julgada, por exemplo) ou ao retardamento da resolução do mérito (*defesa processual imprópria ou dilatória*: incompetência absoluta, nulidade da citação e defeito de representação, por exemplo).

A *defesa de mérito* diz respeito ao pedido do autor da demanda. Nela, o réu contesta o pedido do autor, negando a ocorrência dos fatos narrados na petição inicial ou a eles negando força suficiente para produzir a consequência jurídica que lhe é atribuída pelo autor (*defesa direta de mérito*) ou afirmando a ocorrência de fato impeditivo, extintivo ou modificativo do direito deduzido pelo autor (*defesa indireta de mérito* ou *exceção de mérito*).

Na defesa, *não haverá* pedido de reconhecimento de ser o reclamado titular de determinado direito, salvo quando se trate de *ações dúplices* (ações possessórias,

46. A defesa escrita poderá ser apresentada pelo sistema de processo judicial eletrônico até a audiência (art. 843, parágrafo único, da CLT, com a redação que lhe conferiu a Lei n. 13.467/17). Se, em razão de problema na mídia apresentada pela parte, não houver como a defesa ser anexada ao processo eletrônico, ao reclamado deverá ser conferido o prazo de vinte minutos para a sua apresentação oral.

por exemplo), acrescentando-se que, no processo civil, o réu pode apresentar, na contestação, *pedido contraposto* (art. 31 da Lei n. 9.099/95). Fora destas das situações, não sendo a segunda delas compatível com o Direito Processual do Trabalho, o pedido do réu será declaratório da existência de impedimento de julgamento de mérito ou de inexistência do direito deduzido.

16.2. Contestação.

Na contestação, considerada esta em relação à sua estrutura, devem constar: a) o juízo ao qual é dirigida; b) os nomes das partes e a qualificação correta do reclamado, quando incorretamente indicada na petição inicial; c) o número do processo em que é apresentada; d) breve relato dos fatos em que se funda a resistência à pretensão do autor ou, dito de outra forma, as razões de fato (e, eventualmente, de direito) pelas quais o réu impugna o pedido do autor; e) o pedido do réu (declaração da impossibilidade de julgamento do mérito e/ou de inexistência do direito deduzido) ou pedido de tutela jurisdicional de direito, nas ações dúplices; f) a assinatura do reclamado, do seu preposto ou advogado, aplicando-se à hipótese o disposto no art. 104 do CPC, já examinado quando tratamos da representação das partes por advogado, valendo acrescentar que a assinatura da ata que registra a apresentação da contestação supre a ausência de assinatura na peça respectiva.

A contestação deve ser apresentada verbalmente ou em petição escrita, dirigida ao juiz da causa (art. 847 da CLT e art. 355 do CPC), não sendo compatível com o Direito Processual do Trabalho a previsão, constante do art. 340 do CPC, no sentido de que, havendo alegação de incompetência, absoluta ou relativa, a contestação poderá ser apresentada no foro do domicílio do réu, visto que, em regra, a contestação deve ser apresentada em audiência, na qual deverão estar presentes o autor e o réu (art. 843 da CLT).

O autor deve apresentar, na petição inicial, os seus pedidos, bem com os respectivos fundamentos. O réu, na contestação, deve expor as razões pelas quais impugna os pedidos do autor e apresentar o seu próprio pedido (declaração de impossibilidade de exame do mérito ou de inexistência do direito afirmado pelo autor[47]) e/ou pedido de tutela de direito de que afirma ser titular, no caso das ações dúplices.

Na contestação, o réu deve alegar toda a matéria de defesa (*princípio da eventualidade e da concentração*), seja porque assim o determina o art. 336 do CPC, que é aplicável no processo do trabalho, seja porque, consoante dispõe o art. 342 do CPC, que é também aplicável no processo do trabalho, depois da

47. Não se trata de pedido de confirmação de um direito alegado em juízo (este pedido é apresentado pelo autor), mas de pedido *declaratório negativo*: impossibilidade de julgar o mérito ou inexistência do direito deduzido pelo autor.

contestação, só é lícito deduzir novas alegações quando relativas a direito ou fato superveniente[48], competir ao juiz conhecer delas de ofício ou por expressa autorização legal, puderem ser formuladas em qualquer tempo e grau de jurisdição, observando-se que, de acordo com o art. 508 do CPC, transitada em julgado a sentença de mérito, reputar-se-ão deduzidas e repelidas todas as alegações e defesas que a parte poderia opor ao acolhimento e à rejeição do pedido.

Como dispõe o art. 337 do CPC, compete ao réu, *antes de discutir o mérito*, alegar: I) inexistência ou nulidade da citação; II) incompetência absoluta e relativa;[49] III) incorreção do valor da causal; IV) inépcia da petição inicial; V) perempção; VI) litispendência; VII) coisa julgada; VIII) conexão; IX) incapacidade da parte, defeito de representação ou falta de autorização para a propositura da ação;[50] X) convenção de arbitragem; XI) ausência de legitimidade ou de interesse processual; XII) falta de caução ou outra prestação que a lei exige como preliminar;[51] XII) indevida concessão do benefício da justiça gratuita.

Anote-se que:

a) se o réu alegar ser parte ilegítima ou não ser responsável pelo prejuízo invocado, o juiz facultará ao autor, em 15 dias, a alteração da petição inicial para substituição do réu (art. 338), sendo que, realizada a substituição, o autor reembolsará as despesas e pagará os honorários advocatícios do réu excluído (art. 338, parágrafo único). A primeira disposição é compatível com o Direito Processual do Trabalho, vez que facilita o julgamento do mérito e atende aos princípios da economia e celeridade. No entanto, diante do fato de o Direito Processual do Trabalho adotar a gratuidade como regra, na intenção de facilitar o acesso à justiça, com ele não é compatível a previsão constante do parágrafo único do art. 338;

b) quando alegar sua ilegitimidade, incumbe ao réu indicar o sujeito passivo da relação jurídica discutida sempre que tiver conhecimento, sob pena de arcar com as despesas processuais e de indenizar o autor pelos prejuízos decorrentes da falta de indicação (art. 339). O autor, ao aceitar a indicação, procederá, no prazo de 15 dias, à alteração da petição inicial para a substituição, observando-se o parágrafo único do art. 338 (art. 339, § 1º). No prazo de 15 dias, o autor pode alterar a petição inicial para incluir, como litisconsorte ativo, o sujeito indicado pelo réu (art. 339, § 2º). Esta medida substitui a *nomeação à autoria*, que é

---

48. Direito superveniente é o constituído em razão de fato ocorrido depois da contestação.

49. No processo do trabalho, como se verá mais adiante, é exigida a apresentação de exceção para a alegação de incompetência relativa.

50. A capacidade da parte diz respeito à *capacidade de ser parte* (aptidão para figurar no processo ou ser sujeito de relação processual), *de estar em juízo* (capacidade de realizar atos processuais dotados de eficácia) e à capacidade para praticar pessoalmente atos processuais (*capacidade postulatória).*

51. O juiz pode conhecer de ofício da matéria enumerada no art. 301 do CPC, salvo a convenção de arbitragem (art. 337, § 5º), observando-se que, de acordo com o art. 337, § 6º, do CPC, a ausência da alegação de arbitragem implica aceitação da jurisdição estatal e renúncia ao juízo arbitral.

prevista no CPC de 1973 (arts. 62 e 69) e deixa de existir no CPC de 2015. Trata-se de medida de simplificação procedimental compatível com o Direito Processual do Trabalho, exceto em relação a reembolso de despesas e pagamento de honorários advocatícios, observando-se, inclusive, que não é exigida a antecipação de custas no processo do trabalho.

Acrescente-se que, antes de enfrentar o mérito, o réu também poderá alegar a existência de vício que conduza à nulidade do processo ou de atos processuais sem os quais o processo não pode se desenvolver regularmente.

De outro lado, por força do art. 341 do CPC, cabe ao réu manifestar-se precisamente sobre todos os fatos narrados na petição inicial, presumindo-se verdadeiros aqueles que não forem impugnados (*ônus da impugnação especificada dos fatos* ou *proibição da contestação por negativa geral*).

Impor ao réu o ônus da impugnação especificada implica dele exigir que se manifeste sobre os fatos alegados pelo autor, apresentando as razões pelas quais nega a sua ocorrência, assim como as razões pelas quais opõe a estes fatos a ocorrência de fato impeditivo, extintivo ou modificativo.

No entanto, a presunção de veracidade dos fatos não especificados é *juris tantum*, isto é, pode ser afastada por prova em sentido contrário existente nos autos (a presunção de veracidade dos fatos alegados pelo autor não dispensa o juiz do dever de apreciar as demais provas que se encontram nos autos, como permite afirmar o art. 443, I, do CPC).

A ausência de impugnação especificada não implica presunção de veracidade dos fatos alegados pelo autor quando: a) não for admissível, a seu respeito, a confissão; b) a petição inicial não estiver acompanhada do instrumento que a lei considera da substância do ato; c) estiverem em contradição com a defesa, considerada em seu conjunto[52] (art. 302 do CPC).

O ônus da impugnação especificada dos fatos não se aplica ao defensor público, ao advogado dativo e ao curador especial (art. 302, parágrafo único, do CPC).

Por fim, consoante dispõe o art. 767 da CLT, a compensação e a retenção só poderão ser arguidas como matéria de defesa, o que é reafirmado na Súmula n. 48 do TST. Da compensação trata o art. 368 do Código Civil, *in verbis*: "Se duas pessoas forem ao mesmo tempo credor e devedor uma da outra, as duas obrigações extinguem-se, até onde se compensarem". De acordo com a Súmula n. 18 do TST, "A compensação, na Justiça do Trabalho, está restrita a dívidas de natureza trabalhista", o que se explica pelo fato de a compensação somente alcançar obrigações da mesma natureza. A compensação pressupõe obrigação líquida e certa. Sendo

52. Se a impugnação de determinado fato resulta implícita da impugnação de outro fato alegado pelo autor, este segundo fato não tem a sua veracidade presumida.

"ilíquida a dívida do autor, ou ainda incerta, o réu precisará exigi-la em reconvenção para que se apure o *an debeatur* e o *quantum debeatur*, operando-se a compensação ulteriormente na fase executória, desde que acolhido o pedido reconvencional".[53]

Ao contrário da compensação, que deve ser alegada em defesa, o juiz pode determinar de ofício a *dedução de valores*, com esteio nos princípios do *non bis in idem* e da vedação de enriquecimento ilícito. Os institutos não se confundem: a compensação pressupõe o reconhecimento judicial de que o autor é credor do réu e de que este é credor daquele e que as duas obrigações possuem a mesma natureza (coexistência de duas obrigações da mesma natureza). Na dedução, não é afirmada a existência de duas obrigações, mas, apenas que o autor é credor do réu e que daquele crédito deve ser deduzido o que foi pago sob o mesmo título. A compensação constitui matéria de defesa porque a determinação da sua realização pressupõe o reconhecimento, na decisão judicial, da coexistência de duas obrigações, o que somente pode ocorrer a pedido das partes (arts. 141 e 492 do CPC de 2015 e art. 832 da CLT).

16.3. Exceções.

No prazo de que dispõe para apresentar resposta à demanda, o réu pode apresentar exceção.

A palavra *exceção* é utilizada em vários sentidos: a) defesa processual, defesa de mérito e alegação de incompetência do juízo e de impedimento ou suspeição do juiz; b) defesa processual, defesa indireta de mérito e alegação de incompetência do juízo e de impedimento ou suspeição do juiz; c) defesa processual e defesa indireta de mérito; d) defesa processual; e) instrumento por meio do qual pode ser alegada a incompetência do juízo e impedimento ou a suspeição do juiz.

Note-se, neste sentido, que a CLT atribui à exceção o significado de meio pelo qual o réu pode arguir incompetência do juízo em razão do lugar e suspeição do juiz (arts. 799 e 847) e dispõe que as *demais exceções* deverão ser alegadas como *matéria de defesa* (art. 799, § 1º, da CLT).

Faz-se, ainda, a distinção entre *exceção* e *objeção*, sendo afirmado, neste sentido, que exceção é a defesa indireta de mérito (fatos extintivos, modificativos do direito deduzido pelo autor) que o juiz somente pode conhecer quando alegada pelo réu, ao passo que objeção é a defesa indireta de mérito que o juiz pode conhecer de ofício *(é o caso da prescrição, no processo civil e, para parte da doutrina, também no processo do trabalho)*.

O que interessa no momento é a exceção no sentido de instrumento pelo qual pode o réu arguir incompetência do juízo e a suspeição ou impedimento do juiz.

---

53. José Frederico Marques. *Instituições de direito processual civil*, v. III, p. 169.

16.3.1. Exceção de incompetência.

Em resposta à demanda, o réu pode apresentar exceção de incompetência territorial ou em razão do local.

Na sistemática adotada pela CLT antes de sua alteração pela Lei n. 13.467/17 (arts. 800 e 847), a exceção de incompetência deveria ser apresentada no prazo que o demandado tinha para responder à demanda. Com isso, em regra, a exceção era apresentada em audiência, na qual era geralmente instruída e julgada, o que contribuía para a celeridade do processo e, desse modo, para a solução do conflito de interesses e satisfação de eventual crédito do trabalhador.

O CPC de 2015 simplificou ainda mais a apresentação da exceção, dispondo o seu art. 64 que a incompetência, absoluta ou relativa, deverá ser alegada como questão preliminar de contestação.

A Lei n. 13.467/17 conferiu nova redação ao art. 800 da CLT, que passa a dispor que:

a) a incompetência relativa deve ser alegada em exceção, a ser apresentada no prazo de cinco dias, a contar da notificação, em peça que sinalize a existência desta exceção (art. 800, *caput*).

A exceção, portanto, deverá ser apresentada no prazo de cinco dias, a contar da notificação, observando-se que na petição não deverá ser *sinalizada a existência da exceção*, mas a *incompetência territorial do juízo* em que foi distribuída a demanda;

A não apresentação da exceção ou a sua apresentação fora do prazo legal implica preclusão do direito de alegá-la e, com isso prorrogação da competência do juízo em que foi distribuída a demanda (art. 65 do CPC);

b) protocolada a petição, será suspenso o processo e não se realizará a audiência a que se refere o art. 843 da CLT, até que se decida a exceção (art. 800, § 1º);

c) os autos serão imediatamente conclusos ao juiz, que intimará o reclamante e, se existentes, os litisconsortes, para manifestação no prazo de cinco dias (art. 800, § 2º);

d) se entender necessária a produção de prova oral, o juízo designará audiência, garantido o direito de o excipiente e de suas testemunhas serem ouvidas, por carta precatória, perante o juízo que este houve apontado como competente (art. 800, § 3º);

e) decidida a exceção, o processo retomará seu curso, com a designação de audiência, apresentação de defesa e instrução processual perante o juízo competente (art. 800, § 4º), ou seja, não cabe recurso contra a decisão que decidir a exceção (art. 799, § 2º, da CLT). Com esteio neste dispositivo legal, é admitido recurso quando a decisão acolhe a exceção e ordena a remessa dos autos para Tribunal Regional distinto daquele a que se vincula o juízo excepcionado (Súmula

n. 214 do TST). Nesse caso, a decisão é considerada definitiva na jurisdição do juízo em que ocorreu o acolhimento da exceção, sendo a admissão do recurso uma exigência da facilitação do acesso à justiça (entre a celeridade, que se pretende com a vedação de recurso contra decisão interlocutória, e a facilitação do acesso à justiça, a jurisprudência se posicionou em favor desta).

A inovação em questão afronta os princípios da simplificação das formas e procedimentos, economia processual e celeridade, na medida em que, na sistemática anterior à Lei n. 13.467/17, a exceção era geralmente apresentada na própria audiência e nela poderia ser decidida, seguindo-se, imediatamente, o recebimento da defesa e a instrução do processo, no caso de sua rejeição.

Ademais, por força dela, poderão ser realizadas *duas audiências visando à solução da exceção*, uma no juízo em que foi distribuída a demanda, para oitiva do reclamante e suas testemunhas, e, outra, no juízo apontado na exceção como competente, para oitiva do excipiente e suas testemunhas, o que afeta a celeridade e economia processuais, além do que, se o excipiente optar pela sua oitiva e das testemunhas no juízo que apontar como competente, o reclamante, que é muitas vezes um trabalhador desempregado, terá que se deslocar para este juízo ou contratar advogado para nela representá-lo, para participar da instrução da exceção e, eventualmente, contraditar as testemunhas.

Mas, o fato de o excipiente ter direito de ser ouvido no juízo que considerar competente não impede que o juiz determine o seu comparecimento no juízo em que a demanda foi proposta para prestar depoimento.

Ademais, em relação ao procedimento sumaríssimo, existe **norma especial** (art. 852-H da CLT), que se sobrepõe à norma geral (art. 800 da CLT), ou seja, nele, a exceção deverá ser apresentada no prazo para resposta, em audiência, quando designada. Com efeito, de acordo com o art. 852-H da CLT, no procedimento sumaríssimo todos os incidentes serão resolvidos em audiência, o que alcança aquele que envolve questão relacionada a competência em razão do lugar.

16.3.2. Exceção de impedimento e suspeição do juiz.

No prazo para resposta, o réu pode apresentar exceção de impedimento ou suspeição do juiz (art. 799 da CLT). Nesse caso, não é questionada a competência do *juízo*, mas a possibilidade da condução do processo por determinado *juiz*.[54]

Embora a CLT somente faça expressa referência à exceção de suspeição (art. 799), a parte também pode opor exceção de impedimento, pelo fato de ser

54. O impedimento e a suspeição constituem, ao lado da declaração de suspeição de ofício, espécies do gênero *inibições processuais*. As inibições processuais possuem caráter preventivo, na medida em que visam afastar do processo juiz cuja imparcialidade se encontra em risco.

constitucionalmente assegurado às partes do processo judicial o direito ao julgamento da sua pretensão por juiz imparcial.

Como a exceção suspende o processo até a sua decisão (art. 799 da CLT), a contestação e a reconvenção somente deverão ser recebidas após o seu julgamento. A contestação e a reconvenção somente podem ser recebidas por juiz competente e imparcial. Contudo, como a contestação, a reconvenção e a exceção devem ser apresentadas no prazo para resposta, juntamente com a exceção o réu deve apresentar contestação e reconvenção, sendo o recebimento destas peças postergado para momento posterior.

A exceção não é exclusiva do réu. A exceção também pode ser apresentada pelo autor, como resulta, por exemplo, do art. 799, § 2º, da CLT, que faz alusão à repetição de sua alegação pelas *partes* no recurso cabível contra a decisão definitiva. Ademais, o direito ao julgamento proferido por juiz competente e imparcial não é exclusivo do réu.

A questão relativa ao impedimento e à suspeição do juiz traz à baila o debate sobre a *imparcialidade* do juiz.

A *Declaração Universal dos Direitos Humanos* dispõe que "toda pessoa tem direito, em condições de plena igualdade, de ser ouvida publicamente e com justiça por um tribunal independente e *imparcial*, para a determinação de seus direitos e obrigações ou para o exame de qualquer acusação criminal contra ela" (art. 10º), estabelecendo o art. 14 do *Pacto Internacional sobre Direitos Civis e Políticos* que "todas as pessoas são iguais perante os Tribunais e as Cortes de Justiça. Toda pessoa tem direito a ser ouvida publicamente e com as devidas garantias por um Tribunal competente, independente e *imparcial*, estabelecido por lei, na apuração de qualquer acusação de caráter penal formulada contra ela ou na determinação de seus direitos e obrigações de caráter civil". No mesmo sentido, prevê o art. 8º da *Convenção Americana sobre Direitos Humanos* (*Pacto de São José da Costa Rica*), que "toda pessoa tem direito de ser ouvida, com as devidas garantias e dentro de um prazo razoável, por um juiz ou Tribunal competente, independente e *imparcial*, estabelecido anteriormente por lei, na apuração de qualquer acusação penal formulada contra ela, ou na determinação de seus direitos e obrigações de caráter civil, trabalhista, fiscal ou de qualquer outra natureza".[55]

Destarte, o direito ao julgamento da demanda por um juiz imparcial compõe o rol dos *direitos humanos processuais*, assim entendidos "os direitos que cabem a todos os homens no contexto do processual judicial, em razão da sua condição humana, e que constituem pressupostos elementares da igualdade, da liberdade

55. Os destaques são nossos.

e da dignidade humana, como tais reconhecidos pelo Direito Internacional dos Direitos do Homem".[56]

A Constituição da República não se refere expressamente à imparcialidade, mas contém vários dispositivos que asseguram às partes o direito à definição de seus direitos e obrigações por um juiz imparcial. Neste sentido, a Constituição estabelece as garantias de vitaliciedade, inamovibilidade e irredutibilidade de subsídios (art. 95), impõe vedações ao juiz (art. 95, parágrafo único) e proíbe a criação de juízos e tribunais de exceção (art. 5º, XXXVII). A legislação infraconstitucional define as situações em que ao juiz é defeso exercer as suas funções no processo ou em que é reputada fundada a sua suspeição, além de impor ao juiz o dever de assegurar às partes igualdade de tratamento, o que significa que também assegura às partes o direito a um julgamento realizado por juiz imparcial.

Juiz imparcial é aquele que dirige o processo e profere decisões livre da influência dos interesses das partes litigantes e sem prevenção a favor ou contra qualquer delas. Como aduz Piero Calamandrei, "O juiz é um terceiro estranho à contenda que não compartilha os interesses ou as paixões das partes que combatem entre si, que do exterior examina o litígio com serenidade e desapego; é um terceiro *inter partes*, ou melhor ainda, *supra partes*".[57] Para Francesco Carnelutti, "a idoneidade do juiz depende, mais do que de suas qualidades, de uma posição sua diante das partes. Tal posição, que recebe o nome de *imparcialidade*, se resolve em uma *equidistância das partes*".[58]

O CPC trata da matéria no art. 144 (*situações de impedimento*) e art. 145 (*situações de suspeição*) e, a CLT, no art. 801, dispondo que o juiz é obrigado a dar-se por suspeito e pode ser recusado pelos motivos que estabelece, em relação à pessoa dos litigantes, quais sejam: a) inimizade pessoal; b) amizade íntima;[59] c) parentesco por consanguinidade ou afinidade até o terceiro grau civil; d) interesse particular na causa.

Embora o art. 801 da CLT limite as situações que considera de "suspeição", também no processo do trabalho devem ser observadas as situações de suspeição e impedimento previstas no CPC não contempladas pela CLT,[60] ao passo que ao juiz não pode ser negada a possibilidade de declarar-se suspeito por motivo de

---

56. Cleber Lúcio de Almeida. *Elementos da teoria geral da prova:* a prova como direito humano e fundamental das partes do processo judicial, p. 155.

57. *Proceso y democraria*, p. 53.

58. *Direito processual civil e penal*, v. I, p. 115.

59. A CLT faz referência à amizade ou inimizade do juiz em relação à pessoa dos *litigantes*. Assim, eventual amizade íntima ou inimizade do juiz em relação a advogado da parte não é, legalmente, causa de suspeição. Isso não impede, contudo, que o juiz se dê por suspeito em face de tal fato, por motivo de foro íntimo.

60. Note-se que, embora faça alusão à "suspeição", o art. 801 da CLT, ao estabelecer que o juiz é obrigado a se dar por suspeito, estabelece verdadeiras hipóteses de impedimento.

foro íntimo, sem necessidade de apresentar a sua motivação (art. 145, § 1º, do CPC).[61]

A exceção, que pode ser escrita ou verbal, deve ser apresentada no prazo para a resposta do reclamado ou na primeira oportunidade em que à parte couber falar nos autos ou em audiência (arts. 801, parágrafo único, e 848 da CLT). Se escrita, a exceção deve ser apresentada em peça apartada, mas no processo do trabalho, ao contrário do que ocorre no processo civil, a exceção não é autuada em autos apartados, mas apenas anexada aos autos.

Se o recusante/excipiente houver praticado algum ato pelo qual haja consentido na pessoa do juiz, não mais poderá apresentar exceção de suspeição, salvo sobrevindo novo motivo, ao passo que a exceção de suspeição também não será admitida, se do processo constar que o recusante/excipiente deixou de alegá-la anteriormente, quando já a conhecia, ou que, depois de conhecida, aceitou o juiz recusado, ou, finalmente, se procurou de propósito o motivo de que ele se originou (art. 801, parágrafo único, da CLT).

A parte deve especificar na petição de exceção o fundamento da recusa do juiz, podendo instruí-la com documentos em que se fundar a alegação e com rol de testemunhas (art. 146 do CPC de 2015), sob pena de pronto indeferimento da petição da exceção.

De acordo com o art. 802 da CLT, não sendo reconhecida a suspeição ou acolhido o impedimento, o juiz ou Tribunal designará audiência, a ser realizada dentro de 48 horas, para a instrução e julgamento da exceção.

A redação do art. 802 da CLT leva a crer que o próprio juiz recusado instruirá e julgará a exceção. Relevante notar, no entanto, que o art. 802, § 1º, da CLT faz alusão à convocação do suplente do membro suspeito, ao passo que o *caput* do art. 802 se refere a vogal, o que demonstra que a CLT, no art. 802, trata de julgamento da exceção pelas antigas Juntas de Conciliação e Julgamento. Tendo sido extintas as Juntas de Conciliação e Julgamento e considerando que ninguém pode ser juiz de sua própria parcialidade, a exceção deve ser instruída e julgada pelo Tribunal ao qual se encontra vinculado o juiz recusado. Aplica-se no processo do trabalho, assim, o disposto nos arts. 146, §§ 1º a 7º, do CPC.

Desse modo, recebida a exceção, o juiz:

a) se reconhecer o impedimento ou a suspeição, ordenará a remessa dos autos ao seu substituto legal;

b) se não reconhecer o impedimento ou a suspeição, apresentará as razões, em dez dias, acompanhadas dos documentos e rol de testemunhas, se houver,[62]

61. O juiz não é obrigado a declarar as razões de sua suspeição, ainda que instado a respeito pelo Tribunal ao qual se encontra subordinado, como prevê, expressamente, o art. 145, § 1º, do CPC.

62. Na exceção de impedimento ou suspeição, o contraditório é estabelecido entre a parte e o juiz, o que impede, a princípio, o seu julgamento pelo próprio juiz *(ninguém pode ser juiz da própria imparcialidade)*. Contudo,

e ordenará a remessa incidente ao tribunal; o relator deverá declarar os efeitos em que o incidente é recebido; verificando ser improcedente a alegação, o tribunal rejeitá-la-á; acolhida a alegação, o tribunal remeterá os autos ao substituto legal, que deverá incluir o processo em pauta no prazo de dez dias (art. 13, parágrafo único, da Consolidação dos Provimentos da Corregedoria-Geral da Justiça do Trabalho); acolhida a exceção, o tribunal fixará o momento a partir do qual o juiz não poderia ter atuado e decretará a nulidade dos atos por ele praticados, se a sua prática ocorreu quando já presente o motivo de impedimento ou de suspeição.

Não há lugar, no processo do trabalho, para a condenação do juiz no pagamento de custas, mesmo que se trate de impedimento ou de suspeição manifesta, como dispõe o 146, § 5º, do CPC, vez que a CLT não prevê essa possibilidade.

Na hipótese de impedimento ou suspeição de desembargador de Tribunal Regional do Trabalho, o processo será mantido em pauta e convocar-se-á outro magistrado para compor o quórum do julgamento (art. 14 da Consolidação dos Provimentos da Corregedoria-Geral da Justiça do Trabalho).

Quando a exceção for oposta no Tribunal, o seu processamento ocorrerá na forma estabelecida pelo respectivo regimento interno.

A suspeição do Juiz de Direito investido de jurisdição trabalhista será processada na forma da organização judiciária local (art. 802, § 2º, da CLT).

Da decisão sobre exceção de impedimento e suspeição não caberá recurso, podendo, no entanto, as partes alegá-las no recurso que couber da decisão definitiva (art. 799, § 2º, da CLT).

Aplicam-se os motivos de impedimento e de suspeição (art. 148 do CPC): a) ao membro do Ministério Público; b) aos auxiliares da justiça; c) aos demais sujeitos imparciais do processo, dentre eles o perito e o intérprete. A exceção deve ser apresentada na primeira oportunidade em que couber à parte falar nos autos ou em audiência, devidamente instruída, sob pena de preclusão. O juiz, sem suspender o processo, ouvirá o arguido no prazo de cinco dias, facultando-lhe a produção de prova, e em seguida proferirá decisão.

16.4. Reconvenção.

No prazo para responder à demanda, o réu poderá oferecer reconvenção.

Reconvenção é ação do réu (*reconvinte*) contra o autor (*reconvindo*), proposta no mesmo processo em que aquele é demandado por este.[63] Na reconvenção, o

quando for manifestamente infundada a alegação de suspeição, ao juiz é lícito rejeitá-la de plano, cabendo à parte, em eventual recurso contra a decisão final, requerer que sobre ela se manifeste a instância superior.

63. A reconvenção deverá atender os requisitos do art. 840, § 1º, da CLT.

réu apresenta pretensão própria, ou seja, formula pedido de tutela jurisdicional de direito de que afirma ser titular.

A admissão da reconvenção pressupõe: a) um processo pendente (art. 343, *caput*, do CPC); b) conexão da pretensão com a ação principal ou com o fundamento da defesa (art. 343, *caput*, do CPC); c) que o juízo competente para conhecer da ação também o seja para conhecer da reconvenção (art. 327, § 1º, II, do CPC); d) a identidade de procedimentos a serem observados nas duas demandas (art. 327, § 1º, III, do CPC).

O CPC autoriza a apresentação da reconvenção na própria contestação (art. 343 do CPC).

O fato de a CLT apenas se referir à defesa do reclamado (art. 847 da CLT) e de ter o processo do trabalho como objeto, em regra, crédito de natureza salarial, não impede, por si só, a admissão da reconvenção. A admissão da reconvenção contribui para a economia processual, resolvendo-se em processo único todos os litígios envolvendo uma mesma relação jurídica.

A previsão no sentido de que a reconvenção pode ser apresentada na contestação é compatível com o Direito Processual do Trabalho, em razão do princípio da simplificação das formas e procedimentos.

Oferecida a reconvenção, o réu (reconvindo) será dela cientificado para respondê-la. O reconvindo pode optar por responder a reconvenção na própria audiência em que dele foi cientificado, seguindo-se a instrução da reclamação e da reconvenção.[64]

A ação e a reconvenção serão objeto de instrução e julgamento únicos. No entanto, os julgamentos podem ocorrer em momentos distintos, como ocorre, por exemplo, quando exista motivo para extinguir *a ação original sem provimento de mérito, hipótese em que o processo deve prosseguir em relação à reconvenção.*

Contra a decisão proferida no julgamento da ação e da reconvenção poderá ser apresentado recurso único, no qual devem ser destacadas as impugnações relativas ao julgamento da ação e ao julgamento da reconvenção. Havendo julgamentos distintos, deverão ser apresentados recursos autônomos.

A desistência da ação ou a existência de qualquer causa que impeça o julgamento do mérito não obsta o prosseguimento do processo quanto à reconvenção (art. 343, § 2º, do CPC), o que tem por razão de ser o fato de ser a reconvenção independente em relação à demanda principal. Por conta desta independência, o fato de ser julgado improcedente o pedido manifestado pelo autor em sua demanda não prejudica, necessariamente, a demanda manifestada pelo réu por meio

64. Se a reconvenção for apresentada fora de audiência, o reconvindo deverá ser notificado, via postal, para apresentar a sua defesa. Se a apresentação se der em audiência, nela o reconvindo será cientificado da oportunidade para apresentar a sua defesa.

da reconvenção. A reconvenção será prejudicada quando o exame da pretensão do réu depender do acolhimento da pretensão do autor, isto é, quando houver relação de prejudicialidade entre uma e outra.

Cada parte pode se valer de duas testemunhas, no procedimento sumaríssimo, e de três testemunhas, no procedimento ordinário, para a prova dos fatos alegados em seu favor. Assim, o autor da ação original dispõe de até duas ou três testemunhas para provar os fatos alegados na petição inicial e de duas ou três testemunhas para fazer prova dos fatos alegados na contestação apresentada à reconvenção, no procedimento sumaríssimo e ordinário, respectivamente, o mesmo ocorrendo com o réu que apresenta a reconvenção.

Se o reconvindo não comparece à audiência designada em razão da apresentação da reconvenção, dar-se-á a revelia e a confissão quanto aos fatos alegados na reconvenção (art. 844 da CLT) e confissão, em relação aos fatos alegados na contestação à reclamação original (Súmula n. 74 do TST).

Segundo o art. 343, § 5º, do CPC, se o autor atua como substituto processual, o reconvinte deverá afirmar ser titular de direito em face do substituído (ou seja, ele deve fundamentar o seu pedido em face do substituído) e a reconvenção deverá ser proposta em face do autor, também na qualidade de substituto.

Conforme o art. 315 do CPC de 1973, as partes da reconvenção deveriam ser as mesmas da ação, o que implica impossibilidade de inserir um terceiro na demanda, como litisconsorte ativo ou passivo. O CPC de 2015 adota solução diversa, permitindo que a reconvenção seja proposta contra o autor e terceiro e que ela seja proposta pelo réu em litisconsórcio com terceiro (art. 343, § 3º), o que atende aos princípios da economia processual, para evitar o ajuizamento de ação autônoma contra um terceiro e a sua posterior reunião com a reconvenção e a ação original.

O art. 316 do CPC de 1973 dispunha que, apresentada a reconvenção, o autor deverá ser intimado para *contestá-la*, afastada a possibilidade de reconvenção de reconvenção. Com isso, qualquer pedido do reconvindo contra o reconvinte deve ser objeto de ação própria. No CPC de 2015, porém, é previsto que o reconvindo será intimado para apresentar *resposta*, o que aponta no sentido de admissão de reconvenção de reconvenção.

A ação e a reconvenção constituem ações autônomas, o que implica que as custas devem ser fixadas em relação a cada uma delas.

A compensação, como já foi dito, deve ser alegada como matéria de defesa (art. 767 da CLT).[65]

---

65. Anote-se que o art. 477, § 5º, da CLT trata da limitação da compensação de créditos no acerto rescisório e não da que pode ser determinada pelo juiz na sentença.

É admissível a reconvenção em ação declaratória (Súmula n. 258 do STF). É que a reconvenção não pressupõe, por ausência de previsão legal nesse sentido, a natureza condenatória da ação principal.

Admite-se a reconvenção no inquérito para apuração de falta grave, salvo tendo por objeto pedido de reintegração e pagamento de salários do período de suspensão, visto que tais providências decorrem do simples reconhecimento da inexistência de falta grave (art. 495 da CLT).

É lícita a reconvenção em ação de consignação em pagamento. Assim, se a consignação tem por objeto, por exemplo, o pagamento de salários e férias vencidas, sob o argumento de justa causa, o trabalhador pode apresentar reconvenção, pleiteando parcelas devidas por força da dispensa imotivada. Observe-se que o art. 899 do CPC diz respeito ao valor das parcelas ofertadas e não a outras parcelas que seriam devidas pelo tomador dos serviços ao seu prestador, não impedindo reconvenção na ação de consignação em pagamento.[66]

O réu não é obrigado a apresentar reconvenção, podendo optar pela propositura de ação autônoma. De outro lado, o CPC admite que o réu apresente reconvenção independentemente de oferecer contestação (art. 315, § 6º).

16.5. Tutela do demandado.

O direito à tutela jurisdicional não é exclusivo do autor da demanda. A Constituição da República assegura a quem se sente lesado ou ameaçado o poder jurídico de recorrer ao Poder Judiciário, visando à sua tutela, mas também o demandado tem direito a esta mesma tutela. O processo é instaurado em razão da demanda do autor, mas não em seu favor.

O demandado *é tutelado:*

a) quando o processo é extinto sem provimento de mérito;

b) com a declaração de inexistência da relação jurídica que o autor pretendia ver declarada existente ou de existência da relação jurídica que o autor pretendia ver declarada inexistente;

c) com a declaração de autenticidade do documento que o autor pretendia ver declarado falso ou da falsidade de documento que o autor pretendia ver declarado autêntico;[67]

d) com a declaração de inexistência do direito cuja existência o autor pretendia ver confirmada e, com isto, do dever a ele correspondente (julgando improcedente

---

66. Alguns doutrinadores afirmam, no entanto, que o procedimento especial da consignação em pagamento impede que nela seja admitida a reconvenção.

67. Nas situações das alíneas *a* e *b*, a certeza jurídica perseguida pelo autor por meio do ajuizamento de ação declaratória é estabelecida em favor do réu.

o pedido de horas extras, o juiz nega estar o réu obrigado a efetuar o pagamento de horas extras, por ex.). Ainda que julgado procedente o pedido do autor, o réu é tutelado quando é imposta restrição ao alcance da obrigação a ele imposta, quando se dá com o acolhimento da alegação de prescrição quinquenal ou da existência de créditos a serem compensados, por exemplo;

e) quando são julgados procedentes os pedidos objeto de reconvenção;

f) quando, sendo *lícito* ao réu apresentar, na contestação, pedido de natureza substancial contra o autor, estes pedidos são julgados procedentes (*pedido contraposto*, que substitui, por medida de simplificação procedimental e economia processual, a *demanda contraposta* representada pela reconvenção[68]). Neste caso, a tutela do réu dar-se-á por meio da confirmação do direito por ele deduzido na contestação. Trata-se, aqui, das denominadas *ações dúplices em sentido estrito*, ou seja, das ações em que ao réu é lícito apresentar pedidos de natureza material contra o autor na própria contestação, ou seja, independentemente de propositura de reconvenção;[69]

g) quando, pela natureza da relação jurídica litigiosa ou por expressa previsão legal, o juiz, ao julgar a demanda, pode atribuir um bem da vida ao réu independentemente de reconvenção ou de pedido contraposto, como se dá, por exemplo, na ação de consignação em pagamento, em que, reconhecendo a *insuficiência do depósito realizado pelo autor, o juiz determinará o montante devido, valendo a decisão como título executivo,* facultado ao credor promover-lhe a execução nos mesmos autos, na ação de prestação de contas, em que pode ser declarada a existência de saldo credor em favor do réu, valendo a decisão como título executivo e nos dissídios coletivos de natureza econômica, em que for estabelecida condição de trabalho proposta pelo demandado em sua contestação. Trata-se, agora, de *ação dúplice em sentido amplo*, ou seja, no sentido de ação em que ao réu pode ser reconhecido determinado direito independentemente de demanda contraposta ou de pedido contraposto. Nestes casos, a simples contestação da demanda é suficiente para assegurar ao réu determinado bem da vida, visto que os litigantes figuram concomitantemente nos polos ativo e passivo da demanda (a diferença entre a ação dúplice em sentido estrito — pedido contraposto — e a ação dúplice em sentido amplo reside no fato de que, no primeiro, o fato de o réu apresentar pedido contra autor não o situa no polo passivo da demanda,

68. Neste sentido, prevê o art. 31 da Lei n. 9.099/95 que não se admitirá, nos juizados especiais estaduais, a reconvenção e que é lícito ao réu, na contestação, formular pedido contraposto em seu favor, desde que fundado nos mesmos fatos que constituem o objeto da controvérsia. Nestas hipóteses, o réu também exercita o seu direito de ação, ainda de forma simplificada, ou seja, sem a apresentação de reconvenção, o que implica, inclusive, que o não atendimento dos pedidos do autor não prejudica o exame dos pedidos do réu.

69. Apresentado pedido contraposto, o autor poderá apresentar a sua resposta na própria audiência ou requerer a designação de nova data, que será desde logo fixada (art. 31, parágrafo único, da Lei n. 9.099/95).

observando-se, ainda, que o pedido contraposto está condicionado à sua fundamentação nos mesmos fatos em que se baseia o pedido do autor[70]).

17. PROVIDÊNCIAS PRELIMINARES. JULGAMENTO CONFORME O ESTADO DO PROCESSO.

O CPC trata das *providências preliminares e do saneamento*, que têm lugar depois de findo o prazo para a contestação, nos arts. 347 a 353.

Cumpre tecer algumas considerações sobre estes dispositivos.

As *providências preliminares* consistem em:

a) determinação ao autor para que especifique as provas que pretenda produzir, na hipótese de ausência de contestação da ação e não incidência dos efeitos da revelia (art. 348 do CPC);

b) concessão ao autor de prazo para manifestação sobre fatos impeditivos, modificativos ou extintivos do direito por ele deduzido alegados na contestação, facultando-lhe a produção de prova (art. 350 do CPC);

c) oitiva do autor sobre as preliminares suscitadas pelo réu, permitindo-lhe a produção de prova (art. 351, primeira parte, do CPC);

d) determinação para a correção de irregularidades e vícios sanáveis (art. 351, segunda parte, do CPC);

e) determinação às partes para que especifiquem as provas que pretendem produzir, no caso de ter sido contestada a demanda (aplicação do art. 348 do CPC).

Estas providências, no caso do processo do trabalho, normalmente são adotadas em audiência, após o recebimento da defesa.

Cumpridas as providências preliminares ou não havendo necessidade delas, o juiz proferirá *julgamento conforme o estado do processo:*

1) extinguindo o processo, se ocorrer qualquer das hipóteses previstas nos arts. 485 e 487, II e III, do CPC (art. 354 do CPC);
2) julgando antecipadamente o mérito, quando: não houver necessidade de produção de outras provas; o réu for revel e ocorrer o efeito previsto no art. 344 (presunção de veracidade dos fatos alegados) e não houver requerimento de prova, na forma do art. 349 (art. 355);
3) julgando parcialmente e de forma antecipada o mérito, quando um ou mais dos pedidos formulados ou parcelas deles: mostrar-se incontroverso;

70. Estas distinções, ao lado do fato de o pedido contraposto ser uma opção do réu (o réu somente terá assegurado em seu favor um bem da vida se assim o requerer na contestação), fazem com que parte da doutrina reservem a qualificação de ações dúplices ao que aqui é denominado *ação dúplice em sentido amplo*.

estiver em condições de imediato julgamento, nos termos do art. 355 (art. 356).[71]

No processo do trabalho, finda a defesa, as partes são convidadas a especificar as provas que pretendem produzir, deixando o juiz para proferir decisão apenas após o final da instrução do processo.

De outro lado, não ocorrendo nenhuma destas hipóteses (adoção de providências preliminares e julgamento conforme o estado do processo), o juiz deverá sanear e organizar o processo, resolvendo as questões processuais pendentes, se houver, delimitará as questões de fato sobre as quais recairá a atividade probatória, especificando os meios de prova admitidos, definirá a distribuição do ônus da prova, delimitará as questões de direitos relevantes para a decisão de mérito e designará, se necessário, audiência de instrução e julgamento.

No saneamento, portanto, o juiz prepara o processo para a instrução e julgamento.

Ainda aqui, vale o registro de que, no processo do trabalho, como regra, as questões processuais serão resolvidas em sentença e não ocorre a delimitação das questões de fato sobre as quais recairá a atividade probatória, especificação dos meios de prova admitidos, definição da distribuição do ônus da prova e delimitação das questões de direitos relevantes para a decisão de mérito, o que, no entanto, não impede que estas providências sejam nele adotadas.

Ainda de acordo com o art. 357 e naquilo que se tem como compatível com o Direito Processual do Trabalho:

a) realizado o saneamento, as partes têm o *direito de pedir esclarecimento ou solicitar ajustes*, no prazo comum de cinco dias, findo o qual a decisão se torna estável (§ 1º);

b) as partes podem apresentar ao juiz, *para homologação, delimitação consensual* das questões de fato sobre as quais recairá a atividade probatória, dos meios de prova a serem utilizados, dos ônus da prova de cada parte e das questões de direito relevantes para a decisão do mérito (§ 2º), observando--se que a *convenção processual* homologada vinculará as partes e o juiz;[72]

---

71. O CPC, autorizando *julgamento antecipado parcial do mérito*, se distancia do *princípio da unidade do julgamento*. De acordo com o art. 356 do CPC: a decisão que julgar parcialmente o mérito poderá reconhecer a existência de obrigação líquida ou ilíquida (§ 1º); a parte poderá liquidar ou executar, desde logo, a obrigação reconhecida na decisão que julgar parcialmente o mérito, independentemente de caução, ainda que haja recurso contra essa interposta (§ 2º), sendo que, se houver trânsito em julgado da decisão, a execução será definitiva; (§ 3º); a liquidação e o cumprimento da decisão que julgar parcialmente o mérito poderão ser processados em autos suplementares, a requerimento da parte ou a critério do juiz (§ 4º); a decisão que contém o julgamento antecipado parcial do mérito é impugnável por agravo de instrumento (§ 5º), observando-se que, no processo do trabalho, o recurso cabível é o ordinário, por se tratar de decisão de mérito.

72. Trata-se de hipótese de *convenção processual* versando sobre o *objeto da prova*, os *meios de prova*, a distribuição do ônus de prova e as *questões de direito relevantes para a decisão do mérito*. Assim, as partes podem colaborar com o juiz, apresentando a ele propostas sobre os citados temas.

c) se a causa apresentar *complexidade em matéria de fato ou de direito*, deverá o juiz designar audiência para que o saneamento seja feito *em cooperação com as partes*, oportunidade em que o juiz, se for o caso, convidará as partes a integrar e esclarecer suas alegações (§ 3º);

d) o juiz poderá limitar o número de testemunhas levando em conta a complexidade da causa e dos fatos individualmente considerados (§ 7º);[73]

e) caso tenha sido determinada a produção de prova pericial, o juiz deverá observar o disposto no art. 456 e seguintes e, se possível, estabelecer, desde logo, calendário para a sua realização (§ 8º).[74]

Vale registrar que a Instrução Normativa n. 39/2016 do TST estabelece, no art. 2º, IV, não ser aplicável no processo do trabalho o art. 334 do CPC, que trata da designação de audiência de conciliação ou de mediação.

18. INSTRUÇÃO DA CAUSA

A fase de instrução é destinada à produção da prova dos fatos controversos e dela tratamos no Capítulo reservado ao exame das provas no processo do trabalho, ao qual remetemos o leitor.

19. RAZÕES FINAIS

Encerrada a instrução, poderão as partes aduzir razões finais, no prazo não excedente de dez minutos para cada uma (art. 850 da CLT). A fase de razões finais é destinada ao debate da causa pelas partes, comportando, por exemplo, a crítica à prova produzida na audiência.

A apresentação de razões finais é uma faculdade das partes. Com isso, a ausência das razões finais não torna nulo o processo.

Estabelecida, expressamente, a oralidade das razões finais, não é lícita a sua conversão em memoriais escritos. A concentração e a oralidade dos atos, que caracterizam os procedimentos trabalhistas, são incompatíveis com a substituição de debates orais por memoriais, vez que dela resultaria a protelação do julgamento do dissídio.

A oralidade das alegações finais diz respeito à *forma de sua manifestação* e não significa que elas não devam ser registradas na ata de audiência. O registro

---

73. A menor complexidade da causa ou dos fatos individualmente considerados autoriza o juiz a delimitar o número de testemunhas fixado no art. 357, § 6º, cuidando, no entanto, para que tal delimitação não implique cerceamento do direito à prova.

74. Os arts. 456 a 480 tratam do procedimento a ser seguido na produção de prova pericial. O *calendário para a produção da prova* diz respeito à fixação do prazo para entrega do laudo, definição dos prazos para manifestação das partes após a apresentação do laudo, por exemplo.

em ata das alegações finais é um direito da parte. Ademais, dispensar este registro é exigir que o juiz se recorde de todas as alegações orais apresentadas nas audiências que encerrar, o que fere o razoável.

20. CONCILIAÇÃO E JULGAMENTO

Aduzidas as razões finais ou ultrapassado o prazo para a sua apresentação, o juiz renovará a proposta de conciliação (art. 850 da CLT).

Não sendo realizada a conciliação, o juiz proferirá decisão (arts. 831, *caput*, da CLT), na própria audiência de instrução e julgamento (arts. 849 e 852 da CLT), no prazo de trinta dias úteis (art. 226, III, do CPC).

Capítulo 12

PROCEDIMENTO SUMARÍSSIMO E SUMÁRIO

1. PROCEDIMENTO SUMARÍSSIMO

A ordem jurídica estabelece verdadeiros roteiros/itinerários a serem seguidos para a adequada, célere, econômica, eficaz e simplificada solução dos conflitos de interesses submetidos ao Poder Judiciário, contexto no qual, para tornar adequada, célere, econômica, eficaz e simplificada a solução dos conflitos trabalhistas de menor expressão econômica, a Lei n. 9.957, de 12.1.2000, instituiu o *procedimento sumaríssimo*.

1.1. Objetivos e diretrizes básicas do procedimento sumaríssimo.

O procedimento sumaríssimo foi estabelecido com inegável prestigio à *celeridade* (como decorre da fixação de prazo máximo para a realização da audiência, por exemplo) e *oralidade* (predomínio da palavra falada e maior concentração da causa em audiência).

1.2. Causas sujeitas ao procedimento sumaríssimo.

Segundo dispõe o art. 852-A da CLT, os dissídios individuais cujo valor não exceda a quarenta vezes o valor do salário mínimo vigente na data do ajuizamento da ação ficam submetidos ao procedimento sumaríssimo.

Para esta regra são dispostas, no entanto, duas exceções, na medida em que não o procedimento sumaríssimo: a) nas demandas em que figure como parte a Administração Pública direta, autárquica e fundacional (art. 852-A, parágrafo único, da CLT;[1] b) nas demandas em que haja necessidade de citação inicial do réu por edital (art. 852-B, II, da CLT).

Ao procedimento sumaríssimo ficam submetidos, então, os dissídios individuais cujo valor não exceda, na data do ajuizamento da demanda, a quarenta salários

---

1. Não estão excluídas do procedimento sumaríssimo as demandas em que seja parte sociedade de economia mista e empresa pública.

mínimos,[2] salvo se dela for parte a Administração Pública direta, autárquica ou fundacional ou houver necessidade de notificação inicial do reclamado por edital.

O art. 852-A da CLT adota como parâmetros para a definição dos dissídios submetidos ao procedimento sumaríssimo a sua natureza jurídica (*dissídio individual*) e a expressão econômica da pretensão do autor (*valor igual ou inferior a quarenta salários mínimos na data da distribuição da ação*) e não contém qualquer ressalva quanto à natureza da tutela jurisdicional pretendida pelo autor da demanda, o que conduz à conclusão de que, desde que sejam respeitadas as condições estabelecidas no art. 852-A da CLT e não se enquadre a demanda naquelas hipóteses em que a lei afasta o procedimento sumaríssimo, deve ser este observado na ação declaratória, constitutiva e condenatória.

1.3. Critérios para definição dos dissídios a serem submetidos ao procedimento sumaríssimo.

O legislador submeteu ao procedimento sumaríssimo os conflitos individuais de menor expressão econômica, assim considerando aqueles cujo valor não exceda, na data do ajuizamento da demanda, a quarenta vezes o salário mínimo, isto é, cujo valor seja igual ou inferior a quarenta salários mínimos.

As demandas de menor expressão econômica em regra envolvem os trabalhadores menos afortunados, exigindo, com isso, o seu julgamento de forma adequada, mais simplificada, econômica, rápida e eficaz. O que informou o legislador na definição dos processos sujeitos ao procedimento sumaríssimo foi, assim, a maior necessidade do trabalhador, acrescentando que, normalmente, as demandas de menor expressão econômica apresentam menor complexidade.

O art. 7º, IV, da Constituição veda a vinculação do salário mínimo aos preços e ganhos decorrentes da prestação pessoal de serviços, com a finalidade de impedir a sua utilização como fator de indexação, não impossibilitando a adoção do salário mínimo como parâmetro para fixação do procedimento a ser observado no processo do trabalho, na linha, inclusive, da Súmula n. 356 do TST: "O art. 2º, § 4º, da Lei n. 5.584/70 foi recepcionado pela Constituição da República de 1988, sendo lícita a fixação do valor da alçada com base no salário mínimo".

1.4. Disciplina legal.

O procedimento sumaríssimo é disciplinado pelas normas que lhe são próprias e, subsidiariamente, pelas disposições gerais estabelecidas pela CLT ao tratar do

2. A alteração do valor do salário mínimo após o ajuizamento da ação não interfere no procedimento a ser adotado no processo.

procedimento ordinário. Com isso, no procedimento sumaríssimo, a ação pode ser verbal ou escrita (art. 840 da CLT), as partes podem postular pessoalmente (art. 791 da CLT) e deve ser respeitado o prazo de cinco dias entre a citação do réu e a realização de audiência de instrução e julgamento (art. 841 da CLT), por exemplo.

Na hipótese de omissão do Direito Processual do Trabalho, o juiz poderá, para a solução do caso concreto, recorrer ao direito processual comum, notadamente à Lei n. 9.099/95, que dispõe sobre os Juizados Especiais Cíveis e Criminais e que tem como fonte de inspiração o próprio Direito Processual do Trabalho.

1.5. Indisponibilidade do rito. Conversão do procedimento.

O art. 852-A da CLT, ao dispor que os dissídios individuais cujo valor não exceda a quarenta vezes o valor do salário mínimo na data da distribuição da demanda *ficam submetidos* ao procedimento sumaríssimo, torna certo que o autor não pode escolher o rito a ser impresso à causa, submetendo ao procedimento ordinário causa em que a lei manda observar o procedimento sumaríssimo.

A lei que instituiu o procedimento é, portanto, uma norma de ordem pública, posto voltada ao atendimento do interesse público na solução mais adequada, célere, econômica, eficaz e simplificada das demandas de menor expressão econômica. Dito de outra forma, o procedimento sumaríssimo é de observância obrigatória, não sendo, então, uma opção que o legislador colocou à disposição das partes.

Cumpre ao juiz, nesse compasso e também em respeito aos princípios da economia processual e celeridade, converter para o rito sumaríssimo a demanda ajuizada pelo rito ordinário quando deveria sê-lo pelo sumaríssimo e vice-versa, com autorização e observando as restrições estabelecidas no art. 283 do CPC.[3]

1.6. Rito sumaríssimo e renúncia de direitos.

A lei que dispõe sobre os Juizados Especiais Cíveis e Criminais (Lei n. 9.099/95) prevê que a opção pelo procedimento nela previsto importa renúncia ao crédito excedente ao limite de quarenta vezes o salário mínimo, excetuada a hipótese de conciliação (art. 3º, § 3º).

Contudo, não é lícito recorrer à Lei n. 9.099/95 para afirmar que o ajuizamento de reclamação pelo rito sumaríssimo implica renúncia ao crédito excedente ao limite de quarenta salários mínimos.

Primeiro, porque a hipótese não é de omissão do Direito Processual do Trabalho, mas de não estabelecimento da renúncia como consequência do fato de o trabalhador ajuizar ação pelo rito sumaríssimo.

3. "O erro de forma do processo acarreta unicamente a anulação dos atos que não possam ser aproveitados, devendo ser praticados os que forem necessários a fim de se observarem as prescrições legais."

Segundo, porque a renúncia de direitos em razão do procedimento a ser impresso ao processo somente seria possível se estabelecida expressamente em lei, seja para evitar surpresa para o trabalhador, seja pelo fato de serem os direitos decorrentes da relação de emprego irrenunciáveis, como regra.

Terceiro, porque a Lei n. 9.099/95, no art. 3º, § 2º, exclui da competência dos Juizados Especiais Cíveis e Criminais as causas de natureza alimentar. Com isso, o mencionado comando legal não pode ser aplicado em causas que tenham por objeto créditos trabalhistas, que são, predominantemente, de caráter alimentar.

Assim, o fato de o trabalhador propor a demanda pelo rito sumaríssimo não impede que proponha nova demanda tendo por objeto outras pretensões decorrentes da mesma relação jurídica, o mesmo ocorrendo se, na liquidação dos seus créditos, o valor respectivo exceder de quarenta salários mínimos (o valor apontado na inicial para os pedidos não vincula o juiz, notadamente porque apurados sem o respeito ao contraditório).

1.7. Rito sumaríssimo e dissídios de alçada (procedimento sumário).

De acordo com os arts. 2º, §§ 3º e 4º da Lei n. 5.584/70, nos dissídios individuais cujo valor da causa não exceda de duas vezes o salário mínimo (ou seja, cujo valor seja igual ou inferior a dois salários mínimos) vigente na data do ajuizamento da demanda, será dispensável o resumo dos depoimentos, devendo constar da ata de audiência a conclusão da Vara quanto à matéria de fato, e o recurso somente pode versar sobre matéria constitucional.

A Lei n. 5.584/70 institui as denominadas *causas de alçada* ou o procedimento sumário.

A Lei n. 9.957/2000, que institui o procedimento sumaríssimo, não revogou a Lei n. 5.584/70, fazendo desaparecer o procedimento sumário, na medida em que: a) a Lei n. 9.957/2000 não revogou expressamente a Lei n. 5.584/70; b) o procedimento sumaríssimo tem por finalidade tornar mais célere a solução dos dissídios cujo valor não exceda a quarenta salários mínimos na data da distribuição da ação, ao passo que a Lei n. 5.584/70 estabelece medidas que tornam ainda mais célere a solução dos dissídios cujo valor não exceda a dois salários mínimos na data da distribuição da ação.

1.8. Requisitos da petição inicial. Emenda e complemento da petição inicial. Citação do réu.

No procedimento sumaríssimo devem ser observadas as regras de caráter geral constantes da CLT. Dessa forma, a petição inicial deve atender, também no procedimento sumaríssimo, ao que estabelece o art. 840, § 1º, da CLT, observando-se, no entanto, que, consoante o art. 852-B da CLT, da petição inicial deve constar a correta indicação do nome e endereço do réu, exigência que está relacionada com a proibição de notificação/citação por edital, estabelecida no art. 852-B, II, da CLT.[4]

Dispõe o art. 852-B, § 1º, da CLT que o não atendimento dos dois requisitos próprios da petição inicial da ação sujeita ao procedimento sumaríssimo *importará* no arquivamento da reclamação.

A utilização, no art. 852-B, § 1º, da CLT, da expressão *importará no arquivamento*, leva a crer que no procedimento sumaríssimo não é possível a emenda ou complemento da inicial. Argumenta-se, em favor desse ponto de vista, que o procedimento sumaríssimo tem por escopo a solução da demanda em audiência única, o que impede a emenda ou complemento da petição inicial. Sob essa ótica, o não atendimento dos requisitos dispostos no art. 852-B, § 1º, da CLT constitui vício insanável.

Cumpre observar, contudo, que a pena de arquivamento foi cominada para a hipótese de a petição inicial não conter pedido certo e determinado com indicação do valor respectivo e/ou correto nome e endereço do reclamado, não podendo ser estendida para a hipótese de não atendimento dos requisitos do art. 840, § 1º, da CLT. Portanto, ao juiz é lícito, com autorização no art. 321 do CPC,[5] determinar que o reclamante emende ou complemente a petição inicial no procedimento sumaríssimo, quando ela não atenda aos requisitos do art. 840, § 1º, da CLT ou apresente vício que dificulte o julgamento do mérito.

Como a petição inicial pode ser emendada ou complementada quando não atenda aos requisitos do art. 840, § 1º, da CLT, não há motivo para não admitir a emenda ou complemento também quando não tenham sido atendidos os requisitos dispostos no art. 852-B, I e II, da CLT.

Ademais, o art. 852-A, § 1º, da CLT deve ser interpretado em sintonia com uma especial particularidade do processo do trabalho, que é a facilitação do julgamento do mérito da causa, para a qual contribui a determinação de emenda ou complemento da petição antes de indeferi-la. Registre-se que o CPC aponta no sentido de que deve ser prestigiada a solução do mérito, quando prevê que ao juiz incumbe "determinar o suprimento de pressupostos processuais e o saneamento de outros vícios processuais" (art. 139, IX) e que, "antes de proferir decisão sem resolução de mérito, o juiz deverá conceder à parte oportunidade para, se possível, corrigir

4. Somente é vedada a notificação inicial por edital. Desse modo, nada impede que o juiz, confirmado em audiência o endereço constante da inicial, ordene a notificação do reclamado por oficial de justiça.

5. "O juiz, ao verificar que a petição inicial não preenche os requisitos dos arts. 319 e 320 ou que apresenta defeitos e irregularidades capazes de dificultar o julgamento de mérito, determinará que o autor, no prazo de 15 (quinze) dias, a emende ou a complete, indicando com precisão o que deve ser corrigido ou completado".

o vício que conduziria àquela decisão" (art. 317), o que alcança o processo do trabalho (art. 769 da CLT e art. 15 do CPC).

A admissibilidade da emenda ou complemento da petição inicial, no sumaríssimo, é autorizada, ainda, pelo princípio da economia processual, na medida em que possibilita o aproveitamento dos atos já praticados.

É necessário recordar, ainda, que o processo e as normas processuais são concebidos como instrumentos para possibilitar a rápida solução do conflito de interesses e que, com isso, deve ser evitada, o máximo possível, a extinção do processo sem provimento de mérito, e conferido o máximo aproveitamento aos atos processuais praticados, o que é imposto pela CLT, quando trata das nulidades, e pelo CPC, quando dispõe que "as partes têm direito de obter em prazo razoável a solução integral do mérito, inclusive a atividade satisfativa" (art. 4º). Destarte, também no sumaríssimo devem ser adotadas soluções que permitam aproveitar os atos processuais praticados, dentre elas a autorização para a emenda ou complemento da petição inicial, observando-se que às vezes o autor deixa de apontar o valor de apenas um de seus pedidos, não se justificando o arquivamento da reclamação por conta dessa sua omissão, quando, na própria audiência e sem qualquer prejuízo ao andamento do processo, sua omissão pode ser corrigida.

As normas relativas ao procedimento sumaríssimo foram editadas para permitir a mais rápida solução do litígio e não podem ser interpretadas para dificultá-la.

No processo sujeito ao procedimento sumaríssimo, é vedada a citação inicial do réu por edital (art. 852-B, II, da CLT), sendo a opção ao embaraço criado pelo réu a notificação por oficial de justiça (art. 246, II, do CPC), para evitar que o réu dificulte a notificação para fugir das limitações de prova e recursais próprias desse procedimento.

1.9. Litisconsórcio.

Dá-se o litisconsórcio quando duas ou mais pessoas litigam, no mesmo processo, em conjunto, ativa e/ou passivamente.

Não existe impedimento para o litisconsórcio (ativo, passivo ou misto) no procedimento sumaríssimo.

Apesar de não ser vedado o litisconsórcio, o juiz deverá limitá-lo, quando for comprometida a rápida solução da lide ou houver dificuldade à defesa (art. 113, § 1º, do CPC[6]).

---

6. "O juiz poderá limitar o litisconsórcio facultativo quanto ao número de litigantes na fase de conhecimento, na liquidação de sentença ou na execução, quando este comprometer a rápida solução do litígio ou dificultar a defesa ou o cumprimento da sentença."

Cada litisconsorte deve indicar na inicial o valor correspondente aos seus pedidos, ao passo que, para verificar se a demanda envolve valor igual ou inferior a quarenta salários mínimos, deve ser levada em conta, no litisconsórcio, a soma dos valores dos pedidos de cada litisconsorte, vez que o art. 852-A da CLT se refere a *dissídio* e, no litisconsórcio, o *dissídio* é único, apesar da pluralidade de partes.

1.10. Prazo para designação da audiência.

Na tentativa de acelerar o procedimento, o legislador estabelece um prazo máximo para a realização da audiência no procedimento sumaríssimo.

Com efeito, segundo o art. 852-B, III, da CLT, a audiência para apreciação da demanda sujeita ao procedimento sumaríssimo deverá ser realizada no prazo máximo de quinze dias do seu ajuizamento, podendo constar de pauta especial, se necessário.

No sumaríssimo existe, portanto, um *prazo mínimo*, que é de cinco dias, em face do que estabelece o art. 841 da CLT (que é aplicável no procedimento sumaríssimo), e um *prazo máximo* para a realização da audiência (quinze dias, contados da distribuição da ação).

Caso seja a audiência interrompida, o seu prosseguimento e a solução do dissídio deverão ocorrer no prazo máximo de trinta dias, salvo motivo relevante justificado nos autos pelo juiz da causa (art. 852-H, § 7º, da CLT), observando-se que o prazo de 30 dias deve ser contado da data da propositura da ação e não da data em que a audiência foi interrompida.

Vale recordar que, no processo do trabalho, a audiência é única e contínua, ainda que se desdobre em mais de uma etapa. Dessa forma, as fases que forem ultrapassadas não se repetem na segunda etapa da audiência, caso tenha sido esta interrompida.

O art. 852-H, § 7º, da CLT, ao aduzir à interrupção da audiência, torna certo que ela não será necessariamente realizada em momento único. Cabe ao juiz, como autoriza afirmar o art. 852-H, § 1º, da CLT, no exercício do poder de gestão processual, verificar a conveniência de realizar a audiência em dois momentos distintos, valendo lembrar que a solução mais simplificada, econômica e rápida dos conflitos trabalhistas não pode ser realizada à custa do prejuízo do direito ao processo justo e à justa solução deste mesmo conflito.

1.11. Valor do pedido e da causa.

O autor deverá indicar na petição inicial o valor correspondente a cada um de seus pedidos, ainda que de natureza apenas declaratória.

Desse modo, o valor da causa corresponderá, no procedimento sumaríssimo, à soma dos valores dos pedidos do autor da demanda.

Se o autor deixar de indicar na petição inicial o valor da causa, o juiz o fixará, respeitando o valor atribuído aos pedidos do autor (art. 1º da Lei n. 5.584/70).

Embora possa alterar o valor da causa no julgamento de eventual impugnação do reclamado, ao juiz é defeso alterar o valor que o autor atribuiu aos seus pedidos, a não ser na hipótese de flagrante descompasso entre o que se pede e o valor atribuído ao pedido, segundo dados fornecidos pelo autor na petição inicial. Contudo, convencendo-se o juiz, ao final, que o autor atribuiu valor à sua pretensão com o intuito único de fixar o rito da demanda, deverá puni-lo por litigância de má-fé.

1.12. Intimação das partes e advogados. Informação acerca da mudança de endereço no curso do processo.

De acordo com o art. 852-B, § 2º, da CLT, cumpre às partes e aos seus procuradores informarem, na petição inicial e contestação, o endereço para o qual devem ser enviadas as suas intimações e as mudanças de endereço ocorridas no curso do processo.

Se as partes e seus procuradores não informarem eventual alteração de endereço ocorrida no curso da ação, considera-se válida a intimação enviada para o endereço constante da petição inicial ou da contestação (art. 852-B, § 2º, da CLT). Essa mesma solução deve ser adotada nos demais procedimentos, por força, inclusive, do disposto no art. 274, parágrafo único do CPC,[7] que é aplicável no processo do trabalho, em razão de sua compatibilidade com o Direito Processual do Trabalho.

1.13. O juiz no procedimento sumaríssimo.

O art. 765 da CLT estabelece que os juízes e tribunais terão ampla liberdade na direção do processo e velarão pelo andamento rápido das causas, podendo determinar qualquer diligência necessária ao esclarecimento delas.

O art. 852-D da CLT reafirma e reforça a liberdade dos juízes no que comporta ao procedimento probatório, estabelecendo que eles dirigirão o processo com liberdade para determinar as provas a serem produzidas (o juiz deverá participar, ativamente, da instrução do processo, determinando a realização das provas que reputar necessárias para o esclarecimento dos fatos relevantes para a solução do conflito de interesses), podem limitar ou excluir as provas que forem consideradas excessivas, impertinentes ou protelatórias (somente deve ser produzida prova útil

7. "Presumem-se válidas as intimações dirigidas ao endereço constante dos autos, ainda que não recebidas pessoalmente pelo interessado, se a modificação temporária ou definitiva não tiver sido devidamente comunicada ao juízo, fluindo os prazos a partir da juntada aos autos do comprovante de entrega da correspondência no primitivo endereço."

e necessária à defesa ou declaração de direito), têm liberdade para apreciar as provas produzidas e devem, na apreciação da prova, dar especial valor às regras de experiência comum ou técnica.

Se no processo ordinário o juiz tem liberdade para verificar a necessidade e utilidade da prova cuja produção é pretendida pelas partes e determinar as diligências necessárias à instrução do processo (art. 765 da CLT e art. 370 do CPC[8]), no procedimento sumaríssimo essa liberdade é mais acentuada, para que a solução do litígio se dê de forma ainda mais célere.

A maior liberdade do juiz implica maior responsabilidade. Com isso, no sumaríssimo, o juiz, na medida em que recebe maior liberdade na fase instrutória, também recebe uma carga especial de responsabilidade, em razão da qual cumpre-lhe agir em sintonia com os resultados perseguidos com a criação do sumaríssimo, devendo estar atento à necessidade de impedir a produção de provas excessivas, impertinentes ou protelatórias.

Também no sumaríssimo o juiz deve fundamentar sua atuação no diálogo e respeito às partes, procurando visualizar no geral o que é essencial e fazer aflorar ou permitir que aflore a verdade, que é condição necessária para a solução justa do dissídio.

1.14. Arquivamento da reclamação no procedimento sumaríssimo.

Também no procedimento sumaríssimo, deverão estar presentes na audiência o reclamante e o reclamado, independentemente do comparecimento de seus representantes, salvo as exceções previstas em lei (art. 843, *caput* e §§ 1º e 2º, da CLT) e o não comparecimento do reclamante à audiência importará arquivamento da reclamação.

Contudo, no procedimento sumaríssimo, o processo também será arquivado em razão do não atendimento, na petição inicial, dos requisitos de que trata o art. 852-B, I e II, da CLT, consoante prevê o art. 852-B, § 1º, da CLT, ressalvada, como já foi antecipado, a possibilidade de emenda ou complemento da petição inicial.

O arquivamento da reclamação pelo não atendimento, na petição inicial, dos requisitos do art. 852-B, I e II, da CLT, não pode se somar a um arquivamento decorrente do não comparecimento do reclamante à audiência para aplicação da penalidade prevista no art. 732 da CLT. É que esse comando legal se refere, expressamente, ao art. 844 da CLT, ou seja, comina sanção somente para o arquivamento resultante do não comparecimento do reclamante à audiência, sendo certo que as regras que impõem sanção devem ser interpretadas restritivamente.

---

8. "Caberá ao juiz, de ofício ou a requerimento da parte, determinar as provas necessárias ao julgamento do mérito."

1.15. Registro de atos.

Na ata de audiência, devem ser registrados, resumidamente, os atos essenciais, as afirmações *fundamentais* das partes e as informações úteis à solução da causa trazidas pela prova testemunhal (art. 852-F da CLT e art. 360, V, do CPC).

A essencialidade do ato a ser registrado e a importância e utilidade das afirmações das partes e das informações das testemunhas devem ser consideradas em relação ao processo e também sob a ótica das partes.

Assim como deve ser imparcial na oitiva das partes e testemunhas, conduzindo as suas inquirições livre de prejulgamentos (o juiz deve se limitar a ouvir as testemunhas e as partes sem proceder a qualquer julgamento, vez que este é um ato a ser praticado após a instrução do processo), o juiz deve sê-lo no registro dos atos essenciais e afirmações das partes e testemunhas.

1.16. Reconvenção.

O procedimento sumaríssimo deve permitir a mais rápida solução de determinada relação jurídica litigiosa. Com isso, nele deve ser admitida a reconvenção. Contudo, se o valor dos pedidos objeto da reconvenção for superior a quarenta salários mínimos, deve o reclamado ajuizar ação autônoma contra o reclamante, posto que a admissibilidade da reconvenção pressupõe identidade de ritos entre a ação inicial e a ação do réu contra o autor no mesmo processo.

1.17. Incidentes e exceções.

No procedimento sumaríssimo, são concentrados na audiência o debate e a decisão dos incidentes e exceções suscitados pelas partes.

Neste sentido, dispõe o art. 852-G da CLT que serão decididos de plano (isto é, na audiência de instrução e julgamento) todos os incidentes que podem interferir no prosseguimento da audiência e do processo (o juiz realizará, na audiência, verdadeiro saneamento do processo).[9]

Quando o imediato julgamento do incidente ou da exceção trouxer prejuízo às partes, o juiz não deverá resolvê-lo de plano. O reclamado que apresentar exceção de incompetência ou suscitar um incidente deverá estar preparado para

9. Aduz José Frederico Marques que "sob o nome *incidente* compreendem-se certos episódios que ocorrem no processo e que se destinam a preparar a decisão final. O *incidente*, como fala Carnelutti, são as questões que surgem (*incidunt*) entre o pedido e a decisão, para que o juiz as resolva antes de decidir a lide. Trata-se de controvérsias *acessórias*, como diz Betti, ao lado ou no âmbito do litígio *principal*, e que se coordenam com o fim último do processo. Se a questão *incidental* é simples e se resolve *de plano*, não chega a formar-se um verdadeiro procedimento dentro da relação processual. Casos se apresentam, no entanto, em que vários são os atos para a solução do incidente, conjugando-se todos eles em razão dessa finalidade e dando origem, assim, a verdadeiro procedimento assessório, a que se denomina *procedimento incidental*". (*Instituições de direito processual civil*, v. III, p. 17).

apresentar em audiência a prova de suas alegações, o que já não se pode exigir do reclamante, que muitas vezes suscita o incidente diante da prova contra ele produzida ou é surpreendido pela exceção ou incidente suscitado pelo reclamado em sua resposta à reclamação, não se lhe podendo exigir que esteja preparado para se defender na própria audiência.

Entre os incidentes que o juiz deve resolver de pronto, encontram-se a impugnação do valor da causa e os relativos ao tipo de procedimento a ser impresso ao processo.

Consoante foi registrado, a Lei n. 13.467/17 conferiu nova redação ao art. 800 da CLT, estabelecendo regras relativas ao processamento e julgamento da exceção de incompetência. Porém, em relação ao procedimento sumaríssimo, existe norma especial (art. 852-H da CLT), que se sobrepõe à norma geral, ou seja, em relação ao sumaríssimo, a exceção deverá ser apresentada no prazo para resposta e examinada, instruída e julgada no juízo em que a demanda foi proposta.

1.18. Produção de prova.

Apresentada a resposta do reclamado, terá início a instrução do processo, ou seja, a fase processual destinada à produção da prova dos fatos alegados na petição inicial e contestação e que restaram controversos (art. 848 da CLT).

No procedimento sumaríssimo, conforme dispõe o art. 852-H, *caput*, da CLT, todas as provas serão produzidas em audiência, ainda que não requeridas previamente. Com essa medida, dá-se a concentração da causa em audiência.

O art. 852-H da CLT não dispensa o reclamante de instruir a petição inicial com os documentos comprobatórios dos fatos que alega, por força da regra geral estabelecida no art. 787 da CLT, lembrando-se, ainda, que ela deverá ser instruída com os documentos indispensáveis à propositura da ação (art. 320 do CPC de 2015).

Quando forem apresentados documentos em audiência, pelo reclamante (quando o juiz permitir que ele o faça) ou reclamado (junto com a contestação), à parte contrária deverá ser conferida a oportunidade para impugná-los (art. 437, § 1º, do CPC[10]).

Os documentos deverão ser impugnados em audiência, salvo absoluta impossibilidade, a critério do juiz (art. 852-H, § 1º, da CLT), hipótese em que deverá ser concedido à parte prazo razoável para a impugnação fora da audiência, sendo a continuidade desta designada para outra data.[11] No caso de impugnação dos

10. "Sempre que uma das partes requerer a juntada de documentos aos autos, o juiz ouvirá, a seu respeito, a outra parte, que disporá do prazo de 15 (quinze) dias para adotar qualquer das posturas indicados no art. 436."

11. A audiência não pode ser adiada para atender a mera comodidade no exame dos documentos apresentados pelas partes.

documentos em audiência, o juiz deve estabelecer o tempo de que a parte dispõe para fazê-lo, levando em conta o seu volume e a complexidade da causa (esse tempo não pode ultrapassar vinte minutos, para não ser superior ao tempo que o reclamado tem para apresentar sua resposta à reclamação, consoante prevê o art. 847 da CLT).

Os documentos apresentados com a petição inicial devem ser impugnados na contestação, sob pena de preclusão do direito à sua impugnação.

No processo do trabalho, por força da aplicação subsidiária do art. 369 do CPC, as partes podem utilizar todos os meios legais, bem como os moralmente legítimos, para demonstrar a veracidade dos fatos que alegam como fundamento de suas pretensões, visando influir eficazmente na convicção do juiz.

Com isto, as partes podem, para provar os fatos por elas alegados, fazer uso inclusive da prova testemunhal.

Contudo, enquanto no procedimento ordinário cada parte pode indicar para oitiva até três testemunhas (art. 821 da CLT), no procedimento sumaríssimo este número é reduzido para dois, ou seja, nele, cada parte poderá indicar para oitiva no máximo duas testemunhas (art. 852-H, § 2º, da CLT). O que se pretende, com a redução do número de testemunhas, é acelerar o procedimento e, com isto, permitir a mais rápida solução do conflito de interesses submetido ao Poder Judiciário.[12]

A limitação ao número de testemunhas decorre e é justificada pela menor complexidade de que normalmente se revestem os dissídios cujo valor não exceda a quarenta salários mínimos e da maior celeridade que se pretende na sua solução. Acrescente-se que a prova testemunhal é apenas um dos meios de que podem se valer as partes para a prova de fatos alegados na ação ou na defesa.

Havendo litisconsórcio, cada litisconsorte poderá indicar à oitiva até duas testemunhas. Isso porque, salvo disposição expressa em contrário, que não existe na hipótese, os litisconsortes são considerados, em suas relações com a parte adversa, como litigantes distintos (art. 117 do CPC).

As testemunhas comparecerão à audiência independentemente de intimação, isto é, levadas pelas partes (art. 852-H, § 2º, da CLT).[13] A intimação da testemunha eventualmente ausente pressupõe o atendimento de uma condição especial, qual seja, a prova de que ela foi convidada ao comparecimento pela parte interessada na sua oitiva. Neste sentido, prevê o art. 852-H, § 3º, da CLT que só será deferida intimação de testemunha que, comprovadamente convidada, deixar de comparecer. O convite à testemunha pode ser comprovado por qualquer meio, sendo os mais eficazes a carta com aviso de recebimento e o recibo lançado em comunicado da

12. Neste número não estão incluídas as *testemunhas referidas* que o juiz repute conveniente ouvir e as pessoas ouvidas como *informantes*.
13. Esta medida agiliza o processo e contribui para a maior celeridade na solução dos conflitos de interesses.

data, horário e local da audiência para a qual a testemunha é convidada. Contudo, o juiz pode adiar a audiência para a intimação da testemunha ausente à luz da simples afirmação do reclamante de que o convite foi realizado, indagando à testemunha, na audiência de prosseguimento, sobre o convite e os motivos do não comparecimento. Convencido de que a testemunha não foi convidada, o juiz indeferirá a sua oitiva.

O requerimento de intimação da testemunha pode ser apresentado antes da audiência, para evitar o seu fracionamento, sempre que a parte estiver de posse de prova da recusa de comparecimento e reputar indispensável a sua oitiva. O requerimento deverá ser apresentado à Secretaria no mínimo cinco dias antes da audiência (aplicação do art. 34, § 1º, da Lei n. 9.099/95).

A testemunha que não atender à intimação para comparecimento poderá ser imediatamente conduzida.[14]

A prova testemunhal deve ser produzida perante o juiz da causa (art. 852-H da CLT), não sendo incompatível com o procedimento sumaríssimo, contudo, a oitiva de testemunha por meio de carta precatória. A testemunha a ser ouvida por carta não será intimada, devendo a parte providenciar o seu comparecimento na audiência a ser realizada no juízo deprecado. Somente haverá intimação da testemunha que deixar de comparecer (art. 852-H, § 2º, da CLT).

Também no procedimento sumaríssimo é lícita a produção de prova pericial. Nele, como dispõe o art. 852-H, § 4º, da CLT, a prova pericial será deferida quando a prova do fato, em razão da sua natureza, o exigir ou for legalmente imposta.

Deferindo a produção da prova pericial, o juiz nomeará perito e fixará o objeto da prova e o prazo para a sua realização (art. 852-H, § 4º, da CLT).

Por força da aplicação subsidiária do art. 474 do CPC, as partes deverão ser cientificadas, pelo perito, da data e local designados para a produção da prova.

As partes podem apresentar quesitos[15] e indicar assistente técnico, no prazo assinalado pelo juiz.

As partes serão intimadas a manifestar-se sobre o laudo elaborado pelo perito[16], no prazo comum de cinco dias (art. 852-H, § 6º).[17] A concessão de prazo comum

---

14. Cabe à parte verificar a conveniência de ouvir testemunha conduzida por oficial de justiça. Se a parte reputar inconveniente a oitiva da testemunha, o juiz poderá deferir a sua substituição por outra, esteja ela presente ou não, evitando-se, com isso, cerceamento do direito de defesa.

15. "Quesitos são as questões, perguntas, interrogações, problemas técnicos que uma das partes, algum interessado no processo, ou o próprio juiz, quando intervém de ofício, formula, para que sejam respondidos, ou resolvidos, de modo que sirvam à instrução e ao esclarecimento do feito" (Pontes de Miranda. *Comentários ao Código de Processo Civil*, v. III, p. 69).

16. "Laudo é toda resposta ou conjunto de respostas a quesitos, explícitos ou implícitos, desde que dadas em virtude de função, e não do interesse individual, nem de função judicial pura" (Pontes de Miranda. *Comentários ao Código de Processo Civil*, v. III, p. 69).

17. O CPC autoriza os procuradores retirarem aos autos de cartório em conjunto ou mediante ajuste (art. 107, § 2º), mas dispõe que, sendo o prazo comum, é lícito ao procurador retirar os autos para a obtenção de cópia, pelo

para manifestação sobre o laudo responde à necessidade de maior celeridade na solução do litígio. Contudo, ao juiz é lícito, diante da complexidade da perícia, conceder às partes prazo sucessivo para manifestação sobre o laudo.

Como já foi registrado, a Lei n. 13.793/2019, alterou o art. 7º, inciso VIII e § 13, da Lei n. 8.906/1994 e o art. 11, § 6º e 7º, da Lei n. 11.419/2006 e acrescentou ao art. 17 da Lei n. 13.105/2015 (Código de Processo Civil) o § 5º, para assegurar a advogados "o exame, mesmo sem procuração, de atos e documentos de processos e de procedimentos eletrônicos, independentemente da fase de tramitação, bem como a obtenção de cópias, salvo nas hipóteses de sigilo ou segredo de justiça, nas quais apenas o advogado constituído terá acesso aos atos e aos documentos referidos".

1.19. Sentença.

Encerrada a instrução e aduzidas as razões finais (o fato de os arts. 852-G e 852-H da CLT não aludirem às alegações finais não afasta a aplicação do disposto no art. 850, que é regra de caráter geral aplicável ao procedimento sumaríssimo), o juiz renovará a proposta de conciliação.

Essa segunda tentativa de conciliação é imposta pelo art. 850 da CLT, cuja aplicação no procedimento sumaríssimo não é afastada pelo fato de o art. 852-E da CLT a ela não se referir (o art. 850 da CLT trata da tentativa obrigatória de conciliação, ao passo que o art. 852-E, em sua parte final, se refere à faculdade de ser tentada a conciliação em qualquer fase da audiência).

Frustrada a tentativa de conciliação, o juiz proferirá decisão. Neste sentido, estabelece o art. 831, *caput*, da CLT que "a decisão será proferida depois de rejeitada pelas partes a proposta de conciliação". O juiz poderá proferir decisão na própria audiência (arts. 849 e 852 da CLT), no prazo de trinta dias úteis (art. 226, III, do CPC).

A decisão conterá o resumo dos fatos relevantes ocorridos em audiência e os elementos de convicção do juiz, sendo dispensado o relatório (art. 852-I da CLT). A sentença deve atender ao disposto no art. 832 da CLT, sendo dispensado, apenas, o resumo do pedido e da defesa (a identificação das partes e do processo em que é proferida a decisão é indispensável).

O juiz deverá adotar a decisão que reputar mais justa e equânime, atendendo aos fins sociais da lei e às exigências do bem comum (art. 852-I, § 1º, da CLT).[18]

---

prazo de *duas a seis horas*, independentemente de ajuste e sem prejuízo da continuidade do prazo e, ainda, que o procurador que não devolver os autos retirados de cartório para obtenção de cópias dentro do prazo perderá o direito de retirá-los de cartório novamente com esta finalidade, salvo se o seu prazo houver sido prorrogado pelo juiz (art. 107, §§ 2º e 3º).

18. Disposição no mesmo sentido consta da Lei n. 9.099/95, que trata dos Juizados Especiais Cíveis e Criminais (art. 6º).

A justa decisão da lide deve ser perseguida em todo processo, independentemente do tipo de procedimento. O 852-I, § 1º, da CLT apenas reforça a necessidade de decisão justa no procedimento sumaríssimo.

A decisão deverá ser equânime, ou seja, respeitar a particularidade do caso concreto.

O juiz não foi autorizado, pelo art. 852-I, § 1º, da CLT, a julgar por equidade, sendo-lhe exigido o julgamento equânime, isto é, livre do critério da legalidade estrita e que respeite as particularidades do caso concreto e contenha interpretação criativa e renovadora da lei.

A propósito, afirma Márcio Túlio Viana que a equidade, no art. 852-I, § 1º, da CLT, "não é a que supre a falta da norma, como dispõe o art. 8º da CLT, nem dispensa a atuação da norma, como no juízo arbitral, mas a que toma a norma em suas mãos e — como o artista faz com a argila — corrige as suas distorções, suaviza a sua rigidez e modela os seus contornos, segundo os valores de cada tempo e lugar. Em outras palavras, não se decidirá por equidade, mas com equidade".[19]

Não há justiça na aplicação estrita das normas jurídicas. A justiça tem como condição o respeito às especificidades da relação jurídica de direito material objeto do dissídio e às condições dos seus sujeitos. A equidade é um imperativo da própria justiça.

A decisão deve ser equânime, para que seja justa.

Como observa Soares Martinez, "é sabido como a aplicação estrita do direito, alheia às situações concretas, reais, faz resvalar os julgadores, através de uma justiça meramente formal e despersonalizada, para clamorosas injustiças. Essa é a razão pela qual já Aristóteles apontou a equidade como superior à justiça (...). A equidade não envolve qualquer derrogação da justiça. Apenas um seu aperfeiçoamento. Dir-se-á mesmo que a equidade melhor se aproximará de um ideal de justiça do que a aplicação estrita da norma. Esta, geral e abstrata, por definição, prevê uma generalidade de casos, abstraindo de quaisquer situações concretas. À equidade cabe ajustar-se, sem quebra da regra, da norma, da justiça, à realidade *sub judice*".[20]

É importante observar que o juiz deverá adotar decisão que reputar mais justa e equânime, mas não está desobrigado de respeitar o ordenamento jurídico, como infere-se do art. 852-I, § 1º, da CLT, que impõe o respeito à finalidade social da lei.

O art. 852-I, § 1º, da CLT impede a mecanização da atividade jurisdicional, impondo ao juiz a adoção da justiça e da equidade como critérios de atuação, não apenas no proferimento da decisão, mas durante todo o procedimento (não

---

19. O novo rito, artigo por artigo: possibilidades e desafio. In: VIANA, Márcio Túlio; RENAULT, Luiz Otávio Linhares (coords.). *Procedimento sumaríssimo*: teoria e prática, p. 170-171.

20. *Filosofia do direito*, p. 269-270.

se trata, portanto, apenas de decidir com justiça e equidade). De outro lado, a disposição em análise deixa claro que a busca pela justiça não pode ser sacrificada em nome da simplificação, da celeridade e da economia processual.

1.20. Recursos.

A sistemática recursal adotada pelo Direito Processual do Trabalho será examinada mais adiante, em Capítulo próprio.

No procedimento sumaríssimo, as partes podem se valer de todos os recursos admissíveis no processo do trabalho, que mais adiante serão examinados. Nele, no entanto, o processamento do recurso ordinário recebeu tratamento especial, na tentativa de acelerar o pronunciamento do tribunal competente para o seu julgamento, ao passo que foram limitadas as possibilidades de acesso ao Tribunal Superior do Trabalho por meio do recurso de revista.

O que se tem de específico no procedimento sumaríssimo é que:

I) recurso ordinário: a) será imediatamente distribuído, uma vez recebido no tribunal, devendo o relator liberá-lo no prazo máximo de dez dias, e a Secretaria do Tribunal ou Turma colocá-lo imediatamente em pauta para julgamento, sem revisor (art. 895, § 1º, II, da CLT); b) terá parecer oral do representante do Ministério Público presente à sessão de julgamento, se este entender necessário o parecer, com registro na certidão (art. 895, § 1º, III, da CLT); c) terá acórdão consistente unicamente na certidão de julgamento, com a indicação suficiente do processo e parte dispositiva, e das razões de decidir do voto prevalente. Se a sentença for confirmada pelos próprios fundamentos, a certidão de julgamento, registrando tal circunstância, servirá de acórdão (art. 895, § 1º, IV, da CLT);[21]

II) os Tribunais Regionais divididos em Turmas poderão designar uma Turma para o julgamento dos recursos ordinários interpostos das sentenças

21. Não há, neste caso, afronta à exigência constitucional de fundamentação da decisão. Os fundamentos do Tribunal serão os mesmos da decisão de Primeira Instância (o Tribunal adota como seus os fundamentos da decisão confirmada). A hipótese é de motivação *per relationem* (motivação por referência a outra peça processual). Consoante decidiu o STF: *HABEAS CORPUS* — PRETENDIDO RECONHECIMENTO DE NEGATIVA DE AUTORIA — INDAGAÇÃO PROBATÓRIA EM TORNO DOS ELEMENTOS INSTRUTÓRIOS — INVIABILIDADE NA VIA SUMARÍSSIMA DO *HABEAS CORPUS* — ACÓRDÃO QUE SE REPORTA À SENTENÇA DE PRIMEIRA INSTÂNCIA, ÀS CONTRARRAZÕES DO PROMOTOR DE JUSTIÇA E AO PARECER DO MINISTÉRIO PÚBLICO DE SEGUNDA INSTÂNCIA — MOTIVAÇÃO *PER RELATIONEM* — FUNDAMENTAÇÃO VÁLIDA — PEDIDO INDEFERIDO. — O *habeas corpus* não constitui meio juridicamente idôneo à análise e reexame de provas produzidas no processo penal condenatório, especialmente quando se busca sustentar, na via sumaríssima desse *writ* constitucional, a ausência de autoria do fato delituoso. O acórdão, ao fazer remissão aos fundamentos de ordem fático-jurídica mencionados na sentença de primeira instância, nas contrarrazões do Promotor de Justiça e no parecer do Ministério Público de segunda instância (motivação *per relationem*) — e ao invocá-los como expressa razão de decidir — revela-se fiel à exigência jurídico-constitucional de motivação que se impõe, ao Poder Judiciário, na formulação de seus atos decisórios. (STF-HC 69425/SP, Primeira Turma, Relator Ministro Celso de Mello, DJ 20.10.2006).

prolatadas nas demandas sujeitas ao procedimento sumaríssimo (art. 895, § 2º, da CLT);

III) o recurso de revista somente será admitido por contrariedade a súmula de jurisprudência uniforme do TST ou a Súmula vinculante do STF e por violação direta da Constituição Federal (art. 896, § 9º, da CLT).

Admite-se o recurso adesivo no procedimento sumaríssimo, visto que não existe incompatibilidade entre eles, notadamente porque, apresentado recurso por uma das partes, o processo necessariamente será enviado à instância superior, o que significa que o recurso adesivo não interfere na celeridade do processo.

1.21. Ação rescisória.

A Lei n. 9.099/95, que disciplina os Juizados Especiais Cíveis e Criminais, segundo a qual não se admitirá a ação rescisória no procedimento que institui (art. 95), não é aplicável no processo do trabalho.

O art. 836 da CLT dispõe ser admitida a ação rescisória no processo do trabalho, sem qualquer ressalva em relação ao procedimento sumaríssimo, sendo digno de nota que sequer nas causas de alçada é vedada a ação rescisória (Súmula n. 365 do TST).

1.22. Execução.

Regem a execução da sentença proferida no procedimento sumaríssimo os arts. 876 a 892 da CLT, não lhe tendo sido reservado pela lei tratamento diferenciado.

Contudo, o juiz deverá atentar para a necessidade da mais rápida e eficaz satisfação do credor, por serem esses os objetivos do procedimento sumaríssimo, e, assim como nos demais procedimentos, "despojar-se de todo formalismo legal e interpretar a lei com um sentido profundamente humano".[22]

2. PROCEDIMENTO SUMÁRIO

O procedimento sumário corresponde às denominadas *causas de alçada*, isto é, as causas cujo valor não ultrapasse, na data da distribuição, o correspondente a dois salários mínimos.

De acordo com o art. 2º, § 3º, da Lei n. 5.584/70, quando o valor fixado para a causa, nos dissídios individuais, não exceder a dois salários mínimos (isto é, quando o valor da causa for igual ou inferior a dois salários mínimos), será

22. Armando Porras Lopes. *Derecho procesal del trabajo*, p. 24.

(a) dispensável o resumo dos depoimentos, devendo constar da ata a conclusão do juiz quanto à matéria de fato (prestigia-se, assim, a oralidade e a simplificação do procedimento) e (b), salvo se versarem sobre matéria constitucional, nenhum recurso caberá das sentenças (é restrito, então, o acesso ao duplo grau de jurisdição). Trata-se, portanto, de procedimento em que o registro dos atos é realizado de forma mais simplificada e os recursos somente podem versar sobre matéria constitucional, tudo isso na tentativa de tornar a solução do conflito de interesses mais célere e efetiva.

Assim, ficam sujeitos ao procedimento sumário os dissídios individuais cujo valor não ultrapasse, na data da distribuição da ação, o equivalente a dois salários mínimos.

Aplicam-se ao procedimento sumário as normas gerais estabelecidas pela CLT (possibilidade de reclamação verbal, *jus postulandi* etc.) e, naquilo que forem com ele compatíveis, as normas relativas ao procedimento sumaríssimo (a maior celeridade imprimida pela lei ao procedimento sumaríssimo o torna modelo ideal a ser observado no procedimento sumário. Com isso, no procedimento sumário, cada parte pode indicar para oitiva até duas testemunhas, por exemplo).

Dispõe o art. 2º, § 4º, da Lei n. 5.584/70, que, salvo se versarem sobre matéria constitucional, nenhum recurso caberá das sentenças proferidas nas causas de alçada. Note-se que a ressalva em questão somente diz respeito à matéria que pode ser versada no recurso (o recurso somente pode versar matéria constitucional e, portanto, de direito), não tendo sido estabelecido que contra a sentença caberá apenas recurso extraordinário para o STF.

Não se aplica a alçada em ação rescisória e em mandado de segurança (Súmula n. 10 do TST).

Capítulo 13

DAS AUDIÊNCIAS

1. ESSENCIALIDADE PARA O PROCESSO. PRINCÍPIOS QUE INFORMAM A AUDIÊNCIA

A oralidade que predomina no processo do trabalho exige a concentração dos atos processuais em audiência, tornando-a, com isso, essencial.

A audiência é regida pelos seguintes princípios: a) *publicidade*: as audiências serão, em regra, públicas (arts. 770 e 813 da CLT e art. 93, IX, da Constituição); b) *presença obrigatória das partes*: a audiência é realizada com a presença das partes, salvo as exceções dispostas em lei (art. 843 da CLT); c) *concentração*: os atos processuais são concentrados na audiência, na qual será realizada a tentativa de conciliação, colhida a defesa, instruído o processo, discutida a causa e prolatada decisão. No sumaríssimo, como já foi assinalado, os incidentes são resolvidos de imediato, em audiência; d) *oralidade*: a defesa é, via de regra, oral, os depoimentos serão orais, assim como orais serão as razões finais (arts. 847, 820 e 850 da CLT);[1] e) *imediatidade*: na audiência o juiz entra em contato direto com as partes, testemunhas e, eventualmente, com o perito (arts. 843, 820 e 827 da CLT).

A audiência será una e contínua. A audiência será "una, não só no sentido de que é uma única, mas também no de que, embora compreendendo múltiplos atos de diversas naturezas, em si constitui uma unidade (...) será contínua, de forma que se inicie e se encerre, sempre que possível, num só dia, não se concedendo ao juiz o poder de dividi-la, a seu arbítrio, em sessões diversas, em dias e horas diferentes".[2]

Não sendo possível, por motivo de força maior, concluir a audiência no mesmo dia, o juiz marcará a sua continuação para a primeira data desimpedida,

---

1. A oralidade diz respeito à forma de apresentação das alegações finais – elas devem ser apresentadas oralmente e não por escrito. Isso não significa que elas não devam ser transcritas na ata de audiência, em especial porque do juiz não pode ser exigido que se recorde de todas as alegações eventualmente apresentadas durante as várias audiências de instrução que costumam ser realizadas no mesmo dia, ao passo que as partes têm direito ao registro dos atos praticados em audiência na ata respectiva.
2. Moacyr Amaral Santos. *Comentários ao Código de Processo Civil*, v. IV, p. 382.

independentemente de nova notificação (art. 849 da CLT). No procedimento sumaríssimo, interrompida a audiência, sua continuação dar-se-á no prazo máximo de quinze dias, salvo motivo relevante, justificado nos autos pelo juiz (art. 852-H, § 7º, da CLT).

2. DESIGNAÇÃO DA AUDIÊNCIA. ORGANIZAÇÃO DA PAUTA DE AUDIÊNCIAS. PRIORIDADES

A designação da audiência não exige despacho do juiz, salvo nos dissídios coletivos, nos quais o Presidente do Tribunal, estando em ordem a petição inicial, designará a audiência dentro do prazo de dez dias (arts. 841 e 860 da CLT).

No dissídio individual, a audiência é designada no ato da distribuição ou apresentação da reclamação na Vara do Trabalho, de acordo com os dias e horários previamente disponibilizados pelo seu juiz presidente.

Reclamante e reclamado serão cientificados do dia e hora da realização da audiência. O primeiro, no ato da distribuição ou apresentação da reclamação na Vara do Trabalho (art. 788 da CLT) e o segundo, quando de sua notificação (art. 841 da CLT). No dissídio coletivo, as partes são intimadas da designação da audiência via postal.

Ao juiz compete definir a pauta diária de audiência, o que deve fazer de forma razoável e sem prejuízo da celeridade processual.

O CPC dispõe, no art. 357, § 9º, que "as pautas deverão ser preparadas com intervalo mínimo de 1 (uma) hora". Esta disposição é incompatível com o Direito Processual do Trabalho. Nas Varas do Trabalho são realizadas doze, treze, quatorze, quinze e até mais audiências por dia, quando nela atua apenas um juiz, ou o dobro deste número, quando na mesma Vara atuam dois juízes. Se as audiências forem designadas com intervalo de uma hora, será impossível a um mesmo juiz realizar mais do que oito audiências por dia, com gravíssima afronta à celeridade processual.

Por força da aplicação subsidiária do CPC no processo do trabalho, o processo em que figure como parte ou interessado pessoa com idade igual ou superior a 60 (sessenta) anos ou portadora de doença grave, assim compreendida qualquer das enumeradas no art. 6º, XIV, da Lei n. 7.713/88, terá prioridade de tramitação em todas as instâncias (art. 1.048 do CPC).

A preferência depende de pedido da parte interessada (art. 1.048, § 1º, do CPC), à qual caberá a prova de sua condição.

Deferida a prioridade, os autos receberão identificação própria que evidencie o regime de tramitação prioritária (art. 1.048, § 2º, do CPC).

Concedida a prioridade, essa não cessará com a morte do beneficiado, estendendo-se em favor do cônjuge supérstite, companheiro ou companheira, em união estável (art. 1.048, § 3º, do CPC).

3. LUGAR E LIMITES TEMPORAIS PARA A REALIZAÇÃO DA AUDIÊNCIA

As audiências serão realizadas na sede do juízo ou Tribunal em dias úteis previamente fixados, entre 8 (oito) e 18 (dezoito) horas, não podendo ultrapassar 5 (cinco) horas seguidas, salvo quando houver matéria urgente (art. 813 da CLT). O desrespeito a esses limites temporais somente possibilitará a anulação do processo se houver prejuízo às partes e for a nulidade suscitada na primeira oportunidade que a parte tiver para se manifestar no processo ou em audiência (arts. 794 e 795 da CLT).

Em casos especiais, poderá ser designado outro local para a realização das audiências, mediante edital afixado na sede do juízo ou Tribunal, com antecedência mínima de 24 (vinte e quatro) horas (art. 813, § 1º, da CLT).

Sempre que for necessário, poderão ser convocadas audiências extraordinárias, observando-se, na sua convocação, a antecedência mínima de 24 horas (art. 813, § 2º, da CLT).

4. DOCUMENTAÇÃO. GRAVAÇÃO PELAS PARTES

Os trâmites da instrução e julgamento da reclamação serão resumidos em ata, da qual constará, na íntegra, a decisão que for proferida em audiência (art. 851 da CLT).

Cabe ao Diretor da Secretaria secretariar as audiências da Vara, lavrando as atas respectivas (arts. 712, *g*, e 814, § 1º, da CLT). O Diretor de Secretaria pode designar funcionário da Vara para funcionar na audiência (é o denominado "datilógrafo ou secretário de audiência").

O registro das audiências será feito em livro próprio, constando de cada registro os processos apreciados e a respectiva solução, bem como as eventuais ocorrências (art. 817 da CLT).

Do registro das audiências poderão ser fornecidas certidões às pessoas que as requererem (art. 817 da CLT).

Na ata de audiência, serão registrados os atos essenciais, as afirmações fundamentais das partes e as informações úteis à solução da causa trazidas pelas testemunhas e pelos peritos, se houver (art. 851 da CLT). No procedimento sumaríssimo, o registro dos atos essenciais e das afirmações fundamentais das partes e informações úteis das demais pessoas ouvidas far-se-á de forma resumida (art. 852-F da CLT). No procedimento sumário, é dispensado o resumo dos depoimentos, devendo constar da ata a conclusão do juiz sobre a matéria de fato (arts. 2º, § 3º, da Lei n. 5.584/70 e 851, § 1º, da CLT).

A audiência poderá ser integralmente gravada em imagem e em áudio, em meio digital ou analógico, desde que assegure o rápido acesso das partes e dos órgãos julgadores, observada a legislação específica (art. 367, § 5º, do CPC).

A gravação da audiência também pode ser realizada diretamente por qualquer das partes, independentemente de autorização judicial (art. 367, § 6º, do CPC). Contudo, o fato de ser desnecessária a autorização judicial não dispensa a parte de comunicar ao juiz e à parte contrária sua intenção de gravar a audiência.

5. ABERTURA. TOLERÂNCIA DE ATRASOS DO JUIZ E DAS PARTES

À hora marcada, o juiz ou Presidente declarará aberta a audiência, sendo feita pelo Diretor de Secretaria, ou funcionário designado para secretariar as audiências o pregão das partes, advogados constituídos, testemunhas e demais pessoas que devam comparecer (art. 815 da CLT).

A chamada das partes, advogados constituídos, testemunhas e demais pessoas que devam comparecer (pregão – art. 358 do CPC) é formalidade essencial e sua ausência implica nulidade (salvo se, apesar de sua não realização, as partes e seus advogados comparecerem à audiência).

Se, até 15 (quinze) minutos após a hora marcada, o juiz ou Presidente não houver comparecido, os presentes poderão retirar-se, devendo o ocorrido constar do livro de registro das audiências (art. 815 da CLT).

Prevalece no TST, como se verifica na Orientação Jurisprudencial n. 245 da SDI-I, o entendimento de que "inexiste previsão legal tolerando atraso no horário de comparecimento da parte à audiência".

Nada impede, no entanto, que o juiz tolere pequenos atrasos, que não comprometam seriamente a realização das audiências designadas para o mesmo dia. Observe-se, inclusive, que existe lacuna da lei em relação à eventual tolerância de atrasos das partes e, diante de uma lacuna, o juiz pode lançar mão da analogia para a solução da situação concreta a ser resolvida, o que permite aplicar ao atraso da parte o disposto no art. 815 da CLT. Não sendo admitida esta opção, é lícito aplicar à hipótese, por analogia, o disposto no art. 58, § 1º, da CLT, para considerar justificável atraso que não ultrapasse de cinco minutos. Este artigo permite afirmar que atraso de até cinco minutos não é sério o suficiente para ensejar arquivamento da reclamação (atraso do reclamante), a revelia e a confissão (atraso do reclamado), ou a confissão (atraso da parte que deveria comparecer na audiência de prosseguimento, em que deveria prestar depoimento).

A Instrução Normativa n. 39/2016 do TST estabelece, no art. 2º, VI, que não é aplicável no processo do trabalho o art. 362, III, do CPC, segundo o qual a audiência será adiada por atraso injustificado de seu início em tempo superior a trinta minutos do horário marcado.

6. O JUIZ NA AUDIÊNCIA

Compete ao juiz dirigir os trabalhados da audiência (art. 765 da CLT).

O juiz exerce o poder de polícia em audiência, incumbindo-lhe manter a ordem e o decoro na audiência, ordenar que se retirem da sala da audiência os que se comportarem inconvenientemente e requisitar, quando necessária, a força policial (art. 816 da CLT e art. 360 do CPC).

O art. 350, V, do CPC impõe o registro na ata, com exatidão, de todos os requerimentos apresentados em audiência, o que, no processo do trabalho, alcança os protestos das partes, lembrando que na ata do juiz deverá registrar os *atos essenciais* (art. 852-F da CLT e o protesto *é essencial* para evitar a preclusão (art. 795 da CLT).

7. PRAZO PARA REALIZAÇÃO. ADIAMENTO E INTERRUPÇÃO

Embora não negue ao juiz a liberdade para organizar a pauta de audiência, o Direito Processual do Trabalho, visando atender ao princípio da celeridade, fixa prazo que deve ser por ele respeitado.

Nesse sentido: a) no dissídio individual, deve ser respeitado o prazo mínimo de cinco dias entre a notificação do reclamado e a audiência (art. 841 da CLT); b) no dissídio coletivo, a audiência de conciliação será realizada dentro do prazo de dez dias (art. 860 da CLT); c) no procedimento sumaríssimo, a audiência deverá ser realizada no prazo máximo de 15 dias (art. 852-B, III, da CLT), além do que, sendo interrompida a audiência, o seu prosseguimento e a solução do processo deverão ocorrer no prazo máximo de trinta dias, salvo motivo relevante justificado nos autos pelo juiz da causa (art. 852-H, § 7º, da CLT).

A audiência poderá ser adiada por convenção das partes, caso em que só será admissível uma vez, ou quando não possam comparecer, por motivo justificado, o perito, as partes, as testemunhas ou advogados, devendo o impedimento ser provado até a abertura da audiência (art. 362 do CPC de 2015 e art. 844, parágrafo único, da CLT).[3]

Havendo motivo relevante, a audiência poderá ser interrompida (art. 844, § 1º, da CLT, com a redação que lhe conferiu a Lei n. 13.467/17). No procedimento sumaríssimo, o prosseguimento da audiência, no caso de sua interrupção, dar-se-á no prazo máximo de trinta dias, salvo motivo relevante justificado nos autos pelo juiz da causa (art. 852-H, § 7º, da CLT).

Sendo reconhecido às partes o *jus postulandi*, a ausência do advogado não autoriza a dispensa da produção das provas requeridas pela parte por ele assistida,

3. O impedimento de comparecimento deve ser provado até a abertura da audiência, salvo se resultar de fato ocorrido quando o reclamante, o reclamado ou seu preposto e/ou advogado estiverem se dirigindo à sede do juízo, hipótese em que o fato pode ser provado até o proferimento da decisão. Se a decisão já foi prolatada, a parte deverá apresentar recurso e demonstrar o impedimento de comparecimento na audiência, solicitando a anulação do processo e a repetição daquele ato.

não sendo compatível com o Direito Processual do Trabalho o art. 362, § 2º, do CPC. Destarte, constatada a ausência injustificada do advogado, a audiência será realizada, produzindo-se as provas indicadas por ambas as partes.

8. CONCILIAÇÃO

Antes de colhida a resposta do reclamado, o juiz proporá a conciliação (arts. 764, 846, 852-E e 860 da CLT), esclarecendo as partes sobre as suas vantagens e usando os meios adequados de persuasão para que seja ela alcançada (arts. 764, § 1º, e 852-E da CLT).

A proposta de conciliação poderá ser renovada pelo juiz em qualquer fase da audiência e deverá ser apresentada, necessariamente, após as razões finais (art. 850 da CLT).

A ausência de tentativa de conciliação, no início da audiência e/ou após as alegações finais, é causa de nulidade do processo. A nulidade somente será declarada, no entanto, se for demonstrado manifesto prejuízo para as partes e se for alegada na primeira oportunidade em que a parte tiver para se manifestar nos autos ou na audiência, em especial porque mesmo não sendo instaurado o juízo conciliatório as partes podem, a qualquer tempo, celebrar acordo (arts. 764, § 3º, 794 e 795 da CLT). Litiga de má-fé a parte que alega a nulidade do processo por falta de tentativa de conciliação e, acolhida a sua alegação, declara, em audiência designada após a anulação do processo, não ter interesse na solução negociada do litígio.

9. JULGAMENTO *PRIMA FACIE*

De acordo com o art. 332 do CPC, nas causas que dispensam a fase instrutória, o juiz, independentemente da citação do réu, julgará liminarmente improcedente o pedido que contrariar: a) enunciado de súmula do STF ou do STJ (no caso do processo do trabalho, enunciado ou súmula do STF e do TST); b) acórdão proferido pelo STF ou STJ (TST, no processo do trabalho) em julgamento de recursos repetitivos ou entendimento firmado em incidente de resolução de demandas repetitivas ou de assunção de competência;[4] c) enunciado de súmula de tribunal de justiça sobre direito local (situação estranha ao processo do trabalho); d) se o juiz verificar, desde logo, a ocorrência de decadência ou prescrição (art. 332, § 1º, do CPC).

O juiz foi autorizado, portanto, a realizar um *controle prévio da procedência do pedido* do autor ou a proceder ao que vem sendo denominado *julgamento antecipadíssimo* ou julgamento *prima facie*.

---

4. O *incidente de julgamento de recursos repetitivos* (arts. 1.036 a 1.041 do CPC), *incidente de resolução de demandas repetitivas* (arts. 976 a 987 do CPC) e o *incidente de assunção de competência* (art. 947 do CPC) compõem o *microssistema de formação de precedentes* estabelecido pelo CPC.

A autorização em exame encontra fundamento: na necessidade de assegurar a duração razoável do processo (se casos idênticos já foram julgados, a determinação constitucional de duração razoável do processo impõe o pronto julgamento da causa) e evita a prática de atos processuais inúteis; na segurança jurídica e no princípio da igualdade, que não são prestigiados pela previsibilidade decorrente da uniformidade de tratamento para casos idênticos.

Como a parte que tem razão é sempre prejudicada pelo trâmite do processo, é razoável o pronto julgamento no caso de questão unicamente de direito repetindo decisões de improcedência já proferidas no mesmo juízo em demandas que apresentem o mesmo pedido e a mesma causa de pedir.

O julgamento *prima facie* não implica prejuízo ao direito de defesa do réu, na medida em que, não havendo recurso, a decisão transitará em julgado (mesmo não sendo ouvido, o réu sairá vencedor na demanda), ao passo que, se o autor recorrer e a decisão for cassada, o juiz ordenará o prosseguimento da ação, com a citação do réu, enquanto que, sendo mantida a sentença, será ordenada a citação do réu para responder ao recurso, ou seja, no caso de prosseguimento da ação, terá ele oportunidade de manifestação.

No julgamento *prima facie*, o contraditório é apenas diferido e nele não há prejuízo ao réu, posto que a hipótese será de julgamento de improcedência do pedido contra ele apresentado em juízo. O direito de defesa não é um fim em si mesmo, mas tem como fundamento a oportunidade de resposta ao pedido apresentado em juízo e de atuar no sentido de formar a convicção do juiz sobre a demanda a ele submetida. Se o pedido é liminarmente rejeitado, desnecessária se torna a defesa.

Observe-se que, havendo recurso e sendo mantida a decisão, o juiz ordenará a citação do réu para apresentar contrarrazões ao recurso. Como se trata, nessa hipótese, de *citação*[5] e o processo não retornará à Primeira Instância para novo julgamento, haja vista já ter sido proferida decisão de mérito, o réu deverá apresentar, em suas contrarrazões, sua resposta à pretensão do autor, podendo, portanto, acrescentar argumentos aos que foram utilizados como fundamento da decisão. Eventual pretensão do réu contra o autor deve ser objeto de ação autônoma, ficando prejudicada a possibilidade de reconvenção nos autos do mesmo processo.

A Instrução Normativa n. 39/2016 do TST estabelece, no art. 7º, que é aplicável no processo do trabalho, com as adaptações necessárias à legislação processual trabalhista, o art. 332 do CPC de 2015, cumprindo ao juiz julgar liminarmente improcedente o pedido que contrariar: a) enunciado de súmula do STF ou do TST; b) acórdão proferido pelo STF ou pelo TST em julgamento de recursos repetitivos; c) entendimento firmado em incidente de resolução de demandas repetitivas ou

5. Pela citação, o réu é chamado a juízo para apresentar sua resposta à demanda.

de assunção de competência; d) enunciado de súmula de TRT sobre direito local, convenção coletiva de trabalho, sentença normativa ou regulamento empresarial de observância obrigatória em área territorial que não exceda à jurisdição do respectivo tribunal. A Instrução Normativa n. 39/2016 do TST dispõe, no art. 7º, parágrafo único, que o juiz poderá julgar liminarmente improcedente o pedido se verificar, desde logo, a ocorrência de decadência.

O CPC prevê que, não havendo recurso, o réu será intimado do trânsito em julgado da decisão (art. 332, § 2º), e que, sendo interposta a apelação, o juiz poderá retratar-se em cinco dias (art. 332, § 3º), sendo que, se houver retratação, o juiz determinará o prosseguimento do processo, com a citação do réu, e, se não houver retratação, determinará a citação do réu para apresentar contrarrazões, no prazo de 15 dias (art. 332, § 4º). O art. 485, § 7º, do CPC de 2015 estabelece que, no caso de decisão que não examina o mérito, o juiz poderá interposta apelação, retratar-se e o art. 3º, VIII, da Instrução Normativa n. 39/2016 do TST prevê ser aplicável no processo do trabalho o art. 485, § 7º, do CPC, o que, evidentemente, só se aplica ao recurso ordinário.

O Direito Processual do Trabalho não contém disposição similar, sendo, portanto, omisso a respeito. Também no processo do trabalho deve ser prestigiada a mais rápida solução do dissídio e evitada a prática de atos inúteis, o que significa dizer que a norma em destaque é com ele compatível.

Cumpre observar, contudo, que a CLT impõe a prévia tentativa de conciliação, o que significa que o julgamento da lide somente poderá ocorrer em audiência, depois de verificada a presença do reclamante (a ausência do reclamante implicará arquivamento da reclamação) e tentada a conciliação (por força da obrigatoriedade da tentativa de conciliação no processo do trabalho), isso nos casos de ter sido designada audiência (não sendo designada audiência, o juiz poderá proferir o julgamento de imediato). Note-se que, estando o reclamado presente na audiência que houver sido designada, o juiz poderá colher a contestação, encerrar a instrução e proferir julgamento, fugindo dos embates que a questão ainda suscita (inconstitucionalidade da medida, por exemplo).

Proferido o julgamento *prima facie*, se o autor apresentar recurso (o recurso cabível é o ordinário), é facultado ao juiz decidir, no prazo de 5 (cinco) dias, cassar a sentença e determinar o prosseguimento do processo, com a designação de audiência para colher a defesa e instruir o processo. Caso seja mantida a sentença, deverá ser ordenada a intimação do reclamado para responder ao recurso, no prazo de oito dias, remetendo-se os autos, posteriormente, à instância superior.

10. RESPOSTA DO RECLAMADO

Frustrada a tentativa de conciliação, o reclamado terá vinte minutos para aduzir a sua resposta, escrita ou oral (art. 848 da CLT).

Havendo litisconsórcio passivo, cada um deles terá o prazo de vinte minutos para aduzir sua resposta.

11. INSTRUÇÃO DO PROCESSO

Finda a resposta, dar-se-á início à instrução do processo, ou seja, a fase destinada à produção da prova dos fatos controversos.

12. RAZÕES FINAIS

Encerrada a instrução, poderão as partes aduzir razões finais, em prazo que não exceda dez minutos para cada uma (art. 850 da CLT).

A fase de razões finais é destinada ao debate da causa pelas partes.

A apresentação de razões finais é uma faculdade da parte. Com isso, a ausência das razões finais não invalida o processo.

Estabelecida, expressamente, a oralidade das razões finais, não é lícita a sua conversão em memoriais escritos. A concentração e a oralidade dos atos, que caracterizam os procedimentos trabalhistas, são incompatíveis com a substituição de debates orais por memoriais, uma vez que dela resultaria a protelação do julgamento do dissídio.

A oralidade diz respeito à forma de manifestação das alegações finais e não que elas não devam ser registradas na ata de audiência. O registro em ata das alegações finais é um direito da parte. Não é razoável, ademais, exigir que o juiz se recorde de todas as alegações finais apresentadas nas audiências que realizar.

13. CONCILIAÇÃO E JULGAMENTO

Aduzidas as razões finais, o juiz renovará a proposta de conciliação.

Não sendo realizada a conciliação, o juiz proferirá decisão (arts. 831 e 849 da CLT). A decisão pode ser proferida em audiência ou no prazo de trinta dias úteis (art. 226, III, do CPC), sendo que, nesse caso, o juiz poderá designar dia e hora para a publicação da decisão, situação em que as partes se consideram intimadas da decisão na data e horários designados (Súmula n. 197 do TST).

Capítulo 14

DAS PROVAS

1. CONCEITO

Ao vocábulo prova são conferidos vários sentidos. Com efeito, à prova é conferido o sentido de: a) instrumentos por meio dos quais são introduzidos no processo elementos de convicção destinados à demonstração da veracidade dos fatos controversos (*prova como meio*); b) atividade desenvolvida pelas partes e pelo juiz voltada à demonstração/verificação da veracidade dos fatos controversos (*prova como atividade*); e c) convencimento do juiz, formado a partir dos elementos de convicção existentes nos autos, sobre a veracidade dos fatos controversos (*prova como resultado*).

A *visão integral da prova* exige que se combine com estes três sentidos (prova como atividade, meio e resultado) ainda um quarto sentido, qual seja, a finalidade da prova.

Neste contexto, prova, *em sentido integral*, é a demonstração da veracidade dos fatos alegados como fundamento da pretensão manifestada em juízo, que é realizada com os meios admitidos pela ordem jurídica e com o objetivo de convencer o juiz daquela veracidade e fornecer-lhe elementos suficientes para confirmar ou negar a existência do direito objeto de controvérsia.

2. FINALIDADES DA PROVA. PROVA E VERDADE. DESTINATÁRIOS DA PROVA

A finalidade da prova deve ser considerada na perspectiva das partes, do juiz e da sociedade.

Para as partes, a finalidade da prova é convencer o juiz da veracidade dos fatos alegados na ação ou na defesa (*finalidade imediata*) e tornar possível o acolhimento da sua pretensão (*finalidade mediata*).

Do ponto de vista do juiz, a prova tem como finalidade esclarecer os fatos da causa (*finalidade imediata*) e viabilizar a prolação de decisão o mais próximo possível da realidade (*finalidade mediata*).

A prova possui, ainda, finalidade social, na medida em que: a) possibilita a confirmação e a realização concreta do direito objeto de disputa, contribuindo, com isso, para a efetividade da ordem jurídica; b) viabiliza a participação das partes na construção da decisão no caso concreto e, dessa forma, na definição de seus direitos e obrigações, o que constitui uma exigência da democracia; c) operando em favor da realização concreta dos direitos assegurados pela ordem jurídica, favorece a proteção e a promoção da dignidade humana quando se tratar de disputa que envolva direitos humanos e fundamentais, não podendo ser olvidado que a dignidade humana exige o respeito aos direitos humanos e fundamentais de que as partes são titulares no processo (*dignidade humana no processo*) e a realização concreta dos direitos materiais que lhe são inerentes (*dignidade humana por meio do processo*), bem como a realização da justiça social, cidadania e democracia.

O exame da prova exige, ainda, definir a sua relação com a verdade.

A existência da relação entre prova e verdade é assumida pelo CPC, como se vê dos seus arts. 319, VI, e 369, segundo as quais a prova serve à demonstração da verdade dos fatos alegados em juízo. Sob a ótica do CPC, portanto, a prova tem por finalidade demonstrar a verdade dos fatos alegados pelas partes, existindo, destarte, uma *relação funcional* entre prova e verdade.

Considerando ser a verdade a finalidade da prova, Lourival Vilela Viana aduz que "a descoberta da verdade é o escopo fundamental da prova".[1]

A existência de relação entre prova e verdade é, no entanto, negada por boa parte da doutrina. Assevera Jordi Ferrer Beltrán que, para desvinculá-las, é afirmado que "a finalidade da prova é a fixação formal dos fatos por parte do juiz, independentemente de sua relação com o ocorrido",[2] que "a prova é o conjunto das operações por meio das quais se procura obter o convencimento do juiz a respeito de fatos processuais determinados"[3] e que "prova é 'a atividade processual que tende a alcançar a certeza do julgador a respeito dos fatos alegados pelas partes'".[4]

É também afirmado que a prova tem por finalidade alcançar a verdade formal, jurídica ou processual. Admite-se, sob este prisma, a existência de relação funcional entre prova e verdade, mas com a adoção de uma concepção de verdade própria para o processo. Sob o prisma desta última vertente de pensamento, por uma questão prática – necessidade de solucionar o conflito de interesses submetido

1. *A liberdade de prova em matéria penal*, p. 43.
2. *Prueba y verdad en el derecho,* p. 65. Adotando a primeira destas soluções, afirma Francesco Carnelutti que o sistema de limites impostos à prova tem séria influência sobre o seu resultado e impede seja ela considerada um meio para o conhecimento da verdade, o que o conduz à sua afirmação de que a prova tem por finalidade a fixação formal dos fatos *(La prueba civil,* p. 25).
3. *Prueba y verdad en el derecho,* p. 66.
4. *Prueba y verdad en el derecho,* p. 67.

ao Poder Judiciário em um prazo razoável[5] –, o julgador é autorizado a julgar de acordo com a verdade formal, jurídica ou processual, isto é, com a verdade estabelecida com base nos elementos de convicção existentes nos autos.

A finalidade da prova é a verdade, tendo-se por verdade a correspondência entre o fato alegado e a realidade.

É que: a) a verdade não pode, como adverte Michele Taruffo, deixar de ser situada "entre os objetivos institucionais do processo, dado que sem esta hipótese é quase impossível explicar racionalmente em que consiste a justiça da decisão";[6] b) a verdade constitui pressuposto de uma decisão justa, observando-se que a justa decisão dos conflitos de interesse é um direito das partes e anseio da sociedade;[7] c) a dificuldade de alcançar a verdade não significa que ela não exista e não é suficiente para que as partes e o juiz deixem de assumi-la como parâmetro de atuação e finalidade do processo; d) a verdade não será alcançada quando a ela as partes e o juiz renunciarem previamente; e) é em favor da verdade que é assegurada às partes ampla liberdade em matéria de prova.

Em suma, o processo é e deve ser orientado para a busca da verdade.

Mas, o que é a verdade no processo?

Como aduz Piero Calamandrei, o máximo de aproximação possível da verdade "varia caso a caso, segundo os meios de prova de que o julgador pode se servir para chegar à decisão".[8]

Recordem-se, ainda, dos ensinamentos, de Nicola Framarino Dei Malatesta, para quem, para obter convencimento seguro, "devem ser considerados e apreciados mais de uma vez os motivos que produziram a certeza, a fim de que esta, se não desaparecer, se confirme. Neste assentimento seguro e definitivo da vontade, que, iluminada pela razão, rechaça definitivamente as possibilidades contrárias, é que fazemos consistir o convencimento racional (...). A certeza é a afirmação preliminar da verdade no sentido de que a noção ideológica se apresenta como verdadeira; o convencimento é a posterior afirmação de que possuímos certeza, de que entendemos que ela é legítima, e de que o espírito não admite dúvidas quanto a esta verdade (...). O convencimento racional não é senão um juízo posterior que determina e aperfeiçoa o primeiro, que constitui a certeza, pois a

---

5. Não se trata de conferir prevalência ao fator tempo (*tempo do processo*) no seu confronto com o resultado da atuação do juiz (*solução justa do conflito*), mas de harmonizá-los (a decisão deve ser rápida e justa).

6. *La prueba de los hechos*, p. 168.

7. A propósito observa Piero Calamandrei que "o escopo do processo não é somente a procura da verdade. O escopo do processo é algo mais amplo: é a justiça, da qual o acertamento da verdade é somente uma premissa" (Proceso e justicia. In: *Studi sul processo civile*, p. 15). Gustavo Zagrebelsky aduz que "há três coisas que regem o mundo: a justiça, a verdade e a paz (...). As três coisas são em realidade uma só: a justiça. De fato, apoiando-se a justiça na verdade, ao que se chega é à paz" (*La exigencia de justicia*, p. 17).

8. Veritá e verosimiglianza nel processo civile. In: *Studi sul processo civile*, p. 113.

certeza é a opinião da verdade, o convencimento, por sua vez, é a opinião da legitimidade da certeza".[9]

Acrescente-se, novamente com esteio em Piero Calamandrei, que a valoração das provas deve ser realizada com o auxílio das máximas de experiência. Com efeito, de acordo com Piero Calamandrei, o juízo de verossimilhança se baseia, "em concreto, sobre uma máxima de experiência que informa a frequência com que se produz na realidade fatos do tipo daquele alegado".[10]

Anote-se que a utilização das máximas de experiência como critério de valoração da prova é expressamente autorizada pelo art. 375 do CPC de 2015 e art. 852-D da CLT ("O juiz dirigirá o processo com liberdade para determinar as provas a serem produzidas, considerando o ônus probatório de cada litigante, podendo limitar ou excluir as que considerar excessivas, impertinentes ou protelatórias, bem como apreciá-las e dar especial valor às regras de experiência comum ou técnica").

Com isso, o grau de verossimilhança, ou a menor ou maior aparência de verdade, irá variar segundo a menor ou maior sintonia entre a hipótese fornecida pela prova existente no processo e o que normalmente ocorre em situações similares, o que significa que a *máxima de experiência pode confirmar ou negar a hipótese* construída com base na prova existente no processo.[11]

Nessa ordem de ideias, para formar o seu convencimento sobre a veracidade dos fatos controversos, o juiz deverá: a) ponderar crítica e sucessivamente os elementos de convicção existentes nos autos; b) confrontar a sua hipótese sobre os fatos controversos com a solução apontada pelas máximas de experiência.

Cumpre acrescentar que não se pode perder de vista que, como assevera Nicola Framarino del Malatesta, o convencimento do juiz deve ser natural, ou seja, formado a partir do seu contato direto com os meios de prova, e construído livre de prévia fixação legal do valor das provas e, ainda, não resultar do temperamento, dos hábitos, das inclinações e dos preconceitos e prejuízos do juiz.[12]

Conclui Nicola Framarino del Malatesta que "o convencimento não deve estar fundado em apreciações subjetivas do juiz, mas deve ser tal que, se os fatos e provas submetidos a seu conhecimento forem apresentados ao juízo desinteressado de qualquer outro cidadão racional, deveriam produzir, também neste, a mesma convicção que produziram no juiz. Esse requisito, que creio muito importante, é o que eu chamo *caráter social do convencimento*".[13]

---

9. Lógica de las pruebas en matéria criminal, v. I, p. 51-52.
10. Verità e verosimiglianza nel processo civile. In: *Studi sul processo civile*, p. 120.
11. O fato de estar o juiz autorizado a recorrer às máximas de experiência não significa que possa utilizar a sua ciência privada para formar o seu convencimento sobre a veracidade dos fatos controversos.
12. *A lógica das provas em matéria criminal*, v. I, p. 53-55.
13. *A lógica das provas em matéria criminal*, v. I, p. 55-56.

Consideradas estas premissas, conclui-se que um fato pode ser afirmado verdadeiro quando os elementos de convicção existente no processo, depois de valorados individual e conjuntamente e submetidos à crítica sucessiva iluminada pelas máximas de experiência, forem suficientes para justificar a conclusão neste sentido, não apenas para o juiz *(convencimento subjetivo)*, como também para qualquer pessoa razoável (*sociabilidade do convencimento*).

Neste compasso, é lícito concluir que a prova de um fato será suficiente para permitir a afirmação de sua veracidade quando justificar a eleição de uma dentre as hipóteses possíveis em torno da veracidade de determinado fato.[14] Não se trata, no entanto, de suficiência fundamentada na mera soma dos elementos de convicção existentes no processo (*abordagem quantitativa da prova*), mas na qualidade de tais elementos (*abordagem qualitativa da prova*), assim como não se trata de suficiência do ponto de vista exclusivo do juiz, na medida em que um fato poderá ser considerado verdadeiro quando existirem razões suficientes para crer que a maioria das pessoas adotaria em relação à sua veracidade a mesma conclusão do juiz (*razões transubjetivas*).[15]

Nota-se, a partir do que foi dito, que a suficiência da prova não é definida abstratamente, mas à luz do caso concreto e dos elementos de convicção existentes nos autos.[16]

É importante mencionar, contudo, a advertência de Michele Taruffo, no sentido de que "a verdade é por definição aquilo que se consegue com o uso correto do 'melhor' instrumento processual".[17]

O modo de implementar juridicamente mecanismos que facilitem a apuração da verdade é o princípio do contraditório, "que permite controle probatório de quatro tipos: 1) um controle sobre a correta aplicação das regras epistemológicas e jurídicas sobre a admissão da prova (i. e., o princípio da admissão de toda prova relevante e as exceções estabelecidas por regras de exclusão jurídica); 2) a produção da prova de forma contraditória, isto é, permitindo a intervenção das partes na mesma; 3) a possibilidade de produzir provas contrárias às oferecidas pela outra parte processual, de modo que permita vencê-las e/ou corroborar uma hipótese fática distinta e incompatível; 4) a possibilidade de propor provas de

---

14. Dá-se no processo um *confronto de hipóteses* sobre a realidade, de forma que, como é assinalado por Michele Taruffo, "o problema do juízo de fato pode e deve ser formulado como o problema de eleição de uma hipótese entre as diversas alternativas possíveis" (Conocimiento científico y critérios de la prueba judicial. In: *Conocimiento, prueba, pretensión e oralidade*, p. 21). Os elementos de convicção existentes nos autos devem permitir o estabelecimento de uma hipótese consistente sobre a realidade fática.
15. Raymond Boudon denomina razões transubjetivas as "razões que têm a capacidade de ser endossadas por um conjunto de pessoas" (*O justo e o verdadeiro:* estudos sobre a objetividade dos valores e do conhecimento, p. 51).
16. O resultado da valoração da prova, como ensina Jordi Ferrer Beltrán, "é sempre contextual, isto é, referida a determinado conjunto de elementos de juízo" (*La valoración racional de la prueba*, p. 45).
17. *El proceso civil adversarial en la experiencia americana*, p. 42-43.

segunda ordem (ou prova sobre prova) que afastem a confiabilidade de provas oferecidas pela outra parte".[18]

Quanto maior a liberdade das partes na produção e crítica da prova produzida, maior será a possibilidade de se alcançar a verdade. Destarte, o juiz deve adotar como padrão de procedimento em relação à prova o constante, respeitoso e sério diálogo com as partes, em especial porque, quanto mais pontos de vista sobre uma mesma questão for capaz de recolher, maior a possibilidade de alcançar a verdade.

Por outro lado, quanto mais aberto à crítica e quanto mais assumir atitude crítica em relação às suas primeiras impressões sobre a realidade dos fatos (*conjecturas* ou *hipóteses fáticas*), mais o juiz estará capacitado para alcançar a verdade.

Por fim, em relação aos destinatários da prova, cumpre recordar que, sendo atribuída à prova a finalidade de convencer o juiz da veracidade dos fatos controversos e relevantes para o julgamento do litígio ou de a ele fornecer elementos suficientes para a decisão da lide, é intuitiva a afirmação de que o destinatário da prova é o juiz. Sem dúvida, sendo responsável pela solução do litígio e pela definição dos direitos e obrigações das partes, o juiz é o destinatário primeiro da prova.[19]

Contudo, as partes também são destinatárias da prova, na medida em que têm direito a uma decisão fundada na prova constante dos autos.

Ademais, as provas têm entre os seus destinatários a própria sociedade. No controle da atividade estatal, inclusive jurisdicional, a sociedade tem o direito de conhecer os motivos (provas, inclusive) pelos quais em seu nome foi proferida determinada decisão.

A prova, portanto, tem função endoprocessual (em relação ao juiz e às partes) e extraprocessual (em relação à sociedade).

Quando se fala nas partes como destinatários da prova não se pode perder de vista que, conforme adverte Santiago Sentis Melendo, "a prova não pode ser de uma parte nem para uma parte; nem tampouco para o julgador. A prova é para o processo. Aqui também estamos ante o conceito de disposição: poderá uma parte dispor de uma prova; mas no momento em que produziu esta prova, o processo a terá adquirido; não existe prova de uma parte e de outra (...). O princípio da aquisição quer dizer precisamente que as provas são adquiridas para

---

18. Jordi Ferrer Beltran. *La valoración racional de la prueba*, p. 86-88.

19. Não se trata do juiz que primeiro conhecerá da demanda. *Juiz*, como destinatário da prova, é todo julgador que for chamado a examinar a demanda. Este fato faz com que não se tenha por definitiva a valoração da prova realizada pelo juiz de primeira instância. É certo que o contato do juiz de primeira instância com as fontes da prova lhe atribui um papel de destaque na valoração dos elementos de convicção delas extraídas, mas isto não exclui a possibilidade de esta valoração ser questionada pelas partes e, eventualmente, substituída por outra que venha a ser adotada em segunda instância. O princípio da imediação não pode ser levado ao extremo de impedir nova valoração da prova ou o controle da decisão judicial pelas instâncias superiores.

o processo".[20] Este ponto de vista deve ser considerado à luz da perspectiva sob a qual o autor define o destinatário da prova: a possibilidade das partes e do juiz de dispor da prova produzida. Sem dúvida, a parte que produziu a prova não pode dela dispor porque se sentiu por ela prejudicada. Da mesma forma, o juiz não pode desconsiderar a prova que a parte produziu contra os seus próprios interesses. É neste sentido que se pode falar em aquisição da prova pelo processo. O princípio da aquisição da prova pelo processo foi expressamente consagrado no art. 371 do CPC, segundo o qual, "o juiz apreciará a prova constante dos autos, independentemente do sujeito que a tiver produzido, e indicará na decisão as razões da formação do seu convencimento".

3. OBJETO DA PROVA. OBJETO ABSTRATO E CONCRETO DA PROVA. PROVA DO DIREITO. PROVA DE FATO NEGATIVO

Objeto da prova são os fatos alegados em juízo pelas partes. Com efeito, são *fatos* que fazem surgir o direto, assim como são fatos que impedem o surgimento do direito, o modificam ou o extinguem, o que faz com que a prova recaia sobre fatos.

Alguns fatos alegados pelas partes não carecem de prova para serem tomados como verdadeiros pelo juiz ao proferir decisão, o que permite falar em *objeto abstrato da prova* (a totalidade dos fatos alegados pelas partes) e em *objeto concreto da prova* (fatos alegados de cuja veracidade o juiz deve ser convencido).

Definindo o objeto concreto da prova, dispõe art. 374 do CPC que não dependem de prova os fatos: a) notórios;[21] b) afirmados por uma parte e confessados pela outra; c) admitidos no processo como incontroversos;[22] d) em cujo favor milita presunção legal de existência ou veracidade. A notoriedade, a confissão, a ausência de controvérsia e a presunção legal de existência ou de veracidade funcionam como *excludentes da necessidade da prova*.

Na definição do objeto concreto da prova não se pode deixar de considerar que a falta de impugnação, por parte do réu, dos fatos alegados não implica confissão

---

20. *La prueba*, p. 20. O juiz deve julgar com base na prova constante dos autos, tenha ela sido produzida ou não pela parte que tinha o ônus de sua produção. Assim, a prova produzida por uma parte aproveita à outra.

21. Como assinala Pontes de Miranda, "o *notorium facti* resulta de fato que é conhecido de todos os que fazem parte de determinado círculo social, de modo que não há dúvida a respeito de tal fato (...). Dizem-se notórios os fatos 'conhecidos', sem ser pela prova feita, não porque estejam na ciência privada do juiz, porém como fato que ele deva conhecer (...). Sendo notórios, o juiz tem o dever de os conhecer e de aplicar o art. 334" (*Comentários ao Código de Processo Civil*, v. IV, p. 274-275).

22. A prova deve recair sobre fatos controversos, posto ser ela produzida para afastar a dúvida sobre a veracidade de fatos que fundamentam as pretensões das partes (a dúvida exige a prova e é por ela afastada). Não se confundem fato incontroverso e fato confessado. Fato incontroverso é aquele cuja ocorrência não é colocada em dúvida. Fato confessado é aquele cuja ocorrência é afirmada por uma parte e admitida pela outra. A confissão faz prova, isto é, serve como elemento de convicção, contra o confidente, ao passo que a ausência de controvérsia dispensa a prova do fato alegado.

quando: não for admissível, a seu respeito, a confissão; a petição inicial não estiver acompanhada de instrumento que a lei considerar da substância do ato; os fatos alegados estiverem em contradição com a defesa considerada em seu conjunto (art. 341 do CPC). Assim, fatos existem que devem ser provados, ainda que entre as partes não exista controvérsia sobre a sua veracidade. Trata-se de fatos que a ordem jurídica impõe sejam tratados como controversos.[23]

Acrescente-se que a definição do objeto concreto da prova não se dá apenas à luz do art. 374 do CPC, vez que a prova deve recair sobre fatos: a) alegados pelas partes; b) relevantes para a solução do conflito de interesses; c) pertinentes, ou seja, que tenham relação, direta ou indireta, com o objeto da demanda; d) possíveis de prova: o fato a ser provado deve ser possível, como também deve ser possível ou praticável a demonstração da sua veracidade; e) determinados ou precisos: devem ser objeto da prova fatos com características suficientes para individualizá-los e distingui-los de outros fatos.[24]

Em regra, a prova deve recair sobre os *fatos* alegados pelas partes, vez que o direito (a norma jurídica ou o direito em sentido objetivo) deve ser conhecido pelo juiz (*jura novit curia*). Por essa razão, a existência da norma jurídica que fundamenta a pretensão da parte não carece de prova, podendo o juiz, quanto a ela, utilizar os seus conhecimentos privados.

Entretanto, a parte que alegar Direito municipal, estadual, estrangeiro ou consuetudinário[25] provar-lhe-á a existência, o teor e a vigência, se assim determinar o juiz (art. 376 do CPC). A parte somente está dispensada de provar a existência da norma de Direito federal, devendo, portanto, provar a existência, o teor e a vigência de direito municipal, estadual, estrangeiro ou consuetudinário em que fundamentar a sua pretensão quando o juiz determine que o faça.

A hipótese não é de prova dos fatos de que decorre o direito deduzido, mas da existência, teor e vigência da norma jurídica (Direito) que se pretende aplicada para efeito de reconhecimento do direito afirmado.

Moacyr Amaral Santos ensina que "a máxima de que a negativa não se pode provar enfraqueceu-se sobremaneira à observação de ser verdadeira apenas em relação às negativas indefinidas. Essas, com efeito, são de prova impraticável, tão somente por serem indefinidas".[26]

---

23. Segundo o art. 341, III, do CPC, devem ser objeto de prova os fatos que estiverem em contradição com a defesa, considerada em seu conjunto. A defesa a que se referem os citados comandos legais deve ser entendida no sentido de resposta do réu, o que inclui a contestação, a reconvenção e a exceção.
24. Da relevância e pertinência tratamos no item relativo ao procedimento probatório, ao qual remetemos o leitor.
25. Consuetudinário ou costumeiro "é o direito que se irradia de repetição de atitudes humanas que o meio social faz regras jurídicas" (Pontes de Miranda. *Comentários ao Código de Processo Civil*, t. IV, p. 286).
26. *Comentários ao Código de Processo Civil*, v. IV, p. 23.

4. CLASSIFICAÇÃO DAS PROVAS. NATUREZA JURÍDICA DAS NORMAS RELATIVAS ÀS PROVAS

As provas, quanto ao seu objeto, são *diretas* ou *históricas* (provas que recaem diretamente sobre o fato alegado) e *indiretas* ou *críticas* (provas que recaem sobre fato cuja ocorrência permite afirmar a ocorrência, ou não, do fato alegado).[27]

Levando-se em conta as suas fontes, a prova é classificada em *pessoal* (prova correspondente à afirmação de um ser humano sobre determinado fato) e *real* (prova resultante do exame de uma coisa).

Sob a ótica da forma de sua produção, as provas serão *orais* (inquirição das partes e testemunhas), *materiais* (exame pericial) e *documentais* (exibição ou juntada de documentos).

Quanto ao momento de sua preparação, a prova é *pré-constituída* (prova preparada antes do processo e que poderá ser utilizada, no futuro, em eventual demanda que tenha por objeto os fatos a que diz respeito) e *causal, constituenda* ou *simples* (prova preparada no curso e por conta de determinado processo).

Para a demonstração da verdade dos fatos que alegam, as partes podem se servir de meios legais de prova (meio de prova previsto e disciplinado pela lei – *prova típica*) e de meios moralmente legítimos, ainda que não especificados em lei (meio de prova não previsto e disciplinado pela lei – *prova atípica*).

Não existe consenso na doutrina sobre a natureza jurídica das normas que têm a prova por objeto de disciplina. A propósito, são várias as vertentes de pensamento extraídas da doutrina: a) *vertente materialista*: as normas que disciplinam as provas pertencem ao direito material; b) *vertente processualista*: as normas disciplinadoras das provas pertencem ao direito processual; c) *vertente mista*: as normas reguladoras das provas pertencem ao direito material e ao direito processual; d) *natureza especial*: as normas sobre as provas têm natureza especial.

5. MEIOS DE PROVA

De início, convém distinguir *fonte* e *meio* de prova. Tome-se como exemplo a prova testemunhal. Testemunha é a pessoa física estranha ao processo que comparece em juízo para prestar informações sobre fatos de que tem conhecimento. A testemunha é uma fonte de prova (fonte de onde o juiz irá colher os elementos necessários à formação do seu convencimento sobre os fatos controversos). O depoimento da testemunha constitui meio de prova (instrumento ou a técnica utilizada pelo juiz para retirar da fonte da prova informações sobre os fatos controversos). O mesmo

27. Se o trabalhador alega trabalhar de 8:00 às 20:00 horas e pede horas extras em razão do trabalho após as 18:00 horas, o empregador pode provar a frequência à escola a partir das 18:00. A prova de frequência à escola a partir das 18:00 horas permite concluir que não havia trabalho até 20:00 horas.

raciocínio se aplica à prova pericial. A coisa ou pessoa objeto de exame por parte do perito constitui a fonte da prova e, o laudo por ele elaborado, o meio de prova.

As coisas (documentos, por exemplo) e as pessoas (testemunhas, por exemplo) são as fontes de onde podem ser retirados elementos de convicção sobre a veracidade dos fatos controversos e relevantes para o julgamento do litígio.

Provar um fato é demonstrar a sua veracidade. A demonstração da veracidade dos fatos alegados em juízo é realizada por *meios* legais ou moralmente legítimos (art. 369 do CPC).

Meio de prova é o instrumento, ou técnica, por meio do qual são adquiridos pelo processo ou para ele são transportados os elementos voltados a formar a convicção do juiz sobre a veracidade dos fatos controversos.

A definição do regime jurídico da prova exige que se trate dos meios de prova admissíveis, sendo possível, a respeito, três soluções fundamentais: a) *tipicidade dos meios de prova*: os meios de prova são expressos e taxativamente indicados pelo ordenamento jurídico; b) *liberdade dos meios de prova*: a ordem jurídica não define os meios de prova admitidos, devendo ser verificado, caso a caso, o meio mais idôneo para a demonstração da veracidade do fato controverso; c) *sistema misto*: a ordem jurídica aponta, com caráter exemplificativo, os meios de prova admissíveis (prova típica), sem impedir, contudo, a utilização de meios nela não previstos *(prova atípica)*.

Esta última solução é adotada pelo ordenamento jurídico pátrio, como se vê do art. 369 do CPC, que é aplicável no processo do trabalho, visto que o Direito Processual do Trabalho é omisso a respeito deste tema. Com isto, também no processo do trabalho as partes, para a demonstração da verdade dos fatos que alegam, podem se servir de meios legais de prova (meio de prova previsto e disciplinado pela lei – prova típica) e de meios moralmente legítimos, ainda que não especificados em lei (meio de prova não previsto e disciplinado pela lei – prova atípica).

Vale anotar que *meios de prova moralmente legítimos* são os meios de prova que não estão previstos na lei, mas que podem ser utilizados no processo por que não violam a moral. Trata-se, assim, da prova atípica, cuja utilização é admitida desde que não ofensa a moral, como se dá, por exemplo, com a prova produzida mediante tortura, posto que a tortura física ou psicológica, além de ilícita, ofende a moral (a tortura é um meio de *prova moralmente ilegítimo*).

Anote-se que: a) o Código Civil aponta como meios de prova: confissão,[28] documento, testemunha, presunção e perícia (art. 221); b) o CPC faz alusão aos seguintes meios de prova: depoimento das partes (art. 385), confissão (art. 389), documentos (art. 405), depoimento de testemunhas (art. 442), laudo pericial

28. A rigor, meio de prova é o depoimento da parte, e não a confissão nele contida. Na confissão, a fonte da prova é a parte e, o meio de prova, o seu depoimento.

(art. 464) e inspeção judicial (art. 481[29]); c) a CLT aponta como meios de prova: depoimento das partes e de testemunhas (art. 819), laudo pericial (arts. 827 e 852-H) e documentos (arts. 787 e 830).

Estes meios de prova serão examinados mais adiante.

6. PROVA ILÍCITA

Segundo a Constituição da República (art. 5º, LVI), são inadmissíveis no processo as provas obtidas por meios ilícitos.

A vedação da prova ilícita implica limitação da investigação da verdade no âmbito do processo judicial e dela decorre que: a prova obtida por meios ilícitos não pode ingressar no processo (*vedação de admissão da prova ilícita propriamente dita*); tendo a prova ilícita ingressado no processo, ao juiz é vedado levá-la em conta na formação de seu convencimento sobre os fatos controversos (*vedação de atribuição de valor jurídico à prova obtida por meios ilícitos*).

Para Cândido Rangel Dinamarco, "provas ilícitas são as demonstrações de fatos obtidos por modos contrários ao direito, quer no tocante às fontes de prova, quer no tocante aos meios probatórios. A prova será ilícita — ou seja, antijurídica e, portanto, ineficaz a demonstração feita — quando o acesso à fonte probatória tiver sido obtido por meio ilegal ou quando a utilização da fonte se fizer de modos ilegais. Ilicitude da prova, destarte, é a ilicitude na obtenção das fontes ou ilicitude na aplicação dos meios".[30]

Cumpre distinguir a *prova ilícita* de *prova ilegítima*. Como aduz Ada Pellegrini Grinover, "a prova ilícita (obtida por meios ilícitos) enquadra-se na categoria da prova vedada. A prova é vedada sempre que for contrária a uma específica normal legal, ou a um princípio do direito positivo. Mas a vedação pode ser estabelecida quer pela lei processual, quer pela norma material (...); pode, ainda, ser expressa ou pode implicitamente ser deduzida dos princípios gerais. No campo das proibições da prova, a tônica é dada pela natureza processual ou substancial da vedação (...). A distinção é relevante; a violação do impedimento configura, em ambos os casos, uma ilegalidade; mas enquanto no primeiro caso haverá um ato 'ilegítimo', no segundo caso haverá um ato 'ilícito' (...). A prova é ilegal toda vez que caracterize violação de normas legais ou de princípios gerais do ordenamento, de natureza processual ou material. Quando a proibição for colocada por uma lei processual, a prova (*rectius*, o meio de prova) será ilegítima (ou ilegitimamente

29. A prova por inspeção consiste na percepção dos fatos controversos diretamente pelo juiz, como resultado de exame de coisas ou pessoas. A fonte de prova contém informação à qual se tem acesso através do meio de prova. Com isso, a inspeção judicial, por permitir colher na fonte de prova (pessoa ou coisa) os elementos necessários ao conhecimento da realidade dos fatos, constitui um meio de prova.

30. *Instituições de direito processual civil*, v. III, p. 48.

produzida); quando, pelo contrário, a proibição for de natureza material, a prova (*rectius*, os elementos de prova) será ilicitamente obtida".[31]

Em suma, prova ilícita e prova ilegítima constituem espécies do gênero *prova vedada ou proibida*. A prova será *ilícita* quando contrariar norma de direito material, ou seja, quando a produção da prova violar um direito da parte, e, *ilegítima*, quando o desrespeito se der a uma norma de direito processual.

A expressa vedação da prova ilícita é explicada pelo fato de o constituinte realçar o respeito à dignidade humana no contexto do processo judicial. Daí a afirmação de que prova ilícita é a obtida com a ofensa a direito de natureza humana ou fundamental e, com isto, à dignidade humana.

Não se olvide a existência de conceito mais amplo de prova ilícita, como o consagrado, por exemplo, no art. 155 do Código de Processo Penal: "São consideradas inadmissíveis, devendo ser desentranhadas do processo, as provas ilícitas, assim entendidas as obtidas em violação a normas constitucionais e legais".[32] A vedação estabelecida pelo Código de Processo Penal abrange tanto as provas ilícitas (no sentido de provas obtidas com violação de normas de direito material, constitucionais ou legais) quanto as provas ilegítimas (prova obtida com infração de normas de direitos processual, constitucionais ou não). O Código de Processo Penal estabelece, portanto, uma vedação mais ampla do que a adotada pela Constituição.

Cumpre mencionar, por fim, que a vedação da prova ilícita já foi, no Brasil, considerada absoluta, com esteio, principalmente, na doutrina norte-americana,[33] mas tem sido flexibilizada, com base na aplicação do princípio da proporcionalidade.

Entre os que sustentam a necessidade desta flexibilização, está Cândido Rangel Dinamarco, para quem a opção radical pela ineficácia da prova ilícita "transgride princípios constitucionais do processo ao exigir que o juiz finja não conhecer de fatos seguramente comprovados, só por causa da origem da prova: a parte, que nem sempre será o sujeito responsável pela ilicitude (mais ainda que o fosse), suportará invariavelmente essa restrição ao seu direito à prova, ao julgamento segundo a verdade e à tutela jurisdicional a que eventualmente tivesse direito.

---

31. *O processo em evolução*, p. 47-48.

32. Prevê o § 1º do art. 155 do Código de Processo Penal que: "São também inadmissíveis as provas derivadas das ilícitas, salvo quando não evidenciado o nexo de causalidade entre umas e outras, quando as derivadas puderem ser obtidas por uma fonte independente das primeiras". De acordo com o § 2º do art. 155 do Código de Processo Penal: "Considera-se fonte independente aquela que por si só, seguindo os trâmites típicos e de praxe, próprias da investigação criminal, seria capaz de conduzir ao fato objeto da prova".

33. A Primeira Turma do Supremo Tribunal Federal, no julgamento, proferido em 30.10.2001, do *Habeas Corpus* n. 80.949-9, de que foi relator o Ministro Sepúlveda Pertence, decidiu que: "Da explícita proscrição da prova ilícita, sem distinções quanto ao crime objeto do processo (CF, art. 5º, LVI), resulta a prevalência da garantia nela estabelecida sobre o interesse na busca, a qualquer custo, da verdade real no processo; consequente impertinência de apelar-se ao princípio da proporcionalidade — à luz de teorias estrangeiras inadequadas à ordem constitucional brasileira — para sobrepor, à vedação constitucional da prova ilícita, considerações sobre a gravidade da infração penal objeto da investigação ou da imputação".

Mas o Supremo Tribunal Federal vai além, ao adotar integralmente a conhecida teoria dos frutos da árvore contaminada e assim tachar de ineficazes as fontes de prova obtidas por meio ilícito e também os meios probatórios realizados em desdobramento de informações obtidas ilicitamente. Essa extremada radicalização compromete o acesso à justiça e constitui grave ressalva à promessa constitucional de tutela jurisdicional a quem tiver razão (...). Melhor seria seguir a moderna tendência da Suprema Corte norte-americana, que desde o ano de 2006 aceita as provas ilícitas por derivação em casos nos quais estejam em jogo valores de elevada dignidade constitucional (princípios da proporcionalidade...)".[34]

A prova obtida por meios ilícitos poderá ser admitida quando não exista à disposição da parte outro meio apto à demonstração da verdade do fato alegado e a negativa de sua admissibilidade prestigie a prática de ilícito e cause dano maior do que o resultante de sua admissibilidade. Neste sentido, não é razoável, por exemplo, exigir que alguém sofra uma agressão à sua honra sem possibilidade de reparação, pela impossibilidade da sua prova, para resguardar a inviolabilidade da intimidade do seu agressor, quando a agressão se dê longe dos olhos de outras pessoas, mas tiver sido objeto de filmagem ou gravação fonográfica ou televisiva oculta. Nesse caso, inclusive, poder-se-ia dizer que aquele que ofende alguém de modo a dificultar a prova da ofensa abusa da proteção que a ordem jurídica a ele assegura, praticando, com isso, um ilícito. Na apreciação da admissibilidade da prova obtida por meios ilícitos pode ser levada em conta, inclusive, a ideia que informa o instituto do estado de necessidade, que permite, em determinadas situações, o sacrifício de um interesse ou direito em favor da prevalência de outro (art. 24 do Código Penal).

Registre-se que o STF decidiu, nos autos do Segundo Ag.Reg. no AI n. 602.724-PR, em que foi Relator o Min. Teori Zavascki, que "1. É pacífico na jurisprudência do STF o entendimento de que não há ilicitude em gravação telefônica realizada por um dos interlocutores sem o conhecimento do outro, podendo ela ser utilizada como prova em processo judicial. 2. O STF, em caso análogo, decidiu que é admissível o uso, como meio de prova, de gravação ambiental realizada por um dos interlocutores sem o conhecimento do outro (RE 583937 QO-RG, Relator Min. Cezar Peluso, DJe de 18.12.2009)".

7. DIREITO À PROVA

As partes do processo judicial são titulares de direitos processuais, isto é, de direitos a serem exercidos no e por meio do processo, dentre os quais está o direito à prova.[35]

34. *Instituições de direito processual civil*, v. III, p. 50.

35. Um exame mais aprofundado do tema pode ser encontrado no nosso *Elementos da teoria geral da prova:* a prova como direito humano e fundamental das partes do processo judicial. São Paulo: LTr, 2013.

O CPC reconhece, expressamente, o direito à prova, como se vê do seu art. 319, *in verbis*: "As partes têm o direito de empregar todos os meios legais, bem como os moralmente legítimos, ainda que não especificados neste Código, para provar a verdade dos fatos em que se funda o pedido ou a defesa e influir eficazmente na convicção do juiz", o que é aplicável no processo do trabalho, visto que não se pode negar às partes a oportunidade para provar a veracidade dos fatos que alegam em seu favor e influir eficazmente na convicção do juiz.

8. PROCEDIMENTO PROBATÓRIO. LUGAR E MOMENTO PARA A PRODUÇÃO DA PROVA. CERCEAMENTO DO DIREITO À PROVA

A produção da prova comporta vários atos, cujo conjunto forma o procedimento probatório.

O procedimento probatório é dividido em várias fases, quais sejam:

I) *proposição/postulação da prova:* as partes indicam ao juiz os meios de prova com que pretendem demonstrar a veracidade dos fatos alegados como fundamentos das suas pretensões ou a ele apresentam a prova pré-constituída. Como regra, é na audiência, depois de frustrada a tentativa de conciliação e produzida a defesa, que as partes irão especificar, oralmente, as provas que pretendem produzir (arts. 846, 847 e 848 da CLT);

II) *exame de admissibilidade da prova*: indicadas, pelas partes, as provas que pretendem produzir[36], ao juiz compete proceder ao exame de sua admissibilidade, definindo aquelas que serão produzidas.

Nesta fase do procedimento probatório, o juiz deverá examinar: 1) a proposição da prova como ato processual: verificação das condições de eficácia da proposição da prova enquanto ato processual, o que implica exame do lugar, tempo e prazo da proposição da prova;[37] 2) a licitude do meio de prova proposto; 3) a idoneidade ou utilidade da prova: verificação da idoneidade ou aptidão do meio de prova proposto para demonstrar a veracidade dos fatos controversos; 4) a necessidade da prova que as partes pretendem produzir.

O exame da necessidade da prova envolve a indagação sobre:

a) a prévia alegação do fato que se pretende provar: somente os fatos alegados pelas partes podem ser objeto de prova;

b) a pertinência da prova: exame da pertinência do fato que se pretende provar com o objeto da demanda. Não podem ser objeto de prova os

---

36. Às partes é lícito indicar as provas a serem produzidas e o resultado que pretendem alcançar com cada meio de prova proposto. A indicação dos resultados perseguidos facilita o exame da admissibilidade da prova.

37. Atos probatórios são atos processuais. Nessa condição, estão sujeitos aos requisitos de eficácia dos atos processuais em geral.

fatos impertinentes, isto é, que não tenham relação, direta ou indireta, com o objeto da demanda;[38]

c) a relevância jurídica da prova: verificação da relevância do fato a ser provado para a constituição, impedimento à constituição, modificação ou extinção do direito objeto de disputa ou relevância do resultado da prova para a solução da lide. Não podem ser objeto de prova os fatos irrelevantes, isto é, fatos que, embora tenham relação com a demanda, não têm efetiva influência no julgamento da pretensão das partes. O juiz deve, ao examinar a admissibilidade de uma prova e valorar a sua relevância, verificar se "a demonstração daquele fato tem influência sobre a formação da sua convicção para a decisão da causa; em outros termos, se aquela prova é relevante para a decisão (...). Este juízo instrumental (...) implica valoração antecipada, provisória, de quais seriam os efeitos da prova, tendo em conta prováveis diversos resultados, derivados da prova mesma";[39]

d) a incidência de regra de exclusão da prova: presença de uma das situações indicadas no art. 374 do CPC;[40]

e) a existência de limites legais estabelecidos em relação à fonte de prova de que a parte pretende se valer;[41]

f) a possibilidade da prova: o fato a ser provado deve ser possível, como também deve ser praticável a demonstração de sua veracidade.[42]

No exame da admissibilidade da prova cumpre ter presente que deve ser incorporado ao processo o maior número possível de elementos de convicção sobre os fatos relevantes para o julgamento da demanda. Isso significa que, no juízo

---

38. Ensina Eduardo Couture que "prova pertinente é aquela que versa sobre as proposições e fatos que são verdadeiramente objeto de prova. Prova impertinente é, ao contrário, aquela que não versa sobre as proposições e fatos que são objeto de demonstração. Uma prova sobre um fato não articulado na demanda (...) ou na contestação (...) é prova impertinente." (*Fundamentos del derecho procesal civil*, p. 238). A CLT contém regra expressa sobre a vedação da prova impertinente, consoante se vê do seu art. 852-C, que confere ao juiz o poder para indeferir a prova impertinente.

39. *Derecho procesal civil*, v. II, p. 90-91. É de suma importância a participação das partes no exame da relevância da prova, vez que aquilo que aos olhos do juiz não tem relevância, pode, para a parte, ser de suma relevância. Não se pode olvidar, ainda, que o juiz de primeira instância pode não ser o único a examinar a demanda e aquilo que lhe parece irrelevante pode ser considerado indispensável para outro julgador. Com isso, além de ouvir as partes, o juiz deve ter em conta a possibilidade de reexame da relevância da prova na instância superior, o que aconselha adotar como premissa que toda prova proposta é relevante. Do ponto de vista da economia processual, mais vale produzir uma prova irrelevante do que não produzir determinada prova e, posteriormente, anular o processo, para que ela seja produzida.

40. Como aduz Paolo Tonini, "a prova não deve ser supérflua, ou seja, não deve servir para a obtenção de um resultado conhecido já adquirido" (*A prova no processo penal italiano*, p. 61).

41. O ordenamento pátrio limita a prova testemunhal, estabelecendo o número de testemunhas de que a parte pode lançar mão, por exemplo.

42. Os progressos da ciência têm reduzido, em grande escala, as situações de impossibilidade de produzir prova de determinados fatos.

antecipado e hipotético sobre o resultado da prova, que é realizado no exame da sua admissibilidade, deve-se presumir que a prova, se produzida, contribuirá para a definição dos direitos e obrigações das partes (*relevância material da prova*), não podendo ser desconsiderado que, quanto mais elementos de convicção existirem no processo, mais justificada e, com isto, legitimada, estará a decisão produzida (*relevância procedimental da prova*).

III) *produção da prova*: admitida a prova proposta pela parte, passa-se à sua produção, isto é, à incorporação ao processo dos elementos de convicção fornecidos pelas fontes de prova;[43]

IV) *valoração da prova*: definição da eficácia da prova produzida na formação do convencimento sobre a ocorrência dos fatos controversos.

O juiz deverá valorar a prova, isto é, definir o seu valor na formação do seu juízo sobre os fatos controversos, para, com isso, estabelecer a verdade sobre eles.

A valoração da prova não é ato exclusivo do juiz. As partes também participam na valoração da prova, posto que, produzida a prova e encerrada a fase probatória, elas podem, em alegações finais, proceder à sua análise crítica, fornecendo ao juiz argumentos para a sua valoração.

É importante mencionar a existência de regras especiais relativas a determinadas provas, no que comporta ao procedimento probatório: a) a prova pré-constituída é produzida antes do processo e a este incorporada;[44] b) a prova pode ser produzida por determinação judicial, seguindo-se a esta determinação a sua produção;[45] c) a prova pode ser produzida antecipadamente, isto é, antes da instauração do processo ou, no curso deste, fora do momento próprio para a sua produção; d) a prova pode ser produzida em juízo diverso do da causa, mediante carta precatória, de ordem ou rogatória. É a denominada *prova de fora da terra;* e) os documentos comprobatórios dos fatos alegados pelo autor devem acompanhar a petição inicial (art. 787 da CLT), ao passo que o reclamado deve instruir a contestação com os documentos necessários à prova dos fatos que alega (arts. 396 do CPC e 845 da CLT).

A ausência do advogado na audiência designada para a instrução do processo não impede que a parte a quem ele deveria prestar assistência produza a prova dos fatos alegados na petição inicial ou na defesa, tendo em vista o *jus postulandi*

---

43. As provas serão produzidas de forma contraditória, isto é, com oportunidade de participação das partes. A Constituição, reconhecendo o direito à publicidade dos atos processuais e o direito ao contraditório, também reconhece o direito de as partes participarem da produção da prova. A CLT é expressa a respeito, quando, por exemplo, assegura à parte o direito de inquirir a parte contrária e as testemunhas (art. 820).

44. Incorporação que não é definitiva, vez que caberá ao juiz verificar a admissibilidade da prova, podendo ser determinado, por exemplo, o desentranhamento de documentos apresentados fora do momento próprio.

45. Como as partes têm direito de participar de todas as fases do procedimento probatório, podem elas questionar a admissibilidade da prova a ser produzida por determinação judicial.

reconhecido às partes no processo do trabalho. Não é compatível com o Direito Processual do Trabalho, destarte, o art. 362, § 2º, do CPC.

Dá-se o *cerceamento do direito à prova* quando a parte é impedida de exercer ou tem dificultado o exercício do direito à prova.

O direito à prova se manifesta em qualquer das fases do procedimento probatório, o que implica a possibilidade de ocorrência, em qualquer delas, do seu cerceamento. Assim, o cerceamento pode ocorrer, por exemplo, quando o juiz: impede que parte indique as provas que pretende produzir; indefere perguntas endereçadas pelas partes às testemunhas (aplica-se no processo do trabalho o art. 459 do CPC, na parte em que indica as situações em que podem ser indeferidas perguntas às testemunhas); deixa de valorar a prova produzida pela prova (é cerceado o direito à prova quando a prova é produzida mas deixa de ser valorada: não se trata de valoração com a qual não concorda a parte, mas de ausência de valoração da prova).

9. INICIATIVA DA PROVA

O processo é instaurado e se desenvolve por meio da atividade das partes e do juiz. Uma das atividades essenciais ao processo diz respeito ao estabelecimento da verdade sobre os fatos alegados pelas partes como fundamento de suas pretensões, o que se faz por meio da prova. Daí a necessidade de definir o papel das partes e do juiz em matéria probatória.

Para esta questão, a doutrina apresenta três soluções, traduzidas pelos sistemas dispositivo, inquisitivo e misto.[46]

Pelo *sistema dispositivo*, a iniciativa da prova é atribuída com exclusividade às partes, cumprindo ao juiz proferir julgamento segundo o que for por elas provado (*secundum probata partium, iudex iudicare debet*).[47] Trata-se de sistema inspirado na concepção individualista e liberal do processo, fundado na ideia de que, tendo liberdade para dispor do direito material objeto de disputa, as partes também são livres para dispor da prova a ser produzida. Este modelo transporta para o processo duas ideias próprias do liberalismo, quais sejam, a valoração do indivíduo e o Estado mínimo, sendo o processo encarado na perspectiva das partes, que dele se servem para, livremente, dar solução aos seus conflitos de interesses.

---

46. O debate sobre o papel do juiz no processo constitui verdadeiro subproduto do debate sobre a finalidade da jurisdição e do processo, que, por sua vez, se insere na problemática da relação entre indivíduo e Estado.

47. Como anota Roland Arazi, "o sistema dispositivo confere maiores faculdades às partes, em suas regras fundamentais: a) o juiz não pode iniciar o juízo de ofício; b) não pode ter em conta fatos nem meios de prova que não tenham sido apresentados pelas partes; c) deve ter por certos os fatos sobre os quais as partes estiverem de acordo; e, d) a sentença não pode condenar a mais, nem a outra coisa que a pedida na demanda" (*La prueba en el proceso civil*, p. 22). Este sistema probatório corresponde ao *sistema processual privatístico*: o processo é o mecanismo que a ordem jurídica coloca à disposição das partes para a solução dos seus conflitos de interesses, cabendo-lhes a instauração e o impulso do processo, a produção da prova e a definição dos pedidos a serem examinados, dos limites da atuação do Poder Judiciário.

Para os defensores deste sistema, o confronto entre as partes garante maior eficiência na demonstração da verdade dos fatos controversos, cabendo ao juiz aplicar ao resultado do debate entre as partes a solução indicada pela ordem jurídica, ao passo que é "justo e oportuno que o juiz seja neutro e passivo (...), porque, do contrário, estaria em perigo a sua imparcialidade e da mesma forma a garantia de igualdade das partes do ponto de vista do devido processo legal".[48]

Pelo *sistema inquisitivo*, cabe às partes definir o objeto do processo, mas ao juiz é conferido o dever de promover a produção das provas necessárias à apuração da verdade sobre os fatos controversos. Dá-se, neste modelo, a *publicização do processo*, que é encarado na perspectiva da sociedade, o que conduz à atribuição de maior relevo ao interesse público na descoberta da verdade e na solução do conflito de interesses submetido ao Poder Judiciário.

Em favor deste sistema é afirmado que, quanto maior o poder conferido ao juiz em matéria probatória, maior a possibilidade de alcançar a verdade e a justiça, diante do interesse de cada parte no acolhimento de sua própria pretensão e, com isto, de sua parcialidade.[49]

Observa Mauro Cappelletti que o sistema inquisitivo possui inspiração "publicista, no qual o juiz tem poderes de impulso processual ainda que não possa intervir, sem embargo, sobre o objeto deduzido em juízo, que permanece submetido à vontade exclusiva e monopolística das partes".[50]

No *sistema misto*, a iniciativa da prova é atribuída às partes, mas ao juiz é conferido o poder para determinar as provas necessárias ao esclarecimento da verdade dos fatos controversos. Trata-se de modelo que se pode dizer *dispositivo/inquisitivo*, vez que contém elementos dispositivos e inquisitoriais.

Como é observado por Giuseppe Chiovenda, "abstratamente se pode conceber o juiz como investido de todos os poderes necessários para descobrir a verdade (princípio inquisitivo) ou como constantemente sujeito à iniciativa da parte (princípio dispositivo); na prática, nenhum destes princípios se acha completo e

48. Michele Taruffo. *El proceso civil adversarial en la experiencia americana*, p. 3.

49. Consoante Roland Arazi, "no sistema inquisitivo, o juiz tem que investigar — sem outra limitação que a imposta pela lei — a verdade material, prescindindo das atividades das partes; não só pode iniciar de ofício o juízo, como está autorizado a buscar os fatos, descobrindo-os através dos que já conhece e utilizando qualquer meio tendente à averiguação da verdade. O juiz deve esquadrinhar e considerar fatos que não lhe tenham apresentado os litigantes, e não pode admitir como certos, sem inquisições, os fatos em cuja verdade convieram estes" (*La prueba en el proceso civil*, p. 22). Trata-se de sistema probatório que corresponde ao *sistema processual publicista*: o processo é mecanismo de solução de conflitos de interesses e também de concretização dos direitos assegurados pela ordem jurídica, sendo esta concretização um interesse da sociedade, que é representada, no processo, pelo juiz, o que resulta na maior atribuição de poderes ao juiz no impulso do processo e na produção da prova. Note-se que, mesmo neste sistema, é o pedido de tutela jurisdicional apresentado pelo autor da demanda que autoriza a intervenção do juiz para a solução do conflito de interesses, assim como as partes, por meio da ação e da defesa, limitam o alcance da intervenção na solução do conflito de interesses.

50. Iniciativas probatórias do juiz. In: *Oralidad e pruebas en el processo civil*, p. 130.

consequentemente aplicado, mas se harmonizam em distinta proporção, segundo os lugares e as épocas".[51]

Não existe, portanto, um modelo rigorosamente dispositivo ou inquisitivo. Os modelos tendem a combinar elementos dispositivos e inquisitivos, em proporções definidas consoante os contextos histórico-social e histórico-político em que são estabelecidos.[52]

A nosso juízo: a) a relação entre poderes instrutórios do juiz e a liberdade probatória das partes não é de exclusão, mas de complementariedade; b) a definição do papel do juiz na instrução do processo não tem como opções únicas o *privativismo processual radical*[53] e o *publicismo processual radical*;[54] c) o juiz tem o direito de se esclarecer, de forma mais completa possível, sobre os fatos da causa; d) tendo o dever de proceder decisão justa (art. 852-I, § 1º, da CLT), o juiz também o tem de atuar ativamente na instrução.

Proceder o juiz à busca da verdade e das condições necessárias para proferir uma decisão justa não é, por si, sinal de autoritarismo, ao passo que adotar uma visão publicista do processo não significa, por si só, sujeitar as partes ao arbítrio do juiz. A intervenção do juiz na produção da prova não tem por consequência necessária a negativa às partes da condição de sujeitos ativos do processo e, com isso, de titulares do direito de participar de forma útil da definição de seus direitos e obrigações. O poder do juiz e a liberdade das partes devem conviver harmoniosa e equilibradamente, estabelecendo entre eles uma relação de complementariedade, no sentido da maior aproximação possível da verdade.[55] Para que isso aconteça, é indispensável reconhecer às partes o direito de participar, de forma efetiva, da formação do provimento para o caso concreto, como forma de equilibrar as forças atuantes no processo (partes e juiz) e de permitir o controle dos atos do juiz na condução do processo.[56]

No processo, ao lado do interesse privado das partes está o interesse público no respeito à ordem jurídica democraticamente instituída, como fator de segurança e estabilidade nas relações sociais e de justiça social. A sociedade, embora não tenha interesse no litígio, tem interesse na sua solução.[57] Por conta desse interesse,

---

51. *Principios de derecho procesal civil*, t. II, p. 189.

52. A extensão dos poderes instrutórios do juiz serve de parâmetro para estabelecer se em um sistema prevalece o caráter dispositivo ou inquisitorial.

53. Centralidade das partes no processo; vinculação do respeito à ordem jurídica à vontade soberana das partes; processo como negócio entre as partes; liberdade das partes como valor predominante e excludente; justiça da decisão como decorrência da justiça do processo; desvinculação entre prova e verdade.

54. Centralidade do juiz no processo; prevalência do interesse público na realização dos valores que informam a ordem jurídica.

55. Em suma, entre o poder instrutório do juiz e a liberdade probatória das partes deve ser estabelecida uma relação equilibrada, respeitosa e construtiva.

56. A participação das partes em todas as fases do processo legitima a decisão ao final produzida e permite que elas controlem a sua produção.

57. Como adverte Francesco Carnelutti, "a composição da lide não é um fim em si mesmo, e sim um meio para a proveitosa convivência social" (*Sistema de direito processual civil*, v. I, p. 371).

ao juiz deve ser conferida liberdade para determinar as diligências necessárias ao esclarecimento dos fatos relevantes para a solução do conflito de interesses a ser julgado. Com isto, o interesse privado (das partes) e o interesse público (da sociedade) devem ser harmonizados, na busca da realização concreta do direito assegurado pela ordem jurídica democraticamente instituída. Às partes cabe a iniciativa da ação e da defesa, mas o juiz deve participar ativamente da produção das provas necessárias ao esclarecimento dos fatos da causa, tendo como norte o cumprimento da promessa constitucional de tutela efetiva dos direitos assegurados pela ordem jurídica.

O juiz que se municia de meios para a decisão justa do dissídio não pode ser considerado parcial ou autoritário. As partes agem em defesa de seus interesses. O juiz agirá na busca de uma justa decisão e da realização prática do direito assegurado às partes pelo ordenamento jurídico democraticamente instituído.

O processo serve às partes e à ordem jurídica, fato que autoriza o juiz a atuar no sentido de que venha aos autos o maior número de elementos de convicção sobre os fatos controversos.[58]

Ademais, ao juiz não pode ser negada a possibilidade de atuar no sentido de julgar acertadamente e dele não pode ser exigida indiferença em relação ao direito deduzido, em especial os de natureza humana e fundamental.

A atuação do juiz no sentido da maior aproximação possível da realidade não tem caráter apenas subsidiário. Em conjunto com as partes e respeitando o seu direito de participar, da forma mais ampla possível, da formação do seu convencimento sobre a realidade dos fatos controversos, o juiz deve atuar no sentido de conhecer a verdade sobre os fatos controversos e relevantes para a solução da lide, como medida necessária para a justa solução do conflito de interesses.

Na definição do papel das partes e do juiz na instrução probatória, devem ser combinadas a *teoria da justiça procedimental* — a justiça da decisão está relacionada com o procedimento de sua construção — e a da *justiça material processual* — a justiça da decisão está em relação direta com o seu conteúdo —,[59] o que exige ampla liberdade para as partes e o juiz na busca de elementos que permitam a maior aproximação possível da realidade dos fatos da

58. A função do juiz não pode limitar-se à fiscalização do respeito ao procedimento probatório estabelecido pela ordem jurídica (devido processo legal), ao passo que a ele atribuir iniciativa probatória não é render graças ao subjetivismo, mas reconhecer que o processo tem uma relevante função social, que é a concretização do direito material. Entre a *concepção retórica do processo* (o processo deve ser orientado "para permitir a melhor expressão dos argumentos das partes; segundo esta concepção, considera-se desejável que ganhe a ação a parte que apresentar os melhores argumentos, o que pode não coincidir com a parte que tenha razão") e a *concepção heurística do processo* (o processo deve "ser construído para possibilitar a descoberta da verdade dos fatos; de acordo com esta concepção, o processo só deve ser ganho pela parte que tiver a verdade do seu lado, ou seja, pela parte que tem razão"), segundo classificação de Miguel Teixeira de Sousa (Um novo processo civil português: à la recherche du temps perdu? *Revista de Processo*, p. 212), há de se preferir a heurística, sem, contudo, negar o direito de ampla e útil participação das partes na construção do provimento e, com isso, na definição de seus direitos e de suas obrigações.

59. A decisão deve ser justificada e legitimada pelo procedimento de sua construção e pelo seu conteúdo.

causa. É indispensável, ainda, estabelecer o maior equilíbrio possível entre o *juiz garantidor da regularidade do procedimento* e o *juiz garantidor dos direitos* ("garantir os direitos significa assegurar sua realização concreta, sobretudo no plano dos efeitos da decisão, dos instrumentos executivos e da disponibilidade dos remédios adequados às exigências reais subjacentes à *litis*"[60]). O juiz deve atuar como garantidor do respeito ao devido processo legal e em defesa da ordem jurídica, mas sem desconsiderar o direito das partes de participar, com reais possibilidades de êxito, da formação do seu convencimento sobre a realidade dos fatos da causa.[61]

Considerando a classificação dos sistemas sobre a iniciativa da prova em sistemas dispositivo, inquisitivo e misto, pode ser dito que o sistema adotado pelo ordenamento jurídico pátrio se insere no sistema misto.

Com efeito, segundo o art. 370 do CPC, "Caberá ao juiz, de ofício ou a requerimento da parte, determinar as provas necessárias ao julgamento do mérito". A opção pelo sistema misto é reforçada pelo art. 343 do CPC, que confere ao juiz o poder para interrogar as partes, bem como pelo art. 461, I, do CPC, segundo o qual o juiz pode ordenar, de ofício, a inquirição de testemunhas referidas nas declarações da parte ou das testemunhas. Por fim, de acordo com o art. 481 do CPC de 2015, o juiz pode, de ofício, inspecionar pessoas ou coisas, a fim de se esclarecer sobre fato que interesse à decisão da causa.

Já a CLT reconhece ao juiz poder para "determinar qualquer diligência necessária ao esclarecimento" da causa (art. 765), arguir os peritos e assistentes técnicos (art. 827), interrogar as partes (art. 848) e determinar a realização das diligências que entender necessárias (art. 864). A CLT prevê, ainda, que o juiz dirigirá o processo com liberdade para "determinar as provas a serem produzidas" (art. 852-D).

Assim, tanto o CPC quanto a CLT conferem ao juiz o poder para determinar, de ofício, a produção de prova, sem que isso implique negar às partes o direito de produzir prova dos fatos que alegam como fundamento de suas pretensões.

10. PRODUÇÃO ANTECIPADA DE PROVA

Em regra, a prova é produzida no curso do processo, com a petição inicial e a contestação, no caso de prova documental, e durante a audiência, na hipótese de prova oral.

---

60. Michele Taruffo. *El proceso civil adversarial en la experiência americana*, p. 167.

61. Não se pode perder de vista que, como adverte Piero Calamandrei, "se os poderes do órgão jurisdicional não encontrassem um limite na iniciativa das partes, o processo mesmo tenderia a dissolver-se em ilimitado arbítrio do juiz, e todo direito dos cidadãos desapareceria em uma mera sujeição à autoridade" (*Instituciones de derecho procesal civil*, v. I, p. 395).

O CPC de 1973 admitia a produção da prova antes da instauração do processo ou, já tendo sido este instaurado, antes da audiência, ou seja, a produção antecipada de prova. Assim, a produção antecipada de prova poderia ser requerida de forma antecedente (a prova era produzida antes da instauração do processo principal) ou incidental (a prova era produzida no curso do processo, mas antes do momento em que normalmente seria produzida).

Nesta perspectiva, a produção antecipada da prova tinha sempre em vista um processo judicial, a ser instaurado ou já instaurado.

Ainda consoante a solução adotada pelo CPC de 1973, a produção antecipada de prova tinha natureza de medida cautelar, razão pela qual, inclusive, era *disciplinada no Livro no qual aquele Código tratava das medidas cautelares.*

Neste compasso, consoante o art. 847 do CPC de 1973, o interrogatório da parte ou a inquirição da testemunha poderia ser antecipada se ela tivesse de ausentar-se ou se, por motivo de idade ou moléstia grave, houvesse justo receio de que, ao tempo da instrução do processo, já não existiria, ou estivesse impossibilitada de depor, ao passo que, consoante o art. 849, também do CPC de 1973, havendo fundado receio de que viesse a tornar-se impossível ou muito difícil a verificação de certos fatos na pendência do processo, era admissível a antecipação do exame pericial. Com isso, para que fosse deferida a produção antecipada de prova, era indispensável a demonstração do denominado ***periculum in mora***, como ocorria em relação a todas as medidas de natureza cautelar.

O CPC de 1973 somente autorizava a antecipação da produção da prova que consistisse em interrogatório da parte, inquirição de testemunhas e exame pericial (art. 846).

Em suma, de acordo com o CPC de 1973, a produção antecipada de prova: a) visava fornecer ao julgador elementos suficientes para **confirmar ou negar a existência do direito deduzido ou a ser deduzido em juízo**, razão pela qual tinha em vista um **processo judicial, a ser instaurado ou já instaurado**; b) dependia, **sempre**, da demonstração de justo ou fundado receio de que seria impossível ou muito difícil a verificação de certos fatos na pendência do processo, isto é, do ***periculum in mora***; somente poderia ter por objeto **interrogatório da parte**, **inquirição de testemunhas** e **exame pericial**.

O CPC de 2015 conferiu tratamento bem diverso à produção antecipada de prova e, ao fazê-lo, criou um procedimento probatório autônomo ou independente, o que tem como corolário o reconhecimento de verdadeiro **direito autônomo à prova**, no sentido de direito à prova cujo exercício **não se vincula** necessariamente à necessidade de intervenção do Poder Judiciário para confirmar ou negar a existência de um direito.

É que, consoante o art. 381, I, II e III, do CPC de 2015, a prova poderá ser produzida de forma antecipada quando:

a) haja fundado receio de que venha a tornar-se impossível ou muito difícil a verificação de certos fatos na pendência do processo.

Esta hipótese corresponde à antecipação da produção de prova em sua configuração clássica, ou seja, de medida que visa a assegurar o exercício do direito à prova, exigindo-se a demonstração, pelo seu requerente, da fundada possibilidade de que venha a tornar-se impossível ou muito difícil a verificação de certos fatos na pendência do processo. Neste caso, o interesse de agir do autor do pedido consiste na necessidade da produção antecipada de prova tendo em vista a possibilidade de tornar-se impossível ou muito difícil a verificação de certos fatos na pendência do processo, valendo anotar que, estando em curso o processo, a produção de prova fora do momento próprio já não ocorrerá sob o título de produção antecipada, mas de alteração na ordem de produção dos meios de prova, consoante previsto no art. 139, VI, do CPC.

b) a prova a ser produzida seja suscetível de viabilizar a autocomposição ou outro meio adequado de solução de conflito.

Nesta hipótese, o interesse de agir do autor consiste na produção de prova para viabilizar a solução extrajudicial de um conflito, por meio da autocomposição ou outro meio adequado;

c) o prévio conhecimento dos fatos possa justificar ou evitar o ajuizamento de demanda.

Esta terceira hipótese diz respeito à produção de prova para avaliar a viabilidade do ajuizamento de demanda. Com isto, o interesse de agir do autor consiste na verificação da ocorrência de determinados fatos que possam justificar o ajuizamento de demanda.

Acrescente que o CPC de 2015 não tratou do tema ao disciplinar a tutela de urgência, cuja concessão exige a existência de elementos que evidenciem o perigo de dano ou o risco ao resultado útil do processo, o que significa dizer que a antecipação de prova, de acordo com o CPC de 2015, não depende da presença do periculum in mora, **salvo quando for requerida com fundamento o art. 381, I, do CPC**, ou seja, no fundado receio de que venha a tornar-se impossível ou muito difícil a verificação, no futuro, de determinados fatos.

Assim, nas hipóteses dos incisos II e III do art. 381 do CPC, a prova é produzida com o objetivo de viabilizar a autocomposição ou outro meio adequado de solução de conflito ou verificar a existência de fatos que possam justificar o ajuizamento de demanda, **ainda que não haja fundado receio de que venha tornar-se impossível ou muito difícil a verificação de certos fatos na pendência do processo**.

De outro lado, o CPC de 2015, **ao contrário do que ocorreu no CPC de 1973**, não define previamente as provas que podem ter a sua produção antecipada. Pelo contrário, o seu art. 382, § 3º, dispõe que os interessados poderão requerer a produção de **qualquer prova** no mesmo procedimento, o que indica que é admitida a produção antecipada de qualquer prova. Com isto, por exemplo, pode ser objeto de antecipação a produção de prova pericial, visando à verificação da ocorrência de trabalho em condições insalubres e/ou periculosas ou acidente de trabalho, e documental, como medida voltada à verificação da existência de horas extras registradas em cartão de ponto ainda não remuneradas.

O art. 381 do CPC de 2015 é compatível com o Direito Processual do Trabalho, no qual não há como negar a possibilidade da produção antecipada nas três situações nele previstas, inclusive sob o argumento de que ela dispensaria o trabalhador dos custos da perícia quando for beneficiado pela gratuidade da justiça, na medida em que esta argumentação aponta no sentido de que a ninguém é dado litigar sem arcar com os custos do processo, o que contraria a Constituição da República, quando assegura o direito à assistência judiciária integral aos litigantes.

Ademais, segundo a própria reforma trabalhista, a atuação do Poder Judiciário não pode resultar em restrição a direitos legalmente previstos, dentre os quais o direito autônomo à prova (art. 8º, § 2º, da CLT, acrescentado pela Lei n. 13.467/17).

Acrescente-se que também no processo do trabalho deve ser assegurada à parte a oportunidade de produzir a prova cuja produção no futuro possa se tornar impossível ou difícil e nada impede que a prova a seja produzida para verificação da viabilidade de solução negociada do conflito ou quando o prévio conhecimento dos fatos possa justificar ou evitar o ajuizamento de demanda.

Em relação ao procedimento na produção antecipada de prova, cumpre anotar que:

a) consoante o art. 381, § 2º, do CPC, a produção antecipada da prova é da competência do juízo do foro onde a prova deve ser produzida ou do foro do domicílio do réu.

Contudo, no processo do trabalho, por força da opção pela facilitação do acesso dos trabalhadores à justiça, que é revelada pelo art. 651 da CLT, a produção antecipada de prova deve ser realizada no foro competente para conhecer de eventual demanda do trabalhador contra seu empregador;

b) na petição inicial, o requerente deverá apresentar as razões que justificam a necessidade de antecipação de prova e mencionar, com precisão, os fatos sobre os quais a prova há de recair (art. 382), ou seja, o autor do requerimento deverá demonstrar o fundado receio de que venha tornar-se impossível ou muito difícil a verificação de certos fatos na pendência do processo (hipótese do art. 381, II), que a prova a ser produzida é suscetível de viabilizar a autocomposição ou outro meio adequado de solução de conflito (hipótese do art. 381, II) ou que o prévio conhecimento dos fatos pode justificar ou evitar o ajuizamento de demanda (hipótese do art. 381, II), cumprindo-lhe, ainda, indicar qual é a prova a ser produzida antecipadamente (documental, testemunhal, pericial, por ex.);

c) O juiz deverá determinar a citação dos interessados na produção da prova ou no fato a ser provado, **salvo se inexiste caráter contencioso** (art. 382, § 1º).

Deste modo, os interessados na prova deverão ser indicados pelo autor na petição inicial, para efeito de sua citação.

A citação não se dá para que os interessados possam apresentar defesa, vez que na produção antecipada de prova não se admitirá defesa (art. 382, § 4º). A citação é realizada para que os interessados integrem o procedimento, participem da produção da prova e requeiram, se for o caso, a produção de qualquer prova, no mesmo procedimento (art. 382, § 3º).

O fato de não ser admitida a apresentação de defesa não impede que os interessados suscitem a existência de eventual vício de natureza processual (incompetência do juízo e ilegitimidade passiva, por ex.) e/ou questionem a necessidade, admissibilidade e licitude da prova, observando-se, no entanto, que eventual impedimento ou suspeição da testemunha ouvida na duração antecipada de prova deverá ser suscitado no juízo para o qual for distribuída demanda fundada na prova produzida antecipadamente, ao qual caberá decidir sobre a força probante dos depoimentos colhidos.

No entanto, é vedada aos interessados a discussão do mérito da pretensão do autor (com isso, se for requerida a produção de prova pericial, visando verificar a ocorrência de acidente de trabalho, não cabe discussão sobre a culpa pela sua ocorrência, embora os interessados possam requerer, no mesmo procedimento, a produção de prova sobre este fato).

A prova requerida pelos interessados será produzida desde de que esteja relacionada ao fato a ser provado pela prova requerida pelo autor e se sua produção conjunta não acarretar excessiva demora (art. 382, § 3º, do CPC);

d) o juiz não se pronunciará sobre a ocorrência ou inocorrência do fato objeto da prova, nem sobre as respectivas consequências jurídicas (art. 382, § 2º, do CPC). Assim, a produção da prova será apenas documentada, não sendo valorada pelo juízo em que foi produzida;

e) na produção antecipada de prova não é admitido recurso, salvo contra a decisão que indeferir totalmente a produção da prova pleiteada pelo requerente originário (art. 382, § 4º, do CPC).

f) produzida a prova, os autos permanecerão em cartório, pelo prazo de um mês, para extração de cópias e certidões pelos interessados (art. 383 do CPC), após o que os autos serão entregues ao promovente da medida (art. 383, parágrafo único, do CPC).

Em suma, produzida a prova, o juiz homologará a sua produção, o que equivale dizer que apenas declarará que a sua produção se fez de forma regular, após o que os interessados têm o prazo de um mês para extração de cópias e certidões, findo o qual os autos serão entregues ao requerente da medida.

Cumpre acrescentar que:

1) a produção antecipada da prova não interrompe a prescrição, salvo quando a medida assumir conotação de verdadeiro protesto (Súmula n. 154 do STF);

2) como não há julgamento na produção antecipada de prova, nela não cabe a condenação no pagamento de honorários de sucumbência, ao passo que os honorários periciais, em sendo devidos, são de responsabilidade do requerente da medida, que, no entanto, fica isento do seu pagamento quando lhe for deferido o benefício da justiça gratuita (art. 98, VI, do CPC).

As despesas com a produção da prova, no caso de não ser o requerente beneficiado pela justiça gratuita, podem ser cobradas nos autos do processo relativo à demanda que vier a ser proposta fundada na prova produzida antecipadamente (art. 82, § 2º, do CPC);

3) para evitar o esvaziamento da antecipação da produção da prova documental, o juiz poderá advertir a parte de a sua não exibição injustificada poderá dar ensejo à aplicação, **no juízo para o qual for eventualmente distribuída a demanda**, do disposto no art. 400 do CPC, ou seja, de que, ao decidir o pedido, o juiz poderá admitir como verdadeiros os fatos que, por meio dos documentos, a parte pretendia provar, assim como ao juiz é lícito, com esteio no art. 138 CPC, adotar as medidas indutivas, coercitivas, mandamentais ou sub-rogatórias para que o documento seja exibido;

4) como anota Eduardo Talamini, a hipótese não é de jurisdição voluntária, na medida em que a produção antecipada de prova "insere-se no contexto de um conflito, ainda que não tenha por escopo diretamente o resolver".[62] Com efeito, na hipótese do inciso I do art. 381, tem-se em vista um processo instaurado ou a ser instaurado, no caso do inciso II, o conflito existe e o que se procura é viabilizar a autocomposição ou outro meio adequado para a sua solução e, na hipótese do inciso III, o que se pretende é verificar se o conflito é real ou não.

11. PRODUÇÃO DA PROVA EM AUDIÊNCIA. REVELIA E PROVA

Como regra, as provas são produzidas em audiência. Essa é uma decorrência da oralidade e da concentração de atos em audiência, que caracterizam os procedimentos disciplinados pelo Direito Processual do Trabalho.

62. *Comentários ao novo Código de Processo Civil, 2015*, p. 589.

Na audiência serão ouvidas as partes e as testemunhas (art. 848, §§ 1º e 2º, da CLT) e poderão ser ouvidos o perito e os técnicos, se a sua oitiva for necessária para a instrução do processo (arts. 827 e 848, § 2º, da CLT).

A CLT não exige que o juiz fixe, ao iniciar a instrução, os pontos controvertidos sobre os quais incidirá a prova, embora nada impede que o faça.

O direito processual comum adota uma postura diferenciada.

O CPC dispõe que: a) no saneamento e organização do processo, o juiz deverá delimitar as questões de fato sobre as quais recairá a atividade probatória (art. 357, II); b) as partes podem apresentar ao juiz, para homologação, delimitação consensual das questões de fato sobre as quais recairá a atividade probatória, a qual, se homologada, vinculará as partes e o juiz (art. 357, § 2º).

Esta previsão foi objeto de exame quando tratamos das convenções processuais, no segundo Capítulo, valendo repetir que o art. 357, § 2º, do CPC não obriga o juiz a homologar a convenção e nem poderia fazê-lo, seja porque ao juiz, segundo o mesmo CPC, no exercício da gestão processual, cabe determinar as provas necessárias para o julgamento do mérito (art. 370), bem como indeferir, de forma fundamentada, as diligências inúteis ou meramente protelatórias (art. 370, parágrafo primeiro), seja porque o juiz não pode ter a sua atuação limitada a ponto de as partes estabelecerem, sem possibilidade de sua intervenção, quais são as questões de direito relevantes para a decisão do mérito. Em tese, trata-se de convenção compatível com o Direito Processual do Trabalho, com a ressalva de que a sua aceitação pressupõe que as partes estejam, concretamente, em condições de definir, de forma segura, o objeto da prova, os meios de prova pertinentes e as questões de direito realmente relevantes para a decisão do mérito, estando a convenção condicionada, ainda, à simetria de informações entre as partes.

O juiz providenciará para que a parte que ainda não depôs não assista ao depoimento da outra (art. 385, § 2º, do CPC)[63] e, ainda, para que o depoimento de uma testemunha não seja ouvido pelas demais testemunhas que tenham que depor no processo (art. 824 da CLT).

O juiz deverá inquirir as testemunhas separada e sucessivamente (art. 456 do CPC de 2015 e art. 824 da CLT). Não é lícita, assim, a oitiva conjunta das testemunhas indicadas pelas partes, em uma espécie de acareação prévia.

Pode o juiz, a qualquer momento da audiência, interrogar as partes para se esclarecer sobre fatos da causa, sendo-lhe lícito, ainda, mesmo após o encerramento da instrução, designar audiência com essa finalidade.

O réu que não comparecer na audiência em que deveria apresentar defesa é, por expressa previsão legal, considerado revel e confesso em relação aos fatos

63. A esse tema retornaremos mais adiante, quando tratarmos do depoimento pessoal.

narrados na inicial (arts. 843 e 844 da CLT). À luz de tais dispositivos legais, era afirmado que ao revel era vedada a produção de prova, ainda que presente o seu advogado na audiência, como consta, inclusive, da Súmula n. 74, II, do TST.

A prova existente nos autos, no entanto, deveria ser confrontada com a confissão ficta aplicada ao réu ausente (art. 443, I, do CPC). A confissão faz prova dos fatos alegados, mas não exclui o dever de o juiz examinar todas as provas existentes nos autos. Assim, o fato não contestado será admitido como verídico, se o contrário não resultar do conjunto das provas existentes nos autos.

A Lei n. 13.467/17 acrescentou à CLT o art. 844, § 5º, dispondo que, ainda que ausente o reclamado, presente o advogado na audiência, serão aceitos a contestação e os documentos eventualmente apresentados. Desta forma, os documentos apresentados pelo advogado do reclamado deverão ser levados em conta no julgamento da causa.

Note-se, no entanto, que não foi afastada a consequência da ausência do reclamado estabelecida pelo art. 844, *caput*, da CLT, o que significa que, ainda que presente o advogado e que este apresente contestação, o reclamado será considerado revel e confesso quanto os fatos alegados na petição inicial, valendo anotar que a CLT estabelece, expressamente, no art. 844, § 4º, as situações que a ausência do reclamado não implicará confissão em relação à questão de fato e entre elas não incluiu a presença do advogado do reclamado na audiência. Assim, somente os documentos que forem apresentados com a contestação é que deverão ser considerados no julgamento da demanda, ou seja, o art. 844, §5º, da CLT somente assegura ao reclamado ausente a possibilidade de produzir prova documental.

Esta disposição legal suscita outros questionamentos?

Se o reclamado não estiver presente, o juiz ficará impedido de colher o seu depoimento pessoal? A parte fica impedido de ouvir, em depoimento pessoal, a parte contrária?

A resposta negativa se impõe. O art. 820 da CLT assegura ao juiz a possibilidade de colher, de ofício, o depoimento pessoal da parte e torna certo que a parte tem direito ao depoimento pessoal da parte contrária, valendo lembrar que o depoimento pessoal visa à obtenção da confissão e este meio de prova não pode ser negado à parte.

12. PROVA EMPRESTADA

A prova é produzida, via de regra, perante o juiz da causa. Contudo, a prova pode ser tomada emprestada do processo em que foi produzida, para participar da formação do convencimento do juiz que dirige o processo para o qual é transportada.

Prova emprestada é, assim, aquela tomada emprestada de um outro processo (em curso ou já findo), para fazer prova no processo para o qual é transportada documentalmente.

A possibilidade de utilizar em um processo a prova produzida em outro processo decorre da *eficácia extraprocessual da prova*.

Constituem requisitos para a aceitação da prova emprestada: a) identidade de fatos; e b) regularidade da produção da prova (produção em contraditório regular entre as partes do processo em que foi produzida).

A prova emprestada pode ser produzida por uma das partes (trata-se de um dos elementos de convicção de que a parte pode dispor para demonstrar a veracidade dos fatos que alega como fundamento de sua pretensão), de comum acordo entre partes ou por determinação judicial (a prova permite, a um só tempo, realizar concretamente o direito subjetivo e conferir efetividade ao direito objetivo, isto no âmbito do processo judicial. Com isto e considerando que quanto maior o número de fontes de informações sobre os fatos controversos e relevantes para a solução do caso concreto maior a possibilidade de se alcançar a verdade e a justiça, o Direito Processual do Trabalho adota como diretriz fundamental a livre indagação da verdade, assegurando às partes e ao juiz ampla liberdade em matéria de prova).

Quando se tratar de prova emprestada produzida por uma das partes, a outra deve ser intimada para manifestação, devendo ambas as partes serem intimadas com esta finalidade quando a prova for produzida por determinação judicial.

A utilização de prova emprestada por uma parte não depende da concordância da outra, salvo quando o que se pretende é que ela substitua a prova que seria produzida no processo para o qual é transportada documentalmente, hipótese em que, como o que se pretende é evitar a produção de outras provas neste processo, a parte contrária deverá ser ouvida sobre esta pretensão.

Ao determinar a produção da prova emprestada, o juiz cumpre o dever de velar pelo rápido andamento das causas e pela justa solução do litígio e exerce o poder de determinar as diligências necessárias ao esclarecimento da causa. Destarte, quando se tratar de prova emprestada produzida pelo juiz, não há que se falar em prévia concordância das partes, ficando ressalvado, no entanto, o direito de as partes se manifestarem sobre esta prova e de produzir a prova dos fatos que alegam em seu favor. Destarte, haverá cerceamento do direito à prova quando o juiz determinar a produção de prova emprestada e negar às partes o direito de produzir prova dos fatos que alegam em seu favor.

O juiz da causa é livre para apreciar a prova emprestada, não estando vinculado ao valor que lhe foi conferido no processo em que foi produzida.

O CPC autoriza, expressamente, o uso da prova emprestada, como se vê do seu art. 372 ("O juiz poderá admitir a utilização de prova produzida em outro processo, atribuindo-lhe o valor que considerar adequado, observado o contraditório"). Como o Direito Processual do Trabalho não trata da questão, o art. 372 do CPC serve, no particular, como sua fonte subsidiária.

13. AVALIAÇÃO DA PROVA. HIERARQUIA DOS MEIOS DE PROVA. MODELOS OU CRITÉRIOS DE CONSTATAÇÃO

Para proferir decisão e definir os direitos e deveres dos litigantes, o juiz deverá estabelecer a verdade sobre os fatos controversos, realizando, para tanto, a avaliação ou valoração da prova existente nos autos.

Na valoração da prova, o juiz fixa a sua aptidão para formar a sua convicção acerca da veracidade dos fatos controversos.

Três são os sistemas ou critérios de avaliação da prova que tiveram maior relevo ao longo da história. Estes critérios variam segundo a maior ou menor liberdade conferida ao juiz na avaliação da prova.

Sistema da prova legal ou *prova tarifada*: a lei atribui, prévia e exaustivamente, valor a cada prova, estabelecendo quando um fato poderá ser considerado verdadeiro pelo juiz. Ao juiz é negada, portanto, qualquer liberdade em relação à valoração da prova.

Sistema da livre apreciação da prova ou *íntima convicção*: "por esse sistema, o juiz torna-se, afinal, dono do processo, podendo julgar a causa como entender (...), sem dar os motivos de sua convicção. Basta a decisão pura e simples. Pode adquirir o conhecimento dos fatos com a prova dos autos, fora da prova dos autos e até mesmo contra a prova dos autos. Bastam as suas impressões pessoais, não se achando adstrito a regra alguma a não ser ao foro de sua consciência de julgador". Ao juiz é conferida ampla liberdade na avaliação da prova da prova existente nos autos e também poder para julgar de acordo com os seus conhecimentos pessoais.[64]

Sistema da persuasão racional ou convencimento motivado: o juiz tem liberdade para apreciar as provas produzidas em contraditório,[65] não estando obrigado a decidir com observância de valor previamente estabelecido para cada prova, mas deverá indicar na decisão os motivos de seu convencimento.[66]

---

64. Gabriel José Rodrigues de Rezende Filho. *Curso de direito processual civil*, v. II, p. 230. No sistema da prova legal, ao juiz é negada qualquer liberdade na apreciação da prova, ao passo que, no da livre apreciação da prova ou íntima convicção, a ele é atribuída plena liberdade na apreciação da prova.

65. Neste sentido, prevê o art. 155 do Código de Processo Penal que "o juiz formará a sua convicção pela livre apreciação da prova produzida em contraditório judicial".

66. Esse sistema procura o meio termo entre os sistemas anteriores, libertando o juiz de critérios rígidos e inflexíveis na apreciação da prova, mas dele exigindo a formação de seu convencimento à luz das provas existentes nos autos e a motivação de sua decisão. A não submissão do juiz a regras jurídicas que predeterminam o valor da prova não o dispensa de proceder a uma valoração racional e lógica da prova.

No processo do trabalho, o juiz tem liberdade para apreciar a prova, atendendo aos fatos e circunstâncias dos autos, mas deverá indicar na decisão as razões da formação do seu convencimento (arts. 832 e 852-D da CLT, tendo sido nele adotado, então, o sistema da persuasão racional ou do convencimento motivado, como também ocorre no direito processual comum (art. 371 do CPC).

Liberdade na apreciação da prova não é sinônimo de *arbítrio*. Ao juiz cumpre, ao valorar a prova, respeitar as leis da natureza e da ciência, assim como as regras de experiência comum e técnica, ressalvada, quanto a estas, o exame pericial (arts. 852-D da CLT e 375 do CPC de 2015).

Humberto Theodoro Júnior adverte que "embora seja livre o exame da prova, não há arbitrariedade, porque a conclusão deve ligar-se logicamente à apreciação jurídica daquilo que restou demonstrado nos autos. E o juiz não pode fugir dos meios científicos que regulam as provas e sua produção, nem tampouco às regras da lógica e da experiência".[67]

O juiz deve, ao apreciar a prova, dar especial valor às regras de experiência comum e técnica, ressalvado, quanto a estas, o exame pericial (art. 852-D da CLT e art. 375 do CPC). Isso significa dizer que o juiz deve respeitar os meios científicos que regulam a prova e sua produção e conferir especial valor aos juízos formados a partir da observação do que ordinariamente acontece, isto é, às regras reveladas pela experiência, bem como as regras técnicas de conhecimento geral, ressalvada, quanto a estas, o exame pericial (as regras de experiência técnica não substituem a prova pericial).

Ao avaliar a prova, deve o juiz: a) definir o objeto da prova, isto é, as dúvidas a serem resolvidas por meio da prova; b) formular uma hipótese a partir do exame das provas existentes nos autos; c) confrontar esta hipótese com eventuais hipóteses alternativas fornecidas pelos mesmos meios de convicção, segundo o alegado pelas partes; d) estabelecida uma hipótese definitiva, realizar o seu exame à luz das regras de experiência comum e técnica.[68]

Na avaliação da prova, o juiz formula uma hipótese psicológica ou conjectura provisória (aquilo de que está convencido a partir do primeiro exame da prova) e a submete à prova (confronto com outras hipóteses possíveis). Para fugir do subjetivismo, é necessário tornar a decisão compreensível para todos e passível de crítica intersubjetiva, daí a necessidade de fundamentação da decisão.

Cada parte apresenta ao juiz a sua representação da realidade. O juiz, examinando e valorando a prova, fixará, de forma fundamentada e respeitando os

67. *Curso de direito processual civil*, v. I, p. 476.

68. As regras de experiência servem, neste momento, como método de confirmação ou negação de uma hipótese. Elas atuam como verdadeiras presunções das quais o juiz pode lançar mão.

elementos de convicção existentes nos autos, a representação da realidade que servirá de fundamento para a definição dos direitos e deveres das partes.

O Direito Processual do Trabalho, embora consagre o sistema da persuasão racional, faz concessões ao sistema da prova legal, restringindo os meios de prova de determinados fatos, como ocorre, por exemplo, com a prova documental em relação ao pagamento de salários e da jornada de trabalho (quando a empresa possua determinado número de empregados). O que se persegue, nesses casos, é o maior grau de certeza e segurança na reconstrução de determinados fatos, operando-se, segundo Antônio Carlos de Araújo Cintra, "uma antecipada avaliação negativa da prova feita pelo próprio legislador",[69] e, de certa forma, o estabelecimento de hierarquia entre os meios de prova em relação a determinados fatos. Heberto Amílcar Baños vê nessas exigências probatórias a intenção de "assegurar ao trabalhador o benefício da dúvida pela aplicação do brocardo *in dubio pro operario*".[70]

Quando todos os elementos de convicção existentes nos autos conduzem a uma única e segura conclusão sobre a veracidade dos fatos controversos, o juiz os terá como verdadeiros, observando-se que a prova produzida pelo trabalhador deve receber valoração diferenciada, não apenas em razão da sua maior dificuldade de acesso às fontes e aos meios de prova e na produção da prova, como também para facilitar o acesso aos direitos inerente ao trabalho, especialmente aos direitos humanos e fundamentais. A diferença de forças entre as partes é compensada pela diferença na valoração da prova por elas produzida, ao passo que a natureza do direito exige do juiz maior liberdade na valoração da prova quando se trate de criar as condições necessárias à sua satisfação. Isso não significa, contudo, que ao empregador deve ser negado o direito à valoração da prova que produzir, mas, apenas, que as provas devem ser valoradas considerando a maior dificuldade para sua produção e a própria natureza do direito objeto de controvérsia.

Anote-se, ainda, que na valoração pode recorrer às regras ou máximas de experiência e a dados estatísticos, vez que a conclusão no sentido da ocorrência, ou não, de determinado fato pode ser reforçada pela constatação do que geralmente se dá em situações similares.

Contudo, é possível que os elementos de convicção não conduzam a uma conclusão única, ocorrendo o denominado *conflito de provas*.

Nesse caso, o juiz poderá, para orientá-lo em relação aos graus de suficiência da prova para a formação da sua convicção (que são fixados considerando-se as necessidades do direito material objeto da controvérsia e as dificuldades probatórias

---

69. *Comentários ao Código de Processo Civil*, v. IV, p. 10.
70. *La apreciación de la prueba en el proceso laboral*, p. 121-122.

no caso concreto), adotar um *modelo* ou *critério de constatação* (no mesmo sentido a doutrina também se refere a *módulo* ou *padrão de prova*).

A propósito afirma Marina Gascón Abellán que, sob a perspectiva epistemológica, a racionalidade exige um grau de probabilidade mínima, que constitui, fora do âmbito penal, a *probabilidade prevalente*, segundo a qual "uma hipótese sobre um fato resultará aceitável ou provada quando seja mais provável do que qualquer outra das hipóteses alternativas sobre o mesmo fato manejadas ou conseguidas no processo e sempre que dita hipótese resulte 'mais provável que não', vale dizer, mais provável que sua correlativa hipótese negativa".[71]

Aduz Marina Gascón Abellán que a construção de um módulo ou padrão da prova depende não apenas de questões de racionalidade, como também de uma opção político-valorativa, "sobre a intensidade com que devem ser garantidos os direitos ou interesses afetados pelos erros possíveis". Segundo Marina Gascón Abellán, existem em uma decisão probatória dois erros possíveis: "aceitar como verdadeiro (ou dar por provado) o que é falso" e "não aceitar como verdadeiro (ou dar por não provado) o que *é verdadeiro*". Conclui essa doutrinadora que, "dependendo da importância que se conceda aos direitos ou interesses afetados por cada tipo de erro, o padrão será mais ou menos tolerante com esse tipo de erro, e em consequência mais ou menos exigente" e que "um padrão específico se constrói decidindo qual dos erros possíveis se considera preferível ou mais assumível (o de aceitar como verdadeiro o que é falso ou o de não aceitar como verdadeiro o que é verdadeiro) e em que grau estamos dispostos a assumi-lo. E esta é, em última instância, uma eleição política ou valorativa".[72]

No processo do trabalho, é adotado, como regra, o *módulo ou padrão da prova prevalente* ao qual faz referência Marina Gascón Abellán, sendo próprio do processo penal o *módulo ou padrão da prova acima da dúvida razoável*, em razão da presunção de inocência estabelecida pelo art. 5º, LVII, da Constituição, o que significa que, no processo penal, para considerar um fato como verdadeiro a prova existente nos autos deve excluir qualquer possibilidade de conclusão diversa.

O meio-termo entre os módulos ou padrões da prova prevalente e da prova acima da dúvida razoável é ocupado pelo *módulo ou padrão da prova clara e convincente*, segundo o qual, para afirmar a veracidade de um fato, exige-se um grau de probabilidade superior àquele fundado na preponderância das provas, mas inferior ao fundado na prova acima da dúvida razoável. É este o módulo ou padrão intermediário que deve ser adotado, como assinala Danilo Knijnik, nas demandas "cujos valores transcendem à dimensão meramente patrimonial", como se dá, segundo ele, nos casos "em que há alegação de fraude — da qual possa redundar

71. Sobre la posibilidad de formular estándares de prueba objetivos. In: *Proceso, prueba y estándar*, p. 19.
72. Sobre la posibilidad de formular estándares de prueba objetivos. In: *Proceso, prueba y estándar*, p. 19-21.

reflexos penais — ou cujos interesses sejam de tal envergadura para as partes (destituição de pátrio poder, anulação de testamento), ou, ainda, que tenham até um certo caráter penal (*v. g.*, improbidade administrativa)".[73] O *módulo* ou padrão intermediário deve ser adotado nas situações em que a decisão terá efeitos que não são apenas patrimoniais, como se dá, por exemplo, com a imputação ao trabalhador de prática de ato que autoriza a sua dispensa por justa causa.

14. PRINCÍPIOS PERTINENTES ÀS PROVAS

A teoria da prova é regida por vários princípios, quais sejam:

a) *legalidade da prova*: a verdade dos fatos deve ser demonstrada por meios lícitos e moralmente legítimos e, ainda, no lugar, pelo modo, no tempo e no prazo definidos em lei para fazê-lo;

b) *contraditório*: a parte tem direito de participar de todas as fases do procedimento, com possibilidade concreta de influenciar o juiz na formação do seu convencimento sobre a verdade a respeito dos fatos controversos e, com isso, na construção do conteúdo das decisões judiciais;

c) *aquisição da prova pelo processo ou comunhão da prova*: a prova participará da formação do convencimento do juiz independentemente da parte que a tenha produzido, mesmo que seja a parte por ela prejudicada. O juiz formará a sua convicção a partir da verdade demonstrada nos autos, sem se indagar sobre a parte responsável pela demonstração;

d) *unidade*: a prova deve ser apreciada em seu conjunto, cumprindo ao juiz apontar na decisão os motivos que o levaram a conferir valor a um meio de prova e negá-lo a outro;

e) *igualdade ou paridade de tratamento*: as partes devem receber igual tratamento na instrução do processo e, para que possam participar efetivamente da construção da decisão no caso concreto, a elas deve ser assegurada igualdade de armas (meios de defesa);

f) *imediação*: as provas orais devem ser produzidas, em regra, na presença do juiz, possibilitando o seu contato com as partes e testemunhas (arts. 848 e 852-H da CLT);[74]

g) *necessidade*: somente deve ser produzida a prova necessária à declaração ou defesa de direito (art. 852-D da CLT);[75]

73. *A prova nos juízos cível, penal e tributário*, p. 38.

74. Como a testemunha não é obrigada ao deslocamento até a sede do juízo quando reside na jurisdição de outra Vara do Trabalho, deve ser expedida carta precatória para sua oitiva.

75. Por força desse princípio, havendo meios alternativos para a demonstração de um fato, deve-se optar por aquele que responda à necessidade da mais rápida solução do dissídio.

h) *idoneidade*: o meio de prova deve ser idôneo à demonstração da verdade do fato alegado (o meio de prova proposto pela parte ao juiz deve ser apto a alcançar o fim por ela perseguido);

i) *lealdade ou probidade da prova*: na indicação da prova a ser produzida e na produção da que tenha sido admitida, as partes devem se portar com lealdade e boa-fé, colaborando na busca da verdade;

j) *adstrição do juiz à prova que se encontrar nos autos*: o juiz deverá formar seu convencimento à luz da prova existente nos autos (é na prova existente nos autos que o juiz deverá fundamentar sua decisão);

k) *liberdade*: as partes têm liberdade para indicar ao juiz os meios de prova com que pretendem demonstrar a verdade dos fatos alegados, produzir a prova de suas alegações, criticar a prova produzida pela parte contrária ou por determinação do juiz, ao passo que o juiz tem liberdade para determinar a realização das diligências necessárias à instrução do processo e apreciar as provas constantes dos autos.

Contudo, a liberdade somente será efetiva quando estiverem presentes condições mínimas necessárias para o seu exercício. Destarte, o juiz deve criar as condições necessárias para que as partes exerçam com liberdade o seu direito à prova.

15. ÔNUS DA PROVA

O autor (reclamante) e o réu (reclamado) devem apontar na petição inicial e na contestação, respectivamente, os fatos que fundamentam as suas pretensões. Trata-se do denominado *ônus de alegação ou de fundamentação*.

Às partes, todavia, não basta a alegação de fatos, cumprindo-lhes demonstrar a sua ocorrência, vez que somente o fato provado pode servir de fundamento da decisão. Cabe às partes, então, o ônus de produzir prova dos fatos que apontam como fundamento de suas pretensões. Trata-se, agora, do *ônus da prova*.

As partes têm o ônus, e não a obrigação, de provar os fatos que alegam como fundamento de suas pretensões. A prova deve ser produzida não porque a parte esteja *obrigada* à sua produção, mas porque, se não o fizer, corre o risco de não ter acolhida a sua pretensão. Dito de outra forma, a parte não tem a obrigação de produzir prova, mas a *necessidade* de fazê-lo, visto que a ausência da prova poderá comprometer o seu êxito na demanda.

Para deixar clara a distinção entre ônus e obrigação, vale lembrar que aquele que cumpre uma obrigação o faz para atender ao interesse de outrem, ao passo que a parte produz a prova dos fatos que alega para atender ao seu próprio interesse. Acrescente-se que o cumprimento de uma obrigação pode ser exigido por aquele a quem o seu cumprimento aproveita, mas uma parte não pode exigir da outra a prova dos fatos que alega em seu favor.

James Goldschmidt assevera que ônus são "situações de necessidade de realizar determinado ato para evitar que sobrevenha um prejuízo processual. Em outras palavras, se trata de 'imperativos do próprio interesse'. Os ônus processuais se encontram em estreita relação com as 'possibilidades' processuais, posto que toda 'possibilidade' impõe às partes o ônus de ser diligente para evitar sua perda".[76]

A parte que tem o ônus de provar determinado fato suporta o risco que a insuficiência ou ausência da prova de sua ocorrência representa para o seu sucesso na demanda. Daí afirmar Leonardo Prieto Castro que a teoria do ônus da prova é "a teoria das consequências da falta de prova".[77]

De ônus se fala em sentido objetivo e subjetivo. O ônus subjetivo da prova diz respeito à definição da *parte* a quem compete a prova de determinado fato. Fala-se em ônus objetivo da prova no sentido de que o juiz deverá proferir julgamento considerando as provas existentes nos autos, independentemente da parte que as tenha produzido, e no de definição da parte que sofrerá as consequências da insuficiência ou ausência da prova de determinado fato.

15.1. Distribuição do ônus da prova. Distribuição dinâmica ou diversa do ônus da prova. Convenção das partes a respeito da distribuição do ônus da prova

Distribuir o ônus da prova significa definir a que parte cumpre a prova de determinados fatos, e, por consequência, que sofrerá os efeitos da ausência ou insuficiência da prova de sua ocorrência.[78]

As regras de distribuição do ônus da prova desempenham no processo duas funções: 1) *critério de julgamento*, na medida em que indicam ao juiz o conteúdo da decisão na hipótese de ausência ou insuficiência da prova do fato controverso e relevante para a decisão da lide; 2) *orientação para as partes*, na medida em que definem a parte à qual cumpre produzir a prova de determinado fato e suportará o risco da sua ausência ou insuficiência.

A fixação do ônus da prova tem estreita relação com a própria possibilidade de acesso ao direito controvertido.[79] Por esta razão, vem ganhando força a doutrina e legislação da *distribuição dinâmica ou flexível do ônus da prova*.

Sob a ótica desta doutrina, a distribuição do ônus da prova deve deixar de se basear na natureza do fato controverso (*distribuição estática do ônus da prova*),

---

76. *Derecho procesal civil*, p. 203.
77. *Derecho procesal civil*, t. I, p. 314.
78. São equivalentes, quantos aos seus efeitos, a impossibilidade de formação de segura convicção sobre a veracidade dos fatos com esteio nos elementos de convicção existentes nos autos (insuficiência da prova) e a ausência nos autos de elementos de convicção sobre o fato controverso (ausência da prova).
79. A fixação do ônus da prova deve ser realizada de forma a criar real possibilidade de acesso ao direito.

para ser realizada de forma dinâmica, à luz das particularidades do caso concreto, sendo o ônus da prova atribuído à parte que estiver em *melhores condições técnicas, profissionais ou econômicas de produzi-la.*

A doutrina da distribuição dinâmica ou flexível do ônus da prova encontra respaldo na necessidade de assegurar às partes litigantes paridade concreta de armas, observando que esta paridade, além de ser um direito reconhecido expressamente pela Declaração Universal dos Direitos Humanos (art. 10). Lembre-se que, como aduz Ireneu Cabral Barreto, um processo justo "exige, como elemento conatural, que cada parte tenha possibilidades razoáveis de defender os seus interesses numa posição não inferior à da parte contrária; ou, de outro modo, a parte deve deter a garantia de apresentar o seu caso perante o tribunal em condições que não a coloquem em substancial desvantagem face ao seu oponente".[80]

Ademais, a participação na construção dos provimentos jurisdicionais "é problema que se coloca entre iguais, não só juridicamente, mas também e, sobretudo, cultural e economicamente",[81] com o que o reconhecimento do direito à participação das partes na formação do provimento pressupõe igualdade concreta de armas na produção de provas.[82]

Esta doutrina foi adotada pelo Direito Processual do Trabalho, por força da Lei n. 13.467/17, que conferiu nova redação ao art. 818 da CLT, como se verá mais adiante, quando tratarmos do ônus da prova no processo do trabalho.

15.2. Ônus da prova no processo do trabalho.

O art. 818 da CLT estabelecia, na sua redação original, que a prova das alegações incumbe à parte que as fizer.[83]

---

80. *A convenção europeia dos direitos do homem anotada*, p. 133. Luigi Paolo Comoglio assevera que, com respeito ao processo justo, é possível falar em ética e técnica, estando a técnica relacionada com a solução do problema dos "modos pelos quais a garantia do 'contraditório' incida sobre a estrutura dos diversos procedimentos e sobre a 'paridade' efetiva das partes, a forma e a medida pelas quais as garantias da 'terceiridade' e da 'imparcialidade' refletem sobre os poderes do juiz e sobre o seu exercício, quer dizer os modos pelos quais a exigência de 'justiça" do 'processo' condiciona os comportamentos de todos os sujeitos processuais, nas suas recíprocas relações. Ela é referida, em conclusão, à análise dos diversos pressupostos ou requisitos, sobre os quais se baseia, no quadro destas garantias, a configuração de um verdadeiro e próprio modelo de processo justo ou équo, exaustivo e autossuficiente, que assegure aqueles parâmetros constantes de justiça procedimental, para quaisquer manifestações do poder judicial" (*Etica e tecnica del "giusto processo"*, p. 2-3). Para esse doutrinador, "no sacrossanto respeito à pessoa e aos seus direitos essenciais se traduz, em última análise, a ética (ou, se se preferir, a *deontologia*) do processo *justo*" (*Op. cit.*, p. 7).
81. Vicenzo Vigoriti. *Interessi collettivi e processo*, p. 6.
82. Conforme assevera Mauro Cappelletti, com esteio em Piero Calamandrei, "para que exista um processo justo, não basta que diante de um juiz imparcial 'estejam duas partes em contraditório, de modo que o juiz possa ouvir as razões de ambas; mas ocorre, antes disso, que estas duas partes se encontrem entre si em condições de paridade, não meramente jurídica (que pode querer dizer meramente teórica), mas que exista entre esses uma efetiva paridade prática, que quer dizer paridade técnica e também econômica'" (As ideologias no direito processual. *Processo, ideologias e sociedade*, v. II, p. 58).
83. O art. 852-D da CLT ("O juiz dirigirá o processo com liberdade para determinar as provas a serem produzidas, considerando o ônus probatório de cada litigante, podendo limitar ou excluir as que considerar excessivas,

Contudo, consoante já foi assinalado, a Lei n. 13.467/17 conferiu nova redação ao art. 818 da CLT, que passa a dispor que:

> "Art. 818. O ônus da prova incumbe:
>
> I – ao reclamante, quanto ao fato constitutivo de seu direito;
>
> II – ao reclamado, quanto à existência de fato impeditivo, modificativo ou extintivo do direito do reclamante.
>
> § 1º. Nos casos previstos em lei ou diante de peculiaridades da causa relacionadas à impossibilidade ou à excessiva dificuldade de cumprir o encargo nos termos deste artigo ou à maior facilidade de obtenção da prova do fato contrário, poderá o juízo atribuir o ônus da prova de modo diverso, desde que o faça por decisão fundamentada, caso em que deverá dar à parte a oportunidade de se desincumbir do ônus que lhe foi atribuído".
>
> § 2º. A decisão referida no § 1º deste artigo deverá ser proferida antes da abertura da instrução e, a requerimento da parte, implicará o adiamento da audiência e possibilitará provar os fatos por quaisquer meios em direito admitidos.
>
> § 3º. A decisão referida no § 1º deste artigo não pode gerar situação em que a desincumbência do encargo pela parte seja impossível ou excessivamente difícil".

Em suma:

a) a regra continua sendo a distribuição do ônus da prova a partir da natureza do fato controverso (art. 818, I e II);

b) pode o juiz, nos casos previstos em lei ou atendendo às peculiaridades da causa relacionadas à *impossibilidade ou excessiva dificuldade* de cumprir o ônus da prova fixado a partir da natureza do fato controverso[84] **ou** à *maior facilidade* de obtenção da prova do fato contrário, *em decisão fundamentada*, atribuir o ônus da prova de modo diverso;

c) na distribuição diversa, o juiz deve definir, com precisão, os fatos a serem provados pela parte à qual está sendo atribuído o ônus da prova, ou seja, fixar a amplitude do ônus da prova atribuído à parte que dele estava isento segundo a regra geral.

O juiz, distribuindo de forma diversa o ônus da prova, deverá dar à parte a oportunidade de se desincumbir do ônus que lhe foi atribuído. Assim, a distribuição

---

impertinentes ou protelatórias, bem como para apreciá-las e dar especial valor às regras de experiência comum ou técnica") faz alusão ao ônus probatório de cada litigante, mas não contém regra de distribuição do ônus da prova, fixando, apenas, uma regra de procedimento endereçada ao juiz, a quem cumpre determinar as provas a serem produzidas observando a legitimidade da parte que requer a sua produção.

84. A dificuldade de produzir a prova não é suficiente para a distribuição diversa do ônus da prova, sendo necessário que a hipótese seja de excessiva dificuldade de promover a sua produção.

diversa do ônus da prova deve preceder a instrução, para evitar que a parte seja surpreendida com a afirmação, na sentença, de que não se desincumbiu do ônus probatório que lhe cabia.

A decisão que distribui de modo diverso o ônus da prova é de natureza interlocutória, razão pela qual não é passível de recurso imediato (art. 893, § 1º, da CLT).

Note-se que a CLT não repetiu a disposição constante do art. 373, §§ 3º e 4º, do CPC, que permite a distribuição diversa do ônus da prova por meio de convenção das partes.

A convenção das partes sobre o ônus da prova é autorizada pelo art. 190 do CPC, segundo o qual, "versando o processo sobre direitos que admitem autocomposição, é lícito às partes plenamente capazes estipular mudanças no procedimento para ajustá-lo às especificidades da causa e convencionar sobre os seus ônus, poderes, faculdades e deveres processuais, antes ou durante o processo". Consoante o parágrafo único do art. 190 do CPC, "de ofício ou a requerimento, o juiz controlará a validade das convenções previstas neste artigo, recusando-lhe aplicação somente nos casos de nulidade ou de inserção abusiva em contrato de adesão ou em alguma parte se encontre em manifesta situação de vulnerabilidade". Assim, o art. 373 do CPC apenas confirma a possibilidade de celebração de convenção versando sobre o ônus da prova, mas estabelece limites ao seu conteúdo.

De acordo com o CPC, ao juiz compete, de ofício ou a requerimento, realizar o controle da validade da convenção, recusando aplicação nos casos de nulidade, de inserção abusiva em contrato de adesão ou em que alguma se encontre em manifesta situação de vulnerabilidade (a convenção, para ser válida carece, portanto, de homologação judicial), o que deve ser observado na aplicação do art. 373, § 3º.

De outro lado, os arts. 190 e 373, § 3º, do CPC devem ser interpretados em sintonia com o art. 139, segundo o qual o juiz o deverá velar pela duração razoável do processo, prevenir ou reprimir qualquer ato contrário à dignidade da justiça e indeferir postulações (mesmo que apresentadas por ambas as partes) protelatórias, e com o art. 142, que impõe ao juiz o dever de, convencendo-se, pelas circunstâncias, de que autor e réu se serviram do processo para praticar ato simulado ou conseguir fim vedado por lei, proferir decisão que impeça os objetivos das partes.

Apesar de os direitos decorrentes da relação de emprego admitirem autocomposição, como demonstra a ênfase que o Direito Processual do Trabalho confere à conciliação, a princípio, também no processo do trabalho as partes, desde que plenamente capazes, podem celebrar convenção processual estipulando mudanças no procedimento para ajustá-lo às especificidades da causa ou versando sobre seus ônus, poderes, faculdades e deveres processuais. No entanto, como os direitos decorrentes da relação de emprego são indisponíveis e a situação do trabalhador, notadamente desempregado, é de manifesta vulnerabilidade, raramente haverá espaço para a convenção processual nos moldes dos arts. 190 e 373, § 3º, do CPC, salvo quando dela resultar favorecimento da defesa dos direitos do trabalhador em juízo.

15.3. Momento da incidência das regras de distribuição do ônus da prova.

O ato de julgar, no que comporta ao problema do ônus da prova, apresenta um roteiro que pode ser assim descrito:

1) o juiz deve formar a sua convicção com base na prova constante dos autos. Existindo nos autos elementos suficientes para formar convicção sobre a ocorrência ou não dos fatos controversos, transportados aos autos pelas partes[85] ou por determinação judicial, não haverá necessidade de indagar sobre o ônus da prova das partes;
2) diante da ausência ou insuficiência da prova, o juiz deverá indagar se incide, na hipótese, regra de inversão legal do ônus da prova. Incidindo regra de inversão do ônus da prova, fixará o ônus de prova de cada parte, definindo-se, com isso, o critério que informará a decisão, o mesmo deve ocorrer quando o juiz previamente aplicou a distribuição dinâmica do ônus da prova;
3) não sendo a hipótese de inversão do ônus da prova, o juiz adotará como critério de julgamento a regra geral de distribuição do ônus da prova.

Verifica-se, assim, que as regras de distribuição do ônus da prova constituem o último meio de que o juiz deverá lançar mão na solução da demanda. Neste contexto, o momento próprio para a incidência das regras de distribuição do ônus da prova é o da decisão, salvo a hipótese de distribuição dinâmica ou diversa do ônus da prova, como foi visto anteriormente (neste caso, a distribuição do ônus da prova deve preceder a instrução).

15.4. Inversão do ônus da prova.

Inverter o ônus da prova é atribui-lo à parte que, segundo a regra geral (distribuição do ônus de acordo com a natureza do fato controverso), dele estava isenta.

A inversão do ônus da prova pode ocorrer por determinação legal, pelo juiz ou por convenção das partes (desde que em benefício do trabalhador).

85. Incide aqui o princípio da aquisição processual: a prova participará da formação do convencimento do juiz independentemente da parte que a produziu.

A inversão legal e judicial do ônus da prova tem em vista favorecer a realização concreta dos direitos assegurados pela ordem jurídica, com base, principalmente, na ideia de que a prova deve ser produzida pela parte que tem melhores condições de produzi-la.[86]

A inversão do ônus da prova pode decorrer:

a) de expressa previsão legal, como se dá, por exemplo, em razão do art. 6º do Código de Defesa do Consumidor, art. 877 do Código Civil ("aquele que voluntariamente pagou o indevido incumbe a prova de tê-lo feito por erro") e do art. 429, I, do CPC (incumbe o ônus da prova, quando "se tratar de falsidade de documento, à parte que a arguir").[87]

A inversão pode ocorrer, ainda, pelo estabelecimento, pela ordem jurídica, de presunção de veracidade de determinados fatos, como ocorre, por exemplo, nos arts. 322 do Código Civil ("Quando o pagamento for em quotas periódicas, a quitação da última estabelece, até prova em contrário, a presunção de estarem solvidas as anteriores"), 344 do CPC (se o réu não contestar a ação, serão consideradas verdadeiras as alegações formuladas pelo autor), e 408 do CPC (as declarações constantes do documento particular escrito e assinado ou somente assinado presumem-se verdadeiras em relação ao signatário) e, ainda, no art. 456, parágrafo único, da CLT ("à falta de prova ou inexistindo cláusula expressa a tal respeito, entender-se-á que o empregado se obrigou a todo e qualquer serviço compatível com a sua condição pessoal");[88]

b) da aplicação de presunções favoráveis ao trabalhador, estabelecidas com base nos princípios de direito do trabalho;[89]

c) do descumprimento, pelo empregador, da obrigação legal de pré-constituir a prova de determinados fatos.

A CLT impõe ao empregador a pré-constituição da prova documental dos seguintes fatos: a) pagamento de salário (art. 464); b) celebração de acordo para prorrogação de jornada de trabalho (art. 59, § 1º); c) prorrogação do contrato a termo (arts. 447, 451 e 452); d) jornada de trabalho (art. 74, § 2º); e) labor externo incompatível com a fixação de horário de trabalho (art. 62, I); f) concessão de férias (art. 135); g) pedido de demissão (art. 477, § 1º); e h) quitação de verbas rescisórias (art. 477, §§ 1º e 2º).

86. Mesmo quando se trate de inversão da prova baseada na obrigação de pré-constituição da prova, o que se tem é a definição da parte que está em melhores condições de demonstrar a ocorrência, ou não, de determinado fato. Assim, o empregador que concede e paga férias tem o direito de exigir do empregado a quitação respectiva, estando, por isso, em melhores condições de comprovar tais fatos, por exemplo.

87. Dá-se, nesta hipótese, a inversão legal direta do ônus da prova.

88. Trata-se, agora, de inversão legal indireta do ônus da prova.

89. Trata-se da projeção no processo do trabalho dos princípios de direito do trabalho.

A obrigação de pré-constituição da prova é imposta não apenas para maior segurança do trabalhador, como também pelo fato de o empregador, em vista do art. 2º da CLT, deter o poder diretivo, ao qual o trabalhador está subordinado. Em vista desse binômio poder diretivo-subordinação, a legislação trabalhista impõe ao empregador, em várias oportunidades, a obrigação de pré-constituição da prova da observância da ordem jurídica. Cumprindo as suas obrigações trabalhistas, do empregador é exigido que documente este fato, constituindo, com isto, a sua prova documental. A ausência da pré-constituição da prova, quando esta tiver sido exigida pelo legislador, autoriza estabelecer em favor do trabalhador presunção de veracidade dos fatos por ele alegados, o que na inversão do ônus da prova.[90]

d) da aplicação de máximas ou regras de experiência comum e técnica.

A inversão do ônus da prova também pode resultar da aplicação de máximas ou regras de experiência comum ou técnica. Com efeito, a partir de regra resultante da observância do que geralmente ocorre em situações similares e de regras técnicas de conhecimento geral, o juiz pode atribuir o ônus da prova à parte que dele estaria isenta se incidisse a regra geral de distribuição do ônus da prova;

e) da aplicação dos princípios do Direito do Trabalho.

O Direito do Trabalho é fruto da reação contra as condições de trabalho a que foram submetidos os trabalhadores no contexto do individualismo e do liberalismo econômico e político e tem por finalidade a promoção e tutela da sua dignidade humana e como função básica a realização da justiça social, cidadania e democracia, o que faz com que adote como diretriz fundamental a proteção do trabalhador (princípio protetor).[91] Dessa essencial diretriz do Direito do Trabalho resultam várias outras, que são dela derivadas ou representam a sua concretização.

Neste sentido, vale lembrar:

1) o trabalhador tem na sua força de trabalho a fonte de sua subsistência própria e familiar, sendo essencial para a sua garantia a configuração e permanência da relação de emprego. Por essa razão, o Direito do Trabalho

---

90. É o que ocorre, por exemplo, por meio da Súmula n. 338 do TST: "I – É ônus do empregador que conta com mais de 10 (dez) empregados o registro da jornada de trabalho na forma do art. 74, § 2º, da CLT. A não apresentação injustificada dos controles de frequência gera presunção relativa de veracidade da jornada de trabalho, a qual pode ser elidida por prova em contrário. II -- A presunção de veracidade da jornada de trabalho, ainda que prevista em instrumento normativo, pode ser elidida por prova em contrário. III – Os cartões de ponto que demonstram horários de entrada e saída uniformes são inválidos como meio de prova, invertendo-se o ônus da prova, relativo às horas extras, que passa a ser do empregador, prevalecendo o horário da inicial se dele não se desincumbir." Nas demandas envolvendo pedido de horas extras, é comum o empregador afirmar que, requerendo a apresentação dos controles de frequência, o trabalhador lhes confere autoridade (trata-se do denominado *espírito de réplica*, que consiste na utilização contra a parte contrária do que foi por ela afirmado no processo), o que, no entanto, não se sustenta, em especial porque a juntada dos cartões pode ter por finalidade, por exemplo, comprovar a assiduidade do trabalhador.

91. Não se trata de mero assistencialismo, mas da adoção de medidas que limitam o poder do empregador, na tentativa de criar as condições que assegurem ao trabalhador uma vida livre e digna.

adota como princípios a continuidade da relação de emprego. Este princípio permite presumir que o contrato de trabalho foi firmado por prazo indeterminado e que o trabalhador não deu causa ao rompimento da relação de emprego;

2) o trabalhador não pode renunciar aos direitos que a ordem jurídica estabelece em seu favor, notadamente os de natureza humana e fundamental, sendo adotado pelo Direito do Trabalho, por consequência, o princípio da irrenunciabilidade dos direitos inerentes ao trabalho, o qual autoriza presumir a ocorrência de vício de vontade em qualquer ato praticado pelo trabalhador do qual resulte prejuízo ao acesso aos direitos que lhe asseguram a ordem jurídica.[92]

Nestes dois casos, assim como em vários outros, da aplicação de um princípio do Direito do Trabalho decorre, no processo, a inversão do ônus da prova.

Lembre-se, ainda, da possibilidade de distribuição dinâmica do ônus da prova, agora adotada pelo art. 818 da CLT. A distribuição dinâmica do ônus da prova é uma técnica de inversão do ônus da prova. Neste sentido, inclusive, tanto o CPC quanto a CLT fazem referência à distribuição *diversa* do ônus da prova. A distribuição é *diversa* porque ao réu (reclamado) é atribuída a prova da não ocorrência do fato constitutivo do direito deduzido pelo autor, ou seja, ao réu (reclamado), sendo realizada a distribuição dinâmica ou diversa do ônus da prova, passa ter o ônus de provar não só os fatos impeditivos, modificativos ou extintivos do direito do autor (reclamante), quanto da não ocorrência do fato constitutivo de tal direito. Com isto, é invertido o ônus da prova, visto que o ônus que cabia ao autor (reclamante) é transferido ao réu (reclamado).

16. DOS DEVERES DAS PARTES EM MATÉRIA PROBATÓRIA

Compete às partes: a) comparecer em juízo, respondendo ao que lhes for interrogado; b) colaborar com o juízo na realização de inspeção judicial que for considerada necessária; e c) praticar o ato que lhes for determinado (art. 379 do CPC). Às partes compete, ainda, agir com lealdade e boa-fé (art. 5º do CPC) e não produzir provas inúteis ou desnecessárias à declaração ou defesa do direito (art. 77, III, do CPC).

O art. 379 do CPC reconhece à parte o *direito de não produzir prova contra si própria*. Esta previsão deve ser interpretada em sintonia com o art. 388, I, do CPC, que assegura às partes o direito de não depor sobre fatos criminosos que lhe forem imputados, e com o art. 8º, 2, *g*, do Pacto de São José da Costa Rica,

92. O trabalhador não pode renunciar à sua dignidade humana e, com isso, aos direitos a ela inerentes.

segundo o qual a pessoa acusada de delito tem o direito de não ser obrigada a depor contra si mesma ou confessar-se culpada, bem como com o art. 5º, LXIII, da Constituição, que reconhece o direito do preso de permanecer calado. Assim, o direito de não produzir prova contra si mesmo está relacionado com a prática de infração penal.

17. INTERROGATÓRIO E DEPOIMENTO PESSOAL

Depois da apresentação da resposta pelo demandado, terá início a instrução do processo, podendo o juiz, *ex officio*, interrogar os litigantes sobre os fatos da causa (art. 848 da CLT).

A CLT, ao estabelecer, no art. 848, que o juiz *poderá* interrogar as partes, deixa claro que o interrogatório é uma faculdade do juiz.[93]

Contudo, além de interrogar a parte, o juiz pode colher o seu depoimento pessoal, de ofício ou *a requerimento da parte contrária* (art. 385 do CPC), registrando-se que:

a) o interrogatório e o depoimento pessoal têm finalidades diversas. O interrogatório tem por objetivo esclarecer o juiz sobre os fatos da causa, ao passo que o depoimento da parte visa à obtenção da confissão da parte;[94]

b) o interrogatório é ato do juiz e não existe a possibilidade de reinquirição da parte que está sendo interrogada pela parte contrária, enquanto no depoimento pessoal a parte que está sendo ouvida pode ser reinquirida pela outra (art. 848, *caput* e parágrafos, e art. 820 da CLT);

c) o interrogatório é facultado ao juiz, não constituindo cerceamento do direito de defesa o seu indeferimento, enquanto, sendo o depoimento da parte instrumento por meio do qual a parte contrária pode alcançar a confissão da parte depoente, o seu indeferimento pode resultar em cerceamento do direito à prova (o depoimento da parte não é mera faculdade do juiz, mas direito da parte contrária, como se infere dos arts. 369 e 385 do CPC). A parte tem direito ao meio de prova que pode conduzir à confissão, qual seja, o depoimento pessoal da parte contrária, vez que, alcançada a confissão, estará ela dispensada da produção de qualquer outro meio de prova. Sendo assim, somente quando for desnecessário à luz de outras provas existentes nos autos é que o depoimento da parte poderá ser indeferido.

---

93. Não se pode olvidar, contudo, que ouvir a parte permite que ela tenha efetivamente um lugar no processo e, no caso de pessoa física, que resgate a sua identidade ao se colocar diante dos fatos controvertidos.

94. Por esta razão, no caso de a parte não comparecer para ser interrogada, não será a ela aplicada a pena de confissão, como prevê o art. 139, VIII, do CPC.

d) o juiz pode, de ofício, em qualquer estado do processo, determinar o comparecimento pessoal das partes, a fim de interrogá-las (art. 385 do CPC), ao passo que o depoimento pessoal é colhido apenas uma vez, no início da instrução.

A oitiva da parte em depoimento pessoal segue um procedimento próprio:

a) as partes prestam depoimento perante o juiz da causa.

A parte, ainda que resida fora da jurisdição da Vara, está obrigada a comparecer perante o juízo da causa para prestar depoimento, como prevê o art. 843 da CLT.

A Lei n. 13.467/17 conferiu nova redação ao art. 800 da CLT e a ele acrescentou quatro parágrafos, sendo previsto em um deles que, oposta exceção de incompetência, o excipiente e suas testemunhas têm direito de serem ouvidos por carta precatória, no juízo que houver indicado como competente (art. 800, § 5º), o que tem sérios reflexos na defesa do trabalhador que, por exemplo, se quiser contraditar a testemunhas, terá que se deslocar para o foro apontado como competente ou contratar advogado para representa-lo no processo. De outro lado, este dispositivo legal conduz à seguinte indagação: foi retirada do juiz a possibilidade de colher o depoimento pessoal do excipiente? A resposta negativa se impõe, na medida em que o art. 820 da CLT autoriza afirmar que o juiz, se entender necessário, pode determinar o comparecimento do demandado na sede do juízo para prestar depoimento pessoal;

b) o depoimento, realizado *ex officio* ou a requerimento da parte contrária,[95] tem lugar após a apresentação da resposta do réu (art. 848 da CLT), salvo a hipótese de produção antecipada de prova;

c) as partes são inquiridas pelo juiz, em audiência, podendo ser reinquiridas, por seu intermédio, pela parte contrária (art. 820 da CLT), observando-se que o art. 385, § 3º, do CPC autoriza o depoimento da parte que residir em comarca, seção ou subseção judiciária diversa daquela onde tramita o processo poderá ser colhido por meio de videoconferência ou outro recurso tecnológico de transmissão de sons e imagens em tempo real, o que poderá ocorrer, inclusive, durante a realização da audiência de instrução e julgamento, o que não alcança o processo do trabalho, diante da exigência de comparecimento das partes à audiência;

d) o depoimento da parte que não souber falar a língua nacional, ou quando se tratar de surdo-mudo ou surdo que não saiba escrever, será feito por meio de intérprete nomeado pelo juiz ou presidente (art. 819, *caput* e § 1º, da CLT). Os honorários do intérprete devem ser pagos pela parte a quem interessa o depoimento

95. A parte não pode requerer ao juiz o seu próprio depoimento pessoal. O depoimento pessoal, como dito, tem por escopo provocar a confissão da parte contrária (art. 385 do CPC).

(art. 820, § 3º, da CLT), ressalvada a hipótese de ter sido a ela concedido o benefício da justiça gratuita;

e) a parte deve responder pessoalmente sobre os fatos articulados, não podendo servir-se de escritos anteriormente preparados, permitindo-lhe o juiz, todavia, consulta a notas breves, desde que objetivem complementar esclarecimentos, nos termos do art. 387 do CPC.

Quando o juiz suspender a audiência depois da apresentação da resposta pelo demandado e designar outra data para a instrução do processo, será considerada confessa a parte que deixar de comparecer à audiência de instrução, desde que tenha sido intimada para comparecer com a expressa cominação da pena de confissão para a hipótese de ausência (Súmula n. 74, I, do TST[96]).[97]

O art. 385, § 2º, do CPC dispõe que a parte que ainda vai depor não pode assistir ao depoimento da parte que está depondo, disposição que não é repetida na CLT, que prevê, apenas, que o juiz cuidará para que a testemunha que ainda vai depor não ouça o depoimento da que está depondo (art. 824 da CLT).

O art. 385, § 3º, do CPC é compatível com o Direito Processual do Trabalho, ainda que as partes estejam exercendo o *jus postulandi*, por se tratar de medida que tem por finalidade, consoante leciona Moacyr Amaral Santos, "salvaguardar a originalidade e a veracidade dos depoimentos",[98] cuidado que também se deve tomar no processo do trabalho. Optando pelo exercício do *jus postulandi*, a parte renuncia à oportunidade de reinquirir a parte contrária durante o seu depoimento.

Quando a parte, sem motivo justificado, deixar de responder ao que lhe for perguntado ou empregar evasivas, o juiz, considerando as demais circunstâncias e os elementos de prova, declarará, *na sentença*, que houve recusa de depor e aplicar à parte a pena de confissão (art. 386 do CPC).

No caso de o juiz indeferir alguma das perguntas que a parte pretender submeter à parte que está prestando depoimento, a pergunta indeferida deverá ser transcrita na ata da audiência, se assim o requerer a parte (art. 459, § 3º, do CPC). A transcrição da pergunta indeferida, quando requerida, é um direito da parte. Indeferida a transcrição, a parte deverá manifestar seu protesto, para que possa suscitar, em eventual recurso, o cerceamento do seu direito de defesa.[99]

---

96. Súmula n. 74 do TST: "I – Aplica-se a confissão à parte que, expressamente intimada com aquela cominação, não comparecer à audiência em prosseguimento, na qual deveria depor. II – A prova pré-constituída nos autos pode ser levada em conta para confronto com a confissão ficta (arts. 442 e 443 do CPC de 2015 e art. 400, I, CPC do CPC de 1973), não implicando cerceamento de defesa o indeferimento de provas posteriores. III – A vedação à produção de prova posterior pela parte confessa somente a ela se aplica, não afetando o exercício, pelo magistrado, do poder/dever de conduzir o processo".

97. A parte não está sujeita à condução coercitiva, medida que só se aplica às testemunhas.

98. *Comentários ao Código de Processo Civil*, v. IV, p. 291.

99. Com a adoção da gravação das audiências, basta à parte registrar o seu protesto, visto que a pergunta indeferida já estará registrada.

18. CONFISSÃO

O CPC dispõe, no art. 389, que "há confissão, judicial ou extrajudicial, quando a parte admite a verdade de fato contrário ao seu interesse e favorável ao do adversário". Assim, confissão é a declaração de uma das partes, que confirma a veracidade dos fatos alegados pela parte contrária.

A confissão pode ser *judicial* (realizada em juízo) ou *extrajudicial* (realizada fora do juízo) e, ainda, *espontânea* ou *provocada*.

A confissão provocada constará do termo de depoimento pessoal (art. 390, § 2º, do CPC). A confissão provocada é a que resulta do depoimento pessoal prestado pela parte.

A confissão extrajudicial feita por escrito à parte ou a quem a represente tem a mesma eficácia probatória da judicial; feita a terceiro, ou constando de testamento, será livremente apreciada pelo juiz (art. 394 do CPC).

A confissão extrajudicial, quando feita oralmente, só terá eficácia nos casos em que a lei não exija prova literal (art. 394 do CPC).

A confissão extrajudicial deve ser recebida com reservas, em especial quando manifestada no curso da relação de emprego, diante do estado de sujeição do trabalhador ao empregador, por ser este o senhor da continuidade daquela relação.

A confissão judicial será *real*, quando se tratar de declaração expressa de veracidade de um fato, ou *presumida* ou *ficta*, quando resultar do comportamento da parte (a ausência do reclamado à audiência em que deveria prestar depoimento e a falta de impugnação especificada do fato alegado na petição inicial implica confissão, por exemplo).

A confissão faz prova contra o confidente e dispensa a prova do fato confessado pela parte que o alega (art. 374, II, do CPC).

Contudo, não é eficaz "a confissão para contrastar os efeitos da coisa julgada nem se presta para combater presunções legais absolutas",[100] ao passo que não vale como confissão a declaração de veracidade de fatos relativos a direitos indisponíveis (art. 392 do CPC), na medida em que ela tem efeito concreto de renúncia.

A confissão pressupõe capacidade para confessar. Com efeito, consoante dispõe o art. 213 do Código Civil, não tem eficácia a confissão que provém de quem não é capaz de dispor do direito decorrente dos fatos confessados.

Nesse compasso, o reclamante ou reclamado menor de 18 anos não pode confessar, por força dos arts. 792 e 793 da CLT, dos quais infere-se que a plena capacidade trabalhista somente é alcançada aos 18 anos.

---

100. Moacyr Amaral Santos. *Comentários ao Código de Processo Civil*, v. IV, p. 108.

A confissão é irretratável, ou seja, o confidente não pode voltar atrás na sua declaração.

A confissão é irrevogável, mas pode ser anulada quando decorrer de erro de fato ou coação, por meio de ação anulatória (se pendente o processo em que foi feita), ou por *ação rescisória* (depois de transitada a sentença da qual constituir o único fundamento), consoante resulta da interpretação do art. 393 do CPC.

A confissão é, de regra, indivisível, não podendo a parte que a quiser invocar como prova aceitá-la no tópico que a beneficiar e rejeitá-la no que lhe for desfavorável, porém, cingir-se-á quando o confidente a ela aduzir fatos novos, capazes de constituir fundamento de defesa de direito material ou de reconvenção (art. 395 do CPC de 2015).

A confissão será divisível, contudo, quando o confidente lhe aduzir fatos novos, suscetíveis de constituir fundamento de defesa de direito material ou de reconvenção, afirmando Moacyr Amaral Santos que "fatos novos significam fatos ainda não pertencentes à causa; a palavra 'suscetíveis' quer dizer 'capazes de'. De tal modo, desde que os aditamentos ao fato confessado consistam em fatos ainda não pertencentes à causa, capazes de constituir fundamento de defesa de direito material ou de reconvenção, as declarações do confidente são cindíveis, para valer contra o confidente na parte que lhe é desfavorável".[101]

19. PROVA TESTEMUNHAL

A prova testemunhal é a obtida por meio de depoimento (*testemunho*) de pessoa estranha ao processo sobre os fatos da causa (*testemunha*). Testemunha é a pessoa física estranha ao processo, que comparece em juízo para prestar informações sobre fatos de que tem conhecimento direto (fatos que chegaram ao seu conhecimento por meio dos seus sentidos) ou indireto (fatos de que teve ciência por meio do relato alheio).

A prova testemunhal é sempre admissível no processo do trabalho,[102] mas o juiz indeferirá a inquirição de testemunhas sobre fatos: já provados por documento ou confissão da parte; que só por documentos ou por exame pericial puderem ser provados (art. 443 do CPC). Note-se que, no primeiro caso, a prova será desnecessária e, no segundo, inadequada para a prova do fato.

Nos casos em a lei exigir prova escrita da obrigação, é admissível a prova testemunhal quando: a) houver começo de prova por escrito, emanado da parte contra quem se pretende produzir a prova[103]; b) o credor não pode ou não podia, moral ou

---

101. *Comentários ao Código de Processo Civil*, v. IV, p. 119.

102. A CLT não contempla exceções à admissibilidade da prova testemunhal.

103. *Começo de prova por escrito* é a "prova incompleta, ou seja, incapaz de, por si só, convencer da veracidade de uma afirmação de fato feita no processo, mas apta a torná-la verossimilhante" (Antônio Carlos de Araújo Cintra. *Comentários ao Código de Processo Civil*, v. IV, p. 162).

materialmente, obter a prova escrita da obrigação, em casos como o de parentesco, de depósito necessário ou de hospedagem em hotel (arts. 444 e 445 do CPC, observando-se que, neste, é incluída a possibilidade de prova testemunhal quando o credor não pode ou não podia, moral ou materialmente, obter a prova escrita da obrigação em razão das práticas comerciais do local onde contraída a obrigação).

É lícito à parte provar com testemunhas: a) nos contratos simulados, a divergência entre a vontade real e a vontade declarada; b) nos contratos em geral, os vícios de consentimento (art. 446 do CPC).

A testemunha tem o dever de: a) comparecer em juízo (podendo, no caso de não comparecimento injustificado, ser conduzida coercitivamente e sofrer penalidade pecuniária — art. 825, parágrafo único, da CLT); b) prestar depoimento, informando ao juiz sobre os fatos e circunstâncias de que tem conhecimento (art. 730 da CLT e art. 380, I, do CPC); c) dizer a verdade (arts. 378 e 458 do CPC e art. 828 da CLT).

O depoimento prestado em juízo é considerado serviço público. As testemunhas não poderão sofrer qualquer desconto pelas faltas ao serviço ocasionadas pelo seu comparecimento para depor, quando devidamente arroladas, convocadas ou convidadas (arts. 822 e 852-H, § 2º, da CLT).

A Lei n. 13.467/17 acrescentou à CLT o art. 793-D, estabelecendo que é aplicável à testemunha a multa prevista no art. 793-A da CLT (multa devida em razão de litigância de má-fé), quando ela intencionalmente alterar a verdade dos fatos ou omitir fatos essenciais ao julgamento da causa.

19.1. Pessoas que podem depor como testemunha.

Todas as pessoas podem, a princípio, depor como testemunha.

Neste sentido, dispõe o art. 447 do CPC que podem depor como testemunhas todas as pessoas, exceto as incapazes, impedidas ou suspeitas, o que também decorre do art. 829 da CLT, segundo o qual a pessoa que for (a) parente até o terceiro grau civil, (b) amigo íntimo ou (c) inimigo de qualquer das partes não prestará compromisso e seu depoimento valerá como informação (sob a ótica do art. 829 da CLT, presente uma das situações nele estabelecidas, a pessoa será ouvida, mas apenas como informante).

O CPC trata daqueles que podem ser testemunhas de forma mais minuciosa e serve, no particular, como fonte subsidiária e supletiva do Direito Processual do Trabalho (art. 769 da CLT e art. 15 do CPC).

De acordo com o CPC, não podem depor como testemunha:

1) as pessoas *incapazes*: a) o interdito por enfermidade ou deficiência mental; b) o que, acometido por enfermidade ou retardamento mental, ao tempo em que

ocorreram os fatos, não podia discerni-los, ou, ao tempo em que deve depor, não está habilitado a transmitir as percepções; c) o que tiver menos de 16 anos; d) o cego e o mudo, quando a ciência do fato depender dos sentidos que lhes faltam (art. 447, § 1º, I, II, III e IV);

2) as pessoas *impedidas*: a) o cônjuge, o companheiro, o ascendente e o descendente em qualquer grau e o colateral, até o terceiro grau, de algumas das partes, por consanguinidade ou afinidade, salvo se o exigir o interesse público ou, tratando-se de causa relativa ao estado da pessoa, não se puder obter de outro modo a prova, que o juiz repute necessária ao julgamento do mérito; b) o que é parte na causa; c) o que intervém em nome de uma parte, como o tutor na causa do menor, o representante legal da pessoa jurídica, o juiz, o advogado e outros que assistam ou tenham assistido as partes (art. 447, § 2º, I, II, e III);

3) as pessoas *suspeitas*: a) o inimigo da parte ou o seu amigo íntimo; b) o que tiver interesse no litigio (art. 447, § 3º, I e II).

O art. 405 do CPC de 1973 incluía entre os suspeitos o condenado por crime de falso testemunho, havendo transitado em julgado a sentença, o que não foi repetido no CPC de 2015.[104] O CPC de 1973 também considerava suspeito o que, por seus costumes, não fosse digno de fé, o que também não foi repetido no CPC de 2015.

O CPC dispõe, portanto, sobre a *incapacidade para testemunhar*,[105] a *incompatibilidade* de determinadas pessoas com a função de testemunha (impedimento[106]) e a *credibilidade* da pessoa apresentada em juízo como testemunha (suspeição[107]),

---

104. A pessoa pode obter a reabilitação (arts. 93 a 95 do Código Penal) e o seu deferimento faz desaparecer a suspeição que era estabelecida pelo CPC de 1973, em especial porque não pode ser negado ao condenado já reabilitado o *direito ao esquecimento* ou o *direito de ser deixado em paz*. O direito ao esquecimento constitui, consoante François Ost, "uma das facetas do direito a respeito da vida privada. Uma vez que, personagem pública ou não, fomos lançados diante da cena e colocados sob os projetores da atualidade — muitas vezes é preciso dizer, uma atualidade penal -, temos o direito, depois de determinado tempo, a sermos deixados em paz e recair no anonimato, do qual jamais queríamos ter saído" (*O tempo do direito,* p. 161). Esse doutrinador cita decisão de um Tribunal francês, no sentido de que "qualquer pessoa que se tenha envolvido em acontecimentos públicos pode, com o passar do tempo, reivindicar o direito ao esquecimento; a lembrança destes acontecimentos e do papel que ela possa ter desempenhado é ilegítima se não for fundada nas necessidades da história ou se for de natureza a ferir a sua sensibilidade; visto que o direito ao esquecimento, que se impõe a todos, inclusive aos jornalistas, deve igualmente beneficiar a todos, inclusive aos condenados que pagaram sua dívida para com a sociedade e tentam reinserir-se nela" (*Op. cit.*, p. 161). O direito ao esquecimento também se manifesta em relação a eventuais penalidades sofridas pelo trabalhador, na medida em que, transcorrido um considerável espaço de tempo, esta penalidade e os fatos que a ensejaram não podem ser colocados em cena novamente, a pretexto de justificar uma punição agora mais grave. O reconhecimento de perdão tático funciona, nesta hipótese, como uma espécie de direito ao esquecimento.

105. Incapacidade é a inaptidão para exercer a função de testemunha.

106. A pessoa é capaz, mas a sua posição em relação às partes a torna incompatível com o exercício da função de testemunha. O CPC estabelece as situações em que, sob a ótica do legislador, falta imparcialidade à pessoa indicada como testemunha.

107. A pessoa é capaz e não é impedida, mas a sua credibilidade é afetada em razão da sua relação com as partes ou o objeto do litígio. O CPC indica situações de possível parcialidade da pessoa apresentada em juízo como testemunha.

observando-se que a CLT estabelece, no art. 829, uma hipótese de impedimento (parente até o terceiro grau civil) e duas de suspeição (amizade íntima e inimizade).

Consoante o art. 228 do Código Civil, não podem ser admitidos como testemunha: I) os menores de 16 anos; II) aqueles que, acometidos por enfermidade ou retardamento mental, não tiverem discernimento para a prática de atos da vida civil; III) os cegos e surdos, quando a ciência do fato que se quer provar dependa dos sentidos que lhes faltam; IV) os interessados no litígio, o amigo íntimo ou o inimigo capital das partes; e V) os cônjuges, os ascendentes, os descendentes e os colaterais, até o terceiro grau de algumas das partes, por consanguinidade ou afinidade.

O CPC e o Código Civil (art. 228) são complementares e devem ser harmonizadas no contexto do processo judicial, notadamente quando favoreçam a prova dos fatos alegados em juízo (aplica-se aqui a doutrina do *diálogo das fontes*).

O CPC dispõe, no art. 447, §§ 4º e 5º, que, sendo necessário, pode o juiz admitir o depoimento de testemunhas menores, impedidas ou suspeitas e seus depoimentos serão prestados independentemente de compromisso, cabendo ao juiz atribuir-lhe o valor que possam merecer.

Note-se, porém, que, enquanto o CPC atribui ao juiz o poder de decisão sobre a oitiva de testemunha menor, impedida ou suspeita (ao juiz caberá verificar a necessidade da oitiva), a CLT, no art. 829, prevê que o impedido ou suspeito não prestará compromisso e seu depoimento valerá como informação, o que significa que ele será ouvido, ou seja, que a parte tem direito à sua oitiva.

As restrições estabelecidas pelo CPC e pelo Código Civil não repetidas no art. 829 da CLT devem ser observadas no processo do trabalho, com a ressalva de que o art. 829 da CLT, ao dispor que "a testemunha que for parente até o terceiro grau civil, amigo íntimo ou inimigo capital de qualquer das partes, não prestará compromisso e seu depoimento valerá como simples informação", deixa claro que a testemunha impedida ou suspeita será ouvida, ainda que como informante. Isso se dá em razão da necessidade de permitir que venham aos autos todos os elementos que possam conduzir à verificação da veracidade dos fatos alegados e da dificuldade de o trabalhador fazer prova dos fatos que alega em seu favor (a oitiva da pessoa impedida, suspeita ou incapaz facilita a demonstração da veracidade dos fatos controversos).[108]

Dentre as situações previstas no CPC e no Código Civil merece destaque especial a do menor de 16 anos, que é considerado incapaz.

---

108. O art. 228, parágrafo único, do Código Civil dispõe que, para a prova de fatos que só elas conheçam, pode o juiz admitir o depoimento das pessoas incapazes, impedidas e suspeitas. Aplicada esta solução no processo do trabalho, o juiz deverá admitir o depoimento de pessoas incapazes, impedidas ou suspeitas quando se tratar da prova de fatos que somente elas conheçam. O seu depoimento será, contudo, colhido como informação (art. 829 da CLT), observando que a CLT já autoriza a oitiva de pessoa suspeita ou impedida (art. 829 da CLT).

Já afirmamos que, no processo do trabalho, o menor de 18 anos (e não de 16 anos) não pode exercer a função de testemunha, vez que o menor de 18 anos não tem capacidade para estar em juízo (art. 793 da CLT), o que autoriza afirmar que é também incapaz para atuar como testemunha,[109] ao passo que o art. 828 da CLT, ao dispor que toda testemunha ficará sujeita, em caso de falsidade, às leis penais, indica que somente os maiores de 18 anos, isto é, os penalmente imputáveis (art. 27 do Código Penal), é que podem exercer a função de testemunha.

Cumpre observar, no entanto, que o CPC somente considera incapaz o menor de 16 anos. Isso significa que, no processo civil, o menor de 16 a 18 anos, embora penalmente inimputável, não está impedido de depor como testemunha, o que implica que a capacidade para exercer a função de testemunha não foi condicionada à imputabilidade penal.

Como no processo do trabalho é adotada diretriz no sentido de que aos autos do processo devem ser carreados todos os elementos de convicção disponíveis (é o que autoriza afirmar o art. 829 da CLT), nele deve ser adotada a mesma postura assumida pelo CPC: a inimputabilidade penal não impede, por si só, o exercício da função de testemunha, o que permite que atuem como testemunha os maiores de 16 anos e menores de 18 anos, ainda que a maioridade penal somente seja atingida aos 18 anos (só a partir deste momento é que a testemunha estará sujeita à pena pelo crime de falso testemunho).

Neste contexto, revendo ponto de vista anterior, é afirmado que somente estão impedidos de atuar como testemunha os menores de 16 anos (o que não impede, ainda em razão do art. 829 da CLT e também do art. 447, § 4º, do CPC, a sua oitiva como informante, notadamente porque não existe razão para negar de forma peremptória a credibilidade do menor de 16 anos. A sua credibilidade deverá ser avaliada pelo juiz, caso a caso).[110]

Cumpre observar, ainda, que:

a) o fato de a pessoa apresentada em juízo como testemunha estar demandando com uma das partes do processo não é suficiente para considerá-la suspeita, mesmo que o demandante tenha sido testemunha no processo instaurado pela pessoa que agora se apresenta como testemunha.

O direito de ação é assegurado na Constituição de 1988 como direito fundamental (art. 5º, XXXV), o que significa que ter uma pessoa como suspeita apenas porque recorreu ao Poder Judiciário é afrontar o seu direito de ação e, com isto, contrariar a Constituição Federal.

Acrescente-se que a simples existência de uma demanda envolvendo aquele que é apresentado como testemunha e uma das partes de processo judicial em curso

---

109. Quem não tem capacidade para praticar atos processuais não pode atuar como testemunha.

110. O depoimento do menor pode ser admitido quando se trate de demandas relativas ao seu próprio interesse, consoante prevê o art. 28, § 1º, do Estatuto da Criança e do Adolescente.

não gera, por si só, ausência de isenção de ânimo da testemunha ou caracteriza *troca de favores* quando a pessoa que se apresenta como testemunha contou com o depoimento do demandante nos autos do processo em que figura como parte. A *troca de favores* deve ser demonstrada pela parte que a alega, em especial quando a alegação tem como fundamento único o fato de ter a pessoa comparecido em juízo para exigir o respeito aos seus pretensos direitos.

Ademais, a CLT e o CPC não consideram o exercício do direito de ação como fato gerador de desconfiança da pessoa que se apresenta em juízo como testemunha. Não existe qualquer justificativa para que o contrário ocorra no Direito Processual do Trabalho, especialmente diante da maior dificuldade de o trabalhador fazer prova dos fatos que alega em seu favor, sendo digno de nota, ainda, que não raro o trabalhador somente tem como meio de prova o depoimento dos seus colegas de trabalho, inclusive daqueles que também demandam contra o mesmo empregador. Ademais, o empregador que desrespeitasse o direito de todos os seus empregados seria beneficiado se aqueles trabalhadores que contra ele ajuizarem demanda *não puderem prestar depoimento como testemunha em demandas contra ele ajuizadas,* o que resultaria, ao final, em desprestígio da ordem jurídica e do próprio Estado Democrático de Direito (não há verdadeiro Estado de Direito onde os direitos, notadamente os fundamentais, carecem de efetividade).

Se for admitido que a pessoa que ajuíza ação contra uma das partes do processo não tem isenção de ânimo para nele prestar depoimento como testemunha, ter-se-á que adotar o mesmo critério em relação à testemunha que ainda é empregado de uma das partes. Significa que teria que ser admitida a existência de *troca de favores* toda vez que o empregador levasse a juízo um empregado para prestar depoimento como testemunha, visto que este, com medo de perder o emprego ou a confiança do empregador, não teria isenção de ânimo e tenderia a favorecer o seu empregador.

O Tribunal Superior do Trabalho já se posicionou sobre o tema, editando a Súmula n. 357, *in verbis*: "Não torna suspeita a testemunha o simples fato de estar litigando ou de ter litigado contra o mesmo empregador".

Em suma, a hipótese não pode ser considerada como caracterizadora de suspeição, cumprindo ao juiz conferir ao depoimento da testemunha que litiga contra uma das partes o valor que reputar com ele compatível;

b) o interesse na demanda não pode ser presumido, devendo ser demonstrado pela parte que o alega contra a pessoa chamada a prestar depoimento como testemunha. A hipótese não é de interesse abstrato ou hipotético, mas que deve ser concreto e individualizado. Interessada é a pessoa que pode ter a sua esfera jurídica afetada pela decisão a ser proferida no julgamento da lide;[111]

111. Citem-se, como exemplo de interessado, os sócios da pessoa jurídica demandada ou de pessoa jurídica que compõe o grupo econômico da pessoa jurídica demandada.

c) o preposto, representando a parte em audiência, não pode ser ouvido como testemunha no mesmo processo em que se dá a representação. Contudo, nada impede que aquele que atuou como preposto em um processo preste depoimento como testemunha em outro processo, em favor do mesmo empregador, posto que a representação da parte pelo preposto apenas produz efeitos no processo em que ocorreu;

d) o simples fato de a testemunha ter sido colega de trabalho do reclamante não caracteriza, por si só, amizade íntima, ao passo que, para configuração da inimizade, "não basta a simples malquerença, a mera animosidade para resultar a suspeição. Preciso é que haja motivos fortes, presumindo inequívoca paixão, que perturba a consciência daquele que vai depor".[112]

19.2. Produção da prova testemunhal.

As testemunhas depõem na audiência de instrução e julgamento, perante o juiz da causa, nos termos do art. 453 do CPC, salvo as que prestaram depoimento antecipadamente, as que são inquiridas por carta e as que gozam do benefício de serem ouvidas em sua residência ou onde exercem suas funções, como será visto mais adiante.

O CPC permite a inquirição da testemunha que residir em comarca, seção ou subseção judiciária diversa daquela onde tramita por meio de videoconferência ou outro recurso tecnológico de transmissão e recepção de sons e imagens em tempo real, o que poderá ocorrer, inclusive, durante a audiência de instrução e julgamento, estabelecendo, ainda, que os juízes deverão manter o equipamento para a transmissão e recepção de sons e imagens que permitam a inquirição nos moldes acima (art. 453, §§ 1º e 2º). Trata-se de inovação aplicável no processo do trabalho, em especial por tornar o processo mais rápido e menos dispendioso.

As testemunhas serão inquiridas independentemente de terem sido arroladas ou intimadas previamente (arts. 825, 845 e 852-H, § 2º, da CLT). Por essa razão, a parte está dispensada de depositar na secretaria do juízo o rol de testemunhas (relação e qualificação das testemunhas, na forma do art. 450 do CPC).[113]

No procedimento ordinário e nos procedimentos especiais, as testemunhas que deixarem de comparecer serão intimadas se assim o requerer a parte (a intimação se faz via postal ou, quando necessário, por meio de oficial de justiça),

112. Moacyr Amaral Santos. *Comentários ao Código de Processo Civil*, v. IV, p. 272.

113. No processo civil, incumbe à parte depositar em cartório o rol de testemunhas, qualificando-as (art. 450 do CPC). No CPC é previsto que o rol de testemunhas deverá ser apresentado na audiência de saneamento ou, se o saneamento se der por decisão, no prazo comum de quinze dias (art. 357, §§ 4º e 5º). Além de a CLT dispensar a apresentação de rol de testemunhas, o prazo fixado no CPC (quinze dias) é incompatível com o Direito Processual do Trabalho, visto que entre a notificação do demandado e a realização de audiência pode decorrer prazo inferior a dez dias (art. 841 da CLT).

ficando sujeitas a condução coercitiva (acompanhamento por oficial de justiça) e a pagamento de multa, caso, sem motivo justificado, não atendam à intimação (art. 824, parágrafo único, da CLT). Nos procedimentos sumaríssimo e sumário, as testemunhas ausentes somente serão intimadas quando a parte comprovar o seu convite para comparecer, podendo o juiz ordenar a sua imediata condução coercitiva, quando a medida for praticável (art. 852-H, § 3º, da CLT).

A parte pode comprometer-se a levar a testemunha à audiência, independentemente de intimação, presumindo-se, caso não compareça, que desistiu de ouvi-la (art. 455, § 2º, do CPC de 2015). A presunção referida não se aplica em caso de impossibilidade, devidamente comprovada, de comparecimento da testemunha.

De acordo com o art. 455 do CPC, cabe ao advogado da parte informar ou intimar a testemunha por ele arrolada do dia, da hora e do local da audiência designada, dispensando-lhe a intimação do juízo, o que já ocorre no processo do trabalho, em que a testemunha comparece independentemente de intimação, o que significa que ela deverá ser informada pela parte ou seu advogado do dia, da hora e do local da audiência. No entanto, no processo do trabalho, a hipótese não é de *intimação* da testemunha, mas como estabelece o art. 852-H, § 3º, da CLT, de *convite* à testemunha.[114]

A testemunha funcionário civil ou militar que tiver de depor em hora de serviço será requisitada ao chefe da repartição para comparecer à audiência marcada (art. 823 da CLT).

São inquiridos em sua residência ou onde exercem suas funções, por gozarem de prerrogativa especial, em razão de seus cargos, funções ou mandatos, por exemplo: I) o presidente e o vice-presidente da República; II) os ministros de Estado; IIII) os ministros do Supremo Tribunal Federal, do Superior Tribunal de Justiça, do Superior Tribunal Militar, do Tribunal Superior Eleitoral, do Tribunal Superior do Trabalho e do Tribunal de Contas da União e os Conselheiros do Conselho Nacional de Justiça; IV) os senadores e deputados federais; VI) os governadores dos Estados e do Distrito Federal; VII) os deputados estaduais e os deputados distritais; VIII) os desembargadores dos Tribunais de Justiça, dos Tribunais Regionais Federais, dos Tribunais Regionais do Trabalho e dos Tribunais Regionais Eleitorais e os conselheiros dos Tribunais de Contas dos Estados e do Distrito Federal (art. 454 do CPC).

O juiz solicitará à autoridade que prestará depoimento que indique dia, hora e local para o depoimento, presencialmente, remetendo-lhe cópia da petição inicial ou da defesa oferecida pela parte que a indicou como testemunha (art. 454, § 1º, do CPC). O CPC acrescenta que "passado um mês sem manifestação da autoridade,

---

114. Nota-se, aqui, mais um reflexo do direito processual do trabalho no direito processual comum, vez que este passa a adotar uma solução há muito consagrada no direito processual do trabalho, que é a oitiva de testemunha independentemente de intimação judicial.

o juiz designará dia, hora e local para o depoimento, preferencialmente na sede do juízo e que o juiz também designará dia, hora e local para o depoimento, quando a autoridade não comparecer, injustificadamente, à sessão agendada para a colheita de seu testemunho no dia, hora e local por ela mesma indicados (art. 454, §§ 2º e 3º), o que é compatível com o Direito Processual do Trabalho".

As testemunhas serão inquiridas pelo juiz, podendo ser reinquiridas, por seu intermédio, a requerimento das partes, seus representantes ou advogados (art. 820 da CLT) e do membro do Ministério Público do Trabalho que funcione no processo como fiscal da lei.

Por força do art. 820 da CLT, não é aplicável no processo do trabalho a previsão, constante da primeira parte do art. 459 do CPC, *caput*, no sentido de que as perguntas serão formuladas diretamente pelas partes à testemunha, o que é reconhecido no art. 11 da Instrução Normativa n. 39/2016 do TST. A segunda parte do art. 459, *caput*, do CPC, segundo o qual o juiz não admitirá as perguntas que puderem induzir a resposta, não tiverem relação com as questões de fato objeto da atividade probatória ou importarem repetição de outra respondida é aplicável no processo do trabalho.

O art. 775, § 2º, da CLT dispõe que ao juízo incumbe alterar a ordem de produção dos meios de prova, adequando-os às necessidades do conflito de modo a conferir maior efetividade à tutela do direito, ao passo que o CPC autoriza o juiz a alterar a ordem de inquirição das testemunhas, mas desde que a parte concordarem com a inversão (art. 456, parágrafo único).

Mas, o princípio da colaboração, adotado pelo CPC e que é aplicável no processo do trabalho, aponta no sentido de que o juiz deve ouvir as partes antes de inverter a ordem da apresentação dos meios de prova, embora ele não esteja obrigado a alterar a ordem da produção da prova apenas se as partes concordarem com esta alteração. Deste modo, não teria sentido exigir a concordância das partes para ouvir testemunha do reclamado antes da oitiva da testemunha do reclamante no caso de aquela estar comprovadamente impedida de aguardar até o final da realização da audiência. A inversão da ordem da produção da prova também é possível, ainda sem necessária concordância das partes, quando, além do pedido de adicional de insalubridade, por exemplo, houver pedido de reconhecimento de relação de emprego. Neste caso, nada impede que o juiz ordene a produção da prova oral versando sobre a existência da relação de emprego antes de produção da prova pericial, para evitar a produção de prova inútil.

19.3. Qualificação e contradita da testemunha. Dispensa do depoimento.

A testemunha, antes de prestar o compromisso legal e depor, será qualificada, indicando o nome, a nacionalidade, a profissão, a idade, a residência e, quando empregada, o tempo de serviço prestado ao empregador (art. 828 da CLT).

que secretariar a audiência, resumidamente, as informações que reputar úteis para solução do conflito de interesses, sendo lícito às partes suscitar eventuais contradições no registro do depoimento oralmente no momento da realização do ato, sob pena de preclusão, devendo o juiz decidir de plano, registrando-se a alegação e a decisão no termo (art. 209, §§ 1º e 2º, do CPC).

Considerando que a percepção do juiz sobre a realidade pode ser influenciada pelos seus sentimentos, expectativas, emoções e estado físico e psíquico, vem sendo sustentada a necessidade de efetuar o registro audiovisual dos depoimentos, como forma, inclusive, de permitir que, em segunda instância, os julgadores possam formar a sua convicção sobre os fatos narrados considerando o tom de voz, os vacilos, a segurança/insegurança, a presteza na resposta da testemunha.

19.5. Do número de testemunhas a serem ouvidas.

A CLT é expressa quanto ao número de testemunhas que cada parte pode indicar para prestar depoimento: a) no procedimento sumaríssimo e no sumário (no qual são aplicadas as regras relativas ao procedimento sumaríssimo), cada parte poderá indicar até duas testemunhas (art. 852-H, § 2º); b) no procedimento ordinário e nos procedimentos especiais, cada parte poderá indicar para a oitiva até três testemunhas (art. 821);[117] c) no inquérito para apuração de falta grave, cada parte poderá indicar até seis testemunhas (art. 821).

No sumaríssimo, a CLT assegura a cada parte o direito de indicar à oitiva até duas testemunhas (arts. 821 e 852-H, § 2º). Dessa forma, no caso de litisconsórcio, cada litisconsorte poderá indicar à oitiva até duas testemunhas, visto que os litisconsortes são considerados, em sua relação com a parte adversa, como litigantes distintos (art. 117 do CPC), fato que autoriza concluir que a opção pelo litisconsórcio ativo não implica renúncia à oitiva do número de testemunhas fixado na CLT para cada procedimento. Limitar as testemunhas no litisconsórcio é impedir que ele se verifique, posto que os trabalhadores tenderiam à ação individual. A solução, indicada pela própria lei, é limitar o litisconsórcio que possa prejudicar a instrução do processo (art. 113, § 1º, do CPC). Note-se, inclusive, que, no litisconsórcio passivo, os litisconsortes podem ter interesses distintos, o que conduz à conclusão de que o número de testemunha deve ser estabelecido considerando o número de litisconsortes.

Para Mozart Victor Russomano, "a acumulação de ações em um só processo não pode prejudicar o uso do número legal das testemunhas. Quando no processo existem vários litigantes, cada um pode ter conveniência em provar fatos

117. As regras relativas ao procedimento ordinário são aplicáveis, supletivamente, nos procedimentos especiais.

distintos".[118] Concordamos com Mozart Victor Russomano, em especial porque a presunção de renúncia à prova contraria o princípio da facilitação do acesso à justiça, além de não contar com previsão legal.

Sendo vários reclamantes, com pedidos distintos, ao reclamado deve ser assegurada a oitiva do número de testemunhas fixado em lei em relação a cada um dos reclamantes.

Consoante registra Antônio Carlos de Araújo Cintra, "no número limitado de testemunhas não se incluem aquelas destinadas à instrução de incidentes procedimentais".[119]

As testemunhas devem ser ouvidas na mesma audiência, para evitar cisão da prova. A cisão da prova testemunhal ofende a previsão legal de que a testemunha que ainda não depôs não pode tomar conhecimento do depoimento da que já depôs e permite à parte que ainda não teve ouvidas as suas testemunhas adequar a sua prova ao que foi dito pelas testemunhas ouvidas. No caso de carta precatória, a cisão é, no entanto, inevitável.

19.6. Testemunha referida. Acareação de testemunhas. Testemunha instrumentária.

O juiz ouvirá as testemunhas indicadas pelas partes até o limite imposto pela lei (testemunhas numerárias), mas pode ordenar, de ofício ou a requerimento da parte, a inquirição de testemunhas referidas nas declarações da parte ou das testemunhas (art. 461, I, do CPC).

A oitiva de testemunha referida é uma faculdade do juiz, visto que a parte somente tem direito à oitiva das testemunhas numerárias.

O juiz pode ordenar, de ofício ou a requerimento da parte, a acareação de duas ou mais testemunhas ou de alguma delas com a parte, quando, sobre fato determinado que possa influir na decisão da causa, divergirem as suas declarações (art. 461, II, do CPC).

Deferida a acareação, o juiz reunirá, em audiência, face a face, as testemunhas ou a testemunha e a parte para que esclareçam a divergência verificada ou modifiquem as suas declarações anteriores.

19.7. Substituição de testemunhas.

Poderá ser substituída a testemunha que: falecer; por enfermidade, não estiver em condições de depor; tendo mudado de residência ou de local de trabalho, não for encontrada (art. 451 do CPC).

---

118. *Comentários à CLT*, v. II, p. 895.

119. *Comentários ao Código de Processo Civil*, v. IV, p. 180.

Como o Direito Processual do Trabalho não trata da matéria, também é admitida, no processo do trabalho, por força do disposto no art. 769 da CLT e no art. 15 do CPC, a substituição de testemunha nas hipóteses estabelecidas pelo CPC.

20. PROVA DOCUMENTAL

A verdade do fato controvertido pode ser demonstrada em juízo por meio de documento.

20.1. Tipologia dos documentos.

O documento pode ser *público* ("se formado por quem esteja no exercício de uma função pública que o autorize a formá-lo"), *privado* ou *particular* ("se formado por um particular, ou mesmo por oficial público, mas que não aja nessa qualidade"), *autógrafo* ("quando se dá a coincidência entre o autor do documento e o autor do fato documentado, tal como ocorre de ordinário com os escritos particulares") ou *heterógrafo* ("quando o autor do documento é terceiro em relação ao autor do fato documentado)."[120]

Quanto ao modo de sua formação (ou a sua natureza), os documentos são *escritos* ("os documentos normais, particularmente regulados pela lei"), *gráficos* ("quando a ideia ou o fato é representado por sinais gráficos, diversos da escrita: desenhos, pinturas, plantas, cartas topográficas etc.") ou *diretos* ("quando o fato representado se transmite diretamente para a coisa representativa — fotografia, fonografia, cinematografia — e que se distinguem dos documentos escritos ou gráficos, ditos indiretos, para os quais o fato representado se transmite através do sujeito do fato representado").[121]

Com relação "à natureza da declaração representada, os documentos podem ser narrativos, se a declaração é de ciência, ou negociais, se a declaração é de vontade, constitutiva, modificativa ou extintiva de direitos. Os documentos negociais, por sua vez, podem ser necessários, o que ocorre toda vez que a escrita for exigida por lei, para que o negócio tenha validade jurídica".[122]

O documento pode ser apresentado no original e na forma de cópia (art. 830 da CLT). "Original é o documento em sua forma genuína, o escrito em que, de origem, se lançou o ato. Cópia é a reprodução do documento original. É a coisa representativa do original. As cópias estão compreendidas nas seguintes espécies: a) traslado; b) certidão; c) pública-forma; d) registro; e) extrato; f) cópias comuns."[123]

---

120. Moacyr Amaral Santos. *Comentários ao Código de Processo Civil*, v. IV, p. 145.
121. Moacyr Amaral Santos. *Comentários ao Código de Processo Civil*, v. IV, p. 146.
122. Antônio Carlos de Araújo Cintra. *Comentários ao Código de Processo Civil*, v. IV, p. 96.
123. Moacyr Amaral Santos. *Comentários ao Código de Processo Civil*, v. IV, p. 153.

Traslado "é a cópia textual e autêntica, feita por oficial público competente, do que está escrito no livro de notas. É a reprodução textual e autêntica do documento público"; certidões são "cópias dos livros de notas ou outros, ou de autos judiciais, extraídas pelos tabeliães, escrivães ou funcionários autorizados. Mas, enquanto os traslados constituem uma nova via, verdadeira duplicata do documento original, a certidão é a asseveração autêntica, feita por oficial público e com as formalidades legais, do documento constante de suas notas, livros ou autos judiciais"[124]; pública-forma "é cópia de papel avulso, extraída por oficial público".[125]

A função probatória do documento é principal ou acessória. "É principal quando a lei considera o documento escrito 'como prova da relação, com exclusão de outras (*ad probationem*) (...). É acessória quando o documento escrito 'constitui simples prova concorrente como qualquer outra e sem excluir nenhuma'".[126]

O CPC alude ao *documento eletrônico*, como se vê dos arts. 439 a 441, estabelecendo, por exemplo, que a utilização de documento eletrônico no processo convencional dependerá de sua conversão à forma impressa e da verificação de sua autenticidade, na forma da lei.

20.2. Produção da prova documental. Manifestação da parte contrária. Juntada de documentos na fase recursal. Requisição de documentos pelo juiz.

O momento próprio para a produção da prova documental depende da função do documento no processo.

Neste sentido, o CPC faz distinção entre *documentos indispensáveis à propositura da ação* (art. 320) e *documentos destinados à prova das alegações das partes* (art. 434), o que se aplica no processo do trabalho, vez que existem documentos sem os quais a ação sequer pode ser ajuizada, como se dá, por exemplo, com a prova escrita sem eficácia de título executivo que autoriza o ajuizamento de ação monitória (art. 700 do CPC de 2015) e com o título executivo, na execução fundada em título executivo extrajudicial (art. 876 da CLT).

O CPC autoriza o juiz a deferir ao autor prazo para apresentação de *documento indispensável à propositura da ação* que não instruiu a petição inicial (art. 321 do CPC), o que também é aplicável no processo do trabalho, ao passo que, no processo civil e do trabalho, a ausência da juntada, com a petição inicial, de

---

124. Antônio Carlos de Araújo Cintra observa que "certidões são documentos públicos que atestem a existência ou o teor de outro documento ou registro público constante de livros ou de autos" (*Comentários ao Código de Processo Civil*, v. IV, p. 102).

125. Moacyr Amaral Santos. *Comentários ao Código de Processo Civil*, v. IV, p. 154.

126. José Frederico Marques. *Instituições de direito processual civil*, v. III, p. 356.

documento necessário à prova dos fatos alegados implica preclusão do direito à sua apresentação.

Assim, ao autor incumbe instruir a petição inicial com os documentos indispensáveis à propositura da ação e aqueles necessários à prova dos fatos que alega como fundamento de sua pretensão, como prevê o art. 787 da CLT, enquanto o reclamado deverá instruir a defesa com os documentos destinados a provar as suas alegações (art. 434 do CPC e art. 845 da CLT).

Contudo, às partes é lícito, em qualquer tempo, juntar documentos, desde que destinados a fazer prova de fatos ocorridos depois da distribuição da ação ou da apresentação da contestação ou para contrapô-los aos que forem produzidos nos autos (art. 435 do CPC[127]).

A juntada de documento na fase recursal só é admitida: a) quando provado o justo impedimento para sua oportuna apresentação; ou b) o documento se referir a fato posterior à sentença (Súmula n. 8 do TST e art. 435 do CPC). Trata-se da juntada de documento novo, ou seja, de documento cuja existência a parte ignorava ou de que a parte não pôde fazer uso (art. 966, VII, do CPC) ou que diz respeito a fato posterior à sentença.

A juntada de documentos depois da distribuição da ação ou da apresentação da contestação ou do proferimento de decisão diz respeito a documentos que tenham efetiva relação com a demanda e cujo conteúdo possa influir no seu julgamento, como autorizam afirmar os arts. 493 e 966, VII, do CPC, não podendo ser olvidado, ainda, que a sua juntada não pode resultar em inovação processual.

Sempre que uma parte requerer a juntada de documentos, o juiz ouvirá, a seu respeito, a outra, no prazo de cinco dias ou no que lhe assinar.[128] A falta de concessão de oportunidade para se manifestar sobre o documento juntado poderá implicar nulidade se dela resultar prejuízo para a parte contra quem o documento foi produzido (o que ocorrerá quando o documento for relevante para a decisão do litígio e nela tenha sido considerado). Se o documento for juntado aos autos por determinação judicial, as partes deverão ser ouvidas a seu respeito.

Compete à parte contra quem foi produzido documento particular alegar, no prazo que lhe for concedido para manifestação, se lhe admite ou não a autenticidade de assinatura e a veracidade do conteúdo, presumindo-se, com o silêncio, que o tem por verdadeiro (art. 412 do CPC).

---

127. "É lícito às partes, em qualquer tempo, juntar aos autos documentos novos, quando destinados a fazer prova de fatos ocorridos depois dos articulados, ou para contrapô-los aos que foram produzidos nos autos".

128. O art. 437, § 1º, do CPC deve ser aplicado à hipótese, mas o prazo a ser observado é de cinco dias, por aplicação do disposto no art. 852-H, da CLT, que está em sintonia com a celeridade própria do Direito Processual do Trabalho e diz respeito exatamente ao procedimento sumaríssimo. Aliás, fere o razoável que a parte disponha de oito dias para apresentar um recurso e de quinze dias para se manifestar sobre documentos acostados aos autos.

Cessa a fé do documento particular quando: for impugnada a sua autenticidade e enquanto não se comprovar sua veracidade; assinado em branco, for impugnado o seu conteúdo, por preenchimento abusivo (art. 428 do CPC).

O juiz requisitará às repartições públicas, em qualquer tempo e grau de jurisdição, as certidões necessárias à prova das alegações das partes e os procedimentos administrativos, nas causas em que forem interessados a União, o Estado, o Município ou entidades da administração indireta (art. 438 do CPC). Recebidos os autos, o juiz mandará extrair, no prazo máximo e improrrogável de trinta dias, certidões ou reproduções fotográficas das peças indicadas pelas partes ou de ofício; findo o prazo, devolverá os autos à repartição de origem (art. 438, § 1º, do CPC).

As repartições públicas poderão fornecer todos os documentos em meio eletrônico, certificando, pelo mesmo meio, que se trata de extrato fiel do que consta em seu banco de dados de documentos digitalizados (art. 438, § 2º, do CPC).

A requisição de documentos a repartições públicas a requerimento da parte somente é admissível na hipótese de a repartição pública respectiva criar embaraços ao fornecimento das certidões ou de cópia de autos diretamente à parte.

20.3. Força probante ou eficácia probatória dos documentos.

Cessa a fé de documento público ou particular sendo-lhe declarada judicialmente a falsidade (art. 427 do CPC), consistindo a falsidade em formar documento não verdadeiro ou alterar documento verdadeiro (art. 427, parágrafo único, do CPC).[129]

Cessa a fé do documento particular quando: for impugnada a sua autenticidade e enquanto não se comprovar sua veracidade; assinado em branco, for impugnado o seu conteúdo, por preenchimento abusivo (art. 428 do CPC). Dar-se-á abuso quando aquele que recebeu documento assinado com texto não escrito no todo ou em parte formá-lo ou completá-lo por si ou por meio de outrem, violando o pacto feito como signatário (art. 428, parágrafo único, do CPC).

A CLT somente trata da eficácia probatória dos documentos no art. 830, estabelecendo, no *caput* e parágrafo único, respectivamente, que "o documento em cópia oferecida para prova poderá ser declarado autêntico pelo próprio advogado, sob sua responsabilidade pessoal" e que, "impugnada a autenticidade da cópia, a parte que a produziu será intimada para apresentar cópia devidamente autenticada ou o original, cabendo ao serventuário competente proceder à conferência e certificar a conformidade entre esses documentos". Note-se que a prerrogativa de declarar a autenticidade do documento foi reconhecida ao advogado e não à parte.

129. Mais adiante será examinado o incidente de falsidade.

A autenticidade do documento deverá ser questionada na primeira oportunidade que a parte tiver para sobre ele se manifestar, sob pena de preclusão do direito de proceder à sua impugnação.

Consoante a Orientação Jurisprudencial n. 36 da SDI-I do TST: "o instrumento normativo em cópia não autenticada possui valor probante, desde que não haja impugnação ao seu conteúdo, eis que se trata de documento comum às partes".

Registre-se que "são válidos os documentos apresentados por pessoa jurídica de direito público em fotocópias não autenticadas posteriormente à edição da Medida Provisória n. 1.360/96 e suas reedições" (Orientação Jurisprudencial n. 134 da SDI-I do TST). Essa Orientação Jurisprudencial está de acordo com o art. 24 da Lei n. 10.522/2002, que dispõe que as pessoas jurídicas de direito público são dispensadas de autenticar as cópias reprográficas de quaisquer documentos que apresentem em juízo.

O documento público faz prova de sua formação e dos fatos que o escrivão, o tabelião ou o funcionário declarar que ocorreram em sua presença (art. 405 do CPC). O documento público goza de presunção de veracidade, "desde que tenha aparência regular. *Scripta publica probant se ipsa*. Essa é a afirmação da lei quando diz que o documento público faz prova de sua formação".[130] A presunção, na hipótese, é relativa, admitindo-se prova em contrário, como resulta do art. 427 do CPC.

Fazem a mesma prova que os originais: a) as certidões textuais de quaisquer peças dos autos, do protocolo das audiências, ou de outro livro a cargo do escrivão ou do chefe de secretaria, se extraídos por ele, ou por sua vigilância e por ele subscritas; b) os traslados e as certidões extraídas por oficial público de instrumentos ou documentos lançados em suas notas; c) as reproduções de documentos públicos, desde que autenticadas por oficial público ou conferidas em cartório com os respectivos originais; d) as cópias reprográficas de peças do próprio processo judicial declaradas autênticas pelo advogado, sob sua responsabilidade pessoal, se não lhes for impugnada a autenticidade; e) os extratos digitais de bancos de dados públicos ou privados, desde que atestado pelo seu emitente, sob as penas da lei, que as informações conferem com o que consta na origem; f) as reproduções digitalizadas de qualquer documento público ou particular, quando juntados aos autos pelos órgãos da justiça e seus auxiliares, pelo Ministério Público e seus auxiliares, pela Defensoria Pública e seus auxiliares, pelas procuradorias, pelas repartições públicas em geral e por advogados, ressalvada a alegação motivada e fundamentada de adulteração (art. 425 do CPC).

Quando a lei exigir como sendo da substância do ato instrumento público, nenhuma outra prova, por mais especial que seja, pode suprir-lhe a falta (art. 406 do CPC).

---

130. CINTRA, José Carlos de Araújo. *Comentários ao Código de Processo Civil*, v. IV, p. 99.

O documento, feito por oficial público incompetente, ou sem a observância das formalidades legais, sendo subscrito pelas partes, tem a mesma eficácia probatória do documento particular (art. 407 do CPC).

As declarações constantes de documento particular, escrito e assinado ou somente assinado, presumem-se verdadeiras em relação ao signatário (arts. 408 do CPC). A presunção de ter o signatário emitido as declarações constantes do documento é *juris tantum*, isto é, admite prova em contrário.

Quando contiver declaração de ciência relativa a determinado fato, o documento particular prova a ciência, mas não o fato em si, incumbindo o ônus de prová-lo ao interessado em sua veracidade (art. 408, parágrafo único, do CPC).

Considera-se autor do documento particular: aquele que o fez e assinou; aquele por conta de quem foi feito, estando assinado; aquele que, mandando compô-lo, não o firmou, porque, conforme a experiência comum, não se costuma assinar, como livros comerciais e assentos domésticos (art. 410 do CPC).

Considera-se autêntico o documento quando: o tabelião reconhecer a firma do signatário; a autoria estiver identificada por qualquer outro meio legal de certificação, inclusive eletrônica, nos termos da lei (art. 411 do CPC).

O documento particular, admitido expressa ou tacitamente é indivisível, sendo vedado à parte que pretende utilizar-se dele aceitar os fatos que lhe são favoráveis e recusar os que são contrários ao seu interesse, salvo se provar que estes não ocorreram (art. 412, parágrafo único, do CPC).

O telegrama, o radiograma ou qualquer outro meio de comunicação têm a mesma força probatória do documento particular, se o original constante da estação expedidora foi assinado pelo remetente (art. 413 do CPC).

As cartas e os registros domésticos provam contra quem os escreveu quando: a) enunciam o recebimento de um crédito; b) contêm anotação que visa a suprir a falta de título em favor de quem é apontado como credor; c) expressam conhecimento de fatos para os quais não se exija determinada prova (art. 415 do CPC).

A nota escrita pelo credor em qualquer parte de documento representativo de obrigação, ainda que não assinada, faz prova em benefício do devedor (art. 416 do CPC).

Os livros empresariais provam contra o seu autor, sendo lícito ao empresário, todavia, demonstrar por todos os meios permitidos em direito, que os lançamentos não correspondem à verdade dos fatos (art. 417 do CPC). A escrituração contábil é indivisível e, se dos fatos que resultam dos lançamentos uns são favoráveis ao interesse do autor e outros lhe são desfavoráveis, ambos serão considerados em conjunto, como unidade (art. 419 do CPC).

Qualquer reprodução mecânica, como a fotográfica, a cinematográfica, a fonográfica ou de outra espécie, tem aptidão para fazer prova dos fatos ou das coisas representadas, se a sua conformidade com o documento original não for impugnada por aquele contra quem for produzida (art. 422 do CPC).

As reproduções dos documentos particulares, fotográficas ou obtidas por outros processos de repetição, valem como certidões sempre que o escrivão ou chefe de secretaria certificar sua conformidade com o original (art. 423 do CPC).

A cópia de documento particular tem o mesmo valor probante que o original, cabendo ao Diretor de Secretaria, intimadas as partes, proceder à conferência e certificar a conformidade entre a cópia e o original (art. 424 do CPC).

O juiz apreciará fundamentadamente a fé que deva merecer o documento, quando em ponto substancial e sem ressalva, contiver entrelinhas, emenda, borrão ou cancelamento (art. 426 do CPC).

20.4. Exibição de documentos.

O juiz pode ordenar que a parte exiba (mostre, exponha) documento que se encontre em seu poder (art. 396 do CPC).

O pedido de exibição formulado pela parte conterá: a individuação, tão completa quanto possível, do documento; a finalidade da prova, com a indicação dos fatos que se relacionarem com o documento; a finalidade da prova, indicando os fatos que se relacionam com o documento; as circunstâncias em que se funda o requerente para afirmar que o documento existe e se acha em poder da parte contrária (art. 397 do CPC).

O autor poderá solicitar a exibição de documentos na petição inicial ou após tomar conhecimento do teor da resposta do reclamado (nessa hipótese, o pedido será apresentado, verbalmente, em audiência, ou no prazo assinalado pelo juiz para manifestação sobre a defesa e os documentos que a instruírem). Ao réu cumpre requerer a exibição de documento na contestação. A exibição pode ser solicitada, ainda, após a oitiva das partes e mesmo de testemunhas, para fazer contraprova de fatos afirmados nos depoimentos.

O requerido dará a sua resposta ao requerimento de exibição de documentos na própria audiência (na qual a causa é concentrada, no processo do trabalho) ou no prazo que lhe for assinalado pelo juiz, ao passo que, se o requerido afirmar que não possui o documento ou a coisa, o juiz permitirá que o requerente prove, por qualquer meio, que a declaração não corresponde à verdade (art. 398, *caput* e parágrafo único, do CPC).

O juiz não admitirá a recusa de exibição se: o requerido tiver obrigação legal de exibir; o requerido tiver aludido ao documento no processo com o intuito de constituir prova; o documento, por seu conteúdo, for comum às partes (art. 399 do CPC).

Ao decidir o pedido, isto é, ao proferir sentença, o juiz admitirá como verdadeiros os fatos que, por meio do documento, a parte pretendia provar se: o requerido não efetuar a exibição, nem fizer nenhuma declaração na oportunidade que lhe tiver sido reservada para fazê-lo; a recusa for havida por ilegítima (art. 400 do CPC, estabelecendo o CPC que, se necessário, o juiz poderá adotar medidas indutivas, coercitivas, mandamentais ou sub-rogatórias para que o documento seja exibido – art. 400, parágrafo único).

Se o documento estiver em poder de terceiro, o juiz mandará citá-lo para responder em quinze dias (art. 401 do CPC).

Ao exigir a citação do terceiro e prever a prolação de sentença (no caso de recusa de exibição), o CPC deixa claro que nessa hipótese o requerimento de exibição corresponde a uma *ação incidental de exibição*.

Se o terceiro nega a obrigação de exibir ou a posse do documento, o juiz designará audiência especial, tomando-lhe o depoimento, bem como o das partes e, se necessário, o de testemunhas, e em seguida proferirá sentença (art. 402 do CPC).

Se o terceiro, sem justo motivo, se recusar a efetuar a exibição, o juiz ordenar-lhe-á que processa ao respectivo depósito em cartório ou em outro lugar designado, no prazo de cinco dias, impondo ao requerente que o ressarça das despesas que tiver (art. 403 do CPC).

Se o terceiro descumprir a ordem, o juiz ordenará a expedição de mandado de apreensão, requisitando, se necessário, força policial, sem prejuízo da responsabilidade por crime de desobediência, pagamento de multa e outras medidas indutivas, coercitivas, mandamentais ou sub-rogatórias necessárias para assegurar a efetivação da decisão (art. 403 do CPC).

A parte e o terceiro podem se escusam de exibir o documento se: a) concernente a negócios da própria vida da família; b) sua apresentação puder violar dever de honra; c) sua publicidade redundar em desonra à parte ou ao terceiro, bem como a seus parentes consanguíneos ou afins até o terceiro grau; ou lhes representar perigo de ação penal; d) sua exibição acarretar a divulgação de fatos a cujo respeito, por estado ou profissão, devem guardar segredo; e) subsistirem outros motivos graves que, segundo o prudente arbítrio do juiz, justifiquem a recusa da exibição; f) houver dispositivo legal que justifique a recusa de exibição (art. 404 do CPC). Se os motivos de que tratam os incisos I a VII do *caput* do art. 404, disserem respeito a apenas uma parcela do documento, a parte ou o terceiro exibirá a outra em cartório, para dela ser extraída cópia reprográfica, de tudo sendo lavrado auto circunstanciado (art. 404, parágrafo único, do CPC).

Cessa a fé de documento público ou particular sendo-lhe declarada judicialmente a falsidade (art. 427 do CPC), consistindo a falsidade consiste em formar documento não verdadeiro ou alterar documento verdadeiro (art. 427, parágrafo único, do CPC).

Cessa a fé do documento particular quando: for impugnada a sua autenticidade e enquanto não se comprovar sua veracidade; assinado em branco, for impugnado o seu conteúdo, por preenchimento abusivo (art. 428 do CPC). Dar-se-á abuso quando aquele que recebeu documento assinado com texto não escrito no todo ou em parte formá-lo ou completá-lo por si ou por meio de outrem, violando o pacto feito como signatário (art. 428, parágrafo único, do CPC).

Incumbe o ônus da prova quando: a) se tratar de falsidade de documento ou de preenchimento abusivo, à parte que a arguir; b) se tratar de impugnação de autenticidade, à parte que produziu o documento (art. 429 do CPC).

A falsidade deve ser suscitado na contestação (se o suscitante for o reclamado e o documento instruir a petição inicial) ou no prazo concedido para manifestação sobre os documentos apresentados com a contestação (quando o suscitante for o reclamante), ou no prazo para manifestação concedido à parte contra quem foi produzido o documento não apresentado com a inicial ou a contestação (art. 430 do CPC). De acordo com o CPC, a falsidade será resolvida como questão incidental, salvo se a parte requerer que o juiz a decida como questão principal, nos termos do art. 19, II, do CPC (art. 430, parágrafo único).

A parte que arguir a falsidade de documento deverá expor os motivos em que se funda a sua pretensão e os meios com que provará o alegado (art. 431 do CPC).

A parte arguida será intimada para, em quinze dias, se manifestar, após o que será realizado exame pericial. A prova não será produzida se a parte que produziu o documento concordar em retirá-lo (art. 432, parágrafo único, do CPC)

O incidente de falsidade de documento constitui ação declaratória incidental (ação declaratória incidental de falsidade), cuja finalidade é a declaração da falsidade do documento (a não correspondência do documento com a verdade), para retirar-lhe a eficácia probatória. No incidente, não há exame do mérito da demanda, mas apenas manifestação sobre a falsidade ou autenticidade de determinado documento.

A declaração sobre a falsidade do documento, quando suscitada como questão principal, constará da parte dispositiva da sentença e sobre ela incidirá também a autoridade da coisa julgada (art. 433 do CPC).

20.5. Fatos que devem ser provados por meio de documentos.

A CLT impõe ao empregador a pré-constituição da prova documental, por exemplo, de: a) pagamento de salário (art. 464); b) labor externo incompatível com a fixação de horário de trabalho (art. 62, I); c) concessão de férias (art. 135); d) quitação de verbas rescisórias (art. 477, §§ 1º e 2º), definindo, com isso, fatos cuja prova se faz, em regra, por documentos.

A ausência da pré-constituição da prova, quando esta tiver sido exigida pelo legislador, autoriza admitir como verdadeiros os fatos alegados pelo trabalhador, tratando-se, no entanto, de presunção de caráter apenas relativo, ou seja, que pode ser afastada por prova em sentido contrário.

Neste sentido, segundo a Súmula n. 338 do TST: "I – É ônus do empregador que conta com mais de 10 (dez) empregados o registro da jornada de trabalho na forma do art. 74, § 2º, da CLT. A não apresentação injustificada dos controles de frequência gera presunção relativa de veracidade da jornada de trabalho, a qual pode ser elidida por prova em contrário. II – A presunção de veracidade da jornada de trabalho, ainda que prevista em instrumento normativo, pode ser elidida por prova em contrário. III – Os cartões de ponto que demonstram horários de entrada e saída uniformes são inválidos como meio de prova, invertendo-se o ônus da prova, relativo às horas extras, que passa a ser do empregador, prevalecendo o horário da inicial se dele não se desincumbir".

21. PROVA PERICIAL

A prova de determinados fatos pode demandar conhecimento científico ou técnico, como ocorre, por exemplo, com a apuração de trabalho em condições insalubres. Nesse caso, o juiz deverá nomear profissional detentor de conhecimentos técnicos especiais (perito) para a apuração da ocorrência destes fatos. Trata-se, a hipótese, da produção de prova pericial, que consiste em exame, vistoria ou avaliação (art. 464, *caput*, do CPC).

21.1. Hipóteses em que será produzida a prova pericial.

A prova pericial será produzida quando for exigida pela lei, como se dá com a apuração do trabalho em condições insalubres e perigosas (art. 195 da CLT), ou a prova do fato depender de conhecimento especial de técnico (art. 852-H, § 4º, da CLT e art. 464, § 1º, I, do CPC). Essas hipóteses de *perícia legal* ou *obrigatória*.

A perícia também pode ser determinada fora dessas hipóteses, quando for necessária para o esclarecimento dos fatos da causa (*perícia facultativa*). É o que se dá, por exemplo, com a apuração de diferença de comissões a ser verificada a partir do exame de notas fiscais e comprovantes de pagamentos realizados ao trabalhador.

21.2. Indeferimento e dispensa da prova pericial. Prova técnica simplificada.

A realização da perícia impede a solução da demanda em audiência única, retardando o julgamento definitivo do litígio, e torna o processo mais oneroso, devendo ser determinada apenas quando indispensável para a apuração de fatos relevantes para o julgamento da lide.

Nesse sentido, prevê o CPC, em disposição aplicável no processo do trabalho, que a prova pericial não será realizada quando: a prova do fato não depender de conhecimento especial de técnico; b) for desnecessária em vista de outras provas produzidas; c) a verificação for impraticável (art. 464, § 1º, do CPC).

De outro lado, a prova pericial poderá ser dispensada se as partes, na petição inicial e/ou na contestação, apresentarem sobre as questões de fato, pareceres técnicos ou documentos elucidativos que considerar suficientes (art. 472 do CPC), o que é compatível com o Direito Processual do Trabalho, vez que atende aos princípios da economia e celeridade processuais.

Ademais, nas ações contendo pedido de adicional de insalubridade, periculosidade, indenização por acidente do trabalho ou qualquer outro atinente à segurança e saúde do trabalhador, o juiz poderá determinar a notificação da empresa reclamada para trazer aos autos cópias do LTCAT (Laudo Técnico de Condições Ambientais do Trabalho), PCMSO (Programa de Controle Médico de Saúde Ocupacional) e PPRA (programa de prevenção e riscos ambientais), além de laudo pericial da atividade ou local de trabalho passível de utilização como prova emprestada, referentes ao período que o reclamante prestou serviços na empresa (art. 10 da Resolução n. 66/2010 do Conselho Superior da Justiça do Trabalho).

Acrescente-se que "O pagamento de adicional de periculosidade efetuado por mera liberalidade da empresa, ainda que de forma proporcional ao tempo de exposição ao risco ou em percentual inferior ao máximo legalmente previsto, dispensa a realização da prova técnica exigida pelo art. 195 da CLT, pois torna incontroversa a existência do trabalho em condições perigosas" (Súmula n. 453 do TST);

Por fim, o juiz, de ofício ou a requerimento das partes, poderá, em substituição à perícia, determinar a produção de *prova técnica simplificada*, quando o ponto controvertido for de menor complexidade, consistindo a prova técnica simplificada apenas na inquirição de especialista, pelo juiz, sobre ponto controvertido da causa que demande especial conhecimento científico ou técnico (art. 464, §§ 2º e 3º, do CPC), Durante a arguição, o especialista, que deverá ter formação acadêmica específica na área objeto de seu depoimento, poderá valer-se de qualquer recurso tecnológico de transmissão de sons e imagens com o fim de esclarecer os pontos controversos da causa (art. 464, § 4º, do CPC). A medida em questão é compatível com o Direito Processual do Trabalho, por contribuir para a mais rápida solução do litígio e a economia processual.

21.3. Nomeação de perito. Apresentação de quesitos e indicação de assistente técnico.

Ao determinar a realização de prova pericial, o juiz nomeará perito, fixando prazo para a entrega do laudo (art. 465 do CPC e art. 852-H, § 4º, da CLT).

O perito será nomeado entre profissionais legalmente habilitados e os órgãos técnicos ou científicos devidamente inscritos em cadastro mantido pelo tribunal ao qual o juiz está vinculado (art. 156, § 1º, do CPC).[131]

Na localidade onde não houver inscrito no cadastro disponibilizado pelo tribunal, a nomeação do perito é de livre escolha pelo juiz e deverá recair em profissional ou órgão técnico ou científico comprovadamente detentor do conhecimento necessário à realização da perícia (art. 156, § 5º, do CPC).

Ciente da sua nomeação, o perito deverá, em cinco dias, apresentar: proposta de honorários; currículo, com comprovação de sua especialização; contatos profissionais, em especial o endereço eletrônico, para onde serão dirigidas as intimações pessoais (art. 465, § 2º). No entanto, no caso de perito já cadastrado junto ao Tribunal ao qual o juiz estiver vinculado, não se justifica a apresentação de currículo e contatos profissionais. A questão dos honorários periciais será apreciada mais adiante.

Intimadas da designação do perito, as partes podem indicar assistente técnico e apresentar quesitos (art. 3º, parágrafo único, da Lei n. 5.584/70 e art. 465, §1º, II, do CPC) e arguir impedimento ou suspeição do perito, se for o caso (art. 465, § 1º, do CPC), observando-se que o CPC fixa em quinze dias o prazo de manifestação das partes, mas deve ser observado, no processo do trabalho, o prazo de cinco dias, que é o previsto para manifestação sobre o laudo pericial (art. 852-H, § 6º, da CLT).

Quesitos são as indagações para as quais as partes requerem resposta do perito O juiz deverá indeferir os quesitos impertinentes e poderá formular os quesitos que entender necessários ao esclarecimento da causa (art. 470 do CPC).

A indicação do perito assistente "é faculdade da parte, a qual deverá responder pelos respectivos honorários, ainda que vencedora no objeto da perícia" (Súmula n. 341 do TST). Os assistentes técnicos são de confiança da parte, não se sujeitando a impedimento ou suspeição (art. 466, § 1º, do CPC).[132]

O perito nomeado cumprirá seu encargo independentemente de termo de compromisso (art. 466 do CPC) e poderá escusar-se ou ser recusado por impedimento ou suspeição (art. 467 do CPC).

---

131. O CPC estabelece, para os tribunais, o dever de criar um cadastro de peritos e órgãos técnicos ou científicos, observando as regras por nele estabelecidas (art. 156). Segundo o art. 7º da Resolução n. 35/2007 do Conselho Superior da Justiça do Trabalho, os Tribunais Regionais do Trabalho poderão manter sistema de credenciamento de peritos para fins de designação, preferencialmente, de profissionais inscritos nos órgãos de classe competentes e que comprovem sua especialidade na matéria sobre a qual deverão opinar, a ser atestada por meio de certidão do órgão profissional a que estiverem vinculados, o que agora passa a contar com previsão legal, observando-se que a criação do cadastro deixa de ser uma faculdade dos tribunais.

132. O assistente técnico, sendo da confiança das partes e não se sujeitando a impedimento ou a suspeição, funciona como informante das partes, perdendo, com isto, a condição de auxiliar da justiça.

O perito pode ser substituído quando: faltar-lhe conhecimento técnico ou científico; sem motivo legítimo, deixar de cumprir o encargo no prazo que lhe foi assinalado (art. 468 do CPC), valendo anotar que a simples discordância da parte com o resultado da perícia não autoriza a destituição do perito.

Se o perito deixar de cumprir o encargo no prazo que lhe foi assinado, o juiz comunicará a ocorrência à corporação profissional respectiva, podendo, ainda, impor multa ao perito, fixada tendo por base o valor da causa e o possível prejuízo decorrente do atraso no processo (art. 468, § 1º, do CPC).

Quando a perícia tiver de realizar-se por carta, poder-se-á proceder à nomeação do perito e à indicação de assistentes técnicos no juízo ao qual se requisitar a perícia (art. 465, § 6º, do CPC).

Para o desempenho de suas funções, podem o perito e os assistentes técnicos utilizar-se de todos os meios necessários, ouvindo testemunhas, obtendo informações, solicitando documentos que estejam em poder da parte, de terceiros ou em repartições públicas, bem como instruir o laudo com planilhas, mapas, plantas, desenhos, fotografias ou outros elementos necessários ao esclarecimento do objeto da perícia (art. 473, § 3º, do CPC).

Tratando-se de perícia complexa que abranja mais de uma área de conhecimento especializado, o juiz poderá nomear mais de um perito, e as partes, indicar mais de um assistente técnico (art. 475 do CPC).

O art. 471 do CPC autoriza as partes a, de comum acordo, escolher o perito, indicando-o mediante requerimento, desde que sejam plenamente capazes e a causa possa ser resolvida por autocomposição, sendo previsto, dispondo o art. 471, § 3º, do CPC que a perícia consensual substituirá, para todos os efeitos, a que seria realizada por perito nomeado pelo juiz. Do tema tratamos quando examinamos as convenções processuais, no estudo dos princípios do Direito Processual do Trabalho.

21.4. Cientificação das partes sobre o local e data da realização da perícia.

As partes deverão ser cientificadas da data e local designados pelo juiz ou indicados pelo perito para ter início a produção da prova (art. 474 do CPC). Contudo, se a parte não for informada da data e local da realização da perícia, somente haverá nulidade se for demonstrado manifesto prejuízo ao seu direito de defesa (art. 794 da CLT).

21.5. Laudo pericial. Manifestação sobre o laudo pericial. Pedido de esclarecimentos.

O laudo deverá conter: a exposição do objeto da perícia; a análise técnica ou científica realizada pelo perito; a indicação do método utilizado, esclarecendo e demonstrando ser predominantemente aceito pelos especialistas da área do conhecimento do qual se originou; resposta conclusiva a todos os quesitos apresentados pelo juiz, pelas partes e pelo órgão do Ministério Público (art. 473 do CPC).

Apresentado o laudo pelo perito, as partes serão intimadas para, querendo, manifestar-se, no prazo de cinco dias (art. 852-H, § 6º, da CLT). O art. 3º, parágrafo único, da Lei n. 5.584/70 estabelece que o laudo do assistente deve ser apresentado no mesmo prazo assinado para que o perito do juízo apresente o seu laudo, sob pena de ser desentranhado dos autos, mas, por força do art. 477, § 1º, do CPC, que é posterior à aludida lei, o laudo do assistente pode ser apresentado no prazo de que dispõem as partes para se manifestar sobre o laudo do perito oficial.

Podem as partes apresentar, na manifestação sobre o laudo, pedido de esclarecimento, visando esclarecer ponto: a) sobre o qual exista divergência ou dúvida de qualquer das partes, do juiz ou do órgão do Ministério Público; b) divergente do apresentado no parecer do assistente técnico da parte (art. 477, § 2º, do CPC).

Persistindo a necessidade de esclarecimento, a parte requererá ao juiz que mande intimar o perito ou o assistente técnico a comparecer em audiência de instrução e julgamento, formulando, desde logo, as perguntas, sob forma de quesitos (art. 477, § 3º, do CPC).

21.6. Valor probante da perícia. Segunda perícia.

O juiz apreciará a prova pericial indicando na sentença os motivos que o levaram a considerar ou a deixar de considerar as conclusões do laudo, levando em conta o método adotado pelo perito (art. 479).[133]

Não estando o juiz adstrito ao laudo pericial, às partes não pode ser negado o direito de produzir prova contrária ao que afirmou o perito em relação aos elementos fáticos (componente fático do laudo – as condições de trabalho no pedido de adicional de insalubridade ou periculosidade, por exemplo) e também quanto à qualificação legal dos elementos fáticos apurados pelo perito (componente técnico do laudo – qualificação legal das condições de trabalho apuradas, por exemplo).

As condições fáticas definidas pelo perito podem ser objeto de prova testemunhal, ao passo que a sua qualificação legal pode ser questionada por meio da juntada de pareceres técnicos ou outros laudos periciais.[134] Trata-se da *contraprova pericial*.

---

133. Vincular o juiz às conclusões do perito equivaleria a transferir para o perito o poder de definir os direitos e as obrigações das partes e conferir à prova pericial valor absoluto.

134. Trata-se de prova emprestada, cujo uso independe de concordância da parte contrária, por se tratar de apenas mais um dos elementos de convicção de que as partes podem lançar mão. Só haverá necessidade de concordância

Aliás, de nada adianta afirmar que o juiz pode deixar de considerar as conclusões do perito se às partes for negado o direito de produzir provas que o permitam fazê-lo. Resta concluir, assim, que o art. 479 do CPC se dirige ao juiz – reafirmando a sua liberdade na apreciação da prova, mesmo que de natureza técnica – e também às partes – assegurando-lhes o direito de fornecer ao juiz elementos de convicção que autorizem desconsiderar, total ou parcialmente, o laudo pericial.

Ao juiz é lícito determinar, de ofício ou a requerimento da parte, a realização de nova perícia, quando a matéria não estiver suficientemente esclarecida (art. 480 do CPC). A segunda perícia tem por objeto os mesmos fatos sobre os quais recaiu a primeira e destina-se a corrigir eventual omissão ou inexatidão dos resultados a que conduziu (art. 480, § 1º, do CPC) e rege-se pelas disposições estabelecidas para a primeira (art. 480, § 2º, do CPC), o que implica que as partes podem indicar assistentes técnicos e apresentar quesitos específicos para esta perícia ou, em relação aos quesitos ou reiterar aqueles apresentados por ocasião da primeira perícia.

A segunda perícia não substitui a primeira, cabendo ao juiz apreciar livremente o valor de uma e de outra (art. 480, § 3º, do CPC).

Cabe ao juiz avaliar a necessidade da segunda perícia, não sendo a sua decisão passível de recurso. Contra a decisão do juiz deve ser manifestado protesto, para que possa ser questionada em futuro recurso interposto contra a decisão definitiva.

21.7. Honorários periciais. Responsabilidade pelo pagamento dos honorários periciais.

Determinada a realização de perícia, será nomeado perito, que receberá, a título de remuneração pelos seus serviços, honorários periciais.

Realizada a perícia, cumpre definir a responsabilidade pelo pagamento dos honorários devidos ao perito.

A solução desta questão não é simples, visto que repercute no acesso à justiça e, com isso, na efetividade dos direitos assegurados pela ordem jurídica, na medida em que os custos do processo, nos quais estão incluídos os honorários periciais, podem dificultar ou impedir o acesso à justiça e, desse modo, aos direitos assegurados pela ordem jurídica, assim como também tem reflexos na definição do alcance da gratuidade da justiça.

O art. 790-B da CLT, com a redação que lhe conferiu a Lei n. 10.537/02, estabelecia que a responsabilidade pelo pagamento dos honorários periciais era da parte sucumbente na pretensão objeto da perícia, salvo se beneficiária da justiça

---

com a produção de prova emprestada quando a parte pretender a substituição da prova a ser produzida no processo pela produzida em outro processo.

gratuita. Assim, a parte que deu causa à realização da prova pericial responderia pelos seus custos, **salvo se beneficiária da justiça gratuita.**

A Lei n. 13.467/17 alterou a redação do art. 790-B da CLT, que passou a dispor que a responsabilidade pelo pagamento dos honorários periciais é da parte sucumbente na pretensão objeto da perícia, ainda que beneficiária da justiça gratuita. Portanto, de acordo com a nova redação do art. 790-B da CLT, a parte que deu causa à realização da prova pericial responderá pelos seus ônus, **ainda que seja beneficiário da justiça gratuita**, ou seja, **ainda que tenha sido reconhecido em juízo que ele não dispõe de meios para arcar com os custos do processo.**

Assim, o art. 790-B da CLT:

a) define a responsabilidade pelo pagamento dos honorários periciais: a responsabilidade pelo pagamento dos honorários periciais é da parte sucumbente na *pretensão* que deu ensejo à realização da prova pericial;

b) dispõe que o fato de a parte vencida na pretensão que deu ensejo à realização da prova pericial ser beneficiária da justiça gratuita não a dispensa do pagamento dos honorários periciais.

No entanto, esta nova disposição legal deve ser interpretada em sintonia com a Constituição da República, a própria CLT e as fontes subsidiárias e supletivas do direito processual do trabalho, entre estas o CPC.

Neste sentido, cumpre observar que:

1) é patente a inconstitucionalidade do art. 790-B, *caput* e §4°, da CLT, em razão do disposto no art. 5°, LXXIV, da Constituição, que impõe ao Estado o dever de prestar assistência jurídica integral e gratuita aos que comprovarem insuficiência de recursos, observando que o só fato de o trabalhador ter reconhecido créditos em juízo não o torna capaz de arcar com os custos do processo.

Anote-se que, como decidiu o Superior Tribunal de Justiça nos autos do AgRG no REsp. 1568047/SC, "[...]. 3. Ainda, "conforme a jurisprudência, "as despesas pessoais e materiais necessárias para a realização da perícia estão protegidas pela isenção legal de que goza o beneficiário da gratuidade de justiça. Assim, como não se pode exigir do perito a realização do serviço gratuitamente, essa obrigação deve ser do sucumbente ou, no caso de ser o beneficiário, do Estado, a quem é conferida a obrigação de prestação de assistência judiciária aos necessitados";

2) a Lei n. 13.660/18 inovou o Direito Processual do Trabalho ao conferir nova redação no § 2° do art. 819 da CLT, segundo o qual, havendo necessidade de nomeação de intérprete para a oitiva da parte e testemunhas que não souberem falar a língua nacional, **o beneficiário da justiça gratuita fica isento do pagamento dos honorários respectivos.**

Esta nova disposição legal torna certo que **o beneficiário da justiça gratuita está dispensado do pagamento de honorários devidos em razão da intervenção de técnico visando à produção da prova dos fatos que alega em juízo**, valendo anotar que a Lei n. 13.660/18, sendo posterior à Lei n. 13.467/17, sobre ela prevalece, nos termos do art. 2º, § 1º, do Decreto Lei 4.657/42, com a redação que lhe conferiu a Lei n. 12.376/10, vez que é patente a incompatibilidade entre os arts. 790-B, *caput* e § 4º, e 819, § 2º da CLT.

Note-se que, se o art. 790-B for aplicado na sua literalidade, o trabalhador estará sendo **punido em razão da improcedência da sua pretensão.** Com efeito, o que da norma em destaque resulta, se considerada em sua literalidade, é que o trabalhador que deu causa à realização da perícia, por manifestar em juízo pretensão improcedente, arcará com os custos respectivos. Ademais, nesta linha de raciocínio, se houver procedência do pedido, o réu deverá, **necessariamente**, ser punido por litigância de má-fé, visto que terá dado causa, imotivadamente, à realização da perícia. As duas soluções pecam pela falta de razoabilidade, da qual o julgador não pode se distanciar na interpretação dos textos normativos, por força, inclusive, do disposto no art. 8º do CPC, que impõe ao Poder Judiciário, ainda, o dever de resguardar e promover a dignidade humana e, com isto, os direitos que lhe são inerentes, dentre os quais o de acesso à justiça.

Se se desconsiderar a inovação estabelecida pela Lei n. 13.660/18, não se pode olvidar que a segunda parte do art. 790-B teve a sua rigidez amenizada pelo art. 790-B, §4º, da CLT, acrescentado pela Lei n. 13.467/17, segundo o qual a União somente pagará os honorários periciais quando o beneficiário da justiça **não tenha obtido em juízo créditos capazes de suportar a despesa, ainda que em outro processo.**

Ademais, o disposto no art. 791, § 4º, da CLT pode ser aplicado à hipótese por analogia, visto que também diz respeito aos custos do processo, e dele decorre que o beneficiário da justiça gratuita deverá pagar os honorários periciais **quando o credor demonstrar que deixou de existir a situação de insuficiência de recursos que justificou a concessão da gratuidade.**

Desse modo, ainda que tenha o trabalhador obtido crédito no processo em que foi condenado ao pagamento dos honorários (ou mesmo em outro processo), os honorários somente poderão ser dele cobrados se for comprovado que o seu pagamento **não colocará em risco a sobrevivência própria e familiar**, sendo que, para apuração deste fato deve ser aplicado à hipótese, por analogia, o limite imposto à penhora de salários pelo art. 833, IV, do CPC, ou seja, a retenção de valores para pagamento de honorários periciais somente pode alcançar as importâncias excedentes a 50 salários mínimos.

A propósito, é de suma relevância anotar que nada há na Lei n. 13.467/17 que permita afirmar que foi conferido aos honorários periciais *status* superior ao dos créditos trabalhistas, o que autoriza concluir que, na sua cobrança, devem ser observados os parâmetros estabelecidos pelo art. 833, IV, do CPC, que atua, neste particular, como fonte supletiva do Direito Processual do Trabalho.

Diante de tais fatos, o reclamante somente arcará com o pagamento dos honorários periciais se seus créditos líquidos ultrapassarem o equivalente a 50 salários mínimos.

Mas, o fato de parte não ter condições de pagar os honorários periciais, tal fato não significa e nem poderia significar que o perito não receberá pelo trabalho prestado.

A Constituição impõe à União o dever de prestar assistência judiciária integral e gratuita aos que comprovem insuficiência de recursos, o que abarca a garantia das condições necessárias para a defesa dos direitos em juízo, dentre elas o custeio da prova pericial (art. 5º, LXXIV).

Neste sentido, decidiu o Superior Tribunal de Justiça, nos autos do AgRG no REsp. 1568047/SC, no qual figurou como Relator o Min. Humberto Martins, que "Ainda, "conforme a jurisprudência, "as despesas pessoais e materiais necessárias para a realização da perícia estão protegidas pela isenção legal de que goza o beneficiário da gratuidade de justiça. Assim, como não se pode exigir do perito a realização do serviço gratuitamente, essa obrigação deve ser do sucumbente ou, no caso de ser o beneficiário, do Estado, a quem é conferida a obrigação de prestação de assistência judiciária aos necessitados."

É também neste sentido a Súmula n. 457 do TST: "A União é responsável pelo pagamento dos honorários de perito quando a parte sucumbente no objeto da perícia for beneficiária da assistência judiciária gratuita, observado o procedimento disposto nos arts. 1º, 2º e 5º da Resolução n. 66/2010 do Conselho Superior da Justiça do Trabalho - CSJT".

Destarte, se os créditos do reclamante apurados não ultrapassarem o importe correspondente a 50 salários mínimos, os honorários periciais deverão ser pagos pela União, na forma da Resolução n. 66/2010 do Conselho Superior da Justiça do Trabalho.

Por fim, o art. 790-B da CLT estabelece que, ao fixar o valor dos honorários periciais, o juiz deverá respeitar o limite máximo estabelecido pelo Conselho Superior da Justiça do Trabalho. Este dispositivo deve ser interpretado no sentido de que, salvo quando as particularidades do caso concreto exigirem, o juiz deverá respeitar o limite máximo estabelecido pelo Conselho Superior da Justiça do Trabalho, devendo ser desconsiderado quando existirem motivos suficientes para tanto, notadamente porque o juiz tem o dever de respeitar, inclusive na fixação dos honorários periciais, os princípios da proporcionalidade e razoabilidade, em razão do disposto no art. 8º do CPC, que é aplicável subsidiariamente no processo do trabalho (art. 15 do CPC e art. 769 da CLT) e, ainda, do 879, § 6º, da CLT, que faz expressa referência a tais princípios quanto trata dos honorários periciais devidos na execução.

Para fixar os honorários periciais o juiz poderá se valer dos critérios definidos pela CLT para efeito de fixação dos honorários advocatícios, quais sejam, grau de zelo do profissional, lugar da realização da perícia e o trabalho realizado pelo perito e o tempo exigido para a sua execução (art. 791-A, § 2º, da CLT).

22. INSPEÇÃO JUDICIAL

O juiz, de ofício ou a requerimento da parte, pode, em qualquer fase do processo, inspecionar pessoas ou coisas, a fim de se esclarecer sobre fato que interesse à decisão da causa (art. 481 do CPC).

Na inspeção, o juiz examina, pessoal e diretamente, pessoas e coisas a fim de se esclarecer sobre fatos que interessem à decisão da causa.

Ao realizar a inspeção direta, o juiz pode ser assistido por um ou mais peritos (art. 482 do CPC).

O juiz irá ao local onde se encontre a pessoa ou coisa quando: a) julgar necessário para a melhor verificação ou interpretação dos fatos que deve observar; b) a coisa não puder ser apresentada em juízo, sem consideráveis despesas ou graves dificuldades; c) determinar a reconstituição dos fatos (art. 482 do CPC).

As partes têm sempre direito a assistir à inspeção, prestando esclarecimentos e fazendo observações que reputem de interesse para a causa (art. 482, parágrafo único, do CPC). Por esta razão, as partes devem ser intimadas do dia, hora e local da inspeção judicial.

Concluída a inspeção, o juiz mandará lavrar auto circunstanciado, mencionando nele tudo quanto for útil ao julgamento da causa, podendo ser o auto instruído com desenho, gráfico ou fotografia (art. 484, *caput* e parágrafo único, do CPC).

É por meio do auto circunstanciado que a inspeção ingressa no processo.

23. PRESUNÇÕES

O juiz deve ser convencido da veracidade do fato alegado pelas partes. A convicção do juiz pode resultar da demonstração da veracidade do fato controverso (*fato diretamente relevante*) ou de um outro fato (*fato indiretamente relevante* ou *indício*), a partir do qual é possível inferir (*presumir*) a veracidade do fato controverso.

Deste modo, a partir de determinados indícios, pode-se afirmar a ocorrência, ou a não ocorrência de determinados fatos.

O art. 238 do CPP dispõe que "considera-se indício a circunstância conhecida e provada que, tendo relação com o fato, autorize, por indução, concluir-se a existência de outra ou outras circunstâncias".[135]

Na doutrina, colhe-se a lição de Indícios Friedrich Stein, para quem indícios "são fatos conhecidos, vale dizer, acontecimentos ou circunstâncias, a partir dos quais e por meio da experiência, se pode conhecer outros fatos que estão fora do processo e constituem o objeto da prova".[136]

Para Cândido Rangel Dinamarco, "presunção é um processo racional do intelecto, pelo qual do conhecimento de um fato infere-se com razoável probabilidade a existência de outro ou o estado de uma pessoa ou coisa".[137]

Portanto, presunções são as ilações da lei[138] ou do julgador[139], a partir das quais se parte de fato conhecido (indício) para afirmar a ocorrência, ou não ocorrência, de fato desconhecido. Trata-se, assim, de um processo mental, por meio do qual, partindo-se de um fato conhecido, chega-se à afirmação da ocorrência, ou não ocorrência, do fato controverso.

A presunção legal pode ser absoluta, relativa ou mista. Presunção legal absoluta (*juris et de jure*) é a que não admite prova em contrário; legal relativa (*juris tantum*), é a presunção que admite prova em contrário; mista é a presunção que aquela que somente pode ser afasta por determinada prova, previamente definida pela ordem jurídica (arts. 338 e 340 do Código Civil).

As presunções têm forte incidência no Direito Processual do Trabalho. Neste sentido, vale anotar, por exemplo, que os princípios de Direito do Trabalho[140] e as normas que impõem a pré-constituição da prova por parte do empregador[141] resultam no estabelecimento de presunções favoráveis ao trabalhador.[142]

O Código Civil (art. 212, IV) inclui a presunção entre os meios de prova. A presunção é processo mental, em razão do qual, partindo de um fato conhecido, se chega à ciência de um fato desconhecido.

No entanto, a presunção vem sendo considerada um meio de prova, na medida em que permite ao juiz conhecer a realidade fática (fato desconhecido), mediante

---

135. Lembre-se que, no raciocínio indutivo, parte-se do singular/particular para chegar ao geral, ao passo que, no raciocínio dedutivo: parte-se do geral para chegar ao singular/particular.

136. *El conocimiento privado del juez*, p. 41-42.

137. *Instituições de direito processual civil*, v. III, p. 113.

138. Presunção legal: a lei atribui a um fato força probante em relação a outro fato.

139. Presunção simples ou judicial: ilações que o juiz retira de fato conhecido para formar a sua convicção sobre o fato desconhecido.

140. A presunção de continuidade da relação de emprego transfere para o empregador o ônus de provar que foi do trabalhador a iniciativa ou a responsabilidade pela rescisão do contrato de trabalho, por exemplo.

141. A ausência de Constituição da prova documental sobre a jornada de trabalho autoriza presumir a veracidade da jornada de trabalho alegada pelo autor como fundamento do pedido de horas extras.

142. As presunções relativas constituem regras de distribuição do ônus da prova.

raciocínio que parte de um indício (fato conhecido) e que se assenta na conexão entre estes mesmos fatos.[143]

Uma das técnicas voltadas à verificação da veracidade do fato alegado pela parte é constituída pela denominada *constelação de indícios*. Trata-se do estabelecimento, pelo legislador ou pela jurisprudência, de premissas que, quando comprovadas, permitem presumir a veracidade de determinado fato.

Neste sentido, por exemplo, o art. 12 do Código de Trabalho de Portugal estabelece que é presumida a existência de relação de emprego quando, na relação entre a pessoa que presta uma atividade e outra ou outras que dela beneficiam, se verifiquem algumas das seguintes características: a) a atividade é realizada em local pertencente ao seu beneficiário ou por ele determinado; b) os equipamentos e instrumentos de trabalho utilizados pertencem ao beneficiário da atividade; c) o prestador de atividade observa horas de início e de término da prestação (jornada de trabalho), determinadas pelo beneficiário da mesma; d) é paga com determinada periodicidade uma quantia certa ao prestador de atividade, como contrapartida da mesma; e) o prestador de atividade desempenha funções de direção ou chefia na estrutura orgânica da empresa. Assim, o legislador português definiu uma série de situações - indícios - a partir dos quais é possível afirmar a existência da relação de emprego.

Lembre-se, ainda, que a jurisprudência e a doutrina apontam alguns fatos a partir dos quais pode ser afirmado o exercício de cargo de confiança bancária: a) possuir o trabalhador assinatura autorizada; b) possuir o trabalhador a senha que permite a abertura da agência ou do seu cofre; c) participar o trabalhador de comitê de crédito da agência; d) contar o trabalhador com outros trabalhadores a ele subordinados; e) possuir o trabalhador alçada própria.

24. REGRAS OU MÁXIMAS DE EXPERIÊNCIA COMUM E TÉCNICA

Estabelece o art. 852-D da CLT que o juiz dirigirá processo com liberdade para apreciar as provas e dar especial valor às regras de experiência comum ou técnica.

As regras de experiência não constituem, propriamente, um meio de prova, mas servem de valioso instrumento na sua avaliação, razão pela qual a elas se faz referência.

Regras ou máximas de experiência comum são as regras reveladas pela experiência resultante da observação do que ordinariamente acontece em determinadas circunstâncias, isto é, regras extraídas de situações similares às retratadas no

143. Trata-se da denominada *prova crítica* ou *indireta*, isto é, da prova que não recai diretamente sobre o fato controverso, mas sobre outro fato, a partir do qual é possível concluir pela ocorrência ou não do fato controverso. A prova crítica difere da *prova histórica* ou *direta*, que têm por objeto o próprio fato controverso.

processo. As regras de experiência são informadas pelo que Karl Larenz denomina "formas de comportamento social típico".[144]

De acordo com Friedrich Stein, regras de experiência "são definições ou juízos hipotéticos de conteúdo geral desvinculados dos fatos concretos que são julgados no processo, precedentes da experiência, mas independentes dos casos particulares de cuja observância foram induzidos e que, acima destes fatos, pretendem ter validade para outros novos".[145]

Antônio Carlos de Araújo Cintra ensina que a experiência comum a que se refere a lei "é a experiência de vida, no seu sentido mais amplo, ou seja, o conhecimento adquirido pela prática e pela observação no quotidiano, e a experiência técnica é o conhecimento técnico ou especializado que se adquire pelo estudo das ciências" e afirma que a regra de experiência "tem natureza normativa, em posição equivalente às normas jurídicas que estabelecem presunção relativa, produzindo presunções que, igualmente, dispensam a parte por elas favorecida, do respectivo ônus da prova, embora autorizem a prova em contrário".[146]

Regra de experiência técnica é a regra técnica de conhecimento geral.

Consoante já foi assinalado, na avaliação da prova o juiz formula uma hipótese psicológica ou conjectura provisória (aquilo de que está convencido a partir do primeiro exame da prova) e a submete à prova (confronto com outras hipóteses possíveis, dentre as quais as que resultam das regras ou máximas de experiência). Esta é uma das funções das regras ou máximas de experiência.

No entanto, as regras e máximas de experiência também atuam no estabelecimento da verdade dos fatos controversos, apresentando-se, assim, a sua segunda função.

Com efeito, embora as regras de experiência não constituam meio de prova, elas servem de instrumento para firmar convicção sobre a existência ou inexistência de fato relevante da causa (ao aplicar as máximas de experiência, o juiz utiliza o método dedutivo de investigação, partindo do geral para o particular).

Com a aplicação de uma regra de experiência, o juiz considerará comprovado o fato que "corresponde, segundo as circunstâncias constatadas, ao 'processamento típico do evento' e não se comprovou qualquer circunstância que sugira aqui a possibilidade de um distinto, quer dizer, não típico, processamento do evento. O 'processamento típico do evento' dedu-lo o tribunal de 'máximas de experiência' que, por seu lado, podem ser obtidas da 'experiência geral da vida'".[147]

---

144. *Metodologia da ciência do direito*, p. 660.

145. *El conocimiento privado del juez*, p. 27.

146. *Comentários ao Código de Processo Civil*, v. IV, p. 31-32.

147. Karl Larenz. *Metodologia da ciência do direito*, p. 661.

Ao autorizar o juiz a julgar segundo regras de experiência, o ordenamento jurídico dele exige constante preocupação com a realidade social que o cerca, ao passo que, atuando regras de experiência, o juiz se coloca em conexão com esta realidade.

Capítulo 15

SENTENÇA E COISA JULGADA

1. SENTENÇA

No presente Capítulo é examinada, em primeiro lugar, a sentença, nos seus vários aspectos, dentre os quais o seu conceito, o seu conteúdo e os seus requisitos.

1.1. Conceito.

Os *pronunciamentos* do juiz consistirão em sentenças, decisões interlocutórias e despachos (art. 203 do CPC e art. 893 da CLT).

Os pronunciamentos do juiz são classificados no CPC e na CLT, a partir de seu conteúdo (pronunciamentos com conteúdo decisório – sentença e decisão interlocutória – e pronunciamento sem conteúdo decisório – despacho).

A CLT não contém um conceito de sentença, visto que apenas define o que dela deve constar (art. 832).

O CPC de 2015, de acordo com o art. 203, § 1º, define sentença como pronunciamento por meio do qual o juiz, com fundamento nos arts. 485 (situações em que não haverá resolução do mérito) e 487 (hipóteses em que haverá resolução mérito), põe fim à fase cognitiva do procedimento comum, ou por meio do qual o juiz extingue a execução.

Assim, sentença é o pronunciamento por meio do qual o juiz põe fim a uma das fases do procedimento, resolvendo ou não o mérito, ou extingue o processo de execução.

O fato de o juiz decidir antecipadamente parte do mérito não é suficiente para negar ao seu pronunciamento a natureza de sentença, como resulta do art. 356 do CPC. A hipótese será de pronunciamento por meio do qual é julgado o mérito (art. 487, I, do CPC), o que o inclui no conceito adotado no art. 203, § 1º, do CPC.

1.2. Pronunciamento judicial decisório que não resolve o mérito da demanda.

Sentença, no processo de conhecimento, é o pronunciamento por meio do qual o juiz põe fim a uma das fases do procedimento, resolvendo ou não o mérito.

Situações existem, portanto, que a sentença será declaratória da impossibilidade de exame do mérito da demanda, embora o ideal seja de que o juiz resolva o mérito da demanda, definindo os direitos e as obrigações das partes. Tanto isto é verdade, que o CPC, prestigiando o julgamento do mérito da demanda, dispõe que: "as partes têm direito de obter em prazo razoável a solução integral do mérito, inclusive a atividade satisfativa" (art. 4º); ao juiz incumbe "determinar o suprimento de pressupostos processuais e o saneamento de outros vícios processuais" (art. 139, IX); "antes de proferir decisão sem resolução de mérito, o juiz deverá conceder à parte oportunidade para, se possível, corrigir o vício que conduziria àquela decisão" (art. 317). Trata-se de disposições compatíveis com o Direito Processual do Trabalho, que, como já foi visto, tem entre os seus princípios o favorecimento ao julgamento do mérito da demanda.

Como prevê o art. 485 do CPC, o juiz não resolverá o quando:

a) indeferir a petição inicial;

b) o processo ficar parado durante mais de um ano por negligência das partes.

Nesta hipótese, a parte deverá ser intimada pessoalmente para suprir a falta, no prazo de cinco dias (art. 485, § 1º). Somente no caso de inércia da parte é que não haverá resolução do mérito;

c) por não promover os atos e as diligências que lhe incumbir, o autor abandonar a causa por mais de trinta dias.

Nesta hipótese, o autor deverá ser intimado pessoalmente para suprir a falta, no prazo de cinco dias (art. 485, § 1º). Somente no caso de inércia do autor é que não haverá resolução do mérito. Acrescente-se que o não enfrentamento do mérito também pressupõe expresso pedido do réu, visto que ele pode ter interesse no julgamento do pedido do autor;[1]

d) verificar a ausência de pressupostos de constituição e de desenvolvimento válido e regular do processo;

e) reconhecer a existência de perempção, de litispendência ou de coisa julgada.

Tratando da perempção, dispõe o art. 486, § 3º, do CPC, que o autor que der causa, por três vezes, à extinção do processo em razão da não promoção dos atos

---

1. Nesse sentido: "a extinção do processo, por abandono da causa pelo autor, depende de requerimento do réu" (Súmula n. 240 do STJ).

e diligências que lhe competir (*abandono da causa*), não poderá intentar nova ação contra o réu com o mesmo objeto, ressalvada, entretanto, a possibilidade de alegar em defesa o seu direito. Todavia, no processo do trabalho, a perempção é apenas temporária (arts. 731 e 732 da CLT). Assim, ultrapassado o espaço de tempo em que a parte está impedida de ajuizar demanda perante a Justiça do Trabalho, poderá ele retornar ao Judiciário com a mesma pretensão;

f) verificar a ausência de legitimidade ou de interesse processual;

g) acolher a alegação de existência de convenção de arbitragem ou o juiz arbitral reconhecer sua competência;

h) homologar a desistência da ação;

i) em caso de morte da parte, a ação for considerada intransmissível por disposição legal;

j) nos demais casos previstos no Código de Processo Civil.

Estão entre os demais casos previstos no CPC a extinção do processo no caso de o juiz convencer-se de que as partes dele se serviram para praticar ato simulado ou conseguir fim proibido por lei (art. 142 do CPC).

O processo também será extinto sem resolução do mérito quando: 1) a reclamação for arquivada em razão da ausência do reclamante na audiência (art. 844 da CLT) ou pelo não atendimento dos requisitos próprios da petição inicial do processo sujeito ao procedimento sumaríssimo (art. 852-B, § 1º, da CLT); 2) o reclamante ajuizar a reclamação dentro dos seis meses que se seguirem ao segundo arquivamento da reclamação em razão de sua ausência na audiência (art. 732 da CLT).

No CPC é também previsto que: o pronunciamento que não resolve o mérito não obsta que a parte proponha de novo a ação (art. 486, *caput*), mas nos casos de extinção do processo em razão de litispendência, indeferimento da petição inicial, ausência de pressuposto de constituição e de desenvolvimento válido e regular do processo, ausência de legitimidade ou de interesse processual e acolhimento de alegação de existência de convenção de arbitragem ou quando o juiz arbitral reconhecer a sua competência, a propositura da nova ação depende da correção do vício que levou à sentença sem resolução do mérito (art. 486, § 1º).

Também no processo do trabalho, o pronunciamento que não resolve o mérito não obsta que a parte proponha de novo a ação, mas nos casos de extinção do processo em razão de litispendência, indeferimento da petição inicial, ausência de pressuposto de constituição e de desenvolvimento válido e regular do processo, ausência de legitimidade ou de interesse processual e acolhimento de alegação de existência de convenção de arbitragem ou quando o juiz arbitral reconhecer a sua competência, a propositura da nova ação depende da correção do vício que levou à sentença sem resolução do mérito.

Contudo, o CPC condiciona o processamento da segunda ação ao pagamento ou depósito das custas e dos honorários de advogado (art. 486, § 2º). No entanto, o princípio da facilitação do acesso à justiça torna incompatível com o Direito Processual do Trabalho a exigência da comprovação do pagamento de custas e dos honorários de advogado relativos à demanda anterior como condição para o ajuizamento de nova demanda, pelos motivos expostos quando tratarmos do arquivamento da demanda em razão da ausência do reclamante na audiência designada.

1.3. Pronunciamento judicial decisório que resolve o mérito da demanda.

No CPC de 2015 é estabelecido, no art. 487, que haverá resolução do mérito quando o juiz: a) acolher ou rejeitar o pedido formulado na ação ou na reconvenção; b) decidir, de ofício ou a requerimento, sobre a ocorrência de decadência ou prescrição; c) homologar o reconhecimento da procedência do pedido formulado na ação ou na reconvenção, a transação ou a renúncia à pretensão formulada na ação ou na reconvenção.

Anote-se que, ressalvada a hipótese do art. 332, § 1º, ou seja, de julgamento liminar de improcedência do pedido, a prescrição e a decadência não serão reconhecidas sem que antes seja dada às partes oportunidade de manifestar-se (art. 485, § 1º, do CPC).

1.4. Classificação da sentença.

Considerando o seu conteúdo, a sentença pode ser *terminativa* ou *definitiva*. A sentença que declara a impossibilidade de resolução do mérito diz-se *terminativa*.[2] A sentença que julga o mérito da demanda é denominada *definitiva* (a sentença *define* a vontade da lei para o caso concreto ou, dito de outra forma, *define* o direito e as obrigações das partes).

Contudo, essa classificação não é válida para a interpretação do art. 893, § 1º, da CLT, que, indicando os atos sujeitos a recurso no processo do trabalho, faz referência à *decisão definitiva* apenas para extremá-la daquela que resolve no curso do processo questão incidente, isto é, da *decisão interlocutória*.

Tendo em vista o tipo de tutela pretendida pelo autor, as sentenças são classificadas em declaratórias, constitutivas e condenatórias (*classificação trinária*). A sentença será: *declaratória* quando apenas declara a existência ou inexistência da relação jurídica ou a autenticidade ou falsidade de documento, por exemplo; *constitutiva*, quando cria, modifica ou extingue uma relação jurídica; *condenatória*, quando impõe uma obrigação ao reclamado, formando título executivo.

---

2. Esta sentença é também denominada *sentença processual*.

A esse rol são acrescidas as *sentenças mandamentais* e *executivas "lato sensu"*, o que conduz à *classificação quinaria das sentenças*. *Sentença mandamental* é aquela em que o juiz emite uma ordem a ser cumprida pelo demandado, sob pena de multa, que lhe é transmitida mediante um mandado. Exemplo típico de sentença mandamental é a proferida em mandado de segurança (quando a segurança é concedida). *Sentença executiva lato sensu* é aquela que impõe uma obrigação cujo cumprimento pode ser exigido independentemente da instauração de processo de execução. É o que se dá, por exemplo, com a sentença que determina a reintegração do trabalhador no emprego.

1.5. Elementos essenciais.

A sentença deverá conter, de acordo com o art. 832 da CLT:

a) o nome das partes;

b) o resumo do pedido e da defesa.

O resumo do pedido e da defesa consiste no *relatório*, no qual, além de resumir o pedido e a defesa, o juiz deverá registrar as principais ocorrências havidas andamento do processo (art. 489, I, do CPC), observando-se que, nos processos sujeitos ao procedimento sumaríssimo, é dispensado o relatório (art. 852-I da CLT);[3]

c) a apreciação da prova.

O juiz deverá realizar o exame crítico das provas existentes dos autos, visando estabelecer a verdade dos fatos que servirá de fundamento da sentença (art. 504, II, do CPC);

d) os fundamentos.

Nos fundamentos, o juiz resolverá as questões (pontos controvertidos) suscitadas pelas partes ou que deva enfrentar de ofício, definindo a norma abstrata que incide sobre os fatos considerados verdadeiros (norma correspondente ao suporte fático delineado pela prova) e a norma para o caso concreto (as consequências jurídicas decorrentes da incidência da norma abstrata sobre o suporte fático ou qualificação jurídica dos fatos).[4]

Note-se que a CLT a análise da prova e dos fundamentos, o que não se justifica, na medida em que é nos fundamentos que o juiz resolverá as questões de fato suscitadas pelas partes, o que pressupõe a análise da prova;

---

3. O relatório deve conter, de forma resumida, a tese do autor e a antítese do réu, que conduzirão à síntese representada pela sentença.
4. Andrea Proto Pisani afirma que "a atividade lógico-cognitiva do juiz concerne: a) à individualização e à interpretação da hipótese legal abstrata sobre a qual se sustenta o direito deduzido em juízo pelo autor: é a *quaestio iuris*; b) ao acertamento da existência ou não do fato principal apontado como fato constitutivo, modificativo, impeditivo ou extintivo aos fins do direito deduzido: é a *quaestio facti*" (*Lezioni di diritto processuale civile*, p. 402).

e) a conclusão ou o dispositivo.

Na conclusão ou dispositivo, o juiz apontará a sua decisão sobre a demanda, respondendo ao pedido de tutela jurisdicional a ele submetido, a partir das razões apontadas na fundamentação (a conclusão e a fundamentação devem, portanto, estar em perfeita sintonia).

A conclusão ou o dispositivo constitui a "resposta do Estado-juiz à demanda do autor, seja para negar o direito deste ao provimento de mérito (sentenças terminativas), seja para conceder-lhe o provimento conforme o pedido (procedência de demanda), seja para impor-lhe um provimento de conteúdo adverso (improcedência), seja ainda para acolher em parte o pedido, rejeitando-o no mais (procedência parcial)".[5]

O dispositivo "pode ser: a) direto, quando especifica a prestação imposta ao vencido (...); b) indireto, quando o juiz apenas se reporta ao pedido do autor para julgá-lo procedente ou improcedente".[6]

Ainda de acordo com o art. 832 da CLT, a decisão deverá conter a definição: 1) do prazo e das condições para o cumprimento das obrigações impostas ao vencido, no caso de procedência do pedido (§ 1º);[7] 2) das custas a serem pagas pela parte vencida (§ 2º);[8] 3) da natureza jurídica das parcelas constantes da condenação e do limite de responsabilidade de cada parte pelo recolhimento da contribuição previdenciária sobre elas incidente (§ 3º).[9]

A ausência, na sentença, de qualquer dos seus elementos essenciais, implica sua nulidade.

1.6. Requisitos internos da sentença.

A sentença deve atender a determinados *requisitos internos*, quais sejam:

a) *congruência:* o juiz deverá decidir a lide nos limites em que foi proposta (art. 832 da CLT e arts. 141 e 492 do CPC);

b) *clareza* e *precisão*: a decisão não deve gerar incertezas, mas definir com clareza e precisão os direitos e as obrigações das partes;[10]

---

5. Cândido Rangel Dinamarco. *Instituições de direito processual civil*, v. III, p. 661-662.
6. Humberto Theodoro Júnior. *Curso de direito processual civil*, v. I, p. 568.
7. Impondo uma obrigação ao réu, o juiz fixará o prazo e as condições para o seu cumprimento.
8. No caso de condenação, deverá a esta ser atribuído valor (valor da condenação), para efeito de cálculo das custas e de definição do valor do depósito recursal.
9. O mesmo procedimento deve ser adotado na decisão homologatória de acordo.
10. Daí a razão pela qual as partes podem opor embargos de declaração no caso de a decisão ser contraditória ou obscura;

c) *exaustividade* ou *completude:* todas as questões relevantes suscitadas pelas partes que sejam relevantes para a solução da lide devem ser enfrentadas e decididas;[11]

d) *coerência normativa:* a decisão deve respeitar as normas (regras e princípios) que compõem o ordenamento jurídico;[12]

e) *coerência narrativa*: o juiz deverá fundamentar a sua decisão na prova constante dos autos (art. 832 da CLT e art. 371 do CPC);[13]

f) *adequação ao caso concreto:* na decisão devem ser respeitadas as especificidades do caso concreto (art. 852-I, § 1º, da CLT e art. 371 do CPC);[14]

g) *coerência interpretativa*: este requisito tem relação com o *ideal de unanimidade* na definição judicial do significado das normas jurídicas e traduz a ideia segundo a qual o que é o direito em determinado momento é também definido pelos tribunais superiores.

Trata-se de exigência se manifesta, por exemplo, na autorização para a interposição de recurso de revista na hipótese de divergência na interpretação da lei federal (art. 896, *a*, da CLT)[15] e ganha especial relevo no CPC, com a determinação no sentido de que os tribunais devem uniformizar sua jurisprudência e mantê-la estável, íntegra e coerente (art. 926) e de que os juízes e os tribunais observarão: as decisões do STF em controle concentrado de constitucionalidade; os enunciados de súmula vinculante; os acórdãos em incidente de assunção de competência, de resolução de demandas repetitivas ou de julgamento de recursos extraordinário e de revista repetitivos; os enunciados das súmulas do STF em matéria constitucional e do STJ em matéria infraconstitucional;[16] as orientações do plenário ou do órgão especial aos quais estiverem vinculados (art. 927), observando-se que,

---

11. Por essa razão, as partes podem interpor embargos de declaração, no caso de omissão sobre ponto relevante para a decisão do litígio. É corrente a afirmação de que o juiz não está obrigado a enfrentar todas as alegações das partes. Esta afirmação deve ser entendida no sentido de que o acolhimento de uma pretensão em razão de determinada alegação dispensa o exame das demais alegações em que se funda aquela pretensão.

12. Por conta desta exigência, é lícita a interposição de recurso de revista no caso de violação literal de dispositivo de lei e contrariedade direta e frontal à Constituição da República, por exemplo (art. 896 da CLT). O respeito ao direito despersonaliza o julgamento. Sob este prisma, a fonte do direito é a norma jurídica e não o juiz.

13. Neil MacCormick aduz que a exigência de coerência normativa e narrativa "impõe um limite significativo sobre o que é aceitável como argumento para fundamentar conclusões jurídicas" (*Retórica e o estado de direito*, p. 330).

14. Este requisito remete à exigência de equidade. Ao juiz, como aduz Luigi Ferrajoli, é atribuído o poder de *conotação* ou de *compreensão equitativa*, o que não é estranho ao modelo processual garantista, com o qual não é incompatível, segundo esse doutrinador, "a presença de momentos valorativos" (*Direito e razão:* teoria do garantismo penal, p. 43).

15. A coerência interpretativa opera em favor da certeza e segurança quanto aos direitos e obrigações no contexto das relações sociais, valendo lembrar que, como assevera Luigi Ferrajoli, a interpretação "nunca é uma atividade exclusivamente recognitiva, mas é sempre fruto de uma escolha prática a respeito de hipóteses interpretativas alternativas" (*Direito e razão:* teoria do garantismo penal, p. 42).

16. No processo do trabalho, esta exigência diz respeito aos enunciados das súmulas do TST.

segundo a Instrução Normativa n. 39/16 do TST, são aplicáveis no processo do trabalho os arts. 926 a 928 do CPC.

O respeito a estes requisitos internos da sentença garante a objetividade das decisões judiciais ou, dito de outra forma, opera contra o subjetivismo no julgamento dos conflitos submetidos ao Poder Judiciário.

1.7. Sentença como silogismo. Ordem a ser seguida, na sentença, para a solução das questões de fato e de direito suscitadas no processo. Fundamentação das decisões judiciais.

O ato de julgar é um ato complexo, valendo fazer referência, ainda que breve, ao silogismo como cerne do raciocínio judicial, à ordem a ser seguida na solução das questões de fato e de direito relevantes para o julgamento da demanda e à fundamentação das decisões judiciais.

1.7.1. A sentença, como juízo sobre o conflito de interesses submetido ao Poder Judiciário, é, em certa medida, redutível a um silogismo, que tem como premissa maior a norma jurídica, como premissa menor os fatos cuja veracidade tenha sido apurada no processo e, como conclusão, o resultado da aplicação da norma jurídicas aos fatos apurados e que traduzirá o direito no caso concreto.

A necessidade de definir intersubjetivamente o significado da norma jurídica, as dificuldades de apuração da veracidade dos fatos controversos e o recurso à jurisprudência, assim como o fato apurados participar da definição do significado da norma e vice-versa (*definição recíproca de significado*[17]), não autorizam afirmar, de forma peremptória, que a sentença não contém, como cerne do raciocínio do juiz, um silogismo.

Com efeito, depois de ser definido o significado da norma (de forma intersubjetiva, levando em conta a jurisprudência e respeitando as particularidades fáticas do caso concreto) e estabelecida a verdade dos fatos controversos (a partir da prova existente dos autos, submetida à crítica pelas partes e pelo juiz), ter-se-ão duas premissas: a norma jurídica e os fatos considerados verdadeiros. Da crítica dos fatos provados à luz da norma jurídica resultará, como conclusão, a decisão do caso concreto.

É verdade que geralmente a sentença não alude à norma, passando do fato (trabalho em jornada superior à contratada, por exemplo) para a sua consequência

---

17. Riccardo Guastini aduz que a interpretação judicial dos textos normativos "é uma interpretação 'orientada para os fatos', já que o raciocínio judicial é sempre impulsionado por um preciso caso particular concreto: os juízes não se perguntam qual é o significado de um texto normativo 'em abstrato', mas se perguntam se um dado caso particular cai, ou não, dentro do campo de aplicação de uma certa norma" (*Das fontes às normas*, p. 74).

jurídica (reconhecimento do direito ao recebimento de horas extras), mas isto não significa que aquele fato não foi qualificado juridicamente pelo juiz (a remuneração é deferida porque, à luz do ordenamento jurídico, o trabalho extraordinário deve ser remunerado pelo empregador).

Contudo, não se pode olvidar que, como aduz Riccardo Guastini, o silogismo "é somente o cerne do raciocínio judicial. As duas premissas constituem justificação da decisão (a chamada justificação 'interna'), porém habitualmente, também a escolha das premissas exige, por sua vez, justificação (a chamada justificação 'externa' ou metajustificação). A escolha das premissas, de fato, não é coisa óbvia: é o resultado de uma dupla série de decisões preliminares. Uma primeira série de decisões é necessária para estabelecer a premissa maior: estas decisões atendem à interpretação das fontes de direito e, eventualmente, dos precedentes. Uma segunda série de decisões é necessária para estabelecer a premissa menor: estas decisões atendem à avaliação da prova (...). Portanto, a decisão judicial requer a prévia solução de duas séries distintas de problemas: questão de direito (interpretação das fontes) e questões de fato (verificação dos fatos)".[18]

1.7.2. Do exame dos arts. 485 e 487 do CPC resulta que, na sentença, pode ser declarada a impossibilidade de resolução do mérito ou julgado o mérito da demanda.

Dessa forma, o juiz deverá, ao proferir julgamento: a) examinar a viabilidade de enfrentar o mérito; b) não sendo o caso de declarar a impossibilidade de examinar o mérito, proferir decisão sobre ele.

De outro lado, o art. 337 do CPC, ao definir as matérias de defesa que o réu deve alegar antes de discutir o mérito, tornam certo que existem questões que devem ser solucionadas *previamente*, ou seja, antes do enfrentamento do mérito.

Não se pode olvidar, ainda, a existência de *questões prejudiciais*, isto é, de questões que devem ser enfrentadas antes do julgamento do mérito, *pelo fato de sobre ele terem influência*. À questão prejudicial faz expressa referência, inclusive, o art. 503, § 1º, do CPC. Destarte, se o pedido do autor tem como fundamento a existência de determinado direito que é questionada pelo réu, a sua verificação deve ocorrer antes que se examine o pedido que a tem como fundamento.

Existem, portanto, *questões prévias*, a serem examinadas antes do enfrentamento do mérito. Questões prévios constituem gênero, do qual são espécies as *questões preliminares* e as *questões prejudiciais*.

A distinção entre estas duas espécies de questões prévias reside no fato de que o acolhimento da preliminar *impede* o provimento sobre o mérito, ao passo

18. *Das fontes às normas*, p. 68-68.

que o acolhimento da prejudicial *não impede*, mas apenas *prejudica* o exame do mérito.[19]

Anote-se que, como assevera Para Calmon de Passos, "*questão* é toda controvérsia que se constitui no bojo de um processo. Controvérsia a respeito de fato (questão de fato) ou relativa a direito (questão de direito) (...). Algumas destas questões de direito são chamadas *questões prévias*, porque sua decisão precede, sempre, a decisão sobre o mérito propriamente dito. Essas questões prévias, por sua vez, ou são *preliminares* ou são *prejudiciais*. Caracteriza-se como preliminar aquela que, uma vez acolhida, *obsta* prossiga o juiz na sua tarefa de julgar. Cessa, com a acolhida, o seu ofício. Exemplo: a legitimidade da parte, a prescrição. Já a prejudicial, acolhida ou não, *impõe* prossiga o juiz na sua tarefa de julgar, porque o que tenha concluído quanto a essa questão prévia influenciará o julgamento da questão prejudicada, sempre necessário. A decisão de prejudicial não obsta, como acontece com a preliminar. Ela influi, dá sentido e dá conteúdo à decisão da chamada questão prejudicada. Essa questão prejudicial (de mérito) diz o CPC (art. 469, III), será decidida incidentalmente, sem força de coisa julgada. Caso pretendam as partes que ela seja decidida *principaliter*, vale dizer, com força de coisa julgada, devem ser objeto de uma demanda incidental".[20]

Observe-se que Calmon de Passos inclui a prescrição entre as preliminares, considerando que o seu reconhecimento impede o julgamento de mérito. No entanto, o CPC dispõe que haverá resolução de mérito quando o juiz pronunciar a prescrição ou a decadência (art. 487, II, do CPC), o que permite afirmar que elas constituem *preliminares de mérito*, no sentido de que o juiz examinará, antes de julgar o mérito propriamente dito (os pedidos do autor), os efeitos do tempo sobre a pretensão de satisfação do direito objeto de disputa (prescrição) e sobre a subsistência do próprio direito (decadência). Com efeito, antes de examinar o pedido de confirmação da existência do direito ao recebimento de horas extras, por ex., o juiz deverá examinar a eficácia da pretensão à satisfação deste direito (prescrição).

Realizados estes registros, cumpre observar que o art. 832 da CLT também fornece parâmetros para a definição da ordem a ser seguida no exame das questões suscitadas pelas partes, vez que dele resulta que o juiz deverá: 1) resumir o pedido e a defesa, o que corresponde à *fixação e individualização do objeto do conflito de interesses a ser solucionado*; 2) examinar as provas produzidas pelas partes e indicar a sua conclusão sobre a veracidade dos fatos alegados (*solução*

---

19. A questão é dita *prejudicial* porque prejudica (no sentido de que *condiciona ou influencia*) a decisão de outra questão (*questão prejudicada* ou *subordinada*).

20. *Comentários ao Código de Processo Civil*, v. III, p. 437-438.

das questões de fato); 3) fixar as consequências que o ordenamento jurídico atribui aos fatos provados (*solução das questões de direito*); 4) dar resposta às pretensões das partes (*conclusão* ou *dispositivo*).

Cumpre acrescentar que:

a) entre duas questões, de fato ou de direito, primeiro deve ser resolvida aquela cuja solução constitua pressuposto lógico do exame da outra;

b) no exame dos pedidos considerados uns em relação aos outros também existe uma ordem a ser observada.

Assim é que, se for requerida a declaração de existência de relação de emprego e a condenação do reclamado ao pagamento de parcelas rescisórias, primeiro o juiz deverá verificar a existência da relação de emprego para, acolhendo a pretensão declaratória, examinar o pedido de pagamento de verbas rescisórias. Da mesma forma, no caso de terceirização de serviços, se houver pedido de condenação do empregador ao pagamento de determinadas parcelas e de reconhecimento da responsabilidade do tomador dos serviços pelo pagamento destas parcelas, primeiro deve ser examinada a existência dos créditos deduzidos e, somente depois, a responsabilidade pela sua satisfação, o mesmo ocorrendo quando se trate de impor responsabilidade a empresas do mesmo grupo econômico, ou seja, primeiro, deve ser verificada a existência de crédito e, posteriormente, definida a responsabilidade pela sua satisfação (esta ordem é fornecida, inclusive, pelo art. 832, § 3º, da CLT, do qual resulta que, definida a existência de crédito de natureza salarial, ou seja, sobre o qual incidem contribuições previdenciárias, o juiz deverá definir a responsabilidade pelo seu recolhimento).

De outro lado, embora os arts. 337 e 485 do CPC não a indiquem expressamente, deles resulta a seguinte *ordem de enfrentamento das questões preliminares*:

1) existência ou nulidade da citação (*pressuposto processual de existência da relação jurídica processual*);

2) competência do juízo, regularidade da petição inicial, capacidade da parte, regularidade da representação da parte e perempção (*pressupostos processuais de validade da relação jurídica processual*);[21]

3) situação estranha ao processo que impede o julgamento do mérito, tais como litispendência e coisa julgada (*pressupostos processuais negativos*);

4) verificação da existência de legitimidade e de interesse processual.

---

21. O juiz somente pode se manifestar sobre o mérito quando a relação jurídica processual houver sido regularmente constituída com a citação do demandado. Calmon de Passos adota posicionamento diverso, afirmando que "só o juiz competente pode se pronunciar sobre a validade ou invalidade da citação (...). Só o juiz competente pode se pronunciar sobre a validade ou invalidade da relação processual e sobre a validade ou invalidade de qualquer ato do processo" (*Comentários ao Código de Processo Civil*, v. III, p. 288 e 291).

Ultrapassado o exame das preliminares (questões de natureza processual), serão examinados as questões prejudiciais e o mérito, *nesta ordem*.

Ao julgar o mérito, o juiz deve examinar a ocorrência do fato constitutivo, impeditivo, extintivo e modificativo do direito deduzido, *nesta ordem*.[22]

Como aduz Devis Echandía, "para que um direito nasça, se requer tanto a presença de fatos constitutivos como a ausência de fatos impeditivos e para que subsista, é necessário que concorram fatos extintivos", ao passo que "pode ocorrer que o demandado alegue somente que a pretensão apresenta certa modalidade menos prejudicial para ele, como uma distinta qualidade do contrato ou da obrigação que, se lhe imputada, vale dizer que persiga modificá-la, mas não desconhecê-la ou extingui-la. Outras vezes o demandado afirma a existência de fatos que não se opõem ao nascimento do direito nem produzem a sua extinção, mas que se limitam a paralisar seu exercício por algum tempo".[23]

1.7.3. A Constituição dispõe, no art. 93, IX, que as decisões proferidas pelos órgãos do Poder Judiciário serão fundamentadas, sob pena de nulidade.

Isto significa que as partes têm o direito à fundamentação das decisões judiciais.

Além de expressamente reconhecido no art. 93, IX, da Constituição, o direito à fundamentação das decisões judiciais constitui um corolário do direito ao devido processo constitucional e legal e uma manifestação do Estado Democrático de Direito, compondo, ainda, o complexo de direitos que conformam o processo justo.[24]

A hipótese é de direito fundamental processual, que decorre dos princípios de direito processual adotados pela Constituição (art. 5º, § 2º), e, ainda, de direito humano processual, como tal reconhecido, por exemplo, no art. 10 da Declaração Universal dos Direitos Humanos, dispositivo no qual a fundamentação apresenta-se como corolário do direito ao justo processo e uma das formas de sua manifestação, que é a publicidade do processo judicial, entendida a publicidade no seu sentido mais amplo, ou seja, para também englobar a ciência das razões de decidir na fixação dos direitos e deveres das partes.[25]

---

22. Convencido de que não foi produzida prova do fato gerador do direito afirmado pelo autor, o juiz está dispensado de verificar a existência dos fatos impeditivos, modificativos ou extintivos que tenham sido afirmados pelo réu na defesa.

23. *Teoría generale del proceso*, p. 230.

24. Entende-se por *processo justo* aquele ao qual se tem acesso fácil e simplificado e que se desenvolve, também de forma simplificada, publicamente, perante juiz previamente apontado como competente, independente e imparcial, em que sejam respeitados o direito das partes ao pleno exercício, com liberdade e em simétrica paridade, do contraditório e da ampla defesa e que seja informado pela finalidade de, em tempo razoável e sem dilações indevidas, com o menor dispêndio econômico possível e de forma fundamentada, concretizar o direito atribuído e garantido pelas normas constitutivas do ordenamento jurídico democraticamente instituído.

25. Estabelece o art. 10 da Declaração Universal dos Direitos Humanos que "Toda pessoa tem direito, em plena igualdade, a uma audiência justa e pública por parte de um Tribunal independente e imparcial, para decidir sobre

Ao direito das partes à fundamentação das decisões judiciais corresponde, para o juiz, o dever de proferir decisões fundamentadas. A fundamentação das decisões judiciais participa da legitimação da atuação do Poder Judiciário e serve de remédio contra decisões judiciais arbitrárias.

Estabelecida a existência do direito à fundamentação e do dever de fundamentar, cumpre definir as funções da fundamentação, como condição para precisar o conteúdo do direito e do dever já assinalados.

A fundamentação das decisões possui:

a) função *endoprocessual*, na medida em que é a ciência das razões de decidir que permite às partes e às instâncias superiores exercer o controle das decisões judiciais (a fundamentação é que torna possível o *controle interno das decisões judiciais*);

b) *função extraprocessual*, posto que a fundamentação garante a possibilidade de controle da atividade jurisdicional pela sociedade (a fundamentação permite o *controle externo das decisões judiciais*);

c) função a um só tempo *endo e extraprocessual*, que é a de contribuir para a formação da jurisprudência e dos precedentes, e, com isto, para a definição do que constitui direito em determinadas situações fático-jurídicas, condição em que atua como orientação para as relações sociais. Esta função é realçada pelo CPC de 2015, que atribui especial atenção aos precedentes.[26]

A Constituição impõe a fundamentação das decisões judicias, mas não define o alcance e o significado dos fundamentos.

A CLT também inclui a fundamentação entre os requisitos essenciais da decisão judicial (art. 832, *caput*).

Na busca de parâmetros fornecidos pelo Direito Processual do Trabalho para aferir o cumprimento do mandamento constitucional de fundamentação das decisões judiciais, nos deparamos com o art. 897-A da CLT, que, admitindo a interposição de embargos de declaração na hipótese de obscuridade, contradição ou omissão,

---

seus direitos e deveres ou o fundamento de qualquer acusação criminal contra ela". O direito à fundamentação das decisões judiciais compõe o *mínimo existencial processual* estabelecido pelas normas de Direito Internacional dos Direitos Humanos e pela Constituição. O conceito e o conteúdo do *mínimo existencial processual* foram examinados com mais profundidade em nosso *Elementos da teoria geral da prova:* a prova como direito humano e fundamental das partes do processo judicial. São Paulo: LTr, 2013.

26. Não se confundem jurisprudência, súmula e precedentes. A jurisprudência é formada, nos tribunais, por meio de reiteradas decisões em um mesmo sentido. A súmula contém o enunciado correspondente à jurisprudência predominante no tribunal que a edita. O precedente corresponde aos fundamentos, fáticos e jurídicos, determinantes da decisão. Os tribunais devem uniformizar a sua jurisprudência, cujo enunciado pode ser traduzido em uma súmula. O art. 927, III, do CPC estabeleceu os precedentes obrigatórios, formados nos incidentes que compõem o *microssistema de formação de precedentes* estabelecido pelo CPC: incidente de assunção de competência, incidente de resolução de demandas repetitivas e incidente de julgamento de recursos repetitivos.

fornece um valioso indicativo do conteúdo necessário da fundamentação: ela deve ser clara e precisa, isto é, definir, com clareza e precisão, as razões que levaram ao estabelecimento dos direitos e das obrigações das partes, e, ainda, ser completa, no sentido de não ser omissa em relação a ponto ou questão sobre o qual deveria pronunciar-se o juiz diante da sua relevância sobre a solução da demanda.

A completude da fundamentação é também estabelecida pelo art. 852-I da CLT, segundo o qual a sentença mencionará os elementos de convicção do juiz, o que significa que devem ser apontadas na decisão todas as razões de decidir do juiz, o que constitui, inclusive, uma exigência da publicidade dos atos processuais decisórios.

A esta altura, pode ser afirmado que, no processo do trabalho, a fundamentação deverá conter as razões de decidir em relação às questões de fato e de direito, suscitadas pelas partes ou apreciáveis de ofício, e que estas razões de decidir devem ser claras, precisas e completas.

A CLT dá um passo adiante, quando, no art. 895, § 1º, IV, estabelece que o acórdão, no caso de a sentença proferida no procedimento sumaríssimo ser confirmada, consistirá unicamente na certidão de julgamento, com a indicação suficiente das razões de decidir do voto prevalente. Destarte, a fundamentação deve conter, de forma suficiente, as razões de decidir do juiz.

No entanto, não se pode olvidar que o Direito Processual do Trabalho prima pela concisão, como o demonstram, na CLT, o art. 840, § 1º (segundo o qual a petição inicial deverá conter um breve relato dos fatos de que resulte), o art. 852-I (que dispensa o relatório nas sentenças proferidas no procedimento sumaríssimo), o art. 895, § 1º, IV (que estabelece, em relação ao julgamento de recurso ordinário concernente ao procedimento sumaríssimo, que, se a sentença for confirmada pelos seus próprios fundamentos, a certidão de julgamento, registrando tal circunstância, servirá de acórdão) e o art. 896-A, § 2º, que aduz a fundamentação sucinta a respeito de não apresentar a matéria versada em recurso de revista transcendência econômica, política, social ou jurídica, por exemplo.[27]

Nesta perspectiva, é lícito concluir que, no processo do trabalho, a fundamentação deve conter, de forma clara, precisa, completa, suficiente e concisa, as razões de decidir do juiz sobre as questões, de fato e de direito, enfrentadas na decisão.

Acrescente que, segundo o art. 794 da CLT, nos processos sujeitos à apreciação da Justiça do Trabalho, só haverá nulidade quando resultar dos atos inquinados

27. O CPC de 1973, no art. 165, estabelecia que as decisões interlocutórias seriam fundamentadas, ainda que de modo *conciso*, o que não foi repetido no CPC de 2015, que, ao contrário, define o conteúdo e alcance da fundamentação sem qualquer ressalva em relação à decisão interlocutória (art. 489, § 1º). O Direito Processual do Trabalho, como foi acima demonstrado, prima pela concisão dos atos processuais. Assim, enquanto no CPC de 2015 é exigida fundamentação exaustiva, no Direito Processual do Trabalho, o que se exige é fundamentação suficiente e concisa.

manifesto prejuízo às partes litigantes. Sob este prisma e considerando as suas funções acima definidas, a fundamentação será suficiente quando permitir o controle interno e externo da decisão.

De outro lado, cumpre recordar que, no Direito Processual do Trabalho, eventual contrariedade a súmula, jurisprudência ou precedente não é causa de nulidade, ao contrário do que prevê o CPC, como deixa claro o art. 896 da CLT ao autorizar a interposição de recurso de revista no caso de contrariedade a súmula, inclusive vinculante, e divergência jurisprudencial.

Importa acrescentar, por fim, a exigência de adequação da decisão ao caso concreto, constante do art. 852-I, § 1º, da CLT, que deixa clara a restrição do Direito Processual do Trabalho às decisões genéricas.

Como assinala Michele Taruffo, o respeito aos precedentes e à jurisprudência está inserido no debate entre o *universalismo jurídico*, fundado "essencialmente sobre a ideia de que existem regras gerais destinadas a serem aplicadas de forma uniforme pelos tribunais, e que a respectiva decisão se justifica apenas se o caso particular que é objeto da decisão pode ser 'subsumido' em uma norma geral que deve se aplicar do mesmo modo em todos os casos iguais ou semelhantes" e que "se refere à justiça como a correta interpretação dos dispositivos normativos, ou seja, aquela que se poderia chamar 'justiça da norma' identificada de modo autoritativo, possivelmente vinculante, com as formulações gerais, da parte dos órgãos de vértice do sistema judiciário", e o *particularismo jurídico*, segundo o qual a decisão não é "fruto da aplicação mecânica das normas gerais, e, ao invés, a aplicação da norma não pode ser feita sem a referência à complexidade do caso particular sobre o qual se refere a decisão" e que se refere à "'justiça da decisão', relativa ao singular caso concreto, ou seja, à justiça substancial em que o juiz relaciona as normas às situações reais e efetivas, vistas em todos os seus aspectos relevantes, que são objeto de decisão".[28]

Sob este prisma, o Direito Processual do Trabalho, considerando a exigência de adequação da decisão ao caso concreto, optou pelo *particularismo jurídico*.

Em suma, a CLT exige que a fundamentação seja clara, precisa, completa, suficiente, concisa e adequada ao caso concreto, considera insuficiente a fundamentação que cause manifesto prejuízo à possibilidade do controle interno e externo da decisão judicial e afasta a possibilidade de equiparar o fato de o juiz deixar de aplicar súmula, jurisprudência ou procedente à ausência de fundamentação. Destarte, não há omissão do Direito Processual do Trabalho quanto aos parâmetros para aferir o cumprimento do mandamento constitucional de fundamentação das decisões judiciais.

---

28. As funções da uniformidade e justiça das cortes supremas, palestra proferida no *I Colóquio Brasil-Itália de Direito Processual Civil*, realizado em São Paulo em agosto de 2014.

Vale abrir um parêntese para esclarecer o conteúdo e alcance da fundamentação das decisões judiciais no Direito Processual Civil.

O CPC de 2015 estabelece, no art. 11, que todos serão fundamentadas todas as decisões, sob pena de nulidade e indica que a fundamentação deve ser clara e precisa (art. 298).

O CPC também estabelece, no art. 489, § 1º, as situações consideradas como correspondentes à *ausência de fundamentação*, dispondo que não se considera fundamentada a decisão judicial, seja ela interlocutória, sentença ou acórdão, que:

I – se limitar à indicação, à reprodução ou à paráfrase de ato normativo, sem explicar sua relação com a causa ou a questão decidida.

Cumpre ao juiz, sob este prisma, proceder à individualização dos atos normativos aplicados na solução das questões de fato e de direito enfrentadas na decisão, ou, dito de outra forma, demonstrar a pertinência dos atos normativos invocados na decisão com a causa ou a questão decidida;

II – empregar conceitos jurídicos indeterminados sem explicar o motivo concreto de sua incidência no caso;

III – invocar motivos que se prestariam a justificar qualquer outra decisão. Do juiz é exigido que adote razões de decidir (motivos) que atendam às especificidades do caso concreto;

IV – não enfrentar todos os argumentos deduzidos no processo capazes de, em tese, infirmar a conclusão adotada pelo julgador. Sob este enfoque, cabe ao juiz enfrentar todos os argumentos deduzidos pelas partes, inclusive aqueles que, ainda que somente em tese, serviriam para infirmar as suas conclusões (este inciso diz respeito à fundamentação na hipótese de criação de precedentes);

V – se limitar a invocar precedente ou enunciado de súmula, sem identificar seus fundamentos determinantes nem demonstrar que o caso sob julgamento se ajusta àqueles fundamentos.

Ao invocar um precedente ou súmula como razão de decidir, o juiz deve identificar os seus fundamentos fáticos e jurídicos determinantes e demonstrar a sua pertinência ao caso concreto, ou, dito de outra forma, demonstrar *a* inexistência de distinção entre aqueles fundamentos e o caso concreto (art. 489, § 2º, do CPC);[29]

29. Por força desta previsão legal, os tribunais devem apontar nas suas decisões, preferencialmente nas respectivas ementas, os fundamentos fáticos e jurídicos determinantes de suas decisões, o que decorre do fato de a fundamentação estar diretamente relacionada, no CPC, com a criação de precedentes, o que significa que a fundamentação se dirige à definição da norma para o caso concreto e, ainda, para a criação de uma orientação paras a decisão de casos futuros.

VI – deixar de seguir enunciado de súmula, jurisprudência ou precedente invocado pela parte sem demonstrar a existência de distinção no caso em julgamento ou a superação do entendimento.

Ao juiz é vedado deixar de seguir súmula, jurisprudência ou precedente invocado pelas partes sem demostrar a existência de distinção entre os seus fundamentados determinantes e o caso concreto (*distinguishing*) ou a sua superação (*overruling*), assim como deixar de se manifestar tese firmada em julgamento de casos repetitivos ou em incidente de assunção de competência aplicável ao caso em julgamento (art. 1.022, parágrafo único, I).[30]

Nota-se, assim, que, tanto no Direito Processual do Trabalho quanto no Direito Processual Civil, a fundamentação deve ser clara, precisa e completa e ser adequada ao caso concreto, mas o primeiro faz opção pela fundamentação suficiente e concisa, enquanto o segundo exige a fundamentação exaustiva.

À luz do que foi dito e considerando que o art. 769 da CLT não foi revogado pelo art. 15 do CPC, pelos motivos já expostos quanto foram examinadas as fontes do Direito Processual do Trabalho, é lícito concluir que:

a) as decisões proferidas pelos órgãos da Justiça do Trabalho devem ser fundamentadas, visto que também no contexto do processo do trabalho a fundamentação das decisões constitui direito das partes e dever do juiz;

30. A *jurisprudência* referida no citado comando legal é aquela representada pelos acórdãos proferidos em incidente de assunção de competência ou de resolução de demandas repetitivas e em julgamento de recursos repetitivos e não a *jurisprudência* traduzida por decisões reiteradas de um tribunal no mesmo sentido, como permite afirmar o art. 927, III, do CPC, que ordena a observância daquele e não desta. Anote-se que: a) o *incidente de assunção de competência* é regulado pelo art. 947 do CPC, sendo admissível quando o julgamento de recurso, de remessa necessária ou de processo de competência originária envolver relevante questão de direito, com grande repercussão social, sem repetição em múltiplos processos e, por força da sua instauração, o recurso será julgado pelo órgão colegiado que o regimento interno do tribunal definir, vinculando o acórdão proferido todos os juízes e órgãos fracionários, exceto se houver revisão de tese; b) o *incidente de julgamento de demandas repetitivas* é disciplinado nos arts. 976 a 987 do CPC e constitui procedimento de julgamento de causas repetitivas de competência dos tribunais (não dos tribunais superiores, como decorre do art. 976, § 4º, de acordo com o qual o incidente não será instaurado quando um dos *tribunais superiores* já tiver afetado recurso para definição de tese sobre a questão de direito material ou processual repetitiva). Neste caso, o órgão colegiado incumbido de julgar o incidente e de fixar a tese jurídica julgará igualmente o recurso, a remessa obrigatória ou o processo de competência originária de onde se originou o incidente. Julgado o incidente, a tese jurídica será aplicada a todos os processos individuais ou coletivos que versem sobre idêntica questão de direito e que tramitem na área de jurisdição do respectivo tribunal e aos casos futuros que versem idêntica questão de direito e que venham a tramitar no território de competência do tribunal, salvo se ocorrer a sua revisão; c) do *julgamento de recursos repetitivos* tratam os arts. 1.036 a 1.041 do CPC, sendo relevante observar que: a) decididos os recursos afetados, os órgãos colegiados declararão prejudicados os demais recursos versando sobre idêntica controvérsia ou os decidirão aplicando a tese firmada; b) publicado o acórdão paradigma, o presidente ou vice-presidente do tribunal de origem negará seguimento aos recursos sobrestados na origem, se o acórdão recorrido coincidir com a orientação do tribunal superior; c) o órgão colegiado que proferiu o acórdão recorrido, na origem, reexaminará o processo de competência originária, a remessa obrigatória ou o recurso anteriormente julgado, se o acórdão recorrido contrariar a orientação do tribunal superior; d) os processos suspensos em primeiro e segundo graus de jurisdição retomarão o curso para julgamento e aplicação da tese firmada no tribunal superior. Estes incidentes e o julgamento de recursos repetitivos constituem *técnicas de criação de precedentes*. Observe que, segundo a Instrução Normativa n. 39/16 do TST, são aplicáveis no processo do trabalho os arts. 926 a 928 do CPC de 2015 (art. 3º, XXV).

b) a CLT estabelece que a fundamentação deve ser *clara, precisa, completa, suficiente, concisa* e *adequada ao caso concreto*, considera insuficiente somente a fundamentação que cause manifesto prejuízo à possibilidade de controle interno e externo das decisões judiciais e afasta a possibilidade de equiparar o fato de o juiz deixar de aplicar súmula, jurisprudência ou procedente à ausência de fundamentação.

Não há omissão do Direito Processual do Trabalho, no que comporta ao alcance e significado da fundamentação, a ser suprida por meio do recurso ao art. 489, § 1º, do CPC. No entanto, este fato não significa que o Direito Processual do Trabalho e o Direito Processual Civil não podem dialogar entre si, visando encontrar o ponto de equilíbrio entre a fundamentação suficiente e concisa, imposta pelo Direito Processual do Trabalho, e a fundamentação exaustiva, exigida pelo direito processual civil.

De qualquer forma, cumpre observar que, no processo do trabalho:

a) não há necessidade de explicar a pertinência do ato normativo invocado na decisão como razão de decidir com o caso concreto quando ela não houver sido objeto de controvérsia entre as partes;

b) o juiz não está obrigado a mencionar, a cada questão de direito enfrentada, os atos normativos em que sustenta a sua decisão, valendo lembrar, por exemplo, a hipótese de decisão em que, reconhecida a identidade de função e a ausência de fatos impeditivos, extintivos ou modificativos do direito à equiparação salarial, o autor tem reconhecido o direito às diferenças salariais por ele pleiteadas, situação em que não há necessidade de expressa referência ao art. 461 da CLT como ato normativo que autoriza a conclusão do juiz;

c) não havendo controvérsia sobre o sentido do conceito jurídico indeterminado invocado no debate entre as partes e na decisão, não há necessidade de explicitá-lo na decisão;

d) desde que a decisão seja adequada ao caso concreto, não há nulidade pelo fato da possibilidade de as razões de decidir nela invocadas serem passíveis de utilização em demandas similares. Aliás, a valorização dos precedentes demonstra que uma mesma razão de decidir pode ser utilizada em vários processos, desde que eles versem sobre a mesma situação fática e jurídica;

e) ao juiz é lícito enfrentar apenas os argumentos principais (argumentos capazes de, por si só, determinar o acolhimento ou a rejeição de uma pretensão), não sendo razoável examinar argumentos que apenas em tese permitiram infirmar a conclusão adotada quando outros existem que, concretamente, são suficientes para justificá-la;[31]

---

31. Aliás, o CPC deixa claro, no art. 1.013, §§ 1º e 2º, que não há nulidade quando o juiz não examina todas as questões suscitadas e discutidas no processo ou todos os fundamentos do pedido e da defesa. Se a hipótese

f) a referência a precedentes e súmulas de domínio comum dispensa a identificação, na decisão, dos seus fundamentos determinantes, notadamente quando aqueles forem autoexplicativos ou não exista controvérsia entre as partes sobre a pertinência de seus fundamentos determinantes com o caso concreto;

g) a imposição da obrigação de respeito a súmula, jurisprudência ou precedente invocado pela parte afronta a Constituição da República, que somente atribuiu caráter vinculante a determinadas súmulas do STF (súmula vinculante), cuja edição atende, inclusive, a rígidos requisitos (art. 103-A da Constituição da República).[32] Ademais, se as partes já debateram sobre a súmula, jurisprudência ou precedente invocado por uma delas ou levado ao debate pelo juiz, a este é lícito, optando pela sua aplicação, apenas indicá-lo na decisão;[33]

h) não podem ser confundidas ausência de fundamentação com fundamentação não convincente, vez que o direito à fundamentação das decisões judicias não comporta o direito ao seu acerto e, notadamente no Direito Processual do Trabalho, com fundamentação concisa, ou seja, fundamentação em que, embora de forma concisa, sejam enfrentadas todas as questões relevantes para a resolução do conflito de interesses submetido ao Poder Judiciário.

Cumpre anotar que o formalismo exagerado em relação às exigências apontadas no art. 489, § 1º, do CPC pode conduzir ao formalismo, também exagerado, na exigência de cumprimento, pelas partes, dos itens I, II, V e VI do art. 489, § 1º, do CPC, em prejuízo aos princípios da facilitação do acesso à justiça, da

---

fosse de nulidade, ao tribunal caberia anular a decisão e determinar o seu retorno à instância de origem. É relevante anotar, inclusive, que, nas hipóteses dos §§ 1º e 2º do art. 1.013 do CPC, sequer há necessidade de interposição de recurso (independente ou adesivo) pela parte vencedora, como condição do exame de questão ou fundamento não examinado pela instância superior, posto que a hipótese é de devolução automática (*ex vi legis*) do seu exame a esta instância. Somente quando determinado pedido não foi examinado é que há necessidade de apresentação de recurso pelo vencedor (a devolução automática acima referida diz respeito a questão e fundamento não enfrentado).

32. De acordo com o art. 489, § 1º, VI, do CPC, o juiz somente está autorizado a deixar de seguir súmula, jurisprudência ou precedente quando demonstrar a existência de *distinção* com o caso concreto ou a *superação* do entendimento pelo tribunal que o adotou ou por tribunal superior (somente quem cria o precedente pode superá-lo, a partir, inclusive, de fundamentação adequada e específica, consoante o art. 927, § 4º, do CPC), o que está em sintonia com o art. 927, *caput*, também do CPC, segundo o qual os *juízes* e *tribunais observarão*: a) as decisões do STF em controle concentrado de constitucionalidade (as decisões proferidas pelo STF em controle concentrado de constitucionalidade possuem eficácia contra todos e efeito vinculante relativamente *aos demais órgãos do Poder Judiciário*, nos termos do art. 102, § 2º, da Constituição da República); b) acórdãos em incidentes de assunção de competência (IAC) ou de incidente de resolução de demandas repetitivas (IRDR) e em julgamento de recursos extraordinário e especial repetitivos; c) enunciados das súmulas do STF em matéria constitucional e do STJ em matéria infraconstitucional; d) orientação do plenário ou do órgão especial aos quais estiverem vinculados (o que, pelas razões já expostas, é de constitucionalidade discutível).

33. Note-se que o texto legal em destaque alude, genericamente, à *jurisprudência*, sem esclarecer se se trata da jurisprudência que se manifesta na forma do art. 927 do CPC.

simplificação de formas e procedimentos e do favorecimento do julgamento do mérito da demanda ou da satisfação do crédito objeto da execução.

A afirmação da suficiência do Direito Processual do Trabalho em relação à fundamentação das decisões judiciais não implica relegar a segundo plano o diálogo entre as partes e entre estas e o juiz, o que não impede considerar que o diálogo não vale por si mesmo, mas em razão da sua seriedade e transparência e da sua contribuição para a participação útil das partes na construção da decisão a cujos efeitos estarão sujeitas e a plena realização do direito a uma tutela adequada, efetiva e tempestiva, notadamente quando se trate da realização prática de direitos humanos e fundamentais. Também no processo do trabalho não pode ser desconsiderada a necessidade de diálogo com a sociedade, notadamente porque a decisão de um caso concreto pode resultar na criação de precedentes a serem observados em casos futuros (esta possibilidade exige a mais ampla participação de terceiros no processo, o que justifica, inclusive, a publicidade de que trata o art. 927, § 2º, do CPC).

Cumpre registrar que o art. 3º, IX, da Instrução Normativa n. 39/2016 do TST prevê ser aplicável no processo do trabalho o art. 485, § 7º do CPC. Esta Instrução dispõe, no art. 15, que o atendimento da exigência legal de fundamentação das decisões judiciais no processo do trabalho observará o seguinte:

> "I – por força dos arts. 332 e 927 do CPC, adaptados ao processo do trabalho, para efeito dos incisos V e VI do § 1º do art. 498 considera-se 'precedente' apenas:
>
> a) acórdão proferido pelo Supremo Tribunal Federal ou pelo Tribunal Superior do Trabalho em julgamento de recursos repetitivos (CLT, art. 896-B; CPC, art. 1046, § 4º);
>
> b) entendimento firmado em incidente de resolução de demandas repetitivas ou de assunção de competência;
>
> c) decisão do Supremo Tribunal Federal em controle concentrado de constitucionalidade;
>
> d) tese jurídica prevalecente em Tribunal Regional do Trabalho e não conflitante com súmula ou orientação jurisprudencial do Tribunal Superior do Trabalho (CLT, art. 896, § 6º);
>
> e) decisão do plenário, do órgão especial ou da seção especializada competente para uniformizar a jurisprudência do tribunal a que o juiz estiver vinculado ou do Tribunal Superior do Trabalho.
>
> II – para os fins do art. 489, § 1º, incisos V e VI, do CPC, considerar-se-ão unicamente os precedentes referidos no item anterior, súmula do Supremo Tribunal Federal, orientação jurisprudencial e súmula do Tribunal Superior do Trabalho, súmula do Tribunal Regional do Trabalho não conflitante com súmula ou orientação jurisprudencial do TST, que contenham explícita referência aos fundamentos determinantes da decisão (*ratio decidendi*).

III – não ofende o art. 489, § 1º, inciso IV do CPC a decisão que deixar de apreciar questão cujo exame haja fixado prejudicado em razão da análise anterior de questão subordinante.

IV – o art. 489, § 1º, IV, do CPC não obriga o juiz ou o Tribunal a enfrentar os fundamentos jurídicos invocados pela parte, quando já tenham sido examinados na formação dos precedentes obrigatórios ou nos fundamentos determinantes de enunciado de súmula.

V – decisão que aplica tese jurídica firmada em precedente, nos termos do item I, não precisa enfrentar os fundamentos já analisados na decisão paradigma, sendo suficiente, para fins do atendimento das exigências constantes no art. 489, § 1º, do CPC, a correlação fática e jurídica entre o caso concreto e aquele apreciado no incidente de solução concentrada.

VI – é ônus da parte, para os fins do disposto no art. 489, § 1º, V e VI, do CPC, identificar os fundamentos determinantes ou demonstrar a existência de distinção no caso em que julgamento ou a superação do entendimento, sempre que invocar precedente ou enunciado de súmula."

1.8. Limites à manifestação do juiz. Tutela específica de obrigação de fazer e de não fazer. Fatos supervenientes.

1.8.1. A jurisdição é uma atividade provocada (o juiz somente prestará a tutela jurisdicional requerida, não podendo exercer a jurisdição ou atuar a lei de ofício: sem autor não há juiz) e limitada (o juiz prestará a tutela jurisdicional nos limites em que foi pleiteada).

Com isso: a) nenhum juiz prestará a tutela jurisdicional senão quando a parte ou o interessado a requerer, nos casos e forma legal (art. 141 do CPC); b) a lide deverá ser decidida nos limites em que foi proposta, sendo vedado ao juiz conhecer de questões não suscitadas a cujo respeito a lei exige a iniciativa da parte (art. 141 do CPC e art. 832 da CLT); c) é defeso ao juiz proferir sentença, a favor do autor, de natureza diversa da pedida, bem como condenar o réu em quantidade superior ou em objeto diverso do que lhe foi demandado (art. 492 do CPC e art. 832 da CLT).[34]

Em feliz síntese, afirma Humberto Theodoro Júnior que "o pedido é a condição e o limite da prestação jurisdicional, de maneira que a sentença, como resposta ao pedido, não pode ficar aquém das questões por ele suscitadas (decisão *citra*

34. Prevalece, no processo do trabalho, o princípio dispositivo, o que significa que: a instauração do processo depende da iniciativa de uma das partes do conflito de interesses; as partes é que indicarão os fatos que formarão o objeto do litígio, definindo, com isto, o conteúdo da decisão judicial; as partes podem pôr fim ao processo, por meio de transação, por exemplo.

petita) nem se situar fora delas (decisão *extra petita*), nem tampouco ir além delas (decisão *ultra petita*)".[35]

1.8.2. Dispõe o art. 497 do CPC que, "na ação que tenha por objeto a prestação de fazer ou de não fazer, o juiz, se procedente o pedido, concederá a tutela específica ou determinará providências que assegurem a obtenção de tutela pelo resultado equivalente"

O CPC acrescenta que, para a concessão da tutela específica destinada a inibir a prática, a reiteração ou a continuação, ou a sua remoção, é irrelevante a demonstração da ocorrência de dano ou da existência de dolo ou culpa (art. 497, parágrafo único), definindo, com isto, as condições para o deferimento da denominada *tutela inibitória*.

De outro lado, ainda consoante o CPC, conforme seu art. 499, "a obrigação somente será convertida em perdas e danos se o autor o requerer ou se impossível a tutela específica ou a obtenção de tutela pelo resultado prático equivalente". Com isto, fica clara a excepcionalidade da conversão da obrigação em perdas e danos.

O pagamento da indenização por perdas e danos, se for o caso, não isenta o devedor da obrigação de pagar a multa fixada para compelir o réu a cumprir a sua obrigação (arts. 500 e 537 do CPC). O pagamento da indenização, portanto, não isenta o réu do dever de pagar a multa estabelecida. A finalidade da multa é constranger o devedor a cumprir a sua obrigação. Se a obrigação não é cumprida, o réu deverá pagar a indenização das perdas e danos e a multa estipulada. No CPC (art. 500) é previsto que não haverá prejuízo da *multa fixada periodicamente*, o que decorre do fato de ser autorizada a imposição de multa fixa, periódica ou progressiva (art. 537).

O juiz poderá, de ofício ou a requerimento, modificar o valor ou a periodicidade da multa vincenda, caso verifique que se tornou insuficiente ou excessiva (art. 537, § 1º, I, do CPC). O CPC também autoriza a revisão do valor da multa no caso de o obrigado demonstrar cumprimento parcial superveniente da obrigação ou justa causa para o descumprimento (art. 537, § 1º, II).

A multa pode ser aplicada na fase de conhecimento, em tutela provisória ou na sentença, ou na fase de execução (art. 537 do CPC). A multa é devida desde o dia em que se configure o descumprimento da decisão e incidirá enquanto não for cumprida a decisão que a tiver cominado (art. 537, § 4º, do CPC). A decisão que fixa a multa é passível de cumprimento provisório, devendo ela ser depositada em juízo, permitido o levantamento após o trânsito em julgado da sentença favorável à parte (art. 537, § 3º, do CPC).

---

35. *Curso de direito processual civil*, v. I, p. 574.

1.8.3. No curso do processo podem ocorrer fatos que tenham influência no julgamento da lide.

Atento a esta possibilidade, o CPC dispõe, no art. 493, que, "Se, depois da propositura da ação, algum fato constitutivo, modificativo ou extintivo do direito influir no julgamento da lide, caberá ao juiz tomá-lo em consideração, de ofício ou a requerimento da parte, no momento de proferir a decisão".

Trata-se, portanto, de fatos ocorridos depois da propositura da demanda que tenham influência no julgamento da lide, na medida em que constituem, modificam ou extinguem o direito objeto de disputa.

Neste sentido, se um fato superveniente à propositura da ação tornar inexistente o interesse de agir (ausência superveniente de interesse de agir), o juiz não resolverá o mérito (o interesse de agir deve subsistir até o momento do julgamento da demanda).

Registre-se que, por força dos princípios do contraditório e da ampla defesa, não podem ser levados em conta na decisão fatos supervenientes sobre as quais as partes não tiveram oportunidade de se manifestar, o que é expresso no CPC, consoante consta do art. 493, § 1°.

A propósito, tem-se a Súmula n. 394 do TST, na sua atual redação: "O art. 493 do CPC de 2015 (art. 462 do CPC de 1973), que admite a invocação de ato constitutivo, modificativo ou extintivo do direito, superveniente à propositura da ação, é aplicável de ofício aos processos em curso em qualquer instância trabalhista. Cumpre ao juiz ou tribunal ouvir as partes sobre o fato novo antes de decidir".

1.9. Intimação das partes.

A sentença será proferida na própria audiência (arts. 849, 850 e 852 da CLT) ou no prazo de 30 dias (art. 366 do CPC).

Proferida a decisão em audiência, as partes presentes serão dela intimadas (arts. 834 e 852 da CLT).

Se o juiz encerra a instrução e designa audiência para a publicação da decisão (integração da decisão aos autos), as partes, se presentes, serão intimadas da decisão nessa audiência (arts. 834 e 852 da CLT), ao passo que as partes ausentes se consideram intimadas na data da audiência (Súmula n. 197 do TST).

Quando a sentença for proferida fora da audiência sem prévia intimação das partes em relação à data de sua publicação, as partes deverão ser intimadas via postal (art. 774 da CLT).

Segundo o art. 851, § 2°, da CLT, proferida a sentença em audiência, a ata respectiva poderá ser juntada aos autos em 48 horas, hipótese em que o prazo recursal é contado a partir da data da audiência. Contudo, quando a ata contendo a sentença é juntada aos autos depois de ultrapassado o prazo de 48 horas, as partes devem ser intimadas da decisão, via postal, contando-se o prazo recursal dessa intimação (Súmula n. 30 do TST).[36]

1.10. Alteração da decisão pelo juiz após a sua publicação.

Publicada a sentença, o juiz somente poderá alterá-la: a) para corrigir, de ofício ou a requerimento, inexatidões materiais ou erros de cálculo (arts. 833 e 897-A, § 1º, da CLT e art. 494, I, do CPC); b) no julgamento de embargos de declaração (art. 897-A da CLT e art. 494, II, do CPC); c) quando tiver sido indeferida a petição inicial e o autor apresentar recurso ordinário em que demonstre não ser o caso de indeferimento da petição inicial (art. 331 do CPC); d) quando na decisão não for examinado o mérito e o juiz retratar-se por força da interposição de recurso ordinário. Nos citados dispositivos, a CLT e o CPC estabelecem exceções ao princípio da invariabilidade da sentença publicada.

1.11. Hipoteca judiciária.

O art. 495, *caput*, do CPC estabelece que "A decisão que condenar o réu no pagamento de uma prestação consistente em dinheiro e a que determinar a conversão de prestação de fazer, de não fazer ou de dar coisa em prestação pecuniária valerão como título constitutivo de hipoteca judiciária". A hipoteca é, assim, de efeito secundário ou anexo da sentença condenatória,[37] que lhe é atribuído pela própria lei, isto é, que se produzirá independentemente de pedido da parte ou da vontade do juiz.

No CPC é também previsto, no art. 495, § 1º, que a decisão produz a hipoteca judiciária: a) embora a condenação seja genérica; b) ainda que o credor possa promover a execução provisória da sentença ou esteja pendente arresto de bem do devedor; c) mesmo que impugnada por recurso dotado de efeito suspensivo.

Consoante o art. 495, §§ 2º a 5º, do CPC:

a) a hipoteca judiciária poderá ser realizada mediante a apresentação de cópia da sentença perante o cartório de registro imobiliário, independentemente de ordem judicial, de declaração expressa do juiz ou de demonstração de urgência;

---

36. A situação prevista no art. 851, § 1º, da CLT e objeto da Súmula n. 30 do TST dificilmente ocorrerá na prática, posto que normalmente a ata de audiência é imediatamente juntada aos autos. Observe-se que, mesmo que a ata seja juntada em 48 horas, contadas da audiência, as partes podem ser prejudicadas, notadamente na interposição de embargos de declaração. Com efeito, sendo o prazo para apresentar embargos de declaração de apenas cinco dias, as partes somente teriam acesso à ata contendo a decisão 48 horas após a realização da audiência, o que significa que teriam menor espaço de tempo para examinar a decisão e verificar a existência de vício que exija a interposição daquele recurso.

37. A sentença tem como efeitos principais a condenação, a declaração ou a Constituição.

b) no prazo de até 15 dias, contados da data da realização da hipoteca, a parte informá-la-á ao juízo da causa, que determinará a intimação da outra parte para que tome ciência do ato;

c) a hipoteca judiciária, uma vez constituída, implicará, para o credor hipotecário, o direito de preferência, quanto ao pagamento, em relação a outros credores, observada a prioridade no registro;

d) sobrevindo a reforma ou a invalidação da decisão que impôs o pagamento de quantia, a parte responderá, independentemente de culpa, pelos danos que a outra parte tiver sofrido em razão da constituição da garantia, devendo o valor da indenização ser liquidado e executado nos próprios autos.

O Direito Processual do Trabalho tem como princípios fundamentais a facilitação da satisfação do direito assegurado em título executivo e a máxima eficácia das decisões judiciais, sendo relevante mencionar, ainda, que a execução trabalhista envolve, como regra, créditos de natureza alimentar, o art. 495 do CPC compatível com o Direito Processual do Trabalho, o que foi, inclusive, reconhecido no art. 17 da Instrução Normativa n. 16/2016 do TST.

A hipoteca judiciária tem a função de garantir a satisfação do credor. Contudo, se a satisfação do crédito já foi integralmente garantida pelo depósito recursal, não há que se falar em hipoteca, sob pena de exigir do devedor dupla garantia em relação à mesma obrigação.

2. A LEGITIMIDADE DAS DECISÕES JUDICIAIS NO ESTADO DEMOCRÁTICO DE DIREITO

O Estado Democrático de Direito resulta da conjugação dos princípios do *Estado de Direito* (submissão do Estado ao ordenamento jurídico, como garantia de realização dos direitos por ele reconhecidos, especialmente os de natureza fundamental) e da *democracia* (direito do povo à sua autodeterminação – ordem jurídica como resultado de decisões livremente tomadas pelo povo[38]) como princípios estruturantes da ordem jurídica.[39]

O Estado Democrático de Direito tem como característica essencial a criação das normas jurídicas pelos seus destinatários, isto é, a construção participada da

38. A democracia, segundo Ernest Wolfgang Böckenförde, "responde à pergunta de quem é portador e titular do poder que exerce o domínio estatal (...); e, portanto, se refere à formação, à legitimação e ao controle dos órgãos que exercem o poder organizado do Estado e que levam a cabo as tarefas a ele atribuídas. É assim um princípio configurador do caráter orgânico e formal" (*Estudios sobre el estado de derecho y la democracia*, p. 119).

39. "A democracia baseia-se primacialmente na ideia de que cada povo é senhor de seu próprio destino" (PAUPERIO, Artur Machado. *Teoria do estado democrático*, p. 29). Como assinala Ernst Wolfgang Böchenförde, a democracia "está vinculada ao princípio da soberania popular. Seu conteúdo é o de que o poder do Estado há de articular-se de tal forma que tanto sua organização como seu exercício derivem sempre da vontade do povo ou possam ser atribuídos a ele". (*Estudios sobre el estado de derecho y la democracia*, p. 47).

ordem jurídica. Nesse sentido, estabelece o art. 1º, parágrafo único, da Constituição de 1988 que todo poder emana do povo. Entende-se por poder a possibilidade de definir "normas de conduta dos indivíduos nas suas relações entre si ou com a coletividade (...) e em determinar a ação do grupo, nas relações com outras coletividades e com os próprios membros".[40]

Contudo, no verdadeiro Estado Democrático de Direito não é suficiente a construção participada das normas jurídicas (*democracia no processo legislativo*). Nele, o processo judicial, como instrumento voltado à realização concreta dos direitos assegurados pela ordem jurídica, deve estar em sintonia com os princípios adotados constitucionalmente, dos quais decorre o direito fundamental de participação na tomada de decisões. Por essa razão, também a norma jurídica concreta — a norma regente do caso submetido ao Poder Judiciário ou o direito no caso concreto - deve ser construída com a participação dos destinatários dos seus efeitos — construção participada da decisão judicial ou do direito no caso concreto (*democracia no processual* ou *processo democrático*).

A participação das partes na formação do direito no caso concreto opera em favor da consolidação do Estado Democrático de Direito, vez que ser senhor do próprio destino é participar não só da criação, mas também da aplicação das normas jurídicas aos casos concretos.

Por outro lado, ao assegurar o amplo acesso à justiça, o contraditório, a ampla defesa, o direito à prova, o julgamento público e realizado por juiz competente, independente e imparcial, e tornar obrigatória a fundamentação das decisões judiciais, a Constituição de 1988 atribuiu ao processo um perfil que assegura e exige a participação dos destinatários dos efeitos da decisão judicial na sua formação. A Constituição cria, portanto, um processo com estrutura nitidamente participativa e dialógica, o que constitui exigência da *cidadania processual das partes*.

Francesco Carnelutti refere-se à construção participada da decisão judicial, afirmando que, no processo, o contato entre as partes se resume a um diálogo, com caráter histórico (reconstituição dos fatos envolvidos na lide) e crítico (confronto entre fatos e direito), por meio do qual as partes colaboram com o juiz na procura de "elementos da decisão, isto é, as razões e as provas",[41] e acrescenta que "a ação não corresponde a uma parte, e sim a cada uma das duas partes. Sua bilateralidade é de sua utilidade. A atividade de cada parte no processo favorece a finalidade deste, sempre que se integrar e retificar por meio do contraditório (...). Em virtude do sentido contrário dos interesses dos litigantes, a bilateralidade da ação se desenvolve, pois, como contradição

40. Marcelo Caetano. *Direito constitucional*, v. I, p. 18.

41. *Sistema de direito processual civil*, v. IV, p. 114-166.

recíproca; por isso, o contraditório corresponde a um dos princípios fundamentais do processo civil".[42]

Enrico Redenti chama a atenção para o fato de que as partes têm "legítimo interesse de obter uma decisão e de influenciar (oficialmente, lealmente, abertamente), com o aporte ou com a oferta de contribuições tanto temáticas quanto informativas, demonstrativas, críticas ou polêmicas, a formação de seu conteúdo" e de que o "contraste dialético ou dialógico que deriva do contraditório" fornece ao juiz imparcial e prudente "os elementos necessários e suficientes (do ponto de vista da lei) sobre o tema e sobre o modo de decidir (...) com resultantes de relativa justiça".[43]

A parte tem o direito de influenciar na formação do conteúdo das decisões judiciais, o que exige que a ela seja concedida a oportunidade de se manifestar não apenas sobre argumentos e provas produzidos pela parte contrária, como também sobre as questões de fato ou de direito suscitadas de ofício pelo juiz (o que é expressamente reconhecido pelo CPC, nos arts. 9º e 332).

Destarte, o poder para conhecer determinadas matérias de ofício não dispensa o juiz do dever de permitir que sobre elas se manifestem as partes, sob pena de negar-lhes o direito de influência na formação da decisão e, com isso, de ofensa ao contraditório.

O caráter dialético do processo não se manifesta apenas na possibilidade de manifestação sobre argumentos e provas da parte contrária (debate entre as partes), posto que também exige o debate entre o juiz e as partes sobre tudo aquilo que possa ter influência na construção da decisão no caso concreto, o que inclui as matérias passíveis de serem conhecidas de ofício. O contraditório não se resume, portanto, à informação sobre atos da parte contrária e à possibilidade de sobre eles se manifestar e de a eles reagir, exigindo, ao contrário, informação e possibilidade de manifestação e reação também em relação a atos do próprio juiz (tanto assim, que a parte pode impugnar as decisões judiciais por meio de recurso).

Destarte, toda questão surgida no processo, ainda que relacionada com matéria que o juiz pode conhecer de ofício, deve ser submetida ao debate entre as partes e entre estas e o juiz, evitando-se, com isto, surpresa para as partes (*decisão surpresa*). Anote-se que o CPC veda a decisão surpresa ou de terceira, como se vê dos seus arts. 9º e 10, ambos aplicáveis no processo do trabalho, como é estabelecido pelo art. 4º da Instrução Normativa n. 39/16 do TST, segundo o qual aplicam-se no processo do trabalho as normas do CPC que regulam o princípio do contraditório, em especial os arts. 9º e 10, que vedam a decisão surpresa.

---

42. *Sistema de direito processual civil*, v. II, p. 91-92.

43. *Diritto processuale civile*, p. 25-26.

De acordo com o art. 9º do CPC, não se proferirá decisão contra uma das partes sem que ela seja previamente ouvida, o que não se aplica, no entanto, à tutela provisória de urgência, à hipótese de tutela de evidência prevista no art. 311, incisos I e II, e à sentença prevista no art. 701 (decisão sobre a expedição de mandado de pagamento, de entrega de coisa ou para execução de obrigação de fazer ou de não fazer, na ação monitória). De outro lado, consoante o art. 10 do CPC, "O juiz não poderá decidir, em grau algum de jurisdição, com base em fundamentos a respeito dos quais não tenha dado às partes oportunidade de se manifestar, ainda que se trate de matéria sobre a qual deva decidir de ofício".

É importante mencionar que, segundo o art. 4º, § 1º, da Instrução Normativa n. 39/16 do TST, "entende-se por 'decisão surpresa' a que, no julgamento final do mérito da causa, em qualquer grau de jurisdição, aplicar fundamento jurídico ou embasar-se em fato não submetido à audiência prévia de uma ou de ambas as partes", ao passo, conforme o seu art. 4º, § 2º, da citada Instrução Normativa, "não se considera 'decisão surpresa' a que, à luz do ordenamento jurídico nacional e dos princípios que informam o Direito Processual do Trabalho, as partes tinham obrigação de prever, concernente às condições de ação, aos pressupostos de admissibilidade de recursos e aos pressupostos processuais, salvo disposição legal expressa em contrário".

Realçando o caráter dialético do processo, Elio Fazzalari afirma ser ele "um procedimento ao qual, além do autor do ato final, participam, em contraditório entre si, os 'interessados', isto é, os destinatários dos efeitos de tal ato".[44]

2.1. O constante e efetivo diálogo entre os sujeitos do processo é que torna possível a construção participada do direito no caso concreto, valendo acrescentar que, quanto mais são confrontados argumentos e provas, mais são eliminados erros e se aproxima da verdade[45] e da justiça, e que o respeito ao direito à participação na construção participada do direito no caso concreto representa, para as partes, garantia contra o arbítrio do julgador.[46]

Dialogar não significa, contudo, simples disposição para propor ao outro determinada solução para o caso concreto. *Dialogar* é estar aberto às razões dos

---

44. *Instituições de direito processual*, p. 33.

45. Jürgen Habermas afirma que a argumentação "permanece o único meio disponível para se certificar da verdade" e "serve à busca cooperativa da verdade" (*Verdade e justificação*, p. 48-49 e 250). Sustenta este doutrinador que, "embora saibamos, em atitude reflexiva, que todo saber é falível (...), não podemos viver no cotidiano unicamente com hipóteses, ou seja, de modo totalmente falibista" (*Op. cit.*, 250).

46. Artur Machado Pauperio assinala que "a estrutura constitucional democrática assegura ainda a garantia dos governados contra o arbítrio governamental" (*Teoria do estado democrático*, p. 30), lição a partir da qual é possível inferir que a estrutura democrática do processo serve às partes como garantia contra o arbítrio do juiz.

outros sujeitos do diálogo (dialogar é saber ouvir). Os argumentos dos sujeitos do processo devem ser expostos à crítica em condições de liberdade e igualdade.

Dialogar é, por outro lado, respeitar as regras do debate. A dialética processual deve ser realizada com observância dos limites impostos à atuação do Poder Judiciário pelo pedido formulado pelo autor da demanda, das regras que disciplinam a forma, o lugar, o tempo e o prazo para a prática dos atos processuais (o respeito ao procedimento estabelecido constitui fator de segurança das partes) e das restrições decorrentes da vinculação necessária do provimento judicial ao ordenamento jurídico.

Como ensina Menelick de Carvalho Netto, "no paradigma do Estado Democrático de Direito, é de se requerer do Judiciário que tome decisões que, ao retrabalharem construtivamente os princípios e regras constitutivos do Direito vigente, satisfaçam, a um só tempo, a exigência de dar curso e reforçar a crença tanto na legalidade, entendida como segurança jurídica, como certeza do Direito, quanto ao sentimento de justiça realizada, que deflui da adequabilidade da decisão às particularidades do caso concreto".[47]

A construção participada da decisão judicial não dispensa, mas exige, o respeito ao ordenamento jurídico, como fator de segurança jurídica, entendida esta por Karl Larenz como "certeza de que se pode contar com regras de direito, com sua igual aplicação, e em determinados supostos criados ou qualificados pelo Direito".[48] A participação das partes na construção da decisão judicial resulta exatamente da necessidade de evitar decisões divorciadas da ordem jurídica.

2.2. A formação participada do direito no caso concreto envolve a reconstrução argumentativa da situação fática submetida ao Judiciário e a definição, também argumentativa, da norma jurídica adequada ao seu regramento.[49] Pedido e resposta, prova e contraprova, tudo isso conduz, gradativamente, à reconstrução da situação fática objeto da demanda e à definição da norma adequada a regê-la.

Quanto ao primeiro aspecto – reconstrução da situação fática – cumpre recordar que, como assinala Antônio Dellepiane, "antes de cogitar qual a lei aplicável ao caso sujeito à decisão (...) necessita o juiz, imperiosamente, haver estabelecido o caso *sub judice*, isto é, haver reconstruído o fato sobre que versa o litígio ou

---

47. A hermenêutica constitucional sob o paradigma do estado democrático de direito. In: *Jurisdição e hermenêutica constitucional*, p. 38.

48. *Derecho justo* — fundamentos de ética jurídica, p. 46.

49. Argumentar significa, segundo Karl Larens, "fornecer fundamentos, que permitam a uma afirmação apresentar-se como justificada" (*Metodologia da ciência do direito*, p. 212).

o processo".[50] As partes e o juiz devem participar ativamente da reconstrução dos fatos sobre os quais versa o litígio, como premissa para a definição de sua significação jurídica.

A verdade, como ensina Luiz Alfredo Garcia-Roza, "é um enigma a ser decifrado".[51] A solução desse enigma emergirá do constante e sincero diálogo entre os sujeitos do processo, valendo anotar que, embora sejam muitas as dificuldades para se chegar à verdade, ela nunca será alcançada se houver prévia renúncia a ela.

Após a reconstrução da situação fática objeto do litígio, cumpre realizar a sua crítica à luz do direito. Nessa fase, o juiz e as partem devem, de acordo com Elio Fazzalari, "individuar e interpretar a norma jurídica substancial — a que a lei processual remete como medida de juízo —, aplicá-la aos fatos verificados e deduzir as consequências (no processo de cognição civil: existência ou inexistência do direito, do dever, etc.)".[52] Participar da formação da decisão judicial é, portanto, participar da formação do significado das normas jurídicas, isto é, da sua interpretação. Essa participação na interpretação legitima a atribuição de significado à norma constante da decisão e a torna mais objetiva, vez que construída a partir de diversos pontos de vista (as normas jurídicas quase sempre permitem interpretações distintas, muitas das vezes todas elas defensáveis, além do que, no ato de interpretar têm forte influência as pré-compreensões dos intérpretes).

2.3. Sem liberdade não há processo.

A iniciativa de provocar a jurisdição, isto é, de agir em juízo, é uma prerrogativa da parte (as partes têm liberdade para ajuizar, ou não, a demanda). As partes têm liberdade para delimitar o conteúdo da manifestação judicial (a ação autoriza a atuação do Poder Judiciário, mas, em conjunto com a defesa, limita o seu alcance).

A liberdade do juiz é condição necessária para a rápida, adequada, econômica, justa e efetiva decisão do conflito de interesses. O diálogo entre os sujeitos do processo, que caracteriza o processo democrático, é que torna possível a construção participada do direito no caso concreto.[53]

Esse diálogo, para ser verdadeiro, exige liberdade, sendo essa uma condição da própria democracia e para o exercício de qualquer direito (a democracia, como assinala Ernest Wolfgang Böckenförde, "contém em si a ideia de liberdade"[54]).

---

50. *A nova teoria da prova*, p. 28.
51. *Palavra e verdade na filosofia antiga e na psicanálise*, p. 8.
52. *Instituições de direito processual*, p. 462.
53. A decisão não pode ser produto da vontade individual do juiz.
54. *Estudios sobre el estado de derecho y la democracia*, p. 76.

No Estado Democrático de Direito, a definição da norma jurídica adequada ao regramento do caso a ser julgado exige e significa liberdade, do juiz e das partes na avaliação crítica das normas e princípios, com especial atenção para as particularidades do caso a ser julgado. As garantias processuais atribuídas constitucionalmente ao juiz e às partes, em especial quanto a estas, o juiz natural, imparcial e independente, o contraditório, a ampla defesa, a isonomia e a fundamentação das decisões judiciais, criam o ambiente propício ao pleno exercício da liberdade, que é pressuposto da democracia na construção do direito no caso concreto.

Partes e juízes são livres na medida em que estão submetidos apenas às regras prévia e democraticamente estabelecidas. É a liberdade que permite a ação criativa e inovadora do juiz e das partes na busca de solução para a lide. Por isso, *processo é liberdade*.[55]

Contudo, o verdadeiro diálogo entre os sujeitos do processo pressupõe, além de liberdade, condições de igualdade.

O diálogo, para ser verdadeiramente livre, deve ser realizado entre iguais. A igualdade constitui pressuposto da liberdade.

O processo democrático exige igualdade na liberdade. Por essa razão, *processo é igualdade*. Igualdade nos recursos e meios para apresentação e fundamentação de argumentos e provas (*igualdade de armas*).

O tratamento igual das partes pelo julgador possibilita a formação de um juízo imparcial a respeito das pretensões manifestadas no processo. Tratar igualmente as partes (em relação ao juiz) e à parte contrária (no que diz respeito à relação entre as partes) é estar aberto aos seus argumentos e críticas para, com elas e considerando a sua ótica sobre as questões de fato e de direito, alcançar a norma adequada para o caso submetido à apreciação do Poder Judiciário (o confronto de argumentos e provas favorece a eliminação de erros na reconstrução da situação fática submetida ao Judiciário e definição da norma jurídica adequada à sua disciplina). Para garantia da efetiva igualdade, o ordenamento jurídico (decisão democraticamente tomada) deve atuar positivamente para evitar que a igualdade não passe de mera ficção, estabelecendo, por exemplo, inversão do ônus de prova, como se fez em favor do consumidor, sempre que forem atendidas determinadas condições previamente estabelecidas (criação das condições materiais para a igualdade real).

O direito para o caso concreto deverá resultar do leal e responsável confronto de argumentos entre os sujeitos do processo sobre a situação de fato e a norma jurídica adequada à sua disciplina. Ao juiz e às partes cumpre respeitar e fazer

55. Sobre a liberdade das partes anota Francesco Carnelutti que "as partes devem ter liberdade para contrapor razão a razão e prova a prova (...). A partes são livres para decidir o que consideram inconveniente para tutela do seu interesse" (*Sistema de direito processual civil*, v. IV, p. 174-175).

respeitar o devido processo legal (como condição de possibilidade de uma decisão legítima) e o ordenamento jurídico democraticamente instituído (como condição de possibilidade de formação de uma decisão de conteúdo legítimo).

Das partes e do juiz exige-se, em suma, abertura ao confronto de argumentos e provas, sensibilidade às particularidades do caso submetido ao Poder Judiciário e constante avaliação crítica das suas próprias razões. É de suma relevância, em relação ao juiz, o fiel cumprimento da obrigação de motivação das decisões.[56] A motivação tem "uma função de legitimação da decisão enquanto mostra que essa respeita os critérios que guiam o ordenamento e governam a atividade do juiz" e consiste em "um discurso justificativo no qual o juiz enuncia e desenvolve as boas razões que fundamentam a legitimidade e a racionalidade da decisão".[57] As partes e o juiz devem compartilhar a formação da decisão para o caso concreto e a responsabilidade pelo seu conteúdo. Portanto, processo é responsabilidade.

2.4. A decisão judicial é legitimada pelo fato de ser resultado do confronto de argumentos e provas, realizado em procedimento caracterizado pela observância do devido processo legal, com respeito ao pleno exercício, em simétrica paridade, do contraditório e da ampla defesa, ou seja, pela sua formação discursiva e democrática.[58]

No entanto, a observância do devido processo legal (*legitimação formal, pelo procedimento* ou *procedimental*) não é assegurada como fim em si mesmo, mas como meio para a realização da justiça no caso concreto, sendo essa, inclusive, uma exigência do art. 3º, I, da Constituição, que impõe a realização da justiça nas relações sociais, atribuindo aos sujeitos do processo a tarefa de encontrar a decisão justa para o caso a ser julgado. O processo justo é um valioso meio para se alcançar a justiça na solução da lide.

---

56. A motivação, conforme aduz Michele Taruffo, "deve ser concebida como uma condição imprescindível do correto exercício da função jurisdicional e como um princípio fundamental de garantia dos cidadãos" e tem função endoprocessual, "conexa diretamente a impugnação da sentença (...) porque a motivação é útil à parte que intenta impugnar a sentença, porque o conhecimento dos motivos da decisão facilita a individualização dos erros cometidos pelo juiz ou de qualquer modo os aspectos criticáveis da decisão mesma" e extraprocessual, consistindo essa função "essencialmente no fato de que a motivação é destinada a tornar possível um controle externo (já não limitado ao contexto do singular processo no qual a sentença foi pronunciada, e não limitado às partes e ao juízo de impugnação) sobre razões que fundaram a decisão judiciária", sentido em que a obrigação de motivação apresenta-se como "expressão importante (...) da concepção democrática do poder, e em particular do Poder Judiciário, por força da qual uma condição essencial para o correto e legítimo exercício do poder consiste exatamente na necessidade de que os órgãos que o exercitam se submetam a um controle externo" (La motivazione della sentenza. In: MARINONI, Luiz Guilherme (coord.). *Estudos de direito processual civil em homenagem ao prof. Egas Dirceu Moniz de Aragão*. p. 166-168).
57. Michele Taruffo. *Estudos de direito processual civil em homenagem ao prof. Egas Dirceu Moniz de Aragão*, p. 168 e 170.
58. A legitimidade da decisão está relacionada com o fundamento do seu caráter vinculante para as partes.

O diálogo entre os sujeitos do processo será fator de legitimação da decisão judicial quando e na medida em que permitir chegar à justiça no caso concreto, segundo os ditames das regras e princípios constitutivos do direito vigente (o respeito ao direito vigente constitui fator de segurança para as partes e permite a previsibilidade da decisão, no sentido de sua sintonia com a ordem jurídica posta).

O processo não pode servir à desconstrução da ordem jurídica democraticamente instituída, sendo relevante recordar que, por meio da jurisdição, como assevera Elio Fazzalari, "O Estado tutela um interesse público fundamental, que é o de assegurar a observância das leis e de tutelar os direitos".[59] Visa o processo impor a observância da ordem jurídica (*segurança por meio do direito*), o que significa que o discurso das partes e a decisão do juiz trabalham com normas previamente postas (*segurança do direito*) e no sentido de sua realização concreta.[60]

A decisão judicial não pode traduzir apenas a posição daquele que tem o melhor argumento, apenas por estar assistido por um mestre na arte do discurso (o discurso não pode funcionar como instrumento de coação[61]). A decisão judicial perde legitimidade na medida em que se distancia do justo legal, isto é, do que é estabelecido pelas regras e princípios constitutivos do direito vigente. A justiça do resultado (*decisão justa*) depende da justiça do meio (*processo justo*), mas o processo justo não faz surgir, por si só e de forma natural, a decisão justa.

Piero Calamandrei adverte que "se queremos considerar novamente o processo como instrumento de razão e não como estéril e árido jogo de força e habilidade, é necessário estarmos convencidos de que o processo é acima de tudo um método de cognição, isto é, de conhecimento da verdade, e de que os meios probatórios que nós estudamos estão verdadeiramente dirigidos e podem verdadeiramente servir para alcançar e para fixar a verdade; não as verdades últimas e supremas que fogem aos homens pequenos, senão a verdade humilde e diária, aquela a respeito da qual se discute nos debates judiciais, aquela que os homens normais e honestos, segundo a comum prudência e segundo a boa-fé, chamam e têm chamado sempre a verdade (...). Mas a finalidade do processo não é somente a

---

59. *Instituições de direito processual*, p. 29.

60. Isso não significa que as normas não possam ser criticadas. A crítica às normas contribui para o aperfeiçoamento do ordenamento jurídico. No entanto, reconhecer o direito ao contraditório não é legitimar a criação do direito pelo juiz ou pelas partes (a criação do direito pelas partes, segundo os seus próprios interesses, é operar contra o Estado Democrático de Direito). Como ensina F. C. Santiago Dantas, "o trabalho do jurista — *não o trabalho de quem cultiva a Filosofia, mas a Dogmática do Direito* — começa na aplicação da norma jurídica, de modo que já pressupõe um Direito elaborado. As normas jurídicas são os fenômenos de que se ocupa esta ciência, onde o problema não consiste em escolher o Direito que deveria ser, mas em saber o Direito que é" (Nova dogmática jurídica. *Revista de Direito Bancário, do Mercado de Capitais e da Arbitragem,* ano 5, n. 18, p. 245, out./dez. 2002).

61. No atual estágio da humanidade, não se admite a solução de conflitos pela força, seja ela física ou não. O melhor argumento, como parâmetro para definição do direito no caso concreto, será aquele construído segundo o processo justo, que esteja em sintonia com as regras e princípios que compõem a ordem jurídica democraticamente instituída e que se paute pela verdade.

busca da verdade: a finalidade do processo é algo mais, é a justiça, da qual a determinação da verdade é somente uma premissa".[62]

Das partes não se pede que renunciem aos seus interesses, mas, como adverte André Comte-Sponville, que os submetam à justiça,[63] em favor do respeito à ordem jurídica democraticamente instituída. A consolidação do Estado Democrático de Direito pressupõe o respeito ao direito vigente, naquilo em que atribui direitos, mas também quando impõe deveres, dentre eles, o de perseguir a justiça no caso concreto.[64] A necessidade de respeito à ordem jurídica levou o legislador a impor às partes uma série de deveres e, ao juiz, o dever de evitar que o processo seja utilizado como meio para alcançar fim proibido por lei.

O Estado de Direito impõe o respeito aos direitos e liberdades individuais e à ordem jurídica democraticamente instituída, não podendo o processo ser utilizado como instrumento para legitimar a ofensa à ordem jurídica, ainda que esta ofensa decorra de consenso entre as partes (a democracia no processo judicial é uma garantia da efetividade da norma que seja fruto da democracia no processo legislativo e não pode servir de instrumento de sua desvalorização, sendo o interesse de todos submetido a interesse individual das partes[65]).

Deve ser objeto de tutela somente a pretensão legítima segundo a ordem jurídica democraticamente instituída, visto que só assim se estará contribuindo para a concretização do Estado Democrático de Direito.

A decisão judicial é legitimada pelo processo de sua construção (*legitimação procedimental*) e seu conteúdo (*legitimação substancial*).

Trata-se, portanto, de ato estatal que exige *legitimação procedimental-substancial*. O direito do caso concreto é construído no processo, mas esta construção é limitada pelo ordenamento jurídico, como fator de segurança para as próprias partes e em respeito à ordem jurídica democraticamente instituída. Em suma, à legitimação da decisão pelo procedimento de sua construção deve se somar a sua legitimação pelo seu conteúdo (procedimento e conteúdo são estruturas de legitimação complementares).

Justa é a decisão que confere a cada parte aquilo e exatamente aquilo que lhes assegura a ordem jurídica, nem mais, nem menos (a cada um segundo o seu mérito, sendo este mérito estabelecido à luz do ordenamento jurídico e das particularidades do caso concreto).[66]

---

62. *Direito processual civil*, v. III, p. 184-185.

63. *Pequeno tratado das grandes virtudes*, p. 78.

64. O processo verdadeiramente democrático é aquele em que se respeita a Constituição, valendo lembrar a lição de Artur Machado Pauperio no sentido de que "o Estado democrático é, por excelência, um Estado Constitucional, limitado, portanto, pelo sistema normativo de uma Constituição, centro e base de toda a ordem jurídica" (*Teoria do estado democrático*, p. 29).

65. O contrário seria admitir a desconstrução "democrática" da democracia.

66. A propósito da necessidade de respeito às particularidades do caso concreto, editou o STF a Sumula Vinculante n. 1, estabelecendo que "ofende a garantia constitucional do ato jurídico perfeito a decisão que, sem ponderar

Quando se fala em conferir à *parte* aquilo que lhe assegura a ordem jurídica, não se está pensando apenas na tutela de direitos individuais. A expressão *parte* também alcança o titular do direito objeto da tutela jurisdicional no contexto das ações coletivas.

A busca da justiça no caso concreto humaniza a dialética processual e a coloca em sintonia com o Estado Democrático de Direito.

2.5. Em suma, legítima será a decisão judicial resultante do confronto de argumentos e provas realizado em processo justo e que, orientada por regras e princípios constitutivos da ordem jurídica democraticamente instituída e pelas particularidades do caso concreto, confira, fundamentadamente, a cada parte o que é seu, nem mais nem menos.

3. COISA JULGADA

As partes comparecem em juízo visando à obtenção de certeza e segurança quanto à existência do direito objeto de disputa, à existência, inexistência ou modo de ser de uma relação jurídica ou à autenticidade ou falsidade de documento.

A certeza e a segurança perseguidas pelas partes somente serão alcançadas se a decisão judicial se tornar imune a modificações e impugnações, vez que a modificabilidade e a discutibilidade irrestritas da decisão judicial perpetuariam a incerteza das partes, gerando insegurança jurídica.

A imutabilidade e a indiscutibilidade da decisão também garantem a utilidade da atividade jurisdicional do Estado vez que é inútil a decisão judicial passível de questionamentos e alterações ilimitados.

Por essas razões, a Constituição da República estabelece a proibição de retroatividade da lei para atingir a coisa julgada (art. 5º, XXXVI).[67]

No mesmo compasso, o art. 836 da CLT dispõe ser vedado aos órgãos da Justiça do Trabalho conhecer de questões já decididas, excetuados os casos expressamente previstos na CLT e a ação rescisória.

No mesmo compasso, o CPC estabelece que a decisão que julgar total ou parcialmente o mérito tem força de lei nos limites da questão principal expressamente decidida (art. 503) e que nenhum juiz decidirá novamente as questões já decididas relativas à mesma lide, salvo as exceções estabelecidas em lei (art. 505),

---

as circunstâncias do caso concreto, desconsidera a validez e a eficácia de acordo constante de termo de adesão instituído pela Lei Complementar n. 110/2001".

67. O art. 5º, XXXVI, da Constituição reconhece o direito fundamental à segurança jurídica e uma das manifestações deste direito se dá pela imposição de respeito à coisa julgada.

prevendo a CLT, ainda na mesma direção, que é vedado aos órgãos da Justiça do Trabalho conhecer de questões já decididas, excetuadas os casos expressamente previstos na CLT e a ação rescisória (art. 836).

3.1. Conceito.

O ordenamento jurídico, buscando a certeza e a segurança nas relações sociais e garantir a utilidade da atividade jurisdicional, atribui à decisão judicial uma especial *qualidade*, qual seja, a imutabilidade e a indiscutibilidade. Esta qualidade é o que se denomina *coisa julgada*, estabelecendo o CPC, neste sentido, que "denomina-se coisa material a autoridade que torna imutável e indiscutível a decisão de mérito não mais sujeita a recurso" (art. 502).

A decisão adquire a qualidade de imutável e indiscutível quando se torna irrecorrível (art. 502 do CPC), o que pode ocorrer por ter: a) se esgotado o prazo para a interposição de recurso; b) a parte aceitada expressa ou tacitamente a decisão ou desistido do recurso contra ela interposto; c) sido julgado o recurso interposto; e ser d) a decisão for irrecorrível (como se dá com a decisão homologatória de acordo, em relação às partes, por exemplo).[68]

Passada em julgado a decisão, torna-se definitivo o seu conteúdo, o que implica proibição de proposição de demanda idêntica àquela decidida ou de ataque ulterior tendente a obter o reexame da questão (indiscutibilidade)[69] e de proferimento de nova decisão sobre ela (imutabilidade). A imutabilidade e a indiscutibilidade, como qualidades da decisão, dizem respeito ao seu conteúdo (a definição da norma regente do caso concreto ou dos direitos ou obrigações das partes) e não aos seus efeitos (consequências sobre a realidade concreta[70]).

Tanto a CLT quanto o CPC estabelecem que nenhum juiz decidirá novamente as questões já decididas, salvo as hipóteses previstas em lei. Desse modo, a decisão passada em julgado não está definitivamente imune à impugnação. Assim é que, cumpridos determinados requisitos, a decisão passada em julgada pode ser impugnada por meio de ação rescisória (art. 836 da CLT e art. 966 do CPC). A *intangibilidade da coisa julgada* não é, portanto, absoluta.

A coisa julgada, como foi adiantado, é uma qualidade da sentença.

---

68. Para permitir o controle da justiça e validade das decisões judiciais, foram concebidos os recursos. Contudo, exigências práticas – certeza, segurança jurídica e utilidade da atividade jurisdicional – fazem com que sejam impostos limites à possibilidade de impugnação das decisões judiciais por meio de recurso.

69. Por essa razão, deparando-se com demanda idêntica àquela já julgada, o juiz deverá declarar a impossibilidade de exame do mérito (art. 485, V, do CPC).

70. O credor pode renunciar à satisfação do crédito a ele reconhecido (efeito da sentença), sem que isto altere o que foi afirmado na decisão judicial (a existência do crédito).

Este é o ponto de vista de Enrico Tullio Liebman, para quem "A autoridade da coisa julgada não é o efeito da sentença, mas uma qualidade, um modo de ser e de manifestar-se dos seus efeitos".[71]

A imutabilidade e indiscutibilidade da decisão não decorrem dela própria, mas são a ela conferidas pela ordem jurídica. Assim, a coisa julgada não constitui *efeito* da decisão, mas uma *qualidade* que lhe atribuída pela ordem jurídica.

3.2. Funções.

A coisa julgada define, com força de lei, a situação jurídica das partes e confere utilidade à decisão do Poder Judiciário (*funções positivas*) e veda a propositura de demanda idêntica à já julgada e nova decisão sobre as questões decididas (*função negativa*).[72]

3.3. Fundamentos.

À coisa julgada são atribuídos fundamentos políticos e jurídicos.

Aduz Giuseppe Chiovenda que são razões de oportunidade e utilidade social que conduzem ao estabelecimento de limites à discutibilidade do que decidido,[73] ao passo que, consoante Francesco Carnelutti afirma que "para satisfazer a necessidade de justiça, a lei consinta até um determinado momento que a decisão mude, mas depois, e a fim de satisfazer a necessidade de certeza, feche a possibilidade de mudança (...). Desse modo não se resolve, mas sim se supera, o problema da justiça da decisão: chega um momento em que não mais se duvida da justiça desta".[74]

Sob esses prismas, a coisa julgada é uma opção política, fundada em razões de oportunidade, utilidade social e certeza.

De outro lado, várias são as teorias sobre os fundamentos jurídicos da coisa julgada, dentre as quais Moacyr Amaral dos Santos ressalta:

a) *teoria da presunção de verdade*: "presume-se que a sentença tenha chegado à verdade, que contenha a verdade";[75]

b) *teoria da ficção da verdade*: "como também a sentença injusta faz coisa julgada e, por isso, aquilo que a sentença injusta declara não pode mais deixar

71. *Eficácia e autoridade da coisa julgada e outros escritos sobre a coisa julgada*, p. 51, 54 e 56.

72. Declarada, em decisão passada em julgado, a existência de relação de emprego, em nova ação em que se pede, por exemplo, verbas rescisórias em razão da extinção daquela relação, a existência de relação de emprego é indiscutível, ou seja, deve ser tomada pelo juiz como indiscutível.

73. *Principios de derecho procesal civil*, t. II, p. 441-442.

74. *Sistema de direito processual civil*, v. I, p. 446-447.

75. Sob o prisma desta doutrina (coisa julgada como presunção), da sentença nasce uma presunção legal de verdade, residindo nesta presunção o fundamento da autoridade da coisa julgada.

de ser reconhecido como verdade, não só pelas partes, como também por qualquer juiz, no mesmo ou em outro processo, na sentença nada mais há do que uma ficção da verdade";[76]

c) *teoria da força legal, substancial, da sentença*: "toda sentença cria direito, é constitutiva de direito (...). O fundamento da coisa julgada está no direito novo, por força da lei criado pela sentença. A sentença, pelo seu trânsito em julgado, atribui ao direito novo (direito substancial), por ela criado, força de lei";[77]

d) *teoria da eficácia da declaração*: "na parte declaratória da sentença reside a autoridade da coisa julgada. Esta se fundamenta na eficácia da declaração de certeza. A declaração de certeza produz a eficácia de impor às partes, bem como ao juiz que proferiu a sentença e aos demais juízes, a observância da declaração. A declaração produz, assim, fenômeno processual de duplo aspecto: por um lado, atribui às partes o direito de exigir de uma e de outra a sua observância, e, por outro, atribui a todos os juízes a obrigação de respeitarem-na. A coisa julgada, assim, se fundamenta na eficácia da declaração, e, pois, corresponde ao fenômeno processual pelo qual a sentença se torna indiscutível, incontestável não só para as partes como também para todos os juízes";

e) *teoria da extinção da obrigação jurisdicional*: "ao direito de ação corresponde a obrigação jurisdicional: provocado pelo interessado (direito de ação), fica o Estado na obrigação jurisdicional de declarar o direito (...). Satisfeita a obrigação jurisdicional do Estado, extingue-se o direito de ação, que lhe é correlato. A sentença pressupõe, portanto, extinção da jurisdição e do direito de ação na espécie. Extintos o direito de ação e a obrigação jurisdicional, a relação de direito material decidida não pode mais ser novamente discutida e decidida";[78]

f) *teoria da vontade do Estado*: existe "na sentença um raciocínio lógico, mas também uma ordem ou conclusão, um comando. Por isso se diz que a sentença é um ato de inteligência e de vontade (...). Por provir do Estado, a conclusão se transforma num comando com força obrigatória. É o Estado que dá à sentença a força obrigatória, não encontrável no parecer do jurisconsulto. A sentença tem força obrigatória por nela intervir a vontade do Estado (...). Não só a força obrigatória da sentença provém do Estado. Também a sua imutabilidade, indiscutibilidade. O Estado determina que, com a preclusão dos prazos para os recursos, a sentença se

76. À luz deste entendimento (coisa julgada como ficção), da sentença nasce uma ficção de verdade.

77. Neste sentido, afirma Enrico Allorio que a coisa julgada "é a eficácia normativa do acertamento jurisdicional" e que "se foi decidido é direito" (*La cosa giudicata rispetto ai terzi*, p. 3-4).

78. Esta é a teoria adotada por Ugo Rocco, para quem "a sentença final de mérito tornada inimpugnável indica necessariamente o ponto em que o Estado exauriu o seu ofício (...) e em que é liberado da obrigação jurisdicional (...). E nesta função extintiva da ação e do processo civil por força da sentença final de mérito inimpugnável, encontra o seu jurídico fundamento, a sua justificação o instituto da coisa julgada, que representa exatamente o momento extintivo da ação civil" (*Trattato di diritto processuale civile*, v. II, p. 307).

faz imutável (coisa julgada formal) e, em decorrência, indiscutível, obrigatória não só às partes como também em relação a todos os juízes (coisa julgada material)";

g) *teoria de Carnelutti*: "a sentença contém imperatividade por consistir um ato estatal. E é na imperatividade do comando da sentença que está a coisa julgada (...). O comando da sentença, pressupondo o da lei, não é paralelo a esta, mas um comando suplementar. Este comando, que se traduz numa declaração de certeza, contém imperatividade, por emanar do juiz, por consistir um ato estatal. A coisa julgada está na imperatividade da declaração de certeza, na imperatividade do comando".[79]

3.4. Coisa julgada formal e material.

A coisa julgada se diz: a) *formal*: imutabilidade e indiscutibilidade da decisão no processo em que foi proferida (*efeitos endoprocessuais da coisa julgada*);[80] b) *material ou substancial*: imutabilidade e indiscutibilidade da decisão no processo em que foi proferida e em qualquer outro processo (*efeitos extraprocessuais da coisa julgada*).[81]

Todas as decisões, sejam terminativas ou definitivas, são idôneas a produzir coisa julgada formal. Contudo, somente as decisões de mérito é que têm aptidão para alcançar a autoridade de coisa julgada material.

A produção da coisa julgada material pressupõe: a) decisão de mérito;[82] b) cognição exauriente;[83] c) coisa julgada formal (impossibilidade de modificar e impugnar a decisão no processo em que foi proferida).

---

79. *Comentários ao Código de Processo Civil*, v. IV, p. 426-434.

80. A coisa julgada formal vincula o juiz (inalterabilidade da decisão) e as partes (indiscutibilidade da decisão).

81. A decisão projeta os seus efeitos para fora daquele processo, impedindo que as partes ajuízem ação visando discutir a situação jurídica já definida naquela decisão ou voltem a discutir esta situação e que qualquer outro órgão do Poder Judiciário a reexamine e altere. Luiz Machado Guimarães afirma que a coisa julgada material produz *efeitos processuais* ("o seu efeito preclusivo panprocessual") e *materiais* ("a norma concreta por ela constituída vale como preceito para as partes)" (*Estudos de direito processual civil*, p. 27).

82. É neste sentido o art. 502 do CPC, que relaciona a coisa julgada material à decisão de mérito.

83. Para proferir decisão, o juiz deve conhecer as razões e provas das partes. A decisão proferida ao final do processo constitui resultado da atividade que o juiz desenvolve para chegar a este conhecimento (*cognição*). Esta atividade consiste na análise e valoração das alegações das partes e das provas constantes dos autos. A cognição é considerada sob a ótica horizontal (é perquirida, neste plano, a extensão ou amplitude da cognição, para definir as questões que podem ser objeto de exame; a cognição, sob este enfoque, pode ser plena ou limitada) e vertical (indaga-se, agora, o seu grau de profundidade do exame das questões; a cognição poderá ser, sob este prisma, exauriente ou sumária). A produção da coisa julgada material, em razão dos seus efeitos — imutabilidade e indiscutibilidade do comando contido na decisão — pressupõe a cognição exauriente, isto é, realizada com a maior profundidade possível, em relação às alegações das partes e às provas. A cognição exauriente permite maior segurança em relação ao acerto da decisão (por meio da cognição exauriente é alcançado um maior grau de certeza, enquanto a cognição sumária produz apenas a verossimilhança). Note-se que o juiz pode, por exemplo, deferir antecipação de tutela ou medida cautelar com base em exame superficial das alegações e provas do autor da demanda (cognição sumária ou menos profunda), mas justamente por isto a sua decisão pode ser revista, inclusive por ele próprio. Lembre-se, ainda, do mandado de segurança, em que é exigida prova pré-constituída,

3.5. Exceção de coisa julgada.

Dispõe o art. 337, VII, do CPC que compete ao réu, antes de discutir o mérito, alegar coisa julgada, e que, reconhecendo a existência de coisa julgada, o juiz não resolverá o mérito (art. 485, V, do CPC).

A falta de apresentação de exceção de coisa julgada não impede o juiz de afirmar a sua ocorrência. Neste sentido, o art. 485, § 3º, do CPC prevê que o juiz conhecerá de ofício a coisa julgada, em qualquer tempo e grau de jurisdição, enquanto não ocorrer o trânsito em julgado.

3.6. Coisa julgada e coisa soberanamente julgada.

A decisão de mérito transitada em julgado pode ser impugnada por meio de ação própria (ação rescisória — art. 836 da CLT), no prazo de dois anos, contados do trânsito em julgado (art. 975 do CPC). Daí falar-se em *coisa julgada* e *coisa soberanamente julgada*, para significar a coisa julgada ainda passível de ataque por meio da ação rescisória e a coisa julgada não mais passível de ataque por meio da ação rescisória, respectivamente.

3.7. Limites da coisa julgada.

A coisa julgada possui limites subjetivos, objetivos e temporais.

Os limites subjetivos dizem respeito às pessoas alcançadas pela coisa julgada e deles trata o art. 506 do CPC, que dispõe que a sentença faz coisa julgada às partes entre as quais é dada, não prejudicando terceiros (pessoas estranhas ao processo em que a decisão foi proferida).

Mas, ao contrário do que estabelece o CPC, a coisa julgada pode beneficiar terceiros, como ocorre nas ações coletivas, nas quais a coisa julgada alcança, para beneficiar, pessoas estranhas ao processo, como se verá no Capítulo reservado ao estudo do direito processual coletivo do trabalho.

Diante desse fato, a coisa julgada será, de acordo com a extensão dos seus limites subjetivos: a) *inter partes*: a coisa julgada somente alcança as partes, não prejudicando terceiros; b) *ultra partes*: a coisa julgada vai além das partes, beneficiando pessoas que compõem um grupo, categoria ou classe de pessoas; c) *erga omnes*: a coisa julgada vai além das partes, beneficiando toda a coletividade ou todas as pessoas que se encontram em determinada situação fática.

Cumpre acrescentar que:

---

o que implica limitação à cognição do juiz. Cabe ao legislador definir a extensão e a profundidade da cognição e as situações em que a decisão produzirá coisa julgada material.

a) transitada em julgado a decisão no processo em que interveio como assistente, o terceiro não poderá, em processo posterior, discutir a justiça da decisão, salvo nas hipóteses expressamente previstas em lei (art. 123 do CPC);

b) estendem-se os efeitos da sentença proferida entre as partes originárias ao adquirente ou cessionário (art. 109, § 3º, do CPC);

c) o sucessor, na sucessão trabalhista, não é terceiro, vez que a sucessão o vincula à relação jurídica litigiosa, sendo alcançado, portanto, pela coisa julgada (arts. 10 e 448 da CLT);

d) as empresas que formam grupo econômico com a parte, na condição de devedoras solidárias, são alcançadas pela coisa julgada (art. 2º, § 2º, da CLT).

Os limites objetivos dizem respeito às questões e partes da decisão alcançadas pela coisa julgada, ou seja, pela imutabilidade e indiscutibilidade da decisão, dispondo o CPC, no art. 503, *caput*, que "a decisão, que julgar total ou parcialmente o mérito, tem força de lei nos limites da questão principal expressamente decidida".

O art. 503 do CPC também estabelece que:

a) "o disposto no *caput* aplica-se à resolução de questão prejudicial, decidida expressa e incidentalmente no processo, se: dessa resolução depender o julgamento do mérito; a seu respeito tiver havido contraditório prévio e efetivo, não se aplicando no caso de revelia; o juízo tiver competência em razão da matéria e da pessoa para resolvê-la como questão principal" (§ 1º);[84]

b) "a hipótese do § 1º não se aplica se no processo houver restrições probatórias ou limitações à cognição que impeçam o aprofundamento da análise da questão prejudicial" (§ 2º).[85]

O CPC prestigia, no art. 503, a doutrina de Francesco Carnelutti, segundo a qual os limites da coisa julgada são definidos pelas questões decididas.[86]

---

84. Note-se, que, consoante o CPC, o contraditório sério e efetivo tem efeitos no alcance objetivo da coisa julgada.

85. O CPC dispensa a propositura de *ação declaratória incidental* para que a coisa julgada alcance a decisão sobre questão prejudicial. Para tanto, basta, como decorre do disposto no art. 430, parágrafo único, do CPC5, simples *requerimento da parte*, no sentido de que o juiz decida a questão prejudicial como questão principal. Nota-se aqui uma influência do direito processual do trabalho no direito processual civil, vez que dispensa da ação declaratória incidental responde à necessidade de facilitação das formas e dos procedimentos.

86. Com efeito, para Francesco Carnelutti, "o juízo pronunciado pelo juiz intervém para resolver a dissensão entre as partes: a hipótese do litígio de pretensão discutida, que requer a jurisdição, identifica-se precisamente pelas questões (...). A decisão é, pois, resolução de questões" (*Sistema de direito processual civil*, v. I, p. 407). De acordo com esse doutrinador, a demanda das partes é de grande valor para a interpretação da sentença e delimitação do conteúdo do julgamento, mas este valor "é puramente interpretativo e não terminativo do conteúdo da sentença, já que assim como não existe julgamento quando, em que pese ter mediado a demanda, o juiz tenha

À luz do art. 503 do CPC, as questões que não tenham sido expressamente decididas não são alcançadas pela coisa julgada, operando-se a seu respeito, no entanto, a preclusão, como decorre do art. 508, também do CPC ("Transitada em julgado a decisão de mérito, considerar-se-ão deduzidas e repelidas todas as alegações e as defesas que a parte poderia opor tanto ao acolhimento quanto à rejeição do pedido").

De outro lado, de acordo com o art. 504 do CPC, não fazem coisa julgada: a) os motivos, ainda que importantes para determinar o alcance da parte dispositiva da sentença; b) a verdade dos fatos, estabelecida como fundamento da sentença. Com isto, somente o dispositivo ou a conclusão da decisão, que contém a definição do direito no caso concreto ou a resposta do Poder Judiciário às pretensões das partes, é que faz coisa julgada.

Mas, como adverte Giuseppe Chiovenda, a "exclusão dos motivos da sentença pela coisa julgada não deve entender-se em sentido formalístico, que passe como coisa julgada somente o que está escrito na parte dispositiva da sentença. Pelo contrário, para determinar o alcance da coisa julgada é necessário, geralmente, remontar-se aos motivos para poder identificar a ação com a busca da *causa petendi*. Ademais, os motivos podem ter importância em vários casos. Assim, quando excepcionalmente a lei disponha que se investiguem as razões pelas quais se decidiu, para ver se a sentença deve afetar ou não distintas das partes do processo; tal é o caso do vendedor não chamado ao processo pelo comprador; a lei o permite provar que havia motivos suficientes para poder rechaçar a demanda, e isto com o fim de excluir a ação de garantia (art. 1.497, Cód. Civil.)".[87]

Cumpre mencionar, por fim, que não fazem coisa julgada: a) despachos; b) as decisões interlocutórias (decisões por meio das quais são decididas, no curso do processo, questões incidentais);[88] c) as sentenças inexistentes.

As sentenças terminativas produzem coisa julgada apenas formal, diante da possibilidade de o autor ajuizar novamente a ação.

A sentença homologatória de acordo vale, para as partes, como decisão irrecorrível, produzindo, então, coisa julgada material (art. 831, parágrafo único, da CLT).

Anote-se que ao o juiz é vedado proferir decisão a respeito de questões já decididas relativas à mesma lide (art. 836 da CLT e art. 505, *caput*, do CPC).

No entanto, o nosso ordenamento jurídico estabelece exceções para esta regra.

---

se omitido de julgar, existe, pelo contrário, o julgamento quando, mesmo sem demanda, o juiz tenha excedido ao julgar. O teor da demanda apenas assume eficácia decisiva quando o texto da sentença oferece dúvidas" (*Op. cit.*, p. 409).

87. *Principios de derecho procesal civil*, t. II, p. 454.

88. A decisão interlocutória pode ser impugnada quando da apresentação de recurso contra a decisão definitiva (art. 893, § 1º, da CLT).

Neste sentido, o CPC dispõe, no art. 505, nenhum juiz decidirá novamente as questões já decididas relativas à mesma lide, salvo: a) se, tratando-se de relação de trato continuado, sobreveio modificação no estado de fato ou de direito, caso em que a parte pode pedir a revisão do que foi estatuído na sentença; b) nos demais casos previstos em lei (oposição de embargos de declaração e ajuizamento de ação rescisória, por exemplo).

Note-se que, à luz do art. 505, I, do CPC, a decisão condenatória ao pagamento de adicional de insalubridade ou de periculosidade proferida no curso da relação de emprego pode ser revista quando as condições de trabalho são alteradas, com o afastamento do agente insalubre ou do risco a que estava exposto o trabalhador (art. 194 da CLT). A hipótese é de relação jurídica continuativa ou de trato continuado (o adicional é devido mensalmente, enquanto persistirem as mesmas condições) e de alteração no estado de fato presente no momento do proferimento da decisão condenatória.[89]

O mesmo raciocínio é aplicável na hipótese de alteração do estado de fato decorrente do fornecimento de equipamento de proteção coletivo ou individual que elimine a insalubridade. Esta é, inclusive, a situação referida na Súmula n. 80 do TST: "A eliminação da insalubridade mediante fornecimento de aparelhos protetores aprovados pelo órgão competente do Poder Executivo exclui a percepção do respectivo adicional".

A decisão condenatória também poderá ser revista, sem ofensa à coisa julgada, quando as atividades do trabalhador sejam, por norma posterior, afastadas do rol das atividades insalubres ou perigosas (trata-se de hipótese de modificação no estado de direito).[90]

Em qualquer destas três situações, o empregador poderá ajuizar, visando à revisão do que foi estatuído na sentença, ação revisional, cumprindo-lhe comprovar a alteração do estado de fato ou de direito em que se fundamentou a sua condenação. A possibilidade de revisão das decisões judiciais é expressamente admitida pelo art. 873 da CLT.

A decisão que acolhe o pedido de revisão produzirá efeitos a partir do ajuizamento da demanda, momento em que a situação foi tornada novamente litigiosa. Mas, para evitar futura alegação de mora, no caso de improcedência da pretensão revisional, o empregador pode requerer o depósito em juízo da quantia devida a partir da propositura da demanda, no caso de ter a ação como objeto a condenação ao pagamento de adicional de insalubridade, por exemplo.

89. A hipótese não é de revisão da decisão a partir do reexame das mesmas condições fáticas levadas a julgamento. A decisão fundada nestas condições não pode ser revista, por estar acobertada pela coisa julgada.

90. Não constitui alteração do estado de direito a alteração na jurisprudência predominante nos tribunais superiores.

Observe-se que o art. 505 do CPC não veda a revisão da decisão proferida em ação revisional. Ação revisional posterior, no entanto, deve se fundar em nova alteração do estado de fato ou de direito, subsequente ao proferimento da decisão revisional da decisão original.

3.8. Eficácia preclusiva da coisa julgada material.

O CPC, estabelece, no art. 508, que "Transitada em julgado a decisão de mérito, reputar-se-ão deduzidas e repelidas todas as alegações e as defesas que a parte poderia opor tanto ao acolhimento como à rejeição do pedido". Com isso, é vedado, depois do trânsito em julgado da decisão, discutir e apreciar alegações e defesas que poderiam ter influência na solução da demanda e que deixaram de ser apresentadas no curso do processo.

Como anota Luiz Machado Guimarães, "não somente as questões efetivamente suscitadas ('o deduzido'), como também as que poderiam ter sido deduzidas ('o deduzível'), são atingidas pelo efeito preclusivo da coisa julgada, se bem que não adquirem elas próprias e *per se* a autoridade de coisa julgada. Não é, portanto, a coisa julgada, por si mesma, que cobre o 'deduzível'; é o efeito preclusivo da coisa julgada que atinge, resguardando a imutabilidade do julgado".[91]

3.9. Coisa julgada criminal e seus efeitos no processo do trabalho.

Discute-se, na doutrina, sobre os efeitos da coisa julgada criminal no processo do trabalho.

Antes de examinar a questão, cumpre observar que a CLT dispõe que, havendo condenação criminal o empregado poderá ser dispensado por justa causa, salvo se tiver ocorrido suspensão da execução da pena (art. 482, *d*). A hipótese, portanto, é de impossibilidade de continuidade da prestação de serviços, em razão da condenação criminal sem suspensão da execução da pena, e não dos efeitos da coisa julgada criminal no processo do trabalho. Assim, segundo o art. 482, *d*, da CLT, sendo inviável a continuidade da relação, o empregador está autorizado a dispensar o trabalhador por justa causa. Por consequência, se, apesar da condenação, for possível a continuidade da prestação de serviços, o empregador não poderá dispensar o trabalhador por justa causa com esteio no art. 482, *d*, da CLT. Em suma, quando se fala em efeitos da coisa julgada criminal no processo do trabalho, portanto, não se alude à situação prevista no art. 482, *d*, da CLT.

O art. 935 do Código Civil dispõe que "a responsabilidade civil é independente da criminal, não se podendo questionar mais sobre a existência do fato,

---

91. *Estudos de direito processual civil*, p. 23.

ou sobre quem seja o seu autor, quando estas questões se acharem decididas no juízo criminal".

Esta solução é compatível com o Direito Processual do Trabalho, de forma que se pode afirmar que a responsabilidade trabalhista é independente da criminal, não se podendo questionar mais sobre a existência do fato, ou sobre quem seja o seu autor, quando estas questões se acharem decididas no juízo criminal. Trata-se de hipótese de *prejudicialidade heterogênea*, tema estudado quando tratamos da suspensão do processo.

Assim, a sentença criminal transitada em julgado que afirma a materialidade do crime e define a sua autoria vincula a Justiça do Trabalho. É neste sentido, inclusive, a decisão proferida pela SDI-1 do TST: "1. Consoante disposto no art. 935 do Código Civil, os efeitos da condenação criminal irradiam-se para a esfera trabalhista, concernentes à apuração da autoria e da materialidade do delito. 2. Reconhecidas na esfera criminal a autoria e a materialidade do crime de apropriação indébita, mediante sentença condenatória transitada em julgado, não cabe à Justiça do Trabalho, ao examinar o mesmo fato, afastar a configuração de infração grave trabalhista — ato de improbidade — para efeito de caracterização de justa causa motivadora a dispensa do empregado".[92]

Por outro lado: a) a sentença criminal que nega a existência do fato criminoso e a sua autoria vincula a Justiça do Trabalho; b) sendo o acusado absolvido por ausência de ilícito criminal, cabe à Justiça do Trabalho resolver sobre a existência de ilícito trabalhista, vez que os requisitos para a caracterização do ilícito trabalhista são distintos dos exigidos para a configuração do ilícito criminal; c) a sentença criminal que reconhece ter sido o ato praticado em estado de necessidade, legítima defesa, estrito cumprimento do dever legal ou no exercício regular de direito vincula a Justiça do Trabalho; d) a sentença criminal que julga extinta a punibilidade não impede o reconhecimento de responsabilidade trabalhista.

Como a sentença criminal pode ter efeitos no juízo trabalhista, ao juiz é lícito, com autorização no art. 315 do CPC, suspender o processo até que se pronuncie a justiça criminal.

92. TST, E-RR n. 330500-07.2005.5.12.0045, SDI-1, Rel. Min. João Orestes Dalazen.

ou sobre quem seja o seu autor, quando estas questões se acharem decididas no juízo criminal.

Esta solução é compatível com o Direito Processual do Trabalho, de forma que se pode afirmar que a responsabilidade trabalhista é independente da criminal, não se podendo questionar mais sobre a existência do fato, ou sobre quem seja o seu autor, quando estas questões se acharem decididas no juízo criminal. Trata-se de hipótese de prejudicialidade heterogênea, tema estudado quando tratamos da suspensão do processo.

Assim, a sentença criminal transitada em julgado que afirma a materialidade do crime e define a sua autoria vincula a Justiça do Trabalho, e neste sentido, inclusive, a decisão proferida pela SDI-1 do TST: "1. Conforme dispõe o art. 935 do Código Civil, os efeitos da condenação criminal irradiam-se para a esfera trabalhista, concernentemente à afirmação da autoria e da materialidade do delito. 2. Reconhecidas na esfera criminal a autoria e a materialidade do crime de apropriação indébita, mediante sentença condenatória transitada em julgado, não cabe à Justiça do Trabalho, ao examinar o mesmo fato, afastar a configuração de infração grave trabalhista — ato de improbidade — para efeito de caracterização de justa causa motivadora da dispensa do empregado"[1].

Por outro lado: a) a sentença criminal que nega a existência do fato criminoso e a sua autoria vincula a Justiça do Trabalho; b) sendo o acusado absolvido por ausência de ilícito criminal, cabe à Justiça do Trabalho resolver sobre a existência de ilícito trabalhista, vez que os requisitos para a caracterização do ilícito trabalhista são distintos dos exigidos para a configuração do ilícito criminal; c) a sentença criminal que reconhece ter sido o ato praticado em estado de necessidade, legítima defesa, estrito cumprimento do dever legal ou no exercício regular de direito vincula a Justiça do Trabalho; d) a sentença criminal que julga extinta a punibilidade não impede o reconhecimento de responsabilidade trabalhista.

[illegible] a sentença criminal pode ter efeitos no juízo trabalhista, ao juiz é lícito, [illegible] do art. 313 do CPC, suspender o processo até que se pronuncie a justiça criminal.

[1] TST-[illegible], SDI-1, Rel. Min. João Oreste Dalazen.

Capítulo 16

RECURSOS. CORREIÇÃO PARCIAL

1. RECURSOS

O processo é constituindo por uma série de atos interdependentes e coordenados, voltados à solução dos conflitos de interesses submetidos ao Poder Judiciário e à realização concreta dos direitos assegurados pela ordem jurídica. Entre estes atos vários são praticados pelo juiz e podem ser impugnados por meio de recurso.

1.1. Conceito. Limites à possibilidade de impugnação das decisões judiciais por meio de recurso.

Recurso é, assim, o mecanismo que o ordenamento jurídico coloca à disposição das partes para a impugnação das decisões judiciais.[1] Dito de outra forma, recurso é o mecanismo que o ordenamento jurídico coloca à disposição das partes para a impugnação das decisões judiciais, visando ao seu esclarecimento ou à sua anulação ou reforma.

O direito à impugnação da decisão judicial por meio de recurso está relacionado com o reconhecimento da falibilidade do ser humano (a qual torna possível a ocorrência de erro do julgador na apreciação da prova e/ou aplicação das normas jurídicas ao caso concreto), a possibilidade de má-fé do julgador, a presumida maior capacidade de julgamento de órgão colegiado composto por juízes escolhidos por merecimento e antiguidade e a segurança resultante da uniformidade na definição do significado das normas que compõem o ordenamento jurídico. Estes são os fundamentos jurídicos do reconhecimento do direito à interposição de recurso, aos quais é acrescentado o seu fundamento psicológico, qual seja, a tendência humana de não se conformar com apenas um posicionamento sobre determinada questão, notadamente quando se trata de posicionamento desfavorável.

---

1. A decisão também pode ser impugnada pelo Ministério Público do Trabalho e por terceiro (art. 996 do CPC), ao passo que situações existem em que a submissão da decisão à instância superior é imposta pela própria ordem jurídica (hipóteses em que é exigida a denominada remessa obrigatória).

A interposição de recurso inaugura, no processo em que foi proferida a decisão impugnada, uma nova fase do procedimento. O recurso, portanto, não constitui ação autônoma. Trata-se, o recurso, de forma de exercício do direito de ação e defesa que a Constituição atribui às partes.

No entanto, ao lado da necessidade de permitir a impugnação das decisões judiciais se coloca a de proporcionar a mais rápida solução dos conflitos de interesses submetidos ao Poder Judiciário. O ordenamento jurídico, visando ao equilíbrio entre estas exigências, estabelece remédios para a correção de eventuais erros judiciais e, ao mesmo tempo, limita possibilidades de sua utilização, o que faz: a) definindo os atos judiciais passíveis de recurso; b) limitando os recursos que podem ser manejados contra os atos judiciais, ou seja, estabelecendo os recursos cabíveis; c) fixando os efeitos dos recursos; d) estabelecendo pressupostos a serem atendidos para a admissão dos recursos; e) limitando as questões que poderão ser suscitadas nos recursos.

Cumpre anotar que vários são os mecanismos que servem para a impugnação dos atos judiciais, sendo o recurso apenas um deles, o que significa que nem todo meio para a impugnação dos atos judiciais constitui recurso.

Com efeito, contra os atos judiciais podem ser apresentados: 1) ação rescisória: a ação rescisória difere do recurso na medida em que tem como pressuposto o trânsito em julgado da decisão judicial, o que o recurso visa evitar, e faz surgir um novo processo, enquanto o recurso apenas inaugura, no processo em curso, uma nova fase do procedimento (a ação rescisória constitui ação autônoma de impugnação); 2) correição parcial: trata-se de remédio de natureza administrativa, próprio para a correção de erro de procedimento cometido pelo juiz no curso do processo; 3) mandado de segurança; 4) *habeas corpus*; 5) pedido de reconsideração. Estes mecanismos integram o rol dos denominados *sucedâneos recursais*, isto é, mecanismos que, em que pese não constituírem recurso, se prestam à impugnação de atos judiciais. Ao rol de sucedâneos recursais acima referidos a doutrina acrescenta os embargos de terceiro (sob o argumento de que visam desconstituir ordem judicial de apreensão de bens), a remessa obrigatória (sob o argumento de que recurso é meio de que dispõem as partes para a impugnação das decisões judiciais e de que a remessa obrigatória pode resultar na invalidação ou reforma da decisão, produzindo, por isto, efeito próprio do recurso) e também a reclamação perante o STF.

Os recursos, além de permitir o reexame da causa pela instância superior, também contribuem para estabelecer a jurisprudência predominante nos tribunais superiores, cuja importância decorre do fato de que ela: reduz o risco de decisões contraditórias sobre hipóteses semelhantes, o que atende, inclusive, ao princípio da igualdade de todos perante as leis; possibilita a redução das alternativas de decisão e fornece asserções que não precisam, em princípio, ser questionadas e exaustivamente justificadas; coloca em evidência os princípios que informam o ordenamento jurídico; esclarece a articulação íntima das regras e princípios constitutivos da ordem jurídica, eliminando alternativas com ela incompatível; conduz à reflexão sobre regras e princípios, tornando possíveis novas interpretações e ponderações mais profundas sobre os seus significados.

Neste sentido, inclusive, o CPC estabelece que os tribunais devem uniformizar sua jurisprudência e mantê-la estável, integral e coerente, editando, para tanto, enunciados de súmula correspondentes a sua jurisprudência dominante (art. 926) e que os juízes e os tribunais observarão as decisões do STF em controle concentrado de constitucionalidade, os enunciados de súmula vinculante, os acórdãos em incidente de assunção de competência ou de resolução de demandas repetitivas e em julgamento de recursos extraordinários e de revista repetitivo (adaptação da disposição em processo do trabalho), os enunciados das súmulas do STF em matéria constitucional e do TST em matéria infraconstitucional (o CPC aduz ao Superior Tribunal de Justiça, mas, no processo do trabalho, trata-se de respeito aos enunciados das súmulas do TST em matéria infraconstitucional) e a orientação do plenário ou órgão especial aos quais estiver vinculado (art. 927).

1.2. Classificação

Os recursos podem ser classificados sob diversos enfoques:

a) considerando o fim colimado pelo recorrente, o recurso será de invalidação (o que busca a anulação da decisão impugnada ou recorrida), de reforma (o que tem por objetivo a reforma, total ou parcial, da decisão impugnada ou recorrida) e de esclarecimento ou integração (o que visa afastar da decisão impugnada ou recorrida obscuridade, contradição ou omissão);

b) levando em conta o juízo que o julgará, o recurso será não devolutivo ou iterativo (o recurso é julgado pelo juiz/tribunal que proferiu a decisão impugnada), devolutivo (o recurso devolve o exame da causa a órgão jurisdicional distinto daquele que proferiu a decisão impugnada) ou misto (o recurso permite o reexame da causa pelo órgão jurisdicional que proferiu a decisão e por órgão jurisdicional de instância superior);

c) de acordo com o momento e motivo de sua interposição, o recurso será principal ou adesivo. É principal ou independente o recurso interposto no prazo que as partes dispõem para impugnar a decisão. É adesivo o recurso interposto no prazo que a parte tem para apresentar contrarrazões ao recurso da parte adversa (art. 997 do CPC);

d) tomando em consideração os seus efeitos sobre a eficácia executiva da decisão, o recurso é suspensivo (o recurso impede a execução da decisão impugnada ou recorrida, isto é, suspende a sua força executiva) ou não suspensivo ou devolutivo (o recurso não impede a execução da decisão impugnada ou recorrida, vez que não suspende a sua força executiva);

e) tendo em conta a sua finalidade imediata, o recurso será de natureza ordinária (o que tem por objetivo primeiro a tutela dos direitos subjetivos das partes[2]) ou de natureza extraordinária (o que se volta, primeiro, à tutela do direito objetivo, e, indiretamente, à satisfação de interesse das partes[3]). Têm natureza extraordinária, no processo do trabalho, o recurso de revista e o de embargos.

José Carlos Barbosa Moreira, alude aos recursos de fundamentação livre e de fundamentação vinculada, afirmando que, "em certos casos, abstém-se a lei de fixar os limites a essa crítica, permitindo ao recorrente invocar quaisquer erros; noutros, ao contrário, cuida de discriminar o tipo (ou os tipos) de erro denunciável por meio do recurso, de tal sorte que a crítica do recorrente só assumirá relevância na medida em que afirme a existência de erro suscetível de enquadramento na discriminação legal. Daí a distinção que se pode estabelecer entre recursos de fundamentação livre e de fundamentação vinculada (...). Nos recursos de fundamentação vinculada, o recorrente precisa invocar o erro indicado como relevante (ou algum deles, se há mais de um), para que o recurso caiba, e precisa demonstrar-lhe a efetiva ocorrência na espécie (...). A tipicidade do erro é, pois, pressuposto do cabimento do recurso".[4]

1.3. Atos sujeitos a recurso. Protesto

Os pronunciamentos do juiz no processo do trabalho consistem em sentenças, decisões interlocutórias e despachos (art. 203 do CPC e art. 893 da CLT).[5]

O art. 893, *caput*, da CLT estabelece que contra as *decisões* proferidas no processo do trabalho são cabíveis os recursos que menciona. Assim, entre os pronunciamentos do juiz no processo, somente as decisões (pronunciamentos judiciais com conteúdo decisório) são passíveis de recurso, o que significa que dos despachos não cabe recurso.

Como as decisões podem ser interlocutórias ou definitivas, o art. 893, § 1º, da CLT dispõe que não cabe recurso contra decisões interlocutórias, permitindo-se a apreciação do seu mérito somente por força de eventual recurso apresentado

---

2. O recurso de natureza ordinária pode versar sobre questão de fato e de direito e, para a sua apresentação, basta o inconformismo da parte com a decisão proferida.
3. O recurso extraordinário somente pode versar sobre questão de direito e não pode se basear no simples inconformismo da parte com a decisão proferida, devendo estar demonstrada uma das suas hipóteses de admissibilidade.
4. *Comentários ao Código de Processo Civil,* v. V, p. 253.
5. O julgamento proferido pelos Tribunais recebe a denominação de *acórdão* (art. 204 do CPC).

contra a decisão definitiva. Assim, as decisões interlocutórias não são passíveis de impugnação imediata por meio de recurso, ou seja, são irrecorríveis.

Em suma, no processo do trabalho: a) somente estão sujeitas a recurso as decisões definitivas (sentenças e acórdãos[6]); b) dos despachos não cabe recurso; c) as decisões interlocutórias são irrecorríveis de imediato.

Não se pode olvidar que a decisão interlocutória pode ser simples (decisão interlocutória sem efeito de decisão definitiva) ou ser dotada de efeitos de decisão definitiva (decisão interlocutória que, torna impossível, de fato e de direito, o prosseguimento do juízo[7]). A decisão interlocutória com efeitos de definitiva é passível de recurso imediato. É o que ocorre, por ex., quando o juiz extingue a execução na fase de liquidação em razão da constatação de inexistência de crédito a ser satisfeito[8] ou for inadmitido o recurso interposto pela parte (esta hipótese não é de simples despacho, mas de decisão sobre a admissibilidade do recurso interposto, o que a torna passível de recurso, notadamente porque, não sendo admitido o recurso, sequer haveria possibilidade de questionar esta decisão em outro momento, o que implica dizer que se trata de uma decisão interlocutória com efeitos definitivos).

Na lição de Francesco Carnelutti, ao admitir a impugnação da decisão interlocutória quando da apresentação de recurso contra a decisão definitiva, o ordenamento jurídico desloca o *dies a quo* do prazo para a sua impugnação, no sentido de que ela pode "ser impugnada no prazo útil para a impugnação da sentença definitiva".[9] Desse modo, não há necessidade de manifestação de protesto contra a decisão interlocutória, visto que o protesto visa evitar a preclusão do direito de praticar determinado ato e não há preclusão quando a própria lei estabelece que a decisão interlocutória somente pode ser atacada quando da impugnação da decisão definitiva.

No entanto, existem situações em que é admitido recurso contra decisão interlocutória, que são apontadas na Súmula n. 214 do TST. Com efeito, de acordo com a citada Súmula, cabe recurso contra decisão interlocutória: a) proferida por Tribunal Regional do Trabalho em contrariedade a Súmula ou Orientação Jurisprudencial do TST;[10] b) suscetível de impugnação mediante recurso para o mesmo tribunal que a

---

6. *Decisões definitivas*, no art. 893, § 1º, da CLT, são as não interlocutórias, isto é, decisões nas quais é resolvido o mérito da demanda (decisão definitiva propriamente dita) ou afirmada a existência de fato impeditivo da resolução do mérito (decisão terminativa).
7. Eduardo J. Couture. *Fundamentos del derecho procesal civil*, p. 302.
8. É o que ocorre quando são deferidas horas extras registradas em cartões de ponto e ordenada a compensação dos valores pagos sob esse título, transferindo-se para a liquidação a apuração do crédito do trabalhador, e nela é constatado que todas as horas extras registradas se encontram pagas (execução negativa).
9. *Instituciones del proceso civil*, v. II, p. 207.
10. Se a decisão proferida no âmbito de TRT contraria Súmula ou Orientação Jurisprudencial do TST, não se justifica aguardar a decisão definitiva para submetê-la a este tribunal. A celeridade perseguida com a vedação de recurso contra decisão interlocutória cede lugar à necessidade ditada pela economia processual.

proferiu;[11] c) que acolhe exceção de incompetência em razão do local e determina a remessa dos autos para Tribunal distinto daquele a que se vincula o juízo excepcionado.[12] Acrescente que a Lei n. 13. 467/15 permitiu, ao incluir o incidente de desconsideração da personalidade jurídica na CLT, a interposição de recurso contra decisão interlocutória na fase executiva, inclusive sem a prévia garantia de juízo, e no caso de ter sido o incidente instaurado originalmente no tribunal (art. 855-A), instituindo, desse modo, novas hipóteses de decisão interlocutória passível de recurso.

Consoante foi dito, dos despachos não cabe recurso. Com isso, a parte, para evitar a preclusão do direito de questionar o despacho, deve contra ele manifestar o seu *protesto*, na primeira oportunidade que tiver que falar em audiência ou nos autos (art. 795, *caput*, da CLT). O protesto, que pode ser escrito ou oral, é a manifestação de contrariedade da parte contra determinado ato judicial, cujo objetivo é evitar a preclusão do direito de questioná-lo posteriormente. O protesto não tem natureza recursal, vez que apenas assegura o direito de a parte questionar determinado ato judicial no recurso cabível contra a decisão definitiva.[13]

O protesto deve ser registrado na ata de audiência, quando nela for manifestado oralmente, sendo este registro direito da parte (consoante o art. 852-F da CLT, que é aplicável a todas as espécies de procedimento, da ata deverão constar os atos essenciais e o protesto é essencial para a parte, por força do seu efeito sobre o direito de questionar o acerto de determinado ato judicial). O direito ao registro do protesto decorre, ainda, do disposto no art. 360, V, do CPC, segundo o qual o juiz deverá registrar na ata, com exatidão, todos os requerimentos apresentados em audiência.

1.4. Recursos admissíveis

De acordo com o art. 893 da CLT, no processo do trabalho são admissíveis os seguintes recursos: a) embargos;[14] b) recurso ordinário; c) recurso de revista; e d) agravo.[15]

11. No caso de ser possível a submissão da decisão interlocutória a reexame pelo próprio tribunal que a proferiu, não se justifica aguardar a decisão definitiva para que seja realizado este reexame. É o que se dá, por exemplo, quando uma Turma do TST, divergindo da sua SDI, afasta a prescrição acolhida e determina o retorno dos autos à instância de origem, para julgamento das pretensões da parte. Neste caso, pode ser interposto recurso de embargos para a SDI, diante da divergência verificada.
12. O autor da demanda, vencido originalmente na questão relacionada com a competência, somente será obrigado a se deslocar para outra região depois daquela questão ser submetido ao duplo grau de jurisdição, o que facilita o seu acesso à justiça. Note-se que à decisão sobre a exceção de incompetência que ordena a remessa dos autos para Tribunal distinto daquele a se vincula o juízo excepcionado foi conferida a natureza de definitiva, no sentido de que é terminativa do feito naquele juízo.
13. O protesto não tem previsão legal, sendo uma criação do uso forense.
14. Trata-se, como se verá mais adiante, de recurso a ser interposto no TST.
15. Embora o art. 893 faça referência a *agravo*, no processo do trabalho várias são as espécies de agravos (agravo de instrumento, agravo de petição, agravo interno e agravo regimental).

No entanto, os recursos mencionados no art. 893 da CLT não são os únicos admissíveis no processo do trabalho, vez que nele são também admissíveis: recurso extraordinário (art. 102, III, da Constituição da República e art. 899, § 1º, da CLT); embargos de declaração (art. 897-A da CLT); pedido de revisão do valor da causa (art. 2º, § 1º, da Lei n. 5.584/70); recurso ordinário destinado ao STF (art. 102, II, alínea *a*, da Constituição da República).

O recurso adesivo, cuja admissibilidade no processo do trabalho será posteriormente examinada, não constitui uma nova modalidade de recurso. A hipótese é de uma forma de interposição do recurso: interposição de forma adesiva ao recurso da outra parte e não de forma independente.

1.5. Efeitos dos recursos

A interposição de recurso gera vários efeitos, vez que impede o trânsito em julgado da decisão, naquilo que houver sido objeto de impugnação (efeito impeditivo ou obstativo do trânsito em julgado da decisão),[16] devolve ao Tribunal ou ao mesmo juiz que proferiu a decisão o conhecimento da causa (efeito devolutivo)[17] e pode resultar na suspensão da eficácia executiva da decisão (efeito suspensivo).

Os recursos trabalhistas, além de impedir o trânsito em julgado da decisão, têm efeito meramente devolutivo, salvo as exceções previstas em lei, sendo permitida a execução provisória até a penhora (art. 899, *caput*, da CLT). O Direito Processual do Trabalho adota como regra, portanto, o princípio da executividade imediata das decisões judiciais, como forma de garantir a tempestiva e eficaz tutela jurisdicional ao direito objeto de disputa.[18]

Para José Carlos Barbosa Moreira, "chama-se devolutivo ao efeito do recurso consistente em transferir ao órgão *ad quem* o conhecimento da matéria julgada em grau inferior de jurisdição (...). Há devolução sempre que se transfere ao órgão ad quem algo que fora submetido ao órgão a quo (...). Quando a lei, a título de exceção, atribui competência ao próprio órgão *a quo* para reexaminar a matéria impugnada, o efeito devolutivo ou não existe (como nos embargos de declaração), ou fica diferido, produzindo-se unicamente após o juízo de retratação".[19]

---

16. A parte da decisão não impugnada por meio do recurso transita em julgado e pode ser executada definitivamente.
17. Fala-se em efeito devolutivo em profundidade para significar a amplitude da devolução do conhecimento da causa à instância superior em razão da interposição do recurso. O Tribunal pode examinar todas as questões surgidas na demanda (*efeito devolutivo pleno*) ou apenas algumas das questões surgidas no curso da demanda (*efeito devolutivo limitado*).
18. Pode a parte aforar ação cautelar visando à concessão de efeito suspensivo ao recurso interposto.
19. *Comentários ao Código de Processo Civil*, v. V, p. 259-260. É dotado de efeito devolutivo regressivo o recurso que devolve o julgamento da causa ao mesmo juiz que proferiu a decisão impugnada.

O recurso devolve ao Tribunal também o conhecimento das questões que devem ser examinadas de ofício (art. 485, § 3º, do CPC). Trata-se do denominado *efeito translativo* dos recursos.

O recurso possui, ainda, efeito substitutivo, ou seja, a decisão proferida na instância superior substitui a decisão recorrida na parte em que tiver sido objeto de recurso.

Registre-se, ainda, o efeito expansivo do recurso. Neste sentido, "Há efeito expansivo objetivo interno quando o tribunal, ao apreciar a apelação interposta contra sentença de mérito, por exemplo, dá-lhe provimento e acolhe preliminar de litispendência. Essa decisão sobre questão preliminar estende-se por toda a sentença, invalidando-a (...). Quando, em suma, o efeito expansivo se dá relativamente ao mesmo ato impugnado, diz-se que é interno. Verifica-se o efeito expansivo objetivo externo, quando é provido recurso de agravo de instrumento (...). Provido o agravo pelo tribunal *ad quem*, todos os atos processuais praticados depois de sua interposição, que com a nova decisão sejam incompatíveis, são, ipso facto, considerados sem efeito, devendo ser renovados. O mesmo se pode dizer quanto aos atos praticados no curso de execução provisória da sentença, caso seja provido o recurso recebido apenas no efeito devolutivo (...), atos esses que ficam sem efeito conforme expressa determinação do art. 588, n. III, do CPC. Quando o efeito expansivo se dá relativamente a outros atos praticados no processo, e não apenas ao mesmo ato impugnado, diz-se que se trata de efeito expansivo externo. O objeto da extensão dos efeitos do julgamento do recurso pode ocorrer do ponto de vista subjetivo (...) é o caso, por exemplo, do recurso interposto por um dos litisconsortes sob o regime da unitariedade."[20]

1.6. Forma de interposição e fundamentação do recurso. Juntada de documentos na fase recursal. Contrarrazões ao recurso.

1.6.1. O recurso deve ser interposto no juízo em que foi proferida a decisão impugnada e, conforme prevê o art. 899 da CLT, por simples petição (não é admitido, portanto, recurso verbal).

Na petição de recurso, o recorrente deverá: a) identificar as partes[21] e o processo no qual o recurso é apresentado[22]; b) indicar os fundamentos da pretensão de esclarecimento, anulação ou reforma da decisão impugnada (razões do recurso);

20. *Teoria geral dos recursos*, p. 510-514. Também opera-se o efeito expansivo do recurso aforado contra decisão proferida em dissídio coletivo em relação à ação de cumprimento que a tenha como fundamento.

21. Havendo vários reclamados ou reclamantes, admite-se que da peça recursal conste o nome de apenas um deles seguido da expressão "e outros".

22. O erro na indicação do número do processo não é suficiente para impedir a admissão do recurso, desde que corretamente identificados as partes e o juízo no qual se recorre.

c) apresentar pedido de proferimento de nova decisão (art. 1.010 do CPC). Em relação ao recurso de revista, cumpre observar o que dispõe art. 896, §§ 1º-A e 8º da CLT, que mais adiante será examinado. O não atendimento destes requisitos implica inépcia da petição recursal, o que impede o conhecimento do recurso.

O art. 899 da CLT, quando alude à interposição do recurso por simples petição, apenas trata da forma de interposição do recurso, não dispensando a sua fundamentação. Aplica-se à hipótese o princípio da dialeticidade, que aponta no sentido de que o pedido de declaração, anulação ou reforma deve ser fundamentado, isto é, a parte deve apontar no recurso as razões do seu inconformismo com a decisão e que justificam a declaração, anulação ou reforma.

Acrescente-se que: 1) em relação a alguns recursos, a CLT exige, expressamente, que o recorrente aponte as razões do seu inconformismo e demonstre estarem presentes as condições necessárias para a admissão do recurso, como se dá com o recurso de revista (art. 896, § 1º-A) e com o agravo de petição (art. 897, § 1º, da CLT); 2) como o recurso devolve ao Tribunal o conhecimento da matéria impugnada, a parte deve apontar no recurso as questões que pretende ver reexaminadas pela instância superior; 3) dispõe a CLT que, interposto o recurso, o recorrido deverá ser intimado para oferecer suas razões (art. 900). As razões do recorrido são as contrarrazões às razões do recorrente; o art. 932, III, do CPC, que serve, no particular, como fonte subsidiária do Direito Processual do Trabalho, dispõe que incumbe ao relator que não tenha impugnado especificamente os fundamentos da decisão recorrida, o que também confirma a necessidade de fundamentação dos recursos.

Em relação aos recursos nos dissídios coletivos, o Precedente Normativo n. 37 do TST prevê que "nos processos de dissídio coletivo só serão julgadas as cláusulas fundamentadas na representação, em caso de ação originária, ou no recurso". No dissídio coletivo, portanto, o recurso também deve ser motivado.

Recorde-se, inclusive, que o juiz, ao proferir decisão, apreciará a prova dos fatos alegados pelas partes, definirá fatos provados e fará incidir sobre estes fatos a norma abstrata que os disciplina, isto é, definirá as consequências jurídicas decorrentes da incidência da norma abstrata sobre o suporte fático. Ao impugnar a decisão, a parte poderá questionar o acerto do juiz em relação à definição dos fatos provados e das suas consequências jurídicas, ou seja, deverá demonstrar que o juiz não agiu com acerto ao valorar a prova e, com isso, na definição dos fatos provados, e/ou ao definir a norma regente do caso concreto. Em suma, a parte deverá apontar no seu recurso as razões que entende suficientes para a declaração, anulação ou reforma da decisão, o que exige que ataque, na sua peça recursal, as razões que sustentam a decisão impugnada.

O TST adotou, quanto aos recursos que lhe sejam endereçados, o entendimento de que: não se conhece de recurso "se as razões do recorrente não impugnam os fundamentos da decisão recorrida, nos termos em que proferida" (Súmula n.

422, I), o que não se aplica, no entanto, "em relação à motivação secundária e impertinente, consubstanciada em despacho de admissibilidade de recurso ou em decisão monocrática" (Súmula n. 422, II); é "inaplicável a exigência do item I relativamente ao recurso ordinário da competência de Tribunal Regional do Trabalho, exceto em caso de recurso cuja motivação é inteiramente dissociada dos fundamentos" (Súmula n. 422, III).

1.6.2. Na fase recursal, somente é admitida a juntada de documento quando for comprovado o justo impedimento para a sua oportuna apresentação ou ele se referir a fato posterior à sentença (Súmula n. 8 do TST). Sendo juntado documento na fase recursal, à parte contrária deve ser conferida oportunidade para manifestação (art. 437, § 1º, do CPC).

1.6.3. Interposto o recurso, o recorrido deverá ser intimado para oferecer contrarrazões, em prazo igual ao que tiver o recorrente para apresentar recurso (art. 900 da CLT).

A apresentação de contrarrazões constitui faculdade e não obrigação do recorrido.

O CPC prevê: no art. 1.009, § 1º, do CPC, que as questões resolvidas na fase de conhecimento, se a decisão a seu respeito não comportar agravo de instrumento, não são cobertas pela preclusão e devem ser suscitadas em preliminar de apelação, eventualmente interposta contra a decisão final, ou nas contrarrazões; se a decisão em questão foi suscitada em contrarrazões, o recorrente deverá ser intimado para apresentar contrarrazões (art. 1009, § 2º, do CP).

O art. 1.009 do CPC é compatível com o Direito Processual do Trabalho, por força do art. 893, § 1º, da CLT, que também afasta a preclusão em relação às decisões interlocutórias e dispõe que elas poderão ser atacadas no recurso interposto contra a decisão definitiva, inclusive no que comporta à possibilidade de o recorrido atacar, em contrarrazões, decisão interlocutória que lhe seja desfavorável, vez que permite ao Tribunal examinar todas as questões decididas em primeira instância.

1.7. De quem pode subscrever petição de recurso

Reconhecido às partes o *jus postulandi* (capacidade de postular pessoalmente em juízo – art. 791 da CLT), não há como a elas negar a possibilidade de subscrever petição de recurso, observando-se, no entanto, que o TST, por meio da Súmula 425, restringiu o alcance do *jus postulandi* à postulação perante as Varas do Trabalho e os Tribunais Regionais do Trabalho.

Também pode firmar o recurso o advogado que assiste à parte, mas considera-se ineficaz o recurso subscrito com advogado sem procuração nos autos, salvo as hipóteses de mandato tácito e de prática de ato urgente, na forma do art. 104 do CPC, examinado quando tratamos da representação das partes em juízo, observando-se, ainda, o que estabelece o art. 76 do CPC, examinado na mesma oportunidade.

O preposto somente representa a parte em audiência (art. 843, *caput* e § 1º, da CLT), razão pela qual não pode subscrever petição de recurso.

1.8. Da lei que rege o recurso

O recurso é regido pela lei vigente na data em que é publicada a decisão (art. 915 da CLT), visto que é neste momento que surge o direito à sua impugnação.[23] Com isso, a lei nova não afeta o direito ao recurso que a lei vigente na data da publicação da decisão colocava à disposição da parte. Todavia, "quanto ao procedimento cabível, inclusive para o julgamento do recurso, não há dúvidas de que se subordina, desde a respectiva entrada em vigor, às prescrições da lei nova. Aqui, o princípio aplicável é, pura e simplesmente, o da imediata incidência".[24]

1.9. Princípios informadores do sistema recursal

O sistema recursal é regido por vários princípios, quais sejam:

a) duplo grau de jurisdição: pode a demanda, sendo atendidos determinados pressupostos e respeitados os limites impostos pela ordem jurídica, ser submetida a dois órgãos jurisdicionais distintos;

b) legalidade ou taxatividade: a parte somente pode utilizar os recursos que a ordem jurídica coloca à sua disposição para impugnar as decisões judiciais;[25]

c) unirrecorribilidade, singularidade ou unicidade: não é admitida a interposição simultânea de mais de um recurso contra a mesma decisão;

d) fungibilidade ou conversibilidade: um recurso pode ser admitido por outro quando não ocorra má-fé ou erro grosseiro na sua interposição e tenham sido atendidos os pressupostos de admissibilidade do recurso adequado para a hipótese;[26]

e) irrecorribilidade imediata das decisões interlocutórias: as decisões interlocutórias não são passíveis de recurso imediato e somente podem ser atacadas no recurso apresentado contra a decisão definitiva (art. 893, § 1º, da CLT), exceto nas situações previstas na Súmula n. 214 do TST, valendo lembrar, ainda, da

23. A questão foi enfrentada quando tratamos da aplicação da norma processual no tempo.

24. José Carlos Barbosa Moreira. *Comentários ao Código de Processo Civil*, v. V, p. 270.

25. Para Nelson Nery Júnior, esse princípio significa que são considerados recursos "aqueles designados, em *numerus clausus*, pela lei federal" (*Teoria geral dos recursos*, p. 48).

26. Ao tema retornaremos mais adiante.

possibilidade de apresentação de pedido recursal nas contrarrazões de recurso, versando sobre a decisão interlocutória (art. 1.009, § 1º, do CPC);[27]

f) sucumbência ou da lesividade: somente a parte vencida ou o terceiro prejudicado pela decisão pode recorrer (art. 996 do CPC);[28]

g) vedação de *reformatio in pejus*: o tribunal não pode agravar a situação da parte no julgamento do recurso por ela interposto;[29]

h) personalidade: salvo norma expressa em sentido contrário, apenas o recorrente é beneficiado pelo julgamento do recurso por ele interposto;

i) dialeticidade: o pedido de declaração, anulação ou reforma deve ser fundamentado, isto é, a parte deve apontar no recurso as razões do seu inconformismo com a decisão e que justificam a declaração, anulação ou reforma;

j) efeito meramente devolutivo dos recursos: em regra, os recursos têm efeito apenas devolutivo;

k) concentração: a petição de interposição do recurso deve ser acompanhada pelas razões do inconformismo da parte em relação à decisão impugnada, não sendo permitido interpor o recurso e, posteriormente, apresentar as razões respectiva.

1.10. Pressupostos de admissibilidade do recurso

A pretensão manifestada no recurso somente será examinada se forem atendidos determinados pressupostos.

1.10.1. Conceito.

Pressupostos de admissibilidade do recurso são os requisitos a serem atendidos para que possa ser examinado o seu mérito.

A necessidade da verificação do atendimento destes pressupostos faz com que o recurso passe por dois momentos de julgamento, correspondentes ao juízo de admissibilidade e ao juízo de mérito.

O juízo de admissibilidade, isto é, o exame do atendimento dos pressupostos de admissibilidade do recurso, é duplo, sendo realizado no juízo *a quo* (juízo no

---

27. A vedação de recurso contra as decisões interlocutórias tem por escopo imprimir maior celeridade ao processo e, com isso, à solução definitiva da lide.

28. O Ministério Público também possui legitimidade para apresentar recurso, atuando como parte ou fiscal da ordem jurídica. Quando o Ministério Público do Trabalho não é parte, a lesividade que o autoriza a apresentar recurso está na ofensa à ordem jurídica contida na decisão judicial.

29. Esta vedação é expressamente consagrada no art. 617 do Código de Processo Penal, *in verbis*: "o Tribunal, câmara ou turma atenderá nas suas decisões ao disposto nos art. 383, art. 386 e art. 387, no que for aplicável, não podendo, porém, ser agravada a pena, quando somente o réu houver apelado da sentença". Trata-se do denominado *efeito prodrômico da sentença*, que implica vedação da sua *reformatio in pejus* em relação à parte recorrente.

qual é proferida a decisão impugnada) e no juízo *ad quem* (juízo competente para o julgamento do recurso), não estando este vinculado à decisão daquele (o recurso admitido em Primeira Instância pode ter sua admissão negada na Instância Superior), o que significa que o juízo de admissibilidade realizado no juízo no qual se recorre seja provisório.[30]

No CPC, o juízo de admissibilidade da apelação (recurso que muito se aproxima do recurso ordinário admissível no processo do trabalho) é retirado do juiz de primeiro grau (art. 1.010, § 3º), o mesmo ocorrendo em relação ao recurso extraordinário e o recurso especial (art. 1.030, parágrafo único). No entanto, os princípios da economia e celeridade processual tornam injustificável a remessa dos autos ao tribunal quando, por exemplo, for patente a intempestividade do recurso. Ademais o art. 1.010, § 3º, do CPC não é aplicável no processo do trabalho, no qual é prevista a realização do juízo de admissibilidade no juízo *a quo*, como se vê, por exemplo, do art. 897, § 1º, e § 2º, e art. 899, § 8º, da CLT (que faz expressa referência a agravo interposto por força da não admissão de recurso de revista).

Contra a admissão do recurso (juízo de admissibilidade positivo) não cabe recurso. Contra a não-admissão do recurso (trancamento do recurso ou juízo de admissibilidade negativo), cabe agravo de instrumento (art. 897, b, da CLT). Repita-se que esta segunda hipótese não é de simples despacho, mas de *decisão* sobre a admissibilidade do recurso interposto, o que a torna passível de recurso, notadamente porque, não sendo admitido o recurso, sequer haveria possibilidade para questionar esta decisão em outro momento, como ocorre com as decisões interlocutórias em geral (art. 893, § 1º, da CLT), o que implica dizer que se trata de uma decisão interlocutória com efeitos definitivos no que se refere à fase recursal.

O fato de o juízo primeiro de admissibilidade do recurso de revista entendê-lo cabível apenas quanto a parte das matérias nele veiculadas não impede a sua apreciação integral pela turma do Tribunal Superior do Trabalho, sendo imprópria a interposição de agravo de instrumento quando às matérias em relação às quais o recurso não foi admitido (Súmula n. 285 do TST).

1.10.2. Pressupostos recursais intrínsecos e extrínsecos.

Pretendendo impugnar determinado ato judicial, a parte deve verificar (a) a sua natureza (somente as decisões definitivas comportam recurso), (b) quem pode impugná-lo (legitimidade e interesse para impugnar o ato) e os (c) pressupostos da eficácia da impugnação (regularidade formal, prazo, preparo, etc.).

A parte, para ter o seu recurso admitido, deve atender aos pressupostos recursais:

---

30. Ao Tribunal compete apreciar de ofício os requisitos de admissibilidade do recurso.

a) intrínsecos: pressupostos relacionados com a existência do direito de recorrer (interesse para recorrer, legitimação para recorrer, cabimento do recurso e inexistência de fato impeditivo ou extintivo do direito de recorrer);

b) extrínsecos: pressupostos que dizem respeito ao procedimento recursal ou o modo de exercer o direito de recorrer (tempestividade, regularidade formal e de representação, preparo e prequestionamento nos recursos de natureza extraordinária).

1.10.3. Pressupostos subjetivos e objetivos.

Os pressupostos de admissibilidade dos recursos são subjetivos (relacionados com aquele que pretende recorrer) objetivos (pressupostos que se relacionam com o processo).

Os pressupostos subjetivos são a legitimidade e o interesse para recorrer.

1.10.3.1. A legitimidade consiste na titularidade do poder de recorrer.

Possuem legitimidade para recorrer, a teor do art. 996 do CPC, aplicável no processo do trabalho, a parte vencida,[31] o terceiro prejudicado e o Ministério Público do Trabalho, como parte ou fiscal da ordem jurídica.[32]

O litisconsorte, sendo parte do processo, pode apresentar recurso.

Por força do art. 119, parágrafo único, do CPC, também o assistente pode recorrer contra a decisão desfavorável ao assistindo.

A União tem legitimidade para recorrer em relação às contribuições previdenciárias, como se verá quando tratarmos da sua participação no processo.

O art. 898 da CLT atribui ao Presidente do Tribunal legitimidade para recorrer contra as decisões proferidas em dissídio coletivo que afetam empresa de serviço público ou, em qualquer caso, contra as proferidas em processo de revisão de sentenças normativas, criando uma espécie de remessa obrigatória no dissídio coletivo. O art. 8º da Lei n. 5.584/70 reconhece à União legitimidade para recorrer contra decisões proferidas em dissídio coletivo. A legitimidade recursal do Presidente do Tribunal e da União é, no entanto, questionável, posto que compete ao Ministério Público do Trabalho atuar no dissídio coletivo como fiscal da ordem jurídica e em defesa do interesse público, inclusive apresentando recurso, quando reputar cabível.

---

31. O substituto processual, como parte que é, tem legitimidade para recorrer. O substituído tem legitimidade para recorrer como terceiro interessado (o substituído pode ingressar no processo como assistente, em razão de seu interesse no resultado do julgamento do dissídio. Esse mesmo interesse o autoriza a apresentar recurso).

32. O CPC de 1973 atribuía ao Ministério Público a condição de *fiscal da lei* (art. 83), ao passo que o CPC de 2015 o considera *fiscal da ordem jurídica* (art. 179), o que não merece reparos, visto que o que rege a conduta humana é toda a ordem jurídica e não apenas a lei.

De acordo com o art. 1º, V, do Decreto-lei n. 779/69, sendo proferida decisão contra a União, os Estado, o Distrito Federal, os Municípios e as respectivas autarquias e fundações de direito público que não explorem atividade econômica, o juiz deverá remeter os autos à Instância Superior para reexame da causa. Trata-se da *remessa obrigatória*, que é disciplinada, no CPC, pelo seu art. 496, segundo o qual está sujeita ao duplo grau de jurisdição, não produzindo efeito senão depois de confirmada pelo tribunal, a sentença: proferida decisão contra a União, os Estado, o Distrito Federal, os Municípios e suas respectivas autarquias e fundações de direito público; que julgar procedentes, no todo ou em parte, os embargos à execução fiscal.

O CPC acrescenta que: nos casos previstos no art. 496, não interposta a apelação no prazo legal, o juiz ordenará a remessa dos autos ao tribunal e, se não o fizer, o presidente do respectivo tribunal avocá-los-á (art. 496, § 1º); não é exigida a remessa obrigatória quando a condenação ou o proveito econômico obtido na causa for de valor certo e líquido inferior a mil reais, para a União e as respectivas autarquias e fundações de direito público; quinhentos salários mínimos, para os Estados, o distrito Federal, as respectivas autarquias e fundações de direito público e os Municípios que constituam as capitais dos Estados; cem salários mínimos para todos os demais municípios e respectivas autarquias e fundações de direito público.

A propósito da remessa obrigatória, o TST editou a Súmula n. 303, consagrando o entendimento de que: "I – Em dissídio individual, está sujeita ao duplo grau de jurisdição, mesmo na vigência da CF/1988, decisão contrária à Fazenda Pública, salvo quando a condenação não ultrapassar o valor correspondente a: a) 1.000 (mil) salários mínimos para a União e as respectivas autarquias e fundações de direitos público; b) 500 (quinhentos) salários mínimos para o Estados, o Distrito Federal, as respectivas autarquias e fundações de direitos público e os Municípios que constituam capital dos Estados; c) 100 (cem) salários mínimos para todos os demais Municípios e respectivas autarquias e fundações de direito público. Também não se sujeita ao duplo grau de jurisdição a decisão fundada em: a) súmula ou orientação jurisprudencial do Tribunal Superior do Trabalho; b) acórdão proferido pelo Supremo Tribunal Federal ou pelo Tribunal Superior do Trabalho em julgamento de recursos repetitivos; c) entendimento coincidente com orientação vinculante firmada no âmbito administrativo do próprio ente público, consolidada em manifestação, parecer ou súmula administrativa. III – Em ação rescisória, a decisão proferida pelo juízo Tribunal Regional do Trabalho está sujeita ao duplo grau de jurisdição obrigatório quando desfavorável ao ente público, exceto nas hipóteses dos incisos anteriores; IV – Em mandado de segurança, somente cabe reexame necessário se, na relação processual, figurar pessoa jurídica de direito público como parte prejudicada pela concessão da ordem. Tal situação não ocorre na hipótese de figurar no feito como impetrante e terceiro interessado pessoa de direito privado, ressalvada a hipótese de matéria administrativa".

Cumpre observar que:

a) a remessa obrigatória, segundo o Decreto-lei n. 779/69, alcança apenas as situações em que a decisão de primeira instância poderia ser atacada por meio de recurso ordinário. Logo, se a Fazenda Pública for vencida em Segunda Instância, ainda que tenha sido vencedora na Primeira, não há lugar para recurso de revista de ofício. O recurso de ofício visa assegurar o exame da causa em duas instâncias, o que já ocorre quando a decisão de Primeira Instância é submetida à Segunda em razão do recurso do particular. Sendo obrigatório apenas o recurso ordinário, não há remessa de ofício na execução;

b) os limites relacionados com o valor da condenação ou do proveito econômico obtido na causa devem ser aqueles estabelecidos no art. 466, § 3º, do CPC.

Ao terceiro, como prevê o art. 996, parágrafo único, do CPC, caberá demonstrar a possibilidade de a decisão sobre a relação jurídica submetida à apreciação judicial atingir direito de que afirme ser titular ou que possa discutir em juízo como substituto processual.

Humberto Theodoro Júnior assevera que o prazo para recurso do terceiro "é o mesmo da parte a que ele assiste, muito embora não tenha o assistente, *in casu*, recebido qualquer intimação da decisão. O dies a quo, portanto, fixa-se pela data da intimação da parte assistida".[33]

O perito tem interesse, jurídico, no não-aviltamento do valor do seu trabalho, fato que o legitima a recorrer no processo do trabalho, como terceiro prejudicado, quando não forem fixados na decisão os honorários periciais que lhe forem devidos ou forem estes fixados em valor ínfimo.[34]

O arrematante tem legitimidade e interesse jurídico para, como terceiro prejudicado, apresentar recurso relativo à arrematação.

O Ministério Público tem legitimidade para recorrer, tenha atuado no processo como parte ou fiscal da ordem jurídica. A apresentação de recurso pelo Ministério Público que atue como fiscal da ordem jurídica não depende da anuência do vencido (o Ministério Público tem autonomia processual). O Ministério Público tem legitimidade para recorrer no processo em que oficiou como fiscal da lei, ainda que não haja recurso da parte (Súmula n. 99 do STJ). Contudo, mesmo em matéria recursal, ao Ministério Público é defeso exercer a representação judicial

33. *Curso de direito processual civil*, v. I, p. 638.

34. De acordo com a Súmula n. 23 da Primeira Turma do TRT da 10ª Região, "o perito tem legitimidade para recorrer quando o tema recursal guarde pertinência com a fixação/correção dos seus honorários". Em sentido contrário: "A atuação do perito subordina-se ao magistrado condutor do feito, não guardando qualquer relação com as partes, razão pela qual não pode ser considerado terceiro prejudicado. Falta-lhe, portanto, legitimidade para recorrer, devendo buscar a defesa de seus interesses contra atos do juiz por meio de mandado de segurança" (3ª T. do STJ, Resp. 166.976, Rel. Min. Eduardo Ribeiro, DJU 28.08.00).

de entidades públicas (art. 129, IX, da Constituição Federal), não lhe sendo lícito recorrer para suprir falha da defesa daquelas entidades, inclusive porque a fiscalização do cumprimento da lei, que cabe ao Ministério Público, deve se dar dentro dos limites da lide e não para inová-la.

1.10.3.2. Também para recorrer é necessário ter interesse.

Neste sentido, o art. 996 do CPC dispõem que somente a parte vencida pode impugnar a decisão por meio de recurso.

No exame deste pressuposto cumpre levar em conta a utilidade do recurso: haverá interesse para recorrer sempre que do julgamento do recurso puder resultar para a parte uma situação jurídica mais vantajosa do que aquela estabelecida pela decisão recorrida.

Como é asseverado por José Carlos Barbosa Moreira, "a noção de interesse, no processo, repousa sempre (...) no binômio utilidade + necessidade: utilidade da providência judicial pleiteada, necessidade da via que se escolhe para obter essa providência. O interesse de recorrer, assim, resulta da conjugação desses dois fatores: de um lado, é preciso que o recorrente possa esperar, da interposição do recurso, a consecução de um resultado a que corresponda situação mais vantajosa, do ponto de vista prático, do que o emergente da decisão recorrida; de outro lado, que lhe seja necessário usar o recurso para alcançar tal vantagem".[35]

Se ambas as partes foram vencidas, ambas têm interesse para recorrer.

É asseverado por Nelson Nery Júnior que, "ainda que o réu haja arguido a carência da ação na contestação, tem ele interesse em interpor recurso de apelação objetivando obter uma sentença de improcedência. Pelo princípio da eventualidade, o réu deve, na contestação, alegar toda a matéria de defesa, sob pena de preclusão (CPC, arts. 300 e 303). Essas alegações deverão ser feitas por ele, independentemente de serem ou não compatíveis umas com as outras, ou de se excluírem reciprocamente. Isto não quer dizer que o réu teria sido atendido em todo o seu requerimento, se o juiz acolhesse apenas uma das defesas por ele apresentadas. É o que os alemães chamam *haupt-und hilfsantrag* (requerimento principal e requerimento auxiliar) (...) prestigiosa doutrina critica essa opinião, afirmando que, segundo o direito positivo brasileiro, não seria admissível ao réu interpor recurso de apelação de sentença de extinção do processo sem provimento de mérito, para pleitear a improcedência, pois haveria supressão de instância (...). De outra parte, se a sentença julgou improcedente o pedido do autor, o réu não terá interesse em recorrer para pleitear a extinção

35. *Comentários ao Código de Processo Civil*, v. V, p. 297.

do processo pela carência, pois a improcedência é o máximo que poderia obter do processo. E obteve".[36]

1.10.3.3. Os pressupostos recursais objetivos (pressupostos que se relacionam com o processo) são:

a) cabimento: o recurso apresentado pela parte deve ser cabível (a decisão impugnada deve ser recorrível ou passível de recurso) e adequado (deve ser interposto o recurso que a lei considera próprio para impugnar aquele tipo de ato judicial). Trata-se, portanto, de pressuposto de admissibilidade que comporta exame sob dois ângulos: a recorribilidade do ato judicial e a adequação do recurso interposto pela parte.[37]

O CPC não repetiu o art. 810 do CPC de 1939, que permitia a conversão de um recurso em outro quando ocorresse equívoco da parte na escolha do recurso a ser aforado e não se verificasse erro grosseiro (*princípio da fungibilidade dos recursos*). O aludido princípio foi acolhido pelo art. 579 do Código de Processo Penal, que assim dispõe: "Salvo a hipótese de má-fé, a parte não será prejudicada pela interposição de um recurso por outro."

Diante do informalismo próprio do processo do trabalho, nele deve ser observado o aludido princípio, em especial em face do reconhecimento do *jus postulandi* às partes, mas desde que: a) não haja má-fé; b) não seja a hipótese de erro grosseiro; e c) tenham sido atendidos os pressupostos de admissibilidade do recurso próprio, dentre eles o respeito ao prazo do recurso próprio (não pode ser admitido um recurso por outro quando o recurso cabível tinha prazo menor para interposição e esse prazo não foi observado).[38]

A compatibilidade do princípio da fungibilidade dos recursos com o processo do trabalho é admitida pelo TST, como se verifica da sua Súmula n. 421;

b) tempestividade: o recurso deve ser tempestivo, ou seja, interposto no prazo que a lei fixa para a impugnação das decisões judiciais.

É de 8 (oito) dias o prazo para interpor e contrarrazoar recursos no processo do trabalho (art. 6º da Lei n. 5.584/70), salvo a hipótese de norma legal fixando

---

36. *Teoria geral dos recursos,* p. 318-321.

37. Observa Nelson Nery Júnior que "o recurso precisa estar previsto na lei processual contra determinada decisão judicial, e, ainda, que seja o adequado para aquela espécie. Estes dois fatos, a recorribilidade, de um lado, e a adequação, de outro, compõem o requisito do cabimento para a admissibilidade do recurso" (*Teoria geral dos recursos*, p. 275).

38. O respeito ao prazo do recurso próprio é indispensável, porquanto não nos parece viável afastar o efeito da preclusão já ocorrida, em especial porque entendimento contrário abre ensejo para a protelação do processo, via interposição de recurso impróprio depois de vencido o prazo para impugnação da decisão, permitindo que a parte ganhe tempo no embate a propósito dos requisitos para a aplicação do princípio da fungibilidade.

outro prazo (os embargos de declaração, por exemplo, devem ser interpostos no prazo de cinco dias, por força do art. 897-A da CLT).

O prazo para a interposição de recurso é contado: da leitura da sentença em audiência, quando nela estiverem presentes as partes (data da publicação da decisão - arts. 774 e 834 da CLT);[39] da intimação das partes, quando a sentença não for proferida em audiência (art. 774 da CLT); publicação do dispositivo do acórdão no órgão oficial (art. 774 da CLT).

Na contagem do prazo do recurso, deve ser respeitado o disposto no caput do art. 775 da CLT: conta-se o prazo com exclusão do dia do começo e inclusão do dia do vencimento.

Os prazos recursais que vencerem em sábado, domingo ou feriado terminarão no primeiro dia útil subsequente (art. 775, parágrafo único, da CLT). Registre-se que I - Incumbe à parte o ônus de provar, quando da interposição do recurso, a existência de feriado local que autorize a prorrogação do prazo recursal (art. 1.003, § 6º, do CPC de 2015. No caso de o recorrente alegar a existência de feriados local e não o comprovar no momento da interposição do recurso, cumpre ao relator conceder o prazo de 5 (cinco) dias para que seja sanado o vício (art. 932, parágrafo único, do CPC), sob pena de não conhecimento se da comprovação depender o conhecimento do recurso. II - Na hipótese de feriado forense, incumbirá à autoridade que proferir a decisão de admissibilidade certificar o expediente nos autos. III - Admite-se a reconsideração da análise da tempestividade do recurso, mediante prova documental superveniente, em agravo interno, agravo regimental, ou embargos de declaração, desde que, em momento anterior, não tenha havido a concessão de prazo para a comprovação da ausência de expediente forense". (Súmula n. 385 do TST).

A União, os Estados, o Distrito Federal, os Municípios e as autarquias ou fundações de direito público federais, estaduais ou municipais que não explorem atividade econômica têm prazo em dobro para recorrer (art. 1º, III, do Decreto-lei n. 779/69 e art. 183 do CPC). As sociedades de economia mista e empresas públicas que explorem atividade econômica não têm o privilégio do prazo em dobro para recorrer (o Decreto-lei n. 779/69, por criar privilégios processuais, deve ser interpretado restritivamente).

O CPC dispõe que, quando os litisconsortes tiverem diferentes procuradores, de escritórios de advocacia distintos, ser-lhes-ão contados em dobro os prazos para todas as suas manifestações, em qualquer juízo ou tribunal, independentemente de requerimento (art. 229), mas, também, que cessa a contagem do prazo em dobro se, havendo apenas dois réus, é oferecida defesa por apenas um deles (art. 229,

39. O prazo para recurso da parte que, intimada, não comparecer à audiência designada para a prolação da sentença conta-se de sua publicação (Súmula n. 197 do TST).

§ 1º). É ainda previsto no CPC que o benefício da contagem em dobro do prazo não se aplica aos processos em autos eletrônicos (art. 229, § 2º).

No entanto, o legislador, quando quis estabelecer privilégio de prazo no processo do trabalho, o fez de forma expressa. Isso significa que, no particular, não existe omissão do Direito Processual do Trabalho a ser suprida pela aplicação, no processo do trabalho, do art. 229 do CPC.

Ademais, a celeridade própria do processo do trabalho, em especial quando se trata de processo sujeito ao procedimento sumaríssimo, impede que nele seja aplicado o art. 229 do CPC. Com efeito, contando os litisconsortes com distintos procuradores, os prazos processuais seriam elastecidos de forma substancial, retardando seriamente o julgamento definitivo do dissídio, quando o processo do trabalho tem como marca característica a celeridade na solução do dissídio (art. 765 da CLT).

Portanto, no processo do trabalho, os litisconsortes não são beneficiados pela contagem diferenciada dos prazos processuais. A SDI-I do TST editou, a propósito, a Orientação Jurisprudencial n. 310, consagrando o entendimento de que "Inaplicável no processo do trabalho a norma contida no art. 229, *caput* e §§ 1º e 2º, do CPC de 2015 (art. 191 do CPC de 1973), em razão da incompatibilidade com a celeridade que lhe é inerente".

O TST, considera "extemporâneo recurso interposto antes da publicado do acórdão impugnado" (Súmula n. 434, I, do TST), mas o que não está em sintonia com o disposto no art. 218, § 4º, do CPC, que é compatível com o Direito Processual do Trabalho. A publicação tem por objetivo dar ciência às partes da decisão. Se esta ciência precede a publicação, o prazo recursal tem início no momento da sua ocorrência, ou seja, o prazo recursal conta-se da *inequívoca ciência da decisão.*

De outro lado, a intimação da decisão tem por objetivo dar às partes ciência do seu conteúdo. Se esta ciência precede, inequivocamente, a intimação da parte, o prazo recursal tem início no momento da ciência da decisão. Neste sentido: "O prazo recursal, independentemente da publicação, conta-se da inequívoca ciência do patrono do recorrente no tocante à decisão recorrida".[40] Neste sentido, prevê o art. 231, VIII, que deve ser considerado como dia do começo do prazo o dia da carga, quando a intimação se der meio por meio da retirada dos autos, em carga, do cartório ou secretaria;

c) regularidade de representação: o recurso pode ser firmado pelo advogado que assiste à parte, mas considera-se ineficaz o recurso subscrito com advogado sem procuração nos autos, salvo as hipóteses de mandato tácito e de prática de ato urgente, na forma do art. 104 do CPC, examinado quando tratamos da

---

40. STJ, REsp. 883.467-MS, 2ª T., Rel. Min. Castro Vieira, DJe 26.10.12.

representação das partes em juízo, observando-se, ainda, o que estabelece o art. 76 do CPC, examinado na mesma oportunidade;

d) preparo: trata-se de pressuposto de admissibilidade relacionado com os encargos financeiros relativos ao recurso. Tais encargos são de duas espécies:

1) custas: a admissão do recurso pressupõe o recolhimento das custas cujo pagamento tenha sido imposto ao vencido.[41]

As custas serão pagas e seu pagamento deverá ser comprovado dentro do prazo recursal (art. 789, § 1º, da CLT). Não se aplica ao processo do trabalho, que disciplina de forma expressa a questão, o art. 1.007 do CPC, que impõe a comprovação do pagamento das custas no ato da interposição do recurso.[42]

São isentos do pagamento das custas, além dos beneficiários da justiça gratuita, a União, os Estados, o Distrito Federal, os Municípios e respectivas autarquias e fundações públicas federais, estaduais ou municipais que não explorem atividade econômica e o Ministério Público do Trabalho (art. 790-A, *caput*, I e II, da CLT). As sociedades de economia mista não estão dispensadas do pagamento das custas (Súmula n. 170 do TST).

A massa falida está dispensada do pagamento das custas para apresentar recurso (Súmula n. 86 do TST). As empresas em liquidação extrajudicial não estão dispensadas do pagamento de custas e, portanto, do preparo do recurso (Súmula n. 86 do TST).

As custas devem ser pagas pelo vencido dentro do prazo recursal (art. 789, § 1º, da CLT).

Acrescente-se que "I – A parte vencedora na primeira instância, se vencida na segunda, está obrigada, independentemente de intimação, a pagar as custas fixadas na sentença originária, das quais ficara isenta a parte então vencida; II – No caso de inversão do ônus da sucumbência em segundo grau, sem acréscimo ou atualização do valor das custas e se estas já foram devidamente recolhidas, descabe um novo pagamento pela parte vencida, ao recorrer. Deverá ao final, se sucumbente, reembolsar a quantia; (ex-OJ nº 186 da SBDI-I) III – Não caracteriza deserção a hipótese em que, acrescido o valor da condenação, não houve fixação ou cálculo do valor devido a título de custas e tampouco intimação da

41. O julgador deverá fixar na decisão o valor das custas a serem pagas pelo vencido, em sintonia com as regras estabelecidas no art. 789 da CLT. Eventual erro de cálculo cometido pelo juiz na fixação do valor das custas deve ser suscitado pelas partes em embargos de declaração. Contudo, se a parte confia nos cálculos do julgador e recolhe as custas fixadas na decisão, ao seu recurso não pode ter negada admissão. Nesta hipótese, o Tribunal deverá conceder prazo à parte para regularizar o preparo (depositando a diferença apurada) antes de considerar deserto o seu recurso. É certo que a parte não conferiu os cálculos constantes da decisão, mas também é certo que ela não pode ser responsabilizada por eventual erro de cálculo do julgador.

42. De acordo com a Súmula n. 484 do STJ: "Admite-se que o preparo seja efetuado no primeiro dia útil subsequente, quando a interposição do recurso ocorrer após o encerramento do expediente bancário".

parte para o preparo do recurso, devendo ser as custas pagas ao final; (ex-OJ nº 104 da SBDI-I); IV – O reembolso das custas à parte vencedora faz-se necessário mesmo na hipótese em que a parte vencida for pessoa isenta do seu pagamento, nos termos do art. 790-A, parágrafo único, da CLT".

Anote-se que, tendo ocorrido alteração na condenação e sendo omissa a decisão quanto às custas, a parte deve aforar embargos de declaratórios, para que a omissão seja suprida, evitando, com isso, o debate sobre a deserção do seu recurso pela ausência do depósito do acréscimo das custas, em especial porque é discutível o acerto da súmula referida, vez que, fixado o novo valor da condenação, as custas estarão automaticamente fixadas (as custas incidem à base de dois por cento do valor da condenação – art. 789, I, da CLT).

A insuficiência do valor recolhido a título de custas implicará deserção se o recorrente, intimado na pessoa de seu advogado, não vier a supri-lo no prazo de cinco dias (art. 1.007, § 5º, do CPC), ao passo que provando a parte justo impedimento para a realização do pagamento das custas, o relator relevará a pena de deserção, fixando prazo para que a parte o efetue (art. 1.007, § 6º, do CPC). Estas disposições legais são compatíveis com o Direito Processual do Trabalho, vez que, também nele, não se justifica a deserção no caso de mera insuficiência do valor das custas e se, houver justo impedimento para a realização do seu recolhimento, é razoável que a pena de deserção seja relevada.

2) depósito recursal: nos dissídios individuais em que houver condenação a pagamento em pecúnia, constitui pressupostos de admissibilidade do recurso o depósito do valor da condenação, nos limites e termos da legislação vigente (art. 899, § 1º, da CLT e item I da Instrução Normativa n. 3/93).[43]

A exigência do depósito recursal tem por objetivos:

a) desencorajar a interposição de recursos, especialmente protelatórios;

b) facilitar a satisfação do crédito reconhecido em decisão judicial, na medida em que, sendo confirmada a decisão impugnada por meio de recurso, o credor terá meios para a imediata satisfação do seu crédito;

c) dividir entre as partes os danos marginais decorrentes da duração do processo.

A exigência de depósito recursal não afronta o princípio do duplo grau de jurisdição ou desrespeita o direito de acesso à justiça, vez que apenas condiciona a admissão do recurso à prévia garantia da satisfação do crédito reconhecido à parte vencedora, o que é justificado pelo caráter alimentar e privilegiado dos créditos

43. Não havendo condenação a pagamento em pecúnia, descabe o depósito prévio de que tratam os §§ 1º e 2º do art. 899 da CLT (Súmula n. 161 do TST). O depósito recursal visa assegurar a satisfação de crédito pecuniário reconhecido em decisão judicial.

decorrentes da relação de emprego. Ponderando a maior dificuldade de acesso ao duplo grau de jurisdição e a mais rápida satisfação dos créditos decorrentes da relação de emprego, o legislador optou pelo que considerou ser um mal menor, qual seja, condicionar o acesso ao duplo grau de jurisdição à prévia segurança do juízo. Afronta ao duplo grau de jurisdição haverá, no entanto, quando não for observada a razoabilidade na fixação do valor do depósito recursal.

O depósito recursal é exigido na interposição de recurso ordinário, de revista, de embargos para a SDI-1 do TST, extraordinário e agravo de instrumento aforado em face da não admissão de recurso de revista (arts. 897, § 5º, e 899, § 7º, da CLT e item II da Instrução Normativa n. 3/93, observando-se a exceção estabelecida pelo art. 899, § 8º, da CLT) e não se exige na interposição de embargos de declaração, agravo regimental, agravo inominado ou interno e agravo de petição. Não é exigível o depósito recursal quando se trate de decisão proferida em dissídio coletivo, vez que, neste caso, não existe uma execução a ser garantida pelo vencido.

O depósito recursal é também devido na ação rescisória. Assim, se a ação rescisória é julgada procedente (rescisão da decisão de improcedência e proferimento de decisão de procedência), com a imposição de condenação de pecúnia, o recurso ordinário interposto deverá ser preparado, cabendo à parte vencida efetuar o depósito recursal, no limite e nos termos da legislação vigente, sob pena de deserção (Súmula n. 99 do TST).

O recurso adesivo está sujeito ao depósito recursal, na medida em que a ele aplicam-se as mesmas regras do recurso independente quanto às condições de admissibilidade e preparo (art. 997, § 2º, do CPC de 2015 e item X da Instrução Normativa n. 3/93 do TST).

O depósito corresponderá ao valor da condenação, até o limite fixado em lei (arts. 7º da Lei n. 5.584/70, 899, §§ 1º, 2º, 4º, 5º e 6º, da CLT e 40 da Lei n. 8.177/91 e Súmula n. 128, I, do TST).

Para o recurso de agravo de instrumento, o valor do depósito recursal corresponderá a 50% (cinquenta por cento) do valor do depósito do recurso ao qual se pretende destrancar (item II, letra a, da Instrução Normativa n. 3/93 do TST), observando-se que a Lei n. 13.015/14, no entanto, afastou esta exigência quando se trate de agravo que tenha por finalidade destrancar recurso de revista que se insurge contra decisão que contraria a jurisprudência uniforme do TST, consubstanciada nas suas súmulas ou em orientação jurisprudencial (art. 899, § 8º, acrescentado pela citada lei).

Os valores alusivos aos limites de depósito recursal serão reajustados bimestralmente pela variação acumulada do INPC do IBGE dos dois meses imediatamente anteriores, e serão calculados e publicados no Diário Eletrônico da Justiça do Trabalho, por ato do Presidente do Tribunal Superior do Trabalho, tornando-se obrigatória a sua observância a partir do quinto dia seguinte ao da publicação (art. 40, § 4º, da Lei n. 8.177/91 e item VI da Instrução Normativa n. 3/93 do TST).

É devido o depósito a cada novo recurso interposto até que seja alcançado o valor da condenação (arts. 899, §§ 1º a 6º, da CLT e 40 da Lei n. 8.177/91). Consoante a Súmula 128, I, do TST: "É ônus da parte recorrente efetuar o depósito legal, integralmente, em relação a cada novo recurso interposto, sob pena de deserção. Atingido o valor da condenação, nenhum depósito mais é exigido para qualquer recurso." No mesmo sentido, dispõe o item II, letra b, da Instrução Normativa 3/93 do TST que "depositado o valor total da condenação, nenhum depósito será exigido nos recursos das decisões posteriores, salvo se o valor da condenação vier a ser ampliado" (o depósito recursal tem como limite o valor da condenação, cuja execução visa garantir).[44]

Se o valor constante do primeiro depósito, efetuado no limite legal, é inferior ao da condenação, será devida, no recurso posterior, a complementação do depósito, observado o valor nominal remanescente da condenação e/ou os limites legais para cada novo recurso (item II, letra c, da Instrução Normativa 3/93 do TST).

Havendo acréscimo ou redução da condenação em grau recursal, o juízo prolator da decisão arbitrará novo valor à condenação, quer para a exigibilidade de depósito ou complementação do já depositado, para o caso de recurso subsequente, quer para liberação do valor excedente decorrente da redução da condenação (item II, letra d, da Instrução Normativa 3/93 do TST).[45]

Segundo prevê o item VIII da Instrução Normativa n. 3/93 do TST, o depósito "será de responsabilidade da parte quanto à exatidão dos valores depositados e deverá ser comprovado, nos autos, pelo recorrente, no prazo do recurso a que se refere, independentemente da sua antecipada interposição, observado o limite do valor vigente na data da efetivação do depósito, bem como o contido no item VI, salvo no que se refere à comprovação do depósito recursal em agravo de instrumento, que observará o disposto no art. 899, § 7º, da CLT, com a redação da Lei nº 12.275/2010".

A realização do depósito recursal e a sua comprovação devem ser feitas no prazo para a interposição do recurso (art. 7º da Lei n. 5.584/70).[46] A pena para

---

44. Atribuindo ao depósito recursal a natureza de garantia da execução, o TST consagrou o entendimento de que "Garantido o juízo, na fase executória, a exigência de depósito para recorrer de qualquer decisão viola os incisos II e LV do art. 5º da CF/1988. Havendo, porém, elevação do valor do débito, exige-se a complementação da garantia do juízo" (Súmula n. 128, II, do TST). É neste mesmo sentido o item *c* da Instrução Normativa n. 03/93, do TST. Dá-se o aumento do débito, por exemplo, no caso de ser imposta ao executado a obrigação de pagar multa com esteio no art. 600 e 601 do CPC (prática de ato atentatório à dignidade da justiça).

45. Nos termos da letra *h* do item II da Instrução Normativa n. 3/93, "com o trânsito em julgado da decisão que absolveu o demandado da condenação, ser-lhe-á autorizado o levantamento do valor depositado e seus acréscimos".

46. O depósito recursal deve ser feito e comprovado no prazo alusivo ao recurso, sendo que a interposição antecipada deste não prejudica a dilação legal (Súmula n. 245 do TST). Não foi adotada pelo Direito Processual do

a ausência de depósito recursal (ou sua insuficiência) é a deserção do recurso (art. 7º da Lei n. 5.584/70).

Consoante o art. 899 da CLT o § 7º, "No ato de interposição do agravo de instrumento, o depósito recursal corresponderá a 50% (cinquenta por cento) do valor do depósito do recurso ao qual se pretende destrancar". Assim, ao apresentar agravo de instrumento contra decisão por meio do qual for negada admissão a recurso interposto contra decisão passível de execução, a parte deverá, no ato de interposição do recurso, comprovar a realização de depósito, no importe correspondente a 50% do valor depositado devido para efeito de interposição do recurso não admitido. Trata-se de um acréscimo de depósito recursal, que reforça, ainda mais, a eficácia das decisões proferidas pela Justiça do Trabalho. Permanece, no entanto, o limite máximo do depósito recursal, que é o valor da condenação, sendo relevante acrescentar que, no processo do trabalho, o preparo do recurso deve ser realizado no prazo recursal.

A Lei n. 13.467/17 alterou a sistemática para a realização do depósito recursal, estabelecendo que ele deverá ser realizado em conta vinculada ao juízo e corrigido com os mesmos índices da poupança (art. 899, § 4º, da CLT).

Estão dispensadas do depósito recursal os entes de direito público externo e as pessoas de direito público contempladas no Decreto-lei n. 779/69, assim como a massa falida e a herança jacente, nos termos do item X da Instrução Normativa n. 3/1993, do TST e Súmula n. 86 do TST[47]).

Não estão dispensadas do depósito recursal as sociedades de economia mista e empresas públicas que explorem atividade econômica (art. 173, § 1º e II, da Constituição Federal e Súmula n. 170 do TST[48]).

Havendo condenação solidária de duas ou mais empresas, o depósito recursal efetuado por uma delas aproveita as demais, quando a empresa que efetuou o depósito não pleiteia sua exclusão da lide (Súmula n. 128, III, do TST e art. 1.005, parágrafo único, do CPC). Se for requerida a exclusão da lide da empresa que realizou o depósito recursal, este não aproveitará aos demais vencidos, na medida em que sendo acolhido o pedido de exclusão, o valor depositado deverá ser devolvido ao depositando, restando a execução carente de garantia. Sendo a condenação subsidiária, cada recorrente deverá efetuar o depósito recursal, sob pena de deserção de seu recurso, vez que o recurso de um devedor só aproveita

Trabalho, portanto, a regra do depósito imediato, no sentido de que o preparo deve ser comprovado no ato de interposição do recurso.

47. "Não ocorre deserção de recurso da massa falida por falta de pagamento das custas ou de depósito do valor da condenação. Esse privilégio, todavia, não se aplica à empresa em liquidação extrajudicial" (Súmula n. 86 do TST).

48. "Os privilégios e isenções no foro da Justiça do Trabalho não abrangem as sociedades de economia mista, ainda que gozassem desses benefícios anteriormente ao Decreto-lei n. 779, de 21.8.69".

os outros devedores quando as defesas opostas ao credor forem as mesmas, o que não ocorre na condenação subsidiária, em que os devedores são chamados a juízo por fundamentos distintos.

Registre-se que, "a expedição de Mandado de Citação Penhora e Avaliação em fase definitiva ou provisória de execução deverá levar em conta a dedução dos valores já depositados nos autos, em especial o depósito recursal" (item II, letra g, da Instrução Normativa n. 3/93 do TST). Na verdade, como dispõe o art. 899, § 1º, da CLT, transitada em julgado a decisão, será ordenado, por simples despacho, o imediato levantamento da importância depositada pelo credor.[49]

Não é raro ocorrer a alteração do valor do depósito recursal no curso do prazo recursal. Para esta situação, três são as soluções possíveis, quais sejam, observar o valor exigível na data: a) da intimação da decisão; b) da interposição do recurso; c) da realização do depósito recursal. A nosso juízo, a regularidade do depósito deve ser aferida na data da sua realização, sendo este, inclusive, o posicionamento adotado pelo TST ao editar a Instrução Normativa n. 3/93, consoante se vê do seu item VIII. Ademais, é na data da realização do depósito recursal que a parte manifesta a intenção de garantir a execução e pratica o ato que lhe corresponde.

O depósito recursal visa garantir a execução e a sentença coletiva não é objeto de execução, mas de ação de cumprimento (art. 872 da CLT). Com isso, não é exigido depósito recursal para a interposição de recurso contra a decisão proferida em dissídio coletivo.

O TST vinha sendo muito exigente no que concerne ao preparo. Neste sentido, segundo a Orientação Jurisprudencial n. 140 da SDI-I do TST, na sua redação original, "ocorre a deserção do recurso pelo recolhimento insuficiente das custas e do depósito recursal, ainda que a diferença em relação ao *quantum* devido seja ínfima, referente a centavos".[50]

---

49. O art. 899, § 1º, da CLT, autorizando a liberação da quantia depositada para efeito de recurso assim que a decisão condenatória passe em julgado, vai além da ideia de depósito recursal como garantia do juízo (trata-se de garantia do juízo, mas vai além de mera garantia do juízo). Note-se que é autorizada a liberação imediata da importância depositada (o que afasta a necessidade de sua conversão em penhora; fosse necessária esta conversão, a liberação não seria imediata), em favor do vencedor (como a liberação se faz em favor do vencedor e não do exequente – designação da parte na execução – o despacho que a ordena pode anteceder a própria execução). Com isso, transitada em julgado a decisão condenatória e sendo ela liquida, o depósito recursal deverá ser imediatamente liberado em favor do vencedor, sendo iniciada a execução apenas na hipótese de não ser o valor depositado suficiente para a satisfação do crédito a ele reconhecido. Não sendo a decisão líquida, a liberação dos valores ao credor deverá ocorrer depois da liquidação.

50. Esta Orientação Jurisprudencial compunha, ao lado de outras posturas restritivas adotadas pelo TST, o que se convencionou chamar *jurisprudência defensiva*, que é traduzida pelo rigor excessivo no exame dos pressupostos de admissibilidade dos recursos endereçados aos tribunais superiores, visando *defendê-los* do número excessivo de recursos, e não merece aplausos, na medida em que não se justifica deixar de admitir um recurso em razão de diferença ínfima entre o valor depositado e aquele que deveria ser depositado a título de depósito recursal ou custas. A jurisprudência defensiva conduz à *inércia jurisprudencial*, visto que dificulta a revisão das soluções adotadas pelos tribunais superiores, dificultando, inclusive, eventual correção de rumo da jurisprudência. A Orientação jurisprudencial em destaque teve a sua redação alterada em razão da entrada em vigor do CPC de

O CPC contém algumas disposições, relacionadas com o pagamento das custas, que merecem referência.

Neste sentido: conforme o art. 1.007, § 1º, a insuficiência no valor do preparo implicará deserção do recurso se o recorrente, intimado na pessoa de seu advogado, não vier a supri-lo no prazo de cinco dias; o recorrente que não comprovar o recolhimento do preparo será intimado, na pessoa do seu advogado, para realizar o recolhimento em dobro, sob pena de deserção (art. 1.007, § 4º), observando-se que é vedada a complementação do preparo nesta hipótese, ou seja, se o depósito for realizado de forma insuficiente, não se aplica o disposto no art. 1.007, § 1º (art. 1.007, § 5º); provando o recorrente justo impedimento, o relator relevará a deserção, por decisão irrecorrível, fixando-lhe prazo de cinco dias para efetuar o depósito.

Estes dispositivos são aplicáveis no processo do trabalho, devendo ser observado, como já registrado, que eles somente dizem respeito às custas processuais, não alcançando o depósito recursal.

Ainda sobre o depósito recursal, vale anotar que a Lei n. 13.467/17 estabeleceu várias regras a ele relativas, quais sejam:

1) o valor do depósito recursal será reduzido pela metade para entidades sem fins lucrativos, empregadores domésticos, microempreendedores individuais, microempresas e empresas de pequeno porte (art. 899, § 9º, da CLT);
2) são isentos do depósito recursal os beneficiários da justiça gratuita, as entidades filantrópicas e as empresas em recuperação judicial (art. 899, § 10, da CLT);
3) o depósito recursal poderá ser substituído por fiança bancária ou seguro garantia judicial (art. 899, § 11, da CLT). No entanto, a fiança e o seguro somente podem ser aceitos quando: permitirem a satisfação parcial do credor no caso de apuração de quantia incontroverso na execução definitiva ou, na execução provisória, quando esta satisfação for possível, por exemplo (a satisfação parcial, nesta hipótese, é um direito do credor, que não pode ser afetado pela forma da realização do depósito recursal; não forem provisórios, ou seja, devem garantir a satisfação do credor durante todo o tempo de duração do processo (a vigência do contrato respectivo, portanto, não pode ter limitação temporal); o valor segurado pelo fiador ou seguradora não for inferior àquele objeto da execução e for corrigido nos mesmos moldes da execução do crédito trabalhista).

2015, passando a prever que "Em caso de recolhimento das custas processuais ou do depósito recursal, somente haverá deserção do recurso se, concedido o prazo de 5 (cinco) dias, previsto no § 2º do art. 1.007 do CPC de 2015, o recorrente não complementar e comprovar o valor devido".

Ademais, o disposto no art. 899, § 11, da CLT deve ser conjugado com o art. 848, parágrafo único, do CPC, que admite a substituição da penhora por seguro garantia judicial, em valor não inferior ao do débito acrescido de trinta por certo, visto que o depósito recursal atua como uma forma de garantia da execução.

Registre-se que, aceita esta forma de depósito recursal em primeira instância, se o tribunal entender que ela não atende às condições acima especificadas, deverá ser concedido prazo ao recorrente para regularizar o preparo, para, inclusive, evitar decisão surpresa;

e) regularidade formal. Este pressuposto está relacionado com o atendimento de exigências formais relacionadas com a interposição do recurso.

A petição de recurso deve identificar o juízo no qual é apresentado o recurso, as partes e o processo em que se recorre, conter as razões da impugnação da decisão (motivação) e o pedido de proferimento de nova decisão. O não atendimento destes requisitos implica inépcia da petição recursal. Também relacionado com a regularidade formal, está a exigência de o instrumento de agravo de instruído com determinadas peças, como se verá no exame do agravo de instrumento.

A petição de interposição do recurso e as razões do recurso devem ser assinadas pela parte ou por seu advogado. Petição de recurso não assinada equivale a ato processual inexistente. Contudo, estando a petição de interposição do recurso ou a que contenha as razões recursais assinada, a falta de assinatura daquela é suprida pela assinatura desta e vice-versa, vez que tais peças se complementam (Orientação Jurisprudencial n. 120 da SDI-I do TST). O recebimento do recurso, nessas hipóteses, se dá porque ao assinar uma das peças (de interposição ou as razões do recurso) a parte torna inequívoca o desejo de ver reexaminada a causa.

Dispõe o art. 76, § 2º, do CPC que, descumprida a determinação de regularização da representação processual *em fase recursal*, o relator: 1) não conhecerá do recurso, se a providência couber ao recorrente; 2) determinará o desentranhamento das contrarrazões, se a providência couber ao recorrido.

O TST, interpretando este último dispositivo legal, adotou o entendimento de que, "verificada a irregularidade de representação da parte em fase recursal, em procuração ou substabelecimento já constante dos autos, o relator ou o órgão competente para julgamento do recurso designará prazo de 5 (cinco) dias para que seja sanado o vício. Descumprida a determinação, o relator não conhecerá do recurso, se a providência couber ao recorrente, ou determinará o desentranhamento das contrarrazões, se a providência couber ao recorrido (art. 76, § 2º, do CPC de 2015" (Súmula n. 383, I, do TST).

Sob este prisma, somente haverá possibilidade de concessão de vista para regularizar a representação no caso de ser detectada **irregularidade em procuração ou substabelecimento já existente nos autos**, ou seja, a hipótese seria de irregularidade do **instrumento** que com base no qual foi interposto o recurso, não alcançando, portanto, a hipótese de ausência de procuração ou de substabelecimento nos autos (não haveria, neste caso, **irregularidade da representação**, mas **ausênci**a de representação). Nessa linha de raciocínio, decidiu A SDI-II do TST, nos autos do AIRO 1001676-28.2016.5.02.0000, Rel. Min. Maria Helena Mallmann, DeJT 05.10.18, que "O recurso ordinário interposto pelo Réu foi subscrito eletronicamente por advogado que não estava habilitado por procuração ou substabelecimento no momento da interposição do apelo. A Súmula 383, II, do TST admite a concessão de prazo de 5 (cinco) dias à parte para sanar a irregularidade de representação somente quando o vício for verificado na procuração ou substabelecimento já constante dos autos. Todavia, na hipótese dos autos, além de não se tratar de qualquer das hipóteses previstas no art. 104 do CPC/2015, inexiste procuração ou substabelecimento outorgando poderes ao advogado subscritor do recurso ordinário até o instante da sua interposição. Precedentes. Agravo de instrumento conhecido e não provido".

Note-se que o CPC aduz a **irregularidade da representação** no art. 76, inclusive na fase recursal, ao passo que, no art. 104, trata da hipótese de **apresentação de recurso por advogado sem procuração nos autos**, o que demonstra que distingue as duas situações, em especial porque, para a primeira hipótese, estabelece que cabe ao juiz, constatada a irregularidade de representação, conceder prazo para que seja sanado o vício, ao passo que, na segunda, cabe ao advogado, independentemente de despacho, juntar a procuração aos autos no prazo de 15 (art. 104, § 1º).[51] Acrescente-se que o art. 76 faz alusão à concessão de prazo para que seja sanado o **vício da representação**, enquanto o art. 104 trata de situação em que o ato é praticado sem que o advogado tenha procuração nos autos, isto é, de **ausência da representação**;

f) ausência de fato extinto ou de fato impeditivo do direito de recorrer: extinguem o direito de recorrer a renúncia ao direito de recorrer e a aceitação da decisão, por exemplo, ao passo que impedem o exercício do direito de recorrer a ausência de depósito da multa exigível para a interposição do recurso. Trata-se de pressuposto negativo, na medida em diz respeito a algo que deve estar ausente para o que o recurso possa ser admitido;

g) prequestionamento. Trata-se de pressuposto de admissibilidade dos recursos de natureza extraordinária, ainda que a matéria seja de incompetência absoluta (Orientação Jurisprudencial n. 62 da SDI-I do TST).

Consoante a Súmula n. 297 do TST: "I – diz-se prequestionada a matéria ou questão quando na decisão impugnada haja sido adotada, explicitamente, tese a

51. O despacho somente é necessário no caso de ser requerida a prorrogação do prazo assinalo, consoante a parte final do § 1º do art. 104 do CPC.

respeito. II – incumbe à parte interessada, desde que a matéria haja sido invocada no recurso principal,[52] opor embargos declaratórios objetivando o pronunciamento sobre o tema, sob pena de preclusão. III – considera-se prequestionada a questão jurídica invocada no recurso principal sobre a qual se omite o Tribunal de pronunciar tese, não obstante opostos embargos de declaração" (opostos embargos de declaração, a omissão do Tribunal, a par de resultar em negativa de prestação jurisdicional, não pode prejudicar a parte, de forma que o caminho natural seria anular a decisão e ordenar o retorno dos autos ao Tribunal para que a omissão seja suprimida, mas, por economia processual, a matéria será tida por prequestionada, permitindo o imediato julgamento do recurso e a mais rápida solução do dissídio).

1.10.4. Atribuições do relator.

Antes de examinar as atribuições do relator, cumpre registar que, como regra, o recurso é julgado por órgão colegiado, como decorre da composição colegiada dos tribunais, mas o legislador vem afastando o sistema recursal, comum e trabalhista, desta regra, autorizando o relator a atuar como uma espécie de porta-voz do colegiado. Nestas situações, a decisão colegiada é substituída por decisão monocrática, proferida pelo relator do recurso, com a ressalva de que às partes é assegurado o direito de apresentar recurso contra a decisão monocrática e submeter a questão ao órgão colegiado a que pertencer o relator.

Realizado este registro, passa-se ao exame das atribuições do relator.

O art. 932 do CPC dispõe que incumbe ao relator:

1) dirigir e ordenar o processo no tribunal, inclusive em relação à produção de provas, bem como, quando for o caso, homologar autocomposição das partes;

2) apreciar o pedido de tutela provisória nos recursos e nos processos de competência originária dos tribunais;

3) não conhecer de recurso inadmissível, prejudicado ou que não tenha impugnado especificamente os fundamentos da decisão recorrida;

4) negar provimento a recurso que for contrário a: a) súmula do STF, do STJ ou do próprio tribunal; b) acórdão proferido pelo STF ou pelo STJ em julgamento de recursos repetitivos; c) entendimento firmado em incidente de resolução de demandas repetitivas ou assunção de competência;

5) depois de facultada a apresentação de contrarrazões, dar provimento ao recurso se a decisão recorrida for contrária a: a) súmula do STF, do STJ ou do próprio tribunal; b) acórdão proferido pelo STF ou pelo STJ em julgamento de

---

52. Os embargos de declaração não podem ser utilizados para inovar a lide.

recursos repetitivos; c) entendimento firmado em incidente de resolução de demandas repetitivas ou assunção de competência;

6) decidir o incidente de desconsideração da personalidade jurídica, quando este for instaurado originalmente perante o tribunal;

7) determinar a intimação do Ministério Público, se for o caso;

8) exerceu outras atribuições estabelecidas pelo regimento interno do tribunal.

O CPC dispõe, ainda, que: antes de considerar inadmissível o recurso, o relator concederá o prazo de cinco dias ao recorrente para que seja sanado o vício ou complementada a documentação exigida (art. 932, parágrafo único); se constatar a ocorrência de fato superveniente à decisão recorrida ou a existência de questão apreciável de ofício, ainda não examinada que devam ser considerados no julgamento do recurso, intimará as partes para se manifestem no prazo de cinco dias (art. 933), observando-se, neste caso, o procedimento estabelecido nos parágrafos do art. 933 do CPC.[53]

A CLT, de seu turno, prevê, no art. 894, §§ 3º e 4º, que o relator denegará seguimento aos embargos: se a decisão recorrida estiver com súmula da jurisprudência do TST ou do STF, ou com iterativa, notória e atual jurisprudência do TST, cumprindo-lhe indicá-la; nas hipóteses de intempestividade, deserção, irregularidade de representação, ou de ausência de qualquer outro requisito pressupostos extrínseco ou intrínseco de admissibilidade, cabendo agravo contra a sua decisão.

Já no art. 896, § 14º, da CLT, que o relator do recurso de revista poderá denegar-lhe provimento, em decisão monocrática, nas hipóteses de intempestividade, deserção, falta de alçada e irregularidade de representação ou de ausência de qualquer outro requisito pressupostos extrínseco ou intrínseco de admissibilidade.

A CLT também prevê que poderá o relator, monocraticamente, denegar seguimento ao recurso de revista que não demonstrar transcendência, cabendo agravo desta decisão para o colegiado (art. 896-A, § 2º).

O Regimento Interno do TST dispõe, no art. 251, que, distribuído o recurso ou provido o respectivo agravo de instrumento, o relator poderá:

a) não conhecer do recurso de revista inadmissível, prejudicado ou daquele que não tiver impugnado especificadamente todos os fundamentos da decisão recorrida, inclusive nas hipóteses do art. 896, §§ 1º-A[54] e 14, da CLT;

b) negar provimento ao recurso de revista que for contrário a tese fixada em julgamento de recurso de repetitivo ou de repercussão geral, a

53. Estes dispositivos legais traduzem a opção do legislador pela facilitação do julgamento do mérito do recurso.

54. Este dispositivo trata dos requisitos formais da petição de recurso de revista.

entendimento formado em incidente de assunção de competência ou de resolução de demanda repetitiva, a súmula vinculante do STF, a súmula ou orientação jurisprudencial do TST ou, ainda, a jurisprudência dominante sobre o tema;[55]

c) dar provimento a recurso de revista se o acórdão recorrido for contrário a tese fixada em julgamento de recurso de repetitivo ou de repercussão geral, a entendimento formado em incidente de assunção de competência ou de resolução de demanda repetitiva, a súmula vinculante do STF, a súmula ou orientação jurisprudencial do TST ou, ainda, a jurisprudência dominante sobre o tema.[56]

A atribuição ao relator de poder para, em decisão monocrática, rejeitar ao recurso ou a ele negar ou dar provimento constitui hipótese de delegação legislativa de poder, com objetivo desafogar as pautas de julgamento dos tribunais, reduzir o tempo de julgamento dos recursos, valorizar os precedentes jurisdicionais e atender ao princípio da economia processual. Em que pese estar a medida em destaque amplamente justificada, o acréscimo dos poderes do relator pode significar simplesmente na criação de mais uma oportunidade para atrasar o julgamento definitivo da demanda, pela interposição de agravo ao colegiado.

Não há, na delegação de poder ao relator, ofensa ao princípio da colegialidade. Neste sentido, o STF decidiu que "nem se alegue que esta orientação implicaria transgressão ao princípio da colegialidade, eis que o postulado em questão sempre restará preservado ante a submissão da decisão singular ao controle recursal dos órgãos colegiados no âmbiro do STF, consoante esta Corte tem reiteradamente proclamado".[57]

Na Súmula n. 421, o TST adotou o entendimento de que: "I – tendo o despacho monocrático de provimento ou denegação de recurso, previsto no art. 557 do CPC, conteúdo decisório definitivo e conclusivo da lide, comporta ser esclarecido pela via dos embargos declaratórios, em decisão declaratória, também monocrática, quando se pretende tão-somente suprir omissão e não, modificação do julgado.[58] II – postulando o embargante efeito modificativo, os embargos declaratórios

55. O TST, no seu regimento interno, portanto, aumentou, de forma considerável, os poderes do relator, admitindo, por exemplo, que ele negue provimento ao recurso de revista que for contrário à jurisprudência dominante sobre o tema.

56. Ainda aqui, resta claro que o TST, no seu regimento interno, aumentou, de forma considerável, os poderes do relator, admitindo, por exemplo, que ele dê provimento ao recurso de revista quando a decisão recorrida contrária à jurisprudência dominante sobre o tema.

57. STF, AgRg no AgIn 159.892/SP, Rel. Min. Celso Melo.

58. Este ponto de vista não merece reparos, posto que a decisão do relator substitui a que seria proferida pelo colegiado. Sendo a decisão do colegiado passível de embargos, o mesmo se dá em relação à decisão do relator que a substitui.

deverão ser submetidos ao pronunciamento do Colegiado, convertidos em agravo, em face dos princípios da fungibilidade e celeridade processual".[59]

Da decisão do relator proferida nos moldes das normas citadas caberá agravo interno para o respectivo colegiado. Ouvido o agravado, o relator, se não se retratar, deverá levar o agravo a julgamento pelo colegiado, com inclusão em pauta, sendo vedado ao relator limitar-se à reprodução dos fundamentos da decisão agravada para julgar improcedente o agravo interno (art. 1.021, *caput* e §§ 2º e 3º, do CPC e art. 894, § 4º, da CLT).

O CPC estabelece, no art. 1.021, § 4º, que "Quando o agravo for declarado manifestamente inadmissível ou improcedente em votação unânime, o órgão colegiado, em decisão fundamentada, condenará o agravante a pagar ao agravado multa fixada entre um e cinco por cento do valor atualizado da causa" e, no art. 1.021, § 5º, que a interposição de qualquer outro recurso está condicionada ao depósito prévio do valor da multa prevista no § 4º, à exceção da Fazenda Pública e do beneficiário da gratuidade da justiça", o que é de todo compatível com o Direito Processual do Trabalho, vez que também no processo do trabalho devem ser adotadas medidas que garantam a mais rápida solução do conflito de interesse submetido ao Poder Judiciário.

1.11. Recurso adesivo

Proferida a decisão e sendo vencidos autor e réu, ambos poderão interpor recurso, no prazo próprio.

Contudo, como ensina José Carlos Barbosa Moreira, "podia acontecer que alguma das partes, embora não totalmente satisfeita, se sentisse inclinada, por qualquer razão, a conformar-se com o julgamento (...). Se, entretanto, não interpusesse o recurso no prazo comum, sujeitava-se a ver prosseguir o feito, apesar disso, em virtude da interposição pela parte contrária, talvez no último dia do prazo (...). Na prática, o que sucedia as mais das vezes era a interposição, por ambos os litigantes, de recursos que, no fundo, nenhum faria questão fechada de interpor. Cada qual estaria disposto a permanecer omisso e a permitir que a decisão passasse em julgado, mas sob a condição de que o outro observasse comportamento idêntico (...). O regime legal anterior favorecia o prolongamento do processo, talvez desnecessário e nem sequer verdadeiramente querido pelas partes".[60]

---

59. Se o embargante foi vencido em questões distintas daquelas objeto dos embargos de declaração, cumpre conferir-lhe oportunidade para complementar o seu recurso, sob pena de a conversão dos embargos em agravo prejudicá-lo na defesa de seus direitos.

60. *Comentário ao Código de Processo Civil*, v. V, p. 306-307.

Acrescenta José Carlos Barbosa Moreira que "o Código de 1973 introduziu nessa disciplina oportuna inovação (...). A parte que estiver inclinada a conformar-se com o julgamento, mas apenas sob a condição de que também o adversário se abstenha de recorrer, pode aguardar sem sobressalto o decurso do prazo comum (...). Se (...) a outra parte interpuser recurso, e o processo houver que subir, por isso, ao grau superior de jurisdição, abre-se ainda ao litigante que de início se conservava inerte, e a despeito de já esgotado aquele prazo, a possibilidade de tentar obter do órgão ad quem pronunciamento que melhore a sua situação própria. Assim, se evita a interposição precipitada do recurso pelo parcialmente 'vencido', graças à certeza, que se lhe proporciona, de que terá, caso queira, nova oportunidade de impugnar a decisão no que lhe interesse".[61]

A inovação noticiada por José Carlos Barbosa Moreira está no art. 500 do CPC de 1973 e no art. 997 do CPC de 2015, que permitem à parte vencida parcialmente a interposição de seu recurso no prazo para apresentar contrarrazões ao recurso da parte contrária. Este é o denominado recurso adesivo.

O recurso adesivo: a) fica subordinado ao recurso independente, sendo-lhe aplicáveis as mesmas regras deste quanto aos requisitos de admissibilidade e julgamento no tribunal, salvo disposição legal diversa (art. 997, § 2º do CPC), de forma que não será conhecido se houver desistência do recurso principal ou for este declarado inadmissível ou deserto (art. 997, § 2º, III, do CPC); b) deve ser dirigido ao órgão prante o qual o recurso independente fora interposto, no prazo[62] para apresentação de contrarrazões (art. 997, § 2º, I, do CPC);[63] d) pressupõe a ausência de recurso independente da parte (o recurso adesivo não pode este ser utilizado para suprir eventual omissão da parte em seu recurso independente, razão pela qual, inclusive, não cabe recurso adesivo de recurso adesivo.

O recurso adesivo é admissível no recurso ordinário, no agravo de petição, no recurso de revista e nos embargos (Súmula n. 283 do TST).

A parte deve interpor o recurso adesivo no prazo das contrarrazões, em peça autônoma. A 2ª Turma do TST já decidiu, no entanto, que: "Recurso adesivo. Interposto na mesma peça de contrarrazões. Regularidade. Princípio da instrumentalidade. A decisão regional está de acordo com a interpretação sistemática do Código de Processo Civil, que, em seu artigo 154, privilegia a instrumentalidade do processo, como corolário à garantia do acesso à jurisdição. O juiz considerará válido o ato se, realizado de outro modo, lhe alcançar a finalidade. Com efeito, o fim social do processo é a realização do direito material, devendo

61. *Comentário ao Código de Processo Civil*, v. V, p. 308.

62. Aplica-se ao recurso adesivo o privilégio do prazo recursal dobrado, assegurado à Fazenda Pública (STF, RE 196.430-8, Rel. Min. Sepúlveda Pertence, DJU 21.11.97, p. 60.600).

63. A apresentação de contrarrazões ao recurso principal não é condição de admissibilidade do recurso adesivo.

ser um instrumento deste último, e não um fim em si mesmo, a forma deve ser observada enquanto indispensável para a segurança da jurisdição, preservando-se, dessa maneira, o direito constitucional do acesso à justiça e à ampla defesa." (TST, RR 539.790/1998.8, Rel. Juiz Aluisio Silva Corrêa da Veiga, DJU 24.08.02, p. 13).

Requisito da admissão do recurso adesivo é a sucumbência de ambas as partes. Com isso, não é necessário que a matéria veiculada no recurso adesivo se relacione com a do recurso interposto pela parte contrária (Súmula n. 283 do TST).

Para José Carlos Barbosa Moreira, "não há recurso adesivo de terceiro interessado, nem do Ministério Público nos processos onde não ocupava, no momento da decisão, a posição de parte. Tampouco se pode aderir a recurso de terceiro prejudicado, nem a recurso interposto pelo Ministério Público, se este até então não era parte, mas apenas fiscal da lei: O dispositivo fala em terem ficado 'vencido autor e réu', e, a seguir, em adesão da outra parte ao 'recurso interposto por qualquer deles'".[64] Recurso adesivo é recurso da parte em face do recurso da parte contrária.

Não cabe recurso adesivo no recurso ordinário *ex officio*. O recurso adesivo é admitido quando haja recurso da parte adversa, ou seja, recurso voluntário. Note-se, inclusive, que, sendo o caso de remessa obrigatória, a parte já sabe, de antemão, que o Tribunal reexaminará a causa, não se justificando, com isso, a não-interposição de recurso independente.

Interposto o recurso adesivo, à parte contrária deve ser concedido prazo para contrarrazões (art. 900 da CLT).

Os recursos independente e adesivo são julgados em sessão única, primeiro o recurso principal e, posteriormente, o recurso adesivo. O recurso adesivo somente será julgado se o recurso principal não tiver sua admissibilidade negada.

A parte que interpõe recurso independente ou autônomo de forma intempestiva ou que é declarado deserto não pode interpor recurso adesivo, em face do princípio da unirrecorribilidade e da preclusão consumativa (decorrente da impugnação da decisão pelo recurso independente).

1.12. Desistência do recurso. Renúncia ao direito de recorrer. Aceitação da decisão

O recorrente poderá, a qualquer tempo, sem anuência do recorrido ou dos litisconsortes, desistir do recurso (art. 998 do CPC). A desistência pode ser total (abranger todas as matérias objeto do recurso) ou parcial (atingir parte das

64. *Comentário ao Código de Processo Civil*, v. V, p. 318.

matérias suscitadas no recurso). Contudo, a desistência do recurso não impede a análise de questão cuja repercussão geral já tenha sido reconhecida e daquela objeto de recurso extraordinário ou de revista repetitivos (art. 998, parágrafo único, do CPC, já adaptado ao processo do trabalho, no qual não cabe recurso especial, mas recurso de revista).

A desistência se dá depois da interposição do recurso (isto é, pressupõe recurso já interposto) e consiste na manifestação ou demonstração de desinteresse no julgamento do recurso (desistência expressa e tácita, respectivamente) e pode se dar a qualquer tempo, desde que antes do julgamento do recurso (admite-se a desistência, inclusive, em sustentação oral).

Embora deva ser homologada, a desistência produz efeitos desde logo (art. 200 do CPC), sendo, por isso, irretratável.

A parte poderá renunciar ao direito de recorrer sem anuência da parte contrária (art. 999 do CPC). A renúncia ao recurso se dá antes da sua interposição e pode ser expressa ou tácita (o ato de não recorrer importa renúncia tácita ao recurso) e consiste na manifestação ou demonstração da vontade de não impugnar a decisão. A renúncia produz efeitos preclusivos, sendo, por isso, irrevogável.

Pode a parte aceitar expressa ou tacitamente a sentença e, se o fizer, não poderá contra ela apresentar recurso (art. 1.000 do CPC). Dá-se a aceitação expressa da decisão quando a parte manifesta a sua concordância com seus termos ao juiz ou à parte contrária. Considera-se aceitação tácita a prática, sem nenhuma reserva, de um ato incompatível com a vontade de recorrer (art. 1.000, parágrafo único, do CPC), como se dá, por exemplo, com o depósito, em favor do vencedor, do valor da condenação. A aceitação pode ocorrer a qualquer tempo, desse que antes de julgado o recurso.

Quem renuncia ao recurso ou dele desiste não pode apresentar recurso adesivo (dá-se, na hipótese, a preclusão consumativa).

1.13. *Reformatio in pejus*

Dá-se a *reformatio in pejus* quando o tribunal, no julgamento do recurso, profere decisão mais desfavorável ao recorrente do que aquela contra a qual ele apresentou recurso.

Na medida em que condiciona a concessão da tutela jurisdicional ao pedido das partes, o ordenamento jurídico brasileiro proíbe a *reformatio in pejus*. Com efeito, o Tribunal reformar a decisão em desfavor do recorrente sem que haja pedido neste sentido do recorrido, manifestado em recurso adesivo ou independente.

A vedação de *reformatio in pejus* não se aplica, contudo, às questões que podem ser examinadas de ofício (questões de ordem pública), em relação às quais prevalece o interesse público na sua solução pelo Poder Judiciário.

1.14. Litisconsórcio e recurso.

O CPC estabelece que, "os litisconsortes serão considerados, em suas relações com a parte adversa, como litigantes distintos, exceto no litisconsórcio unitário, caso em que os atos e as omissões de um não prejudicarão os outros, mas os poderão beneficiar (art. 117).

Em relação aos recursos, o CPC dispõe, no art. 1.005, que "o recurso interposto por um dos litisconsortes a todos aproveita, salvo se distintos ou opostos os seus interesses"

Anote-se que, havendo condenação solidária de duas ou mais empresas, o depósito recursal efetuado por uma delas aproveita as demais, quando a empresa que efetuou o depósito não pleiteia a sua exclusão da lide (Súmula n. 128, III, do TST).

Registre-se que, quando houver litisconsórcio entre a empresa prestadora de serviços e a sua tomadora, na denominada terceirização de serviços, a legitimidade recursal do tomador dos serviços não é limitada a existência de sua responsabilidade pelos eventuais créditos reconhecidos ao autor da demanda, vez que tem ele legitimidade para discutir a própria existência desses créditos. Com isso, o fato de o empregador não recorrer ou mesmo ser revel não impede que o tomador dos serviços apresente recurso atacando o reconhecimento de direitos ao trabalhador.[65]

1.15. Embargos de declaração

1.15.1. Hipóteses de cabimento.

A decisão judicial deve ser clara, conter preposições compatíveis entre si e enfrentar todas as questões relevantes para a solução da lide que tenham sido suscitadas pelas partes. Não atendendo a decisão a estas condições, pode a parte contra ela apresentar embargos de declaração. Os embargos de declaração também podem ser opostos para afastar manifesto equívoco no exame dos pressupostos extrínsecos do recurso (pressupostos que dizem respeito ao procedimento recursal ou o modo de exercer o direito de recorrer, quais sejam, tempestividade, regularidade formal e de representação, preparo e prequestionamento, nos recursos de natureza extraordinária).

Neste sentido, dispõe o art. 897-A da CLT que "Caberão embargos de declaração da sentença ou acórdão, no prazo de cinco dias, devendo seu julgamento ocorrer na

---

65. A terceirização (metáfora geométrica usada pela doutrina e jurisprudência para caracterizar a situação em exame) é a relação jurídica que envolve três intervenientes, quais sejam, o trabalhador (terceirizado), a empresa que se obriga perante outra a executar um determinado serviço (prestadora de serviços, beneficiária indireta do trabalho do seu empregado) e a empresa tomadora de serviços (beneficiária direta do trabalho prestado pelo trabalhador).

primeira audiência ou sessão subsequente à sua apresentação, registrada na certidão, admitindo efeito modificativo da decisão nos casos de omissão e contradição no julgado e manifesto equívoco no exame dos pressupostos extrínsecos do recurso".

Dos embargos também trata o art. 1.022 do CPC, segundo o qual são elas cabíveis contra qualquer decisão judicial, para: esclarecer obscuridade ou eliminar contradição; suprir omissão sobre ponto ou questão sobre o qual deveria se pronunciar o juiz de ofício ou a requerimento; corrigir erro material.

A CLT também alude à correção de erros materiais, dispondo, no 897-A, § 1º, que "Os erros materiais poderão ser corrigidos de ofício ou a requerimento de qualquer das partes", o que significa que eles podem ser suscitados em embargos de declaração.

Admite-se a interposição dos embargos de declaração também para prequestionar questão a ser suscitada em recurso de natureza extraordinária (o prequestionamento tem por objetivo explicitar o posicionamento do Tribunal a respeito da aplicação ao caso concreto das normas jurídicas cuja violação ou interpretação divergente a parte pretende alegar como fundamento de recurso de natureza extraordinária).[66]

Em suma, cabem embargos de declaração quando: a) a decisão contiver obscuridade ou contradição; b) for omitido o exame de ponto ou questão sobre o qual deveria se manifestar o juiz ou tribunal, de ofício ou a requerimento; c) ocorrer manifesto equívoco no exame dos pressupostos extrínsecos de admissibilidade o recurso; d) houver necessidade de corrigir erros materiais; e) for necessário explicitar o posicionamento do Tribunal a respeito da aplicação ao caso concreto das normas jurídicas cuja violação ou interpretação divergente a parte pretende alegar como fundamento de recurso de natureza extraordinária.

Obscuridade é a falta de clareza da decisão, impedindo a sua exata compreensão, nos seus fundamentos ou na sua conclusão.

Contradição é a incompatibilidade entre proposições existentes na decisão.

Dá-se a omissão quando o juiz ou tribunal deixa de manifestar-se sobre questão, de fato ou de direito, relevante para a solução do dissídio e sobre a qual deveria manifestar-se e, de acordo com o art. 1.022, parágrafo único, do CPC, quando a decisão deixa de se manifestar sobre tese firmada em julgamento de casos repetitivos ou em incidente de assunção de competência aplicável ao caso sob julgamento ou incorrer em qualquer das condutas descritas no art. 489, § 1º" (este dispositivo trata da fundamentação das decisões judiciais e foi examinado quando tratamos da fundamentação das decisões judiciais. Trata-se, portanto, de omissão por falta de fundamentação).

66. Não se exige o prequestionamento quando se trate de decisão a ser atacada por meio de recurso de natureza ordinária.

1.15.2. *Prazo e forma de interposição. Competência para julgamento. Prazo para julgamento. Conteúdo do julgamento. Julgamento dos embargos e reiteração de recurso.*

Os embargos devem ser opostos no prazo de cinco dias (art. 897-A da CLT), em petição escrita, dirigida ao juiz que proferiu a decisão ou relator da decisão proferida por tribunal, com indicação do ponto obscuro, contraditório ou omisso, do equívoco no exame dos pressupostos extrínsecos do recurso, das inexatidões materiais ou erros de escrita de cálculo contidos na decisão e do ponto a respeito do qual a parte pretende seja explicitado o posicionamento do Tribunal.

Os embargos não estão sujeitos ao preparo (art. 1.023 do CPC) e a eles não se aplica o pressuposto da sucumbência, inclusive porque também a parte vencedora pode aforá-los.

Compete ao juiz ou tribunal que proferiu a decisão embargada julgar os embargos de declaração contra ela interpostos.

O juiz julgará os embargos em cinco dias (art. 1.024 do CPC). Nos tribunais, o relator apresentará os embargos em mesa na sessão subsequente à sua interposição, proferindo voto, e, não havendo julgamento nessa sessão, será o recurso incluído em pauta automaticamente (art. 1.024, § 1º, do CPC). Quando os embargos forem opostos contra decisão de relator ou outra decisão unipessoal proferida em tribunal, o órgão prolator da decisão embargada decidi-lo-ás monocraticamente (art. 1.024, § 2º, do CPC). O órgão julgador conhecerá dos embargos como agravo interno se entender se este o recurso cabível, desde que determine previamente a intimação do recorrente para, em cinco dias, complementar as razões recursais,[67] de modo a ajustá-las às exigências do art. 1.021, § 1º (art. 1.024, § 3º, do CPC).

Aos embargos de declaração deve ser negada admissão, quanto não forem atendidos os pressupostos de admissibilidade, ou negado provimento, quando for improcedente a pretensão declaratória nele manifestada.

Como prevê o art. 1.024, § 4º, do CPC, caso o julgamento dos embargos implique modificação da decisão embargada, o embargado que já tiver interposto outro recurso contra a decisão original tem direito de complementar ou alterar suas razões, nos exatos limites da modificação, no prazo recursal, contado da intimação da decisão embargos, o que é aplicável no processo do trabalho, posto que omisso a respeito o Direito Processual do Trabalho. Assim, quando uma parte interpõe recurso ordinário e a outra apresenta embargos de declaração contra a mesma decisão, pode aquela complementar o seu recurso se for modificada a

67. A conversão, portanto, não pode implicar prejuízo para a parte, o que é perfeitamente compatível com o direito processual do trabalho.

decisão no julgamento dos embargos, complementando o depósito das custas e o depósito recursal, se o valor da condenação e das custas for alterado.

Por fim, com dispõe o art. 1.024, § 5º, do CPC, se os embargos forem rejeitados ou não alterarem a conclusão do julgamento anterior, o recurso interposto pela outra parte antes da publicação do julgamento dos embargos será processado e julgado independentemente de ratificação. Esta disposição afasta a dúvida sobre a necessidade de ratificação do recurso apresentado antes da interposição dos embargos. A solução em desta que é aplicável no processo do trabalho, posto que omisso a respeito o Direito Processual do Trabalho.

1.15.3. Natureza jurídica.

A CLT trata dos embargos declaratórios no Capítulo em que disciplina os recursos e, expressamente, admite que a ele seja conferido efeito modificativo, isto é, efeito próprio dos recursos (art. 897-A). No sistema adotado pela CLT, portanto, os embargos de declaração têm natureza recursal. O mesmo ocorre no CPC, que inclui os embargos declaratórios entre os recursos admissíveis no processo civil (art. 994, IV).

1.15.4. Finalidade. Efeitos modificativos ou infringentes do julgamento dos embargos de declaração. Embargos com função de prequestionamento.

Os embargos de declaração têm por finalidade afastar da decisão obscuridade, contradição, omissão, manifesto equívoco no exame dos pressupostos extrínsecos do recurso, inexatidões materiais ou explicitar o posicionamento do Tribunal a respeito da aplicação ao caso concreto das normas jurídicas cuja violação ou interpretação divergente que a parte pretende alegar como fundamento de recurso de natureza extraordinária.

Os embargos não constituem meio próprio para suscitar o reexame da causa e neles não podem ser levantadas questões não suscitadas no momento oportuno (a causa não pode ser inovada por meio de embargos de declaração).

Em regra, ao dar provimento aos embargos, o juiz ou tribunal apenas afasta o vício contido na decisão embargada, sem alterar o resultado do julgamento.

Contudo, ao dar provimento aos embargos, pode o juiz ou tribunal alterar a decisão impugnada, conferindo ao seu julgamento efeito modificativo ou infringente (art. 897-A, § 2º, da CLT, art. 1.024, § 4º, do CPC e Súmula n. 278 do TST[68]).

---

68. "A natureza da omissão suprida pelo julgamento dos embargos declaratórios pode ocasionar efeito modificativo no julgado".

Por fim, a oposição de embargos de declaração é indispensável quando o tribunal deixar de adotar posição a respeito de questão ou matéria que a parte pretende suscitar em recurso de natureza extraordinária. Esses são os embargos declaratórios com função de prequestionamento.[69]

1.15.5. *Manifestações judiciais sujeitas a embargos de declaração.*

A CLT, no art. 897-A, dispõe que cabem embargos da sentença ou acórdão. O CPC dispõe que cabem embargos contra "qualquer decisão judicial" (art. 1.022).

Na Súmula n. 421, o TST adotou o entendimento de que: "I – tendo o despacho monocrático de provimento ou denegação de recurso, previsto no art. 557 do CPC, conteúdo decisório definitivo e conclusivo da lide, comporta ser esclarecido pela via dos embargos declaratórios, em decisão declaratória, também monocrática, quando se pretende tão-somente suprir omissão e não, modificação do julgado.[70] II – postulando o embargante efeito modificativo, os embargos declaratórios deverão ser submetidos ao pronunciamento do Colegiado, convertidos em agravo, em face dos princípios da fungibilidade e celeridade processual".[71]

O CPC dispõe que os embargos podem ser opostos contra as decisões judiciais (art. 1.022).

Ademais, até mesmo os despachos podem ser objeto de embargos, quando apresentem vícios que possam dificultar a boa marca processual.

Portanto, qualquer pronunciamento do juiz no processo é passível de impugnação por meio de embargos de declaração.

---

69. "Ocorre preclusão se não forem opostos embargos declaratórios para suprir omissão apontada em recurso de revista ou de embargos" (Súmula n. 184 do TST). A propósito, vale lembrar a Súmula n. 356 do STF: "O ponto omisso da decisão, sobre o qual não foram opostos embargos declaratórios, não pode ser objeto de recurso extraordinário, por faltar o requisito do prequestionamento". De outro lado, segundo a Súmula n. 297 do TST: "I. Diz-se prequestionada a matéria ou questão quando na decisão impugnada haja sido adotada, explicitamente, tese a respeito. II. Incumbe à parte interessada, desde que a matéria tenha sido invocada no recurso principal, opor embargos de declaratórios, objetivando o pronunciamento sobre o tema, sob pena de preclusão. III. Considera-se prequestionada a questão jurídica invocada no recurso principal sobre a qual se omite o Tribunal de pronunciar tese, não obstante embargos de declaração". Este último item da Súmula n. 297 está em sintonia com o art. 1.025 do CPC de 2015, segundo o qual "consideram-se incluídas no acórdão os elementos que o embargante suscitou, para fins de pré-questionamento, ainda que os embargos de declaração sejam inadmitidos ou rejeitados, caso o tribunal superior considere existente erro, omissão, contradição e obscuridade".

70. Este ponto de vista não merece reparos, posto que a decisão do relator substitui a que seria proferida pelo colegiado. Sendo a decisão do colegiado passível de embargos, o mesmo se dá em relação à decisão do relator que a substitui.

71. Se o embargante foi vencido em questões distintas daquelas objeto dos embargos de declaração, cumpre conferir-lhe oportunidade para complementar o seu recurso, sob pena de a conversão dos embargos em agravo prejudicá-lo na defesa de seus direitos.

1.15.6. Reiteração de embargos.

Publicada a decisão de julgamento dos embargos, novos embargos podem ser opostos, desde que tenham por objeto vício verificado nesse julgamento. Nesses novos embargos não pode ser questionada a decisão atacada pelos primeiros embargos opostos.

1.15.7. Contrarrazões aos embargos de declaração.

Segundo a Orientação Jurisprudencial n. 142, I, da SDI-I do TST, "é passível de nulidade decisão que acolhe embargos declaratórios com efeito modificativo sem que seja concedida oportunidade de manifestação prévia à parte contrária", observando-se que, em decorrência do efeito devolutivo amplo conferido ao recurso ordinário, não há que se falar em nulidade "nas hipóteses em que não se concede vista à parte contrária para se manifestar sobre os embargos de declaração opostos contra sentença" (Orientação Jurisprudencial n. 142, II, da SDI-I do TST).

O direito de apresentar contrarrazões aos embargos de declaração, na hipótese de ser vislumbrada a possibilidade de alteração do julgado, é uma decorrência do princípio do contraditório, que é expressamente consagrado na Constituição de 1988.[72]

Por estas razões, consoante 897-A, § 2º, da CLT, "Eventual efeito modificativo dos embargos de declaração somente poderá ocorrer em virtude da correção de vício na decisão embargada e desde que ouvida a parte contrária, no prazo de 5 (cinco) dias". Assim, a prévia concessão de vista ao embargado passa a constituir uma expressa exigência legal.

1.15.8. Interrupção do prazo recursal pelos embargos de declaração.

Os embargos de declaração interrompem o prazo para a interposição de outros recursos, por qualquer das partes (art. 897-A, § 3º, da CLT).

Note-se que a interposição dos embargos interrompe o prazo para a interposição de "outros recursos". Sendo assim, os embargos de declaração "não interrompem

---

72. Como é aduzido por José Lebre de Freitas, o princípio do contraditório implica, em primeiro lugar, "a possibilidade efetiva de discutir toda e qualquer questão, de facto e de direito, que as partes ou o tribunal (oficiosamente) suscitem, a inexistência de limitação à prova (...), a inadmissibilidade de qualquer decisão sem que os nela interessados participem do processo que a ela conduz, a admissibilidade de requerimentos probatórios antes da audiência de discussão e julgamento, se tal não perturbar o andamento do processo, o efetivo conhecimento pelas partes das decisões e atos que condicionam o exercício dos seus direitos processuais" e, em segundo lugar, "impede as decisões-surpresa" (*Estudos sobre direito civil e processo civil*, .v. I, p. 21-22). A concessão de oportunidade de manifestação sobre os embargos que possam conduzir à reforma da decisão responde a estas duas formas de manifestação do princípio do contraditório, posto que permite à parte discutir as questões suscitadas nos embargos e evita decisões-surpresa.

o prazo para a oposição de embargos declaratórios à decisão embargada pela parte contrária".[73]

Para interromper o prazo para a interposição de outros recursos, os embargos devem ser tempestivos, posto que os atos processuais somente produzem os efeitos que lhes são próprios se praticados no prazo fixado em lei para a sua prática.

A eventual improcedência dos embargos de declaração não lhes retira eficácia em relação à interrupção do prazo para a apresentação de outros recursos. A interrupção do prazo é consequência da interposição dos embargos de declaração e não de sua procedência. Sequer a natureza protelatória dos embargos de declaração impede a produção deste seu efeito - interrupção do prazo recursal. Para a interposição de embargos protelatórios a resposta do legislador é outra, qual seja, a condenação do embargante a pagar multa em favor do embargado (art. 1.026, § 2º, do CPC).

1.15.9. A interposição de embargos de declaração e o princípio da unirrecorribilidade.

Somente é possível interpor um recurso contra determinada decisão (princípio da unirrecorribilidade), ao passo que a interposição de recurso produz efeitos imediatos (art. 200 do CPC). Assim, a parte que interpõe embargos de declaração não pode, antes de seu julgamento, interpor outro recurso contra a decisão embargada, ocorrendo na hipótese a preclusão consumativa. Ademais, antes do julgamento dos embargos a parte sequer tem interesse para apresentar ou recurso, diante, inclusive, da possibilidade de concessão de efeitos modificativos ao julgamento dos embargos.

Ainda em razão do princípio da unirrecorribilidade, a parte que apresentar recurso contra a decisão não poderá contra ela apresentar embargos de declaração, salvo se desistir daquele recurso. Se não houver desistência do recurso, os embargos devem ser rejeitados. É que, com a interposição do recurso ordinário, a parte exerce o direito de impugnar a decisão, operando-se a preclusão consumativa em relação a qualquer outro recurso.

1.15.10. Embargos de declaração protelatórios.

Os embargos de declaração serão protelatórios quando forem interpostos para retardar a solução definitiva do litígio, na fase de conhecimento, ou a satisfação do credor, na execução.

73. STF, RE 209.288-6, Rel. Min. Ilmar Galvão, DJU 20.11.98, p. 10.

O CPC estabelece que, quando manifestamente protelatórios os embargos de declaração, o juiz ou o tribunal, em decisão fundamentada, condenará o embargante a pagar ao embargado multa não excedente a dois por cento do valor atualizado da causa" (art. 1.026, § 2º) e que, na reiteração de embargos manifestamente protelatórios, a multa será elevada a até dez por cento sobre o valor atualizado da causa, e a interposição de qualquer recurso ficará condicionada ao depósito prévio do valor da multa, à exceção da Fazenda Pública e o beneficiário de gratuidade da justiça (art. 1.026, § 3º), acrescendo, ainda, que não serão admitidos novos embargos de declaração quando os dois anteriores houverem sido considerados protelatório (art. 1.026, § 4º).

A intenção protelatória pode decorrer do conteúdo dos embargos ou da sua repetição.

Não é lícito cumular, para punir a interposição de embargos declaratórios, a sanção prevista no art. 1.026, § 2º, do CPC com a prevista para a hipótese de litigância de má-fé, visto que a ordem jurídica estabelece uma penalidade especial para a interposição de embargos de declaração e a punição especial se sobrepõe à genérica e que não é lícito o mesmo ato ser punido duas vezes.

O art. 1.026, § 3º, do CPC dispõe que, no caso de reiteração de embargos protelatórios, a multa será elevada até 10% do valor da causa. A multa, portanto, é única, e para a interposição de qualquer outro recurso deve ser depositado o seu valor total, isto é, o valor originário somado ao acréscimo pela reiteração de embargos protelatórios.

A aplicação da multa por embargos protelatórios deve ser fundamentada, cumprindo ao juiz ou tribunal indicar na sua decisão os motivos pelos quais considera protelatórios os embargos protelatórios. Não basta, para aplicar a multa, a simples afirmação, sem qualquer fundamentação, de que os embargos são protelatórios, valendo observar que embargos de declaração manifestados com notório propósito de prequestionamento não têm caráter protelatório (Súmula n. 98 do STJ).

A punição dos embargos protelatórios se insere do poder/dever de o juiz velar pela rápida solução do litígio (art. 765 da CLT). Daí a compatibilidade do art. 1.026, § 3º, do CPC com o Direito Processual do Trabalho.

O fato de a parte ter sido beneficiada pela justiça gratuita não a isenta da obrigação de pagar multa por interposição de embargos protelatórios, ou seja, o benefício da justiça gratuita não abrange as multas de natureza processual impostas à parte (art. 98, § 4º, do CPC).

1.16. Recurso ordinário

O recurso ordinário é disciplinado no art.895, alíneas *a* e *b*, da CLT, segundo o qual cabe recurso ordinário para a instância superior: a) das decisões definitivas ou terminativas das Varas do Trabalho e Juízos de Direito investidos de jurisdição trabalhista; b) das decisões definitivas ou terminativas dos Tribunais Regionais, em processos de sua competência originária, quer nos dissídios individuais, quer nos dissídios coletivos.

No recurso ordinário podem ser impugnadas as decisões proferidas para solucionar incidentes no curso do processo de conhecimento (decisões interlocutórias), nos termos do art. 893, § 1º, da CLT, valendo observar que o art. 1.009, § 1º, do CPC autoriza o recorrido a impugnar, nas contrarrazões, decisões interlocutórias que lhe tenham sido desfavoráveis, o que é compatível com o Direito Processual do Trabalho, vez que permite ao Tribunal examinar todas as questões decididas em primeira instância.

1.16.1. Competência para julgamento. Substituição da decisão recorrida pela decisão proferida pelo Tribunal.

O recurso ordinário é julgado: a) pelas turmas dos Tribunais Regionais do Trabalho, quando for interposto contra das decisões definitivas ou terminativas das Varas do Trabalho e Juízos de Direito investidos de jurisdição trabalhista (art. 678, II, *a*, da CLT); b) pela SDI-2 do TST, no caso de recurso interposto contra decisão dos Tribunais Regionais em processos de dissídio individual de sua competência originária (art. 3º, III, a, da Lei n. 7.701/88); c) pela SDC do TST, quando for interposto contra decisões definitivas ou terminativas dos Tribunais Regionais nos dissídios coletivos e contra decisão proferida pelos Tribunais Regionais em ações rescisórias e mandados de segurança pertinentes a dissídios coletivos (art. 2º, II, alínea *b*, da Lei n. 7.701/88).

O julgamento proferido pelo tribunal no exame do recurso ordinário substitui a decisão impugnada no que tiver sido objeto de recurso (art. 1.008 do CPC).

1.16.2. Extensão do efeito devolutivo do recurso ordinário.

Como o Direito Processual do Trabalho é omisso em relação à extensão do efeito devolutivo do recurso ordinário, para a sua definição deve-se utilizar o CPC, na parte em que trata da apelação, como sua fonte subsidiária.

Assim, o recurso ordinário devolve ao tribunal o conhecimento: 1) da matéria impugnada (art. 1.013, *caput*, do CPC); 2) de todas as questões, de fato e de direito, suscitadas e discutidas no processo, ainda que não tenham sido solucionadas, desde que relacionadas ao capítulo impugnado (art. 1.013, § 1º, do CPC); 3) dos demais fundamentos do pedido ou da defesa, quando o juiz houver acolhido apenas um daqueles apresentados pelo autor e réu, respectivamente (art. 1.013, § 2º, do CPC); 4) do mérito da demanda, se o processo estiver em condições de imediato julgamento (art. 1.013, § 3º, do CPC), quando: a) reformar a decisão fundado no art. 485 (este artigo trata das situações em que é proferida sentença sem exame do mérito); b) decreta a nulidade da sentença por não ser ela congruente com os limites do pedido ou da causa de pedir; c) constatar a omissão no exame de um dos pedidos, hipótese em que poderá julgá-lo; d) decretar a nulidade da sentença por falta de fundamentação.[74]

Note-se que, no art. 1.013, § 3º, III, o CPC autoriza o tribunal a julgar pedido não examinado em primeira instância, o que elastece, ainda mais, a extensão do efeito devolutivo do recurso.

De outro lado, acordo com o art. 1.013, § 4º, quando reformar sentença que reconheça a decadência ou a prescrição, o tribunal, se possível, julgará o mérito, examinando as demais questões, sem determinar o retorno do processo ao juízo de primeiro grau.

Não ocorre supressão de instância nas situações retratadas no art. 1.013 do CPC, vez que, nelas, ao tribunal é atribuída, expressamente, a condição de instância originária para solucionar as questões de fato e de direito não enfrentadas em primeira instância, examinar fundamentos não examinados em primeira instância ou julgar o mérito da demanda. Nesta perspectiva, o princípio de duplo grau de jurisdição correspondente à possibilidade de submeter ao tribunal tudo aquilo foi e que poderia ter sido examinado em primeira instância, ou seja, questões, fundamentos e o próprio mérito.

Trata-se, em suma, de situações em que o tribunal é autorizado, expressamente, a julgar como primeira instância e, até, como única instância (em relação a questões de fato), valendo lembrar que, como aduz Nelson Nery Junior, não há inconstitucionalidade por ofensa ao duplo grau de jurisdição nestes casos, "porque a lei processual pode conferir competência originária aos tribunais".[75] No mesmo sentido, observa Andrea Proto Pisani que, em uma série importante de hipóteses, o tribunal realiza "exames não efetuados (ou efetuados de forma inválida) pelo juiz de primeiro grau", situação em que atua como "juízo de primeiro e único grau".[76]

Como asseveram Luigi Paolo Comoglio, Corrado Ferri e Michele Taruffo, "a análise do direito positivo também coloca em relevo algumas hipóteses nas quais o apelo não atua a regra do duplo grau de jurisdição, mas se limita a assegurar um juízo em único grau. Se trata de situações nas quais ao juízo do apelo cumpre julgar também uma só parte do material controverso (demanda ou questões) que

74. O art. 1.013, § 3º, do CPC, quando faz referência ao fato de estar o processo estar em condições de imediato julgamento, consagra a doutrina da *causa madura*, no sentido de demanda em condições de imediato julgamento, tornando certo que deve ser dada preferência ao julgamento do mérito pelo próprio tribunal, como medida de economia e celeridade, o que está em sintonia com o princípio do favorecimento do julgamento do mérito, que foi adotado pelo Direito Processual do Trabalho, como já foi demonstrado.

75. *Teoria geral dos recursos*, p. 434.

76. *Lezioni di diritto processuale civile*, p. 492.

o primeiro juiz não tenha decidido".[77] É esta exatamente a situação do art. 1.013 do CPC, na qual o recurso não atua o duplo grau de jurisdição, mas assegura às partes o direito ao exame de todas as questões suscitadas e discutidas e de todos os fundamentos da sua pretensão, manifestada na inicial ou na defesa, e o direito ao pronto julgamento do mérito, quando a causa estiver em condições de imediato julgamento, em juízo único, inclusive, no que comporta às questões de fato.

A invocação de ofensa ao princípio do duplo grau de jurisdição pelo fato de o tribunal complementar a atuação do juiz de primeira instância ou substituí-lo no exame do mérito tem como premissa a existência do direito ilimitado ao exame da causa em duas instâncias (duplo grau de jurisdição em sentido amplo), direito que, no entanto, não é assegurado com esta dimensão. O direito ao duplo grau de jurisdição é assegurado, indiretamente, pela Constituição, mas deverá ser exercido nos moldes estabelecidos pela ordem jurídica, isto é, respeitados os limites por ela impostos. A própria Constituição, inclusive, contém dispositivo do qual resulta que a causa poderá ser julgada em instância única (art. 102, alíneas b e d, por exemplo).

Por todas estas razões, revendo ponto de vista anterior, concluímos que, havendo na petição inicial cumulação do pedido de declaração de existência da relação de emprego com o de pagamento de parcelas decorrentes dessa relação, reformando a decisão de primeira instância quanto à existência da relação de emprego (pedido condicionante ou subordinante), o tribunal deverá julgar de imediato os pedidos de pagamento de parcelas devidas por força do reconhecimento da existência de relação de emprego (pedidos condicionados ou subordinados), observando que:

a) na situação em destaque (reconhecimento de existência de relação de emprego somente em segunda instância), o tribunal está, expressamente, autorizado a decidir questões, de fato e de direito, não decididas (art. 1.013, § 1º, do CPC) e examinar fundamentos, inclusive fáticos, do pedido ou da defesa não enfrentados em primeira instância (art. 1.013, § 2º, do CPC), observando que, no exame de questões não decididas ou de fundamentos não enfrentados, o tribunal poderá examinar a prova existente nos autos, vez que nada há no art. 1.013, §§ 1º e 2º, do CPC que o impeça de fazê-lo.

Com isso, somente se havia necessidade de produzir provas e a sua produção foi indeferida, é que o tribunal deverá devolver o processo à primeira instância, em razão do cerceamento do direito à prova, desde que este fato tenha sido alegado pelo recorrente;

b) ocorrendo cumulação de pedidos, o provimento do recurso quanto ao pedido principal (na hipótese de pedidos sucessivos) ou ao pedido condicionante ou subordinante (o exame de um pedido pressupõe o prévio exame de outro, como

---

77. *Lezioni sul processo civile*, v. I, p. 612.

se dá, por exemplo, no pedido de pagamento de parcelas decorrentes da relação de emprego em relação ao pedido de reconhecimento de existência desta relação), obrigará o tribunal a julgar o pedido sucessivo, condicionado ou subordinado, visto que este pedido, como aduz Araken de Assis, "integra a 'questão' suscitada e discutida no processo, a despeito de o órgão a quo não tê-la julgado por inteiro: a rejeição do pedido condicionante, na verdade, exonerou o juiz do dever de apreciá-la, porque não incumbe julgar um dos pedidos hipoteticamente. Por esse motivo, a apelação quanto à questão condicionante remete a condicionada ao conhecimento do tribunal".[78]

Cumpre registrar que, segundo a Orientação Jurisprudencial n. 79 da SDI-2 do TST, "Não ofende o princípio do duplo grau de jurisdição a decisão do TST que, após afastar a decadência em sede de recurso ordinário, aprecia desde logo a lide, se a causa versar questão exclusivamente de direito e estiver em condições de imediato julgamento".

Lembre-se, ainda, da possibilidade de o relator examinar fatos supervenientes à decisão (art. 933 do CPC). Esta situação confirma o que foi acima dito, ou seja, que existem situações em que o tribunal julgará como instância originária (questão de fato e de direito) e única (questões de fato).

1.16.3. Forma de interposição. Endereçamento. Procedimento recursal.

O recurso ordinário deve ser apresentado em petição escrita (art. 899, *caput*, da CLT), dirigida ao juízo em que foi proferida a decisão, no prazo de oito dias (art. 6º da Lei n. 5.584/70). As razões de recurso devem ser endereçadas ao Tribunal competente para o seu julgamento.

Cumpre tecer algumas considerações, ainda que breves, sobre o procedimento na fase recursal.

Apresentado o recurso, será examinado o atendimento de seus pressupostos de admissibilidade.

No caso de ser admitido o recurso, ao recorrido será concedido prazo para contrarrazões, em oito dias (art. 900 da CLT).

Colhidas as contrarrazões ou vencido o prazo para a sua apresentação, os autos do processo devem ser remetidos ao Tribunal ad quem, para julgamento do recurso, na forma estabelecida no regimento interno respectivo.

O procedimento recursal é, em grande parte, definido nos regimentos internos dos tribunais, existindo, no entanto, várias normas que devem ser respeitadas na tramitação dos recursos, como as abaixo referidas.

---

78. *Manual dos recursos*, p. 430.

Recebido o recurso no tribunal, proceder-se-á sua distribuição (art. 93, XV, da Constituição da República) de acordo com o regimento interno do tribunal, observando-se a alternatividade, o sorteio eletrônico e a publicidade (art. 930 do CPC).

Distribuídos, os autos são imediatamente remetidos à conclusão do relator, que, em trinta dias, restitui-los-á, com relatório, à secretaria (art. 931 do CPC).

Em seguida, será designada data para julgamento, procedendo-se à publicação da pauta (art. 934 do CPC).

Na sessão de julgamento, depois de feita a exposição da causa pelo relator e sendo possível a sustentação oral, dar-se-á a palavra ao recorrente e ao recorrido, nesta ordem, e, nos casos de sua intervenção, também ao Ministério Público, para sustentarem as suas razões (art. 937 do CPC).

No julgamento a decisão será tomada, em regra, pelo voto de três juízes (art. 941, § 2º, do CPC).

Proferidos os votos, o presidente anunciará o resultado do julgamento, designando para redigir o acórdão o relator ou, se este for vencido, o autor do primeiro voto vencedor, que atuará como redator (art. 941 do CPC).

Acrescente-se que: a) a questão preliminar suscitada no julgamento será decidida antes do mérito, deste que não se conhecendo se incompatível com a decisão da preliminar (art. 938 do CPC); b) constatada a ocorrência de vício sanável, inclusive aquele que possa ser conhecido de ofício, o relator determinará a realização ou a renovação do ato processual, no próprio tribunal ou em primeiro grau de jurisdição (art. 938, § 1º, do CPC), sendo que, cumprida a diligência, o relator, sempre que possível, prosseguirá no julgamento do recurso (art. 938, § 2º, do CPC); c) reconhecida a necessidade de produção de prova, o relator converterá o julgamento em diligência, que se realizará no tribunal ou em primeiro grau de jurisdição, decidindo-se após a conclusão da diligência (art. 938, § 3º, do CPC). Todas as providências citadas, se não determinadas pelo relator, podem ser determinadas pelo órgão competente para julgamento do recurso (art. 938, § 4º, do CPC).

Anote-se, ainda, que, se a preliminar suscitada, de ofício ou pelas partes, for rejeitada ou se a apreciação do mérito for com ela compatível, seguir-se-ão a discussão e julgamento da matéria principal, sobre a qual deverão se pronunciar os juízes vencidos na preliminar (art. 939 do CPC).

Todo acórdão conterá ementa (art. 943, § 1º, do CPC) e, sendo lavrado, deverá ser publicado dentro de dez dias (art. 943, § 2º, do CPC).

Realizados estes registros, cumpre acrescentar que, nos dissídios sujeitos ao procedimento sumaríssimo, o recurso ordinário (art. 895, § 1º, da CLT): a) será imediatamente distribuído, uma vez recebido no Tribunal, devendo o relator liberá-lo no prazo máximo de dez dias, e a Secretaria do Tribunal ou Turma colocá-lo imediatamente em pauta para julgamento, sem revisor (no procedimento ordinário, antes de ser colocado em pauta, o recurso vai à revisão); b) terá parecer oral do representante do Ministério Público presente à sessão de julgamento, se este entender necessário o parecer, com registro na certidão; c) terá acórdão consistente unicamente na certidão de julgamento, com a indicação suficiente do processo e parte dispositiva, e das razões de decidir do voto prevalente. Se a sentença for confirmada pelos próprios fundamentos, a certidão de julgamento, registrando tal circunstância, servirá de acórdão. Acrescente-se que os Tribunais Regionais divididos em turmas poderão designar turma para o julgamento dos recursos ordinários interpostos das sentenças prolatadas nas demandas sujeitas ao procedimento sumaríssimo (art. 895, § 2º, da CLT).[79]

1.17. Recurso de revista

Recurso de revista é o recurso destinado à impugnação das decisões proferidas pelos Tribunais Regionais do Trabalho: em grau de recurso ordinário, em dissídios individuais; em execução, inclusive em processo incidente de embargos de terceiro; nas execuções fiscais; nas controvérsias que envolvam a certidão negativa de débitos trabalhistas.

1.17.1. Forma e prazo para interposição.

O recurso de revista deve ser aforado por meio de petição escrita (art. 899, *caput*, da CLT), dirigida ao Presidente do Tribunal em que foi proferida a decisão impugnada, no prazo de oito dias (art. 6º da Lei n. 5.584/70).

1.17.2. Hipóteses de cabimento. Incidente de uniformização de jurisprudência. A valorização dos precedentes no processo do trabalho.

Segundo o art. 896, *caput*, e §§ 2º, 9º e 10, da CLT, o recurso de revista é admissível no caso de:

1) decisões proferidas por TRT no julgamento de recurso ordinário, em dissídio individual, que:

a) derem ao mesmo dispositivo de lei federal interpretação diversa da que lhe houver dado outro TRT, no seu pleno ou turma, ou a Seção de Dissídios Individuais do TST, ou contrariarem súmula de jurisprudência uniforme do TST ou súmula vinculante do STF;

79. Estas medidas visam acelerar o julgamento dos recursos apresentados nas reclamações sujeitas ao procedimento sumaríssimo.

b) derem ao mesmo dispositivo de lei estadual, convenção coletiva de trabalho, acordo coletivo de trabalho, sentença normativa ou regulamento empresarial de observância obrigatória em área territorial que exceda a jurisdição do TRT prolator da decisão recorrida, interpretação divergente da que lhe houver sido conferida por outro TRT, no seu pleno ou turma, a SDI do TST, súmula da jurisprudência uniforme do TST ou súmula vinculante do STF;

c) violaram literal de disposição de lei federal[80] ou afrontarem direta e literal à Constituição da República;

2) decisões proferidas por TRT ou por suas turmas, em execução de sentença, inclusive em processo incidente de embargos de terceiro, na hipótese de afronta direta e literal a norma da Constituição Federal;

3) decisões proferidas por TRT ou por suas turmas, nas causas sujeitas ao procedimento sumaríssimo, no caso de contrariedade a súmula de jurisprudência uniforme o do TST ou a súmula vinculante do STF e por violação direta da Constituição da República;

4) decisões proferidas por TRT ou por suas turmas nas execuções fiscais e nas controvérsias envolvendo a certidão negativa de débitos trabalhistas, na hipótese de violação da lei federal, divergência jurisprudencial e ofensa à Constituição da República.[81]

Conforme prevê o art. 250, parágrafo único, do Regimento Interno do TST, são fontes oficiais de publicação dos julgados o Diário Eletrônico da Justiça do Trabalho, o Diário da Justiça da União e dos Estados, a Revista do Tribunal Superior do Trabalho, as revistas publicadas pelos Tribunais Regionais do Trabalho, os sítios do Tribunal Superior do Trabalho e dos Tribunais Regionais do Trabalho na rede mundial de computadores e os repertórios autorizados a publicar a jurisprudência trabalhista.

Vale acrescentar que, consoante:

a) o art. 896, §1º, da CLT, "o Recurso de Revista, dotado de efeito apenas devolutivo, será interposto perante o Presidente do Tribunal recorrido que, por decisão fundamentada, poderá recebê-lo ou denegá-lo";

---

80. Segundo Wagner Giglio, "a infração à lei deve ser clara, evidente, flagrante: mera interpretação do texto legal, ou sua má compreensão, não abrem margem ao conhecimento do recurso de revista pela letra c do art. 896" (*Direito processual do trabalho*, p. 442). A razoável interpretação de preceito legal não dá ensejo à admissibilidade do recurso de revista por violação à lei.

81. A divergência jurisprudencial, também nesta situação, é aquela que se dá na forma da alínea *a* do art. 896 da CLT, ou seja, a que ocorre quando a decisão do TRT divergir da decisão de outro TRT, no seu pleno ou turma, ou da Seção de Dissídios Individuais do TST, ou contrariar súmula de jurisprudência uniforme do TST ou súmula vinculante do STF.

b) o art. 896, § 1º-A, sob pena de não conhecimento, é ônus da parte: I – indicar o trecho da decisão recorrida que consubstancia o prequestionamento da controvérsia objeto do recurso de revista; II – indicar, de forma explícita e fundamentada, contrariedade a dispositivo de lei, súmula ou orientação jurisprudencial do Tribunal Superior do Trabalho que conflite com a decisão regional;[82] III – expor as razões do pedido de reforma, impugnando todos os fundamentos jurídicos da decisão recorrida, inclusive mediante demonstração analítica de cada dispositivo de lei, da Constituição Federal, de súmula ou orientação jurisprudencial cuja contrariedade aponte";

c) o art. 896, § 7º, da CLT, "A divergência apta a ensejar o recurso de revista deve ser atual, não se considerando como tal a ultrapassada por súmula do Tribunal Superior do Trabalho ou do Supremo Tribunal Federal, ou superada por iterativa e notória jurisprudência do Tribunal Superior do Trabalho";

d) o art. 896, § 8º, da CLT, "Quando o recurso fundar-se em dissenso de julgados, incumbe ao recorrente o ônus de produzir prova da divergência jurisprudencial, mediante certidão, cópia ou citação do repertório de jurisprudência, oficial ou credenciado, inclusive em mídia eletrônica, em que houver sido publicada a decisão divergente, ou ainda pela reprodução de julgado disponível na internet, com indicação da respectiva fonte, mencionando, em qualquer caso, as circunstâncias que identificam ou assemelham os casos confrontados". Este dispositivo legal consagra o entendimento jurisprudencial adotado na Súmula n. 337 do TST;[83]

e) em sintonia com os princípios da instrumentalidade das formas e do favorecimento do julgamento do mérito, dispõe o art. 896 § 11, da CLT que "Quando o recurso tempestivo contiver defeito formal que não se repute grave, o Tribunal

---

82. O art. 896, § 1º-A, II, que trata dos requisitos formais da petição de recurso de revista, aduz à indicação da contrariedade a orientação jurisprudencial do TST, mas esta hipótese não está prevista na alínea "a" do art. 896, que define as hipóteses de cabimento do recurso de revista. Com isto, a referência a orientação jurisprudencial do TST no art. 896, §1º-A deve ser entendida no sentido de que, no caso de alegação de divergência com decisões da SDI consagrada em orientação jurisprudencial, o recorrente deverá indicá-la de forma explícita e fundamentar a alegação de divergência.

83. Segundo esta Súmula n. 337 do TST: "I – Para comprovação da divergência jurisprudencial é necessário que o recorrente: "a) junte certidão ou cópia autenticada do acórdão paradigma ou cite a fonte oficial ou repertório autorizado em que foi publicado; b) transcreva, nas razões recursais, as ementas e/ou trechos dos acórdãos trazidos à configuração do dissídio, demonstrando o conflito de teses que justifique o conhecimento do recurso, ainda que os acórdãos já se encontrem nos autos ou venham a ser juntados com o recurso. II – A concessão de registro de publicação como repertório autorizado de jurisprudência do TST torna válidas todas as suas edições anteriores. III – A mera indicação da data de publicação, em fonte oficial, de aresto paradigma é inválida para comprovação de divergência jurisprudencial, nos termos do item I, 'a', desta súmula, quando a parte pretender demonstrar o conflito de teses mediante a transcrição de trechos que integram a fundamentação do acórdão divergente, uma vez que só publicam o dispositivo ou a ementa dos acórdãos. IV – É válida para a comprovação da divergência jurisprudencial justificadora do recurso a indicação de aresto extraído de repertório oficial na internet, desde que o recorrente: a) transcreva o trecho divergente; b) aponte o sítio de onde foi extraído; e c) decline o número do processo, o órgão prolator e a data da respectiva publicação no Diário Eletrônico da Justiça do Trabalho. V – A existência do código de autenticidade na cópia, em formado *pdf*, do inteiro teor do aresto paradigma, juntada aos autos, torna-se equivalente ao documento original e também supre a ausência de indicação da fonte oficial de publicação".

Superior do Trabalho poderá desconsiderar o vício ou mandar saná-lo, julgando o mérito". Por força do que estabelece o art. 794 da CLT, pode ser dito que vicio grave é aquele que causa manifesto prejuízo às partes.

Da decisão denegatória do recurso de revista caberá agravo de instrumento, no prazo de oito dias (art. 896, § 12, da CLT).

Anote-se que o art. 896, § 13, da CLT instituiu o incidente de uniformização de jurisprudência, mas foi revogado pela Lei n. 13.467/17, comando legal que cria dificuldades para o TST uniformizar a sua jurisprudência, como já se deu por meio da nova redação conferida ao art. 702, alínea *f*, da CLT.

1.17.3. Súmulas e Orientações Jurisprudenciais do TST relacionadas com o recurso de revista.

Várias questões relacionadas com o recurso de revista foram objeto de enfrentamento em Súmulas e Orientações Jurisprudenciais, valendo a referência a algumas delas.

Somente a divergência jurisprudencial atual autoriza a admissão do recurso. Não é atual a divergência ultrapassada por súmula ou superada por iterativa e notória jurisprudência do Tribunal Superior do Trabalho (Súmula n. 333).

A divergência jurisprudencial, para autorizar a admissão do recurso de revista, deve ser específica, revelando a existência de teses diversas na interpretação de um mesmo dispositivo legal, embora idênticos os fatos que as ensejaram (Súmula n. 296, I). Isso significa que a parte deverá demonstra a identidade da situação fática examinada nas decisões confrontadas e a diferença, existente em tais decisão, na interpretação do disposto legal considerado para a definição dos efeitos jurídicos de tal situação fática.

Conforme a Súmula n. 23, não se conhece de recurso de revista, se a decisão recorrida resolver determinado item do pedido por diversos fundamentos e a jurisprudência transcrita não abranger todos eles.

Para admissão do recurso de revista, por qualquer de seus fundamentos, é indispensável que a matéria submetida ao TST tenha sido enfrentada pelo TRT, isto é, que tenha sido prequestionada (Súmula n. 297 do TST), mesmo que se trate de incompetência absoluta (Orientação Jurisprudencial n. 62 da SDI-I do TST). Para fins de prequestionamento, há necessidade de que haja, no acórdão, de maneira clara, elementos que levem à conclusão de que o Tribunal adotou uma tese contrária à lei ou à Súmula suscitada no recurso (Orientação Jurisprudencial n. 256 da SDI-I do TST). Acrescente-se que "a invocação expressa no recurso de revista dos preceitos legais ou constitucionais tidos como violados não significa exigir da parte a utilização das expressões 'contrariar', 'ferir', 'violar', etc.'" (Orientação Jurisprudencial n. 257 da SDI-I do TST).

Havendo tese explícita sobre a matéria na decisão recorrida, é desnecessário que ela contenha, para atender ao requisito de prequestionamento, referência expressa ao dispositivo legal tido como violado ou interpretado de forma divergente (Orientação Jurisprudencial n. 118 da SDI-I do TST).

Se a violação à lei ocorrer na própria decisão impugnada, como na hipótese de negativa de prestação jurisdicional, é inexigível o prequestionamento (Orientação Jurisprudencial n. 119 da SDI-I do TST).

Se a decisão do regional apenas adota os fundamentos da decisão de Primeira Instância, cumpre à parte apresentar embargos de declaração para prequestionar a matéria a ser submetida ao TST (Orientação Jurisprudencial n. 151 da SDI-I do TST).

Segundo a Súmula n. 221 do TST: "A admissibilidade do recurso de revista por violação tem como pressuposto a indicação expressa do dispositivo de lei ou da Constituição tido como violado".

1.17.4. *Exame de admissibilidade. Momento da apresentação de contrarrazões ao recurso de revista.*

O recurso de revista deve ser interposto perante o Presidente do TRT em que foi proferida a decisão impugnada, que, por decisão fundamentada, poderá recebê-lo ou denegá-lo (art. 896, § 1º, da CLT). Cabe ao Presidente do TRT, portanto, examinar a admissibilidade do recurso de revista.

Recebido o recurso, o recorrido será intimado para apresentar as suas contrarrazões, em oito dias (art. 900 da CLT).

Apresentadas ou não as contrarrazões, o recurso é enviado ao TST.

1.17.5. *Transcendência como requisito de admissibilidade do recurso de revista.*

Mesmo que se apresente uma das situações que, segundo o art. 896 da CLT, permitem a admissão do recurso de revista, este somente será admitido quando a parte demonstrar que a causa oferece transcendência com relação aos reflexos gerais de natureza econômica, política, social ou jurídica.

Nesse sentido, prevê o art. 896-A da CLT, o TST, no recurso de revista, examinará previamente se a causa oferece transcendência com relação aos reflexos gerais de natureza econômica, política, social ou jurídica (art. 896-A da CLT).

A transcendência não é mais uma hipótese de admissão do recurso de revista, mas uma condição para a admissão do recurso de revista fundado em uma das situações referidas no art. 896 da CLT.

Consoante o art. 896-A, §1º, da CLT, são indicadores de transcendência, entre outros: 1) econômica: o elevado valor da causa; 2) política: o desrespeito da instância recorrida à jurisprudência sumulada do TST ou do STF; 3) social: a postulação, por reclamante-recorrente, de direito social constitucionalmente assegurado;[84] 4) jurídica: a existência de questão nova em torno da interpretação da legislação trabalhista.

Conforme o Regimento Interno do TST, as normas relativas ao exame da transcendência dos recursos de revista, previsto no art. 896-A da CLT, somente incidirão naqueles interpostos contra decisões proferidas pelos Tribunais Regionais do Trabalho publicadas a partir de 11.11.2017, data da vigência da Lei n. 13.467/2017 (art. 246).

Acrescente-se que:

a) poderá o relator, monocraticamente, denegar seguimento ao recurso de revista que não demonstrar transcendência, cabendo agravo desta decisão para o colegiado (art. 896-A, § 2º, da CLT e art. 247, §§ 2º e 3º do Regimento Interno do TST);
b) mantido o voto do relator quanto ao não reconhecimento da transcendência do recurso, será lavrado acórdão com fundamentação sucinta, que constituirá decisão irrecorrível no âmbito do tribunal (art. 896-A, § 4º, da CLT e art. 247, § 4º do Regimento Interno do TST);
c) é irrecorrível a decisão monocrática do relator que, em agravo de instrumentos em recurso de revista, considerar ausente a transcendência (art. 896-A, § 5º, da CLT);
d) o exame de admissibilidade do recurso de revista exercido pela Presidência dos Tribunais Regionais do Trabalho limita-se à análise dos pressupostos intrínsecos e extrínsecos do apelo, não abrangendo o critério da transcendência das questões nele vinculadas (art. 896-A, § 6º, da CLT). Em suma, o exame da transcendência é privativo do TST, como já resulta do art. 896-A, *caput*, da CLT.

Recorde-se que existem situações nas quais o relator poderá, em decisão monocrática, negar conhecimento, negar provimento ou dar provimento a recurso de revista, como foi registrado acima, quando da definição das atribuições do relator, inclusive do recurso de revista.

1.17.6. Recurso de revista e reexame de fatos e provas.

O recurso de revista tem por objetivo preservar a autoridade e a unidade de interpretação da Constituição da República, da lei federal e de dispositivo da lei

---

84. Direitos sociais constitucionalmente assegurados são aqueles reconhecidos diretamente pela Constituição e aqueles assegurados em tratados sobre direitos humanos, por força do art. 5º, § 2º, da Constituição.

estadual, convenção coletiva, acordo coletivo, sentença normativa ou regulamento de empresa de observância obrigatória em área territorial que exceda a jurisdição de um Tribunal Regional do Trabalho. Por essa razão, o efeito devolutivo do recurso de revista é limitado às questões de direito, isto é, às questões que são de interesse geral e não apenas relativas ao caso concreto.[85]

Com isso, não se admite o recurso de revista para reexame de fatos e provas (Súmula n. 126 do TST). No exame dos fatos e provas, é soberana a decisão do Tribunal Regional do Trabalho, o que significa que o quadro fático é fixado, de forma definitiva, nas instâncias ordinárias.

1.17.7. Julgamento de recursos de revista repetitivos. Incidente de recursos repetitivos.

A CLT estabelece que "Aplicam-se ao recurso de revista, no que couber, as normas da Lei nº 5.869, de 11 de janeiro de 1973 (Código de Processo Civil), relativas ao julgamento dos recursos extraordinário e especial repetitivos" (art. 896-B).[86]

Disciplinando a questão, a CLT estabelece que:

a) "Quando houver multiplicidade de recursos de revista fundados em idêntica questão de direito, a questão poderá ser afetada à Seção Especializada em Dissídios Individuais ou ao Tribunal Pleno, por decisão da maioria simples de seus membros, mediante requerimento de um dos Ministros que compõem a Seção Especializada, considerando a relevância da matéria ou a existência de entendimentos divergentes entre os Ministros dessa Seção ou das Turmas do Tribunal" (art. 896-C);

b) "O Presidente da Turma ou da Seção Especializada, por indicação dos relatores, afetará um ou mais recursos representativos da controvérsia para julgamento pela Seção Especializada em Dissídios Individuais ou pelo Tribunal Pleno, sob o rito dos recursos repetitivos (art. 896-C, § 1º);

c) "O Presidente da Turma ou da Seção Especializada que afetar processo para julgamento sob o rito dos recursos repetitivos deverá expedir comunicação aos demais Presidentes de Turma ou de Seção Especializada, que poderão afetar outros processos sobre a questão para julgamento conjunto, a fim de conferir ao órgão julgador visão global da questão" (art. 896-C, § 2º);

---

85. As questões de fato dizem respeito verificação da ocorrência dos fatos alegados pelas partes. As questões de direito se referem à qualificação jurídica do fato tido na decisão como provado, que constitui questão de direito. Dito de outra forma, a afirmação da ocorrência, ou não, de um fato não pode ser questionada junto ao TST, por meio de recurso de revista, ao passo que constitui questão de direito a que diz respeito à consequência jurídica atribuída ao fato tido por provado na decisão impugnada. A propósito observa Karl Larenz que a questão de fato é "relativa ao que efetivamente ocorreu", ao passo que, a direito, diz respeito a "como se há de qualificar o ocorrido em conformidade com os critérios da ordem jurídica" *(Metodologia da ciência do direito,* p. 433).

86. Com a entrada em vigor do CPC de 2015, ele é que servirá de fonte subsidiária do Direito Processual do Trabalho.

d) "O Presidente do Tribunal Superior do Trabalho oficiará os Presidentes dos Tribunais Regionais do Trabalho para que suspendam os recursos interpostos em casos idênticos aos afetados como recursos repetitivos, até o pronunciamento definitivo do Tribunal Superior do Trabalho" (art. 896-C, § 3º);

e) "Caberá ao Presidente do Tribunal de origem admitir um ou mais recursos representativos da controvérsia, os quais serão encaminhados ao Tribunal Superior do Trabalho, ficando suspensos os demais recursos de revista até o pronunciamento definitivo do Tribunal Superior do Trabalho" (art. 896-C, § 4º);

f) "O relator no Tribunal Superior do Trabalho poderá determinar a suspensão dos recursos de revista ou de embargos que tenham como objeto controvérsia idêntica à do recurso afetado como repetitivo" (art. 896-C, § 5º);

g) "O recurso repetitivo será distribuído a um dos Ministros membros da Seção Especializada ou do Tribunal Pleno e a um Ministro revisor" (art. 896-C, § 6º);

h) "O relator poderá solicitar, aos Tribunais Regionais do Trabalho, informações a respeito da controvérsia, a serem prestadas no prazo de 15 (quinze) dias" (art. 896-C, § 7º);

i) "O relator poderá admitir manifestação de pessoa, órgão ou entidade com interesse na controvérsia, inclusive como assistente simples, na forma da Lei no 5.869, de 11 de janeiro de 1973 (Código de Processo Civil)" (art. 896-C, § 8º);

j) "Recebidas as informações e, se for o caso, após cumprido o disposto no § 7º deste artigo, terá vista o Ministério Público pelo prazo de 15 (quinze) dias" (art. 896-C, § 9º);

k) "Transcorrido o prazo para o Ministério Público e remetida cópia do relatório aos demais Ministros, o processo será incluído em pauta na Seção Especializada ou no Tribunal Pleno, devendo ser julgado com preferência sobre os demais feitos" (art. 896-C, § 10);

l) "Publicado o acórdão do Tribunal Superior do Trabalho, os recursos de revista sobrestados na origem: I – terão seguimento denegado na hipótese de o acórdão recorrido coincidir com a orientação a respeito da matéria no Tribunal Superior do Trabalho; ou II – serão novamente examinados pelo Tribunal de origem na hipótese de o acórdão recorrido divergir da orientação do Tribunal Superior do Trabalho a respeito da matéria" (art. 896-C, § 11);

m) "Na hipótese prevista no inciso II do § 11 deste artigo, mantida a decisão divergente pelo Tribunal de origem, far-se-á o exame de admissibilidade do recurso de revista (art. 896-C, § 12);[87]

---

87. Esta previsão indica que a decisão proferida pelo TST não tem efeito vinculante. Contudo, o órgão julgador deverá indicar na sua decisão os motivos pelos quais não adere ao ponto de vista adotado pelo TST.

n) "Caso a questão afetada e julgada sob o rito dos recursos repetitivos também contenha questão constitucional, a decisão proferida pelo Tribunal Pleno não obstará o conhecimento de eventuais recursos extraordinários sobre a questão constitucional" (art. 896-C, § 13);[88]

o) "Aos recursos extraordinários interpostos perante o Tribunal Superior do Trabalho será aplicado o procedimento previsto no art. 543-B da Lei nº 5.869, de 11 de janeiro de 1973 (Código de Processo Civil), cabendo ao Presidente do Tribunal Superior do Trabalho selecionar um ou mais recursos representativos da controvérsia e encaminhá-los ao Supremo Tribunal Federal, sobrestando os demais até o pronunciamento definitivo da Corte, na forma do § 1º do art. 543-B da Lei nº 5.869, de 11 de janeiro de 1973 (Código de Processo Civil)" (art. 896-C, § 14);[89]

p) "O Presidente do Tribunal Superior do Trabalho poderá oficiar os Tribunais Regionais do Trabalho e os Presidentes das Turmas e da Seção Especializada do Tribunal para que suspendam os processos idênticos aos selecionados como recursos representativos da controvérsia e encaminhados ao Supremo Tribunal Federal, até o seu pronunciamento definitivo" (art. 896-C, § 15);

q) "A decisão firmada em recurso repetitivo não será aplicada aos casos em que se demonstrar que a situação de fato ou de direito é distinta das presentes no processo julgado sob o rito dos recursos repetitivos" (art. 896-C, § 16);

r) "Caberá revisão da decisão firmada em julgamento de recursos repetitivos quando se alterar a situação econômica, social ou jurídica, caso em que será respeitada a segurança jurídica das relações firmadas sob a égide da decisão anterior, podendo o Tribunal Superior do Trabalho modular os efeitos da decisão que a tenha alterado" (art. 896-C, § 17).

Registre-se que, consoante o art. 22 do Ato n. 491/SEGJUD.GP, de 23.09.14, praticado pela Presidência do TST e referendado pela Resolução Administrativa 1699/2014 do seu Órgão Especial, "O Tribunal Superior do Trabalho deverá manter e dar publicidade às questões de direito objeto dos recursos repetitivos já julgados, pendentes de julgamento ou já reputadas sem relevâncias, bem como daquelas objeto das decisões proferidas nos termos do § 13 do artigo 896 da CLT".

A participação de pessoa, órgão ou entidade com interesse na controvérsia, autorizada pelo art. 896-C, § 8º, da CLT, que corresponde à adoção da figura do *amicus curiae* no processo do trabalho, contribui para a qualidade das decisões judiciais, como consequência do enriquecimento do debate que as precede, realiza o contraditório de forma mais ampla, tornando público o debate entre as partes do caso piloto, e constitui fator de legitimação democrática e social destas decisões,

88. Ao STF cabe a última palavra em matéria constitucional.

89. Com a entrada em vigor do CPC de 2015, ele é que servirá de fonte subsidiária do Direito Processual do Trabalho.

o que tem reflexos na sua aceitação social e, com isto, no papel que as decisões judiciais desempenham como parâmetro de ação social.

A intervenção de terceiro no processo deve ser permitida quando se trate de matéria cuja relevância ultrapasse o interesse individual das partes, ou seja, tenha repercussão social, e haja efetiva possibilidade de enriquecimento do debate a respeito do objeto do processo, anotando-se que é permitida a manifestação de terceiros, o que implica que a eles não é dado produzir provas, mas apenas se manifestar sobre a questão de direito objeto dos recursos repetitivos.

É irrecorrível o despacho do relator que submete a matéria objeto de recursos repetitivos ao debate público (aplicação, como fonte subsidiária, do disposto no art. 7º da Lei n. 9.896/99 e no art. 950, § 3º, do CPC).

O Regimento do TST disciplina o incidente em questão (arts. 280 a 297), dispondo, por exemplo, que: a) admite-se a instauração do incidente de recursos repetitivos também quando haja multiplicidade de embargos para a Subseção I da Seção Especializada em Dissídios individuais (art. 281); a parte poderá desistir da ação em curso no primeiro grau de jurisdição, antes de proferida a sentença, se a questão nela discutida for idêntica à resolvida pelo recurso representativo da controvérsia, sendo que, se a desistência ocorrer antes de oferecida a defesa, a parte, se for o caso, ficará dispensada do pagamento de custas e de honorários de advogado (art. 295, § 1º) e, mais do que isto, que a desistência apresentada nos termos do *caput* independe de consentimento da parte contrária, ainda que apresentada a defesa (art. 295, § 1º).[90]

1.18. Embargos

Dispõe o art. 893, I, da CLT que das decisões são admissíveis embargos. Estes embargos são disciplinados no art. 894 da CLT, segundo o qual, cabem embargos:

I – de decisão não unânime de julgamento que conciliar, julgar ou homologar conciliação em dissídios coletivos que excedam a competência territorial dos Tribunais Regionais do Trabalho e estender ou rever as sentenças normativas do Tribunal Superior do Trabalho, nos casos previstos em lei. Trata-se dos denominados *embargos infringentes*;[91]

II – das decisões das Turmas que divergirem entre si ou das decisões proferidas pela Seção de Dissídios Individuais, ou contrárias a súmula ou orientação jurisprudencial do Tribunal Superior do Trabalho ou súmula vinculante do Supremo Tribunal Federal. A hipótese é dos denominados *embargos de divergência*.

---

90. Foi criada, assim, hipótese de desistência manifestada após a apresentação da defesa que não depende de concordância do demandado.

91. A denominação *embargos infringentes* é consagrada no art. 262 do Regimento Interno do TST.

Segundo prevê o 894, § 2º, da CLT, "A divergência apta a ensejar os embargos deve ser atual, não se considerando tal a ultrapassada por súmula do Tribunal Superior do Trabalho ou do Supremo Tribunal Federal, ou superada por iterativa e notória jurisprudência do Tribunal Superior do Trabalho".

O art. 894, § 3º, I e II, da CLT autoriza o relator a denegar seguimento aos embargos: quando a decisão estiver em consonância com súmula do Tribunal Superior do Trabalho ou do Supremo Tribunal Federal, ou com iterativa, notória e atual jurisprudência do Tribunal Superior do Trabalho, cumprindo-lhe indicá-la; nas hipóteses de intempestividade, deserção, irregularidade de representação ou de ausência de qualquer outro pressupostos extrínseco de admissibilidade.

Da decisão denegatória dos embargos cabe agravo (art. 894, § 4º, da CLT).

Os embargos têm efeito apenas devolutivo e estão sujeitos ao recolhimento das custas e realização de depósito recursal no caso de dissídio individual em que haja condenação em pecúnia (é por esta razão que o relator pode denegar seguimento ao recurso na hipótese de deserção).

1.18.1. Embargos infringentes.

Ao TST compete, por meio da SDC, conciliar, julgar ou homologar conciliação em dissídios coletivos que excedam a competência territorial dos Tribunais Regionais do Trabalho e estender ou rever suas próprias decisões normativas, nos casos previstos em lei (art. 2º, I, a, da Lei n. 7.701/88).

Cabem embargos infringente, na SDC, das decisões das Turmas que divergirem entre si ou das decisões proferidas pela Seção de Dissídios Individuais, ou contrárias a súmula ou orientação jurisprudencial do Tribunal Superior do Trabalho ou súmula vinculante do Supremo Tribunal Federal (art. 894, I, *a*, da CLT), ou, na dicção do art. 262 do Regimento Interno do TST, "das decisões não unânimes proferidas pela Seção Especializada em Dissídios Coletivos (...) nos processos de Dissídios Coletivos de competência originária do Tribunal".

Os embargos infringentes servem, portanto, para a impugnação de decisões não unânimes proferidas pela SDC do TST nos dissídios coletivos de competência originária do TST, mas serão restritos à cláusula em que há divergência e, se esta for parcial, ao objeto da divergência (art. 262, parágrafo único, do Regimento Interno do TST).

Os embargos devem ser interpostos no prazo de oito dias, contados da publicação do acórdão no órgão oficial (art. 894 da CLT e art. 262, *caput*, do Regimento Interno do TST).

Registrado o protocolo na petição ser encaminhada à Secretaria do órgão julgado competente, esta juntará o recurso aos autos respectivos e abrirá vista à parte contrária, para impugnação, no prazo legal. Transcorrido o prazo, o processo será distribuído (art. 263 do Regimento Interno do TST), observando que, não atendidas as exigências legais ao cabimento dos embargos, o relator denegará seguimento ao recurso, facultada à parte a interposição de agravo interno (art. 264 do Regimento Interno do TST).

1.18.2. Embargos de divergência.

Trata-se de recurso cabível "Das decisões das Turmas que divergirem entre si ou das decisões proferidas pela Seção de Dissídios Individuais, ou contrárias a súmula ou orientação jurisprudencial do Tribunal Superior do Trabalho ou súmula vinculante do Supremo Tribunal Federal" (art. 894, II, da CLT), ou, na dicção art. 258 do Regimento Interno do TST, das decisões das turmas que divergirem entre si ou das decisões proferidas pela Subseção I da Seção de Dissídios Individuais, ou contrárias a súmula, a orientação jurisprudencial ou precedente normativo do Tribunal Superior do Trabalho ou súmula vinculante do Supremo Tribunal Federal.[92]

O Regimento Interno do TST dispõe que, "além dos casos já previstos na jurisprudência sumulada do Tribunal, também cabem embargos das decisões de suas turmas proferidas em agravo internos e agravos de instrumento que contrariem procedentes obrigatórios firmados em julgamento de incidentes de assunção de competência ou de incidentes de recursos repetitivos (art. 258, parágrafo único).

Ao recorrente incumbe o ônus de provar a divergência por ele alegada por meio de certidão, cópia ou citação do repertório, oficial ou credenciado, de jurisprudência, inclusive em mídia eletrônica, em que houver sido publicada o acórdão divergente, ou com a reprodução de julgado disponível na rende mundial de computadores, indicando a respectiva fonte, e deverá mencionar, em qualquer caso, as circunstâncias que identificam ou assemelham os casos confrontados (art. 259 do Regimento Interno do TST).

A divergência apta a ensejar os embargos deve ser atual, não se considerando como tal a ultrapassada por súmula, orientação jurisprudencial ou precedente normativo do TST ou por Súmula do STF, ou superada por iterativa e notória jurisprudência do TST (art. 259, parágrafo único, do Regimento Interno do TST).

Segundo a Orientação Jurisprudencial n. 378 da SDI-I do TST: "Não encontra amparo no art. 894 da CLT, quer na redação anterior quer na redação posterior à Lei n. 11.496, de 22.06.2007, recurso de embargos interposto à decisão monocrática exarada nos moldes dos arts. 557 do CPC e 896, § 5º, da CLT, pois o comando legal

92. Note-se que a CLT não faz referência a divergência de decisão de Turma com precedente normativo do TST. Portanto, no seu regimento interno, o TST considera equivalente orientações jurisprudenciais e precedentes normativos.

restringe seu cabimento à pretensão de reforma de decisão colegiada proferida por Turma do Tribunal Superior do Trabalho".

Não se admite embargos para reexame de fatos e provas (Súmula n. 126 do TST), por se tratar de recurso de natureza extraordinária.

Os embargos devem ser opostos em oito dias, contados da publicação da decisão (arts. 6º da Lei n. 5.584/70 e art. 342 do Regimento Interno do TST).

Registrado o protocolo na petição ser encaminhada à Secretaria do órgão julgado competente, esta juntará o recurso aos autos respectivos e abrirá vista à parte contrária, para impugnação, no prazo legal. Transcorrido o prazo, o processo será distribuído (art. 263 do Regimento Interno do TST), observando que, não atendidas as exigências legais ao cabimento dos embargos, o relator denegará seguimento ao recurso, facultada à parte a interposição de agravo interno (art. 264 do Regimento Interno do TST). Não existe vinculação entre o despacho proferido pelo relator – admitindo o recurso – e a decisão do colegiado, ao qual é lícito negar admissão ao recurso.

1.19. Agravo de instrumento

Agravo de instrumento é o recurso destinado à impugnação de decisões que denegarem seguimento a recurso, nos termos do art. 897, alínea *b*, da CLT.

O agravo de instrumento tem efeito apenas devolutivo, mas o relator, atendidos os pressupostos respectivos, pode a ele conferir efeito suspensivo ou mesmo deferir, em antecipação de tutela, total ou parcialmente, a pretensão recursal (art. 1.019, I, do CPC).

O agravo deve ser interposto por meio de petição escrita, que deve conter: os nomes das partes; a exposição do fato e do direito; as razões do pedido de reforma ou de invalidação da decisão e o próprio pedido; o nome e o endereço completo dos advogados, constantes dos autos (art. 1.016 do CPC).

A Instrução Normativa n. 16/99 do TST disciplina o procedimento do agravo de instrumento, estabelecendo que:

> II – Limitado o seu cabimento, no processo do trabalho, aos despachos que denegarem a interposição de recurso (art. 897, alínea b, da CLT), o agravo de instrumento será dirigido à autoridade judiciária prolatora do despacho agravado, no prazo de oito dias de sua intimação, e processado em autos apartados.
>
> III – O agravo não será conhecido se o instrumento não contiver as peças necessárias para o julgamento do recurso denegado, incluindo a cópia do respectivo arrazoado e da comprovação de satisfação de todos os pressupostos extrínsecos do recurso principal.

IV – O agravo de instrumento, protocolizado e autuado, será concluso ao juiz prolator do despacho agravado, para reforma[93] ou confirmação da decisão impugnada, observada a competência estabelecida nos arts. 659, inciso VI, e 682, inciso IX, da CLT.

V – Será certificada nos autos principais a interposição do agravo de instrumento e a decisão que determina o seu processamento ou a decisão que reconsidera o despacho agravado.

VI – Mantida a decisão agravada, será intimado o agravado a apresentar contra-razões relativas ao agravo e, simultaneamente, ao recurso principal, juntando as peças que entender necessárias para o julgamento de ambos, encaminhando-se, após, os autos do agravo ao Juízo competente.

VII – Provido o agravo, o órgão julgador deliberará quanto ao julgamento do recurso destrancado, observando-se, daí em diante, o procedimento relativo a tal recurso, com designação de relator e de revisor, se for o caso.[94]

VIII – Da certidão de julgamento do agravo provido constará o resultado da deliberação relativa à apreciação do recurso destrancado.

IX – As peças trasladadas conterão informações que identifiquem o processo do qual foram extraídas, autenticadas uma a uma, no anverso ou verso. Tais peças poderão ser declaradas autenticas pelo próprio advogado, sob sua responsabilidade pessoal. Não será válida a cópia de despacho ou decisão que não contenha a assinatura do juiz prolator, nem as certidões subscritas por serventuário sem as informações acima exigidas.

X – Cumpre às partes providenciar a correta formação do instrumento, não comportando a omissão em conversão em diligência para suprir a ausência de peças, ainda que essenciais.

XI – O agravo de instrumento não requer preparo.

XII – A tramitação e o julgamento de agravo de instrumento no Juízo competente obedecerão à disciplina legal e ao constante dos respectivos Regimentos Internos.

XIII – O agravo de instrumento de despacho denegatório de recurso extraordinário obedecerá à disciplina especial, na forma de Resolução da Suprema Corte".

Acrescente que: o agravo de instrumento interposto contra o despacho que não receber agravo de petição não suspende a execução da sentença (art. 897, § 2º, da CLT); o julgamento do agravo de instrumento será realizado pelo tribunal a

93. O agravo de instrumento submete-se, portanto, ao juízo de retratação, que consiste na possibilidade de a decisão agravada ser reconsiderada, como prevê, inclusive, o art. 1.042, § 4º, do CPC.

94. No julgamento do agravo de instrumento, ao afastar o óbice apontado pelo TRT para o processamento do recurso de revista, pode o TST prosseguir no exame dos demais pressupostos extrínsecos e intrínsecos do recurso de revista, mesmo que não apreciados pelo TRT (Orientação Jurisprudencial n. 282 da SDI-I do TST). O julgamento imediato do recurso contribui atende aos princípios da celeridade e economia processual.

quem caberia conhecer o recurso cuja interposição foi denegada (art. 897, § 4º, da CLT); de acordo com o art. 897, § 5º, da CLT, sob pena de não conhecimento, as partes promoverão a formação do instrumento do agravo de modo a possibilitar, caso provido, o imediato julgamento do recurso denegado, instruindo a petição de interposição: a) obrigatoriamente, com cópias da decisão agravada, da certidão da respectiva intimação, das procurações outorgadas aos advogados do agravante e do agravado, da petição inicial, da contestação, da decisão originária, do depósito recursal referente ao recurso que se pretende destrancar, da comprovação do recolhimento das custas e do depósito recursal a que se refere o § 7º do art. 899 da CLT; b) facultativamente, com outras peças que o agravante reputar úteis ao deslinde da matéria de mérito controvertida.

No ato de interposição do agravo de instrumento, "o depósito recursal corresponderá a 50% (cinquenta por cento) do valor do depósito do recurso ao qual se pretende destrancar" (art. 899, § 7º, da CLT). Assim, ao interpor agravo de instrumento contra o despacho por meio do qual for negada admissão ao recurso, a parte deverá realizar o depósito do importe correspondente a 50% do valor depositado para efeito de sua interposição. Trata-se, assim, de um complemento do depósito recursal, a ser realizado quando se tratar de agravo de instrumento que vise destrancar recurso.

O art. 899, § 8º, da CLT afasta a exigência de complemento de depósito recursal quando se trate de agravo que tenha finalidade destrancar recurso de revista que se insurge contra decisão que contraria a jurisprudência uniforme do TST, consubstanciada em suas súmulas ou orientações jurisprudenciais.

No entanto, de acordo com o art. 23 do Ato n. 491/SEGJUD.GP, de 23.09.14, praticado pela Presidência do TST e referendado pela Resolução Administrativa 1699/2014 do seu Órgão Especial, "A dispensa de depósito recursal a que se refere o § 8º do art. 899 da CLT não será aplicável aos casos em que o agravo de instrumento se refira a uma parcela de condenação, pelo menos, que não seja objeto de arguição de contrariedade a súmula ou a orientação jurisprudencial do Tribunal Superior do Trabalho", prevendo o seu parágrafo único que "Quando a arguição a que se refere o *caput* deste artigo revelar-se manifestamente infundada, temerária ou artificiosa, o agravo de instrumento será considerado deserto". Em suma, a dispensa de acréscimo do depósito recursal em questão somente é possível quando toda a matéria do recurso seja objeto de arguição de contrariedade a súmula ou a orientação jurisprudencial do TST, ao passo que será considerado deserte o agravo de instrumento quando a arguição de contrariedade a súmula ou a orientação jurisprudencial do TST revelar-se manifestamente infundada, temerária ou artificiosa, o agravo de instrumento será considerado deserto.

As peças que instruírem a petição de interposição do recurso não precisam ser autenticadas, bastando que o recorrente ou seu advogado declare na petição de interposição do recurso que elas correspondem à cópia fiel das peças processuais respectivas.

O juiz que proferiu a decisão impugnada somente poderá negar seguimento ao agravo de instrumento nas hipóteses de flagrante intempestividade (como o ato intempestivo não produz efeitos, não pode ter seguimento agravo intempestivo) e de não ser regularidade a representação da parte no prazo a assinalado, se for o caso.

A decisão denegatória da admissibilidade de recurso não constitui simples despacho, mas verdadeira decisão sobre a admissibilidade do recurso interposto, o que a torna passível de recurso, notadamente porque, não sendo admitido o recurso, sequer haveria possibilidade para a parte questionar esta decisão em outro momento.

1.20. Recurso extraordinário.

Também no processo do trabalho é admissível o recurso extraordinário, endereçado ao Supremo Tribunal Federal,[95] nas hipóteses definidas no art. 102, III, da Constituição da República, segundo o qual compete ao Supremo Tribunal, precipuamente, a guarda da Constituição, cabendo-lhe julgar, mediante recurso extraordinário, as causas decididas em única ou última instância, quando a decisão recorrida: a) contrariar dispositivo da Constituição Federal; b) declarar a inconstitucionalidade de tratado ou lei federal; c) julgar válida lei ou ato de governo local contestado em face da Constituição Federal; d) julgar válida lei local contestada em face da lei federal (hipótese acrescida pela Emenda Constitucional n. 45/2004, que deu ao tema conotação constitucional).

O recurso extraordinário permite o controle da constitucionalidade das decisões proferidas pela Justiça do Trabalho e, com isso, a preservação da autoridade da Constituição Federal.

O recurso deve ser interposto no prazo de 15 dias (art. 508 do CPC[96]), perante o Presidente ou o Vice-presidente do Tribunal em que foi proferida a decisão impugnada, em petição da qual devem constar: a) a exposição do fato e do direito; b) a demonstração do cabimento do recurso interposto; c) as razões do pedido de reforma da decisão recorrida (art. 1.029 do CPC).

O recorrente deverá demonstrar, em preliminar do recurso, para apreciação exclusiva do STF, a existência de repercussão geral das questões constitucionais discutidas no caso, na forma do art. 1.035, § 2º, do CPC.

---

95. Ao STF é conferido o monopólio da última palavra em tema de interpretação da Constituição Federal. O STF, no julgamento de recurso extraordinário, uniformiza a interpretação em matéria constitucional e realiza o controle abstrato da constitucionalidade de leis federais e estaduais.

96. O art. 6º da Lei n. 5.584/70 diz respeito aos recursos cuja interposição é disciplinada pelo direito processual do trabalho e não alcança o recurso extraordinário.

O recurso extraordinário somente é cabível quando forem esgotadas as vias ordinárias (se ainda são cabíveis recursos de natureza ordinária, estes devem ser interpostos antes da interposição do recurso extraordinário).

Como o *jus postulandi* somente é reconhecido às partes no processo do trabalho limitado à prática de atos processuais perante órgãos da Justiça do Trabalho (art. 791 da CLT), a petição do recurso extraordinário deverá ser firmada por advogado legalmente habilitado.

Nos dissídios individuais, havendo condenação em pecúnia, constitui pressupostos de admissibilidade do recurso extraordinário a realização do depósito recursal (art. 899, §1°, da CLT).

Recebida a petição do recurso extraordinário pela secretaria do Tribunal, será intimado o recorrido, abrindo-lhe vista, para apresentar contrarrazões, no prazo de 15 dias (art. 1.030 do CPC).

O juízo de admissibilidade do recurso é da competência exclusiva do STF, ressalvada as hipóteses do art. 1.035 (sobrestado o recurso por força de exame de repercussão geral e negada a repercussão, o presidente ou vice-presidente do tribunal de origem negará seguimento aos recursos sobrestados) e do art. 1.040 (no incidente de julgamento de recursos repetitivos, publicado o acórdão, o presidente ou vice-presidente do tribunal de origem negará seguimento aos recursos sobrestados).

O art. 995 do CPC estabelece que os recursos não impedem a eficácia da decisão, salvo disposição legal ou decisão judicial em sentido diverso.

Contudo, "não há direito líquido e certo à execução definitiva na pendência de Recurso Extraordinário, ou de Agravo de Instrumento visando a destrancá-lo" (Orientação Jurisprudencial n. 56 da SDI-2 do TST), sendo a execução, portanto, provisória.

Não sendo admitido o recurso extraordinário, caberá agravo nos próprios autos (art. 1.042 do CPC), em petição dirigida ao tribunal de origem (isto na hipótese de juízo de admissibilidade realizado na origem), no prazo de quinze dias (art. 1.003, § 5°, do CPC). No caso de agravo contra decisão do relator que não conhecer do recurso cabe agravo interno, no prazo de cinco dias (art. 1.021 do CPC).

O agravado terá o prazo de quinze dias para contrarrazões, que poderão ser instruídas com as peças que entender convenientes (art. 1.042, § 3°, do CPC).

Após o prazo para a resposta do agravado, o processo subirá ao Supremo Tribunal Federal, onde será processado na forma regimental (art. 1.042 do CPC).

A admissão do recurso extraordinário pressupõe o prequestionamento da questão constitucional ou federal que constitui seu objeto (o tema deverá ter sido enfrentado na decisão impugnada por meio do recurso extraordinário). Por isso, o ponto omisso da decisão, sobre a qual não foram opostos embargos declaratórios, não pode ser objeto de recurso extraordinário por faltar o requisito do prequestionamento (Súmula n. 356 do STF).

1.21. Agravo de petição

Contra as decisões definitivas proferidas na execução é admissível o agravo de petição (art. 897, alínea *a*, da CLT), ou seja, contra decisão que julga embargos à execução, embargos de terceiro, embargos à arrematação e embargos à adjudicação e impugnação do credor à sentença de liquidação.

O agravo deve ser interposto no prazo de oito dias, contados da publicação da decisão impugnada, e somente será recebido quando o agravante delimitar, justificadamente, as matérias e os valores impugnados, permitida a execução imediata da parte remanescente até o final, nos próprios autos ou por carta de sentença (art. 897, § 1º, da CLT).[97]

Recebido o recurso, ao agravado será conferida oportunidade para contrarrazões.

O agravo de petição será julgado pelo próprio Tribunal, presidido pela autoridade recorrida, salvo se se tratar de decisão de Juiz do Trabalho de Primeira Instância ou de Juiz de Direito investido na jurisdição trabalhista, quando o julgamento competirá a uma das turmas do Tribunal Regional do Trabalho da região respectiva, a quem serão remetidas as peças necessárias para o exame da matéria controvertida, em autos apartados, ou nos próprios autos, se tiver sido determinada a extração de sentença (art. 897, § 3º, da CLT).

Quando o agravo de petição versar apenas sobre as contribuições previdenciárias, o juiz ordenará a extração de cópias das peças necessárias, que serão autuadas em apartado e remetidas à instância superior para apreciação, após contraminuta (art. 897, § 8º, da CLT). Tomada esta providência, a execução das demais parcelas do crédito retomará o seu curso normal.

Como as custas na execução são pagas ao final (art. 789-A da CLT), não se exige recolhimento de custas como condição para a admissão do agravo de petição.

A sentença de liquidação somente pode ser atacada nos embargos do devedor ou impugnação do credor (art. 884, § 3º, da CLT), salvo se por ela a execução for extinta. Podendo a sentença de liquidação ser atacada em embargos ou impugnação, contra ela não cabe agravo de petição (a liquidação não constitui um novo processo, mas providência que prepara o título executivo judicial para a execução, não sendo a decisão que a julga, com isso, definitiva).

---

97. "Devendo o agravo de petição delimitar justificadamente a matéria e os valores objeto de discordância, não fere direito líquido e certo o prosseguimento da execução quanto aos tópicos e valores não especificados no agravo" (Súmula n. 416 do TST).

Contra a decisão que julga não provados os artigos de liquidação, não cabe agravo de petição, visto que os artigos podem ser renovados, sendo lícito ao credor prová-los por outros meios.

1.22. Agravo regimental

Agravo regimental é o agravo criado e disciplinado pelos regimentos internos dos tribunais do trabalho.

No seu regimento interno, o tribunal instituidor do agravo deverá indicar as hipóteses de seu cabimento e os pressupostos de sua admissibilidade.

Fazendo referência a esta espécie de agravo, a CLT afirma ser ele cabível das decisões do Corregedor nas reclamações correcionais (art. 709, § 1º, da CLT).

O agravo deve ser interposto no prazo de oito dias (art. 6º da Lei n. 5.584/70) e, diante da sua natureza recursal, à parte recorrida deve ser concedida a oportunidade para contrarrazões (art. 900 da CLT).

Ainda como decorrência de sua natureza recursal, o prazo para agravo regimental é contado em dobro para a Fazenda Pública (Súmula n. 116 do STJ).

O agravo regimental é processado nos autos principais, isto é, sem formação de instrumento (Orientação Jurisprudencial n. 132 da SDI-I do TST).

Não cabe recurso ordinário contra decisão em agravo regimental interposto em reclamação correicional ou em pedido de providência (Orientação Jurisprudencial n. 5 do Tribunal Pleno do TST).

O agravo regimental somente é cabível quando para a impugnação da decisão proferida a lei não estabeleça recurso próprio.

1.23. Agravo interno

Ao relator cabe, em regra, relatar e preparar o recurso para julgamento pelo colegiado ao qual pertence.

No entanto, consoante foi visto anteriormente, o relator teve os seus poderes ampliados, estando autorizado a proferir decisão que originalmente deveria ser proferida pelo colegiado.

Por força da ampliação dos poderes do relator, foi necessário criar um recurso por meio do qual as partes pudessem impugnar as suas decisões, isto em respeito ao contraditório e à ampla defesa. Surge, assim, o agravo interno, como meio próprio para a impugnação de decisão do relator proferida em substituição à decisão do colegiado.

O agravo é dito interno porque é dirigido ao próprio tribunal no qual foi proferida a decisão impugnada e deve ser interposto no prazo de oito dias (art. 6º da

Lei n. 5.584/70 e art. 894, § 3º, da CLT), sendo endereçado ao órgão competente para o julgamento do recurso examinado pelo relator, se este não se retratar (art. 1.021, § 2º, do CPC e art. 896, § 5º, da CLT).

Diante do que contém o art. 900 da CLT, à parte contrária não pode ser negado o direito de apresentar contrarrazões ao agravo interno.

O CPC dispõe, no art. 1.021, § 4º, que "Quando o agravo for declarado manifestamente inadmissível ou improcedente em votação unânime, o órgão colegiado, em decisão fundamentada, condenará o agravante a pagar ao agravado multa fixada entre um e cinco por cento do valor atualizado da causa" e no art. 1.021, § 5º, que a interposição de qualquer outro recurso está condicionada ao depósito prévio do valor da multa prevista no § 4º, à exceção da Fazenda Pública e do beneficiário da gratuidade da justiça", o que é compatível com o Direito Processual do Trabalho, na medida em que, também no processo do trabalho, deve ser punida a parte que interpõe recurso manifestamente inadmissível ou improcedente, como decorre, por exemplo, do art. 793-B, IV e VI, da CLT.

1.24. Pedido de revisão do valor da causa

A CLT não faz referência ao valor da causa quando define os requisitos da petição inicial (art. 840, § 1º, da CLT), mas o art. 2º, *caput*, da Lei n. 5.584/70 estabelece que, antes de passar à instrução, o juiz deverá fixar o valor da causa para determinação da alçada, se este for indeterminado na petição inicial. Com isto, é lícito afirmar que a toda causa será atribuído valor, pelo demandante ou pelo juiz.

Quando o juiz fixar o valor da causa, em razão de ser omissa a petição inicial a seu respeito ou no caso de julgamento de impugnação apresentada pelo demandado ao valor arbitrado à causa na petição inicial, qualquer das partes poderá, ao aduzir razões finais, impugná-lo. Se o valor for mantido, a parte poderá, em 48 horas, pedir ao Presidente do Tribunal a que esteja vinculado o juiz a sua revisão (art. 2º, § 2º, da Lei n. 5.584/70).

O pedido de revisão do valor da causa não tem efeito suspensivo e deverá ser fundamentado, apontando a parte o valor que entende pertinente, e instruído com cópia da petição inicial, da contestação e da ata de audiência em que foi arbitrado o valor da causa.[98]

O pedido de revisão do valor da causa destina-se, portanto, à impugnação da decisão por meio da qual é fixado o valor da causa.

Recebido o recurso, deverá ser concedida oportunidade para contrarrazões, pelo prazo de 48 horas (art. 900 da CLT).

98. Esta exigência decorre do fato de o recurso ser processado por instrumento.

Compete ao Presidente do Tribunal julgar o recurso, em 48 horas, a partir do seu recebimento (art. 2º, § 2º, da Lei n. 5.584/70), não havendo previsão legal de possibilidade de impugnação desta decisão, o que implica que se trata de decisão irrecorrível.

Nas ações de competência originária de tribunal, caberá ao relator decidir sobre a impugnação do valor da causa, competindo ao órgão colegiado resolver sobre eventual pedido de revisão.

Apresentada impugnação ao valor da causa, o juiz deverá julgar este incidente em audiência. Se o juiz somente o fizer na sentença, à parte é lícito suscitar esta questão no recurso que aforar contra aquela decisão.

2. CORREIÇÃO PARCIAL OU RECLAMAÇÃO CORREICIONAL

Os erros eventualmente cometidos pelo juiz no processo podem ser de julgamento e de procedimento.

Correição parcial é remédio de que dispõe a parte para se opor a erro de procedimento cometido pelo juiz.

A correição parcial é uma medida de caráter administrativo, que tem por finalidade coibir ações, omissões, abusos e atos contrários à boa ordem processual, que causem ou possam causar dano irreparável à parte e que não sejam passíveis de impugnação por meio de recurso.

A CLT faz referência à reclamação correcional no art. 709, II, dispondo que compete ao corregedor decidir reclamações contra atos atentatórios da boa ordem processual praticados pelos Tribunais Regionais e seus presidentes, quando inexistir recurso específico.

Nos Tribunais Regionais, cabe ao juiz-corregedor julgar correição parcial apresentadas contra os juízes de primeira instância.

Não tendo a correição parcial natureza recursal, o prazo para a sua apresentação não é contado em dobro para a Fazenda Pública.

Estando a petição respectiva em ordem, o corregedor ordenará a notificação da autoridade que praticou o ato impugnado, ou que seja responsável pela omissão questionada, para que se manifeste no prazo a ele assinalado.

Colhida a manifestação da autoridade, a correição será instruída e julgada.

Sendo relevantes os fundamentos apresentados para a correição parcial ou podendo do ato impugnado resultar a ineficácia da medida requerida, o juiz-corregedor poderá deferir medida liminar eventualmente pleiteada pelo requerente.

Capítulo 17

AÇÃO RESCISÓRIA

1. NOÇÕES GERAIS

A decisão de mérito passada em julgado é indiscutível e imutável (art. 836 da CLT). No entanto, situações existem em que a decisão de mérito passada em julgado pode ser impugnada e rescindida. Nesse sentido, dispõe o art. 836 da CLT que é vedado aos órgãos da Justiça do Trabalho conhecer de questões já decididas, excetuados os casos expressamente previstos na CLT e a ação rescisória.

Ação rescisória é, assim, a ação por meio da qual é impugnada decisão de mérito transitada em julgado, nos casos e na forma estabelecidos pelo CPC. Trata-se, portanto, de ação que visa desconstituir a coisa julgada e, em alguns casos, como se verá mais adiante, também o proferimento de novo julgamento da demanda.

A ação rescisória não se confunde com o recurso. O recurso constitui meio de impugnação da decisão, de mérito ou não, nos próprios autos em que foi proferida e a sua interposição impede que a decisão passe em julgado, enquanto a ação rescisória constitui ação autônoma de impugnação da decisão de mérito já transitada em julgado.

A ação rescisória, de acordo com o art. 836 da CLT, é admitida, no processo do trabalho, na forma do disposto no CPC.

2. OBJETO DA RESCISÃO

Nem toda decisão judicial pode ser impugnada por meio de ação rescisória. Com efeito, segundo o art. 966 do CPC, a ação rescisória visa à desconstituição de decisão de mérito transitada em julgado.

Cumpre recordar que, conforme o art. 485 do CPC, haverá resolução de mérito quando o juiz: acolher ou rejeitar o pedido formulado na ação ou na reconvenção; decidir, de ofício ou a requerimento, sobre a ocorrência de decadência ou prescrição; homologar o reconhecimento da procedência do pedido formulado na ação ou na reconvenção, a transação ou a renúncia à pretensão formulada na ação ou na reconvenção.[1]

O CPC prevê, ainda, que será rescindível a decisão transitada em julgado que, embora não seja de mérito, impeça nova propositura da demanda ou a admissibilidade do recurso correspondente (art. 966, § 2º). Nesse compasso, se na decisão é afirmada, por exemplo, a ocorrência de coisa julgada, o que, nos termos do art. 486, § 1º, do CPC, impede nova discussão sobre o tema em outra demanda, contra ela pode ser apresentada ação rescisória, por exemplo.

Uma questão processual pode ser objeto de rescisória, desde que consista em pressuposto de validade de uma sentença de mérito (Súmula n. 412 do TST).

A decisão recorrida que, em agravo regimental, aprecia a matéria na fundamentação, sob o enfoque das Súmulas ns. 83 do TST e 343 do STF, constitui decisão de mérito, ainda que haja resultado no indeferimento da petição inicial e na extinção do processo sem julgamento de mérito. Sujeita-se, assim, à reforma pelo TST, a decisão do Tribunal que, invocando controvérsia na interpretação da lei, indefere a petição inicial de ação rescisória (Súmula n. 411 do TST).

Consoante a Súmula n. 192: "I – Se não houver o conhecimento de recurso de revista ou de embargos, a competência para julgar ação que vise a rescindir a decisão de mérito é do Tribunal Regional do Trabalho, ressalvado o disposto no item II. II – Acórdão rescindendo do Tribunal Superior do Trabalho que não conhece de recurso de embargos ou de revista, analisando arguição de violação de dispositivo de lei material ou decidindo em consonância com súmula de direito material ou com iterativa, notória e atual jurisprudência de direito material da Seção de Dissídios Individuais (Súmula nº 333), examina o mérito da causa, cabendo ação rescisória da competência do Tribunal Superior do Trabalho. III – Sob a égide do art. 512 do CPC de 1973, é juridicamente impossível o pedido explícito de desconstituição de sentença quando substituída por acórdão do Tribunal Regional ou superveniente sentença homologatória de acordo que puser fim ao litígio. IV – Na vigência do CPC de 1973, é manifesta a impossibilidade jurídica do pedido de rescisão de julgado proferido em agravo de instrumento que, limitando-se a aferir o eventual desacerto do juízo negativo de admissibilidade do recurso de revista, não substitui o acórdão regional, na forma do art.

---

1. Note-se que o CPC considera consistirem hipóteses de *resolução de mérito* tanto aquelas em que há *julgamento* do mérito (o juiz acolhe ou rejeita o pedido formulado na ação ou na reconvenção ou decide, de ofício ou a requerimento, sobre a ocorrência de decadência ou prescrição) como aquelas em que a atuação do juiz é meramente *homologatória* (homologação de reconhecimento da procedência do pedido formulado na ação ou na reconvenção, de transação e de renúncia à pretensão formulada na ação ou na reconvenção). Nas situações em que apenas são homologados atos das partes haverá *resolução do mérito*, mas não *julgamento do mérito*.

512 do CPC. V- A decisão proferida pela SBDI, em agravo regimental, calcada na Súmula nº 333, substitui acórdão de Turma do TST, porque emite juízo de mérito, comportando, em tese, o corte rescisório".

Se a decisão for impugnada por meio de recurso e este for conhecido e julgado, dá-se a substituição daquela decisão pela que julga o recurso (art. 1.008 do CPC). A rescisória, nesse caso, deve ser manejada contra esta segunda decisão e não contra a primeira.

Anote-se que, "revelando-se a sentença *citra petita,* o vício processual vulnera os arts. 141 e 492 do CPC de 2015 (arts. 128 e 460 do CPC de 1973), tornando-a passível de desconstituição, ainda que não opostos embargos de declaração" (Orientação Jurisprudencial n. 41 da SDI-2 do TST, com a redação atualizada em razão da entrada em vigor do CPC de 2015).

A ação rescisória pode ser aforada com o objetivo de desconstituir decisão proferida no julgamento de outra ação rescisória (*rescisória de rescisória*), desde que tenha como objeto a decisão proferida no julgamento da rescisória anteriormente aforada e não a decisão que por ela foi atacada.[2]

Desde que seja de mérito, a decisão proferida na execução, inclusive no julgamento de embargos à execução ou de impugnação do credor à sentença de liquidação, é passível de rescisão, observando-se que, de acordo com a Súmula n. 399, II, do TST, "a decisão homologatória de cálculos apenas comporta rescisão quando enfrentar as questões envolvidas na elaboração da conta de liquidação, quer solvendo a controvérsia das partes, quer explicitando, de ofício, os motivos pelos quais acolheu os cálculos oferecidos por uma das partes ou pelo setor de cálculos, e não contestados pela outra".

Cumpre observar que "Embora não haja atividade cognitiva, a decisão que declara extinta a execução, nos termos do art. 924, incisos I a IV c/c art. 925 do CPC de 2015 (arts. 794 c/c 795 do CPC de 1973), extingue a relação processual e a obrigacional, sendo passível de corte rescisório" (Orientação Jurisprudencial n. 107 da SDI-2 do TST).

---

2. Conforme a Súmula n. 400 do TST, "Em se tratando de rescisória, o vício apontado deve nascer na decisão rescindenda, não se admitindo a rediscussão do acerto do julgamento da rescisória anterior. Assim, não procede rescisória calcada no inciso V do art. 966 do CPC de 2015 (art. 485, V, do CPC de 1973) para discussão, por má aplicação da mesma norma jurídica, tida por violada na rescisória anterior, bem como para arguição de questões inerentes à ação rescisória primitiva". O STF já decidiu que: "O sistema brasileiro admite o ajuizamento de nova ação rescisória promovida com o objetivo de desconstituir decisão proferida no julgamento de outra ação rescisória. A via excepcional da rescisão do julgamento, contudo, não pode ser utilizada com o propósito de reintroduzir, no âmbito de nova ação rescisória, a mesma discussão já apreciada, definitivamente, em anterior processo rescisório" (STF-Pleno, AR 1.279.8-PR. Edcl., Rel. Min. Celso de Mello, DJU 13.9.2002, p. 63).

3. ADMISSIBILIDADE DA AÇÃO RESCISÓRIA NO PROCESSO DO TRABALHO. DEPÓSITO PRÉVIO EXIGIDO DO AUTOR DA AÇÃO RESCISÓRIA

O art. 836 da CLT afasta qualquer dúvida a respeito da admissibilidade da ação rescisória no processo do trabalho, inclusive no procedimento sumaríssimo e sumário (causas de alçada).[3]

De acordo com o art. 836 da CLT, a ação rescisória será admitida na forma do disposto no CPC.

Cumpre observar, no entanto, que, enquanto o CPC estabelece que o autor da ação rescisória deverá, ao propor a ação, depositar a importância de 5% (cinco por cento) sobre o valor da causa, que se converterá em multa caso a ação seja, por unanimidade de votos, declarada inadmissível ou improcedente (art. 968, II), a CLT prevê, no art. 836, que o autor da ação rescisória deverá realizar o depósito prévio no valor equivalente a 20% (vinte por cento) do valor da causa, salvo prova de miserabilidade jurídica do autor, devendo prevalecer o que dispõe a CLT, diante do fato de ela disciplinar, de forma expressa, a questão.

O objetivo da exigência deste depósito prévio é evitar ou desestimular o ajuizamento de ação rescisória, observando-se que, quando a pretensão for, por unanimidade, julgada inadmissível ou improcedente, a importância do depósito reverterá a favor do réu, caso em que ele assume caráter punitivo.

Também estão dispensados do depósito a União, os Estados, o Distrito Federal, Os Municípios e suas respectivas autarquias e fundações de direito público, o Ministério Público e a Defensoria Pública (art. 968, § 1º, do CPC).[4]

O CPC estabelece limite para o depósito em questão, dispondo, no art. 968, § 2º, que o depósito exigido do autor da ação rescisória não será superior a 1.000 salários mínimos. Como a CLT é omissa em relação ao limite do depósito a ser realizado pelo autor da ação rescisória, é aplicável no processo do trabalho o art. 968, § 2º, do CPC, ou seja, também nele o depósito não será superior a 1.000 salários mínimos.

4. PRESSUPOSTOS DA AÇÃO RESCISÓRIA

São pressupostos específicos da ação rescisória: a) o trânsito em julgado de decisão de mérito, salvo as situações em que não há necessidade de ser a decisão

---

3. O art. 836 da CLT nada contém que impeça a ação rescisória contra decisão proferida em processo sujeito ao procedimento sumaríssimo ou sumário.
4. A Instrução Normativa n. 31 do TST, de 27.9.2007 estendeu o benefício consistente na dispensa do depósito prévio à massa falida.

de mérito, como visto anteriormente; b) a presença de uma ou mais *hipóteses de rescindibilidade* indicadas, taxativamente, no art. 966 do CPC.

Somente pode ser objeto de ação rescisória a decisão transitada em julgado, isto é, decisão contra a qual não seja possível a oposição de recurso (art. 502 do CPC). Por essa razão, o autor deve instruir a petição inicial com a prova do trânsito em julgado da decisão rescindenda.

No entanto, aplica-se à hipótese o art. 321 do CPC, de forma que, deixando a parte de comprovar o trânsito em julgado da decisão impugnada, a ela deverá ser concedido o prazo razoável para fazê-lo, sob pena de indeferimento da inicial.[5]

Não cabe ação rescisória para a desconstituição de sentença não transitada em julgado porque ainda não submetida à remessa necessária, na forma do Decreto n. 779/69. Nesta hipótese, "determina-se que se oficie ao presidente do TRT para que proceda à avocatória do processo principal para o reexame da sentença rescindenda" (Orientação Jurisprudencial n. 21 da SDI-2 do TST).

Pressuposto para a ação rescisória é o trânsito em julgado da decisão, qualquer que seja a sua causa. Assim, o fato de a decisão não ter sido impugnada por meio de recurso não impede a sua impugnação por ação rescisória.[6] Também não impede a ação rescisória, segundo José Carlos Barbosa Moreira, "a circunstância de haver-se aquiescido à decisão rescindenda, renunciado ao poder de recorrer ou desistido de recurso acaso interposto, tampouco a de ter este ficado deserto".[7]

5. PRAZO PARA PROPOSITURA DA AÇÃO RESCISÓRIA

Segundo o art. 975 do CPC, o direito à rescisão se extingue em dois anos, contados do trânsito em julgado da última decisão proferida no processo. Note-se que, expirado o prazo de dois anos, não é extinto o direito de propor a ação rescisória, mas o direito à rescisão da decisão. A hipótese é, portanto, de prazo decadencial.

---

5. Conforme a Súmula n. 299 do TST: "I – É indispensável ao processamento da demanda rescisória a prova do trânsito em julgado da decisão rescindenda. II – Verificando o relator que a parte interessada não juntou à inicial o documento comprobatório, abrirá prazo de 15 (quinze) dias para que o faça (art. 321 do CPC de 2015), sob pena de indeferimento. III – A comprovação do trânsito em julgado da decisão rescindenda é pressuposto processual indispensável ao tempo do ajuizamento da ação rescisória. Eventual trânsito em julgado posterior ao ajuizamento da ação rescisória não reabilita a ação proposta, na medida em que o ordenamento jurídico não contempla a ação rescisória preventiva; IV – O pretenso vício de intimação, posterior à decisão que se pretende rescindir, se efetivamente ocorrido, não permite a formação da coisa julgada material. Assim, ação a ação rescisória deve ser julgada extinta, sem julgamento do mérito, por carência de ação, por inexistir decisão transitada em julgado".
6. "Admite-se ação rescisória contra sentença transitada em julgado, ainda que contra ela não se tenham esgotado todos os recursos" (Súmula n. 514 do STF).
7. *Comentários ao Código de Processo Civil*, v. V, p. 117.

Conta-se o prazo para a propositura da ação rescisória do trânsito em julgado da última decisão proferida no processo, o que se explica pelo fato de a ação rescisória visar à rescisão de decisão transitada em julgado, lembrando-se que se dá o trânsito em julgado, nos termos do art. 502 do CPC, quando a decisão se tornar irrecorrível.

O TST trata da contagem do prazo para ajuizamento da ação rescisória na Súmula n. 100, na qual é dito que:

"I – O prazo de decadência, na ação rescisória, conta-se do dia imediatamente subsequente ao trânsito em julgado da última decisão proferida na causa, seja de mérito ou não".[8] É com o trânsito em julgado da última decisão proferida no processo, seja ela de mérito ou não, que tem início o prazo para a propositura de ação rescisória. A hipótese diz respeito ao interesse de agir: enquanto for possível alterar a decisão no próprio processo em que foi proferida, não tem lugar a ação rescisória;

"II – Havendo recurso parcial no processo principal, o trânsito em julgado dá-se em momentos e em tribunais diferentes, contando-se o prazo decadencial para a ação rescisória do trânsito em julgado de cada decisão, salvo se o recurso tratar de preliminar ou prejudicial que possa tornar insubsistente a decisão recorrida, hipótese em que flui a decadência, a partir do trânsito em julgado da decisão que julgar o recurso parcial".

Versa a hipótese sobre a *formação progressiva da coisa julgada*. Se a coisa julgada vai se formando progressivamente, em momentos e em tribunais diversos, o prazo para a propositura da ação rescisória tem início em momentos diversos. Dá-se a formação progressiva da coisa julgada quando o recurso interposto versa apenas sobre parte das questões enfrentadas na decisão (recurso parcial). Neste caso, a decisão faz coisa julgada imediatamente, em relação às questões não atacadas mediante o recurso interposto. Quanto à matéria objeto do recurso, a coisa julgada será produzida posteriormente.

Esta regra somente não será aplicada quando o recurso parcial tratar de preliminar ou prejudicial que possa tornar insubsistente a decisão recorrida, hipótese em que flui o prazo a partir do trânsito em julgado da decisão que julgar o recurso. Ainda aqui, a hipótese diz respeito ao interesse de agir: enquanto for possível alterar a decisão no próprio processo em que foi proferida, não tem lugar a ação rescisória;

"III – Salvo se houver dúvida razoável, a interposição de recurso intempestivo ou a interposição de recurso incabível não protrai o termo inicial do prazo decadencial". O ato processual intempestivo (ato praticado fora do prazo próprio) não gera efeitos. Por esta razão, o recurso intempestivo não tem influência na

8. Esta solução se encontra em perfeita sintonia com o art. 975 do CPC.

fixação do termo inicial do prazo para propositura da ação rescisória. No caso de recurso intempestivo, a coisa julgada formou-se no último dia do prazo recursal.

Da mesma forma, a apresentação de recurso incabível, o que se dá quando a decisão não era passível de recurso ou o recurso aforado não era o adequado, não tem influência na fixação do termo inicial para a propositura da ação rescisória.

No entanto, se havia dúvida razoável sobre o prazo para interposição do recurso ou sobre cabimento do recurso, o prazo para a ação rescisória será contado a partir do trânsito em julgado da decisão que o julgar.

Anote-se que, "o não conhecimento do recurso por deserção não antecipa o *dies a quo* do prazo decadencial para o ajuizamento da ação rescisória, atraindo, na contagem do prazo, a aplicação da Súmula n. 100 do TST". (Orientação Jurisprudencial n. 80 da SDI-2 do TST). Destarte, se o recurso interposto for declarado deserto, o prazo decadencial para a ação rescisória conta-se do trânsito em julgado da decisão sobre a deserção (aplicação do item I da Súmula n. 100 do TST);

"IV – O juízo rescindente não está adstrito à certidão de trânsito em julgado juntada com a ação rescisória, podendo formar convicção através de outros elementos dos autos quanto à antecipação ou postergação do *dies a quo* do prazo decadencial". A certidão de trânsito em julgado juntada com a petição inicial da ação rescisória não vincula o juízo competente para o seu julgamento, podendo ele, no controle da tempestividade do ajuizamento da ação, formar a sua convicção sobre o momento exato da formação da coisa julgada com base em outros elementos existentes nos autos;

"V – O acordo homologado judicialmente tem força de decisão irrecorrível, na forma do art. 831 da CLT. Assim sendo, o termo conciliatório transita em julgado na data da sua homologação judicial". Dispõe o art. 831, parágrafo único, da CLT, que o termo de conciliação valerá como decisão irrecorrível, salvo para a União quanto às contribuições previdenciárias que forem devidas. De outro lado, haverá resolução do mérito quando o juiz homologar transação (art.487, III, *b*, do CPC). A decisão homologatória de acordo vale como decisão de mérito transitada em julgado. Isso significa que ela somente pode ser atacada mediante ação rescisória (é neste sentido, inclusive, a Súmula n. 259 do TST). Como o termo de conciliação vale como decisão irrecorrível, é no momento da homologação do acordo que ocorre o trânsito em julgado da decisão;

"VI -Na hipótese de colusão das partes, o prazo decadencial da ação rescisória somente começa a fluir para o Ministério Público, que não interveio no processo principal, a partir do momento em que tem ciência da fraude".[9] A decisão de

9. O CPC estabelece, no art. 975, § 3º, que, nas hipóteses de simulação ou de colusão das partes, o prazo começa a contar, para o terceiro prejudicado e para o Ministério Público, que não interveio no processo, a partir do momento em que têm ciência da simulação ou da colusão.

mérito resultante de colusão entre as partes pode ser atacada mediante ação rescisória proposta pelo Ministério Público do Trabalho. Neste caso, se o Ministério Público do Trabalho interveio no processo em que a decisão foi proferida, o prazo para a ação rescisória é contado do trânsito em julgado da decisão. Contudo, se o Ministério Público do Trabalho não interveio no processo em que a decisão foi proferida, o prazo para a ação rescisória é contado a partir da ciência, por parte dele, da fraude;

"VII – Não ofende o princípio do duplo grau de jurisdição a decisão do TST que, após afastar a decadência em sede de recurso ordinário, aprecia desde logo a lide, se a causa versar questão exclusivamente de direito e estiver em condições de imediato julgamento";[10]

"VIII – A exceção de incompetência, ainda que oposta no prazo recursal, sem ter sido aviado o recurso próprio, não tem o condão de afastar a consumação da coisa julgada e, assim, postergar o termo inicial do prazo decadencial para a ação rescisória";

"IX – Prorroga-se até o primeiro dia útil, imediatamente subsequente, o prazo decadencial para ajuizamento de ação rescisória quando expira em feriado, sábado, domingo ou em dia em que não houver expediente forense. Aplicação do art. 775 da CLT";

O prazo decadencial, assim como os prazos em geral, é prorrogado quando expirar em feriado, sábado, domingo ou em dia em que não houver expediente forense (art. 775, parágrafo único, da CLT), vez que a parte tem direito de dispor de todo o prazo que lhe assegura a lei para propor a referida ação. Com isto, dela não pode ser exigido que antecipe a prática de um ato processual quando o prazo para a sua prática vencer em feriado, sábado, domingo ou em dia em que não houver expediente forense, observando-se que José Carlos Barbosa Moreira professa entendimento diverso, sustentando que, "sendo de decadência, o prazo do art. 495 não (...) se desloca o termo final para o primeiro dia útil, se o *dies ad quem* é sábado ou domingo",[11] sendo por ele acrescentado que "o fenômeno passa-se no plano material, não no plano processual, como de resto deixa entrever o próprio Código, quando estatui que a pronúncia de decadência implica 'resolução de mérito'".[12] Sob este prisma, não se aplica à hipótese a norma de direito processual relativa à prorrogação de prazos;[13]

---

10. Este item não diz respeito diretamente à contagem do prazo para a propositura da ação rescisória, mas, isto sim, da extensão do efeito devolutivo do recurso de revista.
11. *Comentários ao Código de Processo Civil*, v. V, p. 221.
12. *Comentários ao Código de Processo Civil*, v. V, p. 220-221.
13. Observe-se que o art. 207 do C. Civil somente estabelece que os prazos decadenciais não se suspendem ou interrompem, não aludindo, portanto, à possibilidade de sua prorrogação. De outro lado, o art. 975, § 1º, do CPC admite, expressamente, a possibilidade de prorrogação do prazo que expirar durante férias forenses, feriados ou em dia em que não houver expediente forense.

"X – Conta-se o prazo decadencial da ação rescisória, após o decurso do prazo legal previsto para a interposição do recurso extraordinário, apenas quando esgotadas todas as vias ordinárias".

A ação rescisória pode ser ajuizada "ainda que contra ela não se tenham esgotados todos os recursos" (Súmula n. 514 do STF). No entanto, o prazo para ajuizamento da ação rescisória terá início após o julgamento do recurso extraordinário somente quando tiverem sido esgotadas todas as vias ordinárias.

Se a ação rescisória for fundada em prova nova (art. 966, VII, do CPC), o termo inicial do prazo será a data de descoberta da prova nova, observado o prazo máximo de cinco anos, contado do trânsito em julgado da última decisão proferida no processo (art. 975, § 2º, do CPC).

Anote-se que, de acordo com a Orientação Jurisprudencial n. 12 da SDI-2 do TST, já com a sua redação atualizada, "I — A vigência da Medida Provisória n. 1.577/97 e suas reedições implicou o elastecimento do prazo decadencial para o ajuizamento da ação rescisória a favor dos entes de direito público, autarquias e fundações públicas. Se o biênio decadencial do art. 495 do CPC de 1973 findou após a entrada em vigor da Medida Provisória n. 1.577/97 e até sua suspensão pelo STF em sede liminar de ação direta de inconstitucionalidade (ADIn n. 1.753-2), tem-se como aplicável o prazo decadencial elastecido à rescisória. II — A regra ampliativa do prazo decadencial para a propositura de ação rescisória em favor de pessoa jurídica de direito público não se aplica se, ao tempo em que sobreveio a Medida Provisória n. 1.577/97, já se exaurira o biênio do art. 495 do CPC de 1973. Preservação do direito adquirido da parte à decadência já consumada sob a égide da lei velha".

6. REQUISITOS DA PETIÇÃO INICIAL. VALOR DA CAUSA

A petição inicial da ação rescisória deve: a) atender os requisitos do art. 319 do CPC, como decorre do disposto no art. 836 da CLT; b) ser instruída com cópia da decisão rescindenda e prova do seu trânsito em julgado; c) ser instruída com prova do depósito do valor correspondente a 20% do valor da causa, quando for este exigível (art. 836 da CLT).[14]

Além dos casos previstos no art. 330, a petição inicial será indeferida quando não for efetuado o depósito exigido pelo art. 836 da CLT (art. 968, § 3º, do CPC).

O autor deve apontar na petição inicial o inciso do art. 966 do CPC em que se fundamenta a sua pretensão. Não obstante, consoante a Súmula n. 408 do TST, "Não padece de inépcia a petição inicial de ação rescisória apenas porque omite a subsunção do fundamento da rescindibilidade no art. 966 do CPC de 2015 (art.

14. Este tema foi examinado no item 3 do presente Capítulo.

485 do CPC de 1973) ou o capitula erroneamente em um de seus incisos. Contanto que não se afaste dos fatos e fundamentos invocados como causa de pedir, ao Tribunal é lícito emprestar-lhes a adequada qualificação jurídica (*iura novit curia*). No entanto, fundando-se a ação rescisória no art. 966, inciso IV, do CPC de 2015 (art. 485 do CPC de 1973), é indispensável expressa indicação, na petição inicial da ação rescisória, da norma jurídica manifestamente violada (dispositivo legal violado no CPC de 1973), por se tratar de causa de pedir da rescisória, não se aplicando, no caso, o princípio *iura novit curia*".

De acordo com o art. 2º da Instrução Normativa n. 31 do TST, o valor da causa da ação rescisória que visa desconstituir decisão da fase de conhecimento corresponderá: a) no caso de improcedência, ao valor dado à causa do processo originário ou aquele que for fixado pelo juiz, devidamente reajustado até a data do ajuizamento da ação rescisória, pela variação cumulada do INPC divulgada pelo IBGE; b) no caso de procedência, total ou parcial, ao respectivo valor da condenação, devidamente reajustado até a data do ajuizamento da ação rescisória, pela variação cumulada do INPC divulgada pelo IBGE.

Nos termos do art. 3º da Instrução Normativa n. 31 do TST, o valor da causa da ação rescisória que visa desconstituir decisão da fase de execução corresponderá ao valor apurado na liquidação.

Não se aplica a alçada em ação rescisória (Súmula n. 365 do TST), ou seja, o fato de o valor da causa ser inferior a dois salários mínimos na data da propositura da ação em que foi proferida a decisão não impede a sua impugnação por meio de ação rescisória.

A Orientação Jurisprudencial n. 155 da SDI-2 do TST considerava ser defeso ao juiz alterar de ofício o valor da causa, mas foi cancelada em 12.4.1015, com esteio no art. 292, § 3º, do CPC, que autoriza o juiz a alterar de ofício o valor da causa.

Anote-se que "é admissível o ajuizamento de uma única ação rescisória contendo mais de um pedido, em ordem sucessiva, de rescisão da sentença e do acórdão. Sendo inviável a tutela jurisdicional de um deles, o julgador está obrigado a apreciar os demais, sob pena de negativa de prestação jurisdicional (Orientação Jurisprudencial n. 78 da SDI-2 do TST)".

Consoante a Orientação Jurisprudencial n. 84 da SDI-2 do TST, "a decisão rescindenda e/ou a certidão do seu trânsito em julgado devidamente autenticadas, à exceção de cópias reprográficas apresentadas por pessoa jurídica de direito público, a teor do art. 24 da Lei n. 10.522/2002, são peças essenciais para o julgamento da ação rescisória. Em fase recursal, verificada a ausência de qualquer delas, cumpre ao relator do recurso ordinário arguir, de ofício, a extinção do processo, sem julgamento do mérito, por falta de pressuposto de constituição e desenvolvimento válido do feito".

7. LEGITIMIDADE ATIVA E PASSIVA NA AÇÃO RESCISÓRIA

Têm legitimidade para propor a ação rescisória: a) quem foi parte no processo ou o seu sucessor a título universal ou singular; b) o terceiro juridicamente interessado; c) o Ministério Público, se não ouvido no processo em que lhe era obrigatória a intervenção e quando a decisão resultar de simulação ou colusão entre as partes, a fim de fraudar a lei e em outros casos em que se imponha sua atuação (art. 967 do CPC).[15]

A posição passiva da ação rescisória será ocupada pela parte contrária no processo em que foi proferida a decisão impugnada. Assim, se o autor da ação original é também o autor da ação rescisória, o réu naquela será o réu nesta, por exemplo. Devem figurar na posição passiva da ação rescisória proposta pelo Ministério Público ou terceiro interessado as partes no processo em que foi proferida a decisão rescindenda.

De outro lado, "O litisconsórcio, na ação rescisória, é necessário em relação à posição passiva da demanda, porque supõe uma comunidade de direitos ou de obrigações que não admite solução díspar para os litisconsortes, em face da indivisibilidade do objeto. Já em relação à posição ativa, o litisconsórcio é facultativo, uma vez que a aglutinação de autores se faz por conveniência e não pela necessidade decorrente da natureza do litígio, pois não se pode condicionar o exercício do direito individual de um dos litisconsortes no processo originário à anuência dos demais para retomar a lide" (Súmula n. 406, I, do TST).

O sindicato que atuou como substituto processual possui legitimidade para figurar como réu na ação rescisória, sendo descabida a exigência de citação de todos os empregados substituídos, porquanto inexistente litisconsórcio passivo necessário (Súmula n. 406, II, do TST). A ausência de litisconsórcio não impede que os substituídos intervenham no processo como assistentes, valendo anotar que a participação do substituído no processo é expressamente autorizada pelo art. 18, parágrafo único, do CPC.[16]

Coqueijo Costa afirma que "à parte Bueno Vidigal equipara o sub-rogado, o cessionário e qualquer sucessor a título universal ou singular. Pode ser também o litisconsorte ou o assistente. O que não se dispensa é a exigência de que fosse parte no momento em que foi prolatada a decisão rescindenda (...). Também o revel se legitima ativamente para a rescisória, bem assim o sucessor no plano do direito material, seja na pendência do processo anterior ou após. Excepciona-se,

---

15. Segundo a Súmula n. 407 do TST, "A legitimidade *ad causam* do Ministério Público para propor ação rescisória, ainda que não tenha sido parte no processo que deu origem à decisão rescindenda, não está limitada às alíneas *a*, *b* e *c* do inciso III do CPC de 2015 (art. 487, alíneas *a*, *b* e *c* do CPC de 1973), uma vez que traduzem hipóteses meramente exemplificativas".

16. "Havendo substituição processual, o substituído poderá intervir como assistente litisconsorcial."

ao ver de Barbosa Moreira, a rescisória fundada em confissão emanada de erro, dolo ou coação: aqui a legitimidade é só do confidente".[17]

Para Coqueijo Costa, "tendo havido litisconsórcio plural na ação original e um dos litisconsortes vencidos proposto ação rescisória que venha a ser julgada procedente, deve-se considerar que, sendo os litisconsortes (não unitários) em suas relações com a parte adversa, litigantes distintos e seus atos e omissões não prejudicando nem beneficiando outros, a desconstituição da sentença terá eficácia apenas em relação ao litisconsorte na rescisória — autor ou réu (CPC, art. 48) — pois esta, como ação, instaura outra relação processual, que nasce fora da relação processual da ação originária anterior já extinta (...). Se houve litisconsórcio unitário ou necessário na ação originária, a conclusão é diversa (...). Se houve litisconsórcio unitário passivo na ação originária, a desconstituição da coisa julgada obtida por um dos litisconsortes em ação rescisória aproveitará os demais. Se o litisconsórcio era necessário, o mesmo sucederá desde que todos os litisconsortes hajam sido citados na ação rescisória".[18]

8. COMPETÊNCIA

Compete aos Tribunais Regionais do Trabalho julgar as ações rescisórias das decisões das Varas do Trabalho, dos juízes do trabalho investidos na jurisdição trabalhista, das suas Turmas e de seus próprios acórdãos (arts. 678, I, *c*, 2, da CLT). Os Tribunais Regionais do Trabalho deverão, nos seus regimentos internos, definir a qual dos seus órgãos competirá o julgamento das ações rescisórias.

No TST, compete: a) à SDC julgar ação rescisória contra as suas sentenças normativas (art. 2º, I, *c*, da Lei n. 7.701/88); b) à SDI-2, julgar a ação rescisória contra suas próprias decisões e as decisões das turmas do TST (art. 3º, I, *a*, da Lei n. 7.701/88 e art. 8º da Resolução Administrativa n. 743/2000).

Consoante a Orientação Jurisprudencial n. 70 da SDI-2 do TST, sendo manifesta a incompetência funcional do TST para a desconstituição da decisão apontada na ação rescisória como rescindenda, extingue-se o processo, sem provimento de mérito.

O CPC estabelece que, reconhecida a incompetência do tribunal para julgar a ação rescisória, o autor será intimado para emendar a petição inicial, a fim de adequar o objeto da ação rescisória, quando a decisão rescindenda não tiver apreciado o mérito e não se enquadrar na situação prevista no art. 966, § 2º (hipótese de rescisão de decisão que, embora não seja de mérito, impeça nova propositura de demanda ou admissibilidade do recurso correspondente), ou tenha

17. *Ação rescisória*, p. 88.
18. Ação rescisória, p. 88-89.

sido substituída por decisão posterior, ao passo que, após a emenda da petição inicial, será permitido ao réu complementar os fundamentos de defesa, e, em seguida, os autos serão remetidos ao tribunal competente (art. 968, §§ 5º e 6º).

9. PROCEDIMENTO. DEFESA DO RÉU. INSTRUÇÃO E JULGAMENTO

Não sendo o caso de indeferimento da petição inicial, o relator ordenará a citação do réu, assinalando o prazo, nunca inferior a quinze dias nem superior a trinta dias, para apresentar resposta (art. 970 do CPC).

No prazo de resposta, o réu pode apresentar contestação, exceção e reconvenção (é cabível a reconvenção quando tenha sido apresentado pedido de prolação de nova decisão).

Findo o prazo concedido ao réu, com ou sem apresentação de resposta, os autos vão à conclusão, cabendo ao relator determinar, conforme o caso, as diligências que reputar necessárias para a instrução do processo (art. 970 do CPC).

Anote-se que, "Na ação rescisória, o que se ataca é a decisão, ato oficial do Estado acobertado pelo manto da coisa julgada. Assim, e considerando que a coisa julgada envolve questão de ordem pública, a revelia não produz confissão na ação rescisória" (Súmula n. 398 do TST).

O CPC autoriza o julgamento liminar de improcedência da pretensão objeto da ação rescisória, como se vê do seu art. 968, § 4º, segundo o qual aplica-se à ação rescisória o disposto no art. 332. Com isto: não havendo necessidade de produção de prova, o juiz, independentemente de citação do réu, julgará liminarmente improcedente o pedido que contrariar enunciado de súmula do STF ou do TST, acórdão proferido pelo STF ou pelo TST em julgamento de recursos repetitivos, entendimento firmado em incidente de resolução de demandas repetitivas ou de assunção de competência (art. 332, *caput*, do CPC, com adaptação do processo do trabalho: no processo do trabalho devem ser respeitadas súmulas do TST e as decisões por ele proferidas em julgamento de recursos repetitivos); o juiz também poderá julgar liminarmente improcedente o pedido se verificar, desde logo, a ocorrência de decadência (art. 332, § 1º, do CPC).

O CPC dispõe, no art. 972, que o relator, havendo necessidade de prova, poderá delegar a competência ao órgão que proferiu a decisão rescindenda, fixando o prazo de um a três meses para a devolução dos autos.

Concluída a instrução, será aberta vista ao autor e ao réu, sucessivamente, pelo prazo de dez dias, para razões finais (art. 973 do CPC).

Em seguida, será proferido o julgamento pelo órgão competente, atendendo ao que for estabelecido no regimento interno do tribunal sobre o processamento da ação rescisória (art. 973, parágrafo único, do CPC).

10. HIPÓTESES DE CABIMENTO OU DE RESCINDIBILIDADE

As situações que autorizam a ação rescisória, isto é, as hipóteses de admissibilidade ou de rescindibilidade, são as enumeradas, taxativamente, no art. 966 do CPC, "sendo impossível cogitar-se da analogia para criarem-se novas hipóteses de ataque à *res iudicata*".[19]

O CPC dispõe, no art. 966, que a sentença de mérito, transitada em julgado, pode ser rescindida quando: a) se verificar que foi proferida por força de prevaricação, concussão ou corrupção do juiz; b) for proferida por juiz impedido ou por juízo absolutamente incompetente; c) resultar de dolo ou coação da parte vencedora em detrimento da parte vencida, ou, ainda, de simulação ou colusão entre as partes, a fim de fraudar a lei; d) ofender a coisa julgada; e) violar manifestamente norma jurídica; f) for fundada em prova cuja falsidade tenha sido apurada em processo criminal ou venha a ser demonstrada na própria ação rescisória; g) obtiver o autor, posteriormente ao trânsito em julgado, prova nova cuja existência ignorava ou de que não pôde fazer uso, capaz, por si só de lhe assegurar pronunciamento favorável; h) for fundada em erro de fato verificável no exame dos autos.

A Lei n. 13.256/16 acrescentou ao art. 966 do CPC dois parágrafos, estabelecendo que cabe ação rescisória, com fundamento no inciso V, ou seja, por violação manifesta a norma jurídica, "contra decisão baseada em enunciado de súmula ou acórdão proferido em julgamento de casos repetitivos que não tenha considerado a existência de distinção entre a questão decidida no processo e o padrão decisório que lhe deu fundamento" (§ 5º), e que, "quando a ação rescisória fundar-se na hipótese do § 5º deste artigo, caberá ao autor, sob pena de inépcia, demonstrar, fundamentadamente, tratar-se de situação particularizada por hipótese fática distinta ou de questão jurídica não examinada, a impor outra solução jurídica".

10.1. Prevaricação, concussão ou corrupção do juiz.

A sentença de mérito pode ser rescindida quando se verificar que foi proferida por força de prevaricação, concussão ou corrupção do juiz.

Os conceitos de prevaricação, concussão e corrupção devem ser estabelecidos a partir do que a respeito dispõe a legislação penal, na medida em que prevaricação, concussão ou corrupção constituem tipos penais.

A rescisão da sentença com esteio no art. 966, I, do CPC não depende da prévia condenação criminal do juiz que proferiu a decisão rescindenda ou a instauração

---

19. Humberto Theodoro Júnior. *Curso de direito processual civil*, v. I, p. 772.

de ação penal visando à sua punição. Isso significa que o vício que macula a sentença pode ser provado na própria ação rescisória.

José Carlos Barbosa Moreira esclarece que, sendo a denúncia apresentada contra o juiz, "depois de encerrado o processo da rescisória, em princípio nenhuma repercussão terá um sobre o outro: qualquer que haja sido o resultado no pleito civil, de modo algum vinculará o juiz penal; por outro lado, a eventual absolvição do réu em sede criminal não tornará *ipso facto* rescindível a decisão que tiver julgado procedente o pedido de rescisão da sentença, como a eventual condenação não tornará *ipso facto* rescindível a decisão que o tiver julgado improcedente. Haverá mera contradição lógica entre os dois julgamentos (...). Caso o processo penal já se haja encerrado antes de pedir-se a rescisão, a sentença no crime, transita em julgado, vincula em certa medida o órgão julgador da rescisória. Se se condenou o magistrado pelo delito, não pode o tribunal cível rejeitar o pedido de rescisão afirmando a inexistência da infração criminal. Se se absolveu o magistrado, variará a solução conforme se tenha ou não negado, no juízo penal, a existência material do fato; na primeira hipótese — não, porém, na segunda —, fica pré-excluída a possibilidade de acolher-se o pedido de rescisória".[20]

Vale observar que, "se a decisão rescindenda emanou de órgão colegiado, para a admissibilidade da rescisória basta que se alegue (e para a procedência, que tenha havido) prevaricação, concussão ou corrupção passiva de um dos membros do colégio, cujo voto haja concorrido para a formação da maioria, ou eventualmente da unanimidade no julgamento. Não é suficiente, a nosso ver, que o juiz infrator tenha participado do julgamento: se ele foi vencido, não teve consequência alguma, devendo aplicar-se aqui, *a fortiori*, o princípio geral de que não há nulidade sem prejuízo. Tampouco é necessário, por outro lado, que o voto do juiz infrator haja sido numericamente decisivo para a apuração do resultado: ainda que o desfecho houvesse de permanecer o mesmo, feita a abstração desse voto, subsiste sempre a possibilidade de ter ele influenciado outros membros do órgão, de modo que todo o julgamento fica, por assim dizer, contaminado pelo vício".[21]

Quando tramitarem concomitantemente a ação rescisória e a ação penal o juiz poderá, com esteio no art. 315 do CPC, suspender a ação rescisória até o pronunciamento do juízo criminal sobre o crime imputado ao juiz. A hipótese é de faculdade do juiz, posto que a rescisão da decisão não depende da prévia condenação criminal do juiz.[22]

---

20. *Comentários ao Código de Processo Civil*, v. V, p. 121.
21. José Carlos Barbosa Moreira. *Comentários ao Código de Processo Civil*, v. V, p. 122.
22. Os efeitos da coisa julgada produzida no processo criminal no processo do trabalho foram examinados no Capítulo reservado à sentença e à coisa julgada.

10.2. Impedimento do juiz.

Nos casos de impedimento do juiz, que foram examinadas exceções que podem ser apresentados pelo réu, o juiz está proibido de atuar no processo e o desrespeito a essa proibição permite a rescisão da decisão por ele proferida (art. 966, II, do CPC). A hipótese é de decisão proferida por juiz impedido. Dessa forma, a sentença proferida pelo juiz apenas suspeito não é rescindível.

O impedimento do juiz que autoriza a rescisão da decisão é aquele existente no momento em que ele proferiu a decisão.

10.3. Incompetência absoluta do juízo.

A sentença proferida por juízo absolutamente incompetente é passível de rescisão (art. 966, II, do CPC).

A incompetência não se refere à *pessoa* do juiz, como ocorre na suspeição e no impedimento, mas ao *juízo* em que a demanda foi julgada, como consta do art. 966, II, do CPC.

A admissão da ação rescisória não depende de ter sido alegada a incompetência no processo em que foi proferida a decisão rescindenda.[23] Neste sentido, tem-se a Orientação Jurisprudencial n. 124 da SDI-2 do TST, *in verbis:* "Na hipótese em que a ação rescisória tem como causa de rescindibilidade o inciso II do art. 966 do CPC de 2015 (inciso II do art. 485 do CPC de 1973), a arguição de incompetência absoluta prescinde de prequestionamento".

A incompetência relativa não autoriza a rescisória, visto que a sua não alegação no momento oportuno importa prorrogação da competência do juízo no qual a demanda foi processada e decidida.

10.4. Dolo ou coação da parte vencedora em detrimento da parte vencida.

O CPC autoriza a rescisão no caso de a decisão resultar de dolo ou coação da parte vencedora em detrimento da parte vencida (art. 966, III).

O dolo consiste no descumprimento do dever de boa-fé ou na litigância de má-fé. Trata-se da utilização de manobras ou artifícios com o propósito de ludibriar a parte contrária e causar prejuízo à sua defesa.

---

23. Pontes de Miranda ensina que "ainda que se haja deixado de alegar, dentro do prazo, no processo, a prevaricação, a concussão ou a corrupção, ou o impedimento, há rescindibilidade da sentença, e o mesmo se passa quanto à exceção de incompetência absoluta: como exceção, a atacabilidade preclui; como causa de rescisão, persiste, somente precluindo após dois anos" (*Comentários ao Código de Processo Civil*, v. VI, p. 206).

Coação é qualquer ameaça física ou moral, que visa constranger a parte a fazer ou deixar de fazer alguma coisa. Como resulta do art. 151 do Código Civil, a coação, para viciar a declaração de vontade, há de ser tal que incuta à parte contrária fundado temor de dano iminente e considerável à sua pessoa, à sua família, ou aos seus bens.

José Carlos Barbosa Moreira afirma que ocorre este motivo de rescisão quando a parte vencedora, faltando ao dever de lealdade e boa-fé, "haja impedido ou dificultado a atuação processual do adversário, ou influenciado o juízo do magistrado, em ordem a afastá-lo da verdade" e que não basta, para caracterizar o dolo, "a simples afirmação de fato inverídico, sem má-fé, nem o silêncio acerca de fato desfavorável relevante, nem a abstenção de produzir a prova capaz de beneficiar a parte contrária. Tampouco é suficiente que se haja tirado proveito, com habilidade, de alguma situação de inferioridade em que se tenha visto o adversário, quanto às suas possibilidades de defesa, por motivos estranhos à vontade do litigante vitorioso (...). Não se enquadra nesta figura a produção de prova que o vencedor sabia falsa, ou o comportamento que haja determinado a falsidade da prova (...). Se a falsa prova constituiu fundamento da decisão, caberá a rescisória com apoio no inciso VI, que dispensa indagação de ordem subjetiva, e, portanto, prescinde de dolo".[24]

Consoante a Súmula n. 403, I, do TST, "Não caracteriza dolo processual o simples fato de a parte vencedora haver silenciado a respeito de fatos contrários a ela, porque o procedimento, por si só, não constitui ardil do qual resulte cerceamento de defesa e, em consequência, desvie o juiz de uma sentença não condizente com a verdade". Sob este prisma, o *dolo omissivo* não autoriza a ação rescisória. No entanto, de acordo com o art. 147 do Código Civil, nos negócios bilaterais, o silêncio intencional de uma das partes a respeito de fato ou qualidade que a outra parte haja ignorado, constitui omissão dolosa, provando-se que sem ela o negócio não se teria celebrado, o que significa que o descumprimento do dever de lealdade e de transparência pode ensejar a rescisão da decisão.

Segundo José Carlos Barbosa Moreira, "é necessário o nexo de causalidade entre o dolo e o pronunciamento do órgão judicial. O resultado do processo precisa ter sido o que foi em razão do comportamento doloso (*verbis*, 'quando resultar do dolo). Em outras palavras: exige-se que, sem este, a decisão houvesse de ser diversa" e que "ao dolo da parte equipara-se o do seu representante legal, e bem assim o do advogado, através do qual o litigante atua normalmente em juízo".[25] O mesmo raciocínio é aplicável à hipótese de coação, ou seja, é necessário o nexo de causalidade entre a coação e o pronunciamento do órgão judicial.

24. *Comentários ao Código de Processo Civil*, v. V, p. 124-125.

25. *Comentários ao Código de Processo Civil*, v. V, p. 125.

Em suma, para a rescisão da decisão, é necessário que o dolo ou a coação seja a razão determinante da decisão.

O que autoriza a rescisão da decisão é o dolo ou a coação ocorrida durante a tramitação do processo, ou seja, o dolo processual ou a coação processual.

10.5. Simulação ou colusão entre as partes a fim de fraudar a lei.

Convencendo-se, pelas circunstâncias, de que o autor e o réu se serviram do processo para praticar ato simulado ou conseguir fim vedado por lei, o juiz proferirá sentença que impeça os objetivos das partes, aplicando, de ofício, as penalidades da litigância de má-fé (art. 142 do CPC), ao passo que o CPC também autoriza a ação rescisória no caso de colusão e de simulação das partes a fim de fraudar a lei, ou seja, de obter o que a lei não assegura (art. 966, III, do CPC).

Verificada a colusão ou simulação, a decisão deve ser rescindida e o processo original extinto. O processo deve ser extinto porque as partes não pretendem a solução de um conflito de interesses, mas, isto sim, fraudar a lei.[26]

De acordo com a Orientação Jurisprudencial n. 158 da SDI-1 do TST, "a declaração de nulidade da decisão homologatória de acordo, em razão da colusão entre as partes (art. 485, III, do CPC), é sanção suficiente em relação ao procedimento adotado, não havendo que ser aplicada a multa por litigância de má-fé". A nosso juízo, é discutível o acerto desta Orientação Jurisprudencial, na medida em que uma coisa é impedir que as partes alcancem o fim desejado e, outra, punir a sua conduta.

10.6. Ofensa à coisa julgada.

A decisão que ofende a coisa julgada é passível de rescisão (art. 966, IV, do CPC).

A rescisão com esteio na ofensa à coisa julgada pressupõe uma sentença passada em julgado e uma segunda decisão, sobre a mesma lide, também passada em julgado (lembre-se que a ação rescisória pressupõe o trânsito em julgado da decisão rescindenda).

Como observa Humberto Theodoro Júnior, "a rejeição da exceção de coisa julgada no curso da ação originária, bem como a ciência da parte vencida da existência de anterior sentença e a omissão de arguir a competente exceção não são obstáculos ao manejo da ação rescisória".[27]

---

26. De acordo com a Orientação Jurisprudencial n. 94 da SDI-2 do TST, "A decisão ou acordo judicial subjacente à reclamação, cuja tramitação deixa nítida a simulação do litígio para fraudar a lei e prejudicar terceiro, enseja ação rescisória, com lastro na colusão. No juízo rescisório, o processo simulado deve ser extinto".

27. *Curso de direito processual civil*, v. I, p. 775.

Registre-se que, "para viabilizar a desconstituição do julgado pela causa de rescindibilidade do inciso V do art. 966 do CPC, é necessário que a decisão rescindenda tenha enfrentado as questões ventiladas na ação rescisória, sob pena de inviabilizar o cotejo com o título executivo judicial tido por desrespeitado, de modo a se poder concluir pela ofensa à coisa julgada" (Orientação Jurisprudencial n. 101 da SDI-2 do TST).

Havendo, sobre a mesma lide, duas decisões passadas em julgado, prevalecerá a segunda delas, até que ela venha a ser rescindida. Ultrapassado o prazo para a propositura da ação rescisória, a segunda decisão se tornará definitiva, em prejuízo da primeira decisão proferida.

Cumpre mencionar que, consoante a Orientação Jurisprudencial n. 157 da SDI-II do TST, na sua redação atual, "a ofensa à coisa julgada de que trata o inciso IV do art. 966 do CPC refere-se apenas a relações processuais distintas. A invocação de desrespeito à coisa julgada formada no processo de conhecimento, na correspondente fase de execução, somente é possível com base na violação do art. 5º, XXXVI, da Constituição da República".

10.7. Violação de literal disposição de lei ou violação manifesta de norma jurídica.

O CPC autoriza a rescisão da decisão que *violar manifestamente norma jurídica* (art. 966, V).

Como norma jurídica constitui gênero de que constituem espécies regras e princípios, é possível a ação rescisória fundada na violação manifesta de um princípio jurídico.

A Orientação Jurisprudencial n. 25 da SDI-II do TST prevê que não procede o pedido de rescisão fundado no art. 966, V, do CPC, quando se aponta contrariedade à norma de convenção coletiva de trabalho, acordo coletivo de trabalho, portaria do Poder Executivo, regulamento de empresa e súmula ou orientação jurisprudencial de tribunal. Esta Orientação Jurisprudencial, deve ser revista em parte, posto que convenção coletiva, acordo coletivo e portaria do Ministério do Trabalho e Emprego constituem normas jurídicas e, enquanto tais, fontes do Direito do Trabalho. Pela mesma razão, é admissível a ação rescisória quando é violada a sentença normativa, diante de sua força normativa.[28]

---

28. O Ministério do Trabalho e Emprego foi extinto pela Medida Provisória n. 870/2019, que atribui ao Ministério da Economia a "fiscalização do trabalho, inclusive do trabalho portuário, e aplicação das sanções previstas em normas legais ou coletivas", a ser realizada por meio da Secretaria do Trabalho e nesta, pela Subsecretaria de Inspeção do Trabalho. O raciocínio acima, portanto, alcança eventuais portarias editadas pelo Ministério da Economia.

Deve ser indicado na inicial da ação rescisória, sob pena de seu indeferimento, por inépcia, o texto da lei que se afirma ter sido violado na decisão rescindenda.[29]

Para a admissão da rescisória é necessário que se trate de violação manifesta de norma jurídica, ou seja, que se trate de violação induvidosa. Com isto, a injustiça da sentença, a má apreciação da prova ou a errônea interpretação da lei não autoriza a ação rescisória.

De acordo com a Súmula n. 298 do TST: "I – A conclusão acerca da ocorrência de violação literal a disposição de lei pressupõe pronunciamento explícito, na sentença rescindenda, sobre a matéria veiculada; II – O prequestionamento explícito exigido em ação rescisória diz respeito à matéria e ao enfoque específico da tese debatida na ação, e não, necessariamente, ao dispositivo legal tido por violado. Basta que o conteúdo da norma reputada como violada tenha sido abordado na decisão rescindenda para que se considere preenchido o prequestionamento; III – Para efeito de ação rescisória, considera-se pronunciada explicitamente a matéria tratada na sentença quando, examinando remessa de ofício, o Tribunal simplesmente a confirma; IV – A sentença meramente homologatória, que silencia sobre os motivos de convencimento do juiz, não se mostra rescindível, por ausência de pronunciamento explícito; V – Não é absoluta a exigência de pronunciamento explícito na ação rescisória, ainda que esta tenha por fundamento violação de dispositivo de lei. Assim, prescindível o pronunciamento explícito quando o vício nasce no próprio julgamento, como se dá com a sentença '*extra*, *citra* e *ultra petita*'".

Como assinala José Carlos Barbosa Moreira, "não é indispensável que se haja invocado em termos expressos, no feito anterior, a norma supostamente violada. O órgão que proferiu a decisão rescindenda tinha de aplicar à espécie o direito pertinente, ainda que no silêncio das partes (*iura novit curia*)".[30]

Para Humberto Theodoro Júnior, "não é necessário que a sentença tenha cogitado da existência de uma regra legal e em seguida se recusado a aplicá-la. Nem se exige que a regra legal tenha sido discutida, de forma expressa, implícita ou explicitamente. 'A sentença que ofende a literal disposição de lei é aquela que, implícita ou explicitamente, conceitua os fatos enquadrando-os a uma figura jurídica que não lhe é adequada'. De tal arte, doutrina e jurisprudência estão acordes em que 'viola-se a lei não apenas quando se afirma que a mesma não está em vigor, mas também quando se decide em sentido diametralmente oposto ao que nela está posto, não só quando há afronta direta ao preceito, mas também quando ocorre exegese induvidosamente errônea'".[31]

---

29. José Carlos Barbosa Moreira aduz que "o autor precisa indicar, na inicial, a norma a seu ver infringida, embora se deva prescindir, desde que claramente identificável o conteúdo, da referência ao número de artigo ou parágrafo, e *a fortiori* relevar o eventual equívoco na menção" (*Comentários ao Código de Processo Civil*, v. V, p. 132).
30. *Comentários ao Código de Processo Civil*, v. V, p. 132.
31. *Curso de direito processo civil*, v. I, p. 776.

Não procede pedido de rescisão fundado em violação literal de lei "se a decisão rescindenda estiver baseada em texto legal infraconstitucional de interpretação controvertida nos Tribunais" (Súmula n. 83, I, do TST e Súmula n. 343 do STF). Neste contexto, havendo divergência na jurisprudência sobre o sentido e alcance de uma norma infraconstitucional, fica afastada a possibilidade de se falar em sua violação quando é adotada qualquer dessas interpretações.

Contudo, o que é controverso pode deixar de sê-lo e "o marco divisor de águas quanto a ser, ou não, controvertida a interpretação de um dispositivo legal é a data da inclusão da matéria discutida em Orientação Jurisprudencial do TST" (Súmula n. 83, II, do TST).

Se o STF define a interpretação que deve ser conferida a um texto constitucional, cabe rescisória contra a decisão que afronte essa orientação. Nesse sentido, "Declaração de inconstitucionalidade, pelo STF, de preceito legal no que se louva o acórdão rescindendo. Cabível a desconstituição, pela via rescisória, de decisão que deixa de aplicar uma lei por considerá-la inconstitucional ou a aplica por tê-la de acordo com a Carta Magna".[32]

De acordo com a Orientação Jurisprudencial n. 97 da SDI-2 do TST: "Os princípios da legalidade, do devido processo legal, do contraditório e da ampla defesa não servem de fundamento para a desconstituição de decisão judicial transitada em julgado, quando se apresentem sob a forma de pedido genérico e desfundamentado, acompanhando dispositivos legais que tratam especificamente da matéria debatida, estes sim, passíveis de fundamentarem a análise do pleito rescisório".

A ação rescisória fundada em violação de lei não admite reexame de fatos e provas do processo que originou a decisão rescindenda (Súmula n. 410 do TST).

10.8. Prova falsa.

A decisão pode ser rescindida quando for fundada em prova cuja falsidade tenha sido apurada em processo criminal ou venha a ser demonstrada na própria ação rescisória (art. 966, VI, do CPC).

Pontes de Miranda afirma que a rescisão da sentença com fundamento na falsidade da prova pressupõe: "I) que se apresente na petição inicial da ação rescisória a sentença criminal sobre a falsidade (art. 283), ou que se faça a prova inequívoca na própria ação rescisória; II) que só na prova falsa ou, pelo menos, nela, sem ser possível eliminá-la, permanecendo a sentença, se haja apoiado a decisão".[33]

A falsidade da prova pode ser apurada em processo criminal (a sentença criminal transitada em julgado autoriza a rescisória) ou demonstrada nos próprios

32. STJ, AR 976-CE, Rel. Min. José Arnaldo, DJU 15.5.2000, p. 118.

33. *Comentários ao Código de Processo Civil*, v. VI, p. 238.

autos da ação rescisória (a sentença criminal não é pressuposto para a ação rescisória). Contudo, "não constitui fundamento bastante da rescisão a prévia declaração da falsidade do documento em sentença cível, seja proferida em processo autônomo de ação declaratória (art. 4º, n. II), seja em processo incidente de falsidade arguido no curso de outro feito, sobre o mesmo documento em que se houver fundado a decisão rescindenda (...). Embora seja óbvio que a sentença cível representará normalmente poderosíssimo elemento de convicção, o órgão julgador da rescisória conserva integral liberdade de apreciação, e não fica excluída, em tese, a possibilidade de rejeitar o pedido por não se haver convencido da falsidade".[34]

A rescisão da sentença em razão da falsidade da prova não implica, necessariamente, no posterior julgamento da demanda originária em favor da parte vencedora na ação rescisória. Com efeito, o juiz pode chegar à mesma conclusão com base em outros elementos de convicção existentes nos autos.

10.9. Prova nova.

A rescisória é admitida quando obtiver o autor, posteriormente ao trânsito em julgado da decisão, prova nova cuja existência ignorava ou de que não pôde fazer uso, capaz, por si só, de lhe assegurar pronunciamento favorável (art. 966, VII).

A ação rescisória com esteio em prova nova não é assegurada apenas ao autor da demanda em que foi proferida a decisão rescindenda. "Autor", no art. 966, V, do CPC, é o autor da ação rescisória, podendo ser ele também o réu na ação em que foi proferida a decisão rescindenda.

Por *prova nova* deve ser entendido a prova que existia no momento em que foi proferida a decisão rescindenda. Trata-se, portanto, de prova cuja ciência é nova. Nesse sentido, é a Súmula n. 402 do TST: "Documento novo é cronologicamente velho, já existente ao tempo da decisão rescindenda, mas ignorado pelo interessado ou de impossível utilização à época, no processo." O mesmo raciocínio é aplicado à prova nova de que trata o art. 966, VII, do CPC, ou seja, prova nova é a prova cronologicamente velha, já existente ao tempo do trânsito em julgado da decisão rescindenda, mas ignorada pela parte ou de impossível utilização naquele momento.

A *novidade* da prova, portanto, não diz respeito à sua constituição, mas à época de sua produção no processo.

Ainda de acordo com a Súmula n. 402, II, do TST, "Não é prova nova a viabilizar a desconstituição de julgado: a) a sentença normativa proferida ou transitada em julgado posteriormente à sentença rescindenda; b) a sentença normativa preexistente à sentença rescindenda, mas não exibida no processo principal, em

34. José Carlos Barbosa Moreira. *Comentários ao Código de Processo Civil*, v. V, p. 135.

virtude de negligência da parte, quando podia e deveria louvar-se de documento já existente e não ignorado quando emitida a decisão rescindenda".

A prova nova somente autoriza a rescisão se for capaz, por si só, de alterar o resultado do julgamento.

10.10. Erro de fato.

A decisão poderá ser rescindida quando fundada em erro de fato (art. 966, VIII, do CPC).

Para a rescisão da decisão sob este fundamento, é indispensável a existência de nexo de causalidade entre o erro de fato e o conteúdo da decisão, sendo necessário, ainda, que o erro seja verificável a partir do exame dos autos.

O CPC dispõe, no art. 966, § 1º, que há erro de fato quando a decisão rescindenda admitir fato inexistente ou quando considerar inexistente fato efetivamente ocorrido, sendo indispensável, em ambos os casos, que o fato não represente ponto controvertido sobre o qual o juiz deveria ter se pronunciado.

Em suma, a decisão será rescindida quando o juiz profere decisão fundada em erro de fato, o que se dá quando o juiz baseia a sua decisão em fato que não ocorreu ou considera inexistente fato efetivamente ocorrido.

De acordo com José Carlos Barbosa Moreira, constituem pressupostos para que o erro de fato possibilite a rescisão: "a) que a sentença nele seja fundada, isto é, que sem ele a conclusão do juiz houvesse de ser diferente; b) que o erro seja apurável mediante o simples exame dos documentos e mais peças dos autos, não se admitindo de modo algum, na rescisória, a produção de quaisquer provas tendentes a demonstrar que não existia o fato admitido pelo juiz, ou que ocorrera o fato por ele considerado inexistente; c) que 'não tenha havido controvérsia' sobre o fato (§ 2º); d) que sobre ele tampouco tenha havido 'pronunciamento judicial' (§ 2º)".[35]

A injustiça da decisão, a má apreciação da prova ou o erro no julgamento não ensejam a rescisória com esteio na alegação de erro de fato. Dessa forma, se o juiz, avaliando a prova, conclui pela existência de fato que não ocorreu ou pela inexistência de fato que efetivamente ocorreu, o erro de avaliação por ele cometido não autoriza o ajuizamento da ação rescisória.

Para José Carlos Barbosa Moreira, não configura erro de fato "o engano na qualificação jurídica; por exemplo, a errônea consideração de determinado contrato como se fosse de comodato, em vez de locação, não correspondente ao tipo legal; é preciso que o erro incida sobre o fato em si, sobre a ocorrência ou não do acontecimento. Tampouco se enquadra na moldura do art. 485, § 1º, o

35. *Comentários ao Código de Processo Civil*, v. V, p. 148-149.

mero erro aritmético, suscetível de correção a qualquer tempo, sem necessidade de ação rescisória".[36]

Consoante José Carlos Barbosa Moreira, "o que precisa haver é a incompatibilidade lógica entre a conclusão enunciada no dispositivo da sentença e a existência ou inexistência do fato, uma ou outra provada nos autos, mas porventura não colhida pela percepção do juiz, que, ao decidir, pura e simplesmente saltou sobre o ponto sem feri-lo. Se, ao contrário, o órgão jurisdicional, errando na apreciação da prova, disse que decidia como decidiu porque o fato ocorrera (apesar de provada nos autos a não ocorrência), ou porque o fato ocorrera (apesar de provada a não ocorrência), não se configura o caso do inciso IX. A sentença, conquanto injusta, não será rescindível. O pensamento da lei é o de que só se justifica a abertura de via para a rescisão quando seja razoável presumir que, se houvesse atentado na prova, o juiz não teria julgado no sentido em que julgou. Não, porém, quando haja ele julgado em tal ou qual sentido por ter apreciado mal a prova em que atentou".[37]

Cumpre observar que é cabível a rescisória para corrigir contradição entre a parte dispositiva do acórdão rescindendo e a sua fundamentação, por erro de fato na retratação do que foi decidido (Orientação Jurisprudencial n. 103 da SDI-2 do TST).

Ademais, "A caracterização do erro de fato como causa de rescindibilidade de decisão judicial transitada em julgado supõe a afirmação categórica e indiscutida de um fato, na decisão rescindenda, que não corresponde à realidade dos autos. O fato afirmado pelo julgador, que pode ensejar a ação rescisória calcada no inciso VIII do art. 966 do CPC de 2015 (inciso IX do art. 485 do CPC de 1973), é apenas aquele que se coloca como premissa fática indiscutida de um silogismo argumentativo, não aquele que se apresenta ao final desse mesmo silogismo, como conclusão decorrente das premissas que especificam as provas oferecidas, para se concluir pela existência do fato. Esta última hipótese é afastada pelo § 1º do art. 966 do CPC de 2015 (§ 2º do art. 485 do CPC de 1973), ao exigir que não haja havido controvérsia sobre o fato e pronunciamento judicial esmiuçando as provas" (Orientação Jurisprudencial n. 136 da SDI-2 do TST).

11. DECISÃO NA AÇÃO RESCISÓRIA. CUMULAÇÃO DO PEDIDO DE RESCISÃO COM O DE NOVO JULGAMENTO DA CAUSA. RESTITUIÇÃO DE PARCELAS JÁ PAGAS POR FORÇA DA DECISÃO RESCINDENDA

A decisão proferida no julgamento da ação rescisória constitui um ato complexo, no qual tem lugar: a) o exame da admissibilidade da ação rescisória;

36. *Comentários ao Código de Processo Civil*, v. V, p. 148.
37. *Comentários ao Código de Processo Civil*, v. V, p. 151-152.

b) a apreciação do mérito da pretensão do autor, o que pode resultar na rescisão, ou não, da decisão rescindenda.

Em algumas situações, a decisão conterá ainda uma terceira etapa, com o proferimento de nova decisão sobre a matéria que constituiu objeto da decisão rescindenda.

Com efeito, situações existem em que a simples desconstituição da decisão impugnada é o bastante para satisfazer o interesse do autor, como se dá, por exemplo, na ação rescisória em que se pede a rescisão de decisão proferida com ofensa à coisa julgada. Nesse caso, a rescisão da decisão restabelece a coisa julgada que havia sido desrespeitada, prevalecendo, como solução definitiva do dissídio, a primeira decisão proferida (as partes retornam ao estado anterior à segunda decisão proferida sobre o mesmo litígio).

Contudo, em outras situações, rescindida a decisão rescindenda, outra decisão deve ser proferida, com novo julgamento da causa, como se dá com a rescisória em que é acolhida a alegação de erro de fato.

Por essa razão, inclusive, o autor da ação rescisória deve cumular ao pedido de rescisão o de novo julgamento da causa, como é previsto no art. 968, I, do CPC. O pedido de novo julgamento, quando for o caso, é indispensável à própria regularidade da petição inicial.

12. EFEITOS DA PROPOSITURA DA AÇÃO RESCISÓRIA SOBRE A EXECUÇÃO DA DECISÃO RESCINDENDA

A propositura da ação rescisória não impede a execução da decisão rescindenda, mas, atendidos os respectivos requisitos, pode ser concedida tutela provisória, suspendendo a execução da decisão rescindenda até o julgamento da ação rescisória (art. 969 do CPC).[38]

Se a propositura da ação rescisória não prejudica a execução, o mesmo não se pode dizer de seu julgamento, ainda que a decisão respectiva não tenha passado em julgado.

A execução pressupõe título exigível. Isso significa que somente pode manejar ação executiva quem esteja de posse de título executivo judicial exigível. Sendo o título executivo desconstituído por decisão proferida em ação rescisória, é razoável suspender o curso da execução até o trânsito em julgado ou reforma dessa decisão. Note-se, inclusive, que o art. 969 do CPC impede a suspensão da execução

38. A Súmula n. 405 do TST prevê que "Em face do que dispõe a MP n. 1.984-22/2000 e o art. 969 do CPC de 2015, é cabível o pedido de tutela provisória formulada na petição inicial de ação rescisória ou na fase recursal, visando a suspender a execução da decisão rescindenda".

tendo em vista o *ajuizamento da ação rescisória*, mas não a veda quando a ação rescisória for julgada procedente, ainda que por sentença não passada em julgado.

13. SENTENÇA HOMOLOGATÓRIA DE ACORDO E AÇÃO RESCISÓRIA

A decisão homologatória de acordo vale, para as partes, como decisão de mérito transitada em julgado, o que a torna passível de impugnação mediante ação rescisória (art. 831, parágrafo único, da CLT e Súmula n. 259 do TST).

Capítulo 18

DISSÍDIO COLETIVO. AÇÃO DE CUMPRIMENTO

1. CONFLITOS INDIVIDUAIS E COLETIVOS DE INTERESSES

Os conflitos de natureza trabalhista podem envolver interesses concretos de pessoas determinadas (*conflitos individuais do trabalho*) e interesses abstratos de grupo, categoria ou classe de pessoas (*conflitos coletivos do trabalho*). O conflito individual envolve pessoas determinadas (empregado e empregador) e tem por objeto interesses destas pessoas (interesse individual), ao passo que o conflito coletivo envolve entes coletivos (sindicatos e empresa ou empresas) e diz respeito a interesses abstratos de grupo, categoria ou classe de pessoas (interesse de grupo).

2. FORMAS DE SOLUÇÃO DOS CONFLITOS COLETIVOS DE INTERESSES DE NATUREZA TRABALHISTA

Do art. 114, §§ 1º, 2º e 3º, da Constituição da República é extraído que o conflito coletivo pode ser resolvido por meio de: a) negociação coletiva (autocomposição dos interesses coletivos, pelo exercício da autonomia coletiva); b) arbitragem; c) dissídio coletivo (solução de conflito por meio da jurisdição).

O art. 114, §§ 1º, 2º e 3º, da Constituição estabelece a *ordem preferencial* dos meios de solução dos conflitos coletivos do trabalho. Desse modo, o dissídio somente poderá ser suscitado quando não for alcançado o consenso na negociação coletiva e as partes não optaram pela arbitragem.

Anote-se que negociação coletiva, segundo prevê a Convenção n. 154 da OIT, a negociação que tem lugar "entre um empregador, um grupo de empregadores ou uma ou mais organização de empregadores, de um lado, e uma ou mais organizações de trabalhadores, de outro, para: a) estabelecer termos e condições de trabalho e/ou; b) regular as relações entre empregadores e trabalhadores e/ou; c) regular as relações entre empregadores ou suas organizações e as organizações dos trabalhadores".

A negociação coletiva é estimulada pela OIT. Nesse sentido, estabelece o art. 4º da Convenção n. 98 "que deverão ser tomadas, se necessário for, medidas apropriadas às condições nacionais para fomentar e promover o pleno desenvolvimento e utilização de meios de negociação voluntária entre empregadores ou organizações de empregadores e organizações de trabalhadores, com o objetivo de regular, por meio de convenções, os termos e condições de emprego".

A solução do conflito coletivo por meio da negociação coletiva pode resultar na celebração de uma convenção coletiva de trabalho (art. 611 da CLT[1]) ou de um acordo coletivo de trabalho (art. 611, § 1º, da CLT[2]).

A parte do conflito (entidade sindical ou empresa) que se considerar sem as condições adequadas para, em situação de equilíbrio, participar da negociação coletiva direta, poderá solicitar ao Ministério do Trabalho e Emprego a designação de um mediador (art. 11, § 2º, da Lei n. 10.192/2001).[3] O mediador terá trinta dias para a conclusão do processo de negociação, salvo acordo expresso com as partes interessadas (art. 11, § 3º, da Lei n. 10.192/2001). Não sendo alcançado o entendimento entre as partes, ou recusando-se qualquer delas à mediação, lavrar-se-á ata contendo as causas motivadoras do conflito e as reivindicações de natureza econômica, devendo a ata instruir a representação para o ajuizamento do dissídio coletivo (art. 11, § 4º, da Lei n. 10.192/2001).[4]

Frustrada a negociação coletiva, as partes poderão eleger árbitros para a solução do conflito coletivo de interesses (art. 114, § 1º, da Constituição Federal). A arbitragem é disciplinada pela Lei n. 9.307/96 e constitui técnica de solução extrajudicial de conflito de interesses, caracterizada pelo fato de as partes em conflito atribuírem a um terceiro o poder de decisão. A arbitragem pode ser imposta às partes (*arbitragem obrigatória*) ou ser apenas facultada a elas (*arbitragem facultativa*). Segundo o art. 114, § 1º, da Constituição Federal, a arbitragem nos conflitos coletivos é facultativa. A arbitragem pode ser privada

---

1. "Convenção Coletiva de Trabalho é o acordo de caráter normativo pelo qual dois ou mais sindicatos representativos de categorias econômicas e profissionais estipulam condições de trabalho aplicáveis, no âmbito das respectivas representações, às relações individuais de trabalho".
2. "É facultado aos sindicatos representativos de categorias profissionais celebrar Acordos Coletivos com uma ou mais empresas da correspondente categoria econômica, que estipulem condições de trabalho, aplicáveis no âmbito da empresa ou das empresas acordantes às respectivas relações de trabalho".
3. O Ministério do Trabalho e Emprego foi extinto pela Medida Provisória n. 870/2019, que atribui ao Ministério da Economia a "fiscalização do trabalho, inclusive do trabalho portuário, e aplicação das sanções previstas em normas legais ou coletivas", a ser realizada por meio da Secretaria do Trabalho e nesta, pela Subsecretaria de Inspeção do Trabalho. Assim, a solicitação deverá ser apresentada à citada Secretaria.
4. Alfredo Montoya Melgar, consoante já foi dito, inclui a mediação entre os procedimentos jurídicos de solução de conflitos, afirmando que ela consiste no "procedimento de solução de conflitos coletivos de trabalho cuja peculiaridade consiste na intervenção de um terceiro investido de amplos poderes de informação e de proposta, que se consubstanciam na formulação de um projeto de solução que as partes têm liberdade de aceitar e rejeitar" (A solução dos conflitos coletivos do trabalho na Espanha. In: *A solução dos conflitos trabalhistas na Espanha*, p. 76).

(o árbitro não exerce função pública) ou pública (neste sentido, segundo o art. 83 da Lei Complementar n. 75/93, o Ministério Público do Trabalho pode atuar como árbitro, se assim for solicitado pelas partes envolvidas no conflito coletivo de interesses).

Não sendo alcançado êxito na negociação coletiva e não tendo as partes recorrido à arbitragem, o conflito pode ser resolvido com a intervenção do Poder Judiciário.

Com efeito, segundo o art. 114, § 2º, da Constituição, havendo recusa de qualquer das partes à negociação coletiva ou à arbitragem, a elas é facultado, de comum acordo, requerer a instauração de dissídio coletivo de natureza econômica. Às partes do conflito, portanto, é reconhecido o direito de recorrer ao Poder Judiciário, visando à sua solução.

Dissídio coletivo é, assim, o método de solução, pelo Poder Judiciário, dos conflitos coletivos de interesses não solucionados diretamente pelas partes ou pela via da arbitragem.

3. CLASSIFICAÇÃO DOS DISSÍDIOS COLETIVOS

O dissídio coletivo pode ser suscitado com diversas finalidades, o que significa que pode ser: a) de natureza econômica: dissídio instaurado para estabelecer normas e condições de trabalho; b) de natureza jurídica: dissídio instaurado para a interpretação de cláusulas de sentença normativa, instrumento de negociação coletiva (acordos e convenções coletivas de trabalho), disposições legais particulares de categoria profissional ou econômica e de atos normativos editados pela empresa (regulamento de pessoal e plano de cargos e salários, por exemplo); c) de revisão: dissídio instaurado para rever normas e condições coletivas de trabalho estabelecidas por meio de sentença normativa que tenham se tornado injustas ou impraticáveis pela modificação das circunstâncias em que foram ditadas; d) de greve: dissídio instaurado em caso de greve deflagrada pelos trabalhadores; e) de extensão: dissídio que tem por objetivo estender as novas condições de trabalho estabelecidas em sentença normativa a todos os empregados da mesma categoria profissional.

4. PODER NORMATIVO DA JUSTIÇA DO TRABALHO

A negociação coletiva pode resultar na celebração de uma convenção coletiva de trabalho ou de um acordo coletivo de trabalho.

A convenção e o acordo coletivo de trabalho são ajustes de *caráter normativo*, na medida em que estipulam condições de trabalho a serem obrigatoriamente observadas no âmbito das representações dos sindicatos acordantes ou do sindicato e da(s) empresa(s) acordante(s), respectivamente. O caráter normativo da convenção e do acordo coletivo de trabalho é expressamente reconhecido pelo art. 611 da CLT e, também, pelo art. 7º, XXVI, da Constituição Federal.

Consoante o art. 114, § 2º, da Constituição Federal, recusando-se qualquer das partes à negociação coletiva e à arbitragem, a elas é facultado, de comum acordo, o ajuizamento do dissídio coletivo, podendo a Justiça do Trabalho *decidir o conflito*, respeitadas as disposições mínimas legais de proteção ao trabalho, bem como as convencionadas anteriormente.

Assim, sendo o conflito coletivo de interesses submetido ao Poder Judiciário, a este caberá, para solucioná-lo, estabelecer condições de trabalho, com *caráter normativo*. A decisão judicial relativa ao conflito coletivo de interesses substitui a convenção e o acordo no que diz respeito ao estabelecimento de condições de trabalho e deles herda o caráter normativo. Isso significa dizer que a Constituição Federal confere à Justiça do Trabalho *poder normativo*.

Poder normativo é o poder que a Constituição Federal confere aos Tribunais do Trabalho para, no julgamento de dissídio coletivo de natureza econômica, estabelecer normas e condições de trabalho.

O poder normativo da Justiça do Trabalho tem como fundamento a necessidade de solucionar os conflitos coletivos de trabalho e promover a pacificação nas relações entre capital e trabalho.

Ao dispor que a Justiça do Trabalho decidirá o conflito respeitando as disposições mínimas legais de proteção ao trabalhador, bem como as convencionadas anteriormente, o art. 114, § 2º, da Constituição permite afirmar que, ao julgar o dissídio coletivo, o Tribunal estabelecerá normas e condições de trabalho com caráter normativo, exercendo, portanto, poder normativo. Aliás, é na fixação de normas e condições de trabalho que o Poder Judiciário poderá observar os limites impostos pela negociação coletiva anterior e pela ordem jurídica.

O poder normativo da Justiça do Trabalho não opera contra o movimento sindical e o entendimento direto entre trabalhadores e empregadores, vez que é apenas uma das formas de solução dos conflitos coletivos de interesses, que, inclusive, somente pode ser posta em movimento no caso de ser frustrada a negociação coletiva e de as partes não recorrerem à arbitragem.

5. A PRÉVIA NEGOCIAÇÃO COLETIVA COMO CONDIÇÃO PARA A INSTAURAÇÃO DO DISSÍDIO COLETIVO. A EXIGÊNCIA DE COMUM ACORDO PARA A INSTAURAÇÃO DO DISSÍDIO COLETIVO DE NATUREZA ECONÔMICA

Para que possa ser instaurado o dissídio coletivo com a finalidade de estabelecer normas e condições de trabalho (dissídio coletivo de natureza econômica), é indispensável a prévia tentativa de negociação coletiva, como decorre do art.

114, § 2º, da Constituição e prevê o art. 616, § 4º, da CLT ("Nenhum processo de dissídio coletivo de natureza econômica será admitido sem antes se esgotarem as medidas relativas à formalização da Convenção ou Acordo correspondente").

Desse modo, não sendo comprovada a prévia tentativa de negociação coletiva, o processo coletivo deverá ser extinto, sem provimento de mérito, por carecer o suscitante de interesse de agir (somente depois de frustrada a negociação coletiva é que surge o interesse na intervenção do Poder Judiciário para a solução do conflito). Contudo, não é necessária a prévia negociação coletiva para a instauração do dissídio de natureza jurídica (Orientação Jurisprudencial n. 6 da SDC do TST), de revisão e de extensão.

A instauração do dissídio coletivo de natureza econômica pressupõe, ainda, a ausência de acordo coletivo, convenção coletiva ou sentença normativa em vigor (art. 14, parágrafo único, da Lei n. 7.783/89 e art. 616, § 3º, da CLT).

De acordo com o art. 114, § 2º, da Constituição da República, "recusando-se qualquer das partes à negociação coletiva ou à arbitragem, é facultado às mesmas, de comum acordo, ajuizar dissídio coletivo de natureza econômica, podendo a Justiça do Trabalho decidir o conflito, respeitadas as disposições mínimas legais de proteção ao trabalho, bem como as convencionadas anteriormente".

A instauração do dissídio coletivo de natureza econômica pressupõe, sob o prisma do art. 114, § 2º, da Constituição, *comum acordo* entre partes em conflito. O comum acordo constitui um pressuposto de constituição e desenvolvimento válido e regular do processo, cujo não atendimento implica extinção do processo, sem provimento de mérito.

A exigência de comum acordo para a instauração do dissídio coletivo de natureza econômica dificulta o acesso à justiça, o que a torna inconstitucional, visto que:

a) o art. 5º, XXXV, da Constituição Federal impede a exclusão de lesão ou ameaça a direito da apreciação do Poder Judiciário, assegurando, com isso, o direito de ação, com o caráter de direito fundamental;

b) o art. 60, § 4º, IV, da Constituição Federal dispõe que não será objeto de deliberação a proposta de emenda tendente a abolir os direitos e garantias fundamentais, contendo o art. 5º, XXXV, da Carta Magna verdadeira cláusula pétrea,[5] que não poderia ser desrespeitada pela Emenda Constitucional n. 45/2004;

c) a exigência de comum acordo para a instauração do dissídio coletivo de natureza econômica contraria o art. 8º, III, da Constituição Federal, na

5. Certos direitos e garantias foram colocados pelo constituinte originário fora do poder de reforma do constituinte derivado (o poder constituinte impõe limites ao poder por ele constituído). Esses direitos e garantias constituem verdadeiras *cláusulas pétreas*.

medida em que impede o sindicato de defender judicialmente os interesses da categoria que representa.

Ademais, fere o razoável atribuir a um dos titulares dos interesses contrapostos o poder de decidir sobre o acesso do outro ao Poder Judiciário. Se o acesso à justiça para a solução de um conflito de interesses depende do arbítrio de uma das partes deste conflito, não existe um concreto direito de acesso à justiça, ao passo que a valorização da negociação coletiva e a atribuição aos sindicatos e empresas da responsabilidade pela solução dos conflitos coletivos não pode significar violência ao direito, fundamental, de recorrer ao Poder Judiciário.

Vale acrescentar que o direito de ação é um direito de *status* humano e o Brasil adota como princípio da prevalência dos direitos humanos, o que inclui os direitos humanos processuais (art. 4º da Constituição).

Para que se dê aproveitamento ao disposto no art. 114, § 2º, da Constituição Federal, a alusão a prévio acordo deve ser entendida como uma *faculdade* conferida às partes, ou seja, frustrada a negociação coletiva, as partes poderão, de comum acordo, recorrer ao Poder Judiciário para a solução do conflito. Entretanto, não havendo comum acordo quanto ao recurso ao Poder Judiciário, qualquer das partes, diante do direito de ação que a Constituição lhe atribui, pode instaurar o dissídio coletivo de natureza econômica.

Anote-se que a tutela jurisdicional pode ter por objeto tanto um interesse quanto um direito. Basta ver, por exemplo, que às organizações sindicais é atribuída, pela Constituição, legitimidade para exercer a defesa dos direitos e *interesses* coletivos ou individuais da categoria, inclusive em questões judiciais (art. 8º, III).

No entanto, prevalece no TST o entendimento de que é constitucional a exigência de comum acordo para a instauração do conflito coletivo de natureza econômica.

A SDC do TST admite, no entanto, a denominada *concordância tácita com a instauração do dissídio*, quando decide que "o comum acordo, pressuposto específico para ajuizamento do dissídio coletivo, exigência trazida pela Emenda Constitucional n. 45/04 ao art. 114, § 2º, da CF, embora idealmente devesse ser materializado sob forma de petição conjunta da representação, é interpretado de maneira mais flexível pela Justiça do Trabalho, no sentido de se admitir a concordância tácita na instauração da instância, desde que não haja oposição expressa do suscitado, na contestação".[6]

A SDC do TST também já decidiu que a exigência de comum acordo só se aplica ao *dissídio de natureza econômica puro,* não alcançando o *dissídio mito,* ou seja, dissídio de greve com discussão de natureza econômica (TST, RO 7425-82.2012.5.02.0000, DJe 20.6.2014).

---

6. TST, SDC, RODC 701/2005-000-15-00, Rel. Min. Dora Maria da Costa, DJ 2.5.2008.

O estabelecimento da exigência de comum acordo para a instauração do dissídio de natureza econômica atendeu a uma Recomendação do Comitê de Liberdade Sindical da OIT, expedida em razão de denúncia apresentada àquele Comitê pela CUT — Central Única de Trabalhadores — em 17.5.1995, em razão da posição adotada pelo TST em relação às greves dos empregados da Petrobras deflagradas em 27.9.1994 e 3.5.1995 (O TST declarou a ilegalidade da greve deflagrada em setembro de 1994 e, abusiva, a deflagrada em maio de 1995, tendo, quando examinou a primeira delas, retirado dos trabalhadores conquistas alcançadas anteriormente por meio da negociação coletiva).[7]

O Comitê recomendou ao governo brasileiro a adoção de medidas voltadas à "modificação da legislação com o objetivo de que o submetimento dos conflitos coletivos de interesses às autoridades judiciárias somente seja possível de comum acordo entre as partes", que garantissem "que os convênios coletivos entre empresas e sindicatos sejam respeitados" e que incentivassem "os interlocutores sociais a resolver os conflitos coletivos por meio da negociação coletiva", o que resultou nos §§ 1º, 2º e 3º, do art. 114 da Constituição.

6. SENTENÇA NORMATIVA. ÂMBITO DE APLICAÇÃO DA SENTENÇA NORMATIVA

No julgamento do dissídio coletivo de natureza econômica, a Justiça do Trabalho profere sentença normativa, estabelecendo condições de trabalho. A sentença normativa constitui um ato-regra, no sentido de ato que estabelece regras de caráter abstrato e geral.

As condições de trabalho fixadas na sentença normativa alcançam os contratos de trabalho em execução na data da instauração do conflito e os que forem celebrados durante a sua vigência, no âmbito das representações do suscitante e do suscitado (efeito *erga omnes* da sentença normativa).

7. LIMITES DO PODER NORMATIVO. CONTEÚDO DA SENTENÇA NORMATIVA

O poder normativo da Justiça do Trabalho tem limites expressamente estabelecidos pela ordem jurídica (limites expressos) e que dela são inferidos (limites implícitos), de natureza processual e substancial.

Em relação aos limites processuais, vale mencionar que o fato de ter sido atribuído poder normativo à Justiça do Trabalho não afasta dos tribunais trabalhistas o dever de solucionar o conflito nos limites em que foi proposto, sendo-lhe defeso

7. A denúncia recebeu o n. 1839.

conhecer de questões não suscitadas, a cujo respeito a lei exige a iniciativa das partes, proferir sentença de natureza diversa da pedida, bem como impor obrigação em quantidade superior ou objeto diverso do que lhe foi demandado. Em suma, a jurisdição normativa está limitada pela demanda submetida ao Poder Judiciário.

A primeira limitação de natureza substancial ao poder normativo decorre da necessidade de respeito à Constituição Federal, à legislação infraconstitucional e aos tratados e convenções de que o Brasil seja signatário.

Por outro lado, na sentença normativa não podem os tribunais trabalhistas: 1) negar ou reduzir os benefícios que a lei assegura aos trabalhadores (esse limite é estabelecido expressamente pelo art. 114, § 2º, da Constituição Federal, que impõe o respeito às disposições mínimas legais de proteção ao trabalho);[8] 2) tratar de questões cuja disciplina tenha sido reservada à lei ou à negociação coletiva (como ocorre com a redução de salário e da jornada de trabalho, por exemplo).

Acrescente-se que:

a) quando a lei faculta ao empregador a concessão de determinado benefício, a sua concessão não pode ser imposta por meio de decisão normativa. É o que ocorre com a ajuda alimentação, por exemplo;[9]

b) "Ao julgar ou homologar ação coletiva ou acordo nela havido, o Tribunal Superior do Trabalho exerce o poder normativo constitucional, não podendo criar ou homologar condições de trabalho que o Supremo Tribunal Federal julgue iterativamente inconstitucionais" (Súmula n. 190 do TST);

c) a garantia mínima estabelecida na lei em favor do trabalhador, como é a hipótese do adicional de horas extras, pode ser ampliada pela sentença normativa, desde que seja respeitada a capacidade econômico-financeira das empresas e a situação do seu setor de atividade. Assim, o limite mínimo do poder normativo é a garantia mínima estabelecida em lei em favor do trabalhador, ao passo que seu limite máximo é a capacidade econômica de as empresas suportarem os custos dos benefícios (considerados em seu conjunto), devendo ser estabelecido, na sentença normativa, um ponto de equilíbrio entre a melhoria da condição social do trabalhador e a capacidade econômica da empresa, critério que é indicado pelos arts. 766 e 873 da CLT.

---

8. Consoante decidiu o STF, "aos acordos e convenções coletivas de trabalho, assim como às sentenças normativas, não é lícito estabelecer limitações a direito constitucional dos trabalhadores, que nem à lei se permite" (STF, RE 234.186-3-SP, Rel. Min. Sepúlveda Pertence, DJ 31.8.2001).

9. "A matéria encontra-se disciplinada pela Lei n. 6.321/76, regulamentada pelo Decreto n. 5/91 e pela Portaria Interministerial MTPS/MS n. 1/92. A adesão da empregadora ao Programa de Alimentação do Trabalhador é facultativa, valendo salientar que, não obstante o relevante alcance social traduzido na melhoria do estado nutricional dos trabalhadores, o estabelecimento do benefício, porque onera os custos empresariais, não se compraz com a via heterônoma eleita" (TST, ES 647.698/00.1, Rel. Min. Wagner Pimenta, DJU 9.5.2000, p. 449).

De outro lado, art. 114, § 2º, da Constituição resulta que, ao estipular normas e condições de trabalho, a Justiça do Trabalho deverá respeitar as disposições convencionais mínimas de proteção ao trabalho, indicando que os benefícios alcançados por meio da negociação coletiva somente por meio dela podem ser afastados, o que implica a adoção de uma verdadeira *cláusula de vedação de retrocesso*.[10]

Em favor da preservação das garantias convencionais mínimas no julgamento do dissídio coletivo pode ser dito que:

a) o benefício alcançado pela negociação coletiva somente por meio dela pode ser afastado, presumindo-se que as condições estabelecidas constituem o mínimo que as empresas estão em condições de suportar (o benefício somente poderá ser afastado pela sentença se o empregador demonstrar que não tem condições de suportar os seus custos sem prejuízo da sobrevivência de seu empreendimento);
b) a sentença normativa é passível de revisão, havendo, então, a possibilidade de afastar as condições injustas ou impraticáveis (art. 873 da CLT);
c) a atuação do Poder Judiciário na solução do dissídio beneficia as categorias profissionais sem reais condições de negociar de forma equilibrada com a respectiva categoria econômica, servindo, então, de salvaguarda dos benefícios já alcançados por meio da negociação coletiva;
d) o Poder Judiciário deve ter em conta a melhoria das condições sociais do trabalho, conforme parâmetro estabelecido no *caput* do art. 7º da Constituição, o que o impede de negar ao trabalhador as garantias mínimas alcançadas pela negociação coletiva.

A propósito dos limites do poder normativo da Justiça do Trabalho, o STF decidiu que as decisões normativas da Justiça do Trabalho, "a despeito de configurarem fonte de direito objetivo, revestem o caráter de regras subsidiárias, somente susceptíveis de operar no vazio legislativo, e sujeitas à supremacia da lei formal".[11]

Importante limite ao poder normativo da Justiça do Trabalho é estabelecido pelo art. 13 da Lei n. 10.192/2001, que veda a estipulação ou fixação de cláusula de reajuste ou correção salarial automática vinculada a índice de preços. Essa medida tem por objetivo impedir a indexação de salários. A aludida lei exige, ainda,

10. Para José Luciano de Castilho Pereira, "a sentença normativa respeitará o que foi convencionado. Logo, manifesta é a ultratividade. E se se pretende apenas manter o que existe, pretensão que a empresa não concorda, a norma valerá até a decisão final da Justiça do Trabalho, conclusão que decorre da norma constitucional, que, portanto, não recepcionou, também sob este ângulo, a citada norma do art. 616 da CLT (...). Não pode a sentença normativa reduzir vantagens conquistadas pela categoria na negociação anterior" (A reforma do poder judiciário — o dissídio coletivo direito de greve. In: COUTINHO, Grijalbo Fernandes de; FAVA, Marcos Neves (coords.). *Justiça do Trabalho:* competência ampliada, p. 255).

11. STF, RE 19.7911.9-PE, Rel. Min. Octávio Gallotti, DJU 7.11.1997.

que a concessão de aumento salarial a título de produtividade esteja amparada em indicadores objetivos (art. 13, § 2º).

A Lei n. 10.192/2001 não veda a estipulação ou fixação de cláusula de reajuste ou correção salarial, proibindo, apenas, a fixação de cláusula de reajuste ou correção salarial automática vinculada a índice de preços. Nem poderia ser diferente, seja porque a Constituição Federal não proíbe a estipulação de cláusula prevendo a concessão de reajuste ou correção salarial, seja porque negar a possibilidade de estipulação de aumento ou reajuste implicaria reduzir, substancialmente, o poder normativo da Justiça do Trabalho, posto que a cláusula salarial é vital a qualquer relação de emprego. Acrescente-se que o art. 766 da CLT, que é regra aplicável a todos os procedimentos, prevê a possibilidade de fixação de salário pelo Judiciário. O que se exige do Judiciário é a fixação de reajuste ou correção salarial amparada em indicadores objetivos e que a sua decisão traduza, em seu conjunto (ou seja, considerando-se também os demais benefícios concedidos aos trabalhadores), a justa composição do conflito de interesses das partes e guarde adequação com o interesse da coletividade.

Por fim, a sentença normativa pode estabelecer condições de caráter econômico (cláusula normativa de conteúdo econômico[12]) e social (cláusula normativa de conteúdo social[13]), além de direitos e obrigações para os dissidentes (cláusula normativa de conteúdo obrigacional[14]).[15]

8. COMPETÊNCIA

O dissídio coletivo é instaurado mediante petição escrita dirigida ao Presidente do Tribunal (art. 856 da CLT).

Com isso, somente os tribunais do trabalho (TRT e TST) têm competência para julgar dissídios coletivos do trabalho. O julgamento dos dissídios coletivos está incluído na competência funcional dos tribunais do trabalho.

A competência para julgar dissídios coletivos é distribuída entre os tribunais trabalhistas levando em conta a extensão territorial do conflito de interesses a ser solucionado, conforme permitem afirmar o art. 677 da CLT e o art. 2º, I, *a*,

12. Esta é a natureza da cláusula que trata de reajustes ou aumentos salariais e de adicional de horas extras, por exemplo.

13. Tratando de higiene e segurança do trabalho, por exemplo.

14. Criação de contribuição sindical, por exemplo.

15. A propósito, ensina Raimundo Simão de Melo que "o conteúdo clássico do poder normativo da Justiça do Trabalho decorre de dois tipos de cláusulas, comumente estabelecidas nas sentenças normativas: são as cláusulas normativas e as cláusulas obrigacionais. As cláusulas normativas são de caráter econômico e social e se convertem em direitos inerentes aos contratos individuais de trabalho; servem para fixar e regular as condições de trabalho (...). As cláusulas obrigacionais são aquelas que estabelecem direitos e obrigações entre as partes convenientes" (*Dissídio coletivo do trabalho*, p. 33-34).

da Lei n. 7.701/88 (combinam-se, então, os critérios funcional e territorial para estabelecimento da competência para o caso concreto. Daí se falar em *competência funcional territorial*).

Aos Tribunais Regionais do Trabalho compete resolver os dissídios de âmbito regional, ou seja, os dissídios cujos efeitos sejam restritos ao território sob sua jurisdição (art. 677 da CLT), exceto em relação ao Estado de São Paulo, que é dividido em duas Regiões (2ª e 15ª), no qual, consoante dispõe o art. 12 da Lei n. 7.520/86, cabe ao TRT da 2ª Região julgar os dissídios que afetem a jurisdição dos dois Tribunais e, ao TRT da 15ª Região, julgar os dissídios cujos efeitos sejam restritos à sua jurisdição.

Ao Tribunal Superior do Trabalho compete conciliar e julgar os conflitos coletivos que abrangem mais de um Estado da Federação, ou seja, que excedam a jurisdição dos Tribunais Regionais do Trabalho (art. 2º, I, *a*, da Lei n. 7.701/88).[16]

9. LEGITIMIDADE PARA REQUERER A INSTAURAÇÃO DO DISSÍDIO

O art. 857 da CLT estabelece que a representação para instaurar a instância em dissídio coletivo constitui prerrogativa das associações sindicais.

A legitimidade de entidade sindical para a instauração de instância contra determinada empresa está condicionada à prévia autorização dos trabalhadores da suscitada diretamente envolvidos (Orientação Jurisprudencial n. 19 da SDC do TST).[17] De outro lado, a representação sindical abrange toda a categoria não comportando separação fundada na maior ou menor dimensão de cada ramo ou empresa (Orientação Jurisprudencial n. 23 da SDC do TST).

O art. 856 da CLT atribui legitimidade ao Presidente do Tribunal para instaurar o dissídio, quando ocorrer suspensão do trabalho. Contudo, este dispositivo legal perdeu o seu fundamento de validade, vez que o art. 114, §§ 2º e 3º, não autoriza o Presidente dos tribunais trabalhistas a instaurar o dissídio coletivo.

Também o Ministério Público do Trabalho tem legitimidade para instaurar o dissídio coletivo, mas apenas em caso de greve em atividade essencial, com possibilidade de lesão do interesse público, consoante resulta do art. 114, § 3º, da Constituição da República.

A Instrução Normativa 4/93, item IV, do TST reconhece legitimidade para o ajuizamento do dissídio coletivo aos empregadores, "quando não haja entidade sindical representativa ou os interesses em conflito sejam particularizados".

16. "Os Tribunais Regionais do Trabalho são incompetentes para processar e julgar Dissídios Coletivos em que sejam partes o Banco do Brasil S/A e Entidades Sindicais dos Bancários" (Precedente Normativo n. 10 da SDC do TST).

17. A SDC do TST adotou o entendimento de que "a presença de um único trabalhador de determinada empresa, desde que empregado da entidade suscitada, em segunda assembleia, seria suficiente para o atendimento ao disposto na OJ n. 19/SDC" (SDC, RO 50775.5.02.0000, Rel. Min. Maurício Godinho Delgado, DJET 18.12.2015).

O dissídio é forma de solução do conflito coletivo de interesses. Destarte, se a empresa negocia diretamente com o sindicato representativo da categoria de seus empregados e não se chega um consenso na negociação, à empresa não pode ser negada legitimidade para recorrer ao Poder Judiciário, valendo observar que o art. 114, § 2º, permite a instauração de dissídio pelas *partes* no conflito e a empresa pode ser uma das suas partes, quando negocia diretamente com o sindicato.

Quando não houver sindicato representativo da categoria econômica ou profissional, poderá o dissídio ser instaurado por iniciativa das federações correspondentes, e, na falta delas, pelas confederações respectivas, no âmbito de sua representação (art. 857, parágrafo único, da CLT).

O fato de ser reconhecida ao Ministério Público a legitimidade para ajuizar o dissídio de greve não significa que somente ele poderá fazê-lo. A legitimidade das partes para suscitar o dissídio no caso de greve, reconhecida no art. 8º da Lei n. 7.783/89, subsiste. Não se pode olvidar, inclusive, que a Constituição atribui à Justiça do Trabalho a competência para julgar as ações que envolvam o exercício do direito de greve (art. 114, III) e dentre elas está aquela em que o empregador ou o sindicato da sua categoria econômica requeira em juízo a declaração de ilegalidade da greve deflagrada por seus empregados.[18]

10. REQUISITOS DA PETIÇÃO INICIAL DO DISSÍDIO COLETIVO

O dissídio será instaurado mediante petição escrita, endereça ao presidente do Tribunal competente para o seu julgamento (art. 856 da CLT).

A petição inicial de dissídio coletivo deverá conter: a) indicação do Tribunal a que é dirigida; b) designação e qualificação das entidades suscitantes; c) a indicação da delimitação territorial de representação das entidades sindicais e das categorias profissionais e econômicas envolvidas no conflito coletivo, além do *quorum* estatutário para deliberação da assembleia; d) a exposição das causas motivadoras do conflito coletivo ou da greve, se houver, e indicação das pretensões coletivas, aprovadas em assembleia da categoria profissional, quando for parte entidade sindical de trabalhadores de primeiro grau, ou pelo conselho de representantes, quando for suscitante entidade sindical de segundo grau ou de grau superior, bem como as bases de conciliação.

Os pedidos devem ser apresentados em forma clausulada e acompanhados de uma síntese dos fundamentos a justificá-los (art. 12 da Lei n. 10.192/2001).[19]

---

18. Observe-se que "a Justiça do Trabalho é competente para declarar a abusividade, ou não, da greve" (Súmula n. 189 do TST).

19. Constitui "pressuposto indispensável à Constituição válida e regular da ação coletiva a apresentação em forma clausulada e fundamentada das reivindicações da categoria, conforme orientação do item VI, letra *e*, da IN n. 4/93" (Orientação Jurisprudencial n. 32 da SDC do TST).

Devem instruir a petição inicial de instauração do dissídio coletivo:

a) as correspondências, registros e atas referentes à negociação coletiva tentada diretamente ou mediante a intermediação do órgão competente do Ministério do Trabalho ou do Ministério Público do Trabalho;[20]

b) cópia autenticada da sentença normativa anterior, do instrumento normativo do acordo ou convenção coletiva, ou, ainda, do laudo ou sentença arbitral, caso exista;

c) cópia do edital de convocação da categoria para a assembleia e a respectiva (Orientação Jurisprudencial n. 29 da SDC do TST);[21]

d) cópia autenticada do livro ou da lista de presença dos associados que participaram da assembleia deliberativa, ou outros documentos hábeis à comprovação de sua representatividade.

O sindicato somente pode instaurar o dissídio nos limites da autorização que lhe for outorgada pela assembleia (art. 859 da CLT). Daí a necessidade de registro na ata da assembleia da pauta de reivindicações aprovada pela categoria.[22]

Anote-se que não havia consenso sobre o *quorum* mínimo para aprovar, em assembleia, as reivindicações da categoria profissional.

O art. 859 da CLT dispõe que a representação dos sindicatos para instauração do dissídio de natureza econômica fica subordinada à aprovação de assembleia, da qual participem os associados interessados na solução do dissídio coletivo, em primeira convocação, por maioria de 2/3 (dois terços) dos mesmos, ou, em segunda convocação, por 2/3 (dois terços) dos presentes.[23]

Existem a propósito dois pontos de vista: a) a validade da assembleia que legitima a atuação do sindicato está subordinada à observância do *quorum* fixado no art. 859 da CLT, que prevalece sobre o previsto em seus estatutos; b) a Constituição Federal veda a interferência do Estado na organização sindical e assegura ao

---

20. O Ministério do Trabalho e Emprego foi extinto pela Medida Provisória n. 870/2019, que atribui ao Ministério da Economia a "fiscalização do trabalho, inclusive do trabalho portuário, e aplicação das sanções previstas em normas legais ou coletivas", a ser realizada por meio da Secretaria do Trabalho e nesta, pela Subsecretaria de Inspeção do Trabalho. Assim, caberá à citada Secretaria promover a tentativa de conciliação.

21. "Se os estatutos da entidade sindical contam com norma específica que estabeleça prazo mínimo entre a data de publicação do edital convocatório e a realização da assembleia correspondente, então a validade desta última depende da observância desse interregno" (Orientação Jurisprudencial n. 35 da SDC do TST).

22. "A ata da assembleia de trabalhadores que legitima a atuação da entidade sindical deve registrar, obrigatoriamente, a pauta de reivindicações, produto da vontade expressa da categoria" (Orientação Jurisprudencial n. 8 da SDC do TST).

23. Como já foi decido pelo TST: "Esta Corte, ao cancelar a Orientação Jurisprudencial n. 13 da SDC (24.11.2003), minimizou o requisito relativo ao *quórum* do ajuizamento de dissídio coletivo, na esteira do art. 859 da CLT, que admite a aprovação da pauta de reivindicações e autoriza a propositura do dissídio coletivo pelo menos dos 2/3 dos associados presentes, em primeira convocação, e por 2/3 dos presentes em segunda convocação, não mais se submetendo, portanto, ao quórum estabelecido no art. 612 da CLT" (TST-ED-RO 214800-22.2008.5.01.000, Min. Dora Maria da Costa).

sindicato a defesa dos direitos e interesses coletivos ou individuais da categoria, devendo prevalecer, para instauração do dissídio, o *quorum* fixado em seu Estatuto.

A representatividade sindical, quando se trate de recorrer ao Poder Judiciário, deve ser apurada segundo parâmetros legais e não apenas estatutários, em face de seus efeitos em relação aos interesses de toda a categoria profissional e também de terceiros (categoria econômica ou empresa suscitada).

Frustrada a negociação coletiva de que tenha participado mediador, deverá a petição inicial ser instruída com ata, lavrada pelo mediador, contendo as causas motivadoras do conflito e as reivindicações de natureza econômica (art. 11, § 4º, da Lei n. 10.192/2001).

11. PROCEDIMENTO NO DISSÍDIO COLETIVO DE NATUREZA ECONÔMICA

Protocolizada e autuada a petição inicial com os documentos que a acompanham, os autos serão conclusos ao Juiz Presidente do Tribunal ou ao Juiz competente na forma do regimento interno do tribunal respectivo.

Se a petição inicial não preencher os requisitos exigidos em lei ou apresentar defeitos ou irregularidades capazes de dificultar a sua apreciação, ou ainda se estiver desacompanhada dos documentos indispensáveis à propositura da ação, deverá ser determinado ao suscitante que a emende ou complete, no prazo máximo de dez dias, sob pena de indeferimento.

Estando a petição inicial na devida forma, o Presidente ou juiz competente designará audiência de conciliação, dentro do prazo de dez dias, determinando a notificação dos dissidentes, observando-se o prazo mínimo de cinco dias estabelecido no art. 841 da CLT (art. 860 da CLT).

As partes poderão postular por intermédio de advogado e se fazer representar em audiência por preposto (art. 21, § 3º, da Lei n. 9.307/96 e art. 861 da CLT).

Comparecendo as partes à audiência, o presidente do Tribunal ou juiz que a estiver presidindo as convidará para se pronunciarem sobre as bases da conciliação. Caso não sejam aceitas as bases propostas, o Presidente ou juiz que estiver presidindo a audiência submeterá aos interessados a solução que lhe pareça adequada para resolver o dissídio (art. 862 da CLT).

Do art. 864 da CLT infere-se que o não comparecimento das partes à audiência de conciliação não impede o julgamento do dissídio. A ausência das partes apenas prejudicará a tentativa de solução negociada do dissídio. Note-se que, ao disciplinar o processo coletivo, a CLT não repete a regra constante do seu art. 844. Com isso, o não comparecimento das partes não implica arquivamento (no caso de ausência do suscitante) ou revelia e confissão (quando se trate de ausência do suscitado).

Havendo acordo na audiência de conciliação, o Presidente ou Juiz o submeterá à homologação do Tribunal na primeira sessão (art. 863 da CLT).[24]

O acordo homologado vale como decisão irrecorrível para as partes, mas pode ser impugnado, por meio de recurso, pelo Ministério Público do Trabalho, no caso de violação à lei ou à Constituição Federal (art. 898 da CLT e art. 7º da Lei n. 7.701/88).

Não havendo acordo, o Tribunal poderá determinar a realização de perícia ou outras provas que reputar necessárias, de ofício ou a requerimento das partes (art. 22 da Lei n. 9.307/96 e art. 864 da CLT).

A CLT não faz alusão à defesa do requerido, estabelecendo, apenas, que o suscitado oferecerá, na audiência, sua proposta de conciliação (art. 862). Contudo, do art. 5º, LV, da Constituição Federal se infere que ninguém será julgado sem ser ouvido, ao passo que o art. 12 da Lei n. 10.192/2001 estabelece que as partes deverão apresentar, fundamentadamente, suas propostas finais, que serão objeto de conciliação ou deliberação do Tribunal na sentença normativa, indicando que o suscitado deverá ter oportunidade para apresentar a sua defesa. As propostas do suscitado constituem a sua defesa diante das pretensões do suscitante.[25]

Da defesa do suscitado, deve constar a sua proposta de conciliação, fundamentada nas circunstâncias fáticas e jurídicas que recomendariam sua adoção, destacando, em relação às cláusulas que importarem em elevações salariais, as condições financeiras da(s) empresa(s), bem assim a situação econômica do respectivo setor de atividade (art. 317 do Regimento Interno do TST).[26]

O Ministério Público poderá apresentar parecer oral, na hipótese de conciliação, ou após o encerramento da instrução, o qual será reduzido a termo, ou na sessão de julgamento do dissídio, transcrito em síntese na certidão, ou, ainda, escrito, no prazo de dez dias, mediante remessa dos autos pelo relator (art. 318 do RITST).

Noticiando os autos a paralisação dos trabalhos em decorrência de greve em serviços ou atividades, o Presidente do Tribunal poderá expedir ato dispondo sobre o atendimento das necessidades inadiáveis da comunidade (art. 322 do RITST). Dispõe o art. 11 da Lei n. 7.783/89 que "nos serviços ou atividades essenciais, os sindicatos, os empregadores e os trabalhadores ficam obrigados, de comum acordo, a garantir, durante a greve, a prestação dos serviços indispensáveis ao

24. Segundo a Orientação Jurisprudencial n. 34 da SDC do TST, "É desnecessária a homologação, por Tribunal Trabalhista, do acordo extrajudicial celebrado, sendo suficiente, para que surta efeitos, sua formalização perante o Ministério do Trabalho (art. 614 da CLT e art. 7º, inciso XXVI, da Constituição Federal)".

25. Constitui praxe a prévia designação de audiência de conciliação e a apresentação da defesa somente se restar frustrada a tentativa de conciliação.

26. O dissídio coletivo tem natureza dúplice, permitindo que o suscitado apresente suas propostas na própria contestação, o que torna dispensável a reconvenção (na contestação, o demandado requer sejam estabelecidas as condições de trabalho na forma por ele proposta).

atendimento das necessidades inadiáveis da comunidade". O art. 12 da Lei n. 7.783/89 estabelece que "no caso de inobservância do disposto no artigo anterior, o Poder Público assegurará a prestação dos serviços indispensáveis".

Sempre que no curso do dissídio houver ameaça de perturbação da ordem, o Presidente requisitará à autoridade competente as providências que se tornarem necessárias (art. 865 da CLT).

Quando o dissídio ocorrer fora da sede do Tribunal, poderá o Presidente delegar à autoridade local a tentativa de conciliação e instrução. Se não houver acordo, a autoridade delegada encaminhará o processo ao Tribunal, fazendo exposição circunstanciada dos fatos e indicando a solução que lhe parecer conveniente (art. 866 da CLT). A delegação, na hipótese, é apenas para a tentativa de conciliação e realização de diligências e não para julgamento do dissídio, que é de competência exclusiva dos Tribunais.

Produzidas as provas reputadas necessárias, o Tribunal proferirá sentença normativa.

A decisão deverá ser fundamentada (art. 14, § 1º, da Lei n. 10.192/2001), dispondo o Juiz relator ou o redator designado de dez dias para redigir o acórdão (art. 7º, § 1º, da Lei n. 7.701/88).

Na sentença, serão objeto de deliberação pelo Tribunal as cláusulas apresentadas pelas partes, o que implica dizer que o julgamento far-se-á cláusula por cláusula (art. 12 da Lei n. 10.192/2001).

A decisão deverá conter o relatório (com registro do nome das partes e resumo do litígio), os fundamentos da decisão (nos quais serão analisadas as questões de fato e de direito, mencionando-se, expressamente, se o julgamento se deu por equidade), e o dispositivo (em que serão resolvidas as questões suscitadas pelas partes e será estabelecido o prazo para o cumprimento da decisão), devendo nela ser estabelecida a responsabilidade pelas custas e verbas decorrentes de litigância de má-fé, se for o caso (arts. 26 e 27 da Lei n. 9.307/96).

No dissídio coletivo, as partes vencidas responderão solidariamente pelo pagamento das custas, calculadas sobre o valor arbitrado na decisão, ou pelo Presidente do Tribunal (art. 789, § 4º, da CLT).

A decisão do dissídio coletivo deve traduzir, em seu conjunto, a justa composição do conflito de interesses das partes e ser adequada aos interesses da coletividade (art. 12, § 1º, da Lei n. 10.192/2001).[27]

27. No julgamento do dissídio, devem ser consideradas as repercussões, diretas e indiretas, de todas as cláusulas da sentença normativa sobre a saúde econômico-financeira da(s) empresa(s), para preservar a sua capacidade de sobrevivência e desenvolvimento e, com isso, de manter e gerar empregos, o que também interessa aos trabalhadores e à própria coletividade.

A decisão deve ser publicada no prazo de quinze dias (art. 12, § 2º, da Lei n. 10.192/2001) e dele serão intimadas as partes, ou seus representantes legais, via postal (art. 867 da CLT).

12. VIGÊNCIA DA SENTENÇA NORMATIVA

A sentença normativa vigorará a partir (art. 867, parágrafo único, da CLT): a) da data de sua publicação, quando o dissídio for ajuizado após o prazo do art. 616, § 3º, da CLT;[28] b) da data da instauração do dissídio, quando não existir acordo, convenção ou sentença normativa em vigor; c) do dia imediato ao término da vigência do acordo, convenção ou sentença normativa, quando for ajuizado o dissídio no prazo do art. 616, § 3º, da CLT.

O art. 616, § 3º, da CLT estabelece que "havendo convenção, acordo ou sentença normativa em vigor, o dissídio coletivo deverá ser instaurado dentro dos 60 (sessenta) dias anteriores ao respectivo termo final, para que o novo instrumento possa ter vigência no dia imediato a esse termo".

No caso de impossibilidade real de encerramento da negociação coletiva em curso antes do prazo estabelecido no art. 616, § 3º, da CLT, a entidade sindical interessada poderá formular protesto judicial, em petição dirigida ao Presidente do Tribunal, a fim de preservar a data-base, isto é, para garantir a vigência da sentença normativa a partir do dia imediato ao termo final da convenção, acordo ou sentença normativa em vigor.

O prazo de vigência da sentença normativa, que nela deverá ser fixado, não poderá ser superior a quatro anos (aplicação do art. 868, parágrafo único, da CLT). De acordo com o Precedente Normativo n. 120 da SDC do TST, "a sentença normativa vigora, desde seu termo inicial até que sentença normativa, convenção coletiva de trabalho ou acordo coletivo de trabalho superveniente produza a sua revogação, expressa ou tácita, respeitado, porém, o prazo máximo legal de quatro anos de vigência".

13. RECURSOS CONTRA A SENTENÇA NORMATIVA. MEDIDA CAUTELAR PARA SUSPENDER A EFICÁCIA DE SENTENÇA NORMATIVA. COISA JULGADA NO DISSÍDIO COLETIVO

Os dissídios coletivos são julgados pelos Tribunais Regionais do Trabalho ou pelo Tribunal Superior do Trabalho.

---

28. As partes do conflito podem preservar, mediante acordo, a data-base, garantindo, assim, os efeitos retroativos da sentença normativa.

Das decisões proferidas pelos Tribunais Regionais do Trabalho no julgamento de dissídio coletivo cabe recurso ordinário, no prazo de oito dias (art. 895, *b*, da CLT),[29] a ser julgado pela Seção de Dissídios Coletivos do TST (art. 2º, II, *a*, da Lei n. 7.701/88).

Cabe à Seção de Dissídios Coletivos do TST julgar os dissídios de competência originária do TST (art. 2º, I, *a*, da Lei n. 7.701/88) e contra a decisão por ela proferida cabem embargos, na situação estabelecida no art. 894, I, *a*, da CLT.[30]

A interposição de recurso contra sentença normativa dispensa o depósito recursal, vez que ela não é objeto de execução que necessite ser garantida, mas exige o pagamento das custas processuais (art. 789, § 4º, da CLT).

O recurso interposto contra sentença normativa tem efeito apenas devolutivo (art. 899 da CLT, art. 9º da Lei n. 7.701/88 e art. 14 da Lei n. 10.192/01), mas o Presidente do TST poderá conceder efeito suspensivo ao recurso aforado contra decisão normativa (art. 14 da Lei n. 10.192/01), impedindo o ajuizamento da ação de cumprimento ou limitando o seu alcance.

Somente durante a vigência da Lei n. 7.788/89, que foi revogada pela Lei n. 8.030/90 (art. 14), é que foi vedada a concessão de efeito suspensivo ao recurso aforado contra sentença normativa.

Apresentado o pedido de concessão de efeito suspensivo ao recurso interposto contra a decisão normativa, pode o Presidente do Tribunal conceder ao requerido o prazo de cinco dias para, querendo, manifestar-se (Instrução Normativa n. 24/2003 do TST[31]), bem como submeter o pedido à apreciação da Seção Especializada em Dissídio Coletivos, desde que repute ser a matéria de alta relevância (Instrução Normativa n. 24/2003). Ao Presidente do TST é facultada a designação de audiência de conciliação relativamente a pedido de concessão de efeito suspensivo a recurso ordinário interposto à decisão normativa da Justiça do Trabalho, dela devendo ser notificado o Ministério Público do Trabalho (Instrução Normativa n. 24/2003 do TST).

Interposto o recurso ordinário contra decisão proferida por TRT no julgamento de dissídio coletivo, da sua interposição deve ser intimado o Ministério Público do Trabalho (art. 7º, § 4º, da Lei n. 7.701/88).

A decisão proferida no julgamento de dissídio coletivo produz coisa julgada formal e material e os seus efeitos alcançam todos os membros da categoria em

29. Não sendo o acórdão publicado nos vinte dias subsequentes ao julgamento, poderá qualquer dos litigantes ou o Ministério Público interpor recurso ordinário, fundado na certidão de julgamento. Publicado o acórdão, reabrir-se-á o prazo para o aditamento do recurso interposto (art. 7º, § 2º, da Lei n. 7.701/88). Publicado o acórdão, quando as partes serão consideradas intimadas, seguir-se-á o procedimento recursal como previsto em lei (art. 7º, § 4º, da Lei n. 7.701/88).

30. Estes embargos foram examinados no Capítulo reservado ao estudo dos recursos.

31. O recorrente deve aforar ação cautelar com o intuito de obter efeito suspensivo ao recurso.

relação aos quais o dissídio é instaurado. Tais efeitos são, no entanto, limitados ao período de vigência da sentença normativa.

A possibilidade de revisão da sentença normativa (art. 873 da CLT) não é suficiente para afirmar que ela somente produz coisa julgada formal.

No dissídio de revisão, o Poder Judiciário é chamado a se manifestar sobre uma nova realidade fática, não constituindo a sua decisão, no sentido do estabelecimento de novas condições de trabalho, ofensa à coisa julgada (a decisão proferida com esteio nos fatos que se apresentam no momento do julgamento é imutável). No dissídio de revisão uma nova lide é julgada. A eficácia da decisão revisional opera para o futuro, isto é, a partir da propositura da ação.

14. EXTENSÃO DA SENTENÇA NORMATIVA

Em caso de dissídio coletivo que tenha por motivo novas condições de trabalho, no qual figure como parte apenas uma fração de empregados de uma empresa, poderá o tribunal competente, na própria decisão, estender tais condições de trabalho, se julgar justo e conveniente, aos demais empregados da empresa que forem da mesma profissão dos dissidentes (art. 868 da CLT).

Em suma, se o dissídio coletivo de natureza econômica é aforado em favor de uma fração de empregados de uma empresa, poderá o tribunal (a iniciativa da extensão cabe somente ao tribunal), na própria sentença (para a extensão não é instaurado um novo processo), estender as condições de trabalho nela fixadas, se julgar justo e conveniente (cabe ao tribunal examinar a justiça e conveniência da extensão, estando dispensado, inclusive, de ouvir o Ministério Público do Trabalho), aos demais empregados da empresa que forem da mesma profissão dos dissidentes.[32]

A extensão garante a uniformidade de condições de trabalho entre os empregados da empresa que forem da mesma profissão dos dissidentes.

O tribunal fixará a data em que a sentença deve entrar em execução, bem como o prazo de sua vigência, que não poderá ser superior a quatro anos (art. 868, parágrafo único, da CLT).

De outro lado, a decisão sobre novas condições de trabalho poderá ser estendida a todos os empregados da mesma categoria profissional compreendida na jurisdição do tribunal (art. 869 da CLT): a) por solicitação de um ou mais empregadores, ou de qualquer sindicato destes; b) por solicitação de um ou mais sindicatos de

32. "É inviável aplicar as condições de acordo homologado nos autos de dissídio coletivo extensivamente, às partes que não o subscreveram, exceto se observado o procedimento previsto nos arts. 868 e seguintes da CLT" (Orientação Jurisprudencial n. 2 da SDC do TST).

empregados; c) *ex officio*, pelo tribunal que houver proferido a decisão; d) por solicitação do Ministério Público do Trabalho.

Nessa modalidade de extensão, os beneficiados são os empregados da mesma categoria profissional compreendida na jurisdição do tribunal. A extensão garante a uniformidade de condições de trabalho de todos os membros da mesma categoria profissional compreendida na jurisdição do tribunal.

Para que se proceda a extensão com esteio no art. 869 da CLT, é preciso que 3/4 (três quartos) dos empregadores e 3/4 (três quartos) dos empregados, ou os respectivos sindicatos, com ela concordem (art. 870, § 1º, da CLT).

O tribunal marcará prazo, não inferior a trinta nem superior a sessenta dias, a fim de que os interessados se manifestem (art. 870, § 1º, da CLT), devendo ser também ouvido o Ministério Público do Trabalho (art. 870, § 2º, da CLT).

Ouvidos os interessados e o Ministério Público do Trabalho, o processo será submetido a julgamento (art. 870, § 2º, da CLT).

O tribunal marcará a data em que a extensão deve entrar em vigor (art. 871 da CLT).

À SDC do TST cabe estender suas decisões normativas (art. 2º, I, da Lei n. 7.701/88).

15. DISSÍDIO DE REVISÃO OU MODIFICATIVO

Dissídio de revisão ou modificativo é o que tem por objetivo a revisão da sentença normativa, com o fim de alterar as normas e condições de trabalho nela estabelecidas que tenham se tornado injustas ou inaplicáveis. A revisão tem por objeto a sentença proferida em dissídio coletivo de natureza econômica.

A revisão da sentença normativa tem lugar quando (art. 873 da CLT): a) tiver transcorrido mais de um ano da sua vigência;[33] b) se modificarem as circunstâncias que deram ensejo ao proferimento da decisão normativa, tornando as normas e condições de trabalho nela estabelecidas injustas ou inaplicáveis.

A revisão da sentença normativa pressupõe a ocorrência de fato novo ou acontecimento imprevisto que torne excessivamente oneroso para a empresa o cumprimento das obrigações que lhe foram impostas pela sentença (aplicação, por analogia, do disposto no art. 14, parágrafo único, da Lei n. 7.783/89).

A revisão da sentença poderá ser realizada por iniciativa do Ministério Público do Trabalho, das associações sindicais ou de empregador ou empregadores

33. A ação deve ser proposta após um ano da vigência da sentença, mas dentro de sua vigência. A revisão tem por objeto, portanto, sentença vigente.

interessados no seu cumprimento (art. 874 da CLT).[34] Como o Presidente do Tribunal não possui legitimidade para instaurar dissídio coletivo, ele não pode instaurar de ofício dissídio de revisão.

Quando a revisão for promovida por iniciativa do Ministério Público do Trabalho, as associações sindicais e o empregador ou empregadores interessados serão ouvidos no prazo de trinta dias. Quando for promovida por uma das partes interessadas, serão as outras ouvidas também no prazo de trinta dias (art. 874, parágrafo único, da CLT) e, ainda, o Ministério Público do Trabalho (arts. 875 da CLT e 2º, I, *a*, da Lei n. 7.701/88).

Compete ao Tribunal que tiver proferido a sentença a sua revisão (arts. 875 da CLT e 2º, I, *a*, da Lei n. 7.701/88).

O procedimento do dissídio de revisão é o mesmo do dissídio de natureza econômica, devendo o suscitante apresentar suas propostas de revisão de forma clausulada e justificada, sobre os quais deve ser ouvido o suscitado.

Pode o Tribunal, sendo necessário, determinar as diligências necessárias para o esclarecimento da causa (art. 864 da CLT).

A decisão de revisão terá eficácia a partir da propositura da instauração do dissídio.

16. DISSÍDIO DE NATUREZA JURÍDICA OU DE INTERPRETAÇÃO

O dissídio de natureza jurídica ou de interpretação é aquele instaurado para a interpretação de cláusulas de sentenças normativas, acordo coletivo de trabalho, convenção coletiva de trabalho, disposições legais particulares de categoria profissional ou econômica e atos normativos editados pelo empregador.

Não se presta o dissídio coletivo de natureza jurídica à interpretação de normas de caráter genérico (Orientação Jurisprudencial n. 7 da SDC do TST).

O objetivo dessa modalidade de dissídio é a fixação do significado (sentido e alcance) de cláusulas de sentenças normativas, acordo coletivo de trabalho, convenção coletiva de trabalho, disposições legais particulares de categoria profissional ou econômica e atos normativos editados pelo empregador, quando haja séria controvérsia sobre a seu respeito.

O julgamento do dissídio compete ao Tribunal que proferiu a sentença normativa a ser interpretada ou que tenha competência para examinar a aplicação de acordo coletivo de trabalho, convenção coletiva de trabalho, disposições legais

34. Se for reconhecida a constitucionalidade da exigência prévia de acordo para a instauração do dissídio, não há como deixar de aplicá-la ao dissídio de revisão, que também tem por objetivo a fixação de novas condições de trabalho, em substituição às estabelecidas anteriormente.

particulares de categoria profissional ou econômica e atos normativos que se pretenda interpretar.

Ao julgar o dissídio, o Tribunal profere *sentença interpretativa*, no sentido de sentença que, diante da séria controvérsia sobre o significado de determinada norma, declara aquele que deve prevalecer.

17. DISSÍDIO DE GREVE

Greve é a suspensão coletiva, temporária, pacífica, total ou parcial, de prestação pessoal de serviços a empregador (art. 2º da Lei n. 7.783/89). A greve constitui instrumento de pressão e convencimento, utilizado pelos trabalhadores para forçar o empregador a dar início à negociação coletiva ou, no curso da negociação, a aceitar as suas reivindicações.

A greve é um direito dos trabalhadores, cabendo-lhes decidir sobre a oportunidade de exercê-lo e sobre os interesses que devam por meio dele defender (art. 9º da Constituição). Anote-se que "é vedada a paralisação das atividades por iniciativa do empregador, com o objetivo de frustrar negociação ou dificultar o atendimento das reivindicações dos respectivos empregados" (art. 17 da Lei n. 7.783/89).[35]

A cessação coletiva do trabalho é facultada depois de frustrada a negociação coletiva ou verificada a impossibilidade de recurso à arbitragem (art. 3º da Lei n. 7.783/89).[36]

Para efeito de deflagração da greve, o sindicato deverá convocar, na forma estabelecida no seu estatuto, assembleia geral, que definirá as reivindicações da categoria e deliberará sobre a paralisação (art. 4º da Lei n. 7.783/89).[37]

De acordo com a Orientação Jurisprudencial n. 10 da SDC do TST, "é incompatível com a declaração de abusividade de movimento grevista o estabelecimento de quaisquer vantagens ou garantias a seus partícipes, que assumiram os riscos inerentes à utilização do instrumento de pressão máximo".

Cumpre observar, no entanto, que o fato de ser abusivo o movimento paredista (que é simples meio de pressão) não retira dos trabalhadores o direito ao exame das suas pretensões (ou, dito de outra forma, não torna ilegítimas suas reivindicações).

---

35. "É abusiva a greve que se realiza em setores que a lei define como sendo essenciais à comunidade, se não é assegurado o atendimento básico das necessidades inadiáveis dos usuários do serviço, na forma prevista na Lei n. 7.783/89".

36. "É abusiva a greve levada a efeito sem que as partes hajam tentado, direta e pacificamente, solucionar o conflito que lhe constitui objeto" (Orientação Jurisprudencial n. 11 da SDC do TST).

37. "O estatuto da entidade sindical deverá disciplinar a convocação da assembleia e fixar o *quorum* para a deliberação, tanto para a deflagração quanto da cessação da greve" (art. 4º, § 1º, da Lei n. 7.783/89).

Ademais, de acordo com o art. 8º da Lei n. 7.783/89, a Justiça do Trabalho, por iniciativa de qualquer das partes ou do Ministério Público (em caso de greve em atividade essencial, com possibilidade de lesão do interesse público — art. 114, § 3º, da Constituição), decidirá sobre a procedência, total ou parcial, ou improcedência das reivindicações dos trabalhadores, cumprindo ao Tribunal publicar, de imediato, o competente acórdão.

Com isto, o art. 8º da Lei n. 7.783/89 impõe ao Tribunal a manifestação sobre os pedidos, para dizê-los procedentes ou improcedentes, o que significa que a não abusividade da greve não é condição para o exame do mérito do dissídio.[38]

Observadas as regras legais relativas à paralisação coletiva do trabalho, a participação em greve suspende o contrato individual de trabalho, devendo as relações obrigacionais durante o período ser regidas pelo acordo, convenção, laudo arbitral ou sentença normativa (art. 7º da Lei n. 7.783/89).

Constitui abuso do direito de greve, a inobservância das normas contidas na Lei n. 7.783/89, bem como a manutenção da paralisação após a celebração de acordo, convenção ou decisão da Justiça do Trabalho (art. 14 da Lei n. 7.783/89). A greve é instrumento de pressão e convencimento de que os trabalhadores podem fazer uso para forçar o empregador a negociar ou atender às suas reivindicações. Solucionado o conflito de interesses (por meio da negociação coletiva ou pelo Judiciário), a greve deixa de ser justificada.

Na vigência de acordo, convenção ou sentença normativa, não constitui abuso do exercício do direito de greve a paralisação que tenha por objetivo exigir o cumprimento da cláusula ou condição ou que seja motivada pela superveniência do fato novo ou acontecimento imprevisto que modifique substancialmente a relação de trabalho (art. 14, parágrafo único, da Lei n. 7.783/89). Fora dessas hipóteses, constitui abuso do direito de greve a paralisação durante a vigência de acordo, convenção ou sentença normativa.

18. AÇÃO DE CUMPRIMENTO

18.1. Ação de cumprimento: conceito e natureza jurídica.

Na sentença proferida em dissídio coletivo de natureza econômica não há condenação, a não ser em relação a custas e eventuais multas impostas às partes, mas o estabelecimento de normas e condições de trabalho.

38. Para Raimundo Simão de Melo, "é imprescindível que o tribunal aprecie cada pedido formulado pelos interessados, independentemente de a greve ser declarada abusiva ou não. A declaração de abusividade não pode prejudicar a análise das reivindicações, que são o fundamento do conflito coletivo, sob pena de acirrar mais ainda os ânimos das partes envolvidas no litígio" (*Dissídio coletivo do trabalho,* p. 125).

A sentença normativa, não tendo natureza condenatória, não é executada, mas o seu cumprimento pode ser pleiteado perante o Judiciário, por meio de *ação de cumprimento*. Dito de outra forma, não sendo cumpridas as normas e condições de trabalho estipuladas na sentença normativa (ou acordo homologado em juízo), poderão os empregados ou seus sindicatos apresentar reclamação à Vara ou Juiz de Direito investido na jurisdição trabalhista, recebendo essa reclamação (que é um dissídio individual) a denominação de *ação de cumprimento* (arts. 7º, § 6º, da Lei n. 7.701/88 e 872, parágrafo único, da CLT).

A ação de cumprimento é o meio próprio para pleitear em juízo o cumprimento da sentença normativa. Trata-se, assim, de uma ação condenatória, isto é, ação em que se pede a condenação do demandado a cumprir o que foi estabelecido na sentença normativa.

18.2. Objeto da ação de cumprimento. Defesa do reclamado.

De acordo com o art. 872 da CLT, deixando os empregadores de satisfazer o pagamento de salários na conformidade da decisão normativa proferida, pode ser ajuizada ação de cumprimento.

Embora o art. 872 da CLT faça alusão ao pagamento de salários, a ação de cumprimento pode ter por objeto todas as obrigações impostas ao empregador na sentença normativa. Essa conclusão é autorizada, inclusive, pelo art. 7º, § 6º, da Lei n. 7.701/88, que dispõe que a sentença normativa será objeto de ação de cumprimento, ou seja, objeto de cumprimento é a sentença e não somente as suas disposições que versem sobre salários.

Sendo um direito assegurado em sentença normativa, não há necessidade de nova ação para o seu reconhecimento.[39]

A defesa na ação de cumprimento somente não pode versar sobre matéria de fato e de direito apreciada na decisão normativa (art. 872, parágrafo único, da CLT). A decisão a ser cumprida não poderá ser modificada na ação de cumprimento. O juiz se limitará, na ação de cumprimento, a verificar se estão presentes os fatos aos quais a sentença normativa relacionou as consequências que o reclamante pretende que sejam produzidas.

O art. 5º do Decreto-lei n. 15/69 permite ao empregador arguir, na contestação da ação de cumprimento, a sua incapacidade para arcar com o reajuste salarial ou com novas condições de trabalho (admite-se, então, uma espécie de *revisão incidental à ação de cumprimento*).

---

39. "Falta interesse de agir para a ação individual, singular ou plúrima, quando o direito já foi reconhecido através de decisão normativa, cabendo, no caso, a ação de cumprimento" (Orientação Jurisprudencial n. 188 da SDI-I do TST).

Na contestação, pode ser alegada compensação do que já houver sido pago ao trabalhador por força da sentença normativa ou em respeito a instrumento coletivo aplicado após o seu período de vigência (art. 767 da CLT).

18.3. Legitimidade para a ação de cumprimento.

A ação de cumprimento pode ser proposta pelo trabalhador (em ação individual ou plúrima) ou pelo sindicato representativo de sua categoria profissional, como substituto processual (art. 872, parágrafo único, da CLT).[40] A legitimidade para a ação de cumprimento é, portanto, concorrente.

A ação de cumprimento deve ser aforada em face do empregador de quem se pretende o cumprimento da sentença normativa.

18.4. Requisitos da petição inicial.

A petição inicial da ação de cumprimento, além de atender ao disposto no art. 840, § 1º, da CLT, deverá ser instruída com certidão da sentença normativa. Se a petição inicial não tiver sido instruída com a certidão, o juiz deverá conceder prazo para que o autor a apresente, no prazo que lhe for assinalado, sob pena de indeferimento da inicial.

18.5. Competência.

Por se tratar de dissídio individual, compete às Varas do Trabalho ou a Juiz de Direito investido na jurisdição trabalhista conhecer e julgar a ação de cumprimento, ainda que o dissídio tenha sido julgado por TRT ou pelo TST (art. 872, parágrafo único, da CLT).

18.6. Momento próprio para o ajuizamento da ação.

O recurso interposto contra sentença normativa tem efeito apenas devolutivo (art. 899 da CLT, art. 9º da Lei n. 7.701/88 e art. 14 da Lei n. 10.192/01).

Isto significa que a sentença normativa poderá ser objeto de pedido de cumprimento na pendência de recurso interposto pela parte vencida e, ainda, que o ajuizamento da ação de cumprimento dispensa o trânsito em julgado da decisão normativa, como é afirmado na Súmula n. 246 do TST.

A conclusão consagrada pela Súmula n. 246 do TST é confirmada pelos arts. 7º, § 6º, 9º e 10 da Lei n. 7.701/88, segundo os quais a ação de cumprimento

---

40. "A federação não tem legitimidade para ajuizar a ação de cumprimento prevista no art. 872, parágrafo único, da CLT na qualidade de substituto processual da categoria profissional inorganizada" (Súmula n. 359 do TST).

pode ser proposta: a) a partir do 20º dia subsequente ao julgamento proferido pelo TRT, com esteio no acórdão ou certidão de julgamento (art. 7º, § 6º, da Lei n. 7.701/88); b) a partir da publicação da certidão de julgamento, nos dissídios coletivos de natureza econômica ou jurídica de competência originária da SDC do TST (art. 10 da Lei n. 7.701/88).

18.7. Prescrição da pretensão de cumprimento.

O TST, por meio da Súmula n. 350, consagrou o entendimento de que o prazo prescricional para a ação de cumprimento de decisão normativa começa a fluir a partir da data de seu trânsito em julgado.

A ação de cumprimento da sentença normativa pode ser proposta independentemente de seu trânsito em julgado, mas o prazo prescricional para a sua propositura somente tem início com o seu trânsito em julgado. É a partir do trânsito em julgado da sentença normativa que a parte pode ser considerada omissa no exercício da pretensão ao seu cumprimento.

A ação de cumprimento pode ser promovida até dois anos do trânsito em julgado da decisão, devendo ser respeitado, em sendo o caso, o prazo de cinco anos, contado da propositura da ação (art. 7º, XXIX, da Constituição Federal).

A hipótese é de prescrição para a propositura de ação de cumprimento, isto é, desta ação em particular. Se, por exemplo, o trabalhador continua prestando serviços para o empregador por mais de dois anos depois do trânsito em julgado da sentença normativa e for dispensado, na reclamação trabalhista por ele eventualmente aforada podem ser pleiteados os benefícios a ele assegurados na sentença normativa, ainda que ultrapassados mais de dois anos do termo final de sua vigência. Nessa hipótese, a única prescrição a incidir será a quinquenal.

18.8. Substituição processual na ação de cumprimento

O sindicato pode propor ação de cumprimento, como substituto processual, em favor da categoria que representa.

Podendo o sindicato suscitar o dissídio em favor de toda a categoria, não há razão para negar-lhe legitimidade para propor ação visando ao cumprimento do que foi decidido também em favor de toda a categoria. Acrescente-se que o art. 8º, III, da Constituição Federal dispõe que ao sindicato cabe a defesa dos interesses da categoria, legitimando a substituição processual em favor de toda a categoria.

A referência a associados, no art. 872, parágrafo único, da CLT, não limita a substituição pelo sindicato aos seus associados. O art. 872 da CLT apenas torna claro que o sindicato não depende de autorização de seus associados para a propositura da ação de cumprimento. A autorização para suscitar o dissídio já habilita o sindicato a requerer o cumprimento da decisão nele proferida.

18.9. Ação de cumprimento e anulação ou reforma da sentença normativa em que ela se apoia. Coisa julgada na ação de cumprimento

A propositura da ação de cumprimento dispensa o trânsito em julgado da decisão normativa que se pretende cumprida. Sendo assim, a ação de cumprimento pode ser ajuizada na pendência de recurso aforado contra a decisão normativa.

É possível, portanto, que ao ajuizamento da ação de cumprimento sobrevenha a anulação ou a reforma total da sentença normativa, sendo afastada do empregador a obrigação a ele imposta naquela sentença. Neste caso, a ação de cumprimento perderá o seu objeto, impondo-se a extinção do processo a ela relativo, ainda que já tenha sido iniciada a execução da decisão nela proferida.

A subsistência da ação de cumprimento e a da execução da decisão nela proferida têm como pressuposto a subsistência da obrigação a ser cumprida pelo empregador. Nesse compasso, a coisa julgada produzida na ação de cumprimento tem os seus efeitos dependentes da decisão final proferida no julgamento de recurso aforado contra a sentença normativa em que se sustenta. A coisa julgada na ação de cumprimento é formal e material, mas, no caso de ser interposto recurso contra a sentença normativa, a produção de coisa julgada material depende da confirmação daquela sentença.

A propósito tem-se a Orientação Jurisprudencial n. 277 da SDI-I do TST: "A coisa julgada produzida na ação de cumprimento é atípica, pois dependente de condição resolutiva, ou seja, da não modificação da decisão normativa por eventual recurso. Assim, modificada a sentença normativa pelo TST, com a consequente extinção do processo, sem julgamento do mérito, deve-se extinguir a execução em andamento, uma vez que a norma sobre a qual se apoia o título exequendo deixou de existir no mundo jurídico."

De outro lado, de acordo com a Súmula n. 397 do TST, "Não procede ação rescisória calcada em ofensa à coisa julgada perpetrada por decisão proferida em ação de cumprimento, em face de a sentença normativa, na qual se louvava, ter sido modificada em grau de recurso, porque em dissídio coletivo somente se consubstancia coisa julgada formal. Assim, os meios processuais aptos a atacarem a execução da cláusula reformada são a exceção de pré-executividade e o mandado de segurança, no caso de descumprimento do art. 514 do CPC de 2015 (art. 572 do CPC)".

Na ação de cumprimento, a decisão produz coisa julgada material, mas a sua eficácia concreta depende da confirmação da decisão normativa em que ela se baseia, no caso de ter sido contra ela aforado recurso.

A primeira turma do STF já decidiu, inclusive, que: "Execução de ação de cumprimento fundada em sentença normativa. Dissídio coletivo extinto. Perda de objeto da ação. 1. A superveniente extinção do processo de dissídio coletivo, sem julgamento do mérito, implica a perda de eficácia da sentença normativa, tornando insubsistente o prosseguimento da ação de cumprimento. 2. Não existência de ofensa à coisa julgada".[41]

18.10. Procedimento.

A ação de cumprimento, como ação de conhecimento na qual se persegue uma sentença condenatória, seguirá o rito sumário, ordinário ou sumaríssimo, conforme o valor da pretensão nela manifestada.

18.11. Ação de cumprimento de acordo coletivo e convenção coletiva do trabalho.

O art. 1º da Lei n. 8.984/95 confere à Justiça do Trabalho competência para conciliar e julgar os dissídios que tenham origem no cumprimento de convenção e acordo coletivo do trabalho. De acordo com a Súmula n. 286 do TST, "a legitimidade do sindicato para propor ação de cumprimento estende-se também à observância de acordo ou de convenção coletivos". Sob a ótica dessa Súmula, cabe ação de cumprimento de acordo ou de convenção coletiva de trabalho.

A hipótese não é, propriamente, de uma ação de cumprimento, vez que esta tem como objeto da sentença normativa. O que resulta do art. 1º da Lei n. 8.984/95 é que a Justiça do Trabalho tem competência para julgar ação em que seja pleiteado o cumprimento de acordo ou convenção coletiva do trabalho.

41. STF, RE 394051 AgR/SP, Rel. Min. Dias Toffoli, DJe 15.4.2014.

Capítulo 19

PROCESSO DE EXECUÇÃO

1. NOTAS INTRODUTÓRIAS

Todo direito é atribuído com a pretensão de seu gozo concreto pelo seu titular. Contudo, o fato de a ordem jurídica atribuir a alguém a titularidade de um direito não é suficiente, por si só, para garantir o seu gozo concreto. Por essa razão, é também atribuído o direito de recorrer ao Poder Judiciário para fazer valer os direitos assegurados pela ordem jurídica, isto é, o *direito à tutela jurisdicional dos direitos*.

Porém, mesmo o fato de uma decisão judicial confirmar a titularidade de um direito e impor o cumprimento da obrigação a ele correlata não assegura, por si só, o seu gozo concreto. Desse modo, não sendo o direito cuja existência é confirmada em juízo satisfeito espontaneamente, será promovida a *execução* da decisão judicial respectiva.

Porém, a execução não tem como objeto apenas as decisões judiciais, isto é, *título executivo judicial*. Com efeito, a execução também pode ser lastreada em ato ou fato ao qual a lei atribui força executiva, ou seja, em *título executivo extrajudicial*.

Cumpre anotar que no processo de conhecimento o autor *afirma* ser titular de um direito e requer a sua *confirmação*. No processo de conhecimento, portanto, o que se persegue é a confirmação da existência do direito afirmado pelo autor, ou seja, a *certeza sobre o direito*. No processo de execução, o que se busca é a *satisfação* do direito reconhecido em título executivo judicial ou extrajudicial, ou seja, na execução, parte-se da certeza do direito para a sua *satisfação*. Desse modo, no processo de conhecimento são praticados atos que visam confirmar a existência do direito afirmado pela parte (*atos de conhecimento*), ao passo que, no processo de execução, são praticados os atos voltados à satisfação do direito (*atos de execução* ou *atos de satisfação*).

É importante ressaltar que a execução não pode ser dissociada da necessidade da maior efetividade possível das normas que compõem o Direito do Trabalho, cuja autoridade decorre da sua relação com a criação das condições materiais mínimas indispensáveis a uma vida digna, à realização da justiça social, cidadania e democracia. O processo do trabalho e, com isso, a execução trabalhista, servem à dignidade humana, justiça social, cidadania e democracia.

2. MEIOS DE EXECUÇÃO. MEDIDAS EXECUTIVAS TÍPICAS E ATÍPICAS.

Várias são as técnicas utilizadas pelo ordenamento jurídico para assegurar o gozo dos direitos por ela atribuídos e cuja existência esteja confirmada em título executivo. Dentre estas técnicas estão os *meios de coação* ou *indução* (meios que atuam sobre a vontade do devedor, visando compeli-lo a cumprir a sua obrigação) e os *meios de sub-rogação* (atos praticados pelo Poder Judiciário com a finalidade de, com ou sem o concurso da vontade do executado, satisfazer o exequente). Daí se falar em *execução por coerção* e em *execução por expropriação.*

Anote-se que, consoante o art. 139, IV, do CPC, o juiz tem o dever de determinar todas as medidas indutivas, coercitivas, mandamentais ou sub-rogatórias necessárias para assegurar o cumprimento de ordem judicial, inclusive nas ações que tenham objeto prestação pecuniária.

Observe-se que o CPC optou por não definir previamente quais são as medidas indutivas, coercitivas, mandamentais ou sub-rogatórias que o juiz está autorizado a determinar, estabelecendo, ao contrário, que ele tem o dever de determinar aquelas que sejam *necessárias* para o cumprimento das ordens judiciais e, com isto, para a efetividade das decisões judiciais e, desse modo, dos direitos nelas reconhecidos, lembrando-se que o CPC atribui às partes o direito à *atividade satisfativa* (art. 4°), direito que, inclusive, há muito é assegurado pelo Direito Processual do Trabalho, que, por exemplo, autoriza o juiz a promover a execução de ofício. Trata-se, portanto, na perspectiva da execução, da adoção da técnica da *atipicidade das medidas executivas*, dentre as quais as de natureza indutiva.

Aliás, em mais de um momento, o CPC adota como método a não especificação das medidas que o juiz está autorizado a adotar, citando-se, como exemplos, a previsão no sentido de que o juiz pode determinar as medidas que considerar *adequadas* para a efetivação da tutela provisória, o que implica consagração da *atipicidade das medidas voltadas à efetivação da tutela provisória* eventualmente deferida, e o fato de o CPC deixar de disciplinar procedimentos cautelares específicos, o que torna certo que o significado do *fumus boni iuris* e do *periculum in mora*, enquanto requisitos para deferimento de tutela provisória de urgência, deverá ser definido pelo juiz à luz do caso concreto, o que permite falar em adoção da técnica da *atipicidade do fumus boni iuris e do periculum in mora*, para efeito de verificação da possibilidade de deferimento de tutela provisória de urgência.

A adoção de medidas indutivas, ou seja, que visam atuar sobre a vontade da parte visando ao cumprimento de sua obrigação, não é estranha ao Direito Processual do Trabalho, como se vê, por exemplo, no art. 467 da CLT e, especialmente, no art. 883-A, também da CLT, que faz referência ao protesto das decisões judiciais e inscrição do nome do executado em órgão de proteção ao crédito e no Banco Nacional de Devedores Trabalhistas, como medidas indutivas típicas. Estas medidas não são, contudo, as únicas das quais o juiz pode lançar mão, em razão da aplicação, como fonte supletiva do Direito Processual do Trabalho, do disposto no art. 139, IV, do CPC, do art. 765 da CLT, que impõe ao juiz o dever de impulsionar o processo, o que implica que ele pode tomar todas as medidas necessárias para a satisfação do crédito reconhecido em título executivo, e de ter sido conferido ao juiz poder para *promover* a execução, o que implica poder para adotar as medidas necessárias para garantir a efetividade dos direitos reconhecidos em decisão judicial, lembrando, neste sentido, que a ele é lícito, por exemplo, utilizar, com o mesmo objetivo, várias medidas que se encontram ao seu alcance (BACENJUD, BNDT, CCS, CIEL, CENIBE, CROI, DESCONSIDERAÇÃO DA PERSONALIDADE JURÍDICA, DOI, INFOJUD, PROTESTO, RENAJUD, SERAJUD, SIMBA). Aliás, a implementação de todos estes instrumentos aponta no sentido de que, também no processo do trabalho, o juiz tem o dever de determinar todas as medidas indutivas, coercitivas, mandamentais ou sub-rogatórias necessárias para assegurar o cumprimento de ordem judicial, inclusive nas ações que tenham objeto prestação pecuniária.

Lembre-se, ainda, do princípio da máxima eficácia das decisões judiciais, que é traduzido, por exemplo, pela concessão ao juiz do poder para promover a execução de ofício, do qual resulta que a promoção da execução (e, portanto, das medidas voltadas à localização do devedor e/ou de bens passíveis de penhora) se insere no dever judicial de impulso do processo.

Note-se, porém, que, em nenhuma destas situações, foi aberto caminho para o arbítrio judicial.

Daí o CPC fazer referência à determinação de medidas *necessárias* e *adequadas*, o que indica que ele deve agir com observância do *princípio da proporcionalidade* ou *da proibição de excesso*, de forma que a medida executiva determinada deve ser: a) apropriada à satisfação do credor (*subprincípio da idoneidade ou adequação*); b) necessária à luz do caso concreto: deve ser escolhido o meio de satisfação do credor que seja o menos gravoso possível para o devedor (*subprincípio da exigibilidade ou da necessidade*); c) proporcional ao fim que se pretende alcançar: devem ser sopesadas as vantagens e as desvantagens da medida executiva a ser adotada em relação ao fim que se pretende alcançar por meio dela (*subprincípio da proporcionalidade em sentido estrito*).

Este é, sem dúvida, um parâmetro importante, mas a ele devem ser acrescidos outros, também de suma relevância.

Neste sentido, não se pode perder de vista que a execução trabalhista versa sobre *créditos superprivilegiados*, em razão de uma das suas funções básicas, que é a de servir de meio de sobrevivência do trabalhador e de sua família, ou seja, da natureza alimentar (art. 100, §§ 1º e 2º, da Constituição, art. 186 do Código Tributário Nacional e art. 449, § 1º, da CLT, ressalvadas as limitações estabelecida pelo art. 83, I, da Lei n. 11.101/05).

Também não se pode olvidar que, no processo do trabalho, o que se busca é a satisfação de direitos dotados de essencialidade, lembrando que "é essencial todo direito voltado à garantia do atendimento das necessidades básicas do trabalhador e sua família (*caráter existencial dos direitos inerentes ao trabalho*) e de condições dignas de trabalho (*essencialidade qualificada dos direitos inerentes ao trabalho,* na medida em que, muito mais do que garantir o atendimento de necessidades básicas, o que se pretende é garantir uma vida em sintonia com a dignidade humana). Ademais, a essencialidade dos direitos trabalhistas também decorre do seu estreito vínculo com a justiça social, cidadania e democracia (*essencialidade social e política dos direitos inerentes ao trabalho*)".[1]

Acrescente-se que, ao lado da titularidade de direitos, coloca-se a titularidade do *direito à sua tutela jurisdicional,* visto que ter direito a determinado bem é estar em condições de se valer de todas as suas possibilidades. Desta forma, como garantia do gozo pleno e concreto dos direitos atribuídos pela ordem jurídica, a todos é assegurada a tutela jurisdicional destes direitos, que é realizada por meio da jurisdição e do processo. A jurisdição e o processo constituem instrumentos (trata-se de *instrumentalidade técnica*) destinados à condução do direito da *positividade abstrata* (atribuição do direito pelo ordenamento jurídico: *tutela jurídica do direito*) à sua *positividade concreta,* no caso do seu não cumprimento espontâneo (garantia de pleno gozo do direito: *tutela jurisdicional do direito*).

Contudo, as partes não são titulares apenas do direito à jurisdição e ao processo, mas ao reconhecimento de um direito à jurisdição e ao processo com uma especial qualidade, que é a efetividade. As partes têm direito à jurisdição e ao processo efetivos.

Com efeito, o Direito Internacional dos Direitos Humanos a todos reconhece o direito à jurisdição e ao processo efetivo.

Cite-se, como exemplo, a Declaração Universal dos Direitos Humanos a todos reconhece o direito de receber dos tribunais competentes *recurso efetivo* para os atos que violem os direitos fundamentais reconhecidos pela Constituição ou pela lei (art. 8º). No mesmo compasso, o Pacto Internacional sobre Direitos Civis e Políticos consigna o compromisso dos Estados dele signatários de garantir que

1. Cleber Lúcio de Almeida; Wânia Guimarães Rabêllo de Almeida. *Direito do Trabalho e constituição: a constitucionalização do Direito do Trabalho no Brasil,* p. 214.

toda pessoa, cujos direitos e liberdades nele reconhecidos hajam sido violados, possa dispor de um *recurso efetivo*, mesmo que a violência tenha sido perpetrada por pessoas que agiam no exercício de funções oficiais (art. 3, *a*). De seu turno, a Convenção Americana sobre Direitos Humanos prevê, em seu art. 25, que toda pessoa tem direito a um recurso simples e rápido ou a qualquer outro *recurso efetivo*, perante os juízes ou tribunais competentes, que a proteja contra atos que violem seus direitos fundamentais reconhecidos pela Constituição, pela lei ou pela própria Convenção.

A Constituição da República de 1988 também reconhece, *como fundamental*, o direito à efetividade da jurisdição e do processo. Isso porque, proibindo a autodefesa, o Estado atrai para si o dever de tornar concretos os direitos atribuídos pela ordem jurídica, ao qual corresponde o direito à atividade estatal destinada a este fim (direito à jurisdição e ao processo) e a que esta atividade seja capaz de produzir os efeitos que lhe são próprios (direito à efetividade da jurisdição e do processo). De outro lado, ao atribuir às partes o direito ao *devido processo legal*, a Constituição Federal também reconhece o direito à efetividade do processo (art. 5º, LIV), vez que *devido processo* é aquele apto à realização da adequada, justa e efetiva tutela dos direitos atribuídos pela ordem jurídica.

Entre as medidas indutivas atípicas que vem sendo consagradas pela jurisprudência vale citar:

a) apreensão de Carteira Nacional de Habitação, desde que o executado não a utilize para desempenhar suas atividades econômicas. Trata-se de medida que não afeta o direito de locomoção, mas que incide sobre a comodidade representada pela sua realização em veículo próprio, valendo observar que o STJ já decidiu que a suspensão da Carteira Nacional de Habitação não configura ameaça ao direito de ir e vir do titular (STJ, 4ª Turma, Recurso em *habeas corpus* n. 97.876-SP, Rel. Min. Luis Felipe Salomão e STJ, 3ª, Recurso em *habeas corpus* n. 99.606-SP, Rel. Min. Nancy Andrighi);

b) apreensão de passaporte. A adoção desta medida é justificada pelo fato de as viagens internacionais serem realizadas, em regra, para passeio, o que significa que a intenção é restringir a possibilidade de passeio com o objetivo de garantir a satisfação de crédito trabalhista;

c) bloqueio de cartão de crédito. Esta medida visa dificultar o acesso ao crédito, ou seja, tem o mesmo objetivo do protesto da decisão judicial e inclusão do nome do executado em órgão de proteção ao crédito e no Banco Nacional de Devedores Trabalhistas, que são expressamente autorizados pelo Direito Processual do Trabalho.

Assim, é à luz do caso concreto que deve ser definida a medida necessária e adequada para a satisfação do crédito em execução, considerando, no exame da sua adoção, por exemplo, o tempo transcorrido entre a lesão do direito e a instauração do processo executivo, as medidas até então adotas (neste exame, cumpre verificar se existem outras formas, menos gravosas ao executado, que permitam a satisfação do crédito), e o comportamento do executado durante o curso do processo (a CLT confere especial valor ao comportamento das partes no processo, como se vê, por exemplo, quando trata da responsabilidade por dano processual – art. 793-B –, ao passo que delas é exigido que colabore para que o processo de execução seja o mais efetivo, possível – art. 6º do CPC –, inclusive, no caso da execução, indicando bens sujeitos à penhora – art. 774, V, do CPC), isto sem olvidar a necessidade de mais rápida satisfação de créditos de caráter alimentar, como já assinalado.

3. AUTONOMIA DO PROCESSO DE EXECUÇÃO DE TÍTULO EXECUTIVO JUDICIAL. PROCESSO SINCRÉTICO

A indagação sobre a autonomia do processo de execução de título executivo judicial envolve o exame da sua relação com o processo de conhecimento.

No exercício da jurisdição, o juiz formula, com a participação das partes, a norma que deve disciplinar a relação jurídica litigiosa (*processo de conhecimento ou de cognição*) e promove a atuação prática dessa norma para satisfazer o direito nela reconhecido (*processo de execução*).

Tradicionalmente, estas duas atividades (formular e atuar a norma regente do caso concreto) são realizadas em processos autônomos e distintos (processo de conhecimento e processo de execução, respectivamente). Nesse sistema, a sentença impõe uma obrigação cujo cumprimento somente poderá ser exigido por meio de uma nova ação (ação executiva), na qual é requerida ao juiz a prática de atos que conformem o mundo fático ao que foi decidido (atos de execução). O resultado prático do processo de conhecimento (adequação do mundo material ao comando contido na sentença) fica, portanto, na dependência de um novo processo (processo de execução).

O CPC de 1973 adotou, em um primeiro momento, esta postura clássica, como demonstram o art. 162, § 1º, que definia sentença como ato pelo qual o juiz põe termo ao processo, decidindo ou não o mérito da causa, e o art. 463, segundo o qual, ao publicar a sentença, o juiz cumpre e acaba o ofício jurisdicional. Com isso, o cumprimento do que havia sido decidido exigia um novo e autônomo processo, qual seja, o processo de execução. Note-se que, sob este prisma, a tutela jurisdicional se esgota na confirmação da existência do direito de que a parte afirma ser titular.

A Lei n. 11.232/05 alterou a redação do art. 162, § 1º, do CPC de 1973, que passou a dispor que sentença "é o ato do juiz que implica algumas das situações previstas nos arts. 267 e 269 desta Lei" (estes artigos tratam das situações em que haverá e não haverá resolução mérito, respectivamente), e excluiu do art. 463 a referência a cumprimento e término do ofício jurisdicional em razão da publicação da sentença. Dessa forma, a sentença deixou de constituir ato por meio do qual é extinto o processo e que representa o cumprimento e o término do ofício jurisdicional, o que é repetido pelo CPC de 2015, segundo o qual, ressalvadas as disposições expressas dos procedimentos especiais, sentença é pronunciamento por meio do qual o juiz, com fundamento nos arts. 485 e 487, põe fim à fase cognitiva do procedimento ou extingue a execução (art. 203, § 1º).[2]

De outro lado, ao CPC de 1973 foram acrescentados, pela Lei n. 11.232/05, os arts. 475-I a 475-R, criando a *fase de cumprimento da sentença impositiva da obrigação por quantia certa*, em substituição à execução por quantia certa como processo distinto e autônomo. Isso significa que, com a Lei n. 11.232/05, o CPC de 1973 abandonou a postura clássica originalmente assumida, isto é, o reconhecimento da autonomia do processo de execução, em favor do denominado *sincretismo processual*, no qual os atos de conhecimento e de execução são praticados no mesmo processo, o que foi mantido pelo CPC de 2015, como se vê dos seus arts. 513 a 538.

Em suma, no direito processual civil, a formulação e a atuação concreta da norma regente da relação jurídica litigiosa submetida à apreciação do Poder Judiciário foram concentradas em um único processo, criando-se, *no processo de conhecimento*, a fase de cumprimento da decisão, com a consequente dispensa da instauração do processo de execução para que o juiz possa desenvolver atividades voltadas para a atuação prática da norma regente do caso *sub judice*, ou seja, para praticar atos executivos.

A eliminação da separação entre processo de conhecimento e processo de execução é inspirada pelos princípios da duração razoável do processo, da efetividade das decisões judiciais e da economia processual, valendo acrescentar que, quem recorre ao Poder Judiciário não persegue apenas uma decisão que confirme a titularidade de um direito, mas os efeitos concretos da intervenção do Poder Judiciário, ou seja, o gozo concreto do direito assegurado pela ordem jurídica e cuja existência é confirmada pela decisão judicial.

A Lei n. 11.232/2005 e o CPC de 2015, portanto, anteciparam a satisfação do direito merecedor de tutela jurisdicional para o processo de conhecimento, adotando uma visão unitária do processo. Desse modo, o conhecimento e a execução passam a constituir *fases distintas de uma mesma relação processual*, o que resulta

---

2. A ressalva em relação aos procedimentos especiais decorre do fato de que, em alguns deles, a sentença não põe fim à fase cognitiva do procedimento, como se dá, por exemplo, com a sentença que reconhece, na ação de exigir contas, a obrigação de prestar contas.

no *sincretismo processual*, que é traduzido pela prática de atos de conhecimento e de execução *no mesmo processo* (*processo de conhecimento*), com a consequente eliminação do processo autônomo de execução de sentença, isto quando se trate de sentença condenatória ao pagamento de quantia certa.

Segundo a sistemática adotada pelo CPC, tratando-se de decisão que imponha a obrigação de pagar quantia certa, o seu cumprimento far-se-á por execução, não como processo autônomo, mas como uma das fases do processo de conhecimento. Por consequência, a *execução* enquanto conjunto de atos praticados com o objetivo de satisfazer o crédito reconhecido em decisão judicial persiste, mas deixa de existir *processo de execução* como processo autônomo.

No Direito Processual do Trabalho subsiste a execução de título executivo judicial como processo autônomo, como resulta do art. 880 da CLT.

Com efeito, conforme prevê o art. 880 da CLT, "requerida a execução, o juiz ou presidente do Tribunal mandará expedir mandado de citação ao executado, a fim de que cumpra a decisão ou o acordo no prazo, pelo modo e sob as cominações estabelecidas ou, em se tratando de pagamento em dinheiro, incluídas as contribuições sociais devidas, para que pague em quarenta e oito horas, ou garanta a execução, sob pena de penhora". A exigência de *citação* do devedor torna certo que, no processo do trabalho, não há que se falar em execução como mera fase do processo de conhecimento.

Acrescente-se que a CLT autoriza o juiz a promover a execução de ofício (art. 878)

Com isso, o Direito Processual do Trabalho adota um *sistema híbrido*, no qual convivem o processo de execução como processo autônomo e a execução de ofício visto que ao juiz é atribuído o poder para promover a execução de ofício, como será visto mais adiante.

Entretanto, o sincretismo adotado pelo Direito Processual Civil é muito acanhado, vez que, embora tenha sido substituída a execução de decisão impositiva da obrigação por quantia certa por uma simples fase processual, esta fase somente tem início a requerimento do credor (art. 513, § 1º, do CPC). Assim, uma simples fase de cumprimento somente terá início se o credor o requerer, o que é explicado pela *concepção individualista* que ainda informa o CPC, fundada na ideia de liberdade do credor para dispor do seu crédito.

No Direito Processual do Trabalho, o sincretismo, embora não adotado expressamente, é mais acentuado, na medida em que, nele, a execução pode ser promovida de ofício pelo juiz, ou seja, apesar de ter sido mantida a autonomia do processo de execução, a sua instauração não depende de pedido do credor. E isto se dá porque tutelar um direito não é apenas confirmar a sua existência, mas assegurar o seu gozo concreto.

4. PRINCÍPIOS INFORMATIVOS DA EXECUÇÃO

A execução é conformada pelos mesmos princípios que regem o Direito Processual do Trabalho, o que exige, por exemplo, a simplificação das formas e dos procedimentos, a facilitação da satisfação do credor e a maior celeridade possível, notadamente porque, como ensina Enrico Tullio Liebman, "qualquer demora no desenvolvimento da execução reverte em prejuízo à amplitude de seu resultado".[3]

Contudo, a execução possui os seus próprios princípios.

Nesse sentido, a execução:

a) é *real*: os atos executivos incidem sobre o patrimônio e não sobre a pessoa do executado, ou seja, a responsabilidade do executado é patrimonial e não pessoal;

b) é *parcial*: os atos executivos devem afetar o patrimônio do devedor na exata medida daquilo que seja necessário para a satisfação do exequente, o que resulta na vedação de excesso de penhora;

c) deve ser *útil* ao credor: os atos executivos devem contribuir para a satisfação do crédito objeto da execução e não podem ser utilizados para causar danos desnecessários ao executado;

d) deve ser *econômica*: a execução deve ser realizada de forma mais econômica possível, ou seja, com o menor número de atos e o menor dispêndio econômico possíveis;

e) deve ser *específica*: a execução deve propiciar ao exequente aquilo que obteria se a obrigação fosse cumprida espontaneamente;

f) *corre às expensas do executado*: os custos da execução devem ser suportados pelo executado, na medida em que quem deu causa à demanda deve responder pelos custos respectivos;

g) é *limitada* pela necessidade de desrespeito à dignidade humana do executado.

Araken de Assis faz alusão aos princípios *do título* (a ação executiva "sempre se baseará em título executivo"), *da responsabilidade* (de ordinário, a execução recairá sobre os bens do executado, que respondem pelo cumprimento de suas obrigações (...), *do resultado* ("a execução se realiza no interesse do credor. Toda execução deve ser específica. É tão bem sucedida, de fato, quando entrega ao credor, exatamente, o objeto da prestação inadimplida e seus consectários"), e *da adequação* ("a relação entre meio executório e o bem, objeto da prestação, se governa pelo princípio da adequação. Em síntese, aplicar-se-á, na execução,

3. *Embargos do executado*, p. 131.

a via executiva idônea para atingir o bem, quando por mais de um modo pode ser efetuada").[4]

Na execução deve ser observado, ainda, o *princípio da proporcionalidade* ou *da proibição de excesso*, de forma que a medida executiva adotada deve ser: a) apropriada à satisfação do credor (*subprincípio da idoneidade ou adequação*); b) necessária à luz do caso concreto, deve ser escolhido o meio de satisfação do credor que seja o menos gravoso possível para o devedor (*subprincípio da exigibilidade ou da necessidade*); c) proporcional ao fim que se pretende alcançar, o que impõe sopesar as vantagens e as desvantagens da medida executiva a ser adotada em relação ao fim que se pretende alcançar (*subprincípio da proporcionalidade em sentido estrito*).

Não se pode perder de vista, ainda, que a execução trabalhista versa sobre créditos superprivilegiados, em razão de uma das suas funções básicas, que é a de servir de meio de sobrevivência do trabalhador e de sua família, ou seja, da natureza alimentar, o que é, inclusive, reconhecido pelo: 1) art. 100, §§ 1º e 2º, da Constituição, segundo o qual os créditos de caráter alimentar pela Fazenda Pública serão pagos com preferência sobre todos os demais créditos, exceto aqueles cujos titulares tenham sessenta anos de idade ou mais na data de expedição do precatório, ou sejam portadores de doença grave; b) art. 186 do Código Tributário Nacional, que reconhece a preferência do crédito trabalhista em relação ao tributário, que, por sua vez, prefere a qualquer outro, seja qual for a sua natureza ou tempo de constituição; c) art. 449, § 1º, da CLT, de acordo com o qual, na falência, constituirão crédito privilegiado a totalidade dos salários devidos ao empregado, ressalvada a limitação estabelecida pelo art. 83, I, da Lei n. 11.101/05.[5]

De acordo com o art. 961 do Código Civil, o crédito real prefere ao pessoal de qualquer espécie; o crédito pessoal privilegiado, ao simples; e o privilégio especial, ao simples. No entanto, esta ordem é alterada quando se trata de créditos que a ordem jurídica considera de satisfação prioritária (*créditos superprivilegiados*), dentre os quais os créditos de natureza salarial, cuja satisfação prefere a de qualquer outro crédito, inclusive o crédito com garantia real, seja porque a Constituição e o Código Tributário Nacional prevalecem sobre o Código Civil, seja porque as normas que estabelecem preferência em favor dos créditos trabalhistas são normas especiais e estas também se sobrepõem ao Código Civil.

---

4. *Manual da execução*, p. 91.
5. Este dispositivo legal estabelece a classificação dos créditos e coloca em primeiro lugar na ordem a ser seguida na sua satisfação, "os créditos derivados da legislação do trabalho, limitados a 150 (cento e cinquenta) salários mínimos por credor, e os decorrentes de acidente de trabalho". No entanto, esta limitação é inconstitucional, vez que fere o disposto no art. 100, § 1º, do Constituição Federal e, ainda, contraria o Código Tribunal Nacional, que, por ser uma lei complementar, se sobrepõe à lei ordinária.

Cumpre acrescentar que atuar no sentido de garantir a efetividade dos direitos trabalhistas, notadamente daqueles reconhecidos em título executivo, é agir em favor da dignidade humana dos seus titulares, da realização da justiça social, cidadania e da democracia, o que decorre da vinculação do Direito do Trabalho e dos direitos por ele assegurados aos trabalhadores com a dignidade humana, justiça social, cidadania e democracia.

Não é demais lembrar, por fim, que o *protecionismo humanizante* que caracteriza o Direito do Trabalho é atacado de várias formas, dentre as quais: a) retrocesso no nível de proteção, por meio da desregulamentação e/ou flexibilidade de normas protetivas, visando atender necessidades do mercado, o que conduz ao aparecimento do denominado *Direito do Trabalho de exceção*;[6] b) incremento do trabalho autônomo, com a consequente redução do universo dos trabalhadores beneficiados pela rede de proteção estabelecida pelo direito do trabalho; c) substituição da universalização da proteção assegurada pelo Direito do Trabalho aos que vivem da venda de sua força de trabalho pela diferenciação e individualização das condições de trabalho, por meio do prestígio aos acordos coletivos de trabalho, em detrimento das convenções coletivas de trabalho e do estabelecimento da prevalência do negociado sobre o legislado (o que permite que, por meio da negociação coletiva, seja desconstruído o direito legislado, ainda que em prejuízo dos trabalhadores, em ofensa à função social da negociação coletiva, que é, nos termos do caput do art. 7º da Constituição, a melhoria da condição social dos trabalhadores"; d) atribuição ao trabalho humano prestado em favor de outrem da condição de mercadoria, em razão da sua desvinculação da condição humana do seu prestador; e) não observância da legislação trabalhista; f) descumprimento ou retardamento do cumprimento de decisões judiciais condenatórias ou homologatórias de acordos.

A resposta a este último modo de ataque ao Direito do Trabalho é uma execução simplificada, econômica, rápida e, principalmente, efetiva.

5. PRESSUPOSTOS ESPECÍFICOS DA EXECUÇÃO. LIQUIDAÇÃO DO TÍTULO EXECUTIVO

O art. 876 da CLT e os arts. 783 e 786 do CPC autorizam afirmar que constituem requisitos para realizar qualquer execução: a) título de obrigação líquida, certa e exigível (*pressuposto jurídico da execução*); b) o inadimplemento ou não cumprimento espontâneo da obrigação consubstanciada em título executivo (*pressuposto fático da execução*).

O título executivo autoriza e fixa os limites da execução.

---

6. A desregulamentação e a flexibilização atingem o direito do trabalho em uma das suas funções primordiais, que é a progressividade na melhoria da condição social dos trabalhadores (art.7º, *caput*, da Constituição da República).

Araken de Assis afirma que a exigência do título "se justifica ante a necessidade de que a invasão da esfera jurídica do executado repouse em direito provável. A exibição do título representa a forte razão que autoriza a penetração do patrimônio".[7]

Os títulos executivos são *judiciais* e *extrajudiciais*. São judiciais os títulos executivos criados em juízo. Os títulos executivos extrajudiciais são aqueles criados sem a intervenção do Poder Judiciário.

A execução somente poderá ser instaurada na presença de obrigação líquida, certa e exigível consubstanciada em título executivo (art. 879 da CLT e art. 783 do CPC), valendo observar que a certeza, a liquidez e a exigibilidade são atributos da *obrigação* consubstanciada no título e não do título em si.

Cândido Rangel Dinamarco afirma que uma obrigação é certa quando estão "perfeitamente identificados e individualizados seus elementos constitutivos subjetivos e objetivos, ou seja, (a) quanto aos sujeitos ativos e passivos da relação jurídico-material, (b) quanto à natureza do seu objeto e quanto à identificação e individualização deste (...). Uma obrigação é líquida (a) quando já se encontra perfeitamente determinada a quantidade dos bens que lhe constituem o objeto ou (b) quando esta quantidade é determinável mediante a realização de meros cálculos aritméticos, sempre sem necessidade de buscar elementos ou provas necessárias ao conhecimento do *quantum*".[8]

Do art. 394 do Código Civil é extraído que a obrigação é exigível no tempo, no lugar e na forma que a lei ou a convenção estabelecer, observando-se que as dívidas em dinheiro deverão ser pagas no vencimento (art. 315 do Código Civil).

Compete à lei definir os títulos com força executiva, visto que não há título executivo sem lei anterior que o defina (*princípio da tipicidade dos títulos executivos*).

De acordo com o art. 876 da CLT, podem ser executados pela Justiça do Trabalho: a) *títulos executivos judiciais*: decisões transitadas em julgado, decisões das quais não tenha havido recurso com efeito suspensivo e acordo judicial homologado;[9] b) *títulos executivos extrajudiciais*: termo de ajuste de conduta firmado perante o Ministério Público do Trabalho,[10] termo de conciliação firmado perante as Comissões de Conciliação Prévia e termo de conciliação firmado perante o Núcleo Intersindical de Conciliação Trabalhista.[11]

---

7. *Comentários ao Código de Processo Civil*, v. VI, p. 133.
8. *Instituições de direito processual civil*, v. IV, p. 229-231.
9. O acordo judicial homologado equivale à decisão de mérito transitada em julgado (art. 831, parágrafo único, da CLT).
10. Termo de ajuste de conduta (TAC) é o termo firmado pelo empregador e o Ministério Público do Trabalho, por meio do qual o empregador assume o compromisso de ajustar a sua conduta às exigências do ordenamento jurídico.
11. A execução do termo de conciliação firmado perante Núcleo Intersindical de Conciliação Trabalhista é autorizada pelo art. 625-H da CLT, que ordena a aplicação a tal Núcleo das disposições relativas às Comissões de Conciliação

Acrescente-se a esse rol a *certidão de dívida ativa* resultante da aplicação de multas por órgão de fiscalização das relações de trabalho, por força do art. 114, VII, da Constituição, que atribui à Justiça do Trabalho competência para as ações, dentre elas a de execução, relativas às penalidades administrativas impostas aos empregadores pelos órgãos de fiscalização das relações de trabalho.

Diante do que dispõe o art. 114, I, da Constituição da República, se um título executivo estabelecido pelo direito processual comum (art. 784 da CLT) é formado em razão de uma relação de trabalho, à Justiça do Trabalho competirá a sua execução, visto que a competência executiva da Justiça do Trabalho estará presente toda vez que ela tiver competência para o processo de conhecimento relativo à matéria (aplicação do art. 877-A da CLT).

O segundo pressuposto específico da execução é o inadimplemento do devedor.

O crédito resultante do título somente pode ser executado quando ocorrer a inadimplência do devedor no cumprimento de sua obrigação (art. 876 da CLT e art. 786 do CPC), observando que é inadimplente o devedor que não satisfaz obrigação líquida, certa e exigível consubstanciada em título executivo no lugar, no tempo e pelo modo devidos.

O credor "não poderá iniciar a execução, ou nela prosseguir, se o devedor cumprir a obrigação, mas poderá recusar o recebimento da prestação se ela não corresponder ao direito ou à obrigação estabelecidos no título executivo, caso em que poderá requerer ao juiz a execução forçada, ressalvado ao devedor o direito de embargá-la" (art. 788 do CPC).

Prevê o CPC que, "se o devedor não for obrigado a satisfazer a sua prestação senão mediante a contraprestação do credor, este deverá provar que a adimpliu ao requerer a execução, sob pena de extinção do processo" (art. 787), mas "o executado poderá eximir-se da obrigação depositando em juízo a prestação ou coisa, caso em que o juiz não permitirá que o credor a receba sem cumprir a contraprestação que lhe tocar" (art. 787, parágrafo único).

A execução pressupõe, como já foi adiantado, obrigação líquida, isto é, obrigação cujo valor ou objeto esteja determinado.

Por essa razão, sendo ilíquida a obrigação, será realizada, previamente, a sua liquidação (art. 879 da CLT). Na liquidação, é determinado o valor da obrigação imposta na decisão ou individualizado o seu objeto. A liquidação constitui, portanto, um procedimento preparatório da execução, visto que ela prepara o título para a execução.

Prévia. Com isso, têm a mesma força executiva o termo firmado perante Núcleo Intersindical de Conciliação Trabalhista e o termo firmado perante Comissão de Conciliação Prévia.

A liquidação pode ser promovida de ofício pelo juiz, vez que o art. 879 da CLT não condiciona a sua realização a requerimento do credor.

Objeto de liquidação é apenas o título executivo judicial (art. 879 da CLT). A execução de título executivo extrajudicial pressupõe a liquidez do título, competindo ao credor instruir a petição inicial com o demonstrativo do débito atualizado até a data da propositura da ação, quando se tratar de execução por quantia certa (art. 798, I, *a*, do CPC).

Quando na sentença houver uma parte líquida e outra ilíquida, ao credor é lícito promover simultaneamente a execução daquela e a liquidação desta (art. 509, § 1º, do CPC).

Na liquidação, não poder modificar, ou inovar, a sentença liquidanda, assim como discutir matéria pertinente à causa principal (art. 879, § 1º, da CLT).[12] A CLT consagra, então, o *princípio da fidelidade ao título executivo.*

A liquidação abrangerá as contribuições previdenciárias devidas (art. 879, §§ 1º-A e 1º-B, da CLT). Essa exigência decorre do fato de ter a Justiça do Trabalho competência para executar, de ofício, os créditos previdenciários decorrentes das decisões que proferir (art. 114, VIII, da Constituição).[13]

Sobre o crédito a ser liquidado incidirão correção monetária, contada a partir do vencimento da obrigação (art. 39 da Lei n. 8.177/91 e art. 879, § 7º, da CLT, com a redação que lhe conferiu a Lei n. 13.467/17), e juros, à taxa de 1% ao mês, calculados *pro rata die* e contados a partir da propositura da ação. Os juros incidem sobre o principal atualizado (Súmula n. 200 do TST). A correção monetária e os juros são devidos ainda que omissa a petição inicial ou o título executivo (Súmula n. 211 do TST e art. 39 da Lei n. 8.177/91).

Abre-se um parêntese para anotar que a obrigação de pagar salário considera-se vencida no primeiro dia útil do mês subsequente ao trabalhado (art. 459, *caput*, da CLT) e é exigível a partir do quinto dia útil daquele mês (art. 459, parágrafo único, da CLT). O art. 459 da CLT estabelece uma tolerância, em favor do empregador, facultando o pagamento do salário após o seu vencimento. Por conta de tal tolerância, na vigência do contrato, o crédito de natureza salarial deve ser corrigido a partir do quinto dia útil do mês subsequente ao trabalhado (conta-se a correção monetária, na vigência do contrato, a partir do momento em que o crédito poderia ser exigido). Após a extinção do contrato de trabalho e sendo imposta ao empregador, por decisão judicial, a obrigação de saldar créditos de natureza salarial, opera-se a transferência da fonte normativa que norteia o cálculo da correção monetária, deixando a questão de ser disciplinada pelo art. 459 da

12. Embora a CLT faça referência à "causa principal", o que é vedado na liquidação é discutir matéria própria do processo de conhecimento.

13. A execução de contribuições previdenciárias será examinada mais adiante.

CLT para ser resolvida à luz do art. 39 da Lei n. 8.177/91, que trata da liquidação de créditos de natureza trabalhista devidos por força de decisão judicial. Segundo o art. 39 da Lei n. 8.177/91, os débitos trabalhistas de natureza salarial serão corrigidos a partir do seu vencimento. O vencimento da obrigação de pagar crédito salarial se dá, como visto anteriormente, no primeiro dia útil do mês seguinte ao trabalhado. Assim, a correção monetária, com a extinção do contrato, passa a ser contada a partir do vencimento da obrigação, isto é, a partir do primeiro dia útil do mês seguinte ao trabalhado (é nesse sentido, inclusive, a Súmula n. 381 do TST: "O pagamento de salário até o 5º dia do mês subsequente ao vencido não está sujeito à correção monetária. Se essa data limite for ultrapassada, incidirá o índice da correção monetária do mês subsequente ao da prestação de serviços, a partir do dia 1º). O crédito resultante da relação de trabalho distinta da de emprego deve ser corrigido a partir do vencimento da obrigação do devedor (art. 1º, § 1º, da Lei n. 6.899/81)".

Acrescente-se que a Lei n. 8.177/91 dispõe, no art. 39, que os débitos trabalhistas de qualquer natureza, quando não satisfeitos pelo empregador nas épocas próprias, sofrerão juros de mora equivalente à TR acumulada no período compreendido entre a data do vencimento da obrigação e o seu efetivo pagamento. Por força do citado dispositivo legal, a correção monetária dos créditos trabalhistas era calculada tendo por base a variação da TR. O STF, em decisão proferida nas ações diretas de inconstitucionalidade ns. 4.357, 4.372, 4.400 e 4425, declarou inconstitucional a expressão "índice oficial da remuneração básica da caderneta de poupança", constante do § 12 do artigo 100 da Carta Magna, afastando, com isto, a aplicação da Taxa Referencial (TR) na correção dos precatórios. Em 04.08.15, o Pleno do TST, no julgamento da arguição de inconstitucionalidade n. 479-60.2011.5.04.0231, utilizando como fundamento a decisão proferida pelo STF proferida nas ADIs ns. 4.357, 4.372, 4.400 e 4425, declarou, por arrastamento, a inconstitucionalidade da expressão "equivalentes à TRD" contida no *caput* do artigo 39 da Lei nº 8.177/91 e definiu como índice a ser utilizado para a correção dos créditos trabalhistas o IPCA-E. No entanto, em 14.10.2015, o STF concedeu liminar nos autos da Reclamação n. 22012 e suspendeu os efeitos da decisão proferida pelo TST no julgamento da arguição de inconstitucionalidade n. 479-60.2011.5.04.0231, reestabelecendo-se a correção monetária dos créditos trabalhistas com base na variação da TR. Mas, em 05/12/2017, quando da conclusão do julgamento da Rcl n. 22.012, a 2ª Turma do STF decidiu que o TST não havia desrespeitado as decisões do STF proferidas nas ações diretas de inconstitucionalidade 4.357 e 4.425. Desse modo, foi restabelecido o IPCA-E como índice a ser utilizado na correção dos créditos trabalhistas. Por fim, o Pleno do TST, ao julgar embargos opostos nos autos da arguição de inconstitucionalidade n. 479-60.2011.5.04.0231, concluindo pela modulação dos efeitos, de forma que o IPCAE fosse adotado apenas a partir de 25 de março de 2015. É certo que o art. 879, § 7º, da CLT, acrescentado pela

Lei n. 13.467/17, estabelece que a correção monetária dos créditos trabalhistas deve ser feita pela TR. Note-se porém, que o citado comando legal faz expressa referência à Lei n. 8.177/91, ou seja, a texto legal que foi declarado inconstitucional na parte em que ordena a aplicação da TR para a correção monetária dos créditos trabalhistas. Ademais, o que era inconstitucional não deixa de sê-lo pelo fato de ser reafirmado.

Feitos este registro, cumpre registrar que a liquidação será realizada por cálculo, arbitramento ou artigos e será julgada por sentença (art. 884, § 3º, da CLT).

Dar-se-á liquidação: a) *por cálculo*, quando a apuração do crédito depender apenas de cálculo aritmético (art. 879, §§ 1º-A, 1º-B e 2º, da CLT); b) *por arbitramento*, quando esta forma de liquidação for determinada pela sentença, convencionada pelas partes ou exigida pela natureza do objeto da liquidação (art. 509, I, do CPC); c) *por artigos*, quando, para determinar o valor da condenação, houver necessidade de alegar e provar fato novo, observando-se que fato novo é o fato relacionado à quantificação do crédito reconhecido na sentença e não à sua existência.

Observe-se que o CPC não faz alusão à liquidação por artigos, optando pela referência à realização da *liquidação pelo procedimento comum*, quando houver necessidade de alegar e provar fatos novos (arts. 509, II, e 511), o que, no entanto, não impede falar em liquidação por artigos no processo do trabalho.

A liquidação de créditos trabalhistas é normalmente realizada por cálculos, vez que, via de regra, a fixação do valor da condenação depende apenas de cálculos aritméticos.

Determinada a realização da liquidação por cálculos, as partes deverão ser intimadas para apresentar os seus cálculos, neles incluindo a contribuição previdenciária incidente (art. 879, § 1º-B, da CLT). No caso de haver litisconsórcio, todos os litisconsortes deverão ser intimados para apresentar os seus cálculos.

Elaborada a conta e tornada líquida a obrigação, o juízo deverá abrir às partes prazo comum de oito dias para impugnação fundamentada, com a indicação dos itens e valores objeto da discordância, sob pena de preclusão (art. 879, § 2º, da CLT).

As partes deverão se manifestar sobre os cálculos de forma fundamentada, indicando os itens e valores objeto de sua discordância, sob pena de preclusão, ou seja, da perda do direito de impugnar os cálculos em embargos à execução ou impugnação do credor. No entanto, somente se pode falar em preclusão do direito de impugnar os cálculos quando na intimação das partes constar, expressamente, a cominação dessa penalidade.

A preclusão do direito de atacar os cálculos de liquidação pode resultar da falta de impugnação oportuna ou da impugnação não fundamentada, vez que apresentar impugnação não fundamentada é o mesmo que não a apresentar.

Da conta e liquidação elaborada pelas partes ou pelos órgãos auxiliares da Justiça do Trabalho, será intimada, via postal, a União, por intermédio do órgão competente, para manifestação, no prazo de dez dias, também sob pena de preclusão (art. 879, § 3º, da CLT). A impugnação da União também deverá ser fundamentada, com indicação dos itens e valores objeto da sua discordância, e somente pode ter por objeto as contribuições previdenciárias resultantes da sentença.

Colhida a manifestação da União ou mantendo-se essa silente, o juiz proferirá sentença de liquidação, fixando o valor do crédito.

Contudo, antes de proferir sentença de liquidação, poderá o juiz determinar a realização de perícia, quando a complexidade dos cálculos o exigir. Neste sentido, prevê o art. 879, § 6º, da CLT que, "tratando-se de cálculos de liquidação complexos, o juiz poderá nomear perito para a elaboração e fixará, depois da conclusão do trabalho, o valor dos respectivos honorários com observância, entre outros, dos critérios de razoabilidade e proporcionalidade".[14]

A sentença de liquidação pode ser atacada pelo executado por meio de embargos à execução e, pelo credor, por meio de impugnação (art. 884 da CLT). Com isto, não cabe recurso contra a sentença de liquidação, visto ter ela natureza interlocutória, observando-se, ainda, que, sendo lícito às partes atacar a sentença de liquidação nos embargos e na impugnação do credor, sequer existe interesse para impugná-la mediante recurso.[15]

Julgados os embargos e/ou a impugnação, poderá ser interposto agravo de petição contra a decisão respectiva, mas é lícita a execução imediata e até a satisfação do credor da parte da sentença de liquidação não impugnada no agravo de petição interposto pelo executado (art. 897, § 1º, da CLT).

A liquidação também pode ser realizada por arbitramento.

O CPC estabelece, tratando desta modalidade de liquidação, que o juiz intimará as partes para a apresentação de pareceres ou documentos elucidativos, no prazo que fixar, e, caso não possa decidir de plano, nomeará perito, observando-se, no que couber, o procedimento da prova pericial (art. 510). Assim, antes da nomeação de perito, as partes serão intimadas para apresentar pareceres ou documentos elucidativos (trata-se de produção de prova documental na fase de execução, mas apenas no que comporta à fixação do valor do crédito) e, somente se o juiz não puder decidir de plano é que será nomeado perito.

---

14. Esta disposição legal consagra a aplicação dos princípios da razoabilidade e da proporcionalidade na execução trabalhista.

15. O TST, por meio da Súmula n. 399, item II, admite a interposição de ação rescisória contra a sentença homologatória de cálculos que "enfrentar as questões envolvidas na elaboração da conta de liquidação, quer solvendo a controvérsia das partes quer explicitando, de ofício, os motivos pelos quais acolheu os cálculos oferecidos por uma das partes ou pelo setor de cálculos, e não contestados pela outra".

Apresentado o laudo pericial, as partes e a União poderão manifestar-se no prazo assinalado pelo juiz. Após a manifestação das partes e da União ou vencido o prazo a elas concedido para manifestação, o juiz proferirá sentença ou designará audiência de instrução e julgamento, se for necessária a produção de prova oral.

Por fim, a liquidação pode ser realizada por *artigos*.

Far-se-á liquidação por artigos quando, para determinar o valor da condenação, houver necessidade de alegar e provar fatos novos, isto é, de fatos necessários para a definição do valor do crédito reconhecido na sentença.[16]

Na liquidação por artigos, será observado o procedimento impresso ao processo na fase de conhecimento (art. 509, II, do CPC, com a adaptação necessária ao processo do trabalho).

Apresentados os artigos de liquidação (fatos a serem provados para a fixação do valor da condenação), o executado será intimado para apresentar a sua contestação (a ausência de contestação não induz revelia ou confissão, vez que a revelia e a confissão decorrem da ausência física na audiência na qual o reclamado deve comparecer para apresentar sua resposta à reclamação; na liquidação, dá-se a intimação para apresentar contestação aos artigos de liquidação, que deverão ser provados pelo credor, quer tenham sido impugnados ou não[17]). O CPC prevê a intimação da parte na pessoa do advogado ou da sociedade de advogados a que estiver vinculado (art. 511), o que é compatível com o Direito Processual do Trabalho, posto que constitui fator de aceleração do processo, ressalvando-se, apenas, que o prazo de manifestação deverá ser de cinco dias e não de quinze dias como previsto no CPC (deve ser observado o mesmo prazo para apresentar e impugnar os embargos à execução, que, no processo do trabalho, é de cinco dias, como consta do art. 884 da CLT).

Impugnados os artigos, dar-se-á início à instrução e nesta as partes podem se valer de todos os meios legais, bem como os moralmente legítimos, ainda que não especificados em lei, para a prova dos fatos necessários à fixação do valor da condenação.[18]

---

16. O art. 879 da CLT, ao estabelecer que, sendo ilíquida a sentença, ordenar-se-á sua liquidação, permite afirmar que também a liquidação por artigos poderá ser iniciada de ofício. Ademais, se pode promover a execução de ofício, é lícito ao juiz ordenar que se inicie o procedimento necessário à sua realização. Assim, diante do silêncio do credor em relação à liquidação, o juiz deverá intimá-lo para apresentar os artigos de liquidação, dando início a essa fase preparatória da execução. Contudo, se ainda assim o credor permanece em silêncio, o processo deverá ser suspenso, salvo se for possível, à luz dos elementos existentes nos autos, proceder-se a liquidação por arbitramento, lembrando que "a liquidação por forma diversa da estabelecida na sentença não ofende a coisa julgada" (Súmula n. 344 do STJ).
17. Mauro Schiavi aduz, adotando o mesmo entendimento, que cabe ao autor fazer prova do fato, ainda que o réu não tenha contestado (*Manual de direito processual do trabalho*. 10. ed. p. 1031).
18. A prova, como registra Wagner Giglio, terá "por objetivo especificar os dados e fatos que possibilitem a fixação das verbas já contidas na condenação, pois na liquidação não se poderá modificar ou inovar a sentença exequenda, nem discutir matéria pertinente à causa principal" (*Direito processual do trabalho*, p. 480).

Encerrada a instrução, o juiz proferirá sentença de liquidação. Sendo considerados provados os artigos, as partes devem ser intimadas para apresentar seus cálculos (inclusive relativos às contribuições previdenciárias devidas), prosseguindo-se a liquidação na forma do art. 879 da CLT.[19]

Os artigos de liquidação que forem julgados improcedentes por falta ou insuficiência de provas podem ser renovados pelo credor, o que decorre da necessidade de tornar concreto o direito reconhecido no título executivo e de evitar a eternização das demandas.

6. PROTESTO DE TÍTULO EXECUTIVO JUDICIAL

Consoante o art. 1º da Lei n. 9.492/97, protesto "é o ato formal e solene pelo qual se prova a inadimplência e o descumprimento de obrigação originada em títulos ou outros documentos de dívida". O protesto serve, portanto, para a comprovação da inadimplência e do descumprimento de obrigação consubstanciada em títulos ou *outros documentos de dívida*, o que inclui as decisões judiciais, em razão da sua condição de título executivo. Desse modo, também as decisões judiciais poderão ser levadas a protesto, conclusão que é confirmada pelo art. 94, I, da Lei n. 11.101/05, que faz referência a dívida líquida materializada em *título executivo protestado*, isto sem qualquer ressalva quanto à natureza do título, o que significa que ele pode ser judicial ou extrajudicial.[20]

O art. 517 do CPC autoriza o protesto de decisão judicial, ao dispor que a decisão judicial transitada em julgado poderá ser levada a protesto, nos termos da lei, depois de transcorrido o prazo para pagamento voluntário. O art. 883-A da CLT também autoriza o protesto da decisão judicial, mas estabelece que ele somente poderá ser realizado depois de transcorrido o prazo de 45 dias da citação do executado, se não houver garantia do juízo. Neste particular, a CLT estabelece um benefício (moratória) injustificável para os executados, posto que o protesto tem por objeto decisão já transitada em julgado e é realizado apenas se for

---

19. De acordo com Wagner Giglio, "feita a prova de quanto baste à fixação do valor da condenação, o juiz, fundamentando a decisão, dará por provados os artigos e ordenará, na mesma ocasião, a remessa dos autos ao contador, para cálculo dos juros da mora e da correção monetária, uma vez que essa decisão só poderá ser impugnada no mesmo prazo dos embargos à execução. Somente após o retorno dos autos do contador as partes serão intimadas para que se pronunciem, no prazo de cinco dias, exclusivamente sobre o cálculo" (*Direito processual do trabalho*, p. 480-481).

20. A propósito decidiu o STJ que: "1. O protesto comprova o inadimplemento. Funciona, por isso, como poderoso instrumento a serviço do credor, pois alerta o devedor para cumprir sua obrigação. 2. O protesto é devido sempre que a obrigação estampada no título é líquida, certa e exigível. 3. Sentença condenatória transitada em julgado, é título representativo de dívida — tanto quanto qualquer título de crédito. 4. É possível o protesto de título de sentença condenatória, transitada em julgado, que represente obrigação pecuniária líquida, certa e exigível. 5. Quem não cumpre espontaneamente a decisão judicial não pode reclamar porque a respectiva sentença foi levada a protesto" (STJ, 3ª Turma, REsp. 75085-RS, Rel. Min. Humberto Gomes de Barros, DJe 16.6.2009).

verificado que o credor não cumpriu espontaneamente a sua obrigação quando citado na execução.

Para efeito de realização do protesto, deverá ser expedida *certidão de crédito judicial*, da qual devem constar: nome e qualificação do exequente e do executado; número do processo em que foi reconhecido o crédito; valor da dívida (principal, correção monetária e juros), das custas e honorários advocatícios e periciais eventualmente devidos; local para pagamento; data de decurso do prazo para pagamento voluntário.

O protesto é disciplinado pela Lei n. 9.492/97, a qual prevê, por exemplo, que:

a) incumbe ao Tabelião de Protesto de Títulos a protocolização, a intimação, o acolhimento da devolução ou do aceite, o recebimento do pagamento do título e de outros documentos de dívida, bem como lavrar o protesto e acatar a desistência do credor em relação ao mesmo, proceder às averbações, prestar informações e fornecer certidões relativas a todos os atos praticados (art. 3º), observando-se que, onde houver mais de um Tabelião de Protesto e Títulos, os títulos e documentos estarão sujeitos a prévia distribuição (art. 7º);

b) entregue a certidão de crédito judicial no cartório, o pagamento antes do registro do protesto nele deverá ser realizado (arts. 3º e 19 da Lei n. 9.492/97). Registrado o protesto, qualquer pagamento deverá ser realizado diretamente no juízo da execução;

c) protocolizada a certidão de crédito judicial, o Tabelião de Protesto expedirá a intimação ao devedor, na forma disciplinada no art. 14, *caput* e § 1º, da Lei n. 9.492/97. O protesto será registrado dentro de três dias úteis contados da protocolização do título (art. 12 da Lei n. 9.492/97);

d) esgotado o prazo estabelecido no art. 12 da Lei n. 9.492/97, será tirado o protesto por falta de pagamento (art. 21 da Lei n. 9.492/97);

e) o deferimento de recuperação judicial não impede o protesto (art. 24 da Lei n. 9.492/97);

f) pelos atos que praticarem, os Tabeliões de Protesto perceberão emolumentos, a título de remuneração, observados os valores fixados na forma da lei estatual e de seus decretos regulamentadores, salvo quando o serviço for estatizado (art. 37 da Lei n. 9.492/97), podendo ser exigido depósito prévio dos emolumentos e demais despesas devidas (art. 37, § 1º, da Lei n. 9.492/97), observando-se, no entanto, que a gratuidade da justiça compreende os emolumentos devidos a notários ou registradores em decorrência da prática de registro, averbação ou qualquer outro ato notarial necessário à efetivação de decisão judicial ou à continuidade de processo judicial no qual o benefício tenha sido deferido (art. 98, § 1º, IX, do CPC).

O protesto não depende de autorização judicial, podendo ser realizado pelo próprio credor, mediante certidão de crédito judicial.[21] Contudo, somente por mandado do juízo da execução pode ser sustado ou cancelado o protesto (art. 16 da Lei n. 9.492/97 e art. 517, § 4º, do CPC), observando-se que o executado que tiver proposto ação rescisória para impugnar a decisão exequenda pode requerer, às suas expensas e sob sua responsabilidade, a anotação da propositura da ação à margem do título protestado (art. 517, § 3º, do CPC). A sustação ou o cancelamento será comunicado ao cartório de protesto mediante ofício (art. 517, § 3º, do CPC).

Os cartórios de protesto fornecerão às entidades vinculadas à proteção do crédito, quando solicitada, certidão diária, em forma de relação, dos protestos tirados e dos cancelamentos efetuados, com nota de se cuidar de informação reservada, da qual não se poderá dar publicidade pela imprensa, nem mesmo parcialmente (art. 29 da Lei n. 9.492/97). Desse modo, o devedor poderá ter o seu nome incluído nos cadastros ou bancos de dados das entidades vinculadas à proteção do crédito (SERASA, SPC Brasil, por exemplo), como consequência do protesto (ou mesmo independentemente de protesto, na forma do art. 782 do CPC, que é aplicável no processo do trabalho, consoante o art. 17 da Instrução Normativa n. 39/2016 do TST[22]).

O protesto, portanto, além de servir de meio de prova do inadimplemento do devedor e do descumprimento de obrigação originada em títulos ou outros documentos de dívida, a eles confere publicidade (anote-se que, por meio da Recomendação n. 3, de 15.3.2013, o Conselho Nacional de Justiça orientou os tabeliões de registro a informar às partes envolvidas em transações imobiliárias sobre a possibilidade de obtenção da Certidão Negativa de Débitos Trabalhistas).

O protesto de título executivo judicial, que constitui medida de coerção indireta, que visa compelir ao cumprimento da obrigação, alcança as decisões proferidas pela Justiça do Trabalho, na medida em que contribui para a satisfação dos créditos decorrentes da relação de emprego, muitos dos quais relacionados a direitos humanos e/ou fundamentais de natureza alimentar. Ademais, o protesto passa a ser autorizado em razão da aplicação subsidiária ou supletiva do CPC no processo do trabalho (art. 769 da CLT e art. 15 do CPC) e, agora, por expressa previsão da CLT (art. 883-A da CLT, acrescentado pela Lei n. 13.467/17).

---

21. O juiz, estando autorizado a promover a execução de ofício, também pode determinar a realização do protesto de ofício, visto se tratar, o protesto, de mais um instrumento estabelecido pela ordem jurídica em favor da eficácia das decisões judiciais.

22. A decisão judicial transitada em julgado somente gerará a inscrição do nome do executado nos órgãos de defesa do crédito depois de transcorrido o prazo de 45 dias a contar da citação do executado, se não houver garantia do juízo (art. 883-A da CLT, acrescentado pela Lei n. 13.467/17). Por meio do Termo de Cooperação Técnica n. 20/2014, firmado pelo CNJ com o SERASA, foi instituído o SERASAJUD, sistema que permite o envio de ordens judiciais de inclusão de restrição nos cadastros mantidos pelo SERASA e de solicitação de informação de dados cadastrais, assim com o acesso às respostas respectivas, por meio da rede mundial de computadores

Como aduz Élisson Miessa, "a finalidade última do protesto corresponde ao pagamento da obrigação",[23] da qual decorre a sua condição de instrumento voltado à efetividade do direito reconhecido no título executivo judicial, o que o coloca em sintonia com um dos princípios fundamentais do Direito Processual do Trabalho, qual seja, o da máxima eficácia das decisões judiciais.

7. CERTIDÃO NEGATIVA DE DÉBITOS TRABALHISTAS (CNDT)

Ainda relacionada com a inadimplência do executado está a Certidão Negativa de Débitos Trabalhistas, que é exigida para habilitação em licitação pública, e visa compelir o devedor a cumprir as suas obrigações trabalhistas, o que lhe atribui a condição de medida de coerção indireta, por incidir sobre a vontade do devedor.

A Certidão Negativa de Débitos Trabalhistas (CNDT) foi instituída pela Lei n. 12.440/11 e serve para a comprovação da inexistência de débitos inadimplidos perante a Justiça do Trabalho pelas pessoas físicas e jurídicas, para efeito da sua habilitação em licitações públicas (inciso V do art. 29 da Lei n. 8.666/93, introduzido pela Lei n. 12.440/11).[24]

A Lei n. 12.440/11 alterou a CLT, nela inserindo o art. 642-A, e incluiu o inciso V no art. 29 da Lei n. 8.666/93 (Lei de Licitações[25]).

O art. 642-A da CLT dispõe que:

> "Art. 642-A. É instituída a Certidão Negativa de Débitos Trabalhistas (CNDT), expedida gratuita e eletronicamente, para comprovar a inexistência de débitos inadimplidos perante a Justiça do Trabalho.
>
> § 1º O interessado não obterá a certidão quando em seu nome constar:
>
> I – o inadimplemento de obrigações estabelecidas em sentença condenatória transitada em julgado proferida pela Justiça do Trabalho ou em acordos judiciais trabalhistas, inclusive no concernente aos recolhimentos previdenciários, a honorários, a custas, a emolumentos ou a recolhimentos determinados em lei; ou
>
> II – o inadimplemento de obrigações decorrentes de execução de acordos firmados perante o Ministério Público do Trabalho ou Comissão de Conciliação Prévia.

23. Hipoteca judiciária e protesto da decisão judicial no novo CPC e seus impactos no processo do trabalho. In: *O novo Código de Processo Civil e seus reflexos no processo do trabalho*, p. 478.
24. A habilitação consiste na verificação da idoneidade e capacidade da pessoa, física ou jurídica, para contratar com a Administração Pública.
25. Esta Lei regulamenta o art. 37, XXI, da Constituição e institui normas gerais sobre licitações pertinentes a obras, serviços, compras, alienações e locações no âmbito dos Poderes da União, dos Estados, do Distrito Federal e dos Municípios.

§ 2º Verificada a existência de débitos garantidos por penhora suficiente ou com exigibilidade suspensa, será expedida Certidão Positiva de Débitos Trabalhistas em nome do interessado com os mesmos efeitos da CNDT.

§ 3º A CNDT certificará a empresa em relação a todos os seus estabelecimentos, agências e filiais.

§ 4º O prazo de validade da CNDT é de 180 (cento e oitenta) dias, contado da data de sua emissão."

De outro lado, o *caput* e o inciso V do art. 29 da Lei n. 8.666/93 dispõem que a documentação relativa à regularidade fiscal e trabalhista, conforme o caso, consistirá em (...) "V – prova de inexistência de débitos inadimplidos perante a Justiça do Trabalho, mediante a apresentação de certidão negativa, nos termos do Título VII-A da Consolidação das Leis do Trabalho, aprovada pelo Decreto-Lei n. 5.452, de 1º de maio de 1943".

A expedição da CNDT foi regulamentada pelo TST, por meio da Resolução Administrativa n. 1.470, de 30.8.2011, alterada pelos Atos TST.GP n. 772/11 e TST. GP n. 1/2012, sendo nela previsto, por exemplo, que:

a) a pessoa, física ou jurídica, que pretenda participar de licitação pública deverá comprovar a sua regularidade trabalhista, por meio da apresentação de Certidão Negativa de Débitos Trabalhistas (CNDT), expedida gratuita e eletronicamente pelo Tribunal Superior do Trabalho, pelo Conselho Superior da Justiça do Trabalho e pelos Tribunais Regionais do Trabalho;

b) a regularidade trabalhista consiste na: 1) inexistência de débitos inadimplidos perante a Justiça do Trabalho, decorrentes de sentença condenatória transitada em julgado, acordos judiciais trabalhistas, acordos firmados perante o Ministério Público do Trabalho ou Comissão de Conciliação Prévia;[26] 2) existência de débito trabalhista inadimplido perante a Justiça do Trabalho, mas com execução garantida por penhora suficiente;[27] 3) existência de débito trabalhista inadimplido perante a Justiça do Trabalho, mas com a sua exigibilidade suspensa;

c) o inadimplemento de débitos perante a Justiça do Trabalho pode se referir a créditos decorrentes da relação de trabalho, a recolhimentos previdenciários, a honorários, a custas, a emolumentos e a recolhimentos determinados em lei.

Note-se que foram criadas três espécies de certidão: i) *Certidão Negativa de Débitos Trabalhistas*; ii) *Certidão Positiva de Débitos Trabalhistas com efeito de certidão negativa*: a ser expedida quando a execução promovida contra a empresa

---

26. O art. 1º, § 3º, da Resolução Administrativa n. 1.470/11 do TST estabelece, expressamente, que não será inscrito no Banco Nacional de Devedores Trabalhistas (BNDT) o devedor cujo débito é objeto de execução provisória.

27. Produz o mesmo efeito da penhora suficiente a existência de depósito recursal em montante que garanta a satisfação do crédito objeto da execução. A Lei n. 13.467/17 acrescentou à CLT o art. 883-A, estabelecendo que a inclusão do nome do executado no Cadastro somente pode ocorrer se não houver garantia do juízo.

estiver garantida por penhora suficiente ou o título executivo em que se lastrear a execução estiver com a sua exigibilidade suspensa;[28] iii) *Certidão Positiva de Débitos Trabalhistas*, a ser expedida quando existir em curso contra a pessoa física ou jurídica execução ainda não suficientemente garantida e lastreada em título executivo com exigibilidade não suspensa. A certidão positiva atesta a irregularidade trabalhista da pessoa física ou jurídica e impede a sua participação em licitação pública.

A Resolução Administrativa n. 1.470 do TST, tendo em vista que a expedição da CNDT pressupõe a existência de base de dados integrada, de âmbito nacional, com informações sobre as pessoas físicas e jurídicas inadimplentes perante a Justiça do Trabalho, criou o Banco Nacional de Devedores Trabalhistas (BNDT), centralizado no TST.

De acordo com a Resolução Administrativa n. 1.470 do TST, por exemplo:

a) o devedor é incluído no BNDT a partir do momento em que, devidamente cientificado, não paga o débito ou descumpre obrigação de fazer ou não fazer, no prazo previsto em lei (art. 1º, § 1º);[29]

b) antes de efetivar a inclusão do devedor no BNDT, em execução por quantia certa, o juízo da execução determinará o bloqueio eletrônico de numerário por meio do sistema BACENJUD[30] e também registrará no sistema, quando for o caso, a informação sobre a existência de garantia total da execução (art. 1º, § 1º-A);

c) realizada a sua inscrição no BNDT, o devedor comporá um pré-cadastro para a emissão da CNDT e disporá do prazo improrrogável de 30 dias para cumprir a obrigação ou regularizar a situação, a fim de evitar a positivação de seus registros junto ao BNDT (art. 1º, § 4º), observando-se que a alteração dos dados do devedor no BNDT dentro deste prazo não o renova ou modifica (art. 1º, § 6º);

d) a inclusão, a alteração e a exclusão de dados no BNDT depende de determinação judicial expressa, preferencialmente por meio eletrônico (art. 2º). Na execução por carta, caberá ao juízo deprecante a determinação de inclusão, alteração ou exclusão de dados no BNDT (art. 2º, § 1º). As alterações no BNDT decorrentes de decisão do TST ou de TRT serão imediatamente comunicadas ao juízo de origem, a quem caberá a atualização (art. 2º, § 2º). Caberá aos TRTs,

28. O art. 1º, § 2º, da Resolução Administrativa n. 1.470/11 do TST dispõe que a garantia total da execução por depósito, bloqueio de numerário ou penhora de bens suficientes, devidamente formalizada, ensejará a expedição de Certidão Positiva de Débitos Trabalhistas, com os mesmos efeitos da CNDT. A Lei n. 13.467/17 acrescentou à CLT o art. 883-A, estabelecendo que a inclusão do nome do executado no Cadastro somente pode ocorrer se não houver garantia do juízo.

29. O devedor pode ser "cientificado" de várias formas, dentre elas a citação para pagamento ou cumprimento da obrigação, a intimação para o cumprimento de acordo inadimplido e a intimação para cumprimento de obrigação de fazer.

30. Somente quando não forem encontrados valores passíveis de apreensão é que o nome do devedor será incluído no Banco Nacional de Devedores Trabalhistas.

observado o disposto no art. 2º, § 2º, da Resolução Administrativa em destaque, determinar a atualização dos dados no BNDT antes do envio dos autos ao TST para julgamento de recurso eventualmente interposto (art. 2º, § 3º).

A exigência da CNDT nos processos licitatórios não ofende a livre iniciativa, visto que esta deve ser harmonizada com o respeito ao valor social do trabalho e à função social da propriedade, lembrando-se que, consoante o art. 186 da Constituição, a propriedade a sua função social quando é explorada com a "observância das disposições que regulam as relações de trabalho".

Também não há que cogitar de ofensa à livre concorrência. A capacidade de competir não pode estar fundada no descumprimento da legislação trabalhista (a necessidade de garantir condições de concorrência não justifica a desconstrução dos direitos trabalhistas ou a sua lesão). Aliás, tratar de forma igual a empresa que observa e a empresa que não observa a legislação trabalhista é que implica ofensa à livre concorrência, posto que a empresa descumpridora da legislação trabalhista terá os seus custos operacionais reduzidos exatamente por lesar os direitos dos seus empregados, o que a colocaria em situação de vantagem.

Não se diga que esta exigência fere os princípios da razoabilidade e da proporcionalidade. É razoável, adequado e necessário exigir que o pretendente à contratação com a Administração Pública demonstre a sua atuação em sintonia com a ordem jurídica, em defesa, inclusive, da própria Administração Pública, que poderá ser condenada a satisfazer os créditos dos empregados das empresas por ela contratadas. Aliás, a Lei n. 8.666/91 exige, como se vê dos seus arts. 27, IV, e 29, a comprovação da regularidade fiscal para a habilitação em licitações públicas e não existe evidência de que esta exigência prejudica o caráter competitivo da licitação ou inviabiliza a contratação com a Administração Pública.

Acrescente-se que não é inconstitucional exigir, para a contratação com a Administração Pública, a comprovação do respeito à função social da empresa, por meio da observância da legislação trabalhista, tendo em vista o disposto no art. 186 da Constituição da República, além do que a própria Constituição admite restrições ao direito de contratar com a Administração Pública, como se vê do seu art. 195, § 3º.

Registre-se que a CNDT também constitui valioso instrumento para as empresas que pretendam terceirizar parte de suas atividades, visto que elas poderão verificar, antes da contratação, a regularidade trabalhista da empresa candidata à contratação. De outro lado, quem vai adquirir um imóvel poderá verificar se o vendedor figura como executado perante a Justiça do Trabalho, precavendo-se de posterior alegação de aquisição de bens em fraude à execução, posto que a CNDT pode ser exigida para fins de transação imobiliária (art. 9º, § 2º, da Resolução Administrativa n. 1.470/11do TST).

8. EXECUÇÃO TRABALHISTA: DISCIPLINA LEGAL. O SUBSISTEMA DA EXECUÇÃO TRABALHISTA. APLICABILIDADE DO ART. 523, *CAPUT*, DO CPC NO PROCESSO DO TRABALHO

A CLT constitui a fonte primeira da disciplina da execução trabalhista (arts. 876 a 892). Contudo, a CLT é composta por 922 artigos, dos quais apenas 20 são reservados à disciplina da execução, o que já é prenúncio da existência de omissões.

Sendo omissa a CLT a propósito de uma questão surgida no curso da execução, a sua solução deve ser buscada nas demais normas que compõem o Direito Processual do Trabalho, dentre elas os princípios deste ramo do Direito, a Lei n. 5.584/70 (arts. 12 e 13), o direito processual comum (arts. 769 e 889 da CLT e art. 15 do CPC) e a Lei n. 6.830/80 (art. 889 da CLT). Assim, a CLT, os princípios do Direito Processual do Trabalho, a legislação extravagante, o direito processual comum e a Lei n. 6.830/80 formam o *subsistema da execução trabalhista.*

Note-se que, até o advento do CPC de 2015, poder-se-ia afirmar que o juiz, na solução do caso concreto, deveria recorrer à CLT, às demais normas que compõem o Direito Processual do Trabalho (regras e princípios), à Lei n. 6.830/80 e ao direito processual civil comum, nesta ordem.[31]

Esta ordem deveria ser abandonada, no entanto, quando a CLT assim o determinasse, como ocorre na definição da ordem a ser seguida pelo devedor na nomeação de bens à penhora, que deve ser a estabelecida no art. 835 do CPC, consoante determina o art. 882 da CLT, observando-se que a Instrução Normativa n. 39/16 do TST estabelece, no art. 3º, § 3º, XV, que é aplicável no processo do trabalho o art. 835, incisos e §§ 1º e 2º do CPC.

Contudo, a ordem preferencial relativa às fontes subsidiárias do Direito Processual do Trabalho foi afastada pelo CPC de 2015, que, em seu art. 15, realiza a ligação direta entre o Direito Processual do Trabalho e o CPC. Desse modo, a fonte subsidiária ou supletiva a ser utilizada deve ser definida à luz das particularidades do caso concreto, adotando-se como parâmetro, na sua definição, os princípios do Direito Processual do Trabalho, em especial a maior eficácia possível das decisões judiciais.[32]

A aplicação da Lei n. 6.830/80 na execução trabalhista, que não é prejudicada pelo art. 15 do CPC, não se faz sem ressalvas. É que, consoante dispõe o art. 889 da CLT, são aplicáveis no processo de execução trabalhista os preceitos que regem o *processo* dos executivos fiscais para a cobrança judicial de dívida da

31. A prevalência da Lei n. 6.830/80 sobre o CPC na definição das fontes subsidiárias do processo de execução resultava do fato de o art. 889 da CLT, sendo norma própria do processo de execução, se sobrepor ao art. 769 da CLT, que é norma relativa ao processo de conhecimento.

32. As condições para a utilização do direito processual comum como fonte subsidiária ou supletiva do Direito Processual do Trabalho foram examinadas no Capítulo II.

Fazenda Pública Federal, de forma que, como registra Wagner Giglio, "as normas de direito material, contidas em bom número na Lei n. 6.830/80, não se aplicam ao processo de execução trabalhista, em que incidem apenas as normas de natureza processual".[33]

Na definição da disciplina legal da execução trabalhista vem à luz questão relativa à aplicabilidade do art. 523, *caput*, do CPC no processo do trabalho.

O CPC prevê, no seu art. 523, *caput*, que, "No caso de condenação em quantia certa, ou já fixada em liquidação, e no caso de decisão sobre parcela incontroversa, o cumprimento definitivo da sentença far-se-á a requerimento do exequente, sendo o executado intimado para pagar o débito, no prazo de 15 (quinze) dias, acrescido de custas, se houver", ao passo que, nos termos do art. 523, § 1º, do CPC, não ocorrendo pagamento voluntário no prazo do *caput*, o débito será acrescido de multa de dez por cento e, também, de honorários de advogado de dez por cento.

Note-se que o CPC: a) exige, expressamente, a prévia intimação do executado para pagar o débito como condição para a aplicação da multa em destaque; b) comina a multa também em relação ao cumprimento de decisão sobre parte incontroversa do crédito.[34]

A multa cominada no art. 523 do CPC é imposta como medida de pressão psicológica, destinada a compelir o devedor a cumprir a sua obrigação (trata-se de medida de coerção, destinada a influenciar a vontade do devedor, no sentido do cumprimento da sua obrigação). Com efeito, a intenção do legislador, ao cominar a multa em questão, é estimular o cumprimento espontâneo da obrigação de pagamento de quantia certa e punir aquele que não o realizar, o que implica que ela tem natureza coercitiva e punitiva.

A comparação entre o art. 523 do CPC e os arts. 880 e 883 da CLT permite vislumbrar importantes distinções nos sistemas adotados no processo civil e no processo do trabalho:

a) no processo civil, não há *citação* do devedor como primeiro ato da fase de cumprimento, o que constitui mera consequência da extinção do processo de execução como processo autônomo e da criação, no processo de conhecimento, da fase de cumprimento. O devedor é *intimado*, na pessoa de seu advogado, para cumprir a sua obrigação. No processo do trabalho, a execução tem início com a citação do executado;

---

33. *Direito processual do trabalho*, p. 494.

34. Trata-se de decisão proferida em *julgamento antecipado parcial do mérito*, que é previsto no art. 356, I, do CPC de 2015, segundo o qual o juiz decidirá parcialmente o mérito quando um ou mais dos pedidos formulados ou parcelas deles mostrar-se incontroverso. Esta previsão atende ao princípio da duração razoável do processo e à ideia segundo a qual a duração do processo não pode prejudicar a parte que tem razão e é aplicável no processo do trabalho, consoante prevê a Instrução Normativa n. 39/16 do TST (art. 5º).

b) no processo civil, sendo a decisão líquida, ou realizada a sua liquidação, ou no caso de parcela incontroversa, ao credor resta como opção o *pagamento da quantia objeto da execução*. No processo do trabalho, sendo a decisão líquida, ou realizada a sua liquidação, o executado é citado para *pagar o valor devido*, acrescido de correção monetária, juros e custas, *ou garantir a execução*;

c) no processo civil, verificada a ausência de pagamento, será expedido, a requerimento do credor, mandado de penhora e avaliação. No processo do trabalho, a penhora somente será realizada quando o devedor deixar de efetuar o pagamento e não garantir a execução.

A multa cominada no art. 523 do CPC pode ser imposta na execução trabalhista, na medida em que:

1) a aplicação da multa em destaque na execução trabalhista decorre do dever, que é imposto ao juiz pelo art. 765 da CLT, de zelar pela mais rápida satisfação do crédito reconhecido no título judicial, não podendo ser olvidado, ainda, o direito fundamental das partes à razoável duração do processo (art. 5º, LXXVIII, da Constituição), que também exige do juiz firme atuação no sentido da mais rápida satisfação do crédito reconhecido em decisão judicial, o que o autoriza a se valer, para tanto, de todo o instrumental que a ordem jurídica coloca à sua disposição, o que inclui a multa em questão;
2) devem ser prestigiadas no processo do trabalho as soluções legislativas que resultem na melhoria da condição social do trabalhador, o que é autorizado pelo disposto no *caput* do art. 7º da Constituição, na medida em que o trabalhador tem melhorada a sua condição social quando os seus créditos são satisfeitos no menor espaço de tempo possível, observando-se que o CPC passou a ser, por força do seu art. 15, fonte também supletiva do Direito Processual do Trabalho, o que implica possibilidade de adotar as medidas nele consagradas para facilitar a mais rápida satisfação de crédito objeto de execução;
3) a CLT não trata, nos arts. 880 e 883, da aplicação de multa quando o executado deixa de pagar a dívida ou garantir a execução no momento próprio, posto que a penhora não tem natureza coercitiva ou punitiva, o mesmo ocorrendo com os acréscimos relativos a correção monetária, juros e custas (que, inclusive, também são devidos no processo civil), sendo o caso, então, de omissão do Direito Processual do Trabalho, a ser suprida pela aplicação na execução trabalhista do art. 523, § 1º, do CPC;
4) a CLT, autorizando o juiz a *promover* a execução, a ele confere o poder para adotar as medidas executivas que se apresentem, no caso concreto, como as mais idôneas à satisfação do credor, o que abarca a multa em debate;

5) o Direito do Trabalho contém disposições que indicam a necessidade de assegurar a mais rápida e plena satisfação do crédito trabalhista, valendo lembrar, neste sentido, do: a) art. 467 da CLT, que impõe acréscimo de 50% do valor das parcelas rescisórias incontroversas não pagas em audiência;[35] b) art. 477, §§ 6º e 8º, da CLT, que comina multa para a hipótese da não realização do acerto rescisório no prazo próprio.

O acréscimo e a multa previstos nos arts. 467 e 477 da CLT possuem a mesma natureza da multa de que trata o art. 523 do CPC, visto que também são impostos como forma de pressão psicológica, visando compelir o devedor a cumprir a sua obrigação, e, não sendo a obrigação cumprida, assumem feição de sanção pecuniária pelo seu inadimplemento, o que permite afirmar que o art. 523, § 1º, do CPC é compatível com o Direito Processual do Trabalho.

Contudo, o executado não pode ser surpreendido com a aplicação da multa do art. 523 do CPC, sob pena de ofensa aos princípios da ampla defesa e do contraditório.

Por isso, se na sentença a multa não foi cominada, deve constar do mandado de citação, penhora e avaliação endereçado ao devedor a sua cominação, para a hipótese de não pagamento do montante da condenação e ausência de garantia da execução (sendo nomeados bens à penhora ou garantida a execução pelo depósito da quantia objeto da execução, a multa não pode ser exigida do devedor, posto que a ele é assegurado, expressamente, o direito de garantir a execução - art. 880 da CLT).

De outro lado, por força dos princípios da razoabilidade e da utilidade dos prazos, sendo cominada a multa, o devedor deve ser citado para, em 8 (oito) dias, cumprir a sua obrigação ou garantir a execução. Ao devedor deve ser assegurado

---

35. Em caso de rescisão de contrato de trabalho, havendo controvérsia sobre o montante das verbas rescisórias, o empregador é obrigado a pagar ao trabalhador, à data do comparecimento à Justiça do Trabalho, a parte incontroversa dessas verbas, sob pena de pagá-las acrescidas de cinquenta por cento. Isso significa que o empregador deverá pagar em audiência as parcelas rescisórias incontroversas, ou seja, as parcelas cujo crédito não tenha sido colocado em dúvida, sob pena de pagá-las com acréscimo de 50%. Parcelas rescisórias são aquelas devidas em razão da rescisão do contrato de trabalho. Assim, no caso de dispensa imotivada, constituem verbas rescisórias: saldo de salário, aviso prévio, férias proporcionais, acrescidas de 1/3, 13º salário proporcional e indenização incidente sobre o FGTS. Férias e 13º salários integrais não são devidos em razão da rescisão do contrato de trabalho, mas do complemento do período aquisitivo, no que concerne às férias, e do prazo de seu pagamento, em relação ao 13º salário, ou seja, tais parcelas não compõem o conceito de *verbas rescisórias em sentido estrito*, isto é de verbas devidas em razão da rescisão (m *sentido amplo*, verbas rescisórias são todas as verbas devidas por ocasião do acerto rescisório). Note-se que, segundo a Súmula n. 69 do TST, "A partir da Lei n. 10.272, de 5.9.2001, havendo rescisão do contrato de trabalho e sendo revel e confesso quanto à matéria de fato, deve ser o empregador condenado ao pagamento das verbas rescisórias, não quitadas na primeira audiência, com o acréscimo de 50%". Destarte, a aplicação do acréscimo em questão não depende do comparecimento do demandado em juízo e do seu reconhecimento do pedido de pagamento de verbas rescisórias. A ausência da parte e a consequente falta de contestação do pedido torna o crédito incontroverso e este fato é que justifica o acréscimo em questão. O empregador tem a chance de cumprir a sua obrigação, sem acréscimo, na data da audiência e se ele opta por não comparecer, incide o acréscimo, não porque ele deixou de comparecer, mas porque o crédito do reclamante tornou-se incontroverso.

um prazo razoável para providenciar os meios necessários ao pagamento de sua dívida sem o acréscimo da multa em destaque. Este prazo diferenciado permite que o devedor se prepare para uma nova realidade no processo do trabalho: a ausência de pagamento ou da garantia da execução implicará acréscimo de 10% no valor do seu débito.

No processo civil, o prazo de 15 dias tem relação com o espaço de tempo que a parte tem para recorrer das decisões judiciais (o prazo para recurso no processo civil é, em regra, de quinze dias). Como no processo do trabalho o prazo recursal é de 8 (oito) dias (art. 6º da Lei n. 5.584/70), este deve ser o prazo fixado para o cumprimento da obrigação imposta ao devedor ou a garantia do juízo.

A aplicabilidade da multa em destaque no processo do trabalho foi acolhida na 1ª Jornada de Direito Material e Processual na Justiça do Trabalho, realizada pela Associação Nacional dos Magistrados da Justiça do Trabalho (ANAMATRA), juntamente com o Tribunal Superior do Trabalho (TST) e com a Escola Nacional de Formação e Aperfeiçoamento de Magistrados (ENAMAT), como se vê do seu Enunciado n. 71, *in verbis*: "ART. 475-J DO CPC. APLICAÇÃO NO PROCESSO DO TRABALHO. A aplicação subsidiária do art. 475-J atende às garantias constitucionais da razoável duração do processo, efetividade e celeridade, tendo, portanto, pleno cabimento na execução trabalhista".

Na execução provisória, embora o devedor seja citado para pagar o valor objeto da execução, este pagamento dele não pode ser exigido, em razão da provisoriedade do título. Sendo assim, não é lícita a aplicação da multa em exame na execução provisória. Lembre-se que a multa do art. 523, § 1º, do CPC tem dupla natureza, ou seja, coercitiva e punitiva. Embora a função coercitiva da multa seja compatível com a execução provisória, o mesmo ocorre com a sua função punitiva, na medida em que o executado não pode ser forçado, sob pena de multa, a cumprir a obrigação fundada em título ainda provisório.

No entanto, o CPC dispõe, no art. 520, § 2º, que a multa é devida também no cumprimento provisório de sentença condenatória do pagamento de quantia certa.

Note-se que, se o executado comparecer tempestivamente e depositar o valor objeto da execução, com a finalidade de isentar-se da multa, o ato não será havido como incompatível com o recurso por ele interposto (art. 520, § 3º, do CPC).

A multa prevista no art. 523, § 1º, do CPC pode ser aplicada na sentença ou na execução, observando-se que não há alteração do título quando o juiz fixa multa para a hipótese de descumprimento da obrigação imposta no título executivo.

9. DESISTÊNCIA DA EXECUÇÃO E DE MEDIDAS EXECUTIVAS

Como a execução é realizada em favor do exequente, tem ele direito de desistir de toda a execução ou de apenas alguma medida executiva (art. 775 do CPC).

No CPC, os efeitos da desistência da execução são disciplinados no art. 775, parágrafo único, segundo o qual, a) desistindo o exequente da execução, serão extintos os embargos e a impugnação que versarem apenas sobre questões processuais, pagando o exequente às custas e os honorários advocatícios;[36] b) nos demais casos, a extinção dependerá da concordância do embargante ou do impugnante.[37]

A desistência do exequente em relação aos créditos trabalhistas não prejudica a execução de outros créditos resultantes do mesmo título executivo, dentre eles o previdenciário. De outro lado, no processo do trabalho às custas são sempre pagas pelo executado (art. 789-A da CLT).

10. CUMULAÇÃO DE EXECUÇÕES

O exequente pode cumular várias execuções, ainda que fundadas em títulos diferentes, quando o executado for o mesmo e desde que para todas elas seja competente o mesmo juízo e idêntico o procedimento (art. 780 do CPC). Como não se confundem o devedor e o responsável (solidário ou subsidiário).

11. COMPETÊNCIA PARA A EXECUÇÃO. REALIZAÇÃO DE ATOS EXECUTIVOS. ARRESTO DE BENS. PODERES DO JUIZ NA EXECUÇÃO

É competente para a execução, consoante os arts. 877 e 877-A da CLT: a) *de título executivo judicial*: o juiz ou Presidente do Tribunal que tiver conciliado ou julgado originalmente o dissídio (trata-se do juízo que decidiu a causa no primeiro grau de jurisdição);[38] b) *de título executivo extrajudicial*: o juízo que teria competência para o processo de conhecimento relativo à matéria.

Não dispondo a lei de modo diverso, o juiz determinará os atos executivos e os oficiais de justiça os cumprirão (art. 782 do CPC), observando-se que: o oficial de justiça poderá cumprir os atos executivos determinados pelo juiz também nas comarcas contíguas, de fácil comunicação, e nas que se situem na mesma região metropolitana (art. 782, § 1º); sempre que, para efetivar a execução, for necessário o emprego de força policial, o juiz a requisitará (art. 782, § 2º). Todas

---

36. No processo do trabalho, os custos da execução são suportados pelo executado (art. 789 da CLT), razão pela qual não é compatível com o Direito Processual do Trabalho a previsão em questão.

37. No processo do trabalho, a previsão legal em destaque deve ser aplicada, mas o que se exige é a concordância do embargante. A *impugnação* a que se refere o CPC é estranha ao processo do trabalho.

38. O art. 516, parágrafo único, do CPC permite que o exequente faça opção pela propositura da execução no juízo do atual domicílio do executado, pelo juízo do local onde se encontrem os bens sujeitos à execução ou pelo juízo do local onde deva ser executada a obrigação de fazer ou de não fazer, salvo a hipótese de decisão proferida por tribunal nas causas de sua competência originária. Contudo, não existe omissão do Direito Processual do Trabalho sobre a competência para a execução, em razão do que dispõem os arts. 877 e 887 A da CLT, o que impede a aplicação do art. 516, parágrafo único, no processo do trabalho, embora a medida seja salutar, vez que favorece a satisfação do credor e implica economia processual.

estas disposições legais são compatíveis com o Direito Processual do Trabalho, na medida em que elas contribuem para a mais rápida satisfação do credor (prática de atos em comarcas contíguas de fácil comunicação e nas que se situem na mesma região metropolitana) e efetividade da execução (uso de força policial).

No processo civil, não sendo encontrado o executado para efeito de sua citação, o oficial de justiça promoverá o arresto de tantos bens quantos necessários para garantir a execução (art. 830 do CPC). O art. 830 do CPC trata do denominado *arresto incidental* ou *pré-penhora*. No processo do trabalho, não sendo encontrado o devedor, proceder-se-á a sua citação por edital (art. 880, § 3º, da CLT), dependendo eventual arresto de bens, portanto, de prévia determinação judicial.

De acordo com o art. 772 do CPC, o juiz pode, em qualquer momento do processo: a) ordenar o comparecimento das partes; b) advertir ao executado que o seu procedimento constitui ato atentatório à dignidade da justiça; c) determinar que sujeitos indicados pelo exequente forneçam informações em geral relacionadas ao objeto da execução, tais como documentos e dados que tenham em seu poder, assinando-lhes prazo razoável.

Estas medidas são compatíveis com o Direito Processual do Trabalho, vez que contribuem para a mais rápida satisfação do credor. Assim, também no processo do trabalho, o juiz pode, não só determinar o comparecimento das partes, inclusive para audiência de conciliação que tenha designado, bem como advertir ao executado que o seu procedimento constitui ato atentatório à dignidade da justiça e determinar que terceiros prestem informações que facilitem a prática de atos executivos.

12. LEGITIMIDADE ATIVA E PASSIVA PARA A EXECUÇÃO

Têm legitimidade para a execução quem pode promovê-la (legitimidade ativa) e aquele contra quem ela pode ser promovida (legitimidade passiva).

12.1. Legitimidade ativa.

A legitimidade ativa para a execução é definida pelos arts. 878 e 880 da CLT.

O art. 878 da CLT previa que "A execução poderá ser promovida por qualquer interessado, ou *ex officio*, pelo próprio juiz ou presidente ou tribunal competente, nos termos do artigo anterior".

A Lei n. 13.467, de 13.07.17, alterou a redação do art. 878, que passa a dispor que "A execução será promovida pelas partes, permitida a execução de ofício pelo juiz ou Presidente do Tribunal apenas nos casos em que as partes não estiverem representadas por advogado", o que será examinado mais adiante.

Também podem promove a execução: a) o *espólio*; os *herdeiros* ou os *sucessores* do credor, sempre que, por morte deste, lhes for transmitido o direito resultante do título executivo (art. 778, § 1º, II, do CPC); b) os *dependentes* do credor habilitados junto à Previdência Social; c) a *massa falida*, o *condomínio* e a *herança jacente ou vacante*; d) o *perito*, em relação aos seus honorários: o perito é credor apontado no título executivo em relação aos honorários periciais, o que o habilita à execução; f) o *devedor*, como interessado na liquidação do débito, pode requerer ao juiz que mande citar o credor a receber em juízo o que lhe cabe conforme o título executivo judicial, assumindo, nesse caso, a posição idêntica à do exequente.

Em relação ao cessionário e ao sub-rogado, aos quais o CPC atribui legitimidade para a execução (art. 778, § 1º, III e IV, do CPC), cumpre observar que não existe vedação para a cessão dos créditos decorrentes da relação de trabalho *após a rescisão do contrato de trabalho* (no curso do contrato, os pagamentos devem ser realizados diretamente ao trabalhador, como prevê o art. 464 da CLT).[39] Contudo, a competência da Justiça do Trabalho é limitada aos dissídios decorrentes da relação de trabalho ou que sejam conexos à relação de trabalho (art. 114 da Constituição), razão pela qual é incompatível com o Direito Processual do Trabalho a promoção da execução pelo cessionário ou sub-rogado.[40]

O terceiro credor do exequente, embora interessado na liquidação do crédito, não pode promover a execução de seu crédito perante a Justiça do Trabalho, diante da ausência de competência da Justiça do Trabalho para esta ação do terceiro (o dissídio entre o terceiro e o exequente não decorre da relação de trabalho).

Foi revogado o parágrafo único do art. 878 da CLT, que atribui ao Ministério Público do Trabalho legitimidade para executar as decisões proferidas pelos Tribunais Regionais do Trabalho. Contudo, o Ministério Público do Trabalho tem legitimidade para a execução de termo de ajuste de conduta (art. 876 da CLT e art. 5º, § 6º, da Lei n. 7.347/85) e decisão proferida em ações por ele propostas (art. 878 da CLT e art. 778, §1º, I, do CPC). Lembre-se, ainda, da previsão no sentido de que o Ministério Público do Trabalho assumirá a titularidade ativa da ação coletiva em caso de desistência infundada ou abandono da causa, quando haja manifesto interesse social evidenciado pela dimensão ou característica do dano (art. 5º, § 3º, da Lei n. 7.347/85), o que se aplica no processo de execução.

Como foi dito, a Lei n. 13.467/17 alterou o art. 878 da CLT, no que concerne à possibilidade de o juiz promover, de ofício, a execução.

39. A Lei n. 11.101/05 prevê, expressamente, a possibilidade de cessão de créditos trabalhistas.

40. A sub-rogação opera-se, de pleno direito, em favor (a) do credor que paga a dívida do devedor comum e (b) do terceiro interessado que paga a dívida pela qual era ou podia ser obrigado, no todo ou em parte (art. 346, I e III, do Código Civil). A sub-rogação transfere ao novo credor os direitos, ações, privilégios e garantias do primitivo, em relação à dívida, contra o devedor principal e os fiadores (art. 347 do Código Civil).

O Direito Processual do Trabalho adota várias técnicas visando à maior eficácia possível das decisões judiciais, entre as quais a limitação dos efeitos dos recursos, a exigência da realização de depósito recursal na hipótese de interposição de recurso nos dissídios individuais em que tenha ocorrido condenação em pecúnia, e a atribuição ao juiz do poder/dever de promover, de ofício, as decisões judiciais, o que faz em razão da **essencialidade dos direitos inerentes ao trabalho humano.**

Com efeito, "é essencial todo direito voltado à garantia do atendimento das necessidades básicas do trabalhador e sua família (*caráter existencial dos direitos inerentes ao trabalho*) e de condições dignas de trabalho (*essencialidade qualificada dos direitos inerentes ao trabalho*, na medida em que, muito mais do que garantir o atendimento de necessidades básicas, o que se pretende é garantir uma vida em sintonia com a dignidade humana). Ademais, a essencialidade dos direitos trabalhistas também decorre do seu estreito vínculo com a justiça social, cidadania e democracia (*essencialidade social e política dos direitos inerentes ao trabalho*)".[41]

Ao atribuir ao juiz o poder/dever de execução de ofício das decisões judiciais, o Direito Processual do Trabalho consagra uma concepção forte ou de alta intensidade do direito à tutela jurisdicional, vez que nele insere o direito à execução, de ofício, das decisões judiciais.

A *reforma trabalhista*, supostamente para assegurar as condições necessárias para garantir o desenvolvimento econômico e a geração de empregos, optou por restringir o acesso dos trabalhadores à justiça e dificultar a satisfação de seus créditos, mesmo quando reconhecidos em decisão judicial (o que se deu, **por exemplo**, pelo estabelecimento de embaraços para o reconhecimento da existência de grupo econômico e de verdadeira moratória em favor dos devedores, como se vê dos arts. 2º, §§ 2º e 3º, e 883-A da CLT, respectivamente).

Ao restringir o acesso dos trabalhadores à justiça e dificultar a satisfação de seus créditos, **o Estado abdica da função de garantidor dos direitos** e consagra, no contexto processual, o dogma neoliberal do "estado mínimo", **salvo quando se trata de impor ônus por eventual insucesso do trabalhador na demanda**, situação em que se apresenta como "estado máximo" (é o que se vê, por exemplo, quando passa a ser admitida a imposição ao trabalhador de obrigação de pagar custas processuais e honorários periciais mesmo sendo beneficiário da justiça gratuita).

Também a possibilidade de execução de ofício das decisões judiciais sofreu alteração pela *reforma trabalhista*.

O art. 878 da CLT previa que "A execução poderá ser promovida por qualquer interessado, ou *ex officio*, pelo próprio juiz ou presidente ou tribunal competente, nos termos do artigo anterior" e, por força da Lei n. 13.467/17, passou a dispor

41. Cleber Lúcio de Almeida; Wânia Guimarães Rabêllo de Almeida. *Direito do Trabalho e constituição: a constitucionalização do Direito do Trabalho no Brasil*, p. 214.

que "A execução será promovida pelas partes, permitida a execução de ofício pelo juiz ou Presidente do Tribunal apenas nos casos em que as partes não estiverem representadas por advogado".

Esta alteração legislativa constitui inegável retrocesso social, isto, inclusive, quando o direito processual civil passou a adotar o ponto de vista de que as partes têm **direito à atividade executiva** (art. 4º). Neste aspecto, o Direito Processual do Trabalho abandona uma das suas soluções que acabou de influenciar o direito processual civil, em desfavor daquilo que constitui uma das suas características fundamentais, qual seja, **a exigência da firme atuação do juiz no sentido de garantir a máxima eficácia das decisões judiciais.**

A transferência para as partes da responsabilidade pelo impulso do processo, somada a outras medidas consagradas pela *reforma trabalhista*, tais como o aumento do poder punitivo do juiz em relação ao trabalhador e às testemunhas e a possibilidade de declaração da prescrição intercorrente de ofício, resulta em **radical alteração da finalidade fundamental da Justiça do Trabalho e do processo do trabalho**, que é a realização concreta dos direitos assegurados pela ordem jurídica, valendo lembrar que "não há como examinar os efeitos da Lei n. 13.467/17 na execução olvidando os seus efeitos na própria efetividade do Direito do Trabalho".[42]

No entanto, a despeito da alteração legislativa em questão, vários dispositivos da CLT que não foram alterados pela Lei n. 13.467/17 **impõem ou autorizam o juiz a agir de ofício.**

Com efeito: a) o art. 765 da CLT impõe ao juiz o dever de impulsionar o processo, o que inclui a promoção da execução; b) consoante o art. 899, § 1º, da CLT, transitada em julgado a decisão objeto de recurso, ordenar-se-á o levantamento imediato do depósito recursal, por simples despacho, o que significa que o juiz foi autorizado a realizar ato satisfativo do credor de ofício, sem ressalva em relação ao fato de o credor estar assistido por advogado.

Os arts. 765 e 899, §1º, da CLT estão em flagrante conflito com o disposto no art. 878 da CLT, na sua nova redação e, no caso de conflito entre normas, deverão prevalecer, por força do art. 7º, *caput*, da Constituição, aquelas cuja aplicação resulte na melhoria da condição social dos trabalhadores, o que, sem dúvida, alcança as situações em que uma norma cria dificuldades para a satisfação dos créditos trabalhistas e, a outra, a favorece.

Assim, em que pese a nova redação do art. 878 da CLT, os arts. 765 e 899, § 1º, da CLT autorizam a execução de ofício, ainda que a parte esteja assistida

42. Wânia Guimarães Rabêllo de Almeida. A execução de ofício e a Lei n. 13.467/17: reflexos na efetividade do Direito do Trabalho. In *Direito do Trabalho e Processo do Trabalho: reforma trabalhista: principais alterações*, 2018, p. 397-404.

por advogado, recordando que estes dispositivos contribuem para a melhoria da condição social dos trabalhadores, razão pela qual a sua aplicação é imposta pelo art. 7º, *caput*, da Constituição.

Ademais, a Constituição da República impõe a execução, **de ofício**, das contribuições previdenciárias decorrentes das decisões proferidas pela Justiça do Trabalho (art. 114, VIII), o que foi repetido pela própria *reforma trabalhista* ao conferir nova redação ao parágrafo único do art. 876 da CLT.

Como a execução do **acessório** – contribuições previdenciárias – deve ser realizada de ofício, não se pode negar que o mesmo deve ocorrer em relação à execução **principal** – créditos trabalhistas, base de cálculo das contribuições previdenciárias. Do contrário, ou seja, executando-se o crédito previdenciário de ofício e deixando de fazer o mesmo em relação ao crédito trabalhista, estar-se-ia desconsiderando que a satisfação deste prefere à daquele, por se tratar de **crédito superprivilegiado.**

O caráter superprivilegiado dos créditos trabalhistas, vale registrar, é expressamente reconhecido no: 1) art. 100, §§ 1º e 2º, da Constituição da República, segundo o qual os créditos de natureza alimentar devidos pela Fazenda Pública serão pagos com preferência sobre todos os demais créditos, exceto aqueles cujos titulares tenham sessenta anos de idade ou mais na data de expedição do precatório, ou sejam portadores de doença grave; b) art. 186 do Código Tributário Nacional, que reconhece a preferência do crédito trabalhista em relação ao tributário, que, por sua vez, prefere a qualquer outro, seja qual for a sua natureza ou tempo de constituição; c) art. 449, § 1º, da CLT, de acordo com o qual, na falência, constituirão crédito privilegiado a totalidade dos salários devidos ao empregado, ainda que com a limitação estabelecida pelo art. 83, I, da Lei n. 11.101/05.

Assim, interpretando o art. 878, na sua atual redação, em conformidade com o art. 114, VIII, da Constituição, o que se conclui é que, **até que seja alterado este dispositivo constitucional**, persiste o dever de execução de ofício das decisões proferidas pela Justiça do Trabalho.

Dir-se-á que, estando a parte assistida por advogado, a este caberá requerer a execução da sentença. No entanto, esta afirmação não encontra respaldo nos arts. 765 e 899, § 1º, da CLT, como foi acima demonstrado. Ademais, se for assim, bastará que o autor assistido por advogado requeira, já na petição inicial, além da condenação do demandado, a execução da decisão condenatória eventualmente proferida, isto em um processo que prima pela simplificação das formas e procedimentos.

Registre-se que, no exame do art. 878 da CLT, deve ser recusado o argumento simplista de que, estando a parte representada por advogado, a este cabe requerer a execução da decisão condenatória. É que a execução de ofício das decisões proferidas pela Justiça do Trabalho não foi determinada ao acaso, mas para atender à necessidade de efetividade dos direitos inerentes ao trabalho, em razão da sua essencialidade.

12.2. Legitimidade passiva.

A CLT não define os legitimados passivos para a execução, ou seja, aqueles contra os quais ela pode ser promovida.

A Lei n. 6.830/80, que constitui fonte subsidiária do Direito Processual do Trabalho, aponta como sujeitos passivos da execução: o devedor; o fiador; o espólio; a massa; o responsável, nos termos da lei, por dívida tributária ou não, de pessoas físicas ou pessoas jurídicas de direito privado; os sucessores a qualquer título (art. 4°).

O CPC, no art. 779, estabelece que a execução pode ser promovida contra: o devedor, reconhecido como tal no título executivo; o espólio, os herdeiros ou os sucessores do credor; o novo devedor, que assumiu, com o consentimento do credor, a obrigação resultante do título executivo; o fiador do débito constante de título extrajudicial; o responsável titular do bem vinculado por garantia real ao pagamento do débito.

O art. 848, parágrafo único, do CPC admite a substituição da penhora por seguro garantia judicial, acrescido de trinta por certo, incluindo o garantidor no rol daqueles contra quem a execução pode ser promovida. A execução trabalhista também pode ser garantida por *seguro garantia judicial*. Com efeito, a Lei n. 13.467/17, ao conferir nova redação ao art. 882 da CLT, autoriza a garantia do juízo por meio de seguro garantia judicial. O novo art. 882 da CLT, no entanto, não dispõe sobre o valor respetivo, razão pela qual deve ser aplicada à hipótese o disposto no art. 848, parágrafo único, do CPC, que exige que ele seja de valor não inferior ao débito constante do título, mais 30%.

Em suma, a execução pode ser promovida contra: a) o devedor, reconhecido como tal no título executivo; b) o fiador judicial e o fiador do débito constante de título extrajudicial; c) o espólio, os herdeiros ou os sucessores do credor;[43] d) a massa falida; e) o responsável, nos termos da lei, por dívidas de pessoas físicas ou pessoas jurídicas de direito privado; f) o novo devedor, que assumiu, com o consentimento do credor, a obrigação resultante do título executivo; g) o garantidor em contrato de *seguro garantia judicial*.

Na definição da legitimidade passiva para a execução é feita referência ao *devedor* e ao *responsável*, o que decorre do fato de que ao cumprimento de uma

---

43. Se ocorrer o falecimento do devedor a execução deve ser ajuizada contra o espólio, desde que promovida antes da partilha (art. 779, § 1°, II, do CPC). Realizada a partilha, a execução deve ser dirigida contra herdeiros e sucessores, sendo que cada herdeiro responde pela dívida na proporção da parte da herança que lhe coube (art. 796 do CPC de 2015).

obrigação podem estar vinculados o próprio *devedor* e um terceiro (*responsável*). Este terceiro, embora não seja devedor, responde pelo cumprimento da obrigação, como se dá com as empresas do grupo econômico do executado (art. 2º, § 2º, da CLT). Responsável é aquele que, embora não seja devedor, tem o seu patrimônio sujeito ao cumprimento da obrigação resultante do título executivo. A responsabilidade pode resultar da lei ou da vontade das partes e pode ser subsidiária ou solidária.

A responsabilidade é subsidiária quando a sujeição do terceiro ao cumprimento da obrigação inadimplida pressupõe o exaurimento das possibilidades de alcançar o seu cumprimento pelo devedor. A responsabilidade será solidária quando na mesma obrigação concorrem mais de um devedor ou responsável, cada um com obrigação ou responsabilidade pela dívida toda (art. 264 do Código Civil). Na hipótese de responsabilidade solidária, o credor tem direito a exigir e receber de um ou de alguns dos responsáveis, parcial ou totalmente, a dívida comum (art. 275 do Código Civil), não importando renúncia da solidariedade a propositura de ação pelo credor contra um ou alguns dos responsáveis (art. 275, parágrafo único, do Código Civil).

A responsabilidade solidária constitui reforço da possibilidade de satisfação do credor e não se presume, mas deve resultar da lei ou da vontade das partes (art. 265 do Código Civil).[44]

12.3. Situações especiais

Existem algumas situações relacionadas com a satisfação do crédito objeto da execução trabalhista que merecem destaque.

12.3.1. Execução contra sociedades de economia mista e empresas públicas que exploram atividade econômica. Execução contra a Empresa Brasileira de Correios e Telégrafos.

As sociedades de economia mista e as empresas públicas que exploram atividade econômica não gozam de privilégio no processo trabalho, pelo fato de estarem sujeitas ao regime jurídico próprio das empresas privadas, inclusive quanto aos direitos e obrigações trabalhistas (art. 173, § 1º, II, da Constituição), razão pela qual não possuem nenhum benefício na execução trabalhista.

No que diz respeito à Empresa Brasileira de Correios e Telégrafos, o STF decidiu que: "1. À empresa Brasileira de Correios e Telégrafos, pessoa jurídica equiparada à Fazenda Pública, é aplicável o privilégio da impenhorabilidade de seus bens,

44. A execução contra o responsável será examinada mais adiante.

rendas e serviços. Recepção do art. 12 do Decreto-lei n. 509/69 e não incidência da restrição contida no art. 173, § 1º, da Constituição Federal, que submete a empresa pública, a sociedade de economia mista e outras entidades que explorem atividade econômica ao regime próprio das empresas privadas, inclusive quanto às obrigações trabalhistas e tributárias. 2. Empresa pública que não exerce atividade econômica e presta serviço público da competência da União Federal e por ela mantido. Execução. Observância ao regime de precatório, sob pena de vulneração do disposto no art. 100 da Constituição Federal (RE 220.906, Rel. Min. Maurício Corrêa, Plenário, DJ 14.11.2002).

Este ponto de vista se encontra consagrado na Orientação Jurisprudencial n. 247, II, da SDI-1 do TST, segundo o qual "A validade do ato de despedida do empregado da Empresa Brasileira de Correios e Telégrafos (ECT) está condicionada à motivação, por gozar a empresa do mesmo tratamento destinado à Fazenda Pública em relação à imunidade tributária e à execução por precatório, além das prerrogativas de foro, prazos e custas processuais".

12.3.2. Execução contra empresas em liquidação extrajudicial.

Dispõe o art. 18 da Lei n. 6.024/74 que devem ser suspensas as execuções iniciadas sobre direitos e interesses relativos ao acervo da entidade liquidada.

A SDI-I do TST, por meio da Orientação Jurisprudencial n. 143, firmou entendimento de que "A execução deve prosseguir diretamente na Justiça do Trabalho mesmo após a decretação da liquidação extrajudicial. Lei n. 6.830/80, arts. 5º e 29, aplicados supletivamente (CLT, art. 889 e CF/88, art. 114)". Não poderia ser de outra forma, na medida em que a Lei n. 6.830/80 (aplicável ao processo do trabalho por força do art. 889 da CLT), em seus arts. 5º e 29, coloca a execução trabalhista fora do alcance da Lei n. 6.024/74.

12.3.3. Execução contra o fiador.

Como foi dito acima, a execução pode ser promovida contra o fiador.

Pela fiança bancária, uma instituição financeira se obriga a satisfazer a obrigação caso o devedor não o faça. O devedor pode oferecer fiança bancária para a garantia da execução, observando-se que a garantia da execução por meio de fiança bancária produz os mesmos efeitos do depósito em dinheiro (art. 9º, § 3º, da Lei n. 6.830/80).

Não sendo embargada a execução ou sendo rejeitados os embargos opostos, o fiador será intimado para pagar, em 15 dias, o valor da dívida, juros e multa moratória e demais encargos definidos no título executivo, pelos quais se obrigou, sob pena de contra ele prosseguir a execução nos próprios autos (art. 19 da Lei n. 6.830/80).

O fiador goza do benefício de ordem caso não tenha a ele renunciado. Com efeito, consoante o art. 794, *caput*, do CPC, o fiador, quando executado, tem o direito de exigir primeiro que sejam executados os bens do devedor, situados na mesma comarca, livres e desembaraçados, indicando-os pormenorizadamente à penhora, sendo acrescentado que o os bens do fiador ficarão sujeitos à execução se os do devedor, situados na mesma comarca que os seus, forem insuficientes à satisfação do direito do credor.

Diante da limitação da competência da Justiça do Trabalho (art. 114, I, da Constituição), não é compatível com o Direito Processual do Trabalho a previsão, constante do art. 794, § 2º, do CPC, no sentido de que o fiador que pagar a dívida poderá executar o afiançado nos autos do mesmo processo.

12.3.4. Execução de crédito decorrente da relação de emprego contra devedor que tem deferido em seu favor o processamento de recuperação judicial.

O art. 449, *caput*, da CLT dispõe que os direitos oriundos da existência do contrato de trabalho subsistirão em caso de falência, concordada ou dissolução da empresa, ao passo que, consoante o §1º do art. 449 da CLT, na falência constituirão créditos privilegiados a **totalidade** dos salários devidos ao empregado e a **totalidade** das indenizações a que tiver direito. A concordada foi substituída pela recuperação judicial, que é disciplinada pela Lei n. 11.101/2005, o que se fez, consoante a Exposição de Motivos desta lei, "com a finalidade de proteger o interesse da economia nacional, e aos trabalhadores na manutenção dos seus empregos". Trata-se da adoção do *princípio da preservação da empresa*, ditado pela necessidade de proteger os interesses da economia nacional e dos próprios trabalhadores, segundo a Exposição de motivos citada.

Assim, considerando apenas o disposto no art. 449 da CLT, tem-se que os direitos oriundos da existência do contrato de trabalho subsistirão em caso de recuperação judicial e que, nesta, constituirão créditos privilegiados a **totalidade** dos salários devidos ao empregado e a **totalidade** das indenizações a que tiver direito.

No entanto, a Lei n. 11.101/2005, no seu art. 83 dispõe que a classificação dos créditos na falência obedece à seguinte ordem:

I – os créditos derivados da legislação do trabalho, **limitados a 150 (cento e cinquenta) salários-mínimos por credor, e os decorrentes de acidentes de trabalho**;

II – créditos com garantia real até o limite do valor do bem gravado;

III – créditos tributários, independentemente da sua natureza e tempo de constituição, excetuadas as multas tributárias;

IV – créditos com privilégio especial, a saber: a) os previstos no art. 964 da Lei nº 10.406, de 10 de janeiro de 2002; b) os assim definidos em outras leis civis e comerciais, salvo disposição contrária desta Lei; c) aqueles a cujos titulares a lei confira o direito de retenção sobre a coisa dada em garantia; d) aqueles em favor dos microempreendedores individuais e das microempresas e empresas de pequeno porte de que trata a Lei Complementar nº 123, de 14 de dezembro de 2006;

V – créditos com privilégio geral, a saber: a) os previstos no art. 965 da Lei nº 10.406, de 10 de janeiro de 2002; b) os previstos no parágrafo único do art. 67 desta Lei; c) os assim definidos em outras leis civis e comerciais, salvo disposição contrária desta Lei;

VI – créditos quirografários, a saber: a) aqueles não previstos nos demais incisos deste artigo; b) os saldos dos créditos não cobertos pelo produto da alienação dos bens vinculados ao seu pagamento; c) **os saldos dos créditos derivados da legislação do trabalho que excederem o limite estabelecido no inciso I do *caput* deste artigo**;

VII – as multas contratuais e as penas pecuniárias por infração das leis penais ou administrativas, inclusive as multas tributárias;

VIII – créditos subordinados, a saber: a) os assim previstos em lei ou em contrato; b) os créditos dos sócios e dos administradores sem vínculo empregatício.

De acordo com o § 4º do citado artigo, os créditos trabalhistas cedidos a terceiros serão considerados quirografários.

Assim: a) terão preferência no momento da satisfação das obrigações da empresa em recuperação judicial os créditos derivados da legislação do trabalho até o limite de 150 (cento e cinquenta) salários-mínimos por credor e os decorrentes de acidentes de trabalho; b) são considerados quirografários os saldos dos créditos derivados da legislação do trabalho que excederem 150 (cento e cinquenta) salários-mínimos por credor.

Foi reduzida, portanto, a garantia do trabalhador, vez que a CLT estabelecia a preferência e relação à totalidade dos créditos trabalhistas.[45]

O art. 6º, *caput*, da Lei n. 11.101/05 estabelece que o deferimento do processamento da recuperação judicial suspende todas as ações e execuções em face do devedor, inclusive aquelas dos credores particulares do sócio solidário, sendo ressalvado pelo § 1º do art. 6º que "Terá prosseguimento no juízo no qual estiver se processando a ação que demandar quantia ilíquida".

Conforme a 6º, § 2º, da Lei n. 11.101/05, "É permitido pleitear, perante o administrador judicial, habilitação, exclusão ou modificação de créditos derivados da relação de trabalho, mas as ações de natureza trabalhista, inclusive as

45. Esta limitação implica inegável *retrocesso na condição social do trabalhador*, realizada pela via legislativa.

impugnações a que se refere o art. 8º desta Lei, serão processadas perante a justiça especializada até a apuração do respectivo crédito, que será inscrito no quadro-geral de credores pelo valor determinado em sentença".

Consoante o art. 6º, § 3º, Lei n. 11.101/05, "O juiz competente para as ações referidas nos §§ 1º e 2º deste artigo poderá determinar a reserva da importância que estimar devida na recuperação judicial ou na falência, e, uma vez reconhecido líquido o direito, será o crédito incluído na classe própria".

Segundo o art. 6º, § 4º, Lei n. 11.101/05, "Na recuperação judicial, a suspensão de que trata o *caput* deste artigo em hipótese nenhuma excederá o prazo improrrogável de 180 (cento e oitenta) dias contado do deferimento do processamento da recuperação, restabelecendo-se, após o decurso do prazo, o direito dos credores de iniciar ou continuar suas ações e execuções, independentemente de pronunciamento judicial".

O art. 6º, § 5º, Lei n. 11.101/05 dispõe que "Aplica-se o disposto no § 2º deste artigo à recuperação judicial durante o período de suspensão de que trata o § 4º deste artigo, mas, após o fim da suspensão, as execuções trabalhistas poderão ser normalmente concluídas, ainda que o crédito já esteja inscrito no quadro-geral de credores".

A nosso juízo: a) o art. 114, I, da Constituição de 1988 atribui à Justiça do Trabalho competência para decidir dissídios entre empregados e empregadores, o que abarca a execução das decisões que proferir, o que torna inconstitucional o art. 6º da Lei n. 11.101/2005, na parte em que limita a competência da Justiça do Trabalho ao processo de conhecimento e ao incidente de liquidação; b) a criação de uma justiça especial torna especial a jurisdição a ela atribuída e a jurisdição especial exclui a comum. Isto significa que a execução de crédito trabalhista deve ser realizada pela Justiça do Trabalho, que é uma justiça especializada.

É interessante notar que, consoante o art. 6º, § 7º, da Lei n. 11.101/05, as execuções de natureza fiscal não são suspensas pelo deferimento da recuperação judicial. Estabeleceu-se, portanto, um benefício em favor do crédito da Fazenda Pública. No entanto, o Código Tributário Nacional dispõe que o crédito tributário prefere a qualquer outro, seja qual foi a natureza ou o tempo da constituição, "ressalvados os créditos decorrentes da legislação do trabalho ou do acidente de trabalho". A Lei n. 11.101/05, que é uma lei ordinária, não pode contrariar o Código Tributário Nacional, que tem a natureza de lei complementar, o que significa que aquela lei não poderia dispensar ao crédito de natureza trabalhista tratamento diferenciado do que lhe atribui o citado Código. Com isto, resta concluir que as execuções de natureza trabalhista (crédito decorrente da relação de emprego) não são suspensas pelo deferimento da recuperação judicial do devedor.

Vale mencionar que, consoante dispõe a Lei n. 11.101/05: a) o devedor deverá apresentar plano de recuperação judicial, no prazo de sessenta dias, contados da publicação da decisão de deferimento do processamento da recuperação judicial (art. 53); b) o plano de recuperação judicial não poderá prever prazo superior a um ano para pagamento dos créditos derivados da legislação trabalhista (art. 54) e prazo superior a trinta dias para o pagamento, até o limite de cinco salários mínimos por trabalhador, dos créditos de natureza estritamente salarial vencidos nos três meses anteriores ao pedido de recuperação judicial (art. 54, parágrafo único);[46] c) o juiz do trabalho pode determinar a reserva da importância que estipular devida na recuperação judicial, e, uma vez reconhecido líquido o direito, será o credito incluído na classificação própria (art. 6º, § 2º).

Tratando do tema, a Consolidação dos Provimentos da Corregedoria-Geral da Justiça do Trabalho, de 17.8.2012, prevê que:

> "Art. 70. Deferida a recuperação judicial, caberá ao juiz do trabalho, que entender pela cessação da competência para prosseguimento da execução trabalhista, determinar a expedição de Certidão de Habilitação de Crédito para ser submetida à apreciação do administrador judicial.
>
> Art. 71. Expedida a Certidão de Habilitação de Crédito, os juízes do trabalho deverão se abster de encaminhar diretamente às secretarias dos juízes de direito ou dos juízes das varas especializadas em recuperações judiciais e falências ou mesmo ao administrador judicial os autos das execuções trabalhistas e/ou Certidões de Créditos Trabalhistas.
>
> Art. 72. Os juízes do trabalho manterão em seus arquivos os autos das execuções trabalhistas que tenham sido suspensas em decorrência do deferimento da recuperação judicial, de modo que, com o seu encerramento ou com o encerramento da quebra em que ela tenha sido convolada (art. 156 e seguintes da Lei n. 11.101/2005), seja retomado o seu prosseguimento, para cobrança dos créditos que não tenham sido totalmente satisfeitos.
>
> Art. 73. O juiz do trabalho contrário à cessação da competência para prosseguimento da execução trabalhista contra a empresa recuperanda, deverá proferir decisão fundamentada, da qual dará ciência aos juízes de direito das comarcas ou aos juízes das varas especializadas, que tenham deferido o pedido de recuperação judicial, para adoção de medida judicial pertinente.
>
> Art. 74. As disposições desta Subseção não se aplicam no caso de o juiz do trabalho determinar o direcionamento da execução contra sócio ou sócios da empresa, na esteira da teoria da desconsideração da personalidade jurídica, ou determinar o seu direcionamento à empresa que integre grupo econômico do qual faça parte a empresa recuperanda".

46. De acordo com o art. 151 da Lei n. 11.101/2005, "os créditos trabalhistas de natureza estritamente salarial vencidos nos três meses anteriores à decretação da falência, até o limite de (5) cinco salários mínimos por trabalhador, serão pagos tão logo haja disponibilidade de caixa".

No entanto, o Pleno do STF decidiu, por maioria de votos, que: "I. A questão central debatida no presente recurso consiste em saber qual o juízo competente para processar e julgar a execução dos créditos trabalhistas no caso de empresa em fase de recuperação judicial. II. Na vigência do Decreto-lei n. 7.661/1945, consolidou-se o entendimento de que a competência para executar os créditos ora discutidos é da Justiça Estadual Comum, sendo essa também a regra adotada pela Lei n. 11.101/05. III. O inciso IX do art. 114 da Constituição Federal apenas outorgou ao legislador ordinário a faculdade de submeter à competência da Justiça Laboral outras controvérsias além daquelas taxativamente estabelecidas nos incisos anteriores, desde que decorrentes da relação de trabalho. IV. O texto constitucional não o obriga a fazê-lo, deixando ao seu alvedrio a avaliação das hipóteses em que se afigure conveniente o julgamento pela Justiça do Trabalho, à luz das peculiaridades das situações que pretende regrar. V. A opção do legislador infraconstitucional foi manter o regime anterior de execução dos créditos trabalhistas pelo juízo universal da falência, sem prejuízo da competência da Justiça Laboral quanto ao julgamento do processo de conhecimento".[47]

Não se pode olvidar, por fim, que os efeitos da decretação da falência e do deferimento da recuperação judicial não alcançam os sócios da empresa[48] e as empresas do seu grupo econômico. Desse modo, a decretação da falência ou o deferimento da recuperação judicial não impede que no juízo trabalhista seja desconsiderada a personalidade jurídica da sociedade e manejada a execução contra os seus sócios ou endereçada a execução contra as empresas do grupo econômico da sociedade empregadora, o que se dá em razão do fato de não estarem os bens dos sócios e das empresas do mesmo grupo econômico do empregador sujeitos ao concurso de credores.[49]

12.3.5. Execução contra o responsável. Execução contra as empresas que compõem o grupo econômico do empregador. Execução na sucessão trabalhista

Entre os casos de responsabilidade previstos na legislação trabalhista vale citar: a) grupo econômico (art. 2º, § 2º, da CLT); b) sucessão trabalhista (arts. 10 e 448 da CLT); c) empreiteiro principal, no contrato de subempreitada (art. 455 da CLT);

---

47. STF, RE 583.955/RJ, Rel. Min. Ricardo Lewandowski.

48. Salvo os sócios solidários, por força do art. 6º, *caput*, da Lei n. 11.101/05.

49. Em relação ao acionista estranho à execução trabalhista, decidiu o STF que: "Execução de créditos trabalhistas. Empresa executada em processo de recuperação judicial. Constrição de bens pertencentes a acionista da empresa devedora, estranho à execução trabalhista — Aplicação, para esse efeito, da teoria da desconsideração da personalidade jurídica (Código Civil, art. 50) — Competência da Justiça estadual para dirimir a controvérsia, afastada, desse modo, a competência da Justiça do Trabalho — Orientação que prevalece no Supremo Tribunal Federal em razão de julgamento final, com repercussão geral, do RE 583.955/RJ" (STF, Segunda Turma, Em. Decl. no AI 794.836/RJ, Rel. Min. Celso de Mello).

c) consórcio de empregadores rurais (art. 25-A da Lei n. 10.256/01); d) criação de município, por desmembramento (Orientação Jurisprudencial n. 92 da SDI-I do TST); e) trabalho temporário (art. 16 da Lei n. 6.019/74); f) terceirização de serviços (art. 5º-A, § 5º, da Lei n. 6.019/74); f) sócios, nas situações já referidas.

Somente nas situações apontadas nas letras *a* e *b supra*, ou seja, de execução de empresas que formam grupo econômico com o devedor e fundada na sucessão trabalhista, é que o responsável não necessita ter participado da fase de conhecimento para se sujeitar à execução, vez que, nestas duas situações, "a defesa apresentada pelo empregador direto vale por todas as demais empresas".[50]

Nas demais situações acima destacadas, cada possível responsável deve ser incluído no polo passivo da demanda, observando-se, inclusive, que o art. 455 da CLT, aludindo à possibilidade de *reclamação contra o empreiteiro principal*, deixa claro que ele somente poder integrar a execução se foi chamado a participar do processo na fase de conhecimento.

Registre-se que, antes de ter bens penhorados, o responsável que não participou da fase de conhecimento deve ser citado, a fim de que cumpra obrigação ou garanta a execução (art. 880 da CLT) e somente se não o fizer é que pode ter bens penhorados. Garantida a execução, o responsável poderá, no prazo do art. 884 da CLT, apresentar embargos, questionando, inclusive, a existência de responsabilidade.

Abre-se um parêntese para anotar que:

a) o reconhecimento de que as empresas que formam grupo econômico com a empresa empregadora respondem pelas suas obrigações trabalhistas decorre do fato serem tais empresas também beneficiadas pelo trabalho prestado à empresa empregadora. A atribuição de responsabilidade às empresas que formam grupo econômico com o empregador reforça a possibilidade de satisfação dos créditos do trabalhador, lembrando que a responsabilidade é, no caso, solidária, o que significa que a execução pode ser endereçada contra qualquer das empresas do grupo econômico (art. 267 do Código Civil).

O art. 2º, § 2º, da CLT previa, na sua redação original, que "Sempre que uma ou mais empresas, tendo, embora, cada uma delas, personalidade jurídica própria, estiverem sob a direção, controle ou administração de outra, constituindo grupo industrial, comercial ou de qualquer outra atividade econômica, serão, para os efeitos da relação de emprego, solidariamente responsáveis a empresa principal e cada uma das subordinadas" e passou a dispor, em razão da Lei n. 13.467/17, que "Sempre que uma ou mais empresas, tendo, embora, cada uma delas, personalidade jurídica própria, estiverem sob a direção, controle ou administração de outra, ou ainda quando, mesmo guardando cada uma sua autonomia, integrem

50. Ari Pedro Lorenzetti. *A responsabilidade pelos créditos trabalhistas*, p. 77.

grupo econômico, serão responsáveis solidariamente pelas obrigações decorrentes da relação de emprego".

Ao art. 2º da CLT foi acrescentado, também pela Lei n. 13.467/17, o § 3º, estabelecendo que "Não caracteriza grupo econômico a mera identidade de sócios, sendo necessárias, para a configuração do grupo, a demonstração do interesse integrado, a efetiva comunhão de interesses e a atuação conjunta das empresas dele integrantes".

A Lei n. 13.467/17 criou duas figuras distintas no que se refere à caracterização do grupo econômico:

1) uma ou mais empresas, tendo, embora, cada uma delas, personalidade jurídica própria, estão sob a direção, controle ou administração de outra (trata-se de hipótese na qual o domínio da atividade econômica se encontra concentrado em uma das empresas do grupo);
2) uma ou mais empresas, mesmo guardando cada uma delas a sua autonomia, integram grupo econômico (nesta hipótese, que apenas repete o que já constava da Lei n. 5.889/73, que trata do trabalho rural, não existe domínio de uma empresa sobre a outra, sendo a relação entre as empresas, portanto, horizontal, ou seja, de coordenação), com a ressalva de que, nesta hipótese, por força do art. 2º, § 3º, da CLT, se exige, para configuração do grupo econômico, que ao *indício* traduzido pela identidade, total ou parcial, de sócios, seja acrescentado pelo menos mais um, como a existência de interesse integrado, a efetiva comunhão de interesses ou a atuação conjunta das empresas dele integrantes (é o que se dá, por exemplo, quando o sócio de uma das empresas é o administrador da outra).

O art. 2º, § 3º, da CLT não é taxativo em relação às situações que caracterizam o grupo econômico por coordenação, indicando, exemplificativamente, algumas destas situações, utilizando, inclusive, cláusulas gerais abertas (comunhão de interesses, por exemplo), ou seja, cláusulas que permitem individualização à luz de cada caso em particular.

Registre-se, ainda, que, na sua redação original, o art. 2º, § 2º, da CLT atribuía às empresas do mesmo grupo econômico responsabilidade em relação aos *efeitos da relação de emprego*, ao passo que, na sua nova redação, a elas atribui responsabilidade pelas *obrigações decorrentes da relação de emprego*, o que faz ressurgir o alcance desta responsabilidade, ou seja, se ela é ativa, o que implica tratar o grupo econômico como empregador único (posição adotada pelo TST na Súmula n. 129), ou apenas passiva, situação em que se trata de responsabilidade limitada às obrigação de determinado empregador, isto é, em que o grupo econômico não é considerado empregador único, o que terá reflexo, inclusive, na possibilidade de equiparação salarial entre empregados de empresas distintas, mas pertencentes ao mesmo grupo econômico.

Como foi mantida a responsabilidade solidária, ou seja, uma responsabilidade acentuada, em razão de seu alcance, persiste a possibilidade de atribuir ao grupo econômico a condição de empregador único, para efeitos decorrentes da relação de emprego, o que significa que, neste aspecto, se equivalem *efeitos da relação de emprego* e *obrigações decorrentes da relação de emprego*, inclusive porque dentre os efeitos da relação de emprego estão as obrigações que dela decorrem;

b) sucessão trabalhista é a alteração na estrutura jurídica ou propriedade da empresa da qual resulta a transmissão de direito e assunção de débitos resultantes da relação de emprego (arts. 10 e 448 da CLT). A sucessão pressupõe a transferência de unidade econômico-jurídica de um para outro titular ou a alteração na estrutura jurídica instituída para a sua exploração.

Consoante a CLT, caracterizada a sucessão empresarial ou de empregadores, as obrigações trabalhistas, inclusive contraídas à época em que o empregado trabalhava para a empresa sucedida, são de responsabilidade do sucessor (art. 448-A, *caput*), mas a empresa sucedida responderá subsidiariamente com a sucessora quando for comprovada fraude na transferência (art. 448-A, parágrafo único).

Cumpre observar que, segundo a Orientação Jurisprudencial n. 411 da SDI-I do TST, o sucessor não responde solidariamente por débitos trabalhistas de empresa não adquirida, integrante do mesmo grupo econômico da empresa sucedida, quando, à época, a empresa devedora direta era solvente ou idônea economicamente, ressalvada a hipótese de má-fé ou fraude na sucessão.

13. RESPONSABILIDADE PATRIMONIAL.

O devedor responde com todos os seus bens, presentes e futuros, para a satisfação do crédito objeto da execução, salvo as restrições estabelecidas em lei (art. 883 da CLT e art. 789 do CPC).[51] Trata-se do denominado *princípio da responsabilidade patrimonial*, valendo registrar que a Instrução Normativa n. 39/16 do TST estabelece, no art. 3º, § 3º, XIII, que é aplicável no processo do trabalho o art. 789 do CPC.

13.1. Responsabilidade executória primária e secundária (legitimidade passiva extraordinária).

A responsabilidade executória é, em primeiro lugar, do devedor, ou, dito de outra forma, a *responsabilidade executória primária* é do devedor. Desse modo, os

51. Podem ser penhorados os bens existentes no patrimônio do executado ao tempo da constituição da dívida e os que a ele foram acrescidos posteriormente, mesmo no curso da ação de execução.

bens do devedor ficam sujeitos à execução, salvo as restrições estabelecidas em lei (art. 883 da CLT e art. 789 do CPC).

Da responsabilidade executória secundária trata o art. 790 do CPC, segundo o qual, são *sujeitos* à execução os bens: a) do sucessor a título singular, tratando-se de execução fundada em direito real ou obrigação reipersecutória;[52] b) do sócio, nos termos da lei; c) do devedor, ainda quando em poder de terceiros;[53] d) do cônjuge ou companheiro, nos casos em que seus bens próprios ou de sua meação, respondem pela dívida;[54] e) alienados ou gravados com ônus real em fraude à execução; f) cuja alienação ou gravação com ônus real tenha sido anulada em razão do reconhecimento, em ação autônoma, de fraude contra credores (a hipótese é de *ação pauliana*); g) do responsável, nos casos de desconsideração da personalidade jurídica (este tema que será examinado em seguida).

13.2. Penhora de bens de sócios para a satisfação dos credores da sociedade e penhora de bens da sociedade para a satisfação dos credores dos sócios: desconsideração clássica e inversa da personalidade jurídica. Incidente de desconsideração da personalidade jurídica.

Antes de adentrar ao tema em destaque, cumpre tecer algumas considerações sobre a dimensão humana, social e política do Direito do Trabalho e da realização prática dos direitos que atribui aos trabalhadores.

Quando está em questão a satisfação dos créditos decorrentes da relação de emprego, o primeiro aspecto realçado é o seu caráter alimentar, que decorre da sua vinculação à sobrevivência do trabalhador e sua família.

É que o ordenamento jurídico dispensa tratamento especial aos créditos de caráter alimentar, o que inclui até mesmo a prisão do devedor, no caso de pensão alimentícia, valendo lembrar, ainda, do procedimento diferenciado para a quitação de débitos de natureza alimentar da Fazenda Pública (art. 100, § 1º, da Constituição) e a satisfação imediata do credor mesmo em se tratando de execução provisória (art. 521, I, do CPC), medidas que tornam certo que créditos de natureza alimentar exigem garantias diferenciadas de satisfação, o que encontra ressonância no Direito Processual do Trabalho, que, por exemplo, atribui ao juiz o poder para promover a execução de ofício (art. 878 da CLT).

---

52. A execução fundada em direito real é aquela cujo pedido tem como fundamento um direito real. A reipersecutória é aquela que tem por finalidade a entrega ou restituição de coisa certa, fundada em direito que não seja real.

53. Os bens do devedor respondem pelo cumprimento de suas obrigações, ainda que estejam em poder de terceiro.

54. Se a dívida é contraída em benefício da família, a incomunicabilidade das dívidas assumidas por um dos cônjuges deixa de existir (art. 1.644 do Código Civil).

Contudo, a tutela diferenciada dos créditos trabalhistas não é exigida apenas em razão de seu caráter alimentar.

Primeiro, porque os créditos trabalhistas estão normalmente relacionados com direitos inerentes à dignidade humana, ou seja, direitos humanos e fundamentais. Créditos correspondentes a direitos inerentes à dignidade humana exigem garantias diferenciadas de satisfação. Créditos são, portanto, destinados à tutela e promoção da dignidade humana daqueles que dependem da alienação da sua força de trabalho para atender às necessidades próprias e familiares, o que realça a sua *transcendência humana*.

Segundo, porque os créditos trabalhistas são dotados de *transcendência social* e *política*, na medida em que o Direito do Trabalho, assegurando direitos aos trabalhadores, promove, dentro dos limites que lhe são próprios, a distribuição de riqueza e, com isto, contribui para a realização da justiça social, e, ao mesmo tempo, estabelece as condições materiais mínimas e jurídicas necessárias para a participação dos trabalhadores na conformação da ordem jurídica, operando, assim, em favor da construção da cidadania e da democracia.

Em suma, a relação de trabalho traduz a troca de trabalho por salário, mas condicionada pela tutela e promoção da dignidade humana do trabalhador e realização da justiça social, cidadania e democracia, o que implica, inclusive, a subordinação da sua dimensão econômica à sua dimensão humana, social e política, o que constitui uma exigência da Constituição, como resulta dos seus arts. 1º, III, IV (que inclui a dignidade humana e o valor social do trabalho dentre os *fundamentos da República*[55]), 3º, I, III e IV (que define a construção de uma sociedade livre, justa e solidária, erradicação da pobreza, redução das desigualdades sociais e promoção do bem de todos como *objetivos fundamentais da República*), 170, *caput* e III (que promove a instrumentalização da atividade econômica à finalidade de *assegurar a todos existência digna* e atribuem função social à propriedade), 186, III e IV (que vincula o cumprimento da *função social da propriedade* ao respeito às disposições que regulam as relações de trabalho e à sua exploração de forma a favorecer o bem-estar dos proprietários e dos trabalhadores) e 193 (que adota como primado da ordem social o *primado do trabalho* e, como seu objetivo, o *bem-estar* e a *justiça social*).

É exatamente a transcendência humana, social e política do Direito do Trabalho e, por consequência, da satisfação dos créditos trabalhistas que conduz o ordenamento jurídico a adotar medidas voltadas à garantia da sua satisfação, valendo citar, como exemplos: a) a cominação de sanções para a hipótese de descumprimento da legislação trabalhista (arts. 49 a 56, 75, 153, 201 e 351

55. Ao reconhecer o valor *social* do trabalho, a Constituição se afasta da sua consideração apenas subjetiva, ou seja, que se estabelece a partir da perspectiva do trabalhador.

da CLT, por exemplo); b) a imposição ao Estado da obrigação de fiscalizar o cumprimento da legislação trabalhista (art. 21, XXIV, da Constituição e art. 11 da Lei n. 10.393/02); c) o estabelecimento de relação entre a observância da legislação trabalhista e o cumprimento da função social da propriedade (art. 186, III e IV, da Constituição); d) a criação de um processo judicial especial (art. 769 da CLT[56]).

São estas as premissas que devem informar as questões que envolvem a satisfação dos créditos trabalhistas.

13.2.1. Empresa e sociedade empresária. Aquisição de personalidade jurídica pela sociedade. Os tipos de sociedade e a responsabilidade dos sócios segundo o Código Civil.

O exame do tema colocado em destaque exige a definição de alguns conceitos básicos.

Empresa é a atividade econômica organizada para a produção ou a circulação de bens ou serviços (art. 966). O Código Civil estabelece, no art. 981, que celebram *contrato de sociedade* as pessoas que reciprocamente se obrigam a contribuir, com bens ou serviços, para o exercício de atividade econômica e a partilhar, entre si, os resultados. Conjugadas estas disposições legais, conclui-se que a *sociedade empresária* constitui instrumento para o exercício de atividade econômica organizada para a produção ou a circulação de bens ou serviços.

A sociedade empresarial, doravante denominada *sociedade*, é definida a partir do seu objeto, que é o exercício de atividade econômica organizada para a produção ou a circulação de bens ou serviços.

A personalidade jurídica da sociedade é adquirida no momento da inscrição dos seus atos constitutivos no registro próprio (art. 985 do Código Civil). Até este momento, existe apenas uma "sociedade em comum" ou "sociedade de fato", respondendo os seus sócios solidária e ilimitadamente pelas obrigações sociais, estando excluído do benefício de ordem àquele que contratou pela sociedade (arts. 986 e 990 do Código Civil).[57]

O Código Civil alude a cinco tipos de sociedade: a) em nome coletivo, na qual todos os sócios respondem, solidária e ilimitadamente, pelas obrigações sociais (art. 1.039); b) em comandita simples, em que tomam parte os sócios comanditados, pessoas físicas, responsáveis solidária e ilimitadamente pelas obrigações sociais,

56. Ao fazer alusão ao *direito processual comum*, o art. 769 da CLT reconhece a natureza especial do direito processual do trabalho.

57. Na sociedade de fato, a responsabilização dos sócios pelas obrigações sociais não se dá por força da aplicação da doutrina da desconsideração da personalidade jurídica. Nesta situação, os sócios respondem solidária e ilimitadamente pelas obrigações sociais.

e os comanditários, obrigados somente pelo valor de sua quota (art. 1.045); c) limitada, na qual a responsabilidade de cada sócio é restrita ao valor de suas quotas, mas todos respondem solidariamente pela integralização do capital social (art. 1.052); d) anônima, em que o capital é dividido por ações, obrigando-se cada sócio ou acionista somente pelo preço de emissão das ações que subscrever ou adquirir (art. 1.088); e) em comandita por ações, que tem o capital dividido por ações, obrigando-se cada sócio ou acionista somente pelo preço de emissão das ações que subscrever ou adquirir (art. 1.090), mas o acionista administrador da sociedade responde subsidiária e ilimitadamente pelas obrigações da sociedade (art. 1.091).

No momento será examinada apenas a responsabilidade dos sócios na sociedade limitada.

Na sociedade limitada, o capital social é dividido em quotas (art. 1.055 do Código Civil) e pela exata estimação dos bens conferidos ao capital respondem, solidariamente, todos os sócios, até o prazo de cinco anos da data do registro da sociedade (art. 1.055, § 1º, do Código Civil). De acordo com o art. 1.052 do Código Civil, a responsabilidade dos sócios é restrita ao valor de suas quotas, mas todos eles respondem, solidariamente, pela integralização do capital social.

Sob o prisma dos arts. 1.052 e 1.055 do Código Civil, portanto, cada sócio responde pela parcela do capital que se comprometeu a constituir (*quota subscrita*), mas todos os sócios respondem, solidariamente, pela parcela do capital social não integralizado (*quotas* não integralizadas: dinheiro, crédito ou bem prometido na subscrição das quotas e não transferido pelo sócio à sociedade), ressalvada a ação de regresso daquele que satisfizer a obrigação contra cada um dos demais codevedores (art. 283 do Código Civil).

É exatamente esta limitação da responsabilidade dos sócios que justifica a existência da sociedade limitada, com a ressalva de que as deliberações infringentes do contrato social ou da lei tornam ilimitada a responsabilidade dos que expressamente as aprovaram (art. 1.080 do Código Civil).

A limitação da responsabilidade dos sócios na sociedade é realizada por meio da *autonomia da personalidade jurídica* e consequente *autonomia patrimonial*, o que significa que não se confundem a sociedade e os seus sócios, bem como os respectivos patrimônios.

13.2.2. O ordenamento jurídico brasileiro e a desconsideração da personalidade jurídica.

A distinção entre a sociedade e os seus sócios e os respectivos patrimônios atua como limitador da responsabilidade dos sócios pelas dívidas sociais, vez que, em razão dela, como regra, é a sociedade que responde pelos seus débitos.

No entanto, a limitação da responsabilidade dos sócios pelas obrigações sociais é flexibilizada pela *teoria da desconsideração da personalidade jurídica*, segundo a qual, embora sejam distintas a sociedade e os seus sócios e os respectivos patrimônios, situações existem em que o patrimônio dos sócios responde pelas obrigações sociais. Contudo, esta flexibilização não resulta na negativa definitiva da autonomia patrimonial da sociedade e dos seus sócios, mas no afastamento da sua eficácia em relação a determinadas obrigações.

A teoria da desconsideração da personalidade jurídica vem sendo acolhida pelo nosso ordenamento jurídico, valendo mencionar, por exemplo, que:

a) o Código Tributário Nacional (Lei n. 5.172/66) estabelece, no art. 135, III, que são pessoalmente responsáveis pelos créditos correspondentes a obrigações tributárias resultantes de atos praticados com excesso de poder ou infração da lei, contrato social ou estatutos, os diretores, gerentes ou representantes das pessoas jurídicas de direito privado;

b) o Código de Defesa do Consumidor (Lei n. 8.078/90) dispõe, no art. 28, que o juiz poderá "desconsiderar a personalidade jurídica da sociedade quando, em detrimento do consumidor, houver abuso de direito, excesso de poder, infração da lei, fato ou ato ilícito ou violação dos estatutos ou contrato social", prevendo o § 5º do art. 28 do Código de Defesa do Consumidor que "também poderá ser desconsiderada a sociedade sempre que sua personalidade for, de alguma forma, obstáculo ao ressarcimento de prejuízo causados aos consumidores";

c) a Lei n. 9.605/98 prevê, no art. 4º, que "poderá ser desconsiderada a sociedade sempre que sua personalidade for obstáculo ao ressarcimento de prejuízos causados ao meio ambiente";

d) o Código Civil estatui, no art. 50, que, "em caso de abuso da personalidade jurídica, caracterizado pelo desvio de finalidade, ou pela confusão patrimonial, pode o juiz decidir, a requerimento da parte ou Ministério Público, quando lhe couber intervir no processo, que os efeitos de certas e determinadas relações de obrigações sejam estendidos aos bens particulares dos administradores ou sócios da pessoa jurídica";

e) a Lei n. 12.529/11, que estrutura o Sistema Brasileiro de Defesa da Concorrência e dispõe sobre a prevenção e repressão às infrações contra a ordem econômica, estabelece, no art. 34, *caput*, que "a personalidade jurídica do responsável por infração da ordem econômica poderá ser desconsiderada quando houver da parte deste abuso de direito, excesso de poder, infração da lei, fato ou ato ilícito ou violação dos estatutos ou contrato social", sendo previsto no parágrafo único do citado artigo que "a desconsideração também será efetivada quando houver falência, estado de insolvência, encerramento ou inatividade da sociedade provocados por má administração".

O exame das normas acima referidas permite afirmar que, na consagração legal da teoria da desconsideração da personalidade jurídica, foram adotados dois fundamentos básicos: I – *teoria subjetiva ou teoria maior da desconsideração da personalidade jurídica*: a desconsideração da personalidade jurídica constitui medida excepcional e somente está autorizada na hipótese de fraude, abuso de direito ou confusão patrimonial (a sociedade utiliza patrimônio do sócio para cumprir as suas obrigações e vice-versa, por exemplo). Esta é a teoria consagrada pelo Código Civil; II – *teoria objetiva ou teoria menor da desconsideração da personalidade jurídica*: para a desconsideração da personalidade jurídica, basta a constatação da inexistência de bens sociais suficientes para satisfazer a dívida da pessoa jurídica. Esta teoria foi adotada pela Lei n. 9.605/98 e pelo Código de Defesa do Consumidor (art. 28, § 5º).[58]

13.2.3. A responsabilidade pela satisfação das obrigações trabalhistas das sociedades empresárias.

Pelo que foi visto quando tratamos dos tipos de sociedade e da responsabilidade dos sócios em cada uma delas, o Código Civil optou pela limitação dos riscos assumidos pelos sócios ao constituírem uma sociedade, operando, deste modo, uma verdadeira *socialização destes riscos*.

O Direito do Trabalho adotou uma postura diversa, posto que o art. 2º, *caput*, da Consolidação das Leis do Trabalho atribui à empresa os riscos da sua atividade, o que implica que eles não podem ser transferidos ao trabalhador. Em relação às obrigações sociais trabalhistas, portanto, não foi realizada a socialização de riscos, mas a sua *individualização*: os riscos são do empregador (*princípio da alteridade*).

Mas, o Direito do Trabalho deu um passo adiante.

É que, como resulta do art. 2º, § 2º, da CLT, todos aqueles que se associam para explorar atividade econômica respondem pelos débitos trabalhistas dela decorrentes, valendo observar que o grupo de empresas assim como a empresa são instrumentos para o desenvolvimento de atividade econômica, o que assemelha os seus integrantes aos sócios que se unem com o mesmo objetivo. Empresas do mesmo grupo e sócios da mesma empresa podem ser equiparados para efeito de definição da responsabilidade pelos débitos trabalhistas respectivos.

Não é só.

Os arts. 2º, § 2º, 10, 448 e 455 da CLT, o art. 3º da Lei n. 2.757/56 e a Lei n. 6.019/74 operam a despersonalização das obrigações decorrentes da relação

58. O § 5º do art. 28 do CDC dispõe que "*também poderá ser desconsiderada a sociedade* sempre que sua personalidade for, de alguma forma, obstáculo ao ressarcimento de prejuízo causados aos consumidores" (destacamos), o que indica que ele estabelece novas situações em que é possível a desconsideração da personalidade jurídica, além das previstas no *caput* do mesmo artigo.

de emprego, deixando claro que respondem pelos créditos do trabalhador todos aqueles que forem beneficiados pelos seus serviços, o que resulta na consagração de um verdadeiro princípio, qual seja, o *princípio da despersonalização das obrigações decorrentes da relação de emprego.*

Nesse compasso, sendo os sócios beneficiários dos lucros auferidos pela sociedade e, portanto, do trabalho dos seus empregados, deles não podem ser afastados os ônus da atividade econômica explorada por meio da sociedade. De outro lado, se os sócios não alcançaram o lucro perseguido por meio da sociedade, cumpre-lhes responder, com o seu patrimônio, pelos ônus do fracasso de sua atividade econômica e, por consequência, pela satisfação dos créditos dos empregados da sociedade. Do contrário, estar-se-ia transferindo os riscos assumidos pelos sócios para os trabalhadores, em afronta ao art. 2º, *caput*, da CLT, bem como ao princípio que resulta dos arts. 2º, § 2º, 10, 448 e 455 da Consolidação das Leis do Trabalho, do art. 3º da Lei n. 2.757/56 e da Lei n. 6.019/74 (*princípio da despersonalização das obrigações decorrentes da relação de emprego*).

Não há que se falar, em relação aos créditos trabalhistas, em estímulo ao investimento e consequente favorecimento do progresso econômico como fundamentos para negar aos sócios a responsabilidade pelas obrigações sociais trabalhistas, ou seja, para estabelecer uma espécie de *segurança jurídica patrimonial*, traduzida pelo investimento com responsabilidade limitada.

É que a segurança jurídica patrimonial gerada pelo investimento com responsabilidade limitada (investimento com riscos limitados) não se sobrepõe à *segurança existencial do trabalhador*, que é titular de direitos de caráter predominantemente alimentar, ou seja, relacionados com a sua sobrevivência própria e familiar.

Também não há que se invocar, contra a atribuição de responsabilidade ao sócio, o fato de ser a livre-iniciativa um dos fundamentos da República (art. 1º, IV, da Constituição), posto que tal fato deve ser harmonizado com o reconhecimento do valor social do trabalho, que também constitui fundamento da República (art. 1º, IV, da Constituição), a atribuição de função social à propriedade (art. 170, III) e o condicionamento do cumprimento da função social da propriedade ao respeito às normas trabalhistas (art. 186, III), que autorizam afirmar que a Constituição adota como princípio a *livre-iniciativa responsável.*

Ademais, no conflito entre a norma que distingue a sociedade dos seus sócios e as normas que asseguram e garantem direitos aos trabalhadores, estas é que deverão prevalecer, como permite afirmar o *caput* do art. 7º da Constituição, que impõe a adoção, entre duas ou mais soluções possíveis, daquela que resulte na melhoria da condição social dos trabalhadores (*princípio da prevalência da norma mais favorável*).

Não fosse tudo isto, a Lei n. 13.467/17, ao tratar da responsabilidade do sócio retirante e do incidente de desconsideração da personalidade jurídica (arts. 10-A e 855-A acrescentados à CLT), admitiu, expressamente, a possibilidade de o sócio ser responsabilizado pelos débitos da sociedade.

De outro lado, os arts. 8º, 769 e 889 da Consolidação das Leis do Trabalho permitem recorrer ao Código Tributário Nacional, ao Código de Defesa do Consumidor, à Lei n. 9.605/98, ao Código Civil e à Lei n. 12.529/11 como fontes subsidiárias do Direito Processual do Trabalho, para a definição dos pressupostos para a desconsideração da personalidade jurídica, observando-se, contudo, que ela também pode ser realizada com esteio nos princípios da despersonalização das obrigações decorrentes da relação de emprego e da prevalência da norma mais favorável, como foi acima demonstrado.

No processo do trabalho, por força dos citados princípios, deve ser adotada a solução estabelecida pela *teoria objetiva* ou *teoria menor da desconsideração da personalidade jurídica*, ou seja, nele, a não indicação de bens à penhora pelo executado no prazo assinalado no art. 880 da CLT e a não localização de bens passíveis de penhora é o quanto basta para que a execução seja manejada contra os sócios da empresa devedora.

Cumpre observar que: a) as obrigações do sócio começam imediatamente com o contrato, se este não fixar outra data, e terminam quando, liquidada a sociedade, se extinguirem as responsabilidades sociais (art. 1.001 do Código Civil); b) de acordo com o art. 10-A da CLT, acrescentando pela Lei n. 13.467/17, "O sócio retirante responde subsidiariamente pelas obrigações trabalhistas da sociedade relativas ao período em que figurou como sócio, somente em ações ajuizadas até dois anos depois de averbada a modificação do contrato, observada a seguinte ordem de preferência: I – a empresa devedora; II – os sócios atuais; III – os sócios retirantes". Parágrafo único. O sócio retirante responderá solidariamente com os demais quando ficar comprovada fraude na alteração societária decorrente da modificação do contrato".

13.2.4. Desconsideração inversa da personalidade jurídica

A teoria da desconsideração da personalidade jurídica teve em conta, primeiro, a possibilidade de tornar os sócios responsáveis pelas obrigações da sociedade (*desconsideração clássica ou direta da personalidade jurídica*). A *desconsideração inversa da personalidade jurídica* constitui mecanismo para responsabilizar a sociedade pelas obrigações dos seus sócios e é expressamente autorizado no art. 133, § 2º, do CPC.

A desconsideração inversa da personalidade jurídica é possível, por exemplo, quando for constatada a confusão entre o patrimônio da sociedade e o dos seus sócios, com esteio no art. 50 do Código Civil, que se refere, expressamente, ao abuso da personalidade jurídica caracterizado pela confusão patrimonial.

Como reconheceu o STJ nos autos do REsp. n. 948.117-MS: "(...) III. A desconsideração inversa da personalidade jurídica caracteriza-se pelo afastamento da autonomia patrimonial da sociedade, para, contrariamente do que ocorre na desconsideração da personalidade propriamente dita, atingir o ente coletivo e seu patrimônio social, de modo a responsabilizar a sociedade por obrigações do sócio controlador. IV. Considerando-se que a finalidade da *disregard doctrine* é combater a utilização indevida do ente societário por seus sócios, o que pode ocorrer também nos casos em que o sócio controlador esvazia o seu patrimônio pessoal e o integraliza na pessoa jurídica, conclui-se, de uma interpretação teleológica do art. 50 do CC/02, ser possível a desconsideração inversa da personalidade jurídica, de modo a atingir bens da sociedade em razão de dívidas contraídas pelo sócio controlador, conquanto preenchidos os requisitos previstos na norma. V. A desconsideração da personalidade jurídica configura-se como medida excepcional. Sua adoção somente é recomendada quando forem atendidos os pressupostos específicos relacionados com a fraude ou abuso de direito estabelecidos no art. 50 do CC/02. Somente se forem verificados os requisitos de sua incidência, poderá o juiz, no próprio processo de execução, 'levantar o véu' da personalidade jurídica para que o ato de expropriação atinja os bens da empresa".[59]

13.2.5. A desconsideração da personalidade jurídica no CPC.

A questão será examinada porque, como prevê o art. 855-A, da CLT, "Aplica-se ao processo do trabalho o incidente da desconsideração da personalidade jurídica previsto nos arts. 133 a 137 da Lei n. 13.105, de 16 de março de 2015 – Código de Processo Civil".

O CPC faz expressa referência à desconsideração da personalidade jurídica, clássica e inversa, e estabeleceu o procedimento a ser seguido para a sua realização, instituindo o que denomina *incidente de desconsideração da personalidade jurídica*, incluído no Título III, que trata da *intervenção de terceiro*.

De acordo com o art. 133, *caput*, do CPC: "O incidente de desconsideração da personalidade jurídica será instaurado a pedido da parte ou do Ministério Público, quando lhe couber intervir no processo",[60] sendo estabelecido no art. 133, § 1º, do CPC, que o pedido de desconsideração da personalidade jurídica observará os pressupostos previstos em lei,[61] e, no art. 133, § 2º, do CPC, que é aplicável o

---

59. STJ, REsp. 948.117-MS, Rel. Min. Nancy Andrighi, DJe 3.8.2010.

60. A atribuição apenas à parte e ao Ministério Pública da legitimidade para requerer a instauração do incidente é justificável, no processo civil, visto que, nele, o juiz não pode promover a execução de ofício, ao contrário do que ocorre no processo do trabalho.

61. O CPC não define as situações em que a desconsideração poderá ser realizada.

disposto neste Capítulo à hipótese de desconsideração inversa da personalidade jurídica.

Conforme o art. 134, *caput*, do CPC, "O incidente de desconsideração é cabível em todas as fases do processo de conhecimento, no cumprimento de sentença e na execução fundada em título executivo extrajudicial", mas é dispensada "a instauração do incidente se a desconsideração da personalidade jurídica for requerida na petição inicial, hipótese em que será citado o sócio ou a pessoa jurídica" (art. 134, § 2º).[62]

No CPC é previsto, ainda, que a instauração do incidente suspenderá o processo, salvo na hipótese do § 2º do art. 134 (art. 134, § 3º), bem como que o requerimento deve demonstrar o preenchimento dos pressupostos legais específicos para desconsideração da personalidade jurídica (art. 134, § 4º).

A instauração do incidente deverá ser comunicada ao distribuidor, para as anotações devidas, o que tem reflexo na apuração de fraude à execução (arts. 134, § 1º, do CPC), na medida em que, consoante o 137 do CPC, "Acolhido o pedido de desconsideração, a alienação ou oneração de bens havida em fraude à execução, será ineficaz em relação ao requerente".

Acrescente que, segundo estabelece o art. 790, V, do CPC, estão sujeitos à execução os bens alienados ou gravados com ônus real em fraude à execução, dispondo o art. 792, § 3º, do CPC que, "nos casos de desconsideração da personalidade jurídica, a fraude à execução verifica-se a partir da citação da parte cuja personalidade se pretende desconsiderar". Aplica-se à hipótese, no entanto, o disposto no art. 828 do CPC, ou seja, o exequente poderá, no ato do pedido de desconsideração, obter certidão comprobatória da sua apresentação, para fins de averbação nos registros próprios, presumindo-se em fraude à execução a alienação ou oneração de bens efetuada após a averbação.

Segundo o art. 135 do CPC, "Instaurado o incidente, o sócio ou a sociedade será citado para manifestar-se e requerer as provas cabíveis no prazo de 15 dias". Apesar de a desconsideração ser objeto de mero *incidente*, o CPC determina a *citação* do sócio (desconsideração clássica) ou da sociedade (desconsideração inversa) para manifestar-se e requerer as provas.

Ainda de acordo com o CPC, "Concluída a instrução, se necessária, o incidente será resolvido por decisão interlocutória (art. 136, *caput*) e, "Se a decisão for proferida pelo relator, cabe agravo interno" (art. 136, parágrafo único). Anote-se que, quando o pedido de desconsideração for apresentado com a petição inicial

---

62. O pedido de desconsideração da personalidade jurídica pode ser apresentado a qualquer tempo, ao passo que, quando constar da petição inicial, o sócio, ou a sociedade, quando se tratar de desconsideração inversa da personalidade jurídica, figurará como parte da demanda, o que dispensa a instauração do *incidente de desconsideração da personalidade jurídica*, devendo a questão ser enfrentada na sentença que a julgar.

e o seu exame ocorrer na sentença, contra esta poderá ser apresentada apelação (art. 1.009 do CPC).

13.2.6. O incidente de desconsideração da personalidade jurídica no processo do trabalho.

A CLT estabelece, no art. 855-A, que "Aplica-se ao processo do trabalho o incidente da desconsideração da personalidade jurídica previsto nos arts. 133 a 137 da Lei n. 13.105, de 16 de março de 2015 - Código de Processo Civil", e se limitou a:

1) dispor sobre a possibilidade de impugnação das decisões proferidas no exame do incidente de desconsideração da personalidade jurídica, prevendo que: da decisão interlocutória que acolher ou rejeitar o incidente, na fase de cognição, não cabe recurso de imediato; na fase de execução, cabe agravo de petição, independentemente de garantia do juízo; cabe agravo interno se proferida pelo relator em incidente instaurado originalmente no tribunal (art. 855-A, § 1°). Note-se que decisão com o mesmo conteúdo foi considerada, para efeito recursais, como de natureza interlocutória, se proferida na fase de conhecimento, e definitiva, no caso de ser proferida na fase de execução e em incidente originalmente instaurado no tribunal;

2) prever que a instauração do incidente suspenderá o processo sem prejuízo de concessão da tutela de urgência de que trata o art. 301 do CPC (art. 855-A, § 2°).

Cumpre observar, contudo, que:

a) a desconsideração da personalidade jurídica poderá ser determinada de ofício, por força do disposto no art. 878 da CLT, mesmo quando se tratar de demanda em que o trabalhador esteja assistido por advogado, diante da inconstitucionalidade da restrição constante da nova redação conferida ao citado comando legal e da sua incompatibilidade com normas constantes da própria CLT, como já foi demonstrado.

Com efeito, estando autorizado a *promover* a execução de ofício, pode o juiz adotar todas as medidas necessárias à satisfação do credor, dentre elas a desconsideração da personalidade jurídica (clássica e inversa), por força, inclusive, do dever imposto ao juiz pelo art. 765 da CLT, observando-se que a desconsideração não possui *natureza punitiva*, mas ato de execução e, ainda, que o Código de Defesa do Consumidor autoriza a desconsideração da personalidade jurídica de ofício, instituído, portanto, condição mais favorável aos trabalhadores, o que atrai a sua aplicação no processo do trabalho, por força do art. 7°, *caput*, da Constituição (aplicação do princípio da norma mais favorável).

Mesmo no CPC, a desconsideração não constitui *ação de atribuição de responsabilidade*, mas simples *incidente processual*, sendo digno de nota, por outro lado, que, no processo do trabalho, mesmo sendo a execução um processo autônomo, o juiz pode promovê-la de ofício, o que demonstra que ao juiz do trabalho são conferidos poderes distintos daqueles que o CPC atribui ao juiz, **dada a natureza dos créditos em execução**.

No processo civil, prevalece o entendimento de que "a desconsideração não é assunto confiado à iniciativa do órgão judiciário. A desconsideração escapa aos poderes de direção material do juiz (...). A desconsideração envolve, predominantemente, interesses patrimoniais".[63] No entanto, no processo do trabalho, a plena satisfação do credor é assunto confiado à iniciativa do juiz (art. 878 da CLT), inserindo-se, portanto, nos seus poderes de direção material do processo, além do que **a satisfação de créditos trabalhistas não envolve apenas interesses patrimoniais, dada a dimensão humana, social e políticas dos direitos inerentes ao trabalho**;

b) a desconsideração da personalidade jurídica pode ocorrer com fundamento no Código Tributário Nacional, no Código de Defesa do Consumidor, na Lei n. 8.884/94, na Lei n. 9.605/98, no Código Civil e, especialmente, nos princípios da despersonalização das obrigações decorrentes da relação de emprego, da proteção e da prevalência da norma mais favorável, observando-se que a interpretação sistemática do CPC de aponta no sentido de que a desconsideração da personalidade jurídica poderá ser realizada em obediência à *ordem jurídica*, ou seja, às regras e aos princípios jurídicos;

c) o *princípio da simplificação das formas e procedimentos*, que informa o Direito Processual do Trabalho, impede a instauração de incidente de desconsideração da personalidade jurídica como procedimento autônomo, *em especial com força suficiente para a suspensão do processo*, no caso de o pedido de desconsideração não constar da petição inicial, salvo, como dito, se houve expresso pedido da parte no sentido da instauração do incidente.

Note-se, neste sentido, que a CLT contém norma no sentido de que, nas causas da jurisdição da Justiça do Trabalho, somente podem ser opostas, com suspensão do feito, as exceções de suspeição ou incompetência, o que indica a excepcionalidade da suspensão do processo, que é também justificada pela especificidade dos direitos trabalhistas

Acrescente-se, inclusive, que, em se tratando de procedimento sumaríssimo, os incidentes são resolvidos em audiência (art. 852-G da CLT).

Aliás, soa no mínimo ilógico fazer depender o reconhecimento do crédito (objeto da demanda) da fixação da responsabilidade pela sua satisfação (objeto do incidente).

---

63. Araken de Assis. *Manual da execução*, p. 307.

Ben-Hur Silveira Claus também sustenta a incompatibilidade do incidente de desconsideração da personalidade jurídica com o Direito Processual do Trabalho, realçando, em relação à suspensão do processo, que ela "contraria tanto o princípio da concentração dos atos quanto o princípio da celeridade processual, com evidente prejuízo à garantia da efetividade da jurisdição. No subsistema procedimental trabalhista, a regra é a não suspensão do processo, privilegiando-se a celeridade processual, com vistas à efetividade processual. A original vocação do processo do trabalho para constituir-se como processo de resultado conduziu o legislador a estabelecer um procedimento – concentrado – no qual a suspensão do processo do trabalho foi concebida como hipótese excepcional".[64]

Acrescente-se que, se a desconsideração for examinada em sentença, contra esta pode ser interposto recurso ordinário. Nos demais casos, a decisão sobre a desconsideração é interlocutória, o que a torna irrecorrível (art. 893, § 1º, da CLT, referido, inclusive, no art. 855-A, § 1º, I, da CLT), não sendo aplicáveis no processo do trabalho, portanto, o art. 136, parágrafo único, e o art. 1.015, IV, do CPC, podendo o sócio (desconsideração clássica) ou a sociedade (desconsideração inversa) voltar ao tema em recurso contra a decisão definitiva ou em embargos (a serem ajuizados depois da garantia do juízo – art. 884 da CLT).

No entanto, a Lei n. 13. 467/15 permitiu, ao incluir o incidente em questão na CLT, a interposição de recurso na fase executiva, inclusive sem a prévia garantia de juízo, em flagrante prejuízo à mais rápida satisfação do credor. Esta solução, aliás, fará com que o incidente deixe praticamente de existir, porque, diante da possibilidade de recurso na fase executiva, inclusive sem prévia garantia do juízo, o pedido de desconsideração passará a ser inserido diretamente na petição inicial. Note-se que, ao assim proceder, a Lei n. 13.467/15 acabou por instituir novas hipóteses de decisão interlocutória passíveis de recurso.

Por fim, como assevera Ben-Hur Silveira Claus, a atribuição do ônus da prova da presença dos pressupostos legais que autorizam a desconsideração da personalidade jurídica da sociedade "se revela incompatível tanto com o princípio da proteção quanto com o princípio da simplificação das formas, que caracterizam o Direito Processual do Trabalho (...). Se pode ser considerada razoável a opção de atribuir ao credor tal ônus de prova no processo civil, em que o devedor costuma apresentar-se em condição de inferioridade econômica em relação ao credor, o mesmo não ocorre no âmbito do processo do trabalho. O credor trabalhista encontra-se em situação de inferioridade econômica em relação ao executado. Por conseguinte, atribuir ao credor trabalhista o encargo probatório de demonstrar o preenchimento dos pressupostos legais específicos à desconsideração da personalidade jurídica

64. O incidente de desconsideração da personalidade jurídica previsto no CPC de 2015 e o direito processual do trabalho. In: *Novo CPC e o processo do trabalho*, p. 93-94.

implicaria dificultar a utilização da técnica da desconsideração da personalidade dada a conhecida dificuldade que tem o credor trabalhista para desincumbir-se desse ônus probatório".[65]

Anote-se que: se a desconsideração for requerida na petição inicial, a defesa do sócio ou da sociedade (na desconsideração inversa) deverá ser apresentada na contestação; quando o sócio ou a sociedade (na desconsideração inversa) não tiver integrado o processo na fase de conhecimento e contra ele for manejada a execução, é indispensável a sua citação antes da realização da penhora de seus bens, para que possa cumprir a obrigação ou nomear à penhora bens da pessoa jurídica ou do sócio (na desconsideração inversa), situados na comarca da execução, livres e desembaraçados, quantos bastem para pagar o débito. Neste caso, a defesa do sócio ou da sociedade (na desconsideração inversa) deverá ser apresentada por meio de embargos à execução, após a garantia do juízo; se não houve prévia citação e ocorrer a penhora, o sócio ou a sociedade (na desconsideração inversa), poderá apresentar a sua defesa por meio de embargos de terceiro.

14. FRAUDE À EXECUÇÃO

Estabelece o CPC, no art. 790, *caput*, que são sujeitos à execução os bens alienados ou gravados com ônus real em fraude à execução[66] e, no art. 790, § 1º, que a alienação em fraude à execução é ineficaz em relação ao exequente.

O CPC também dispõe, no art. 792, que se considera em fraude à execução a alienação ou oneração de bens: I) quando sobre o bem pender ação fundada em direito real ou com pretensão reipersecutória, desde que a pendência do processo tenha sido averbada no respectivo registro público, se houver; II) quando tiver sido averbada, no registro do bem, a pendência do processo de execução, na forma do art. 828 (segundo este dispositivo legal, "o exequente poderá obter certidão de que a execução foi admitida pelo juiz, com identificação das partes e do valor da causa, para fins de averbação no registro de imóveis, de veículos ou de outros bens sujeito à penhora, arresto ou indisponibilidade");[67] II) quando tiver sido averbada, no registro de bens, hipoteca judiciária[68] ou outro ato de constrição

---

65. O incidente de desconsideração da personalidade jurídica previsto no CPC de 2015 e o direito processual do trabalho. In: *Novo CPC e o processo do trabalho*, p. 95-96. Ressalte-se que o desequilíbrio de forças tem influência na fixação do ônus da prova, como o demonstra o art. 6º do Código de Defesa do Consumidor e o art. 818, § 1º, da CLT.

66. "Compreende-se sob o nome de alienação todo e qualquer ato entre vivos pelo qual o devedor dispõe, a favor de terceiro, de bem que lhe pertence, por meio de transferência ou renúncia" (CASTRO, Amílcar de. *Do procedimento de execução*, p. 62).

67. O art. 828 do CPC será examinado mais adiante, quando tratarmos da averbação por ele autorizada.

68. Como esclarece Élisson Miessa, "há no ordenamento jurídico pátrio, quatro espécies de hipoteca: convencional, legal, cedular e judiciária. Em todos os tipos de hipoteca, é necessário que ela seja registrada na matrícula do bem hipotecado para que seja oponível contra terceiros" (Hipoteca judiciária e protesto da decisão judicial no

judicial originário do processo onde foi arguida a fraude; IV) quando, ao tempo da alienação ou oneração, tramitava contra o devedor ação capaz de reduzi-lo à insolvência; V) nos demais casos expressos em lei.[69]

Conforme o art. 792, § 2º, do CPC, no caso de aquisição de bem não sujeito a registro, o terceiro adquirente tem o ônus de provar que adotou as cautelas para a aquisição, mediante a exibição das certidões pertinentes, obtidas no domicílio do vendedor e no local onde se encontra o bem.

Consoante o art. 792, § 3º, do CPC, nos casos de desconsideração da personalidade jurídica, a fraude à execução verifica-se a partir da citação da parte cuja personalidade se pretende desconsiderar. Aplica-se à hipótese, no entanto, o disposto no art. 828 do CPC, ou seja, o exequente poderá, no ato do pedido de desconsideração, obter certidão comprobatória da sua apresentação, para fins de averbação nos registros próprios, presumindo-se em fraude à execução a alienação ou oneração de bens efetuada após a averbação.

Anote-se que, em várias situações, o legislador estabeleceu presunção da prática de fraude à execução. Neste sentido, por exemplo, presume-se fraudulenta a alienação ou oneração de bens ou renda, ou seu começo, por sujeito passivo em débito tributário, salvo se tiverem sido ressalvados pelo devedor bens ou rendas suficientes ao total pagamento da dívida (art. 185 do Código Tributário Nacional).[70]

A ocorrência de fraude à execução pressupõe, na hipótese do art. 792, IV, do CPC (ao tempo da alienação ou oneração corria contra o devedor ação capaz de reduzi-lo à insolvência), a existência de *ação* em curso, não sendo exigido que se trate de *ação de execução* ou *condenatória*.

Sobre os requisitos necessários para a configuração da fraude à execução na hipótese do art. 792, IV, do CPC, cumpre anotar que: a tramitação de ação contra o devedor é expressamente exigida CPC; a ineficácia do ato de disposição pressupõe dano concreto à capacidade de o patrimônio do executado suportar o cumprimento de suas obrigações, vez que, "se, não obstante a alienação, o credor encontra com o que se satisfazer no patrimônio do devedor, evidentemente não terá necessidade, e, portanto, não terá direito de invalidar o ato do alienante. O

---

novo CPC e seus impactos no processo do trabalho. In: *O novo Código de Processo Civil e seus reflexos no processo do trabalho*, p. 469).

69. Dentre as demais hipóteses previstas em lei vale lembrar que: a) recaindo a penhora em crédito do devedor para com terceiro, se este negar o débito em conluio com o devedor, a quitação, que este lhe der, considerar-se-á em fraude à execução (art. 856, § 3º, do CPC); b) estará configurada a fraude à execução quando o devedor, sabendo-se insolvente, adquire de má-fé imóvel mais valioso para transferir a residência familiar, desfazendo-se ou não da moradia antiga (art. 4º da Lei n. 8.009/90).

70. Essa presunção favorece o trabalhador, ante a natureza superprivilegiada dos créditos decorrentes da relação de emprego e em razão da aplicação ao seu crédito dos benefícios processuais que a lei estabelece em favor do crédito tributário (art. 899 da CLT).

dano consiste na insuficiência de bens no patrimônio do devedor para satisfazer o débito, mediante execução".[71]

Contudo, revendo ponto de vista anterior, é afirmado que o reconhecimento da ocorrência de fraude pressupõe, na hipótese em exame, a demonstração de que o adquirente do bem tinha ou deveria razoavelmente ter conhecimento da pendência de processo judicial contra o alienante. A propósito do tema, tem-se a Súmula n. 375 do STJ: "O reconhecimento da fraude à execução depende do registro da penhora do bem alienado ou da prova de má-fé do terceiro adquirente". Examinando a questão, a Oitava Turma do TST decidiu que "(...). A configuração de fraude à execução não pode ser absolutamente objetiva. Não se deve presumir que o adquirente do imóvel tivesse conhecimento de que o negócio jurídico e questão era viciado, para enquadrar-se, em tese, nos requisitos da fraude à execução. A ciência, pelo adquirente, da existência de demanda contra o alienante, constitui elemento subjetivo essencial para se perquirir sua qualidade, ou não, de terceiro de boa-fé. Na hipótese em questão, não há prova de que o ato alienatório foi praticado com a finalidade de frustrar a execução e de que a adquirente do bem tivesse conhecimento de procedimentos executórios os quais pudessem reduzir o devedor à insolvência, segundo previsão do art. 593, II, do CPC. Dessa forma, torna-se irrelevante ausência de registro do contrato particular no cartório" (TST, 8ª Turma, RR 894-47.2011.5.10.0014, Rel. Min. Dora Maria da Costa, DeJT 13.12.2013).

O "compromisso de compra e venda tem sido aceito como meio hábil a comprovar a transferência da propriedade de bem imóvel, sobretudo quando devidamente registrado no cartório competente e ainda não houver prova robusta quanto à existência de qualquer irregularidade na feitura deste".[72]

Consoante decidiu o STJ, "a ineficácia da alienação em fraude de execução se estende às que sucessivamente se fizerem, restando aos adquirentes a ação de perdas e danos".[73]

A alienação de bem penhorado, arrestado ou sequestrado é ineficaz em relação à execução, independentemente da presença dos requisitos necessários para a configuração da fraude à execução, exigindo-se, apenas, a prova de que o terceiro adquirente tinha ou deveria ter ciência da construção do bem ou que esta tenha sido averbada no registro do bem.

A fraude à execução constitui ato atentatório à dignidade da justiça (art. 774, I, do CPC) e ilícito penal (art. 179 do Código Penal).

Antes de declarar a fraude à execução, o juiz deverá intimar o terceiro adquirente que, se quiser, poderá opor embargos de terceiro, no prazo de cinco dias

71. Amílcar de Castro. *Do procedimento de execução*, p. 62.
72. TRT 18ª Região, AP 0000119-25.2011.5.18.0009, Rel. Des. Kátia Marja Bomtempo, DEJT 11.10.2011, p. 26-27.
73. STJ, Resp. 27.555-0-SP, Rel. Min. Dias Trindade, DJU 16.11.1992, p. 21.141.

(art. 792, § 4º, do CPC e art. 884 da CLT), ou seja, a declaração da fraude à execução não pode ocorrer sem que seja conferida oportunidade de oposição de embargos de terceiro pelo adquirente.

A fraude à execução não se confunde com a fraude contra credores.

A fraude contra credores é traduzida pelo negócio de transmissão gratuita de bens ou remissão de dívida, praticado por devedor já insolvente, ou por ele reduzido à insolvência, ainda quando o ignore (art. 158 do Código Civil) e, ainda, pela celebração de contrato oneroso pelo devedor insolvente, quando a insolvência for notória, ou houver motivo para ser conhecida do outro contratante (art. 159 do Código Civil).

Segundo Humberto Theodoro Júnior, na fraude contra credores "são atingidos apenas interesses privados dos credores", ao passo que, na fraude à execução, "o ato do devedor executado viola a própria atividade jurisdicional do Estado".[74] Cândido Rangel Dinamarco aduz que a principal diferença entre fraude à execução e fraude contra credores "reside na litispendência – sendo absolutamente irrelevante se o processo pendente é executivo, cognitivo ou monitório. Como consequência da fraude de execução, os bens alienados ficam sujeitos a atos de constrição desde logo – enquanto que as alienações em fraude contra credores são eficazes perante todos, inclusive o credor que já o fosse antes da alienação, até que por sentença a eficácia perante este seja desfeita e o bem seja liberado para a penhora".[75]

A fraude à execução torna o ato ineficaz em relação a determinado credor (aquele que ajuizou ação), ao passo que a fraude contra credores conduz à anulação do ato de disposição ou oneração de bens.

O reconhecimento de fraude à execução e, com isso, da ineficácia do ato do executado em relação ao exequente, dispensa a propositura de ação com essa finalidade, podendo se dar nos próprios autos da execução.[76] A ocorrência de fraude contra credores, conforme a doutrina predominante (que é acolhida pelo CPC, consoante seu art. 790, VI), deve ser apurada em ação própria (ação pauliana), a ser proposta pelos credores quirografários lesados em seus direitos, com o fim de anular o ato praticado pelo devedor (art. 158 do Código Civil).[77] Contudo, esta solução não é compatível com o Direito Processual do Trabalho, que adota como diretriz fundamental a simplificação das formas e procedimentos. Destarte, desde que respeitados o

74. *Comentários ao Código de Processo Civil*, v. IV, p. 226.

75. *Instituições de direito processual civil*, v. II, p. 58.

76. Para Humberto Theodoro Júnior, na fraude à execução, "não há necessidade de nenhuma ação para anular ou desconstituir o ato de disposição fraudulenta. A lei o considera simplesmente ineficaz perante o exequente. Não se cuida (...) de ato nulo ou anulável. O negócio jurídico, que frauda a execução, diversamente do que se passa com o que frauda credores, gera pleno efeito entre alienante e adquirente. Apenas não pode ser oposto ao exequente" (*Comentários ao Código de Processo Civil*, v. IV, p. 227).

77. Somente os credores que já o eram ao tempo do negócio podem pleitear a sua anulação (art. 158, § 2º, do Código Civil).

contraditório e a ampla defesa, é viável, no processo do trabalho, o reconhecimento da fraude contra credores mesmo sem a propositura de ação pauliana.[78]

15. EXECUÇÃO DEFINITIVA E PROVISÓRIA

Execução definitiva é a fundada em sentença transitada em julgado, à qual equivale a sentença homologatória de acordo (art. 831, parágrafo único, da CLT), e em título extrajudicial.[79] A execução é provisória quando fundada em sentença impugnada mediante recurso desprovido de efeito suspensivo (art. 520 do CPC e art. 899, *caput*, da CLT).

Definitiva é a execução fundada em título 'definitivo', no sentido de título que não pode sofrer modificação,[80] sendo provisória a execução fundada em decisão impugnada por meio de recurso, ou seja, fundada em título que ainda é "provisório".

A autorização para a execução provisória decorre do fato de se "considerar mais inconveniente a demora da execução do que o transtorno de se desfazerem todas as mudanças no estado de fato pelos atos judiciais executivos".[81] Acrescente-se que a execução provisória acelera a satisfação do credor, no caso de a decisão ser confirmada no julgamento do recurso contra ela interposto, o que atende ao direito à duração razoável do processo.

A CLT permite a execução provisória, mas não a disciplina, limitando-se a estabelecer, no art. 899, que ela será realizada *até a penhora*.

A utilização, no art. 899 da CLT, da expressão *até a penhora*, autoriza afirmar que na execução provisória, não são admissíveis, *em regra*, o levantamento de depósito em dinheiro e a prática de atos que importem transferência de posse ou alienação de propriedade ou de outro direito real ou dos quais possa resultar grave dano ao executado.

No entanto, por força do art. 769 da CLT e, agora, também do art. 15 do CPC, a execução provisória não será processada apenas até a penhora, sendo aplicável

78. A alienação de bens antes da propositura da ação caracteriza fraude contra credores. No entanto, se for demonstrada a intenção de afastar os bens do alcance de ação futura, em especial quando praticada a alienação ou oneração dos bens em data próxima à dispensa de vários empregados pela empresa, o ato deve ser considerado como fraude à execução.

79. Nos termos do art. 2º-B, da Lei n. 9.494/97, acrescentado pela Medida Provisória n. 2.180-35, de 24.08.01, a sentença que tenha por objeto inclusão em folha de pagamento, reclassificação, equiparação, concessão de vantagens a servidores da União, dos Estados, do Distrito Federal e dos Municípios, inclusive de suas autarquias e fundações, somente poderá ser executada após o seu trânsito em julgado.

80. Mesmo que esteja pendente de julgamento agravo de petição aforado contra decisão que julga embargos de execução, é definitiva a execução lastreada em título executivo extrajudicial. (Neste mesmo sentido: "É definitiva a execução de título executivo extrajudicial, ainda que pendente apelação contra sentença que julgue improcedentes os embargos" — Súmula n. 317 do STJ). Também é definitiva a execução realizada na pendência de ação rescisória que tenha o título executivo judicial como objeto de impugnação.

81. Amílcar de Castro. *Do procedimento de execução*, p. 47, 49-50.

no processo do trabalho, no que couber, o regime da execução provisória estabelecido pelo CPC, notadamente por favorecer a mais rápida satisfação de créditos que possuem, em regra, caráter alimentar.

De acordo com o CPC, a execução provisória: a) será realizada da mesma forma que a definitiva (art. 520, *caput*);[82] b) corre por iniciativa e responsabilidade do exequente, que se obriga, se a sentença for reformada, a reparar os danos que o executado haja sofrido (art. 520, I); c) fica sem efeito, sobrevindo decisão que modifique ou anule a sentença objeto da execução, restituindo-se as partes ao estado anterior e liquidando-se eventuais prejuízos nos mesmos autos (art. 520, II);[83] d) se a sentença objeto da execução provisória for modificada ou anulada apenas em parte, somente nessa ficará sem efeito a execução (art. 520, III).

O fato de a execução ser provisória não impede de forma absoluta a satisfação imediata do credor. Nesse sentido, o CPC dispõe, no art. 520, IV, que o levantamento de depósito em dinheiro e a prática de atos que importem transferência de posse ou alienação de propriedade ou de outro direito real, ou dos quais possa resultar grave dano ao executado, dependem de caução suficiente e idônea, arbitrada de plano pelo juiz e prestada nos próprios autos, e, no art. 521, que a caução poderá ser dispensada nos casos em que: o crédito for de natureza alimentar, independentemente de sua origem; o credor demonstrar situação de necessidade; pender de julgamento o agravo de que trata o art. 1.042 do CPC; a sentença ser provisoriamente executada estiver em consonância com súmula da jurisprudência do Supremo Tribunal Federal ou do Tribunal Superior do Trabalho (adaptação ao Direito Processual do Trabalho) ou com acórdão proferido no julgamento de recursos repetitivos.

No entanto, o CPC estabelece, no art. 521, parágrafo único, que a exigência de caução será mantida quando da dispensa possa resultar manifesto risco de grave dano de difícil ou incerta reparação.

Em relação à dispensa da caução na pendência de agravo, vale mencionar que, de acordo com art. 1.042 do CPC, cabe agravo contra decisão do presidente ou do vice-presidente do tribunal recorrido que inadmitir recurso extraordinário ou especial (recurso de revista, no caso do processo do trabalho), salvo quando fundada na aplicação de entendimento firmado em regime de repercussão geral ou em julgamento de recursos repetitivos.

As regras do CPC relativas à execução provisória são aplicáveis no processo do trabalho (art. 769 da CLT e art. 15 do CPC), observando-se que:

---

82. Consoante esclarece Araken de Assis, o caráter provisório da execução não se refere "à eficácia do título ou aos meios executivos, mas à sua reforma eventual" (*Manual da execução*, p. 286). Eis a razão pela qual a execução provisória será realizada da mesma forma que a definitiva.

83. Como anota Araken de Assis, "à vantagem produzida pela execução provisional em suas expectativas processuais corresponde, simetricamente, à responsabilidade objetiva do credor pelo dano, por ela criado, na esfera jurídica do executado" (*Manual da execução*, p. 286).

a) o reexame da questão nos leva a abandonar a posição anterior, que era no sentido da inviabilidade de a execução provisória ser promovida de ofício.

É que a CLT autoriza a execução provisória da sentença (art. 899) e, ao atribuir ao juiz o poder para promover a execução de ofício (art. 878), não limitou este poder à promoção da execução definitiva.

Trata-se de opção legislativa que tem por fundamento o caráter alimentar de que geralmente se revestem os créditos decorrentes da relação de emprego, observando-se que esta medida se harmoniza com várias técnicas que o Direito Processual do Trabalho utiliza para conferir a máxima efetividade às decisões judiciais (aos recursos é conferido efeito apenas devolutivo; nos dissídios individuais em que haja condenação em pecúnia, o recurso somente será admitido se for realizado o depósito recursal, por exemplo). É certo que haverá risco de a decisão ser posteriormente reformada. Contudo, trata-se de risco que o juiz foi autorizado a correr pelo próprio CPC, quando permite a liberação de valores ao exequente mesmo sendo a execução provisória, ou seja, sopesando a segurança jurídica do executado e a imediata satisfação do credor, optou o legislador por conferir maior peso a esta satisfação;

b) a execução provisória deve deixar o processo pronto para a satisfação do crédito reconhecido no título executivo.

Com isso, nela devem ser admitidos embargos à execução e impugnação do credor. É inegável, inclusive, o interesse do próprio executado na continuidade da execução após a penhora, para que possa suscitar o excesso de penhora, por exemplo. O CPC prevê, inclusive, que, no cumprimento provisório da sentença, o executado poderá apresentar impugnação (art. 520, § 1º);

c) a CLT e o CPC não vedam a penhora de dinheiro na execução provisória, valendo registrar que: segundo dispõe o art. 520, *caput*, do CPC, a execução provisória far-se-á da mesma forma que a definitiva.

Isso significa que a penhora na execução provisória não difere daquela que pode ser realizada na execução definitiva.

Ademais, ao autorizar o levantamento de dinheiro na execução provisória, o CPC admite a penhora de dinheiro nessa modalidade de execução, vez que somente se pode falar em levantamento de dinheiro quando seja possível a sua penhora.

Acrescente-se que a exigência de que a execução seja realizada da forma menos gravosa para o executado não impede a penhora de dinheiro na execução provisória.

O CPC estabelece, inclusive, que a multa de 10% a ser aplicada no caso de condenação em quantia certa ou fixada em liquidação em que não ocorra o pagamento voluntário é devida na execução provisória, em uma clara demonstração de que devem ser adotadas todas as medidas necessárias para a mais rápida satisfação do credor, o que inclui a penhora em dinheiro na execução provisória.

16. ATENTADO À DIGNIDADE DA JUSTIÇA

O CPC dispõe, no art. 774, que se considera atentatória à dignidade da justiça a conduta comissiva ou omissa do executado que: I) frauda a execução; II) se opõe maliciosamente à execução, empregando ardis e meios artificiosos; III) dificulta ou embaraça a realização da penhora; IV) resiste injustificadamente às ordens judiciais; V) intimado, não indica ao juiz quais são e onde estão os bens sujeitos à penhora e os respectivos valores, nem exibe prova de sua propriedade e, se for o caso, certidão negativa de ônus.

O juiz, constatando o atentado à dignidade da justiça, fixará multa em montante não superior a vinte por cento do valor atualizado do débito em execução, a qual será revertida em proveito do exequente, exigível nos próprios autos do processo, sem prejuízo de sanções de natureza processual ou material (art. 774, parágrafo único, do CPC).[84]

O Direito Processual do Trabalho é omisso a respeito das hipóteses em que estará configurado o atentado à dignidade da justiça, mas também nele é imperioso agir, com rigor, contra ele. Desse modo, aplicam-se no processo do trabalho, como fonte subsidiária e supletiva do Direito Processual do Trabalho, o art. 774 do CPC.

17. AVERBAÇÃO DA EXECUÇÃO NO REGISTRO DE IMÓVEIS, NO REGISTRO DE VEÍCULOS OU NO REGISTRO DE OUTROS BENS SUJEITOS A PENHORA, ARRESTO OU INDISPONIBILIDADE

O CPC autoriza o exequente a obter certidão de admissão da execução, com identificação das partes e do valor da causa, para fins de averbação no registro de imóveis, de veículos ou de outros bens sujeitos a penhora, arresto ou indisponibilidade (art. 828),[85] impondo-lhe, no entanto, a obrigação de comunicar ao juízo, no prazo de dez dias, de sua concretização, as averbações efetivadas (art. 828, § 1º, do CPC).[86]

Formalizada penhora sobre bens suficientes para cobrir o valor da dívida, o exequente providenciará, no prazo de dez dias, o cancelamento das averbações relativas àqueles não penhorados (art. 828, § 2º, do CPC), mas o juiz determinará

84. A multa aplicada pela prática de atentado à dignidade da justiça pode ser cumulada com outras sanções de natureza processual, dentre as quais a relativa à litigância de má-fé, notadamente porque esta é revertida em favor da União e, aquela, da parte.

85. Cumpre observar, no entanto, que o art. 799, IX, do CPC estabelece que incumbe ao exequente proceder à averbação em registro público do *ato de propositura da execução*. Desse modo, proposta a execução, o exequente já está habilitado a requerer certidão para efeito de averbação, o que mais se justifica no processo do trabalho, no qual a execução pode ser promovida de ofício.

86. O descumprimento deste prazo não torna ineficaz a averbação ou prejudica a presunção de conhecimento da distribuição/início da execução por terceiros.

o cancelamento das averbações, de ofício ou a requerimento, caso o exequente não o faça no prazo (art. 828, § 3º, do CPC).

Presume-se em fraude à execução a alienação ou oneração de bens efetuada após a averbação (art. 828, § 4º, do CPC). A ocorrência de fraude à execução não pressupõe, necessariamente, a realização da averbação em exame, mas ela cria presunção, favorável ao exequente, da ocorrência de fraude na alienação ou oneração de bens realizada pelo executado, e, desse modo, contribui para a prevenção de fraude à execução. Realizada a averbação, o terceiro não poderá alegar a sua boa-fé como fundamento para negar a ocorrência de fraude à execução.

Segundo o art. 828, § 5º, do CPC, o exequente que promover averbação *manifestamente indevida ou não cancelar a averbação após a formalização da penhora* indenizará a parte contrária, processando-se o incidente em autos apartados.[87]

A averbação em destaque é compatível com o Direito Processual do Trabalho, visto que facilita a satisfação do credor e que, também no processo do trabalho, devem ser adotadas as medidas necessárias à manutenção da integridade do patrimônio do executado. No entanto, no processo do trabalho, a certidão, para efeito de averbação, pode ser expedida assim que for admitida a execução de título extrajudicial ou for determinado, de ofício ou a requerimento do credor, o início da execução de título judicial.

18. PENHORA DE BEM GRAVADO POR PENHOR, HIPOTECA, ANTICRESE, ALIENAÇÃO FIDUCIÁRIA, USUFRUTO, USO, HABITAÇÃO, PROMESSA DE COMPRA E VENDA, DIREITO DE SUPERFÍCIE, ENFITEUSE, CONCESSÃO DE USO ESPECIAL PARA FINS DE MORADIA, CONCESSÃO DE DIREITO REAL DE USO E DE QUOTA SOCIAL OU AÇÃO DE SOCIEDADE ANÔNIMA: INTIMAÇÕES NECESSÁRIAS

Não existe impedimento para a realização da penhora de bem gravado por penhor, hipoteca, anticrese, alienação fiduciária, usufruto, uso, habitação, promessa de compra e venda, direito de superfície, enfiteuse, concessão de uso especial para fins de moradia, concessão de direito real de uso e de quota social ou ação de sociedade anônima. Contudo, incumbe ao exequente requerer a intimação dos terceiros a que se referem estes ônus e interesses, como condição, inclusive, de eficácia de sua adjudicação ou a alienação dos bens gravados (arts. 799, 804 e 903 do CPC).

87. A responsabilidade indenizatória não decorre do simples fato de ser acolhida pretensão do executado nos seus embargos ou o juiz extinguir a execução de ofício. Para o seu reconhecimento é indispensável que a averbação tenha sido realizada de forma manifestamente indevida. A indenização será fixada pelo juiz ou, caso nao seja possível mensurá-la, liquidada ou arbitrada ou pelo procedimento comum, nos próprios autos (aplicação, por analogia, do art. 81, § 3º, do CPC).

19. EXECUÇÃO DE FORMA MENOS GRAVOSA PARA O DEVEDOR

Quando por vários meios o exequente puder promover a execução, o juiz mandará que se faça pelo modo menos gravoso para o executado (art. 805 do CPC).

No entanto, ao executado que alegar ser a medida executiva mais gravosa incumbe indicar outros meios mais eficazes e menos onerosos, sob pena de manutenção dos atos executivos já determinados (art. 805, parágrafo único, do CPC).

Não existe impedimento para a aplicação do art. 805 do CPC no processo do trabalho, desde que os meios alternativos permitam a satisfação do crédito com a mesma presteza e no mesmo espaço de tempo. Atendida essa condição, não se justifica a adoção da forma de execução que seja mais gravosa para o devedor.[88]

Nesse compasso, quando o devedor possuir dinheiro creditado em conta corrente e também em conta de aplicação financeira, deve ser realizada a penhora dos valores existentes em conta corrente, vez que essa forma de execução será menos gravosa para o devedor e em nada prejudicará a satisfação do credor.

A realização da execução de forma menos gravosa pode ser determinada de ofício, desde que existam nos autos elementos suficientes para aferir a existência de meios igualmente eficazes para garantir a satisfação do credor.

20. REUNIÃO DE EXECUÇÕES

O juiz, a requerimento das partes ou *ex officio*, poderá, por conveniência da unidade da garantia da execução, ordenar a reunião de processos contra o mesmo devedor, operando-se a redistribuição dos processos ao juízo da primeira distribuição (art. 765 da CLT e art. 28 da Lei n. 6.830/80).

21. SUSPENSÃO DA EXECUÇÃO.

O CPC dispõe, no art. 921, que a execução será suspensa: a) nas hipóteses dos arts. 313 e 315, no que couber (estes dispositivos tratam da suspensão do processo); b) no todo ou em parte, quando recebidos com efeito suspensivo os embargos; c) quando o executado não possuir bens penhoráveis; d) se a alienação dos bens penhorados não se realizar por falta de licitantes e o exequente, em 15 dias, não requerer a adjudicação nem indicar outros bens penhoráveis; e) quando concedido parcelamento da dívida, nos termos do art. 916.

Ainda consoante o CPC: quando o executado não possuir bens penhoráveis, o juiz suspenderá a execução pelo prazo de um ano, durante o qual se suspenderá a prescrição (art. 921, § 1º, do CPC); decorrido o prazo máximo de um ano sem

88. A Instrução Normativa n. 39/16 do TST estabelece, no art. 3º, XIV, que é aplicável no processo do trabalho o art. 805 do CPC.

que seja localizado o executado ou que sejam encontrados bens penhoráveis, o juiz ordenará o arquivamento dos autos (art. 921, § 2º, do CPC); os autos podem ser desarquivados para prosseguimento da execução se a qualquer tempo forem encontrados bens penhoráveis (art. 921, § 3º, do CPC); decorrido o prazo de que trata o art. 921, § 1º, sem manifestação do exequente, começa a correr o prazo de prescrição intercorrente (art. 921, § 4º, do CPC)

De acordo com o art. 922 do CPC, convindo às partes, o juiz declarará suspensa a execução durante o prazo concedido pelo credor para que o devedor cumpra voluntariamente a obrigação e, findo o prazo sem cumprimento da obrigação, o processo retomará o seu curso.

Durante a suspensão da execução é defesa a prática de quaisquer atos processuais, podendo o juiz, entretanto, salvo no caso de arguição de impedimento ou suspeição, ordenar providências urgentes (art. 923 do CPC).

Todas estas disposições são compatíveis com o Direito Processual do Trabalho, valendo observa que a prescrição intercorrente, versada no art. 921 do CPC, foi examinada quanto tratamos da prescrição trabalhista.

22. EXECUÇÃO POR QUANTIA CERTA

A execução por quantia certa visa à satisfação de crédito pecuniário e é realizada pela expropriação de bens do executado (retirada de bens do patrimônio do executado, para a satisfação do credor), consoante o art. 824 do CPC e os arts. 880 e 883 da CLT. A expropriação consiste em adjudicação, alienação e apropriação de frutos e rendimentos de empresa ou de estabelecimento e de outros bens (art. 825 do CPC).

A execução é regida pelo Direito Processual do Trabalho, que, no entanto, apresenta-se omisso em relação a várias questões, o que torna cessaria recorrer às suas fontes subsidiárias e supletivas, para que sejam afastadas estas omissões.

Para evitar repetições, é adotada como critério a admissão da aplicabilidade das regras a seguir transcritas como fontes subsidiárias ou supletivas do Direito Processual do Trabalho. Somente quando a aplicabilidade for afastada é que tal fato será esclarecido.

22.1. Procedimento

22.1.1. Requisitos da petição inicial na execução.

A execução de título executivo judicial a pedido do credor não está submetida a requisitos específicos.

Mas, ao propor a execução de título extrajudicial, incumbe ao exequente: 1 – instruir a petição inicial com: o título executivo; demonstrativo do débito atualizado até a data da propositura da ação, quando se tratar de execução por quantia certa; a prova de que se verificou a condição ou ocorreu o termo, se for o caso; a prova, se for o caso, de que adimpliu a contraprestação que lhe corresponde ou que lhe assegura o cumprimento, se o executado não for obrigado a satisfazer a sua prestação senão mediante a contraprestação do exequente; 2 – indicar: a espécie de execução de sua preferência, quando por mais de um modo pode ser realizada; os nomes completos do exequente e do executado e seus números de CPF ou CNPJ; os bens suscetíveis de penhora, sempre que possível (art. 798 do CPC).

Também incumbe ao exequente, na inicial da execução de título executivo extrajudicial, requerer as intimações de que trata o art. 799 do CPC, quando for o caso, sendo-lhe lícito pleitear, na inicial, o deferimento de medidas urgentes (art. 799, VIII, do CPC), assim como proceder à averbação em registro público do ato de propositura da execução e dos atos de constrição realizados, para conhecimento de terceiro (art. 799, X, do CPC).[89]

22.1.2. Citação do executado.

A execução tem início com a citação do executado, por mandado, a fim de que cumpra a decisão, o acordo judicial ou a obrigação constante do título executivo extrajudicial, no prazo, pelo modo e sob as cominações estabelecidas, ou, quando se tratar de pagamento em dinheiro, inclusive de contribuições previdenciárias devidas à União, para que o faça em quarenta e oito horas ou garanta a execução, sob pena de penhora (art. 880 da CLT).

O mandado de citação deverá conter: quando se tratar de execução de título executivo judicial, a conclusão da decisão exequenda ou o termo de acordo não cumprido (art. 880, § 1º, da CLT);[90] no caso de execução de título executivo extrajudicial, a cópia do título executivo respectivo e do demonstrativo atualizado do crédito; a ordem de penhora e de avaliação, a serem cumpridas pelo oficial de justiça tão logo verificado o não pagamento ou a ausência de garantia do juízo no prazo assinalado (arts. 798, I e II, e 829, § 1º, do CPC).

A citação será realizada pessoalmente ao executado, por oficial de justiça (art. 880, *caput* e §§ 2º e 3º, da CLT).

Se o executado, procurado por 2 (duas) vezes no espaço de 48 (quarenta e oito) horas, não for encontrado, far-se-á a citação por edital, publicado no jornal oficial ou, na sua falta, afixado na sede da Vara ou Juízo, durante 5 (cinco) dias (art. 880, § 3º, da CLT). Destarte, não será realizado o arresto de bens no caso

---

89. A averbação em destaque foi examinada anteriormente.

90. Se for o caso, do mandado deve constar que o montante da condenação será acrescido de multa no percentual de 10%, na hipótese de não ser efetuado o pagamento ou garantido o juízo no prazo próprio.

de não localização do executado, ao contrário do que ocorre no processo civil (art. 830 do CPC), o que equivale a dizer que, no processo do trabalho, o arresto somente pode ser realizado no cumprimento de ordem judicial.

É lícito ao executado, antes de ser citado, comparecer em juízo e oferecer em pagamento o valor que entender devido, apresentando memória discriminada do cálculo (art. 526 do CPC). Neste caso, o exequente será ouvido no prazo de cinco dias, podendo impugnar o valor depositado, sem prejuízo do levantamento do depósito a título de parcela incontroversa (art. 526, § 1º, do CPC). Se o juiz concluir pela insuficiência do depósito, sobre a diferença incidirá multa de dez por cento, seguindo-se a execução com penhora e atos subsequentes (art. 526, § 2º, do CPC),[91] mas, se o autor não se opuser, o juiz declarará satisfeita a obrigação e extinguirá a execução (art. 526, § 3º, do CPC). Tal possibilidade é compatível com o Direito Processual do Trabalho, em especial porque favorece a mais rápida satisfação do credor.

Anote-se que, para Luciano Athayde Chaves, já não se justifica a citação do executado, afirmando ele que "o art. 880 da CLT ainda conserva a superada ideia da autonomia do processo de execução, na medida em que alude à necessidade de expedição de 'mandato de citação ao executado a fim de que cumpra a decisão ou o acordo no prazo'. Cuida-se de comando normativo atingido em cheio pelo fenômeno do ancilosamento normativo, diante do que preconiza a atual dinâmica do processo comum, abrindo caminho para o reconhecimento do que a Ciência denomina quebra do sistema (ou lacuna). De outro lado, não expressando a citação pessoal na execução uma providência indispensável para a proteção dos direitos fundamentais do devedor, há que se prestigiar o preceito fundamental da duração razoável do processo (art. 5º, inciso LVXXVIII, CF), de modo a considerar tal providência conforme a atual ordem jurídica (...). Ora, não faz sentido algum manter-se o intérprete fiel ao disposto no art. 880 da CLT enquanto o processo comum dispõe, agora, de uma estrutura que superou a exigência de nova citação para que se faça cumprir decisões judiciais, expressando, assim, maior sintonia com as ideias de celeridade, economia e efetividade processual".[92]

A nosso juízo, por força do art. 880 da CLT, permanece a necessidade de citação pessoal do executado para que tenha início a execução.

Contudo, se for realizada a intimação do executado nos moldes do art. 513, § 2º, do CPC (diário oficial, na pessoa do seu advogado constituído nos autos; carta com aviso de recebimento, quando representado pela defensoria pública ou não tiver procurador constituído nos autos; meio eletrônico, quando, no caso do § 1º do art. 246 (trata-se de hipótese de empresas com registro no cadastro nos

91. A multa será acrescida somente se se entender ser ela aplicável no processo do trabalho.

92. *Estudos de direito processual do trabalho*, p. 230.

sistemas de processo em autos eletrônicos, para efeito de citações e intimações), não tiver procurador constituído nos autos; edital, quando, citado na forma do art. 256, tiver sido revel na fase de conhecimento), a sua anulação pressupõe a demonstração de prejuízo à defesa do executado e, ainda, que ela tenha sido oportunamente suscitada (arts. 794 e 795 da CLT).

22.1.3. Pagamento.

O executado, quando se tratar de pagamento em dinheiro, é citado para que o faça ou garanta a execução, em quarenta e oito horas.

O pagamento poderá ser feito perante o Diretor de Secretaria, lavrando-se termo de quitação, assinado pelas partes e pelo Diretor de Secretaria (art. 881 da CLT), ou mediante depósito da quantia devida em estabelecimento oficial de crédito ou, na sua falta, em estabelecimento bancário idôneo, em conta que assegure correção monetária (art. 881, parágrafo único, da CLT e arts. 9º e 32 da Lei n. 6.830/80).

O devedor pode efetuar o pagamento da quantia que entender devida e garantir a execução em relação ao saldo remanescente (art. 878-A da CLT, art. 9º da Lei n. 6.830/80), sendo, nesse caso, imediatamente liberado ao credor o valor depositado em seu favor, a título de parcela incontroversa.

22.1.4. Garantia da execução.

O executado poderá optar pela garantia da execução (art. 882 da CLT): a) mediante depósito da quantia correspondente, atualizada e acrescida das despesas processuais (sendo devidos, ainda, juros[93]), observando que, por força do que dispõe o art. 39 da Lei n. 8.177/91, a correção monetária e os juros são devidos até a data do efetivo pagamento;[94] b) apresentando seguro garantia judicial; b) pela nomeação de bens à penhora, observada a ordem estabelecida no art. 834 do CPC.

Em relação ao seguro garantia judicial, o art. 848, parágrafo único, do CPC admite a substituição da penhora por seguro garantia judicial, acrescido de trinta por certo,

93. Na jurisprudência colhe-se que: "Os juros de mora e a correção monetária incluem-se na liquidação, ainda que omisso o pedido ou a condenação" (Súmula n. 211 do TST); "Os juros de mora incidem sobre a importância da condenação já corrigida monetariamente" (Súmula n. 200 do TST); "Nas condenações por dano moral, a atualização monetária é devida a partir da data da decisão de arbitramento ou de alteração do valor. Os juros incidem desde o ajuizamento da ação, nos termos do art. 883 da CLT" (Súmula n. 439 do TST).

94. Prevê o art. 9º, § 4º, da Lei n. 6.830/80 que o depósito em dinheiro para a garantia da execução faz cessar a responsabilidade do executado pela atualização monetária e pelos juros de mora. Contudo, esta solução não pode ser aplicada à execução trabalhista, vez que, para os créditos objeto da execução trabalhista, existe norma que define o momento a partir do qual cessa a responsabilidade do executado pela correção monetária e os juros de mora, qual seja, o art. 39 da Lei n. 8.177/91. Assim, não existe omissão do direito processual do trabalho a ser suprida pela aplicação, como sua fonte subsidiária, do disposto no art. 9º, § 4º, da Lei n. 6.830/80, cumprindo observar que não são equivalentes o depósito de dinheiro em garantia da execução e o pagamento do credor.

incluindo o garantidor no rol daqueles contra quem a execução pode ser promovida. A execução trabalhista também pode ser garantida por seguro garantia judicial. O art. 882 da CLT, no entanto, não dispõe sobre o valor respetivo, razão pela qual deve ser aplicada à hipótese o disposto no art. 848, parágrafo único, do CPC, que exige que ele seja de valor não inferior ao débito constante do título, mais 30%.

22.1.5. *Penhora. Substituição do bem penhorado. Substituição, redução e ampliação da penhora. Avaliação do bem penhorado. Nomeação de depositário. Intimação do executado. Alienação antecipada dos bem penhorado*

Se o devedor não pagar e não garantir a execução em relação ao crédito trabalhista e previdenciário, o oficial de justiça penhorar-lhe-á tantos bens quantos bastem para o pagamento do principal corrigido, acrescido de juros de mora, custas e honorários eventualmente devidos (art. 883 da CLT).

Penhora é a apreensão de bens para a sua futura expropriação.

Para Enrico Tullio Liebman, a penhora tem por finalidade "individualizar e apreender efetivamente os bens que se destinam aos fins da execução, preparando assim o ato futuro de desapropriação" e "conservar os bens assim individuados na situação em que se encontram, evitando que sejam escondidos, deteriorados ou alienados em prejuízo da execução em curso".[95] De acordo com esse doutrinador, a penhora escolhe e "destina definitivamente, no patrimônio do responsável, os bens que deverão servir à satisfação do exequente".[96]

Humberto Theodoro Júnior afirma que "a penhora é o primeiro ato oficial por meio de que o Estado põe em prática o processo de expropriação executiva (...). Consiste, assim, a penhora no 'ato inicial de expropriação do processo de execução, para individualizar a responsabilidade executória, mediante apreensão material, direta ou indireta, de bens constantes do patrimônio do devedor'. Diz-se que é um ato de afetação porque sua consequência imediata é sujeitar os bens por ela alcançados aos fins da execução, colocando-os à disposição do órgão judicial para 'à custa e mediante sacrifício desses bens, realizar o objetivo da execução', que é 'dar satisfação ao credor'".[97]

A penhora não retira os bens do domínio do executado, mas torna ineficaz, em relação à execução, sua eventual alienação ou oneração (art. 790, V, do CPC).

A penhora é realizada por oficial de justiça, onde quer que se encontrem os bens, ainda que sob a posse, a detenção ou a guarda de terceiros (art. 845, *caput*,

95. *Processo de execução*, p. 149.
96. *Processo de execução*, p. 150.
97. *Processo de execução*, p. 315.

do CPC). Realizada a penhora, o oficial de justiça lavrará o auto respectivo (art. 839 do CPC).

A penhora de imóveis, independentemente de onde se localizem, quando apresentada certidão da respectiva matrícula, e a penhora de veículos automotores, quando apresentada certidão que ateste a sua existência, serão realizadas por termo nos autos (art. 845, § 1º, do CPC). A possibilidade de realizar a penhora de imóveis e de veículos automotores pôr termo nos autos constitui medida que atende aos princípios da facilitação das formas e procedimentos e da celeridade, o que a torna compatível com o Direito Processual do Trabalho.

Se o executado não tiver bens no foro do processo, não sendo possível a realização da penhora por termo dos autos, a execução será feita por carta, penhorando-se, avaliando-se e alienando-se os bens no foro da situação (art. 845, § 2º, do CPC).

A penhora observará, preferencialmente, a seguinte ordem: dinheiro, em espécie ou em depósito ou aplicação em instituição financeira; títulos da dívida pública da União, dos Estados e do Distrito Federal com cotação em mercado; títulos e valores mobiliários com cotação em mercado; veículos de via terrestre; bens imóveis; bens móveis em geral; semoventes; navios e aeronaves; ações e quotas de sociedades simples e empresárias; percentual do faturamento de empresa devedora; pedras e metais preciosos; direitos aquisitivos derivados de promessa de compra e venda e de alienação fiduciária em garantia; outros direitos (art. 835).

Como prevê o art. 835, § 1º, do CPC, é prioritária a penhora em dinheiro, mas o juiz pode, nas demais hipóteses, alterar a ordem prevista no art. 835, *caput*, de acordo com as circunstâncias do caso concreto.

Ao estabelecer uma ordem de preferência, o CPC adota a técnica da *execução por graus* ou *por ordem*, em favor da efetividade da atividade executiva e, com isto, da mais rápida satisfação do credor.

A execução pode ser garantida por bens ofertados por terceiro (art. 9º, IV, da Lei n. 6.830/80). O executado só poderá indicar e o terceiro oferecer bem imóvel à penhora com o consentimento expresso do respectivo cônjuge (art. 9º, § 1º, da Lei n. 6.830/80).

O executado pode, no prazo de dez dias, contados da intimação da penhora, requerer a *substituição do bem penhorado*, desde que comprove que lhe será menos oneroso e não trará prejuízo ao exequente (art. 847 do CPC), mas ela somente será autorizada se o executado: comprovar as respectivas matrículas e os registros por certidão do correspondente ofício, quanto aos bens imóveis; descrever os bens móveis com todas as suas propriedades e características, bem como o estado deles e o lugar onde se encontram; descrever os semoventes, com indicação da espécie, de número, de marca ou sinal e do local onde se encontram; identificar os créditos, indicando quem seja o devedor, qual a origem da dívida, o título que a representa e a data do vencimento; atribuir, em qualquer caso, valor aos bens indicados à penhora, além de especificar os ônus e os encargos a que estejam sujeitos (art. 847, § 1º, do CPC).

Ao executado caberá, sendo requerida a substituição do bem penhorado, indicar onde se encontram os bens sujeitos à execução, exibir prova de sua propriedade e certidão negativa ou positiva de ônus, bem como abster-se de qualquer atitude que dificulte ou embarace a realização da penhora (art. 847, § 2º, do CPC).

O executado somente poderá oferecer bem imóvel em substituição caso o requeira com a expressa anuência do cônjuge, salvo se o regime for o de separação absoluta de bens (art. 847, § 3º, do CPC).

Do pedido de substituição do bem penhorado deverá ser intimado o exequente para manifestar-se (arts. 847, § 4º, do CPC).

As partes podem requerer a *substituição da penhora*, se: a) ela não obedecer à ordem legal; b) não incidir sobre os bens designados em lei, contrato ou ato judicial para o pagamento; c) havendo bens no foro da execução, outros tiverem sido penhorados; d) havendo bens livres, ela tiver recaído sobre bens já penhorados ou objeto de gravame; e) ela incidir sobre bens de baixa liquidez; f) fracassar a tentativa de alienação judicial do bem; g) o executado não indicar o valor dos bens ou omitir qualquer das indicações previstas em lei (art. 848 do CPC).

A penhora pode ser substituída por fiança bancária ou por seguro-garantia judicial, em valor não inferior ao débito constante do título, acrescido de trinta por cento (art. 9º, II, da Lei n. 6.830/80 e art. 848, parágrafo único, do CPC).

Quando uma das partes requerer a substituição da penhora, o juiz ouvirá sempre a outra (art. 853 do CPC). O juiz decidirá de plano sobre a modificação da penhora (art. 853, parágrafo único, do CPC), não sendo a decisão passível de recurso, ante a sua natureza interlocutória (art. 893, § 1º, da CLT).

A nomeação realizada pelo executado e aceita será reduzida a termo, havendo-se por penhorados os bens (arts. 838 e 839 do CPC).[98]

Se o devedor não comparece para assinar o termo, deverá ser ordenada a expedição de mandado de penhora do bem por ele indicado.

É admitida, ainda, a *redução* ou a *ampliação* da penhora, bem como sua *transferência* para outros bens, se, no curso do processo, o valor de mercado dos bens penhorados sofrer alteração significativa (art. 850 do CPC).

Não se procede à *segunda penhora* salvo se: a) a primeira foi anulada; b) executados os bens, o produto da alienação não bastar para o pagamento do

98. Sendo a nomeação reduzida a termo, ter-se-á o bem por penhorado, o que torna dispensável a realização da penhora por oficial de justiça.

exequente; c) o exequente desistir da primeira penhora, por serem litigiosos os bens ou por estarem submetidos a constrição judicial (art. 851 do CPC).

Não se levará a efeito a penhora quando for evidente que o produto da alienação dos bens encontrados será totalmente absorvido pelo pagamento das custas da execução (art. 836, *caput*, do CPC), hipótese em que o oficial de justiça descreverá na certidão os bens que guarnecem a residência ou o estabelecimento do executado, quando este for pessoa jurídica (art. 836, § 2º, do CPC), sendo que, elaborada a lista, o executado ou seu representante legal será nomeado depositário provisório de tais bens até ulterior determinação do juiz (art. 836, § 3º, do CPC). Anote-se que a Instrução Normativa n. 39/16 do TST estabelece, no art. 3º, § 3º, XVII, que é aplicável no processo do trabalho o art. 836, §§ 1º e 2º do CPC.

A penhora será realizada mediante auto ou termo, que constará: a indicação do dia, do mês, do ano e do lugar em que foi feita; os nomes do exequente e do executado; a descrição do bem penhorado, com as suas características; a nomeação de depositário dos bens (art. 838 do CPC).

Se o executado fechar as portas da casa a fim de obstar a penhora de bens, o oficial de justiça comunicará o fato ao juiz, solicitando-lhe ordem de arrombamento (art. 846 do CPC).

Deferido o pedido de arrombamento, o oficial de justiça cumprirá o mandado, arrombando cômodos e móveis onde presumir que se achem os bens, e lavrando de tudo auto circunstanciado, que será assinado por duas testemunhas, presentes à diligência (art. 846, § 1º, do CPC).[99]

Sempre que necessário, o juiz requisitará força policial, a fim de auxiliar o oficial de justiça na penhora dos bens (art. 846, § 2º, do CPC).

De outro lado, o CPC estabelece, no art. 846, § 3º, que o oficial de justiça lavrará em duplicata o auto da ocorrência, entregando uma via ao escrivão ou ao chefe de secretaria, para ser juntada aos autos, e a outra à autoridade policial a quem couber a apuração criminal dos eventuais delitos de desobediência ou de resistência.

Considerar-se-á feita a penhora mediante a apreensão e depósito dos bens, lavrando-se um só auto se as diligências forem cumpridas no mesmo dia (art. 839 do CPC). Havendo mais de uma penhora, serão lavrados autos individuais (art. 839, parágrafo único, do CPC).

No caso de penhora de bem indivisível, o equivalente à quota parte do coproprietário ou do cônjuge recairá sobre o produto da alienação do bem (art. 843 do CPC). O fato de ser o bem indivisível não impede a sua penhora e sendo esta

99. A penhora é realizada, no processo do trabalho, por apenas um oficial de justiça.

realizada, o equivalente à quota parte do coproprietário ou do cônjuge recairá sobre o produto da alienação do bem.

Contudo, é reservada ao coproprietário ou cônjuge não executado a preferência na arrematação do bem em igualdade de condições, ao passo que não será levada a efeito expropriação por preço inferior ao da avaliação na qual o valor auferido seja incapaz de garantir, ao coproprietário ou ao cônjuge alheio à execução, o correspondente à sua quota parte calculada sobre o valor da avaliação (art. 843, §§ 1º e 2º).

Realizada a penhora, será nomeado o depositário do bem penhorado.

Serão preferencialmente depositados, consoante o art. 840 do CPC:

a) as quantias em dinheiro, os papéis de créditos e as pedras e metais preciosos, no Banco do Brasil, na Caixa Econômica Federal ou em banco do qual o Estado ou o Distrito Federal possua mais da metade do capital social integralizado, ou, na falta desses estabelecimentos, em qualquer instituição de crédito designada pelo juiz, observando-se que as joias, as pedras e os objetos preciosos deverão ser depositados com registro do valor estimado de resgate;
b) os móveis, os semoventes, os imóveis urbanos e os direitos aquisitivos sobre imóveis urbanos, em poder depositário judicial, mas, se não houver depositário judicial, os bens ficarão em poder do exequente;
c) os imóveis rurais, os direitos aquisitivos sobre imóveis rurais, as máquinas, os utensílios e os instrumentos necessários ou úteis à atividade agrícola, mediante caução idônea, em poder do executado.

Os bens poderão ser depositados em poder do executado nos casos de difícil remoção ou quando anuir o exequente (art. 840, § 2º, do CPC).

O art. 887 da CLT estabelece que a avaliação dos bens penhorados será feita por avaliador escolhido de comum acordo pelas partes (a hipótese é de *convenção processual* versando sobre a avaliação dos bens penhorados). No entanto, o art. 721 da CLT, com a redação que lhe foi conferida pela Lei n. 5.442/68, determina a realização da avaliação por oficial de justiça, o que implica revogação tácita do art. 887 da CLT.

A avaliação será repetida nas situações apontadas no art. 873 do CPC, dentre as quais, qualquer das partes arguir, fundamentadamente, a ocorrência de erro na avaliação ou dolo do avaliador ou se verificar, posteriormente, à avaliação, que houve majoração ou diminuição do valor do bem.

Formalizada a penhora por qualquer dos meios legais, dela deverá ser intimado o executado.

A CLT prevê a intimação pessoal do executado (art. 880, § 2º, da CLT).

No entanto, como medida de economia processual e simplificação dos procedimentos, pode ser adotada, no processo do trabalho, a solução estabelecida pelo CPC, qual seja, a intimação da penhora poderá ser feita ao advogado ou à sociedade de advogados a que aquele pertença (art. 841, § 1º), o que não se aplica, no entanto, quando a penhora é realizada na presença do executado, que se reputa intimado (art. 841, § 3º), ao passo que, se não houver constituído advogado nos autos, o executado será intimado pessoalmente, preferencialmente por via postal (art. 841, § 2º), observando-se que, nesta última situação, considera-se realizada a intimação do executado sem advogado constituído nos autos quando o executado houver mudado de endereço sem prévia comunicação ao juízo (art. 841, § 4º). Anote-se que a Instrução Normativa n. 39/16 do TST estabelece, no art. 3º, XVIII, que é aplicável no processo do trabalho o art. 841, §§ 1º e 2º do CPC.

Recaindo a penhora sobre bens imóveis ou direito real sobre imóvel, será intimado o cônjuge do executado, salvo se forem casados em regime de separação absoluta de bens (art. 842 do CPC).

A CLT é omissa em relação à intimação do devedor não localizado. Aplica-se à hipótese a solução estabelecida pela lei de executivos ficais, ou seja, a intimação do devedor far-se-á mediante publicação, no órgão oficial, do ato de juntada do auto de penhora (art. 12).

O juiz determinará a alienação antecipada de bens penhorados quando: a) se tratar de veículos automotores, de pedras e metais preciosos e de outros bens sujeitos à depreciação ou à deterioração; b) houver manifesta vantagem (art. 852 do CPC).

Quando uma das partes requerer a alienação antecipada de bens penhorados, o juiz ouvirá sempre a outra, no prazo de três dias, antes de decidir (art. 853 do CPC). Para evitar decisão surpresa, as partes devem ser ouvidas quando se tratar de alienação a ser determinada de ofício.

Alienados os bens, o produto será depositado em garantia da execução, à ordem do juiz, em estabelecimento oficial de crédito que assegure correção monetária (art. 21 da Lei n. 6.830/80).

23. BENS PENHORÁVEIS E BENS IMPENHORÁVEIS. PENHORA DE SALÁRIO. SITUAÇÕES ESPECIAIS ENVOLVENDO A PENHORA DE BENS

O ordenamento jurídico brasileiro adotou o *princípio da responsabilidade patrimonial limitada*, estabelecendo o CPC, neste sentido, que o devedor responde com todos os seus bens presentes e futuros para o cumprimento de suas obrigações, *salvo as restrições estabelecidas em lei* (art. 789), sendo nele previsto, ainda, que não estão sujeitos à execução os bens que a lei considera impenhoráveis ou inalienáveis (art. 832).

23.1. Bens penhoráveis.

Ao estabelecer a ordem a ser observada na realização da penhora, o CPC define, indiretamente, alguns bens penhoráveis: dinheiro, em espécie ou em depósito ou aplicação em instituições financeiras; veículos de via terrestre; bens imóveis; bens móveis em geral; semoventes; navios e aeronaves; ações e quotas de sociedade simples e empresária; percentual do faturamento de empresa devedora; pedras e metais preciosos; direitos aquisitivos derivados de promessa de compra e venda e de alienação fiduciária em garantia (art. 835).

23.2. Bens impenhoráveis.

O art. 833 do CPC dispõe que são impenhoráveis: a) os bens inalienáveis e os declarados, por ato voluntário, não sujeitos à execução; b) os móveis, pertences e utilidades domésticas que guarnecem a residência do executado, salvo os de elevado valor ou que ultrapassem as necessidades comuns correspondentes a um médio padrão de vida; c) os vestuários, bem como os pertences de uso pessoal do executado, salvo se de elevado valor; d) os vencimentos, os subsídios, os soldos, os salários, as remunerações, os proventos de aposentadoria, as pensões, os pecúlios e montepios, as quantias recebidas por liberalidade de terceiro e destinadas ao sustento do devedor e sua família, os ganhos do trabalhador autônomo e os honorários de profissional liberal, *ressalvado o disposto no § 2º*;[100] e) os livros, as máquinas, as ferramentas, os utensílios, os instrumentos ou outros bens móveis necessários ou úteis ao exercício de qualquer profissão do executado, bem como os equipamentos, os implementos e as máquinas agrícolas pertencentes a pessoa física ou a empresa individual produtora rural, exceto quando tais bens tenham sido objeto de financiamento e estejam vinculados em garantia a negócio jurídico ou quando respondam por dívida de natureza alimentar, *trabalhista* ou previdenciária; f) o seguro de vida; g) os materiais necessários para obras em andamento, salvo se estas forem penhoradas; h) a pequena propriedade rural, assim definida em lei, desde que trabalhada pela família; i) os recursos públicos recebidos por instituições privadas para aplicação compulsória em educação, saúde ou assistência social; j) a quantia depositada em caderneta de poupança, até o limite de 40 (quarenta) salários mínimos; k) os recursos públicos do fundo partidário recebidos por partido político, nos termos da lei; l) os créditos oriundos de alienação de unidades imobiliárias, sob regime de incorporação imobiliária, vinculados à execução da obra.

100. Esta ressalva será examinada quanto tratamos da penhora de salário.

Acrescenta o CPC que a impenhorabilidade não é oponível à execução de dívida relativa ao próprio bem, inclusive àquela contraída para a sua aquisição (art. 832, § 1º), que podem ser penhorados, à falta de outros bens, os frutos e rendimentos dos bens inalienáveis (art. 834) e que a Instrução Normativa n. 39/16 do TST estabelece, no art. 3º, XV, que é aplicável no processo do trabalho o disposto no art. 833, incisos e parágrafos do CPC.

As restrições estabelecidas pelo CPC merecem algumas considerações.

A referência, no art. 833, IV, a bens necessários ou úteis ao exercício de *profissão* torna certo que a restrição em relação à sua penhora somente beneficia *pessoas físicas*, que são as que podem exercer profissão.

De acordo com Humberto Theodoro Júnior, o privilégio "é apenas daqueles que vivem do trabalho pessoal próprio, de maneira que não se inclui no dispositivo apreciado firma comercial, individual ou coletiva. Deve-se observar, outrossim, que a profissão que torna as coisas do devedor impenhoráveis há de ser exercida atualmente, isto é, na ocasião da penhora".[101]

O seguro é estabelecido em favor de terceiros, razão pela qual não pode ser objeto de penhora. Cumpre observar, no entanto, que o seguro em destaque não se confunde com aquele em que o próprio instituidor pode dele se valer, na medida em que a hipótese é de um verdadeiro plano de capitalização, sendo este passível de penhora.

A impenhorabilidade da quantia depositada em caderneta de poupança, até o limite de 40 (quarenta) salários mínimos, é incompatível com o Direito Processual do Trabalho quando se trata de crédito de natureza salarial. Entre a garantia da sobrevivência do trabalhador e a proteção dos investimentos do devedor aquela é que deve prevalecer.

A penhora de salários será examinada mais adiante.

23.3. Penhora de bens de família.

A Lei n. 8.009/90 veda, salvo nas hipóteses que especifica a penhora do imóvel residencial próprio do casal ou da entidade familiar, sendo compreendidos pela impenhorabilidade o imóvel em que se assentam a construção, as plantações, as benfeitorias de qualquer natureza e todos os equipamentos, inclusive de uso profissional, ou móveis que guarnecem a casa, desde que quitados, sendo excluídos dela, no entanto, veículos de transporte, obras de arte e adornos suntuosos (arts. 1º e 2º).

O art. 3º, I, da Lei n. 8.009/90 autorizava a penhora de bem de família para a satisfação de crédito de trabalhadores da própria residência do empregador, mas foi revogado pela Lei Complementar n. 150/15.

---

101. *Processo de execução*, p. 325.

Por adornos suntuosos, tem-se entendido os equipamentos e móveis que não sejam imprescindíveis à família ou entidade familiar, tais como freezer, televisão, rádio, forno elétrico e micro-ondas.

O STF já decidiu que "a Lei 8.009/90 se aplica às execuções pendentes, sem afronta ao ato jurídico perfeito ou ao direito adquirido (art. 5º, XXXVI, da Constituição)",[102] ao passo que, consoante a Súmula n. 205 do STJ, "a Lei n. 8.009/1990 aplica-se à penhora realizada antes da sua vigência". Este ponto de vista está em sintonia com o ponto de vista segundo o qual são de direito processual as normas sobre a responsabilidade patrimonial, o que implica a sua aplicação a processos em curso.

Cumpre observar, no entanto, que: a) considera-se realizada a penhora com a apreensão e depósito dos bens; b) apreendidos e depositados os bens, tem-se no processo um ato jurídico perfeito e acabado; c) o ato jurídico perfeito e acabado está a salvo dos efeitos das leis editadas após a sua concretização, conforme se infere do art. 6º da Lei de Introdução às Normas do Direito Brasileiro e do art. 5º, XXXVI, da Constituição; d) as leis processuais não alcançam os atos praticados sob a égide da lei antiga. Tudo isto permite afirmar que a Lei n. 8.009/90 não alcança a penhora realizada antes da sua entrada em vigor.

Sequer se pode falar, para justificar o efeito retroativo da lei, que se trata de norma especial ou de caráter público, vez que o art. 5º, XXXVI, da Constituição não afasta as normas de ordem pública do alcance do princípio da irretroatividade.

Em suma, a proteção da moradia familiar não autoriza desconsiderar os valores prestigiados pela Constituição, dentre eles a irretroatividade da lei e o respeito ao ato jurídico perfeito e acabado.

Sendo a impenhorabilidade uma exceção ao princípio da responsabilidade patrimonial, cabe a quem a invoca comprovar o fato em que se sustenta, ou seja, a utilização do imóvel como residência do casal ou entidade familiar.[103]

Os princípios da celeridade e economia processual autorizam desfazer o gravame, no caso de impenhorabilidade de bem de família, nos próprios autos da execução, em resposta a simples requerimento do executado.

A Lei n. 8.009/90 visa impedir a subtração do bem de família do patrimônio do devedor por ato do credor. Nada impede que o devedor renuncie à impenhorabilidade instituída em seu favor, nomeando à penhora bem de família. Nomeando

102. STF, AI 247.004-1, Rel. Min. Moreira Alves, DJU 16.9.1999, p. 11.

103. Segundo a Súmula n. 486 do STJ: "É impenhorável o único imóvel do devedor que esteja locado a terceiros, desde que a renda obtida com a locação seja revertida para a subsistência ou a moradia da sua família". Nos termos da Súmula n. 364 do STJ: "O conceito de impenhorabilidade de bem de família abrange também o imóvel pertencente a pessoas solteiras, separadas e viúvas". Consoante a Súmula n. 449 do STJ: "A vaga de garagem que possui matrícula própria no registro de imóveis não constitui bem de família para efeito de penhora".

bem de família à penhora, o executado não poderá invocar a sua impenhorabilidade em seu favor.

A Lei n. 8.009/90 estabelece, no art. 3°, *caput*, que a impenhorabilidade que estabelece é oponível na execução trabalhista. Contudo, o detido exame da citada lei permite afirmar a sua incompatibilidade com a Constituição, cujo art. 100, § 1°, atribui aos créditos de caráter alimentar natureza superprivilegiada. Com efeito, no artigo em destaque, são colocados a salvo da impenhorabilidade créditos relativos a contribuições previdenciárias, financiamento destinado à construção, ou aquisição do imóvel, impostos, taxas e contribuições de melhoria, hipoteca e fiança concedida em contrato de locação, desconsiderando-se, portanto, o privilégio especial estabelecido pela Constituição em favor do crédito de natureza alimentar.

23.4. Penhora de salários.

O CPC estabelece que o salário é impenhorável, embora não de forma absoluta, na medida em que autoriza a penhora: de salário para o pagamento de prestação alimentícia, independentemente de sua origem; das importâncias excedentes a 50 salários mínimos, desde que preservada a metade dos ganhos líquidos do executado (art. 833, IV e § 2°).

Contudo, a Convenção n. 95 da OIT admite, expressamente, a penhora de salários. Com efeito, de acordo com o item 2 do art. 10 da citada Convenção, "o salário deve ser protegido contra a penhora ou a cessão, na medida julgada necessária para assegurar a manutenção do trabalhador e de sua família". À luz da referida Convenção, portanto, é lícita a penhora de salários, desde que sejam garantidas ao trabalhador-devedor as condições necessárias para uma vida digna.

A Convenção n. 95 da OIT compõe o ordenamento jurídico brasileiro, posto que foi aprovada pelo Decreto Legislativo n. 24/56 e promulgada por meio do Decreto n. 41.721/57, e deve prevalecer no confronto com o CPC, por estabelecer condição que favorece a condição social do trabalhador credor, o que está em sintonia com o art. 7°, *caput*, da Constituição,[104] além do que ela foi integrada à ordem jurídica brasileira com o *status* de supralegalidade, o que também faz com que prevaleça sobre o CPC (art. 5°, § 3°, da Constituição).

É certo que a Convenção n. 95 da OIT estabelece, no art. 10, item 1, que o salário não poderá ser objeto de penhora, *a não ser segundo as modalidades e nos limites prescritos pela legislação nacional.*

---

104. O *caput* do art. 7° da Constituição da República estabelece uma *hierarquia flexível* das normas que compõem o direito do trabalho: na eventualidade do conflito entre normas, deve prevalecer aquela que contribua para a melhoria da condição social do trabalhador.

Ocorre que o legislador já fornece subsídios suficientes para definir os limites da penhora de salários.

Como primeiro subsídio legislativo, tem-se o art. 928, *caput* e parágrafo único, do Código Civil, segundo o qual, respectivamente, "o incapaz responde pelos prejuízos que causar, se as pessoas por ele responsáveis não tiverem obrigação de fazê-lo ou não dispuserem de meios suficientes" e "a indenização prevista neste artigo, que deverá ser equitativa, *não terá lugar se privar do necessário o incapaz ou as pessoas que dele dependem*" (destacamos). Dos citados comandos legais resultam que quem sofre um dano deve ser ressarcido, mas o ressarcimento não pode resultar na privação do que é necessário à sobrevivência digna do devedor. Aplicada esta solução na verificação da viabilidade da penhora de salários, pode ser afirmado que o trabalhador credor pode ser satisfeito à custa do salário do trabalhador devedor, *desde que a satisfação do primeiro não implique privação do necessário à sobrevivência digna do segundo*.

O art. 928, parágrafo único, do Código Civil estabelece o princípio da *indenização equitativa*, ao passo que, no processo, pode-se falar em princípio da *penhora equitativa*. Nos dois casos (*indenização equitativa* e *penhora equitativa*), é estabelecido um *limite humanitário* à responsabilidade patrimonial do executado.

O segundo subsídio legislativo para o exame da questão em destaque é fornecido pelo art. 833, II, do CPC, que considera absolutamente impenhoráveis os móveis, os pertences e as utilidades domésticas que guarnecem a residência do executado, salvo os de elevado valor ou que ultrapassem as necessidades comuns correspondentes a um *médio padrão de vida*. Sob esse prisma, visando à satisfação do trabalhador credor, o trabalhador executado pode ser privado dos bens que *ultrapassem as necessidades comuns correspondentes a um médio padrão de vida*. Desse modo, os altos salários podem ser objeto de penhora, desde que assegurado ao trabalhador devedor o suficiente para o atendimento das necessidades comuns correspondentes a um médio padrão de vida.

Em suma, o art. 928 do Código Civil e o art. 833, II, do CPC estabelecem os limites reclamados pelo art. 10, item I, da Convenção n. 95 da OIT.

No exame da questão não pode ser olvidado que a dignidade do trabalhador-credor tem a mesma importância da dignidade do trabalhador-devedor. O respeito a estas duas dignidades deve ser harmonizado, para que o respeito à dignidade de um trabalhador (devedor) não se faça à custa da violação da dignidade do outro (credor).

Embora o CPC seja uma evolução, o legislador brasileiro foi muito acanhado, estabelecendo limite muito elevado, se comparado ao que resulta do direito comparado.

Na Alemanha, o CPC autoriza a penhora de ingressos laborais, assim entendidas as retribuições por serviços e pensão de funcionários, trabalhadores ou prestadores de serviços, aposentados, e ingressos similares que estão sendo percebidos a título provisório ou durante a relação laboral ou de serviços, de acordo com os percentuais nele fixados (§§ 850 e 850a e 850i). Estabelece citado Código, por exemplo, que são impenhoráveis os *ingressos laborais mensais que não ultrapassem 930 Euros*.

No Chile, o Código do Trabalho autoriza a penhora de *até 50% (cinquenta por cento) da remuneração do trabalhador*, para pagamento de remuneração por ele devida a trabalhador que a ele prestou serviços na qualidade de empregado.

A Ley de Enjuiciamiento Civil da Espanha dispõe que são impenhoráveis salários, retribuições ou equivalentes *que não excedam a quantia fixada para o salário mínimo interprofissional e estabelece percentuais passíveis de penhora, que variam de 30% a 100%* (art. 607). Assim, por exemplo, se o devedor recebe dois salários mínimos, pode ser penhorado de 30% a 100% do segundo salário, ao passo que, recebendo três salários mínimos, deste terceiro salário pode ser penhorado o percentual de 50% a 100%.

O CPC italiano permite a penhora de *até 1/5 (um quinto) do valor do crédito alimentar* para a satisfação de crédito da mesma natureza (art. 545).

Em Portugal, estabelece o art. 824º, inciso 1, alínea *a*, do CPC que são impenhoráveis *"dois terços dos vencimentos, salários ou prestações de natureza semelhante, auferidos pelo executado"*. No inciso 2 do citado artigo é estabelecido que a impenhorabilidade dos vencimentos, salários ou prestações de natureza semelhante, auferidos pelo executado, tem como limite máximo o montante equivalente a três salários mínimos vigentes à data de cada apreensão, e como limite mínimo, quando o executado não tenha outro rendimento e o crédito exequendo não seja de alimentos, o montante equivalente a um salário mínimo nacional.

A necessária harmonização da proteção da dignidade humana do trabalhador empregado com a do trabalhador seu empregador, o art. 10, item 2, da Convenção n. 95 da OIT e o direito comparado (que serve de subsídio para a solução de casos concretos, consoante o art. 8º da CLT) autorizam afirmar que é lícita a penhora de salários do trabalhador empregador para saldar crédito trabalhista de natureza salarial até o importe correspondente a 1/5 (um quinto) do seu valor líquido mensal, garantido, sempre, ao trabalhador empregador o recebimento do equivalente ao salário mínimo, não encontrando respaldo no Direito Processual do Trabalho a restrição constante do art. 833, II e § 2º, do CPC, no sentido de que a penhora somente pode recair sobre as importâncias excedentes a 50 salários mínimos e desde que seja assegurado ao executado cinquenta por cento do seu salário líquido, em especial porque o montante estabelecido vai muito além do que é necessário para assegurar a manutenção do trabalhador e de sua família.

Cumpre registrar que, consoante a Orientação Jurisprudencial n. 153 da SDI-2 do TST, "Ofende direito líquido e certo decisão que determina o bloqueio de numerário existente em conta salário, para satisfação de crédito trabalhista, ainda que seja limitado o determinado percentual dos valores recebidos ou a valor revertido em fundo de aplicação ou poupança, visto que o art. 649, IV, do CPC de 1973 contém norma imperativa que não admite interpretação ampliativa, sendo a exceção prevista no art. 649, § 2º, do CPC espécie e não gênero de crédito de natureza alimentícia, não englobando o crédito trabalhista". No entanto, consoante já foi registrado, a Convenção n. 95 da OIT admite a penhora de salários, desde que se assegure a manutenção do trabalhador devedor e de sua família, ou, dito de outra forma, desde que sejam garantidas ao trabalhador empregador as condições necessárias para uma vida digna, o que impõe a revisão da aludida Orientação Jurisprudencial, que, inclusive, não está em sintonia com o CPC. Cumpre registrar, inclusive, que a Orientação Jurisprudencial citada, apesar de ter sido atualizada em setembro de 2017, somente examina a questão de que trata considerando o disposto no CPC de 1973, ou seja, ela apenas explicita o entendimento da SDI-I do TST sobre o tema em destaque à luz do CPC de 1973.

23.5. Concurso de penhoras.

A penhora de um bem não impede que sobre ele recaia(m) nova(s) penhora(s), como se infere do art. 908 do CPC, que fixa a ordem a ser seguida na satisfação dos credores quando sobre o mesmo bem recair mais de uma penhora.

23.6. Penhora de bem gravado por penhor, hipoteca, anticrese e usufruto.

Os bens objeto de penhor, anticrese, hipoteca ou usufruto podem ser penhorados.

O que se exige, na hipótese, é que da penhora seja intimado o credor pignoratício, hipotecário, ou anticrético e o usufrutuário, como condição de eficácia da sua alienação (arts 799 e 804, § 1º, do CPC).

Penhorado e alienado o bem gravado por penhor, hipoteca ou anticrese, primeiro será pago o credor de crédito decorrente da relação de emprego e, havendo saldo remanescente, os demais credores. Esta é a solução indicada pelo art. 1.422, parágrafo único, do Código Civil, o qual dispõe que, antes do credor hipotecário ou pignoratício, devem ser pagas as dívidas que, em virtude de outras leis, devam ser pagas precipuamente a quaisquer outros créditos e é o que ocorre com o crédito decorrente da relação de emprego, que o art. 100, § 1º, da Constituição e o art. 186 do Código Tributário Nacional consideram superprivilegiado.

Contudo, no caso de crédito decorrente de relação de trabalho não subordinado, primeiro deve ser pago o credor civil e, havendo saldo, o prestador de serviços (art. 1.422, parágrafo único, do Código Civil).

23.7. Penhora de bem gravado por penhor ou hipoteca constituídos por cédula de crédito rural.

O financiamento rural poderá ser efetivado mediante cédula de crédito rural, constituindo esta uma promessa de pagamento em dinheiro, com ou sem garantia real (arts. 1º e 9º do Decreto-lei n. 167/67).

O art. 69 do Decreto-lei n. 167/67 estabelece que os bens objeto de penhor ou de hipoteca constituídos pela cédula de crédito rural não poderão ser penhorados para garantia da satisfação de outras dívidas do emitente ou do terceiro empenhador ou hipotecante.

O art. 69 do Decreto-lei n. 167/67 foi revogado pelo CPC de 1973, que estabelece a impenhorabilidade dos bens objeto de penhor ou hipoteca constituídos por cédula de crédito rural (art. 649). Ademais, o Código Civil não ressalva, no art. 1.422, parágrafo único, a garantia estabelecida em cédula de crédito rural, o que reforça a conclusão de que o bem sobre a qual recaia é passível de penhora.

A propósito, a SDI-I do TST editou a Orientação Jurisprudencial n. 226: "Diferentemente da cédula de crédito industrial garantida por alienação fiduciária, na cédula rural pignoratícia ou hipotecária o bem permanece no domínio do devedor (executado), não constituindo óbice à penhora na esfera trabalhista (Decreto-lei n. 167/67, art. 69; CLT, art. 889; arts. 10 e 30 da Lei n. 6830/80)".

23.8. Penhora de bem objeto de alienação fiduciária em garantia.

Para garantir o cumprimento das obrigações assumidas em contrato de financiamento de bens móveis, o devedor pode transferir ao credor o domínio resolúvel e a posse indireta do bem alienado, independentemente da tradição efetiva do bem, tornando-se o alienante ou devedor o seu possuidor de direito e depositário (art. 66 da Lei n. 4.728/65, com a redação que lhe conferiu o Decreto-lei n. 911/69).

No caso de inadimplemento da obrigação garantida, o proprietário fiduciário pode vender a coisa a terceiro e aplicar o preço da venda no pagamento do seu crédito e das despesas decorrentes da cobrança, entregando ao devedor o saldo porventura apurado, se houver (art. 66, § 4º, da Lei n. 4.728/65, com a redação que lhe conferiu o Decreto-lei n. 911/69).

Pelo fato de o devedor transferir ao credor o domínio do bem objeto de alienação fiduciária em garantia (o que significa que, com a alienação, o bem deixa o patrimônio do devedor alienante), a doutrina majoritária afirma a impossibilidade de sua penhora.

Ocorre, no entanto, que a alienação fiduciária nada mais é do que uma *garantia* instituída em favor do agente financiador. Essa garantia deve ceder lugar à garantia maior, que resulta da natureza alimentar do crédito oriundo da relação de emprego. Como o crédito resultante da relação de emprego goza de privilégio especial (art. 100, § 1º, da Constituição Federal e art. 186 do Código Tributário Nacional), a sua satisfação prefere a do credor fiduciário. Daí a possibilidade de penhora de bem objeto de alienação fiduciária em garantia.

Se for negada a possibilidade da penhora do bem objeto da alienação fiduciária em garantia, não se pode olvidar que cada prestação paga pelo devedor representa acréscimo no seu patrimônio e todos os bens que compõem o patrimônio do devedor respondem pela liquidação de sua dívida. Com isso, mesmo que não se admita a penhora do bem alienado em garantia para a imediata satisfação do trabalhador, pode ela ser realizada sobre o valor correspondente às prestações pagas pelo devedor. Destarte, penhorado o bem dado em alienação fiduciária em garantia, o produto da sua alienação será utilizado para pagar o credor fiduciário e, havendo saldo, satisfazer o trabalhador. É esta, inclusive, a hipótese do art. 835, XII, do CPC, que autoriza a penhora de direitos aquisitivos derivados de alienação fiduciária em garantia, o que alcança a parcela do patrimônio do devedor fiduciário acrescentada a cada prestação do financiamento paga.

23.9. Penhora de dinheiro em depósito ou aplicação em instituição financeira. Penhora *on-line*.

A penhora poderá recair sobre dinheiro, em espécie ou em depósito ou aplicação em instituição financeira (art. 11, I, da Lei n. 6.830/80 e art. 835, I, do CPC).

A penhora de dinheiro prefere à de qualquer outro bem, por força da ordem preferencial estabelecida pelo art. 835, I, do CPC, e, ainda, da expressa previsão neste sentido constante do art. 835, § 1º, do CPC, registrando-se que a Instrução Normativa n. 39/16 do TST estabelece, no art. 3º, XVI, que é aplicável no processo do trabalho o art. 835 incisos e parágrafos do CPC.

Para possibilitar a penhora de dinheiro em depósito ou aplicação em instituição financeira, o juiz, de ofício ou a requerimento do credor, sem dar ciência prévia do ato ao executado, determinará às instituições financeiras, por meio eletrônico gerido pela autoridade supervisora do sistema financeiro nacional, que torne indisponíveis ativos financeiros existentes em nome do executa, limitando-se a indisponibilidade ao valor indicado na execução (art. 854 do CPC, arts. 653, *caput* e alínea *f*, 765 e 878 da CLT e art. 3º, XIX, da Instrução Normativa n. 39/16 do TST).[105]

A determinação de indisponibilidade ou bloqueio de ativos do devedor transmitida por meio eletrônico tem sido denominada de *penhora on-line*. Contudo,

105. Mesmo antes de a Lei n. 11.382/06 autorizar a transmissão de pedido de informações sobre ativos e determinação de sua indisponibilidade por meio eletrônico, esta prática já havia sido objeto de convênio firmado entre o Tribunal Superior do Trabalho e o Banco Central do Brasil (*Bacenjud*).

a penhora não se confunde com a indisponibilidade ou bloqueio de ativos do executado por ordem judicial. A indisponibilidade ou bloqueio de ativos do executado por ordem judicial visa tornar possível a penhora futura.[106] O uso forense, no entanto, já consagrou a expressão *penhora on line*.

No caso de serem tornados indisponíveis ativos financeiros do executado, este será intimado na pessoa do seu advogado ou, não o tenho, pessoalmente (art. 854, § 2º, da CLT).

O uso de meio eletrônico para a realização de penhora constitui medida salutar, que responde à necessidade de maior celeridade e efetividade da tutela jurisdicional. Daí ter o TST, por meio do Provimento n. 6/2005, estabelecido que, na execução definitiva, o sistema *Bacenjud* deve ser utilizado com prioridade sobre outras modalidades de constrição judicial.

Não ocorre, na *penhora on-line*, afronta ao sigilo bancário do executado, vez que o juiz não tem acesso à sua movimentação financeira. Existindo ativos passíveis de penhora, a instituição financeira se limitará a informar este fato ao juiz e a cumprir a determinação de seu bloqueio, sem qualquer informação sobre a movimentação das contas nas quais foi realizado o bloqueio.

Não se pode olvidar, ainda, que o direito ao sigilo bancário, conquanto tenha sede constitucional (art. 5º, X e XII, da Constituição), não é absoluto e não pode ser utilizado como meio para dificultar a satisfação dos credores do executado, em especial quando se tratar de crédito alimentar reconhecido em decisão judicial.

O sigilo bancário se presta ao interesse social de resguardo da privacidade e não pode ser utilizado contra o interesse social de satisfação dos créditos reconhecidos em título a que a lei concede força executiva. Note-se, inclusive, que a satisfação de quem é lesado em seus direitos é também uma garantia constitucional (art. 5º, XXXV, da Constituição). Com isso, esses dois interesses devem ser harmonizados, de forma que, existindo execução em curso, pode o juiz colher informações junto à entidade supervisora do sistema financeiro sobre ativos do devedor e determinar o seu bloqueio ou a sua penhora, respeitando, sempre, o valor objeto da execução (a execução visa à satisfação do credor sem ônus desnecessários para o devedor. Com isso, o bloqueio de dinheiro em depósito ou aplicação financeira deve se limitar ao valor do crédito executado, correção monetária, juros, custas e honorários periciais e advocatícios devidos).

Cabe ao executado comprovar a existência de eventual impedimento legal à penhora dos valores em depósito ou aplicação financeira (art. 854, § 3º, I,

106. É neste sentido, inclusive, o art. 854 do CPC, segundo o qual, *para possibilitar a penhora* de dinheiro em depósito ou aplicação financeira, o juiz poderá requisitar informações à autoridade supervisora do sistema bancário e determinar, no mesmo ato, a indisponibilidade dos ativos do devedor.

do CPC), bem como que ainda remanesce indisponibilidade excessiva de ativos financeiros (art. 854, § 3º, II, do CPC).

23.10. Penhora na boca do caixa.

Respondendo o devedor para o cumprimento de suas obrigações com todos os seus bens, presentes e futuros, e sendo autorizada a penhora de dinheiro a ele pertencente, é lícita a penhora do dinheiro arrecadado diariamente em seu estabelecimento (*penhora na boca do caixa*).

Esta penhora encontra respaldo no CPC, que autoriza a penhora de *percentual* do faturamento de empresa devedora e não de todo o seu faturamento, o que se aplica, por analogia, à *penhora na boca do caixa* (art. 866). No entanto, não se pode olvidar o limite estabelecido pelo o art. 866, § 1º, do CPC. Assim, ordenada a penhora na boca do caixa, o juiz deverá fixar percentual que propicie a satisfação do crédito exequendo em tempo razoável, mas que não torne inviável o exercício da atividade empresarial. A propósito, tem-se a Orientação Jurisprudencial n. 93 da SDI-2 do TST: "Nos termos do art. 866 do CPC de 2015, é admissível a penhora da renda mensal ou faturamento de empresa, limitada a percentual que não comprometa o desenvolvimento regular de suas atividades, desde que não haja outros bens penhoráveis ou, havendo outros bens, ele sejam de difícil alienação ou insuficientes para satisfazer o crédito executado".[107]

23.11. Penhora de créditos e outros direitos patrimoniais. Penhora de créditos junto a administradoras de cartão de crédito.

O devedor responde com todos os seus bens presentes e futuros para o cumprimento de suas obrigações, salvo as restrições estabelecidas em lei (art. 789 do CPC e art. 883 da CLT).

Entre os bens do devedor passíveis de penhora estão os seus créditos, presentes e futuros (art. 855 do CPC).

A penhora de créditos considerar-se-á feita pela intimação ao terceiro devedor para que não pague ao devedor, seu credor (art. 855, I, do CPC).

A penhora de crédito, representado por letra de câmbio, nota promissória, duplicata, cheque ou outros títulos, far-se-á pela apreensão do documento, esteja

107. O art. 866, *caput*, do CPC prevê que "se o executado não tiver outros bens ou, se tendo-os, esses forem de difícil alienação ou insuficientes para saldar o crédito executado, o juiz poderá ordenar a penhora de percentual de faturamento de empresa. O juiz nomeará administrador-depositário, o qual submeterá à aprovação judicial a forma de sua atuação e prestará contas mensalmente, entregando em juízo as quantias recebidas, com os respectivos balancetes mensais, a fim de serem imputados no pagamento da dívida". Assim, a penhora de percentual de faturamento da empresa passa a pressupor que o executado não tenha outros bens ou, tendo-os, eles forem de difícil alienação ou insuficientes para saldar o crédito executado.

ou não em poder do devedor (art. 856 do CPC). Se o título não for apreendido, mas o terceiro confessar a dívida, será havido como depositário da importância (art. 856, § 1º). O terceiro só se exonerará da obrigação depositando em juízo a importância da dívida (art. 856, § 2º, do CPC).

Se o terceiro negar o débito em conluio com o executado, a quitação, que este lhe der, considerar-se-á em fraude de execução (art. 856, § 3º, do CPC).

Feita a penhora em direito e ação do executado, e não tendo este oferecido embargos ou sendo estes rejeitados, o exequente ficará sub-rogado nos direitos do executado até a concorrência do seu crédito (art. 857 do CPC), mas a sub-rogação não impede o sub-rogado, se não receber seu crédito do executado, de prosseguir na execução, nos mesmos autos, penhorando outros bens do devedor (art. 857, § 2º, do CPC).

Quando a penhora recair sobre dívida de dinheiro a juros, de direito a renda ou de prestações periódicas, o exequente poderá levantar os juros, os rendimentos ou as prestações, à medida que forem sendo depositadas, abatendo-se do crédito as importâncias recebidas, conforme as regras da imputação em pagamento (art. 858 do CPC). O pagamento parcial do credor também pode ser realizado quando se trate de penhora na boca do caixa e de faturamento da empresa.

Recaindo a penhora sobre direito que tenha por objeto prestação ou restituição de coisa determinada, o executado será intimado para, no vencimento, depositá-la, correndo sobre ela a execução (art. 859 do CPC).

Como foi dito, o executado responde com todos os seus bens, presentes e futuros, para o cumprimento de suas obrigações, salvo as restrições estabelecidas em lei e entre os seus bens passíveis de penhora estão os seus créditos.

Desse modo, é lícita a penhora de crédito do executado junto a administradoras de cartões de crédito, podendo o juiz, para tanto, sem dar ciência prévia do ato ao devedor, determinar às administradoras de cartão de crédito, inclusive por meio eletrônico, que torne indisponíveis os créditos do devedor e transfira os valores respectivos para conta judicial à disposição do juízo da execução (aplicação à hipótese, por analogia, do disposto no art. 854 do CPC).

Por força dos arts. 835, X, e 866, § 1º, do CPC a penhora deve se limitar a percentual que propicie a satisfação do crédito exequendo em tempo razoável, mas que não torne inviável o exercício da atividade empresarial, entendendo-se como tal o importe correspondente a 30% do crédito líquido mensal do executado para com as administradoras de cartão de crédito.

Anoto que o Superior Tribunal de Justiça admite a penhora de créditos do executado junto a administradoras de cartão de crédito, como se vê, por exemplo, nos autos do Resp. 1.670.516-RS e 1.408.367-SC, sempre com a ressalva de que deve ser estabelecido percentual que não torne inviável o exercício da atividade empresarial, valendo registrar que aquele Tribunal, embora realçando que não se confundem penhora de crédito com a de faturamento, considera lícito equipará-los para "fins estritamente processuais" (isto é, de penhora como instrumentos de garantia do juízo)", como foi assinalado na primeira decisão acima indicada.

Efetuadas as transferências e atingido o valor do crédito em execução, incluídos os créditos previdenciários e relativos a custas e honorários eventualmente devidos, deverão ser oficiadas as administradoras, informado sobre o cancelamento da indisponibilidade determinada, intimando-se o devedor, na forma do art. 884 da CLT.

23.12. Penhora no rosto dos autos.

Quando o direito estiver sendo pleiteado em juízo, a penhora que recair sobre ele será averbada, com destaque, nos autos pertinentes ao direito e na ação correspondente à penhora, a fim de que esta seja efetivada nos bens que lhe forem adjudicados ou que vierem a caber ao executado (art. 860 do CPC).

O oficial de justiça lavrará o auto de penhora e intimará o escrivão ou diretor de secretaria para que proceda a sua averbação na capa dos autos do processo em que o direito estiver sendo pleiteado.

23.13. Penhora de bem vinculado a cédula de crédito industrial.

A cédula de crédito industrial é promessa de pagamento em dinheiro, com garantia real, cedularmente constituída (Decreto-lei n. 413/69).

Estabelece o art. 57 do Decreto-lei n. 413/69 que os bens vinculados à cédula de crédito industrial não serão penhorados por outras dívidas do emitente.

A SDI-I do TST, pela Orientação Jurisprudencial n. 226, adotou entendimento de que é inviável a penhora do bem vinculado a cédula de crédito industrial, sob o argumento de que a cédula de crédito industrial é garantida por alienação fiduciária.

Ocorre, porém, que o CPC de 1973 e de 2015, que são posteriores ao citado Decreto-lei, não incluíram o bem vinculado à cédula de crédito industrial entre os bens impenhoráveis, o que resulta na sua revogação pelo primeiro deles.

Ademais, o crédito decorrente da relação de emprego goza, em razão de sua natureza predominantemente alimentar, de privilégio especial (arts. 100, § 1º, da Constituição e 186 do Código Tributário Nacional). Destarte, entre a satisfação de crédito alimentar e o da instituição financeira, não há como deixar de optar pela primeira.

Registre-se, ainda, que citado Decreto-lei, em seu art. 59, estabelece que os bens adquiridos ou pagos com o crédito objeto da cédula "responderão primeiramente pela satisfação do título, não podendo ser vinculados ao pagamento de dívidas privilegiadas, enquanto não for liquidada a cédula". Salta aos olhos que referido comando legal, quando protege o crédito relacionado com a cédula de crédito industrial, está em total desarmonia com a Constituição Federal, que, como visto, atribui privilégio especial ao crédito de natureza alimentar, e, ainda, com o art. 1.422, parágrafo único, do Código Civil, segundo o qual, antes do credor hipotecário ou pignoratício, devem ser pagas as dívidas que, em virtude de outras leis, devam ser pagas precipuamente a quaisquer outros créditos.

O bem vinculado a cédula de crédito industrial pode, portanto, ser penhorado para a satisfação de dívida resultante da relação de emprego. Alienado o bem, o produto da arrematação será utilizado na liquidação do crédito trabalhista e o saldo remanescente, se houver, será repassado ao credor da cédula.

23.14. Penhora de frutos e rendimentos de coisa móvel ou imóvel.

O CPC define como formas de expropriação de bens do executado o usufruto de bens pela apropriação de frutos e rendimentos de empresa ou de estabelecimento e de outros bens (art. 824, III).

Consoante o art. 867 do CPC, o juiz poderá ordenar a penhora de frutos e rendimentos de coisa móvel ou imóvel quando a considerar mais eficiente para o recebimento do crédito e menos gravoso ao executado.

Ordenada a penhora de frutos e rendimentos, o juiz nomeará administrador-depositário, que será investido de todos os poderes inerentes à administração do bem e à fruição de seus frutos e utilidades, perdendo o executado o direito de gozo do bem, até que ao exequente seja pago o principal, os juros, as custas e os honorários advocatícios, podendo o juiz nomear administrador-depositário o exequente ou o executado, ouvida a parte contrária, e, não havendo acordo, nomeará profissional qualificado para o desempenho da função (arts. 868 e 869 do CPC), tendo a medida eficácia em relação a terceiros a partir da publicação da decisão que a conceda ou de sua averbação no ofício imobiliário, em caso de imóveis (art. 868, § 1º, do CPC), devendo esta averbação ser providenciada pelo exequente, mediante a apresentação de certidão de inteiro teor do ato, independentemente de mandato judicial (art. 868, § 2º, do CPC).

O administrador submeterá à aprovação judicial a forma de administração e deve prestar contas periodicamente (art. 869, § 1º, do CPC). Havendo discordância entre as partes ou entre essas e o administrador, o juiz decidirá a melhor forma de administração dos bens (art. 869, § 2º, do CPC).

Se o imóvel estiver arrendando, o inquilino pagará o aluguel diretamente ao exequente, salvo se houver administrador (art. 869, § 3º, do CPC), podendo o exequente ou o administrador celebrar locação do móvel ou imóvel, ouvido o executado (art. 869, § 4º, do CPC). No caso de pagamento do aluguel ao administrador, este repassará ao exequente as quantias recebidas, a fim de serem imputadas ao pagamento da dívida (art. 869, § 5º), conferindo o exequente ao executado, por termo nos autos, quitação das quantias recebidas (art. 869, § 6º, do CPC).

23.15. Reforço e excesso de penhora. Excesso de execução.

A penhora deverá recair sobre quantos bens bastem ao pagamento do crédito objeto da execução, incluído o relativo às contribuições previdenciárias, corrigido e acrescido de juros, custas e honorários devidos (art. 883 da CLT).

Se o valor dos bens penhorados não for suficiente para garantir a satisfação do crédito objeto da execução e seus acessórios, o juiz poderá, de ofício ou a requerimento, determinar o *reforço da penhora*.

Dá-se o *excesso de penhora* quando forem penhorados bens cujo valor ultrapassa o necessário à satisfação dos créditos objeto da execução e seus acessórios. Nesse caso, o juiz poderá, a requerimento do interessado e ouvida a parte contrária, mandar reduzir a penhora aos bens suficientes ou transferi-la para outros bens (art. 874, I, do CPC).

Somente se pode falar em excesso de penhora quando existam outros bens sobre os quais a penhora possa recair. De outro lado, não ocorre excesso de penhora quando o mesmo bem é penhorado para garantir duas ou mais execuções.

O excesso de penhora não se confunde com o *excesso de execução*, que ocorre quando: a) o credor pleiteia quantia superior à que lhe assegura o título; b) a execução recai sobre coisa diversa daquela declarada no título; c) a execução se processa de modo diferente do que foi determinado no título; d) o exequente, sem cumprir a prestação que lhe corresponde, exige o adimplemento da prestação do executado; e) o exequente não prova que a condição se realizou (arts. 525, § 4º, e 917, § 2º, do CPC).

24. PRISÃO DO DEPOSITÁRIO INFIEL

Aquele que recebe em depósito bem penhorado responde pela sua guarda e conservação (arts. 1.266 e 1.287 do Código Civil).

O STF, examinando a viabilidade da prisão do depositário infiel, decidiu que "o depositário judicial de bens penhorados, que é responsável por sua guarda e conservação, tem o dever ético-jurídico de restituí--los, sempre que assim for determinado pelo juízo da execução. O desvio patrimonial dos bens penhorados, quando praticados pelo depositário judicial *ex voluntate* própria e sem autorização prévia do juízo da execução, caracteriza a situação configuradora de infidelidade depositária, apta a ensejar, por si mesma, a possibilidade de decretação, no âmbito do processo executório, da prisão civil desse órgão auxiliar do juízo, independentemente da propositura da ação de depósito. A prisão civil, embora medida privativa da liberdade de locomoção física do depositário infiel, não tem conotação penal, pois a sua única finalidade consiste em compelir o devedor a satisfazer obrigação que somente a ele compete executar. O instituto da prisão civil — por revestir-se de finalidade jurídica específica — não ostenta o caráter de pena, eis que a sua imposição não pressupõe, necessariamente, a prática de ilícito penal. Precedentes. É impertinente a invocação, tratando-se de prisão civil, do princípio constitucional que consagra, no processo penal de condenação, a presunção *juris tantum* de não culpabilidade dos acusados. A prisão civil do depositário judicial, que é decretada no processo de execução, reveste-se de legitimidade plena, quando se enseja àquele que a sofre a possibilidade de justificar o desvio dos bens penhorados ou de contestar as alegações de infidelidade depositária".[108]

Contudo, o STF editou a Súmula Vinculante n. 25, prevendo que: "é ilícita a prisão de depositário infiel, qualquer que seja a modalidade do depósito".

O novo posicionamento do STF tem como fundamento o art. 7º da Convenção Americana sobre Direitos Humanos – Pacto de São José da Costa Rica –, segundo o qual "ninguém deve ser detido por dívidas. Este princípio não limita os mandados de autoridade judiciária competente expedidos em virtude de inadimplemento de obrigação alimentar".[109]

A nosso juízo, a postura adotada pelo STF é merecedora de crítica.

É que a prisão do depositário infiel *não é uma prisão por dívidas*, posto que fundamentada no *descumprimento do dever legal de apresentação do bem recebido em depósito*, situação que não é contemplada pelo Pacto de São José da Costa Rica. Note-se, inclusive, que o depositário dos bens pode ser o próprio credor e a sua prisão, na hipótese de não apresentação dos bens recebidos em depósito no prazo assinalado pelo juiz, não será uma prisão por dívida. Neste caso, a prisão não pode ser considerada meio coercitivo de execução.

Como decidiu o STJ: "No depósito judicial, o depositário representa o *longa manus* do juízo da execução, seu auxiliar e órgão de suas atribuições, cumprindo-lhe, no exercício de suas atividades, guardar e conservar os bens apreendidos, estando sempre pronto a apresentá-los em juízo. A falta de argumentos

---

108. STF, *Habeas Corpus* 71.038-7-MG, Rel. Min. Celso de Mello, DJU 13.5.1994, p. 11339.

109. Ao proferir voto nos autos do Recurso Extraordinário n. 466.343-1-SP, o Min. Gilmar Mendes afirma que a Convenção não revogou o art. 5º, LXVII, da Constituição, mas tem *efeito paralisante em relação à legislação infraconstitucional* que trata da prisão do depositário infiel, afastando a base legal para a aplicação do art. 5º, LXVII, da Constituição. Esta decisão corresponde, na prática, à negativa de qualquer efeito ao art. 5º, LXVII, da Constituição. Não se pode perder de vista, no entanto, que a Constituição vale por si, inclusive quando assegura direitos, e seus preceitos são dotados de aplicabilidade direta, o que "implica sobretudo que os poderes públicos não podem invocar a falta de regulamentação legal para proibir ou recusar o exercício destes direitos", como é assinalado por José Carlos Vieira de Andrade (*Os direitos fundamentais na Constituição Portuguesa de 1976*, p. 208-209).

plausíveis a justificar o descumprimento do dever de guarda legitima a prisão do depositário infiel."[110]

O CPC de 2015 não faz referência à prisão do depositário infiel.

25. EMBARGOS À EXECUÇÃO. NATUREZA JURÍDICA. EFEITOS DA INTERPOSIÇÃO DOS EMBARGOS. LEGITIMIDADE PARA A OPOSIÇÃO DE EMBARGOS. PRAZO PARA INTERPOSIÇÃO DOS EMBARGOS À EXECUÇÃO. MATÉRIAS QUE PODEM SER SUSCITADAS NOS EMBARGOS. OITIVA DO EMBARGADO. INSTRUÇÃO E JULGAMENTO DOS EMBARGOS. REJEIÇÃO PRELIMINAR DOS EMBARGOS. A GARANTIA DO JUÍZO COMO PRESSUPOSTO DOS EMBARGOS.

O devedor poderá opor-se à execução por meio de embargos, depois de garantido o juízo (art. 884 da CLT).

Os embargos constituem ação incidental à execução e têm efeito suspensivo, não impedindo a prática de atos executivos, inclusive os de expropriação (arts. 525, § 6º, e 919 do CPC).[111]

Pode o juiz, no entanto, atribuir efeito suspensivo aos embargos. Com efeito, o CPC estabelece que pode o juiz, a requerimento do executado e desde que garantido o juízo com penhora, caução ou depósito suficientes, atribuir efeito suspensivo, se seus fundamentos forem relevantes e se o prosseguimento da execução for manifestamente suscetível de causar ao executado grave dano de difícil ou incerta reparação (art. 525, § 6º) ou quando verificar os requisitos para a concessão da tutela provisória e desde que a execução já esteja garantida por penhora, caução ou depósito suficientes (art. 919, § 1º).[112]

Ainda de acordo com o CPC: a) a concessão de efeito suspensivo aos embargos não impedirá a efetivação dos atos de substituição, de reforço ou de redução da penhora e de avaliação de bens (arts. 525, § 7º, e 919, § 5º); b) quando o efeito suspensivo atribuído aos embargos disser respeito apenas a parte dos atos de execução ou a parte do objeto da execução, esta prosseguirá quanto à parte restante (arts. 525, § 8º, e 919, § 3º); c) a concessão de efeito suspensivo aos embargos deduzidos por um dos executados não suspenderá a execução contra

---

110. STJ, 2ª T., AgRg no HC 30.045-SP, Min. João Otávio Noronha, DJU 6.10.2003.

111. O CPC institui a fase de cumprimento da sentença que reconhece a exigibilidade de obrigação de pagar quantia certa e substitui os embargos à execução pela *impugnação* como meio de defesa do executado. Como no processo do trabalho é mantida a execução como processo autônomo, os embargos à execução continuam sendo o meio de defesa do executado. Assim, nas referências ao CPC, quando for ele aplicável no processo do trabalho, a expressão *impugnação* será considerada como correspondente, no processo do trabalho, aos *embargos à execução*.

112. A exigência de penhora, caução ou depósito *suficiente* indica que a garantia parcial da execução impede a concessão de efeitos suspensivos aos embargos.

os que não embargarem, quando o respectivo fundamento disser respeito exclusivamente ao embargante (arts. 525, § 9º, e 919, § 4º); d) ainda que atribuído efeito suspensivo aos embargos, é lícito ao exequente requerer o prosseguimento da execução, oferecendo e prestando, nos próprios autos, caução suficiente a ser arbitrada pelo juiz (art. 525, § 10); e) cessando as circunstâncias que a motivaram, a decisão relativa aos efeitos dos embargos poderá, a requerimento da parte, ser modificada a qualquer tempo, em decisão fundamentada (art. 919, § 5º).

Somente tem legitimidade para opor embargos à execução o devedor que teve bens penhorados (art. 884 da CLT),[113] observando-se, contudo, que o art. 884, § 6º, da CLT, acrescentado pela Lei n. 13.467/17, dispensa as entidades filantrópicas e as pessoas que compõem ou compuseram a sua diretoria, da exigência de prévia garantia da execução para a oposição de embargos.

Contudo, sendo vários os devedores, o que não teve bens penhorados pode apresentar embargos à execução em conjunto com o que teve bens penhorados, salvo se "as defesas manejadas pelos coexecutados forem diversas".[114]

Os embargos devem ser apresentados no prazo de cinco dias, contados: a) do depósito do valor correspondente ao crédito executado para a garantia da execução; b) da assinatura do termo de nomeação de bens à penhora; c) da intimação do executado da realização da penhora (art. 884 da CLT).

No caso de penhoras sucessivas (reforço ou repetição da penhora), o prazo para embargos é contado da primeira delas. Novos embargos somente podem ser propostos para atacar vício inerente à nova penhora realizada.

O prazo para embargos da Fazenda Pública será examinado quando tratamos da execução contra a Fazenda Pública.

Estabelece o art. 884, § 1º, da CLT que nos embargos à execução pode o devedor alegar: a) cumprimento da decisão ou do acordo (depósito em juízo do valor devido); b) quitação (pagamento direto ao credor); c) prescrição da dívida (prescrição da pretensão executiva ou prescrição intercorrente).[115]

Contudo, a CLT permite que nos embargos o devedor impugne a sentença de liquidação (art. 884, § 3º) e questione a exigibilidade do título executivo (art. 884, § 4º).

Assim, a matéria que pode ser suscitada nos embargos não é restrita às elencadas no art. 884, § 1º, da CLT.

---

113. A dispensa da garantia do juízo para apresentar embargos estabelecida pelo CPC, no art. 914, não alcança os embargos a serem ofertados no processo do trabalho, posto que o Direito Processual do Trabalho possui norma expressa a respeito (art. 884 da CLT).

114. Humberto Theodoro Júnior. *Processo de execução*, p. 429.

115. Prescreve a pretensão executiva no mesmo prazo em que prescreve a pretensão ao reconhecimento do direito (Súmula n. 150 do STF).

Ademais, por força dos arts. 769 e 889 da CLT e do art. 15 do CPC, nos embargos à *execução fundada em título judicial* o executado também pode suscitar as questões indicadas no art. 525 do CPC, quais sejam: falta ou nulidade de citação se, na fase de conhecimento, o processo correu à revelia (se o processo não correu à revelia, eventual vício da citação deve ser suscitado no processo de conhecimento, na primeira oportunidade que a parte tiver para se manifestar nos autos ou no processo – art. 795 da CLT); ilegitimidade de parte; inexequibilidade do título ou inexigibilidade da obrigação; penhora incorreta ou avaliação errônea; excesso de execução ou cumulação indevida de execuções; incompetência absoluta ou relativa do juízo da execução; qualquer causa modificativa ou extintiva da obrigação, como pagamento, novação, compensação, transação ou prescrição, desde que supervenientes à sentença; impedimento ou suspeição do juiz (hipótese prevista no art. 525, § 2º, do CPC).

O executado que não impugnou os cálculos de liquidação no momento oportuno não pode, tendo em vista a ocorrência de preclusão, impugná-los em embargos (art. 879, § 2º, da CLT). Contudo, a preclusão decorrente da não impugnação dos cálculos não alcança erros materiais ou aritméticos ou inexatidão dos cálculos, que podem ser corrigidos a qualquer tempo, na medida em que, conforme se infere dos arts. 883 e 879 da CLT, as inexatidões materiais e erros de cálculo não são alcançados pela coisa julgada, salvo quando objeto de debate e manifestação judicial. Inexatidão material ou erro de cálculo é o que diz respeito à fixação do valor de determinada parcela (erro aritmético). O mesmo ocorre em relação a parcela estranha à condenação maliciosamente incluída na liquidação pelo exequente, em razão dos princípios da vedação do enriquecimento ilícito e da adequação da execução à coisa julgada.

Quando o executado alegar que o exequente, em excesso de execução, pleiteia quantia superior à resultante da sentença, cumprir-lhe-á declarar de imediato o valor que entende correto, apresentando demonstrativo discriminado e atualizado de seu cálculo (art. 525, § 4º, do CPC). O não atendimento desta exigência implicará rejeição liminar dos embargos, se o excesso for o seu único fundamento, ou, se houver outro, os embargos serão processados, mas o juiz não examinará a alegação de excesso de execução (art. 525, § 5º, do CPC).

Nos embargos à *execução de título extrajudicial*, pode o executado alegar, além das matérias indicadas no art. 884, §§ 1º, 3º e 5º, da CLT e considerando o disposto no art. 917 do CPC: a) inexequibilidade do título ou inexigibilidade da obrigação; b) penhora incorreta ou avaliação errônea; c) excesso de execução ou cumulação indevida de execuções; d) retenção por benfeitorias necessárias ou úteis, nos casos de execução para entrega de coisa certa (neste caso, o exequente poderá requerer a compensação do seu valor com o dos frutos ou dos danos considerados devidos pelo executado, cumprindo ao juiz, para apurar os respectivos valores, nomear perito – art. 917, § 5º, do CPC); e) incompetência absoluta ou relativa do juízo da execução; f) qualquer matéria que seria lícito ao executado deduzir como defesa em processo de conhecimento.

Nos embargos à execução de título extrajudicial, quando o executado alegar que o exequente, em excesso de execução, pleiteia quantia superior à resultante da sentença, cumprir-lhe-á declarar na petição inicial o valor que entende correto, apresentando demonstrativo discriminado e atualizado de seu cálculo (art. 917, § 3º, do CPC). O não atendimento desta exigência implicará na rejeição liminar dos embargos, sem julgamento do mérito, se o excesso de execução for o seu único fundamento, ou, se houver outro fundamento, os embargos serão processados, mas o juiz não examinará a alegação de excesso de execução (art. 917, § 4º, do CPC).

Nos embargos, como foi dito anteriormente, o executado poderá alegar a inexequibilidade do título ou a inexigibilidade da obrigação. De acordo com o art. 525, § 12, do CPC c/c art. 884, § 5º, da CLT (incluído pela Medida Provisória n. 2.180-35, de 2001), considera-se inexigível a obrigação reconhecida em título executivo judicial fundado em lei ou ato normativo considerado inconstitucional pelo Supremo Tribunal Federal, ou fundado em aplicação ou interpretação da lei ou do ato normativo tida pelo STF como incompatível com a Constituição Federal, em controle concentrado ou difuso. Trata-se da denominada *coisa julgada inconstitucional,*[116] instituto que se insere no contexto da denominada *relativização da coisa julgada*.

Por força do disposto no art. 884 da CLT e do art. 920 do CPC, recebidos os embargos: a) o exequente será ouvido no prazo de cinco dias (art. 884 da CLT);[117] b) a seguir, o juiz julgará imediatamente o pedido ou designará audiência para produção de provas (art. 884, § 2º, da CLT);[118] c) encerrada a instrução, o juiz proferirá sentença, em cinco dias (art. 885 da CLT), tornando, no caso de serem procedentes os embargos, insubsistente a penhora.

Não se realizará audiência nos embargos à execução se eles versarem sobre matéria de direito ou, sendo de direito e de fato, a prova for exclusivamente documental (art. 17, parágrafo único, da Lei n. 6.830/80).

---

116. Ao Supremo Tribunal Federal compete preservar a supremacia da Constituição, tendo sido a ele conferido, para tanto, o monopólio da última palavra em tema de interpretação das normas constitucionais (art. 102 da Constituição). O desrespeito às decisões do Supremo Tribunal Federal pelos demais órgãos do Poder Judiciário debilita a força normativa da Constituição Federal.

117. O exequente é intimado para apresentar impugnação aos embargos e não para apresentar a sua *defesa*. Sendo assim, não há que se falar em confissão em relação à matéria de fato não impugnada pelo exequente, subsistindo, para o executado, o ônus de provar os fatos alegados nos embargos.

118. Nos embargos à execução, deve ser observado o número de testemunhas que a parte poderia indicar à oitiva no processo de conhecimento.

Consoante o art. 918 do CPC, o juiz rejeitará liminarmente os embargos quando: a) intempestivos;[119] b) nos casos de indeferimento da petição inicial e de improcedência liminar do pedido; c) manifestamente protelatórios.[120]

Em relação à rejeição dos embargos em razão da improcedência liminar do pedido, cumpre anotar que, de acordo com o art. 332 do CPC, nas causas que dispensam a fase instrutória, o juiz, independentemente da citação do réu, julgará liminarmente improcedente o pedido que contrariar: a) enunciado de súmula do STF ou do STJ (no caso do processo do trabalho, enunciado ou súmula do TST); b) acórdão proferido pelo STF ou STJ (TST, no caso do processo do trabalho) em julgamento de recursos repetitivos; c) entendimento firmado em incidente de resolução de demandas repetitivas ou de assunção de competência; d) enunciado de súmula de tribunal de justiça sobre direito local (situação estranha ao processo do trabalho).

Registre-se que a Instrução Normativa n. 39/16 do TST prevê, no art. 3º, XXII, que é aplicável no processo do trabalho o art. 918 e parágrafo único do CPC.

A oposição de embargos à execução tem como pressuposto a prévia garantia do juízo (art. 884 da CLT).

Os embargos podem ser apresentados, portanto, quando a execução já esteja garantida, por depósito realizado pelo executado ou penhora de seus bens.

Pode o juiz, verificando que os bens penhorados não alcançam o valor suficiente para a satisfação do crédito objeto da execução e seus acessórios, ordenar o reforço da penhora antes de indeferir liminarmente os embargos.

Após serem penhorados outros bens, os embargos ofertados pelo executado deverão ser conhecidos, cumprindo que seja ele intimado, querendo, complementá-los, mas apenas quanto à eventual alegação em relação ao reforço de penhora.

Contudo, mesmo que a garantia do juízo seja parcial, não tendo o devedor outros bens a serem penhorados, os embargos devem ser conhecidos, para evitar que a execução fique suspensa em razão da ausência de sua garantia total, em especial quando os bens penhorados respondem pela satisfação de parte razoável da dívida.

Nesse sentido, "a insuficiência de penhora não é causa suficiente para determinar a extinção dos embargos do devedor. Assim, cumpre ao magistrado, antes da extinção, intimar o devedor a proceder ao reforço, à luz da sua capacidade

---

119. Os embargos apresentados antes da intimação da penhora devem ter o seu andamento sustado até que se aperfeiçoe a segurança do juízo.

120. O oferecimento de embargos protelatórios constitui, inclusive, ato atentatório à dignidade da justiça (art. 918, parágrafo único, do CPC), frustra a satisfação do credor (finalidade da execução) e agride a garantia constitucional de duração razoável do processo (art. 5º, LXXVIII, da Constituição). O mesmo pode ser dito em relação à oposição de exceção de pré-executividade protelatória.

econômica e da garantia pétrea do acesso à justiça. A possibilidade de substituição dos bens penhorados ou de reforço da penhora revela excessivo obstar a admissibilidade dos embargos do devedor ante a insuficiência do valor do bem constrito, máxime porque a expropriação do mesmo garante parcial pagamento e conspira em prol da amplitude da defesa. Revelar-se-á ilógico impedir a defesa do executado nessas circunstâncias, quando se vem admitindo a denominada exceção de pré-executividade, interinamente e sem garantia. Cabe ao juiz, antes da extinção dos embargos, intimar o devedor a proceder ao reforço da penhora, à luz da sua capacidade econômica e da garantia pétrea do acesso à justiça".[121]

Os embargos, como ação incidental, devem ser opostos no juízo da execução.[122] Contudo, os atos executivos podem ser realizados por meio de carta precatória, quando o executado não tenha bens no juízo da execução. Dá-se, nesta hipótese, a denominada *execução por carta*.

Na execução por carta, os embargos serão oferecidos no juízo deprecante (juízo da execução) ou no juízo deprecado (juízo da apreensão de bens), conforme as questões neles suscitadas.

Com efeito, compete ao juízo da execução processar e julgar os embargos, salvo se versarem unicamente sobre vícios ou defeitos da penhora, da avaliação ou da alienação de bens realizada no juízo deprecado (neste caso, compete ao juízo deprecado o processamento e o julgamento dos embargos), conforme resulta do art. 20, parágrafo único, da Lei n. 6.830/80 e do art. 914, § 2º, do CPC. Conforme a Súmula n. 419 do TST, na execução por carta precatória, os embargos de terceiro serão oferecidos no juízo deprecado, salvo se indicado pelo juízo deprecante o bem constrito ou se já devolvida a carta, o que, no entanto, deve ser adequado ao que estabelece o art. 914, § 2º, do CPC.

26. PARCELAMENTO DO DÉBITO OBJETO DA EXECUÇÃO.

O CPC prevê que, "no prazo para embargos, reconhecendo o crédito do exequente e comprovando o depósito de trinta por cento do valor em execução, acrescido de custas e de honorários de advogado, poderá o executado requerer que lhe seja permitido pagar o restante em até 6 (seis) parcelas mensais, acrescidas de correção monetária e juros de 1% (um por cento) ao mês" (art. 916, *caput*) e que "o exequente será intimado para manifestar-se sobre o preenchimento dos pressupostos do *caput*, e o juiz decidirá o requerimento em 5 (cinco) dias" (art. 916, § 1º).

---

121. STJ, Resp. 425.288, Rel. Min. Luiz Fux, DJU 4.11.2002, p. 159.

122. No processo civil, os embargos serão distribuídos por dependência, autuados em apartado e instruído com cópias relevantes, que poderão ser declaradas autênticas pelo próprio advogado, sob sua responsabilidade pessoal (art. 914, § 1º, do CPC de 2015). No processo do trabalho, a petição de embargos e os documentos que a instruírem serão anexados aos autos da execução, não havendo, assim, formação de autos apartados.

Ainda de acordo com o CPC: a) enquanto não apreciado o requerimento, o executado terá de depositar as parcelas vincendas, facultado ao exequente seu levantamento (art. 916, § 2º);[123] b) deferida a proposta, o exequente levantará a quantia depositada e serão suspensos os atos executivos (art. 916, § 3º); c) indeferida a proposta, seguir-se-ão os atos executivos, mantido o depósito, que será convertido em penhora (art. 916, § 4º); d) o não pagamento de qualquer das parcelas acarretará, cumulativamente, o vencimento das prestações subsequentes e o prosseguimento do processo, com o imediato reinício dos atos executivos e a imposição ao executado de multa de dez por cento sobre o valor das parcelas não pagas (art. 916, § 5º); e) a opção pelo parcelamento importa renúncia ao direito de opor embargos (art. 916, § 6º);[124] f) o parcelamento da dívida não se aplica ao cumprimento da sentença (art. 916, § 7º).

Note-se que CPC não cria um *direito material ao pagamento parcelado da dívida*. Primeiro, porque as suas normas são de direito processual, o que implica que não atribuem direitos de natureza material. Segundo, porque a norma de direito material que trata da questão dispõe, expressamente, que, "ainda que a obrigação tenha por objeto prestação divisível, não pode o credor ser obrigado a receber, nem o devedor a pagar, por partes, se assim não se ajustou" (art. 314 do C. Civil), ou seja, nega a possibilidade de pagamento por parte do que é devido por inteiro.

Aliás, admitir o contrário do que foi estabelecido no art. 314 do C. Civil é admitir que o devedor, inclusive aquele que obrigou o credor a recorrer à Justiça em razão do seu inadimplemento, pode, *unilateralmente*, alterar o que foi contratado, o que não se sustenta.

Cumpre verificar a compatibilidade do parcelamento em questão com o Direito Processual do Trabalho, devendo ser registrado, de início, que ele não se aplica ao cumprimento da sentença (art. 916, § 7º, do CPC), ou seja, só se refere à execução fundada em título executivo extrajudicial, ou seja, não alcança a execução por quantia certa fundada em decisão judicial.

O art. 916 do CPC não é compatível com o Direito Processual do Trabalho.

É que, no processo do trabalho, ao contrário do que ocorre no processo civil, em regra a execução tem por objeto crédito de natureza alimentar, o que impede impor ao credor o seu recebimento de forma parcelada. Os créditos de natureza alimentar devem ser pagos de forma mais rápida possível, como deixam claro o art. 100, § 1º, da Constituição, os arts. 467 e 477, § 8º, da CLT e o art. 186 do Código Tributário Nacional, solução que é incompatível com a imposição ao seu credor do seu recebimento parcelado.

---

123. O levantamento dos depósitos não implica, por si só, concordância com o parcelamento do crédito.

124. O CPC deixa claro que a simples opção pelo parcelamento implica renúncia ao direito de opor embargos.

Ademais, o Direito Processual do Trabalho tem como diretrizes a celeridade e a máxima eficácia possível das decisões judiciais, autorizando, inclusive, que a execução seja promovida de ofício, o que conduz à conclusão de que com ele não é compatível medida que implica imposição ao credor do parcelamento do seu crédito.

É certo que a possibilidade de parcelamento estimula o credor a cumprir a sua obrigação e o seu requerimento exige a confissão da dívida e implica renúncia ao direito de opor embargos, o que evita debates sobre o crédito executado e o valor respectivo, mas tais fatos não são suficientes para desconsiderar a natureza alimentar dos créditos trabalhistas e, com isto, o direito do credor à sua mais rápida e plena satisfação.

Com isto, eventual moratória somente pode ser estabelecida mediante ajuste entre as partes. Neste contexto, apresentando o devedor proposta de pagamento parcelado da sua dívida, o juiz deverá designar audiência, para tentativa de conciliação, intimando as partes.

Por tais razões, não há como concordar com a Instrução Normativa n. 39/16 do TST, segundo a qual é aplicável no processo do trabalho o art. 916 e parágrafos do CPC de 2015.

27. EMBARGOS À ADJUDICAÇÃO, ARREMATAÇÃO. EMBARGOS DE TERCEIRO. EXCEÇÃO DE PRÉ-EXECUTIVIDADE

A CLT faz referência aos embargos à arrematação, dispondo que são devidas custas em razão de sua oposição (art. 789-A, V).

No entanto, o CPC dispensa a oposição de embargos à adjudicação, alienação ou arrematação para suscitar questões relativas a fato superveniente ao término do prazo para embargos, assim como aquelas relativas à validade e à adequação da penhora, da avaliação e dos atos executivos subsequentes, estabelecendo, no art. 525, § 11, que tais questões podem ser arguidas por *simples petição*, a ser apresentada no prazo de quinze dias, contado da comprovada ciência do fato ou da intimação do ato.

Esta solução é compatível com o Direito Processual do Trabalho, que tem como um dos seus princípios fundamentais a simplificação de formas e procedimentos, com a ressalva de que o prazo a ser nele observado é de cinco dias, por força do art. 884 da CLT, acrescentando-se que o exequente deverá ser intimado para manifestação, também pelo prazo de cinco dias.

São os bens do devedor que respondem pelo cumprimento de suas obrigações. Destarte, bens de terceiro não podem ser apreendidos para a satisfação de crédito do qual não é devedor ou pelo qual não responda.

Os embargos de terceiro constituem ação voltada à defesa de terceiro contra a constrição ilegal de seus bens, visando impedir a sua realização (embargos preventivos ou inibitórios) ou o seu desfazimento (embargos repressivos). Como exemplos de constrição judicial de bens tem-se a penhora, o arresto e o sequestro.

Os embargos constituem ação incidental à execução, a ser aforada por *terceiro*.

Terceiro é aquele que não é parte no processo, valendo lembrar que parte é aquele que pede (autor) e aquele em face de quem é pleiteada (réu) a tutela jurisdicional, o que decorre que terceiro é quem não requer a tutela jurisdicional e contra quem não foi requerida a tutela jurisdicional.

O art. 896, § 2º, da CLT faz expressa referência aos embargos de terceiros, tornando induvidosa a sua admissibilidade no processo do trabalho, o que impõe recorrer ao CPC como fonte subsidiária do Direito Processual do Trabalho, respeitadas, no entanto, as suas particularidades.

O CPC estabelece, no art. 674 que, quem, não sendo parte no processo, sofrer constrição ou ameaça de constrição sobre bens que possua ou sobre os quais tenha direito incompatível com o ato constritivo, poderá requerer seu desfazimento ou sua inibição por meio de embargos de terceiro.

Têm legitimidade para opor embargos de terceiro: a) terceiro proprietário, inclusive fiduciário ou possuidor; b) o cônjuge ou companheiro, quando defende a posse de bens próprios ou de sua meação, observando-se que, tratando-se de penhora de bem indivisível, o equivalente à quota-parte do cônjuge alheio à execução recairá sobre o produto da alienação do bem, sendo reservada ao cônjuge a preferência na arrematação do bem em igualdade de condições;[125] c) o adquirente de bens cuja constrição decorreu de decisão que declara a ineficácia da alienação realizada em fraude à execução; d) quem sofre constrição judicial de seus bens por força de desconsideração da personalidade jurídica, de cujo incidente não fez parte; e) o credor com garantia real para obstar a expropriação judicial do objeto de direito real de garantia, caso não tenha sido intimado, nos termos legais dos atos expropriatórios respectivos (art. 674 do CPC).

O cessionário de promessa de venda imitido na posse do bem pode opor-se à sua apreensão judicial, via embargos de terceiro (Súmula n. 84 do STJ).

Será legitimado passivo nos embargos o sujeito a quem o ato aproveita, assim como o será seu adversário no processo principal quando for sua a indicação do bem para a constrição judicial (art. 677, § 4º, do CPC).

Note-se que, caso identifique a existência de terceiro titular de interesse em embargar o ato, o juiz mandará intimá-lo pessoalmente (art. 675, parágrafo único, do CPC).

---

125. A meação responde pelo ilícito quando comprovado que o enriquecimento dele resultante aproveitou ao casal (Súmula n. 251 do STJ).

Os embargos podem ser opostos a qualquer tempo no processo de conhecimento, enquanto não transitada em julgado a decisão e, no processo de execução, até cinco dias depois da adjudicação, da alienação por iniciativa particular ou da arrematação, mas sempre antes da assinatura da respectiva carta (art. 675 do CPC).

O prazo para embargos tem início na data da arrematação, adjudicação, alienação ou remição somente se o terceiro tomou ciência da apreensão judicial do bem por ocasião da realização de um desses atos processuais. Se o terceiro tomou ciência da apreensão do bem no dia de sua realização, é a partir da apreensão que começa a fluir o prazo para a oposição de embargos de terceiro. Se o terceiro, ciente da penhora, aguarda a arrematação, adjudicação ou remição para a oposição de embargos, estes deverão ser rejeitados, por intempestivos.

Os embargos de terceiro serão distribuídos por dependência ao juízo que ordenou a constituição e autuados em apartado (art. 676 do CPC), com a ressalva de que, nos casos de ato de constrição realizado por carta, os embargos devem ser oferecidos no juízo deprecado, salvo se indicado pelo juízo deprecante o bem constrito ou se já devolvida a carta (art. 676, parágrafo único, do CPC).

Os embargos devem ser opostos por meio de petição escrita, elaborada com observância do disposto no art. 840, § 1º, da CLT. Com a petição inicial, o embargante deve fazer prova sumária de sua posse ou de seu domínio e da qualidade de terceiro, oferecendo documentos (art. 677 do CPC), lembrando que no processo do trabalho a oitiva de testemunhas dispensa a apresentação de rol prévio.

É facultada a prova da posse em audiência preliminar (art. 677, § 1º, do CPC)

O possuidor direto pode alegar, além da sua posse, o domínio alheio (art. 677, § 2º, do CPC).

O valor da causa nos embargos de terceiro corresponde ao valor do bem objeto da constrição judicial. Contudo, se o valor do bem objeto da constrição for superior ao da execução, o valor da causa corresponderá ao da execução.

Contra os embargos do credor com garantia real, o embargado somente poderá alegar que: a) o devedor comum é insolvente; b) o título é nulo ou não obriga a terceiro; c) outra é a coisa dada em garantia (art. 680 do CPC), acrescentando-se que no processo do trabalho pode ser também alegada a existência de preferência na satisfação do crédito de natureza alimentar.

Recebidos os embargos, o embargado deve ser intimado para contestação na pessoa do procurador constituído dos autos da ação principal, ou, pessoalmente, se não tiver procurador constituído nos autos da ação principal (art. 677, § 3º, do CPC). O prazo para contestação é de cinco dias (art. 884 da CLT).

Não sendo apresentada contestação, presumem-se verdadeiros os fatos alegados na petição inicial.

A decisão que, a partir do exame da petição inicial e dos documentos que a instruírem, reconhecer suficientemente provado o domínio ou a posse determinará a suspensão das medidas constritivas sobre os bens litigiosos objeto dos embargos, bem como a manutenção ou a reintegração provisória da posse, se o embargante a houver requerido (art. 678, *caput*, do CPC). A hipótese é de verdadeira antecipação de tutela, cujo deferimento pressupõe requerimento do embargante. O juiz poderá condicionar a ordem de manutenção ou de reintegração provisória de posse à prestação de caução pelo requerente, ressalvada a impossibilidade da parte economicamente hipossuficiente (art. 678, parágrafo único, do CPC).

De outro lado, se no julgamento dos embargos for acolhido o pedido inicial, o ato de constrição judicial indevida será cancelado, com o reconhecimento do domínio, da manutenção da posse ou da reintegração definitiva do bem ou do direito do embargante (art. 681 do CPC).

Contra a decisão que julga os embargos de terceiro é cabível agravo de petição (art. 897, *a*, da CLT).

Os embargos de terceiro constituem ação oposta por terceiro para a defesa de seus bens. Desse modo, o vencido deveria arcar com o pagamento das custas no caso de ser acolhido o pedido do embargante. No entanto, o art. 789-A CLT adota solução diversa, dispondo que, no processo de execução, as custas serão sempre de responsabilidade do executado, inclusive nas ações incidentes (art. 798-A, V).

Cumpre anotar que, ajuizados embargos de terceiro, para pleitear a desconstituição da penhora, é incabível mandado de segurança com a mesma finalidade (Orientação Jurisprudencial n. 54 da SDI-2 do TST).

O art. 884 da CLT condiciona a apresentação de embargos à execução à prévia segurança do juízo, mas a doutrina e a jurisprudência têm admitido que o devedor se insurja contra a execução sem a oposição de embargos e, com isto, a prévia segurança do juízo, por meio do incidente denominado *exceção ou objeção de pré-executividade*.

Exceção ou objeção de pré-executividade é a defesa do executado em face da execução sem prévia garantia do juízo e oposição de embargos.

A admissão deste incidente constitui imperativo de justiça, por evitar que o credor destaque parte de seu patrimônio para se defender contra execução sem condições de prosseguimento, e, de economia processual, por impedir a prática de atos desnecessários (penhora, avaliação, oposição de embargos etc.).

A exceção de pré-executividade somente tem sido admitida quando verse questão de ordem pública (pressuposto material) e sua solução dispense dilação probatória (pressuposto formal). A nosso juízo, a exceção de pré-executividade deve ser admitida sem limitação quanto ao seu conteúdo, não sendo nela cabível, no entanto, dilação probatória (o acolhimento da exceção pressupõe, portanto, prova pré-constituída e inequívoca dos fatos alegados pelo executado). É que existem situações em que a execução deverá ser extinta mesmo que não se apresente uma questão que o juiz possa resolver de ofício (questão de ordem pública), como é o caso, por exemplo, do pagamento da dívida realizado em outra ação que beneficie o credor.

A exceção é admitida para impedir que o devedor tenha penhorados bens em execução que não apresente condições de prosseguir. Se a penhora já foi realizada, esta medida excepcional já não se justifica e a defesa do executado deve ser manifestada por meio de embargos à execução.

Têm legitimidade para apresentar a exceção o executado e todo aquele que possa ter bens penhorados para a satisfação do crédito objeto da execução.

Recebida a exceção, o juiz deve conceder ao exequente oportunidade para se manifestar, em respeito ao princípio do contraditório, no prazo de cinco dias (art. 884 da CLT).

A exceção, assim como os embargos à execução, não tem efeito suspensivo, mas o juiz pode a ela conferir este efeito, nas mesmas condições em que pode fazê-lo em relação aos embargos à execução.

Contra a decisão que rejeita ou julga improcedente a exceção de pré-executividade não cabe recurso, diante de sua natureza interlocutória (trata-se de decisão por meio da qual é resolvido incidente processual – art. 893, § 1º, da CLT).[126]

O acesso ao duplo grau de jurisdição do executado não será prejudicado pela não admissão de recurso contra a decisão que rejeita ou declara improcedente a exceção, vez que nos embargos todas as matérias objeto da exceção poderão ser novamente veiculadas e, sendo os embargos julgados improcedentes, caberá recurso de agravo de petição.

O caráter predominantemente alimentar do crédito trabalhista não permite, por si só, negar admissão à exceção no processo do trabalho, mas torna imperioso rechaçar a utilização da exceção como simples substitutivo dos embargos à execução, em prejuízo da satisfação do crédito resultante do título executivo. Este fato permite negar admissão ao recurso aforado contra a decisão que rejeita ou julga improcedente a exceção.

28. IMPUGNAÇÃO DA SENTENÇA DE LIQUIDAÇÃO PELO CREDOR

O exequente pode, no prazo designado para a apresentação de embargos à execução, impugnar a sentença de liquidação (art. 884, *caput* e § 3º, da CLT). Se

126. Em edição anterior, afirmamos que a exceção deveria ser rejeitada no caso de ausência de prova do fato alegado como seu fundamento. Reflexão mais apurada nos leva a afirmar que a ausência de prova de tal fato conduz à declaração de improcedência da pretensão do autor da exceção ou objeção.

forem opostos embargos à execução e impugnação, o juiz os decidirá em sentença única (art. 884, § 4º, da CLT).

Também na impugnação o exequente pode atacar a avaliação do bem penhorado, valendo anotar que o valor da avaliação é de suma importância, vez que serve de parâmetro para a sua alienação judicial ou transferência do credor e, ainda, que embora a CLT não faça referência à possibilidade de impugnação do valor da avaliação, constitui ela mera decorrência do contraditório e da ampla defesa, assegurados constitucionalmente. Ademais, se o executado pode questionar o valor atribuído ao bem, como se viu quando do exame das questões que podem ser suscitadas nos embargos à execução, não se pode negar ao exequente o direito de fazê-lo.

Conta-se o prazo para impugnação da: a) data de intimação do exequente para receber o valor depositado pelo executado para cumprimento de sua obrigação, por ser este o momento que o exequente toma ciência do depósito e do valor depositado, estando habilitado, então, à impugnação; b) da data da intimação do exequente da penhora: o exequente deve ser intimado da penhora, para que possa apresentar impugnação; c) da data da intimação do exequente para responder os embargos à execução, quando não tiver sido intimado da penhora.

O procedimento da impugnação é o mesmo dos embargos à execução.

29. LIBERAÇÃO DE CRÉDITO INCONTROVERSO

Garantida a execução por meio de depósito em dinheiro ou realizada a penhora de dinheiro, é lícito ao juiz liberar para o exequente a parte incontroversa do seu crédito (art. 899, § 1º, da CLT e letra *d*, item IV, da Instrução Normativa n. 3/93 do TST).

30. SATISFAÇÃO DO CRÉDITO. ENTREGA DE DINHEIRO.

A satisfação do crédito objeto da execução ser realizada de duas formas: a) pela entrega do dinheiro; b) pela adjudicação dos bens penhorados (art. 904 do CPC).

O juiz autorizará que o exequente levante, até a satisfação integral do seu crédito, o dinheiro depositado como garantia do juízo ou o produto da alienados, bem como do faturamento de empresa ou de outros frutos e rendimentos de coisas ou empresas penhoradas quando: a) a execução for movida só a benefício do exequente singular, a quem, por força da penhora, cabe o direito de preferência sobre os bens penhorados e alienados; b) não houver sobre os bens alienados outros privilégios ou preferências instituídos anteriormente à penhora (art. 905).

Durante o plantão judiciário, é vedada a concessão de pedidos de levantamento de importância em dinheiro ou valores ou de liberação de bens apreendidos (art. 905, parágrafo único, do CPC).

Após pago o exequente o principal, a correção, juros e honorários (se devidos), efetuados os recolhimentos previdenciários e pagas às custas, o saldo remanescente do depósito ou valor apurado na alienação ou arrematação dos bens penhorados será devolvido ao executado (art. 907 do CPC, adaptado ao processo do trabalho, no qual a execução inclui as contribuições previdenciárias incidentes – art. 879, § 1º-A, da CLT).

No caso de existir pluralidade de credores, é indispensável definir a ordem a ser seguida na sua satisfação.

O CPC estabelece, tratando da questão, que, havendo pluralidade de credores ou exequentes, o dinheiro lhes será distribuído e entregue consoante a ordem das respectivas preferências (art. 908).

A preferência significa prioridade na satisfação de determinados créditos.

De acordo com o art. 958 do Código Civil, os títulos legais de preferência são os *privilégios* e os *direitos reais*, ou seja, a preferência é estabelecida considerando-se os privilégios e os direitos reais de garantia, observando-se que os privilégios são definidos pela ordem jurídica levando em conta à natureza do crédito, ao passo que os direitos reais de garantia resultam da instituição, pelos contratantes, de um ônus real sobre determinado bem, como a hipoteca, por exemplo (o direito real de garantia somente incide sobre o bem que foi dado em garantia de determinado crédito).

Existem, desse modo, credores com privilégios (credores privilegiados), credores titulares de direitos reais de garantia e credores que não gozam de preferência (credores simples ou quirografários).

De acordo com o art. 961 do Código Civil, o crédito real prefere ao pessoal de qualquer espécie; o crédito pessoal privilegiado, ao simples; e o privilégio especial, ao simples. No entanto, esta ordem é alterada quando se trata de créditos que a ordem jurídica considerada de satisfação prioritária (*créditos superprivilegiados*), dentre os quais os créditos de natureza salarial, cuja satisfação prefere à de qualquer outro crédito, inclusive o crédito com garantia real, seja porque a Constituição e o Código Tributário Nacional prevalecem sobre o Código Civil, seja porque as normas que estabelecem preferência em favor dos créditos trabalhistas são normas especiais e estas também se sobrepõem sobre o Código Civil.

O caráter superprivilegiado dos créditos trabalhistas está relacionado com uma das suas funções básicas, que é a de servir de meio de sobrevivência do trabalhador e de sua família, ou seja, com o seu caráter alimentar, e é reconhecido pelo: a) art. 100, §§ 1º e 2º, da Constituição Federal, segundo o qual os créditos de caráter alimentar pela Fazenda Pública serão pagos com preferência sobre todos os demais créditos, exceto aqueles cujos titulares tenham sessenta anos de idade ou mais na data de expedição do precatório, ou seja, portadores de doença grave;

b) art. 186 do Código Tributário Nacional, que reconhece a preferência do crédito trabalhista em relação ao tributário, que, por sua vez, prefere a qualquer outro, seja qual for a sua natureza ou tempo de constituição; c) art. 449, § 1º, da CLT, de acordo com o qual, na falência, constituirão crédito privilegiado a totalidade dos salários devidos ao empregado, com a limitação estabelecida, no entanto, pelo art. 83, I, da Lei n. 11.101/05.[127]

Realizados estes esclarecimentos, cumpre anotar que uma das formas de alcançar o privilégio na satisfação do crédito é a penhora. Com efeito, o exequente adquire, pela penhora, o direito de preferência sobre os bens penhorados (art. 797 do CPC e art. 888, § 1º, da CLT).

Assim, recaindo mais de uma penhora sobre o mesmo bem, ou seja, ocorrendo *concurso de penhoras*, cada exequente conservará o seu título de preferência (art. 797, parágrafo único, do CPC). A penhora foi erigida pelo CPC à condição de verdadeiro direito real (penhor).

Observe-se, contudo, que a preferência com base na ordem das penhoras não se sobrepõe àquela que recai sobre os créditos que contam com preferência estabelecida pela ordem jurídica (*créditos superprivilegiados*). Nesse sentido, art. 908, § 2º, do CPC estabelecem que, não havendo título legal à preferência, o dinheiro será distribuído entre os concorrentes, observando-se a anterioridade de cada penhora.

No caso de adjudicação ou alienação, os créditos que recaem sobre o bem, inclusive os de natureza *propter rem*, sub-rogam-se sobre o respectivo preço, observada a ordem de preferência (art. 908, §1º, do CPC).

O CPC estabelece preferência baseada na ordem das *penhoras*.

Cumpre indagar, então, se o arresto também cria preferência em favor do credor.

O STJ decidiu, nos autos AgRg no Recurso Especial n. 902.536/RS, que: "1 - Independente da natureza assumida, seja o arresto cautelar ou incidental (CPC, art. 813 e ss.), seja o arresto executivo, igualmente denominado "pré-penhora" (CPC, art. 653), aplicam-se, sem distinção, as disposições relativas à penhora, a teor do que prevê o art. 821 do CPC. 2 - Tal qual a penhora, o arresto tem por efeito tornar inalienável o bem constrito, não suscitando dúvida sobre o interesse do credor diligente que, pelo fruto da alienação judicial do imóvel, pretende ver seu crédito assegurado. 3 - Inexistindo título legal à preferência, a anterioridade do arresto há de conferir ao credor previdente, que primeiramente

---

127. Este dispositivo legal estabelece a classificação dos créditos e coloca em primeiro lugar na ordem a ser seguida na sua satisfação, "os créditos derivados da legislação do trabalho, limitados a 150 (cento e cinquenta) salários mínimos por credor, e os decorrentes de acidente de trabalho". No entanto, esta limitação é inconstitucional, vez que fere o disposto no art. 100, § 1º, do Constituição Federal e, ainda, contraria o Código Tribunal Nacional, que, por ser uma lei complementar, se sobrepõe à lei ordinária.

levou a efeito o ato de constrição do bem, primazia sobre a penhora posteriormente efetuada. Precedentes do STJ. 4 – No caso, além de a medida cautelar de arresto anteceder a penhora do imóvel, a recorrida promoveu-lhe o respectivo registro em data igualmente anterior à penhora, o que mantêm hígido o efeito *erga omnes* da medida".

Adotando posição mais restritiva, posto que limita a constituição da preferência ao arresto incidental ao processo de execução, o SJT decidiu: a) nos autos do RMS 23822/RJ, que "o arresto, incidental ou executivo, deve ser equiparado à penhora para fins de preferência em concurso de credores"; b) nos autos do REsp. 759700/SP, que: "1. O arresto, tendo a mesma natureza executiva da penhora, assegura ao credor que o efetiva, providenciando o devido registro, direito de preferência em relação a credor que posteriormente penhora o mesmo imóvel. O arresto, como a penhora, implica inalienabilidade do bem, presumindo-se, ademais, através do respectivo registro, seu absoluto conhecimento por terceiros, de molde a tornar indiscutível o interesse do credor, que prontamente diligenciou quanto ao arresto, na consequente excussão do bem para garantia de seu crédito. 2. Interpretando-se sistematicamente a legislação processual civil, irretorquível a equiparação do arresto incidental ou executivo (art. 653 do CPC) à penhora, para fins de preferência na percepção creditícia em concurso de credores, haja vista a natureza constritiva do ato, inclusive designado de 'pré-penhora', vez que meramente antecipatório da penhora em hipóteses nas quais não localizado o devedor; ou seja, trata--se de atos processuais de idêntico fim, decorrendo mesmo automaticamente a conversão do arresto em penhora em não se verificando o pagamento pelo executado, nos termos do art. 654 do CPC".

A ordem das penhoras leva em conta a diligência dos credores. Desse modo, se não existem penhoras, mas apenas arrestos, a preferência deve ser estabelecida segundo a ordem dos arrestos, o que atende o respeito à maior ou menor diligência dos credores.

31. SATISFAÇÃO DO CRÉDITO. ADJUDICAÇÃO DOS BENS PENHORADOS

A adjudicação consiste na transferência, para o exequente, dos bens penhorados, para a satisfação do seu crédito.

O exequente pode requerer a adjudicação: a) antes da alienação do bem por iniciativa particular ou em hasta pública, desde que o receba pelo valor da avaliação ou que lhe atribuiu o exequente ao nomeá-lo à penhora (art. 888, § 1º, da CLT, art. 24 da Lei n. 6.830/80 e art. 876 do CPC;[128] b) durante a alienação do

128. Neste momento, os únicos parâmetros para a definição do valor a ser pago pelo bem penhorado é aquele fixado na sua avaliação ou arbitrado pelo devedor ao nomeá-lo à penhora, desde que com este tenha concordado o

bem por iniciativa particular ou em hasta pública, pelo valor do maior lanço (art. 888, § 1º, da CLT); c) após a alienação, desde que antes da assinatura do auto de arrematação, pelo valor ofertado pelo arrematante;[129] d) após a tentativa de alienação do bem por iniciativa particular ou em hasta pública em que não tenha comparecido lançador (art. 888, § 3º, da CLT e art. 878 do CPC).

Se o valor do crédito for inferior ao dos bens, o requerente da adjudicação depositará, no prazo estabelecido no art. 888, § 4º, da CLT, a diferença, que ficará à disposição do executado, mas, se o valor do crédito for superior ao dos bens, a execução prosseguirá pelo saldo remanescente (art. 876, § 4º, do CPC).

O direito à adjudicação não é exclusivo do credor, visto que ela pode ser requerida pelos credores concorrentes que hajam penhorado o mesmo bem, pelo cônjuge e pelo companheiro, por exemplo (art. 876, § 5º, do CPC).

Aquele que optar pela adjudicação recebe o bem adquirido livre e desembaraçado de quaisquer ônus. Com isto, eventual débito tributário (IPTU e IPVA, por exemplo) não pode ser transferido ao arrematante ou credor adjudicante. Exigir que o arrematante ou adjudicante pague pelas dívidas do proprietário do bem, ainda que relacionadas com a sua propriedade e uso, é tornar letra morta as normas que estabelecem privilégio em favor do crédito trabalhista. Ademais, o caráter alimentar do crédito do trabalhador impõe a adoção, na execução, de todas as medidas tendentes à sua satisfação, entre as quais a retirada de entraves à alienação dos bens penhorados.

Examinando a questão, decidiu a SDI-2 do TST que: "(...) REGISTRO DA CARTA DE ARREMATAÇÃO. TRANSFERÊNCIA DO IMÓVEL SEM ÔNUS PARA O ARREMATANTE. 1. Nas razões recursais em exame, reitera a alegação de que restou ferido o seu direito líquido e certo, por não ter sido reconhecida a responsabilidade do arrematante quanto ao débito tributário. Salientou que a sub-rogação prevista no parágrafo único do art. 130 do CTN pressupõe que o valor da arrematação seja suficiente para quitar o débito tributário e saldar a dívida executada na demanda judicial, o que não ocorreu no caso em análise. 2. Verifica-se que o parágrafo único do referido dispositivo legal prevê que no caso de arrematação em hasta pública, a sub-rogação ocorre sobre o respectivo preço, eximindo o arrematante da responsabilidade quanto ao pagamento, não trazendo em seu teor qualquer exceção à regra ali referida. Desse modo, quando a lei não traz qualquer ressalva, não

---

credor (se houver discordância do credor somente em relação ao valor do bem ofertado, deverá ser realizada a sua avaliação antes da redução da nomeação a termo).

129. Nesse sentido, "Considerando o direito de preferência outorgado ao exequente pelo § 1º, do art. 888, da CLT, e tendo em vista que a arrematação só se considera perfeita e acabada após a assinatura do auto respectivo (CPC, art. 694), pode ele, até esse momento, exercer aquele direito, máxime quando, como no caso, oferece valor superior ao do maior lanço, pois a execução deve se processar da maneira menos gravosa ao executado" (TRT da 3ª Região, AP 2581/94, Rel. Juiz José Murilo de Morais, DJMG 1º.10.1994).

compete ao interprete fazê-la. 3. Isso porque na arrematação, o bem é transferido livre e desembaraçado de qualquer ônus, inclusive tributário, considerando-se, inclusive, como hipótese de aquisição originária da propriedade. 4. Não se pode olvidar que a responsabilidade do adquirente restringe--se aos tributos cujo fato gerador seja a transmissão do domínio e não aos anteriores, tanto que o art. 703, III, do CPC, exige que na carta de arrematação conste a prova do pagamento do imposto de transmissão".[130]

Note-se que, segundo o art. 130 do Código Tributário Nacional, "os créditos tributários relativos a impostos cujo fato gerador seja a propriedade, o domínio útil ou a posse de bens imóveis, e bem assim os relativos a taxas pela prestação de serviços referentes a tais bens, ou a contribuições de melhoria, sub-rogam-se na pessoa dos respectivos adquirentes, salvo quando conste do título a prova de sua quitação. Parágrafo único. No caso de arrematação em hasta pública, a sub-rogação ocorre sobre o respectivo preço". Logo, no caso de arrematação em hasta pública, os créditos tributários não se sub-rogam na pessoa do adquirente, mas sob o respectivo preço (montante arrecadado na arrematação), o que significa que é do valor pago pelo arrematante pelo bem que serão deduzidos os impostos, não havendo que se cobrar ao arrematante, portanto, o preço ofertado acrescido dos impostos, aplicando-se o mesmo raciocínio às multas de trânsito, quando se tratar de aquisição de veículo.

Por fim, considera-se perfeita e acabada a adjudicação com a lavratura e assinatura do autor pelo juiz, pelo adjudicatário, pelo escrivão ou chefe de secretaria, e, se estiver presente, pelo executado, expedindo-se: a carta de adjudicação e o mandado de emissão de posse, quando se tratar de bem imóvel; a ordem de entrega ao adjudicatário, quando se tratar de bem móvel (art. 877, § 1º, do CPC), devendo a carta de adjudicação atender aos requisitos constantes do art. 877, § 2º, do CPC.

32. SATISFAÇÃO DO CRÉDITO. APROPRIAÇÃO DE FRUTOS E RENDIMENTOS DE EMPRESA OU DE ESTABELECIMENTO E DE OUTROS BENS

O crédito executado também por de ser satisfeito por meio de pela apropriação de frutos e rendimentos de empresa ou de estabelecimento e de outros bens (art. 825, III, da CLT).

130. TST, ReeNec e RO — 12600-56.2009.5.09.0909, Relator Ministro: Guilherme Augusto Caputo Bastos, Subseção II Especializada em Dissídios Individuais, Data de Publicação: DEJT 10.6.2011. É no mesmo sentido a decisão proferida pela SDI-2 do TST nos autos do RO 6626-42.2013.5.15.0000, do qual foi relator o Ministro Douglas Alencar Rodrigues.

33. ALIENAÇÃO POR INICIATIVA PARTICULAR E ALIENAÇÃO EM HASTA PÚBLICA (ARREMATAÇÃO). PARTICIPAÇÃO DO CREDOR NA ARREMATAÇÃO. PREÇO VIL

A expropriação pode consistir em alienação e esta pode ser realizada por iniciativa particular (art. 879, I, do CPC) ou em leilão judicial eletrônico ou presencial (art. 888 da CLT e art. 879, II, do CPC).

A alienação por iniciativa particular e a alienação em leilão consistem na transferência do bem penhorado para terceiro ou para o credor quando este participe da arrematação. Sendo a transferência forçada, ou seja, sem o assentimento do executado, não se dá propriamente uma venda de bens, mas a sua transferência a terceiro ou ao credor por ato estatal.

Assim, não efetivada a adjudicação do bem penhorado, o exequente poderá requerer a alienação por sua própria iniciativa ou por intermédio de corretor ou leiloeiro credenciado perante o órgão judiciário (art. 880 do CPC).

Acolhido o pedido, o juiz fixará o prazo em que a alienação deve ser efetivada, a forma de publicidade, o preço mínimo, as condições de pagamento e as garantias e, se for o caso, a comissão de corretagem (art. 880, § 1º, do CPC).

A alienação será formalizada por termo nos autos, com assinatura do juiz, do exequente, do adquirente e, se estiver presente, pelo executado, expedindo-se: a carta de alienação e mandado de imissão de posse, quando se tratar de imóvel; a ordem de entrega ao adquirente, quando se tratar de bem móvel (art. 880, § 2º, do CPC).

Os tribunais poderão editar disposições complementares sobre o procedimento da alienação, admitindo, quando for o caso, o concurso de meios eletrônicos, e dispor sobre o credenciamento dos corretores e leiloeiros oficiais, os quais deverão estar em exercício profissional por não menos que três anos (art. 880, § 3º, do CPC).

A alienação far-se-á em leilão judicial se não for efetiva a alienação por iniciativa particular (art. 881 do CPC), observando-se que o leilão do bem será realizado por leiloeiro público e que, ressalvados os casos de alienação a cargo de corretores da bolsa de valores, todos os demais bens serão alienados em leilão público (art. 881 do CPC).

A alienação por meio eletrônico prevalece sobre a realizada de forma presencial (art. 882 do CPC).

A arrematação em hasta pública será realizada em dia, hora e local previamente definidos (art. 888, *caput* e § 1º, da CLT) e será anunciada por edital afixado na sede do juízo ou Tribunal e publicado no jornal local, se houver, com antecedência mínima de vinte dias (art. 888 da CLT), que deve ser elaborado observando o disposto no art. 886 do CPC do CPC.

As partes devem ser intimadas, via postal, do local, dia e hora em que será realizada a arrematação.

Os bens serão vendidos pelo maior lance (art. 888, § 1º, da CLT).

Quando o imóvel admitir cômoda divisão, o juiz, a requerimento do executado, ordenará a alienação judicial de parte dele, desde que suficiente para o pagamento do exequente, mas, não havendo lançador, far-se-á a alienação do imóvel em sua integridade (art. 894 do CPC).

O arrematante deverá garantir o lance com sinal correspondente a 20% (vinte por cento) do seu valor (art. 888, § 2º, da CLT).

Pode oferecer lance quem estiver na livre administração de seus bens, observadas, no entanto, as exceções estabelecidas no art. 890 do CPC.

Não exige a CLT a realização de segundo leilão, salvo na hipótese de não pagamento do lance ofertado pelo arrematante (art. 888, § 4º, da CLT). Tal fato não impede, no entanto, que, após a praça frustrada, o juiz, atendendo a requerimento do credor, em favor do qual se processa a execução, determine a realização de novo leilão.

A arrematação constará de auto que será lavrado de imediato e poderá abranger bens penhorados em mais de uma execução, nele mencionadas as condições pelas quais foi alienado o bem (art. 901 do CPC).

Qualquer que seja a modalidade de leilão, assinado o auto pelo juiz, pelo arrematante e pelo leiloeiro, a arrematação será considerada perfeita, acabada e irretratável, ainda que venham a ser julgados procedentes os embargos do executado ou a ação autônoma de invalidação, assegurada a possibilidade de reparação pelos prejuízos sofridos (art. 903, *caput*, do CPC).

Contudo, ressalvadas as situações previstas no CPC, consoante dispõe o art. 903, § 1º, do CPC, a arrematação poderá ser: a) invalidada, quando realizada por preço vil ou outro vício; b) considerada ineficaz, se não houverem sido intimadas as pessoas cuja intimação é obrigatória; c) resolvida, se não for pago o preço ou se não foi prestada a caução. Tais fatos devem ser alegados no prazo de dez dias após o aperfeiçoamento da arrematação (art. 903, § 2º, do CPC) e, passado este prazo, será expedida a carta de arrematação e, conforme o caso, a ordem de entrega ou mandado de imissão de posse (art. 903, § 3º, do CPC).

A Instrução Normativa n. 39/16 do TST estabelece, no art. 3º, XX, que é aplicável no processo do trabalho o art. 895 do CPC, segundo o qual, o interessado em adquirir o bem penhorado em prestações poderá apresentar, por escrito: até o início do primeiro leilão, proposta de aquisição do bem por valor não inferior ao da avaliação; até o início do segundo leilão, proposta de aquisição do bem por valor proposta de aquisição do bem por valor não inferior ao da avaliação que seja considerado vil.

Após a expedição da carta de arrematação ou da ordem de entrega, a invalidação da arrematação poderá ser pleiteada por ação autônoma, em cujo processo o arrematante figura como litisconsorte necessário (art. 903, § 3º, do CPC).

A CLT não trata da participação do credor na arrematação.

O CPC autoriza o credor a arrematar o bem penhorado (art. 892, § 1º).

No entanto, a CLT autoriza a arrematação do bem pelo maior lance (art. 888, § 1º, da CLT).

Desse modo, não é lícito exigir que o exequente por ele pague, como arrematante, o valor da avaliação. Note-se que o art. 98, § 7º, da Lei n. 8.212/97 permite à União a adjudicação do bem penhorado pelo importe correspondente a 50% do valor da avaliação. Não se pode negar ao credor trabalhista o direito de arrematar o bem pelo mesmo valor (50% do valor da avaliação), sob pena de tratamento discriminatório do credor de crédito superprivilegiado.

O credor que arrematar os bens não está obrigado a exibir o preço, mas, se o valor dos bens exceder ao seu crédito, depositará, dentro de três dias, a diferença, sob pena de desfazer-se a arrematação (art. 892, § 1º, do CPC), não sendo compatível com o Direito Processual do Trabalho a previsão, constante dos arts. 892 e 903, § 1º, do CPC, no sentido de que, se o exequente não depositar a diferença entre o seu crédito e o valor dos bens será realizado novo leilão à sua custa.

Dispõe o art. 888, § 1º, da CLT que o bem será vendido, na arrematação, pelo maior lanço.

A CLT não fixa um limite mínimo para o lanço.

O art. 891 do CPC dispõe que não será aceito lanço que ofereça preço vil e que se considera vil o preço inferior ao mínimo estipulado pelo juiz e constante do edital, e, não tendo sido fixado preço mínimo, considera-se vil o preço inferior a cinquenta por cento do valor da avaliação (art. 891, parágrafo único), o que está em sintonia com o art. 98, 7º, da Lei n. 8.212/97, que permite à União a adjudicação do bem penhorado pelo importe correspondente a 50% do valor da avaliação.

Preço vil é o preço insignificante em relação ao valor real do bem, sendo valor real do bem aquele por ele alcançado no momento da arrematação.

O preço vil deve ser apurado caso a caso, considerando-se não só o valor da avaliação, como também o valor do bem na época da arrematação, a sua maior ou menor liquidez e a sua relação com o crédito objeto da execução (via de regra, decorre lapso considerável entre a data da avaliação e a da arrematação, o que aconselha desconsiderar o valor da avaliação em favor daquele que o bem alcança no momento da arrematação).

A vedação de venda do bem penhorado por preço vil é compatível com o Direito Processual do Trabalho. Esta vedação protege o próprio credor, na medida em que impede a dilapidação do patrimônio do devedor, que é a garantia da satisfação de seus débitos.

O caráter alimentar do crédito executado e, portanto, a necessidade de sua mais completa satisfação impõe que se leve em conta, no exame do lanço ofertado, a sua capacidade para satisfazer o crédito em execução. Assim, estando o valor do lanço abaixo do valor de mercado do bem, mas sendo suficiente para a satisfação de todo o crédito ou de parte considerável dele, não há porque rejeitá-lo, principalmente se outro bem não tiver sido encontrado ou nomeado para penhora.

Não convence o argumento de que a aceitação do lanço considerando a sua capacidade para satisfazer o credor implicaria prejuízo para o devedor, na medida em que a este a lei faculta, para a defesa do seu patrimônio, a remição da execução.

34. EXECUÇÃO CONTRA A FAZENDA PÚBLICA. EXECUÇÃO DE PEQUENO VALOR. EXECUÇÃO PROVISÓRIA. REMESSA OBRIGATÓRIA NA EXECUÇÃO

A execução por quantia certa tem por objeto expropriar bens do devedor a fim de satisfazer o direito do credor. Este fato torna necessário estabelecer um procedimento especial para a execução contra a Fazenda Pública, visto que os bens públicos não são passíveis de penhora.

A execução por quantia certa contra a Fazenda Pública é realizada, também no processo do trabalho, na forma estabelecida pelos arts. 534 e 535 do CPC (arts. 769 e 899 da CLT e art. 15 do CPC),[131] resguardadas as particularidades do processo do trabalho.

De acordo com o art. 534 do CPC, na execução de sentença que impuser à Fazenda Pública o dever de pagar quantia certa, o exequente apresentará demonstrativo discriminado e atualizado do crédito, do qual devem constar os dados especificados no citado comando legal (índice de correção monetária adotado, juros aplicados, por exemplo), observando-se que, de acordo com o art. 535 do CPC, a Fazenda Pública será intimada na pessoa de seu representante legal, por carga, remessa ou meio eletrônico, para, querendo, no prazo de 30 dias e nos próprios autos, embargar a execução.

Assim, diferentemente do que ocorre com a execução contra os demais devedores, que são citados para pagar ou garantir a execução (art. 880 da CLT), a Fazenda Pública é intimada para apresentar embargos à execução, ao passo que,

---

131. A expressão "Fazenda Pública" abrange, na linha do art. 790-A, I, da CLT, a União, os Estados, o Distrito Federal, os Municípios e respectivas autarquias e fundações públicas federais, estaduais ou municipais que não explorem atividade econômica.

em relação ao prazo para a impugnação, o Direito Processual do Trabalho não é omisso, dispondo a CLT, de forma expressa, ser ele de cinco dias (art. 884).

No entanto, quanto ao prazo para embargos, a Medida Provisória n. 2.180-35/2001 acrescentou ao art. 1º da Lei n. 9.494/97 o art. 1º-B, prevendo que "o prazo a que se refere o *caput* dos arts. 730 do Código de Processo Civil, e 884 da Consolidação das Leis do Trabalho, aprovado pelo Decreto-lei n. 5.452, de 1º de maio de 1943, passa a ser de 30 (trinta) dias".

O CPC prevê, no art. 535, que na execução contra a Fazenda Pública, os embargos só poderão versar sobre: I- falta ou nulidade da citação se, na fase de conhecimento, o processo correu à revelia; II – ilegitimidade das partes; III – inexequibilidade do título ou inexigibilidade da obrigação; IV – excesso de execução; V – incompetência absoluta ou relativa do juízo da execução; VI – qualquer causa modificativa ou extintiva da obrigação, como pagamento, novação, compensação, transação ou prescrição, desde que superveniente ao trânsito em julgado da sentença.

Conforme o art. 535, § 5º, do CPC, "para efeito do disposto no inciso III do *caput* deste artigo, considera-se também inexigível a obrigação reconhecida em título judicial fundado em lei ou ato normativo considerado inconstitucional pelo Supremo Tribunal Federal, ou fundado em aplicação ou interpretação de lei ou ato normativo tido pelo Supremo Tribunal Federal como incompatíveis com a Constituição Federal, em controle de constitucionalidade concentrado ou difuso".

Prevê o art. 535, § 6º, do CPC que, no caso do § 5º, os efeitos da decisão do STF poderão ser modulados no tempo, de modo a favorecer a segurança jurídica, ao passo que, segundo o art. 535, § 7º, do CPC, a decisão do STF prevista no § 5º do art. 535 deve ter sido proferida antes do trânsito em julgado da decisão exequenda.

Se a decisão referida no § 5º do art. 535 foi proferida após o trânsito em julgado da decisão exequenda, caberá ação rescisória, cujo prazo será contado do trânsito em julgado da decisão proferida pelo STF (art. 535, § 8º, do CPC).

Acrescente-se que: a) a multa prevista no art. 523, § 1º, não se aplica à Fazenda Pública (art. 534, § 2º, do CPC), o que se justifica, na medida em que a Fazenda Pública não é intimada para pagar o débito, mas para impugnar a execução; b) eventual alegação de impedimento ou suspeição deverá observar o disposto nos arts. 146 e 148 (art. 535, § 1º, do CPC), tema que foi examinado quando tratamos do impedimento e da suspeição do juiz; c) alegando excesso de execução, a Fazenda Pública deverá declarar de imediato o valor que entende correto, sob pena de não conhecimento da arguição (art. 535, § 2º, do CPC); d) tratando-se de embargos parciais, a parte não questionada pela executada será, desde logo, objeto de execução (art. 535, § 4º, do CPC).

Estabelece o CPC que, não embargada a execução ou rejeitas as arguições da executada: 1 – expedir-se-á, por intermédio do presidente do tribunal competente, precatório em favor do exequente, observando-se a Constituição Federal; 2 – por ordem do juiz, dirigida à autoridade na pessoa de quem o ente público foi citado para o processo, o pagamento de obrigação de pequeno valor será realizado no prazo de dois meses contado da entrega da requisição, mediante depósito na agência de banco oficial mais próxima da residência do exequente (art. 535, § 3º).[132]

O pagamento, portanto, é realizado por meio de *precatório* ou de *requisição de pequeno valor*.

Os pagamentos devidos pela Fazenda Pública são disciplinados no art. 100 da Constituição e art. 87 do ADCT da Constituição.

Segundo a Orientação Jurisprudencial n. 3 do Pleno do TST, "o sequestro de verbas públicas para satisfação de precatórios trabalhistas só é admitido na hipótese de preterição do direito de precedência do credor, a ela não se equiparando as situações de não inclusão da despesa no orçamento ou de não pagamento do precatório até o final do exercício, quando incluído no orçamento", o que, no entanto, não está em sintonia com o art. 100, § 6º, da Constituição.[133]

A Lei n. 10.259/2001 definiu como obrigações de pequeno valor da Fazenda Pública Federal aquelas cujo importe seja igual ou inferior a sessenta salários mínimos (art. 3º). O salário mínimo a ser considerado para efeito de verificação da dispensa de precatório é o da data da expedição do mandado de citação para opor embargos, ou seja, o do início da execução propriamente dita.

O CPC não veda a execução provisória contra a Fazenda Pública.[134] A propósito, o STF decidiu que "a expedição do precatório não se restringe à existência de coisa julgada".[135] De acordo com o art. 2º-B, da Lei n. 9.494/97, com a redação que lhe conferiu a Medida Provisória n. 2.180-35/2001, quando se tratar de sentença que tenha por objeto a liberação de recursos, inclusão em folha de pagamento, reclassificação, equiparação, concessão de aumento ou extensão de vantagens a servidores da União, dos Estados, do Distrito Federal e dos Municípios, inclusive suas autarquias e fundação, a execução somente será possível após o trânsito em julgado da decisão. Somente nestas hipóteses, portanto, é que não se admite a execução provisória.[136]

---

132. Trata-se, esta segunda hipótese, da *requisição de pequeno valor*.

133. Consoante a Orientação Jurisprudencial n. 13 do Tribunal Pleno do TST: "É indevido o sequestro de verbas públicas quando o exequente/requerente não se encontra em primeiro lugar na lista de ordem cronológica para pagamento de precatórios ou quando não demonstrada essa condição". O sequestro não pode ser utilizado para alterar a ordem dos pagamentos.

134. Execução provisória é a fundada em decisão ainda passível de reforma.

135. STF, 2ª T., RE 272.625-AgR-ED, Rel. Min. Maurício Correa, DJU 1º.3.2002, p. 50.

136. Note-se que, se não fosse possível a execução provisória contra a Fazenda Pública, não seria necessária a ressalva constante do art. 4º-B da Lei n. 9.494/97.

É sustentado que o art. 100 da Constituição condiciona a expedição de precatório à existência de decisão judicial que determine o pagamento, de forma que o juiz deverá, na execução por título executivo extrajudicial, proferir sentença, ainda que a Fazenda Pública não tenha apresentado embargos, como forma de viabilizar a execução (não sendo apresentados os embargos, a sentença será declaratória da regularidade formal do título e da execução). A nosso sentir, o art. 100 da Constituição Federal trata do que ocorre com mais frequência - execução por título judicial -, não impedindo que o precatório seja expedido também quando se trate de crédito reconhecido em título executivo extrajudicial.[137]

35. EXECUÇÃO DO DEVEDOR SOLIDÁRIO E SUBSIDIÁRIO

Na hipótese de pluralidade de devedores com responsabilidade solidária, a execução poderá ser endereçada contra qualquer deles, posto que o credor tem direito de exigir e receber de um ou alguns dos devedores solidários a dívida comum (art. 275 do Código Civil).

No caso de ser subsidiária a obrigação imposta a um dos devedores, a execução deverá ser dirigida em primeiro lugar contra o devedor principal. Se o devedor principal não cumprir a sua obrigação e não garantir a execução e, ainda, não forem localizados bens de sua propriedade passíveis de penhora, a execução deverá ser dirigida contra o devedor subsidiário.[138]

É lícito ao devedor subsidiário indicar à penhora bens livres e desembaraçados do devedor principal. Depois de expropriados os bens do devedor principal que forem encontrados, a execução de eventual saldo credor prosseguirá contra o devedor subsidiário.

Na hipótese de condenação de dois ou mais demandados a satisfazer o crédito do trabalhador e sendo a responsabilidade de um ou mais deles subsidiária (como ocorre, em regra, no caso de terceirização de serviços, em que são condenados o empregador e o tomador dos serviços, com a atribuição a este de responsabilidade apenas subsidiária), não há que invocar, em favor do devedor subsidiário, a denominada *responsabilidade de terceiro grau*, no sentido de que a sua execução tem como pressuposto a prévia execução dos sócios do devedor principal inadimplente. A execução do devedor subsidiário tem como pressuposto único o inadimplemento do devedor principal. Observe-se, neste sentido, que a CLT (art. 455) e a Lei n. 6.019/74 (art. 16), ao despersonalizar as obrigações decorrentes da relação de emprego, não condicionam a atribuição de responsabilidade ao empreiteiro

137. O STJ, na Súmula n. 279, adotou o entendimento de que "é cabível execução por título extrajudicial contra a Fazenda Pública".

138. Constitui prova suficiente da ausência de bens do devedor principal, a certidão do oficial de justiça dando conta da não localização de bens do devedor principal passíveis de penhora.

principal e tomador dos serviços, respectivamente, à previa tentativa de satisfação do crédito do trabalhador por meio do direcionamento da sua execução contra os sócios do devedor principal, o que permite afirmar que o nosso ordenamento jurídico não contempla este condicionamento.

36. REMIÇÃO DA EXECUÇÃO

Antes de adjudicados ou alienados os bens, o executado pode, a todo tempo, remir a execução, pagando ou consignando a importância atualizada da dívida, acrescida de juros, custas e honorários devidos, consoante dispõem os arts. 13 da Lei n. 5.584/80 e art. 826 do CPC.

Contra o indeferimento da remição cabe agravo de petição, vez que, sendo assinado o auto e a carta de arrematação ou adjudicação, o devedor já não poderá remir a execução.

37. EXECUÇÃO DE CONTRIBUIÇÕES PREVIDENCIÁRIAS PELA JUSTIÇA DO TRABALHO. DANO MATERIAL E MORAL PREVIDENCIÁRIO. *LIMBO JURÍDICO TRABALHISTA PREVIDENCIÁRIO*

Consoante o art. 114, VII, da Constituição de 1988, compete à Justiça do Trabalho a execução, de ofício, das contribuições previdenciárias previstas no art. 195, I, *a*, e II,[139] decorrentes das sentenças que proferir.[140]

37.1. O art. 114, VII, da Constituição aduz à execução de contribuições *decorrentes das sentenças proferidas* pela Justiça do Trabalho, o que faz surgir o debate sobre a execução de créditos previdenciários relativos a pagamentos ocorridos no curso de relação de emprego cuja existência somente é reconhecida em juízo.

São encontradas na doutrina e na jurisprudência duas vertentes de pensamentos:

139. "Art. 195. A seguridade social será financiada por toda a sociedade, de forma direta e indireta, nos termos da lei, mediante recursos provenientes dos orçamentos da União, dos Estados, do Distrito Federal e dos Municípios, e das seguintes contribuições sociais: I — do empregador, da empresa e da entidade a ela equiparada na forma da lei, incidentes sobre: a) a folha de salários e demais rendimentos do trabalho pagos ou creditados, a qualquer título, à pessoa física que lhe preste serviço, mesmo sem vínculo empregatício; (...) II — do trabalhador e dos demais segurados da previdência social (...)".

140. A competência da Justiça do Trabalho foi limitada à execução dos créditos previdenciários decorrentes das sentenças que proferir. Tal restrição impede a execução pela Justiça do Trabalho de créditos previdenciários resultantes de termos de ajuste firmado perante o Ministério Público do Trabalho e de termo de conciliação firmado perante Comissão de Conciliação Prévia ou Núcleo Intersindical de Conciliação Trabalhista. No entanto, a SDI-I do TST, decidiu, nos autos do E-RR-40600-80-2009-5.09-0096, que, por força do art. 114, IX, da Constituição Federal, do art. 43, § 6º, da Lei n. 8.212/91 e dos arts. 876 e 877-A da CLT, a Justiça do Trabalho tem competência para a execução de contribuições previdenciárias incidentes sobre valores fixados em acordo firmado perante Comissão de Conciliação Prévia.

a) *executividade ampla das contribuições previdenciárias pela Justiça do Trabalho*: a competência executória da Justiça do Trabalho abrange as contribuições previdenciárias incidentes sobre as parcelas que compõem o salário de contribuição (base de cálculo das contribuições previdenciárias) creditadas ou pagas no curso da relação de emprego reconhecida. Sob essa ótica, ainda que a decisão seja meramente declaratória da existência de relação de emprego, devem ser executadas pela Justiça do Trabalho as contribuições previdenciárias incidentes sobre as parcelas que compõem o salário de contribuição creditadas ou pagas ao trabalhador no curso da relação de emprego reconhecida;

b) *executividade restrita das contribuições previdenciárias pela Justiça do Trabalho*: a competência executória da Justiça do Trabalho alcança apenas as contribuições previdenciárias incidentes sobre as parcelas que compõem o salário de contribuição devidas por força de sentença condenatória ou decisão homologatória de acordo.[141]

A Constituição da República, no art. 114, VIII, atribuiu à Justiça do Trabalho a competência para executar contribuições previdenciárias *decorrentes das sentenças que proferir*.

Assim, a hipótese do art. 114, VIII, da Constituição Federal não é de execução de contribuições previdenciárias resultantes das *sentenças condenatórias ou homologatórias de acordo* proferidas pela Justiça do Trabalho, mas de contribuições previdenciárias decorrentes das *sentenças proferidas pela Justiça do Trabalho*. Com isto, por força do art. 114, VIII, da Constituição, a sentença declaratória da existência de relação de emprego possui, em relação às contribuições previdenciárias, força executiva.

Vale recordar que, como adverte Alcides de Mendonça Lima, "não há impedimento em que qualquer lei ordinária – como o Código o é – conceda a outra sentença, fora das relacionadas, força executiva".[142]

Se a lei ordinária pode conferir força executiva à sentença que originalmente não a possuía, com muito mais razão pode fazê-lo a Constituição da República, como se deu no art. 114, VIII.

Conforme observa Enrico Tullio Liebman, constitui "problema de política legislativa o de considerar quais são os atos, cuja presença, nas condições históricas e sociais do tempo, forneça, de efetiva existência do direito, justificação tal que

---

141. Acolhendo esse ponto de vista, o TST editou a Súmula n. 368, cujo inciso I prevê: "A Justiça do Trabalho é competente para determinar o recolhimento das contribuições fiscais. A competência da Justiça do Trabalho, quanto à execução das contribuições previdenciárias, limita-se às sentenças condenatórias em pecúnia que proferir e aos valores, objeto de acordo homologado, que integrem o salário de contribuição".

142. *Comentários ao Código de Processo Civil*, v. VI, p. 242.

permita atribuir-lhe a força executória".[143] A Constituição da República contém uma clara opção no que concerne às contribuições previdenciárias: a Justiça do Trabalho deverá executar, de ofício, as contribuições previdenciárias que *decorrerem das sentenças que proferir*.

Em suma, a Constituição da República, ao atribuir à Justiça do Trabalho a competência para executar as contribuições previdenciárias decorrentes das sentenças que proferir, criou verdadeira sentença condenatória *lato sensu*. É que, ainda, conforme assinala Alcides Mendonça de Lima, "sempre que alguma responsabilidade possa caber ao vencido, originando-se uma obrigação a ser satisfeita, como decorrência do julgamento da pretensão em si mesma, há condenação e, consequentemente, perspectiva de execução, seja qual for a verdadeira natureza da sentença".[144] Assim, quando da sentença decorrer um crédito previdenciário, estar-se-á diante de uma condenação *lato sensu*.

Observe-se que, ao declarar a existência da relação de emprego, a decisão proferida pela Justiça do Trabalho atribui aos créditos ou pagamentos realizados em favor do trabalhador a condição de fato gerador de crédito previdenciário. Neste contexto, da sentença declaratória *decorre* o crédito previdenciário.[145]

Executar as contribuições previdenciárias relativas às parcelas creditadas ou pagas durante a relação de emprego cuja existência é reconhecida em juízo contribui para a maior eficácia da decisão judicial proferida pela Justiça do Trabalho, o que coloca a solução preconizada em sintonia com o princípio da máxima efetividade das decisões judiciais, que é próprio do Direito Processual do Trabalho,

---

143. *Embargos à execução*, p. 168-169.

144. *Comentários ao Código de Processo Civil*, v. VI, p. 246.

145. Consoante decidiu o STJ: "(...). 2. Tradicionalmente, sempre se entendeu que a ocorrência do *fato gerador* — concreta ou presumida realização da *hipótese de incidência do tributo*, prevista de forma abstrata na lei — faz nascer a obrigação tributária, que é vínculo jurídico em virtude do qual se viabiliza ao Estado constituir o *crédito tributário* contra o particular. Este (crédito tributário), à sua vez, tem como gênese o *lançamento*, e somente a partir de sua regular constituição é que o Estado poderia exigir o pagamento do tributo. 3. Porém, no que concerne aos débitos previdenciários resultantes de ações trabalhistas, o art. 114, inciso VIII, com a redação que lhe foi conferida pela EC n. 45/2004, estabelece a competência da Justiça do Trabalho para 'a execução, *de ofício*, das contribuições sociais previstas no art. 195, I, a, e II, e seus acréscimos legais, decorrentes das sentenças que proferir'. Na mesma linha são os arts. 832, § 3º, e 876, *caput* e parágrafo único, da CLT, e art. 43 da Lei n. 8.212/1991. 4. Com efeito, a Constituição Federal quis criar um direito novo com a imposição de que a Justiça do Trabalho execute, *de ofício*, os créditos previdenciários resultantes diretamente da sentença proferida. Por essa ótica, a constituição do crédito tributário pela via administrativa do lançamento, da qual resulta um título extrajudicial (CDA, *ex vi* do art. 585, inciso VII, do CPC), não se confunde com o crédito materializado no título judicial no qual foi reconhecida uma obrigação tributária, nascida com o fato gerador, cuja ocorrência se dá 'na data da prestação do serviço' (art. 43, § 2º, da Lei n. 8.212/1991). 5. Assim, a controvérsia desata-se com a constatação de que a sentença da Justiça laboral — que condenou o empregador a uma obrigação de caráter trabalhista e, por consequência, reconheceu a existência do fato gerador da obrigação tributária — insere-se na categoria geral de 'sentença proferida no processo civil que reconhece a existência de obrigação de fazer, não fazer, entregar coisa ou pagar quantia' (art. 475-N, CPC), consubstanciando, ela própria, o título executivo judicial no qual subjaz o crédito para a Fazenda Pública" (STJ, REsp n, 1.170.750/SP, Rel. Min. Luiz Felipe Salomão). A condenação à anotação da CTPS, como consequência do reconhecimento da relação de emprego, insere-se na categoria das sentenças condenatórias.

como demonstram, por exemplo, a atribuição ao juiz do poder para, de ofício, promover a execução, a negativa de efeito suspensivo aos recursos e a exigência, nos dissídios individuais em que haja condenação em pecúnia, da prévia realização de garantia de juízo como condição para o acesso ao duplo grau de jurisdição.

A questão parecia definitivamente resolvida com o advento da Lei n. 11.437/07, que conferiu nova redação ao parágrafo único do art. 876 da CLT, que passou a dispor que seriam executadas de ofício as contribuições sociais devidas em decorrência de decisões proferidas pela Justiça do Trabalho, resultantes de condenação ou homologação de acordo, inclusive sobre os salários pagos durante o período contratual reconhecido.

No entanto, o STF, no julgamento do Rex. 569056-PR, decidiu que "a competência da Justiça do Trabalho prevista no art. 114, VIII, da Constituição Federal alcança apenas a execução das contribuições previdenciárias relativas ao objeto da condenação constante das sentenças que proferir".[146]

De outro lado, sendo executado crédito previdenciário relativo a parcelas salariais creditadas ou pagas no curso da relação de emprego com participação da União, o INSS não poderá questionar a existência da relação de emprego quando for solicitada a averbação do tempo de serviços do trabalhador. Com efeito, fere o princípio da moralidade o INSS receber o crédito previdenciário e negar o reconhecimento da existência da relação de emprego para efeitos previdenciários. Esta situação implicaria, ainda, enriquecimento ilícito. Neste contexto, os valores arrecadados na execução a título de crédito previdenciário somente devem ser repassados à Previdência depois de comprovado que o tempo de serviço do trabalhador foi devidamente averbado para efeito previdenciário.

Por fim, a Lei n. 13.467, de 13.07.17 conferiu nova redação ao parágrafo único do art. 876 da CLT, que passa a dispor que "A justiça do Trabalho executará, de ofício, as contribuições previstas na alínea *a* do inciso I e no inciso II do *caput* do art. 195 da Constituição Federal, relativas ao objeto da condenação constante das decisões que proferir e dos acordos que homologar", o que afronta o art. 114, VIII, da Constituição que não contém esta restrição, posto que alude a créditos previdenciários decorrentes das sentenças proferidas pela Justiça do Trabalho.

37.2. Participação da União no processo.

Com a atribuição à Justiça do Trabalho de competência para executar créditos previdenciários decorrentes das sentenças que proferir, a União passa a ter legitimidade e interesse para participar do processo de conhecimento e de execução e a sua participação pode ocorrer de diversas formas.

146. STF, Pleno, Rex. 569056-PA, Rel. Min. Menezes Direito, DJU 12.12.2008.

Com efeito:

1) no termo de acordo deve constar a indicação da natureza jurídica das parcelas a serem pagas e a definição do limite de responsabilidade de cada parte pelo recolhimento da contribuição previdenciária, se for o caso (art. 832, § 3º, da CLT). Este termo vale como decisão irrecorrível, salvo para a Previdência Social quanto às contribuições que lhe forem devidas (art. 831, parágrafo único, da CLT). Isto significa que a União pode apresentar recurso contra a decisão homologatória do acordo, questionando a definição da natureza jurídica das parcelas nele previstas;[147]

2) as decisões condenatórias também deverão indicar a natureza jurídica das parcelas objeto da condenação (art. 832, § 3º, da CLT). Intimada da decisão condenatória, a União poderá interpor recurso relativamente à discriminação da natureza jurídica das parcelas dela constantes (art. 832, § 5º, da CLT);[148]

3) a União deve ser intimada dos cálculos de liquidação, para manifestação no prazo de dez dias, sob pena de preclusão (art. 879, § 3º, da CLT) e pode impugnar a sentença de liquidação que vier a ser proferida no seu julgamento (art. 884 da CLT); 4) apresentados embargos do devedor ou impugnação do credor trabalhista versando sobre contribuições previdenciárias, a União deve ser intimada para apresentar resposta (art. 884, *caput*, da CLT);

5) na mesma sentença, serão julgados os embargos e as impugnações apresentadas pelos credores trabalhista e previdenciário (art. 884, § 4º, da CLT). Podendo atacar a sentença de liquidação e devendo ser ouvida sobre os embargos do devedor ou impugnação do credor trabalhista, a União poderá apresentar recurso contra a decisão proferida no julgamento dos embargos do devedor e da impugnação à sentença de liquidação, ao passo que, não sendo conhecido o seu recurso, a União poderá interpor novo recurso, qual seja, o agravo de instrumento;

6) a União poderá interpor recurso de revista contra decisão proferida no julgamento do agravo de petição, nos casos e formas legais;

7) a União poderá apresentar agravo de petição contra as decisões homologatórias de acordo celebrado na fase de execução, em relação às contribuições previdenciárias que lhe forem devidas, e também contra a decisão que indeferir a execução das contribuições previdenciárias de créditos decorrentes de sentença proferida pela Justiça do Trabalho, hipótese em que a decisão, quanto ao crédito previdenciário, será definitiva;

---

147. A possibilidade de interposição de recurso pela União não interfere no curso da execução dos créditos trabalhistas, vez que não impede o cumprimento do acordo celebrado no que comporta aos créditos trabalhistas, valendo lembrar, ainda, que ao empregador é facultado pagar as contribuições previdenciárias que entender serem devidas e aguardar o desfecho do recurso interposto pela União (art. 878-A da CLT).

148. O Ministro de Estado da Fazenda poderá, mediante ato fundamentado, dispensar a manifestação da União nas decisões homologatórias de acordos em que o montante da parcela indenizatória envolvida ocasionar perda de escala decorrente da atuação do órgão jurídico (art. 832, § 7º, da CLT).

8) a União poderá requerer a suspensão do processo, em razão do parcelamento do crédito previdenciário pela Secretaria da Receita Federal do Brasil (art. 889-A, § 1º, da CLT).

37.3. Celebração de acordo e base de incidência das contribuições previdenciárias.

Celebrado acordo na fase de conhecimento, antes da sentença, as contribuições previdenciárias incidirão sobre as parcelas salariais nele contempladas.

Prevê o art. 832, § 6º, da CLT, que o acordo celebrado após o trânsito em julgado da sentença ou após a elaboração dos cálculos de liquidação da sentença não prejudicará os créditos da União. Sob esta ótica, as contribuições previdenciárias serão calculadas considerando-se as parcelas salariais constantes da sentença ou do cálculo de liquidação não sobre aquelas contempladas pelo acordo.

No entanto, segundo o art. 43, § 5º, da Lei n. 8.212/91, com a redação que lhe conferiu a Lei n. 11.940/09, celebrado acordo após ter sido proferida decisão de mérito, as contribuições previdenciárias serão calculadas com base no valor do acordo. Com isto, restou tacitamente revogado o § 6º do art. 832 da CLT.

Ademais, celebrado acordo, surge um novo título executivo judicial (art. 876 da CLT), que substitui integralmente a sentença (tanto é assim que, não sendo cumprido o acordo celebrado, é este, e não a sentença antes proferida, que será executado). O novo título executivo é que definirá o objeto da execução, inclusive em relação às contribuições previdenciárias.

Acrescente-se que as contribuições previdenciárias devidas são, nos termos do art. 195, I, *a*, e II, da Constituição Federal, as que incidem sobre as parcelas pagas ou creditadas ao trabalhador. Com isso, a contribuição previdenciária a ser exigida é a que incide sobre os valores efetivamente pagos ou creditados, ainda que outros fossem os pedidos ou deferidos em decisão de mérito.

De outro lado, a contribuição previdenciária devida por força da sentença ou acordo é acessória, em relação ao pagamento ou crédito de parcela de natureza salarial. Sendo assim, ausente o principal (a parcela de natureza salarial deferida é afastada no acordo posterior), não se pode ter como presente o acessório (o recolhimento previdenciário sobre a parcela que, segundo a decisão, seria devida).

Não há que se falar, na hipótese de acordo divorciado do pedido ou sentença, em renúncia de crédito de terceiro, vez que o crédito previdenciário somente se aperfeiçoa, como decorre do art. 195, I, *a*, e II, da Constituição Federal, com o pagamento ou crédito de parcela salarial ao trabalhador.

Interessante notar, ainda, que se do acordo constar parcela salarial estranha à sentença, sobre ela incidirá contribuição previdenciária (art. 195, I, *a*, e II, da Constituição Federal), exatamente porque o acordo homologado substitui a sentença proferida.

Vale anotar, por fim, que a demanda trabalhista torna litigiosa toda a relação jurídica havida entre as partes, o que permite que parcelas estranhas ao pedido ou mesmo à sentença sejam objeto de acordo. Por mais esta razão, celebrado acordo, é este que deverá servir de parâmetro para o cálculo das contribuições previdenciárias.

A propósito a SDI-I do TST adotou, na Orientação Jurisprudencial n. 376, entendimento de que "É devida a contribuição previdenciária sobre o valor do acordo celebrado e homologado após o trânsito em julgado de decisão judicial, respeitada a proporcionalidade de valores entre as parcelas de natureza salarial e indenizatória deferida na decisão condenatória e as parcelas objeto do acordo".

Registre-se que, consoante a Orientação Jurisprudencial n. 300 da SDI-I do TST, "Nos acordos homologados em juízo que não haja o reconhecimento de vínculo empregatício, é devido o recolhimento da contribuição previdenciária, mediante a alíquota de 20% a cargo do tomador dos serviços e de 11% por parte do prestador de serviços, na qualidade de contribuinte individual, sobre o valor total do acordo, respeitado o teto de contribuição. Inteligência do § 4º do art. 30 e do inciso III do art. 22, todos da Lei n. 8.212, de 24.7.1991".

37.4. Efeitos da omissão de discriminação das parcelas objeto de condenação e acordo.

Dispõe o art. 43, §1º, da Lei n. 8.212/91, com a redação que lhe foi conferida pela Lei n. 11.941/99, que, "nas sentenças judiciais ou nos acordos homologados em que não figurarem, discriminadamente, as parcelas legais relativas às contribuições sociais, estas incidirão sobre o valor total apurado em liquidação de sentença ou sobre o valor do acordo homologado".

Omissa a sentença, cabe às partes aforar embargos de declaração, visando à expressa definição da natureza jurídica das parcelas deferidas. O silêncio das partes gera presunção de que a condenação somente contempla parcelas de natureza salarial, estando presente esta presunção também quando as próprias partes deixam de indicar, no acordo celebrado, a natureza jurídica das parcelas por ele contempladas.

37.5. Prescrição.

A pretensão que tenha por objeto a cobrança de contribuições previdenciárias prescreve em cinco anos, na forma dos arts. 150, § 4º, 173 e 174 do Código Tributário Nacional.

Anote-se que, segundo a Súmula vinculante n. 8 do STF, "são inconstitucionais o parágrafo único do art. 5º do Decreto-Lei n. 1.569/1977 e os arts. 45 e 46 da Lei n. 8.212/1991, que tratam da prescrição e decadência de crédito tributário".

A inconstitucionalidade em questão decorre do fato de estar a questão relativa à prescrição tributária sujeita a disciplina por meio de lei complementar (art. 146, *b*, III, da Constituição).

Acrescente que os arts. 45 e 46 da Lei n. 8.212/91 foram revogados pela Lei n. 11.501/07 e Lei Complementar n. 128/08, respectivamente, o que atrai a aplicação do prazo prescricional estabelecido nos arts. 150, § 4º, 173 e 174 do Código Tributário Nacional.

37.6. Acordo com reconhecimento da condição de autônomo do trabalhador.

A Constituição Federal atribui à Justiça do Trabalho competência para a execução das contribuições previstas no art. 195, I, *a*, e II, decorrentes das sentenças que proferir, independentemente da natureza da relação jurídica objeto da demanda.

Sendo assim, tem a Justiça do Trabalho competência para executar as contribuições previdenciárias resultantes de acordo judicial ou sentença em que seja declarada a condição de autônomo do trabalhador, anotando-se que, consoante decidiu a SDI-I do TST: "Extrai-se dos arts. 195, inciso I, alínea *a*, da Constituição Federal e 4º da Lei n. 10.666/2003 que cabe ao empregador e ao trabalhador a contribuição previdenciária. No caso de acordo homologado judicialmente, sem reconhecimento de vínculo empregatício, a empresa é responsável pelo recolhimento tanto da contribuição previdenciária com base na alíquota de 20%, devida pela própria empresa, quanto da contribuição a cargo do empregado, cuja alíquota é de 11%, ambas incidentes sobre o montante total do acordo."[149]

37.7. Execução de créditos de terceiros. Seguro de acidente de trabalho.

O art. 114, VIII, da Constituição Federal faz alusão às contribuições sociais previstas no art. 195, I, a, e II, segundo o qual a seguridade social será financiada por toda a sociedade, de forma direta e indireta, mediante recursos provenientes de fontes orçamentárias e também das seguintes contribuições sociais: 1 – do empregador, da empresa e da entidade a ela equiparada na forma da lei, incidentes sobre: a) a folha de salários e demais rendimentos do trabalho pagos ou creditados, a qualquer título, a pessoa física que preste serviços, mesmo sem

149. TST, SDI-I, E-RR 467/2006-561-04-00, Rel. Min. Vantuil Abdala, DJ 7.7.2009.

vínculo empregatício; II – do trabalhador e dos demais segurados da previdência social, não incidindo contribuição sobre aposentadoria e pensão pelo regime geral de previdência social de que trata o art. 201.

Com isso, resta a Justiça do Trabalho não tem competência para executar contribuições destinadas a terceiros (contribuições compulsórias dos empregadores sobre a folha de salários, destinadas às entidades privadas de serviço social e de formação profissional vinculada ao sistema sindical).[150]

Anote-se que "compete à Justiça do Trabalho a execução, de ofício, da contribuição referente ao Seguro de Acidente de Trabalho (SAT), que tem natureza de contribuição para a seguridade social (art. 114, VIII, e 195, I, *a*, da CF), pois se destina ao financiamento de benefícios relativos à incapacidade do empregado decorrente de infortúnio no trabalho (arts. 11 e 22 da Lei n. 8.212/1991)" (Súmula n. 454 do TST).

37.8. Parcelas sobre as quais incidirão as contribuições sociais. Aviso prévio e contribuição social.

As parcelas sobre as quais haverá incidência de recolhimento previdenciário são definidas no art. 214 do Decreto n. 3.049/99.

Cumpre registrar que a Lei n. 8.212/91 estabeleceu, no art. 28, § 9º, *e*, na sua redação original, que o aviso prévio indenizado não integrava o salário de contribuição. O Decreto n. 3.048/99, que aprova o regulamento da previdência social, dispunha, no art. 214, § 9º, *f*, que o aviso prévio indenizado não integrava o salário de contribuição.

Contudo, a Lei n. 8.212/91 foi alterada pela Lei n. 9.528/97, tendo sido excluída a referência ao aviso-prévio indenizado quando da definição das parcelas que não integram o salário de contribuição.

Desse modo, o aviso prévio indenizado deixou de ser excluído do salário de contribuição. Isso significa que sobre o aviso prévio indenizado haverá incidência de contribuição previdenciária.

Ademais, o art. 214, § 9º, alínea *f*, do Decreto n. 3.048/99 foi revogado pelo Decreto n. 6.727/2009.

Anote-se que as contribuições para a seguridade social têm natureza tributária, o que conduz à conclusão de que as hipóteses de isenção tributária devem ser expressas em lei, como decorre dos arts. 97, VI, e 176 do CTN. A propósito afirma Ruy Barbosa Nogueira que as situações de exclusão de crédito tributário

150. Neste sentido, decidiu a 1ª Turma do TST: "Vulnera o art. 114, VIII, da Constituição Federal decisão que reconhece a competência desta Justiça Especial para executar contribuições sociais e seus acréscimos legais devidos a terceiros" (TST, RR 25141-48.2005.5.18.0251, Rel. Min. Vieira de Mello Filho).

"só podem decorrer de texto expresso de lei e não do resultado de induções, deduções ou analogia".[151]

Nesse contexto, é forçoso concluir que o aviso prévio indenizado passou a integrar o salário de contribuição a partir da Lei n. 9.528/97, deixando, com isso, de ser isento de contribuição previdenciária. Com efeito, sendo afastada, por lei, a isenção antes estabelecida, passa a contribuição a ser devida.

Também o exame do aviso prévio à luz da legislação trabalhista conduz à conclusão de sua inclusão no salário de contribuição.

Com efeito, como o período do aviso prévio, sendo este trabalhado ou não, integra o tempo de serviço do trabalhador (art. 489 da CLT), inclusive para efeito de anotação da data de saída na CTPS (Orientação Jurisprudencial n. 82 da SDI-I do TST), não há como afirmar que esta integração não ocorre para efeitos previdenciários. Se há integração para efeitos de contagem de tempo de serviço, deverá haver para efeito de contribuição previdenciária, sob pena de se estabelecer, ao arrepio da lei, hipótese de contagem de tempo de serviço com dispensa de contribuição previdenciária.

37.10. Recolhimentos previdenciários: regime de incidência de juros moratórios e multa.

À Justiça do Trabalho compete, por força do disposto no art. 114, VIII, da Constituição Federal, executar as contribuições sociais previstas no art. 195, I, *a*, e II, também da Constituição Federal, e seus *acréscimos legais*, decorrente das sentenças que proferir. Os acréscimos legais a que alude a Constituição Federal consistem em juros de mora e multa moratória (art. 35 da Lei n. 8.212/91).

De acordo com o art. 43 da Lei n. 8.212/91, na sua redação original, nas ações trabalhistas de que resultar o pagamento de direitos sujeitos à incidência de contribuição previdenciária, os juros e a multa moratória somente seriam devidos na hipótese de seu não recolhimento *no prazo estabelecido no art. 276 do Decreto n. 3.048/99*, ou seja, a partir do inadimplemento do devedor verificado em juízo.

A Lei n. 11.941/09 alterou o art. 43 da Lei n. 8.212/91, estabelecendo que: a) "considera-se ocorrido o fato gerador das contribuições sociais na data da prestação de serviços" (art. 43, § 2º); b) "as contribuições sociais serão apuradas mês a mês, com referência ao período da prestação de serviços, mediante a aplicação de alíquotas, limites máximos do salário de contribuição e acréscimos legais moratórios vigentes relativamente a cada uma das competências abrangidas, devendo o recolhimento ser efetuado no mesmo prazo em que devam ser pagos os créditos encontrados em liquidação de sentença ou em acordo homologado, sendo

151. *Curso de direito tributário*, p. 103.

que neste último caso o recolhimento será feito em tantas parcelas quantas as previstas no acordo, nas mesmas datas em que sejam exigíveis e proporcionalmente a cada uma delas" (art. 43, § 3º).

Assim, a partir da Lei n. 11.941/09 os juros de mora e a multa moratória passaram a ser devidos a partir do momento em que o crédito previdenciário deveria ter sido pago, ou seja, do *mês da prestação de serviços*.

Porém, como as contribuições para a seguridade social têm natureza tributária (art. 149 da Constituição) e somente podem ser exigidas depois de decorridos noventa dias da data da publicação da lei que as houver instituído ou modificado (art. 195, § 6º, da Constituição), o novo regime estabelecido pela Lei n. 11.941/09 somente pode ser aplicado a partir de 3.3.2009, vez que citada lei foi publicada em 3.12.2008.

37.11. Dano material e moral previdenciário. Limbo jurídico trabalhista previdenciário

Aquele que causa dano a outrem tem o dever de indenizá-lo.

O empregador que deixa de anotar a CTPS do seu empregado pratica ato ilícito e impede que este adquira a condição de segurado do INSS e, com isto, que tenha acesso às prestações e serviços que a condição de empregado lhe asseguraria, causando-lhe, portanto, um dano.

Destarte, sendo comprovado que o trabalhador deixou de ter acesso a benefício previdenciário pelo fato de a sua CTPS não ter sido anotada pelo seu empregador e, por consequência, de ter não ter realizado os recolhimentos previdenciários, àquele deve ser deferida indenização no valor correspondente ao benefício ao qual não teve acesso (*dano material previdenciário*), assim como a compensação por eventual dano moral advindo deste mesmo fato (*dano moral previdenciário*). O mesmo deve ocorrer quando o empregador, apesar de anotar a CTPS do trabalhador, deixar de recolher para a previdência social os valores devidos a título de contribuição previdenciária, notadamente quando desconta do salário do trabalhador a sua quota parte nesta contribuição.

Compete à Justiça do Trabalho julgar a pretensão de recebimento de dano material e moral previdenciário, visto que se trata de imposição ao empregador da obrigação de reparar os danos causados ao trabalhador. Neste sentido:

> "AGRAVO REGIMENTAL NO AGRAVO DE INSTRUMENTO. CONSTITUCIONAL. COMPETÊNCIA DA JUSTIÇA DO TRABALHO. AÇÃO DE INDENIZAÇÃO DECORRENTE DA RELAÇÃO DE TRABALHO. REPERCUSSÃO GERAL NÃO FUNDAMENTADA. DECISÃO QUE SE MANTÉM POR SEUS PRÓPRIOS FUNDAMENTOS. (...). 3. A competência para processar e julgar as ações por danos morais e patrimoniais decorrentes da relação de trabalho é da Justiça Especializada, desde que não haja

> sentença de mérito prolatada pela Justiça Comum Estadual em período anterior à promulgação da EC n. 45/2004. Precedentes: CC 7.204, RCL 5.248. 4. *In casu*, o acórdão recorrido assentou: Competência da Justiça do Trabalho Autos remetidos à Justiça Trabalhista Ação de indenização por danos materiais e imateriais ajuizada em face de ex-empregadoras do autor que deixaram de repassar as contribuições previdenciárias descontadas do seu salário durante o período do vínculo laboral, prejudicando seu pedido de aposentadoria por tempo de contribuição pretensão de regularizar sua situação perante o INSS cumulada com pedido de indenização por dano imaterial. Causa de pedir e pedido afeitos à matéria cuja competência original pertence à Justiça Especializada (EC n. 45/2004), independentemente da aplicação de normas de direito civil para solução da lide."[152]

Situação interessante é a aquele em que: o trabalhador tem o seu contrato de trabalho suspenso, em razão do gozo de auxílio-doença; a Previdência Social confere alta ao trabalhador, considerando-o apto para o trabalho, cessando, por consequência, o pagamento do benefício previdenciário; o trabalhador se apresenta ao empregador para retomar as suas atividades; o serviço médico do empregador considera o trabalhador inapto para o trabalho, o que impede o seu retorno ao trabalho; deste forma, o trabalhador, que já não está recebendo benefício previdenciário, também não receberá salário.

A doutrina e a jurisprudência têm caminhado, na situação colocada em destaque, no sentido de atribuir ao empregador a obrigação de, mesmo não sendo prestados os serviços contratados, pagar os salários devidos ao trabalhador até que ele volte à condição de plena aptidão para o trabalho, notadamente quando o empregador, diante da inaptidão do trabalhador para o exercício de determinada função, a ele não atribui outra função, compatível com as suas condições de saúde.

É bem verdade que estamos diante de um aparente vácuo normativo, pois há, em tese, duas normas que excluem responsabilidades mútuas, tanto do empregador, quanto do órgão previdenciário. No entanto, a ordem jurídica contém soluções que podem ser utilizadas na situação em questão.

Cite-se, por exemplo, a Lei n. 11.804/08, que trata dos alimentos gravídicos. Com efeito, esta lei permite atribuir àquele apontado como pai a obrigação de assumir parte dos ônus da gravidez, ainda que a paternidade ainda não tenha sido definitivamente estabelecida, indicando que, estando em jogo a sobrevivência da gestante e do feto, aquela deve ser protegida, em detrimento da segurança jurídica daquele que é apenas um suposto pai.

No mesmo sentido, tem-se a disciplina da execução provisória, estabelecendo que, entre a segurança jurídica do devedor como tal apontado em título ainda

---

152. STF-AI 805567 AgR/SP. AG. Reg. no Agravo de Instrumento, Rel. Min. Luiz Fux, Primeira Turma, DJe 7.3.2012.

provisório, e a sobrevivência do credor, a esta é que se deve dar preferência, por meio da permissão para a sua satisfação imediata.

O mesmo raciocínio deve ser aplicado na hipótese do denominado limbo jurídico trabalhista ou limbo previdenciário, no qual o trabalho se vê em uma situação inusitada e de total desamparo: o empregador deve assumir os ônus da manutenção da relação de emprego.

Se o empregador entende que o trabalhador ainda não tem condições de saúde adequadas a sua rotina laboral, cabe-lhe, para se eximir de sua obrigação, recorrer contra a decisão do INSS de cessação do referido benefício previdenciário, como terceiro prejudicado, e alocar o trabalhador em função compatível com as limitações indicadas pelo médico do trabalho, ou, eventualmente, também alocando o trabalhador em outra função, atuar como assistente do reclamante na demanda por ele proposta contra a Previdência, diante do seu inegável interesse no deslinde da questão.

Se ela assim não faz, deve arcar com o pagamento dos salários do trabalhador durante o pedido de afastamento do trabalho.

38. EXECUÇÃO PARA ENTREGA DE COISA E DE OBRIGAÇÃO DE FAZER E DE NÃO FAZER FUNDADA EM TÍTULO EXECUTIVO EXTRAJUDICIAL

A execução pode ter por base um título executivo judicial ou um título executivo extrajudicial, que pode se referir à obrigação de entrega de coisa certa ou coisa incerta (arts. 233 e ss. do Código Civil). A execução para entrega de coisa visa à satisfação do direito à coisa.

Coisa certa é aquela determinada, individualizada e identificada por suas características. Coisa incerta é aquela determinada apenas pelo gênero e pela quantidade (art. 243 do Código Civil e art. 811 do CPC).

Neste tópico será examinada a execução de obrigação de entrega de coisa (certa e incerta), de fazer e de não fazer fundadas em título executivo extrajudicial.

O art. 806 do CPC dispõe que o devedor de obrigação de entrega de **coisa certa** será citado para, dentro de 15 dias, satisfazer a obrigação.

O executado pode apresentar embargos, no prazo de cinco dias, após a garantia do juízo (art. 884 da CLT).

Ao despachar a petição inicial, o juiz poderá fixar multa por dia de atraso no cumprimento da obrigação, ficando o respectivo valor sujeito a alteração, caso se revele insuficiente ou excessivo (art. 806, § 1º, do CPC).[153]

153. A multa é cominada para estimular o devedor a cumprir a sua obrigação e a alteração do seu valor pode se dar de ofício ou a requerimento (art. 537, § 1º, do CPC.

De acordo com o art. 806, § 2º, do CPC, do mandado de citação constará ordem para imissão na posse ou busca e apreensão, conforme se tratar de bem imóvel ou móvel respectivamente, cujo cumprimento se dará de imediato, se o executado não satisfizer a obrigação no prazo que lhe foi designado.

Se o executado entregar a coisa, será lavrado o termo respectivo e considerada satisfeita a obrigação, prosseguindo-se a execução para pagamento de frutos ou ressarcimento de prejuízos, se houver (art. 807 do CPC).

Alienada a coisa quando já litigiosa, será expedido mandado contra o terceiro adquirente, que somente será ouvido após depositá-la (art. 808 do CPC).

O exequente tem direito a receber, além das perdas e danos, o valor da coisa, quando essa se deteriorar, não lhe for entregue, não for encontrada ou não for reclamada do poder do terceiro adquirente (art. 809 do CPC). Note-se que, no caso de alienação da coisa, o exequente pode reclamar a coisa do terceiro ou postular o seu valor mais perdas e danos.

Não constando do título o valor da coisa e sendo impossível sua avaliação, o exequente apresentará estimativa, sujeitando-a ao arbitramento judicial (art. 809, § 1º, do CPC). Serão apurados em liquidação o valor da coisa e os prejuízos (809, § 2º, do CPC). Ao exequente são assegurados, no caso do não recebimento da coisa ou em que ela tenha se deteriorado, o valor da coisa (*tutela ressarcitória*) e perdas e danos (*tutela reparatória*), conforme já foi assinalado.

Havendo benfeitorias indenizáveis feitas na coisa pelo executado ou terceiro de cujo poder ela houver sido retirada, a liquidação prévia é obrigatória (art. 810 do CPC). Se houver saldo: a) em favor do executado ou de terceiros, o exequente o depositará ao requerer a entrega da coisa; b) em favor do exequente, esse poderá cobrá-lo nos autos do mesmo processo (art. 810, parágrafo único, do CPC).

Quando a execução recair sobre coisa **incerta**, o devedor será citado para entregá-la individualizada, se lhe couber a escolha. Se a escolha couber ao exequente, este deverá indicá-la na petição inicial (art. 811, *caput* e parágrafo único, do CPC).

Qualquer das partes poderá impugnar a escolha feita pela outra, e o juiz decidirá de plano, ou, se necessário, ouvindo perito de sua nomeação (art. 812 do CPC), observando-se, contudo, o prazo fixado no art. 884 da CLT, que se apresenta mais coerente com a exigência de celeridade na execução trabalhista.

Após a determinação da coisa a ser entregue, a execução segue o procedimento da execução para entrega de coisa certa (art. 813 do CPC), que foi examinado acima. Assim, a execução para entrega de coisa incerta é dividida em duas fases: a) determinação da coisa; b) execução propriamente dita.

Cumpre examinar, agora, a **execução de obrigação de fazer ou de não fazer**.

Na execução de obrigação de fazer ou de não fazer, ao despachar a petição inicial, o juiz fixará multa por período de atraso no cumprimento da obrigação e a data a partir da qual será devida (art. 814, *caput*, do CPC), observando-se que, se o valor da multa estiver previsto no título e for excessivo, o juiz poderá reduzi-lo (art. 814 do CPC), sendo interessante notar, em relação a este último aspecto da questão, que o juiz foi autorizada a alterar o valor, quando excessivo, de ofício.

A autorização para fixação da multa por período de atraso permite concluir que o juiz pode fixar multa em valor fixo (*multa fixa*) ou progressivo (*multa progressiva*), segundo as particularidades do caso concreto. Para maior segurança das partes, o juiz deve definir a data a partir da qual a multa será devida.

Se o valor da multa estiver previsto no título e for excessivo, o juiz poderá reduzi-lo (art. 814, parágrafo único, do CPC). O juiz também está autorizado a rever de ofício o valor da multa prevista no título executivo extrajudicial no caso de ser ela insuficiente (aplicação, por analogia, art. 537, § 1º, do CPC).

Quando o objeto da execução for **obrigação de fazer**, o executado será citado para satisfazê-la no prazo que o juiz lhe assinar, se outro não estiver determinado no título executivo (art. 815 do CPC).

Se o executado não satisfizer a obrigação no prazo designado, é lícito ao exequente, nos próprios autos do processo, requerer a satisfação da obrigação à custa do executado ou perdas e danos, hipótese em que se converterá em indenização (art. 816 do CPC), sendo esta apurada em liquidação, seguindo-se a execução para cobrança de quantia certa (art. art. 816, parágrafo único, do CPC).

A satisfação da obrigação, portanto, pode ser obtida: a) pela realização da prestação pelo executado; b) pela realização da prestação por terceiro, quando se tratar de obrigação fungível, ou seja, que pode ser realizada pelo exequente ou por terceiro; c) pela sua conversão em indenização de perdas e danos.

Se a obrigação puder ser satisfeita por terceiro, é lícito ao juiz autorizar, a requerimento do exequente, que aquele a satisfaça à custa do executado (art. 817 do CPC). O terceiro será convidado a apresentar a sua proposta para a satisfação da obrigação e o exequente adiantará as quantias previstas na proposta que, ouvidas as partes, o juiz houver aprovado (art. 817, parágrafo único, do CPC). No processo do trabalho, os ônus da execução devem ser suportados pelo executado (art. 789-A da CLT). Com isso, cabe ao executado promover o adiantamento em destaque.

Realizada a prestação, o juiz ouvirá as partes no prazo de dez dias e, não havendo impugnação, considerará cumprida a obrigação (art. 818 do CPC). Caso haja impugnação, o juiz a decidirá (art. 818, parágrafo único, do CPC).

Se o terceiro contratado não realizar a prestação no prazo ou se o fizer de modo incompleto ou defeituoso, poderá o exequente requerer ao juiz, no prazo de quinze dias, que o autorize a concluí-la ou a repará-la à custa do contratante (art. 819 do CPC), sendo que, como foi adiantado, os custos devem ser suportados pelo executado.

Ouvido o contratante no prazo de quinze dias, o juiz mandará avaliar o custo das despesas necessárias e o condenará a pagá-las (art. 819, parágrafo único, do CPC), com a mesma ressalta realizada anteriormente em relação à responsabilidade pelos custos da execução.

Se o exequente quiser executar ou mandar executar, sob sua direção e vigilância as obras e os trabalhos necessários à realização da prestação, terá preferência, em igualdade de condições de oferta, em relação ao terceiro (art. 820, *caput*, do CPC). O direito de preferência será exercido no prazo de cinco dias, após aprovada a proposta do terceiro (art. 820, parágrafo único, do CPC).

Na obrigação de fazer, quando se convencionar que o executado a satisfaça pessoalmente, estabelecendo-se, então, *prestação infungível*, ou seja, que somente pode ser realizada pelo exequente, poderá requerer ao juiz que lhe assine prazo para cumpri-la (art. 821, *caput*, do CPC).

Havendo recusa ou mora do executado, sua obrigação pessoal será convertida em perdas e danos, caso em que se observará o procedimento de execução por quantia certa (art. 821, parágrafo único, do CPC). O valor das perdas e danos será apurado por liquidação (art. 816, parágrafo único, do CPC).

Quanto à **obrigação de não fazer**, se o executado praticou o ato a cuja abstenção estava obrigado por lei ou por contrato, o exequente requererá ao juiz que assine ao executado prazo para desfazê-lo (art. 822 do CPC).

No caso de recusa ou mora do executado, o exequente requererá ao juiz que mande desfazer o ato à custa daquele, que responderá por perdas e danos (art. 823 do CPC). Não sendo possível desfazer o ato, a obrigação resolve-se em perdas e danos, caso em que, após a liquidação, se observará o procedimento de execução por quantia certa (art. 823, parágrafo único, do CPC).

39. JULGAMENTO DAS AÇÕES RELATIVAS ÀS PRESTAÇÕES DE FAZER, DE NÃO FAZER E DE ENTREGAR COISA. EXECUÇÃO DE OBRIGAÇÃO DE FAZER, DE NÃO FAZER E DE ENTREGAR COISA.

O CPC dispõe sobre o julgamento das ações relativas à prestação de fazer, de não fazer e de entregar coisa nos arts. 497 a 501 e, sobre o cumprimento de sentença que reconheça a exigibilidade de obrigação de fazer, de não fazer e de entregar coisa, nos arts. 536 a 538, valendo o registro de que a Instrução Normativa n. 39/16 do TST estabelece, no art. 3º, XII, que são aplicáveis no processo do trabalho os art. 536 a 538 do CPC.

O art. 497 do CPC estabelece que, "na ação que tenha por objeto a prestação de fazer ou de não fazer, o juiz, se procedente o pedido, concederá a tutela específica ou determinará providências que assegurem a obtenção de tutela pelo resultado prático equivalente".

Para a concessão de tutela específica destinada a inibir a prática, a reiteração ou a continuidade de um ilícito, ou a remoção, irrelevante a demonstração da ocorrência de dano ou da existência de culpa ou dolo (art. 497, parágrafo único, do CPC).[154]

Na ação que tenha por objeto a entrega de coisa, o juiz, ao conceder a tutela específica, fixará o prazo para cumprimento (art. 498 do CPC) e, tratando-se coisa incerta, o autor individualizá-la-á na petição inicial, se a escolhe lhe couber, ou, se a escolha couber ao réu, este a entregará, no prazo fixado pelo juiz (art. 498, parágrafo único, do CPC)

A obrigação somente será convertida em perdas e danos se o autor o requerer ou se impossível a tutela específica ou a obtenção de tutela pelo resultado prático equivalente (art. 499 do CPC), o que implica estabelecimento da *excepcionalidade da conversão da obrigação em perdas e danos.*

Prevê o art. 500 do CPC que a indenização por perdas e danos dar-se-á sem prejuízo da multa fixada periodicamente para compelir o réu ao cumprimento específico da obrigação. Note-se que o CPC deixa clara a função da multa em destaque, que é *compelir o réu ao cumprimento específico da obrigação.*

Note-se que, com esteio na ideia de preservação da liberdade do devedor, a única solução que o ordenamento jurídico previa para a hipótese de inadimplemento da obrigação de fazer ou não fazer era a imposição ao devedor da obrigação de pagar ao credor o equivalente monetário da obrigação inadimplida. Neste contexto, o descumprimento de obrigação de fazer ou não fazer resolvia-se em perdas e danos, o que significava que ao credor era assegurada apenas a *tutela pelo equivalente monetário* e não a fruição *in natura* de seu direito. No entanto, a evolução do ordenamento jurídico brasileiro conduziu à adoção de medidas voltadas a assegurar ao credor a *tutela específica da obrigação*, isto é, a prestação *in natura*, como demonstram o art. 84 do Código de Defesa do Consumidor (CDC) e o art. 497 do CPC.

No que comporta à execução, consoante o art. 536 do CPC, já adaptado ao processo do trabalho, na execução de sentença que reconheça a exigibilidade de obrigação de fazer ou de não fazer, o juiz poderá, de ofício ou a requerimento, para a efetivação da tutela específica ou a obtenção de tutela pelo resultado prático equivalente, determinar as medidas necessárias à satisfação do exequente.

O CPC dispõe, no art. 536, § 1º, que, para a efetivação da tutela específica ou a obtenção de tutela pelo resultado prático equivalente, o juiz poderá determinar, entre outras medidas, a imposição de multa, busca e apreensão, remoção de

154. A hipótese é da denominada *ação inibitória*, que é examinada no Capítulo destinado ao estudo da tutela provisória, de evidência, inibitória e autossatisfativa.

pessoas e coisas, o desfazimento de obras e o impedimento de atividade nociva, podendo, caso necessário, requisitar o auxílio de força policial.

Ao juiz é lícito, portanto, adotar as medidas que sejam necessárias para efetivação da tutela específica ou a obtenção de tutela pelo resultado prático equivalente. Estas medidas serão definidas à luz das particularidades do caso concreto, sendo apenas exemplificativo o rol de medidas mencionadas no art. 536, § 1º, do CPC (o juiz poderá determinar, *entre outras*, as medidas referidas no CPC).

O executado incidirá nas penas de litigância de má-fé quando injustificadamente descumprir a ordem judicial, sem prejuízo de sua responsabilidade por crime de desobediência (art. 536, § 3º, do CPC) e, ainda, de responder pela prática de ato atentatório à justiça (art. 774, parágrafo único, do CPC).

Conforme o CPC, a multa independe de requerimento da parte e poderá ser aplicada na fase de conhecimento, em tutela provisória ou na sentença, ou na fase de execução, desde que seja suficiente e compatível com a obrigação e que se determine prazo razoável para o cumprimento do preceito (art. 537).

A imposição de multa (*astreinte*) visa constranger o devedor a cumprir espontaneamente a sua obrigação, não possuindo, portanto, natureza reparatória (a sua natureza é coercitiva). O pagamento da multa não isenta o devedor do cumprimento da sua obrigação. A multa diária é meio de coerção e não prefixação de indenização para a hipótese de não cumprimento da obrigação imposta ao devedor.[155]

O CPC prevê, no art. 537, § 1º, que o juiz poderá, de ofício ou a requerimento, modificar o valor ou a periodicidade da multa vincenda ou excluí-la, caso verifique que: a) se tornou insuficiente ou excessiva; b) o obrigado demonstrou o cumprimento parcial superveniente da obrigação ou justa causa para o descumprimento.

O CPC autoriza, expressamente, a imposição de multa na fase de execução (art. 537). Assim, pode o juiz, visando ao cumprimento da obrigação imposta em sentença, impor multa ao executado, ainda que ela não tenha sido cominada na sentença.

O CPC também prevê que: no cumprimento de sentença que reconheça a exigibilidade de obrigação de fazer ou de não fazer aplica-se o art. 525 (que trata das matérias que podem ser alegadas pelo executado nos embargos à execução), no que couber (art. 536, § 4º); d) a multa aplicada ao executado será revertida ao exequente (art. 537, § 2º); a decisão que fixa a multa é passível de cumprimento provisório, devendo ser depositada em juízo, permitido o levantamento do valor após o trânsito em julgado da sentença favorável à parte (art. 537, § 3º); a multa é devida desde o dia em que se configurar o descumprimento da decisão e incidirá enquanto não cumprida a decisão que a tiver cominado (art. 537, § 4º).

---

155. Os meios de coerção são utilizados com o objetivo de fazer com que o devedor cumpra a sua obrigação.

No que comporta à execução de decisão que reconheça a exigibilidade de obrigação de entregar coisa, o CPC dispõe que, não cumprida a obrigação de entregar coisa no prazo estabelecido na sentença, será expedido mandado de busca e apreensão ou de imissão na posse em favor do credor, conforme se tratar de coisa móvel ou imóvel (art. 538).

O CPC acrescenta que: a) a existência de benfeitorias deve ser alegada na fase de conhecimento, em contestação, de forma discriminada e com atribuição, sempre que possível e justificadamente, do respectivo valor (art. 538, § 1º); b) o direito de retenção por benfeitorias deve ser exercido na contestação, na fase de conhecimento (art. 538, § 2º); c) aplicam-se ao cumprimento da obrigação de entrega de coisa, no que couber, as disposições sobre o cumprimento de obrigação de fazer ou de não fazer (art. 538, § 3º).

40. EXTINÇÃO DA EXECUÇÃO

O CPC estabelece, no art. 924, que a execução é extinta quando: a) a petição inicial for indeferida; b) a obrigação for satisfeita;[156] c) o executado obtiver, por qualquer outro meio, a extinção total da dívida; d) o exequente renunciar ao crédito; e) ocorrer a prescrição intercorrente (o que também passou a ser previsto pela CLT, por força do art. 11-A, acrescentado pela Lei n. 13.467/17, como já foi examinado no capitulo que versa sobre processo e procedimento (item 1.9.15).

A execução também será extinta quando o exequente dela desistir (art. 775 do CPC).

O exequente ressarcirá ao executado os danos que este sofreu, quando a sentença, transitada em julgado, declarar inexistente, no todo ou em parte, a obrigação que ensejou a execução (art. 776 do CPC). A hipótese é de responsabilidade objetiva, ou seja, cujo reconhecimento independe da comprovação de dolo ou culpa do exequente. Para a configuração da responsabilidade do exequente basta, desse modo, a demonstração do dano e do nexo de causalidade entre o dano e o fato de ter sido promovida a execução. É interessante notar que o CPC não estabeleceu a responsabilidade pelo executado pelo ressarcimento dos danos sofridos pelo exequente em razão do fato de a obrigação objeto da execução não ter sido satisfeita no momento oportuno, o que exige, para examinar a possibilidade de responsabilizar o executado, o recurso ao Código Civil.

---

156. A satisfação da obrigação pode ser realizada pelo credor e por outros meios.

Capítulo 20

TUTELA CAUTELAR, ANTECIPADA, DE EVIDÊNCIA, INIBITÓRIA E AUTOSSATISFATIVA

1. NOTAS INTRODUTÓRIAS. PODER GERAL DE TUTELA PROVISÓRIA DE URGÊNCIA

A titularidade de um direito é real na medida da possibilidade do seu pleno exercício. Por essa razão, a todos é reconhecido o direito de reclamar em juízo a tutela dos seus direitos.

A tutela jurisdicional dos direitos deve ser adequada e efetiva, sob pena de não se realizar o fim ao qual se destina, que é assegurar o pleno exercício dos direitos atribuídos pela ordem jurídica. Daí a necessidade de criar instrumentos processuais destinados a garantir a adequação e a efetividade da tutela jurisdicional dos direitos.

Dentre os instrumentos processuais estabelecidos pela ordem jurídica com este objetivo estão aqueles voltados a assegurar a utilidade do processo, impedir prejuízos ao direito objeto da demanda, assegurar a mais rápida satisfação do direito que se apresenta como evidente e inibir a prática de ilícitos, os quais traduzem o direito à tutela *cautelar*, *antecipada*, *de evidência* e *inibitória*, respectivamente.

O direito à tutela cautelar e à tutela antecipada serve de antídoto contra os *efeitos do tempo sobre a utilidade do processo e o direito deduzido em juízo*, respectivamente. A tutela de evidência relaciona--se com o *exercício do direito evidente*. A tutela inibitória tem relação com a *prevenção contra o ilícito*.

A tutela cautelar e a tutela antecipada constituem espécies do gênero *tutela provisória de urgência*, mas possuem finalidades distintas. A tutela cautelar tem por finalidade garantir a utilidade do processo, ao passo que a tutela antecipada tem por escopo a produção imediata dos efeitos da tutela definitiva pleiteada pela parte. A tutela cautelar, dito de outro modo, busca assegurar o resultado prático do processo e, a antecipação de tutela, a realização imediata desde resultado. No mesmo compasso, pode ser dito que a tutela cautelar cria as condições para a satisfação, *no futuro*, do direito deduzido em juízo, enquanto, por força da tutela antecipada, o direito deduzido é satisfeito *no presente*, ou seja, antes mesmo do definitivo estabelecimento de sua existência.

O CPC reconhece o direito à *tutela provisória*, que pode fundamentar-se em *urgência* ou *evidência*. Com isso, a antecipação de tutela (*tutela provisória fundada em urgência*) e a tutela de evidência (*tutela provisória fundada em evidência*) passam a ser institutos autônomos, embora constituam espécies do mesmo gênero (*tutela provisória*). Surge, assim, o direito à tutela fundada em evidência, isto é, à *tutela de evidência*.

A tutela cautelar, a tutela antecipada e a tutela de evidência constituem técnicas de distribuição entre as partes do ônus da duração do processo, voltadas à proteção daquele que aparenta ter razão na sua pretensão contra a eventual demora na solução definitiva do conflito de interesses, valendo observar que, como aduz Giuseppe Chiovenda, "a *duração* do processo, o *tempo* necessário para a solução do litígio, não deve resultar em dano ao direito do autor".[1] Quem tem razão não pode ser prejudicado pelo tempo de duração do processo.

A tutela inibitória visa inibir o ilícito. Trata-se, então, de *tutela contra o ilícito*. Na tutela inibitória, o juiz atua para evitar o ilícito ou impedir a sua reiteração ou a sua continuidade.

A parte tem direito, ainda, à *tutela autossatisfativa*, que constitui medida de urgência que satisfaz imediata, definitiva e irreversivelmente a pretensão da parte, tornando dispensável a propositura de qualquer outra ação ou o prosseguimento do processo em que for determinada.

O art. 789 do CPC de 1973 dispunha que, além das medidas cautelares específicas referidas no CPC, o juiz poderia determinar as *medidas que julgar adequadas* à prevenção de lesão grave ou de difícil reparação. Desse modo, o juiz estava autorizado a determinar uma medida cautelar expressamente prevista em lei (*medida cautelar típica* ou *nominada*) ou qualquer medida adequada para assegurar a utilidade do processo (*medida cautelar atípica* ou *inominada*).

Ao juiz era reconhecido, portanto, o *poder geral de cautela*.

Contudo, a doutrina do poder geral de cautela evoluiu.

1. *Ensayos de derecho procesal civil*, v. II, p. 7.

Com efeito, nos primórdios desta doutrina, este poder era reconhecido ao juiz apenas em relação às *medidas cautelares que poderia determinar*, ou seja, por força deste poder, o juiz poderia determinar uma medida cautelar não prevista no CPC (trata-se da regra da *atipicidade das medidas cautelares*), mas deveria se ater aos requisitos expressamente previstos em lei para o deferimento de medida cautelar típica (trata-se, agora, da regra da *tipicidade dos requisitos para o deferimento de medida cautelar*).

Em um segundo momento, o poder geral de cautela foi alterado, para alcançar também os *requisitos para o deferimento de medidas cautelares*. Sob este prisma, ao juiz passou a ser lícito deferir medidas cautelares não previstas em lei, assim como para definir, à luz do caso concreto, os requisitos necessários para o deferimento de medida cautelar típica.

Assim, no primeiro momento foram consideradas exemplificativas *as medidas cautelares* às quais a ordem jurídica fazia expressa referência, permitindo ao juiz deferir outras não expressamente previstas, ao passo que, posteriormente, foram também considerados exemplificativos *os requisitos* para o deferimento das medidas cautelares expressamente referidas.

De outro lado, como o CPC de 1973 adotou a *fungibilidade entre a antecipação de tutela e as medidas cautelares*, autorizando o juiz a deferir medida cautelar quando o autor apresentar pedido de medida desta natureza sob o título de antecipação de tutela e vice-versa (art. 273, § 7º), pode ser afirmado que o juiz passou a contar, diante desta possibilidade, com o *poder geral de urgência*, que abrange o poder geral de cautela e é enriquecido pelo poder para definir, à luz do caso concreto, que medida de urgência (cautelar ou antecipada) deverá ser determinada.

O CPC de 2015 acompanha esta evolução e dá um passo mais adiante, visto que:

a) autoriza o juiz a definir, à luz das particularidades do caso concreto, *a medida* a ser determinada para a efetivação da tutela provisória (art. 297) e também consagra a *fungibilidade* entre as medidas de urgência (art. 305, parágrafo único);
b) ao deixar de disciplinar procedimentos cautelares específicos, torna certo que o **significado** do *fumus boni iuris* e do *periculum in mora, enquanto requisitos para deferimento de tutela provisória de urgência*, será definido pelo juiz à luz do caso concreto.

Daí ser possível falar em *atipicidade do fumus boni iuris* e *do periculum in mora* e, nesse compasso, em um verdadeiro *poder geral de tutela provisória de urgência*.

O Direito Processual do Trabalho não trata de forma pormenorizada destas modalidades de tutela, razão pela qual o Código de Processo Civil serve como sua fonte subsidiária ou supletiva, ressalvadas apenas algumas de suas particularidades, como se verá no exame da disciplina que o citado código conferiu à matéria.

2. AUTONOMIA DO PROCESSO CAUTELAR. DISPOSIÇÕES GERAIS DA TUTELA PROVISÓRIA ESTABELECIDAS PELO CPC

O CPC de 1973 é dividido em cinco Livros, um dos quais é reservado ao *processo cautelar* (Livro III), o que implica atribuir autonomia ao processo cautelar, o que não foi repetido no CPC de 2015, que afasta a autonomia do processo cautelar.

Com efeito, o CPC de 2015, trata, no Livro V *da Parte Geral*, da *tutela provisória*, estabelecendo que ela pode fundamentar-se em *urgência* ou *evidência* e dispondo que a tutela provisória de urgência pode ser cautelar ou antecipada (arts. 294 a 311).

Observe, de início, que o art. 3º, V, da Instrução Normativa n. 39/2016 do TST prevê serem aplicáveis no processo do trabalho os arts. 294 a 311 do CPC de 2015, valendo registrar, no entanto, que o art. 304, segundo o qual a tutela antecipada, concedida em caráter antecedente, torna-se estável se da decisão que a conceder não for interposto o respectivo recurso, não alcança o Direito Processual do Trabalho, que veda o recurso contra decisão interlocutória. Com isso, somente no caso de tutela autossatisfativa, que será examinada mais adiante, é que se poderá invocar, no processo do trabalho, o citado comando legal, por analogia.

O Livro V do CPC de 2015 é dividido em três Títulos, contendo: a) o Título I, as *disposições gerais da tutela provisória*; b) o Título II, a disciplina da *tutela de urgência*; c) o Título III, o regramento da *tutela de evidência*.

Antes de examinar a tutela cautelar, a tutela antecipada e a tutela de evidência de forma destacada, cumpre tecer alguns comentários sobre as normas que lhes são comuns, que são as constantes do Título I do Livro V do CPC de 2015, sob o título *disposições gerais da tutela provisória*.

De acordo com estas *disposições gerais*:

1) a tutela provisória pode fundamentar-se em urgência ou evidência (art. 294, *caput*). Assim, a tutela provisória constitui gênero, do qual são espécies a tutela de urgência e a tutela de evidência;

2) a tutela provisória de urgência é de natureza cautelar ou antecipada (art. 294, parágrafo único). Desse modo, a tutela de urgência constitui um gênero, do qual são espécies a tutela cautelar e a tutela antecipada;

3) a tutela provisória de urgência, cautelar ou antecipada, pode ser concedida em caráter antecedente e incidental; a tutela provisória requerida em caráter incidental não depende de pagamento de custas (arts. 294, parágrafo único, e 295);

4) a tutela provisória conserva a sua eficácia na pendência do processo, mas pode, a qualquer tempo, ser revogada ou modificada (art. 296, *caput*);

5) salvo decisão judicial em contrário, a tutela provisória conservará a eficácia durante o período de suspensão do processo (art. 296, parágrafo único);

6) o juiz poderá determinar as medidas que considerar adequadas para a efetivação da tutela provisória (art. 297), ou seja, o juiz não está adstrito a um rol prévio de medidas que pode adotar visando efetivar a tutela provisória, podendo adotar a medida que seja a mais adequada segundo as particularidades do caso concreto;

7) a efetivação da tutela provisória observará as normas referentes ao cumprimento provisório da sentença, no que couber (art. 297, parágrafo único). A efetivação da tutela provisória rege-se, no que couber, pelas normas que disciplinam o cumprimento provisório (processo civil) ou a execução provisória (processo do trabalho) da sentença;

8) na decisão que conceder, negar, modificar ou revogar a tutela provisória, o juiz motivará o seu convencimento de modo claro e preciso (art. 298);

9) a tutela provisória será requerida ao juízo da causa e, quando antecedente, ao juízo competente para conhecer do pedido principal (art. 299). O juízo em que a causa é processada ou em que deverá ser processada é o competente para examinar o pedido de tutela provisória, o que está em sintonia com o art. 61 do CPC, segundo o qual a ação acessória será proposta no juízo competente para a ação principal;

10) ressalvada disposição especial, na ação de competência originária de tribunal e nos recursos a tutela provisória será requerida ao órgão jurisdicional competente para apreciar o mérito (art. 299, parágrafo único).

Nos tribunais, o pedido de tutela provisória deverá ser apresentado ao órgão jurisdicional competente para examinar o mérito (relativo à ação de competência originária do tribunal ou ao recurso a ele endereçado[2]). O relator do recurso pode suspender a eficácia da decisão recorrida se da imediata produção de seus efeitos houver risco de dano grave, de difícil ou impossível reparação, e ficar demonstrada a probabilidade de provimento do recurso (art. 995, parágrafo único, do CPC).

3. TUTELA CAUTELAR

O afastamento da autonomia do processo cautelar não significa negativa do direito à tutela cautelar. O direito à tutela cautelar decorre do direito à utilidade

2. A hipótese é de pedido de medida cautelar manifestado após a interposição do recurso. Se o recurso foi interposto, o pedido de *cautelar recursal* deve ser apresentado ao tribunal competente para o exame do recurso. Em relação ao recurso extraordinário, consultar as Súmulas ns. 634 e 635 do STF.

prática do processo, como condição de possibilidade da adequação e efetividade da tutela jurisdicional dos direitos.

Persiste, portanto, o direito à tutela cautelar, o que, inclusive, é expressamente reconhecido no art. 294, parágrafo único, do CPC, segundo o qual a tutela provisória de urgência pode ser *cautelar* ou *antecipada*.

A tutela cautelar é *instrumental*, na medida em que serve ao processo,[3] e *preventiva*, porquanto voltada para impedir danos à utilidade do processo.

3.1. Pressupostos para o deferimento da tutela cautelar.

O deferimento da tutela cautelar pressupõe: a) fundado receio de dano à utilidade prática do processo, em razão da demora na solução definitiva do conflito de interesses submetido ao Poder Judiciário (*periculum in mora*); b) aparência do bom direito (*fumus boni iuris*).

Nesse sentido, o CPC estabelece, no art. 300, que a tutela cautelar será concedida quando houver elementos que evidenciem a probabilidade do direito (*fumus boni iuris*) e o perigo de dano ou o risco ao resultado útil do processo (*periculum in mora*).

A determinação de medida cautelar pressupõe a presença do *fumus boni iuris*, isto é, a *aparência do bom direito* ou, na dicção do art. 300 do CPC, a *probabilidade do direito*.

Como aduzem Antunes Varela, José Miguel Bezerra e Sampaio e Nora, ao examinar o pedido cautelar, o juiz deve contentar-se "com uma probabilidade séria da existência do direito".[4]

A tutela cautelar constitui mecanismo de defesa da utilidade do processo diante do perigo representado pela demora na entrega da tutela jurisdicional definitiva. Por essa razão, o deferimento de medida cautelar pressupõe a demonstração do perigo representado por aquela demora, ou, na dicção do art. 305 do CPC, o *perigo de dano* ou o *risco ao resultado útil do processo*.

No exame do pedido de tutela cautelar, não é verificada a existência do direito cujo reconhecimento é ou será demandado perante o Poder Judiciário, mas a existência de elementos que justifiquem a adoção de medidas necessárias para assegurar a utilidade do processo.

---

3. Piero Calamandrei considera a instrumentalidade o caráter típico dos procedimentos cautelares, afirmando que eles "não são nunca um fim em si próprios, mas são infalivelmente predispostos à emanação de um ulterior procedimento definitivo, do qual estes preventivamente asseguram o proveito prático" (*Introdução ao estudo sistemático dos procedimentos cautelares*, p. 51).
4. *Manual de direito processual civil*, p. 25.

Aldo Attardi assinala que o *periculum in mora* consiste em uma situação de fato "que faz surgir o perigo de tornar impossível, tardia ou praticamente ineficaz, a realização de um direito subjetivo".[5]

Consoante anotam Antunes Varela, José Miguel Bezerra e Sampaio e Nora, para o deferimento da medida cautelar não há necessidade de prova do perigo de dano, sendo bastante a demonstração de "ser fundado (compreensível ou justificado) o receio de dano".[6]

3.2. Medidas cautelares *ex officio*.

O CPC autoriza o juiz a exigir caução idônea para ressarcir os danos que a outra parte possa vir a sofrer em razão da efetivação de uma medida de urgência (art. 300, § 1º), isto é, o deferimento de medida cautelar de ofício, observando-se, ainda, que o art. 139, IV, do CPC também autoriza o juiz a tomar *medidas necessárias para assegurar o cumprimento das ordens judiciais*, o que também traduz autorização para deferimento de medidas cautelares de ofício.

3.3. Medidas cautelares típicas, atípicas, antecedentes e incidentais.

Em relação às medidas cautelares, a ordem jurídica pode:

a) definir de forma exaustiva as medidas cautelares que o juiz pode determinar;
b) apontar de forma apenas exemplificativa as medidas cautelares que o juiz pode determinar;
c) deixar ao juiz a definição das medidas cautelares a serem adotadas, segundo as particularidades do caso concreto.

Sob esta ótica, as medidas cautelares podem ser classificadas em *típicas ou nominadas* (medidas cautelares especificadas em lei) e *atípicas ou inominadas* (medidas cautelares não especificadas em lei).

O CPC dispõe, nos arts. 297 e 301, que a tutela cautelar pode ser efetivada mediante arresto, sequestro, arrolamento de bens, registro de protesto contra alienação de bem ou *qualquer outra medida adequada à asseguração do direito*. O CPC também faz referência ao arrolamento para realização de documentação e apreensão (art. 381) e à justificação (art. 381, § 5º).

Assim, o CPC enumera de forma exemplificativa as medidas cautelares que o juiz pode determinar e a ele conferem o poder para definir, à luz do caso concreto, qual é a medida mais adequada à garantia da utilidade do processo.

5. *Diritto processuale civile*, v. I, p. 72.
6. *Manual de direito processual civil*, p. 25.

As medidas cautelares podem ser pleiteadas antes ou no curso do processo principal (art. 294, parágrafo único, do CPC), isto é, podem ser *antecedentes* ou *incidentais*.[7]

Acrescente-se que o CPC de 1973, dispondo sobre o que denomina *procedimentos cautelares específicos*, aponta várias medidas cautelares que o juiz pode adotar e estabelece, em relação a elas, as condições para a sua determinação (art. 813 a 888), ao passo que o CPC de 2015 optou por estabelecer, genericamente, os requisitos para o deferimento das medidas cautelares em geral.

No entanto, nada impede a adoção, como parâmetro para a determinação de medidas cautelares sob a égide do CPC de 2015, do significado do *fumus boni iuris* e do *periculum in mora* definido no CPC de 1973 em relação às medidas cautelares nele referidas expressamente. Por esta razão, inclusive, mais adiante serão examinados, ainda que de forma breve, os procedimentos cautelares especificados no CPC de 1973.

3.4. Legitimidade.

Estão legitimados para requerer medidas cautelares as partes legitimadas para apresentar em juízo o pedido principal, o Ministério Público do Trabalho, quando atue como parte ou fiscal da ordem jurídica, e terceiros que participem do processo.

3.5. Competência. Competência cautelar em processo em grau de recurso.

O CPC dispõe, no art. 299, que a tutela provisória será requerida ao *juízo da causa* e, quando antecedente, ao *juízo competente* para conhecer do pedido *principal*, sendo que, *ressalvada disposição especial*, na *ação de competência originária de tribunal* e *nos recursos* a tutela provisória será requerida ao órgão jurisdicional competente para apreciar o mérito (art. 299, parágrafo único).

O requerimento de tutela de forma antecedente faz com que o juízo que o recebeu fique prevento para conhecer o pedido principal (art. 299 do CPC), ressalvada, no entanto, a hipótese de ser ele incompetente para conhecer do pedido principal.

Contudo, como estabelece o CPC, salvo decisão judicial em sentido contrário, conservar-se-ão os efeitos da decisão proferida pelo juízo incompetente até que outra seja proferida, se for o caso, pelo juízo competente (art. 64, § 4º).

---

7. A necessidade da determinação de medida apta a assegurar a utilidade do processo pode se apresentar antes da sua instauração ou durante o seu curso.

3.6. Requisitos da petição inicial.

A petição inicial da ação que visa à concessão de tutela cautelar possui requisitos específicos.

O CPC dispõe, no art. 305, que a petição inicial da ação que visa à tutela cautelar indicará a lide e seu fundamento, a exposição sumária do direito que se objetiva assegurar e o perigo de dano ou o risco ao resultado útil do processo. Não se pode olvidar, contudo, que, como permite afirmar o art. 319, da inicial também devem constar o juízo a que é dirigida a demanda, os nomes, os prenomes, a existência de união estável, a profissão, o CPF ou o CNPJ, o endereço eletrônico, o domicílio e a residência do autor e o réu, o valor da causa e as provas com que o autor pretende demonstrar a verdade dos fatos alegados.

No processo do trabalho também devem ser atendidos estes requisitos, com a ressalva de que, nele, a parte está dispensada de indicar o valor da causa e as provas que pretende produzir, consoante foi demonstrado quando tratamos dos requisitos da petição inicial.

No caso de pedido de tutela cautelar em caráter incidental, o requerente está dispensado de indicar a lide e seu fundamento e expor de forma sumária do direito que se objetiva assegurar, mas deverá apontar o perigo de dano ou o risco ao resultado útil do processo que justifique a sua pretensão cautelar.

3.7. Procedimento. Procedimento da tutela cautelar requerida em caráter antecedente. Deferimento liminar da tutela cautelar. Deferimento de medida cautelar contra atos do Poder Público.

O CPC somente fixa o "procedimento da tutela cautelar requerida em caráter antecedente" (arts. 305 a 310), o que se deve ao fato de que somente é exigida a propositura de ação autônoma quando se trate de cautelar requerida em caráter antecedente.

Tais preceitos servem de fonte subsidiária ou supletiva do Direito Processual do Trabalho, salvo algumas situações em que o procedimento deverá ser adequado às suas particularidades.

Destarte, em relação à ação cautelar requerida em caráter antecedente, cumpre anotar que:

a) a ação cautelar está sujeita à distribuição (art. 783 da CLT);

b) distribuída a ação, o réu será citado para, em cinco dias, contestar o pedido (art. 306 do CPC), observando-se que o CPC exige que o réu indique, na contestação, as provas a serem produzidas, o que não é compatível com o Direito Processual do Trabalho, no qual as provas serão produzidas independentemente de sua prévia indicação (arts. 825 e 840, § 2º, da CLT) e, ainda, que, no processo do trabalho, pode ser designada audiência, na qual o réu deverá apresentar contestação (art. 841 da CLT);

c) não sendo contestado o pedido, os fatos alegados pelo autor presumir-se-ão aceitos pelo réu como ocorridos, caso em que o juiz proferirá decisão em cinco dias (art. 307 do CPC e art. 844 da CLT);

d) contestado o pedido, proceder-se-á a instrução do processo, após o que será proferida decisão.

No CPC é estabelecido que, efetivada a tutela cautelar, o pedido principal terá de ser formulado pelo autor no prazo de trinta dias, caso em que será apresentado nos mesmos autos em que foi deduzido o pedido de tutela cautelar, não dependendo do adiantamento de novas custas processuais (art. 308), com a ressalva de que o pedido principal pode ser formulado conjuntamente com o pedido de tutela cautelar (art. 308, § 1º) e que a causa de pedir pode ser aditada no momento da formulação do pedido principal (art. 308, § 2º).

Destarte, à luz do CPC: podem ser cumulados o pedido principal e o pedido de tutela cautelar; efetivada a tutela cautelar deferida em caráter antecedente, o pedido principal terá de ser formulado pelo autor no prazo de trinta dias, caso em que será apresentado nos mesmos autos em que foi deduzido o pedido de tutela cautelar, não dependendo do adiantamento de novas custas processuais (não é exigido, portanto, o ajuizamento de nova ação — *ação principal* — e, com isto, pagamento de novas custas);[8] na apresentação do pedido principal, o autor poderá aditar a causa de pedir.[9]

O CPC também prevê que, apresentado o pedido principal, as partes serão intimadas para a audiência de conciliação ou de mediação, que deverá ser designada com antecedência mínima de trinta dias, por seus advogados ou pessoalmente, sem necessidade de nova citação (art. 308, § 3º), ao passo que, não havendo autocomposição, o prazo para contestar será contado a partir da data da audiência (art. 308, § 4º).

No processo do trabalho, apresentado o pedido principal, o réu será citado para apresentar resposta em cinco dias ou na audiência a ser realizada, observando-se, quanto ao espaço de tempo mínimo entre a citação e a realização da audiência, o prazo de cinco dias, estabelecido no art. 841 da CLT, e, ainda, que não cabe reconvenção na ação cautelar.

---

8. O prazo de trinta dias é contado da data da efetivação da medida e não da ciência deste fato pelo requerente da tutela cautelar. Se a medida pode ser efetivada por partes, o prazo é contado a partir do primeiro ato de sua efetivação.

9. A causa de pedir em questão é aquela relativa ao pedido de tutela cautelar, visto que o pedido principal deve ser apresentado com a respectiva causa de pedir. Acrescente-se que não há que se falar em aditamento da causa de pedir em relação a pedido ainda não apresentado.

Se for designada audiência, nela devem estar presentes o requerente (sob pena de arquivamento da reclamação) e o requerido (sob pena de revelia e confissão quanto aos fatos narrados na petição inicial), diante do que estabelecem os arts. 643, 843 e 844 da CLT.

Não existe qualquer restrição quanto aos meios de prova de que as partes podem se valer na ação cautelar.

É lícito ao juiz conceder medida cautelar, liminarmente ou após justificação prévia (art. 300, § 2º, do CPC), o que pressupõe fundado risco, demonstrado já com a petição inicial ou em justificação prévia, de que o réu, se citado previamente, torne a medida ineficaz.

Contudo, a Lei n. 8.437/92 restringe a possibilidade de deferimento de medida cautelar contra o Poder Público, dispondo, por exemplo, que não será cabível medida cautelar liminar contra atos do Poder Público toda vez que providência semelhante não puder ser concedida em mandado de segurança em razão de vedação legal (art. 1º, *caput*).

3.8. Substituição, revogação e modificação da medida cautelar. Perda de eficácia da medida cautelar.

Ao juiz é lícito, de ofício ou a requerimento de qualquer das partes, substituir a medida cautelar deferida pela prestação de caução ou por outra garantia menos gravosa para o requerido, sempre que a caução ou a nova medida for idônea e suficiente para evitar a lesão ou repará-la integralmente (arts. 296, 297 e 298 do CPC).

A substituição de uma medida cautelar por caução ou outra garantia menos gravosa pressupõe a idoneidade e a suficiência da caução ou da nova medida determinada para assegurar a utilidade do processo.[10]

A parte contrária deve ser ouvida sobre o pedido de substituição da medida cautelar, devendo a decisão respectiva ser fundamentada, de modo claro e preciso.

A medida cautelar pode, a qualquer tempo, ser revogada, isto é, o juiz pode cassar a decisão que determinou a medida cautelar, ou modificada, ou seja, a medida determinada pode ter o seu alcance alterado.

Consoante o art. 309 do CPC, cessa a eficácia da medida cautelar concedida em caráter antecedente: 1) se o autor não deduzir o pedido principal no prazo legal; 2) não for a medida deferida efetivada dentro do prazo de trinta dias; 3) se o juiz julgar improcedente o pedido principal formulado pelo autor ou extinguir

---

10. Humberto Theodoro Júnior adota entendimento diverso, afirmando que "a substituição reclama processo especial e será examinada e solucionada em autos apartados aos da medida cautelar decretada" (*Processo cautelar*, p. 175).

o processo sem resolução de mérito. Contudo, se por qualquer motivo cessar a eficácia da medida cautelar, é defeso à parte repetir o pedido, salvo sob novo fundamento (art. 309, parágrafo único, do CPC).

O prazo fixado no art. 309, I, do CPC é fatal e peremptório, ou seja, a perda da eficácia da medida decorre do simples fato de não ser apresentado o pedido principal no prazo legal, não dependendo, portanto, de declaração judicial ou mesmo de requerimento da parte contrária,[11] mas somente alcança "as medidas de caráter restritivo de direito ou de constrição de bens, pois nos provimentos meramente conservativos (justificação, protestos, interpelações e notificações) e nos de antecipação de provas (vistoria e inquirições *ad perpetuam rei memoriam*) não tem, como é óbvio, nenhuma influência o prazo do art. 806. Em tais casos, o fato provado ou a pretensão resguardada ou conservada não desaparecem nem se tornam inócuos pelo simples fato de não ser a ação proposta nos trinta dias seguintes à realização da medida preventiva".[12]

A propósito da cessação da eficácia da medida cautelar em razão da extinção do processo principal, observa Humberto Theodoro Júnior que "a extinção da medida cautelar *in casu* não é a mesma em todos os casos de extinção do processo. Se a relação processual desaparece sem solução do mérito (sentença terminativa) ou se a solução da lide for contrária à pretensão daquele que obteve a proteção cautelar, a medida preventiva simplesmente desaparece e as partes são recolocadas no *status quo ante*, como se não houvesse jamais existido o provimento instrumental. Mas, se a sentença de mérito favorece a parte que promoveu a medida cautelar, esta extinguir-se-á, não para desaparecer simplesmente do cenário processual, mas para converter-se na medida definitiva colimada pela sentença da ação principal".[13]

Segundo Enrico Tullio Liebman, "os provimentos cautelares são sempre destinados a durar um tempo limitado. De fato, chegando ao fim o processo principal, desaparece o próprio problema em razão do qual eles foram concedidos: ou o direito foi reconhecido existente e poderá receber plena satisfação, ou então foi declarado inexistente e a medida cautelar deverá ser revogada".[14]

As medidas cautelares conservam a sua eficácia na pendência do processo (art. 296, *caput*, do CPC e, salvo decisão judicial em contrário, também durante a suspensão do processo (art. 296, parágrafo único, do CPC).

---

11. Consoante a Súmula n. 482 do STJ: "A falta de ajuizamento da ação principal no prazo do art. 806 do CPC acarreta a perda da eficácia da liminar deferida e a extinção do processo cautelar". A perda da eficácia da medida cautelar deferida em caráter antecedente, com a consequente extinção do processo cautelar, prejudica a interrupção da prescrição resultante do ajuizamento da ação cautelar.
12. Humberto Theodoro Júnior. *Processo cautelar*, p. 178.
13. *Processo cautelar*, p. 184-185.
14. *Manual de direito processual civil*, v. I, p. 218.

3.9. Decisão e recurso no processo cautelar.

O indeferimento da tutela cautelar não obsta que a parte formule o pedido principal, nem influi no julgamento desse, salvo se o motivo do indeferimento for o reconhecimento de decadência ou de prescrição (art. 310 do CPC).

Nem poderia ser diferente, posto que, ao examinar o pedido de medida cautelar, o juiz somente verifica a necessidade de adotar medida que assegure a utilidade do processo, ou seja, não profere decisão de mérito (existência ou inexistência do direito objeto da disputa judicial), ressalvada, como dito, a hipótese de acolhimento de decadência do direito do autor ou de prescrição da sua pretensão, situação em que nova demanda não poderá ser apresentada porque já foi afirmada a extinção do direito (decadência) ou da pretensão resultando da sua violação (prescrição).

A decisão sobre a concessão, substituição, modificação ou revogação de medida cautelar tem natureza interlocutória, não comportando recurso imediato, podendo o seu mérito ser apreciado somente em recurso da decisão definitiva (art. 893, § 1º, da CLT).

A decisão que julgar pedido de tutela cautelar apresentado em ação cautelar antecedente pode ser impugnada mediante recurso, na medida em que ela será uma decisão definitiva em relação ao pedido com o fundamento posto na petição inicial respectiva.

3.10. Responsabilidade do requerente da medida cautelar.

A efetivação da medida cautelar pode resultar em prejuízo para a parte contrária.

Segundo o art. 302 do CPC, independentemente da reparação do dano processual, a parte responde pelo juízo que a efetivação da tutela de urgência causar à parte adversa, se: a) a sentença lhe for desfavorável; b) obtida liminarmente a tutela em caráter antecedente, não fornecer os meios necessários para a citação do requerido no prazo de cinco dias; c) ocorrer a cessação da eficácia da medida em qualquer hipótese legal; d) o juiz acolher a alegação de decadência ou prescrição da pretensão do autor.

A responsabilidade pelos danos causados pela implementação da tutela de urgência, cautelar ou antecipada é, no CPC, de natureza objetiva, ou seja, não se exige, para o seu reconhecimento, prova de culpa ou dolo da parte, devendo a indenização ser liquidada nos autos em que a medida tiver sido concedida (art. 302, parágrafo único).

No processo do trabalho, que tem como um dos seus princípios a facilitação do acesso à justiça, não há que se falar em responsabilidade objetiva do requerente da medida cautelar quando se tratar de sentença desfavorável ou de acolhimento de alegação de decadência ou prescrição. É que a existência do direito à utilidade do processo não está condicionada à existência do direito material nele invocado ou da possibilidade de seu exercício e, independentemente do resultado do julgamento, aquela utilidade pode correr perigo e deve ser assegurada.

3.11. Procedimentos cautelares específicos regulados no CPC de 1973.

O CPC de 1973, dispondo sobre o que denomina *procedimentos cautelares específicos*, aponta várias medidas cautelares que o juiz pode adotar e estabelece as condições para a sua determinação (arts. 813 a 888), ao passo que o CPC de 2015 optou por estabelecer, de forma genérica, os requisitos para o deferimento das cautelares em geral, quais sejam, a probabilidade do direito (*fumus boni iuris*) e o perigo na demora (*periculum in mora*).

No entanto, nada impede a adoção do significado do *fumus boni iuris* e do *periculum in mora* definido no CPC de 1973 em relação às medidas cautelares nele referidas expressamente como parâmetro para a determinação de medidas cautelares sob a égide do CPC de 2015. Por esta razão, serão examinados, de forma breve, alguns procedimentos cautelares específicos disciplinados pelo CPC de 1973.

3.11.1. Arresto.

O arresto, ao qual o CPC de 2015 faz referência no art. 301, consiste na apreensão de bens para assegurar as condições necessárias à satisfação de crédito em dinheiro ou prestação que em dinheiro se possa converter (art. 814, parágrafo único, do CPC de 1973), ou seja, o resultado útil do processo de execução. Arresto é a apreensão de bens do patrimônio do devedor para assegurar a futura penhora e, com isso, a satisfação do credor.

O arresto pode recair sobre quaisquer bens do devedor, desde que passíveis de penhora, e "produz a retirada da coisa ao poder da livre disposição material e jurídica do devedor, para evitar sua deterioração ou desvio".[15]

Para Galeno Lacerda, o arresto e a penhora se distinguem em razão de sua finalidade, vez que, "enquanto o arresto se esgota na garantia, a penhora se destina à expropriação do bem. Por isso, aquela constitui medida cautelar, esta, de execução".[16]

O arresto tem lugar (art. 813 do CPC de 1973):

a) quando o devedor sem domicílio certo intenta ausentar-se ou alienar os bens que possui, ou deixa de pagar a obrigação no prazo estipulado;

15. Humberto Theodoro Júnior. *Processo cautelar*, p. 261.
16. *Comentários ao Código de Processo Civil*, v. VIII, t. II, p. 61.

b) quando o devedor, que tem domicílio: 1) se ausenta ou tenta ausentar-se furtivamente; 2) caindo em insolvência, aliena ou tenta alienar bens que possui; contrai ou tenta contrair dívidas extraordinárias; põe ou tenta pôr bens em nome de terceiros; ou comete qualquer outro artifício fraudulento, a fim de frustrar a execução ou lesar credores; 3) possui bens de raiz e intenta aliená-los, hipotecá-los ou dá-los em anticrese, sem ficar com algum ou alguns, livres e desembaraçados, equivalentes às suas dívidas;

c) nos demais casos expressos em lei.

As hipóteses do art. 813 do CPC de 1973 (*causae arresti*) são apenas exemplificativas, o que significa que outras situações que demonstrem risco efetivo à utilidade do processo de execução podem justificar a sua concessão.

Para a concessão do arresto exige-se (art. 814 do CPC de 1973): a) prova literal da dívida líquida e certa; b) prova documental ou justificação de algum dos casos mencionados no art. 813 de 1973 (situações que colocam em risco a utilidade do processo de execução). Tais exigências correspondem ao *fumus boni iuris* e ao *periculum in mora* necessários para a concessão de medida cautelar de arresto.

Equipara-se à prova literal da dívida líquida e certa a sentença líquida ou ilíquida, pendente de recurso, condenando o devedor ao pagamento de dinheiro ou prestação que em dinheiro se possa converter (art. 814, parágrafo único, do CPC de 1973).

De acordo com Galeno Lacerda, "para concessão do arresto não se faz necessária dívida exigível ou vencida. O art. 814 não inclui a exigibilidade entre os requisitos desse tipo de cautela. Já no parágrafo único, ao admitir a medida na pendência de recurso (...), torna evidente que os direitos, líquidos ou ilíquidos, reconhecidos em sentença (...), merecem desde logo a garantia do arresto. O mesmo vale para os títulos executivos extrajudiciais ainda não vencidos. Antes do termo do vencimento, cabe a cautela específica se presentes os pressupostos que a autorizam (...). Se esses títulos se equiparam à sentença para fins de execução, não há como recusar-lhes a tutela nas mesmas condições em que o Código a outorga ao título judicial".[17]

A justificação prévia, quando for reputada indispensável para o deferimento do arresto, far-se-á em segredo e de plano, reduzindo-se a termo o depoimento das testemunhas (art. 815 do CPC de 1973). A justificação não se exigirá quando o arresto for pleiteado pela Fazenda Pública, nos casos previstos em lei, ou o requerente prestar caução (art. 816 do CPC de 1973).

Não sendo o arresto medida de execução, contra ele não cabem embargos. A defesa do requerido deve ser apresentada por meio de contestação à ação cautelar

17. *Comentários ao Código de Processo Civil*, v. VIII, t. II, p. 50.

antecedente de arresto. No caso de arresto realizado no curso do processo de execução, somente por meio de embargos, a serem apresentados após garantido o juízo (art. 884 da CLT), é que a medida poderá ser contestada.

Na execução do arresto devem ser observadas as normas relativas à penhora (art. 821 do CPC de 1973). Assim, o arresto é realizado por oficial de justiça, que procederá à apreensão e depósito de bens do devedor, para que possam, no futuro, ser penhorados.

De acordo com o art. 818 do CPC de 1973, julgada procedente a ação principal, o arresto se resolve em penhora. Contudo, como assinala Ovídio Baptista da Silva, "o arresto, enquanto apreensão cautelar de bens do suposto devedor, não poderá, jamais, converter-se, ou *resolver-se* em penhora. O que verdadeiramente acontece é a incidência ou a realização da penhora sobre os mesmos bens que forem objeto da constrição cautelar".[18]

Ficará suspensa a execução do arresto quando o devedor pagar ou depositar em juízo a importância da dívida, mais honorários advocatícios (se for o caso) e custas processuais, ou der fiador idôneo ou prestar caução para garantir a dívida, mais honorários advocatícios (se devidos) e custas (art. 819 do CPC de 1973).

Extingue-se o arresto pelo pagamento, novação ou transação (art. 820 do CPC de 1973).

3.11.2. Sequestro.

Sequestro, a que também faz referência o art. 301 do CPC de 2015, é a "medida cautelar que assegura futura execução para entrega de coisa, e que consiste na apreensão de bem determinado, objeto do litígio, para lhe assegurar entrega, em bom estado, ao que vencer a causa".[19]

O sequestro pode ser realizado (art. 822 do CPC de 1973):

a) sobre bens móveis, semoventes ou imóveis, quando lhes for disputada a propriedade ou a posse, havendo fundado receio de rixas (confrontos físicos entre as partes) ou danificações;

b) sobre frutos e rendimentos do imóvel reivindicado, se o réu, depois de condenado por sentença ainda sujeita a recurso, os dissipar;[20]

c) nos demais casos expressos em lei.

18. *Do processo cautelar*, p. 254.

19. Humberto Theodoro Júnior. *Processo cautelar*, p. 271.

20. Para Ovídio Baptista da Silva, "o inc. II do art. 822 faz menção à circunstância de estar o réu a dissipar frutos e rendimentos do imóvel reivindicado. Havemos de entender que a previsão legal contém tanto a hipótese de ocorrência de dissipação como igualmente os casos de simples ameaça de dissipação, assim como haveremos de atribuir ao próprio conceito de dissipação um sentido muito amplo, de modo que aí se compreendam também os atos ou ameaças de atos de danificação, desperdício, dispersão, alienação (...) ou qualquer outra

A enumeração das situações em que pode ser deferido o sequestro, constante do art. 822 do CPC de 1973, é apenas exemplificativa. O sequestro pode ser deferido sempre que se torne necessário diante de fundado receio de dano à conservação da coisa litigiosa (art. 301 do CPC de 2015).

Para Humberto Theodoro Júnior, a principal diferença entre arresto e sequestro "situa-se no objeto da medida, que no arresto é qualquer bem do patrimônio do devedor que possa garantir futura execução de obrigação de dinheiro, e no sequestro, é um bem determinado, isto é, exatamente aquele disputado pelas partes, aquele que se apresenta como objeto da demanda. Assim, enquanto o arresto se vincula a uma execução por quantia certa, o sequestro é tipicamente garantia de uma execução para entrega de coisa".[21]

Ovídio Baptista da Silva afirma, distinguindo o arresto do sequestro, que "ao contrário do arresto, que se destina a assegurar uma futura execução monetária, o sequestro há de instrumentalizar, sempre, uma execução para entrega de coisas certas" e acrescenta que "não se exigirá do requerente do arresto que ele especifique, em sua petição inicial, o bem sobre o qual deva incidir a constrição cautelar, tal como não se exigirá do exequente a indicação do bem a ser penhorado (...). Já com relação ao sequestro, a indicação e descrição precisa do bem a ser apreendido é indispensável (...) enquanto o arresto pode, a qualquer tempo, se substituir por caução o bem apreendido, liberando-o da constrição cautelar (art. 805), aquele que sofre o sequestro não poderá impedi-lo ou conseguir sua liberação, substituindo-o pela caução".[22]

Constituem requisitos para a concessão do sequestro, segundo lição de Humberto Theodoro Júnior: "a) o temor de dano jurídico iminente, representado pela verificação de algum dos fatos arrolados pela lei (art. 822, incs. I a IV); b) o interesse na conservação da situação de fato, enquanto não advém a solução do mérito, o que corresponde ao *fumus boni iuris*, segundo a doutrina clássica".[23]

Incumbe ao juiz nomear o depositário dos bens sequestrados, podendo a escolha recair: a) em pessoa indicada, de comum acordo, pelas partes; b) em uma das partes, desde que ofereça maiores garantias ou preste caução idônea (art. 824 do CPC de 1973).

A entrega dos bens ao depositário far-se-á depois que ele assinar o compromisso (art. 825 do CPC de 1973). Se houver resistência na entrega do bem, o

---

forma que possa comprometer seriamente o cumprimento da futura obrigação da entrega de coisa certa" (*Do processo cautelar*, p. 278).

21. *Processo cautelar*, p. 272.

22. *Do processo cautelar*, p. 273-274.

23. *Processo cautelar*, p. 279.

depositário solicitará ao juiz a requisição de força policial (art. 825, parágrafo único, do CPC de 1973).

O sequestro não torna o bem inalienável, mas a sua alienação é ineficaz em relação ao processo em que foi determinado.

3.11.3. Busca e apreensão.

O juiz pode decretar a busca e apreensão de coisas móveis (art. 839 do CPC de 1973).[24]

Na petição inicial, o requerente deve expor as razões justificativas da medida (requisitos da concessão da medida) e da ciência de estar a coisa no lugar designado (art. 840 do CPC de 1973).

Se o juiz reputar indispensável a justificação prévia para o exame do pedido de liminar, esta far-se-á em segredo de justiça. Provado o quanto baste o alegado, expedir-se-á o mandado de busca e apreensão, que conterá a indicação do lugar em que deve efetuar-se a diligência, a descrição da coisa procurada e o destino a lhe ser dado (art. 841 do CPC de 1973).

Deferida a medida, o mandado será cumprido por apenas um oficial de justiça (no processo do trabalho, os mandados são cumpridos por apenas um oficial de justiça), que efetuará sua leitura ao morador ou responsável pelo imóvel, intimando-o a abrir a porta. Não sendo atendido pelo morador ou responsável pelo imóvel, o oficial arrombará as portas externas, bem como as internas e quaisquer móveis onde presuma que esteja oculta a coisa procurada. O oficial de justiça far-se-á acompanhar, durante a diligência, por duas testemunhas (art. 842 do CPC de 1973).

Finda a diligência, lavrará o oficial de justiça auto circunstanciado, que deverá ser assinado por testemunhas (art. 843 do CPC de 1973).

A busca e apreensão podem ser "medida cautelar ou medida satisfativa. É cautelar quando serve à atuação de outras medidas cautelares ou quando por si só desempenha a função de assegurar o estado de fato necessário à útil e eficiente atuação do processo principal, diante do perigo de mora. É medida satisfativa quando serve não à hipotética eficiência do processo, mas à concreta realização de um direito, como, por exemplo, no caso de execução para entrega de coisa certa (...). O processo regido pelos arts. 839 a 853 é, exclusivamente, o da busca e apreensão cautelar, isto é, da medida preventiva instrumental que serve à tutela abstrata de outro processo".[25]

---

24. No processo do trabalho, não há que se falar em busca e apreensão de pessoas (medida pessoal).
25. Humberto Theodoro Júnior. *Processo cautelar*, p. 311.

4. ANTECIPAÇÃO DE TUTELA

Antecipação de tutela é a antecipação, total ou parcial, efeitos materiais da tutela jurisdicional perseguida pelo demandante. A hipótese é de uma *tutela provisória, fundada em urgência, de caráter satisfativo.*

4.1. Antecipação de tutela como direito das partes. O Direito Processual do Trabalho e a antecipação de tutela.

A parte tem direito à tutela antecipada, como corolário do direito à tutela jurisdicional adequada e efetiva dos seus direitos.

O CPC, ao dispor, no art. 300, que a tutela de urgência *será concedida* quando presentes as condições que estabelece, afasta qualquer dúvida a respeito da existência do direito à tutela antecipada.

O CPC faz referência à *parte* requerente da antecipação de tutela (art. 302, *caput*), tornando certo que a antecipação de tutela não constitui direito apenas do autor da demanda. Assim, também o réu poderá ser beneficiado pela antecipação de tutela, notadamente quando lhe for possível apresentar pedido contra o autor, lembrando-se, ainda, da possibilidade de *tutela antecipada recursal*, que pode ser concedida também em favor do réu.

A antecipação de tutela responde à necessidade de garantir a mais rápida e adequada satisfação do direito deduzido em juízo, o que a torna compatível com o Direito Processual do Trabalho, que, inclusive, contempla situações de antecipação de tutela.

Nesse sentido, o art. 659, IX e X, da CLT permite ao juiz o deferimento de *liminar*[26] em favor do trabalhador, impedindo a alteração no local da prestação de serviços, quando o empregador intente transferi-lo, ou assegurando a continuidade da prestação de serviços, quando o dirigente sindical for afastado, suspenso ou dispensado ou se encontre na iminência de sê-lo.

O deferimento de liminar nas situações indicadas pelo art. 659, IX e X, da CLT é autorizado em razão da natureza dos interesses objeto da demanda, que exigem pronta e eficaz resposta da ordem jurídica, e pela necessidade de distribuição entre o empregador e o trabalhador dos ônus da demora do processo.

Como ao trabalhador é assegurado, por meio da medida liminar deferida com esteio no art. 659, IX e X, da CLT, o bem da vida que pretende obter ao final (manutenção do local da prestação de serviços ou reintegração no emprego ou

---

26. Liminar é o provimento judicial emitido *in limine litis*.

serviço), a hipótese não é de medida cautelar, mas de verdadeira antecipação de tutela, diante de seu caráter satisfativo.[27]

4.2. A antecipação de tutela no CPC.

A antecipação de tutela foi disciplinada no Livro V do CPC, destinado ao regramento da *tutela provisória*.

O Livro V do CPC de 2015 é subdividido em três Títulos, contendo:

a) o Título I, as *disposições gerais da tutela provisória;*

b) o Título II, a disciplina da *tutela de urgência*.

Este Título II foi dividido em três Capítulos: o Capítulo I contém *disposições gerais da tutela de urgência*; o Capítulo II trata do procedimento da *tutela antecipada requerida em caráter antecedente*; o Capítulo III tem por objeto o procedimento da *tutela cautelar requerida em caráter antecedente;*

c) o Título III, o regramento da *tutela de evidência*.

As *disposições gerais da tutela provisória* foram examinadas no item n. 1 do presente Capítulo e delas resulta, *em relação à antecipação de tutela*, que:

1) a antecipação de tutela constitui espécie do gênero *tutela provisória de urgência* (art. 294, *caput* e parágrafo único);
2) a tutela antecipada pode ser concedida em caráter *antecedente* ou *incidental* (art. 294, parágrafo único);
3) a antecipação de tutela requerida em caráter incidental independe do pagamento de custas (art. 295);
4) a tutela antecipada conserva a sua eficácia na pendência do processo, mas pode, a qualquer tempo, ser revogada ou modificada, observando-se que, salvo decisão judicial em contrário, a tutela antecipada conservará a eficácia durante o período de suspensão do processo (art. 296, *caput* e parágrafo único);
5) o juiz poderá determinar as medidas que considerar adequadas para a efetivação da tutela antecipada (art. 297);[28]

---

27. A natureza satisfativa da ordem de reintegração é reconhecida pela Orientação Jurisprudencial n. 142 da SDI-2 do TST, *in verbis*: "Inexiste direito líquido e certo a ser oposto contra ato do juiz que, antecipando a tutela jurisdicional, determina a reintegração do empregado até a decisão final do processo, quando demonstrada a razoabilidade do direito subjetivo material, como nos casos de anistiado pela Lei n. 8.878/94, aposentado, integrante de comissão de fábrica, dirigente sindical, portador de doença profissional, portador de vírus HIV ou detentor de estabilidade provisória prevista em norma coletiva. Legislação: CLT, art. 659, inciso X", o mesmo ocorrendo na Orientação Jurisprudencial n. 64 da SDI-2 do TST: "Não fere direito líquido e certo a concessão de tutela antecipada para reintegração de empregado protegido por estabilidade provisória decorrente de lei ou norma coletiva".

28. Como já foi assinalado, ao juiz foi concedido o *poder geral de tutela de urgência*.

6) a efetivação da tutela antecipada observará as normas referentes ao cumprimento provisório da sentença, no que couber (art. 297, parágrafo único);

7) a decisão que conceder, negar, modificar ou revogar a tutela antecipada deverá ser fundamentada, de modo claro e preciso (art. 298);

8) a tutela antecipada deverá ser requerida ao juízo da causa e, quando antecedente, ao juízo competente para conhecer do pedido principal e, ressalvada disposição especial, na ação de competência originária de tribunal e nos recursos a tutela antecipada deverá ser requerida ao órgão jurisdicional competente para apreciar o mérito (art. 299, *caput* e parágrafo único).

Nas *disposições gerais da tutela de urgência*, o CPC de 2015 estabelece que a tutela de urgência de natureza antecipada não será concedida quando houver perigo de irreversibilidade dos efeitos da decisão (art. 300, § 3º), disposição que será examinada mais adiante.

4.3. Antecipação de tutela de ofício.

O CPC alude, ao tratar da antecipação da tutela, ao *requerimento da parte* (arts. 295, 299 e 303), apontando no sentido de que ao juiz é vedado deferir antecipação de tutela de ofício.

4.4. Antecipação de tutela antecedente.

O CPC autoriza o deferimento de antecipação de tutela em caráter antecedente (art. 294, parágrafo único) e, inclusive, estabelece um procedimento da tutela antecipada requerida em caráter antecedente (arts. 303 e 304).

A respeito do procedimento da tutela antecipada requerida em caráter antecedente, dispõe o CPC que:

1) nos casos em que a urgência for contemporânea à propositura da ação, a petição inicial pode limitar-se ao requerimento da tutela antecipada e à indicação do pedido de tutela final, com a exposição da lide, do direito que se busca realizar e do perigo de dano ou do risco ao resultado útil do processo (art. 303, *caput*).

Destarte, se a urgência da tutela se apresenta no momento do ajuizamento da demanda, o autor poderá *requerer* a antecipação de tutela em caráter antecedente, sendo-lhe lícito, ainda, limitar o seu requerimento à tutela antecipada. Note-se que a antecedência diz respeito à relação entre o pedido de tutela antecipada e o pedido de tutela final, isto é, o pedido de tutela antecipada pode anteceder ao pedido de tutela final;

2) concedida a tutela antecipada requerida em caráter antecedente:

a) o autor deverá *aditar* a petição inicial, nos mesmos autos e sem incidência de novas custas processuais, com a *complementação de sua argumentação*, a *juntada de novos documentos* e a *confirmação* do pedido de tutela final, em 15 dias ou em outro prazo maior que o juiz fixar, sob pena de extinção do processo sem resolução do mérito (art. 303, §§ 1º, I, 2º e 3º).

Ao apresentar o pedido de tutela antecipada antecedente, o autor deverá *indicar* o pedido de tutela final, ou seja, indicar o pedido a ser apresentado posteriormente (art. 303, *caput*). Concedida a antecipação de tutela, o autor deverá *aditar* a petição inicial e *confirmar* o pedido de tutela final (o pedido *indicado* deverá ser *confirmado*).

O aditamento da petição inicial deverá ocorrer nos mesmos autos e sem incidência de novas custas processuais, o que decorre do fato de que o aditamento não faz surgir um novo processo.

Como o art. 303, § 1º, I, fala em *confirmação* do pedido, deve haver correspondência entre o pedido indicado e o pedido confirmado, ou seja, não pode haver inovação em relação ao pedido. Note-se, inclusive, que somente foi autorizada a *complementação* dos argumentos. Ademais, o aditamento da petição inicial não implicará aumento das custas, o que decorre do fato de que o pedido não poderá ser alterado no momento de sua confirmação (fosse possível complementar o pedido, ter-se-ia de admitir a alteração do valor da causa e, com isto, do valor das custas).

Se a petição inicial não for aditada, o processo será extinto sem resolução do mérito, situação em que a antecipação de tutela concedida perderá efeito;

b) o réu será citado e intimado para a audiência de conciliação ou de mediação na forma do art. 334 (art. 303, § 1º, II).

Concedida a medida, o réu é citado para a demanda e intimado para a audiência de conciliação ou mediação.

A citação do réu ocorrerá depois de o autor aditar a petição inicial, como forma, inclusive, de permitir que a tentativa de conciliação seja realizada com a prévia ciência do réu sobre todos os argumentos e todas as provas de que dispõe o autor;

c) não havendo autocomposição, o prazo de contestação será contado na forma do art. 335 (art. 303, § 1º, III).

O prazo para contestação é contado da data da audiência de conciliação;

3) na petição inicial, o autor terá que indicar o valor da causa, que deve levar em consideração o pedido de tutela final (art. 303, § 4º), e indicará que pretende valer-se do benefício previsto no *caput* do art. 303 (art. 303, § 5º).

No processo civil, a indicação do valor da causa constitui requisito da petição inicial, ao contrário do que ocorre no processo do trabalho, como já foi demonstrado quando tratamos dos requisitos da petição inicial;

4) caso entenda que não há elementos para a concessão de tutela antecipada, o órgão jurisdicional determinará a emenda da petição inicial em até cinco dias, sob pena de ser indeferida e de o processo ser extinto sem resolução do mérito (art. 303, § 6º).

O indeferimento do pedido de tutela antecipada antecedente não conduz à extinção do processo.

Se for concedida a tutela antecipada, o autor deverá aditar a inicial (art. 303, § 1º, I), oportunidade em que poderá apresentar novos argumentos e juntar novos documentos e deverá confirmar o pedido de tutela final. Se não for concedida a tutela antecipada, o autor deverá ementar a petição inicial, oportunidade em que deverá confirmar o pedido de tutela final e poderá apresentar novos argumentos e juntar novos documentos;

5) a tutela antecipada antecedente torna-se estável se da decisão que a conceder não for interposto o respectivo recurso, situação em que o processo será extinto (art. 304, *caput* e § 1º).

A não interposição de recurso torna estável a antecipação de tutela concedida em caráter antecedente. Tornada estável a antecipação de tutela, o processo deverá ser extinto.

A tutela antecipada torna-se estável, mas os seus efeitos serão conservados até que a decisão concessiva seja revista, reformada ou invalidada (art. 304, §§ 2º a 6º[29]).

De outro lado, se o réu não apresenta recurso, não tem sentido exigir que o autor apresente aditamento da petição inicial e confirme o pedido de tutela final. Assim, estabilizada a tutela antecipada, o processo deverá ser extinto, estando o autor dispensado do aditamento da petição inicial;

6) qualquer das partes poderá demandar a outra com o intuito de rever, reformar ou invalidar a tutela antecipada estabilizada (art. 304, § 2º).

Na hipótese de estabilização da tutela antecipada, o processo será extinto. Por essa razão, somente em uma nova ação poderá ser requerida a sua revisão, reforma ou invalidação;

7) a tutela antecipada conservará seus efeitos enquanto não revista, reformada ou invalidada por decisão de mérito proferida na ação proposta visando à sua revisão, reforma ou invalidação (art. 304, § 3º).

O ajuizamento de ação visando à revisão, reforma ou invalidação da tutela antecipada estabilizada não prejudica a sua eficácia, que é preservada até que seja proferida decisão de mérito naquela ação. A tutela antecipada concedida em

29. Estes dispositivos legais serão examinados em seguida.

caráter antecedente é, portanto, dotada de ultratividade, mas que é limitada ao proferimento de decisão de mérito que a revir, reformar ou invalidar.

A antecipação de tutela tem como característica a *provisoriedade*, visto ser ela uma espécie de *tutela provisória*. Esta provisoriedade autoriza, apesar da possibilidade de estabilização da tutela antecipada, o questionamento posterior da decisão que a conceder.

8) qualquer das partes poderá requerer o desarquivamento dos autos em que foi deferida a tutela antecipada, para instruir ação posteriormente proposta visando à sua revisão, reforma ou invalidação, estando prevento para esta ação o juízo em que a tutela foi concedida (art. 304, § 4º).

O art. 304, § 4º, permite o ajuizamento da ação em questão pelas partes, ou seja, também pelo requerente da antecipação de tutela. No entanto, como foi beneficiado pela antecipação de tutela, o seu requerente não tem interesse na sua revisão, reforma ou invalidação. O seu interesse reside na *confirmação* da decisão, para efeito de produção de coisa material da decisão, diante do disposto no art. 304, § 6º, segundo o qual tal decisão que concede antecipação de tutela antecedente não passa em julgado.

O juízo que concedeu a tutela antecipada antecedente é prevento para o processamento e o julgamento da ação proposta para a sua revisão, reforma ou invalidação;

9) o direito de rever, reformar ou invalidar a tutela antecipada extingue-se após dois anos, contados da ciência da decisão que extinguiu o processo, nos termos do § 1º (art. 304, § 5º).

Foi estabelecido, portanto, prazo decadencial para a propositura visando à revisão, reforma ou invalidação da tutela antecipada estabilizada. Trata-se de *prazo decadencial* porque o seu transcurso extingue o direito de revisão, reforma ou invalidação da tutela antecipada antecedente.

A estabilização da antecipação de tutela é, então, *precária*, mas perde esta característica ultrapassado o prazo de que as partes dispõem para propor ação visando à sua revisão, reforma ou invalidação;

10) a decisão que concede a tutela não fará coisa julgada, mas a estabilidade dos respectivos efeitos só será afastada por decisão que a revir, reformar ou invalidar, proferida em ação ajuizada por uma das partes (art. 304, § 6º).

A concessão da tutela antecipada em caráter antecedente é fundada na cognição sumária e em juízo de probabilidade do direito, razão pela qual não passa em julgado.

Ademais, como a tutela antecipada antecedente pode ser revista, reformada ou invalidada, é intuitivo que a decisão que a concede não passa em coisa julgada.

O art. 305, parágrafo único, que se refere ao *procedimento de tutela cautelar requerida em caráter antecedente*, estabelece que, caso entenda que o pedido tem natureza antecipada, o juiz o conhecerá como tal. Foi estabelecida, portanto, a *fungibilidade entre as medidas de urgência*, o que faz com que o mesmo raciocínio seja aplicado no caso de ser apresentado pedido de tutela de natureza antecipada sob o título de tutela cautelar: o pedido será examinado como sendo de tutela antecipada antecedente.

4.5. Das condições para o deferimento de antecipação de tutela. Significado de prova inequívoca que convença da verossimilhança da alegação do requerente ou existência de elementos que evidenciem a probabilidade do direito e o perigo de dano.

O CPC exige, para o deferimento da antecipação de tutela, a existência de *elementos que evidenciem a probabilidade do direito*[30] *e o perigo de dano*.

Como anota Cândido Rangel Dinamarco, "para antecipar a tutela basta a probabilidade e, obviamente, não se exige certeza; mas é sempre indispensável observar uma linha de equilíbrio com a qual o juiz leve em conta os males a que o interessado na medida se mostra exposto e também os que poderão ser causados à outra parte se ela vier a ser concedida".[31]

O juiz deverá sopesar os eventuais danos decorrentes da concessão e da não concessão da tutela antecipada, levando em conta, no entanto, que as situações existenciais prevalecem sobre as patrimoniais.

O CPC estabelece, de outro lado, a possibilidade do condicionamento do deferimento da tutela antecipada à apresentação de caução real ou fidejussória idônea para ressarcir os danos que a outra parte possa vir a sofrer,[32] estando o juiz autorizado, no entanto, a dispensar a caução se a parte economicamente hipossuficiente não puder prestá-la (art. 300, § 1º).[33]

A tutela antecipada pode ser concedida liminarmente, isto é, no início do processo e mesmo que ainda não tenha ocorrido a citação do demandado (art. 303, § 1º, II) ou após justificação prévia (art. 300, § 2º). Dessa forma, existindo nos autos elementos que evidenciem a probabilidade do direito e o perigo de dano,

---

30. Trata-se de *probabilidade lógica*, ou seja, que resulta do confronto das alegações com as provas constantes dos autos.
31. *Nova era do processo civil*, p. 64.
32. Trata-se de exigência voltada à preservação da segurança jurídica da parte contrária.
33. Note-se que, segundo o art. 300, § 1º, o juiz exigirá a caução *conforme o caso*, ou seja, as particularidades do caso concreto deverão ser consideradas para efeito de exigência da caução. A dispensa da caução é compatível com o Direito Processual do Trabalho, notadamente quando se tratar de pedido de antecipação de tutela apresentado por trabalhador desempregado.

o juiz pode deferir liminarmente a tutela. Na ausência destes elementos, o juiz poderá condicionar o deferimento da tutela à justificação prévia.

4.6. Antecipação de tutela e irreversibilidade dos efeitos materiais do provimento antecipado.

O deferimento da antecipação da tutela pressupõe a ausência de perigo de irreversibilidade dos efeitos materiais do provimento antecipado (art. 300, § 3º, do CPC).

Como prevê o art. 300, § 3º, do CPC, o que impede o deferimento da antecipação de tutela é a presença de perigo de *irreversibilidade dos efeitos do provimento antecipado*.

4.7. Natureza da tutela que pode ser antecipada. Antecipação de tutela contra a Fazenda Pública.

O CPC nada diz sobre a natureza da tutela cujos efeitos podem ser antecipados, tornando possível a antecipação de tutela qualquer que seja a natureza da pretensão da parte, valendo acrescentar que ele não veda a concessão de antecipação de tutela nas demandas propostas contra a Fazenda Pública e, não fosse isso, a Lei n. 9.494/97 autoriza o deferimento de antecipação de tutela contra a Fazenda Pública, ainda que com restrições, como se vê do seu art. 1º.

4.8. Momento em que pode ser deferida a tutela antecipada no curso do processo.

A necessidade de antecipação da tutela pode se apresentar em qualquer fase do procedimento, o que implica que ela pode ser deferida: a) liminarmente, inclusive sem a oitiva do requerido, quando o juiz verificar que a sua citação coloca em risco a concretização da medida; b) após a apresentação da defesa; c) na sentença; d) na fase recursal (a *tutela antecipada recursal* é admitida na Orientação Jurisprudencial n. 68 da SDI-2 do TST).

Não existe impedimento para a concessão de antecipação de tutela na sentença. Primeiro, porque após a instrução o juiz estará em melhores condições para aferir o cumprimento dos requisitos necessários à antecipação dos efeitos da tutela pretendida. Segundo, porque simples decisão interlocutória (como é aquela por meio da qual é deferida a antecipação antes da sentença) não pode ter mais força do que aquela que examina o mérito da demanda (como os efeitos do provimento podem ser antecipados por decisão interlocutória, com muito mais razão eles podem ser antecipados por força de sentença de mérito). Terceiro, porque o fato de ser proferida a sentença não significa, por si só, que os resultados por ela perseguidos serão produzidos de imediato, em especial diante da possibilidade de recurso (o juiz pode, então, na própria sentença, deferir a antecipação dos efeitos concretos da sua decisão).

O TST admite a concessão de antecipação de tutela na sentença, quando consagra o entendimento de que a antecipação de tutela concedida na sentença não comporta impugnação pela via do mandado de segurança (Súmula n. 414, I).

O CPC autoriza a concessão de antecipação na ação rescisória, como se vê do seu art. 869 ("A propositura da ação rescisória não impede o cumprimento da decisão rescindenda, ressalvada a concessão de tutela provisória").

4.9. Impugnação da decisão que concede antecipação de tutela, antecedente ou incidente.

A antecipação de tutela pode ser deferida de forma antecedente e incidental (art. 303 do CPC).

O CPC prevê a *estabilização da tutela antecipada requerida em caráter antecedente* como consequência da não apresentação de *recurso* contra a decisão que a conceder (art. 304).

Assim, se a tutela antecipada antecedente vai se estabilizar se não for apresentado recurso contra a decisão que a concedeu, à parte não pode ser negado, mesmo no processo do trabalho, o direito de impugnar a decisão mediante recurso.

Note-se que, se não for apresentado recurso, somente em ação própria é que a decisão concessiva da tutela antecipada antecedente poderá ser questionada (art. 304, §§ 2º a 6º), o que significa que sequer se pode falar em possibilidade de atacar a decisão que concedeu a antecipação de tutela no recurso apresentado contra a decisão definitiva, vez que, neste caso, não haverá uma decisão posterior (concedida a tutela e não havendo recurso, a tutela se estabilizará e o processo será extinto, como foi visto).

Deste modo, contra o deferimento da antecipação de tutela em caráter antecedente cabe recurso ordinário.

No caso de ser indeferida a antecipação antecedente, o autor pode ajuizar a demanda e, apresentando novos argumentos e novas provas, requerer a antecipação em caráter incidental. Deste modo, não cabe recurso contra a decisão que indeferido a antecipação antecedente.

É interlocutória a decisão que concede a antecipação de tutela incidentalmente antes da sentença, de forma que contra ela não cabe recurso. Contra tal decisão, pode ser impetrado mandado de segurança (Súmula n. 414, II, do TST).

Também não cabe recurso contra a decisão que nega a antecipação de tutela. Desta forma, pode a decisão ser atacada por meio de mandado de segurança, cabendo ao impetrando demonstrar a violação do direito líquido e certo à antecipação de tutela.

Se a antecipação é confirmada na sentença, perderá o objeto o mandado de segurança impetrado contra a antecipação deferida antes da sentença (Súmula n. 414, III, do TST), devendo a parte apresentar recurso contra a decisão e ajuizar ação cautelar e pleitear que a ele seja concedido efeito suspensivo em relação ao cumprimento da antecipação da tutela.

Não cabe mandado de segurança contra a antecipação de tutela concedida na sentença, devendo esta ser impugnada por meio de recurso ordinário. Nesse caso, a parte poderá ajuizar ação cautelar e pleitear a concessão de efeito suspensivo ao recurso (Súmula n. 414, I, do TST).

4.10. Fungibilidade das medidas de urgência.

A fungibilidade das medidas de urgência significa a possibilidade de converter uma medida em outra.

A autorização para esta conversão consta do art. 305, parágrafo único, do CPC, que prevê a possibilidade de o juiz, caso entenda que o pedido do autor, apesar de apresentado como sendo de natureza cautelar, tem natureza antecipada, o examinar como sendo de natureza antecipada.

A fungibilidade entre as medidas de urgência decorre do fato de serem elas espécies do mesmo gênero, qual seja, o de tutela provisória fundada em urgência.

4.11. Responsabilidade do autor do requerimento de antecipação de tutela.

O CPC dispõe que, independentemente da reparação por dano processual, a parte responde pelo prejuízo que a efetivação da tutela de urgência, que pode ser cautelar ou antecipada, causar à parte contrária, se: a) a sentença lhe for desfavorável; b) obtida liminarmente a tutela em caráter antecedente, não fornecer os meios necessários para a citação do requerido no prazo de cinco dias; c) ocorrer a cessão da eficácia da medida em qualquer hipótese legal; d) o juiz acolher a alegação de decadência ou prescrição da pretensão do autor (art. 302).

A responsabilidade pelos danos causados pela implementação da tutela de urgência antecipada é de natureza objetiva, ou seja, não se exige, para o seu reconhecimento, prova de culpa ou dolo da parte, devendo a indenização ser liquidada nos autos em que a medida tiver sido concedida (art. 811, parágrafo único, do CPC de 1973 e art. 302, parágrafo único, do CPC).

No processo do trabalho, que tem como um dos seus princípios a facilitação do acesso à justiça, não há que se falar em responsabilidade objetiva do requerente da medida de urgência quando se tratar de sentença desfavorável ou de acolhimento de alegação de decadência ou prescrição. É que a proteção contra o perigo de dano não está condicionada ao prévio estabelecimento da existência do direito objeto da demanda.

5. TUTELA DE EVIDÊNCIA

A *tutela provisória* se subdivide em *tutela provisória de urgência* e *tutela provisória de evidência*.

O CPC dispõe, no art. 311, que a tutela de evidência será concedida quando:

a) ficar caracterizado o abuso do direito de defesa[34] ou manifesto propósito protelatório da parte: o réu que abusa do direito ou age com manifesto propósito protelatório arca com os ônus da duração do processo;[35]

b) as alegações de fato puderem ser comprovadas apenas documentalmente **e** houver tese firmada em julgamento de casos repetitivos ou em súmula vinculante. Esta previsão merece ressalvas, na medida em que a evidência do direito pode resultar da prova documental produzida **ou** do fato de existir tese firmada em julgamento de casos repetitivos ou em súmula vinculante em favor da pretensão do autor;

c) se tratar de pedido reipersecutório fundado em prova documental adequada de contrato de depósito, caso em que será decretada a ordem de entrega do objeto custodiado, sob pena de cominação de multa;

d) a petição inicial for instruída com prova documental suficiente dos fatos constitutivos do direito do autor, a que o réu não oponha prova capaz de gerar dúvida razoável. Esta previsão também merece uma pequena ressalva. A interpretação literal da previsão legal aponta no sentido de que a tutela de evidência não será deferida quando a prova produzida pelo réu suscitar uma dúvida razoável em relação ao fato constitutivo do direito do autor. No entanto, a dúvida sobre a existência do direito também pode resultar, por exemplo, de prova de fato impeditivo produzida com a defesa. Nos dois casos, haverá dúvida razoável, que impede o deferimento do pedido.

A concessão de tutela de evidência não depende da demonstração de perigo de dano ou de risco ao resultado útil do processo, como prevê, de forma expressa,

---

34. Abusa do direito de defesa a parte que o exerce excedendo manifestamente os limites impostos pelo seu fim social e pela boa-fé (art. 187 do Código Civil).

35. Protela o andamento do processo a parte que age de forma a prejudicar o seu desenvolvimento normal. Situações existem em que o ato protelatório antecede a apresentação de defesa, como ocorre, por exemplo, quando o réu cria embaraços para a realização de sua citação, o que justifica a referência ao abuso do direito e ao manifesto propósito protelatório.

o art. 311 do CPC. A hipótese é de tutela de *direito evidente* e não de direito em face do perigo de dano ou de risco ao resultado útil do processo.[36]

Registre-se que a concessão de tutela de urgência pressupõe a existência de elementos que evidenciem a *probabilidade do direito*, ao passo que a concessão da tutela de evidência pressupõe a existência de um *direito evidente*.

6. TUTELA INIBITÓRIA

O dogma liberal da equivalência dos bens tem forte influência no direito processual clássico, que considera de igual valor a garantia do direito *in natura* e a garantia da sua tutela pelo equivalente monetário, o que resulta na *monetização dos direitos*. Daí a ausência de preocupação com a atividade jurisdicional voltada a impedir a prática de atos ilícitos, o que faz com que a única tutela possível seja o ressarcimento dos danos decorrentes de atos ilícitos, ou seja, a *tutela contra o dano*. A atividade jurisdicional, sob este prisma, é voltada para fatos pretéritos (*atos ilícitos já praticados*) e tem a sua função limitada à *tutela sucessiva reparatória* (*reparação dos danos decorrentes de atos ilícitos praticados*).

No entanto, como garantidor dos direitos atribuídos pelo ordenamento jurídico, o Estado não pode, no exercício da jurisdição, limitar-se a assegurar a reparação dos danos decorrentes de atos ilícitos, ou seja, à tutela sucessiva ressarcitória.

Daí a evolução do direito processual, no sentido de também assegurar a *tutela contra o ilícito*, isto é, a *tutela inibitória*, que é dirigida à inibição da prática do ato ilícito (*tutela inibitória impeditiva*) ou à sua reiteração ou continuação (*tutela inibitória continuativa*).

A tutela inibitória é *preventiva*, na medida em que visa inibir o ilícito, e *específica*, enquanto atua no sentido de garantir o gozo do direito *in natura*.

Constituem exemplos de tutela inibitória o mandado de segurança e o *habeas corpus* preventivos.

A concessão de tutela inibitória encontra respaldo:

a) no art. 5º, XXXV, da Constituição, segundo o qual a lei não poderá excluir da apreciação do Poder Judiciário *ameaça* a direito, o que implica reconhecimento do direito à tutela preventiva;

b) no art. 83 do Código de Defesa do Consumidor, que reconhece o direito à tutela jurisdicional adequada e efetiva, o que inclui a tutela na forma de inibição do ato ilícito, quando esta for a forma mais adequada para garantir o pleno exercício do direito;

36. A hipótese se assemelha à de *direito líquido e certo* relativa ao mandado de segurança.

c) no art. 84 do Código de Defesa do Consumidor, que estabelecem a preferência da tutela específica sobre a tutela sucessiva ressarcitória e autorizam a cominação de multa diária com o propósito de evitar que o ilícito seja praticado e reste frustrado o gozo do direito *in natura;*

d) no art. 12 do Código Civil, quando prevê que se pode "exigir que cesse a ameaça, ou a lesão, a direito da personalidade, e reclamar perdas e danos, sem prejuízo de outras sanções previstas em lei", o que implica o expresso reconhecimento do direito à tutela inibitória.

Note-se que o art. 12 do Código Civil faz alusão à cessação da ameaça (*prevenção*) e à *reparação de perdas e danos*, o que implica que podem ser cumulados, na mesma demanda, pedido inibitório (inibição da repetição dos atos ilícitos) e pedido reparatório (reparação dos danos sofridos pelos atos ilícitos já praticados).

Todas as disposições legais acima citadas apontadas no sentido de que ao titular do direito deve ser assegurado o seu gozo *in natura*, o que não é estranho ao Direito Processual do Trabalho, que autoriza a concessão de medida liminar nas hipóteses do art. 659, IX e X, da CLT, com o objetivo de evitar que se torne inviável o exercício dos direitos aos quais ele se refere.

No CPC de 2015, o direito à tutela inibitória passa a contar com expressa previsão, como se vê do parágrafo único do art. 497, que dispõe: "Para a concessão de tutela específica destinada a inibir a prática, a reiteração ou a continuação de um ilícito, ou a sua remoção, é irrelevante a demonstração da ocorrência de dano ou de existência de culpa ou dolo". De acordo com este dispositivo legal, portanto, a tutela contra o ilícito pode ser *inibitória* e de *remoção* do ilícito, observando-se que a tutela de remoção diz respeito à *remoção dos efeitos da conduta ilícita já praticada*.

Para provocar o Poder Judiciário em busca de tutela inibitória a parte dispõe da *ação inibitória*.

A competência para a ação inibitória individual é fixada com esteio no art. 651 da CLT. A competência para a ação inibitória coletiva é definida pela aplicação do art. 93 do Código de Defesa do Consumidor, observando-se que este comando legal e a sua aplicabilidade no processo do trabalho são examinados no Capítulo reservado ao estudo do direito processual coletivo do trabalho, ao qual remetemos o leitor.

A concessão da tutela inibitória pressupõe a existência de séria ameaça de prática, reiteração ou continuação de um ato contrário ao direito, ou seja, de um ato ilícito.

Para a caracterização da ameaça da prática do ilícito, como anota Joaquim Felipe Spadoni, "devem ser considerados aspectos *objetivos* da situação fática levada ao conhecimento do juízo. Não basta o receio, o temor estritamente subjetivo, fundado apenas em especulações psíquicas do titular do direito. É necessário que este receio esteja embasado na existência de fatos exteriores".[37]

O dano não é condição para a concessão da tutela inibitória. Nesse sentido, inclusive, dispõe o art. 497, parágrafo único, do CPC5 que, para a concessão de tutela inibitória, é irrelevante a demonstração da ocorrência de dano. A tutela inibitória não é, portanto, uma tutela contra o *perigo do dano*, mas uma tutela contra o *perigo da prática, repetição ou continuação de ato ilícito*.

A concessão de tutela inibitória também não exige a demonstração da culpa ou de dolo daquele contra quem a ação inibitória é dirigida. Também em relação a este aspecto da questão, o CPC é claro, dispondo, no art. 497, parágrafo único, que, para a concessão de tutela inibitória, é irrelevante a demonstração da existência de culpa ou dolo.

7. TUTELA AUTOSSATISFATIVA

Embora a tutela provisória de urgência, cautelar ou antecipada, representem um avanço no sentido da garantia da tutela jurisdicional adequada e efetiva aos direitos atribuídos pela ordem jurídica, situações existem em que estes mecanismos não são aptos a debelar os males que o decurso do tempo de tramitação do processo pode causar ao direito deduzido em juízo, que são aquelas que exigem, em razão da natureza do direito para o qual se pede a tutela jurisdicional e dos efeitos da sua não satisfação imediata, uma medida de urgência de caráter satisfativo que, no entanto, *não* é provisória e também *não é reversível*.

Tenha-se em mente, a título de exemplo, um participante de plano de saúde que, necessitando de uma intervenção cirúrgica urgente e indispensável para garantir a sua sobrevivência, tenha o seu pedido de cobertura da cirurgia negado pelo plano de saúde.

O participante do plano de saúde, temendo por sua vida, ajuíza demanda contra o plano de saúde, requerendo seja determinado, liminarmente, o custeio da intervenção cirúrgica.

Imagine-se que o juiz, estando convencido da verossimilhança da alegação do autor e da presença de sério risco de dano irreparável à sua vida, defira o pedido.

Qual é a natureza da medida determinada pelo juiz neste caso?

Trata-se, sem dúvida, de uma *medida de urgência*.

Contudo, a hipótese não é de provimento cautelar, diante da natureza satisfativa da medida determinada.

37. *Ação inibitória*, p. 46.

De outro lado, de antecipação de tutela também não se trata. Com efeito, apesar de se tratar de medida satisfativa, a irreversibilidade dos seus efeitos materiais impede que a ela seja atribuída a natureza de antecipação de tutela (art. 303, § 3º, do CPC). Com efeito, sendo realizada a intervenção cirúrgica às expensas do plano de saúde, não haverá antecipação dos efeitos de tutela futura, mas *tutela imediata, definitiva e irreversível.*

Acrescente-se que, com a realização da intervenção cirúrgica, a pretensão do autor estará plenamente satisfeita e, diante da impossibilidade de retorno das partes ao estado anterior ao implemento da medida de urgência determinada, torna-se desnecessária a propositura de uma nova ação visando à concessão da tutela (posto que já alcançada, de forma irreversível) ou a continuidade do processo em que a medida foi deferida (qualquer ato posteriormente praticado seria inútil, posto que não produziria qualquer efeito sobre a situação fática e jurídica das partes).

A nosso juízo, a hipótese é de uma *medida de urgência autossatisfativa.*[38]

Nesse compasso, medida de urgência autossatisfativa é a medida de urgência que satisfaz imediata, definitiva e irreversivelmente a pretensão da parte, dispensando a propositura de qualquer outra ação ou o prosseguimento do processo em que for determinada, que é adotada com esteio em cognição sumária e em juízo de verossimilhança, para garantia da adequada e efetiva tutela do direito assegurado pela ordem jurídica, em situação de urgência extrema e em que o não acolhimento da pretensão da parte resulte em frustração irreversível do seu direito.

Vários são os fundamentos para o deferimento de medida autossatisfativa:

a) nenhuma lesão ou ameaça a direito pode ser excluída da apreciação do Poder Judiciário, o que significa dizer que o fato de ser pretendida uma medida de urgência de natureza irreversível não impede, por si só, o seu deferimento;

b) a todos é assegurada a tutela adequada e efetiva de seus direitos e, ainda, à tutela específica, ou, consoante assevera Giuseppe Chiovenda, de receber "aquilo e exatamente aquilo que ele tenha direito de conseguir";[39]

c) proibindo a autotutela, o Estado assume o dever de realizar concretamente o direito atribuído pela ordem jurídica e, para dele se desincumbir, é atribuído ao juiz o poder para determinar a medida de urgência compatível com as necessidades do caso concreto;

---

38. Da mesma natureza será o provimento judicial que determinar a realização de transfusão de sangue contra a vontade dos parentes do enfermo, fundada em opção religiosa. Cumprida a determinação judicial, os seus efeitos serão irreversíveis e não terá qualquer sentido a continuidade do processo.

39. *Instituições de direito processual civil*, v. I, p. 67.

c) conforme assevera Andrea Proto Pisani, "para que seja assegurada a tutela jurisdicional de uma determinada situação de vantagem, não basta que no plano de direito processual seja predisposto um procedimento qualquer, sendo necessário que o titular da situação de vantagem violada (ou que seja ameaçada de violação) possa utilizar um procedimento (ou vários procedimentos) estruturado de modo tal a fornecer uma tutela efetiva e não meramente formal ou abstrata do seu direito",[40] o que exige, diante de risco ao direito deduzido em juízo, a adoção de medida de urgência adequada à sua efetiva tutela, podendo esta medida ser de natureza cautelar, antecipatória ou autossatisfativa.

Na Argentina, país em que esta modalidade de medida tem sido bem recebida pela doutrina e jurisprudência, Jorge W. Peyrano assinala que a medida autossatisfativa remedia "a fraqueza própria da teoria cautelar clássica, conforme a qual somente pode obter-se uma solução jurisdicional urgente através da promoção de uma cautelar que (...) reclama a ulterior ou concomitante iniciação de um processo principal, sob pena do decaimento da resposta jurisdicional urgente obtida" e "oferece adequada resposta às interrogações que suscitam muitas disposições legais que, às claras, estabelecem soluções urgentes não cautelares (...) que não encontram correspondência adequada na doutrina cautelar clássica".[41]

Também na Argentina, assevera Jorge Mario Galdós que as medidas autossatisfativas estão relacionadas com "circunstâncias não frequentes (ou seja, não cotidianas) derivadas da urgência impostergável em que o fator tempo e a rapidez aparecem como peremptórios".[42]

Ainda na Argentina, Roland Arazi e Mario E. Kaminker anotam que podem existir "circunstâncias em que a tramitação de um processo não é imprescindível, uma vez que o que se procura é um ato, omissão ou prestação imediata, que, cumprida, esgotada, torna desnecessária toda outra tramitação judicial".[43]

Contudo, como operacionalizar a concessão de medida autossatisfativa no ordenamento jurídico brasileiro?

O exame da disciplina reservada às medidas cautelares pelo CPC de 1973 permite afirmar que não foi por ele adotado um modelo rígido. Com efeito, a produção antecipada de provas, apesar de ser uma medida incluída pelo CPC de 1973 entre as cautelares, não perde eficácia pelo fato de não ser proposta uma

40. *Lezioni di diritto processuale civile*, p. 6.

41. La medida autossatisfativa: forma diferenciada de tutela que constituye una expresión privilegiada del proceso urgente. Gênesis e evolución. In: PEYRANO, Jorge W. (coord.). *Medidas autossatisfativas*, p. 14, 16 e17.

42. O conteúdo e o continente das medidas autossatisfativas. In: *Medidas autossatisfativas*, p. 55-73.

43. Algumas reflexiones sobre la antecipación de la tutela y las medidas de satisfación imediata. In: *Medidas autossatisfativas*, p. 37-53.

ação principal nela fundada, ao passo que a justificação pode ser realizada para simples documentação e sem caráter litigioso, sendo admitida até mesmo medida cautelar com natureza satisfativa, como ocorre em relação aos alimentos provisionais, o que demonstra a *flexibilidade* do modelo adotado.

Também para a antecipação de tutela não foi adotado um modelo rígido e inflexível. Com efeito, embora seja uma medida de urgência, a antecipação de tutela pode ser deferida mesmo que não exista risco de dano irreparável ou de difícil reparação ao direito da parte, como ocorre na hipótese de pedido incontroverso (art. 273, § 6º, do CPC de 1973).

Ao lado de adotar um modelo flexível para as medidas cautelares e a antecipação de tutela, o legislador, por meio do art. 796 do CPC de 1973, conferiu ao juiz o poder para adotar a medida de urgência que, segundo as particularidades do caso concreto, seja a mais apropriada para a adequada e efetiva tutela do direito deduzido pela parte, ou seja, um verdadeiro *poder geral de urgência*.

O CPC de 2015 adota um modelo ainda mais flexível, estabelecendo não só a atipicidade das medidas de urgência, como a atipicidade das condições necessárias para o seu deferimento.

Acrescente-se que o ordenamento jurídico brasileiro estabelece vários procedimentos especiais, adequando o processo às particularidades do direito deduzido em juízo (o processo não pode ser indiferente ao direito material que por meio dele se pretende realizar concretamente), e dispõe serem admissíveis todas as espécies de ações capazes de propiciar a adequada e efetiva tutela dos direitos assegurados pela ordem jurídica, conforme prevê o art. 83 do Código de Defesa do Consumidor, abrindo ensejo para o pedido e o deferimento de medida autossatisfativa, quando seja a medida de urgência mais adequada à tutela jurisdicional do direito assegurado à parte pelo ordenamento jurídico.

O ordenamento jurídico brasileiro, em suma, permite que o juiz, em situação de risco e urgência extremados e visando assegurar a adequada e efetiva tutela do direito da parte, determine *medida de urgência autossatisfativa*.

A tutela autossatisfativa não se confunde com a cautelar, diante de sua natureza satisfativa, e também não se confunde com a antecipação de tutela, por força de sua natureza definitiva e irreversível.

Com isso, sendo deferida uma medida autossatisfativa, não há que falar em processo principal, em perda da eficácia da medida pelo não ajuizamento de uma ação principal ou em prosseguimento do processo até a decisão que torne definitivos os efeitos da tutela deferida. Deferida a medida autossatisfativa, o processo deverá ser extinto, com fundamento no desaparecimento superveniente do interesse, processual e substancial, da parte, em razão da satisfação definitiva e irreversível de sua pretensão.

Sendo a tutela autossatisfativa de natureza definitiva e irreversível, ao réu resta o direito de pleitear ao Poder Judiciário, em ação própria, a reparação de eventuais danos causados em razão da sua implementação, observando-se, ainda, que a definitividade e a irreversibilidade dos efeitos da decisão a tornam passível de recurso imediato.

A decisão que defere a medida autossatisfativa não produz coisa julgada material, vez que fundada, em razão da urgência extremada, em cognição sumária e juízo de verossimilhança. O que ocorre, com o deferimento e implementação da tutela autossatisfativa, é a sua estabilização.

Contudo, pode o autor, pretendendo alcançar a coisa julgada material em relação ao seu pedido, solicitar o prosseguimento do processo. Nesse caso, o réu deverá ser citado para apresentar defesa, seguindo-se a instrução, se necessária, e o julgamento da causa.

É relevante anotar que o CPC admite que o autor se limite ao requerimento da tutela antecipada (art. 303) e estabelece que a tutela antecipada então concedida se torna estável se da decisão que a conceder não for interposto o respectivo recurso, situação em que o processo será extinto (art. 304, § 1º), ou seja, permite a estabilização da tutela concedida em caráter provisório.

No entanto, a hipótese não é de tutela autossatisfativa. Primeiro, porque o CPC veda a concessão de antecipação de tutela quando os seus efeitos materiais sejam irreversíveis. Segundo, porque ao réu é possível evitar a estabilização da tutela, por meio da apresentação de recurso, ao passo que, na tutela autossatisfativa, a própria natureza da medida determinada é que conduz à estabilização da tutela. Terceiro, porque o CPC concebe a possibilidade de a medida determinada em caráter de urgência perder a eficácia ou ser invalidada posteriormente, o que não ser harmoniza com a tutela autossatisfativa.

Contudo, o CPC estabelece parâmetro compatível com a tutela autossatisfativa, em relação ao prazo para a propositura, pelo réu, de ação visando questionar a tutela de urgência deferida (art. 304, § 5º), observando-se, porém, que a hipótese já não será de revisão, reforma ou invalidação da tutela, mas de indenização de danos decorrentes de sua implementação.

Capítulo 21

DIREITO PROCESSUAL COLETIVO DO TRABALHO

1. OBSERVAÇÕES INTRODUTÓRIAS

A crescente complexidade da vida em sociedade conduziu à evolução do direito material, de um direito informado pela concepção individualista das relações sociais, para um direito em que é valorizada a dimensão coletiva destas relações e dos próprios indivíduos, o que conduz ao reconhecimento da existência de *direitos de grupo*.[1]

Direito de grupo significa, neste primeiro momento, *direitos difusos*, isto é, direitos de que são titulares a coletividade, e *direitos coletivos*, ou seja, direitos de que é titular determinado grupo, classe ou categoria de pessoas.

Os direitos difusos e coletivos possuem, para a sua adequada e efetiva tutela jurisdicional, exigências que não podem ser satisfeitas pelo instrumental fornecido pelo direito processual clássico, de estrutura individualista.

Basta ver, neste sentido, que entre as ações voltadas à defesa de direitos individuais e aquelas destinadas à tutela de direitos difusos e coletivos existem diferenças essenciais. Cite-se, como exemplo desta distinção, a legitimação para a ação, na medida em que o direito processual civil clássico em regra atribui a legitimidade ativa ao titular do direito material deduzido em juízo, ao passo que, na ação coletiva, a legitimidade está relacionada com a representação adequada dos interesses em conflito,[2] que tem reflexos nos limites subjetivos da coisa julgada, posto que, na ação individual, a coisa julgada somente atinge as partes,

---

1. Mauro Cappelletti e Bryant Garth registram esta transformação, afirmando que, "a partir do momento em que as ações e relacionamentos assumiram, cada vez mais, caráter mais coletivo que individual, as sociedades modernas necessariamente deixaram para trás a visão individualista dos direitos (...). O movimento fez-se no sentido de reconhecer os direitos e deveres sociais dos governos, comunidades, associações e indivíduos" (*Acesso à justiça*, p. 10).
2. Representatividade adequada é aqui entendida no sentido de pertinência temática, isto é, de vínculo entre os fins institucionais do ente legitimado para a ação coletiva e o direito ou interesse a ser tutelado judicialmente. É este vínculo que leva o legislador à definição da legitimidade para a ação coletiva.

não beneficiando ou prejudicando terceiros, e, na coletiva, pode produzir efeitos *erga omnes* ou *ultra partes*, como se verá mais adiante.

Diante da necessidade de adequação do direito processual às especificidades do direito material, a evolução por este experimentada conduziu à criação de instrumental processual apto à adequada e efetiva tutela jurisdicional dos direitos e interesses difusos e coletivos, vindo à luz, então, o *direito processual coletivo*.

No primeiro momento, o instrumental que compõe o direito processual coletivo teve em vista apenas os direitos difusos e coletivos, mas, com a edição do Código de Defesa do Consumidor, o seu alcance foi alterado, para abarcar os *direitos individuais homogêneos*.

Sob este prisma, o direito processual coletivo do trabalho é constituído pelo conjunto de regras e princípios que disciplinam a solução judicial de conflitos coletivos de interesses e a realização prática dos direitos difusos, coletivos e individuais homogêneos de natureza trabalhista.

No Brasil, a evolução do direito processual clássico (individual) em direção ao direito processual coletivo é demonstrada, principalmente, pela Lei da Ação Civil Pública (Lei n. 7.345/85[3]) e pelo Código de Defesa do Consumidor (Lei n. 8.078/90).

Estas normas, que constituem expresso reconhecimento da inaptidão do direito processual de estrutura individualista para atender às necessidades da sociedade de massa, estão na gênese do direito processual coletivo no Brasil.

A Lei da Ação Civil Pública e o Código de Defesa do Consumidor estabelecem um verdadeiro *subsistema processual coletivo*, fato que decorre das disposições constantes dos arts. 212[4] e 90[5] daqueles diplomas legais, respectivamente, que impõem a aplicação recíproca de suas disposições. A este subsistema devem ser acrescentadas, na composição do direito processual coletivo do trabalho, as regras e princípios que no Direito Processual do Trabalho e antes de qualquer das leis acima referidas já previa a tutela de direitos coletivos decorrentes da relação de emprego, bem como as normas que compõem o Código de Processo Civil (o art. 90 do CDC prevê, inclusive, que se aplicam às ações por ele disciplinadas normas do CPC, naquilo que não contrariar as suas disposições).

Wânia Guimarães Rabêllo de Almeida sustenta a existência de um *direito processual metaindividual do trabalho* e que o compõem "a Constituição da República de 1988, as regras e princípios que constituem o Direito Processual do Trabalho, a

---

3. A denominação ação civil *pública* decorre do fato de se tratar de ação civil, isto é, que não envolve interesse da Administração Pública, ajuizada pelo *Ministério Público*.
4. "Aplicam-se à defesa dos direitos e interesses difusos, coletivos e individuais, no que for cabível, as disposições do Título III da Lei que instituiu o Código de Defesa do Consumidor".
5. "Aplicam-se às ações previstas neste Título as normas do Código de Processo Civil e da Lei n. 7.347, de 24 de julho de 1985, inclusive no que respeita ao inquérito, naquilo que não contrariar suas disposições".

Lei da Ação Popular (Lei n. 4.717, de 29 de junho de 1965), a Lei de Ação Civil Pública (Lei n. 7.347, de 24 de julho de 1985), o Estatuto das Pessoas Portadoras de Deficiência (Lei n. 7.853/89, de 24 de outubro de 1989), a Lei de Proteção aos investidores no mercado de valores mobiliários (Lei n. 7.913, de 7 de dezembro de 1989), a Lei do Mandado de Injunção (Lei n. 8.038, de 28 de maio de 1990), o Código de Defesa do Consumidor (Lei n. 8.078, de 11 de setembro de 1990), o Estatuto da Criança e do Adolescente (Lei n. 8.069, de 13 de julho de 1990), a Lei da Improbidade Administrativa (Lei n. 8.429, de 2 de junho de 1992), o Estatuto do Ministério Público (Lei Complementar n. 75/1993), a Lei de prevenção e repressão às infrações Contra a ordem econômica (Lei n. 8.884, de 11 de junho de 1994), o Estatuto da OAB (Lei n. 8.906, de 4 de julho de 1994), as Leis da Ação Direta de Inconstitucionalidade e da Ação Declaratória de Constitucionalidade (Leis ns. 9.868 e 9.882, de 10 de novembro de 1999), a Lei que trata da Arguição de Descumprimento de Preceito Fundamental (Lei n. 9.882, de 3 de dezembro de 1999), o Estatuto da Cidade (Lei n. 10.257, de 10 de julho de 2001), o Estatuto do Idoso (Lei n. 10.741, de 1º de outubro de 2003), o Estatuto de Defesa do Torcedor (Lei n. 10.671, de 15 de maio de 2003), a Lei Complementar n. 132, de 7 de outubro de 2009 que organizou a Defensoria Pública, a Lei do Mandado de Segurança (Lei n. 12.016/2009) e a Lei n. 12.529/11, que estrutura o Sistema Brasileiro de Defesa da Concorrência e dispõe sobre a prevenção e repressão às infrações contra a ordem econômica", além do CPC, "que, embora não trate da tutela de direitos metaindividuais, funciona como fonte subsidiária de várias normas acima mencionadas".[6]

A doutrinadora acima mencionada chama a atenção para a necessidade de um constante diálogo entre as normas que compõem o direito processual metaindividual do trabalho, esclarecendo que "O diálogo das fontes é uma técnica de coordenação entre fontes do Direito, em razão da qual, em caso de conflito de normas, uma delas não prevalecerá sobre a outra, sendo ambas aplicadas de forma coordenada e complementar para a construção da solução para o caso concreto. Trata-se de diálogo, porque uma norma não se sobrepõe à outra, mas são ambas aplicadas de forma conjunta na construção da solução para o caso concreto. Essa mesma técnica pode ser aplicada no afastamento de lacunas, a partir da consideração do Direito como um sistema dotado de unidade axiológica e teleológica, o que permite a aplicação coordenada e complementar de várias normas, visando afastar eventual lacuna da lei e permitir a solução do caso concreto.

O diálogo das fontes é um método próprio da pluralidade dos centros criativos do Direito. Ele permite a construção de soluções a partir da definição dos valores

6. *Direito processual metaindividual do trabalho:* a adequada e efetiva tutela jurisdicional dos direitos de dimensão coletiva, p. 301-303.

e dos fins prestigiados pelas várias fontes do Direito, destacando-se aqueles relacionados com a efetividade da jurisdição e do processo, no seu sentido mais amplo, e a progressividade na melhoria da condição social e humana daqueles que sobrevivem da alienação da sua força de trabalho."[7]

O fato de ser admitida a ação civil pública no âmbito da Justiça do Trabalho (art. 83 da Lei Complementar n. 75/93, por exemplo) e o disposto nos arts. 769 da CLT e 15 do CPC (que permitem a adoção de regras e princípios do direito comum como fontes subsidiárias ou supletivas do Direito Processual do Trabalho) autorizam a aplicação, no processo do trabalho, tanto da Lei da Ação Civil Pública como do Código de Defesa do Consumidor, o que significa a integração do subsistema formado por tais textos normativos ao Direito Processual do Trabalho.

O presente Capítulo é reservado ao estudo dos institutos fundamentais do direito processual coletivo do trabalho, registrando-se que tais institutos devem ser vistos sob prisma próprio e não dos institutos do direito processual individual, sob pena de comprometer a efetividade do processo coletivo como é assinalado por Augusto Mario Morello, "a defesa da sociedade, dos interesses e direitos — vitais — caracterizados como difusos, coletivos e individuais homogêneos impõe outro modo de pensar e atuar o direito instrumental facilitador da sua proteção útil".[8]

2. AÇÃO COLETIVA. OBJETO DA AÇÃO COLETIVA. PROCESSO COLETIVO. JURISDIÇÃO COLETIVA. TUTELA JURISDICIONAL DE INTERESSES OU DIREITOS

A defesa de direitos e interesses pode ser exercida em juízo de forma individual ou a título coletivo, isto é, por meio de *ação individual* ou de *ação coletiva*, como prevê o art. 81 do Código de Defesa do Consumidor.

A ação individual tem por objetivo a tutela de direitos e interesses individuais. A ação coletiva persegue a tutela de direitos e interesses difusos e coletivos e a tutela coletiva de direitos individuais homogêneos.[9]

O objeto da ação coletiva transcende o interesse individual, envolvendo toda a coletividade (direitos e interesses difusos), um grupo, classe ou categoria de pessoas (direitos e interesses coletivos) ou pessoas atingidas pelo mesmo ato lesivo (direitos individuais homogêneos).

7. *Direito processual metaindividual do trabalho:* a adequada e efetiva tutela jurisdicional dos direitos de dimensão coletiva, p. 579.
8. *La tutela de los intereses difusos en el derecho argentino, p. 56.*
9. A tutela de direitos e interesses difusos ou coletivos somente é possível por meio da ação coletiva, ao passo que a tutela de direitos individuais pode ser realizada por meio de ação individual e de ação coletiva (no caso de direitos individuais homogêneos).

Embora se trate de conceitos que serão examinados ao longo do presente Capítulo, vale mencionar que:

a) direitos e interesses difusos são direitos e interesses transindividuais, de natureza indivisível, de que são titulares pessoas indeterminadas e ligadas por circunstâncias de fato (art. 81, parágrafo único, I, do CDC). Trata-se de interesses e direitos que pertencem a um número indeterminado de titulares, ligados pelas mesmas circunstâncias de fato e que têm objeto indivisível;

b) direitos e interesses coletivos são direitos e interesses transindividuais, de natureza indivisível, de que é titular grupo, categoria ou classe de pessoas ligadas entre si ou com a parte contrária por uma relação jurídica base (art. 81, parágrafo único, II, do CDC). Trata-se de interesses e direitos que pertencem a um grupo, categoria ou classe de pessoas, ligadas entre si ou com a parte contrária pela mesma relação jurídica base (relação que é preexistente ao ato lesivo)[10] e que têm objeto indivisível;

c) direitos e interesses individuais homogêneos são direitos e interesses individuais decorrentes de origem comum (art. 81, parágrafo único, III, do CDC). Trata-se de interesses e direitos que pertencem a pessoas determinadas, que decorrem de origem comum e têm objeto divisível.

O direito difuso e o direito coletivo são transindividuais, posto que o seu titular é a comunidade e um grupo, categoria ou classe de pessoas, respectivamente.

Os direitos individuais homogêneos são individuais e têm objeto divisível, mas, por decorrerem de origem comum (homogeneidade da origem[11]) e terem como titulares uma pluralidade de pessoas (um grupo, portanto), admitem defesa por meio de ação coletiva (a hipótese é de *tutela coletiva de direitos e interesses individuais*). Os direitos individuais homogêneos são direitos individuais que são coletivizados para efeito de sua tutela jurisdicional.[12]

A ação coletiva, isto é, a ação promovida em defesa de direitos e interesses difusos e coletivos ou a tutela coletiva de direitos e interesses individuais homogêneos, é caracterizada pelo seu objeto (tutela de direitos e interesses de grupo) e não constitui fruto de mera acumulação de ações individuais, sendo nela veiculado pedido de tutela de interesses ou direitos de que é titular uma pluralidade de pessoas. O que se persegue na ação coletiva é uma decisão de que resulte proveito para um grupo de pessoas e não para uma única pessoa ou um número reduzido de pessoas.

---

10. Trata-se, aqui, de pessoas que se encontram em uma mesma situação jurídica.

11. A homogeneidade é caracterizada pela existência de relações jurídicas uniformes ou de um fato único do qual decorre lesão para um grupo de pessoas.

12. Somente na liquidação de eventual decisão condenatória é que cada situação concreta será levada em conta, para a verificação da sua pertinência com o caso julgado e a definição do crédito de cada titular do interesse ou direito reconhecido.

A indivisibilidade do objeto de direitos e interesses difusos e coletivos em sentido estrito torna inviável a ação nos moldes do CPC (segundo o art. 18 do CPC, somente o titular do direito pode pleitear em juízo a sua tutela, salvo as hipóteses, que são poucas, de expressa autorização legal a um terceiro para que promova, em nome próprio, a sua defesa). A pluralidade de titulares de direitos individuais homogêneos e a origem comum destes direitos aconselham a sua defesa coletiva.

A ação coletiva é caracterizada, em suma, pelo fato de envolver situações que possuem dimensão social: a dimensão social do direito ou interesse e, com isto, de sua lesão, é o ponto comum nas três categorias de direitos ou interesses que merecem tutela coletiva.[13]

Note-se que a Constituição de 1988, na parte em que trata dos direitos fundamentais, atribui às entidades associativas legitimidade para a representação judicial de seus filiados (art. 5º, XXI) e autoriza os sindicatos a promover a defesa em juízo dos direitos e interesses coletivos ou individuais da categoria (art. 8º, II), o que implica expresso reconhecimento do *direito fundamental à ação coletiva*.

O ajuizamento da ação coletiva dá ensejo à instauração de um *processo coletivo*. Processo coletivo é método, instituído e estruturado pelo ordenamento jurídico, destinado à solução de conflitos coletivos de interesses e a realização concreta de direitos difusos, coletivos em sentido estrito ou individuais homogêneos (processo coletivo em sentido estático) ou a série de atos, praticados pelas partes, juiz, auxiliares da justiça e eventualmente por terceiros, interdependentes, ordenados em fases sucessivas e coordenados ao objetivo de solucionar o conflito de interesses submetido ao Poder Judiciário e realizar concretamente direitos difusos, coletivos em sentido estrito ou individuais homogêneos atribuídos pela ordem jurídica (processo coletivo em sentido dinâmico).

O Poder Judiciário exerce a jurisdição individual quando é chamado a tutelar interesses ou direitos individuais e, a *jurisdição coletiva*, quando é provocado para tutelar direitos ou interesses difusos, coletivos em sentido estrito ou individuais homogêneos. Jurisdição coletiva é, portanto, atividade estatal voltada à solução de conflitos coletivos de interesses e realização concreta de direitos ou interesses coletivos em sentido amplo (direitos ou interesses difusos, coletivos em sentido estrito e individuais homogêneos).

A ação coletiva põe em movimento a jurisdição coletiva, que tem o processo coletivo como instrumento de atuação.

---

13. Todo direito possui dimensão social, no sentido de interessar à sociedade o respeito às normas que o asseguram. Em relação aos direitos coletivos *lato sensu*, esta dimensão é potencializada, pelo fato de se tratar de situação que envolve a comunidade, uma coletividade (grupo, classe ou categoria de pessoas) ou um grupo de pessoas.

Vale esclarecer que o art. 81 do CDC, ao tratar da tutela jurisdicional do consumidor, faz alusão à defesa de *interesses* e de *direitos*, o que traz à baila a distinção entre interesse simples, interesse legítimo e direito subjetivo, em voga na doutrina administrativa europeia.

Sob o prisma desta doutrina, o interesse funciona como elo de ligação entre uma necessidade humana e o bem apto a satisfazê-la, observando-se que, para a *concepção objetiva*, interesse é a relação entre uma pessoa ou grupo de pessoas e o bem apto a satisfazer as suas necessidades, ao passo que, consoante a *concepção subjetivista*, o interesse é a aspiração de uma pessoa ou grupo ao atendimento de uma necessidade por meio de determinado bem. Para a doutrina em destaque, o interesse pode ser *simples* (interesse que apenas retrata a posição de uma pessoa ou grupo em relação a um bem, mas cuja satisfação não pode ser exigida judicialmente) e *legítimo* (interesse que traduz a posição de uma pessoa ou grupo em relação a determinado bem, mas a pessoa ou o grupo somente pode exigir a adequação da conduta de outrem à legalidade objetiva). Sob o prisma desta doutrina, o interesse legítimo se diferencia do direito subjetivo, na medida em que este permite exigir de outrem determinada prestação. Este debate, no entanto, perde relevância no nosso sistema jurídico, na medida em que o Código de Defesa do Consumidor assegura a tutela jurisdicional de interesses e de direitos.

Qualquer interesse ou direito difuso, coletivo ou individual homogêneo de natureza trabalhista pode ser objeto de defesa coletiva, sendo inconstitucional, portanto, o parágrafo único do art. 1º da Lei n. 7.347/85 (acrescentado pela Medida Provisória n. 2.180-35), que veda a propositura de ação civil pública para "veicular pretensões que envolvem o Fundo de Garantia do Tempo de Serviço – FGTS ou outros fundos de natureza institucional cujos beneficiários podem ser individualmente determinados", por ofensa ao art. 5º, XXXV, da Constituição Federal, que assegura o direito de recorrer à justiça tanto por meio de ação individual quanto por meio de ação coletiva.

A propósito desta restrição, afirma Hugo Nigro Mazzili que, "depois do alargamento de objeto da LACP, trazido pela Constituição, pelo CDC e por outras leis esparsas, agora num segundo momento — tão logo a ação civil pública começou a ser mais efetivamente utilizada —, o governo federal sentiu-se tentado a impedir o cabimento de tutela coletiva de interesses transindividuais em matérias que se poderiam voltar contra o próprio governo. Assim, por medida provisória, dispôs que 'não será cabível ação civil pública para veicular pretensões que envolvam tributos, contribuições previdenciárias, o Fundo de Garantia do Tempo de Serviço — FGTS ou outros fundos de natureza institucional cujos beneficiários podem ser individualmente determinados'. Flagrante é a inconstitucionalidade de medida provisória que tenta impedir o acesso coletivo à jurisdição. Tanto é garantia constitucional o acesso individual como o acesso coletivo à jurisdição. Ou seja, é o mesmo que, tendo a Constituição garantido o acesso à jurisdição não só sob o aspecto individual como coletivo (Tít. II, Cap., e art. 5º, XXI, XXXV e LXX), vir o administrador a legislar e a dizer que, nos casos em que ele não o deseja, não cabe acesso coletivo à jurisdição... Ora, a lei infraconstitucional não pode proibir o acesso individual nem o coletivo à jurisdição".[14]

Registre-se que o que foi dito até aqui corresponde a uma visão clássica do direito processual coletivo, fundada no fato de que a Lei da Ação Civil Pública e o Código de Defesa do Consumidor não autorizam o ajuizamento de ação coletiva visando à tutela de direitos e interesses individuais heterogêneos. Contudo, a Constituição da República, como se verá mais adiante, o admite, quando se trate de demanda ajuizada por sindicato, valendo observar que direitos individuais heterogêneos são direitos individuais de que seja titular determinado grupo, embora não decorram de origem comum.

3. AÇÕES COLETIVAS TRABALHISTAS. REQUISITOS PARA A PROPOSITURA DA AÇÃO COLETIVA

Constituem exemplos de ações coletivas trabalhistas: a) ação civil pública; b) ação civil coletiva; c) ação anulatória de cláusula de contratos individuais do trabalho, acordo coletivo de trabalho e convenção coletiva de trabalho; d) ação de cumprimento ajuizada por sindicato em favor dos integrantes da categoria profissional que representa; e) dissídio coletivo.

A relação acima é apenas exemplificativa, na medida em que, consoante prevê o art. 83 do Código de Defesa do Consumidor, para a defesa dos interesses e direitos coletivos em sentido amplo são admissíveis *todas as espécies de ações capazes de proporcionar sua adequada e efetiva tutela*.[15] Com isso, no processo do trabalho pode ser proposta a ação coletiva que se apresente, à luz do caso concreto, como a mais idônea para proporcionar a adequada e efetiva tutela do interesse ou direito deduzido.

As ações coletivas trabalhistas são regidas pelo Direito Processual do Trabalho, do qual servem como fontes subsidiárias, principalmente, o Código de Defesa do Consumidor (Lei n. 8.078/90), a Lei da Ação Civil Pública (Lei n. 7.345/85), assim como pelas normas que, segundo Wânia Guimarães Rabêllo de Almeida, compõem o direito processual metaindividual do trabalho (item 1 *supra*).

Os legitimados para a ação coletiva não necessitam de autorização dos eventuais beneficiados pela coisa julgada para a sua propositura. A lei, ao atribuir legitimidade aos entes que menciona, também lhes atribui o poder para proceder

14. *A defesa dos interesses difusos em juízo*, p. 716-717.

15. Nota-se, aqui, o expresso reconhecimento legal do direito à efetividade da jurisdição.

ao exame da conveniência e oportunidade de propor a ação coletiva. Em relação aos sindicatos, aponta neste mesmo sentido o art. 872, parágrafo único, da CLT, ao passo que a Constituição da República, ao estabelecer que aos sindicatos cabe a defesa dos direitos e interesses coletivos e individuais da categoria, inclusive em questões judiciais, a eles confere plena autonomia no exercício desta defesa (art. 8º, III). Exigir dos sindicatos prévia autorização da categoria ou dos seus membros para a propositura da ação coletiva implicaria, portanto, limitar a autonomia que lhes foi conferida pela Constituição.

De outra sorte, do legitimado para a propositura da demanda não pode ser exigido que indique, na petição inicial, aqueles que serão beneficiados pela coisa julgada (o denominado *rol dos substituídos*), em especial porque a definição dos beneficiados pela coisa julgada nem sempre é possível no momento da propositura da demanda, além do que a indicação dos beneficiados pode colocar sob a pressão do empregador os trabalhadores em favor dos quais a demanda é proposta. Acrescente que exigir dos sindicatos a apresentação do *rol de substituídos* limita a autonomia que a eles foi conferida de forma ampla pela Constituição. Note-se que, na ação civil coletiva, a sentença será genérica (art. 95 do CDC), o que indica que eventuais beneficiados pela coisa julgada sequer necessitam estar individualizados na sentença. A dispensa do *rol dos substituídos* não implica cerceamento do direito de defesa do demandado, posto que a defesa é produzida considerando os fatos que fundamentam os pedidos objeto da demanda.

Contudo, se o autor da demanda coletiva indica aqueles que serão beneficiados pela coisa julgada, somente eles serão por ela alcançados. É que, nesta hipótese, a ação é ajuizada em favor de pessoas determinadas, o que faz com que a coisa julgada seja restrita a elas.

A ação coletiva constitui *ação de grupo*, isto é, ação voltada à tutela de direitos e interesses de um grupo, não podendo ser ajuizada, portanto, em favor de apenas uma pessoa ou reduzido número de pessoas. É por esta razão, inclusive, que a legitimidade para a ação coletiva é atribuída a entes destinados à defesa de interesses e direitos de *natureza coletiva*.

Tanto é verdade que a ação coletiva é uma ação de grupo, que o Código de Defesa do Consumidor, ao se referir àqueles que podem ter seus interesses e seus direitos tutelados coletivamente, faz alusão a *consumidores*, *vítimas* e *sucessores* das vítimas (arts. 81, 83 e 91, por exemplo). Aliás, é a pluralidade de pessoas em favor de quem a ação coletiva pode ser proposta que justifica o tratamento diferenciado conferido à coisa julgada produzida no processo coletivo: ela é *ultra partes* ou *erga omnes* (art. 103 do CDC).

Destarte, embora ao sindicato seja lícito ajuizar ação coletiva visando à tutela de interesses ou direitos difusos, coletivos e individuais homogêneos, não está ele legitimado a ajuizar ação coletiva em favor de apenas um trabalhador ou número reduzido de trabalhadores. Quando se tratar de apenas um trabalhador, o sindicato somente está autorizado a prestar-lhe *assistência* (art. 514, *b*, da CLT e art. 14 da Lei n. 5.584/70).

Anote-se que, embora a situação do trabalhador único citado na inicial de ação coletiva possa ser a mesma de outros trabalhadores, o fato de ser ele o único em favor de quem a ação é ajuizada demonstra a ausência, *no processo*, de interesses ou direitos de dimensão coletiva a serem tutelados.

Acrescente que, em se tratando de apenas um trabalhador ou número reduzido de trabalhadores, ao sindicato não é lícito substituí-lo(s) no exame da conveniência e oportunidade de propor a ação, submetendo-o, inclusive, a custos de que sequer pode ter sido previamente informado. Repita-se que, se a ação beneficia apenas um trabalhador, cai por terra algo que é da essência das ações coletivas, que é o *efeito expansivo da coisa julgada*, no caso de procedência do pedido.

Destarte, proposta "ação coletiva" em favor de apenas um trabalhador ou número reduzido de trabalhadores, cumpre reconhecer a ilegitimidade ativa do sindicato, com a extinção do processo, sem provimento de mérito.[16]

4. A IMPORTÂNCIA DAS AÇÕES COLETIVAS E DA TUTELA COLETIVA DE DIREITOS

Com as ações coletivas, o direito processual brasileiro passou a dispor de mecanismos jurisdicionais destinados à tutela de interesses ou direitos difusos, coletivos e individuais homogêneos.

Como exemplos de intervenções legislativas voltadas à tutela coletiva de direitos coletivos em sentido amplo no ordenamento jurídico brasileiro, podem ser mencionadas as leis que instituíram a ação popular, a ação civil pública e o Código de Defesa do Consumidor.

A valorização da ação coletiva possui como *objetivos principais* a ampliação do acesso à justiça e aos direitos assegurados pela ordem jurídica[17] e, *secundários*, a economia processual, o equilíbrio de forças entre as partes litigantes, a adequada tutela dos interesses e direitos coletivos e a harmonia de julgados sobre as mesmas questões de fato ou de direito.

Tratando da importância das ações coletivas aduz Antônio Gidi que:

a) "O objetivo mais imediato das ações coletivas é o de proporcionar eficiência e economia processual, ao permitir que uma multiplicidade de

---

16. A SDI-I do TST já afirmou a possibilidade de ajuizamento de ação coletiva em favor de apenas um trabalhador, embora não tenha enfrentado de forma direta esta questão, como se vê nos autos do E.Ag-RR 63900-89.2007.5.03.0102, DJET 28.10.11 e E-RR 43200.50.2006.5.04.0571.

17. As ações coletivas permitem que pequenas lesões sejam levadas ao Judiciário e o acesso à justiça de pessoas que não têm consciência dos seus direitos.

ações individuais repetitivas em tutela de uma mesma controvérsia seja substituída por uma única ação coletiva (...). As ações coletivas promovem a economia de tempo e de dinheiro não somente para o grupo-autor, como também para o Judiciário e para o réu";

b) "Um segundo objetivo buscado pelas ações coletivas é o de assegurar o efetivo acesso à justiça de pretensões que, de outra forma, dificilmente poderiam ser tuteladas pelo Judiciário";

c) "O terceiro objetivo buscado pela tutela coletiva dos direitos é o de tornar efetivo o direito material e promover as políticas públicas do Estado. Isso é obtido de duas formas. A primeira é através da realização autoritativa da justiça no caso concreto de ilícito coletivo, corrigindo de forma coletiva ilícito coletivamente causado (...). A segunda é realizada de forma profilática, através do estímulo da sociedade para o cumprimento voluntário do direito, através do desestímulo à prática de condutas ilícitas coletivas, por meio de sua efetiva punição".[18]

Antônio Gidi aduz que "o principal fator de estímulo à prática de ilícitos de pequeno valor contra um grupo de pessoas em uma sociedade desprovida de tutela coletiva de direitos é a sua alta lucratividade associada à certeza de impunidade (...). Qualquer pessoa que esteja interessada em violar o direito de outra pessoa está razoavelmente imune ao poder controlador do Estado, desde que os danos causados sejam relativamente pequenos a ponto de não justificar financeiramente os custos com a propositura de uma ação civil e a conduta não esteja tipificada como crime ou regulamentada por alguma entidade governamental (...). Se essa pessoa estiver em posição de poder violar o direito de inúmeras pessoas, de forma a somar todos os inúmeros pequenos prejuízos do grupo violado, ela pode contar com a inércia dos lesados e obter, ilícita e impunemente, um lucro extremamente alto (...). A mesma sociedade cuja organização gera a possibilidade de violação coletiva a direitos e interesses de um grupo deve criar instrumentos processuais para remediar, ou pelo menos desincentivar, a prática de tais ilícitos".[19]

É importante salientar que o Direito Processual do Trabalho sempre prestigiou a defesa coletiva de interesses e direitos, valendo recordar, nesse sentido, a autorização para o ajuizamento de dissídio coletivo (art. 616 da CLT) e de ação de cumprimento (art. 872, parágrafo único, da CLT) pelos entes sindicais.[20]

A valorização das ações coletivas pelo Direito Processual do Trabalho e o art. 769 da CLT permitem adotar como fonte subsidiária do Direito Processual

---

18. *A* class action *como instrumento de tutela coletiva dos direitos*, p. 25-33.
19. *A* class action *como instrumento de tutela coletiva dos direitos*, p. 25-33. O tema é examinado, com profundidade, por Wânia Guimarães Rabêllo de Almeida na obra já mencionada neste Capítulo.
20. Os trabalhadores e empregadores têm nos sindicatos instrumento decisivo para a defesa de seus interesses.

do Trabalho o subsistema das ações coletivas estabelecido pela Lei da Ação Civil Pública e pelo Código de Defesa do Consumidor, assim como pelas normas que, segundo Wânia Guimarães Rabêllo de Almeida, compõem o direito processual metaindividual do trabalho (item 1 *supra*).

5. LEGITIMIDADE E INTERESSE DE AGIR NO PROCESSO COLETIVO

A legitimidade diz respeito à titularidade do direito de ação e de defesa.

O interesse de agir é traduzido pela necessidade/utilidade do processo como instrumento de tutela do direito e pela adequação do provimento jurisdicional requerido à tutela jurisdicional pretendida (trata--se de condição de ação relacionada com o direito material — necessidade/utilidade de recorrer ao Poder Judiciário para a tutela de um direito assegurado pela ordem jurídica — e com o processo — adequação do processo, enquanto instrumento, para a tutela reclamada).

Segundo resulta dos arts. 129, III, da Constituição Federal, 83 da Lei Complementar n. 75/93, 82 da Lei n. 8.078/90 (CDC) e 5º da Lei n. 7.345/85 (LACP), são legitimados para a ação coletiva: Ministério Público; Defensoria Pública; União; Estados; Distrito Federal; Municípios; entidades e órgãos da Administração Pública direta ou indireta, ainda que sem personalidade jurídica, especificadamente destinados à defesa dos interesses coletivos; associações civis legalmente constituídas há pelo menos um ano e que incluam entre seus fins institucionais a defesa dos interesses coletivos, como se verá mais adiante.

No direito processual individual, a titularidade da ação é atribuída, em regra, ao titular do direito a ser deduzido em juízo, como autoriza afirmar o art. 18 do CPC.[21] Para as ações coletivas, a legitimidade é atribuída a entes que o legislador considerou aptos à defesa em juízo de direitos ou interesses de dimensão coletiva, observando-se que a legitimação individual para a tutela de interesses coletivos é prevista apenas em relação à ação popular, que pode ser proposta por cidadão (art. 1º da Lei n. 4.717/65).

As normas que tratam da legitimação para a ação coletiva não aludem à possibilidade de o juiz proceder ao prévio exame e controle da *adequada representatividade* do autor da ação coletiva, definindo a lei os entes legitimados para a ação (trata-se, então, de representatividade *ope legis*, fruto de uma opção política do legislador). Contudo, ao juiz é lícito dar notícia da demanda aos demais legitimados, para que estes, querendo, participem do processo. O que se persegue no processo coletivo é o respeito à ordem jurídica e por ele o juiz é também responsável, o que o autoriza a proceder à intimação dos demais legitimados da

21. "Ninguém poderá pleitear, em nome próprio, direito alheio, salvo quando autorizado pelo ordenamento jurídico."

propositura da ação coletiva, visando à correção de eventual incapacidade ou ineficiência do autor da demanda.

6. LEGITIMIDADE PARA AS AÇÕES COLETIVAS TRABALHISTAS

São legitimados para a ação coletiva trabalhista, como decorre dos arts. 5º, LXX, *b*, 8º, III, 129, III, da Constituição Federal, 83 da Lei Complementar n. 75/93, 82, I, III e IV, da Lei n. 8.078/90 (CDC) e 5º da Lei n. 7.345/85 (LACP):

a) Ministério Público do Trabalho;

b) associações legalmente constituídas e em funcionamento há pelo menos um ano, em defesa dos interesses de seus membros ou associados, lembrando-se que os sindicatos são associações voltadas ao estudo, defesa e coordenação de interesses econômicos ou profissionais, nos termos do art. 511 da CLT, cabendo-lhes, segundo o art. 8º, III, da Constituição da República, a defesa dos direitos e interesses coletivos ou individuais da categoria, inclusive em questões judiciais;[22]

c) defensoria pública federal: a Lei n. 1.060/50 atribuía aos poderes públicos, federal e estadual a obrigação de conceder assistência judiciária aos necessitados que recorressem à Justiça do Trabalho, mas a Lei n. 5.584/70 transferiu esta responsabilidade para os sindicatos profissionais. Estabeleceu-se, desta forma, uma espécie de monopólio, em favor dos sindicatos, em relação à assistência judiciária aos trabalhadores em estado de insuficiência econômica. Contudo, a Constituição da República de 1988 atribui esta responsabilidade também ao Estado (art. 5º, LXXIV). Com isso, os sindicatos já não detêm o monopólio da assistência judiciária devida aos trabalhadores necessitados perante o Judiciário Trabalhista, o que autoriza afirmar que também a Defensoria Pública Federal possui legitimidade para ajuizar ação coletiva perante a Justiça do Trabalho.[23]

---

22. A Constituição Federal estimula a criação de associações (arts. 5º, XVII, XVIII, XIX, XX e XXI, e 174, § 2º), o que se encontra em perfeita sintonia com um dos objetivos fundamentais da República, que é a construção de uma sociedade solidária (art. 3º, I, da Constituição Federal). O requisito da pré-constituição da associação pode "ser dispensado pelo juiz, nas ações previstas nos arts. 91 e seguintes, quando haja manifesto interesse social evidenciado pela dimensão ou característica do dano, ou pela relevância do bem jurídico a ser protegido" (art. 82, § 1º, do CDC). Esta possibilidade reforça a conclusão de que o direito processual coletivo atribui ênfase especial à realização prática dos direitos de dimensão coletiva.

23. À Defensoria Pública Federal cabe a defesa dos direitos individuais e coletivos dos necessitados, assim considerados na forma do art. 5º, LXXIV, da Constituição da República (art. 1º da Lei Complementar n. 80, de 12.1.1994), constituindo uma das suas funções institucionais promover ação civil pública e todas as espécies de ações capazes de propiciar a adequada tutela dos direitos difusos, coletivos e individuais homogêneos, quando o resultado da demanda puder beneficiar grupo de pessoas hipossuficientes (art. 4º, VII, da Lei Complementar n. 80/94). Interessa registrar que também constitui função institucional da defensoria pública promover, prioritariamente, a solução extrajudicial dos litígios, visando à composição entre as pessoas em conflito de interesses, por meio de mediação, conciliação, arbitragem e demais técnicas de composição e administração de conflitos (art. 4º, II, da Lei Complementar n. 80/94) e que o instrumento de transação, mediação ou conciliação referendado pelo

Na definição legal da legitimidade para as ações coletivas não foi levada em conta a titularidade do direito ou interesse para o qual se pede tutela, mas a aptidão do legitimado para a sua defesa em juízo.

Com efeito, a legitimação para a ação coletiva foi atribuída a entes públicos (Ministério Público do Trabalho e Defensoria Pública) e privados (entidades de classe e associações) no pressuposto de sua idoneidade para promover a adequada defesa judicial de interesses ou direitos transindividuais ou individuais homogêneos, sendo relevante acrescentar que o legitimado que ajuizar a ação coletiva pode ser nela substituído por outro, no caso de desistência infundada ou de abandono da causa[24], o que demonstra que, no direito processual coletivo, mais importante do que definir aquele que pode propor a ação, é a intenção de criar instrumentos que favoreçam a concretização dos direitos assegurados pelo ordenamento jurídico,[25] e, ainda, que as associações, como prevê a parte final do art. 82, IV, da CDC, estão dispensadas de autorização assemblear para o ajuizamento de ação coletiva.

A legitimidade para a ação coletiva foi atribuída a entes destinados à defesa de interesses e direitos de natureza coletiva. A titularidade da ação coletiva é definida, portanto, segundo critérios de *pertinência temática*. Neste sentido, o art. 82, III, do CDC aduz a *entidades destinadas à defesa de direitos e interesses protegidos pelo CDC*. No mesmo sentido, o art. 82, IV, faz referência a associações que incluam entre os seus fins a defesa de direitos e interesses difusos, coletivos e individuais homogêneos (direitos protegidos pelo CDC, segundo citado inciso). O direito processual coletivo prestigia o *acesso coletivo à justiça*, distanciando-se, com isto, da concepção individualista do acesso à justiça e do processo.

A legitimidade para as ações coletivas é: a) concorrente: a legitimidade de um ente não exclui a dos demais:[26] b) disjuntiva: a propositura da ação por um dos entes legitimados não depende da aquiescência dos demais legitimados; c) exclusiva: somente têm legitimidade para a ação coletiva os entes expressamente indicados pelo ordenamento jurídico.

---

defensor público valerá como título executivo extrajudicial, inclusive quando celebrado com pessoa jurídica de direito público (art. 4°, VII, da Lei Complementar n. 80/94).

24. Neste sentido, prevê o art. 5°, § 3°, da LACP que, "em caso de desistência infundada ou abandono da ação por associação legitimada, o Ministério Público ou outro legitimado assumirá a titularidade ativa".

25. No processo civil individual, o abandono da causa conduz à extinção do processo (art. 267, III, do CPC), sendo restritas, ainda, as hipóteses de substituição da parte (art. 41 do CPC). Isto se dá porque no processo individual prevalece o interesse individual do titular do direito e, com isso, da ação, o que não ocorre com o processo coletivo, que é direcionado à concretização dos direitos que por meio da ação coletiva podem ser defendidos, em razão de sua relevância social.

26. A atribuição de legitimidade a apenas um ente poderia dar ensejo à ocorrência de dano irreparável ou de difícil reparação ao titular do interesse ou direito, em razão da omissão do ente legitimado em relação à propositura da ação ou de sua desídia na condução do processo.

A atribuição de legitimidade para a ação coletiva a vários entes (*legitimidade plúrima*) responde à necessidade de facilitar o acesso à justiça e, por meio deste, ao próprio direito material.

Não existe consenso na doutrina sobre a natureza jurídica da legitimação para a ação coletiva. Existem a propósito duas vertentes principais de pensamento:

1) trata-se de legitimação extraordinária, na modalidade substituição processual, posto que os entes definidos pelo legislador estão legitimados para ajuizar a ação em nome próprio, em defesa de direito ou interesse alheio;
2) a hipótese é de legitimação ordinária, quando se trate de defesa de interesses ou direitos difusos e coletivos, vez que a indivisibilidade do objeto do interesse ou direito exige uma legitimação especial (isto é, que não leve em conta a titularidade do interesse ou direito para o qual se pede tutela), e extraordinária, na hipótese de defesa de interesses ou direitos individuais homogêneos.

Sob a ótica do art. 18 do CPC, a legitimidade pode ser *ordinária* (titular do direito de ação é o titular do direito deduzido, sendo legitimado para a defesa o devedor da conduta a que corresponde o direito deduzido) ou *extraordinária* (o titular da ação não é parte na relação jurídica litigiosa ou titular do direito deduzido ou devedor da conduta a que corresponde este direito). Sob este prisma, nas ações coletivas, a legitimação é sempre extraordinária, posto que é atribuída a quem não é parte na relação jurídica litigiosa, isto é, titular do direito deduzido e devedor da conduta a que corresponde este direito.

Note-se, porém, que a legitimidade extraordinária constitui uma excepcionalidade e, agindo na defesa de interesses ou direitos difusos ou coletivos, o autor da ação coletiva o faz no exercício de legitimação ordinária, posto que não atua em caráter extraordinário. Não é o que não ocorre, no entanto, quando se trata de ação voltada à tutela de interesses ou direitos individuais homogêneos, vez que, neste caso, a legitimação será extraordinária, posto que o legitimado ajuíza a demanda, em nome próprio, em defesa de direito de que não é titular, mas que tem como titulares pessoas determinadas. Acrescente-se que, segundo o art. 91 do CDC, que trata das ações coletivas ajuizadas para a defesa de direitos individuais homogêneos, os legitimados para a ação coletiva poderão, em nome próprio e no interesse das vítimas ou seus sucessores, propor ação civil coletiva de responsabilidade pelos danos individualmente sofridos, o que indica que, em relação aos direitos individuais homogêneos, o legislador tratou da questão como se fora de legitimidade extraordinária.

É aqui adotada a classificação da legitimação em ordinária e extraordinária, mas não no sentido que lhe atribui o CPC (ordinária é a legitimação quando se trate de ação a ser proposta pelo titular do direito deduzido; extraordinária é a legitimação quando um terceiro, que não seja o titular do direito deduzido, é autorizado a ajuizar ação visando à sua tutela), mas no sentido de considerar que a legitimação não é excepcional. Para as ações voltadas à defesa de interesses ou direitos difusos e coletivos, não há qualquer excepcionalidade, vez que somente entes coletivos podem ajuizar a demanda, em razão da sua titularidade (comunidade, no caso de direitos e interesses difusos; grupo, categoria ou classe de pessoas, na hipótese de direitos e interesses coletivos).

Wânia Guimarães Rabêllo de Almeida aduz, no que comporta aos direitos difusos e coletivos, que a hipótese é de legitimação *ordinária especial*, argumentando que:

> "a) o titular da ação não vai a juízo de forma extraordinária. Ele age em juízo na defesa de seus interesses institucionais ou no cumprimento de dever institucional. Extraordinário é aquilo que foge ao ordinário, o que é excepcional, o que não ocorre em relação à legitimação para as ações coletivas visando à tutela de direitos difusos e coletivos;
>
> b) a legitimação é especial, porque é reconhecida em face da necessidade de facilitar o acesso à justiça e de conferir adequada tutela ao direito de natureza difusa ou coletiva. A legitimidade é especial, ainda, em razão da indivisibilidade do objeto do direito e da indeterminação dos seus titulares. A indivisibilidade do objeto do direito e a indeterminação dos seus titulares exigem legitimação especial para que se busque em juízo a sua tutela."

Em relação aos direitos difusos e coletivos não existe um titular único e determinado que possa comparecer em juízo em nome próprio (o que impede cogitar em legitimidade ordinária, nos moldes do art. 18 do CPC) ou que possa ser substituído por outrem no ajuizamento da ação (o que afasta a possibilidade de falar em substituição processual, na forma do Código de Processo Civil.

Em se tratando de ação ajuizada visando à tutela de direito individual homogêneo, é possível adotar a classificação permitida pelo art. 18 do CPC. Nesse caso, a legitimidade é extraordinária, sendo hipótese de típica substituição processual. É que os direitos individuais homogêneos são direitos de que são titulares pessoas determináveis e com objeto divisível, o que significa que, em relação a eles, o titular da ação age, na propositura da ação, em nome próprio, mas visando à defesa de direito que pertence a um terceiro identificável. Nesta situação, tem-se substituição processual, nos moldes do art. 18 do Código de Processo Civil. Como o titular do direito é identificável e se trata de direito divisível, a substituição processual constitui meio apto e adequado para perseguir em juízo a sua tutela.[27]

Vale registrar que, em relação ao mandado de segurança coletivo, é estabelecido que a sentença fará coisa julgada limitadamente aos membros do grupo ou categoria substituídos pelo impetrante (art. 22, *caput*, da Lei n. 12.016/09).

---

27. *A relação entre as ações coletivas e as ações individuais no processo do trabalho*, p. 166-167.

A alusão a *substituídos* define a natureza da legitimação do impetrante: o impetrante agirá como substituto processual.

Cumpre registrar que a sentença prolatada em processo coletivo instaurado por força de ação coletiva proposta por entidade associativa na defesa de interesses dos seus associados abrangerá apenas os substituídos que tenham, na data da propositura da ação, domicílio no âmbito da competência territorial do órgão prolator (art. 2º-A da Lei n. 9.494/97).

7. COMPETÊNCIA PARA AS AÇÕES COLETIVAS

Nos dissídios individuais, a competência é fixada, em regra, pelo *local* da prestação de serviços (arts. 651 da CLT); nos dissídios coletivos, a competência é estabelecida considerando-se o *local* onde ocorrer o dissídio, observando-se que o dissídio coletivo pode ser *regional* (o que não excede a jurisdição de um Tribunal Regional do Trabalho e que será julgado pelo Tribunal da região respectiva — art. 677 da CLT) e *nacional* (o que excede a jurisdição dos Tribunais Regionais do Trabalho e que será julgado pelo TST — art. 2º, I, *a*, da Lei n. 7.701/88).

A Lei n. 7.347/85 dispõe, no art. 2º, que a ação civil pública será proposta no *foro do local onde ocorrer o dano*, cujo juízo terá competência funcional para processar e julgar a causa. O CDC prevê, no art. 93, que é competente para a causa a *justiça local*: a) no foro do lugar onde *ocorreu ou deva ocorrer o dano*, quando de âmbito local;[28] b) no foro da Capital do Estado ou no do Distrito Federal, para o dano de âmbito regional ou nacional, aplicando-se regras do CPC aos casos de competência concorrente.[29]

A fixação da competência para as ações coletivas envolve: a) a definição do órgão do Poder Judiciário competente para o seu julgamento (Vara do Trabalho, Tribunal Regional do Trabalho ou Tribunal Superior do Trabalho); b) o *local* em que a ação deverá ser proposta.

O art. 93 do CDC, ao indicar o *local* para a propositura da ação coletiva, define o órgão do Poder Judiciário responsável pelo processamento e julgamento da demanda. Com efeito, ao estabelecer que, em caso de dano local, a ação deve ser proposta *no local* onde ocorreu ou deva ocorrer o dano, o art. 93 do CDC aponta no sentido de que, na hipótese de dano local, é na *localidade em que ocorreu ou deva ocorrer que a ação deve ser proposta*. Isso significa dizer que

28. A referência ao local onde deva ocorrer o dano demonstra a preocupação com a prevenção de danos e não apenas com a sua reparação (*princípio da prevenção de danos*).

29. Embora esteja no Capítulo que trata da *ação coletiva para a defesa de interesses individuais homogêneos*, o art. 93 é aplicável a todas as ações coletivas. O que se pretende com a adoção da extensão do dano como critério definidor da competência é facilitar o acesso à justiça, na medida em que, como regra, o juízo competente será o do domicílio das vítimas.

a ação deve ser proposta perante uma *Vara do Trabalho* com jurisdição naquele local. Tal solução está em perfeita sintonia com o art. 652 da CLT, segundo o qual as demandas trabalhistas devem ser propostas perante as Varas do Trabalho, salvo a existência de norma jurídica dispondo em sentido contrário e o Direito Processual do Trabalho não possui norma atribuindo aos tribunais o julgamento das ações coletivas, exceção feita aos dissídios coletivos (art. 677 da CLT). A competência das Varas do Trabalho para o julgamento das ações coletivas é reconhecida na Orientação Jurisprudencial n. 130 da SDI-2 do TST, que será examinada mais adiante e também decorre da previsão constante do art. 2º da Lei n. 7.347/85, que também define como competente para a ação civil pública o foro do local onde ocorrer o dano.

Definido que compete às Varas do Trabalho a competência originária para julgamento das ações coletivas, cumpre definir a que Vara do Trabalho competirá, no caso concreto, este julgamento.

A adoção do critério da extensão do dano para efeito de fixação da competência para as ações coletivas conduz à classificação dos danos em *locais, regionais* e *nacionais*. A partir desta classificação, o art. 93 do CDC dispõe que é competente para a causa: a) o foro do lugar onde *ocorreu ou deva ocorrer o dano*, quando de âmbito local (*dano local*); b) o foro da Capital do Estado ou do Distrito Federal, para o dano de âmbito regional ou nacional (*dano regional* e *nacional*, respectivamente).

Note-se que, embora a transferência da competência para a Capital do Estado ou para o Distrito Federal, no caso de dano regional ou nacional, implique distanciamento do juiz da causa dos fatos e das testemunhas e dificulte o acesso à justiça (quando se tratar de ação a ser promovida por associação situada em um Estado da Federação, por exemplo), não se pode olvidar que o dano pode não ocorrer em um local específico, o que dificulta definir com precisão o *local do dano*, além do que o ato ilícito localizado em determinado local pode produzir efeitos que o ultrapassem, atingindo toda uma região ou mesmo parte substancial do território nacional ou todo este.

A dificuldade reside, no entanto, em definir o que seja dano regional e nacional.

A propósito, afirma Cândido Rangel Dinamarco que a competência para a ação coletiva "só será do foro da Capital do Estado quando os danos a evitar ou reparar extrapolem os limites de uma comarca e cheguem a atingir toda uma região significativa pelo ponto de vista econômico, social ou cultural; seria insensato deslocar a competência para a Capital quando se tratasse de danos bem localizados em poucas comarcas, sem atingir verdadeiramente uma *região* — caso em que prevalecerão as regras ordinárias disciplinadoras do *concurso eletivo* (escolha entre os diversos foros em que os fatos aconteceram ou possam acontecer...). Do mesmo modo, só se terá um *dano nacional* quando significativa extensão do território do país tiver sido atingida, envolvendo-se significativamente mais de uma unidade federativa".[30]

Versando sobre a competência para a ação civil pública, mas com solução que alcança todas as ações coletivas, excetuadas aquelas que possuem norma própria sobre competência, como se dá com o dissídio coletivo, a SDI-2 do TST editou a Orientação Jurisprudencial n. 130: "I – A competência para a Ação Civil Pública fixa-se pela extensão do dano. II – Em caso de dano de abrangência regional, que atinge cidades sujeitas à jurisdição de mais de uma Vara do Trabalho, a competência será de qualquer das Varas das localidades atingidas, ainda que vinculadas a Tribunais Regionais do Trabalho distintos. III – Em caso de dano de abrangência suprarregional ou nacional, há competência concorrente para a ação civil pública das Varas do Trabalho das sedes dos Tribunais Regionais do Trabalho. IV – Está prevento o juízo a que a primeira ação houve sido distribuída."

Esta Orientação Jurisprudencial não trata do dano local, em relação ao qual cumpre observar o disposto no art. 93, I, do CDC, ou seja, a demanda deverá ser proposta no foro do lugar onde ocorreu ou deva ocorrer o dano.

A prevenção estabelecida no item IV da citada Orientação Jurisprudencial é prevista no art. 2º, parágrafo único, da Lei n. 7.347/85.

À luz do art. 93 do CDC e da Orientação Jurisprudencial n. 130 da SDI-2 do TST, a competência para a ação coletiva fixa-se pela extensão do dano, podendo este ser local, regional ou suprarregional (nacional), ao passo que: a) no caso de dano de abrangência local, isto é, de dano que atinge apenas uma localidade, a competência será da Vara do Trabalho em cuja jurisdição se encontrar a localidade atingida pelo dano; b) no caso de dano regional, isto é, que atinge localidades sujeitas à jurisdição de distintas Varas do Trabalho, ainda que vinculadas a Tribunais Regionais do Trabalho distintos, a competência será de qualquer das Varas das localidades atingidas;[31] c) no caso de dano suprarregional ou nacional, há competência concorrente das varas do trabalho das sedes dos Tribunais Regionais do Trabalho.[32]

A competência para as ações coletivas é fixada considerando-se a *extensão territorial do dano* que se pretende reparado ou evitado. Assim, nas duas hipóteses, a competência é territorial. No entanto, por força do art. 2º da Lei de Ação Civil Pública, a competência para as ações coletivas é também funcional (conforme

30. *Instituições de direito processual civil*, v. I, p. 548.

31. Regional, destarte, é o dano que atinge mais de uma localidade.

32. Segundo a Orientação Jurisprudencial em destaque, o dano será regional quando atinja localidades sujeitas à jurisdição de distintas Varas do Trabalho, ainda que vinculadas a Tribunais Regionais do Trabalho, o que significa que não é o fato de o dano alcançar a jurisdição de mais de um Tribunal Regional do Trabalho que o torna suprarregional ou nacional. O dano será suprarregional ou nacional quando alcance toda a jurisdição de dois ou mais Tribunais Regionais do Trabalho, isto é, *duas ou mais regiões*.

dispõe o art. 2º da LACP, a ação civil pública será proposta no foro do local onde ocorrer o dano, cujo juízo terá competência funcional para processar e julgar a causa). Assim, para as ações coletivas em geral a competência é territorial e funcional, o que a torna absoluta.

8. CONEXÃO, CONTINÊNCIA E LITISPENDÊNCIA NO PROCESSO COLETIVO

Também no processo coletivo se apresenta a questão das relações entre duas ou mais demandas.

8.1. Conexão e continência.

Quando duas ou mais ações/demandas têm em comum o objeto (pedido) ou a causa de pedir, dar-se-á o fenômeno da conexão (art. 55 do CPC). Duas ou mais ações/demandas são conexas, portanto, quando lhes for comum o objeto (pedido) ou a causa de pedir.

Por outro lado, se a identidade entre duas ou mais ações/demandas se der em relação às partes e à causa de pedir, mas o objeto (pedido) de uma abranger, ante a sua amplitude, o das demais, dar-se-á a continência (art. 56 do CPC). Dá-se a continência entre duas ou mais ações/demandas, destarte, sempre que houver entre elas identidade das partes e causa de pedir, mas o objeto (pedido) de uma, por ser mais amplo, abranger o das demais.

O CPC determina, de forma expressa, a reunião dos processos de ações/demandas conexas, visando ao proferimento de decisão conjunta, salvo se um deles já houver sido sentenciado (art. 55, § 1º). Quanto a esta última ressalva, vale observar que a reunião dos processos pressupõe a possibilidade de julgamento simultâneo das demandas, ou seja, que ela seja útil.

O CPC vai mais além, determinando a reunião, para julgamento conjunto, dos processos que possam gerar risco de prolação de decisões conflitantes ou contraditórias caso decididos separadamente, mesmo sem conexão entre eles (art. 55, § 3º), e inova, ao estabelecer a conexão entre a execução de título executivo extrajudicial e a ação de conhecimento relativa ao mesmo ato jurídico e entre execuções fundadas no mesmo título executivo (art. 55, § 2º, I e II). Estas disposições legais são compatíveis com o Direito Processual do Trabalho, notadamente diante da necessidade de evitar decisões conflitantes e contraditórias, ao passo que a reunião de execuções atua em favor do princípio da economia processual e da celeridade processual.

Em relação à reunião dos processos no caso de continência, o CPC estabelece que, quando houver continência e a ação continente tiver sido proposta anteriormente, no processo relativo à ação contida será proferida sentença sem resolução de mérito, caso contrário, as ações serão necessariamente reunidas (art. 57), o que também é compatível com o Direito Processual do Trabalho, visto que não há necessidade de reunir processo quando um deles pode ser extinto sem prejuízo para as partes.

Como será demonstrado mais adiante, havendo identidade de pedido e causa de pedir entre duas ou mais ações coletivas e o objeto de uma não abranger o da outra, a hipótese será de litispendência.

8.2. No processo coletivo, a questão da litispendência deve ser enfrentada sob duplo enfoque: a) litispendência no confronto entre ações coletivas; b) litispendência no confronto entre ação coletiva e ação individual.

8.2.1. No processo individual, estarão presentes as condições necessárias para reconhecer a ocorrência de litispendência quando exista identidade entre duas demandas (coincidência das partes, da causa de pedir e do pedido) e este reconhecimento impõe a extinção do processo relativo à segunda delas, sem julgamento de mérito. O que se pretende, no processo individual, é evitar mais de uma manifestação do Poder Judiciário sobre a mesma demanda.

A disciplina que o CPC atribui à litispendência não é compatível com as particularidades do processo coletivo, *no que diz respeito ao confronto entre ações coletivas*.

Com efeito, no processo coletivo, a titularidade para a ação é conferida a uma pluralidade de entes (art. 82 do CDC), ao contrário do que ocorre no individual, em que a ação deve ser proposta pelo titular do direito deduzido ou por um terceiro autorizado pela lei a fazê-lo (art. 18 do CPC). Por outro lado, enquanto no processo individual não é admitida mais de uma manifestação do Poder Judiciário sobre a mesma demanda, no processo coletivo é admitida esta possibilidade, posto que, sendo o pedido objeto da ação coletiva que vise à tutela de direito ou interesse difuso ou coletivo julgado improcedente por insuficiência de provas, qualquer legitimado poderá propor de novo a demanda, desde que fundada em nova prova (art. 103, I e II, do CDC), o que significa que a mesma demanda coletiva pode ser examinada mais de uma vez pelo Poder Judiciário.

Estas distinções entre o processo individual e o processo coletivo implicam duas outras:

1) o reconhecimento de litispendência no processo coletivo, *no confronto entre ações coletivas*, exige apenas a identidade de pedido e causa de pedir: a pluralidade

de legitimados impõe que se considerem idênticas duas ou mais demandas que tenham em comum a causa de pedir e o pedido, ainda que propostas por entes legitimados distintos. Para efeito de verificação da existência de ações idênticas cumpre levar em conta, portanto, aqueles que serão beneficiados por eventual acolhimento da pretensão objeto das ações propostas por distintos entes legitimados. As duas ações coletivas, apesar de propostas por entes diversos, visam ao reconhecimento e satisfação do mesmo direito e estão fundadas na mesma situação fática e/ou jurídica, o que é suficiente para o reconhecimento da litispendência.

2) no processo coletivo, *no confronto entre ações coletivas*, a identidade das demandas não implicará extinção do processo relativo à segunda delas. É que, sendo admitida, no caso de improcedência do pedido objeto da ação coletiva por insuficiência de prova, o ajuizamento de uma nova demanda, com o mesmo pedido e a mesma causa de pedir, o princípio da economia processual impõe a reunião das demandas, para instrução e julgamento simultâneos, na medida em que ações passíveis de serem ajuizadas em momentos distintos devem, sendo distribuídas ao mesmo tempo, ser reunidas, como medida de economia processual, para instrução e julgamento únicos. Dito de outra forma, se cada legitimado pode atuar, em demanda por ele proposta, em prol da satisfação de determinado direito, sendo ajuizadas por dois ou mais deles demandas com o mesmo pedido e causa de pedir, devem elas ser reunidas. Reunidas as demandas, os legitimados podem atuar em conjunto, carreando aos autos os elementos de convicção de que dispõem, o que, inclusive, diminui a possibilidade de uma nova ação coletiva no caso de julgamento de improcedência por insuficiência de prova.

8.2.2. Resta examinar, então, a litispendência no confronto entre ação coletiva e ação individual.

O Código de Defesa do Consumidor estabelece, no art. 104, que as ações coletivas previstas nos incisos I e II do parágrafo único do art. 81 *não induzem litispendência* para as ações individuais, mas os efeitos da coisa julgada não beneficiarão os autores das ações individuais, se não for requerida a sua suspensão no prazo de trinta dias, a contar da ciência nos autos do ajuizamento da ação coletiva.[33]

À luz do art. 104 do Código de Defesa do Consumidor, as ações coletivas que tenham por objetivo a defesa de interesse ou direito difuso e coletivo em sentido estrito não induzem litispendência para as ações individuais, mas os efeitos da

33. Para Ada Pellegrini Grinover, existe um erro de remissão no art. 104 do CDC, de forma que "a referência do dispositivo aos 'efeitos da coisa julgada *erga omnes* ou *ultra partes* a que aludem os incisos II e III do artigo anterior' deve ser corrigida como sendo à coisa julgada 'a que aludem os incs. I, II e III do artigo anterior'" (*Código brasileiro de defesa do consumidor comentado pelos autores do anteprojeto*, p. 941, 942 e 944).

coletivas se requer a responsabilização civil do fornecedor em indenizar pelos danos causados, independentemente dos prejuízos individualmente sofridos por cada consumidor. O que há é uma condenação *in genere*, para ulterior individualização dos prejuízos pelos interessados, via liquidação de sentença. O pedido na ação individual, por sua vez, gera uma condenação individualizada, *in concreto*, e sua eventual liquidação não será para individualizá-la, mas para tornar o título apto a servir de lastro a um processo de execução."[36]

Conclui esse autor que o art. 104 do CDC "é aplicável a toda e qualquer ação coletiva, em defesa de direitos difusos, de direitos coletivos ou de direitos individuais homogêneos".[37]

Também Wânia Guimarães Rabêllo de Almeida nega a ocorrência de litispendência, asseverando que "nas ações coletivas para a defesa de direitos individuais homogêneos, o pedido é de imposição de obrigação genérica de indenizar, não sendo requerida, portanto, a reparação de uma lesão determinada. Na ação coletiva, o juiz não julga pretensão individual. Já na ação individual, o autor postula indenização específica e particular, que não alcançará qualquer outro lesado. A diversidade dos pedidos impede falar em litispendência entre ação coletiva ajuizada para a defesa de direitos individuais homogêneos e a ação individual. Vale lembrar que, na solução das questões relacionadas com a litispendência nas ações coletivas, não se pode perder de vista a necessidade de facilitar o acesso à justiça e ao direito assegurado pela ordem jurídica, com a qual não se compatibiliza o reconhecimento de litispendência entre ação coletiva ajuizada para a tutela de direitos individuais homogêneos e ação individual. Ademais, afastar a litispendência prestigia a autonomia individual, sendo digno de nota que essa autonomia é prestigiada pelo Código de Defesa do Consumidor, quando afasta a litispendência entre a ação coletiva versando sobre direitos difusos e a ação individual".[38]

Registre-se que o art. 22, § 1º, da Lei n. 12.016/09 dispõe que o mandado de segurança coletivo, que é aquele voltado à tutela de direito coletivo ou direitos individuais homogêneos, nos termos do art. 21, parágrafo único, da citada lei, *não induz litispendência* para as ações individuais, mas ressalva que os efeitos da coisa julgada não beneficiarão o impetrante a título individual que não requerer a *desistência do mandado de segurança no prazo de trinta dias*, contados da ciência comprovada da impetração da segurança coletiva. Note-se que a Lei n. 12.016/09 afasta a litispendência, enquanto o CDC, no art. 104, condiciona a extensão dos efeitos da coisa julgada coletiva ao autor da ação coletiva ao pedido

---

36. *Coisa julgada e litispendência em ações coletivas*, p. 207-208.
37. *Coisa julgada e litispendência em ações coletivas*, p. 218.
38. *A relação entre ações coletivas e ações individuais no processo do trabalho:* litispendência e coisa julgada, p. 198.

de suspensão do processo individual, ela a condiciona à desistência do mandado de segurança individual.

Em sentido inverso, ou seja, a favor do reconhecimento da litispendência, é afirmado que: a) o CDC, quando quis afastar a litispendência no confronto entre ações coletivas e individuais, o fez de forma expressa, o que conduz à conclusão de que a ação coletiva proposta em defesa de direito individual homogêneo induz litispendência para a ação individual; b) no processo coletivo, a identidade da causa de pedir e do pedido (elementos da demanda que definem o bem jurídico perseguido pelo autor da demanda) é suficiente, em se tratando de direitos individuais homogêneos, para a caracterização da litispendência, vez que em ambas as ações — ação coletiva e ação individual — o que se persegue é satisfação de um mesmo direito, em razão dos mesmos fatos e fundamentos jurídicos. Como anota Cândido Rangel Dinamarco, a existência das mesmas partes, da mesma causa de pedir e do mesmo pedido "não é suficiente em si mesma para delimitar com precisão o âmbito de incidência do impedimento causado pela litispendência. Considerado o objetivo do instituto (evitar o *bis in idem*), o que importa é evitar dois processos instaurados com o fim de produzir o mesmo resultado prático. Por isso, impõe-se a extinção do segundo processo sempre que o mesmo resultado seja postulado pelos mesmos sujeitos, ainda que em posições invertidas (por exemplo, pedido de declaração de nulidade de um só contrato, formulado por um dos dois contratantes, e depois um pedido de declaração de validade do mesmo contrato, aduzido pelo mesmo adversário)".[39]

Ainda conforme Cândido Rangel Dinamarco, "é também dispensável, para que haja a identidade impeditiva da repropositura, que cada um dos sujeitos figure na relação processual na condição de parte e não de representante de uma das partes (...). Em caso de substituição processual (CPC, art. 6º), agindo alguém em nome próprio e não do representante, mas na defesa de interesse substancial alheio (...) a litispendência impede que a mesma pretensão seja ajuizada e progrida".[40]

Sob este prisma, na verificação da possibilidade de afirmar a ocorrência de litispendência entre ação coletiva que verse sobre direitos individuais homogêneos e ação individual, a teoria da tríplice identidade (a identidade entre duas demandas pressupõe as mesmas partes, a mesma causa de pedir e o mesmo pedido) cede lugar à *teoria da identidade da relação jurídica de direito material deduzida* (haverá identidade de demandas quando houver identidade da relação jurídica de direito material tornada litigiosa, ainda que não exista identidade de partes). Note-se que, mesmo nas ações individuais, tem lugar a aplicação da teoria da identidade de relação jurídica. Veja-se, por exemplo, o caso de uma ação em que o espólio do trabalhador reclama o pagamento de parcelas rescisórias devidas em razão da

39. *Instituições de direito processual civil*, v. II, p. 62-63.
40. *Instituições de direito processual civil*, v. II, p. 63-64.

rescisão contratual (resultante da morte) e de uma ação, contendo o mesmo pedido, apresentado pelos herdeiros do trabalhador falecido. Diante desta situação, não há como negar, mesmo no confronto entre ações individuais, a situação que autoriza o reconhecimento de litispendência, sendo relevante mencionar que a ação ajuizada pelo espólio beneficia os herdeiros do falecido.

Acrescente-se que, como afirmamos em edições anteriores, o titular do direito (autor da ação individual) não estaria desprotegido na hipótese de reconhecimento da litispendência, vez que o eventual julgamento de improcedência do pedido objeto da ação coletiva não impede a propositura de ação individual, como resulta do art. 103, § 2º, do CDC.

No entanto, reexaminando a questão, optamos por rever o nosso ponto de vista, para negar a ocorrência de litispendência na espécie. E o fazemos por que:

a) a ação coletiva que versa sobre direitos individuais homogêneos é também uma ação de grupo, visto que é proposta em favor das pessoas afetadas por determinado ato ilícito (trata-se de ação proposta em favor de pessoas titulares de direitos com origem comum, ou seja, de direitos de que é titular um razoável número de pessoas). Já a ação individual versa sobre direito de que é titular pessoa determinada. A hipótese, portanto, é de ações com objetivos distintos (tutela de direitos de grupo e tutela de direito de pessoa determinada, respectivamente), o que conduz, inclusive, a decisões com conteúdos diversos (sentença genérica, na qual é reconhecida a responsabilidade pela indenização de danos causados a pessoas a serem posteriormente identificadas, na ação coletiva, e sentença certa e determinada, reconhecendo a responsabilidade pela indenização dos danos sofridos por pessoa determinada, qual seja, o autor da demanda, na ação individual), observando que na ação coletiva deve ser comprovada a responsabilidade pelos danos causados, sem necessidade de identificar os lesados e definir o valor da indenização a ser paga (o que será objeto da liquidação), ao passo que, na ação individual, é indispensável individualizar aquele que sofreu o dano (dano sofrido) e quantificar a indenização a ser paga;
b) também são distintas as causas de pedir de uma e outra ação. As ações coletivas visam à tutela de direito de grupo, enquanto a ação individual visa à tutela de direito ou interesse de pessoa determinada, o que significa que a causa de pedir em uma e outra ação não são coincidentes, visto que, na ação coletiva, ela terá que ser, necessariamente, mais ampla (a ação coletiva está fundada na alegação de lesão a direitos de um grupo de pessoas e, a individual, na alegação de lesão a direito de pessoa determinada).

No entanto, em sintonia com o art. 104 do CDC, o autor da ação individual deverá ser cientificado da existência da ação coletiva, para que possa exercer a opção prevista naquele comando legal. Não há como presumir a renúncia aos benefícios da coisa julgada coletiva, salvo quando o autor da ação individual, ciente da existência da ação coletiva, queda inerte no prazo que lhe for conferido para manifestar a sua opção. Neste caso, o silêncio do autor da ação individual autoriza presumir que ele optou pela tramitação do processo individual e, com isto, renunciou aos benefícios da coisa julgada coletiva. Note-se que não se pode presumir que o autor da ação individual tinha ciência da existência da ação coletiva ao propor aquela ação, o que impõe que ele seja cientificado de sua existência, o que somente será dispensado, logicamente, quando o réu alegar em defesa a existência de litispendência com ação coletiva e o autor, chamado a se manifestar sobre esta alegação, insistir na tramitação do processo individual.

9. ATUAÇÃO DO MINISTÉRIO PÚBLICO DO TRABALHO NO PROCESSO COLETIVO. LITISCONSÓRCIO E INTERVENÇÃO DE TERCEIROS NO PROCESSO COLETIVO

A Constituição da República, no art. 129, III, inclui entre as funções institucionais do Ministério Público a promoção da ação civil pública, para a proteção do patrimônio público e social, do meio ambiente e de outros interesses difusos e coletivos.

A Constituição prevê, ainda, que o Ministério Público pode exercer outras funções que lhe forem conferidas, desde que compatíveis com a sua finalidade (art. 129, IX), o que significa que ao Ministério Público pode ser atribuída legitimidade para a propositura de ações não mencionadas no art. 129 da Constituição.

De outro lado, de acordo com o art. 25, IV, da Lei n. 8.625/93 (Lei Orgânica do Ministério Público), compete ao Ministério Público promover ação civil pública, na forma da lei, para: a) a proteção, prevenção e reparação dos danos causados ao meio ambiente, ao consumidor, aos bens e direitos de valor artístico, estético, histórico, turístico e paisagístico, e a outros interesses difusos, coletivos e individuais indisponíveis e homogêneos;[41] b) a anulação ou declaração de nulidade de atos lesivos ao patrimônio público ou à moralidade administrativa do Estado ou do Município, de suas administrações indiretas ou fundacionais ou entidades privadas de que participem.

Acrescente-se que a Lei Complementar n. 75/93 (Estatuto do Ministério Público da União), dispõe que constitui função institucional do Ministério Público a defesa da ordem jurídica, do regime democrático, dos interesses sociais e dos interesses

41. Ao Ministério Público é, expressamente, atribuída legitimidade para promover ação civil pública para a proteção, prevenção e reparação de danos causados a interesses individuais indisponíveis e homogêneos. Não trata, a hipótese, de direitos individuais que sejam indisponíveis e homogêneos, mas de direitos individuais e de direitos homogêneos.

individuais indisponíveis (art. 5º, I), sendo incluídos entre os seus instrumentos de atuação a ação civil pública, para a proteção: a) de direitos constitucionais; b) do patrimônio público e social, do meio ambiente, dos bens e direitos de valor artístico, estético, histórico, turístico e paisagístico; c) dos interesses individuais indisponíveis, difusos e coletivos, relativos às comunidades indígenas, à família, à criança, ao adolescente, ao idoso, às minorias étnicas e ao consumidor; d) a outros interesses individuais indisponíveis, homogêneos, sociais, difusos e coletivos (art. 6º, VII).

Note-se que a Lei Complementar aduz à proteção de interesses individuais indisponíveis, homogêneos, sociais, difusos e coletivos, fazendo, com isto, distinção entre direitos individuais e direitos homogêneos. Não fosse isto, esta mesma Lei, no art. 6º, XII, autoriza o Ministério Público a propor ação civil coletiva para defesa de interesses individuais homogêneos, deixando claro, portanto, que o Ministério Público pode atuar em juízo na defesa de direitos difusos, coletivos e individuais homogêneos.[42]

Por fim, ainda segundo a Lei Complementar n. 75/93, compete ao Ministério Público do Trabalho: a) promover as ações que lhe sejam atribuídas pela Constituição e a legislação trabalhista; b) promover a ação civil pública no âmbito da Justiça do Trabalho, para defesa de interesses coletivos, quando desrespeitados os direitos sociais constitucionalmente garantidos; c) propor as ações cabíveis para declaração de nulidade de cláusula de contrato, acordo coletivo ou convenção coletiva que viole as liberdades individuais ou coletivas ou direitos individuais indisponíveis dos trabalhadores; d) propor as ações necessárias à defesa dos direitos e interesses dos menores, incapazes e índios, decorrentes da relação de trabalho (art. 83, I, II e IV).

Assim, o Ministério Público do Trabalho pode atuar como autor nas ações coletivas.[43]

Não sendo autor da ação, o Ministério Público atuará, obrigatoriamente, como fiscal da ordem jurídica (art. 5º, § 1º, da Lei n. 7.347/85).

Por fim, em caso de desistência infundada ou abandono da causa pelo seu autor, o Ministério Público assumirá a titularidade ativa (art. 5º, § 3º, da Lei n. 7.347/85). Trata-se, agora, de atuação do Ministério Público como substituto da parte que desistiu da demanda sem fundamento ou abandonou a causa.

---

42. A ação civil coletiva pode ser reparatória, como resulta do art. 91 do Código de Defesa do Consumidor.

43. Registre-se que o STF decidiu, que "Segundo a jurisprudência firmada pelo Supremo Tribunal Federal, 'incumbe ao Procurador-Geral da República exercer as funções do Ministério Público junto ao Supremo Tribunal Federal, nos termos do art. 46 da Lei Complementar n. 75/93', sendo que o 'exercício das atribuições do Ministério Público do Trabalho se circunscreve aos órgãos da Justiça do Trabalho, consoante se infere dos arts. 83, 90, 107 e 110 da Lei Complementar n. 75/93' (Rcl n. 4.453, Pleno, Min. Ellen Gracie, DJe de 27.3.2009)". (Rcl n. 3.431 AgR/PA, Tribunal Pleno, Re Min. Teori Zavascki, DJe 17.6.2013).

É admitido o litisconsórcio ativo facultativo entre os Ministérios, Público da União, do Distrito Federal e dos Estados nas ações civis coletivas (art. 5º, § 5º, da Lei n. 7.347/85).

Embora o art. 5º, § 5º, da Lei n. 7.347/85 (Lei da Ação Civil Pública) somente faça referência ao litisconsórcio entre os Ministérios Públicos da União, do Distrito Federal e dos Estados, o litisconsórcio ativo não é limitado aos Ministérios Públicos, alcançando todos os entes legitimados para as ações coletivas. Acrescente-se que, consoante o art. 103, § 2º, do Código de Defesa do Consumidor, na hipótese de ação coletiva visando à tutela de interesses ou direitos individuais homogêneos, em caso de improcedência do pedido, os interessados que não tiverem intervindo no processo como *litisconsortes* poderão propor ação de indenização a título individual. Assim, mesmo o titular do direito, no caso de direitos individuais homogêneos, pode atuar no processo como litisconsorte do autor da ação coletiva (a hipótese será de litisconsorte assistencial). É por força desta possibilidade que o art. 94 do Código de Defesa do Consumidor impõe a divulgação da propositura da ação civil coletiva a fim de que os interessados possam intervir no processo como litisconsortes.

De outro lado, o fato de a Lei da Ação Civil Pública somente aludir ao litisconsorte ativo, não há como negar a possiblidade do litisconsórcio passivo no processo coletivo, inclusive o necessário.[44]

O art. 88 do Código de Defesa do Consumidor veda a denunciação da lide no processo coletivo, demonstrando que devem ser evitados expedientes que possam prejudicar a mais rápida solução da lide, o que permite afirmar que as demais formas de intervenção de terceiros previstas no CPC estão vedadas, acrescentando-se que sequer existe possibilidade de oposição quando se trata de direitos difusos, coletivos e individuais homogêneos. A vedação em destaque não impede que o legitimado estranho ao processo intervenha para auxiliar a parte, o que implica dizer que é lícita a assistência no processo coletivo, observando-se que não se pode negar interesse nesta intervenção àquele que está legitimado para a propositura da ação.

10. A PROVA NO PROCESSO COLETIVO

O tratamento conferido à prova pela Lei da Ação Civil Pública e pelo Código de Defesa do Consumidor demonstra a distinção entre o direito processual individual e coletivo.

No processo individual, mesmo que o pedido do autor da demanda seja julgado improcedente por insuficiência de provas, a decisão fará coisa julgada material. Isso significa que o fato de o pedido ser julgado improcedente por insuficiência de provas não interfere na formação da coisa julgada ou na sua extensão subjetiva.

44. Do litisconsórcio tratamos no Capítulo VIII, ao qual remetemos o leitor.

Destarte, no processo individual, a fruição do direito está diretamente relacionada com a capacidade de a parte produzir prova dos fatos dos quais decorre o direito deduzido, o que traduz a concepção individualista do processo.

Na ação civil pública, a sentença, de acordo com o art. 16 da Lei n. 7.347/85, fará coisa julgada *erga omnes*, nos limites da competência territorial do órgão prolator, *exceto se o pedido for julgado improcedente por insuficiência de provas*, hipótese em que qualquer legitimado poderá intentar outra ação com idêntico fundamento, valendo-se de nova prova. De outro lado, segundo o art. 103, I e II, do CDC, nas ações coletivas propostas em defesa de direitos difusos e coletivos, a sentença fará coisa julgada *erga omnes* e *ultra partes*, respectivamente, *exceto se o pedido for julgado improcedente por insuficiência de provas*, hipótese em que qualquer legitimado poderá intentar outra ação, com idêntico fundamento, valendo-se de nova prova.[45]

Assim, na ação civil pública e nas ações coletivas aforadas em defesa de direito ou interesse difuso e coletivo, sendo o pedido julgado improcedente por insuficiência de provas, qualquer legitimado poderá intentar outra ação, com idêntico fundamento, valendo-se de nova prova. Isto significa que a declaração de improcedência do pedido fundada na insuficiência da prova dos fatos alegados pelo autor da demanda não conduz à negativa definitiva do direito objeto da ação civil pública ou ação coletiva, estando qualquer legitimado para a ação coletiva autorizado a ajuizar outra ação desta natureza, com o mesmo fundamento (isto é, com base nos mesmos fatos), desde que se valendo de nova prova. Trata-se, assim, do reconhecimento, expresso, de que a decisão definitiva deve retratar a verdade dos fatos controversos.

A opção do legislador pela limitação da extensão da coisa julgada na ação civil pública e nas ações coletivas em geral tem por fundamento a necessidade de assegurar a maior efetividade possível dos direitos de dimensão coletiva, inclusive diante de eventual desídia ou imperícia do autor da demanda ou mesmo de conluio entre o autor e o réu, em prejuízo daquela efetividade. O que se pretende é que o direito somente seja definitivamente reconhecido ou negado com base em todos os elementos de convicção que puderem ser apresentados em juízo.

Cumpre esclarecer que:

a) *prova nova* é aquela que não foi produzida nos autos em que foi afirmada a improcedência do pedido por insuficiência de prova;[46]

---

45. Em relação às ações que tenham por objeto a tutela de direitos individuais homogêneos, a decisão somente fará coisa julgada *erga omnes* na hipótese de reconhecimento da procedência do pedido. Sendo assim, qualquer que seja o motivo da declaração de improcedência do pedido, os titulares do direito deduzido na ação coletiva que não tiverem intervindo no processo como litisconsortes poderão propor ação de indenização a título individual (art. 103, III e § 2º, do CDC).

46. A prova pode não ter sido produzida porque a parte a desconhecia ou a ela não teve acesso ou porque era de produção inviável fática ou tecnicamente ao tempo da demanda.

b) um fato pode ser afirmado verdadeiro quando os elementos de convicção existentes no processo, depois de valorados individual e conjuntamente e submetidos à crítica sucessiva iluminada pelas máximas de experiência, forem suficientes para justificar a conclusão neste sentido, não apenas para o juiz (convencimento subjetivo), como também para qualquer pessoa razoável (sociabilidade do convencimento ou justificabilidade). Prova suficiente é aquela que justifica a eleição de uma entre as hipóteses possíveis em torno da veracidade de determinado fato. Não se trata de suficiência fundamentada na mera soma dos elementos de convicção existentes no processo (*abordagem quantitativa da prova*), mas na qualidade de tais elementos (*abordagem qualitativa da prova*). Também não se trata de suficiência do ponto de vista exclusivo do juiz: um fato poderá ser considerado verdadeiro quando existirem razões suficientes para crer que a maioria das pessoas adotaria em relação a ele esta mesma conclusão (razões transubjetivas). A suficiência da prova não é definida abstratamente, mas à luz do caso concreto e dos elementos de convicção existentes nos autos;

c) a insuficiência da prova pode decorrer da: 1) inexistência nos autos de elementos de convencimento aptos à formação do convencimento do julgador sobre a veracidade dos fatos alegados (a prova cuja produção era possível não foi produzida); e, 2) ineficácia dos elementos de convencimento existentes nos autos para a formação do convencimento do juiz sobre a veracidade dos fatos alegados (a prova foi produzida, mas é ineficaz para formar seguro convencimento sobre a veracidade dos fatos alegados).

Note-se que, como outra ação pode ser proposta na hipótese de declaração de improcedência do pedido por insuficiência de provas, haverá coisa julgada *erga omnes* ou *ultra partes* em relação à decisão proferida *com base nos elementos de convicção existentes nos autos da primeira ação*. Nova ação não pode ser proposta, portanto, apenas visando à nova apreciação da prova que foi produzida na demanda anterior.

A limitação da extensão da coisa julgada na hipótese de improcedência do pedido por insuficiência de provas tem por fundamento a necessidade de assegurar a maior efetividade possível aos direitos de dimensão coletiva. Por esta razão, eventual negligência, imperícia ou desídia do autor da ação ou eventual conluio entre autor e réu não prejudicará os titulares do direito deduzido.

No processo coletivo, portanto, é acentuado o interesse social na prova enquanto instrumento de efetividade do direito subjetivo e, com isto, da ordem jurídica.

Esta especial relevância da prova tem como consequência:

a) a necessidade de assegurar às partes a maior liberdade possível em matéria de prova. Com efeito, como a declaração de improcedência do pedido fundada em insuficiência de prova não impede que a ação seja novamente ajuizada, com esteio em nova prova, às partes do processo coletivo deve ser conferida a maior liberdade possível em relação à prova dos fatos controversos. Sendo possível produzir provas distintas em processos também distintos, embora digam respeito aos mesmos fatos, com muito mais razão deve ser assegurada às partes a mais ampla liberdade em matéria de prova no processo em curso. Note-se, inclusive, que, vindo aos autos todos os elementos de convicção disponíveis, dificilmente haverá espaço para o ajuizamento de uma nova ação coletiva no caso de afirmação de improcedência do pedido por insuficiência de provas;

b) a atuação mais ativa do juiz no esclarecimento dos fatos da causa.

No caso de improcedência por insuficiência de provas, o que autoriza a propositura de nova ação é exatamente esta circunstância. Com isto, a propositura de ação visando ao reconhecimento da existência do direito objeto de ação julgada tem como pressuposto a expressa declaração, na sentença proferida naquela ação, de que o pedido está sendo julgado improcedente por insuficiência de provas. Esta declaração deve ser expressa na conclusão do julgado, visto que se trata de uma exceção à regra da formação da coisa julgada.

De outro lado, a nova ação coletiva somente será admitida ser for fundada em nova prova, qual seja, em prova não produzida na ação anterior. Sendo assim, o seu autor deve indicar na petição inicial a nova prova que pretende produzir, cabendo ao juiz verificar se a hipótese é efetivamente de nova prova.[47]

Vale mencionar que, no processo civil clássico, o ônus da prova é distribuído de forma rígida, considerando a posição da parte no processo (autor ou réu) e a natureza do fato carente de demonstração de veracidade (constitutivo, impeditivo, modificativo ou extintivo). No processo coletivo, para facilitar o acesso aos direitos assegurados pela ordem jurídica, é reconhecido o direito à inversão do ônus da prova nas condições estabelecidas no art. 6º, VIII, do Código de Defesa do Consumidor.[48]

---

47. O fato de ser exigida prova nova não implica impossibilidade de ser carreada aos autos também a prova produzida no processo anterior. O que se exige é que venham aos autos novos elementos de convicção, isto é, elementos que, acrescidos aos já apresentados ao juiz, conduzam a uma nova conclusão sobre a realidade dos fatos controversos.

48. O art. 6º, VIII, do Código de Defesa do Consumidor estabelece, quando trata da inversão do ônus da prova, regra de natureza processual, sendo, com isto, aplicável em todas as ações coletivas. A regra geral sobre ônus da prova (art. 373 do CPC e 818 da CLT) pode ser afastada na presença de situações que tornam razoável o estabelecimento de uma exceção para ela (verossimilhança da alegação ou hipossuficiência da parte, no Código de Defesa do Consumidor, observando-se que esta hipossuficiência é verificada *confrontando as partes do processo*, ou seja, a inversão da prova será possível quando uma parte for hipossuficiente *em relação à outra*). Dito de outra forma, a regra geral ditada do art. 373 do CPC e 818 da CLT é *superável* ou *derrotável* na presença de um fator excepcionador (*defesating factores*). Como aduz Neil MacCormick, "a *defeasibility* diz respeito a exceções juridicamente justificáveis a condições ordinariamente necessárias e presumivelmente suficientes" para a produção de determinado efeito (*Retórica e estado de direito*, p. 322). De *superabilidade* ou *derrotabilidade* também se fala no confronto entre princípio e regra, para afirmar que aquele se sobrepõe a esta (*superabilidade ou derrotabilidade de regras frente a princípios*). Aliás, tanto o CPC quanto a CLT adotam a doutrina da *distribuiçao dinâmica do ônus da prova*, na perspectiva de que o ônus da prova deve ser distribuído segundo as particularidades do caso concreto.

11. SENTENÇA NO PROCESSO COLETIVO. REPARAÇÃO DE DANOS MORAIS COLETIVOS E DIFUSOS

O processo compõe-se de fases, dentre as quais a decisória, na qual o juiz irá se pronunciar sobre as pretensões das partes, proferindo, para tanto, sentença.

Sentença é, então, o ato processual que contém a manifestação do Poder Judiciário sobre as pretensões que lhe são submetidas pelas partes. Na sentença, o juiz define os direitos e obrigações dos litigantes, salvo quando, por não ter sido atendido pressuposto processual, for constatado o não atendimento de condição de ação ou for detectado vício insanável, o processo for extinto sem provimento de mérito.

Tendo em vista o tipo de tutela pretendida pelo autor da ação coletiva, a sentença será *declaratória* (quando apenas declara a existência, ou inexistência, da relação jurídica ou a autenticidade ou falsidade de documento), *constitutiva* (quando cria, modifica ou extingue uma relação jurídica), condenatória (quando impõe uma obrigação ao demandado, formando o título executivo), *mandamental* (quando contém ordem a ser cumprida pelo demandado, que lhe é transmitida mediante um mandado) e *executiva lato sensu* (quando impõe uma obrigação cujo cumprimento pode ser exigido independentemente da instauração de processo de execução).

Também no processo coletivo, a sentença deve respeitar os limites impostos à atuação do Poder Judiciário pelo pedido, com a ressalva de que, nele, é admitida a interpretação extensiva do pedido. A propósito, prevê o art. 10 do Código Modelo de Processos Coletivos para a Iberoamérica, que "nas ações coletivas, o pedido e a causa de pedir serão interpretados extensivamente". A interpretação extensiva do pedido não pode ocorrer com ofensa ao contraditório e à ampla defesa. Com isto, vislumbrando a possibilidade de conferir interpretação extensiva ao pedido, o juiz deve ouvir as partes a respeito desta possibilidade.

Na ação civil coletiva, isto é, na ação coletiva ajuizada visando à reparação de danos sofridos individualmente pelos titulares de interesses individuais homogêneos, em caso de procedência do pedido, a condenação será genérica, fixando a responsabilidade do demandado pelos danos causados (arts. 91 e 95 do CDC). Isto significa dizer que, na decisão será imposta ao demandado a obrigação, genérica, de indenizar os danos causados aos trabalhadores ou seus sucessores, sendo o montante a ser pago pelo demandado a cada um dos lesados definido em posterior liquidação.

A ação coletiva pode ter como objetivo a imposição de responsabilidade pela compensação de danos morais coletivos e difusos.

O Código de Defesa do Consumidor reconhece como direito dos consumidores a reparação de *danos morais individuais, coletivos e difusos* (art. 6º, VI), ao passo que a Lei n. 7.347/85 alude, no seu art. 1º, *caput* e IV, a *danos morais* causados a *interesse difuso ou coletivo*, ou seja, a danos morais difusos e coletivos. Nota-se, assim, que o dano moral reparável não é apenas o individual, o que implica dizer que vítima de dano moral não é apenas a pessoa individualmente considerada, ou, dito de outra forma, que o dano moral pode ser coletivo ou difuso.

Observe-se que, de acordo com o art. 13 da Lei n. 7.347/85, havendo condenação em dinheiro, a indenização pelo dano causado reverterá a um fundo, sendo os seus recursos destinados à reconstituição dos bens lesados, o que significa que a hipótese não é de dano causado a pessoas determinadas (dano moral individual), mas de dano moral coletivo ou difuso: por ser o dano coletivo ou difuso é que a indenização será revertida a um fundo. Se a hipótese fosse de dano moral individual, a indenização reverteria em favor dos lesados.

Do dano moral difuso trata a Lei n. 6.938/81, que dispõe sobre a política nacional de meio ambiente, ao se referir, nos arts. 4º, VII e 14, § 1º, à indenização de danos causados ao meio ambiente.

O dano moral é normalmente vinculado à ideia de dor, sofrimento e lesão psíquica resultantes de agressão à intimidade, vida privada, honra e imagem das *pessoas* (art. 5º, X, da Constituição da República). O dano moral, sob este prisma, é somente pessoal.

Daí a dificuldade de definir o que seja dano moral coletivo e difuso. Teori Albino Zavascki chega, inclusive, a negar a possibilidade de ocorrência de dano moral coletivo, afirmando que "não há dúvida que a lesão a um direito de natureza difusa, como, por exemplo, um dano ao ambiente natural ou ecológico, pode, em tese, acarretar também um dano moral (...). A destruição de um patrimônio artístico ou cultural ou a ofensa a outros direitos transindividuais, são eventos que, teoricamente, podem desencadear danos de diversa natureza, inclusive moral. Todavia, isso não significa que o dano moral, nesses casos, assuma, ele próprio, a natureza transindividual. Com efeito, a vítima de dano moral é, necessariamente, uma pessoa. É que o dano moral envolve, necessariamente, dor, sofrimento, lesão psíquica, afetando 'a parte sensitiva do ser humano, como a intimidade, a vida privada, a honra e a imagem das pessoas', ou seja, 'tudo aquilo que molesta gravemente a alma humana, ferindo-lhe gravemente os valores fundamentais inerentes à sua personalidade ou reconhecidos pela sociedade em que está integrado'. Assim, não se mostra compatível com o dano moral a ideia da transindividualidade (= da indeterminabilidade do sujeito passivo e da indivisibilidade da ofensa e da reparação) da lesão e do direito lesado".[49]

Contudo, a caracterização e a compensação do dano moral coletivo e difuso estão relacionadas com o interesse público na proteção de direitos de dimensão coletiva, isto é, que extrapolam a seara meramente individual. Neste contexto, deve ser abandonada a ideia de que o dano moral é somente individual, por somente afetar pessoas.

---

49. *Processo coletivo*, p. 42-43.

O dano pode atingir a coletividade (*dano moral difuso*) ou grupo, classe ou categoria de pessoas (*dano moral coletivo em sentido estrito*).

Como decidiu o STJ, não é qualquer atentado aos interesses da coletividade que causa dano moral difuso, sendo "preciso que o fato transgressor seja de razoável significância e desborde os limites da tolerabilidade. Ele deve ser grave o suficiente para produzir verdadeiros sofrimentos, intranquilidade social e alterações relevantes da ordem extrapatrimonial coletiva",[50] podendo ser utilizado o mesmo argumento em relação ao dano moral coletivo, ou seja, à sua caracterização é indispensável que o fato transgressor seja de razoável significância e desborde os limites da tolerabilidade, sendo grave o suficiente para produzir verdadeiros sofrimentos, intranquilidade e alterações relevantes da ordem extrapatrimonial em determinado grupo, classe ou categoria de pessoas.

Os danos morais difusos constituem aquilo que Antônio Junqueira de Azevedo denomina *danos morais sociais*, ou seja, "lesões à sociedade, no seu nível de vida tanto por rebaixamento de seu patrimônio moral — principalmente a respeito da segurança — quanto por diminuição de sua qualidade de vida. Os danos sociais são causa (...) de indenização punitiva por dolo ou culpa grave, especialmente (...) se atos que reduzem as condições coletivas de segurança, e de indenização dissuasória, se atos em geral de pessoa jurídica, que trazem uma diminuição do índice de qualidade de vida da população".[51]

12. COISA JULGADA MATERIAL NO PROCESSO COLETIVO

A coisa julgada no processo coletivo (coisa julgada coletiva) apresenta especificidades, que serão a seguir examinadas.

A coisa julgada é classificada, quanto à extensão dos seus limites subjetivos, em: a) *inter partes*: a coisa julgada somente alcança as partes, não beneficiando ou prejudicando terceiros; b) *ultra partes*: a coisa julgada vai além das partes, alcançando pessoas que compõem um grupo, categoria ou classe de pessoas; c) *erga omnes*: a coisa julgada vai além das partes, alcançando toda a coletividade ou todas as pessoas que se encontram em determinada situação fática.

Da coisa julgada no processo coletivo tratam os arts. 103 do Código de Defesa do Consumidor e 16 da Lei n. 7.347/85 (Lei da Ação Civil Pública).

De acordo com o art. 103 do Código de Defesa do Consumidor, nas ações coletivas a sentença fará coisa julgada:

50. STJ, REsp. 1221756/RJ, 3ª Turma, Rel. Min. Massini Uyeda, DJe 10.2.2012.

51. Por uma nova categoria de danos na responsabilidade civil: o dano social. In: *Novos estudos e pareceres de direito privado*, p. 377-384.

a) *erga omnes*, exceto se o pedido for julgado improcedente por insuficiência de provas, hipótese em que qualquer legitimado poderá intentar outra ação, com idêntico fundamento[52], valendo-se de nova prova[53], na hipótese de demanda ajuizada visando à tutela de interesses ou direitos difusos;

b) *ultra partes*, mas limitadamente ao grupo, categoria ou classe, salvo improcedência por insuficiência de provas, hipótese em que qualquer legitimado poderá intentar outra ação, com idêntico fundamento, valendo-se de nova prova, na hipótese de demanda ajuizada visando à tutela de interesses ou direitos coletivos;

c) *erga omnes*, apenas no caso de procedência dos pedidos, para beneficiar todas as vítimas e seus sucessores, na hipótese de demanda ajuizada visando à tutela de interesses ou direitos individuais homogêneos.

A coisa julgada *erga omnes* vai além das partes, para alcançar a coletividade ou todas as pessoas que se encontram na situação fática que justifica a tutela coletiva de interesses individuais, ao passo que a coisa julgada *ultra partes* vai além das partes, mas apenas alcança as pessoas que compõem determinado grupo, categoria ou classe.

Rodolfo Camargo Mancuso procura explicar a distinção entre efeito *erga omnes* e *ultra partes*, afirmando que, quando se trata de interesses coletivos, o interesse "ocupa uma certa faixa do universo coletivo, mas não a ponto de se expandir pela inteira sociedade civil (...), mas fica adstrito a um perímetro categorial (...). Por aí se explica que a coisa julgada adequada ao interesse coletivo em sentido estrito não se expande *erga omnes*, mas apenas *ultra partes*, ou seja: vai mais além do que a coisa julgada *inter partes* (CPC, art. 472), mas fica aquém daquela que se projeta em face de todos".[54]

Não existe consenso na doutrina sobre a formação da coisa julgada nas hipóteses do art. 103 do Código de Defesa do Consumidor.

Para uma vertente doutrinária, a sentença fará coisa julgada qualquer que seja o resultado do julgamento (procedência ou improcedência do pedido), mas somente alcançará terceiros se o pedido for julgado procedente ou improcedente por razão que não seja a insuficiência de provas (coisa julgada *secundum eventum litis*[55] e transporte *in utilibus* da coisa julgada[56]).

52. Isto é, com idêntica causa de pedir.
53. Não se trata de ação visando à reavaliação da prova produzida na ação anterior, mas de ação fundada em nova prova, isto é, prova não produzida nos autos da demanda anteriormente proposta.
54. *Jurisdição coletiva e coisa julgada* — teoria geral das ações coletivas, p. 47-48.
55. *A extensão dos efeitos da coisa julgada é definida segundo o resultado do julgamento.*
56. Transporte da coisa julgada para outra demanda, para beneficiar o seu autor.

Consoante outra vertente de pensamento, a sentença não fará coisa julgada quando o pedido for julgado improcedente por insuficiência de prova. Sob esse prisma, não há formação da coisa julgada, em razão do resultado do julgamento, qual seja, improcedência dos pedidos por insuficiência de provas.

Adotando o primeiro ponto de vista mencionado, afirma Antônio Gidi que "a coisa julgada nas ações coletivas do direito brasileiro não é *secundum eventum litis*. Seria assim, se ela se formasse nos casos de procedência do pedido, e não nos de improcedência. Mas não é exatamente isso que acontece. A coisa julgada sempre se formará, independentemente de o resultado da demanda ser pela procedência ou pela improcedência. A coisa julgada nas ações coletivas se forma *pro et contra*. O que diferirá, de acordo com o 'evento da lide', não é a formação ou não da coisa julgada, mas o rol de pessoas por ela atingido. Enfim, o que é *secundum eventum litis* não é a formação da coisa julgada, mas sua extensão '*erga omnes*' ou '*ultra partes*' à esfera jurídica individual de terceiros prejudicados pela conduta considerada ilícita na ação coletiva (é o que se chama extensão *in utilibus* da coisa julgada)".[57]

A coisa julgada é fruto de opção política e, em relação ao processo coletivo, fez-se opção pela *formação da coisa julgada, mas com restrição quanto ao alcance dos seus efeitos*. A decisão fundada nas provas apresentadas nos autos em que foi proferida torna-se imutável e indiscutível quando já não seja passível de ataque por meio de recurso, transitando, portanto, em julgado. A extensão dos efeitos da coisa julgada é que depende do resultado do julgamento.

O art. 103 do Código de Defesa do Consumidor trata, em suma, dos efeitos (extensão subjetiva) da coisa julgada e não da sua formação. Daí prever o art. 103, § 1º, do Código de Defesa do Consumidor que os *efeitos da coisa julgada* previstos nos incisos I e II não prejudicarão interesses e direitos individuais dos integrantes da coletividade, do grupo, categoria ou classe. No caso de improcedência por insuficiência de provas, a decisão produzirá coisa julgada, mas não com extensão *erga omnes* ou *ultra partes*.

A restrição constante do art. 103, § 1º, do Código de Defesa do Consumidor é explicada pelo fato de não se confundirem interesse e direito difuso ou coletivo e interesses e direitos individuais das pessoas que compõem a sociedade ou determinado grupo, categoria ou classe de pessoas. Por esta razão, o fato de ser tutelado o direito difuso ou coletivo não impede a ação individual visando à tutela dos interesses e direitos individuais das pessoas integrantes da coletividade, grupo, categoria ou classe atingidos pelos fatos que justificaram a tutela do interesse ou direito difuso ou coletivo.[58] Da mesma forma, os efeitos da coisa julgada es-

57. *Coisa julgada e litispendência em ações coletivas*, p. 73.

58. Neste compasso, o fato de ser tutelado o direito difuso ao meio ambiente saudável prejudicado em razão do ato da empresa não impede o ajuizamento de ação visando à reparação do dano individual decorrente deste mesmo ato. Um mesmo ato ilícito pode gerar dano a direito difuso, coletivo e individual homogêneos.

tabelecidos nos arts. 16 e 13 da Lei n. 7.347/85 (Lei da Ação Civil Pública) não prejudicarão as ações de indenização por danos pessoalmente sofridos, propostas individualmente ou coletivamente, mas, se procedente o pedido, beneficiarão as vítimas e seus sucessores, que poderão proceder à liquidação e à execução, nos termos dos arts. 96 a 99 (art. 103, § 3º, do CDC).

No caso de ser julgado improcedente o pedido manifestado em ação ajuizada em defesa de interesses e direitos individuais homogêneos, os interessados que não tiverem intervindo no processo como litisconsortes poderão propor ação de indenização a título individual (art. 103, § 2º, do CDC).

Embora o art. 103, I e II, do Código de Defesa do Consumidor pareça relacionar a *formação da coisa julgada* à prova constante dos autos, não há que se falar em coisa julgada *secundum eventum probationis*, visto que a decisão de improcedência proferida com base na prova constante dos autos transita em julgado, o que significa que não se admite a propositura da ação fundada na mesma prova produzida nos autos em que foi proferida a decisão de improcedência. O alcance da coisa julgada é que poderá variar *secundum eventum probationis*.

O art. 16 da Lei da Ação Civil Pública, também tratando da coisa julgada, dispõe que "a sentença civil fará coisa julgada *erga omnes*, nos limites da competência territorial do órgão prolator, exceto se o pedido for julgado improcedente por insuficiência de provas, hipótese em que qualquer legitimado poderá intentar outra ação com idêntico fundamento, valendo-se de nova prova". Esta disposição legal deve ser combinada com o disposto no art. 103 do Código de Defesa do Consumidor, segundo o qual os limites subjetivos da coisa julgada são estabelecidos de acordo com a natureza do interesse ou direito objeto da demanda, isto é, *erga omnes*, no caso de interesse ou direito difuso e de interesses ou direitos individuais homogêneos, e *ultra partes*, na hipótese de interesse ou direito coletivo. O art. 16 da Lei da Ação Civil Pública será examinado mais adiante.

A coisa julgada coloca em confronto a segurança jurídica (gerada pela certeza quanto ao direito objeto de controvérsia[59]) e a justiça na solução dos conflitos de interesses submetidos ao Poder Judiciário (que presumidamente será alcançada por meio do reexame da causa por outro órgão julgador).

Como aduz Giuseppe Chiovenda, "só por meras razões de oportunidade e utilidade social se introduz nos distintos direitos um limite à discutibilidade do decidido".[60]

Acrescenta esse doutrinador que, "para prover a certeza da esfera jurídica dos litigantes, dando um valor fixo e constante às prestações, a organização jurídica quer que a atividade jurisdicional se desenvolva uma só vez (ainda que

---

59. A impugnabilidade sem limites gera incerteza também sem limites e possibilita decisões contraditórias sobre a mesma lide.

60. *Principios de derecho procesal civil*, t. II, p. 441-442.

ordinariamente com a possibilidade de vários graus). Aplicando a lei do mínimo médio, tende ao máximo resultado com o mínimo emprego de atividade; entre as vantagens da certeza e os danos de possíveis erros do juiz no caso concreto concede predomínio à primeira. Por isto, transcorridos os termos para impugnar uma sentença, esta torna-se definitiva, e daí deriva que a declaração da vontade da lei que ela contém torna-se indiscutível e obrigatória para o juiz em qualquer outro juízo futuro".[61]

A coisa julgada constitui, então, fruto de uma opção política, que é informada por razões de oportunidade e utilidade social. Com isto, cabe ao ordenamento jurídico definir as condições em que a decisão adquire a autoridade de coisa julgada (formação da coisa julgada), a extensão objetiva da coisa julgada (limites objetivos da coisa julgada) e a extensão subjetiva da coisa julgada (limites subjetivos da coisa julgada).

No processo coletivo, a segurança jurídica continua sendo levada em conta. No caso de improcedência do pedido por insuficiência de prova (interesses ou direitos difusos e coletivos) ou de improcedência (interesses ou direitos individuais homogêneos), a coisa julgada não alcançará terceiros e não impede que outra ação seja ajuizada (no caso de interesses ou direitos difusos e coletivos, qualquer legitimado pode propor outra ação, com base em nova prova; quando se tratar de interesses ou direitos individuais homogêneos, os interessados que não tiverem intervindo no processo como litisconsortes poderão propor ação de indenização a título individual — art. 103, § 2º, do CDC). No processo coletivo, fez-se opção, portanto, pela segurança jurídica aliada à justiça, no sentido de que, nele, o valor que merece maior prestígio é a realização concreta do direito assegurado pela ordem jurídica (o que é, sem dúvida, também uma forma de segurança — *segurança do direito*). Esta opção é explicada pela própria finalidade do processo, que é a realização concreta do direito assegurado pela ordem jurídica.

O direito processual individual ou clássico é estruturado para a tutela de direitos individuais, como resposta a pedido do seu titular. A natureza do direito para o qual a tutela é disposta (direito individual, com objeto divisível) e a legitimação para o requerimento da tutela (a ação é proposta, como regra, pelo titular do direito deduzido e, na hipótese de ajuizamento de ação por terceiro, a tutela tem como objeto direito individual de titular determinado, como decorre do art. 18 do CPC), fazem com que a sentença faça coisa julgada entre as partes, não prejudicando terceiros, consoante o art. 506 do CPC.[62]

61. *Principios de derecho procesal civil*, t. II, p. 446.

62. O art. 506 do CPC se aproxima da disciplina da coisa julgada no processo coletivo, no qual a coisa julgada pode beneficiar terceiros.

No processo individual, a limitação subjetiva da autoridade da coisa julgada se dá, portanto, em razão do objeto do conflito de interesses (o bem jurídico perseguido é divisível) e da limitação da legitimidade para agir (o autor da demanda, como regra, age em seu próprio nome e em defesa de direito próprio). Nele, o que interessa é a solução definitiva do conflito.

O regime jurídico dos limites subjetivos da coisa julgada no processo coletivo é caracterizado pela sua extensão *erga omnes* ou *ultra partes*.

No processo coletivo, a sentença que julga procedente o pedido faz coisa julgada em relação a terceiros, possuindo efeitos *erga omnes* ou *ultra partes*, o que se explica pela legitimidade para a sua propositura: a ação é proposta pelos entes legitimados em favor da coletividade, grupo, categoria ou classe de pessoas ou de um grupo de pessoas determinadas. Logo, a ação coletiva é proposta para produzir efeitos na esfera jurídica de terceiros. É próprio das ações coletivas, portanto, a extensão *erga omnes* ou *ultra partes* da coisa julgada (coisa julgada coletiva).

Quanto maior o alcance da legitimidade e do objeto da demanda, maior deverá ser o alcance da coisa julgada. De outro lado, restringir o alcance da coisa julgada é restringir o próprio alcance da ação coletiva e fazer com que sejam ajuizadas várias ações com o mesmo objeto, em prejuízo da economia processual e da unidade de entendimento (a propositura de várias ações com o mesmo objeto tornaria possível a existência de decisões conflitantes).

A indivisibilidade do direito (na hipótese de direitos difusos e coletivos) impõe, como exigência lógica, que sejam estendidos os efeitos da coisa julgada a todos os membros da coletividade, grupo, categoria ou classe. Em relação aos direitos individuais decorrentes de origem comum (direitos individuais homogêneos), a extensão a terceiros da coisa julgada constitui exigência do princípio da igualdade.

Contudo, no caso de improcedência do pedido objeto da ação coletiva por falta de provas (quando se trate de direitos difusos ou coletivos) ou de improcedência por qualquer razão (quando se trate de ação voltada à defesa de direitos individuais homogêneos), não há como fazer com que os efeitos da decisão prejudiquem pessoas que não participaram do processo, sob pena de ofensa ao direito à ampla defesa, ao contraditório e ao devido processo legal. A extensão dos efeitos da coisa julgada somente pode, à luz do art. 103 do não beneficiando ou prejudicando terceiros, ocorrer para beneficiar terceiros (é a denominada extensão *in utilibus* da coisa julgada). Se a hipótese é de procedência, tem-se como certo que o legitimado para a ação adotou todas as medidas necessárias à defesa do direito deduzido. Na hipótese de improcedência, presume-se que o legitimado não produziu toda a prova necessária ao acolhimento da pretensão objeto da ação.

Consoante dispõe o art. 103, § 3º, do Código de Defesa do Consumidor, os efeitos da coisa julgada de que cuida o art. 16, combinado com o art. 13 da Lei n. 7.347/85, não prejudicarão as ações de indenização por danos pessoalmente sofridos, propostas individualmente ou na forma prevista no Código de Defesa do Consumidor, mas, se procedente o pedido, beneficiarão as vítimas ou seus sucessores, que poderão proceder à liquidação e à execução, nos termos dos arts. 96 a 99 do CDC. Esta é uma mera decorrência do disposto no art. 103, III, do Código de Defesa do Consumidor.

Por fim, estabelece o art. 104 do Código de Defesa do Consumidor que as ações coletivas, previstas nos incisos I e II do parágrafo único do art. 81 (ações que têm por objeto interesses ou direitos difusos e coletivos), não induzem litispendência para as ações individuais, mas os efeitos da coisa julgada *erga omnes ou ultra partes* a que aludem os incisos II e III do artigo anterior não beneficiarão os autores das ações individuais, se não for requerida sua suspensão no prazo de trinta dias, a contar da ciência nos autos do ajuizamento da ação coletiva. Desta previsão legal tratamos quando examinamos a litispendência nas ações coletivas.

Cumpre mencionar que, no caso de ação individual julgada improcedente antes do ajuizamento da ação coletiva, o autor da ação individual será beneficiado pela coisa julgada nesta produzida, em especial quando fundada em novas provas. A única restrição aos efeitos da coisa julgada em relação ao autor da ação individual diz respeito à sua opção pela continuidade daquela ação estando em curso ação coletiva.

Em suma, considerando o disposto nos arts. 103, §§ 1º, 2º, e 3º, e 104 do Código de Defesa do Consumidor, pode ser afirmado que:

I) nas ações coletivas ajuizadas para a tutela de interesse ou direito difuso, a sentença fará coisa julgada *erga omnes*: a) se for de procedência; b) se for de improcedência por motivo que não seja a insuficiência de prova.[63]

A coisa julgada *erga omnes* não beneficiará os autores das ações individuais, se não for requerida a sua suspensão no prazo de trinta dias, a contar da ciência nos autos do ajuizamento da ação coletiva. Isto significa dizer que, estando em curso a ação coletiva e a ação individual, o autor desta ação deverá requerer a sua suspensão, para que possa ser beneficiado pela sentença proferida na sentença coletiva.[64]

Sendo a improcedência resultado da insuficiência de prova ou não, a coisa julgada coletiva não prejudicará os interesses e direitos individuais dos integrantes

63. A decisão transita em julgado, alcançando a qualidade de imutabilidade e indiscutibilidade, mas é limitada ao comando estabelecido na sentença a partir da prova existente nos autos (a decisão somente pode ser modificada em razão de nova prova, isto é, de uma nova situação fática delineada nos autos). Esta solução não é estranha ao nosso ordenamento jurídico, bastando lembrar, por exemplo, que, havendo alteração nas condições de trabalho (realidade fática), o empregador pode ser desonerado da obrigação de pagar adicional de insalubridade ao trabalhador a ele imposta por decisão transitada em julgado.

64. No caso de procedência, a decisão será transportada para os autos da ação individual, seguindo-se a sua liquidação e execução.

da coletividade, do grupo, categoria ou classe, o que decorre, como foi visto, do fato de não se confundirem os interesses e direitos difusos ou coletivos com os interesses e direitos individuais dos membros da coletividade, grupo, classe ou categoria de pessoas;

II) nas ações ajuizadas para a tutela de interesse ou direito coletivo em sentido estrito, a sentença fará coisa julgada *ultra partes*: a) se for de procedência; b) se for de improcedência por motivo que não seja a insuficiência de prova.

A coisa julgada *ultra partes* não beneficiará os autores das ações individuais, se não for requerida a sua suspensão no prazo de trinta dias, a contar da ciência nos autos do ajuizamento da ação coletiva. Isto significa dizer que, estando em curso a ação coletiva e a ação individual, o autor desta ação deverá requerer a sua suspensão, para que possa ser beneficiado pela sentença proferida na sentença coletiva.

Sendo a improcedência resultado da insuficiência de prova ou não, a coisa julgada coletiva não prejudicará os interesses e direitos individuais dos integrantes da coletividade, do grupo, categoria ou classe;

III) nas ações tendo por objeto a defesa de interesses ou direitos individuais homogêneos, a sentença fará coisa julgada *erga omnes* no caso de procedência e, na hipótese de improcedência, os interessados que não tiverem intervindo no processo como litisconsortes poderão propor ação de indenização a título individual (a decisão de improcedência atingirá os interessados que tiverem intervindo no processo coletivo como litisconsortes).

O art. 16 da Lei n. 7.347/85 (Lei da Ação Civil Pública) dispõe que: "a sentença civil fará coisa julgada *erga omnes*, nos limites da competência territorial do órgão prolator, exceto se o pedido for julgado improcedente por insuficiência de provas, hipótese em que qualquer legitimado poderá intentar outra ação com idêntico fundamento, valendo-se de nova prova".

O art. 16 da Lei n. 7.347/85 teve a sua redação alterada pela Lei n. 9.494/94 (na redação original não constava a restrição fundada nos limites da competência territorial do órgão prolator), que constitui resultado da conversão em lei da Medida Provisória n. 1.570/97. Contudo, a edição de Medida Provisória pressupõe relevância e urgência (art. 62, *caput*, da Constituição da República) e esta não é a hipótese, na medida em que os limites subjetivos da coisa julgada nas ações coletivas já haviam sido claramente estabelecidos pelo art. 103 do CDC. Com isto, é inconstitucional o art. 16 da Lei n. 7.347/85.

Ultrapassada a questão da constitucionalidade, não se pode olvidar que o art. 93 do Código de Defesa do Consumidor alterou, para efeito das ações coletivas em geral, a competência territorial dos órgãos do Poder Judiciário. Com efeito, dispondo, por exemplo, que, no caso de dano de extensão regional, é competente para a causa o juízo do foro da capital do Estado, o art. 93 do Código de Defesa do Consumidor faz com que a competência do juízo do foro da capital do Estado passe a abranger todo o território do Estado.

Assim, o art. 16 da Lei n. 7.347/85 deve ser compatibilizado com o art. 93 do Código de Defesa do Consumidor, o que significa dizer que a competência territorial de que trata o primeiro texto normativo é aquela estabelecida pelo segundo (a competência para a ação coletiva está relacionada com a extensão do dano, o que significa que a competência territorial do órgão julgador alcança todas as localidades por ele atingidas), em especial porque, se se entender que a competência territorial foi reduzida aos seus limites tradicionais (competência limitada ao âmbito territorial de atuação do órgão do Poder Judiciário), estar-se-ia contrariando, flagrantemente, os objetivos da ação coletiva, dentre os quais evitar a proliferação de ações com o mesmo pedido e favorecer a harmonia de julgados. Ademais, o art. 103 do Código de Defesa do Consumidor estabelece o regime geral da coisa julgada nas ações coletivas, de forma que o art. 16 da Lei n. 7.347/85, somente seria aplicável em relação às ações civis públicas.[65]

Ademais, como anota Teori Albino Zavascki, é difícil compatibilizar a limitação territorial prevista no art. 16 da Lei n. 7.347/85 com a "natureza jurídica da coisa julgada (que nada mais é do que uma qualidade da sentença, a da sua imutabilidade). O que faz coisa julgada (ou seja, o que se torna imutável) nas sentenças de mérito é o juízo, que nelas se contém, a respeito da existência ou inexistência ou do modo de ser da relação jurídica objeto do litígio, e isso não é diferente nas ações civis públicas. Embora indeterminados os titulares do direito tutelado, também nessas ações a atividade cognitiva visa a obter sentença com declaração de certeza a respeito de uma relação jurídica determinada, nascida de específica situação de fato, que gera, ou pode gerar, lesão a direito transindividual (= pertencente a uma coletividade ou sujeitos indeterminados). É esse juízo de certeza que, pelo efeito da coisa julgada, se torna imutável. Ora, é incompreensível como se pode cindir territorialmente a imutabilidade assim constituída, limitando-a, por exemplo, a uma Comarca, ou a uma cidade ou até, em caso de juiz que atua em vara distrital, a apenas parte da cidade (...) o eventual limitador territorial importaria, na prática, a produção de uma estranha sentença, com duas qualidades: seria válida, eficaz e imutável em determinado território, mas seria válida, eficaz e mutável fora desse território. A interpretação literal do art. 16 leva, portanto, a um resultado incompatível com o instituto

---

65. A propósito decidiu o STJ que "O procedimento regulado pela Ação Civil Pública pode ser utilizado para a defesa dos direitos do consumidor em juízo, porém somente no que não contrariar as regras do CDC, que contém, em seu art. 103, uma disciplina exaustiva para regular a produção de efeitos pela sentença que decide uma relação de consumo. Assim, não é possível a aplicação do art. 16 da LAP para essas hipóteses" (REsp. 411529/SP, 3ª Turma, Rel. Min. Nancy Andrighi). O art. 16 da LAC, admitindo-se a sua constitucionalidade e os limites que impõe à coisa julgada coletiva, somente é aplicável, portanto, em relação às ações civis públicas.

da coisa julgada. Não há como cindir territorialmente a qualidade da sentença ou da relação jurídica nela certificada".[66]

Ao processo do trabalho não é estranha a ideia de coisa julgada *ultra partes*.

Com efeito, as normas e condições de trabalho fixadas na sentença normativa alcançam os contratos de trabalho vigentes na data da instauração do conflito e os que forem celebrados durante o seu período de vigência, no âmbito das representações do suscitante e do suscitado. Na ação de cumprimento de sentença normativa ajuizada por sindicato, a decisão condenatória alcançará todos os contratos individuais de trabalho no âmbito da representação sindical.

O que constitui novidade, em relação ao processo do trabalho, é a extensão dos efeitos da coisa julgada *secundum eventum litis*, cuja compatibilidade com o Direito Processual do Trabalho é inegável, dada a sua finalidade, que é facilitar o acesso aos direitos assegurados pela ordem jurídica.

13. PRESCRIÇÃO NO PROCESSO COLETIVO

A prescrição também apresenta algumas particularidades no processo coletivo.

Violado o direito, nasce para o seu titular a pretensão, que é extinta pela prescrição, nos prazos fixados pela ordem jurídica (art. 189 do Código Civil). Assim, a pretensão, que nasce da violação do direito, perde a sua eficácia se não for manifestada em juízo dentro de determinado prazo.

No entanto, existem *pretensões prescritíveis* e *pretensões imprescritíveis*.

Giuseppe Chiovenda afirma que a prescrição "objetiva pôr termo à incerteza dos direitos, consolidando com o decurso do tempo um estado de fato contrário ao direito e tornando-o jurídico, ou sanando um estado jurídico defeituoso" e que são imprescritíveis, "em geral, as ações de mera declaração, porquanto não se destinam a fazer cessar um estado de fato contrário ao direito, em sentido próprio, mas declarar qual é o estado de fato conforme o direito, fazendo cessar a propósito o estado de incerteza".[67]

Tem-se, assim, uma primeira pretensão imprescritível, qual seja, a pretensão declaratória.[68]

Note-se que o art. 7º, XXIX, da Constituição alude, ao tratar da prescrição, a *créditos*, o que implica dizer que também considera imprescritível a pretensão declaratória.

---

66. *Processo coletivo:* tutela de direitos coletivos e tutela coletiva de direitos, p. 66.

67. *Instituições de direito processual civil*, v. I, p. 49-50.

68. Daí o art. 11 da CLT estabelecer que é imprescritível a pretensão declaratória da existencia da relação de emprego, o mesmo podendo ser dito em relação à declaração de exercício de determinada função para efeito de comprovação de experiência ou obtenção de aposentadoria especial.

A referência, no art. 7º, XXIX, da Constituição, a *créditos* permite afirmar que a Constituição estabelece prazos para o exercício da pretensão surgida da violação de direitos patrimoniais e da pretensão reparatória de danos causados a direitos extrapatrimoniais.

Orlando Gomes aduz que a imprescritibilidade pode resultar da natureza do direito e que são imprescritíveis "os direitos de que o titular não pode dispor".[69] Como a prescrição atinge a pretensão surgida da violação do direito e não o próprio direito, esta última afirmação deve ser entendida no sentido de que a pretensão surgida da lesão a direito de que o titular não pode dispor é imprescritível, estabelecendo-se, destarte, uma segunda pretensão imprescritível: é imprescritível a pretensão surgida da violação de direito do qual o titular não pode dispor, o que, no entanto, deve ser entendido nos termos abaixo apontados.

O art. 11 do Código Civil estabelece que, com exceção dos casos previstos em lei, os direitos da personalidade são intransmissíveis e irrenunciáveis, não podendo o seu exercício sofrer limitações voluntárias, o que implica que *o respeito aos direitos da personalidade* pode ser pleiteado em juízo a qualquer tempo.[70] De outro lado, a Constituição de 1988, ao incluir a dignidade humana entre os princípios fundamentais da República (art. 1º, III), adota a cláusula geral de defesa da dignidade humana, que também se manifesta no gozo dos direitos da personalidade (vida, identidade pessoal, nome, intimidade, imagem, honra e privacidade, por exemplo). Por decorrer da dignidade humana, os direitos da personalidade, assim como se dá com os direitos humanos e fundamentais, não têm a pretensão à sua tutela atingida pela prescrição. Dito de outra forma, a lesão dos direitos da personalidade, de direitos humanos e de direitos fundamentais não convalesce com o tempo, no sentido de que *o seu respeito pode ser exigido a qualquer tempo, independentemente do momento em que a sua lesão teve início*.[71]

Note-se, porém, que, como prevê o art. 12 do Código Civil, o titular de direito da personalidade pode exigir que cesse a sua lesão e reclamar perdas e danos. Assim, violado o direito de personalidade, pode ser pleiteada a sua tutela, no sentido de fazer cessar a lesão e reparar os danos decorrentes desta lesão. Aquela pretensão é imprescritível, ao passo que esta (*pretensão reparatória* de danos) é alcançada pela prescrição, como resulta, inclusive, do art. 206, § 3º, V, também do Código Civil, que estabelece, expressamente, prazo de prescrição para a pretensão reparatória, sem ressalva quanto à natureza do direito lesado. Em suma, é imprescritível a pretensão surgida da violação de direitos dos quais o titular não pode dispor, exceto em relação à reparação dos danos surgidos desta violação.

---

69. *Introdução ao direito civil*, p. 498.

70. A proteção da pessoa prevalece sobre a proteção da sua liberdade individual.

71. Por esta razão, não se pode falar, quanto a eles, em perdão tácito, pelo fato de o seu titular demorar a pleitear a sua tutela jurisdicional.

Realizados estes registros, cumpre observar que na definição do regime jurídico da prescrição no processo coletivo deve-se levar em conta a natureza do direito violado (difuso, coletivo ou individual homogêneo), o que se impõe por força das particularidades relativas à legitimidade para pleitear a sua tutela jurisdicional.

A pretensão que decorre da violação de direito difuso ou coletivo é imprescritível.

Primeiro, porque o titular de direito difuso e coletivo, qual seja, a coletividade ou categoria, grupo ou classe de pessoas, respectivamente, dele não pode dispor. A indisponibilidade do direito implica imprescritibilidade da pretensão que decorre da sua violação.

Segundo, porque o titular de direito difuso e coletivo não está legitimado para promover a sua defesa em juízo e quem não tem legitimidade para pleitear em juízo a tutela de um direito não pode ser considerado omisso por deixar de fazê-lo (somente ocorre prescrição quando ao titular da pretensão pode ser imputada omissão na sua manifestação oportuna, como autoriza afirmar, por exemplo, a regra segundo a qual não corre prescrição contra o menor de 18 anos).

Terceiro, porque o titular de direito difuso ou coletivo não pode ser prejudicado pela eventual inércia dos únicos legitimados para a propositura de ação visando à sua tutela, observando-se que nenhum indivíduo pode pleitear em juízo a tutela de direito difuso ou coletivo.

Quarto, porque a Lei da Ação Civil Pública e o Código de Defesa do Consumidor não fixam prazo para a manifestação em juízo da pretensão surgida da lesão a direito difuso e coletivo, ao passo que o art. 27 do Código de Defesa do Consumidor, segundo o qual "prescreve em 5 (cinco) anos a pretensão à reparação pelos danos causados por fato do produto ou do serviço prevista na Seção II deste Capítulo, iniciando-se a contagem do prazo a partir do conhecimento do dano e de sua autoria", somente diz respeito à pretensão reparatória do consumidor individualmente lesado, vez que é a ele que faz referência o art. 12, que integra a Seção II do Código de Defesa do Consumidor, citado no seu art. 27. A hipótese do art. 27 do Código de Defesa do Consumidor é, portanto, de direito individual de pessoa determinada e não de direito difuso ou coletivo, o que implica dizer que o Código de Defesa do Consumidor, que é fonte subsidiária da Lei da Ação Civil Pública e do direito processual coletivo do trabalho, somente fixa prazo de prescrição para a pretensão nascida da violação de direito individual.

Adotando a tese da imprescribilidade da pretensão relativa a direito difuso e direito coletivo, assevera Sérgio Shimura que "a prescrição é instituto voltado a apenar o titular do direito que age com desídia ou omissão. No que concerne aos direitos difusos e coletivos, os seus titulares são indetermináveis e indeterminados, respectivamente. Por conseguinte, não há que se falar em prescrição quanto aos direitos difusos e coletivos quando nem se sabe, com precisão, quem seja o respectivo titular do direito (...). A questão é de ordem pública e indisponível, e o direito é de todos, indistintamente, sendo, pois, desarrazoado punir toda a sociedade, com a perda da pretensão, em favorecimento do degradador ou ofensor".[72]

Examinando a questão, Antônio Gidi afirma que "a prescrição não é apenas uma 'pena' ou sanção ao titular da pretensão que permanece inerte, mas também uma segurança para o réu, um reconhecimento de que as provas se perdem com o tempo e de que situações conflituosas precisam chegar a um final (...). Não parece correto dizer peremptoriamente que 'os direitos difusos e coletivos não estão sujeitos à prescrição' (...). Alguns direitos transindividuais são extremamente importantes (...). Todavia, não há uma regra geral contrária à prescrição dos direitos de grupo por serem direitos de grupo (...). Há direitos individuais imprescritíveis e direitos difusos imprescritíveis; há direitos individuais prescritíveis e direitos difusos prescritíveis. Um direito não passa a ser imprescritível simplesmente por ser difuso, coletivo ou individual homogêneo (...). Se todos os direitos difusos fossem mesmo imprescritíveis teríamos que aceitar processos coletivos patrimoniais com fundamento em violação de direitos humanos durante o período de escravidão dos negros e massacre dos índios (...). Até mesmo a Lei da Ação Popular, exemplo pragmático de tutela de direitos difusos, em seu art. 21, estabelece que ' a ação prevista nesta lei prescreve em cinco anos (...). A regra geral no processo coletivo, portanto, é semelhante ao processo individual. As demandas coletivas condenatórias de natureza pecuniária ou essencialmente privadas prescrevem nos prazos legalmente previstos. São imprescritíveis as demandas coletivas meramente declaratórias e as constitutivas que não tenham prazo decadencial determinado em lei. Igualmente imprescritíveis são as demandas coletivas executivas de obrigações decorrentes de violação a direitos metaindividuais".[73]

Tem sido afirmado que a pretensão exercitável por meio das ações coletivas prescreve em cinco anos, contados a partir do conhecimento do dano e de sua autoria, por ser aplicável à hipótese, por analogia, o disposto no art. 21 da Lei n. 4.717/65 (Lei da Ação Popular), que fixa em cinco anos a prescrição da pretensão a que dizem respeito.[74]

---

72. *Tutela coletiva e sua efetividade*, p. 220-221.

73. *Rumo a um código coletivo de processo civil:* a codificação das ações coletivas no Brasil, p. 138-143.

74. Adotando este entendimento em relação à ação civil pública, afirma Teori Albino Zavaski que, diante do silêncio da Lei n. 7.347/85 (LACP), "a prescrição deve ser determinada pelas normas previstas no Código Civil ou em leis especiais (...). Há disposições normativas de leis especiais que merecem atenção porque se aplicam, no que couberem, à ação civil pública, todas elas estabelecendo como regra o prazo prescricional de cinco anos. (Assim, o art. 1º do Decreto n. 20.910, de 1932 (...). Da mesma forma o art. 1º-C da Lei n. 9.494, de 1997 (...). O art. 27 do Código de Defesa do Consumidor (...). A Lei de Improbidade Administrativa (...). Há, como se percebe, uma acentuada tendência a seguir, quanto a prazos prescricionais da espécie, a linha pioneira da Lei da Ação Popular (Lei n. 4.717, de 1965) (...). A grande afinidade entre a ação popular e a ação civil pública, estabelecida pela semelhança do rito e, sobretudo, pelo vasto domínio comum das pretensões que por elas podem ser veiculadas, impõe que se adote como prazo prescricional dessa última, pelo menos no que se refere a pretensões que se inserem no domínio jurídico comum a ambas, o prazo quinquenal do art. 21 da Lei n. 4.717, de 1965" (*Processo coletivo:* tutela dos direitos coletivos e tutela coletiva de direitos, p. 70).

Neste sentido, o STJ, por sua 1ª Turma, decidiu, nos autos do REsp. n. 1.084.916, do qual foi Relator o Min. Luiz Fux, que "A Ação Civil Pública e a Ação Popular compõe um microssistema de tutela dos direitos difusos onde se encartam a moralidade administrativa sob seus vários ângulos e facetas. Assim, à míngua de previsão do prazo prescricional para a propositura da Ação Civil Pública, inafastável a incidência da *analogia legis,* recomendando o prazo quinquenal para a prescrição das Ações Civis Públicas, tal como ocorre com a prescritibilidade da Ação Popular, porquanto *ubi eadem ratio ibi eadem legis dispositio"*.

Esta solução, no entanto, não encontra respaldo na Lei da Ação Civil Púbica e no Código de Defesa do Consumidor, que, como foi visto, somente estabelecem prazo de eficácia para a pretensão surgida da violação de direito individual, o que permite afirmar que, salvo as hipóteses em que houver expressa fixação de prazo prescricional, como se dá com a Lei da Ação Popular, a pretensão relativa a direitos difusos e coletivos é imprescritível.

Note-se que o art. 37, § 5º, da Constituição da República dispõe que a lei estabelecerá os prazos prescricionais para ilícitos praticados por qualquer agente, servidor ou não, que causem prejuízos ao erário, "ressalvadas as respectivas ações de ressarcimento". Esta ressalva permite afirmar que é imprescritível a pretensão ressarcitória do erário surgida da prática de ato de improbidade administrativa, o que indica que a Lei n. 8.429/92, ao tratar da prescrição, não se refere à pretensão ressarcitória, mas apenas à pretensão punitiva do ato ilícito (a Lei n. 8.429/92 comina várias penalidades para aquele que pratica ato de improbidade). Destarte, esta lei, além de não servir de parâmetro para definir a prescrição de pretensão surgida da violação de direito difuso e coletivo, posto que trata de uma situação especial, deixa claro que a pretensão ressarcitória é prescritível salvo disposição legal em sentido contrário.

A nosso juízo, quando se trate de direitos difusos e coletivos, a hipótese é de pretensão imprescritível, salvo quando de natureza ressarcitória, hipótese em que deverá ser observada a prescrição *bienal* (espaço de tempo de que dispõe o titular da pretensão para o ajuizamento da demanda) e *quinquenal* (efeitos temporais da demanda ajuizada). O fato de ser o direito difuso ou coletivo não torna perpétua a pretensão de sua tutela jurisdicional reparatória, o que resulta do art. 7º, XXIX, da Constituição, que se refere a *crédito*, sem excepcionar a natureza do direito cuja lesão o faz surgir.

Em suma, quando se tratar de direito difuso e coletivo, a pretensão à sua tutela ou, dito de outra forma, a *pretensão à garantia do respeito ao direito*, é imprescritível, mas, para a pretensão reparatória de danos surgidos do seu desrespeito, além da observância da prescrição bienal, a indenização somente alcançará os danos ocorridos nos cinco anos que antecederem a propositura da ação, o que deve ser observado na liquidação, seja ela coletiva ou individual, registrando-se, no entanto, que, como a liquidação visa definir o dano efetivamente sofrido, nela deverá ser verificada a existência de causa impeditiva, suspensiva ou interruptiva da prescrição em relação à pessoa individualmente afetada. Anote-se que, no processo coletivo, é expressamente autorizado o proferimento de sentença genérica, o que permite que na fase de conhecimento seja determinada a observância da prescrição de forma genérica, transferindo-se para a liquidação a verificação de sua ocorrência concreta, em relação a cada um dos prejudicados pelo ato ilícito praticado pelo réu.

A impossibilidade de definir, na fase de conhecimento, o alcance da prescrição em relação a cada um dos eventuais beneficiados pela sentença coletiva não é suficiente para impedir que na fase de conhecimento seja estabelecida, de forma genérica, a necessidade de respeito à prescrição. Na fase de liquidação, ainda que por artigos, não se pode alterar a decisão liquidanda, o que afasta a possibilidade de a prescrição ser declarada apenas na liquidação, o que impõe que ela seja afirmada na fase de conhecimento, ainda que em termos genéricos.

As hipóteses de pretensão reparatória imprescritível são somente as expressamente estabelecidas em lei, por se tratar de uma situação excepcional. É neste sentido, inclusive, o voto proferido pelo ex-Ministro Cézar Peluso, do STF, no Mandado de Segurança n. 26.210-9, segundo o qual o art. 37, § 5º, da Constituição da República "estabelece claramente uma exceção — eu diria, exceção marcante — em relação a princípio jurídico universal: a limitação do prazo de exercício de todas as pretensões, porque este é requisito de segurança jurídica (...). Então, em se tratando de exceção a uma regra de tão amplo alcance, teria de ser interpretada, já desse ponto de vista, estritamente. Em segundo lugar, o que me parece claro dessa regra (...) é que se trata de uma exceção, normativa, uma exceção de segundo grau, que é de abrir ressalva à prescritibilidade em relação aos ilícitos praticados por qualquer agente que, seja servidor ou não, causa prejuízo ao erário. Isso significa, no meu entender, que, em primeiro lugar, a hipótese excepcional não é de qualquer ilícito, sobretudo não é de ilícito civil (...). Noutras palavras, as ações relativas a crimes são prescritíveis, não, porém, as respectivas ações de ressarcimento. Respectivas do que? Dos crimes, isto é, as ações tendentes a reparar os prejuízos oriundos da prática de crime danoso ao Erário. Este o sentido do adjetivo 'respectivos'. Não se trata, portanto, de qualquer ação de ressarcimento, senão apenas das ações de ressarcimento de danos oriundos de ilícito de caráter criminal".

Ademais, ainda consoante foi dito, em relação aos direitos de personalidade, assim como no que concerne aos direitos humanos e fundamentais, imprescritível é a pretensão de *garantir o seu exercício* (trata-se de direitos de cuja titularidade nunca se é despido) e não a de *reparar o dano a eles eventualmente causados* (os direitos persistem e podem ser exercidos, mas a pretensão à reparação de dano a eles causados é alcançada pela prescrição). Destarte, em se tratando de direitos difusos e coletivos de cuja titularidade não se pode ser despido (direito ao meio ambiente saudável, por exemplo), *a imprescritibilidade diz respeito à garantia do seu exercício e não à reparação de dano a ele causado.* Observe-se que, como foi dito, o art. 37, § 5º, da Constituição da República somente estabelece a imprescritibilidade para a reparação de danos ao erário decorrentes de ilícitos praticados por qualquer agente, servidor ou não, o que reforça a nossa conclusão no sentido da prescritibilidade da pretensão reparatória.

Em relação aos direitos individuais homogêneos, não há como afastar a possibilidade de ocorrência de prescrição bienal, vez que se trata de direitos cuja tutela jurisdicional também pode ser pleiteada pelo seu titular, a título individual, o que torna possível falar em sua inércia no comparecimento em juízo visando à sua tutela, ressalvada a hipótese de direitos dos quais o titular não pode dispor. O mesmo pode ser dito em relação aos direitos individuais heterogêneos.

Recorde-se que o art. 26 do CDC fixa prazo de eficácia para a pretensão surgida da violação de direito individual, o que alcança os direitos individuais homogêneos.

A possibilidade de tutela coletiva de direitos individuais não é suficiente para afastar a prescrição relativamente à pretensão que surge da sua lesão.

Vale chamar a atenção para o fato de que o legislador fixou prazo prescricional para a hipótese de ação popular, exatamente porque a propositura da ação independe da atuação de qualquer legitimado especial, estando qualquer cidadão legitimado para a sua propositura. O mesmo raciocínio é aplicável em relação aos direitos individuais homogêneos, vez que o titular do direito pode pleitear em juízo a sua tutela.

Não se olvide, no entanto, que, de acordo com a Orientação Jurisprudencial n. 359 da SDI-I do TST, "a ação promovida por sindicato, na qualidade de substituto processual, interrompe a prescrição, ainda que tenha sido considerado parte ilegítima *ad causam*".

Por meio da ação proposta pelo sindicato, a pretensão à tutela do direito é manifestada em juízo, o que afasta a possibilidade de afirmar que ela deixou de ser objeto de ação judicial no momento oportuno: a pretensão foi oportunamente manifestada, ainda que por um terceiro, aplicando-se o mesmo raciocínio em relação à ação ajuizada pelo Ministério Público do Trabalho e Defensoria Pública.

Lembre-se, a propósito, que, conforme o art. 202, V, do Código Civil, a prescrição é interrompida por qualquer ato judicial que constitua o devedor em mora e a ação proposta por sindicato constitui o devedor em mora (art. 240 do CPC) e, com isso, interrompe a prescrição em relação à pretensão dos substituídos, valendo acrescentar que, segundo o art. 203 do Código Civil, a prescrição pode ser interrompida por qualquer interessado, o que alcança os sindicados, que estão legalmente habilitados à defesa dos interesses e direitos dos membros da categoria que representam (art. 8º, III, da Constituição).

A solução adotada pela Orientação Jurisprudencial n. 359 da SDI-I do TST ganha reforço pelo fato de que, como decidiu o STJ, nos autos do Resp. 1055419/AP, do qual foi relatora a Ministra Laurita Vaz: "1. O ordenamento jurídico pátrio, a teor dos arts. 103, § 2º, e 104, da Lei n. 8.078/90 — Código de Defesa do Consumidor —, impele o Substituído a permanecer inerte até a conclusão do processo coletivo, na medida em que a ele impõe o risco de sofrer os efeitos da sentença da improcedência da ação coletiva — quando nela ingressar como litisconsorte —; e de não se beneficiar da sentença de procedência — quando demandante individual. 2. Diante desse contexto, a citação válida no processo coletivo, ainda que este venha ser julgado extinto sem resolução do mérito em face da ilegitimidade do Substituto Processual, configura causa interruptiva do prazo prescricional para propositura da ação individual".

Note-se, inclusive, que negar à propositura da ação coletiva efeito interruptivo da prescrição obrigaria cada um dos substituídos a propor ação individual, o que opera contra as ações coletivas enquanto instrumento de economia processual (por reduzir o número de demandas voltadas à tutela do mesmo direito) e aumentaria o já elevado número de demandas a serem enfrentadas pelo Poder Judiciário, em prejuízo da celeridade processual. Assim, os membros do grupo podem esperar pelo final do processo coletivo para, se for o caso, ajuizar ação individual, sem risco de ver declarada prescrita a sua pretensão. Acrescente-se que, ao propor a ação, o sindicato o faz em favor de toda a categoria, sendo esta beneficiada, portanto, pelos efeitos do ato praticado pelo sindicato, dentre os quais a interrupção da prescrição.

Cumpre observar que, nos termos da Orientação Jurisprudencial n. 359 da SDI-I do TST e da decisão do STJ acima referida, ainda que o sindicato seja declarado parte ilegítima a prescrição estará interrompida, o que decorre do fato de que, como assinala Teori Albino Zavascki, "não se pode desconsiderar que os prazos prescricionais são estabelecidos com vista a atingir pessoas inertes, omissas, desinteressadas em procurar a tutela jurisdicional dos seus direitos. Ora, isso não se pode presumir na situação aventada (afirmação da ilegitimidade ativa do autor da ação coletiva) (...). Assim, deve-se optar por solução que preserve o princípio da boa-fé que milita em favor dos titulares do direito: a de considerar interrompida a prescrição em favor dos substituídos mesmo que o substituto processual venha a ser declarado ilegítimo".[75] Aliás, o que interrompe a prescrição é *a propositura da demanda*, independentemente do conteúdo da decisão em razão dela proferida.

75. *Processo coletivo:* tutela dos direitos coletivos e tutela coletiva de direitos, p. 188. Teori Albino Zavascki esclarece que, interrompida, em razão da ação coletiva, a prescrição para as ações individuais "retoma o curso com o trânsito em julgado da sentença que a encerra, seja ela terminativa, seja de mérito. É indispensável,

14. DESISTÊNCIA, CONFISSÃO, RENÚNCIA E TRANSAÇÃO NO PROCESSO COLETIVO

O art. 5º, § 3º, da Lei da Ação Civil Pública torna lícita a desistência da ação coletiva pelo seu autor, desde que a desistência seja fundada (ao autorizar a assunção do polo ativo da demanda por outro legitimado no caso de desistência infundada, a lei admite a eficácia da desistência fundada). No caso de desistência infundada, outro legitimado *assumirá* a titularidade ativa, ou seja, a desistência não conduz à extinção do processo, sendo o autor da demanda substituído no seu polo ativo por outro legitimado.

Em relação ao Ministério Público do Trabalho, a assunção da ação não é uma faculdade, mas verdadeiro dever, o que significa que, somente se demonstrar a manifesta improcedência da pretensão ou que se trata de lide temerária, é que o Ministério Público estará dispensado de assumir a titularidade da ação (*princípios da indisponibilidade* e *obrigatoriedade da ação coletiva*).

Os entes legitimados para a ação coletiva não podem confessar, renunciar ou transacionar, isto é, praticar atos que direta ou indiretamente resultem na disposição do interesse ou direito objeto da ação, na medida em que:

a) somente o titular de um interesse ou direito pode dele dispor e o legitimado para a ação coletiva não é o titular do interesse ou direito deduzido em juízo;

b) a legitimidade para a ação coletiva é reconhecida no pressuposto de uma atuação ativa no sentido da satisfação do interesse ou direito que dela pode ser objeto, com a qual é incompatível qualquer ato de disposição daquele interesse ou direito;

c) a restrição à coisa julgada na hipótese de improcedência do pedido demonstra a preocupação do legislador com eventual atuação desidiosa dos legitimados para a ação coletiva. Esta mesma preocupação está presente na autorização aos legitimados para assumir a titularidade ativa em caso de desistência infundada ou abandono da causa pelo legitimado que ajuizou a ação. Ao manifestar esta preocupação, o legislador deixa claro que os legitimados para a ação coletiva não podem praticar atos que direta ou indiretamente resultem na disposição do interesse ou direito deduzido em juízo;

d) adotando como parâmetro o disposto no art. 105 do CPC, pode ser dito que a autorização legal para que alguém demande em juízo a tutela

---

portanto, embora a lei não o preveja explicitamente, a divulgação do encerramento do processo, o que se fará pelos mesmos meios e modos adotados para anunciar o seu ajuizamento (art. 94 da Lei n. 8.078/90)" (*Op. cit.*, p. 189).

de direito alheio o habilita a praticar todos os atos do processo, salvo confessar, transigir e renunciar ao direito sobre que funda a ação. Para a confissão, transação e renúncia são exigidos poderes especiais expressos. Em relação aos interesses ou direitos individuais homogêneos, que têm como titulares pessoas determinadas e objeto divisível, são possíveis a confissão e a transação, desde que com expressa aquiescência do titular do interesse ou direito deduzido.[76]

Contudo, deve ser negada eficácia à transação direta entre o titular do direito e o réu na demanda coletiva que não contar com a expressa aquiescência do autor da ação coletiva, ou seja, ao titular do direito não é lícito transacionar sem a aquiescência do titular da ação coletiva. A ação coletiva tem como um dos seus fundamentos a necessidade de conferir a máxima concretude possível aos direitos assegurados pela ordem jurídica, não podendo ter o seu alcance limitado pela vontade individual do titular do interesse ou direito, em especial quando a transação envolver trabalhadores pertencentes aos quadros do empregador demandado e, portanto, que dele dependam economicamente. Também constitui fundamento da ação coletiva a necessidade de evitar que o respeito aos direitos assegurados pela ordem jurídica deixe de ser reclamado por receio dos trabalhadores ainda empregados de perder o emprego e esta finalidade da ação coletiva será seriamente prejudicada se se admitir a transação independentemente da aquiescência do autor da demanda.

Assim, a transação (em se tratando de direitos individuais homogêneos e heterogênos[77]) deverá, para ter eficácia, contar com a aquiescência do autor da ação coletiva, ao qual caberá, à luz do caso concreto, verificar a sua razoabilidade. Porém, a aquiescência do autor poderá ser suprida quando o juiz considerar, pelas circunstâncias do caso concreto, ser injustificada a recusa de sua concessão. Do art. 5º, § 3º, da Lei da Ação Civil Pública (Lei n. 7.347/85) resulta que o legitimado para a ação coletiva pode dela desistir, desde que a desistência seja fundada. Adotando como parâmetro a aludida previsão legal, pode ser afirmado que a aquiescência do legitimado poderá ser suprida quando for infundada a recusa na sua concessão.

---

76. Os direitos decorrentes da relação de emprego são irrenunciáveis, notadamente os de natureza fundamental e humana.

77. No caso de interesse ou direito difuso ou coletivo, além da indivisibilidade do seu objeto, não existe um titular individualizado que possa confessar ou transacionar, observando-se, em relação ao Ministério Público do Trabalho, que o termo de ajuste de conduta por ele eventualmente firmado com o empregador não constitui transação, vez que nele o empregador assume o compromisso de ajustar a sua conduta às exigências legais (art. 5º, § 6º, da Lei da Ação Civil Pública), valendo acrescentar que ao Ministério Público do Trabalho não é lícito fazer concessões em relação ao respeito à ordem jurídica, sendo possível, apenas, a definição de prazo para a adequação da conduta do empregador aos ditames da ordem jurídica.

A transação é possível nas ações coletivas em relação à multa eventualmente estabelecida em termo de ajustamento de conduta firmado com o Ministério Público do Trabalho, cabendo a este verificar a conveniência e oportunidade de estabelecer multa distinta daquela prevista originalmente.

Como o demandado pode reconhecer a procedência do pedido e se comprometer a adequar a sua conduta ao que determina a ordem jurídica, nada impede a designação de audiência de tentativa de conciliação nas ações coletivas.[78] Aliás, o art. 13, § 2º, da Lei da Ação Civil Pública alude, expressamente, ao *acordo*, o que impede afirmar a impossibilidade de sua celebração. É relevante lembrar que acordo não é sinônimo de transação, isto é, de concessão recíproca das partes.

15. MEDIDAS DE URGÊNCIA NO PROCESSO COLETIVO

As ações coletivas estão sujeitas a procedimentos especiais, que são estabelecidos em razão da natureza dos interesses ou direitos que por meio delas podem ser tutelados. Estes procedimentos serão tratados no Capítulo seguinte, observando-se que o procedimento do dissídio coletivo foi examinado no Capítulo XVIII.

Nas ações coletivas, podem ser adotadas todas as medidas necessárias a assegurar a adequada e efetiva tutela de interesses ou direitos difusos, coletivos e individuais homogêneos, dentre elas as medidas de urgência (medida cautelar e antecipação de tutela[79]), por força do disposto nos arts. 4º, 19 e 20 da Lei da Ação Civil Pública e no art. 90 do Código de Defesa do Consumidor.

16. AÇÃO COLETIVA COM PRETENSÃO REPARATÓRIA, INIBITÓRIA, IMPOSITIVA DE OBRIGAÇÃO DE FAZER E DE NÃO FAZER

De acordo com o art. 3º da Lei n. 7.347/85, a ação civil pode ter por objeto a condenação em dinheiro e o cumprimento de obrigação de fazer ou de não fazer,[80] o que significa que a ação coletiva pode ser ajuizada visando à condenação na obrigação de reparar um dano (*ação coletiva reparatória*) e/ou na obrigação de fazer ou não fazer, inclusive com a finalidade de evitar a prática de ilícito ou sua repetição (*ação coletiva inibitória*).[81]

78. Em juízo, não será firmado um termo de ajustamento de conduta, mas firmado acordo, por meio do qual o demandado assume o compromisso de ajustar a sua conduta às exigências do ordenamento jurídico, no prazo e sob as condições estabelecidas.

79. Estas medidas foram examinadas no Capítulo reservado ao seu estudo, ao qual remetemos o leitor.

80. Ao Ministério Público compete propor ação civil coletiva para a defesa de interesses individuais homogêneos (art. 6º, XII, da Lei Complementar n. 75/93 e art. 82 do CDC), isto é, uma ação tipicamente reparatória (art. 91 do CDC).

81. Ação coletiva inibitória é aquela em que é requerida a adoção de medidas que inibam o ilícito (ocorrência ou continuidade).

Ao Ministério Público do Trabalho compete ajuizar ação declaratória de nulidade de cláusula de contratos individuais de trabalho, acordo coletivo ou convenção coletiva de trabalho (art. 83, IV, da Lei Complementar n. 75/93). Trata-se, agora, de *ação coletiva declaratória*.

Dispõe o art. 327 do CPC que é permitida a cumulação, num único processo, contra o mesmo réu, de vários pedidos, ainda que entre eles não haja conexão, desde que os pedidos sejam compatíveis entre si, que seja competente para conhecer dos pedidos o mesmo juízo e que seja adequado para todos os pedidos o tipo de procedimento. Destarte, cumpridas estas condições, podem ser cumulados, na mesma ação coletiva, pedido de condenação em dinheiro e de imposição de obrigação de fazer ou não fazer, não se justificando, fática ou juridicamente, exigir que sejam propostas duas ações fundadas no mesmo fato, uma para pleitear a condenação em dinheiro e, outra, a imposição de obrigação de fazer ou não fazer. Vale observar, ainda, que uma mesma conduta pode dar ensejo a um pedido inibitório (providência jurisdicional voltada para o futuro) e outro reparatório (providência jurisdicional voltada para o passado), podendo ser cumulados na mesma ação estes dois pedidos.

De outro lado, é também lícito cumular na ação coletiva pedidos de anulação de uma cláusula de convenção ou acordo coletivo, indenização por danos resultantes da aplicação da cláusula anulada e imposição da obrigação de não inserir a cláusula anulada em convenções e acordos coletivos futuros. Note-se que, para aqueles que sustentam que a competência para a ação anulatória de cláusula de convenção ou acordo coletivo pertence aos tribunais regionais, esta cumulação atrairia para o tribunal a competência para o julgamento do pedido condenatório, em especial porque exigir a propositura de duas ações distintas, em juízos distintos (ação anulatória no tribunal e a ação condenatória perante uma Vara do Trabalho) atentaria, seriamente, contra os princípios da economia processual e da celeridade, além de abrir ensejo para decisões contraditórias.

17. CUSTAS E HONORÁRIOS ADVOCATÍCIOS NO PROCESSO COLETIVO.

Dispõe o art. 87, *caput*, do Código de Defesa do Consumidor que nas ações coletivas não haverá adiantamento de custas, emolumentos, honorários periciais e quaisquer outras despesas, nem a condenação da associação autora, "salvo comprovada má-fé, em honorários de advogado, custas e despesas processuais", ao passo que, consoante o parágrafo único do citado artigo, "em caso de litigância de má-fé, a associação autora e os diretores responsáveis pela propositura da ação serão solidariamente condenados em honorários advocatícios e ao décuplo das custas, sem prejuízo da responsabilidade por perdas e danos".

A Lei n. 7.347/85 (Lei da Ação Civil Pública) dispõe, no art. 17, que, "em caso de litigância de má-fé, a associação autora e os diretores responsáveis pela propositura da ação serão solidariamente condenados em honorários advocatícios e ao décuplo das custas, sem prejuízo da responsabilidade por perdas e danos", e, no art. 18, que na ação civil pública não haverá adiantamento de custas, emolumentos, honorários periciais e quaisquer outras despesas, nem a condenação da associação autora, salvo comprovada má-fé, em honorários de advogado, custas e despesas processuais.

A questão relativa aos honorários advocatícios é que suscita maiores questionamentos.

Considerada a questão à luz do Código de Defesa do Consumidor e da Lei da Ação Civil Pública:

> 1) se o pedido for julgado improcedente, não haverá a condenação do autor no pagamento de honorários advocatícios, salvo a hipótese de comprovada má-fé. Neste sentido, em sede de embargos de divergência, o STJ decidiu que: "1. Não ação civil pública movida pelo Ministério Público, a questão da verba honorária foge inteiramente das regras do CPC, sendo disciplinada pelas normas próprias da Lei n. 7.347/85. 2. Posiciona-se o STJ no sentido de que, em sede de ação civil pública, a condenação do Ministério Público ao pagamento de honorários advocatícios somente é cabível na hipótese de comprovada má-fé do *Parquet*. 3. Dentro de absoluta simetria de tratamento e à luz da interpretação sistemática do ordenamento, não pode o *parquet* beneficiar-se de honorários, quando for vencedor na ação civil pública";[82]
>
> 2) a Lei n. 13.725/18 acrescentou dois parágrafos ao art. 22 da Lei n. 8.906/94.
>
> Por força da citada lei: pertencem ao advogado os honorários assistenciais, compreendidos como os fixados em ações coletivas propostas por entidades de classe em substituição processual, sem prejuízo aos honorários convencionais (art. 22, § 6º); os honorários convencionados com entidades de classe para atuação em substituição processual poderão prever a faculdade de indicar os beneficiários que, ao optarem por adquirir os direitos, assumirão as obrigações decorrentes do contrato originário a partir do momento em que este foi celebrado, sem a necessidade de mais formalidades" (art. 22, § 7º).

A Lei n. 13.725/18 revogou, em razão acréscimo que fez à Lei n. 8.906/94, o art. 16 da Lei n. 5.584/70, segundo o qual os honorários do advogado, pagos pelo vencido, reverterão em favor do sindicato assistente.

Assim, diante do que dispõe a Lei n. 13.725/18, havendo condenação do demandado em ação coletiva proposta pelo sindicato como substituto processual ao pagamento de honorários assistenciais (resta clara, portanto, a possibilidade desta condenação), estes honorários passam a pertencer ao advogado e não mais

82. STJ, Embargos de Divergência em Resp. 895.530-PR, Rel. Min. Eliana Calmon.

ao sindicato, ao passo que os honorários contratados pelas entidades sindicais para atuação em juízo como substituto processual poderão ser revertidos aos advogados por elas contratados para patrocínio da demanda.

De início, registre-se que a Lei n. 13.725/18 é uma norma geral, que cede lugar às normas especiais consubstanciadas na Lei 7.347/85 (art. 17 e 18) e na Lei 8.078/90 (art. 87), das quais decorre que, sendo julgada improcedente a ação coletiva patrocinada por sindicado, a este não pode ser imposto o ônus de pagar honorários advocatícios, salvo se for demonstrada a sua má-fé.

Feito este registro, cumpre observar que, à primeira vista, a Lei n. 13.725/18 se limita a definir a titularidade dos honorários assistenciais fixados em ações coletivas promovidas por entidades sindicais julgadas total ou parcialmente procedentes e de criação da possibilidade de os sindicatos transferirem a advogados os honorários contratuais relacionados com o ajuizamento de ações coletivas.

No entanto, a citada lei, principalmente por força da inclusão do § 6º no art. 22 da Lei n. 8.906/94, tem um alcance bem maior, na medida em que se insere no contexto das reformas legislativas que visam enfraquecer economicamente os sindicatos.

Nesse particular, cumpre recordar que, procurando dificultar o custeio da atividade sindical, a *reforma trabalhista* estabelece que o desconto da contribuição sindical do salário do trabalhador, antes obrigatório, passa a depender de prévia e expressa autorização (arts. 545 e 578 da CLT).

Anote-se que a Medida Provisória n. 873/2019 aprofunda o ataque aos sindicatos.

Com efeito, a citada Medida Provisória altera a CLT e confere nova redação ao art. 578, que passa a dispor que "As contribuições devidas aos sindicatos pelos participantes das categorias econômicas ou profissionais ou das profissões liberais representadas pelas referidas entidades serão recolhidas, pagas e aplicadas na forma estabelecida neste Capítulo, sob a denominação de contribuição sindical, desde que prévia, voluntária, individual e expressamente autorizado pelo empregado." e o 579, que passa a prever, no *caput*, que "O requerimento de pagamento da contribuição sindical está condicionado à autorização prévia e voluntária do empregado que participar de determinada categoria econômica ou profissional ou de profissão liberal, em favor do sindicato representativo da mesma categoria ou profissão ou, na inexistência do sindicato, em conformidade o disposto no art. 591", no § 1º, que "A autorização prévia do empregado a que se refere o **caput** deve ser individual, expressa e por escrito, não admitidas a autorização tácita ou a substituição dos requisitos estabelecidos neste artigo para a cobrança por requerimento de oposição" e, no § 2º,que "É nula a regra ou a cláusula normativa que fixar a compulsoriedade ou a obrigatoriedade de recolhimento a empregados ou empregadores, sem observância do disposto neste artigo, ainda que referendada por negociação coletiva, assembleia-geral ou outro meio previsto no estatuto da entidade."

É interessante notar que na exposição de motivos da aludida Medida Provisória é assinalado que a Constituição e normas de Direito Internacional vedam a interferência do Poder Público na atividade sindical, mas a Medida Provisória faz exatamente o contrário, na medida em, visando dificultar o custeio da atividade sindical, impede que a assembleia convocada por determinado sindicato delibere sobre a contribuição sindical.

Ademais, como foi assinado por Sandro Lunard Nicoladeli, a Medida Provisória confunde as formas de custeio dos sindicatos, não atende aos requisitos de urgência e relevância (art. 62 da Constituição Federal), padece de inconstitucionalidade, posto que ofende ao disposto no art. 8º, incisos I a IV, da Constituição da República, e viola as Convenções ns. 95, 144, 151 e 154 da OIT. (NICOLADELI, Sandro Lunard. Ataque aos Sindicatos. Disponível in "https://www.plural.jor.br.ataque-aos-sindicatos).

Pois bem.

Os honorários assistenciais eram revertidos aos sindicatos porque a eles foi atribuída a obrigação de prestar assistência judiciária gratuita aos membros da categoria que representa.

A Lei n. 13.725/18, ainda que apenas em relação aos honorários devidos nas ações coletivas patrocinadas por sindicatos como substitutos processuais, transferiu os honorários assistenciais para os advogados contratados pelos sindicatos.

Contudo, a obrigação de os sindicatos prestarem assistência judiciária gratuita aos membros da categoria que representam não lhes foi retirada, posto que não foi revogado o art. 14 da Lei n. 5.584/70.

Isso significa que foi mantida obrigação dos sindicatos que lhes gera custos e, ao mesmo tempo, deles foi retirada a fonte do custeio especialmente destinada ao cumprimento desta obrigação.

Há, portanto, uma flagrante contradição entre a Lei n. 13.725/18 e a Lei n. 5.584/70.

Diante desta contradição, resta, como solução, atribuir os honorários assistenciais ao sindicato, até que seja estabelecida uma fonte de custeio compatível com a obrigação de os sindicatos prestarem assistência judiciária gratuita aos membros da categoria que representam, sob pena de ficar comprometida, ainda, mais, a atuação das entidades sindicais.

Não se pode olvidar, inclusive, que as ações coletivas são aquelas ajuizadas para a defesa de direitos difusos, coletivos e individuais homogêneos e têm como objetivo principal a ampliação do acesso à justiça e aos direitos assegurados pela ordem jurídica, ou seja, a Lei n. 13.725/18, na linha que já foi adotada pela *reforma trabalhista*, procura, ao definir a titularidade dos honorários assistenciais, dificultar o acesso à justiça e aos direitos assegurados pela ordem jurídica aos trabalhadores.

Note-se, que não está sendo negado aos advogados o direito à remuneração dos seus serviços. Esta remuneração deverá ser objeto de ajuste entre sindicatos e advogados, como se dá, inclusive, em relação aos honorários contratuais, por força, inclusive, da Lei n. 13.725/18.

De qualquer forma, cumpre anotar que a Lei n. 13.725/18 não autoriza a cumulação de honorários assistenciais e honorários de sucumbência. Os honorários assistenciais correspondem aos honorários de sucumbência no caso de demandas coletivas julgadas total ou parcialmente procedentes.

18. RECURSOS NO PROCESSO COLETIVO. AÇÃO RESCISÓRIA COLETIVA

A sistemática recursal no processo coletivo não difere daquela que a CLT estabelece para o processo individual quanto às decisões passíveis de recursos, recursos cabíveis, efeitos dos recursos e pressupostos de admissibilidade dos recursos, todos examinados quando tratamos dos recursos no processo do trabalho, em Capítulo ao qual remetemos o leitor, observando-se que, embora o art. 14 da Lei n. 7.347/85 autorize o juiz a conferir efeito suspensivo ao recurso aforado contra a sentença que acolher o pedido inicial, no processo do trabalho os recursos têm efeito meramente devolutivo. Com isto, pretendendo obter efeito suspensivo ao recurso, o recorrente deverá aforar ação cautelar com esse objetivo. Atendidos os requisitos respectivos, o juiz poderá deferir medida cautelar, consistente na suspensão da força executiva da decisão coletiva.

Por outro lado, no caso de condenação em pecúnia, deve o recorrente efetuar o depósito recursal, por força do disposto no art. 899, § 1º, da CLT, com a ressaltava de a alusão a *dissídios individuais* no citado dispositivo legal é feita apenas para deixar claro que, *no dissídio coletivo*, a admissão do recurso não tem como condição a realização do depósito recursal, o que se explica pelo fato de o depósito recursal possuir natureza de garantia da execução e a sentença proferida em dissídio coletivo não ser objeto de execução. Assim, no processo coletivo, apenas quando se trate de *dissídio coletivo* é que não se pode exigir do recorrente a realização de depósito recursal.

Ação rescisória é a ação voltada à rescisão de decisão de mérito transitada em julgado.

A Lei da Ação Civil Pública e o Código de Defesa do Consumidor não tratam da ação rescisória no contexto do processo coletivo, o que impõe recorrer, para suprir esta omissão, ao disposto no art. 836 da CLT e arts. 966 a 975 do CPC.[83]

A sentença coletiva que julga improcedente o pedido por insuficiência de provas é passível de rescisão, o que não é prejudicado pelo fato de ser possível a qualquer legitimado propor de novo a ação, desde que fundada em nova prova. A possibilidade de propositura de nova ação não autoriza desconsiderar eventual vício contido na decisão proferida, além do que nova ação somente pode ser proposta se existir nova prova de que o legitimado possa lançar mão.

19. LIQUIDAÇÃO E EXECUÇÃO NO PROCESSO COLETIVO

A execução pressupõe obrigação líquida, isto é, obrigação cujo valor ou objeto esteja perfeitamente determinado. Com isto, sendo ilíquida a obrigação imposta na sentença coletiva, cumpre realizar a sua liquidação.

19.1. Formas de liquidação da decisão condenatória.

A liquidação pode ser realizada por cálculo, arbitramento ou artigos.

Contudo, na ação civil coletiva de responsabilidade pelos sofridos por uma coletividade de pessoas (art. 91 do CDC), a sentença será genérica (art. 95 do CDC), ou seja, apenas fixará a responsabilidade do réu pelos danos causados. Neste caso, na liquidação deverão ser comprovados os danos pessoalmente sofridos pela vítima e o nexo entre este dano e dano coletivo reconhecido na sentença, o que exige que se preceda à liquidação por artigos.

A liquidação da sentença coletiva poderá ser promovida pelo autor da demanda ou por qualquer um dos legitimados para a sua propositura, ao passo que, na ação civil coletiva, ela pode ser promovida também pela vítima ou seus sucessores (art. 97 do CDC).

A liquidação será encerrada por sentença (art. 98 do CDC) e contra ela não cabe recurso, em razão de sua natureza interlocutória (art. 893, § 1º, da CLT), podendo o devedor atacá-la mediante embargos e, o credor, por meio de impugnação (art. 884 da CLT).

19.2. Execução da decisão condenatória.

O Código de defesa do Consumidor, ao tratar da ação civil coletiva, estabelece duas espécies de execução, quais sejam, a *execução coletiva* e a *execução individual*, consoante resulta do seu art. 97, segundo o qual "A liquidação e a execução da

83. À ação rescisória foi reservado Capítulo próprio, ao qual remetemos o leitor.

sentença poderão ser promovidas pela vítima e seus sucessores, assim como pelos legitimados de que trata o art. 82".

Execução coletiva é a promovida pelo autor da demanda coletiva ou por qualquer um dos legitimados para a sua propositura.[84] *Execução individual* é a promovida pelas vítimas ou seus sucessores (art. 97 do CDC).

A execução coletiva abrange as vítimas cujas indenizações já tiverem sido fixadas em sentença de liquidação, o que não prejudica o ajuizamento de outras execuções coletivas, na medida em que forem sendo proferidas novas sentenças de liquidação relativamente a outras vítimas (art. 98 do CDC).[85] Com isto, a execução coletiva será individualizada, no sentido de que somente abrangerá as vítimas cujas indenizações já tenham sido fixadas em sentença de liquidação.

O CDC, tratando dos requisitos para a execução coletiva, dispõe, no art. 98, § 1º, que ela será realizada com base na certidão das sentenças de liquidação, da qual deverá constar a ocorrência ou não do trânsito em julgado (esta exigência está com a necessidade de definir se a execução será definitiva ou provisória).

Estabelece o art. 98, § 2º, do Código de Defesa do Consumidor, disciplinando a competência para execução da sentença proferia em ação civil coletiva, que para ela é competente o juízo: a) da liquidação da sentença ou da ação condenatória, no caso de execução individual; b) da ação condenatória, na hipótese de execução coletiva.

Note-se que, para a execução individual foi estabelecida a *competência concorrente* do juízo da liquidação e do juízo da ação condenatória, não tendo o art. 98, § 2º, I, do CDC, no entanto, definido qual poderá ser o juízo da liquidação, o que se deve ao fato de estar este dispositivo legal diretamente relacionado com o art. 97, parágrafo único, também do CDC, segundo o qual a liquidação poderia ser realizada no *foro do domicílio do liquidante*. Sob o prisma dos citados comandos legais, portanto, a execução individual poderia ser realizada no foro da ação coletiva ou no foro domicílio da vítima.

No entanto, o parágrafo único do art. 97 foi vetado pelo Presidente da República, o que indicava que a liquidação deveria ser realizada no foro da ação coletiva, razão pela qual já afirmamos que, apesar de não ter sido vetado o art. 98, § 2º, I, do CDC, o veto do parágrafo único do art. 97 tornava certo que o foro da liquidação seria o mesmo da execução, qual seja, o do juízo da ação coletiva.

Mas, como não foi vetado o art. 98, § 2º, I, do CDC, permanece a possibilidade de a execução individual ser ajuizada no foro da sentença de liquidação, podendo

---

84. Observe-se que, decorridos sessenta dias do trânsito em julgado da sentença condenatória, sem que o autor da demanda promova a sua execução, deverá fazê-lo o Ministério Público, facultada igual iniciativa aos demais legitimados (art. 15 da Lei n. 7.347/85).

85. As execuções serão ajuizadas na medida em que forem sendo liquidados os créditos de outras vítimas.

a liquidação, de sua feita, ser realizada no foro do domicílio do liquidante, o que atende, inclusive, ao princípio da facilitação do acesso à justiça, que é caro ao Direito Processual do Trabalho.

Note-se, inclusive, que o art. 101, I, do CDC autoriza o ajuizamento da ação reparatória individual no foro do domicílio do autor, em uma clara demonstração de que deve ser facilitado o acesso à justiça às vítimas de danos coletivos, o que também decorre do seu art. 6º, VIII, que reconhece o direito à facilitação da defesa em juízo dos direitos difusos, coletivos e individuais homogêneos. Em suma, a realização da execução individual no foro do domicílio da vítima encontra respaldo no art. 98, § 2º, I, do CDC e no princípio da facilitação do acesso à justiça, valendo acrescentar que é este princípio que informa a fixação da competência das Varas do Trabalho (art. 651 da CLT), e, ainda, que não é estranha ao Direito Processual do Trabalho a possibilidade de a demanda ser ajuizada no foro do domicílio do seu autor, como se vê do art. 651, § 1º, da CLT).

Em suma, a execução individual pode ser realizada no foro da ação condenatória ou no foro da liquidação, podendo esta ser realizada no foro do domicílio do exequente, o que implica, inclusive, que não é do juízo do foro da ação a competência exclusiva para a execução da sentença em razão dela proferida.

A sentença poderá atribuir ao demandado a obrigação de reparar danos a interesses e direitos difusos ou coletivos (interesse e direito indivisível) e danos individuais (interesses e direitos divisíveis), em razão do mesmo evento danoso. Neste caso, ou seja, de concurso de créditos, terá preferência a reparação dos danos individuais (art. 99 do CDC). A reparação de danos individuais prefere, destarte, a reparação dos danos coletivos. Por força da preferência estabelecida pelo art. 99 do Código de Defesa do Consumidor, a destinação de valores ao fundo criado para receber e gerenciar as indenizações de danos coletivos ficará suspensa enquanto pendentes de decisão de segundo grau as ações de indenização pelos danos individuais, salvo a hipótese de o patrimônio do devedor ser manifestamente suficiente para responder pela integralidade da dívida (art. 99, parágrafo único, do CDC).

Nas ações coletivas para defesa de interesses ou direitos individuais homogêneos, decorrido o prazo de um ano sem habilitação de interessados em número compatível com a gravidade do dano, qualquer legitimado para a ação coletiva poderá promover a liquidação e execução da indenização deferida (art. 100 do CDC), revertendo-se a indenização para fundo gerido por um conselho federal de que participem o Ministério Público e representantes da comunidade (art. 100, parágrafo único, do CDC).[86]

86. Os valores devidos a titulo de reparação individual são revertidos para fundo destinado à reparação de danos coletivos trabalhistas correlatos.

No caso de reparação de dano difuso ou coletivo, a indenização reverterá ao fundo previsto no art. 13 da Lei n. 7.347/85 e criado pela Lei n. 9.008/95 (Fundo de Defesa de Direitos Difusos). Contudo, este fundo tem por finalidade a reparação dos danos causados ao meio ambiente, ao consumidor, a bens e direitos de valor artístico, estético, histórico, turístico, paisagístico, por infração à ordem econômica e a outros interesses difusos e coletivos, o que dela afasta a condição de destinatário de valores relativos a danos a direitos decorrentes da relação de emprego.

Assim, no caso de danos a direitos decorrentes da relação de emprego, os valores podem ser destinados ao Fundo de Amparo do Trabalhador (FAT), criado pela Lei n. 7.998/90, que é vinculado ao Ministério do Trabalho e Emprego e destinado ao custeio do Programa de Seguro-Desemprego, ao pagamento do abono salarial e ao financiamento de programas de educação profissional e tecnológica e de desenvolvimento econômico. É certo que o art. 13 da Lei n. 7.347/85 exige que do fundo destinatário de valores devidos a título de indenização deve participar, necessariamente, o Ministério Público, o que não ocorre com o FAT. Este fato não impede, no entanto, que este fundo receba tais valores, em razão da destinação dos seus recursos. .[87]

No entanto, a reparação é mais efetiva quando destinada às comunidades diretamente lesadas, possibilidade que é consagrada no Enunciado n. 12 da 1ª Jornada de Direito Material e Processual na Justiça do Trabalho, realizada pela Associação Nacional dos Magistrados da Justiça do Trabalho (ANAMATRA), juntamente com o Tribunal Superior do Trabalho (TST) e com a Escola Nacional de Formação e Aperfeiçoamento de Magistrados (ENAMAT), *in verbis*: "Ações civis públicas em que se discute o tema do trabalho escravo. Existência de espaço para que o magistrado reverta os montantes condenatórios às comunidades diretamente lesadas, por via de benfeitorias sociais tais como a construção de escolas, postos de saúde e áreas de lazer. Prática que não malfere o art. 13 da Lei n. 7.347/85, que deve ser interpretado à luz dos princípios constitucionais fundamentais, de modo a viabilizar a promoção de políticas públicas de inclusão dos que estão à margem, que sejam capazes de romper o círculo vicioso de alienação e opressão que conduz o trabalhador brasileiro a conviver com a mácula do labor degradante. Possibilidade de edificação de uma Justiça do Trabalho ainda mais democrática e despida de dogmas, na qual a responsabilidade para com a construção da sociedade livre, justa e solidária delineada na Constituição seja um compromisso palpável e inarredável".

---

87. O Ministério do Trabalho e Emprego foi extinto pela Medida Provisória n. 870/2019, que atribui ao Ministério da Economia a "fiscalização do trabalho, inclusive do trabalho portuário, e aplicação das sanções previstas em normas legais ou coletivas", a ser realizada por meio da Secretaria do Trabalho e nesta, pela Subsecretaria de Inspeção do Trabalho. Deste modo, o Fundo em questão passou a ser vinculado ao Ministério da Economia.

Note-se que o Código de Defesa do Consumidor (art. 84) prestigia a tutela específica, o que autoriza afirmar que admite destinatário de valores objeto da condenação que sejam distintos do estabelecido na Lei n. 7.347/85. Com isso, é no caso concreto que se definirá qual é a mais adequada forma de reparação dos danos a direitos trabalhistas. A coletividade (dano a interesse ou direito difusos), o grupo, classe ou categoria de pessoas (dano a interesse ou direito coletivo) ou grupo de pessoas (dano a interesses ou direitos individuais homogêneos) diretamente afetados têm preferência na reparação, solução que é autorizada pelo art. 99 do CDC, do qual decorre que a indenização deve beneficiar, primeiro, aqueles que foram diretamente lesados.

Cumpre recordar que os juros são contados, no processo do trabalho, mesmo em relação às ações coletivas, a partir da propositura da ação (art. 39 da Lei n. 8.177/91). Assim, na liquidação, ainda que individual, os juros devem ser contados a partir da propositura da ação coletiva que resultou no proferimento da decisão objeto da liquidação.

19.3. Defesa do executado na execução de decisão coletiva.

Em sua defesa, o executado poderá apresentar embargos à execução, nos mesmos moldes em que eles são admitidos na execução de decisão proferida em ação individual, aplicando-se, na hipótese, o prazo do art. 884 da CLT. Ao credor é lícito, no mesmo prazo, apresentar impugnação à sentença de liquidação (art. 884 da CLT).

20. AÇÃO CIVIL PÚBLICA

Como as ações coletivas já foram examinadas e a ação civil pública é uma espécie de ação coletiva, neste item serão examinados apenas os aspectos específicos desta ação.

20.1. Objeto.

A ação civil pública é disciplinada pela Lei n. 7.347/85 (LACP — Lei da Ação Civil Pública). De acordo com o art. 1º da citada lei, por meio da ação civil pública pode ser pleiteada em juízo a reparação por danos morais e patrimoniais causados ao meio ambiente, ao consumidor, a bens e direitos de valor artístico, estético, histórico, turístico e paisagístico, a qualquer outro interesse difuso ou coletivo, por infração à ordem econômica, à ordem urbanística, à honra e à dignidade de grupos raciais, étnicos ou religiosos.

A Constituição da República de 1988 inclui dentre as funções institucionais do Ministério Público a promoção de ação civil pública, para a proteção do patrimônio público e social, do meio ambiente e de outros interesses difusos e coletivos (art. 129, III).

A Lei n. 8.078/90 (Código de Defesa do Consumidor) estabelece que as ações coletivas podem versar sobre direitos e interesses difusos, coletivos e individuais homogêneos (arts. 81 e 82) e acrescentou à Lei n. 7.347/85 (Lei da Ação Civil Pública) o art. 21, dispondo que "aplicam-se à defesa dos direitos e interesses difusos, coletivos e individuais, no que for cabível, os dispositivos do Título III da lei que instituiu o Código de Defesa do Consumidor".

A Lei Complementar n. 75/93, dispondo sobre as atribuições do Ministério Público do Trabalho, dentre elas incluiu a propositura de ação civil pública voltada à tutela de interesses coletivos, quando forem desrespeitados os direitos sociais constitucionalmente garantidos aos trabalhadores (art. 83, III).

À Justiça do Trabalho compete, por força do art. 114 da Constituição da República, o julgamento dos dissídios oriundos da relação de trabalho.

Da conjugação de tais textos normativos resulta que a *ação civil pública trabalhista,* isto é, a ação civil pública promovida perante a Justiça do Trabalho, pode versar sobre interesses ou direitos difusos, coletivos e individuais homogêneos oriundos da relação de trabalho.

Restringindo o alcance da ação civil pública, a Medida Provisória n. 2.180-35, de 24.8.2001, acrescentou parágrafo único ao art. 1º da Lei n. 7.347/85, estabelecendo não ser cabível ação civil pública para veicular pretensões que envolvam o FGTS cujos beneficiários possam ser individualmente determinados. É patente, no entanto, a inconstitucionalidade dessa Medida Provisória, porquanto o art. 129, III, da Constituição Federal não coloca as pretensões relativas ao FGTS fora do alcance da ação civil pública. Ademais, o FGTS, por expressa previsão constitucional (art. 7º, III), foi incluído no rol dos direitos fundamentais dos trabalhadores, não se sustentando o impedimento para a sua defesa em ação civil pública, mesmo que seus beneficiários possam ser individualmente determinados. A restrição operada pela Medida Provisória em questão promove a fragmentação dos conflitos de interesses envolvendo o FGTS, demonstra a falta de compromisso do Governo Federal com a efetividade dos direitos fundamentais trabalhistas e representa restrição ao acesso à tutela coletiva dos direitos, com ofensa ao art. 5º, XXXVI, da Constituição Federal.

20.2. Disciplina legal.

A ação civil pública trabalhista é regida pelo Direito Processual do Trabalho, do qual servem como principais fontes subsidiárias o Código de Defesa do Consumidor (Lei n. 8.078/90) e a Lei da Ação Civil Pública (Lei n. 7.347/85), nos termos do art. 769 da CLT.

20.3. Legitimidade ativa e passiva.

A Constituição da República de 1988 inclui dentre as funções institucionais do Ministério Público a promoção de ação civil pública para a proteção do patrimônio público e social, do meio ambiente e de outros interesses difusos e coletivos (art. 129, III). O art. 83, III, da Lei Complementar n. 75/93 atribui ao Ministério Público do Trabalho a legitimidade para promover a ação civil pública no âmbito da Justiça do Trabalho.

É inegável, portanto, a legitimidade do Ministério Público do Trabalho para ajuizar ação civil pública perante a Justiça do Trabalho, versando sobre direitos e interesses difusos, coletivos e individuais homogêneos decorrentes da relação de trabalho.

Deste tema tratamos quando examinamos a legitimidade para o ajuizamento de ações coletivas, sendo relevante acrescentar que o STF decidiu que: "O Ministério Público tem legitimidade ativa para a defesa, em juízo, dos direitos e interesses individuais homogêneos, quando impregnados de relevante natureza social".[88]

O Ministério Público do Trabalho não tem o monopólio da legitimação para a ação civil pública. Neste sentido, o art. 129, § 1º, da Constituição Federal dispõe que a legitimação do Ministério Público para a ação civil pública não exclui a de terceiros.

O art. 5º da Lei n. 7.347/85 aponta como legitimados para a propositura de ação civil pública, além do Ministério Público: a defensoria pública, a União, os Estados, o Distrito Federal, os Municípios, as autarquias, empresas públicas, fundação ou sociedade de economia mista e a associação que, concomitantemente, esteja constituída há pelo menos um ano, nos termos da lei civil, e inclua, entre suas finalidades institucionais, a proteção ao meio ambiente, à ordem econômica, à livre concorrência ou ao patrimônio artístico, estético, histórico, turístico e paisagístico.

O art. 82 do Código de Defesa do Consumidor define como legitimados para a propositura de ações coletivas, dentre as quais estão a ação civil pública, o Ministério Público, a União, os Estados, o Distrito Federal, os Municípios, o Distrito Federal, as entidades e órgãos da administração pública, direta ou indireta, ainda que sem personalidade jurídica, especificamente destinadas à defesa dos interesses e direitos protegidos pelo Código de Defesa do Consumidor, e as associações legalmente constituídas há pelo menos um ano e que incluam entre seus fins institucionais a defesa dos interesses e direitos protegidos pelo Código de

88. STF, RE 472489 AgR/RS, 2ª Turma, Rel. Min. Celso Mello. A relevância social do direito, em se tratando de ação proposta pelo MPT, está na natureza predominantemente fundamental dos direitos decorrentes da relação de emprego e, com isto, de sua estreita relação com a promoção e defesa da dignidade humana dos que dependem da alienação da sua força de trabalho para atender às suas necessidades próprias e familiares.

Defesa do Consumidor,[89] dispensada a autorização assemblear, observando que o requisito da pré-constituição pode ser dispensado pelo juiz, nas ações civis coletivas, quando haja manifesto interesse social evidenciado pela dimensão ou características do dano, ou pela relevância do bem jurídico a ser protegido (art. 82, § 1º).

O art. 5º, V, da Lei n. 7.347/85 (LACP) e o art. 82 do Código de Defesa do Consumidor autorizam o ajuizamento da ação civil pública por *associação*. Sendo o sindicato uma associação criada para fins de estudo, defesa e coordenação de interesses econômicos e profissionais (art. 511 da CLT), a ele não pode ser negada legitimidade para ajuizar ação civil pública.

É importante ressaltar que a Constituição Federal (art. 8º, III) atribuiu ao sindicato a condição de porta--voz dos interesses e direitos coletivos ou individuais da categoria, impedindo que se lhe negue o acesso à ação civil pública, que é um importante instrumento de tutela coletiva de direitos.

Ademais, em defesa dos direitos coletivos, difusos e individuais homogêneos dos trabalhadores, o sindicato pode ajuizar todas as espécies de ações capazes de propiciar sua adequada e efetiva tutela, entre as quais a ação civil pública, conforme permitem concluir os arts. 82 e 83 do Código de Defesa do Consumidor.

Aplicando à hipótese o disposto no art. 611, § 2º, da CLT, pode ser dito que, as Federações e, na falta destas, as Confederações poderão propor a ação civil pública em relação às categorias a elas vinculadas, não organizadas em sindicatos, no âmbito de suas representações. Podendo celebrar convenções coletivas do trabalho, isto é, atuar na defesa dos interesses da categoria, aludidas entidades sindicais têm legitimidade para o ajuizamento da ação civil pública.

A legitimidade para a ação civil pública, como se dá em relação a todas as ações coletivas, é concorrente (a legitimidade de um ente não exclui a dos demais), disjuntiva (a propositura da ação por um dos entes legitimados não depende da aquiescência dos demais legitimados) e exclusiva (somente têm legitimidade para a ação civil pública os entes expressamente indicados pelo ordenamento jurídico).

A ação civil pública constitui valioso instrumento de efetividade dos direitos sociais garantidos aos trabalhadores pela ordem jurídica, o que exige que se confira a maior amplitude possível à legitimação para o seu ajuizamento.

Anote-se que qualquer pessoa poderá e o servidor público deverá provocar a iniciativa do Ministério Púbico, fornecendo-lhe informações sobre fato que possa constituir objeto de ação civil pública, indicando-lhe os elementos de convicção (art. 6º da Lei n. 7.347/85). Se o juiz ou Tribunal, no exercício de suas funções, tiver conhecimento de fatos que possam ensejar a propositura de ação civil pública,

89. Isto é, interesses e direitos difusos, coletivos e individuais homogêneos (art. 81, parágrafo único, do CDC).

deverá remeter as peças processuais por meio das quais esses fatos vieram à luz ao Ministério Público (art. 7º da Lei n. 7.347/85).

Por fim, sujeito passivo da ação civil pública é o responsável pelo dano ou ameaça a direito social constitucionalmente garantido aos trabalhadores.

20.4. Defesa na ação civil pública.

Não existe limitação à defesa do réu na ação civil pública.

20.5. Procedimento.

A ação civil pública trabalhista é uma ação especial, em razão de seu objeto e legitimação, sendo no seu processamento aplicáveis as regras que tratam do procedimento ordinário, com aplicação subsidiária do Código de Defesa do Consumidor e da Lei da Ação Civil Pública. Vale lembrar que o rito sumaríssimo é aplicável apenas em relação a dissídios individuais (art. 852-A da CLT), não alcançando, as ações coletivas, dentre elas a ação civil pública.

20.6. Prescrição.

O tema foi enfrentado quando examinamos a prescrição no processo coletivo.

20.7. Pretensões que podem ser deduzidas na ação civil pública trabalhista. Ação cautelar. Ação civil pública visando à reparação de danos morais coletivos.

A ação civil pública trabalhista é destinada à proteção de interesses ou direitos difusos, coletivos e individuais homogêneos constitucionalmente garantidos aos trabalhadores e pode ser ajuizada visando: a) à reparação de danos (arts. 1º, *caput*, §§ 2º e 3º da Lei n. 7.347/85); b) ao cumprimento de obrigação de fazer ou de não fazer (art. 3º da Lei n. 7.347/85); e, c) à inibição de ilícito.[90]

20.8. Competência.

Dispõe o art. 2º da Lei n. 7.347/85 que a ação civil pública deverá ser proposta no *foro do local onde ocorrer o dano*, cujo juízo terá competência funcional para processar e julgar a causa. O art. 93 do CDC estabelece que a ação coletiva deverá ser proposta no foro do local onde *ocorreu ou deva ocorrer o dano*, quando de âmbito local e no foro da Capital do Estado ou no do Distrito Federal, para os

90. O ajuizamento da ação civil pública inibitória é autorizado pelo art. 4º da Lei n. 7.347/85.

danos de âmbito regional e nacional, sendo por ele estabelecido que são aplicadas as regras do CPC em casos de competência concorrente. O juízo competente é definido, portanto, a partir da extensão de dano ocorrido ou que se pretende evitar.

A propósito da competência para a ação civil pública, a SDI-2 do TST editou a Orientação Jurisprudencial n. 130: "I – A competência para a Ação Civil Pública fixa-se pela extensão do dano; II – Em caso de dano de abrangência regional, que atinge cidades sujeitas à jurisdição de mais de uma Vara do Trabalho, a competência será de qualquer das varas das localidades atingidas, ainda que vinculadas a Tribunais Regionais do Trabalho distintos; III – Em caso de dano de abrangência suprarregional ou nacional, há competência concorrente para a ação civil pública das varas do trabalho das sedes dos Tribunais Regionais do Trabalho; IV – Está prevento o juízo a que a primeira ação houver sido distribuída".

Feitos estes registros, remetemos o leitor ao exame da competência para as ações coletivas, realizado no presente Capítulo.

20.9. Concessão de liminar. Tutela de urgência na ação civil pública.

Na ação civil pública podem ser adotadas todas as medidas necessárias a assegurar a adequada e efetiva tutela de interesses ou direitos que constituem o seu objeto, dentre elas as medidas de urgência (medida cautelar e antecipação de tutela), por força do disposto nos arts. 4º, 19 e 20 da Lei da Ação Civil Pública e no art. 90 do Código de Defesa do Consumidor.

Ao deferir antecipação de tutela, o juiz pode cominar multa, para o caso de descumprimento de sua determinação, que será exigível do réu após o trânsito em julgado da decisão favorável ao autor, mas que será devida desde o dia em que se houver configurado o descumprimento da ordem judicial (art. 12, § 2º, da Lei n. 7.347/85).

20.10. Sentença e coisa julgada. Recursos.

A sentença, julgando procedente o pedido, condenará o réu a pagar indenização ou a cumprir a obrigação de fazer ou de não fazer ou a se abster da prática do ato considerado ilícito ou a cessar a sua prática.

Na ação que tenha por objeto o cumprimento de obrigação de fazer ou de não fazer ou a abstenção da prática de determinado ato, o juiz determinará o cumprimento da prestação da atividade devida ou a cessação da atividade nociva, sob pena de execução específica, ou de cominação de multa diária, se esta for suficiente ou compatível, independentemente de requerimento do autor (art. 11 da Lei n. 7.347/85).

A fixação dos limites subjetivos da coisa julgada na ação coletiva deve ser realizada à luz do art. 103 do Código de Defesa do Consumidor e do art. 16 da

Lei n. 7.347/85, textos legais que já foram examinados quando tratamos da coisa julgada nas ações coletivas.

A sentença civil prolatada em ação de caráter coletivo proposta por entidade associativa, na defesa de interesses dos seus associados, abrangerá apenas os substituídos que tenham, na data da propositura da ação, domicílio no âmbito da competência territorial do órgão prolator (art. 2º-A da Lei n. 9.494/97, introduzido pela Medida Provisória n. 2.180-35/2001).

No caso de ação civil pública aforada visando à tutela de interesses ou direitos das pessoas portadoras de deficiência, a sentença que concluir pela carência de ação ou improcedência do pedido fica sujeita ao duplo grau de jurisdição, não produzindo efeito senão depois de confirmada pelo tribunal (art. 4º, § 1º, da Lei n. 7.853/89), observando-se que, das sentenças proferidas contra o autor da ação poderá recorrer qualquer legitimado ativo, inclusive o Ministério Público (art. 4º, § 2º, da Lei n. 7.853/89).[91]

Na ação civil pública podem ser apresentados todos os recursos admitidos pelo Direito Processual do Trabalho, observando-se os respectivos pressupostos de admissibilidade.

No caso de condenação em pecúnia, deve o recorrente efetuar o depósito recursal de que trata o art. 899, § 1º, da CLT, observando-se que este dispositivo legal se refere ao dissídio individual apenas para deixar claro que no dissídio coletivo a admissão do recurso não tem como condição a realização do depósito recursal, o que se explica, posto que o depósito recursal tem a natureza de garantia da execução e a sentença proferida em dissídio coletivo não é objeto de execução, mas de ação de cumprimento.

Embora o art. 14 da Lei n. 7.347/85 autorize o juiz a conferir efeito suspensivo ao recurso aforado contra a sentença que acolher o pedido inicial, no processo do trabalho os recursos têm efeito meramente devolutivo. Pretendendo obter efeito suspensivo ao recurso, o recorrente deverá aforar ação cautelar com esse objetivo, que será acolhida somente se forem atendidos os requisitos necessários à concessão de medida e caráter cautelar.

20.11. Inquérito civil. Termo de ajustamento de conduta.

O Ministério Público poderá instaurar, sob sua presidência, inquérito civil, sempre que cabível para assegurar a observância dos direitos sociais dos trabalhadores (arts. 8º, § 1º, da Lei n. 7.347/85 e 84, II, da Lei Complementar n. 75/93).

91. O Ministério Público intervirá obrigatoriamente nas ações públicas, coletivas ou individuais, em que se discutam interesses relacionados à deficiência das pessoas (art. 5º da Lei n. 7.853/89).

O inquérito civil constitui *procedimento administrativo* (art. 129, VI, da Constituição Federal, art. 84, II, da Lei Complementar n. 75/93 e art. 26, I, da Lei n. 8.625/93) instaurado para o recolhimento de informações ou realização de exames e provas com o fim de apurar a existência de fundamento para a propositura da ação civil pública (art. 9º da Lei n. 7.347/85).

Pode o Ministério Público, no curso do inquérito, tomar dos interessados o compromisso de ajustamento de sua conduta às exigências legais, mediante cominações, para o caso de sua inobservância (art. 5º, § 6º, da Lei n. 7.347/85). O ajuste será reduzido a termo denominado *termo de ajustamento de conduta*. Com isto, não pode deixar de ser reconhecido que a celebração do compromisso de ajustamento de conduta constitui uma das finalidades do inquérito civil.

A assinatura do termo previne o litígio e restabelece de forma mais rápida a observância da ordem jurídica.

O termo de ajustamento de conduta tem eficácia de título executivo extrajudicial e será executado perante a Justiça do Trabalho (arts. 876 da CLT e 5º, § 6º, da Lei n. 7.347/85), no juízo que teria competência para a ação civil pública (art. 877-A da CLT).

O inquérito civil não é essencial para a propositura da ação civil pública, cabendo ao Ministério Público o exame da conveniência de sua instauração.

Para verificar a existência de fundamentos para a propositura da ação civil, pode o Ministério Público requisitar, de qualquer organismo público ou particular, certidões, informações, exames ou perícias, no prazo que assinalar (art. 8º, § 1º, da Lei n. 7.347/85), constituindo crime a recusa, o retardamento ou a omissão de dados técnicos indispensáveis à propositura da ação civil requisitados pelo Ministério Público (arts. 8º, § 1º, e 10 da Lei n. 7.347/85), bem como expedir notificações para colher depoimento ou esclarecimento e, em caso de não comparecimento injustificado, requisitar condução coercitiva, inclusive pela Polícia Civil ou Militar, ressalvadas as prerrogativas previstas em lei (art. 26, I, *a*, da Lei n. 8.625/93 e art. 8º, I, da Lei Complementar n. 75/93).

O inquérito, como procedimento administrativo de caráter investigatório (e não acusatório), não comporta o contraditório. A Constituição de 1988 reconhece o direito ao contraditório e à ampla defesa mesmo em processos administrativos, o que, no entanto, não se aplica a meros procedimentos administrativos de que não resulta acusação ou imposição de penalidades.

No entanto, o inquérito, como instrumento para a produção de provas voltadas para a instauração da ação civil pública, terá mais força em juízo na medida em que dele participe o investigado. Com isso, também no inquérito pode ser instaurado o contraditório, concedendo-se ao investigado a oportunidade de participação.[92]

---

92. A participação constitui o valor subjacente ao princípio do contraditório.

O investigado poderá, inclusive, fornecer ao órgão do Ministério Público elementos que o convençam da ausência de fundamentos para a propositura de ação civil pública.

O órgão do Ministério Público, convencendo-se da inexistência de fundamento para a propositura da ação, promoverá o arquivamento dos autos do inquérito civil ou das peças informativas, fazendo-o fundamentadamente (art. 9º da Lei n. 7.347/85), devendo os autos do inquérito ou as peças de informação ser remetidos ao Conselho Superior do Ministério Público, que homologará ou rejeitará o arquivamento, podendo as associações legitimadas para a propositura da ação, antes da manifestação do Conselho, apresentar razões escritas ou documentos que serão juntados aos atos do inquérito ou anexados às peças de informação (art. 9º, § 1º, da Lei n. 7.347/85). O Conselho Superior do Ministério Público, se não homologar o arquivamento, designará, desde logo, outro membro do Ministério Público para o ajuizamento da ação (art. 9º, § 4º, da Lei n. 7.347/85).

21. AÇÃO CIVIL COLETIVA

O Código de Defesa do Consumidor trata, nos arts. 91 a 102, das "ações coletivas para a defesa de interesses individuais homogêneos".

De acordo com o art. 91 do Código de Defesa do Consumidor, os legitimados para a ação coletiva poderão propor, em nome próprio e no interesse das vítimas ou seus sucessores, *ação civil coletiva* de responsabilidade pelos danos individualmente sofridos.

A ação civil coletiva constitui ação reparatória dos danos sofridos pelos titulares de direitos ou interesses individuais homogêneos. Trata-se, portanto, de ação coletiva com objeto bem definido: reparação de danos sofridos pelos titulares de direitos ou interesses individuais homogêneos.[93]

O Código de Defesa do Consumidor trata, nos arts. 91 e seguintes, de uma ação específica (ação reparatória de danos), o que não impede que ações de outra natureza sejam ajuizadas visando à tutela de interesses ou direitos individuais homogêneos.

A ação civil coletiva trabalhista poderá ser proposta por qualquer legitimado para a ação coletiva, observando-se que o Ministério Público do Trabalho atuará

93. Para Raimundo Simão de Melo, a ação civil coletiva é "espécie do gênero ação civil pública", que tem "natureza reparatória concreta, visando justamente à obtenção de reparação pelos danos sofridos pelos trabalhadores lesados, mediante reconhecimento genérico da obrigação de indenizar (...). Trata-se (...) de uma ação destinada à reparação dos danos individualmente sofridos pelas vítimas, no caso da esfera trabalhista, os trabalhadores, ao contrário da ação civil pública que busca, em regra, o cumprimento de uma obrigação de fazer ou não fazer e uma condenação genérica, conforme o caso, pelos danos já causados aos interesses difusos e coletivos dos trabalhadores" (*Ação civil pública na Justiça do Trabalho*, p. 206-208).

como fiscal da ordem jurídica quando não for o autor da demanda (art. 92 do CDC). A ação, de acordo com o art. 91 do Código de Defesa do Consumidor, será proposta pelo legitimado, em nome próprio, mas em favor de terceiro, o que indica que se trata de hipótese de substituição processual.

Quanto à fixação da competência para esta modalidade de ação, remetemos o leitor ao item deste Capítulo em que tratamos da competência no processo coletivo.

Proposta a ação, será publicado edital no órgão oficial, a fim de que os interessados possam intervir no processo como litisconsortes, sem prejuízo de ampla divulgação pelos meios de comunicação social por parte dos legitimados (art. 94 do CDC). O interessado que intervir como litisconsorte será alcançado pela coisa julgada produzida no processo, ao passo que aquele que não intervir como litisconsorte será beneficiado pela sentença de procedência, mas poderá intentar ação reparatória a título individual, no caso de improcedência do pedido reparatório objeto da ação civil coletiva (art. 103, § 2º, do CDC).

A condenação, em caso de procedência pedida, será genérica, reconhecendo a responsabilidade do demandado pelos danos causados (art. 95 do CDC). Na decisão, portanto, será imposta ao demandado a obrigação, genérica, de indenizar os danos causados aos trabalhadores e seus sucessores.

Como adverte Ada Pellegrini Grinover, "o fato de a condenação ser genérica não significa que a sentença não seja certa ou precisa. A certeza é condição essencial do julgamento, devendo o comando da sentença estabelecer claramente os direitos e obrigações, de modo que seja possível executá-la. E essa certeza é respeitada na medida em que a sentença condenatória estabelece a obrigação de indenizar pelos danos causados, ficando os destinatários e a extensão da reparação a serem apurados na liquidação da sentença (...). A sentença *genérica* do art. 95 é, portanto, *certa e ilíquida*. Enquadra-se no disposto no art. 586, § 1º, do CPC, que contempla a condenação genérica como aquela que, reconhecendo em definitivo o direito, há de ser liquidada para 'estabelecer o *quantum*, ou *res*, ou o *facere* ou *non facere*'".[94]

A liquidação e a execução no processo coletivo, o que inclui as relativas às decisões proferidas em ação civil coletiva, foram tratadas neste Capítulo, no item 19, ao qual remetemos o leitor.

22. AÇÕES COLETIVAS PASSIVAS

A defesa em juízo de um interesse ou direito coletivo pode ser realizada por meio da propositura de demanda (*ação coletiva ativa*) ou apresentação de defesa

94. *Código de defesa do consumidor comentado pelos autores do anteprojeto*, p. 904.

em face de uma demanda proposta contra grupo, categoria ou classe de pessoas (*ação coletiva passiva*).

A defesa da coletividade será exercida pelos entes autorizados a atuar judicialmente em sua defesa.

Como exemplo de ação coletiva passiva, pode ser apontado o dissídio de revisão ou modificativo aforado por empresa contra o sindicato representante da categoria de seus empregados, visando à revisão da sentença normativa e alteração das normas e condições de trabalho nela estabelecidas e que tenham se tornado injustas ou inaplicáveis. Cite-se, ainda como exemplo de ação coletiva passiva, o dissídio de natureza jurídica ou de interpretação também aforado por empresa contra o sindicato da categoria de seus empregados, para efeito de interpretação de cláusulas de sentenças normativas, instrumentos de negociação coletiva, disposições legais particulares de categoria profissional ou econômica ou de atos normativos editados pelo empregador.

Capítulo 22

PROCEDIMENTOS ESPECIAIS

1. JUSTIFICATIVA DA EXISTÊNCIA DE PROCEDIMENTOS ESPECIAIS

Os procedimentos especiais são estabelecidos diante da necessidade de o procedimento atender às particularidades do direito objeto de disputa judicial, como condição para a sua adequada e efetiva tutela jurisdicional.

Como Andrea Proto Pisani, "a instrumentalidade do direito processual não significa neutralidade; o direito processual, nos muitos procedimentos e nas variadas formas de tutela nas quais se articula, não é, não pode ser, indiferente a respeito da natureza dos interesses em conflito; não o é — e por isso não é correto falar de neutralidade — porque da predisposição de procedimentos idôneos a fornecer formas de tutelas jurisdicionais adequadas às especificidades das situações de vantagem depende a existência do próprio direito substancial".[1] Desse modo, o direito processual não pode ser neutro, no sentido de fechar os olhos para as particularidades do direito objeto de disputa judicial, devendo, ao contrário, estabelecer um instrumental processual apto à sua adequada e efetiva tutela.

A adequação do procedimento às particularidades do direito objeto de disputa judicial, isto é, a *especialização do procedimento*, ocorre de várias formas e no seu exame o que se observa é que o legislador parte do procedimento ordinário, enquanto procedimento padrão, para estabelecer *modos diferenciados de proceder*, adotando medidas que podem envolver, por exemplo:

a) *natureza dos atos a serem praticados*: a fixação do procedimento envolve a definição dos atos a serem praticados para a solução do conflito de interesses levado ao Poder Judiciário e os atos relativos ao procedimento comum nem sempre são os mais adequados a este fim, razão pela qual são estabelecidos atos próprios para determinados procedimentos, como, por exemplo, para a ação de consignação em pagamento, na qual o réu

1. *Lezioni di diritto processuale civile*, p. 6.

não é citado para apresentar a sua resposta à demanda, mas citado para comparecer e levar o depósito ou oferecer contestação (art. 542, II, do CPC);

b) *agilização do procedimento*: os procedimentos especiais podem contemplar prazos distintos dos previstos para o procedimento ordinário, visando torná-lo mais célere;

c) *instrução diferenciada*: em certos procedimentos especiais, a prova deve ser necessariamente documental e produzida com a petição inicial, como se dá com o mandado de segurança, por exemplo, ao passo que, em outros, há aumento do número de testemunhas que as partes podem indicar para serem ouvidas, como é o caso do inquérito para apuração de falta grave, também a título de exemplo.

Várias são, portanto, as técnicas que podem ser utilizadas pelo legislador para promover a especialização do procedimento.

Procedimento especial é, desse modo, aquele que se encontra submetido a trâmites distintos dos correspondentes ao procedimento ordinário.

Os procedimentos especiais estão disciplinados na CLT (inquérito para apuração de falta grave, por exemplo), no CPC (ação de consignação em pagamento, por exemplo) e em leis extravagantes (mandado de segurança, por exemplo).

Vale registrar que:

a) o erro na forma do processo acarreta unicamente a anulação dos atos que não possam ser aproveitados, devendo ser praticados os que forem necessários a fim de se observarem as prescrições legais (art. 283 do CPC), observando-se que deverão ser aproveitados os atos praticados desde que não resulte prejuízo à defesa de qualquer parte (art. 283, parágrafo único, do CPC). Em suma, se houver erro na escolha do procedimento, tal fato não levará, necessariamente, à extinção do processo sem provimento de mérito, devendo ser aplicado à hipótese o princípio do máximo aproveitamento dos atos processuais praticados, ressalvada, no entanto, a necessidade de não prejudicar a defesa de qualquer das partes;

b) na hipótese de cumulação de pedidos aos quais correspondem tipos diversos de procedimento, será permitida a cumulação se o autor empregar o procedimento comum, situação em que nele poderão ser utilizadas técnicas processuais diferenciadas previstas nos procedimentos especiais a que se sujeitam um ou mais pedidos cumulados, desde que elas sejam compatíveis com o procedimento comum (art. 327, § 2º, do CPC).[2]

2. Desse modo, os benefícios das técnicas processuais diferenciadas podem ser também alcançados no procedimento ordinário. Note-se que o CPC não considera a ação de prestação de contas uma ação sujeita a procedimento

2. AÇÕES E PROCEDIMENTOS ESPECIAIS

No exame dos procedimentos especiais, não é raro encontrar, na doutrina e na jurisprudência, a referência a *ações especiais*. No entanto, o *procedimento* é que pode ser, ou não, ordinário ou especial.

3. DISCIPLINA LEGAL DOS PROCEDIMENTOS ESPECIAIS. O PROCEDIMENTO ORDINÁRIO COMO PROCEDIMENTO REGRA

Os procedimentos especiais são regidos pelas disposições que lhes são próprias, aplicando-se-lhes, subsidiariamente, as disposições gerais do procedimento ordinário (art. 318, parágrafo único, do CPC).

4. PROCEDIMENTOS ESPECIAIS TRABALHISTAS

O Direito Processual do Trabalho estabelece um procedimento padrão (*procedimento ordinário*), procedimentos que levam em conta o valor econômico dos interesses em jogo (*procedimento sumaríssimo* e *procedimento sumário*) e *procedimentos especiais*.

Nos próximos tópicos serão examinados os procedimentos especiais estabelecidos pelo Direito Processual do Trabalho e os procedimentos especiais estabelecidos pelo direito processual comum compatíveis com o Direito Processual do Trabalho.

4.1. Inquérito para apuração de falta grave

4.1.1. Conceito.

Segundo o art. 492 da CLT, o empregado que contar com mais de dez anos de serviço não poderá ser despedido senão por motivo de *falta grave* ou circunstância de força maior, *devidamente comprovadas*.[3] O art. 492 da CLT estabelece a denominada *estabilidade decenal*.

De acordo com o art. 494 da CLT, o empregado acusado de falta grave poderá ser suspenso de suas funções, mas a sua despedida só se tornará efetiva após o *inquérito* em que se verifique a procedência da acusação.

---

especial. Isso significa que a ação de prestação de contas será processada pelo procedimento comum, mas nela serão adotadas soluções próprias do procedimento especial, como, por exemplo, a divisão do procedimento em fases, como se verá mais adiante.

3. Dispõe o art. 493 da CLT que constitui falta grave a prática de qualquer dos fatos a que se refere o art. 482 da CLT, quando por sua repetição ou natureza representem séria violação dos deveres e obrigações do empregado. Falta grave é o ato caracterizador da justa causa que, por sua repetição ou natureza, constitui séria violação dos deveres e obrigações do empregado.

O art. 853 da CLT dispõe que, para a instauração do *inquérito para apuração da falta grave*, o empregador apresentará petição escrita à Vara do Trabalho ou Juízo de Direito dentro de 30 (trinta) dias, contados da data da suspensão do empregado.

Os comandos legais acima citados autorizam afirmar que inquérito para apuração de falta grave é a ação a ser proposta pelo empregador contra o trabalhador beneficiado por estabilidade no emprego, visando por fim à relação de emprego, em razão de prática de falta grave por ele praticada.[4]

4.1.2. Prazo para a propositura.

Consoante resulta do art. 494, *caput* e parágrafo único, da CLT, ao tomar ciência da prática de falta grave praticada por trabalhador estável, o empregador que propuser o inquérito para apuração de falta grave tem duas opções: a) suspender o trabalhador de suas funções, perdurando a suspensão até a decisão final; b) manter o trabalhador nas suas funções durante o curso do inquérito.

O empregador que optar pela suspensão do trabalhador deverá ajuizar o inquérito no prazo de trinta dias, contados da suspensão (art. 853 da CLT).[5]

Note-se somente foi fixado prazo para a propositura do inquérito quando ocorrer a suspensão do trabalhador.

Para evitar a caracterização de perdão tácito (a ausência de reação oportuna indica que a falta praticada não foi considerada relevante a ponto de impedir a continuidade da relação de emprego) e o prejuízo à necessária imediatidade entre a ciência da falta e a sua punição, o empregador que não suspender o trabalhador deverá ajuizar o inquérito no prazo de trinta dias, contados da ciência da falta praticada pelo trabalhador. Adota-se, como parâmetro para fixar o prazo em trinta dias, o disposto no art. 853 da CLT, que estabelece prazo que, segundo a ótica do legislador, é suficiente para o exame da viabilidade e conveniência do ajuizamento do inquérito.

No caso de abandono de emprego, segundo a Súmula n. 62 do TST, o prazo para ajuizar o inquérito é contado a partir do momento em que o empregado pretender seu retorno ao serviço.

---

4. A estabilidade significa, para o trabalhador, garantia da continuidade da relação de emprego. A estabilidade é provisória ou definitiva, no sentido de ser a garantia de permanência da relação de emprego assegurada por determinado espaço de tempo (garantia temporária de emprego) ou não contar com limitação temporal, respectivamente. Embora parte da doutrina atribua à expressão *estabilidade* o sentido de garantia de permanência da relação de emprego sem limitação temporal, considerando as demais situações de garantia de permanência da relação de emprego como simples *garantais de emprego*, toda vez que o trabalhador tem garantida a permanência da relação de emprego, em caráter temporário ou não, estar-se-á diante de uma situação de estabilidade.
5. "Constitui direito líquido e certo do empregador a suspensão do empregado, ainda que detentor de estabilidade sindical, até a decisão final do inquérito em que se apure a falta grave a ele imputada, na forma do art. 494, *caput* e parágrafo único, da CLT" (Orientação Jurisprudencial n. 137 da SDI-2 do TST).

O prazo de trinta dias para ajuizamento do inquérito é de decadência, o que significa que a sua não observância atinge o próprio direito à dispensa do trabalhador estável (ultrapassado o prazo de trinta dias, é extinto o *direito à dispensa*). A natureza decadencial do prazo em destaque é afirmada na Súmula n. 403 do STF[6] e na Súmula n. 62 do TST.[7]

O prazo para a propositura do inquérito que vencer em sábado, domingo ou feriado terminará no primeiro dia útil seguinte (art. 775, parágrafo único, da CLT). A natureza decadencial do prazo para o ajuizamento do inquérito não impede a prorrogação do seu vencimento, seja porque o art. 775, parágrafo único, não faz ressalva quanto aos prazos decadenciais previstos na CLT, seja porque admitir o contrário seria aceitar que, vencendo o prazo no domingo, por exemplo, o empregador teria que ajuizar o inquérito na sexta-feira anterior, ou seja, antes de completados os 30 (trinta) dias que a lei lhe assegura para ajuizar o inquérito, o que implicaria prejuízo a um prazo já reduzido (se comparado ao prazo de dois anos estabelecido no art. 7º, XXIX, da Constituição).

4.1.3. *Competência e procedimento.*

O inquérito para apuração de falta grave constitui dissídio individual e o seu julgamento cabe a uma Vara do Trabalho ou a um Juiz de Direito investido na jurisdição trabalhista (arts. 652, I, *b*, e 853 da CLT). O juízo competente será definido segundo as regras estabelecidas no art. 651 da CLT.

O inquérito para apuração de falta grave deverá ser proposto por petição escrita (art. 853 da CLT), com observância dos requisitos do art. 840, § 1º, da CLT, devendo ser indicada na petição inicial, de forma clara e precisa, a falta grave atribuída ao trabalhador.

Até aqui foram definidas *duas especificidades* do procedimento relativo ao inquérito para apuração de falta grave, quais sejam: a) o reduzido prazo para o seu ajuizamento;[8] b) a exigência de propositura por meio de petição escrita.[9]

No inquérito para apuração de falta grave cada parte pode indicar para a oitiva até seis testemunhas (art. 821 da CLT).

A natureza especial do objeto da demanda — apuração de falta grave que justifique a dispensa de trabalhador estável — exige, sob a ótica do legislador, o

6. "É de decadência o prazo de 30 dias para instauração de inquérito judicial, a contar da suspensão, por falta grave, de empregado estável."
7. "O prazo de decadência do direito do empregador de ajuizar inquérito em face do empregado que incorre em abandono de emprego é contado a partir do momento em que o empregado pretendeu seu retorno ao serviço."
8. Em regra, a ação pode ser proposta até dois anos da extinção do contrato de trabalho (art. 7º, XXIX, da Constituição).
9. Em regra, a ação pode ser apresentada verbalmente — art. 840, *caput*, da CLT.

transporte para o processo do maior número possível de elementos de convicção, o que o levou a aumentar o número de testemunhas que podem ser apresentadas para oitiva pelas partes.

Tem-se, aqui, a *terceira especificidade* do procedimento relativo ao inquérito para apuração de falta grave, qual seja, o número diferenciado de testemunhas que podem ser ouvidas.[10]

Lembre-se, ainda, que o inquérito corresponde à ação a ser proposta pelo empregador contra o trabalhador beneficiado por estabilidade no emprego, visando pôr fim à relação de emprego, em razão de prática de falta grave por ele praticada.

Em suma, o procedimento do inquérito para apuração de falta grave é especial, em razão: a) do seu *objeto*: apuração de falta grave cometida por trabalhador beneficiado por estabilidade no emprego, para efeito de sua dispensa; b) da *forma* de instauração do processo: o inquérito para apuração de falta grave deverá ser proposto por petição escrita; c) do *prazo para o exercício do direito de ação:* redução do prazo para a propositura da ação; d) da *elevação do número de testemunhas que cada parte pode indicar à oitiva:* maior amplitude em relação à atividade probatória das partes.

O procedimento do inquérito é regulado pelas normas que lhe são próprias e, naquilo que com ele for compatível, pelas normas estabelecidas no Capítulo III, do Título X, da CLT (art. 853 da CLT), o que significa, por exemplo, que:

a) o requerido é notificado para comparecer em audiência, que será a primeira desimpedida, depois de cinco dias (art. 841 da CLT), na qual será tentada a conciliação, colhida a resposta do reclamado e instruída, debatida e decidida a causa (arts. 846, 847 e 850 da CLT);

b) na audiência, deverão estar presentes o requerente e o requerido (art. 843 da CLT). O processo será arquivado se o empregador (requerente) não comparecer à audiência, enquanto a ausência do trabalhador (requerido) importará revelia e confissão quanto à matéria de fato (art. 844 da CLT);

c) as testemunhas comparecerão à audiência independentemente de notificação ou intimação (art. 825 da CLT) e aquelas que deixarem de comparecer serão intimadas, *ex officio* ou a requerimento da parte, ficando sujeitas à condução coercitiva e à multa cominada no art. 730 da CLT (art. 825, parágrafo único, da CLT);

d) terminada a instrução, poderão as partes aduzir razões finais. Em seguida, o juiz renovará a proposta de conciliação. Não sendo realizada a conciliação, será proferida sentença, em audiência ou no prazo assinalado pela ordem jurídica (art. 850 da CLT);

---

10. No procedimento ordinário, cada parte pode indicar para oitiva três testemunhas e, no sumaríssimo, apenas duas.

e) às custas processuais devidas serão fixadas e pagas na forma estabelecida no art. 789 da CLT.

4.1.4. *Hipóteses em que é exigido o ajuizamento de inquérito para apuração de falta grave como condição para a dispensa de trabalhador estável.*

Várias são as situações em que ao trabalhador é assegurada a garantia de permanência da relação de emprego (*estabilidade*), mas nem todas exigem, para a rescisão do contrato de trabalho, o ajuizamento de inquérito para apuração de falta grave.

O ajuizamento de inquérito para apuração de falta grave, como condição para a rescisão do contrato de trabalho de empregado beneficiado por estabilidade, é exigido quando se trate de:

a) trabalhador titular de estabilidade decenal. Conforme dispõe o art. 492 da CLT, o empregado que contar com mais de dez anos de serviço na mesma empresa não poderá ser despedido, senão por motivo de falta grave devidamente comprovada. Assim, para a dispensa de trabalhador titular de estabilidade decenal é necessário o ajuizamento de inquérito para apuração de falta grave;[11]

b) trabalhador eleito para cargo de direção ou representação de entidade sindical ou de associação profissional. A CLT atribui estabilidade no emprego com dispensa limitada à hipótese de falta grave comprovada em inquérito instaurado para este fim ao empregado eleito para cargo de direção ou representação de entidade sindical ou de associação profissional. Com efeito, segundo o art. 543, § 3º, da CLT, é vedada a dispensa do empregado sindicalizado ou associado, a partir do momento do registro de sua candidatura a cargo de direção ou representação de entidade sindical ou de associação profissional, até um ano após o final do seu mandato, caso seja eleito, inclusive como suplente, salvo se *cometer falta grave devidamente apurada nos termos da CLT*, ou seja, em inquérito para apuração de falta grave.[12] A necessidade de ajuizamento nesta situação é reconhecida na Súmula n. 379 do TST[13] e na Súmula n. 197 do STF;[14]

---

11. A Constituição Federal de 1988 generalizou o regime do FGTS, fazendo desaparecer o sistema da estabilidade decenal ou por tempo de serviço. Por essa razão, a previsão constante do art. 492 da CLT somente alcança os trabalhadores que haviam adquirido a estabilidade decenal antes de 5.10.1988 (art. 14 da Lei n. 8.036/90).

12. A estabilidade do dirigente sindical é também prevista no art. 8º, VIII, da Constituição Federal, que assim dispõe: "É vedada a dispensa do empregado sindicalizado a partir do registro da candidatura a cargo de direção ou representação sindical e, se eleito, ainda que suplente, até um ano após o final do mandato, salvo se cometer falta grave nos termos da lei".

13. "O dirigente sindical somente poderá ser dispensado por falta grave mediante a apuração em inquérito judicial, inteligência dos arts. 494 e 543, § 3º, da CLT".

14. "O empregado com representação sindical só pode ser despedido mediante inquérito em que se apure falta grave".

c) trabalhador eleito para o cargo de diretor de sociedade cooperativa criada pelos empregados da empresa. Trata-se de estabilidade assegurada no art. 55 da Lei n. 5.764/71;[15]

d) trabalhador representante de empregados, titulares e suplentes, membros de Comissão de Conciliação Prévia instituída no âmbito da empresa. A dispensa dos representantes de empregados, titulares e suplentes, membros de Comissão de Conciliação Prévia instituída no âmbito da empresa somente é permitida se cometerem *falta grave nos termos da lei* (art. 625-B, § 1º, da CLT). Note-se que a CLT somente utiliza a locução *falta grave* em relação à dispensa de empregado estável (arts. 492, 493 e 494), o que permite afirmar que a dispensa dos trabalhadores representantes de empregados, titulares e suplentes, em Comissão de Conciliação Prévia instituída no âmbito da empresa pressupõe o ajuizamento de inquérito para apuração de falta grave. *Falta grave nos termos da lei* é a falta grave *apurada* nos termos da lei, ou seja, em *inquérito;*

e) trabalhador membro do Conselho Curador do FGTS na condição de representante dos trabalhadores. Os membros do Conselho Curador do FGTS representantes dos trabalhadores possuem estabilidade no emprego, da nomeação até um ano após o término do mandato de representação, somente podendo ser dispensados por *falta grave, regularmente comprovada por meio de processo sindical* (art. 3º, § 9º, da Lei n. 8.036/90).

Exigindo prática de falta grave (e não de justa causa), apurada em *processo sindical,* a lei em questão torna certo que também para a dispensa dos membros representantes dos trabalhadores no Conselho Curador do FGTS exige-se a instauração de inquérito para apuração de falta grave.

Não é exigida a instauração de inquérito para apuração de falta grave para efeito de dispensa de:

1) representante de empregado eleito para o cargo de direção de comissão interna de prevenção de acidentes (CIPA). O art. 165, parágrafo único, da CLT estabelece que, ocorrendo a dispensa de representante de empregado eleito para o cargo de direção de comissão interna de prevenção de acidentes, o empregador deverá comprovar, em caso de *reclamação* à Justiça do Trabalho, a existência de motivo disciplinar, sob pena de ser condenado a reintegrar o empregado. Desse modo, se fosse exigido o inquérito para a apuração de falta grave, não teria sido feita alusão a eventual *reclamação aforada pelo trabalhador dispensado*. O art. 165, parágrafo único, da CLT fixa o ônus da prova da falta imputada ao trabalhador eleito para o cargo de direção de comissão interna de prevenção

15. O benefício foi reservado aos membros eleitos diretores de cooperativas, não alcançando, no entanto, os suplentes (Orientação Jurisprudencial n. 253 da SDI-I do TST).

de acidente dispensado por justa causa, sem exigir que a sua dispensa se dê após o ajuizamento de inquérito para apuração de falta grave;

2) empregada gestante. A norma que atribui à gestante garantia de emprego não condiciona a sua dispensa à prática de falta grave apurada em inquérito (art. 10, II, *b*, do ADCT da Constituição Federal). A gestante dispensada poderá pleitear em juízo a anulação de sua dispensa e reintegração no emprego, cabendo ao empregador o ônus de provar a falta que lhe foi imputada, por força do art. 373, II, do CPC, e diante da presunção de continuidade da relação de emprego, que favorece os trabalhadores;

3) trabalhador vítima de acidente de trabalho. O trabalhador vítima de acidente de trabalho goza de estabilidade no emprego, por doze meses, após a cessação do auxílio-doença (art. 118 da Lei n. 8.213/91), e somente pode ser dispensado por justa causa. A *dispensa por justa causa* não exige a prévia instauração de inquérito, vez que este é exigido quando se trate de dispensa em razão de *falta grave;*

4) empregado beneficiado por estabilidade criada em acordo ou convenção coletiva de trabalho. Salvo expressa previsão em sentido contrário no instrumento coletivo instituidor da estabilidade, a dispensa do trabalhador beneficiado por esta estabilidade não depende do ajuizamento de inquérito para apuração de falta grave.

4.1.5. Julgamento do inquérito: natureza e efeitos da sentença.

A sentença proferida no inquérito para apuração de falta grave é declaratória, vez que, nela, o juiz irá declarar a existência, ou não, da falta grave atribuída ao trabalhador.

No caso de ser negada a ocorrência da falta grave imputada ao trabalhador: a) se o trabalhador não houver sido suspenso, o contrato de trabalho seguirá o seu curso normal; b) se trabalhador houver sido suspenso, o juiz determinará a sua reintegração no emprego e o pagamento dos salários a que teria direito no período de suspensão.

Neste sentido, prevê o art. 495 da CLT que "reconhecida a inexistência de falta grave praticada pelo empregado, fica o empregador obrigado a readmiti-lo no serviço e a pagar os salários a que teria direito no período da suspensão".

Embora o art. 495 da CLT faça alusão a pagamento de *salários*, ao trabalhador devem ser pagos os *salários* e as demais vantagens relativas ao período compreendido entre a data da suspensão e a sua reintegração.[16]

16. Além dos salários, devem ser pagos ao trabalhador as férias, com acréscimo de 1/3, 13º salários, FGTS e benefícios estabelecidos para a categoria profissional respectiva por meio da negociação coletiva.

Os salários e vantagens devidos ao trabalhador podem ser exigidos nos próprios autos do inquérito, visto que a hipótese é de *ação de natureza dúplice*, o que significa que a imposição da obrigação de pagar salários e demais vantagens independe da apresentação de reconvenção pelo trabalhador.

O empregador que deixar de cumprir decisão passada em julgado sobre a reintegração de trabalhador incorrerá na multa fixada em lei ou na sentença, até que seja cumprida a decisão (art. 729 da CLT), sendo a multa exigível nos próprios autos do inquérito.

No caso de não ser aconselhável a reintegração do trabalhador, em razão do grau de incompatibilidade resultante do ajuizamento do inquérito, o juiz poderá converter a obrigação de reintegrar em obrigação de indenizar (art. 496 da CLT).

A conversão da reintegração em indenização, mesmo que se trate de estabilidade provisória, somente deve ocorrer em situações excepcionais, para evitar que o direito ao cumprimento da obrigação primária (manter o contrato do trabalhador beneficiado por estabilidade no emprego) seja substituído pela simples reparação pelo seu equivalente monetário.

A indenização devida ao trabalhador titular de estabilidade decenal, no caso de sua substituição pela reintegração, corresponderá a um mês de remuneração por ano de serviço efetivo, ou por ano e fração igual ou superior a seis meses, em dobro (arts. 478 e 497 da CLT).

De acordo com a Súmula n. 28 do TST, no caso de converter a reintegração em indenização dobrada, o direito aos salários é assegurado até a data da primeira decisão que determinou essa conversão.

A indenização substitutiva, no caso de estabilidade provisória, corresponderá ao valor das parcelas que o trabalhador receberia até o final do período de estabilidade (salário, FGTS, multa incidente sobre o FGTS, férias, com acréscimo de 1/3, 13º salários e benefícios estabelecidos por meio da negociação coletiva). A indenização deve comportar o que o empregado receberia se fosse mantida a relação de emprego pelo período de estabilidade.

A essa indenização devem ser acrescentadas as parcelas rescisórias devidas em razão da rescisão do contrato de trabalho.

Durante a suspensão do trabalhador não há pagamento de salário. Para o trabalhador, portanto, a simples acusação da prática de falta grave já implica grande perda, na medida em que dele será retirado o meio de subsistência durante o curso do inquérito. Destarte, a prestação de serviços a um terceiro durante a suspensão do contrato não implica renúncia à estabilidade no emprego, porquanto não é lícito exigir que o trabalhador deixe de trabalhar durante o inquérito, sob pena de privá-lo de sua fonte de subsistência.

A conversão da reintegração em indenização substitutiva não depende de pedido, vez que é autorizada, expressamente, pelo art. 496 da CLT. Nesse sentido, "não há nulidade por julgamento '*ultra petita*' da decisão que deferir salário quando o pedido for de reintegração, dados os termos do art. 496 da CLT" (Súmula n. 396, II, do TST).

Proferida a decisão quando já ultrapassado o período de estabilidade, são devidos ao trabalhador, de acordo com a Súmula n. 396, I, do TST, apenas os salários do período compreendido entre a data da despedida e o final do período de estabilidade, não sendo assegurada a reintegração no emprego.[17]

De outro lado, sendo reconhecida a prática de falta grave: a) se o trabalhador houver sido suspenso, o contrato considera-se extinto na data da suspensão, qual seja, no momento da cessação da prestação de serviços; b) se o trabalhador não houver sido suspenso, a sentença que reconhecer a existência da falta grave autoriza a sua dispensa, vez que a ausência da suspensão implica continuidade da relação de emprego até que a ela seja colocado fim, observando-se, neste sentido, que, segundo prevê o art. 494 da CLT, apurada a falta grave, a dispensa *só se tornará efetiva após o inquérito*.

4.1.6. *Salários devidos até o ajuizamento do inquérito no caso de prévio reconhecimento da estabilidade no emprego.*

Se tiver havido prévio reconhecimento da estabilidade do empregado, o julgamento do inquérito não prejudica a execução para pagamento dos salários devidos até a data da sua instauração (art. 855 da CLT).

O art. 855 da CLT trata da situação em que foi previamente reconhecido que o trabalhador é titular de estabilidade no emprego e o empregador o suspendeu para efeito de ajuizamento do inquérito.

Neste caso, o julgamento do inquérito não prejudica o direito à execução dos salários devidos até a data da sua instauração. Sequer poderia ser diferente, na medida em que os salários por serviços já prestados não são prejudicados pela posterior suspensão do trabalhador ou mesmo pelo resultado do inquérito.

4.2. Ação declaratória de nulidade de cláusula de contratos individuais do trabalho, acordo coletivo de trabalho e convenção coletiva do trabalho.

As condições de trabalho podem ser estipuladas pelos trabalhadores e empregadores ao celebrar o contrato individual do trabalho. Aos sindicatos representantes

---

17. Contudo, pelos motivos já expostos, a indenização não se limita aos salários do período, abrangendo férias, com acréscimo de 1/3, 13º salários, FGTS, multa incidente sobre o FGTS e benefícios estabelecidos por meio da negociação coletiva, ou seja, tudo aquilo que o trabalhador receberia no período de estabilidade não respeitada.

de categorias profissionais e econômicas é lícito firmar convenção coletiva de trabalho estipulando condições de trabalho aplicáveis, no âmbito das respectivas representações, às relações individuais de trabalho (art. 611, *caput*, da CLT), ao passo que aos sindicatos representantes de categorias profissionais e empresas da correspondente categoria econômica é lícito firmar acordo coletivo de trabalho estipulando condições de trabalho aplicáveis, no âmbito da empresa(s) acordante(s), às relações individuais de trabalho (art. 611, § 1º, da CLT).

No entanto, o contrato individual de trabalho, o acordo coletivo de trabalho e a convenção coletiva de trabalho não estão isentos de limites e de controle judicial.

Tanto isto é verdade, que o art. 9º da CLT dispõe que sã nulos de pleno direito os atos praticados com o objetivo de desvirtuar, impedir ou fraudar a aplicação dos preceitos consolidados, e que o ajuizamento de ação anulatória de cláusula de acordo coletivo de trabalho ou convenção coletiva de trabalho é mencionada expressamente no art. 83, IV, da Lei Complementar n. 75/93 e no art. 623 da CLT.[18]

O exame desta modalidade de ação traz à luz as inovações constantes da Lei n. 13.467/17, por meio da qual foi realizada a denominada *reforma trabalhista*.

É que citada lei:

a) impôs a prevalência do negociado sobre o legislado (arts. 611-A e 620 da CLT);

b) estabeleceu que "Na hipótese de procedência de ação anulatória de cláusula de convenção coletiva ou de acordo coletivo de trabalho, quando houver a cláusula compensatória, está deverá ser igualmente anulada, sem repetição do indébito (art. 611-A, § 5º);[19]

c) criou uma nova forma de participação de terceiros no processo do trabalho, *com inegável prejuízo à sua celeridade*, qual seja, a participação dos sindicatos subscritores da convenção ou acordo questionado, como litisconsortes necessários, em ação individual ou coletiva, que tenha como objeto a anulação de cláusulas desses instrumentos (art. 611-A, § 5º);

18. "Será nula de pleno direito disposição de Convenção ou Acordo que, direta ou indiretamente, contrarie proibição ou norma disciplinadora da política econômico-financeira do Governo ou concernente à política salarial vigente, não produzindo quaisquer efeitos perante autoridades e repartições públicas, inclusive para fins de revisão de preços e tarifas de mercadorias e serviços".

19. Este dispositivo deve ser interpretado em harmonia com o art. 611-A, § 2º, da CLT, segundo o qual "a inexistência de expressa indicação de contrapartidas recíprocas em convenção coletiva de trabalho ou acordo coletivo de trabalho não ensejará a nulidade não caracterizar um vício do negócio jurídico". Assim, constitui vício do negócio jurídico a ausência das contrapartidas recíprocas. O que não caracteriza o vício é o fato de esta contrapartida não ter sido expressamente consignada na CCT ou no ACT. Isto se dá porque, como resulta do art. 9º da CLT, por exemplo, os direitos inerentes ao trabalho humano são irrenunciáveis, o que mais se reforça quando se trate de direitos fundamentais e humanos trabalhistas. Note-se que, ao exigir concessões recíprocas, a CLT torna certo que a hipótese é de transação (a transação exige concessões recíprocas, sob pena de caracterizar renúncia de direitos).

d) dispôs que, no exame de convenção coletiva ou acordo coletivo de trabalho, a Justiça do Trabalho analisará *exclusivamente* a conformidade dos elementos essenciais do negócio jurídico, respeitado o disposto no art. 104 do Código Civil e ainda, deverá balizar a sua atuação pelo *princípio da intervenção mínima na autonomia da vontade coletiva*;

e) definiu, ao acrescentar o art. 611-B à CLT, o objeto ilícito de convenção coletiva ou acordo coletivo de trabalho.

Por fim, também relacionado ao tema, tem-se o art. 444, parágrafo único, da CLT, acrescentado pela Lei n. 13.467/17, dispondo que a livre estipulação das condições de trabalho "aplica-se às hipóteses previstas no art. 611-A desta Consolidação, com a mesma eficácia legal e prepondera sobre os instrumentos coletivos, no caso de empregado portador de diploma de nível superior e que percebe a salário mensal igual ou superior a duas vezes o limite máximo dos benefícios do Regime Geral de Previdência Social".[20]

Contudo, não se pode olvidar que é nula cláusula:

a) contratual ou convencional que desvirtuar, impedir ou fraudar a aplicação das normas regentes da relação de emprego, em razão do disposto nos arts. 9º e 444, *caput*, da CLT;

b) contratual que contrariar disposições de proteção ao trabalho, acordos coletivos de trabalho ou convenções coletivas de trabalho que lhes sejam aplicáveis ou decisões das autoridades competentes, em razão, principalmente, do disposto no art. 7º, *caput* e inciso XXVI, que tornam irrenunciáveis os direitos alcançados por meio da negociação coletiva;

c) contratual ou convencional que violar as liberdades individuais (direito à intimidade, vida privada, honra e imagem, por exemplo), liberdades coletivas (direito de se filiar e de se manter filiado a sindicato, por exemplo) e direitos individuais indisponíveis dos trabalhadores (anotação do contrato de trabalho na CTPS, por exemplo), nos termos do art. 83, IV, da Lei Complementar n. 75/93

d) contratual ou convencional que violar direitos fundamentais, específicos e inespecíficos, assegurados pela Constituição da República, na medida em que todos os contratos individuais de trabalho, acordos coletivos de trabalho e convenções coletivas de trabalho estão sujeitos ao *controle de constitucionalidade*;

e) contratual ou convencional que contrariar tratados de que o Brasil seja signatário, notadamente aqueles que asseguram direitos humanos

---

20. O art. 611-A da CLT define as matérias que podem ser objeto de negociação coletiva com prevalência sobre a lei.

trabalhistas, específicos ou inespecíficos, em razão, por exemplo, do disposto no art. 5º, § 2º, da Constituição da República, do qual resulta que todos os contratos individuais de trabalho, acordos coletivos de trabalho e convenções coletivas de trabalho estão sujeitas ao *controle de convencionalidade*.[21]

Em relação ao contrato de convencionalidade, vale anotar que a Constituição da República estabelece, no seu art. 5º, § 2º, que os direitos e garantias nela expressos não excluem outros decorrentes "dos tratados internacionais em que a República Federativa do Brasil seja parte", afastando, com isto, qualquer dúvida a respeito do caráter vinculante dos tratados de que o Brasil seja signatário, o que é reforçado pelo art. 4º da Constituição da República, que, ao dispor que o Brasil rege-se nas suas relações internacionais pelo "princípio da prevalência dos direitos humanos", confirma o caráter vinculante das normas que reconhecem direitos humanos. Ainda na Constituição da República, tem-se o art. 105, III, *a*, que atribui ao Superior Tribunal de Justiça competência para julgar recurso especial contra decisão que contrariar tratado, o que também atesta o caráter vinculante de tratados de que o Brasil seja signatário.

No plano infraconstitucional, o caráter vinculante dos tratados de que o Brasil seja signatário é estabelecido pelo art. 11, V, da Lei n. 10.593/02, que inclui entre as atribuições do autor-fiscal do trabalho verificar o seu cumprimento pelos empregadores.

De outro lado, como prevê a Declaração da Organização Internacional do Trabalho sobre os Princípios e Direitos Fundamentais no Trabalho, "ao aderirem livremente à OIT, todos os membros aceitaram os princípios e direitos fundamentais enunciado em sua Constituição e na Declaração de Filadélfia", constando da Constituição da Organização Internacional do Trabalho, que, ratificada uma convenção, o Estado "tomará as medidas que forem necessárias para tornar efetivas" as disposições respectivas (art. 19º) e que "os Estados-Membros comprometem-se a aplicar as convenções que tiverem ratificado" (art. 35º).

Ademais, na *Declaração Sociolaboral do MERCOSUL de 1988* o Brasil se comprometeu a respeitar os direitos fundamentais nela reconhecidos (art. 20), ao passo que, como signatário da *Declaração Sociolaboral do MERCOSUL de 2015*, o Brasil reafirmou o seu compromisso com as declarações, pactos, protocolos e outros tratados que integram o patrimônio jurídico da humanidade, entre eles a *Declaração Universal dos Direitos Humanos*, o *Pacto Internacional dos Direitos Civis e Políticos*, o *Pacto Internacional dos Direitos Econômicos, Sociais e Culturais*, a *Declaração Americana de Direitos e Obrigações do Homem*, a *Carta Interamericana de*

21. Os direitos fundamentais e humanos constituem direitos irrenunciáveis, na medida em que constituem uma exigência da vida de acordo com a dignidade humana.

Garantias Sociais e a *Carta da Organização dos Estados Americanos*, reconhecendo, com isto, o seu caráter vinculante.

Não se pode olvidar, ainda, do princípio da vedação de retrocesso social.

Este princípio é consagrado constitucionalmente. Com efeito, o art. 7º, VI, da Constituição proíbe a redução salarial, salvo mediante negociação coletiva, o art. 60, § 4º, IV, da Constituição consagra a vedação de exclusão de direitos fundamentais por meio de emenda constitucional, e o art. 114, §2º, da Constituição veda o retrocesso social como consequência da atuação do Poder Judiciário. Estes dispositivos constitucionais tornam certo que o Direito do Trabalho tem como diretriz fundamental a garantia de *estabilidade da condição social do trabalhador*, cujo respeito se impõe ao empregador, Poder Legislativo, inclusive no desempenho de função constituinte, e Poder Judiciário.

A vedação de retrocesso social é também estabelecida pelo Direito Regional, Internacional e Gobal.

Estabelece o inciso 8º do art. 19 da Constituição da OIT que, "em caso algum, a adoção, pela Conferência, de uma convenção ou recomendação, ou a ratificação, por um Estado-membro, de uma convenção, deverão ser consideradas como afetando qualquer lei, sentença, costumes ou acordos que assegurem aos trabalhadores interessados condições mais favoráveis que as previstas pela convenção ou recomendação". O *Pacto Internacional dos Direitos Econômicos, Sociais e Culturais* prevê que não será admitida qualquer restrição ou suspensão dos direitos reconhecidos ou vigentes em qualquer país em razão de leis, convenções, regulamentos ou costumes, sob o pretexto de que o Pacto não os reconheça ou os reconheça em menor grau (art. 5º, inciso 2). A *Convenção Americana sobre Direitos Humanos* dispõe que os Estados que a subscreverem se comprometem a respeitar os direitos e liberdades nela reconhecidos e a garantir o seu livre e pleno exercício (art. 1º, inciso 1) e que nenhuma de suas disposições pode ser interpretada no sentido de: permitir ao Estado, grupo ou indivíduo, suprimir o gozo e o exercício dos direitos e liberdades nela reconhecidos ou limitá-los em maior medida do que a nela prevista; limitar o gozo e o exercício de qualquer direito ou liberdade que possam ser reconhecidos em virtude de leis de qualquer Estado ou em virtude de Convenções em que seja parte; excluir outros direitos e garantias que são inerentes ao ser humano ou que decorram da forma democrática representativa e governo; excluir ou limitar o efeito que possam produzir a *Declaração Americana dos Direitos e dos Deveres do Homem* e outros atos internacionais da mesma natureza (art. 29).

Vale anotar que o STF já se manifestou sobre a vedação de retrocesso social, tendo decidido que:

> "A PROIBIÇÃO DO RETROCESSO SOCIAL COMO OBSTÁCULO CONSTITUCIONAL À FRUSTRAÇÃO E AO INADIMPLEMENTO, PELO PODER PÚBLICO, DE DIREITOS

> PRESTACIONAIS. – O princípio da proibição do retrocesso impede, em tema de direitos fundamentais de caráter social, que sejam desconstituídas as conquistas já alcançadas pelo cidadão ou pela formação social em que ele vive. – A cláusula que veda o retrocesso em matéria de direitos a prestações positivas do Estado (como o direito à educação, o direito à saúde ou o direito à segurança pública, v.g.) traduz, no processo de efetivação desses direitos fundamentais individuais ou coletivos, obstáculo a que os níveis de concretização de tais prerrogativas, uma vez atingidos, venham a ser ulteriormente reduzidos ou suprimidos pelo Estado. Doutrina. Em conseqüência desse princípio, o Estado, após haver reconhecido os direitos prestacionais, assume o dever não só de torná-los efetivos, mas, também, se obriga, sob pena de transgressão ao texto constitucional, a preservá-los, abstendo-se de frustrar – mediante supressão total ou parcial – os direitos sociais já concretizados". (STF, ARE 639337- AgR/SP, Rel. Min. Celso de Mello, Dje n. 177, pub. 15.09.11).

No que comporta especificamente à negociação coletiva, o STF decidiu que "Aos acordos e convenções coletivas de trabalho, assim como às sentenças normativas, não é lícito estabelecer limitação a direitos constitucionais dos trabalhadores, que nem à lei se permite". (STF, RE 234186/SP, Rel. Min. Sepúlveda Pertence, DJ de 31.08.01), solução que, sem dúvida, alcança o contrato individual do trabalho.

Em suma, a vedação de retrocesso social atua em vários planos: plano vertical, o que implica que alcança a ação legislativa do Estado e do próprio constituiente, conforme, inclusive, o disposto no art. 60, § 4º, IV, da Constituição, e também sua ação judicial, nos termos do art. 114, § 2º, da Constituição; no plano horizontal, o que significa que impõe limites à negociação coletiva; no plano diagonal, o que traduz restrição à vontade individual no contexto do contrato individual do trabalho (o que encontra respaldo, inclusive, nos arts. 444, *caput*, 448 da CLT).

A nulidade de cláusula de contratos individuais de trabalho, de acordo coletivo de trabalho ou de convenção coletiva de trabalho pode ser pleiteada pelo trabalhador prejudicado, em ação individual, ou, por meio de ação declaratória de nulidade, proposta pelo Ministério Público do Trabalho ou pelo sindicato profissional representativo da categoria a que pertence o trabalhador (ação declaratória coletiva). Note-se que a Lei n. 13.467/17: não revogou os arts. 9º e 444, *caput*, da da CLT, que impedem a derrogação, ainda que seja pela "vontade coletiva", de normas de ordem pública; a Constituição da República, por meio do art. 5º, XXXV, impede que a lei proíba o Poder Judiciário de examinar os aspectos substanciais de qualquer negócio jurídico, notadamente quando se trate de ofensa aos direitos sociais assegurados aos trabalhadores, cuja relevância é reconhecida pela própria Lei 13.467/17 ao tratar da transcendência social a ser observada no exame de admissibilidade de recurso de revista; a possibilidade de prevalência do negociado sobre o legislado permite a *desconstrução do direito legislado*, ainda que em prejuízo dos trabalhadores, em ofensa à *função social da negociação coletiva*, que é, nos termos do *caput* do art. 7º da Constituição da República, a melhoria da condição social dos trabalhadores".

Na *reforma trabalhista*, o afã de criar zonas isentas de Direito levou à edição de norma no sentido de que "Regras sobre duração de trabalho e intervalos não são consideradas como normas de saúde, higiene e segurança do trabalho" para efeito de definição as matérias que podem ser objeto de negociação coletiva (art. 611-B, parágrafo único, acrescentado pela Lei n. 13.467/17), o que beira ao absurdo, posto que dentre os fundamentos de tais normas se encontra a intenção de proteger saúde, a higiene e a segurança do trabalho, lembrando que a proteção destes bens jurídicos é constitucionalmente estabelecida (arts. 6º e 7º, XXII, da Constituição da República), o que torna inconstitucional a citada disposição legal.

O procedimento especial se refere à *ação declaratória coletiva*, ou seja, à ação proposta pelo Ministério Público do Trabalho ou sindicato profissional representativo da categoria a que pertence o trabalhador, cumprindo esclarecer que, no que comporta à nulidade de cláusula de contratos individuais do trabalho, a ação declaratória coletiva somente será admitida quando se tratar de cláusula inserida em substancial número de contratos individuais de trabalho. É que a hipótese é de uma *ação de grupo*, isto é, de ação que somente pode ser ajuizada em favor de um número substancial de trabalhadores. Trata-se, portanto, de ação visando à anulação de cláusula de *contratos individuais de trabalho*.

A ação declaratória de nulidade de cláusula de acordo coletivo de trabalho ou de convenção coletiva de trabalho pode ser proposta após expirado o seu prazo de vigência. Com efeito, durante a sua vigência, as normas coletivas integram os contratos individuais do trabalho e, portanto, produzem efeitos concretos no que concerne às condições de trabalho. A ação declaratória serve, nesse compasso, como condição para afastar estes efeitos e, eventualmente, garantir o ressarcimento de eventuais danos sofridos pelos trabalhadores.

A propósito, o TST já decidiu que, "ainda que expirado o prazo de vigência do instrumento coletivo, persiste o interesse de agir do Ministério Público do Trabalho em obter a declaração de nulidade de cláusulas ali insertas, em descompasso com a ordem jurídica, visto que essas normas geram direitos e obrigações para as partes convenientes, integrando os contratos de trabalho da categoria representada, no período em que vigoram. Além disso, a declaração de nulidade de cláusula prevista em instrumento coletivo tem eficácia retroativa, portanto, o transcurso do prazo de vigência da norma coletiva impugnada em ação anulatória não configura perda do objeto, em face do interesse processual em resguardar o direito de ação individual das partes envolvidas quanto às situações pretéritas" (TST, ROAA 2800300-97.2006.5.09.0909, Rel. Min. Eizo Ono).

A ação anulatória de cláusulas de contratos individuais de trabalho deve ser dirigida a uma Vara do Trabalho (art. 652, IV, da CLT), definida segundo as regras estabelecidas no art. 651 da CLT, e deve ser proposta contra o empregador.

O Regimento Interno do TST, no art. 70, atribui à sua Seção Especializada em Dissídios Coletivos (SDC), a competência para, originalmente, julgar ações anulatórias de acordos e convenções coletivas e, em última instância, julgar os recursos ordinários interpostos contra as decisões proferidas pelos Tribunais Regionais do Trabalho em ações anulatórias de acordos e convenções coletivas. Assim, a ação anulatória de cláusula de instrumento coletivo deve ser proposta perante o TST ou um TRT, observando-se, para definir a qual destes órgãos deve ser endereçada a ação, a abrangência do conflito de interesses. A ação anulatória de cláusula de instrumento coletivo deve ser proposta contra os respectivos signatários.

Como foi assinalado, a Lei n. 13.467/17 tornou obrigatória a participação dos sindicatos subscritores da convenção ou acordo questionado em ação anulatória, como litisconsortes necessários (art. 611-A, § 5º).

5. AÇÕES ESPECIAIS REGULADAS NO CPC, CONSTITUIÇÃO FEDERAL E LEGISLAÇÃO EXTRAVAGANTE COMPATÍVEIS COM O PROCESSO DO TRABALHO

Neste tópico são examinadas algumas ações especiais reguladas no CPC, Constituição Federal e legislação extravagante compatíveis com o processo do trabalho.

5.1. Ação de consignação em pagamento.

O devedor tem o direito de cumprir a sua obrigação no lugar, no tempo e na forma previstos no contrato que a constituir. Opondo-se o credor ao cumprimento da obrigação, o devedor pode usar dos meios conducentes à sua exoneração (art. 304, *caput*, do Código Civil).

Dentre os meios conducentes à exoneração do devedor está a consignação em pagamento da coisa ou quantia devida. Neste sentido, prevê o art. 334 do Código Civil que "considera-se pagamento, e extingue a obrigação, o depósito judicial ou em estabelecimento bancário da coisa devida, nos casos e forma legais",[22] enquanto o art. 539 do CPC estabelece que, nos casos previstos em lei, poderá o devedor ou terceiro requerer, com efeito de pagamento, a consignação da quantia ou da coisa devida.

22. A expressão *pagamento* deve ser entendida no sentido de *cumprimento voluntário da obrigação*, visto que a consignação também pode ter por objeto *coisa* devida, situação em que não ocorre *pagamento*.

A consignação tem lugar nas situações previstas no art. 335 do Código Civil, ou seja: a) se o credor não puder, ou, sem justa causa, recusar receber o pagamento, ou dar quitação na forma devida; b) se o credor não for, nem mandar receber a coisa no lugar, no tempo e condição devidos; c) se o credor for incapaz de receber, for desconhecido, for declarado ausente, ou residir em lugar incerto ou de acesso perigoso ou difícil; d) se ocorrer dúvida sobre quem deva legitimamente receber o objeto do pagamento; e) se pender litígio sobre o objeto do pagamento.[23]

Como a consignação em pagamento constitui uma forma de extinção das obrigações, cabe ao direito material estabelecer as situações em que ela poderá ser realizada. Daí a razão de o art. 335 do Código Civil definir as situações que autorizam a consignação em pagamento e de o art. 539 do CPC dispor que a ação de consignação em pagamento poderá ser ajuizada *nos casos previstos em lei*. Estes casos, como resulta do art. 335 do Código Civil correspondem a hipóteses de *impossibilidade de pagamento voluntário* (recusa de recebimento, por exemplo) e de *risco de ineficácia do pagamento* (dúvida sobre quem seja o credor, por exemplo).

Têm legitimidade para propor a ação de consignação em pagamento o devedor, o terceiro interessado na extinção da dívida (sócio, herdeiro, empresa do grupo econômico do devedor, por exemplo) e até mesmo terceiro não interessado, desde que este o faça em nome e à conta do devedor, salvo oposição deste (art. 304, *caput* e parágrafo único, do Código Civil[24]).

A ação deve ser proposta contra o credor. Existindo mais de um credor solidário, a ação pode ser proposta contra todos eles ou contra apenas um deles (arts. 268 e 269 do Código Civil).[25] Se houver dúvida sobre quem deva legitimamente receber, a ação deve ser proposta contra aqueles que o disputam (art. 547 do CPC), o mesmo ocorrendo quando se tratar da pendência de litígio sobre o objeto do pagamento (art. 547 do CPC).

No caso de morte do trabalhador no curso da relação de emprego, a ação de consignação em pagamento poderá ser proposta pelo empregador contra os seus beneficiários habilitados perante a Previdência Social. Vale lembrar que, de acordo com o art. 1º da Lei n. 6.858/80, "os valores devidos pelos empregadores aos empregados e os montantes das contas individuais do Fundo de Garantia do Tempo de Serviço e do Fundo de Participação PIS-PASEP, não recebidos em vida pelos respectivos titulares, serão pagos, em quotas iguais, aos dependentes habilitados perante a Previdência Social ou na forma da legislação específica dos

23. A litigiosidade do objeto do pagamento conduz à dúvida sobre aquele a quem pagar ou entregar a coisa devida.
24. O terceiro não interessado que paga a dívida em nome do devedor se sub-roga nos direitos do credor, ao passo que, pagando a dívida em seu próprio nome, o terceiro não interessado tem direito a reembolsar-se do que pagar, mas não se sub-roga nos direitos do credor (art. 305 do Código Civil).
25. Se um dos credores já ajuizou ação de cobrança, contra ele deverá ser proposta a ação (art. 268 do Código Civil).

servidores civis e militares, e, na sua falta, aos sucessores previstos na lei civil, indicados em alvará judicial, independentemente de inventário ou arrolamento", ao passo que, de acordo com o § 1º do citado comando legal, as quotas atribuídas a menores ficarão depositadas em caderneta de poupança, rendendo juros e correção monetária, e só serão disponíveis após o menor completar 18 (dezoito) anos, salvo autorização do juiz para aquisição de imóvel destinado à residência do menor e de sua família ou para dispêndio necessário à subsistência e educação do menor". Contudo, a ação deve ser proposta contra o espólio, no caso de ter sido aberto inventário".

Para que a consignação tenha força de pagamento, é indispensável que concorram, em relação às pessoas, ao objeto, ao modo e ao tempo, todos os requisitos sem os quais não é válido o pagamento (art. 336 do Código Civil). Assim, o pagamento por consignação está sujeito aos mesmos requisitos de eficácia do pagamento voluntário.

Destarte, para afastar a mora do devedor, a ação de consignação em pagamento deve ser ajuizada dentro do prazo no qual o pagamento deveria ser realizado ou a coisa deveria ser entregue. Isso não significa que a consignação somente possa ser ajuizada antes da constituição do devedor em mora, mas, apenas, que ela não afasta os efeitos da mora já constituída ao tempo do ajuizamento.

O devedor, mesmo em mora, tem interesse na consignação, visto que, de acordo com o art. 540 do CPC, é com o depósito, judicial ou em estabelecimento bancário, que cessam para o devedor os juros e os riscos, salvo se o pedido consignatório for julgado improcedente.[26]

A ação de consignação em pagamento deve ser ajuizada no lugar do pagamento (art. 337 do Código Civil e art. 540 do CPC), que é o do local da prestação dos serviços (art. 465 da CLT).

A consignação em pagamento tem como requisito a liquidez e a certeza da obrigação, como resulta do art. 397 do Código Civil, que faz expressa referência a obrigação *líquida* e ao seu *termo*, ou seja, vencimento.

A petição inicial deverá atender ao disposto no art. 840, § 1º, da CLT e, nela, o autor requererá o depósito da quantia ou coisa devida e a citação do réu para levantar o depósito ou oferecer contestação (art. 542 do CPC).[27]

No processo civil, o depósito da quantia ou coisa devida deverá ser realizado no prazo de cinco dias contados do deferimento da sua realização (art. 542, I, do CPC). No processo do trabalho, como o réu é citado para comparecer em audiência na qual deverá ser tentada a solução negociada do conflito de interesses

26. No caso de improcedência, os juros e riscos são restabelecidos com eficácia *ex tunc*.

27. O réu pode apresentar resposta e não apenas contestação. Lembre-se, neste sentido, que ele pode apresentar exceção de suspeição do juiz, por exemplo.

(art. 846 da CLT), é admitida a oferta da coisa ou do valor devido em audiência, realizando-se o depósito apenas se houver recusa no seu recebimento, no prazo assinalado pelo juiz, o que atende, inclusive, ao princípio da simplificação das formas e dos procedimentos.

Tratando-se de prestações periódicas (prestações sucessivas), uma vez consignada uma delas, pode o devedor continuar a depositar, no mesmo processo e sem mais formalidades, as que se forem vencendo (prestações vincendas), desde que o faça em cinco dias do respectivo vencimento (art. 541 do CPC). A possibilidade de realização da *consignação incidental* está em sintonia com o princípio da economia processual, visto que dispensa a propositura de nova ação a cada prestação vencida.

O réu é citado para comparecer à audiência designada (art. 841 da CLT) e poderá: 1) receber a quantia ou coisa ofertada, situação em que o juiz preferirá decisão, declarando cumprida a obrigação do autor; 2) apresentar contestação, alegando que: a) não houve recusa ou mora em receber a quantia ou a coisa devida;[28] b) foi justa a recusa de recebimento; c) o depósito não foi efetuado no prazo e no lugar do pagamento; d) o depósito não é integral, caso em que deverá indicar o montante que entende devido (art. 544 do CPC).

Se o réu alegar, na contestação, que o depósito não é integral, é lícito ao autor complementá-lo em audiência ou dentro de dez dias, salvo se corresponder a prestação cujo inadimplemento acarrete a rescisão do contrato (art. 545 do CPC).

Alegada a insuficiência do depósito, poderá o réu levantar, desde logo, a quantia ou a coisa depositada, com a consequente liberação do autor, prosseguindo o processo quanto à parcela controvertida (art. 545, § 1º, do CPC).

Se o réu não comparecer, o juiz julgará procedente o pedido, declarando cumprida a obrigação do autor (art. 546 do CPC).[29]

A sentença que julgar procedente o pedido consignatório tem natureza declaratória, como consta, expressamente, do art. 546 do CPC. Com efeito, na sentença, se for julgado procedente o pedido, é declarada cumprida a obrigação do autor da ação, em razão do reconhecimento da eficácia liberatória do depósito realizado pelo devedor.

Transitada em julgado a decisão, o valor, ou coisa, depositado deverá ser entregue ao consignatário.

No entanto, a sentença que concluir pela insuficiência do depósito determinará, sempre que possível, o montante devido, e, nesse caso, valerá como título

---

28. A recusa ou a mora do credor (réu na ação) é que autoriza o ajuizamento da ação de consignação em pagamento. Assim, cabe ao autor provar a recusa ou a mora do réu.
29. O pedido será julgado procedente desde que inexista nos autos elementos suficientes para o reconhecimento da sua improcedência e que não seja caso de o processo ser extinto sem resolução de mérito.

executivo, facultando ao credor promover-lhe a execução nos mesmos autos, após a liquidação, se necessária (art. 545, § 2º, do CPC). Em relação ao complemento do valor devido, a sentença tem, portanto, natureza condenatória.

Por força do art. 548 do CPC, quando a consignação se fundar em dúvida sobre quem deva legitimamente receber: a) não comparecendo nenhum pretendente, converter-se-á o depósito em arrecadação de bens de ausentes ou coisas vagas; b) comparecendo apenas um pretendente, o juiz decidirá de plano; c) comparecendo mais de um pretendente, o juiz declarará efetuado o depósito e extinta a obrigação, continuando o processo a correr unicamente entre os credores (isto se a Justiça do Trabalho for competente para este julgamento, ao passo que, não sendo o caso de dissídio a ser julgado pela Justiça do Trabalho, o juiz deverá ordenar a remessa dos autos à justiça comum).

No caso de improcedência da pretensão consignatória, o juiz declarará não cumprida a obrigação, autorizando o autor a levantar a quantia ou coisa depositada.

A ação de consignação em pagamento é compatível com o Direito Processual do Trabalho, em especial porque não se pode negar ao devedor de crédito decorrente da relação de trabalho o direito de cumprir a sua obrigação e de recorrer aos meios de exoneração que a ordem jurídica coloca à disposição dos devedores.

Cumpre observar que: a) também no processo do trabalho, a ação pode ser proposta por terceiro interessado no cumprimento da obrigação, sendo interessado aquele que pode sofrer as consequências do inadimplemento da obrigação; b) a consignação em pagamento pode ser apresentada pessoalmente, por escrito ou na forma verbal, devendo, nessa hipótese, ser reduzida a termo; c) o réu será notificado para comparecer à audiência, na qual se fará a oferta da quantia ou coisa devida, e, não aceitando o réu a oferta, será colhida a sua resposta, instruída e julgada a demanda; d) o montante devido (se questionado o valor depositado), quando fixado na sentença, poderá ser executado de ofício e não apenas se assim o desejar o consignado (art. 878 da CLT); e) no caso de verbas rescisórias, a extinção da obrigação por força da sentença somente alcança as parcelas e os valores objeto de consignação em pagamento, não fazendo coisa julgada em relação aos motivos da rescisão do contrato de trabalho.

Na seara civil, tratando-se de obrigação em dinheiro, poderá o valor ser depositado em estabelecimento, oficial quando houver, situado no local do pagamento, cientificando-se o credor por carta com aviso de recebimento, assinado o prazo de dez dias para a manifestação da recusa (art. 539, § 1º, do CPC). Trata-se da denominada *consignação extrajudicial*.

Decorrido o prazo de dez dias, contado do retorno do aviso de recebimento, sem a manifestação de recusa, reputar-se-á o devedor liberado da obrigação, ficando à disposição do credor a quantia depositada (art. 539, § 1º, do CPC).

Ocorrendo a recusa, manifestada por escrito ao estabelecimento bancário, poderá ser proposta, dentro de um mês, a ação de consignação em pagamento, instruindo a inicial com a prova do depósito e da recusa (art. 539, § 3º, do CPC).

Não proposta a ação no prazo próprio, ficará sem efeito o depósito, podendo levantá-lo o depositante (art. 539, § 4º, do CPC).

A consignação extrajudicial é incompatível com o Direito Processual do Trabalho, em face da exigência, que é expressa na CLT, de tentativa de conciliação entre os titulares de direito em conflito, valendo acrescentar que o trabalhador, via de regra, não tem conhecimento suficiente para aquilatar as consequências do levantamento da quantia depositada em seu favor (o levantamento pode ocorrer em razão da necessidade de sobrevivência do trabalhador, em prejuízo da realização concreta dos direitos que lhe atribui a ordem jurídica), o que torna imperiosa a participação do Juiz do Trabalho na solução do dissídio.

5.2. Ações possessórias ou interditos possessórios.

As ações possessórias servem à tutela da posse, isto é, ao poder de fato sobre determinado bem, ou, segundo se infere do art. 1.196 do Código Civil, à defesa do exercício, pleno ou não, de algum dos poderes inerentes à propriedade.

Do art. 1.210 do Código Civil e art. 560 do CPC resulta que o possuidor tem o direito de ser: a) mantido na posse, em caso de turbação, ou seja, quando tem a sua posse molestada (para ser mantido na posse, o possuidor deverá propor *ação de manutenção da posse*); b) restituído na posse, no caso de esbulho, isto é, de perda da posse (para ser restituído, o possuidor deverá aforar *ação de reintegração de posse*); c) segurado contra violência iminente, se tiver justo receio de ser molestado (cabe, nessa hipótese, o *interdito proibitório*, que corresponde à ação que visa evitar a consumação da turbação ou do esbulho possessório.

A propositura de uma ação possessória ao invés de outra não impede que o juiz conheça o pedido e outorgue a proteção legal correspondente àquela cujos pressupostos tenham sido atendidos (art. 554 do CPC). Trata-se da denominada *fungibilidade das ações possessórias*.

A ação possessória cabe ao possuidor, direto ou indireto (legitimado ativo), e deve ser endereçada contra quem praticou a ofensa ou ameaçada à posse (legitimado passivo).

O art. 555 do CPC dispõe que ao autor é lícito cumular ao pedido possessório o de condenação em perdas e danos e *indenização dos frutos*, sendo acrescentado pelo parágrafo único do citado artigo que pode o autor requerer, ainda, imposição de *medida necessária e adequada* para evitar nova turbação ou esbulho ou cumprir-se a tutela provisória ou final.

Dispõe o art. 523 do Código Civil que a ação será sumária quando intentada dentro de ano e dia da turbação ou esbulho (ação possessória de força nova) e, ordinária, quando intentada após esse prazo (ação possessória de força velha). No processo do trabalho, o procedimento será ordinário, sumaríssimo ou sumário, dependendo do valor da pretensão do autor, não tendo influência no procedimento o espaço de tempo entre o fato atacado e a propositura da ação.

Na pendência da ação possessória, é defeso ao autor e ao réu intentar ação de reconhecimento de domínio, ou seja, apresentar exceção de domínio (art. 557 do CPC). A ação possessória tem por objeto a defesa da posse. Todavia, "será deferida a posse a quem, evidentemente, tiver o domínio, se com base neste for ela disputada" (Súmula n. 487 do STF). O CPC acrescenta que não obsta à manutenção ou à reintegração de posse a alegação de propriedade ou de outro direito sobre a coisa (art. 557, parágrafo único).

Estando a petição inicial devidamente instruída, o juiz deferirá, sem ouvir a parte contrária, a expedição do mandado liminar de manutenção ou de reintegração (a liminar perde a eficácia quando a sentença não acolhe o pedido principal do autor). Caso contrário, determinará que o autor justifique previamente o alegado, citando-se o réu para comparecer à audiência que for designada (art. 562 do CPC). Julgada procedente a justificação, o juiz fará desde logo expedir mandado de manutenção ou de reintegração (art. 563 do CPC).

Não será deferida a manutenção ou a reintegração liminar contra as pessoas jurídicas de direito público sem prévia audiência dos respectivos representantes judiciais (art. 562, parágrafo único, do CPC).

É lícito ao réu, na contestação, alegando que foi ofendido em sua posse, demandar a proteção possessória e indenização pelos prejuízos resultantes da turbação ou do esbulho cometido pelo autor (art. 556 do CPC). Não se exige do réu, portanto, a propositura de reconvenção para demandar proteção possessória ou indenização pelos prejuízos sofridos.

A ação possessória é, assim, uma *ação dúplice*, ou seja, ação na qual "não se distingue a posição ativa da passiva entre os sujeitos da relação processual (...). Nas ações simples, há nítida diferença de atitudes de cada parte: só o autor pede; e o réu apenas resiste ao pedido do autor. Somente por meio de reconvenção é que se torna possível ao réu a formulação de pedido contra o autor. Mas aí o que se tem não é mais defesa, e sim a propositura de nova ação, dentro dos autos já existentes. Voltando à *actio duplex*, a consequência prática que se deve extrair de sua especial qualificação jurídica é a de que o réu não precisa propor reconvenção para contra-atacar o autor".[30]

30. Humberto Theodoro Júnior. *Curso de direito processual civil*, v. III, p. 144.

Incumbe ao autor provar: a) a sua posse; b) a turbação ou o esbulho praticado pelo réu; c) a data da turbação ou do esbulho; d) a continuação da posse, na ação de manutenção ou a perda da posse, na ação de reintegração (art. 561 do CPC).

Segundo o art. 567 do CPC, o possuidor direto ou indireto que tenha justo receio de ser molestado na posse poderá requerer ao juiz que o segure da turbação ou esbulho iminente, mediante mandado proibitório, em que se comine ao réu determinada pena pecuniária, caso transgrida o preceito. Trata-se do denominado *interdito proibitório*.

O interdito proibitório não pode ser utilizado como meio para impedir manifestações e atos de persuasão dos grevistas, vez que a lei a eles assegura, dentre outros direitos, o de empregar meios pacíficos tendentes a persuadir ou aliciar os trabalhadores a aderirem à greve (art. 6º da Lei n. 7.783/90).

Por meio da Súmula Vinculante n. 23, o STF firmou entendimento de que "a Justiça do Trabalho é competente para processar e julgar ação possessória ajuizada em decorrência do exercício do direito de greve pelos trabalhadores da iniciativa privada".

A Justiça do Trabalho tem competência para a ação possessória que tenha por objeto a reintegração na posse de imóvel fornecido ao trabalhador como instrumento para a prestação do serviço, posto que, nessa hipótese, a ação deriva de uma relação de trabalho. De outro lado, constitui dissídio trabalhista, a ser julgado pela Justiça do Trabalho, o que envolve pedido de entrega das ferramentas de trabalho não devolvidas pelo tomador de serviços ao trabalhador após o término da relação de trabalho e, ainda, a ação de despejo intentada pelo empregador contra o trabalhador dispensado e que se recusa a deixar o imóvel utilizado durante o curso da relação de emprego.

5.3. Ação de prestação de contas. Ação de exigir contas.

O art. 914 do CPC de 1973 dispunha que a *ação de prestação de contas* competiria a quem tivesse o direito de exigi-las ou estivesse obrigado a prestá-las. No art. 914, o CPC de 1973 aludia à ação de *prestação de contas* em relação a quem podia exigi-las (*ação de exigir contas*) ou àquele que tinha a obrigação de prestá-las (*ação de prestação de contas*).

O CPC de 2015 somente alude à *ação de exigir contas*, prevendo o seu art. 550, que "aquele que pretender exigir a prestação de contas requererá a citação do réu para que as preste ou ofereça contestação no prazo de 15 (quinze) dias". Isso não significa que a ação de prestação de contas deixou de existir, mas, apenas, que ela não se submente a procedimento especial, o que significa que estará sujeita ao procedimento ordinário.

5.3.1. Competência.

A competência para a ação de prestação de contas e a ação para exigir contas é das Varas do Trabalho e é fixada de acordo com as regras estabelecidas no art. 651 da CLT.

5.3.2. Ação de exigir contas.

Trata-se de ação a ser proposta por quem tem o direito de exigir de outrem a prestação de contas e o seu objetivo é liquidar o "relacionamento jurídico existente entre as partes no seu aspecto econômico, de tal modo que, afinal, se determine, com exatidão, a existência ou não de um saldo, fixando, no caso positivo, o seu montante, com efeito de condenação judicial contra a parte que se qualifica como devedora".[31]

De acordo com o CPC: a) aquele que afirmar ser titular do direito de exigir contas requererá a citação do réu para que as preste ou ofereça contestação no prazo de 15 dias (art. 550, *caput*); b) na petição inicial, o autor deverá especificar, detalhadamente, as razões pelas quais exige as contas, instruindo-a com documentos comprobatórios dessa necessidade, se existirem (art. 550, § 1º); c) prestadas as contas, o autor terá 15 dias para se manifestar, prosseguindo-se o processo na forma do Capítulo X do Título I deste Livro, ou seja, dos arts. 35 a 357 do CPC (art. 550, § 2º); d) a impugnação das contas apresentadas pelo réu deverá ser fundamentada e específica, com referência expressa ao lançamento questionado (art. 550, § 3º); e) se o réu não contestar o pedido, observar-se-á o disposto no art. 355 (art. 550, § 4º).[32]

Ainda consoante o CPC: 1) a decisão que julgar procedente o pedido condenará o réu a prestar as contas no prazo de 15 dias, sob pena de não lhe ser lícito impugnar as que o autor tiver apresentado (art. 550, § 5º); 2) se o réu apresentar as contas dentro do prazo, o autor terá 15 dias para se manifestar (art. 550, § 6º); 3) não sendo apresentadas as contas, o autor as apresentará dentro do prazo de 15 dias, podendo o juiz determinar, se necessário, a realização do exame pericial (art. 550, § 6º); 4) as contas do réu serão apresentadas na forma adequada, especificando as receitas, a aplicação das despesas e os investimentos, se houver (art. 551, *caput*); 5) havendo impugnação específica e fundamentada pelo autor, o juiz estabelecerá prazo razoável para que o réu apresente os documentos justificativos dos lançamentos individualmente impugnados (art. 551, § 1º); 6) as contas do autor, para

31. Humberto Theodoro Júnior. *Curso de direito processual*, v. II, p. 70.

32. Neste caso, o juiz julgará antecipadamente o pedido, proferindo sentença com resolução do mérito, desde que não haja necessidade de produção de prova. Este artigo deixa claro que, mesmo ocorrendo a revelia, o juiz somente proferirá decisão se não houver requerimento de prova, o que implica reconhecer o direito à produção de prova pelo autor.

os fins do art. 550, § 5º, serão apresentadas na forma adequada, já instruídas com os documentos justificativos, especificando-se as receitas, a aplicação das despesas e os investimentos, se houver, bem como o respectivo saldo (art. 551, § 2º); 7) a sentença apurará o saldo e constituirá título executivo judicial (art. 552).

Note-se que a ação de exigir conta é dividida em três fases: *exame da existência do direito de exigir contas; prestação das contas*, quando for reconhecido o direito de as exigir; *execução do saldo credor apurado*.

5.3.3. Saldo credor e sua execução. Natureza dúplice da ação de prestação e de exigir de contas

A finalidade última da ação de prestação de contas e da ação de exigir contas é estabelecer a existência de um crédito e criar um título executivo judicial em favor do seu titular.

Por esta razão, a sentença que reconhecer a existência de saldo credor constituirá título executivo judicial (art. 552 do CPC), observando-se que o saldo credor pode ser fixado em favor do autor ou do réu e, ainda, que, por se tratar de ações de natureza dúplice, é inadmissível a reconvenção na ação de prestação e de exigência de contas.

5.3.4. Ação de prestação de contas no processo do trabalho.

A ação de prestação e a ação de exigir contas são compatíveis com o processo do trabalho, no qual é cabível quando alguém recebe pagamentos por conta de outrem ou efetua movimentação de recursos de outrem.

Assim, se o trabalhador exerce a função de cobrador e recebe, no exercício de sua função, valores pertencentes ao tomador de seus serviços, a ação de prestação de contas por este proposta contra aquele será processada e julgada pela Justiça do Trabalho (art. 114, I, da Constituição Federal).

O procedimento a ser adotado nas duas ações é aquele definido no CPC, com a ressalva de que contra a decisão que atribui ao réu a obrigação de prestar contas não é cabível recurso. Trata-se, a hipótese, de decisão interlocutória, vez que apenas extingue uma fase do procedimento, e, como tal, somente pode ser atacada no recurso apresentado contra a decisão final sobre as contas prestadas (art. 893, § 1º, da CLT).

5.4. Ação monitória.

A ação monitória constitui técnica que permite a formação de título executivo judicial sem a instauração de um processo de conhecimento e, ainda, a execução deste título no mesmo processo em que foi formado, quando o autor esteja de posse de prova escrita sem eficácia de título executivo (art. 700 do CPC).[33] Trata-se, assim, de técnica que facilita a formação do título executivo judicial e a satisfação do credor.

O titular de direito fundado em prova escrita sem eficácia de título executivo não é obrigado a ajuizar ação monitória, sendo-lhe lícito optar pela instauração do processo de conhecimento voltado à criação do título executivo judicial.

O CPC autoriza o ajuizamento de ação monitória para exigência de pagamento de quantia em dinheiro, entrega de coisa fungível ou infungível, entrega de bem móvel ou imóvel, adimplemento de obrigação de fazer e de não fazer (art. 700). Desse modo, a ação monitória pode ser proposta por aquele que afirmar, com base em prova escrita sem eficácia de título executivo, ter direito de exigir do devedor capaz ou da Fazenda Pública: a) o pagamento de quantia em dinheiro; b) a entrega de coisa fungível ou infungível; c) a entrega de bem móvel ou imóvel; d) o adimplemento de obrigação de fazer ou de não fazer.

Consoante o art. 700, §§ 2º e 4º, do CPC, o autor da ação deverá explicitar, na petição inicial, sob pena de seu indeferimento: a) a importância devida, instruindo-a com memória de cálculo; b) o valor atual da coisa reclamada; c) o conteúdo patrimonial em discussão ou o proveito econômico perseguido.

No caso de haver dúvida sobre a idoneidade da prova documental apresentada com a petição inicial, o juiz intimá-lo para, querendo, emendar a petição inicial, adaptando ao procedimento comum (art. 700, § 5º). Com essa medida, são aproveitados os atos processuais já praticados. O mesmo procedimento pode ser adotado quando o juiz verificar que o documento escrito constitui título executivo extrajudicial, ou seja, o juiz pode intimar o réu para, querendo, emendar a petição inicial, adaptando-a ao processo de execução.

A ação monitória cabe àquele que afirma, com base em prova escrita sem eficácia de título executivo, ter o direito de exigir de outrem o cumprimento de determinada obrigação.

O CPC dispõe que, havendo dúvida sobre a *idoneidade da prova documental* apresentada com a petição inicial, o juiz intimá-lo-á para, querendo, emendar a petição inicial, adaptando ao procedimento comum (art. 700, § 5º), e acrescenta que, *sendo evidente o direito do autor*, o juiz deferirá a expedição de mandado de pagamento, de entrega de coisa para execução de obrigação de fazer ou de não fazer.

Nesse compasso, é lícito afirmar que prova escrita é todo documento idôneo à demonstração da evidência do direito do autor da ação monitória. No entanto, o CPC estabelece, no art. 700, § 1º, que a prova escrita pode consistir em prova oral documentada, produzida antecipada. Desse modo, é de ser acrescentado que

33. O CPC, ao exigir, para o ajuizamento da ação monitória, a apresentação de prova escrita, adotou a denominada *monitória documental*.

prova escrita é todo documento, ou prova oral documentada, idôneo à demonstração da evidência do direito do autor da ação monitória.

A aceleração da criação do título e sua execução, portanto, tem como fundamento o fato de o autor apresentar prova escrita que torna evidente o seu direito.

Estando a petição inicial devidamente instruída, o juiz determinará, em ato denominado pela doutrina *decreto injuntivo*, a expedição do mandado de pagamento, de entrega da coisa ou para execução de obrigação de fazer ou de não fazer (*mandado monitório* ou *mandado de injunção*), segundo estabelece o art. 701 do CPC.

A determinação de expedição do mandado deve ser fundamentada (art. 93, IX, da Constituição Federal).

Consoante o art. 701, *caput*, do CPC, o réu é citado para, no prazo de 15 dias, o cumprimento (pagamento, entrega de coisa ou execução de obrigação de fazer ou de não fazer) e o pagamento de honorários advocatícios de cinco por cento do valor atribuído à causa.

Se houver o cumprimento do mandado no prazo legal, o réu fica isento do pagamento das custas (art. 701, § 1º, do CPC).[34]

Se o devedor não cumpre o mandado e não apresenta embargos, constituir-se-á, de pleno direito[35], o título executivo judicial, convertendo-se o mandado inicial em *mandado executivo* (art. 701, § 2º, do CPC).

No prazo de 15 dias, contados de sua citação, o réu poderá defender-se, por meio de *embargos à ação monitória* (arts. 701, § 2º, e 702, *caput*),[36] sendo admitida, ainda, a apresentação de reconvenção na ação monitória, vedando, no entanto, a apresentação de reconvenção à reconvenção (art. 702, § 6º, do CPC).[37]

A apresentação de embargos não depende de prévia segurança do juízo (arts. 701, § 2º, e 702 do CPC).

Os embargos suspendem o mandado deferido e o procedimento seguirá o rito ordinário (art. 702, § 4º, do CPC), mas, se forem apresentados embargos parciais, constitui-se de pleno direito o título executivo judicial em relação à parte incontroversa (art. 702, § 7º, do CPC).

Os embargos podem se fundar em matéria passível de alegação como defesa no procedimento comum (art. 702, § 1º, do CPC).

Quando o réu alegar que o autor pleiteia quantia superior à devida, cumprir-lhe-á declarar imediatamente o valor que entende correto, apresentando demonstrativo

34. A isenção em questão objetiva incentivar o cumprimento espontâneo da obrigação.
35. Não se exige pronunciamento judicial para que se forme o título executivo.
36. O CPC autoriza o ajuizamento de ação rescisória contra a decisão que ordena a expedição do mandado quando, em razão do não cumprimento e da não apresentação de embargos, constituir-se o título executivo (art. 701, § 3º).
37. O Superior Tribunal de Justiça consagrou, na Súmula n. 292, o entendimento de que cabe reconvenção na ação monitória.

discriminado e atualizado da dívida (art. 702, § 2º, do CPC), sob pena de, não sendo apontado o valor correto ou não apresentado o demonstrativo, os embargos serão imediatamente rejeitados, se esse for o seu único fundamento, e, se houver outro fundamento, os embargos serão processados, mas o juiz deixará de examinar a alegação de excesso (art. 702, § 3º, do CPC).

Apresentados embargos, o autor será intimado para responder, no prazo de 15 dias (art. 702, § 5º, do CPC).

Rejeitados os embargos, constituir-se-á de pleno direito o título executivo judicial, prosseguindo-se o processo com observância do disposto no Título II do Livro I da Parte Especial, no que couber (art. 702, § 8º, do CPC).

O juiz condenará o autor de ação monitória proposta indevidamente e de má-fé ao pagamento, em favor do réu, de multa de até 10% do valor da causa (art. 702, § 10, do CPC).

O juiz condenará o réu que de má-fé opuser embargos à ação monitória ao pagamento de multa de até 10% do valor da causa, em favor do autor (art. 702, § 11, do CPC).

O CPC admite, expressamente, o ajuizamento de ação monitória contra a Fazenda Pública (art. 700, § 6º).

A ação monitória tem por objetivo a mais rápida criação do título executivo judicial e satisfação do credor, fato que a torna compatível com o Direito Processual do Trabalho, em especial diante da natureza predominantemente alimentar do crédito que constitui seu objeto.

A ação monitória está em harmonia, ainda, com o princípio da simplificação das formas e dos procedimentos, que aponta no sentido de que devem ser simplificados o procedimento de formação do título executivo e a sua execução.

É admissível a ação monitória, por exemplo, quando o empregador dispensa o empregado e a ele fornece termo de rescisão do contrato de trabalho indicando as parcelas devidas por força da extinção do contrato e o valor respectivo. Como efeito, nesse caso, não se justifica a exigência de propositura de ação condenatória para fazer valer o crédito do trabalhador, que pode, então, lançar mão da ação monitória.

Não há como objetar, para sustentar ser a ação monitória incompatível com o Direito Processual do Trabalho, que documento sem força executiva não pode ser executado pela Justiça do Trabalho, posto que a ação monitória visa exatamente à criação de título executivo judicial. A execução, portanto, não se fundará em documento sem força executiva, mas em título executivo judicial.

No entanto, cumpre ter presente que: a) admite-se a ação monitória no processo do trabalho somente nas hipóteses em que a Justiça do Trabalho tenha competência para a ação de conhecimento substituída pela monitória, devendo nela ser respeitado o modelo de processo estabelecido pelo Direito Processual do

Trabalho;[38] b) é competente para a ação monitória o juiz que teria competência para o processo de conhecimento relativo à matéria (aplicação do art. 877-A da CLT); c) formado o título executivo, o devedor deverá ser citado, na forma estabelecida no art. 880 da CLT, para pagar o débito, entregar a coisa ou cumprir a obrigação ou garantir a execução, *no prazo de 48 horas*; d) garantida a execução, o devedor pode apresentar *embargos*, no prazo do art. 884 da CLT (cinco dias), nos quais podem ser suscitadas as matérias arroladas nos arts. 884, § 1º, da CLT e 525 do CPC; e) prescreve a pretensão monitória no mesmo prazo em que prescreve a pretensão condenatória; f) a decisão que ordena a expedição do mandado de pagamento, entrega de bens ou cumprimento da obrigação de fazer ou de não fazer não é passível de recurso, visto que pode ser atacada por meio de embargos (trata-se, portanto, de decisão interlocutória); g) cabe recurso ordinário contra a decisão que indefere a petição inicial da ação monitória; h) contra a decisão que rejeita ou julga improcedente os embargos, cabe recurso ordinário, posto que a hipótese não é de decisão proferida na execução (art. 895, *a*, da CLT). A fase executiva tem início após a formação do título executivo e a partir daí o recurso próprio contra as decisões definitivas é o agravo de petição (art. 897, *a*, da CLT).

5.5. Mandado de segurança.

5.5.1. Conceito.

O mandado de segurança é previsto no art. 5º, LXIX, da Constituição da República, que assim dispõe: "Conceder-se-á mandado de segurança para proteger direito líquido e certo, não amparado por *habeas corpus ou habeas data*, quando o responsável pela ilegalidade ou abuso de poder for autoridade pública ou agente de pessoa jurídica no exercício de atribuições do Poder Público."

O mandado de segurança é disciplinado, no plano infraconstitucional, pela Lei n. 12.016/09, cujo art. 1º estabelece que o mandado de segurança será concedido para proteger direito líquido e certo, não amparado por *habeas corpus* ou *habeas data*, sempre que, ilegalmente ou com abuso do poder, qualquer pessoa física ou jurídica sofrer violação ou houver justo receio de sofrê-la por parte de autoridade, seja de que categoria for e sejam quais forem as funções que exerça.[39]

38. Contra a admissão da monitória no processo do trabalho também é afirmado que sua sistemática impede a tentativa de conciliação prévia, que é obrigatória no processo do trabalho, e a concentração dos atos em audiência. Note-se, porém, que nada impede que o juiz promova a realização de audiência para tentativa de conciliação e, ainda, que o só fato de não ser possível resolver o conflito em audiência não torna um procedimento incompatível com o Direito Processual do trabalho.

39. A Lei n. 12.016/09 compilou a legislação relativa ao mandado de segurança individual, revogando, ao fazê-lo, a Lei n. 1.533/51, e disciplinou o mandado de segurança coletivo. Érico Andrade aduz, com razão, que a Lei n. 12.016/09 "limita-se confessadamente a acolher a sistemática proveniente da lei antiga: sua aspiração declarada foi apenas

O mandado de segurança, portanto, constitui ação constitucional destinada à proteção de direito líquido e certo, não amparado por *habeas corpus* (direito de locomoção) ou *habeas data* (direito ao conhecimento ou à retificação de dados relativos à pessoa do impetrante constantes de registros ou bancos de dados de entidades governamentais ou de caráter público),[40] contra ilegalidade ou abuso de poder praticado por autoridade pública ou agente de pessoa jurídica que exerça atribuições do Poder Público.

O mandado de segurança está sujeito a procedimento especial marcado pela celeridade, que resulta, especialmente, do fato de ser nele vedada dilação probatória, e pode ser *preventivo* (impetrado quando existe justo receio de violação de direito por ato de ilegalidade ou abuso de poder)[41] ou *repressivo* ou *reparatório* (impetrado para reparar a lesão a direito).

5.5.2. Direito líquido e certo.

O mandado de segurança constitui instrumento de proteção de *direito líquido e certo*. A liquidez e a certeza do direito, como pressuposto de admissibilidade do mandado de segurança, dizem respeito aos fatos dos quais decorre o direito deduzido pelo impetrante.

Se existir dúvida quanto à ocorrência dos fatos alegados pelo impetrante e houver necessidade de sua investigação mais aprofundada, o mandado de segurança não constituirá o meio apropriado para a defesa do direito deduzido pelo impetrante.

Segundo Aroldo Plínio Gonçalves, "o que se exige do impetrante, para que se configurem a liquidez e a certeza do direito para o qual a proteção jurisdicional é requerida, não é a comprovação de que ele efetivamente tem direito, mas é a comprovação da existência do fato que possa ser juridicamente reconhecido como hábil a dar existência ao direito".[42]

O mandado de segurança é um procedimento documental, no sentido de que, nele, somente é admitida a prova documental, a ser produzida já com a petição inicial (trata-se, desse modo, de prova documental pré-constituída).

---

de consolidar a legislação a respeito da matéria ao sabor da doutrina e jurisprudência tradicionais" (*O mandado de segurança: a busca da verdadeira especialidade (proposta de releitura à luz da efetividade do processo)*, p. 2).

40. O mandado de segurança, por servir de instrumento de tutela jurisdicional nas hipóteses em que o direito deduzido não conte com proteção por meio de *habeas corpus* e de *habeas data*, tem a natureza de garantia residual.

41. O mandado de segurança preventivo "não se presta à obtenção de uma sentença genérica, aplicável a eventos futuros, cuja ocorrência é incerta" (Orientação Jurisprudencial n. 144 da SDI-2 do TST).

42. Pressupostos de admissibilidade do mandado de segurança e condições de seu exercício contra ato judicial. In: *Estudos de direito processual civil em memória de Luiz Machado Guimarães*, p. 60. Fernando Gonzaga Jayme afirma, no mesmo sentido, que "direito líquido e certo para fins de mandado de segurança refere-se à incontroversabilidade dos fatos documentalmente demonstrados de plano, não se admitindo dilação probatória. A ausência da prova pré-constituída dos fatos demonstrativos da existência de direito líquido e certo amparável por mandado de segurança leva à sua extinção, sem julgamento de mérito, prevalecendo, portanto, o entendimento de que a prova pré-constituída dos fatos é condição especial da ação de mandado de segurança" (*Mandado de segurança*, p. 21).

Cumpre esclarecer que a "controvérsia sobre matéria de direito não impede a concessão de mandado de segurança" (Súmula n. 625 do STF).[43]

5.5.3. *Competência.*

A competência para processar e julgar o mandado de segurança é estabelecida a partir da categoria (municipal, estadual ou federal) e da sede funcional da autoridade coatora (o mandado de segurança deve ser impetrado no foro da sede funcional da autoridade coatora).

Compete às Varas do Trabalho, por exemplo, o julgamento do mandado de segurança impetrado contra ato praticado por auditor fiscal no exercício da fiscalização do cumprimento da legislação trabalhista. Compete ao Tribunal Regional do Trabalho julgar mandado de segurança impetrado contra ato dos juízes de primeira instância a ele vinculados (art. 678, I, *b*, 3, da CLT). No TST, a competência para o julgamento de mandado de segurança é disciplinada no seu regimento interno.

Aos tribunais compete julgar, originalmente, os mandados de segurança impetrados contra os "seus atos, os dos respectivos Presidentes e os de suas Câmaras, Turmas ou Seções" (art. 21, VI, da Lei Complementar n. 35/79),[44] e também contra os seus atos administrativos (arts. 678, I, *c*, 3, *d*, 1, da CLT e 21, VI, da Lei Complementar n. 35/79).

No mandado de segurança contra a nomeação de magistrado de competência do Presidente da República, este é considerado autoridade coatora, ainda que o fundamento da impetração seja nulidade ocorrida em fase anterior do procedimento (Súmula n. 627 do STF).

5.5.4. *Legitimidade ativa. Identificação da autoridade coatora. Legitimidade passiva.*

Podem impetrar mandado de segurança: a) pessoa física ou jurídica, podendo esta ser de direito público ou de direito privado; b) entidades despersonalizadas, tais como espólio, massa falida e condomínio; c) entidades de direito público sem personalidade jurídica, desde que o mandado de segurança seja impetrado para a defesa de suas prerrogativas institucionais, como, por exemplo, a Presidência da República, a Presidência de Câmaras Legislativas e a Presidência dos Tribunais; d) partidos políticos com representação no Congresso Nacional, organizações sindicais, entidades de classe e associações legalmente constituídas e em funcionamento há, pelo menos, um ano, em defesa de direitos líquidos e certos da totalidade, ou

43. O que impede a concessão do mandado de segurança é a controvérsia sobre a veracidade dos fatos alegados pelo impetrante.

44. "É competente o Tribunal Regional do Trabalho para julgar mandado de segurança contra ato de seu presidente, em execução de sentença" (Súmula n. 433 do STF).

de parte dos seus membros ou associados, na forma dos seus estatutos e desde que pertinentes às suas finalidades, dispensada, para tanto, autorização especial, quando se tratar de mandado de segurança coletivo.

De acordo com o art. 3º da Lei n. 12.016/09, "o titular de direito líquido e certo decorrente de direito, em condições idênticas, de terceiro poderá impetrar mandado de segurança a favor do direito originário, se o titular não o fizer, no prazo de trinta dias, quando notificado judicialmente".

Por outro lado, quando o direito líquido e certo couber a várias pessoas, qualquer uma delas poderá impetrar o mandado de segurança (art. 1º, § 3º, da Lei n. 12.016/09).

O mandado de segurança visa à proteção de direito líquido e certo contra *ato de autoridade*, que é nele denominada *autoridade coatora* (art. 6º, *caput*, da Lei n. 12.016/09).

Assim, sujeito passivo do mandado de segurança é a autoridade coatora.

A Lei n. 12.016/09 define a autoridade coatora como sendo "aquela que tenha praticado o ato impugnado ou da qual emane a ordem para a sua prática" (art. 6º, § 3º).

Na doutrina colhe-se lição no sentido de que autoridade coatora é o "agente que tenha poderes para decidir sobre a prática do ato impugnado. Quem apenas o realizou em cumprimento de ordens de outrem não chega a configurar a autoridade coatora de que fala a lei. Só quem dispõe de poder para ordená-lo ou revogá-lo deixa de ser mero executor material para assumir, na esfera do *mandamus*, a condição de autoridade coatora. Não é, outrossim, sujeito passivo do mandado de segurança quem apenas exercer o poder normativo, por meio da edição de lei, decreto, regulamento, portaria etc."[45]

A lei exige que na inicial também seja indicada a *pessoa jurídica* à qual a autoridade coatora esteja vinculada ou da qual exerça atribuições (arts. 6º, *caput*, e 7º, I e II, da Lei n. 12.016/09), visto que é sobre ela que recairão as consequências de ordem patrimonial do ato contra o qual se requer o mandado de segurança (art. 2º da Lei n. 12.016/09).

Contudo, a hipótese não é de formação de litisconsórcio passivo necessário, posto que é a autoridade coatora que atuará no processo em defesa da pessoa jurídica à qual esteja vinculado ou da qual exerça atribuições. O que a lei estabelece é a possibilidade de essa pessoa jurídica intervir no processo. Tanto isto é verdade, que *citada* para a demanda é autoridade coatora, sendo a pessoa jurídica à qual a autoridade coatora esteja vinculada ou da qual exerça atribuições dela apenas *intimada* (art. 7º, I e II, da Lei n. 12.016/09), como *pessoa interessada* (art. 12 da Lei n. 12.016/09).

---

45. Humberto Theodoro Júnior. *Curso de direito processual civil*. v. II, p. 683.

No caso de erro na indicação da autoridade coatora, pode o juiz, com esteio nos princípios da instrumentalidade das formas, da economia processual e na exigência de duração razoável do processo, determinar a notificação da efetiva autoridade coatora, desde que a petição inicial e os documentos que a acompanham permitam defini-la com precisão, ou determinar a emenda da petição inicial, para que o impetrante a indique corretamente.

Também deverá ser incluído no polo passivo do mandado de segurança impetrado contra ato de juiz de primeira instância aquele que for beneficiado pelo ato impugnado.

5.5.5. Autoridade. Pessoas equiparadas às autoridades.

Serve o mandado de segurança à proteção de direito líquido e certo contra *ato de autoridade*.

Consoante o art. 6º, § 3º, da Lei n. 12.016/09, "considera-se autoridade coatora aquela que tenha praticado o ato impugnado ou da qual emane a ordem para a sua prática". Autoridade, portanto, é quem tem o poder para decidir sobre a prática de um ato ou para ordenar a sua prática.

De acordo com o art. 1º, § 1º, da Lei n. 12.016/09, equiparam-se às autoridades os representantes de órgãos de partidos políticos e os administradores de entidades autárquicas, bem como os dirigentes de pessoas jurídicas ou as pessoas naturais no exercício de atribuições do poder público, somente no que disser respeito a essas atribuições.

A autoridade coatora pode ser municipal, estadual ou federal, sendo considerada federal a autoridade coatora se as consequências de ordem patrimonial do ato contra o qual se requer o mandado houverem de ser suportadas pela União ou entidade por ela controlada (art. 2º da Lei n. 12.016/09).

Praticado o ato por autoridade no exercício de competência delegada, contra ela cabe mandado de segurança (Súmula n. 510 do STF). Autoridade delegada é aquela à qual a Administração Pública atribui a realização de serviço de natureza pública.

Não cabe mandado de segurança contra atos de gestão comercial praticados pelos administradores de empresas públicas, de sociedade de economia mista e de concessionárias de serviço público (art. 1º, § 2º, da Lei n. 12.016/09).

5.5.6. Pressupostos de admissibilidade.

Como assinala Aroldo Plínio Gonçalves, "para que o mandado de segurança seja cabível, a situação submetida ao Poder Judiciário deve apresentar dois componentes: um fato do qual possa decorrer um direito líquido e certo, que não seja traduzível na liberdade de locomoção ou no direito de se obter informações ou de retificar dados concernentes ao próprio interessado, e um ato de autoridade, reputado ilegal ou abusivo".[46]

Consoante já foi assinalado, a exigência de direito líquido e certo diz respeito aos fatos invocados pelo impetrante como constitutivos de seu direito.

A existência de direito líquido e certo é verificada pelo juiz em dois momentos: a) ao examinar a petição inicial e os documentos que a acompanham;[47] b) ao julgar o mérito do mandado de segurança.[48]

Não cabe mandado de segurança contra lei em tese (Súmula n. 266 do STF), "salvo se se tratar de ato normativo de efeitos concretos, capaz de afetar imediatamente situação jurídica individual".[49]

O mandado de segurança constitui remédio contra *ilegalidade* ou *abuso de poder*.

Ato ilegal, como aduz Fernando Gonzaga Jayme, "é aquele que se realiza mediante errônea interpretação ou aplicação da norma ao caso concreto, ou seja, a violação ou ameaça a direito decorre da aplicação de uma norma não aplicável ou da interpretação equivocada, quando se lhe atribuem efeitos que na verdade não se operariam" ao passo que "o ato praticado com abuso de poder é manifestação de arbítrio. O ato que se realiza pela vontade viciada do agente público, mera manifestação de capricho da autoridade, que age a despeito da inexistência de norma jurídica a sustentar sua conduta".[50]

5.5.7. *Requisitos da petição inicial.*

A petição inicial do mandado de segurança deve ser apresentada em duas vias, devendo os documentos que instruírem a primeira ser reproduzidos na segunda delas, e indicar, além da autoridade coatora, a pessoa jurídica que esta integra, à qual se acha vinculada ou da qual exerce atribuições (art. 6º da Lei n. 12.016/09).

A toda causa será atribuído valor certo, ainda que não tenha conteúdo econômico imediatamente aferível (art. 291 do CPC). Assim, o valor da causa corresponderá ao do ato impugnado, quando for possível sua aferição, e, nas demais hipóteses, deverá haver uma estimativa por parte do impetrante.

Como aduz Fernando Gonzaga Jayme, por não comportar o mandado de segurança dilação probatória, a petição inicial deve ser instruída "obrigatoriamente, com prova exclusivamente documental, pré-constituída, apta a demonstrar, de

46. Pressupostos de admissibilidade do mandado de segurança e condições de seu exercício contra ato judicial. In: *Estudos de direito processual civil em memória de Luiz Machado Guimarães*, p. 49.

47. O direito líquido e certo é examinado, nesse momento, como condição da ação de mandado de segurança. Ao examinar a petição inicial o juiz verificará a plausividade da existência de direito líquido e certo invocado pelo impetrante.

48. A existência de direito líquido e certo é, nesse momento, mérito do mandado de segurança.

49. Humberto Theodoro Júnior. *Curso de direito processual civil*, v. II, p. 684.

50. *Mandado de segurança*, p. 15-16.

plano, a certeza e liquidez dos fatos constitutivos do direito lesado".[51] Como é assinalado na Súmula n. 415 do TST, "exigindo o mandado de segurança prova documental pré-constituída, inaplicável se torna o art. 321 do CPC de 2015 (art. 284 do CPC de 1973) quando verificada, na petição inicial do *mandamus*, a ausência de documento indispensável ou de sua autenticação".

No entanto, no caso em que o documento necessário à prova do alegado se ache em repartição ou estabelecimento público ou em poder de autoridade que se recuse a fornecê-lo por certidão ou de terceiro, o juiz ordenará, preliminarmente, por ofício, a exibição desse documento em original ou em cópia autêntica e marcará, para o cumprimento da ordem, o prazo de dez dias. O Diretor de Secretaria extrairá cópias do documento para juntá-las à segunda via da petição (art. 6º, § 1º, da Lei n. 12.016/09).

Em caso de urgência, é permitido, desde que observados os requisitos legais, impetrar mandado de segurança por telegrama, radiograma, fax ou outro meio eletrônico de autenticidade comprovada (art. 4º da Lei n. 12.016/09). O texto original da petição inicial deverá ser apresentado nos cinco dias úteis seguintes (art. 4º, § 2º, da Lei n. 12.016/09). Em se tratando de documento eletrônico, serão observadas as regras da infraestrutura de Chaves Públicas Brasileiras — ICP — Brasil (art. 4º, § 3º, da Lei n. 12.016/09).

Prevê o art. 6º, § 5º, da Lei n. 12.016/09 que será denegado o mandado de segurança nos casos em que o processo deva ser extinto sem provimento de mérito.

5.5.8. Das situações em que não se dará mandado de segurança.

Prevê o art. 5º, I, II e III, da Lei n. 12.016/09 que não se concederá mandado de segurança quando se tratar de:

1) ato do qual caiba recurso administrativo com efeito suspensivo, independentemente de caução. Para Fernando Gonzaga Jaime, "na hipótese do inc. I, do art. 5º, a inadmissibilidade de mandado de segurança contra ato do qual cabia recurso administrativo com efeito suspensivo, independentemente de caução, sujeita-se a duas condições: a) o ato atacado deve ser comissivo; b) deve ter sido interposto o recurso administrativo. Não é obstáculo à impetração, portanto, a mera previsão em norma abstrata, de recurso administrativo dotado de efeito suspensivo, haja vista que, conforme a Constituição da República, o exaurimento das instâncias administrativas não é condição de acesso à justiça. O que a Lei inadmite é a impetração de mandado de segurança quando pendente de julgamento recurso administrativo dotado de efeito suspensivo".[52]

51. *Mandado de segurança*, p. 10.

52. *Mandado de segurança*, p. 59.

A existência de recurso administrativo com efeito suspensivo não impede o uso do mandado de segurança contra *omissão da autoridade* (Súmula n. 429 do STF).

Se o recurso administrativo interposto possui efeito suspensivo, fica afastada a possibilidade de dano ao recorrente, o que torna desnecessário o mandado de segurança.

2) decisão judicial da qual caiba recurso com efeito suspensivo.[53] Aroldo Plínio Gonçalves assevera que, "para os atos processuais do juiz que geram consequências somente dentro do processo, há instrumentos legais de impugnação, e o mandado de segurança, nesta circunstância, não é a via necessária ou útil e nem mesmo apropriada para corrigir atos judiciais ou impedi-los de produzir os efeitos a que se destinam (...). Quanto aos atos processuais que geram efeitos fora do processo, ainda que possam ser impugnados mediante arguição de nulidade ou de recurso, estes meios processuais nem sempre são dotados de eficácia para impedir que aqueles efeitos se produzam de imediato e deles decorra violação de direito. Nessa hipótese, é possível que a violação ocorra de modo irreparável, antes que o processo, segundo seu rito regular, tenha desfecho, em decisão irrecorrível. É nesses casos que se torna patente a admissibilidade do mandado de segurança contra ato judicial, quando não existe instrumento processual colocado à disposição de parte, hábil a coibir os efeitos extraprocessuais do ato judicial e nenhum meio processual é eficaz para impedir a violação do direito que necessita de proteção";[54]

3) decisão judicial transitada em julgado (Súmula n. 33 do TST).

Admite-se a impetração de mandado de segurança contra a decisão que não extingue a execução de sentença proferida em ação de cumprimento fundada em cláusula de sentença normativa reformada (Súmula n. 397 do TST) e contra o deferimento de reintegração de emprego em ação cautelar (Orientação Jurisprudencial n. 63 da SDI-2 do TST), ao passo que não fere direito líquido e certo a concessão de tutela antecipada para reintegração de empregado protegido por estabilidade provisória decorrente de lei ou norma coletiva (Orientação Jurisprudencial n. 61 da SDI-2 do TST).

Anote que, consoante a Súmula n. 414 do TST: "I – A tutela provisória concedida na sentença não comporta impugnação pela via do mandado de segurança, por ser impugnável mediante recurso ordinário. É admissível a obtenção de efeito suspensivo ao recurso ordinário mediante requerimento dirigido ao tribunal, ao relator ou ao

---

53. De acordo com a Súmula n. 267 do STF, "não cabe mandado de segurança contra ato judicial passível de recurso ou correção". Consoante a Orientação Jurisprudencial n. 99 da SDI-II do TST, "mandado de segurança. Esgotamento de todas as vias processuais disponíveis. Trânsito em julgado formal. Descabimento. Esgotadas as vias recursais existentes, não cabe mandado de segurança". A Orientação Jurisprudencial n. 92 da SDI-II do TST prevê que "Não cabe mandado de segurança contra decisão judicial passada em julgado passível de reforma mediante recurso próprio, ainda que com efeito diferido".

54. Pressupostos de admissibilidade do mandado de segurança e condições de seu exercício contra ato judicial. In: *Estudos de direito processual civil em memória de Luiz Machado Guimarães*, p. 63.

presidente ou ao vice-presidente do tribunal recorrido, por aplicação subsidiária ao processo do trabalho do art. 1.029, § 5º, do CPC de 2015. II – No caso de a tutela provisória ser concedida antes da sentença, cabe a impetração do mandado de segurança, em face da inexistência de recurso próprio. III – A supervivência da sentença, nos autos originários, faz perder o objeto do mandado de segurança que impugnava a concessão da tutela antecipada (ou liminar)."

5.5.9. Prazo para impetração.

O prazo para a impetração do mandado de segurança é de cento e vinte dias (art. 23 da Lei n. 12.016/09).

Este prazo é contado: a) da ciência, pelo interessado, do ato impugnado; b) a partir do momento em que se esgotou o prazo legal estabelecido para a autoridade impetrada praticar o ato cuja omissão se ataca, no caso de mandado de segurança contra ato omissivo da administração; c) da ciência do ato caracterizador da ameaça a direito líquido e certo.

Da contagem do prazo trata a Orientação Jurisprudencial n. 127 da SDI-II do TST: "Na contagem do prazo decadencial para ajuizamento de mandado de segurança, o efetivo ato coator é o primeiro em que se firmou a tese hostilizada e não aquele que a ratificou".

Transcorrido o prazo estabelecido no art. 23 da Lei n. 12.016/09, a parte perde o direito de impetrar o mandado de segurança, o que significa que a hipótese é de prazo decadencial. O fato de ter decorrido o prazo para a impetração do mandado de segurança não impede o ajuizamento de ação de rito comum visando à proteção do direito que poderia ter sido deduzido em mandado de segurança.

O prazo para requerimento do mandado de segurança não é interrompido por pedido de reconsideração do ato na via administrativa (Súmula n. 430 do STF).

O pedido de mandado de segurança poderá ser renovado dentro do prazo decadencial, se a decisão denegatória não lhe houver apreciado o mérito (art. 6º, § 6º, da Lei n. 12.016/09).

5.5.10. Indeferimento da petição inicial. Notificação da autoridade coatora. Medida liminar em mandado de segurança. Informações da autoridade coatora.

A petição inicial será desde logo indeferida, por decisão motivada, quando não for o caso de mandado de segurança, lhe faltar algum dos requisitos legais ou tiver decorrido o prazo legal para a impetração (art. 10 da Lei n. 12.016/09).

Contra a decisão de indeferimento da petição inicial do mandado de segurança proferida em primeiro grau cabe recurso ordinário (art. 895, I, da CLT).

Quando a competência para o julgamento do mandado de segurança couber originalmente a um tribunal, do ato do relator que indeferir a petição inicial caberá agravo para o órgão competente do tribunal que integre (art. 10, § 1º, da Lei n. 12.016/09).

O ingresso de litisconsorte ativo não será admitido após o despacho da petição inicial (art. 9º, § 2º, da Lei n. 12.016/09).

Não sendo o caso de seu pronto indeferimento, o juiz despachará a petição inicial, ordenando (art. 7º, I, II e III, da Lei n. 12.016/09):

a) a notificação da autoridade coatora do conteúdo da petição inicial, enviando-lhe a segunda via apresentada com as cópias dos documentos que a instruíram, a fim de que, no prazo de dez dias, preste informações;

b) que se dê ciência do feito ao órgão de representação judicial da pessoa jurídica interessada, enviando-lhe cópia da petição inicial sem documentos, para que, querendo, ingresse no feito;

c) a suspensão do ato que deu motivo ao pedido, quando houver fundamento relevante e do ato impugnado puder resultar a ineficácia da medida, caso seja finalmente deferida, sendo facultado exigir do impetrante caução, fiança ou depósito, com o objetivo de assegurar o ressarcimento à pessoa jurídica (trata-se do deferimento de *liminar em mandado de segurança*).

O art. 7º, III, da Lei n. 12.016/09 autoriza o juiz a deferir a liminar ao despachar a petição inicial, ou seja, antes da notificação do impetrado.[55] O deferimento de liminar, que tem a natureza de verdadeira antecipação de tutela, pressupõe a relevância dos fundamentos do mandado de segurança e o risco de ineficácia da segurança, que ao final for deferida, sendo facultado ao juiz, no entanto, exigir do impetrante caução, fiança ou depósito, com o objetivo de assegurar o ressarcimento à pessoa jurídica.

Não cabe mandado de segurança para impugnar despacho que acolheu ou indeferiu liminar em mandado de segurança (Orientação Jurisprudencial n. 140 da SDI-2 do TST).[56]

Não será concedida medida liminar ou antecipação de tutela que tenha por objeto a compensação de créditos tributários, a entrega de mercadorias e bens

---

55. Somente no mandado de segurança coletivo é que o deferimento de liminar apenas poderá ocorrer após a audiência do representante judicial da pessoa jurídica de direito público (art. 22, § 2º, da Lei n. 12.016/09).

56. O art. 7º, I, da Lei n. 12.016/09 estabelece que da decisão do juiz de primeira instância que conceder ou denegar a liminar cabe agravo de instrumento, ao passo que o seu art. 16, parágrafo único, dispõe que, nos casos de competência dos tribunais, contra a decisão do relator que concede ou denega a medida liminar caberá agravo ao órgão competente que integre. É aplicável no processo do trabalho o art. 16, parágrafo único, da Lei n. 12.016/09, ou seja, nos casos de competência dos tribunais, contra a decisão do relator que concede ou denega a medida liminar caberá agravo ao órgão competente que integre. No entanto, não cabe recurso contra a decisão do juiz de primeira instância que conceder ou denegar a liminar, diante de sua natureza interlocutória (art. 893, § 1º, da CLT).

provenientes do exterior, a reclassificação ou equiparação de servidores públicos e a concessão de aumento ou a extensão de vantagem ou pagamento de qualquer natureza (arts. 7º, §§ 2º e 5º, da Lei n. 12.016/09).

Deferida a medida liminar, o processo terá prioridade para julgamento, sendo mantidos os efeitos da liminar, salvo se revogada ou cassada, até a prolação da sentença (art. 7º, § 1º, da Lei n. 12.016/09).

Será decretada a perempção ou a caducidade da medida liminar, *ex officio* ou a requerimento do Ministério Público, quando, concedida a medida, o impetrante criar obstáculo ao normal andamento do processo ou deixar de promover, por mais de três dias, os atos e as diligências que lhe cumprirem (art. 8º da Lei n. 12.016/09).

A autoridade coatora será notificada para apresentar informações em dez dias. As informações constituem o modo pelo qual a autoridade coatora defende o ato atacado.

Em caso de urgência, poderá o juiz notificar a autoridade coatora por telegrama, radiograma ou outro meio que assegure a autenticidade do documento e a imediata ciência pela autoridade (art. 4º, § 1º, da Lei n. 12.016/09).

As informações devem ser prestadas pela própria autoridade coatora, ou, no caso de ato judicial, por quem estiver em exercício na Vara ou órgão do Tribunal respectivo onde foi praticado ou deveria ser praticado o ato impugnado.

A lei não comina sanção para a hipótese de silêncio da autoridade coatora no prazo assinalado para prestar informações. Com isso, não há que se falar em revelia e confissão em mandado de segurança. Ao impetrante é que cabe, já com a petição inicial, fazer prova dos fatos que alega.

Nas informações, o impetrado deverá demonstrar a legalidade do ato questionado, assim como produzir prova, se for o caso, valendo lembrar que os atos administrativos gozam de presunção de legalidade.

Nos Tribunais, caberá ao relator a instrução do processo, sendo assegurada a sustentação oral na sessão de julgamento (art. 16 da Lei n. 12.016/09).

5.5.11. Julgamento do mandado de segurança. Recursos cabíveis.

Findo o prazo para as informações da autoridade coatora, será ouvido o Ministério Público, na condição de fiscal da ordem jurídica, que opinará, dentro do prazo de dez dias (art. 12 da Lei n. 12.016/09).[57]

Com ou sem parecer do Ministério Público, os autos serão conclusos ao juiz, para a decisão, a qual deverá ser necessariamente proferida em trinta dias (art. 12, parágrafo único, da Lei n. 12.016/09).

57. O Ministério Público será ouvido quando não for o próprio impetrante.

A lei não prevê a concessão de oportunidade ao impetrante para se manifestar sobre eventuais preliminares levantadas pela autoridade coatora nas suas informações ou sobre documentos que a tenham instruído, mas, como anota Aroldo Plínio Gonçalves, ao mandado de segurança aplica-se o disposto no art. 5º, LV, da Constituição Federal, de forma que, apresentadas as informações pela autoridade coatora, "é imprescindível que se ouça o impetrante, assegurando-lhe a oportunidade que o contraditório exige. Como o princípio do contraditório está constitucionalmente garantido, não se lhe pode atribuir incompatibilidade com qualquer rito processual, pois ele é, hoje, ínsito ao próprio processo"[58], ao passo que a concessão de oportunidade de manifestação sobre documentos acostados às informações constitui exigência do art. 437, § 1º, do CPC, que é aplicável no mandado de segurança. O impetrante deve ser ouvido sobre os documentos antes da oitiva do Ministério Público.

Na decisão do mandado de segurança, o juiz verificará a existência de direito merecedor de tutela jurisdicional e a ocorrência de ilegalidade ou abuso de poder da autoridade coatora. Obtendo resposta positiva para essas duas indagações, o juiz concederá a segurança pleiteada, expedindo ordem a ser cumprida pela autoridade coatora.

Observe-se que "o mandado de segurança não é simples processo de conhecimento para declaração de direitos individuais. Nem se limita à condenação para preparar futura execução forçada contra o Poder Público. É procedimento especial com imediata e implícita força executiva contra os atos administrativos. Acolhida a segurança impetrada, o juiz vai além da simples declaração e condenação. Expede ordem de autoridade para cumprimento imediato. Fala-se, por isso, em *ação mandamental*".[59]

Anote-se, inclusive, que o não cumprimento das decisões proferidas em mandado de segurança sujeita o descumpridor a penas criminais e administrativas (art. 26 da Lei n. 12.016/09).

Da decisão devem ser intimados o impetrante e o impetrado, por meio de publicação no órgão oficial, contando-se da publicação o prazo recursal (Súmula n. 392 do STF[60]).

Concedida a segurança, o juiz transmitirá em ofício, por intermédio de oficial de justiça, ou pelo correio, mediante correspondência com aviso de recebimento, o inteiro teor da decisão à autoridade coatora e à pessoa jurídica interessada (art. 13 da Lei n. 12.016/09).

---

58. Pressupostos de admissibilidade do mandado de segurança e condições de seu exercício contra ato judicial. In: *Estudos de direito processual civil em memória de Luiz Machado Guimarães*, p. 49-50.
59. Humberto Theodoro Júnior. *Curso de direito processual civil*, v. II, p. 680.
60. "O prazo para recorrer de acórdão concessivo de segurança conta-se da publicação oficial de suas conclusões, e não da anterior ciência à autoridade para cumprimento da decisão."

Não cabe condenação em honorários advocatícios em mandado de segurança, admitindo-se, no entanto, a aplicação de sanção pela litigância de má-fé (art. 25 da Lei n. 12.016/09).

A concessão de mandado de segurança não produz efeitos patrimoniais em relação ao período pretérito, os quais devem ser reclamados administrativamente ou pela via judicial própria (Súmula n. 271 do STF).

A sentença que denega ou concede a segurança é passível de recurso, que pode ser apresentado pelo impetrante, pela autoridade coatora, pela pessoa jurídica de direito público afetada pela concessão do mandado de segurança e pelo Ministério Público (arts. 14, *caput* e § 2º, da Lei n. 12.016/09 e 83, VI, da Lei Complementar n. 75/93).

Concedida a segurança, a sentença estará sujeita ao duplo grau de jurisdição, isto é, à remessa necessária (art. 14, § 1º, da Lei n. 12.016/09).[61] A sentença concessiva do mandado de segurança pode ser executada provisoriamente, salvo nos casos em que for vedada a concessão de medida liminar (art. 14, § 3º, da Lei n. 12.016/09). Contudo, de acordo com a Súmula n. 303, IV, do TST, "Em mandado de segurança, somente cabe reexame necessário se, na relação processual, figurar pessoa jurídica de direito público como parte prejudicada pela concessão da ordem. Tal situação não ocorre na hipótese de figurar no feito como impetrante e terceiro interessado pessoa de direito privado, ressalvada a hipótese de matéria administrativa".

O pagamento de vencimentos e vantagens pecuniárias assegurados em sentença concessiva de mandado de segurança a servidor público da administração direta ou autarquia federal, estadual e municipal somente será efetuado relativamente às prestações que se vencerem a contar da data do ajuizamento da inicial (art. 14, § 4º, da Lei n. 12.016/09).

Da decisão proferida por juiz de Vara do Trabalho ou Juiz de Direito investido na jurisdição trabalhista proferida no julgamento de mandado de segurança cabe recurso ordinário, em oito dias, para o Tribunal Regional do Trabalho da região respectiva (art. 895, I, da CLT).

Das decisões definitivas ou terminativas do Tribunal Regional do Trabalho em mandado de segurança de sua competência original cabe recurso ordinário, no prazo de oito dias, para o Tribunal Superior do Trabalho, ocorrendo o mesmo quando se trate de decisão definitiva ou terminativa proferida por Tribunal Regional do Trabalho em agravo regimental no mandado de segurança (art. 895, II, da CLT).

É responsabilidade da parte, para interpor recurso ordinário em mandado de segurança, a comprovação do recolhimento das custas processuais no prazo recursal, sob pena de deserção (Orientação Jurisprudencial n. 148 da SDI-2 do TST).

---

61. A alusão a *sentença* limita a remessa obrigatória à hipótese de julgamento realizado por juiz singular, em primeira instância.

Denegada a segurança, fica sem efeito a liminar concedida, retroagindo os efeitos da decisão contrária (Súmula n. 405 do STF).

O pedido de mandado de segurança poderá ser renovado, desde que a decisão denegatória não lhe tenha apreciado o mérito (art. 16 da Lei n. 1.533/51), ao passo que a sentença ou acórdão que denegar mandado de segurança, sem decidir o mérito, não impedirá que o requerente, por ação própria, pleiteie os seus direitos e os respectivos efeitos patrimoniais (art. 19 da Lei n. 12.016/09).

5.5.12. Prioridade de tramitação.

Os processos de mandado de segurança e os respectivos recursos terão prioridade sobre todos os atos judiciais, salvo *habeas corpus* (art. 20 da Lei n. 12.016/09). Na instância superior, o mandado de segurança deverá ser levado a julgamento na primeira sessão que se seguir à data em que for concluso ao relator (art. 20 da Lei n. 12.016/09).

5.5.13. Mandado de segurança coletivo.

O art. 5º, LXX, da Constituição da República faz expressa alusão ao mandado de segurança coletivo e estabelece que ele pode ser impetrado por partido político com representação no Congresso Nacional, organização sindical, entidade de classe e associação legalmente constituída e em funcionamento há pelo menos um ano, em defesa de seus membros ou associados.

Também tratando da legitimidade para a impetração do mandado de segurança coletivo, a Lei n. 12.016/09 dispõe, no seu art. 21, que ele pode ser impetrado por: a) partido político com representação no Congresso Nacional, na defesa de seus interesses legítimos relativos a seus integrantes ou à finalidade partidária; b) organização sindical; c) entidade de classe; d) associação legalmente constituída e em funcionamento há, pelo menos, um ano, em defesa de direitos da totalidade, ou de parte, dos seus membros ou associados, na forma dos seus estatutos e desde que pertinentes às suas finalidades, dispensada, para tanto, autorização especial.

Os direitos que podem ser protegidos por meio de mandado de segurança coletivo são, segundo prevê o art. 21, parágrafo único, da Lei n. 10.016/09, os: a) coletivos, assim entendidos "os transindividuais, de natureza indivisível, de que seja titular grupo ou categoria de pessoas ligadas entre si ou com a parte contrária por uma relação jurídica básica";[62] b) individuais homogêneos, "assim

62. Foi adotado o conceito de direito coletivo estabelecido pelo art. 81, parágrafo único, da Lei n. 8.078/90 (Código de Defesa do Consumidor), excluída, apenas, a referência aos direitos de que seja titular classe de pessoas, o que não se justifica, visto que o mandado de segurança pode ser interposto por entidade de classe (art. 21, *caput*, da Lei n. 12.016/09). Como o mandado de segurança, segundo prevê, expressamente, a Constituição da República (art. 5º, LXX), pode ser impetrado por entidade de classe, é inegável que esta impetração pode ser utilizada para tutelar

entendidos os decorrentes de origem comum e da atividade ou situação específica da totalidade ou de parte dos associados ou membros do impetrante".[63]

O mandado de segurança coletivo não induz litispendência para o mandado de segurança individual, mas os efeitos da coisa julgada não beneficiarão o impetrante a título individual que não requerer a desistência do seu mandado de segurança no prazo de trinta dias a contar da ciência comprovada da impetração da segurança coletiva (art. 22, § 1º, da Lei n. 12.016/09).

A sentença fará coisa julgada limitadamente aos membros do grupo ou categoria substituídos pelo impetrante (art. 22, *caput*, da Lei n. 12.016/09). Note-se que, ao aludir a *substituídos*, a Lei n. 12.016/09 define a natureza da legitimação do impetrante: o impetrante agirá com substituto processual (o impetrante, portanto, postulará em nome próprio, a tutela de direito alheio).

No mandado de segurança coletivo, eventual liminar só poderá ser concedida após a oitiva do representante judicial da pessoa jurídica de direito público, que deverá se pronunciar no prazo de setenta e duas horas (art. 22, § 2º, da Lei n. 12.016/09).

O mandado de segurança coletivo deve ser impetrado no prazo de cento e vinte dias, contados da ciência, pelo interessado, do ato impugnado (art. 23 da Lei n. 12.016/09).

5.6. Ação anulatória de decisão judicial.

A ação anulatória é aquela que visa anular decisão judicial.

As decisões judiciais podem ser impugnadas mediante recurso e ação rescisória, mas situações existem em que é lícito pleitear, em ação própria, a anulação de decisão judicial.

Com efeito, na hipótese de ter o processo corrido à revelia do réu, pode este pleitear a anulação da sentença, mesmo que ela já tenha passado em julgado e ainda que tenha transcorrido o prazo para ajuizamento da ação rescisória, por meio de ação declaratória, desde que o faça com base na falta ou nulidade de citação, como autoriza afirmar os arts. 239, 525, § 1º, I, e 535, I, do CPC.

Também tem sido admitida a ação anulatória quando se trate de: a) sentença fundada em lei ou ato normativo declarados inconstitucionais pelo Supremo Tribunal Federal ou fundada em aplicação ou interpretação da lei ou ato normativo tidas pelo Supremo Tribunal Federal como incompatíveis com a Constituição); b) sentença de mérito proferida com desconsideração de coisa julgada anterior.

---

direito de que seja titular classe de pessoas ligadas entre si ou com a parte contrária por uma relação jurídica básica, observando-se que o legislador ordinário não pode limitar o alcance de remédio estabelecido constitucionalmente.

63. É adotado conceito distinto daquele consagrado pelo CDC, diante da referência a direitos decorrentes "da atividade ou situação específica da totalidade ou de parte dos associados ou membros do impetrante".

Em relação à primeira situação mencionada, observa Humberto Theodoro Júnior que, "entre os casos de sentença contaminada por nulidade que a coisa julgada não consegue sanar, está o do decisório ofensivo à Constituição. É que a mácula de inconstitucionalidade torna absolutamente ineficaz o ato, seja ele uma lei, uma providência administrativa ou uma sentença judicial".[64]

A ação anulatória deve ser proposta no juízo em que foi proferida a decisão atacada. É que, podendo os vícios noticiados serem examinados naquele juízo, em sede de embargos à execução, nada impede que o mesmo ocorra no julgamento de ação anulatória (a propósito, a SDI-II do TST editou a Orientação Jurisprudencial n. 129, *in verbis*: "Em se tratando de ação anulatória, a competência originária se dá no mesmo juízo em que praticado o ato supostamente eivado de vício").

A sentença, se acolher o pedido, será declaratória de nulidade da decisão judicial, devendo o processo em que foi proferida retomar o seu curso, para que outra decisão seja proferida, isto no caso de revelia e ausência ou nulidade da citação. Quando se tratar de sentença fundada em lei ou ato normativo declarados inconstitucionais pelo Supremo Tribunal Federal ou fundada em aplicação ou interpretação da lei ou ato normativo tidas pelo Supremo Tribunal Federal como incompatíveis com a Constituição, a sentença será declaratória e terá como consequência a ineficácia da decisão anulada. De outro lado, quando se tratar de sentença de mérito proferida com desconsideração de coisa julgada anterior, a sentença será declaratória de nulidade e terá como consequência o restabelecimento da eficácia da primeira decisão proferida.

5.7. *Habeas corpus.*

A Constituição Federal de 1988 atribui à Justiça do Trabalho competência para processar e julgar *habeas corpus* quando o ato questionado envolver matéria sujeita à sua jurisdição (art. 114, IV).

Segundo o art. 5º, LXVIII, da Constituição Federal, conceder-se-á *habeas corpus* sempre que alguém sofrer ou se achar ameaçado de sofrer violência ou coação na sua liberdade de locomoção, por ilegalidade ou abuso de poder. Trata-se, então, de remédio constitucionalmente destinado à defesa da liberdade de ir e vir (liberdade de locomoção).

O *habeas corpus* pode ser preventivo (impetrado para fazer cessar a ameaça à liberdade de locomoção) ou liberatório (impetrado para fazer cessar o constrangimento ilegal).

De acordo com o art. 648 do Código de Processo Penal, a coação considerar-se-á ilegal quando, por exemplo: a) não houver justa causa; b) quem ordenar a coação não tiver competência para fazê-lo; c) houver cessado o motivo que autorizou a coação.

64. *Curso de direito processual civil*, v. I, p. 625.

O *habeas corpus* poderá ser impetrado por qualquer pessoa, em seu favor ou em favor de outrem (independentemente da contratação de advogado para fazê-lo), bem como pelo Ministério Público (art. 654 do Código de Processo Penal).[65]

Se o coator for juiz de Vara do Trabalho, o *habeas corpus* deve ser impetrado perante o Tribunal Regional do Trabalho da região respectiva. No caso de ser o coator um particular, o *habeas corpus* deve ser impetrado perante uma Vara do Trabalho.[66] Quando figurar como coator no *habeas corpus* membro de TRT, compete ao TST processá-lo e julgá-lo, por força do art. 114, IV, que afasta a competência genericamente atribuída ao STJ no art. 105, I, *c*, da Constituição. Ao STF compete processar e julgar *habeas corpus* impetrado contra ato de ministro do TST (art. 102, I, *i*, da Constituição).

Nos seus regimentos internos, os Tribunais do Trabalho definirão a competência para julgamento de *habeas corpus* impetrados contra atos de seus juízes (art. 666 do Código de Processo Penal).

Se o juiz verificar que já cessou a violência ou coação ilegal, julgará prejudicado o pedido (art. 659 do Código de Processo Penal).

Se a petição atender aos requisitos legais, que são definidos no art. 654, § 1º, do Código de Processo Penal,[67] o juiz, se necessário, requisitará da autoridade indicada como coatora informações por escrito (art. 662 do Código de Processo Penal). As informações podem ser dispensadas se o juiz entender que os autos já fornecem os elementos suficientes para a apreciação do pedido, acrescentando-se que ao juiz é lícito deferir liminar em favor do paciente (pessoa em favor da qual é impetrado o *habeas corpus*, se se convencer, a partir do exame da petição inicial e, eventualmente, das provas com ela produzidas, a probabilidade do direito).

Recebidas as informações, ou sendo elas dispensadas, o *habeas corpus* será levado a julgamento (art. 664 do Código de Processo Penal).

É gratuita a ação de *habeas corpus* (art. 5º, LXXVII, da Constituição Federal).

No caso de má-fé ou evidente abuso de poder, será remetida ao Ministério Público cópia das peças necessárias para ser promovida a responsabilidade da autoridade (art. 653 do Código de Processo Penal).

Os juízes e tribunais têm competência para expedir de ofício ordem de *habeas corpus* quando no curso de processo verificarem que alguém sofre ou está na iminência de sofrer coação ilegal (art. 654, § 2º, do Código de Processo Penal).

---

65. Admite-se a impetração de *habeas corpus* por pessoa jurídica em favor de pessoa física.

66. A Constituição não exige, para a impetração do *habeas corpus*, que a ameaça ou lesão à liberdade tenha como responsável autoridade pública.

67. A petição de *habeas corpus* deverá conter: o nome da pessoa que sofre ou está ameaçada de sofrer violência ou coação e o de quem exercer a violência, coação ou ameaça; a declaração da espécie de constrangimento ou, em caso de simples ameaça de coação, as razões em que se funda o seu temor; a assinatura do impetrante, ou de alguém a seu rogo, quando não souber ou não puder escrever; e a designação das respectivas residências.

O *habeas corpus* não constitui ação penal, mas remédio constitucional destinado à tutela da liberdade de locomoção.

Como exemplo de situações que podem ensejar a impetração de *habeas corpus* perante a Justiça do Trabalho, pode ser citada a prisão de depositário infiel decretada pelo juiz que preside a execução e o cerceamento da liberdade de locomoção de trabalhador praticado pelo empregador interessado em manter a produção do seu estabelecimento durante movimento grevista de seus empregados.

Compete à Justiça Federal processar e julgar *habeas corpus* impetrado contra prisão decretada por juiz do trabalho sob o argumento da prática de crime de falso testemunho, na medida em que a ela compete julgar crime de falso testemunho cometido no processo do trabalho (Súmula n. 165 do STJ).

5.8. *Habeas data.*

A Constituição Federal de 1988 reconhece à Justiça do Trabalho competência para processar e julgar *habeas data* quando o ato questionado envolver matéria sujeita à sua jurisdição (art. 114, IV).

Dispõe do art. 5º, LXXII, da Constituição Federal que será concedido *habeas data* para: a) assegurar o conhecimento de informações relativas à pessoa do impetrante, constantes de registros ou bancos de dados de entidades governamentais ou de caráter público;[68] b) a retificação de dados, quando não se prefira fazê-la por processo sigiloso, judicial ou administrativo.

O *habeas data*, sob a ótica constitucional, é uma ação civil, que tem por objeto (a) assegurar o acesso às informações relativas ao impetrante (pessoa física ou jurídica), constantes de registros ou bancos de dados de entidades governamentais ou de caráter público, ou a (b) retificação de dados, relativos ao impetrante, constantes de registros ou bancos de dados de entidades governamentais ou de caráter público.

A admissão do *habeas data* pressupõe a recusa de fornecimento, pelas entidades governamentais ou de caráter público, das informações solicitadas pelo impetrante (Súmula n. 2 do STJ). É a recusa de fornecimento das informações solicitadas que faz surgir o interesse de agir necessário para a impetração do *habeas data*.

Tem legitimidade para propor *habeas data* a pessoa, física ou jurídica, interessada na obtenção ou retificação de dados constantes de registros ou bancos de dados de entidades governamentais ou de caráter público. A ação deve ser

68. Para Calmon de Passos, entidade de caráter público "é aquela que possui registros de assentamentos pessoais e os fornece a terceiros, isto é, não os detém para seu uso exclusivo, com vistas a definir suas opções e tomar decisões (...). O caráter 'público' da entidade nada tem a ver com sua condição de pessoa jurídica de direito público ou de direito privado, sendo pertinente apenas indagar-se da privacidade ou publicidade da utilização dos dados registrados ou armazenados" (*Mandado de segurança coletivo, mandado de injunção e habeas data*, p. 141).

proposta contra a entidade governamental ou de caráter público que detém os registros que se pretende conhecer ou retificar.

É gratuita a ação de *habeas data* (art. 5º, LXXVII, da Constituição Federal).

A Lei n. 9.507/97 regulamentou o *habeas data* e disciplinou o procedimento administrativo e o processo judicial envolvendo o direito de acesso às informações e à sua retificação, estabelecendo que:

a) considera-se de caráter público todo registro ou banco de dados contendo informações que sejam ou possam ser transmitidas a terceiros ou que não sejam de uso privativo do órgão ou entidade produtora ou depositária das informações (art. 1º);

b) o requerimento será apresentado ao órgão ou entidade depositária do registro ou banco de dados e será deferido ou indeferido no prazo de 48 (quarenta e oito) horas, devendo a decisão ser comunicada ao requerente em 24 (vinte e quatro) horas (art. 2º, *caput* e parágrafo único);

c) deferido o pedido, serão marcados dia e hora para que o requerente tome conhecimento das informações (art. 3º);

d) constatando inexatidão de qualquer dado a seu respeito, o interessado, em petição acompanhada de documentos comprobatórios, poderá requerer sua retificação, que será realizada no máximo em dez dias, após a entrada do requerimento, com ciência ao interessado (art. 4º);

e) o *habeas data* também será concedido para a anotação nos assentamentos do interessado, de contestação ou explicação sobre dado verdadeiro, mas justificável e que esteja sob pendência judicial ou amigável (art. 7º, III);[69]

f) a petição inicial, que deverá preencher os requisitos dos arts. 319 e 320 do CPC, será apresentada em duas vias, e os documentos que instruírem a primeira serão reproduzidos por cópia na segunda (art. 8º);

g) a petição inicial será instruída com prova da recusa ao acesso a informações ou do decurso de mais de dez dias sem decisão, da recusa em fazer a retificação ou do decurso de mais de quinze dias sem decisão ou da recusa de fazer-se a anotação de contestação ou explicação sobre dado verdadeiro, mas justificável e que esteja sob pendência judicial ou amigável ou do decurso de mais de quinze dias sem decisão (art. 8º, I, II e III);

h) a inicial será desde logo indeferida, quando não for o caso de *habeas data*, ou se lhe faltar algum dos requisitos previstos na lei que disciplina o *habeas data* (art. 10), cabendo recurso ordinário, no prazo de oito dias (art. 10, parágrafo único, com as adaptações necessárias ao processo do trabalho);

69. Trata-se de modalidade de *habeas data* (para contestação ou explicitação de dados verdadeiros constantes dos assentamentos do interessado) estabelecida pela legislação ordinária.

i) o impetrado ou coator será notificado, por meio de ofício, para, em dez dias, prestar as informações que julgar necessárias (arts. 9º e 11);

j) findo o prazo para as informações e ouvido o Ministério Público, dentro de cinco dias, o juiz proferirá decisão, em cinco dias (art. 12);

k) na decisão, que será comunicada ao coator, por correio, com aviso de recebimento, ou por telegrama, radiograma ou telefonema, conforme o requerer o impetrante, se julgar procedente o pedido, o juiz marcará data e horário para que o coator: a) apresente ao impetrante as informações a seu respeito, constantes de registros ou banco de dados; b) apresente em juízo a prova da retificação ou da anotação feita nos assentamentos do impetrante (arts. 13 e 14);

l) quando o *habeas data* for concedido e o Presidente do Tribunal ao qual competir o conhecimento do recurso ordenar ao juiz a suspensão da execução da sentença, desse seu ato caberá agravo para o Tribunal que presida (art. 16);

m) nos casos de competência dos Tribunais, caberá ao relator a instrução do processo (art. 17);

n) o pedido de *habeas data* poderá ser renovado se a decisão denegatória não lhe houver apreciado o mérito (art. 18);

o) os processos de *habeas data* terão prioridade sobre todos os atos judiciais, exceto *habeas corpus* e mandado de segurança. Na instância superior, deverão ser levados a julgamento na primeira sessão que se seguir à data em que, feita a distribuição, forem conclusos ao juiz (art. 19).

Sendo o Direito Processual do Trabalho omisso em relação ao rito do *habeas data*, nele devem ser aplicadas, como fonte subsidiária ou supletiva, as disposições da Lei n. 9.507/97.

A competência para o julgamento do *habeas data* é fixada no art. 20 da Lei n. 9.507/97. Esta lei não faz alusão à Justiça do Trabalho, vez que editada antes da Emenda Constitucional n. 45/2004, que atribuiu à Justiça do Trabalho competência para julgar *habeas data*. Da aplicação do disposto no referido comando legal no processo do trabalho resulta que compete às Varas do Trabalho processar e julgar o *habeas data*, excetuados os casos em que esta competência for expressamente atribuída aos tribunais do trabalho.

O Pleno do STF (RE 165.304-3, Rel. Min. Octávio Gallotti, DJU 15.12.2000) decidiu que as informações cadastrais relativas aos empregados da empresa não configuram registro de caráter público, por se destinarem ao uso da própria empresa, sem divulgação a terceiros, não sendo possível, em relação a tais dados, a impetração de *habeas data*.

REFERÊNCIAS BIBLIOGRÁFICAS

ABELLÁN, Marina Gascón. Sobre la posibilidad de formular estándares de prueba objetivos. In: ABELLÁN, Marina Gascón *et al. Proceso, prueba y estándar*. Lima: Ara, 2009.

ABRANTES, José João. *Contrato de trabalho e direitos fundamentais*. Coimbra: Coimbra, 2005.

ALEXY, Robert. *Teoria dos direitos fundamentais*. São Paulo: Malheiros, 2008.

ALLORIO, Enrico. *Problemas de derecho procesal civil*. Buenos Aires: Europa-América, 1963, t. I.

______. *Problemas de derecho procesal civil*. Buenos Aires: Europa-América, 1963, t. II.

ALMEIDA, Cleber Lúcio. *Elementos da teoria geral da prova:* a prova como direito humano e fundamental das partes do processo judicial. São Paulo: LTr, 2013.

ALMEIDA, Cleber Lúcio de; ALMEIDA, Wânia Guimarães Rabêllo de. *Direito do Trabalho e constituição: a constitucionalização do Direito do Trabalho no Brasil*. São Paulo: LTr, 2017.

ALMEIDA, Cleber Lúcio; ALMEIDA, Wânia Guimarães Rabêllo. Relação de emprego e responsabilidade civil integral. In *Anais do II Encontro RENAPEDTS – Rede Nacional de Pesquisas e Estudos em Direitos do Trabalho e da Seguridade Social*. Florianópolis: Empório do Direito, 2016, p. 222-244.

ALMEIDA, João Alberto. *Processo arbitral*. Belo Horizonte: Del Rey, 2002.

ALMEIDA, Wânia Guimarães Rabêllo de. *A relação entre ações coletivas e ações individuais no processo do trabalho:* litispendência e coisa julgada. São Paulo: LTr, 2012.

______. *Direito processual metaindividual do trabalho:* a adequada e efetiva tutela jurisdicional dos direitos de dimensão transindividual. Salvador: JusPodivm, 2016.

______. A execução de ofício e a Lei n. 13.467/17: reflexos na efetividade do Direito do Trabalho. In *Direito do Trabalho e Processo do Trabalho: reforma trabalhista: principais alterações* (Denise Alves Horta et.al Org.). São Paulo: LTr, 2018, p. 397-404.

ALSINA, Hugo. *Las nulidades en el proceso civil*. Lima: Ara, 2006.

ALVIM, Arruda. *Tratado de direito processual civil*. 2. ed. São Paulo: Revista dos Tribunais, 1996. v. II.

______. *Manual de direito processual civil*. 8. ed. São Paulo: Revista dos Tribunais, 2003. v. I.

ANDRADE, Érico. *O mandado de segurança:* a busca da verdadeira especificidade: (proposta de releitura à luz da efetividade do processo). Rio de Janeiro: Lumen juris, 2010.

______. As novas perspectivas do gerenciamento e da 'contratualização' do processo. *Revista de processo*, ano 36, v. 193, p. 203 a 230, mar. 2011.

ANDRADE, Manuel A. Domingues. *Teoria geral da relação jurídica*. Coimbra: Almedina, 2003. v. II.

ANDRADE, Manuel da Costa. *Sobre as proibições de prova em processo penal*. Coimbra: Coimbra, 2006.

ANDRÉS, Perfecto. El juez. In: DIÉZ-PICAZO, Luis María (coord.). *El oficio de jurista*. Madrid: Siglo XXI de Espanã, 2006.

AQUINO, Tomás. *Suma teológica*. São Paulo: Loyola, 2004. v. 5, II seção da II parte.

______. *Suma teológica*. São Paulo: Loyola, 2005. v. 6: II seção da II parte.

ARAGÃO, E. D. Moniz. *Comentários ao Código de Processo Civil*. 10. ed. Rio de Janeiro: Forense, 2004. v. II.

ARAZI, Roland. *La prueba em el proceso civil*. 3. ed. Buenos Aires: Rubizal-Culsioni, 2008.

ARAZI, Rolando; KAMINKER, Mario E. Algumas reflexiones sobre la antecipación de la tutela y las medidas de satisfación imediata. In: PEYRANO, Jorge W. (coord.). *Medidas autossatisfativas*. Buenos Aires: Rubizal-Culzoni, 1997.

ARISTÓTELES. Ética a Nicômacos. 2. ed. Brasília: Universidade de Brasília, 1992.

______. *Organon* — Tópicos — livro I. São Paulo: Edipro, 2005.

______. *Metafísica*. Bauru: Edipro, 2006.

ASSIS, Araken de. *Doutrina e prática do processo civil contemporâneo*. São Paulo: Revista dos Tribunais, 2001.

______. *Comentários ao código de processo civil*. Rio de Janeiro: Forense, 2001. v. VI.

______. Substituição processual. *Revista Dialética de Direito Processual*, v. 9, p. 9-23, 2003.

______. *Manual da execução*. 9. ed. São Paulo: Revista dos Tribunais, 2004.

______. Eficácia da coisa julgada inconstitucional. In: DIDIER JR., Fredie (org.). *Relativização da coisa julgada*. Salvador: JusPodivm, 2004.

ATTARDI, Aldo. *Diritto processuale civile*. 2. ed. Padova: Cedam, 1997. v. I.

ÁVILA, Humberto. *Teoria dos princípios*. 2. ed. São Paulo: Malheiros, 2003.

AZEVEDO, Antônio Junqueira de. Por uma nova categoria de danos na responsabilidade civil: o dano social. In: *Novos estudos e pareceres de direito privado*. São Paulo: Saraiva, 2010.

BAÑOS, Heberto Amílcar. *La apreciación de la prueba en el proceso laboral*. Buenos Aires: Arayú, 1954.

BARBAGELATA, Héctor-Hugo. *O particularismo do direito do trabalho*. São Paulo: LTr, 1996.

BARBI, Celso Agrícola. *Do mandado de segurança*. 4. ed. Rio de Janeiro: Forense, 1984.

______. *Ação declaratória*. 6. ed. Rio de Janeiro: Forense, 1987.

______. *Comentários ao Código de Processo Civil*. 7. ed. Rio de Janeiro: Forense, 1992. v. I.

BARRETO, Ireneu Cabral. *A convenção europeia dos direitos do homem anotada*. 3. ed. Coimbra: Coimbra, 2005.

BASTOS, Celso Ribeiro; MARTINS, Ives Gandra. *Comentários à Constituição do Brasil*. São Paulo: Saraiva, 1989. v. II.

BATALHA, Wilson de Souza Campos. *Tratado de direito judiciário do trabalho*. 3. ed. São Paulo: LTr, 1995. v. I.

______ . Execução trabalhista. Responsabilidade. Remição. Fraude à execução. *Revista LTr*, ano 61, n. 10, 1997.

BEDAQUE, José Roberto dos Santos. *Tutela cautelar e tutela antecipada*: tutelas sumárias e de urgência (tentativa de sistematização). 3. ed. São Paulo: Malheiros, 2003.

______ . *Direito e processo*. 4. ed. São Paulo: Malheiros, 2006.

BENTHAM, Jeremías. *Tratado de las pruebas judiciales*. Granada: Comares, 2001.

BELTRÁN, Jordi Ferrer. *Prueba y verdad en el derecho*. 2. ed. Madrid e Barcelona: Marcial Pons, 2005.

______ . *La valoración racional de la prueba*. Madrid: Marcial Pons, 2007.

BOBBIO, Norberto. *Teoria do ordenamento jurídico*. 8. ed. Brasília: Universidade de Brasília, 1996.

______ . *O positivismo jurídico*. São Paulo: Ícone, 1999.

BÖCKENFÖRDE, Ernest Wolfgang. *Estudios sobre el estado de derecho y la democracia*. Madrid: Trotta, 1993.

BONAVIDES, Paulo. *Curso de direito constitucional*. 24. ed. São Paulo: Malheiros, 2009.

______ . *A Constituição aberta:* temas políticos e constitucionais da atualidade, com ênfase no federalismo das regiões. 3. ed. São Paulo: Malheiros, 1996.

BOUDON, Raymond. *O justo e o verdadeiro:* estudos sobre a objetividade dos valores e do conhecimento. Lisboa: Piaget, 1998.

BUEN, Nestor. *Derecho procesal del trabajo*. México: Porrùa, 1988.

BUENO, Cassio Scarpinella. *Mandado de segurança*. 2. ed. São Paulo: Saraiva, 2004.

CAETANO, Marcelo. *Direito constitucional*. Rio de Janeiro: Forense: 1977. v. I.

CALAMANDREI, Piero. *Direito processual civil*. Campinas: Bookseller, 1999. v. I.

______ . *Direito processual civil*. Campinas: Bookseller, 1999. v. II.

______ . *Direito processual civil*. Campinas: Bookseller, 1999. v. III.

______ . *Introdução ao estudo sistemático dos procedimentos cautelares*. Campinas: Servanda, 2000.

______ . Processo y justicia. In: *Studi sul processo civile*. Padova: Cedam, 1943. v. VI.

______ . Il processo como giuco. In: *Studi sul processo civile*. Padova: Cedam, 1957. v. VI.

CALAMANDREI, Piero. Veritá e verosimiglianza nel processo civile. In: *Studi sul processo civile*. Padova: Cedam, 1957. v. VI.

CANARIS, Claus-Wilhem. *Pensamento sistemático e conceito de sistema na ciência do direito*. 2. ed. Lisboa: Calouste Gulbenkian, 1996.

CANOTILHO, J. J. Gomes. *Direito constitucional e teoria da constituição*. 7. ed. Coimbra: Almedina, 2003.

______ . O ónus da prova na jurisdição da liberdade. In: *Estudos sobre direitos fundamentais*. Coimbra: Coimbra, 2004.

______ . O ativismo judiciário: entre o nacionalismo, a globalização e a pobreza. In: MOUTRA, Lenice S. Moreira de (org.). *O novo constitucionalismo na era pós-positivista:* homenagem a Paulo Bonavides. *São Paulo:* Saraiva, 2009.

CAPELLA, Juan Ramón. *Elementos de análisis jurídico*. 3 ed. Madri: Editorial Trotta, 2004.

CAPPELLETTI, Mauro. Iniciativas probatórias do juiz. In: *La oralidade de las provas en el proceso civil*. Buenos Aires: EJEA, 1972.

______. O acesso à justiça e a função do jurista de nossa época. *Revista de Processo*, n. 61, jan./mar. 1991.

______. *Processo, ideologias e sociedade*. Porto Alegre: Sergio Antonio Fabris, 2008. v. I.

______. *Processo, ideologias e sociedade*. Porto Alegre: Sergio Antonio Fabris, 2008. v. II.

CAPPELLETTI. Mauro; GART, Bryant. *Acesso à justiça*. Porto Alegre: Sergio Antonio Fabris, 1998.

CARNEIRO, Athos Gusmão. *Jurisdição e competência*. 11. ed. São Paulo: Saraiva, 2001.

______. *Da antecipação de tutela*. 5. ed. Rio de Janeiro: Forense, 2004.

CARNELUTTI, Francesco. *Studi di diritto processuale*. Padova: Dott. Antônio Milani, 1939. t. III.

______. *La prueba civil*. 2. ed. Buenos Aires: Depalma, 1982.

______. *Instituciones del proceso civil*. Buenos Aires: El Foro, 1997. v. I.

______. *Instituciones del proceso civil*. Buenos Aires: El Foro, 1997. v. II.

______. *Sistema de direito processual civil*. 2. ed. Franca: Lemos & Cruz, 2004. v. I.

______. *Sistema de direito processual civil*. 2. ed. Franca: Lemos & Cruz, 2004. v. II.

______. *Sistema de direito processual civil*. 2. ed. São Paulo: Lemos & Cruz, 2004. v. IV.

______. *Direito processual civil e penal*. Campinas: Péritas, 2001. v. I.

CARRION, Valentin. *Comentários a Consolidação das Leis do Trabalho*. 29. ed. São Paulo: Saraiva, 2004.

CARVALHO, Paulo de Barros. Prefácio. In: DERZI, Misabel Abreu Machado. *Modificações da jurisprudência no direito tributário*. São Paulo: Noeses, 2009.

CARVALHO NETO, Menelick. A hermenêutica jurídica sob o paradigma do estado democrático de direito. In: OLIVEIRA, Marcelo Andrade Cattoni de (coord.). *Jurisdição e hermenêutica constitucional*. Belo Horizonte: Mandamentos, 2004.

CASTILLO, Niceto Alcalá-Zamora y. *Estúdios de teoría general e historia del proceso (1945-1972)*. Cidade do México: Instituto de Investigación Juridicas, 1974. t. II.

CASTRO, Amílcar. *Do procedimento de execução*. 1. ed. Rio de Janeiro: Forense, 1999.

CAVALIERI FILHO, Sérgio. *Programa de responsabilidade civil*. São Paulo: Malheiros Editores. 2010.

CENDON, Paolo; ZIVIZ, Patrizia. *Il risarcimento del danno esistenziale*. Milão: Giuffrè Editore, 2003.

CHACON, G. Bayon; BOTIJA, E. Perez. *Manual de derecho del trabajo*. 6. ed. Madrid: Marcial Pons, 1965. v. I.

CHAPUS, René. *Responsabilité publique et responsabilité priveé. Les influences reciproques des jurisprudences administrative et judicial*. 2. ed. Paris: LDGL, 1957.

CHASE, Oscar G. A "excepcionalidade" americana e o direito processual comparado. *Revista de Processo*, ano 28, São Paulo: Revista dos Tribunais, p. 115-140, abr./jun. 2003.

CHIARLONI, Sergio. Questioni rilevabili d'ufficio, diritto di difesa e "formalismo delle garanzie". *Revista de Processo*, ano 37, n. 212, p. 83-94, out. 2012.

CHIOVENDA, Giuseppe. Procedimento oral. In: MORATO, Francisco (coord.). *Processo oral*. Rio de Janeiro: Forense, 1940.

______. *Ensayos de derecho procesal civil*. Buenos Aires: Bosch, 1949. v. I.

______. *Ensayos de derecho procesal civil*. Buenos Aires: Bosch, 1949. v. II.

______. *Instituições de direito processual civil*. 1. ed. Campinas: Bookseller, 1998. v. I.

______. *Instituições de direito processual civil*. 1. ed. Campinas: Bookseller, 1998. v. II.

______. *Instituições de direito processual civil*. 1. ed. Campinas: Bookseller, 1998. v. III.

______. *Principios de derecho procesal civil*. Madrid: Instituto Editorial Reus, 2002. v. II.

CINTRA, Antônio Carlos de Araújo. *Comentários ao Código de Processo Civil*. Rio de Janeiro: Forense, 2003. v. IV.

CINTRA, Antônio Carlos de Araújo; GRINOVER, Ada Pellegrini; DINAMARCO, Cândido Rangel. *Teoria geral do processo*. 26. ed. São Paulo: Malheiros, 2010.

CLAUD, Richard. Comparative human rights: some intersctions between lawand social sciences. In: *Comparative human rights*. Baltimore: John Hopkins Univers, 1776.

CLAUS, Ben-Hur Silveira. O incidente de desconsideração da personalidade jurídica previsto no CPC de 2015 e o direito processual do trabalho. In: DALLEGRAVE NETO, José Affonso; GOULART, Rodrigo Fortunato (org.). *Novo CPC e o processo do trabalho*. São Paulo: LTr, 2015.

COMOGLIO, Luigi Paolo. *Etica e técnica del 'giusto processo'*. Torino: G. Giappichelli, 2004.

______. Garantie constituzionali e 'giusto processo' (modelli a confronto). *Revista de Processo*, ano 23, n. 90, p. 107-112, abr./jun. 1998.

COMTE-SPONVILLE, André. *Pequeno tratado das grandes virtudes*. São Paulo: Martins Fontes, 2004.

CONTE, Mario. *Le prove nel processo civile*. Milão: Giuffré, 2002.

CORDEIRO, Wolney de Macedo. *Manual de execução trabalhista*. Rio de Janeiro: Forense, 2008.

CORNU, Gerard; FOYER, Jean. *Procédure civile*. 3. ed. Paris: Universitaires de France, 1996.

CORREA, Lélio Bentes. A reforma constitucional e a Justiça do Trabalho: perspectivas e desafios. In: COUTINHO, Grijalbo Fernandes; FAVA, Marcos Neves (coord.). *Justiça do Trabalho:* competência ampliada. São Paulo: LTr, 2005.

CORTÉS, José Juan Toharia. Las profesiones jurídicas: una aproximación sociológica. In: DÍEZ-PICAZO, Luiz María (coord.). *El oficio de jurista*. Madrid: Século XXI de España, 2006.

COSTA, Alfredo de Araújo Lopes. *Direito processual civil brasileiro*. São Paulo: Revista dos Tribunais, 1941. v. I.

COSTA, Alfredo Lopes da. *Manual elementar de direito processual civil*. 3. ed. Rio de Janeiro: Forense, 1982.

COSTA, Coqueijo. *Princípios de direito processual do trabalho*. São Paulo: LTr, 1976.

______. *Ação rescisória*. 5. ed. São Paulo: LTr, 1987.

______. *Direito processual do trabalho*. 2. ed. Rio de Janeiro: Forense, 1994.

COUTURE, Eduardo J. *Estudios de derecho procesal civil*. Buenos Aires: Ediar, 1950. t. III.

______. *Fundamentos del derecho procesal civil*. 3. ed. Buenos Aires: Depalma, 1993.

______. *Interpretação das leis processuais*. 4. ed. Rio de Janeiro: Forense, 1994.

______. *Introdução ao estudo do processo civil*. 3. ed. Rio de Janeiro: Forense, 1995.

CRISAFULLI, Vezio. *La Costituzione e le sue disposizioni de principi*. Milão: Giuffrè, 1952.

CUEVA, Mário de La. *El nuevo derecho mexicano del trabajo*. México: Porrùa, 1972.

CUNHA, Paulo Ferreira da. *Fundamentos da república e dos direitos fundamentais*. Belo Horizonte: Fórum, 2008.

DALAZEN, João Oreste. A reforma do judiciário e os novos marcos da competência material da Justiça do Trabalho no Brasil. *Revista do Tribunal Superior do Trabalho*, n. 1. v. 71, jan./abr. 2005.

DALLEGRAVE NETO, José Affonso. A execução dos bens do sócio em face da disregard doctrine. In: DALLEGRAVE NETO, José Affonso; FREITAS, Ney José (coord.). *Execução trabalhista, estudos em homenagem ao Ministro João Oreste Dalazen*. São Paulo: LTr, 2002.

______. A nova competência trabalhista para julgar ações oriundas da relação de trabalho. *Revista do Tribunal Superior do Trabalho*, v. 71, n. 1, p. 240-252, jan./abr. 2005.

D'EUFEMIA, Giuseppe. *Elementi de diritto costituzionale*. Napoli Dott. Eugenio Jovene, 1950.

DANTAS, F. C. Santiago. Nova dogmática jurídica. *Revista de Direito Bancário, do Mercado de Capitais e de Arbitragem*, ano 5, n. 18, out./dez. 2002.

DELGADO, Mauricio Godinho. *Curso de direito do trabalho*. 6. ed. São Paulo: LTr, 2015.

DELLEPIANE, Antônio. *A nova teoria da prova*. Campinas: Minelli, 2004.

DERZI, Misabel Machado. *Modificações da jurisprudência no direito tributário*. São Paulo: Noeses, 2009.

DÍEZ-PICAZO, Luis. *Experiencias jurídicas y teoría del derecho*. 3. ed. Barcelona: Ariel, 1999.

DINAMARCO, Cândido Rangel. *Instituições de direito processual civil*. São Paulo: Malheiros, 2001. v. I.

______. *Instituições de direito processual civil*. São Paulo: Malheiros, 2001. v. II.

______. *Instituições de direito processual civil*. São Paulo: Malheiros, 2001. v. III.

______. *Nova era do processo civil*. São Paulo: Malheiros, 2003.

______. *A reforma da reforma*. 4. ed. São Paulo: Malheiros, 2003.

______. *Instituições de direito processual civil*. São Paulo: Malheiros, 2016. v. I.

DINIZ, Maria Helena Diniz. *As lacunas no direito*. 9. ed. São Paulo: Saraiva, 2009.

______. *Lei de introdução às normas do direito brasileiro interpretada*. 12. ed. São Paulo: Saraiva, 2012.

DI PIETRO, Maria Sylvia Zanella. *Direito administrativo*. 18. ed. São Paulo: Atlas, 2005.

DONATO, Messias Pereira. *Curso de direito individual do trabalho*. 6. ed. São Paulo: LTr, 2008.

DWORKIN, Ronald. *Levando os direitos a sério*. São Paulo: Martins Fontes, 2002.

DUGUIT, Leon. *Fundamentos do direito*. Porto Alegre: Sergio Fabris, 2005.

EÇA, Vitor Salino de Moura. *Prescrição intercorrente no processo do trabalho*. São Paulo: LTr, 2008.

ENNECCERUS, Ludwig; KIPP, Theodor. WOLFF, Martín. *Tratado de direito civil. Parte geral*. Barcelona: Bosch Casa, 1943.

ENGISH, Karl. *Introdução ao pensamento jurídico*. 6. ed. Lisboa: Calouste Gulbenkian, 1983.

ENTERRÍA, Eduardo Garcia de; FERNÁNDEZ, Tomás-Ramon. *Curso de derecho administrativo*. 2. ed. Madrid: Civitas, 1978, t. 1.

FABREGUETTES, M. P. *A lógica judiciária e a arte de julgar*. Rio de Janeiro: Jacintho Ribeiro dos Santos, 1914.

FABRÍCIO, Adroaldo Furtado. Breves notas sobre provimentos antecipatórios, cautelares e liminares. In: MOREIRA, José Carlos Barbosa (coord.). *Estudos de direito processual civil em memória de Luiz Machado Guimarães*. Rio de Janeiro: Forense, 1999.

FADEL, Sergio Sahione. *Antecipação de tutela no processo civil*. 2. ed. São Paulo: Dialética, 2002.

FARIA, Juliana Cordeiro. O chamamento ao processo como técnica de efetividade do seguro de responsabilidade civil. In: JAYME, Fernando Gonçalves; FARIA, Juliana Cordeiro de; LAUAR, Maria Tereza (coord.). *Processo civil* — novas tendências, homenagem ao professor Humberto Theodoro Júnior. Belo Horizonte: Del Rey, 2008.

FAZZALARI, Elio. *Instituições de direito processual*. Campinas: Bookseller, 2006.

______. Il giusto processo e i 'procedimenti especiali' civile. *Rivista Trimestrale de Diritto e Procedura Civile*, Milão: Giuffrè, ano LVII, n. 1, mar. 2003.

FELICIANO, Guilherme Guimarães. *Direito à prova e dignidade humana*. São Paulo: LTr, 2007.

FERRÁNDIZ, Luiz Prieto Castro y. *Derecho procesal civil*. 3 ed. Madrid: Tecnos, 1975. v. I.

FERRAJOLI, Luigi. *Direito e razão: teoria do garantismo penal*. 2 ed. São Paulo: Revista dos Tribunais, 2006.

______. Pasado y futuro del estado de derecho. In: *Neoconstitucionalismo(s)*. 9. ed. Madrid: Trotta, 2009.

______. El derecho como sistema de garantias. In: *Derecho y garantías:* la ley del más débil. Madrid: Trotta, 2010.

FERRARA, Francesco. *Como aplicar e interpretar as leis*. Belo Horizonte: Líder, 2003.

FERRAZ JÚNIOR, Tércio Sampaio. *Introdução ao estudo do direito*. 2. ed. São Paulo: Atlas, 1994.

______. *Teoria da norma jurídica*. 4. ed. Rio de Janeiro: 2006.

FINE, Toni M. *Introdução ao sistema jurídico anglo-americano*. São Paulo: Martins Fontes, 2011.

FISS, Owen. *El derecho como razón pública*. Madrid: Marcial Pons, 2007.

FIX-ZAMUDIO, Héctor. *Latinoamerica:* constituição, proceso e derechos humanos. México: Porrùa, 1988.

______. El debido processo, los derechos humanos y el poder judicial. In: MARKEL, Ernest (org. intr.) *Human righths and the judiciary. Los derechos humanos y el poder judicial. Droits de l'homme et le pouvoir judiciaire.* Belo Horizonte: Del Rey, 2010.

FLORES, Joaquim Herrera. La complejidad de los derechos humanos: bases teóricas para uma definición crítica. *Revista de Filosofia del Derecho Internacional y de la Política Global.* Disponível em: <http:www.juragentium.unifi.it/es/surveys/rights/herrera/indez.htm>.

FRADA, Manuel António de Castro Portugal Carneiro da. *Teoria da confiança e responsabilidade civil*. Coimbra: Almedina, 2004.

FRANK, Jerome. *Courts on trial myth and reality in American justice*. Princeton: Princeton University, 1973.

FREITAS, José Lebre de. *Estudos sobre direito civil e processo civil*. 2. ed. Coimbra: Coimbra, 2009. v. I.

FREITAS, Juarez. *A interpretação sistemática do direito*. 4. ed. São Paulo: Malheiros, 2002.

GADAMER, Hans-Georg. *Verdade e método*. 7. ed. Petrópolis: Vozes, 2005. v. I.

______. *Hermenêutica em retrospectiva*. Petrópolis: Vozes, 2007. v. I.

GALDÓS, Jorge Mario. O conteúdo e o continente das medidas autossatisfativas. In: PEYRANO, Jorge W. (coord.). *Medidas autossatisfativas*. Buenos Aires: Rubizal-Culzoni, 1997.

GARCIA-ROZA, Luiz Alfredo. *Palavra e verdade na filosofia antiga e na psicanálise*. Rio de Janeiro: Jorge Zahar, 1990.

GIDI, Antônio. *Coisa julgada e litispendência em ações coletivas*. São Paulo: Saraiva, 1995.

______. A class action *como instrumento de tutela coletiva dos direitos:* as ações coletivas em uma perspectiva comparada. São Paulo: Revista dos Tribunais, 2007.

______. *Rumo a um Código de Processo Civil coletivo:* a codificação das ações coletivas do Brasil. Rio de Janeiro: Forense, 2008.

GIGLIO, Wagner. *Direito processual do trabalho*. 12. ed. São Paulo: Saraiva, 2002.

GOING, Helmut. *Elementos fundamentais da filosofia do direito*. Porto Alegre: Sergio Antonio Fabris, 2002.

GOLDSCHMIDT, James. *Derecho procesal civil*. Buenos Aires: Labor, 1936.

GOMES, Orlando. *Introdução ao direito civil*. 12. ed. Rio de Janeiro: Forense, 1996.

GONÇALVES, Aroldo Plínio. *A prescrição no processo do trabalho*. Belo Horizonte: Del Rey, 1987.

______. *Técnica processual e teoria do processo*. 2 ed. Belo Horizonte: Del Rey, 2012.

GONÇALVES, Aroldo Plínio. A ação civil pública na Justiça do Trabalho. *Revista do Tribunal Regional do Trabalho da 3ª Região*. v. 24, n. 53, 1994.

GONÇALVES, Aroldo Plínio. *Nulidades no processo*. Rio de Janeiro: Aide, 1993.

______. *Da denunciação da lide*. 3. ed. Rio de Janeiro: Forense, 1998.

______. Pressupostos de admissibilidade do mandado de segurança e condições de seu exercício contra ato judicial. In: MOREIRA, José Carlos Barbosa (coord.). *Estudos de direito processual civil em memória de Luiz Machado Guimarães*. Rio de Janeiro: Forense, 1999.

GUASTINI, Riccardo. *Lezioni di teoria costituzionale*. Torino: G. Giappichelli, 2001.

______. *Teoría e ideologia de la interpretación constitucional*. Madrid: Trotta, 2010.

______. *Das fontes às normas*. São Paulo: Quartier Latin do Brasil, 2005.

GRAU, Eros. *Ensaio e discurso sobre a interpretação/aplicação do direito*. 2. ed. São Paulo: Malheiros, 2003.

GRINOVER, Ada Pellegrini. *O processo em evolução*. 2. ed. Rio de Janeiro: Forense, 1998.

______. *Código brasileiro de defesa do consumidor comentado pelos autores do anteprojeto*. 9. ed. Rio de Janeiro: Forense, 2007.

GRINOVER, Ada Pellegrini; MENDES, Aluisio Gonçalves de Castro; WATANABE, Kazuo. *Direito processual coletivo e o anteprojeto de código brasileiro de processos coletivos*. São Paulo: Revista dos Tribunais, 2007.

GUASP, Jaime. Significacion del processo del trabajo en la teoria general del derecho procesal. In: *Estudios jurídicos*. Madrid: Civitas, 1996.

GUIMARÃES, Luiz Machado. *Estudos de direito processual civil*. São Paulo: Jurídica e Universitária, 1969.

GUNTHER, Klaus. *Teoria da argumentação*. São Paulo: Landy, 2004.

HERVADA, Javier. *O que é o direito? A moderna resposta do realismo jurídico*. São Paulo: Martins Fontes, 2006.

HESPANHA, António Manuel. *O caleidoscópio do direito: o direito e a justiça nos dias e no mundo de hoje*. 2 ed. Coimbra: Almedina, 2009.

HESSE, Konrad. *Escritos de derecho constitucional*. Madrid: Centro de Estudios Constitucionales, 1992.

______. *Elementos de direito constitucional na República Federal da Alemanha*. Porto Alegre: Fabris, 1998.

______. *A força normativa da Constituição*. Porto Alegre: Sergio Antonio Fabris, 1991.

HÖFFE, Otfried. *Justiça política: fundamentação de uma filosofia crítica do Direito e do Estado*. Petrópolis: Vozes, 1991.

IHERING, Rudolf Von. *A luta pelo direito*. São Paulo: Revista dos Tribunais, 2004.

JAEGER, Nicola. *Corso de derecho processuale del laboro*. 2. ed. Padova: Cedam — Dott. Antonio Milani, 1936.

JAYME, Fernando Gonzaga. *Direitos humanos e sua efetivação pela corte internacional de direitos humanos*. Belo Horizonte: Del Rey, 2005.

______. *Mandado de segurança*. Belo Horizonte: Del Rey, 2011.

JAUERNIG, Othmar. *Direito processual civil*. Coimbra: Almedina, 2002.

JUNOY, Joan Pico I. *El derecho a la prueba en el proceso civil*. Barcelona: Jose Maria Bosch, 1996.

KELSEN, Hans. *Teoria pura do direito*. 5. ed. Coimbra: Armênio Amado, 1979.

______. *Teoria geral do direito e do estado*. São Paulo: Martins Fontes, 2000.

KNIJNIK, Danilo. *A prova nos juízos cível, penal e tributário*. Rio de Janeiro: Forense, 2007.

______. As (perigosíssimas) doutrinas do "ônus dinâmico da prova" e da "situação de senso comum" como instrumentos para assegurar o acesso à justiça e a superar a probatio diabólica. In: FUX, Luiz; NERY JR., Nelson; WAMBIER, Tereza Arruda Alvim (coord.). *Processo e constituição*: estudos em homenagem ao professor José Carlos Barbosa Moreira. São Paulo: Revista dos Tribunais, 2006.

KROTSCHIN, Ernesto. *Manual do derecho del trabajo*. 3. ed. Buenos Aires: Depalma, 1976.

LACERDA, Galeno. *O novo direito processual civil e os efeitos pendentes*. Rio de Janeiro: Forense, 1974.

______. *Comentários ao Código de Processo Civil*. 4. ed. Rio de Janeiro: Forense, 1992. v. VIII, t. I.

______. *Comentários ao Código de Processo Civil*. 4. ed. Rio de Janeiro: Forense, 1992. v. VIII, t. II.

LANGILLE, Brian A. Para que serve o direito internacional do trabalho? *Revista de Direito do Trabalho*, São Paulo: Revista dos Tribunais, ano 33, n. 127, p. 175-204, jul./set. 2007.

LARENZ, Karl. *Derecho justo* – fundamentos de ética jurídica. Madrid: Civitas, 1993.

______. *Metodologia da ciência do direito*. 3. ed. Lisboa: Calouste Gulbenkian, 1997.

LATORRE, Angel. *Introdução ao direito*. Coimbra: Almedina, 1997.

LEAL, Antônio Luis Câmara. *Da prescrição e da decadência*. 3. ed. Rio de Janeiro: Forense, 1978.

LEITE, Carlos Henrique Bezerra Leite. *Curso de direito processual do trabalho*. 7. ed. São Paulo: LTr, 2009.

LEONEL, Ricardo de Barros. *Manual do processo coletivo*. São Paulo: Revista dos Tribunais, 2002.

LIEBMAN, Enrico Tullio. *Estudos sobre o processo civil brasileiro*. São Paulo: Saraiva, 1947.

______. *Manual de direito processual civil*. Rio de Janeiro: Forense, 1984. v. I.

______. *Eficácia e autoridade da coisa julgada e outros escritos sobre a coisa julgada*. 3. ed. Rio de Janeiro: Forense, 1984.

______. *Processo de execução*. Araraquara: Bestbook, 2003.

______. *Embargos do executado*. Campinas: Bookseller, 2003.

______. O despacho saneador e o julgamento do mérito. *Revista Forense Comemorativa 100 Anos*, Rio de Janeiro: Forense, p. 21-46, t. V: Direito Processual Civil.

LIMA, Alcides de Mendonça. *Comentários ao Código de Processo Civil*. 7. ed. Rio de Janeiro: Forense, 1991. v. VI.

LIMA, Taísa Maria Macena de. Atos e negócios jurídicos no Código Civil brasileiro de 2002. In: LAGE, Emerson José Alves; LOPES, Mônica Sette (coord.). *Novo Código Civil e seus desdobramentos no direito do trabalho*. São Paulo: LTr, 2003.

LITALA, Luigi di. *Derecho procesal del trabajo*. Buenos Aires: Bosch, 1949. v. I.

LOPES, Armando Porras. *Derecho procesal del trabajo*. Puebla: José Cajica, 1956.

LOPES, João Batista. *Ação declaratória*. 5. ed. São Paulo: Revista dos Tribunais, 2002.

LOPES, Mônica Sette. *A equidade e os poderes do juiz*. Belo Horizonte: Del Rey, 1993.

LORENZETTI, Ari Pedro. *A responsabilidade pelos créditos trabalhistas*. São Paulo: LTr, 2003.

LOTUFO, Renan. *Código Civil comentado*. São Paulo: Saraiva, 2003. v. I.

LUCON, Paulo Henrique Santos. Devido processo legal substancial. In: DIDIER JR., Fredie (coord.). *Leituras Complementares de processo civil*. 3. ed. Salvador: JusPodivm, 2005.

LUDWIG, Guilherme Guimarães. *Processo trabalhista eficiente*. São Paulo: LTr, 2012.

LUÑO, Antonio Enrique Pérez Luño. *Teoría del derecho:* una concepción de la experiencia jurídica. 11. ed. Madrid: Tecnos, 2012.

MACCORMICH, Neil. *Argumentação jurídica e teoria do direito*. São Paulo: Martins Fontes, 2006.

______. *Retórica e estado de direito*. Rio de Janeiro: Elsevier, 2008.

MACHADO JÚNIOR, César P. S. *O ônus da prova no processo do trabalho*. 3. ed. São Paulo: LTr, 2001.

MACIEL JÚNIOR, Vicente de Paula. *Teoria das ações coletivas*. São Paulo: LTr, 2006.

MAJO, Adolfo di. *La tutela civile dei diritti*. 4 ed. Milão: Guiffrè, 2003.

MALATESTA, Nicola Framarino. *Lógica de las pruebas en materia criminal*. Campinas: Bookseller, 2004.

MALLET, Estevão. *Procedimento sumaríssimo trabalhista*. São Paulo: LTr, 2002.

______. Apontamentos sobre a competência da justiça após a Emenda Constitucional n. 45. In: COUTINHO, Grijalbo Fernandes; FAVA, Marcos Neves (coord.). *Justiça do Trabalho:* competência ampliada. São Paulo: LTr, 2005.

MANCUSO, Rodolfo Camargo. *Jurisdição coletiva e coisa julgada* – teoria geral das ações coletivas. São Paulo: Revista dos Tribunais, 2007.

MARANHÃO, Délio; SUSSEKIND, Arnaldo; VIANNA, Segadas. *Instituições de direito do trabalho*. 11. ed. São Paulo: LTr, 1991. v. II.

MARCATO, Antônio Carlos. *Procedimentos especiais*. 11 ed. São Paulo: Atlas, 2005.

MARQUES, Cláudia Lima. O "diálogo das fontes" como método da nova teoria geral do direito: um tributo a Erik Jayme. In: MARQUES, Cláudia Lima (coord.). *Diálogo das fontes:* do conflito à coordenação de normas do direito brasileiro. São Paulo: Revista dos Tribunais, 2012.

MARQUES, José Frederico. *Instituições de direito processual civil*. Rio de Janeiro: Forense, 1958. v. I.

______. *Instituições de direito processual civil*. Rio de Janeiro: Forense, 1959. v. III.

______. *Manual de direito processual civil*. 10. ed. São Paulo: Saraiva, 1990. v. I.

______. *Manual de direito processual civil*. 10. ed. São Paulo: Saraiva, 1990. v. II.

______. *Manual de direito processual civil*. 10. ed. São Paulo: Saraiva, 1990. v. III.

MARTINS-COSTA, Judith. Um aspecto da obrigação de indenizar: notas para uma sistematização dos deveres pré-negociais de proteção no direito civil brasileiro. In: *A evolução do direito no s*éculo XXI: estudos em homenagem ao Prof. Arnald Wald. Coimbra: Almedina, 2007.

MARTINEZ, Soares. *Filosofia do direito*. Coimbra: Almedina, 1995.

MARTINS, Pedro Batista. *Comentários ao Código de Processo Civil*. São Paulo: Forense, 1960. v. III, t. I.

MARTINS, Sergio Pinto. *Direito processual do trabalho*. 17. ed. São Paulo: Atlas, 2002.

______. Competência da Justiça do Trabalho para analisar mandados de segurança, *habeas corpus* e *habeas data*. *Revista LTr*. v. 69, n. 7, jul. 2005.

MAXIMILIANO, Carlos. *Hermenêutica e aplicação do direito*. 20. ed. Rio de Janeiro: Forense, 2011.

MAYNEZ, Eduardo Garcia. *La definición del derecho*. México: Stylo, 1948.

MAZZILI, Hugo Nigro. *A defesa dos interesses difusos em juízo*. 21. ed. São Paulo: Saraiva, 2008.

MEIRELES, Edilton. *Procedimento sumaríssimo na Justiça do Trabalho*. São Paulo: LTr, 2000.

MEIRELES, Hely Lopes. *Mandado de segurança, ação popular, ação civil pública, mandado de injunção e* "habeas data", ação declaratória de constitucionalidade, arguição de descumprimento de preceito fundamental, controle incidental de normas no *direito Brasileiro*. 27. ed. São Paulo: Malheiros, 1992.

MEIER, Julio B. J. *Función normativa de la nulidade*. Buenos Aires: Depalma, 1980.

MELENDO, Santiago Sentis. A natureza da prova. *Revista Forense*, n. 246, p. 92-100, 1974.

MELGAR, Alfredo Montoya. Inspección de trabajo y efetividade de los derechos laborales. In: *Derecho y processo: estúdios jurídicos em honor del prof. A. Martinez Bernal*. Murcia: Universidad de Murcia — Secretariado de Publicaciones, 1980.

______ . A solução dos conflitos trabalhistas na Espanha. In: BUEN, Néstor de (coord.). *A solução dos conflitos trabalhistas*. São Paulo: LTr, 1986.

MELGAR, Alfredo Montoya. *Derecho del trabajo*. 14. ed. Madrid: Tecnos, 1993.

MELLO, Celso Antônio Bandeira de. *Elementos de direito administrativo*. 3. ed. São Paulo: Malheiros, 1992.

MELO, Raimundo Simão de. *Dissídio coletivo do trabalho*. São Paulo: LTr, 2002.

______ . *Ação civil pública na Justiça do Trabalho*. São Paulo: LTr, 2004.

MENDES, João de Castro. *Do conceito de prova em processo civil*. Lisboa: Ática, 1961.

MESQUITA, José Ignacio Botelho de. *Coisa julgada*. Rio de Janeiro: Forense, 2004.

MÉSZÁROS, István. *A teoria da alienação em Marx*. São Paulo: Boitempo, 2006.

MIAILLE, Michel. *Introdução crítica ao direito*. Lisboa: Estampa, 2005.

MIESSA, Élisson. Hipoteca judiciária e protesto da decisão judicial no novo CPC e seus impactos no processo do trabalho. In: MIESSA, Élisson (org.). *O novo Código de Processo Civil e seus reflexos no processo do trabalho*. Salvador: JusPodivm, 2015.

MIRANDA, Pontes de. *Tratado das ações*. São Paulo: Revista dos Tribunais, 1976, t. VI.

______ . *Comentários ao Código de Processo Civil*. 4. ed. Rio de Janeiro: Forense, 1995. v. I.

______ . *Comentários ao Código de Processo Civil*. 3. ed. Rio de Janeiro: Forense, 1995. v. II.

______ . *Comentários ao Código de Processo Civil*. 3. ed. Rio de Janeiro: Forense, 1996. v. III.

______ . *Comentários ao Código de Processo Civil*. 3. ed. Rio de Janeiro: Forense, 1996. v. IV.

______ . *Comentários ao Código de Processo Civil*. 3. ed. Rio de Janeiro: Forense, 1998. v. V.

MONACCIANI, Luigi. *Azione e legitimazione*. Milão: Giuffrè, 1951.

MORAES, Paulo Valério Dal Pai. *Código de defesa do consumidor*: o princípio da vulnerabilidade no contrato, na publicidade, nas demais práticas comerciais: interpretação sistemática do direito. 3. ed. Porto Alegre: Livraria do Advogado, 2009.

MOREIRA, José Carlos Barbosa. *Comentários ao Código de Processo Civil*. 11. ed. São Paulo: Forense, 1995. v. V.

______ . *O novo processo civil brasileiro*. 29. ed. Rio de Janeiro: Forense, 2012.

______ . Efetividade do processo e técnica processual. *Revista Forense Comemorativa 100 Anos*, t. V, p. 577-590.

______ . Apontamentos para um estudo sistemático da legitimação extraordinária. *Revista dos Tribunais*, ano 58, v. 404, p. 13-18, ju. 1969.

MOREIRA, José Carlos Barbosa. *Temas de direito processual civil. Primeira série*. 2. ed. São Paulo: Saraiva, 1988.

______ . *Temas de direito processual civil. Oitava série*. São Paulo: Saraiva, 2004.

MORELLO, Augusto Mario. *La tutela de los intereses difusos en el derecho argentino*. La Plata: Libéria Editora Platense, 1999.

MORELLO, Augusto Mario Morello. Opciones procesuales em supuestos dudosos. In: *Opciones e alternativas en el derecho procesal*. Buenos Aires: Lajouane, 2006.

MÜLLER, Friedrich. *Métodos de trabalho do direito constitucional*. 3. ed. Rio de Janeiro: Renovar, 2005.

______. *O novo paradigma do direito:* introdução à teoria e metódica estruturante do direito. São Paulo: Revista dos Tribunais, 2007.

MIRANDA, Jorge. *Manual de direito constitucional*. 2. ed. Coimbra: Coimbra, 1998. t. IV.

______. O princípio da eficácia jurídica dos direitos fundamentais. In: MACIEL, Adhemar Ferreira Maciel; DOLGA, Lakowsk; BERALDO, Leonardo de Faria; COSTA, Mônica Aragão Martiniano Ferreira e (coord.). *Estudos de direito constitucional:* homenagem ao professor Ricardo Arnaldo Malheiros Fiuza. Belo Horizonte: Del Rey, 2009.

NASCIMENTO, Amauri Mascaro. Litigância de má-fé no processo trabalhista. In: *Revista LTr*, ano 59, n. 7, 1995.

______. *Curso de direito processual do trabalho*. 21. ed. Saraiva: São Paulo, 2002.

NERY JÚNIOR, Nelson; NERY, Rosa Maria de Andrade. *Código de Processo Civil comentado e legislação processual civil*. São Paulo: Revista dos Tribunais, 2015.

NERY JÚNIOR, Nelson. *Princípios do processo civil na constituição federal*. 7. ed. São Paulo: Revista dos Tribunais, 2002.

______. *Teoria geral dos recursos*. 6. ed. São Paulo: Revista dos Tribunais, 2004.

NERY JÚNIOR, Nelson. Alguns aspectos da competência da Justiça do Trabalho: CF 114, I e VI (EC n. 45/2004). In: WAMBIER, Teresa Arruda Alvim *et al.* (coord.). *Reforma do judiciário primeiras reflexões sobre a Emenda Constitucional n. 45/2004*. São Paulo: Revista dos Tribunais, 2005.

NEVES, Celso. *Comentários ao Código de Processo Civil*. 4. ed. Rio de Janeiro: Forense, 1992. v. VII.

______. *Estrutura fundamental do processo civil*. Rio de Janeiro: Forense, 1997.

______. *Coisa julgada civil*. São Paulo: Revista dos Tribunais, 1971.

NICOLADELI, Sandro Lunard. Ataque aos Sindicatos. Disponível in "https://www.plural.jor.br.ataque-aos-sindicatos.

NOVAIS, Jorge Reis. *Contributo para uma teoria do estado de direito*. Coimbra: Almedina, 2006.

OLEA, Manuel Alonso. *Derecho procesal del trabajo*. 3. ed. Madrid: Instituto de Estúdios Políticos, 1976.

OLIVEIRA, Francisco Antônio de. *Comentários aos enunciados do TST*. 5. ed., São Paulo: Revista dos Tribunais, 2001.

______. *Ação civil pública*. 2. ed. São Paulo: RT, 2003.

OST, François. *O tempo do direito*. Bauru: Edusc, 2005.

PAIXÃO JÚNIOR, Manuel Galdino da. *Teoria geral do processo*. Belo Horizonte: Del Rey, 2002.

PAPA JOÃO PAULO II. *Encíclica dives in misericórdia*. São Paulo: LTr, 2003.

PASSOS, J. J. Calmon de. *Mandado de segurança coletivo, mandado de injunção e habeas data*. Rio de Janeiro: Forense, 1991.

______. O mandado de segurança contra atos jurisdicionais. In: GONÇALVES, Aroldo Plínio (coord.). *Mandado de segurança*. 1. ed. 2. tir. Belo Horizonte: Del Rey, 1996.

PASSOS, J. J. Calmon de. *Comentários ao Código de Processo Civil*. 9. ed. Rio de Janeiro: Forense, 2005. v. III.

PATRÍCIO, Miguel Carlos Teixeira. *Análise económica da litigância*. Coimbra: Almedina, 2005.

PAULA, Carlos Alberto Reis de. *A especificidade do ônus da prova no processo do trabalho*. 2. ed, São Paulo: LTr, 2010.

PAUPERIO, Artur Machado. *Teoria do Estado democrático*. Rio de Janeiro: Presença, 1968.

PEREIRA, Caio Mário da Silva. *Instituição de direito civil*. 19. ed. Rio de Janeiro: Forense, 1998. v. I.

PEREIRA, José Luciano Castilho. A reforma do poder judiciário — o dissídio coletivo e o direito de greve. In: COUTINHO, Grijalbo Fernandes; FAVA, Marcos Neves (coord.). *Justiça do Trabalho:* competência ampliada. São Paulo: LTr, 2005.

PERELMAN, Chaïn; OLBRECHTS-TYTECA, Lucie Olbrechts-Tyteca. *Tratado da argumentação:* a nova retórica. São Paulo: Martins Fontes, 2005.

PÉREZ, Jesús González. *El derecho a la tutela jurisdicional*. Madrid: Civitas, 1989.

PERGOLESI, Ferruccio. *Diritto costituzionale*. 7. ed. Bolonha: Dott. Cesare Zuffi, 1949.

PERLINGIERI, Pietro. *Perfis do direito civil*. Rio de Janeiro: Renovar, 1994.

______. *O direito civil na legalidade constitucional*. Rio de Janeiro: Renovar, 2008.

PEYRANO, Jorge W. A doutrina das cargas probatórias dinámicas y la máquina de impedir en materia jurídica. In: PEYRANO, Jorge W. (coord.). *Cargas probatórias dinâmicas*. Santa Fé: Rubizal-Culzoni Editores, 2004.

______. La medida autossatisfativa: forma diferenciada de tutela que constituye una expresión privilegiada del proceso urgente. Gênesis e evolución. In: PEYRANO, Jorge W. (coord.). *Medidas autossatisfativas*. Buenos Aires: Rubizal-Culzoni, 1997.

PICARDI, Nicola. *Jurisdição e processo*. Rio de Janeiro: Forense, 2008.

PIMENTA, José Roberto Freire. A nova competência da Justiça do Trabalho para lides não decorrentes da relação de emprego: aspectos processuais e procedimentais. In: COUTINHO, Grijalbo Fernandes; FAVA, Marcos Neves (coord.). *Justiça do Trabalho:* competência ampliada. São Paulo: LTr, 2005.

PINTO, José Augusto Rodrigues. *Execução trabalhista*. 9. ed. São Paulo: LTr, 2002.

______. A autoridade da coisa julgada diante da Medida Provisória n. 2.180/01. *Revista LTr*, ano 66, n. 6, 2002.

______. *Processo trabalhista de conhecimento*. 7. ed. São Paulo: LTr, 2005.

______. A Emenda Constitucional n. 45/2004 e a Justiça do Trabalho: reflexos, inovações e impactos. In: COUTINHO, Grijalbo Fernandes; FAVA, Marcos Neves (coord.). *Justiça do Trabalho:* competência ampliada. São Paulo: LTr, 2005.

PISANI, Andréa Proto. *Lezioni di diritto processuale civile*. 4. ed. Napoli: Jovene, 2002.

PORTALIS, Jean Etienne Marie. *Discurso preliminar ao Código Civil francês*. Madrid: Civitas, 1997.

PORTANOVA, Rui. *Princípios do processo civil*. Porto Alegre: Livraria do Advogado, 2003.

POTHIER, R. J. *Tratados das obrigações*. Campinas: Servanta, 2002.

PRADO, Roberto Barreto. *Direito do trabalho*. São Paulo: Revista dos Tribunais, 1963.

______. *Principios ALI/UNIDROIT del processo civil transnacional*. 1. ed. Santa Fé: Rubinzal--Culzoni, 2011.

RADBRUCH, Gustav. *Relativismo e derecho*. Santa Fé de Bogotá: Temis, 1992.

______. *Introducción a la filosofia del derecho*. Santa Fé de Bogotá: Fondo de Cultura Económica, 1997.

______. *Introdução à ciência do direito*. São Paulo: Martins Fontes, 1999.

______. *Filosofia do direito*. São Paulo: Martins Fontes, 2010.

RAMALHO, Maria do Rosário Palma. *Direito do Trabalho*: parte I – dogmática geral. Coimbra: Almedina, 2005.

RAMALHO, Maria do Rosário Palma. *Da autonomia dogmática do Direito do Trabalho*. Coimbra: Almedina, 2000.

REALE, Miguel. *Filosofia do direito*. 16. ed. São Paulo: Saraiva, 1994.

______. *Fundamentos do direito*. 3. ed. fac símile da 2. ed. rev. São Paulo: Revista dos Tribunais, 1998.

______. *Lições preliminares de direito*. 24. ed. São Paulo: Saraiva, 1998.

______. *O projeto do novo Código Civil*. 2. ed. São Paulo: Saraiva, 1999.

REALI, Giovanni. *Para uma nova interpretação de Platão*. São Paulo: Loyola, 1991.

REDENTI, Enrico. *Derecho procesal civil*. Buenos Aires: Europa-América, 1957.

______. *Diritto processuale civile*. 4. ed. v. II, Milão: Giuffrè, 1997. v. II.

REIS, José Alberto dos. *Processo ordinário e sumário*. Coimbra: Coimbra, 1928.

REZEK, José Francisco. *Direito internacional público*. 3. ed. São Paulo: Saraiva, 1993.

REZENDE FILHO, Gabriel José Rodrigues de. *Curso de direito processual civil*. 3. ed. São Paulo: Saraiva, 1953. v. II.

RICCI, Gian Franco. *Principi di diritto processuale generale*. Torino: G. Giappichelli, 1995.

RIPERT, Georges; BOULANGER, Jean. *Tratado de derecho civil*. Buenos Aires: La Ley, 1956.

ROCCO, Alfredo. *La sentencia civil*. Madrid: La Espãnha Moderna, 2006.

ROCCO, Ugo. *Trattato di diritto procesuale civile*. Torino: Uninoe, 1957. v. II.

RODRIGUEZ, Américo Plá. A solução dos conflitos trabalhistas. In: BUEN, Néstor de (coord.). *A solução dos conflitos trabalhistas*. São Paulo: LTr, 1986.

______. *Princípios de direito do trabalho*. 4. tir. São Paulo: LTr, 1996.

ROJO, Margarita Beladiez. *Los princípios jurídicos*. Madrid: Tecnos, 1994.

ROMANO, Santi. *Princípios de direito constitucional em geral*. São Paulo: Revista dos Tribunais, 1977.

ROMITA, Arion Sayão. A conciliação no processo do trabalho após a Ementa Constitucional n. 45. *Revista LTr*, ano 69, n. 5, 2005.

RUGGIERO, Roberto. *Instituições de direito civil*. 1. ed. Campinas: Bookseller, 1999. v. I.

RUPRECHT, Alfredo J. *Os princípios do direito do trabalho*. São Paulo: LTr, 1995.

RUSSOMANO, Mozart Victor. *Comentários à CLT*. 14. ed. Rio de Janeiro: Forense, 1992. v. II.

SANCHÍS, Luiz Prieto. *Apuntes de teoría del derecho*. Madrid: Trotta, 2005.

SANTOS, Ernane Fidelis. *Estudos de direito processual civil*. Uberlândia: Faculdade de Direito da Universidade de Uberlândia, 1975.

SANTOS, Ernane Fidelis. *Ação monitória*. Belo Horizonte: Del Rey, 2000.

SANTOS, Moacyr Amaral. *Primeiras linhas de direito processual civil*. 7. ed. São Paulo: Saraiva, 1982. v. II.

______. *Comentários ao Código de Processo Civil*. 6. ed. Rio de Janeiro: Forense, 1994. v. IV.

SANTOS, Ulderico Pires dos. *Meios de prova*. Rio de Janeiro: UPS, 1994.

SARLET, Ingo Wolfgang. *A eficácia dos direitos fundamentais*. 8. ed. Porto Alegre: Livraria do Advogado, 2007.

SCHIAVI, Mauro. *Manual de direito processual do trabalho*. 2. ed. São Paulo: LTr, 2009.

______. *Manual de direito processual do trabalho*. 6. ed. São Paulo: LTr, 2013.

______. *Manual de direito processual do trabalho*. 10. ed. São Paulo: LTr, 2016.

______. *Execução no processo do trabalho*. São Paulo: LTr, 2008.

SCHÖNKE, Adolfo. *Derecho procesal civil*. Barcelona: Bosch, 1950.

SESSAREGO, Carlos Fernandéz. El dano al proyeto de vida. *Derecho PUC – Revista da Faculdade de Direito da Pontifícia Universidade Católica*, n. 50, Lima, dez. 1966.

SERVAIS, Jean-Michel. *Elementos de direito internacional e comparado do trabalho*. São Paulo: LTr, 2001.

SICHES, Luis Recasens. *Tratado general de sociologia*. 3. ed. México: Porrùa, 1960.

SIECKMANN, Jan-r. *El modelo de los principios del derecho*. Bogotá: Universidad Externado de Colômbia, 2006.

SHIMURA, Sérgio. *Tutela coletiva e sua efetividade*. São Paulo: Método, 2006.

SILVA, Antônio Álvares da. *Procedimento sumaríssimo na Justiça do Trabalho*. São Paulo: LTr, 2000.

______. *Dissídio coletivo e a Emenda Constitucional n. 45/04*. Belo Horizonte: RTM, 2005.

SILVA, Ovídio Batista da. *Do processo cautelar*. 2. ed. São Paulo: Forense, 1998.

______. *Curso de direito processual civil*. 5. ed. São Paulo: Revista dos Tribunais, 2002. v. II.

______. Coisa julgada relativa? In: DIDIER JÚNIOR, Fredie (org.). *Relativização da coisa julgada*. Salvador: Juspodivm, 2004.

SOUSA, Miguel Teixeira de. Um novo processo civil português: à la recherche du temps perdu? *Revista de Processo*, ano 33, n. 161, p. 211-212, jul. 2008.

SPADONI, Joaquim Felipe. *Ação inibitória*. São Paulo: Revista dos Tribunais, 2002.

STEIN, Friedrich. *El conocimiento privado del juez*. Santa Fé de Bogotá: Temis, 1999.

SUPIOT, Alain. Homo juridicus: ensaio sobre a função antropológica do direito. São Paulo: Martins Fontes, 2007.

______. *Au-delà de l'emploi*. Paris: Flammarion, 1999.

SÜSSEKIND, Arnaldo. Tribunais do trabalho no direito comparado e no Brasil. *Revista LTr*, ano 63, n. 11, 1999.

______. As relações individuais e coletivas de trabalho na reforma do poder judiciário. In: COUTINHO, Grijalbo Fernandes; FAVA, Marcos Neves (coord.). *Justiça do Trabalho:* competência ampliada. São Paulo: LTr, 2005.

TALAMINI, Eduardo. *Comentários ao novo Código de Processo Civil*. CABRAL, Antonio do Passo; CRAMER, Ronaldo (Org.). Rio de Janeiro: Forense, 2015.

TARUFFO, Michele. La motivazione della sentenza. In: MARINONI, Luiz Guilherme (coord.). *Estudos de direito processual civil em homenagem ao prof. Egas Dirceu Moniz de Aragão*. São Paulo: Revista dos Tribunais, 2005.

______. Conocimiento científico y critérios de la prueba judicial. In: TARUFFO, Michele; CARVAJAL, Diana Ramírez. *Conocimiento, prueba, pretensión e oralidade*. Lima: Ara, 2009.

______. *El proceso civil adversarial en la experiencia americana*. Bogotá: Temis, 2008.

______. La justicia em el procedimiento. In: *Proceso y decisión:* lecciones mexicanas de derecho procesal. Madrid: Marial Pons, 2012.

______. El precedente. In: *Proceso y decisión:* lecciones mexicanas de derecho procesal. Madrid: Marcial Pons, 2012.

______. As funções da uniformidade e justiça das cortes supremas, palestra proferida no *I Colóquio Brasil-Itália de Direito Processual Civil*, realizado em São Paulo em agosto de 2014. Disponível em: <www.direitoprocessual.org.br>.

TEIXEIRA FILHO, Manuel Antônio. *A prova no processo do trabalho*. 5. ed. São Paulo: LTr, 1989.

______. A Justiça do Trabalho e a Emenda Constitucional n. 45/2004. *Revista LTr*, ano 69, n. 1, 2005.

______. *Breves comentários à reforma do poder judiciário*. São Paulo: LTr, 2005.

TELLES JUNIOR, Goffredo. *Iniciação à ciência do direito*. São Paulo: Saraiva, 2001.

TEPEDINO, Gustavo; BARBOSA, Heloisa Helena; MORAES, Maria Celina Bodin de. *Código Civil comentado conforme a constituição da república*. Rio de Janeiro, Renovar, 2007. v. II.

TESORIERE, Giovanni. *Lineamenti di diritto processuale del lavoro*. Padova: Cedam — Casa Dott. Antonio Milani, 1978.

THEODORO JÚNIOR, Humberto. *Tutela jurisdicional de urgência*. 2. ed. Rio de Janeiro: América Jurídica, 2001.

______. Os princípios de direito processual civil e o processo do trabalho. In: BARROS, Alice Monteiros de (org.). *Compêndio de direito processual do trabalho*. 3. ed. São Paulo: LTr, 2002.

______. *Comentários ao Código de Processo Civil*. 2. ed. Rio de Janeiro: Forense, 2003. v. IV.

______. *Processo cautelar*. 21. ed. São Paulo: Universitária de Direito, 2004.

______. *Processo de execução*. 22. ed. São Paulo: EUD, 2004.

______. *Curso de direito processual civil*. 47. ed. Rio de Janeiro: Forense, 2007. v. I.

______. *Curso de direito processual civil*. 47. ed. Rio de Janeiro: Forense, 2007. v. II.

______. *Curso de direito processual civil*. 47. ed. Rio de Janeiro: Forense, 2007. v. III.

______. *Curso de direito processual civil*. 47. ed. Rio de Janeiro: Forense, 2016. v. II.

TONINI, Paolo. *A prova no processo penal italiano*. São Paulo: Revista dos Tribunais, 2002.

TORNAGHI, Hélio. *Comentários ao código de processo penal*. Rio de Janeiro: Forense, 1956. v. I, t. I.

TROCKER, Nicolò. Il nuovo articolo 111 dela costituzione e il 'giusto processo' in matéria civile: profili generali. *Rivista trimestrale di diritto e procedura civile*, ano LV, n. 2, jun. 2001.

TROLLER, Alois. *Dos fundamentos do formalismo processual civil*. Porto Alegre: Sergio Antonio Fabris, 2009.

TRUERBA URBINA, Alberto. *Nuevo derecho procesal del trabajo*. 4. ed. México: Porrùa, 1978.

TUCCI, José Rogério Cruz e. "Class action" *e mandado de segurança coletivo*. São Paulo: Saraiva, 1990.

______ . *Ação monitória*. São Paulo: Revista dos Tribunais, 2001.

VARELA, Antunes; BEZERRA, J. Miguel; NORA, Sampaio e. *Manual de direito processual civil*. 2. ed. Coimbra: Coimbra, 1985.

VECCHIO, Giorgio Del. *Lições de filosofia do direito*. 5. ed. Coimbra: Armênio Amado, 1979.

VENOSA, Sílvio de Salvo. *Direito civil*. 5. ed. São Paulo: Atlas, 2005. v. 2.

VENTURI, Elton. *Processo civil coletivo*. São Paulo: Malheiros, 2007.

VIANA, Lourival Vilela. *A liberdade de prova em matéria penal*. Belo Horizonte: Imprensa Oficial, 1955.

VIANA, Márcio Túlio. Critérios para a inversão do ônus da prova no processo do trabalho. *Revista LTr*, ano 58, n. 10, 1994.

______ . O acesso à Justiça e a nova prescrição do rurícola. *Revista de Direito do Trabalho*, ano 27, n. 102, 2000.

______ . O novo rito, artigo por artigo: possibilidades e desafios. In: VIANA, Márcio Túlio; RENAULT, Luiz Otávio Linhares (coord.).*Procedimento sumaríssimo:* teoria e prática. São Paulo: LTr, 2000.

______ . A onda precarizante, as comissões de conciliação e a nova portaria do ministério do trabalho. *Revista LTr*, ano 66, n. 12, 2002.

______ . A nova competência da Justiça do Trabalho no contexto da reforma sindical. *Revista do Tribunal Superior do Trabalho*. v. 71, n. 1, jan./abr. 2005.

______ . *Direito de resistência*. São Paulo: LTr, 1996.

______ . Os paradoxos da prescrição: quando o trabalhador se faz cúmplice involuntário da perda de direitos. In: VIANA, Márcio Túlio; TERRA, Luciana Soares Vidas; SILVA JR., Décio de Abril e (coord.). *Direito do trabalho & trabalho sem direitos*. Belo Horizonte: Mandamentos, 2008.

VIEIRA, José Marcos Rodrigues. Teoria geral da efetividade do processo. In: *Revista da Faculdade Mineira de Direito*, Belo Horizonte, v. I, n. 1, 1º semestre de 1998.

______ . *Da ação civil*. Belo Horizonte: Del Rey, 2002.

VIGORITI, Vicenzo. *Interessi collettivi e processo*. Milão: Dott. A. Giuffrè, 1979.

VILANOVA, Lourival. *As estruturas lógicas e o sistema do direito positivo*. São Paulo: Max Limond, 1997.

VILHENA, Paulo Emílio Ribeiro de. *Princípios de direito e outros estudos*. Belo Horizonte: RTM, 1997.

WACH, Adolf. *Conferencias sobre la ordenanza procesal civil alemana*. Lima: Ara, 2006.

WAMBIER, Tereza Arruda Alvim; MEDINA, José Miguel Garcia. *O dogma da coisa julgada:* hipóteses de relativização. São Paulo: Revista dos Tribunais, 2003.

WAMBIER Luiz Rodrigues; TALAMINI, Eduardo. *Curso avançado de processo civil*. 12. ed. São Paulo: Revista dos Tribunais, 2012. v. 1: teoria geral do processo e processo de conhecimento.

WATANABE, Kazuo. *Da cognição no processo civil*. 3. ed. São Paulo: Perfil, 2005.

______ . *Código brasileiro de defesa do consumidor comentado pelos autores do anteprojeto*. 9. ed. Rio de Janeiro: Forense, 2004.

WHITE, Inés Lépori. Cargas probatórias dinámicas. In: PEYRANO, Jorge W. (coord.). *Cargas probatórias dinámicas*. Santa Fé: Rubizal-Culzoni, 2004.

XAVIER, Bernardo da Gama Lobo. *Curso de direito do trabalho*. 2. ed. Lisboa: Verbo, 1993.

ZAGREBELSKY, Gustavo; MATINI, Carlo Maria. *La exigência de justicia*. Madrid: Trotta, 2006.

ZAVASCKI, Teori Albino. *Processo coletivo*. 5. ed. São Paulo: Revista dos Tribunais, 2011.

EDITORA
JusPODIVM
www.editorajuspodivm.com.br

Pré-impressão, impressão e acabamento

GRÁFICA
SANTUÁRIO

grafica@editorasantuario.com.br
www.graficasantuario.com.br
Aparecida-SP